ITINÉRAIRE COMPLET DE LA FRANCE.

TOME SECOND.

ITINÉRAIRE COMPLET
DE LA
FRANCE,
OU
TABLEAU GÉNÉRAL
DE TOUTES LES
ROUTES ET CHEMINS DE TRAVERSE
DE CE ROYAUME;

Auquel on a joint L'ITINÉRAIRE *des Pays-Bas, & la direction des Routes aux Villes Capitales des Royaumes qui avoisinent la France.*

ORNÉ D'UNE CARTE GÉOGRAPHIQUE.

PAR M. L. D. M.

***

TOME SECOND.

***

Prix 18 liv. les 2 vol. brochés avec la Carte.

A PARIS,
Chez LOUETTE, Libraire, Cloître St.-Germain-
l'Auxerrois.

M. DCC. LXXXVIII.
AVEC APPROBATION ET PRIVILÉGE DU ROI.

ROUTES ET CHEMINS DE TRAVERSE
DE MACON

Distance de Macon.

à		Voyez	lieues.
ABBEVILLE. N. p. O.		Paris & à Abbeville..........	139
Aigueperse.... S. O.		Roanne par Aigueperse.....	6½
AIX............ S.		Lyon & à Aix............	95
AMIENS. N. par O.		Paris & à Amiens..........	129
ANGERS.... N. O.		Moulins & à Angers........	134
ANGOULÊME... O.		Moulins & à Angoulême....	110
Anse............ S.	DE MACON à	Lyon par Villefranche.....	8½
ANTIBES.... S. E.		Lyon & à Antibes,........	136
Arbois........ N. E.		Lons-le-Saunier & à Arbois.	30
ARLES.... S. p. O.		Lyon & à Arles...........	86
ARRAS.... N. p. O.		Paris & à Arras...........	142
AUCH........ S. O.		Toulouse & à Auch........	172
AUTUN........ N.		Chalon & à Autun........	25
AUXERRE...... N.		Chalon & à Auxerre.......	54
AVIGNON...... S.		Lyon & à Avignon........	76
Bagé-le-Châtel.... E.		Bourg-en-Bresse..........	6
BASLE........ E.		Lons-le-Saunier & à Basle...	76
BAYONNE...... O.		Limoges & à Bayonne......	206
Beaucaire... S. p. O.		Lyon & à Beaucaire.......	85

BEAUJEU. *Chemin de traverse*... S. O.... 7

De Macon à la Maison blanche... 4 l. *Voyez de Macon à Lyon.* De la Maison blanche à St. Jean, ham. Côte de vignes & vill. de Lancié. Vallon, pont & moulin de Sève sur l'Ouby, riv. à ½ l. O. de Corcelle +. Traverse d'une côte de vignes en passant à l'Eclache & à Villié +. *bons vins.* Côte à ½ l. S. de Chiroublé +. *Excellent vignoble.* Au N. des Verceaux & de Mulins. 1 l. ½ S. d'Emeringes, sur un tertre. Au S. de la côte de vignes de Jannas. Vallon, pont & riv. de Morille. Côte de vignes de la Ronze à trav. A 1 l. N. de Riguies & Durette +. ¼ l. de Lantignié, *gros*

Tome II.   A

vignoble. A Bidous & près des Arnas. Vallon, ruisseau la Combe, & village d'Etoux +. *A BEAUJEU*... 3 l.

Belley......... S.E.	Bourg & à Belley............	26
Belleville........ S.	Lyon......................	5½
BESANÇON.... E.	Chalon *ou* Lons le-Saun. & à Bes.	40
Bois d'Yoingt. S.p.O.	Villefranche & à Bois d'Yoingt.	12
BORDEAUX... O.	Limoges & à Bordeaux.......	140
Bourbon-l'Ancy.N.O.	Charolles & à Bourbon.......	26

(middle column: DE MACON à)

BOURG-EN-BRESSE. Grande route...S. E.. 8

De Macon on passe la riv. de Saone sur un pont de pierre. Faubourg St.-Laurent, & ½ l. de prairie. A Ste. Magdel. & route de Lons-le-Saunier. A Putot, ¼ l. S. de Replonge+. Côte entre un petit bois & le chât. de Maurlard. Vallon à ½ l. N. de Crottet +. Côte & ham. de Laumusse, Commanderie entre l'étang & le bois de Genoud. Carrefour de la route de Chalon à Pont-de-Veyle. Vallon de la Serre-Gachet. Au N. de Bagne ¾ l. S. de *Bage-le-Chatel*. Petit bois à passer à ½ q. l. S. de Gresiat +. A Channelay & au N. de St. Cyr sur-Menthon, & pont à ¼ l. d'Aringes. Entre l'Isle Vaux & la Chevalqueue, riv. au N. de Joly & Guienard. Côte de la Grivaudiere à ¼ l. S. de St. Genis. Au N. de Barbaresche & d'Effondras. Au logis neuf, poste & auberge...... 4 l. Fourche de la route plantée de Montfalcon. ¼ l. S. de Confrancon +. ½ l. de bois à trav. en passant à ½ l. N. de Montfalcon +. ½ S. de Curtafond +. ¼ l. de bois. A la Croix rouge, 1 l. N. de Moncel +. Le long N. de Polliat +. 1 l. de Buellaz +. Aux Marelles, N. de Perouges. 1 l. ½ de St.-Remy + & du chât. de Corgenon. Bois & vallon à trav. Côte à ½ q. l. E. de Viat, & bois à passer. ¼ l. des bois de la Chambiere à trav. A la Chapelle, & route de Chalon. ½ q. l. O. des Granges. Fort & vallée de la Reyssouse. Au petit St.-Jean, chapelle. Devant la Charité, & route qui fait le tour de la ville. A *BOURG-EN-BRESSE*...... 4 l.

BOURGES... N.O.	Moulins & à Bourges.......	64
Brest......... O.	Orléans & à Brest.........	234
BRUXELLES... N.	Paris & à Bruxelles........	168
CAEN....... N.O.	Orléans & à Caen.........	147

MACON.

CHALONS-sur-M.	N.	Chalon-sur-S. & à Châl.-sur-M. 84
CHALON sur S.	N.	De Chalon à Macon........ 13
Charité. (la)	N.O.	Moulins & à la Charité..... 54
Charleville..	N.p.E.	Reims & à Charleville...... 116
Chasselay.......	S.	Lyon par Villefranche..... 9

DE MAC.

CHAROLLES. Route de traverse... N. O... 12

De Macon & faubourg de la Barre on passe à ¼ l. S. de Chanot & ½ l. de Flacé +. A Changrenon ½ q. l. E. de Charnay +. Cote de vignes à trav. à ½ l. S. de Chetany +. Vallée & chemin de Roanne au N. de Verneuil. ½ l. N. de St. Léger, & au S. de la Feuillade. Pont & ruiss. au S. de la montagne. Côte à 1 l. S. de Nancelle. Vallon & ham. de Collonge, à ½ l. N. de Prisse + & à ¼ l. des carrières de marbre, & Vergisson. Moulin de Dreaux au confluent de la Grosne & File. A ¼ l. E. du chât. & vill. de Pierreclaud +. Le long de la File que l'on remonte en passant à St.-Sorlin +. E. de la côte de Bussiere. Entre la riv. les vignes & la côte de la Blouse. Fourche de la route de Macon à Cluny. A Marie ¼ l. N. E. de Milly +. Au bas S. de Berzé-la-Ville +, où il y a des carrières d'albâtre... 3 l. A ¼ l. E. de Sologny. Entre le ham. de Farlins & le moulin de la Grenouille. Côte & croix de Charny. Aux bois, ham. ¼ l. S. de Berzé-le-Chât. +. Ham. de Tournier. Côte & bois à trav. Au N. de Purlange & des Doriers. Vallée & route de Roanne à Cluny, entre le ham. des Vaches & Champloup. Pont & riv. de Valouze. Entre la côte & bois de Litaux & la Grosne +. A Ste.-Cécile-sur-Grosne +. Pont, moulin sur cette riv. que l'on passe. Au S. de Varenne & du chât. de la Garde. A Mazille ¼ l. S. de l'Eglise. ¼ l. de bois à trav. Vallon & village de Bergesserin +... 3 l. Côte rapide & ham. de Montchanin. ¾ l. S. de Buffière +. Vallon & vill. de Curtil +. Côte au S. du Mont Laurendon. A Lanay, ¼ l. S. du vill. & Mont de Suin, situé sur le sommet de la chaîne qui sépare le bassin de la Loire de celui de la Saone. Vall. à ¼ l. N. de Verovre. Etang & chât. de Terreau. Pont, ruiss. & prairie à ¼ l. E. du mont Bouret. Côte, vallon. & ruiss. à trav. Au N. du chât. de Courcheval, Replet, & du vieux chât. de la corne d'Artus, sur la montagne. ½ de bois à trav. Pont & rivière de Mongrenot. A la fourche de Vendenesse... 4 l. de la Fourche à *CHAROLLES*... 2 l. *Voyez de Dijon à Charolles.*

Autre Chemin par Tramaye.............. 12

Voyez la route d'Autun à Macon par Charolles & Tramaye.

CHATILLON-lès-Dombes. Chemin...S...... 6

De Macon au carrefour de la route de Chalon. Du carrefour à la Buire de Crottet +. *Au pont de Veyle* fur la riv. de ce nom...... 2 l. Fourche de la route de Toiffey & Trévoux. Entre le mont Farget & Laix. +. $\frac{1}{4}$ l. de bois à paffer. Ruiff. & à la Mousferie, $\frac{1}{2}$ l. E. de St. André d'Huiriat + $\frac{1}{4}$ l. O. de Benat + & $\frac{1}{4}$ l. de St. Julien-fur-Veyle +. Pont, ruiff. & chât. de Vaux. A Metz-les-Broffes & à Sulignat +. Route & à 1 l. N. O. de *Neuville-lès-Dombes.* Au mont Joly & vallon à trav. Côtes & étangs à paffer. *A* CHATILLON-*lès-Dombes*..... 4 l.

CLUNY. Chemin... N.............. 5

De Macon à Berzé-la-Ville..... 3 l. *Voyez de Macon à Charolles.* De Berzé la Ville on va au chât. & à $\frac{1}{2}$ l. E. de l'Eglife de Berzé-le-Château. $\frac{1}{2}$ l. de bois à trav. $\frac{1}{4}$ l. E. du moulin à vent des Corbottes, 1 l. S. O. des mont Pellé, Thufeau, Gourlin, Milleroche, &c. $\frac{1}{4}$ l. des bois de Cluny à paffer. Vallon des Corbottes à $\frac{1}{2}$ l. E. de Jallogny +, vill. au bas de la montagne de Roche. A CLUNY *fur la Grofne*, rivière......... 2 l.

Chazay au m.^r d'or. S.	Lyon par Villefranche.....	9$\frac{1}{2}$
Cherbourg.......O.	Chalon & à Cherbourg.....	176
Cheffy..... S. p. O.	Villefranche & à Cheffy....	11
Clairveaux...... E.	Bourg & à Clairveaux.....	23
CLERMONT. S. O.	Clermont { par Lyon.......	58
	par Roanne.....	41
Couzance........ E.	Bourg & à Lons-le-Saunier..	18
Cuifery......... E.	Lons-le-Saunier...........	9
Cuzeau......... E.	Bourg & à Lons-le-Saunier..	17
DEUX-PONTS.. E.	Chalon & à Deux-Ponts....	105
DIJON...... N. E.	Chalon & à Dijon.........	30
GENEVE....... E.	Bourg & à Genève........	38
Gex........... E.	Bourg & à Gex...........	37
GRENOBLE..... S.	Lyon & à Grenoble.......	43
Havre-de-Grace.N.O.	Paris & au Havre.........	149

MACON.

Juillié	S.O.		Aigueperfe		3½
LANGRES	N.E.		Dijon & à Langres		46
LIEGE	N.E.	DE MACON à	Dijon, de Dijon à Liége		131
LILLE	N.		Chalon & à Lille		155
LIMOGES	O.		Clermont & à Limoges		81
Louhans	E.		Lons-le-Saunier		11

LONS-LE-SAUNIER. *Grande route* ... E.. 24

De Macon à Bourg 8 l. De Bourg à Lons-le-Saunier 16 l.

Chemin de traverse 17½

De Macon & faubourg St. Laurent on traverse la prairie sur plusieurs arches, & l'on passe à la fourche de la route de Bourg. Aux Crots, ¼ l. O. de Replonge. A la grande Charriere. Foillens +, & à l'E. du chât. A Mottier & Limerol. Vallon, pont & moul. sur la riv. de Loise. A Manziat +. Les Borjons, & à l'E. de Champhant, à ½ E. d'Asnières sur-Saone +. A Ozan, ½ l. O. de Chevroux. Pont, étang & côteau à passer. ¼ l. E. de Boz. Vallon & fourche de la r. de Lyon. *A Pon-de-Vaux* sur la Reyssouse... 4 l. Fourche de la route de St. Amour à Tournus, Chalon, &c. devant & au N. des Ursulines. Côte de vignes de Verchere & Olivier. A Ste. Benigne +. Fourche de la route de St. Amour. ½ l. de bois à traverser. A la Maison Rouge & Vecourt+. Au haut Courlimassin & Barbier. Vallons, côt. bois & étangs à passer. A *Romenay* sur la route de Chalon à Bourg ... 3 l. Sortant de Romenay on passe des côteaux, vallons, ruiss. & étangs. Entre Jarenne & la Troche. Au grand Piolay & à la Train, en traversant des bois. Vallon, moulin, étang & bois à passer sur la Voye. A Laumont; ½ l. S. de la chapelle St. Tede +. Pont sur la riv. de Sanevive. A Limay, ¼ l. N. O. du fief de Beure. Vallons & côtes d'Hardignat à passer. *A Montpont* ... 2 l. Entre Verrière & Sulignat. Vallon, moulin & étang de Corgeat. Côte, bois & ham. de Corgeat. Entre les bois de la Chapelle. Vallon, pont & ruiss. de Sane. A la chapelle Naudé +. Côte rap. à 1 l. N. O. de Bruaille +, ¼ l. E. de Saned-Somay. ½ l. de bois à côtoyer & trav. Vallon, étang à ½ l. O. du chât. de Corcelle & de Portail-sur-Solnan. Côte à ½ l. S. E. de Sornay +, & plus loin est le vill. de Branges +. Entre le ham. & le moul. de Bram. Pont & riv. de Solnan à passer.

A Louhans..... 2 l. De Louhans *à Lons-le-Saunier* 6 l. ½.
Voyez de Lons-le-Saunier à Chalon.

Luneville..... N. E.	De Mac. à Dij. & à Luneville.	83
LUXEMB.ᴳ .. N. E.	De Mac. à Chal. & à Luxemb.	103

L Y O N. Grande route... S............. 16

De Macon on sort par la porte St.-Clément *ou* par la nouvelle sur le quai. Du faubourg St.-Clément on passe une belle prairie avant d'arriver à St.-Clément+. Pont & moulin de ce village. A l'E. de la côte de vignes, en pass. devant la grange du Dixme, la Chanay & Fontenaille. Croix d'où l'on apperçoit le Mont-d'or, qui est près de Lyon. Chemin à ½ q. l. O. de la Varenet & des arches qui bordent la Saone. Plusieurs ponts sur la petite Grosne, que l'on passe. ¼ l. de Beaulieu, & plus loin le village de Vinzelle-Loché, & Fuissé, *bon vignoble*. A Varenne ½ q. l. O. de l'Eglise. ¼ l. E. de Vinzelle, du chât. de Laye, & plus loin le vill. de Laine+, sur un tertre. à 1 l. ½ O. de Pont-de-Veyle, ½ l. E. de Meziat, Buissonnet & Chintré+. ½ q. l. O. d'Arbigny, 1 l. de Griege+. A l'E. du chât. de Chintré & des Bergers. A Creche+, *gros vignoble*. Dev. la Croix blanche, auberge. Vis-à-vis O. de Jean Hugues & des Etours. Pont & riv. de Darloy à passer. ¾ l. O. de Cormaranche+. Chemin & à 1 l. E. de St.-Amour+. A l'E. du chât. & côte de Dracy-les-Oliviers: *bon vin*. A 1 l. O. de Sauze & Jaillet-la-Forest. ½ l. E. des vignes & ham. des Potets, & plus loin Julliennas & Emeringes+. Pont & ruiss. à l'O. du chât. de Nuguets. ¼ l. des vignes & chât. de Loyse. Devant la ferme de la Batié. 1 l. O. de Garnerans+ & de Bay+. A Pontenevaux. Devant la Croix blanche & l'étoile, *auberges*. Chemin à ¼ l. E. de la chap. de Quinchey+ Pont, moulin & riv. mauvaise. Chemin à 1 l. de Chenas+, où se trouve les Frenans, Journées & Chassignots: *bons vignobles*. Côte de vignes à 1 l. O. du chât. de la Platte. ¼ l. E. des Thorins, Caves, Moriers: *grands vignobles & bons vins*. A l'O. de St.-Symphorien. 8 l. de plaine à trav. en passant un pont & ruiss. à ¼ l. O. de pont Romans sur la Saone, & plus loin est le chât. de Merege. ½ l. E. de Nomaneche +: *bon vin, connu sous le nom de moulin à vent*. A ¼ l. E. de Fleurie, *vignoble A LA MAISON BLANCHE*... 4 l. Devant la porte & l'auberge du Duc de Bourgogne, d'où l'on voit le Mont d'or. Chemin de Beaujeu. A l'Ouest de Condaminal, E. des Bulands. ½ l. E. de Lancié +. 1 l. de Villié +. 1 l. O. de *Toissey* & St.-Didier. Pont & riv. d'Ouby à passer. A l'E. de Linzé & Corcelle +. ½ l. O. de Babiaud & de Dracy-le-Panoux. Pont & riv. de Boutecrot *ou* Bief-Torbey. A l'E. de Tournissons, faub. & Mayets. ¼ l. O. de Hamorge, 1 l. de Moigneneins +. A l'E. du bois & ham. de Chassaigne. ½ l. O. de Villeneuve, 1 l. de Chavagneux & du vill. de Peysieux +. ¼ l. E. du château & hameau de Pizay. Avenue du château de l'Ecluse, & St.-Jean d'Ardière +. Pont sur l'Ardière à passer. Auberge & canal de Belleville, à ¼ l. O. de Taponas & de Genouilleux +. ½ l. E. de Poimier, & du chât. de la Plume. Entre Gonchou & Balmont, fermes. Carrefour de la route de Belleville à Beaujeu. ¼ l. E. du chât. de Champelos & de Platard. Entre une auberge & le magasin, Peillon & la ferme de Chambord. Chemin & à ½ l. O. de *Belleville*. A l'E. du chât. de Fontenaille, 1 l. de Formichon & vill. St.-Lager : *bon vin*. Bois de Maneuvre & chât. Martiniere. Pont & ruiss. de la Mezerine. ½ l. E. d'Armas, Arginy & Charentay +. Entre d'Ersingué & la Grange-Baron. ½ l. E. de Marboux, bois & chât. de Sermesy, & plus loin Odenas + : *bon vin*. A ¼ l. O. de *Montmerle*, au-delà de la Saone. Pont & riv. de Nerval, entre Chafray & Bussy. ½ O. du moulin à vent. 1 l. d'Amareins +. Pont & riv. de Vauzonne. A St.-Georges de Renain +... 3 l. Devant l'Eglise & la poste. A l'O. de Montchervet. 1. l. de Lurcy +. 1 l. de sables à trav. A l'O. de Riviere & de Messimy +. A l'E. de Rofray, Gagé, Puis, Party & les bruyères. 1 l. ½ d'Arbuissonnas +. A l'O. de Boisray, ¼ l. chât. de Flechere. Vallon, pont & ruisseau à l'Est du bois & chât. de Laye-Épinay, & plus loin, Marsengue, chât. Côte & fourche de l'ancienne route. A l'E. du bois & pavillon de la Cornette. Avenue du chât. & vill. d'Arnas +. Pont & ruiss. à passer. A l'E. de St.-Julien-Blacé : *vignoble*. A l'E. de Neubourg. Vis-à-vis de *l'Ave Maria*. ¼ l. de Farains +. ¼ l. E. du chât. de Chamboursy. Entre les ham. de Chavanne. A 2 l. E. de Montmelas + & St.-Saturnin +. Route de Villefranche à Beaujeu. Pont & riv. de Nizeran à passer. ½ l. E. d'Ouilly +. 1 l. de Pouilly +, Denicé +, Laconas +, Cogny +, &c. ½ l. O. de Beauregard. Au faub. de la Croix fleurie, dev. les Capucins & le Lion d'or, *auberge*. A Villefranche..... 2 l.

Devant le Faucon, *auberge*, pente rapide & dev. l'Eglife & la pofte, & paffage de la riv. de Morgon. Route du bac de Riottier. $\frac{1}{2}$ l. O. de Beligny +, $\frac{1}{4}$ de Jaffans +. Dev. les promenades de Villefranche. $\frac{1}{2}$ l. E. du chât. de Belleroche. Chapelle de la Maladerie. Belle lieue à trav. en paffant entre la Grange rouge à l'E. & la Barre & Limans + à l'O. A $\frac{3}{4}$ l. O. de Riottier +. A Beffon. E. de Bel air & Buifanthe. $\frac{1}{2}$ l. O. de St.-Didier-fur-Froman +. $\frac{1}{2}$ l. de Pommier + & Montclair. A Fontaine & à la maif. de Gire. $\frac{1}{4}$ l. O. du Port & vill. St. Bernard +. 1 l. de la tour & ville de *Trévoux*. A l'E. des Rotieres, Sauzay, la Citadelle, la Grave & la Grange: *bons vins*. Entre la grange St.-Romain & la Baronne. *A Anfe*, dev. l'Eglife & le Lion d'or, *auberge*. Pont & riv. d'Azergues à paffer. $\frac{1}{2}$ l. E. de Chaffagne +. Prairie à trav. en paffant à l'O. du pont & vill. d'Amberieu. Ancien lit de l'Azergues. $\frac{1}{2}$ l. O. de Lucenay en Lyonnois +. 1 l. de Marcy & bois Alix. Fourche de l'ancienne route. Pont, ruiff. & moulin, croix à $\frac{1}{4}$ l. O. de Quincieux +. Avenue à $\frac{1}{2}$ l. O. de Billy-le-vieux. $\frac{3}{4}$ l. de Mont & la Combe-Perrier. Devant O. de Billy-le-jeune. $\frac{3}{4}$ l. E. de Lizerable & Morancé + & $\frac{3}{4}$ l. de Beaulieu, Tredo & Charnay +. Aux Echelles *ou* Leſcheres +... 3 l. Devant l'Eglife & la pofte. Pont, ruiff. de Chaffelay & dev. le chât. des Echelles. $\frac{1}{2}$ l. E. de Tillieres, Marcilly d'Azergues + & *Chazay*. $\frac{1}{2}$ l. O. de *Chaffelay* au Mont-d'or. A Montluzin. Pente rapide & le Mont d'or à trav. en paff. à $\frac{1}{2}$ q. l. E. de Lizieux +, & $\frac{1}{2}$ q. l. O. du chât. de Machy & des Mines de plomp. Chemin de Chazay & N. D. des Combes. A l'hôtel de Montforr, *auberge & belle vue au Nord*. A la Levée & maifon de Plombo. Bois à $\frac{1}{2}$ l. E. du chât. de Baudy. 1 l. du chât. & vill. de Dammartin. A 2 l. de Lentilly & Fleurieux +. A l'E. de Dars, St.-André du Coing. Tranchée, mur & fommet du Mont-d'or: *belle vue au S. N. & à l'O.* A la Forge, $\frac{1}{2}$ q. l. O. de Limonet. A l'E. du chât. Sandart & Mehia, *belle vue fur le mont Cénis*. Entre la ferme de la Sablière & Belufe & Rouffeliere. Au petit Paris, *auberge*, $\frac{1}{4}$ l. de Jubin. Au Puits d'or, pofte... 2 l. A la Chaux, $\frac{1}{2}$ l. O. du chât. de Pinet, $\frac{1}{2}$ l. O. de St.-Didier au Mont-d'or +. A la maifon neuve de Soubria. $\frac{1}{2}$ l. E. de Dardilly +. 1 l. de la Tour. A l'O. du château de Bois. $\frac{1}{4}$ de St.-Cire au Mont-d'or. Aven. du chât. de Voutilliere. Auberge & route de Lyon à Charolles. A l'E. de Fonville. 1 l. de Charbonniere +, Marcy-le-loup +, Ste.-Conforce +,

& Volliennay +. $\frac{1}{2}$ q. l. O. du chât. de la Roche-Cardon. Hôtel du Mont d'or, *grosse auberge*. $\frac{1}{2}$ l. O. de Cuire +. St.-Rambert +, & Isle Barbe sur la Saone, *renommée*. Maison & pente rap. de la côte de Balmont. $\frac{1}{4}$ l. O. de la Tour de la belle Allemande. Dev. la fontaine de Balmont, décorée en 1771. A la montée de Balmont, *auberge*. Avenue & à l'E. de la Duclere. Au parc de la Claire, vis-à-vis de Sedain. $\frac{1}{2}$ l. E. d'Eculy +. Pont & ruiss. de la Duclere. Route de Lyon à Moulins. Pont, ruiss. & moulin à passer. Faub. de Vaize. *A* LYON...... 2 l.

Route par Eau.......................... 18

Du pont de Macon on passe à l'E. de St.-Clément, O. du moulin de la Folie, & au confluent de la Veyle, 1. l. O. du *Pont-de-Veyle*. Au pont de Bief. $\frac{1}{4}$ l. E. de Varenne +. A Arciat, $\frac{1}{2}$ l. O. de Griege +. A $\frac{1}{2}$ l. E. de Creche +. $\frac{1}{2}$ l. O. de Cormaranche +. Au confluent de la Darloy. Au confluent de l'Avalon. Entre Massonnay & Jeangras, Fort. $\frac{1}{4}$ l. E. de Pont-de-Vaux. Confluent de la riv. mauvaise à $\frac{1}{2}$ l. O. de la Platte. A l'E. de Chanillon, St.-Symphorien + & St.-Romain +. $\frac{1}{2}$ l. O. de Marege, chât. $\frac{1}{4}$ l. O. de *Toissey*... 4 l. Pont de Toissey & confluent de l'Ouby, & la Chalaronne. $\frac{3}{4}$ l. E. de Dracé-le-Paunoux +. Confluent de Boutecrot. $\frac{1}{4}$ l. O. de Moigneneins +. Au Port-Murt. Port des trois Pigeons. $\frac{1}{2}$ l. E. de Peysieux +. Vis-à-vis O. du château de Chavannes. Au pont Chassis, $\frac{1}{2}$ q. l. O. de Genouilleux. Devant E. de Taponas +. Confluent de l'Ardière, $\frac{1}{4}$ l. O. de Guerias +. Confluent de la Calomne. Port & Bac à $\frac{1}{4}$ l. de *Belleville*... 2 l. Le long O. de la côte de vignes, & devant les Minimes de Montmerle. $\frac{1}{4}$ l. O. de *Montmerle*. Confluent de la Vauzonne. $\frac{1}{2}$ l. O. de Lurcy, *vignoble*. A Rivière, $\frac{1}{2}$ l. de Messimy +. Pont & riv. de Martre. Port & avenue du chât. de Flecheres. $\frac{1}{4}$ l. O. de Farains +. Confluent de la Nizeran. Devant & à l'O. de Beauregard +. A l'E. du chât. de Poulet, $\frac{1}{4}$ l. E. de *Villefranche*. $\frac{1}{2}$ l. O. de Frans +. Confluent du Morion. Pont à $\frac{1}{2}$ q. l. O. de Jassans +. $\frac{1}{2}$ l. E. de Basigny +. Bac, pont & vill. de Riottier.... 4 l. $\frac{1}{2}$ l. O. de St.-Didier-sur-Froman +. Entre le pont & le vill. de St.-Bernard. $\frac{1}{4}$ l. E. d'Anse, & dev. Quart. Dev. le vill. d'Amberieux +, & le long de la ville de *Trévoux*... 2 l. $\frac{1}{2}$ l. N. E. de Quincieux + & la Salle. Au port Bernallin, $\frac{1}{2}$ l. S. de Reyrieux +. Avenue du chât. & vill. de Parcieu & Borghesse. $\frac{1}{2}$ l. O. de Massieux. A l'E. du pont de-

MACON.

Maſſon. ¼ l. O. de Genay +. ½ l. E. de St.-Germain au Mont-d'or. ¼ l. N. de Curys +. ½ l. de Pollemieux +. Le long S. des fours à chaux. Entre Villevent & *Neuville*.... 2 l. A l'E. d'Albigny au Mont-d'or + & dev. Couzon. Belle carrière. Entre la Roche-Taillée + & les grands Etres. ¼ l. E. de St.-Romain au Mont-d'or +. Au N. de Freta & Peloniere. ½ l. N. de Colonges + ½ l. S. de St.-Martin de Fontaine +. Dev. & au S. des Picpus. ½ l. O. de Sathonay. Au bas du Roi. ½ l. E. de Colonges + & St.-Cyr +. A Jouſſou. O. de Vernay & Caluire +. Vis-à-vis de Freſne, fief, au bas de la côte. A St.-Rambert + & Iſle Barbe, *connue dans l'hiſtoire*. Vis-à-vis N. de Cuire +. ½ l. S. de St.-Didier au Mont-d'or +. A l'O. de Rochette & Auval. Vis-à-vis O. de la Tour de la belle Allemande. Au pied de la côte de Balmont. A l'E. de la Claire & la Duclere. Le long du faubourg Sedain & cenſe de Vaiſe à l'Oueſt. *A LYON*...... 4 l.

MADRID....	S.O.	Lyon, de Lyon à Madrid...	273
MANS (le)...	N.O.	Orléans & au Mans........	139
MARSEILLE....	S.	Lyon & à Marseille.......	103
Matour........	O.	Nevers par Charolles......	6
METZ......	N.E.	Chalon & à Metz.........	87

MEXIMIEUX Route de traverſe...S... 15 ⅓

De Macon à *Châtillon-lès-Dombes*... 6 l. *Voyez cette route.* De Chatillon on paſſe la Chalaronne, riv. Fourche du chem. de Trévoux & Lyon. Entre le ham. de Buenant & Thiboulet. Pont, ruiſſ. & hameau de Monthieux. Etangs à ¼ l. E. de Rodet & St.-Cyr +. A Beſſay ½ l. de St.-Chriſtophe. Étang à ¼ l. N. de Sandran .. A Girduſt & à l'étang de Janet. ½ l. Oueſt de Beaumont +. A Moiroux & étangs Gavignons. Étang & grange de Langeniet. ¼ l. E. de Bouligueux +. Étang & pet. bois à ¼ l. du chât. de Vernouſe. Au moulin Révérend & *à Villars*..... 4 l. Aux Oures & le cachet. E. de l'étang Turlet. Étang & grange de la Bourdonniere. A Arbuſſon & Verſaillieu +. Traverſe des étangs de *Chalamont*.... 3 l. De Chalamont à *MEXIMIEUX*.... 2 l. ½ *Voyez de Bourg à Lyon.*

Montmerle........	S.	De Macon à Lyon........	6
MONS..........	N.	—— Reims & à Mons.....	129

MACON.

MONTPELLIER. S.O.		Lyon & à Montpellier...... 94
Montpont........ E.		Lons-le-Saunier........... 9
MOULINS... N.O.	DE MACON à	Et de Moulins à Charolles.. 33
NANCY...... N.E.		Chalon & à Nancy........ 75
NANTES....... O.		Orléans & à Nantes....... 163
Nantua........ S. E.		Bourg, de Bourg à Genève.. 21
NARBONNE... S.O.		Lyon, de Lyon à Narbonne. 117
Neuville-lès-Dombes S.		Châtillon-lès Dombes & Neuville. 8

NEVERS. *Route de traverse*... N. O....... 38½

De Macon à *Tramaye* +.... 5 l. *Voyez la route de Macon à Roanne*. De Tramaye à Romagne. Côte de Tramaye à trav. Vallon entre les murs de Montillet. Pont & riv. de Grosne. ½ l. N. de St.-Léger. A la Tuilerie. Pont & riv. de Grosne. A la vallée, au pied de la côte & église de Trembly +. Fourche du chem. & à 1 l. N. E. de *Matour*. A la Toule. Côte chât. d'Audour, à ½ S. de Dompierre. Au gr. chemin & Charmon. N. de l'étang de Millede, des Pas, Charnay, du chât. & ham. de Villard. Vallon, côte & ham. de Ressie. ½ l. S. du Tertre & vill. de Baubery +. Au N. du chât. de Crary & à Edme, ferme. Vallé & vill. d'Ozoles +. Côte & ham. des Blanchards. ½ l. E. de Verneuil. Vall. étang & moul. de Moulins. Au moul. la Cour. Côte & bois à ½ l. E. de Marcilly-la-Gueurce +. Vall. riv. & moul. de Moleron. ¼ l. O. de Vaux & bois de Beaulieu. *A Charolles*...... 6 l. De Charolles à Bourbon-l'Ancy.... 12 l. *Voyez de Moulins à Charolles*. De Bourbon on passe au bas de St.-Martin. Côte & ham. de St.-Denis. Au port du Fourneau. Pont & moulin de Souvry sur la Somme. Côte rap. de Bassicot : *belle vue*. A Pinon-Souillards & Lesme +. A l'E. des cours Poitreaux. Vallon & Censes des Colas & Boulegre. Entre Sancoins & le port de Teuillons. Le long O. de la côte & vill. de Vitry +. A Montigny, E. du chât. d'Ambly. Vallée, pont, ruiss. & ham. de Verdelet. Côte & vignes à 1½ l. E. de Trisy-sur-Loire. *A Crona*... 3½ l. Pente rap. à 1. l. E. de Ganat +. Vallon & riv. de St.-Seine à pass. Côte de Pont & vill. de Tannay +. Le long du bois, à ½ l. de Montambert, Prieuré. Étang & moulin au Loup. A St.-Hilaire-sur-Loire +. A Charin +. Aux Arblas & Dornand. A Devray + & le long des bois. A Brain : *belle vue sur la Loire*. A St.-Privé-lès-Decise..... 5 l. De St.-Privé à NEVERS... 7 l. *Voyez de Chalon-sur-Saone à Nevers*.

Orgelet......... E.	Bourg & à Orgelet........ 20
Orient. (l')...... O.	Otléans & à l'Orient...... 203
ORLÉANS .. N.O.	Chalon & à Orléans....... 87
PARIS.. N.p.O.	Chalon & à Paris......... 98
PAU......... S.O.	Limoges & à Pau......... 184
Paray-le-Monial N.O.	Moulins par Charolles..... 14
PÉRIGUEUX... O.	Limoges & à Périgueux..... 105
PERPIGNAN ..S.O.	Lyon & à Perpignan........ 132
Plombières...... E.	Besançon & à Plombières.... 62
POITIERS... O.	Limoges & à Poitiers...... 111
Poligny......... E.	Lons-le-Saunier, delà à Besanç. 30

(column label: DE MACON à)

PONTARLIER. Grande route... E...... 42

De Macon à Bourg... 8 l. A Lons-le-Saunier... 16 l. & à Pontarlier.... 18 l.

Chemin de traverse.................. 42

De Macon à *Pont-de-vaux*..... 4 l. *Voyez de Macon à Lons-le-Saunier.* De Pont-de-Vaux on passe devant les Ursulines, la côte de Verchere & Olivier. Le long N. de Ste.-Beningne ✝. A 1 l. S. d'Arbigny ✝. Fourche de la route de Lons-le-Saunier. $\frac{1}{2}$ l. N. de Chavannes ✝ sur-Reyssouse, & St.-Étienne. 1 l. de bois à traverser. Entre Grandval & Molardory. *A St.-Trivier* de Courtoux ✝... 3 l. Au S. de Bailly & de Courtoux ✝. A Fessole. Bois, côte, étang, pont & riv. de Sanevive. A Morachiet, $\frac{1}{2}$ l. S. de St.-Nizier-le-Bouchou. $\frac{1}{2}$ de bois à passer. Grand moulin, étang & petit Népillat. Vallon & pointe du grand étang de Vercel. Côte & bois à passer. Au S. de Cormot ✝. Vallon, pont & riv. de Sevron. Au Gruay. $\frac{1}{4}$ de bois à passer & côte de Biolay. Vallon, pont & moulin de Lechaux-sur-Solnan. Côte à $\frac{1}{4}$ l. S. de Condal ✝. Au S. de Villeneuve. $\frac{1}{4}$ l. N. de Donsure ✝ $\frac{1}{4}$ l. de bois à passer. Pont, moulin Fevre & moulin neuf sur le Bief de Besançon. A $\frac{1}{4}$ l. S. de St.-Sulpice. Côte au Sud de la grange Colombette. Pont & ruiss. de Balanos. *A St.-Amour* 5 l. De St.-Amour à Pontarlier... 30 l. *Voyez de Bourg à Pontarlier.*

Pont-de-Vaux.... E.	De Macon à Lons-le-Saunier. 4
Pont-de-Veyle.... S.	—— à Châtillon-lès-Dombes. 2

MACON.

REIMS....... N.	De Macon à Châl. & à Reims. 94
RENNES..... O.	—— à Nantes & à Rennes. 189

ROANNE. Route de traverse... S. O..... 16

De Macon & faubourg de la Barre on passe au S. de Chanot & de la Flace. Fourche du chemin de Charolles. $\frac{1}{4}$ l. S. de Charny. Côte de vignes & chât. de Condermine. Au moul. du pont sur la petite Grosne. A St.-Léger + & aux Malvetus. $\frac{1}{4}$ l. S. de Dravayé. Côte, vignes & carrières de marbre. A Souttré: *bon vignoble*. Côte à $\frac{1}{2}$ l. S. de Vergisson +. $\frac{1}{4}$ l. N. de Chasselas +. Source de la Darloy, riv. A la Grange du bois & côte rap. à passer. Vallon & ham. de la Bruyere. *A Serrieres*..... 3 l. (*ou de Macon*) à Changrenon, chât. à $\frac{1}{4}$ l. de Charnay. Côte de vignes de Verneuil. $\frac{3}{4}$ l. S. de Chevany +. $\frac{3}{4}$ l. N. de St.-Léger +. Pont & riv. de petite Grosne. Prisse + & la Combe. Chât. d'Essertaux à $\frac{1}{4}$ l. St.-Sorlin +. $\frac{1}{4}$ l. de Bussieres +. Aux Bruyeres, en face & S. de Pierreclaud +. Devant la mont. & le chât. *A Serrieres*... 3 $\frac{1}{2}$ l. Pont, riv. de pet. Grosne & ham. de Farge. Colline & ham. de Montmain. Côte rap. & bois à trav. A Tramaye + & source de la Valouze. Mont de Tramaye, à $\frac{3}{4}$ l. N. de Germolles; au N. de la Garde. Ham. & moul. du pont Charat-sur-Grosne. $\frac{1}{4}$ l. S. de St.-Léger-la-Bussiere. $\frac{3}{4}$ l. N. de Trades +. Côte rap. de Chaux à $\frac{3}{4}$ l. N. du chât. des Collettes. A la Forge, O. de St.-Pierre-le-vieux +. Entre les Goya Dardy & la Cour au S. Les Nayes & Armont au N. Au Bagey & à Flacelliere. Traverse de la chaîne qui sépare le bassin de la Saonne de celui de Loire. Au S. du chât. de Thelay, au sommet. Entre deux bois, $\frac{1}{4}$ l. N. du tertre de St.-Bonnet des Bruyeres, *mere Eglise d'Aigueperse*. A Chevagny-le-Lombard, & à *Aigueperse* de St.-Bonnet....... 3 l. Au chât. de la Bruyere. La Barre. Pont, riv. & ham. des Bordes. Côte à $\frac{1}{4}$ l. N. O. de St.-Igny de Vaire +. Vall. & ham. de Vaire. Pont, moulin & riv. de Sornin. Côte de Vaudemain à $\frac{1}{4}$ l. N. de la Garde. $\frac{1}{4}$ l. S. E. de St.-Racho. Vallon & ham. de Baisset *ou* Baiset. A Gartet, N. d'Anglure. Au Murger, Boramet & Fournat. $\frac{1}{2}$ q. l. S. de Mussye +. Au Bazard & pont Chevalier. Pont & riv. de Mussye. $\frac{1}{4}$ l. S. de Chassigny-sous-Dun +. Aux Pins & route de Moulins à Villefranche. $\frac{1}{4}$ l. E. de *Châteauneuf*.... 4 l. A Tancon +, $\frac{1}{4}$ l. E. de St.-Martin-de-Lixy +. A Lachipen & Robin. Le Clocher. $\frac{1}{2}$ l. N.

O. de Mainly +. Le long du bois & chât. de Bernay. Côte & Prieuré de Perrières. Pont & riv. de Botoret. Avenue de Gatelies à ¼ l. O. de St. Denis de Cabanne +. *A Charlieu*... 2 l. De Charlieu *à ROANNE*.... 4 l. *Voyez d'Autun à Roanne.*

ROCHELLE (*la*). O.	Limoges & à la Rochelle...	137
ROUEN..... N. O.	Paris & à Rouen..........	128
St.-Amour...... E.	Bourg, de Bourg à Lons-le-Saun.	14
ST.-CLAUDE.... E.	Bourg & à St.-Claude......	26
St.-Gengou...... N.	Tournus, de Bourg à S. Gengou.	12
St.-Trivier de Courtoux......... E.	Pontarlier par St. Amour...	7
Saint-Trivier-lès-Dombes...... S.	Trévoux...............	8
SAINTES...... O.	Limoges & à Saintes.......	120
SENS..... N. p. O.	Chalon & à Sens..........	68
Spa......... N. E.	Liége & à Spa...........	139
STRASBOURG.. E.	Besançon & à Strasbourg....	92
Toissey......... S.	Trévoux...............	5
TOULON....... S.	Lyon & à Toulon.........	112
TOULOUSE.. S. O.	Lyon & à Toulouse........	155
Tournus.... N. p. E.	De Chalon à Macon.......	7
TOURS..... N. O.	Orléans & à Tours........	115
TRÈVES..... N. E.	Metz, de Metz à Trèves....	112

TRÉVOUX. Route par Eau.... S..... 12

A Macon on s'embarque jusqu'à Trévoux dans le Coche de Chalon.

Route par Terre...................... 12

De Macon au Pont-de-Veyle..... 2 l. *Voyez de Macon à Châtillon-lès-Dombes.* A Mons, ¼ l. N. O. de Laix +. Côte & ham. du haut Corcelle: *belle vue.* Aux Gonnets ¼ l. S. E. de Cormaranche +. A Nuaillat & à la Forest. Pont & riv. d'Avalon. Aux Lainards & Debaux. O. de Bays + & de Garnerans +. A Trevegiroux, vis-à-vis du chât. de la Platte. Au bas Meseriac, ½ l. E. de Merege. Aux Ongeres. St.-Didier-de-Vallin +. *Toissey*..... 3 l. Pont & riv. de

MACON.

Chalaronne. Chât. des Deaux & Serrans. O. de Fleurieux, *vignoble*. Le long O. de Moigneneins +. E. de la Saone, riv. A l'O. de Chevagneux & Peyfieux +. A Genouilleux +. Guerrins +. ¾ l. E. de *Belleville*. Pont, ham. & moulin de la Guillotiere-fur-Calomne. Côte & vignes à ½ l. O. de Monceaux. Vis-à-vis de Revolet, ferme ½ l. de vignes à trav. Chem. & à ¼ l. E. de *Montmerle*...... 3 l. ½ l. O. d'Amareins. Le long O. de la côte de vignes & vill. de Lurcy +. A Meffimy +. Pont & moulin fur la Martre. A Poyabedon & à l'E. de Montbrian. ½ l. O. de Chalains +. A Villette, ½ l. E. de Flecheres, chât. vall. & vignes à l'E. de Farains +. ¾ l. E. de Beauregard +. ½ l. O. d'Ars +. ½ l. E. de Frans + & 1 l. de *Villefranche*. Côte à l'O. de Cibeins. Avenue du chât. de Boujard. ¼ l. O. de Miferieux +. A Ste.-Euphémie +. Pont & ruiff. de Froman. Chemin de Bourg à Trévoux. A ½ l. E. de St.-Didier +. ¼ l. O. de Touffieux +. ½ l. de bruyères à traverfer. *A TRÉVOUX*.... 4 l.

		DE MACON à		
TROYES.......	N.		Dijon & à Troyes..........	65
VERDUN....	N.E.		Dijon & à Verdun.........	85
Verdun-f-Saone.	N.E.		Chalon, de Chal. à Befançon.	19
Vichy.........	O.		la Paliffe & à Vichy........	28
Villars........	S.		Meximieux................	10
VILLEFRANCHE.	S.		Lyon par Villefranche.....	9
Yoingt.(bois d')	S.p.O.		Villefranche & bois d'Yoingt.	12

ROUTES ET CHEMINS DE TRAVERSE DU MANS

{ *Diftance du Mans.* }

	à	DU MANS à	Voyez	lieues.
ABBEVILLE..	N.E.		Rouen & à Abbeville......	77
AIX.........	S.E.		Poitiers & à Aix..........	198
ALENÇON.....	N.		d'Alençon au Mans.........	13
Amboife......	S.E.		Tours & à Amboife........	26

AMIENS......	N. E.	Paris & à Amiens.........	82
Andelys (les)....	N. E.	Évreux & aux Andelys.....	46

ANGERS. Grande route... S. O... 22

Sortant du Mans on passe devant & à l'O. de la Mission. ½ l. de plaine à trav. en passant à ¼ l. O. de Lepau, Abb. A Pontlieue ✝. Pont & moul. sur la riv. d'Huisne. Carref. des routes de Tours, Vendôme & Saumur. Côte à 1 l. E. du petit St.-Georges du Plain ✝. Dev. O. de la Fresnellerie, E. d'Huchepie. Vallon & ham. des Dehais. Dev. E. de la Reinerie. Pente rap. de la Jugerie. Landes & cense de la Saulaye. A Arnage-sur-Sarthe ✝. Pont & ruiss. du chât. de Chatons. Le long E. de la Sarthe à ½ l. E. de Spay ✝. A l'E. de la Goderie & des Matefeux. Entre deux pet. bois & à l'O. des Herveries. Bois & avenue à ½ au N. E. de Tillé ✝ & du chât. du Gros Chenet, au-delà de la Sarthe, riv. A Chambellain & au Nivier. ½ l. de bois à trav. Entre le Plessis & la Sitrie. Pont sur la Rome, entre le bourg de Gueceslard, & à l'O. des Bordages. Pont & ruiss. des étangs de St.-Ouen. A Gueceslard ✝. Dev. E. de Jarrier. 1 l. des Landes du Bouray à trav. A la Chenaye; au bas O. de Parigné-le-Potin ✝. A la Forterie & les Perrays, chât. Détroit entre des bois que l'on passe. Entre le Busson & la Moricière. Côte rap. de Couleart. Pont à ¼ l. O. de la Poterie & du vill. de Cerens ✝. A Fouilletourtre. Pont & moulin sur le Fessard, ruiss. Le long E. de l'étang, ham. de la Braudiere. Côte & ham. des Brardieres. ½ l. de bruy. à passer. Pont & moul. de la Ferrière sur les Preaux, riv. A la Porcherie, ½ l. E. de la forêt de Vadre. Le long O. du mur de l'abb. de la Fontaine. ½ l. de landes à trav. en passant entre un pet. bois & la forêt de Vadre. ¼ l. E. de Ligron ¼ l. O. de St.-Jean de la Motte. ½ l. de bois à passer à l'O. du chât. des Troncheries. Vall. & cense de la Beaucerie. Au chât. Sénéchal. La Maltiere & à la Faverie. Vignes, Rochefort & pente rap. Vall. & vill. de Clermont-Galleraude ✝. Pont au N. de la Piletiere & à ½ l. de Créans ✝. A la Monerie, le Doussay, & au bas de la côte de vignes. A la Transonniere. ½ l. de plaine, à ¼ l. S. de St.-Germain du Val. Faubourg au N. de Ste.-Colombe, pré sur le Loir. *A la Fleche*... 10 l. Faub. & fourche de la route de Rennes, & au S. de N. D. des Vertus & Saint-André. Aux Touches, à ¼ l. S. de Verron ✝. Dev. N. de la

MANS. (le)

Motaye & des Courbes. Sud de la Lisardière. Pont de l'Arche & moulin des Pins sur Loir. Plaine à ½ l. S. d'une belle côte de vignes, & à ¼ l. N. du Loir, riv. Avenue des moul. de Navrans-sur-Loir. Avenue des Mortiers. A la Bodusseraye. La Ronce. ½ l. N. de Cré-sur-Loir +. Pont à ½ l. S. du chât. de Fontaine au bas des vignes. A Bazouge + & dev. le chât. Pont, le long du Loir & moul. de la Barbée. Avenu du chât. de la Barbée. Pont au N. du bois & étang de la Barbée. Dev. S. de Changeré & la Bonnière. Aven. & à ½ q. l. N. de la Sigonnière. Entre la Fontaine & Ballé. A Gouis +. Côte de St.-Laurent, à ¼ l. S. du château & tertre de vignes. Pont & riv. d'Arglance, à ½ l. N. E. de St.-Léonard, abb. *A Duretal*... 3 l. Pont & riv. de Loir à passer. A St.-Léonard, abb. & route de Tours. Justice à ¼ l. S. du chât. de Serin-sur-Loir. Côte & cense de la Touche. Pont & ruiss. de Cheviré. Le long N. O. de la forêt Chambiers & à l'E. du Loir. Vis-à-vis O. de la Maison neuve. ½ l. E. de Huillé +, *gros vignoble* au-delà du Loir. Entre Chaunay & la Mauvoisinière. Aux Chahuillières, E. de Lesigné +. Pente rap. des Cloteaux. ½ l. de vallée, en pass. à l'O. de Portail & Chaussemerie. Pont à ¼ l. & au bas N. O. de la chapelle de St.-Laud +. Côte & ham. de Bourgneuf. Pente rap. & vallée à trav. en pass. au pont, à ¼ l. E. de Marolles, fief. A l'O. des Grois, & aux Malottières. ¼ l. E. du bois & abb. du Verger. A l'Est de Mathefelon & la Goguerière. ¼ l. O. de Marcé +. Pente rap. du pont Herbault. Pont & ruiss. à ½ q. l. E. de Seiches+. Côte rap. & belle vue sur le Loir. Vall. pont & ham. de Suette-le-Bois. Côte à 1 l. N. O. des bois & abbaye de Chaloché. A Vaux, O. d'Ardanne. La Jussinière. ¼ l. E. de Corzé-sur-Loir. A Pantaloup, O. de Voisin. Pont & ham. de la Lardière. ½ l. S. E. de Villevesque +, & à ¼ l. de Soncelle + au-delà du Loir. Pont au S. E. de la Parerie. Dev. E. de Fremoulin & la Bezardière. A Preciat, vis à-vis O. de la Barillière. A Pellouaille +, ¼ l. E. de St.-Silvain +. Entre le moulin à vent & la haie Joulin. ¼ l. de bois à passer, & entre la gr. & petite roue. Vall. & grand Nonet, à l'E. d'Eparvière. Côte à ¼ q. l. O. d'Echarbot, fief. Entre Taunet & la Singerie. A la Baronnerie, O. de Ste.-Anne. A la Vendange. Route & bois du château d'Eventard. ½ q. l. E. du fief de Monplaisir. Entre Gourné & Benechait. Entre la Pinterie & la Chenaye. A l'O. des moulins & de la Papillais. Pont à ½ l. N. du village &

Ardoisières de Saint-Léonard. *A ANGERS*...... 9 l.

ANGOULÊME... S.	Tours & à Angoulême.....	80
ANTIBES.... S.E.	Aix & à Antibes..........	239
Argentan........ N	Alençon & à Argentan.....	23
ARLES....... S.E.	Poitiers & à Arles par Lyon.	222
ARRAS...... N.E.	Paris & à Arras............	95
AUCH........... S.	Poitiers & à Auch.........	162
AUTUN...... S.E.	Orléans & à Autun........	127
AUXERRE...... E.	Orléans & Auxerre........	90
AVIGNON... S.E.	Orléans & à Avignon......	203
AVRANCHES. N.O.	Alençon & à Avranches....	47
BAR-LE-DUC... E.	Paris & à Bar-le-Duc......	113
Barrège......... S.	Auch & à Barrège.........	195
BASLE......... E.	Orléans & à Basle.........	177
Baugé....... S.O.	Saumur par la Flèche......	18
BAYEUX... N.O.	Caen & à Bayeux.........	44
BAYONNE... S.O.	Bordeaux & à Bayonne.....	170
Bazoche... N. p. O.	Alençon.................	3

BEAUFORT. Route de traverse...S.... 22

Du Mans à Baugé...18 l. *Voyez du Mans à Saumur par la Flèche.* De Baugé on passe la riv. de Couasnon. Avenue & à l'O. du chât. de la Gouberie, & carref. de la route de Tours. Côte à ½ l. E. du vieil Baugé. A la Faye: *belle vue.* Vallée à l'E. de la riv. de Couasnon. O. de Landifer. Côte du Pressoir à ⅕ q. l. E. de Vilgue. Aux Renardières, ¼ l. O. du chât. de Parpacé. A l'E. de Vilguenais, & O. de la Joretterie. ½ q. l. de Chatrené +. Pont & ruiss. du chât. d'Auberdière. Aux Forges, ¼ l. N. O. de Cuon +...2 l. Détoit entre deux montagnes & des bois. Vis-à-vis O. de Marigué & Gauveliere. Détoit *ou* gorge entre des côtes de bois. Avenue & à ½ q. l. N. du chât de Monet. ½ l. O. de Sobs +. Bois & cense de la Gauderie, & à l'E. du gr. Prince. Pont, ruiss. de Brené, à ¼ q. N. O. de Brion +. A la Pigeonnière & la Tailleraye. Au carref. entre le petit Monet & Roujon. A Norette, ⅓ l. O. du chât. de la Blinière. *A BEAUFORT*.... 2 l.

MANS. (le)

Beaumont-le-Vic. N.	Alençon.................	7
Beaucaire...... S. E.	Orléans, Lyon & à Beaucaire.	221
Beaugency....... E.	Vendôme & à Beaugency....	30
BEAUVAIS.. N. E.	Dreux & à Beauvais........	57
Béfort.......... E.	Orléans & à Béfort........	145
Bellesme....... N. E.	Bonnetable & à Bellesme....	14
BESANÇON. E. p. S.	Orléans & à Besançon......	124
BLOIS....... S. E.	Tours & à Blois..........	35
Bolbec.......... N.	Rouen & à Bolbec........	62
Bonnestable... N. E.	Bellesme................	7
Boulloire....... E.	Vendôme................	6
BORDEAUX. S. O.	Poitiers & à Bordeaux.....	115
Bourbon-l'Ancy. S. E.	Moulins & a Bourbon......	89
Bourbonnes-les-B. E.	Langres & à Bourbonnes....	122
BOURG-en-Bresse S. E.	Orléans & à Bourg........	146
BOURGES.... S. E.	Tours & à Bourges........	63
BRUXELLES. N. E.	Paris & à Bruxelles........	121
CAEN.... N. p. O.	Alençon & à Caen........	37
Calais...... N. p. E.	Rouen & à Calais........	107
CAMBRAY... N. E.	Paris & à Cambrai........	94
CHALONS-s-Marne E.	Paris & à Châlons........	92
CHALON-sur-S. S. E.	Orléans & à Chalon.......	116
Charleville... E. p. N.	Paris & à Charleville......	108
CHARTRES. E. p. N.	Nogent & à Chartres......	28
Châtre. (la)... S. E.	Tours par la Châtre.......	12
Château-Dun.... E.	Orléans par Château-Dun...	21

CHATEAU-GONTIER. *Route de traverse*. S. O. 20

Du Mans on passe le faub. & dev. St.-Lazare. Pont & ham. des Arches à l'E. de Château-Gaillard. A l'Épine, vis à-vis O. du confluent de l'Huîne. Côte & vill. du petit St.-Georges + à 1 l. O. d'Allonne +. A la Croix Georgette. Carref. du chem. de *Vallon*. Aux Fondus, O. de la Sarthe, riv. ½ l. O. du vill. d'Allone +. Pont à ¼ l. E. de St.-Georges-le-Grand +. A Cheville, & le long E. du bois des Teillais. A Coutru, ½ l. O. de Voevre +, & ½ l. d'Espuy +. Aux Rouzières. Pont à ½ l. S. de Vœvre, au-delà de l'Orne, riv. Au Mortier-Poury, O. de la Moutiere. A la Boulinière. Pont & moulin de Beaufeu-sur-Orne. Aux Trunetières, ½ l. O. de Royzé +. Au pont de Laune-St.-Michel. Pont & riv. de Sarthe. *A la Suze....* 5 l. Côte entre Patras & le Freu. Dev. E. de la Maladerie. 2 l. de landes à trav. en pass. dev. la Bergère. Pente rap. de la Chambronnerie. A l'O. du bois & ham. de la Huardière, au S. de l'étang, & à ½ du vill. de St.-Jean du Bois. Côte & ham. des Noés blanches, à 1 l. N. de Mezeray +. 2 l. du chât. de la Suze, & ½ de St.-Jean du Bois + & du château de la Houssaye. Dev. & au N. des Chênes-Gauthier. Au Jarrais, 1 l. ¼ du chât. & vill. de Courcelles +. Bois & ham. des Abreuvoirs. Vignes, vall. & chapelle de Chilou. Côte de vignes à trav. A la Vrillière & *à Malicorne.....* 3 l. Dev. & au N. du chât. Pont & riv. de Loyer. Vis-à-vis S. du pont Frezier sur la Sarthe. Au N. de la Courjartière. ¼ l. de landes *ou* bruyères à trav. Au N. des Besnières, ½ l. S. de Dureil. +. A la Herquenoirie, ½ l. S. du beau chât. de Pescheseul. Pont, moul. sur Sarthe, & ruiss. de Monsoreau. Au N. de l'Oisellerie. A la Benotière & devant Rousan. Côte au S. du ham. de la Monnerie & du moulin des Guerres. Au-dessus & le long de la Sarthe & du parc de Pescheseul. Dev. le gr. Cimetière, *à Parcé...* 2 ½ l. Entre la Chapelle St.-Martin & Champagne. A la Marre & ¼ l. de bois à passer. Dev. la Bernardière & la Barbarinière. A la Louclaisière. Le long du parc & au S. du chât. de Beaucé. A la Guillaumerie. Au clos Messu, ½ l. S. de Juigné +. A Solesme-sur-Sarthe & *à Sablé...* 2 l. ½. Au faubourg de Bouere. Le long du parc & dev. les Granges. Vall. pont & riv. de Vaige à pass. Chaussée de l'étang du Baillet. Pente rap. en côtoyant un petit bois. Au S. du bois & cense de Molancé. Pente, vall. & ruiss. A St.-Brice +, ¼ l. S. de Bellebranche, abbaye. Au Coudray. ½ l. du chât. de la Vouzière. Vallon, ruisseau & village de Bouere+.... 3 ½ l. Au N. du gr. Plessis & de Chanay. Le long du bois & avenue de la Cheluere. Vall. & vill. de Gennes +. 1 l. de plaine à passer. *A CHATEAU-GONTIER......* 3 l. ½.

Autre Chemin.

Du Mans à la Georgette. *Voyez ci-dessus.* A Pessieux, ½ l. N. d'Allonne +. Au Mortier & Bignon. Au S. du gr. Peissieux, chât. & du vill. de Prouillé +. Dev. Brimbert,

MANS. (le)

ham. & côtes des haut. Forges. *A St.-Georges-le-Grand*+..2 l. Vallon, pont & rivière d'Orne. A la Saulerie, ½ l. Sud d'Eſtival-lès-le-Mans. A la Beaumerie, au bas Sud du moulin de la Creve. A la Taconnerie, ¾ l. S. du chât. de Vandeuvre. A la Chalerie, vall. pont & ruiſſ. de Renom. A Souligné +. Le long du parc & chât. des Épichelières. Entre Launay & les bois Robert. A la Malvoiſine, ¼ l. N. d'Athenay +. Vall. pont, riv. de Geay, & *à Vallon*...3 l. Pente rap. & vall. à trav. en paſſ. aux Ribardières. Au S. de Teillau, ½ l. S. O. de Taſſillé +. Au gr. Trouſanon *ou* Treuſanon. Au S. du Tillet, ¼ l. N. de St.-Chriſtophe +. A la Lande & au chem. de *Loué*... 2 l. Pont & riv. de Vegre à paſſer. A Mareil +. Pont, riv. de Palais, & à l'Épine. Aux gr. Maiſons S. du bois de l'Iſle, Champis & Beauregard. Vall. ruiſſ. côte & bourg de *Brulon*. A la croix Cornay & pente rap. Pont, ruiſſ. à ½ l. N. O. de Chevillé +. Côte & vill. d'Aveſſe +... 2 l. Aux Rouertes & aux Châtelets. Bois de St.-Brice à trav. & à la Morlière. Bois des Fourneaux & pente rap. Pont & riv. d'Evrel. *A Sablé*... 3 l. (*ou du chemin de Loué*). Au moulin de la Baguerie ſur Vegre. A Beauvais & la rue de la Bertrie. A St.-Ouen +. ½ l. O. de la Ville-Dieu, Prieuré. A l'O. du chât. de Thomaſſin & de Chenevière. A Fontenay +. Pont, riv. de Sarthe & vill. d'Aſnière. Aux Cromiers & aux Retalières. Juigné ſur-Sarthe +. Le Tertre. Port & pont ſur la Sarthe. A Soleſmes, abb. & *à Sablé*... 2 l. *Le reſte ci-deſſus.*

Château du Loir.... S.	Du Mans à Tours.........	10
Château-Regnault.. S. E.	—— au château du Loir & à Château-Regnault....	20
Château-Thierry..... E.	—— Paris & à Chât.-Thierry.	73
Châtillon-ſ-Seine. E. p. S.	—— Orl. Auxerre, Châtillon.	89
CHATILLON-*ſur-Sèvre. Route de traverſe.* S. p. O.		40

Du Mans *à Saumur*.. 22 l. *Voyez cette route.* De Saumur on paſſe la riv. de Thoué. Au Port Fauchart & chem. de Doué. A Baigneux +. A l'E. des moul. Bournan. A Montagland en côtoyant la Thoué. Au Menet ½ l. E. de Diſtré +. ½ l. O. de Varrins +. Pont, côte à ¼ l. O. de Chacé +. Moulin à ¼ l. E. de Chetigné. Maiſons blanches à ½ l. O. d'Artannes +, Tertre & bourg du *Coudray-Macouard*. Vall.

& vill. de St.-Aubin +. Tertre & ham. de Bron à trav.
Vall., ruiff. & cenfe de Ruau. Côte de vignes à trav. en
paff. devant la Salle. A St. Hilaire-le-Doyen +. Pente
rap. de l'Enfer & Chapelle St. Jacques. Pont & riv. de
Thoué *ou* Thouars. Côte & ville de *Montreuil-Bellay*... 4 l.
Plaine & vill. de Lenay +. ¾ l. E. de Vaudelenay +. A la
Charpenterie. Prairie & ruiff. à paffer. Entre St.-Martin
de Sanzay + & Château-Gaillard. ½ l. E. de Baigneux +.
Entre Peloffe & la côte, à ½ l. N. O. de Brion +. Carref.
du chem. de Thouars à Angles. Pont & moul. de Taifon
fur la Thouars. A Argenton-lès-Egiifes +. Pont de Breuil-
fur-Argenton. A St.-Paul de Bouillé +. Traverfe des bois
de la Garenne & près d'Ulcot. Au Breuil & à *Argenton
le Château*..... 8 l. Entre Bourgneuf & l'Hôpital. Aux
Loges, ¼ l. N. de Boeffe +. Grande & petite Rablais.
Entre Cervaux & les moulins à vent. Côte & vall. de la
Roche-Audebond. A la Noue, ½ l. N. O. de la Vacherefle.
Au Aubier... 3 l. A la petite Grenouillière. Côte de la
Pochonnière, vall. & ruiff. A St. Aubin de Baubigné + ¼ l.
S. du chât. de Durbillière. *A CHATILLON fur-Sèvre*... 3 l.

Cherbourg.... N.O.		Caen & à Cherbourg.......	64
Cholet........ S.O.		Angers & à Cholet........	40
CLERMONT.. S.E.	DU MANS à	Limoges & à Clermont.....	118
Conlie....... N.O.		Alençon par Conlie.......	5
COUTANCES. N.O.		Alençon & à Coutances.....	58
DEUX-PONTS. E.		Paris, Metz & à Deux-Ponts.	152
Dieppe....... N.E.		Rouen & à Dieppe........	62
DIJON..... S.E.		Orléans & à Dijon........	122

DOMFRONT. Route de traverfe... N.O... 24

Du Mans à *Sillé*.... 8 l. ½. *Voyez du Mans à Mayenne.*
De Sillé on monte la côte & au ham. des Ebouleries. A
la Ravannière, ¼ l. N. E. de Grez +. Fourche de la route
du Mans à Mayenne. ¾ l. de la forêt de Sillé à trav. A la
Boiffière & aux Apprêts. Pont & riv. d'Orthès & au bas E.
de la Chalottière. Détroit entre deux monts & le bois
Clairet. Vall. pont & cenfe du Gué. A l'E. de la côte &
bois Mouffais. Vis-à-vis S. de la Martinière. Vallon &
ham. de la Chauvière. Côte à ½ l. O. de St.-Germain-de-
Coulamer +. Vall. pont & ham. des Vanneries. Pont &

moulin sur la riv. de Vaudelle. Hauteclaire & au carref.
Pente rap. & ham. de la Noé. ¼ l. E. du vill. & chât. de
St.-Thomas de Courceriers. Pente rap. à l'O. de la Pierre.
A Courcite +. Pont, côte & ham. de la Gaillarderie.
Pont, moulin neuf sur la Merdereau. ½ l. de belle vallée
de Villaine à passer. *A Villaine-la-Juhel*..... 5 ½ l. Dev.
St. Georges de la Villaine. Pente rap. & fourche du chem.
de Mayenne. Aux gr. Vauxboirs & côte de la Guilère.
Belle vallée en passant entre Hayes & Lallée. A la Ter-
rière & pente rapide. A l'E. de la Boucassière & de la
Rousselière. ¼ l. E. du vill. de Ham +. A la Guionnière,
¼ l. O. des étangs & chât. de Villeray. Côte & ham. des
Vieux Cours. Pont & riv. d'Aisne à passer. Pente rap. &
carref. de la route de Paris à Rennes. A la Herpinière,
la Truchonnière & à Charchigné... 3 l. *A Lassay*... 2 l.
De Lassay *à Domfront*.. 5 ½ l. *Voyez d'Alençon à Domfront.*

Autre Chemin

Du Mans *à Grazay*... 15 ½ l. *Voyez du Mans à Mayenne.*
De Grazay à la Folelière. Pont & riv. d'Aron à passer.
A Marcillé-la-Ville. Pente rap. & ham. de la Planière.
Le long E. du Housseau. A la Mordantière & à Chaigne.
La Vannière & landes à trav. A la Barboire. St.-Simon
& les Crochardières. Au Four Coupé & à l'Oratoire.
A Lassay... 4 l. *Voyez la suite ci-dessus.*

Douay.....N. E.		Paris & à Douay..........	96
Dourdan........E.		Chartres & à Dourdan.....	38
Dreux.....N. E.		Versailles................	32
Duretal.......S. O.	d	la Flèche & à Duretal......	13
Dunkerque...N. E.	s	Rouen & à Dunkerque.....	110
Ecomoy.......S. E.	N	Tours....................	5 ½
Elbeuf........N. E.	A	l'Aigle & à Elbeuf........	42
Embrun....S. E.	M	Lyon & à Embrun........	207
Evreux.....N. E.		Verneuil & à Evreux......	36
Falaise.........N.	U	Alençon & à Falaise.......	28
Ferté-Bern. (la) N. E.	D	Dreux...................	9
Flèche. (la).....S.		Angers...................	10
Fresnay-le-Vic. N. O.		Domfront................	10
Genève.....S. E.		Lyon & à Genève........	198

Givet.......... N. E.		Paris & à Givet........... 118
Grand Lucé...... S.		Tours par Grand-Lucé..... 8
Granville..... N. O.		Avranches & à Granville... 53
GRENOBLE... S. E.	DU MANS	Lyon & à Grenoble....... 187
Guierche. (la).. S. O.		Rennes par la Guierche.... 30
Havre-de-Grace... N.		Rouen & au Havre........ 69
Jarzé.......... S. O.		Angers................. 15
Landau........... E.		Paris & à Landau......... 169
LANGRES... E. p. S.		Orléans & à Langres....... 125
LAON.......... N.		Paris & à Laon........... 84
	LAVAL. Route de traverse... O. p. S.	19

Du Mans on passe le faubourg & devant St.-Pavin-des-Champs ✝. Bourg de St-Pavin. Côte des Grandes Rues & aven. du chât. *Belle vue sur la ville du Mans.* Entre St.-Etienne & Puits-Fondu, au S. de Tusculan. A Chanteloup & chemin de *Loué.* ½ l. des bois Pennecière à pass. Dev. N. du tertre. Vall. étang, côte à ¼ l. S. du château de la Groirie. A ½ q. L. S. de Tronge ✝. Entre Bois-l'Abbé & le Casseau. Vis-à-vis S. des Maisons Rouges, le Roux, la Corbinière & la Rabinière. A Laubrière, ½ q. l. N. de Chaufour ✝. ¼ l. de bois à côtoyer, à ¼ l. S. de Degré ✝, la Gourdaine, pont & le gr. chem., fief. *A la Quinte...* 3 l. A la Gatine, 1 l. S. de Domfront en Champagne ✝. Aux Varennes & Maisons rouges, la Champagne, ½ l. S. de Neuvy ✝. Chapelle de Ste.-Anne, & carref. du chemin d'Alençon à Sablé. *A Bernay* ✝.... 2 l. Pont & riv. de Vegre à passer. Entre Bordigné & la Touche. Au N. de la côte & des ham. de la Cone, Chasay & des Buissons. ¼ l. S. du vill. de Tennie ✝. Côte de Montheard, ¼ l. N. du chât. de Sourches. Entre la grande Grange & la Corbinière. Au pressoir & petit bois à trav. Chaussée, étang & ham. de la Guyodière. Côte à ½ l. N. O. du parc, beau chât. & avenues de Sourches. ¼ l. de St.-Symphorien ✝. 1 l. des bois de la petite forêt de Charmé à trav. en pass. au bas N. du Tertre. Chaussée de l'étang, Courcevi, & côte à ½ l. S. de Parennes ✝. ¼ l. du chât. de Courtimanche, Vallon au S. des Morinières. Côte à ½ l. N. de Neuvillette. Entre les trois Graviers. Pont & riv. de Palais à passer. A la maison du Pont. ½ l. de plaine, en pass. à ½ l. N. du chât. de la haute Frenaye. ½ l. N. de la montagne & de la

forêt

MANS. (le)

forêt de la gr. Charnie. A Bouillé & fourche du chemin d'Evron. Côte & vill. de Torcé + : *belle vue*...... 4 l. Vall. & vill. du Viviers en Charnie. Côte & maison de la Croix Rouge. Entre Ferrière & le Poirier de la Garde. Au petit Paris. Pont, ruiss. & ham. de Roinon. A la Touche des Prez. Pont & riv. d'Erre à passer. Aux Granges & chem. d'Evron. Côte & Bourg de *Ste.-Suzanne*... 2 l. Pente rap. & ham. des Taconnières. Côte de la Chauvinière; vall. & ruiss. de l'étang neuf. Côte de la Borde. Vall. & chaussée de l'étang des Landes. Côte & landes à trav. Etang le long S. des bois de Charnie. ¼ l. N. de St.-Léger en Charnie +. *A Bourg-le-Prêtre*... 3 l. Vall. Pont à ½ l. N. de l'étang Ramé. Aux Marsollières. Vall. de la Pommardière. Côte & ham. de la Verrie. Pont, moulin & riv. de Jouanne. A Argentré sous Laval +. A Bonchamp + & *à LAVAL*..... 5 l.

LILLE......	N. E.	Paris & à Lille...........	108
LIMOGES....	S.	Tours & à Limoges........	80
LIZIEUX......	N.	Alençon & à Lizieux......	34
Lude. (le)........	S.	La Flèche & au Lude......	15
LUXEMBOURG.	E.	Paris & à Luxembourg.....	134
LYON.......	S. E.	Limoges & à Lyon........	160
MACON......	S. E.	Orléans & à Macon........	139
Malicorne.....	S. O.	la Flèche par Malicorne....	8
Mansigné........	S.	la Flèche par Mansigné.....	6
MARSEILLE...	S. E.	Aix, d'Aix à Marseille.....	245
Maubeuge.....	N. E.	Paris & à Maubeuge.......	109

MAYENNE. Route de traverse... N. O... 19

Du Mans on passe devant Montheard & à l'O. de l'abb. de Beaulieu. Fourche de la route d'Alençon. Côte & ham. de la Terras. ½ l. O. de Coulaines : *belle vue sur la ville du Mans.* Dev. la croix, fief, O. du chât. des Ruelles. Vall. & vill. de St.-Aubin +. Côte & bois de Milesse à trav. en pass. à l'avenue de Chatenay & vill. de St.-Saturnin +. Pont, ruiss. vill. de Milesse +.... 2 l. Côte, hameau de l'Houmeau & le Houx. Justice à ¼ l. E. d'Aigné +. Au petit Mans, fief, & au S. de Celle. A Montaillé. 1 L de la forêt de Lavardin à trav. en pass. au ham. des Forges, & à la route du chât. & vill. de Lavardin, l'Hôtellerie

& pente rap. Vallée & ham. des Noyers. A Domfront en Champagne +. Belle plaine, à $\frac{1}{2}$ l. N. de la côte & vill. de Curre. Au S. de Chabit & du château de la Touche. *A Conlie*.... 3 $\frac{1}{2}$ l. Dev. & au N. de l'Eglife. Côte de la Jaunelière & au ham. de Cranne. $\frac{1}{2}$ l. E. de l'abbaye de Champagne. A la Lande, 1 l. O. de Neuf-Vivallais +, Touchegane & St.-Jacques, O. de Criffe +. A la marre aux Anes & à la Roche. $\frac{1}{4}$ l. S. de St.-Remy de Sillé, la grange, & fourche du chem. de Beaumont. *A Sillé*... 3 l. Pente rap. & ham. des Ebouleries. La Ravinière. Fourche du chem. de Domfront. Au N. de Salbett, $\frac{1}{4}$ l. de Grez +. $\frac{1}{2}$ l. de la forêt de Sillé à trav. Vallée & aven. du chât. & étang des Bois. A St.-Pierre de la Cour +. $\frac{1}{2}$ l S. de Châtillon, fief. Mont & vill. de St.-Martin de Concé +... 2 l. Au N. du bois & chât. du Puits. Aux Fougerets Corbin. Pont & moul. fur la riv. d'Orthès, & à l'O. de l'étang & des Forges. Pente rap. & ham. de la Tour. A la Forêt, $\frac{1}{2}$ l. N. E. de Courdouens, fief. $\frac{3}{4}$ l. des bois d'Izé à trav. Vall. & vill. d'Izé. Pont & moul. fur la Vandelle, riv. côte & ham. de la Monnerie. Au N. de la Cour-Corbeau. A Préhoudré & vallon. *A Evys*... 3 l. $\frac{1}{2}$ q. l. N. E. de Monteffon. Le long de l'Aubrière & la Lucenière. Côte & ham. de l'Hôtellerie. Pont & riv. de la Monnerie. Entre le moulin & le Bourg de Theil. Côte des petites Aulaines, vis-à-vis de Vau. $\frac{1}{2}$ q. l. du bois de Teil à paffer. Vis-à-vis S. de la Bouffelière. Entre la Broffe & les Aulnais. Pente rap. au N. de la Chenelière. Pont & ruiff. Louillot. $\frac{1}{4}$ l. N. des Roches. A Grazay +. Carref. du chem. d'Evron à Domfront. Entre Monthinaut & le Coudray. Au gros chêne, $\frac{1}{2}$ l. S. de Marcillé +..... 3 l. A Gaffeau, S. de St.-Victor & Vaujoux. Pont au N. de l'étang d'Aron. Ifle à trav. en paff. aux chênes des croix, vis-à-vis S. de la Fourmarière. Au N. de la forge d'Aron à la tête de l'étang Pont, riv. & vill. d'Aron +. Côte & ham. de la Ribay. A la Touche, ham. Au bord des Landes. Aux Maleftiers, la Magdelaine. Faub. & carrefour de la route de Paris à Rennes. *A MAYENNE*...... 2 l.

METZ............	E.	Du Mans à Paris & à Metz...	127
MOULINS....	S. E.	—— Tours & à Moulins...	82
NANCY..........	E.	—— Paris & à Nancy......	134
NANTES........	S. O.	—— Angers & à Nantes...	43

MANS. (le)

NARBONNE...	S. E.	Toulouse & à Narbonne....	194
Noyen.......	S. O.	la Flèche par Noyen.......	7
Orient (l')...	S. O.	Nantes & à l'Orient.......	83
ORLÉANS.....	E.	Tours & à Orléans.........	50
Parcé........	S. O.	Malicorne & à Parcé.......	10
PARIS...	E p. N.	{ Dreux & à Paris.........	51
		{ Chartres & à Paris.......	45
PAU.......	S. p. O.	Bordeaux & à Pau.........	167
PERPIGNAN....	S.	Toulouse & à Perpignan....	209
POITIERS......	S.	Tours & à Poitiers........	50
Pont Vallain....	S.	Saumur par Pont-Vallain...	7
Pouancé.......	O.	Chât.-Gontier & à Pouancé.	22
REIMS........	E.	Paris & à Reims..........	89
RENNES......	O.	Laval & à Rennes........	39
ROCHELLE (la)	S. O.	Poitiers & à la Rochelle....	83
ROUEN....	N. O.	Alençon & à Rouen.......	48
Sablé........	S. O.	Angers par Sablé.........	11
St.-Christophe....	S.	Chât. du Loir & à St.-Chrift..	13
SAINTES......	S.	Poitiers & à Saintes.......	84

SAUMUR. Route de traverse... S... 22

Du Mans à Arnage.... 2 l. *Voyez du Mans à Angers.*
D'Arnage à Tartiflume, O. de la vallée. Dev. les Brées, ¼ l. E. de Spay. Entre deux bois, O. du petit Aneré. A la Baſſonnie, entre le pont Thibaut à l'O. & le vill. de Moncé à l'E. Pont & riv. du Rône à paſſer. Entre le bois du pont Thibault & le Barreau. Avenue & à l'O. du chât. du Pleſſis-Belin & du vill. de St-Gervais en Belin. A Fromenteau & ruiſſeau de Beure. 2 l. Bois & ham. des Hayes, ½ l. N. O. de Peiſſonnière. Pont & cenſe de la Chouanne. Aux Minerais, ½ l. O de St.-Ouen en Belin +. Le long O. des étangs de St.-Ouen. 1 ½ l. de bruyères à trav. en paſſ. à l'avenue de Château-l'Hermitage, abb. A la belle Croix, cabaret. ½ q. l. de bois à traverſ. A la Suandière & aven. de la Roche-de-Vaux. Petit bois à ¼ l. E. de Requeil +. Au beau verger. Le long E. de la côte de Jatias. Entre le Loup pendu & Paliſſeaux. Entre le bois & la maiſon des Bordes. Bois, juſtice & fourche du chemin d'Ecomoy. *A Pont-Villain*... 3 l. Pont, moulin

& riv. de Loué. Côte, bois & ham. du Tertre. ½ q. l. E. des Touches. A la Fosse, ½ l. O. de Sarcé. Vallée, bruyères *ou* Landes à trav. Aux Monts rouges. Côte, ¼ l. de Landes *ou* bruyères, en pass. à ½ l. O. de Coulonge + & du chât. d'Aiguebelle. Pente rap. Vallée & belle vue. Faub. & chem. de Vendôme & Tours. Pont & riv. du Loir à pass. *Au Lude*... 3 l. Côte à l'O. de N. D. de Délivrance. Côte des Noelles & avenue de Vaulendard. Vignes à l'O. de Dissé + & du chât. de la Cour. Aux Vaux & à la Fromagère. Vallon, étang des Bellangers. Bois & aven. du chât. de Forrière. ½ l. O. du vill. de Broc +. A la Fouquelière. Petit bois entre Pezeras & la Bousse. Vallon, ruiss. & pont de pierre. Bois & cense de Touche-Morin. Au Pin, au-dessus & à l'O. de la Boissière, abbaye... 3 l. Le long O. des bois de la Boissière. Justice à l'Ouest de Denesé +. Entre le Mortier au Loup & Guenaminière. A Noyant + & aven. du chât. de la dame Omer. ¼ l. de bois & route de la dame Omer. ½ l. S. E. du chât. de Fresne. A la Mignonière, ¼ l. O. de Meon +. A l'E. des Pelardières & des Gouas. Pont & moulin Rabion sur le Latan, riv. à l'E. de la Goyère & chemin de Tours à la Flèche. Au Bouton, cabarat. E. de *Linières* +.... 3 l. Plaine & bruy. à trav. en pass. à l'E. de la corne de Cerf. Bois, pont & ruiss. de Parçay. A l'O. des Brisottes. Pont & moulin à ½ l. E. de Loroux, abb. Ham. & moulin des Noyers. *A Vernantes*... 2 l. Au bas E. & vis-à-vis de l'avenue de Jalesme. Galbrunière, O. de Vernoil-le-Fourier +. A l'Epine, & 1 l. de landes à trav. Vall. côte & croix à ¼ l. E. de Neuillé +. Pente rap. à ¼ l. E. du chât. des Coutures. Belle vallée & ham. de la Houe. Ham. du bout de la levée. Pont & riv. de l'Aution. Belle levée & marais à trav. A la croix verte & route de Tours à Angers. Ponts & isles sur la Loire à passer. *A SAUMUR*.... 4 l.

Autre Chemin........................ 26

Du Mans *à Baugé*....... 18 l. De Baugé on passe le Couasnon, riv. Avenue de la Gouberie & chem. de Tours. Vallon à l'O. de Clairefontaine. Bois & ham. de la Boulay. A l'O. de Bocé +. A la Grange. La Ribergerie. Ham. & pont de Gas. Aux Caves, ½ l. E. de Chartren. A Cuon + & avenue de la Grassinière. Au haut & bas Malleville. ½ l. E. de Sobs +. ½ l. O. du chât. & vill. de

MANS. (le)

Lande-Chasle +. ½ l. de bruyères à trav. Moulin à vent & ham. de la Richerie. *A Jumelle* +... 3 l. Aux avenues & à ½ E. de l'étang & chât. des Hayes. A la Ferrière. Au Fort du Boux, ¼ l. O. du chât. d'Ethiou. Bois & fourche du chem. de Beaufort. Aux Planches des Souvenois. Pont & riv. de Latan. *A Longué.* Dev. la Chouarnière. Pont & ruiss. de Fontaine-Suzon. Au Boux. Pont sur Laution & au Gué d'Arsye. Croix de la Voute. Saint-Lambert des Levées +. La Croix Verte & *à SAUMUR*... 5 l.

SEDAN	E.	*DU MANS à*	Paris & à Sédan	112
SENS	E.		Orléans & à Sens	79
Sillé	N.O.		Mayenne	8½
SOISSONS	E.		Paris & à Soissons	76
STRASBOURG	E.		Paris & à Strasbourg	166
Suze (la)	S.O.		la Flèche par la Suse	5
Torcé	O.		Mayenne par Torcé	8
TOULON	S.E.		Aix & à Toulon	254
TOULOUSE	S.		Limoges & à Toulouse	156

TOURS. *Route de traverse*... S. E... 20

Du Mans on passe dev. la Mission. Plaine à ¼ O. de l'abb. de Lepau. Pont, moulin sur la riv. de l'Huisne. Carref. des routes de Saumur & Vendôme. Côte à 1 l. E. du petit St.-Georges +, & à 2 l. de St.-Georges le grand + : *belle vue.* A Belessort & à Vergalant. ¼ l. de bois & pente rap. Pont entre l'étang & la maison de Morte-Œuvre. ½ l. de Landes en passant à Belœuvre. Pont, ruiss. de Chatans, ½ q. l. O. de Ruaudain +. ½ l. de bruyères, le long d'une avenue. 1 l. E. d'Arnage +. Vis-à-vis E. des Lanières. ½ l. de bois en passant à l'E. du chât. de la Rocherie. A l'auberge, ½ q. l. O. de l'église de Mulsanne +. Pont & moulin sur le Rône. Entre Chardoré, les Brantardières, Saules & les grandes Quintes. ½ l. O. de Teloche +. ¼ l. E. de Laigné + & St.-Gervais +. Carref. Foucher à ¼ l. O. du chât. de Ronchère. Pont, moulin neuf à l'Ouest de Fontaine-Château. Entre grand Pineau & la Bordage. ¼ l. des bois de la Vacherie à passer. Le long E. du Boulay & de Murat. *A Ecomoy.* ¼ l. des bois de Fontenailles à passer. A la Guitonnière & avenue à ¼ l. N. E. du chât. de Fontenailles. Entre l'étang & la côte de vignes. Pont

& moulin de Maupetit-sur-Lone, riv. côte & ham. de la Robinière à ¾ l. S. O. de Marigné +. 1 l. de bruyères à trav. en pass. aux Ventes & à la source du Bruant, riv. ¾ l. de la forêt de B say à trav. en passant à la route directe au chât. de Mangé. Entre Boutardière & bois de la Sou. A la Richardière, E. de Loupende. Au lev. de la Justice, du Puy & de Luceau +. A Rachard & pente rap. devant les Récolets & pont à passer. *Au Château du Loir...* 10 ¼ l. Pente rap. & côte de vignes. A Courtamon, Ouest de la côte de vignes de Vouvray. Pont & moulin des Martinets-sur-le-Loir. ½ q. l. O. de Bonlieu, abbaye 1 l. Est de Montabon +. Croix de Bonlieu, cabaret, à ¼ l. Est de Banne + & de Nogent-sur-Loir +. Plaine & vill. de Dissay +. Pont & riv. à passer. Côte de la Joliverie au-dessus de Vauhudin. Petit bois à côtoyer en entr. dans la Touraine. Carref. du chem. de la Chartre à Château. Entre les bois de Gènes & la Coudraye. Vis-à-vis E. de la Touche à ½ l. de *St.-Christophe*. Vallon & petit bois de la Tichonnière. Fourche du chemin de St.-Christophe & Vaumargot. Au Gravier & route du chât. de la Roche. La Bellangerie & la Borde. ¼ l. de bois. A Pont-Pierre & riv. d'Escotais. Entre Vallière & la Riandière. A la Roue, E. de Neuillé-Pont-Pierre. A l'E. du bois & chât. de Carcoul. Bois au-dessus O. de l'ét. & source de l'Escotais. Aux Pilonnières, E. de la Lande. Pont & côteau à ¼ l. O. du château de Chahaigne, entre la Grange & la neuve Gueronets. Petit bois à trav. La Pailleterie, ½ l. E. de Samblançai +. ¼ l. de bois. Au gr. Boumais. 1 l. E. de Serrin +. Le long O. du bois Bigot. Vis-à-vis de la carrière. Petit bois au-dessus E. du petit moulin. A la Grorie, ¼ l. E. de Charentilly +. O. de la Touche. Vis-à-vis de la Parasière. Vall. à l'E. de la Forterie. Pente rap. & ham. de Ponceaux. Pont, ruiss. & hameau de la Mambrolle. Côte entre Bon Repos & Envienne. Entre la Gagnerie & la Lande. ½ q. l. E. de Perigour & des Charentais. O. de la rue des Baudiers. E. des Carres & Croix Montoire. Pente rap. à l'O. des Capucins, Faubourg St.-Simphorien, & route d'Orléans à Angers. Pont neuf sur la Loire à passer. *A Tours...* 9 ¼ l.

TROYES........	E.	Du Mans à Orl. & à Troyes. 95
VALENCIENNES.	N. E.	—— Paris & à Valenciennes. 103
Vendôme.........	E.	—— Orléans par Vendôme.. 20

MANS. (le)

VERDUN........	E.	Du Mans à Paris & à Verdun.	112
Vernantes.........	S.	—— Saumur............	18
VERSAILLES..	E. p. N.	—— Dreux & à Versailles.	47
Vibraye..........	E.	—— Orl. par Châteaudun.	9

ROUTES ET CHEMINS DE TRAVERSE
DE MARSEILLE

} *Distance de Marseille.*

à

		Voyez	lieues.
ABBEVILLE.N.p.O.		Lyon, Paris & à Abbeville..	242
AGDE........ O.		Montpellier & à Agde......	52
Aiguemortes. O. p. N.		Arles & à Aiguemortes.....	38
AIX en Prov. N. E.		d'Aix à Marseille..........	8
Aix-la-Chap. N. E.		Lyon & à Aix-la-Chapelle...	268
ALAIS........ N.	DE MARSEILLE	Aix & à Alais.............	44
ALBY...... N. O.		Montpellier & à Alby......	76
AMIENS..... N.		Lyon, Paris & à Amiens...	232
ANGERS.... N. O.		Lyon, de Lyon à Angers...	229
ANGOULÊME. N. O.		Lyon & à Angoulême......	191
ANTIBES.... S. E.		Toulon & à Antibes.......	46
APT......... N.		Aix, d'Aix à Apt.........	21

ARLES. Grande Route... N. O...... 21

De Marseille à Salon... 11 l. De Salon à Arles... 10 l.

Chemin de traverse.................. 20

De Marseille *à Beaumetane*.. 8 l. *Voyez de Marseille à Salon.* De Beaumetane on passe à Calissane. Vis-à-vis S. de Rivoire. Au N. de Suriane & de Moirou. Au N. du chât. de Mervelle sur l'étang. Au Canet. Le long N. de l'étang de Berre, & le long E. de la Touloubre, riv. ½ q. l. de Pasquier & Fontaine de Ragues. Au pont Flavien sur la Touloubre. A côté de N. D. du Puc. *A St.-Chamas*... 3 l. Chemin de Salon & colline, en passant au bas Est de

Miramas +. Plaine de la Crau à trav. en paff. au chemin d'Avignon aux Martigues. Pont fur le canal de Craponne. A Entreffen, vill. au milieu de la Crau. Au N. du bois & lac d'Entreffen +... 3 l. Pont fur l'étang du Dezaume. A la Gardiolle & $\frac{1}{4}$ l. de bois à trav. Chemin de la route d'Aix à Arles, que l'on fuit. Au Lion d'or. Le Logiffon. *St.-Martin de la Crau*... 2 $\frac{1}{2}$ l. De St.-Martin *à ARLES*... 4 l. *Voyez d'Aix à Arles.*

Autre Chemin.

De Marfeille *aux Martigues*..... 8 l. *Voyez cette Route.* Des Martigues on paffe dev. la Corderie. Vall. & quartier de Barbouffade. Pente rapide & mont à l'O. des rochers, & tour de Valier fur l'étang. Vall. entre le mont & l'étang de Megrignanes. Belle plaine entourrée de rochers. Pente rap. à l'E. de l'églife de St.-Michel. A St.-Mitre +, au-deffus de l'étang de Pouran. Entre des croix & des moul. à vent. Le long de l'étang. Pont & canal. *A Iftres*... 3 l. D'Iftres à St.-Éloy & N. D. Chapelles. O. du moulin à vent de Caftel-la-Croix, & de l'ét. de l'Olivier. Quartier de Bayanne à trav. Pont & canal à paffer. Quartier de Grandpede & 5 l. de plaine de la Crau à trav. en paffant à 1 l. S. d'Entreffen + & de l'étang fitué au milieu de la Crau. Au pont de Fray fur le canal au N. O. de l'étang de Dezeaumes. Le long du bois du petit Pillier. A la Chapelette... 6 l. De la Chapelette *à Arles*... 3 l.

Autre Chemin par Foz................ 20 $\frac{1}{2}$

De Marfeille *aux Martigues*.... 8 l. Des Martigues on paffe au bas des Capucins & de N. D. de Miféricorde. Montagne & pente rap. Vall. du pauvre homme. Vignes à trav. en paff. à la chapelle St.-Jean. Au N. de l'étang de Caronte. Côte entre le Comte & Bourdin. A Milan, $\frac{1}{4}$ l. N. de la Mer. Le long des fables de la Méditerranée, en paffant au pont du Roi fur le canal qui communique les eaux de l'étang d'Engrenier & celui de Laval-Duc à la Mer. Pont fur l'ét. de l'eftomac, qui communique auffi à la Mer. Montagne & vill. de *Foz-lès-Martigues*. +..... 2 $\frac{1}{2}$ l. Sept lieues de marais & cailloutages de la Crau à trav. en paffant devant l'Audience. A Gengine, au N. de l'ét. de Ligagnau. *A Teinque*... 3 l. A l'E. de Beauchamp, des Trinitaires, d'Ifcard, de Seon & Pelatier. $\frac{1}{4}$ l. O. du

MARSEILLE.

petit bois & cense de Vergère, au milieu de la Crau.
Pont & fief de Pernes, à l'O. de l'étang de Berzeaumes.
Le long Est de l'étang & à la *Chapelette*..... 4 l. Au
Chenerille & r. d'Aix. De la Chapelette à ARLES... 3 l.
Voyez d'Aix à Arles.

ARRAS....... N.	Paris, de Paris à Arras.....	245
Aubenas........ N.	Avignon & Aubenas.......	55
Aubusson..... N.O.	Lyon & à Aubusson.......	147
AUCH......... O.	Toulouse & à Auch........	117
AUTUN........ N.	Lyon & à Autun.........	128
AUXERRE...... N.	Lyon & à Auxerre........	157

DE MARS.

AVIGNON. *Grande route*.... N.... 27

De Marseille à *Aix*... 8 l. *d'Aix à Avignon*... 19 l.

Ancien Chemin..................... 22½

De Marseille on passe à St.-Jean d'Aren, à ½ q. l. O. de
Canet ✝. Aux Crottes ✝ sur la route d'Aix. Vis-à-vis de
la Baume, chapelle. Au bas E. de St.-Louis ✝. Pente rap.
à l'O. des Aigalades. A l'E. des Tours & du chât. de St.-
Henry, à 1 l. S. O. de la montagne de l'étoile, hérissée
de rochers. Aux grandes Crottes, vis-à-vis des Peyras.
Vall. & fourche de la route d'Aix. Vis-à-vis Ouest des
Baumes-St.-Antoine ✝. Colline & la Gavotte. A la fourche
du chem. d'Eguille à Lembesc. Pente rap. à l'O. du moul.
à vent du Diable. A Cadenel ✝ & montagne à passer.
Vallée & quartier de la Bataille. Au Logis neuf & à
l'Assassin. Fourche du chem. des Martigues. Pont sur le
Merlançon, riv. côte & vill. *des Pennes* ✝.... 3 l. Vallée
& quartier de Crecy à trav. Pont sur la Cadière, riv. moul.
à vent à l'O. de Pinchinade. Au Griffon. Carref. du chem.
d'Aix aux Martigues. A la Figuière, & à l'O. d'une montagne bordée de rochers. Colline à l'E. de l'étang de Berre.
Quartier du Lion à trav. A l'O. de l'Eglise & moulin à
vent de Vitrolles ✝. Au pied des rochers. A la Bernarde
sur l'étang, à 1 l. E. de Berre, que l'on voit, les Richards,
la Tête noire & le chât. ½ q. l. O. des moul. & église de
Rognac ✝..... 3 l. Pont à ½ l. N. E. de Châteaubrune.
Chemin d'Aix à Berre, ½ l. Est de la tour de Brune.
Colline à passer entre des Landes. A Notre-Dame, &

Tome II. E

chemin de la Fare à Berre. A la Gate & pont sur la riv. d'Arc. A Cravan, ¾ l. S. O. de la Fare +. A Beaumetane & chem. d'Aix à *St. Chamas*..... 2 l. A ½ Est de Constantine. Colline à passer entre des Landes & rochers. ¾ l. O. de St.-Symphorien +. Côte & vill. de Lançon : *belle vue*. Pont sur le canal de Craponne. A 1 l. N. E. de Confoux +. Vignes, à 1 l. de Grans +. Pont sur la Touloubre. 1. l. O. de Pelissane. *A Salon*... 3 l. De Salon à *AVIGNON*... 11 ½ l. *Voyez d'Avignon à Marseille.*

Bagnères-les-Com. O.		Toulouse & à Bagnères.....	135
Bagnères les Eaux. O.		Toulouse & à Bagnères.....	137
Balaruc........ O.		Montpellier & à Balaruc....	45
Barrège........ O.		Toulouse & à Barrège......	148
BAYONNE..... O.	D	Toulouse & à Bayonne......	167
Bazas..... O. p. N.	E	Toulouse & à Bazas........	151
Beaucaire....... N.		Arles & à Beaucaire........	33
BEAUVAIS..... N.	M	Paris & à Beauvais........	217
BESANÇON.. N.E.	A	Lyon & à Besançou........	137
BÉZIERS...... O.	R	Montpellier & à Béziers....	56
BLOIS...... N. O.	S	Lyon & à Blois............	185
BORDEAUX. N. O.	E	Toulouse & à Bordeaux.....	167
Bourb. l'Ancy.N.p.O.	I	Lyon & à Bourbon........	137
BOURGES.. N.p.O.	L	Lyon & à Bourges.........	160
Brest........ N. O.	L	Toulouse & à Brest.........	325
Briançon..... N. E.	E	Apt & à Briançon.........	63

BRIGNOLLE. Route de traverse,..E... 17

De Marseille à Draguignan par Brignolle.

Autre Chemin par Auriol............. 17

De Marseille *à Aubagne*... 4 l. *Voyez de Marseille à Toulon.* D'Aubagne on passe la prairie, l'Isle, & sur le canal. Le long du quartier de Linières & Frigoulet. Pont, moulin & Papeterie sur Luvone, riv. Fourche de la route d'Aix à Toulon, que l'on suit. A l'Etoile, 1 l. E. de Garlaban, montagne. *A Roquevaire*... 2 l. Pont & riv. de Luvone. Dev. le chât. O. de St.-Vincent. Papeterie & pont sur la Luvone. A la fourche de la r. d'Aix. Côte des Gipières

MARSEILLE.

à passer. Pont, Papeterie, St.-Claude & *à Auriol*... 2 l. Pont & riv. de Luvone, à l'E. des Capucins. A la Glacière, les Horteaux & Pujol. Au S. du quartier & mont des Adrèches. Au N. des Roches-Fourcade à l'horison. Colline entre les monts & les bois, le long de la riv. A Pata, vis-à-vis S. du moulin Redon. Au bas des bois & haute montagne de Regoignaile. Château de Montredon. Moulin blanc & pont sur Luvone. 1 l. S. de St.-Jean-du-Puits, Hermitage. A St-Zacharie +. St-Antoine. ½ des roches & chapelle de N. D. de Vrognon. Au grand Fou, vis-à-vis de la *Floride*... 2 l. Colline entre les bois. A la Poussière, ¼ l. N. de Nans +. A St.-Simon, S. du Logis. Pont & moulin de Nans. Fourche du chemin & à 1 ½ l. N. E. de la Ste.-Baume, abb. A St.-Maximin. Plaine au N. des bois & rochers de Nans. Au S. du Pigeonnier & de Cotillac-le-Vieux. Pont & moulin sur le Caulon. Dev. les Pénitens, & chem. de St-Maximin. A Rogiers +. St.-Jean, au N. de Rogiers-le-vieux & de la forêt de Planes. Vignes au bas S. du Pentagone. A Blacailloux & Valdemeric. Le long O. du parc de Tourves. *A Tourves*.... 4 l. De Tourves *à Brignolle*... 3 l. *Voyez d'Aix à Antibes*.

BRUXELLES... N.	à Paris & à Bruxelles........	271
CAEN....... N.O.	Lyon, de Lyon à Caen....	247
CAHORS.... O.p N.	Toulouse & à Cahors......	127
CAMBRAY...... N.	Paris & à Cambray.........	245
CARPENTRAS... N.	Avignon & à Carpentras....	33

CASTELLANNE. *Chemin de traverse*... E... 35

De Marseille *à Riez*... 25 l. *Voyez cette Route*. De Riez on passe le détroit dev. les Capucins & au bas des Minimes. Moulins à ¼ l. N. du mont & chapelle de St.-Christophe. Au chât. de Campagne. Pont & vill. de Roumoulle +. Le long O. de la côte de Verdillon. Pente rap. Plaine à ¼ l. S. de St.-Martin de Rimat. +. Le long N. du bois & canton de la plaine. Au N. de Chambara. Pente très-rapide au S. du canton des Ribes. Pont, canton d'Ambergues, & chem. de Digne. *A Moustiers*... 3 l. Pente rap. & rochers de la montagne. Au S. de la chapelle & rocher de N. D. Vis-à-vis de Courchan; au S. de l'étoile, montagne, pente rap. Pont & ham. de Venascle. Mont, rocher & chât. de la Cluë, *ruiné*. Vallée à ¼ l. S. de Font-Rouane. Au

N. de la Clue, & le long de la Volonge, riv. Au bas d'Issarpeille +; au N. des rochers du col de Feline. Entre les Aurins & Maves. Au S. des rochers & chapelle N. D. & au N. d'Aclama. Côte & hameau du Plan, au bas S. de *Châteauneuf*... 3 l. Pont & pente très-rap. de Guichard, canton du pré de Cheix à passer. A Morel, & pont au pied des rochers. Le long à mi-côte de la montagne de Chastenil., & au-dessus des rochers de Desbaudenc : *belle vue sur les crêtes de rochers*. Entre les rochers & le vill. de *Chasteuil* +... 2 l. Pont entre Chasteuil & les rochers vifs. A St.-Martin, au bas des rochers. Le long à mi-côte de la montagne de Villard, hérissée de rochers : *belle vue*. Au N. des rochers & chapelle de St.-Etienne. Au bas S. de Villard + & au-dessus de Brandis bas. ½ l. N. de de Taloire +. Au bas de Villard-Brandis +. A ½ l. N. des rochers, montagne & chapelle de St.-Tropheme. Pont au S. de Brayal. Mont & chapelle St.-Maur. Vallon & cense de la Salau. Moulin à l'O. des roches de Chamateuil. A N. D. du Plan & *à CASTELLANE*... 2 l.

Cauterets........ O.		Auch, d'Auch à Cauterets...	145
Cavaillon....... N.		Aix & à Cavaillon.........	21
CHAL.-*sur*-M. N.p.E.		Aix, d'Aix à Châlons......	187
CHALON *sur* S... N.		Aix & à Chalon..........	116
Cherbourg..... N.O.	DE MARSEILLE à	Toulouse & à Cherbourg....	230
CLERMONT... N.		Avign. & à Clerm. par le Puy.	110
COLMAR..... N.E.		Lyon & à Colmar..........	173
Colmars........ E.		Castellanne & à Colmars....	48
Compiègne...... N.		Paris & à Compiègne......	220
Coutances..... N.O.		Lyon, de Lyon à Coutances.	279

DIGNE. Chemin de traverse...E...... 32

De Marseille *à Riez*... 23 l. De Riez on passe au bas O. du Séminaire, & la colline entre les montagnes. Pente rap. & montagne à trav. en passant à Puymoisson +. Vall. & pont Palus. Montagne à trav. St.-Jean & Fude. Chem. d'Aix à Digne. A la Begude blanche, ½ l. E. de Bras +. Le long E. de l'Asse, riv. Pont, ruiss. & vill. d'*Estoublon*... 4 l. Vis-à-vis de Bellegarde, au-delà de l'Asse. A l'O. d'Haby. Belle vallée le long de l'Asse, O. de Valensolette. ½ l. O. de Beynes. Pont sur l'Asse, vis-à-vis de Ste-Barbe & de

MARSEILLE. 37

N. D. de Liesse. *A Mezel*... 2 l. O. du Champlons. A St.-Siauche ; au bas Ouest de Châteauredon ✛. Colline & montagne ; vall. à ¼ l. E. de St.-Jurson ✛. O. de la chapelle St.-Georges. Côte & ham. de la Braisse. Vallon & pont, à l'E. de St.-Pierre. Côte à trav. *belle vue*. Colline entre les montagnes, à ¼ l. E. de St.-Gaubert ✛. Au Logis, *cabaret*. A l'Ouest des Tuileries & du Plan. Fourche du chemin d'Avignon, & le long S. de la Bleonne, riv. *Aux Feriols*. S. Lazarre. Pont & ruiss. *A DIGNE*... 3 l.

DIJON.........	N.	De Marseille à Lyon & à Dij.	133
Dôle.........	N. E.	—— Chalon-sur-S. & à Dôle.	128
DOUAY.........	N.	—— Paris & à Douay......	251

DRAGUIGNAN. Chemin de traverse...E... 27

De Marseille *à Cujes*... 7 l. *Voyez de Marseille à Toulon*. De Cujes on passe au *cabaret* des Pous. Vall. & rochers. 1½ l. de bois à trav. En pass. au N. de Gigot & Sixamples. Fourche du chem. de la Ciotat à Brignolle. Au N. des rochers & côte de Don Jouan & de Cotte vieille. Vignes du plan de Chibron au N. du roc de Chaulière ✛. Détroit entre les rochers, une Redoute & Ste. Croix. Pente rap. & vignes à passer : *belle vue*. Pont & chapelle sur le Latay, riv. qui coule entre les rochers, à l'O. & E. de la plaine de Signes. *A Signes*... 4 l. A 1 l. N. du gros Braquety, montagne. ½ l. de vignes & plan de Signes à passer. Pont le long N. de la Grenouillère, d'où sort la riv. de Gapau. ¾ l. N. des rochers & Serre de la Croix. A Beaupré. Étang, moulin & chapelle de Gapau. Fourche du chem. de Toulon. Collines & montagnes entre les bois. *A Meaunes*... 2 l. Colline entre les montagnes & les vignes. Pente rap. à 1 l. E. de la montagne de rochers des trois Termes: *belle vue au N. sur la plaine de vignes*. Vignes, pont, au bas & à l'E. de la pierre de division. ½ l. O. de Néoules ✛. Pont & riv. d'Issole. A St.-Sébastien, au S. & au bas de Ste.-Anne. A l'E. des rochers & bois de Deffens. A la Roque-Brussane ✛. Croix à l'O. de la montagne & chapelle du vieux chât. Vallée entre les bois & les rochers. Détr. au bas O. du vieux chât. de Pennes, des rochers & bois de St.-Julien. Fourche du chemin de St.-Maximin à ¼ l. S. du gr. Saint-Julien. Pont de l'Escarelle à passer. ½ l. de vignes à trav. Pont & riv. de Calamy, & fourche de la gr. route d'Aix à Antibes. ¾ l. de vignes à trav. en pass. au Plan & à la Cay.

Pont fur Calamy, & N. D. de Lorette. *A Brignolle*... 7 l.
De Brignolle *à* DRAGUIGNAN.... 7 l. *Voyez d'Aix à Draguignan.*

Chemin par la Ciotat................ 30

De Marseille *à la Ciotat*... 7 l. *Voyez de Marseille à Toulon.* De la Ciotat on passe entre les Capucins & la Trinité. Quartier de Ste.-Marguerite. Colline entre le quartier de Laval, la chapelle & le quartier de St.-Hermenter. Quartier du chemin de la Ciotat. A l'O. des Boulles, chapelle à l'extrémité de la montagne de Sapins. Pente rap. à l'E. des Garrigues. A Creste +. Colline & quartier du Devens. Quartier du vallon de la Camajière, à l'O. de la montagne de Sapins. Montagne & forêt de Sapins à trav. en passant au *cabaret* du caunet. Au grand Logis, & *cabaret de la croix de Malthe*... 3 l. A $\frac{1}{2}$ l. S. des rochers vifs du gros de Riou. 2 l. de bois & vignes à trav. en pass. à la route d'Aix à Toulon. Vis-à-vis S. du Jas de Guyot. Fourche du chem. de Marseille à Brignolle. Au N. du Jas de Sicart & fabrique de Poix, au milieu de la forêt de Comous. Colline au N. du col de Don Jouan, rocher. Plan de Chibron & détroit à passer. *A Signes* +... 4 l. De Signes *à* DRAGUIGNAN... 16 l. *Voyez ci-dessus.*

DREUX....... N. O.	De Marf. à Lyon & à Dreux.	208
Dunkerque........ N.	——— Paris & à Dunkerque..	270
EMBRUN..... E. p. N.	——— Sisteron & à Embrun..	47

ENTREVAUX. *Chemin de traverse*...E.... 35

De Marseille *à Barjols*... 15 l. *Voyez de Marseille à Riez.* De Barjols on passe le détroit au N. des Carmes. Vis-à-vis du pont & chemin du chât. & vill. de Pontevés +. Pont au S. du moulin, la Begudo-neuve, le Pavillon, & de N.D. de Salette. Au N. O. de Saint-Jean & bois de Brugère. Fourche du chemin de Sillans. Entre St.-Foreol & Camperoux. Montagne & bois à trav. Au N. du quartier de Plongue, *cabaret*, à $\frac{1}{4}$ l. N. O. du Tertre & vill. de Foz +. Pont à $\frac{1}{4}$ l. du Tertre & chât. de *Foz*... 2 L A l'O d'Amphoux. Pont sur le ruiss. de Barbivon. Pente rap. & colline entre les bois de Cormou & de Peren, en pass. à Boquis. $\frac{1}{2}$ l. N. O. du chât. de Fabrègue. Pont de Romanie à 1 l. S. de Moissac +. Bois & pont sur la Bresque, que l'on passe. Plaine & vignes d'Aups à trav.. *A Aups*... 3 l. (*ou de*

MARSEILLE. 39

Barjols) on passe à *Sillans*... 3 ½ l. *Voyez d'Avignon à Draguignan*. De Sillans on passe la riv. de Bresque. Au puits de Bounie & quartier Huchane & Raton. Aux chapelles de Ste.-Catherine & St.-Honoré, au-dessus O. d'*Aups*.... 2 l. A lO. des rochers & Notre-Dame, Couvent d'Augustins. 1 l. de montagnes & bois d'Aups à trav. en pass. à l'O. des rochers & de N. de Liesse. Colline entre les rochers & les bois. Au vill. & chât. de Vérignon +. ½ l. N. du gros Puy, montagne de rochers. Colline de Vérignon entre les mont. & les bois. Au bas S. de la comm. de la Rue & au N. de la montagne de Lagneros. Au bas S. de la comm. de Lagneros. Colline & chem. de Bargemont à Digne. Au N. du Jas & moulin de Serrières. Pont & riv. d'Artuby qui coule entre des rochers affreux ½ l. au-dessous du pont. Pente rap. au bas de la croix de Chauvet. ½ l. de bois & mont. à trav. Vallon, montagne & chapelle St.-Claude au S. de St.-Bayon +. Bois & pente rapide de la mont. de St.-Bayon. *A Comps* +.... 5 l. A l'O. des rochers, entre lesquels coule l'Artuby jusqu'à son confluent avec le Jabron. Pont & côte entre Bonnefont & Saint-Didier, le Clet d'Enteron & la Souche. Pont & riv. d'Artuby. Au bas S. de Don, & au N. de la montagne de Mentadouis. Pente rap. bois & bruy. *Au Plan Cousset*... 2 l. A la bastide d'Esclapon +. Détroit entre les montagnes de Chance, & au bas du chât. de la Madelaine. Pente rapide & col de *Clavau*... 2 l. A Taulanne, O. de la Doire +. Pont & riv. d'Artuby. A Burle & chât. de Villeneuve. Entre Lotte & riv. +. Montagne & à St-Auban +. Pont & riv. d'Esteron. Montagne de Brianson. A Montblon +. *Clandèves*. Pont & riv. du Var. *A ENTREVAUX*... 6 l.

ÉVREUX......	N.O.	De Mars. à Dreux & à Évreux.	218
Falaise.........	N.O.	—— Orléans & à Falaise...	244
Flèche. (*la*).....	N.O.	—— Poitiers & à la Flèche...	245
Fontainebleau......	N.	—— Lyon & à Fontainebleau.	185

FORCALQUIER. Chemin de traverse... N.E... 21

De Marseille *à Aix*... 8 l. D'Aix *à Forcalquier*... 13 l.
Chemin de traverse..................... 24

De Marseille à la porte du grand Pin. 1 l. de plaine à trav. en pass. à ¼ l. S. de Cabries +. A Cayol. N. du verger & de l'étoile, montagne ½ q. l. S. de Clapiers. Pont entre

Landive & Prumoiron. Pont entre la Salle & le moulin à vent de Simiane. Pont fur le gr. Valat, riv. à 1 l. N de Venel, & du Pilon du Roi. Vignes à ¼ l. N. de Simiane-lès-Aix +. Détroit au S. de Viou & Meyon. Au S. de la mont. de Brigolle. Chapelle de St.-Michel & pont à paffer. *A Gardane*... 2 l. Dev. la chapelle. St.-Roch. Vignes entre Beffon & Braquely. A l'O. de Jean de Bouc. 1 l. de vignes à trav. en paff. vis-à-vis de Chapus. Entre Beffon & Sauvaire. Au N. des Amadilies. A la Roquette & au S. de Bonnet, Baftidon & Puget. Pont & carrefour de la route d'Aix à Toulon. Le long S. de la riv. d'Arc, ½ q. l. N. du chât. de la vieille Baftide. Pont, moulin & chapelle St.-Jean. Pont des Ribes hautes, à ¼ l. N. du moul. à vent des Beaumouilles. ½ l. de Fuveau +, de N. D. & St.-Michel, chapelles. ¼ l. de Châteauneuf-le-Rouge +, 1 l. de la mont. de Cengle. Pont Favery au N. de Baftide-neuve-la-Pleine. Pont au N. du chât. de l'Arc. Pont à ½ l. S. de Rouffet +. Pont & chapelle St.-Jean. Au N. du bois & moulin à vent de St.-Pierre. ½ l. du vill de Puynier. A la gr. Baftide. Pont & chât. de *Farges*.... 4 l. Fourche du chem. & à ¼ l. N. O. de *Trets*, Pont, moulin à eau & à vent de Farges-fur-l'Arc. Vallon & pente rapide. Tertre entre la Colle & Verloque. Carref. de la gr. route d'Aix à Antibes. A l'O. du chât. & chapelle de Movan. Pont, côte au N. des moulins à v. de la Tour. ¼ l. E. des rochers du mont de Cengle. Pont & maifon de l'Avocat. Pente rap. & vill. de Puylobier, au S. des rochers... 2 l. Le long de la montagne, & bois à paffer. Au Puy de Rians. ½ l. N. O. du point de Munitions d'un ancien retranchement des Romains. Vallon au S. E. des bois de la Garnière. Route de St.-Maximin. A l'O. du Cougnon, montagne. Colline à paffer en côtoyant un bois. Plaine des Algeries, & cimetière de Ste.-Catherine. Détroit entre les vignes. *A Rians*.... 3 l. De Rians *à* FORCALQUIER.... 13 l. *Voyez* de Toulon à Forcalquier.

FRÉJUS......	S. E.	Toulon & à Fréjus........	35
GAP........	N. E.	Siftéron & à Gap........	42
GÊNES........	E.	Antibes & à Gênes.......	89
GENEVE.....	N. E.	Lyon & à Genève........	125
Glandève.......	E.	Caftellanne & à Glandève...	47
GRASSE.......	E.	Draguignan & à Graffe.....	39

(DE MARS.)

MARSEILLE.

GRENOBLE.. N.E.	Avignon & à Grenoble....	83
Havre. (*le*)... N.O.	Rouen & au Havre........	252
Hières........ S.E.	Toulon & à Hyères........	17
Landau....... N.E.	Strasbourg & à Landau.....	210
LAON.......... N.	Paris & à Laon...........	234
Laval....... N.O.	Lyon, Limoges & Laval...	248
LIEGE....... N.E.	Lyon & à Liége.........	239
LILLE......... N.	Paris & à Lille........	258
LIMOGES.... N.O.	Lyon & à Limoges.......	167
LIZIEUX.... N.O.	Paris & à Lizieux.........	242
Lodève....... N.O.	Montpellier & à Lodève....	60
LONDRES... N.O.	Paris & à Londres.........	309
LUXEMBOURG.N.E.	Lyon, Metz & à Luxembourg.	206
LYON.......... N.	Avignon & à Lyon........	87
MACON........ N.	Lyon & à Macon..........	103
MANS. (*le*)... N.O.	Aix, d'Aix au Mans.......	245

MARTIGUES. (*es*) *Chemin de traverse*... O... 9

De Marseille au Logis neuf & *à l'Assassin de Pennes*... 3 l. Fourche du chem. de Salon. Chapelle de St.-Roch au N. du bois, & au S. de Pennes +. Colline entre les Tertres & la riv. de Merlançon, en pass. à Cougnioul, Pont d'Ouille, & Robuly. Côte & ham. de Capeau. Pente rap. & vill. de Gignac +. Devant le chât. de la Rose. Au N. du vieux chât. Chapelle & rocher de Gignac. Vignes de Laure, au S. de Billard. Pont Bricard; au chem. d'Aix. A la gr. Bastide, ½ l. de l'étang de Megrignane. Au Toureau, ½ l. N. de Châteauneuf +. Au Leou, & entre Du & la Palunette. A la tête de l'étang de Bolmon. A St.-Médard, ham. & chapelle. ½ q. l. S. des rochers des trois Frères, & au N. des bois & roches de Châteauneuf. Le long S. de l'étang de Berre. A la chapelle Ste.-Anne. Dev. les Capucins des Martigues. A Jonquières, l'Isle, & jonction de l'étang de Berre à celui de Caronte. *Aux MAR-TIGUES*... 6 l.

METZ.......... N.E.	De Marseille à Lyon & à Metz.	191
Mezières........... N.	—— Reims & à Mézières...	215
MONS........... N.	—— Reims & à Mons.....	240

Tome II.   F.

MARSEILLE.

Montauban. N.O.		Touloufe & à Montauban...	182
MONTPELLIER. O.		Arles & à Montpellier.....	39
MOULINS...... N.	DE MARSEILLE à	Lyon & à Moulins........	130
Nancy...... N.E.		Lyon & à Nancy..........	181
Nantes..... N.O.		La Rochelle & à Nantes....	254
Narbonne.... O.		Montpellier & à Narbonne..	62
Nevers....... N.		Moulins & à Nevers........	143

Nismes. Route de traverfe... N.O... 28

De Marfeille à *Arles*... 21 l. *Voyez cette Route.* D'Arles on paffe le pont fur le Rhône. A Triquetaille +. Paffage du petit Rhône. A Fourques, Tourotte, Tardieu, la Roche-Breffon, & aux Saules, au milieu de la plaine. Pont entre le marais de Bellegarde & celui de Caftagnolle. *A Bellegarde* +... 3 l. Vall. & côte de vignes. Au Mas de Boure. Vignes à $\frac{1}{2}$ l, E. de Garons. Moulins & Tuilerie au S. de Bouillargues. Côte & plaine au N. de Caiffargues. +. A Vendargues, chât. à $\frac{1}{4}$ l. S. de Rodilhau +. Pont fur le Viftre, près de Farelle. Au S. du Mas de Bourbon & de la Ville. Au Nord du moulin à vent & des Capucins. *A Nismes*...... 4 l.

Orient. (*l'*).... N.O.		Nantes & à l'Orient........	294
ORLÉANS.. N.O.		Lyon & à Orléans..........	182
PARIS.. N.p.O.	DE MARSEILLE à	Lyon & à Paris...........	201
Pau.......... O.		Tarbes & à Pau...........	142
Périgueux. N.O.		Touloufe & à Périgueux....	161
Perpignan.... O.		Montpellier & à Perpignan..	77
POITIERS.. N.O.		Lyon, Limoges & à Poitiers.	197
REIMS....... N.		Lyon & à Reims...........	197
RENNES... N.O.		Nantes & à Rennes........	280

Riez. Route de traverfe............. 25

De Marfeille à *Aix*... 8 l. D'Aix à *Riez*... 17 L

Chemin de traverfe.............. 25 $\frac{1}{2}$

De Marfeille à *St.-Maximin*... 12 l. *Voyez ce Chemin.* De St.-Maximin on paffe le cours, belle promenade. Devant l'auberge, & à N. D. de bon Voyage. Fourche du chemin

MARSEILLE.

de Rians. ½ l. de vignes à trav. Montagnes & bruyères à passer. Pont & moulin de Seillon. Au bas E. de l'église & chât. de Seillon ✢. Au logis de la Foux. Pont à l'O. des moulins du Seigneur, & à l'E. de la source de la rivière d'Argent. Le long E. de la mont. & bois de Blachères, & à ½ l. O. de St.-Estère d'Auriat ✢. Dev. la *Seguiranette*... 2 l. Fourche du chem. de Barjols. ¼ l. O. de N. D. de l'Assomption ✢. Détroit le long & au bas des bois de Brue. A la Combe, ¼ l. O. de Brue ✢. A Cantaret & vis-à-vis de la Tour. A l'E. de la Seguirane. Ponts & côtes à passer. Côte entre la Procureuse & la Vachière. A St.-Christophe ✢. Au bas E. de Gigery, au chem. de Rians. Montagne & vallons entre les bois. A Anelles. Pente rapide de la Platrière. Au N. de Brouvillar & de la Tour. Au bas E. de Ste.-Foy, vieille chapelle. Pont, moulin & village de *Varage* ✢... 3 l. Côte à l'E. de la Fontaine & Fayancerie. 1 l. de bois de Varage à trav. Pente rap. au S. de St.-Pierre de Brauch, Commanderie. Vallée, Côte & bois à trav. Pente rap. au bas N. des vieilles Roquettes. Pont & riv. de Verdon. *A Quinson*..... 3 l. (*ou si l'on veut*) des bois de Varage on passe la côte & bois de Chabert. Vallée à ½ q. l. E. de St.-Pierre de Brauch, Commanderie, montagne, vallée & bois à trav. Belle plaine. Vis-à-vis de N. D. de la Fleur. Pente rap. entre les rochers. Pont sur Verdon, & *à Quinson*... 2 l. De Quinson *à RIEZ*... 3 ½ l. *Voyez de Toulon à Digne.*

Autre par Barjols.

De St.-Maximin à la Seguiranette... 2 l. *Voyez ci-dessus.* De Seguiranette on passe la colline, au bas O. de N. D. de l'Assomption. Au pont & vill. de Brue ✢. Détroit entre la montagne & les bois. Au bas de Martine & Belone. Pont & ruiss. entre le Rigou & Granière. Vis-à-vis de Purpan. Détroit entre les montagnes & les bois. Pont de la Platrière à l'E. de la Madelaine. Dev. l'Annonciation le long O. de *Barjols*... 2 ½ l. en pass. à la chapelle St.-Eloy & St.-Honoré. De Barjols à *RIEZ*... 8 l. *Voyez de Toulon à Digne.*

ROCHELLE (la).	N.O.	Toulouse & à la Rochelle...	220
Rochefort......	N.O.	Toulouse & Rochefort......	213
ROUEN.......	N.O.	Paris & à Rouen...........	231

MARSEILLE.

S.-FLOUR.... N. p. O. | De Marseille à Aix, Mende &
 | à St.-Flour..... 76.
S.-MALO....... N.O. | —— Rennes & à St.-Malo. 297

St.-Maximin. Grande Route.... N. E.... 17

De Marseille à *Aix*... 8 l. d'*Aix à St.-Maximin*... 9 l.

Chemin de traverse................ 12

Sortant de Marseille on passe dev. Ste.-Madelaine & à l'O. des Chartreux. ½ l. O. de St.-Barnabé. A St.-Just +, sur Jaret, riv. A Maurigue, Maupasse & Verdillon. Pont au S. de St.-Jérôme +. 1 ½ l. de l'étoile, montagne. A la Rose-sur-Jaret, rivière. Pont à ¼ l. de l'église de Château-Gombert +. A la Begude, ½ l. N. des Olives +. ½ l. O. d'*Alauch*, & de N. D. du chât. A Plandecuques +: *gros vignoble*. A Roubeaux, les Ambroisies, Chesnans, & source du Jaret. Au Logis neuf, S. des roches du Pilon du Roi. A la Bourdonnière & à la Fave, 1 l. S. de la chapelle & montagne de roche de N. D. des Anges. Colline entre les mont. & les Landes. A Pichaunes, au sommet de la chaîne. Colline entre les mont. & les bois. Côte à ¼ l. O. au-dess. de Peipin +. Pente rap. de Garaute, colline & bois. Pont au bas E. du chât. de Valdone. Pente rap. de Dupuy. A la Pomme, & carref. de la r. d'Aix à *Toulon*... 5 l. Au S. du chât. ½ l. de Belcodenne +. ½ l. des bois de la Plane à passer. Colline & vill. de Peignier +. Côte entre le Logis & la chap. de N. D. Vallons & côtes à tr. en pail. au Plan-d'Escale, St.-Martin, & Mille. Pont & riv. de Lonjarele. Mont & chât. de Trets : *belle vue*. Pente rap. & dev. les Carmes. *A Trets*.... 3 l. Entre les Observantins & la la chapelle de N. D. Pont & riv. de Gardy. Plaine. Pont & riv. de Trés-Cabres. Pont au N. du chât. de Gamotte, en-deçà des bois, mont & rochers de Roquefeuille. Au bas N. du moulin & montagne de Pourcioux. Fourche de la route d'Aix à Antibes. *A Pourcioux*... 2 l. De Pourcioux *à St.-Maximin*... 2 l. *Voyez d'Aix à Antibes*.

Autre Chemin................ 12

De Marseille *à Aubagne*... 4 l. *Voyez de Marseille à Toulon.* D'Aubagne on passe dev. les Pénitens noirs, le quartier & chapelle des Paluns. Le long des vignes de Gemenos, en pass. le pont & quartier des Maires. *A Gemenos*. Au

MARSEILLE.

N, du vieux Gemenos, ruiné. A la Papeterie & chapelle de St.-Martin. Pré de St.-Pons, & aux fabriques de plâtre. Montagne de Sapins à trav. en paff. au pied & S. des rochers vifs de Foucarde. A la chapelle de St.-Caffien. Détroit entre les hauts rochers du Bau de St.-Caffien & la montagne couronnée de l'églife du Plan d'Aups. Entre la montagne hériffée de rochers & la forêt de Sapins. $\frac{1}{2}$ l. Nord de la Sainte-Baume & le Saint-Pilon, que l'on apperçoit. Montagne & bois de Nans à paffer. A Lorges & fource du Caulon. Au S. E. des rochers de Nans l'ancien. Dev. les Pénitens. *A Nans* +..... 5 l. A $\frac{1}{4}$ l. O. de la Bégude blanche. Côte entre Saurin & les ruines. Fourche du chemin d'Auriol à Brignolle. Belles plaines entre les montagnes couvertes de bois & hériffées de rochers. A 1 l. O. de Rogiers +. E. de Caftinel & Joubert, Montagne à paffer : *belle vue fur les rochers qui bornent l'horifon*. Vall. & côte à $\frac{1}{4}$ l. O. de la Rouvière +. A l'E. de Brandine. Au bas O. de la Sourbière. Dev. & au S. de Recours. Croix à 1 l. S. E. des rochers & du chât. ruiné des Alées. Le long des vignes, à l'O. de Beauregard. $\frac{1}{4}$ l. S. E. des rochers & chapelle de Ste.-Croix & de N. D. des Anges. *A St.-Maximin*... 3 l.

ST.-OMER....	N.p.O.	De Marf. à Paris & à St.-Omer.	262
ST.-PAPOUL...	N.O.	—— Montpell. & à S.-Papoul.	87
St.-Paul.........	E.	—— Antibes & à St.-Paul...	51
St.-Pons.....	O. p. N.	—— Montpell. & à St-Pons.	66
St.-Quentin......	N.	—— Paris & à St.-Quentin...	236

St.-Tropez. Chemin de traverfe... S. E... 32

De Marfeille *à Toulon*... 15 l. De Toulon *à St.-Tropez*... 17 l.

Autre Chemin.............. 33

De Marfeille *à Signes*... 11 l. *Voyez de Marfeille à Draguignan.* De Signes on paffe à la Grenouillère & le long du clos d'où fort le Gapau, riv. A Beaupré, étang & moulin de Gapau. Côte, bois & chemin de Brignolle. Pont & moulin d'Afland fur Latay, riv. Colline à $\frac{1}{2}$ E. de Serre de la Croix. Col de Teften à paffer. Fourche du chemin de Toulon. Pont & ruiff. au bas N. du rocher de Silvette. Pont, prairie & à Montrieux-le-vieux. Pont &

riv. de Gapau. A la Papeterie, Rampin & *Belgentier* +... 3 l. (*ou du vieux Montrieux*) On traverse les montagnes, bois & rochers. Vallon & Chartreuse de Montrieux. Colline entre les rochers en passant au Calvaire & à la croix de St.-Pierre. Le long O. du Gapau. A Gavaudan, Jas & la Tuilerie, à l'O. de la croix de St. Michel. A Camplong & à la Blanchierie. Au bas E. des Pénitens. *A Belgentier*... 3 l. Le long E. de la prairie & du Gapau. Fourche du chemin de Sollies & quartier de Roubeau. Montagne à trav. A Valcros & à l'Oratoire, au S. E. du Capas. Colline au N. de la montagne de Castelas, S. de Vaudandre. Au bas N. de Castelas & de la chapelle de St-Roch. *A Cuers*... 2 l. 1 l. de plaine & vignes du plan de Loube à passer. $\frac{1}{2}$ l. N. du chât. de Montagne. Avenue du chât. de Beauvais. $\frac{1}{2}$ l. N. de la montagne & vill. de Pierrefeu +. Pont & moulin sur le grand Vallet. Côte & bois au S. de St.-Jean. Au N. du Jas-Gapau & colline à passer. Au bas N. du château de Monteau. Au S. du Cros, du Cimetière & de Besarion, montagnes. Pont de Portanière, au S. du petit Blavier, *Mont*... 3 l. le long S. du mont de Jean de Belle. Au N. de la montagne & côte de Roche de la Citadelle, S. du mont de la Colombade. Au bas du Grèze, & au bas N. du quartier de la rivière. Pont du Caubre, & chemin de Brignolle. A N. D. de Pitié, N. E. de l'Oratoire de St.-Jean. Entre le chât. & l'église de *Collobrières* +... 2 l. Côte & moulin du Colombier. Le long N. de la maison de Jean Dumoulin. Au S. de Precasteau & de Ruscas. Montagne de grand Crest-Boyer. Pente rap. colline & pont à passer. Montagne du grand Renazeiron. A la Chartreuse *de la Verne*... 2 $\frac{1}{2}$ l. Pépinière & pente rap. Colline entre les montagnes & les bois, en suiv. un torrent que l'on passe plusieurs fois. A Loulonnet, au bas O. de la Madelaine, Prieuré. A l'E. de la mont. de St.-Julien. Passage d'un bras de la Molle. Côte, bois & Jas de la Molle. A la fourche du chemin de Toulon. Pont & côte au S. du chât. *de la Molle*... 2 $\frac{1}{2}$ l. Colline le long de la Molle, riv. en pass. au N. du mont à Cros & au S. de la mont. de Garavielle. Entre la mont. de Beaud'œuf & celle de la Serveirette. Pont au N. de la mont. du Peinier. Pont au bas S. de Pont d'œuf & du Jas. $\frac{1}{2}$ l. N. du col de Guiguerie, montagne. A l'E. de Figuaret & de Canada. Fourche du chem. de Cavalaire. Pente rap. de Jas, au bas de N. D. Vallon au bas E. du chât. Eglise du vill. de *Cogolen* +... 2 l.

MARSEILLE. 47

Fourche du chem. de Fréjus. Pont & riv. de la Molle à passer. Vallée à l'O. du mont & chappelle de St.-Jacques. ½ q. l. E. du Trou de la Garonne. Entre les bois, les vignes & le chemin de St.-Tropez à Fréjus. Pont sur la Gassinière & la Berte. Le long S. du bois, & devant Château-Bertaud sur le golfe de Grimaud. Entre le golfe & les cantons d'Avignon & de Pilon. A ST.-TROPEZ... 2 l.

St.-Venant...... N.		Paris, Arras & à St.-Venant.	255
Ste Marie aux M. N.E.		Lyon & à Ste.-Marie aux Mines.	183
SAINTES.... N.O.		Toulouse & à Saintes......	198
Salon......... N.	D E M A R S E I L L E	Arles par Salon..........	11
Sault........ N.E.		Aix, d'Aix à Sault........	23
Saumur...... N.O.		Lyon & à Saumur.........	217
Saverne...... N.E.		Lyon & à Saverne........	192
Schlestatt..... N.E.		Lyon & à Schlestatt.......	179
SEDAN..... N.p.E.		Lyon, Verdun & à Sedan...	207
SÉES........ N.O.		Lyon, Orléans & à Sées....	237
SENEZ....... E.		Castellanne & à Senez.....	40
SENS......... N.		Lyon, de Lyon à Sens.....	171

SISTERON. Route.... E. p. N.... 29

De Marseille à Aix.... 8 l. D'Aix à Sisteron.... 21 l.

Chemin de traverse............... 28

De Marseille à Rians... 15 l. Voyez de Marseille à Riez. De Rians on passe à la chapelle de la Bastide de St.-André. Colline & vignes au bas O. de l'Oratoire de St.-Michel & des Blaches, & à l'E. de Sémiane. Pente rap. & plaine de Rouvièreplane. ½ l. des bois de St.-Paul à passer. Pente rap. & vallée de la Castellanne. Pont de Combe à passer. Chapelle de N. D. & à St.-Paul +... 3 l. Passage de la Durance, riv. A Viguier, & chemin d'Avignon à Sisteron. Montagne & bois au N. de l'Hermitage de St.-Eustache, sur la Durance. A Mati & au Negreou, cabaret... 1 l. A ¼ l. N. O. du vill. & des bois de Cadarache, vis-à-vis du confluent du Verdun. Pont sur la Corbière, riv. & au bas du village. A MANOSQUE.... 3 l. De Manosque à Sisteron.... 6 l.

SOISSONS........ N.	De Marſ. à Paris & à Soiſſons.	226
Spire............ N.E.	—— Straſbourg & à Spire...	215
Stenay........ N.p.E.	—— Lyon, Verdun & à Stenay.	199
STRASBOURG... N.E.	—— Lyon & à Straſbourg...	189

TARASCON. Grande Route... N... 28

De Marſeille à *Aix*.... 8 l. D'Aix à *Taraſcon*.... 20 l.

Chemin de traverſe................. 22

De Marſeille à *Salon*... 11 l. *Voyez de Marſeille à Avignon par Salon*. De Salon on paſſe à l'E. du moulin de Châteauneuf. Au pont d'Avignon, ¼ l. O. de N. D. de Val de Chue. Pont & plaine à l'O. des rochers d'Auron, de la petite & grande Baſtide. Dev. le chât. de Richebourg. A Curebource & pont ſur le canal de Craponne. ¼ l. S. O. des rochers & vill. de Lamanon +. Le long O. des bois & rochers de Lamanon. Pont & Couvent des Récolets. *A Lignières*... 2 l. Vignes & détroit entre les rochers. Dev. le moulin & le petit jardin, au bas O. du vieux Château & l'égliſe de Poquemartine +. Au ham. de St.-Pierre de Vence. ½ q. l. S. du chât. de Touret. Entre Bras & Patouillarde, au N. des mont & rochers d'Aureille. Colline à paſſer entre les rochers. ½ l. O. d'Eygalières +... 3 l. Au Mazet, & au bas du vieux château de Romanin. *A St.-Remy*... 2 l. De St.-Remy à *TARASCON*... 4 l. *Voyez d'Aix à Niſmes*

TARBES........ O.	De Marſ. à Auch & à Tarbes.	131
TOUL.......... N.E.	—— Lyon, de Lyon à Toul.	176

TOULON. Grande Route... S.E... 14½

De Marſeille on paſſe à la chapelle de Rouet, les ponts ſur le Jaret & ſur le Veaune. Chemin & à ¼ l. Nord de Maſargues +. Fourche du chemin de la Ciotat. A l'O. de Ste.-Marguerite, ¼ l. de la Tour de Taſſy. Au pont de Vivau (*Les perſonnes à pied ou à cheval paſſent, en ſortant de Marſeille, par la Capelette, traverſent le Jaret & la montagne, & de là au pont de Vivau ſur Veaune.*) Du pont de Vivau on paſſe au N. O. de Ste.-Croix & du Calvaire. A la chapelle de St.-Loup, au S. de la Pomme de Service. Le long S. de la riv. de Veaune. Au bas N. de la mont.

MARSEILLE.

& chapelle de N. D. de Nazaret. A St.-Marcel *ou* St.-Marceau +. Le long N. de la montagne de *Ste.-Croix*. Pont sur Vauguezon au S. de la Renarde & de la chapelle des Camoins. A la Pene, & Tour ruinée des Arabes. Au N. du col de la Pene, Bios de Camp, St.-Mitre, & quartier Royente. A ½ q. l. S. du chât. de l'Evêque. *A Aubagne*... 4 l. Au S. des Pénitens noirs. Colline entre la mont. de Sapins, & au S. du quartier & chapelle des Paluns. Le long S. du gr. clos de vignes de Gemenos. Au chât. de Jouques Albartas, *cabaret* de Cotin. Fourche de la route d'Aix à Toulon, que l'on suit. Au Vaisseau, *cabaret*. Colline, montagne & sapins à trav. en passant au chemin de Julhans-St.-André +. ½ l N. du chât. de Julhans-Fonsblanche. Vignes, plaine & vill. de *Cuges* +.... 3 l. De Cuges *à* TOULON... 7 ½ l. *Voyez d'Aix à Toulon*.

Autre par la Ciotat

De Marseille au chemin de Masargues. *Voyez ci-dessus*. Fourche de la r. de Toulon par Aubagne. Traverse du quartier du pied Rescaut. Colline & quartier de Maucaussade à passer. Montagne, colline & *cabaret* de l'Oratoire, vis-à-vis de Logisson, *cabaret*,.. 2 ½ l. Landes, colline & mont à trav. en pass. au N. du Cros gros, haute montagne. Colline de la Gineste au N. du mont de la Gradule. Au Logisson, *cabaret*. Montagne, fief & chapelle de Granier, Au S. du quartier du Plan. Colline à l'Est des moulins à vent de Cassis, O. de Sainte-Croix. *A Cassis*.... 2 ½ l. Colline entre le quartier de la Font du chemin, & au N. de celui de la Reine. Montagnes des Garrigues à passer. Colline entre les langes & la mont. des Garrigues. Entre le quartier du vallon de Cassis & celui de St.-Loup. Côte & quartier de la Tour. Vallon & chemin à ½ l. N. O. de la Ciotat. Détroit au bas du moulin à vent. Au N. de la Trinité & des Capucins, à ½ q. l. N. de la *Ciotat*... 2 l. Quartier de Ste.-Marguerite à trav. Fourche du chemin de Brignolle. Quartier, moulin à vent & chapelle de St.-Jean, le long N. de la Mer Au Sud du quartier de Laval & des Boulles. Côte & quartier de Fonçinthe: *belle vue sur la Mer*. Au pont, au bord de la Mer. ½ q. l. S. de Saint-Michel & des mont. de Sapins. A St.-Louis de Miolan, le long de la Mer. Aux Leques-sur-Mer. Pont & fief de Guion, à 1 l. E. de la Ciotat. ¼ l. N. des ruines de la ville de *Tarente*. Au S. du quartier du Plan de la Mer. Chemin de Beausset à ¼ l. S. de St.-Cyr +. Détroit entre Claire & le Reulle. Au bas O. de l'oratoire de St.-Jean. A René-Port & à la Moutte. Montagne, vallon & bois à passer: *belle vue*. A Bandol +: *belle Rade*... 4 l. Pont au N. de la plage de Bandol. Montagne & vallon à traverser: *belle vue sur la Mer*. A St.-Nazaire +: *beau Port*. Le long de la riv. de Fuenos, que l'on passe. A ½ l. S. d'*Olioules*. Chemin de *Six Fours*. Colline & quartier de la grande Garenne. Pont & riv. neuve & N. D. de Bonne Rencontre. Le long N. du Camp de 1707. *A TOULON*... 3 ½ l.

TOULOUSE.	O. p. N.	Montpellier & à Toulouse...	100
TOURS.....	N. O.	Lyon & à Tours.........	227
TRÈVES.....	N. E.	Lyon & à Trèves........	216
TROYES.......	N.	Lyon & à Troyes........	168
VALENCE......	N.	Avignon & à Valence.....	60
VENCE........	E.	Grasse, de Grasse à Vence...	45
VERDUN....	N. E.	Lyon & à Verdun........	188
VERSAILLES	N. p. O.	Lyon & à Versailles......	200
Veyne........	N. E.	Sisteron & à Veyne.......	42
Vic.........	N. O.	St.-Flour & à Vic.........	84
VIENNE.......	N.	Avignon & à Vienne......	80

(DE MARSEILLE à)

ROUTES ET CHEMINS DE TRAVERSE
DE MEAUX

{ *Distance de Meaux.*

à	Voyez	lieues.
ABBEVILLE.... N.O.	De Meaux à Amiens & à Abbev.	38
AIX............. S.	—— Lyon & à Aix........	192
AMIENS. *Route de traverse*.. N.O...		28

De Meaux on va à Gregy +. E. de Pauchard +. A Monthion +. St.-Souplets. Marchemoret. Au bas de Dammartin & r. de Paris à Soissons, Reims, &c. 4 ½ l. De Dammartin on passe au S. d'Othis +. Bois de St.-Laurent & à Mortefontaine +. Au bas N. du mont Crespin, au S. O. de Beaumarchais & de Beaupré. ¼ l. E. de Montmeliant + & St.-Vy. Bois de Morière & à la Chapelle-en-Serval. Traverse de la forêt, à Chantilly + & *à Creil*... 4 ½ l. (ou de *St.-Souplets*) on passe à St.-Pathus + ou Nœfort. Au Plessis-Conty, & à la r. de Paris *à Soissons*.... 2 l. A Ermenonville & trav. de la forêt. *A Senlis*.... 4 ½ l. Entre le parc de Chantilly & Aulmont +. ¼ l. de la forêt de Hallate à pass. Entre le Plessis-Pommeraye & Malassise. *A Creil*... 2 ½ l. De Creil *à AMIENS*... 19 l. *Voyez de Paris à Amiens*.

ANGERS..... S.O.		Paris & à Angers........	83
ARLES......... S.		Lyon & à Arles.........	183
ARRAS........ N.		Compiègne & à Arras.....	44
Assy........ N.O.		Senlis par Assy.........	4
AUCH....... S.O.	*DE MEAUX à*	Paris & à Auch.........	187
AUTUN....... S.		Sens, Auxerre & à Autun...	74
AUXERRE..... S.		Fontainebleau & à Auxerre..	45
Avenay....... E.		Epernay & à Avenay.....	23
AVIGNON..... S.		Lyon & à Avignon......	173
Avize...... E.p.S.		Epernay & à Avize......	23
Ay......... E.p.S.		Epernay & à Ay........	22

MEAUX.

BAYONNE...... S.O.	De Meaux à Paris & à Bayonne.		212
Beaumont....... N.O.	—— Dammart. & à Beaumont.		14

BEAUVAIS. Route de traverse... N.O... 18

De Meaux à *Creil*....... 9 l. *Voyez de Meaux à Amiens.*
De Creil à *Clermont*..... 3 l. *Voyez de Paris à Amiens*
De Clermont à *Beauvais*... 6 l. *Voyez de Compiègne à Beauv.*

Autre Route................ 20

De Meaux à *Dammartin*... 4 l. *Voyez de Meaux à Amiens.* De Dammartin on passe au N. de Longperrie +: *belle vue.* A Moussy-le-neuf. Vemars +. Au S. de Montmeliant +. Traverse de la r. de Paris à Compiègne. A Marly-la-ville +. Jagny + & Champlâtreux + *ou à Fosses, Bellefontaine & Chauvigny. A Luzarches*.... 5 l. A Seugy +. Viarmes +. ½ l. N. de Royaumont. A Asnières +. Au Nord du bois de Carnelle. A Noisy-sur-Oise, ½ l. Sud de bruyères. Au S. de Bernes & au N. de Nointel. *A Beaumont-sur-Oise*... 3 l. De Beaumont à *BEAUVAIS*... 8 l. *Voyez de Paris à Beauvais.*

BESANÇON... S.E.		Troyes & à Besançon.......	83
BLOIS....... S.O.		Paris & à Blois...........	52
BORDEAUX.. S.O.		Paris & à Bordeaux........	161
BOURG..... S.p.E.	à	Sens & à Bourg..........	104
BOURGES.... S.O.		Fontainebleau & à Bourges..	70
Brest.......... O.	MEAUX	Paris & à Brest...........	156
Brie-Comte-R.. S.O.		Tournam & à Brie........	12
BRUXELLES. N.p.E.	DE	Laon, Mons & à Bruxelles..	66
CAEN......... O.		Paris & à Caen..........	63
Calais...... N.p.O.		Amiens & à Calais........	65
CAMBRAY...... N.		Soissons & à Cambray......	44

CHALONS sur-Marne. Grande Route... E.p.S... 31

Sortant de Meaux on passe le long de la promenade des Amourettes. Traverse du faubourg St.-Nicolas. Aven. de l'abb. de St.-Faron. Pont & ruiss. du Brasset. Route de la Ferté-Milon. A St.-Lazare, ¼ l. Nord de Nanteuil-lès-Meaux +. A la demi-lune, & au S.E. de St.-Faron, du

MEAUX.

clocher de Gregy + & de celui des Carmes. Au Calvaire, 1 l. N. de Boutigny +, ¾ l. N. E. de Fublaines +, 1 l. S. de St.-Fiacre, abb. & de Villemareuil. ½ l. S. O. de Poincy +, & 1 l. de Germigny +. Pente rap. & plaine à trav. Pont sur la Marne & vill. de Trelport. Chemin planté du chât. de Germigny. Route & à ¼ l. de Monceaux. Côte à 1 l. N. du vill. & chât. de Villmareuil. ½ l. N. O. du chât. & vill. de Monceaux. ½ l. des bois de Meaux à trav. en pass. à la route de Monceaux à Germigny, & au rendez-vous de chasse : b. le vue.. Pont & chaussée très-élevée. Pente rap. *belle vue à l'E*, & à ½ q. l. O. de Changy +. A St.-Jean les deux Jumeaux ; *poste*... 3 l. A la chapelle St.-Jean. Le long S. de la Marne. Pont à ¼ l. N. de Montretout. ¼ S. d'Ussy +, au-delà de la Marne. ¾ l. N. de Signets + & Signy +. A Sameron +. Pont & ruiss. au N. du moulin & église de N. D. Pont & ruiss. des étangs du château de Perreuse. Côte & chemin pavé du ham. & bac du Fay. Au N. du Fay-Denost, ½ l. de Septforts +. ¼ l. S. du château de la Barre, au-delà de la riv. Chemin & à ½ N. O. du chât. de Vanteuil. Au N. du petit Condé, ½ l. de l'abb. de Jouarre. Pont & riv. du petit Morin à passer. Sentier que prennent les personnes à pied. Route de Montmirail & celle de Jouarre, de Rebais & de Sezanne. A Condé + & faubourg de la Ferté avec Cornillon & chemin de Château Thierry par Charly. *A la Ferté-sous-Jouarre*... 2 l. Sortant de l'Université on passe sur un pont & l'on trav. la Cité, après laquelle il y a un second pont sur la Marne. Traverse de la ville de la Ferté. Pente rapide où il y a des pierres meulières. A ¾ l. N. de Jouarre au-dessus de la Ferté. ¼ l. N. O. de la montagne d'où l'on tire les meules de moulin, & 1 l. du chât. de Moras. A l'O. de la Bergette, ¼ l. de Reuil +. A l'E. du ham. de Favières. A Becar, ham. ¼ l. O. de Tangeux. A la demi-lune : *belle vue à l'Est*. Ruiss. fontaine & lavoir de Becar. Chemin & à 200 toises du chât. de la Trousse : *belle vue*. 1 l. O. de Luzancy +, 1 ½ l. de Nanteuil, &c. A l'O. de Gemigny +. E. de Retourneloup, Sabarois, & plus loin le clocher de Jaignes, &c. Le long Ouest de Cabrugniaux & des deux Eclicharnes, & moulin du bois. Entre les Gacheux & Rouget. Poteau & fermes des David. Au *cabaret* de la Folie, d'où l'on apperçoit le chât. de Moras, & Doue 4 l. au S. Chem. de la Ferté Milon & de Villers-Coterets. A l'O. du chât. de Chamoust, ¼ l. N. du vill. de Ste.-Auldesur-Marne. Pente longue entre les bois à passer. A Montbertouin, ham. & chât. Pont & ruiss. du vill. d'Huisy +. Pente rap. au S. du Poncet, & demi-lune. A Montreuil-aux-Lions +, *poste*... 3 l. Route plantée du chât. & vill. de Marigny. Au N. de la gr. & pet. longue ferme. Côte d'où l'on apperçoit Vieux-Maisons, éloigné de 5 l. au S. au-delà de la forêt de Nogent, Doue, &c. Petit bois, au S. de la Loge-Pennier. A $\frac{1}{4}$ l. du bois & ferme d'Issonge. Au S. de la Boulaye & du chât. de Marigny +. $\frac{1}{2}$ l. N. de Cocreau & Vaudelet. Pente douce, à 1 l. S. O. de Luzy-le-Bocage. Côte & *auberge* du Lion d'or. $\frac{1}{4}$ l. N. de Coupru +, $\frac{3}{4}$ l. de Domptin +. A l'arbre Gobard. Pente longue & côte, en pass. à la croix Barlin. $\frac{1}{2}$ l. S. de Lucy +, Troucy +, & Courchamps +. Au S. de Montgivrou, ham. Pont, prés & vall. à $\frac{3}{4}$ l. S. de Boureche +. Côte & vallons au S. des Triangles. Au N. du Vivret, ham. A Tiollet, *grosses auberges & poste*... 2 l. Pente rap. en passant entre le haut & le bas Bourdelin. Le long S. des clos de la petite Picardie, & à $\frac{1}{4}$ l. S. de la Halmardière, ferme $\frac{1}{4}$ l. N. de Moineaux, ham. Vall. pont & ham. de Vaux. Pente rap. & ferme de la Tollanderie. Fourche du chem. de Fère. Au Nord du bois & de la ferme Frangealle & Arbois. A $\frac{1}{4}$ l. S. O. de l'abb. du Val-Secret. Pente longue & rap. au-dessus O. du ham. du Buisson. A Courtans. Pont, ruiss. & chemin d'Essomes. Le long de la Marne & du faub. St.-Martin. *A Château-Thierry*.... 2 l. Faub. pont & riv. de Marne. A l'Est des Capucins, $\frac{1}{2}$ l. de l'abbaye d'Essomes. Carref. des routes de Lagny & Montmirail. Avenue du chât. & vill. d'Estampes. $\frac{3}{4}$ l. N. de Nesle, & 1 l. de l'Orme-au-Loup. Au S. de la Blanchierie & de Fontaine-Madame. Avenue de Varolle, $\frac{1}{4}$ l. S. de Courtieux. A Chierry +. Côte au N. du ham. d'Esvaux. $\frac{1}{4}$ l. S. de Brasles +, la Maladrie & Verdilly +. Pont, ruiss. moul. & prairie de Chierry. Au S. du bois Barbillon, au-delà de la riv. A Blesine +. Clos, pont & ruiss. Côte à $\frac{1}{4}$ l. S. du vill. de Gland-sur-Marne. Le long N. de la côte de roch. Pont au S. du chât. de Gland, & cense de Champcot. A Herbonnerie : vignes, clos, pente rap. & petit bois. Pavillon au S. de Vaufourche & de Fossoy +. A 1 l. S. du Mont St.-Père & son chât. A l'orme Chaillot, d'où l'on voit Château Thierry, l'arbre Gobart, & l'orme au Loup. A $\frac{1}{4}$ l. S. de Mezi +, Chartèves +, & plus loin la forêt de Fère en Tardenois. Pente longue, poste, & le long du

MEAUX.

vill. de Cresancy +. Devant la ferme de Bressay. Pont, riv. de Surmelin, & ham. de *Parois*... 2 l. Pente rap. & difficile pour les Rouliers. Sommet de la côte de Parois: *belle vue*. A 1 l. S. de Jaulgonne +, 2 l. de Charmel +. Pente rap. & longue de la côte de Sauvigny, & petit bois à trav. *belle vue à l'Est sur la Marne*. A $\frac{1}{4}$ l. S. de Reuilly +, Courtemont, Barzy +, Jaulgonne + *sur la Marne*. Ruiss. & arbres fruitiers à trav. A Sauvigny. Chemin du moulin & bac de Sauvigny. Au N. de la Chevrotine & des Linas, censes. Poteau qui limite les Généralités de Châlons & de Soissons. $\frac{1}{2}$ l. S. du ham. de Courcelle-sur-Marne. A Courtiezy +. Pont, ruiss. & au S. du moulin & pente rap. Au S. de Vouzy, $\frac{1}{2}$ l. de Treloup, & de Montcouvent. Au N. des vignes, côte & ferme des Coqs. Pente rapide, pont & prairie. A Soilly + & le long des Clos. $\frac{1}{2}$ l. S. de Chassin, & plus loin Avize. Avenue & chemin da l'église de Soilly. Au N. du moulin & cense de Chavenoy, & Fontaine aux Creux. $\frac{1}{2}$ l. O. de Barbolle, le Gaud, cense. Pont, ruiss. & demi-lune. *A Dormans*... 3 l. Chemin & à $\frac{1}{2}$ l. S. de Vincelles + & bois Tronquet. A Savigny, $\frac{1}{2}$ q. l. N. de Vassieux. Pont, ruiss. prairie & Avenues à passer. Pont au Sud de la Marne, du haut & bas Verneuil +. Confluent de la Samoigne, rivière. A Trie, ham. & chât. $\frac{1}{2}$ l. N. de Bougigny. A l'Amour-Dieu, *abb. détruite*. Clos, prairie & chem. de la ferme. A Troissy +. Le long du chât. & dev. la ferme. Chemin planté de Châtillon & pente rapide. $\frac{1}{4}$ l. S. de la Maison rouge. Pente à $\frac{1}{4}$ l. N. de Cerseuil. $\frac{1}{2}$ l. S. de Vaudières +, & ferme des Essarts. $\frac{1}{2}$ l. N. O. de Leuvrigny + & de la pierre aigue. Pont & riv. de Nesle-le-Repos. A Mareuil. $\frac{1}{2}$ l. S. de *Châtillon-sur-Marne*: *bon vin*. A Pont à Bainson & dev. la *poste*... 2 l. Route de St.-Martin d'Ablois. Au S. de Mizy, & à $\frac{1}{4}$ l. N. du vill. de Bainson +. Au bas de Châtillon qui couronne une côte en formant la besace. $\frac{1}{2}$ l. N. de Sablon, Montigny, & Cuile +. $\frac{1}{2}$ l. S. O. d'Orquigny & Villers +. A Eully +. $\frac{1}{2}$ q. l. S. de Reuil +. A la Marne, $\frac{1}{4}$ l. N. de Montvoisin. A la Cave *ou Ville au bois*... 2 l. Au S. de l'Echelle & de Tincourt. A côté & au S. du chêne fondu, cense. Côte rap. & pépinière à côtoyer. Au N. de Villesain, S. de Vanteuil +. Prairie & vignes vis-à-vis du chât. de Boursault, & au N. du vill. & ham. de Villemonjoye. Prairie, côte à $\frac{1}{2}$ l. S. d'Archy +. Pont & ruisseau du moulin de Bourfois, *ou moulin des Gueux*. Route & à $\frac{1}{4}$ l. S. de

Damerie-sur-Marne : *gros vignoble & bon vin.* Côteau à 1 l. S. de Fleurey & du chât. de Radais. ½ q. l. N. du château de Camay. A Meudon, anciennement belle vue, *auberge.* Pont & riv. d'Autonne, ¼ l. de Vaucienne +. Pente rap. au S. de la côte de Cumières. A la Borde, N. de la Chapelle. ¼ l. S. O. de Cumières + & Hautvillers, vill. & abb. *Excellent vin blanc.* Au N. des fermes du grand & petit St.-Antoine. Croix & maison à ½ q. l S. de Mardeuil+. Pente rap. & tranchée à passer. En face d'Epernay, Ay, Mareuil, &c. d'Hautvillers + dev. la Chapelle. *A Epernay, gros vignoble*… 2 l. Faub. de la Folie & pente rap. en pass. dev. les Magasins. A 1 l. S. O. d'Ay, au delà de la prairie. Au N. de la croix & du mont Bernon : *bon vin.* Vallon & pente rap. A Chouilly + & avenue du château. Moulin à vent & chemin de Vertus. ¼ l. S. de Mareuil & Mutigny +. Côte au S. des bois & montagne de *Reims.* Au N. de la côte de vignes d'Avize & Vertus. Avenue au S. du chât. & ville d'Oiry +. A Plivot + & dev. la poste. Route de Mareuil & d'Avenay. Au N. du moulin, 1 l. de Bury & d'Istres +. Au S. de Chezil & de Besseuil +. Avenue au S. du moulin d'Athis. A Athis +, au S. du chât. 1 l. S. de Tours-sur-Marne. Au N. d'une carrière de craye. A 5 l. N. E. de la Tour de Montaimé. ¼ l. S. au clocher de Cherville. Marais, ponts & ruiss. d'Istres. 1 l. S. de Condé + & du moulin d'Ambonnay +. Au N. du gr. & petit Ecury-Champigneul, & 2 l. de Pocancy +. A Jaalons +. *Poste*… 4 l. Pont & riv. de Somme-Soude. Le long S. du chât. & vill. d'Aulnay +. Au N. du moulin, ¾ l. d'Aignay. Avenue de Noyers à 1 l. S. de Vraux +. A Matougues +. Entre le moulin à vent & le village. ¼ l. S. du château de St.-Martin & de N. D. de Juvigny + sur Noire-Fosse, riv. Poteau & demi-lune à 1 ½ l. S. O. de Veuves, & des Mathurins, sur la route de Reims. ½ l. N. de Villers-aux-Corneilles +. 1 l. O. de Châlons. 3 l. de N. D. de l'Epine. Vallon, pont, ruiss. & moulin à ½ l. S. O. de Recy +, & plus loin la belle croix, éloignée de 2 l. Côte le long S. de St.-Gybrien +. Pente rapide, croix & clos, au S. du ham. & ferme de Vinets. Le long S. de Fagnières +. ¼ l. S. de St.-Martin-sur-le-pré. Vallon & demi-lune à passer. Côte & belle demi-lune où viennent se réunir les routes de Troyes, Montmirail, &c. Pont & faub. de Marne. Porte de Paris, & *à Châlons*… 2 l.

MEAUX.

Autre Route.

De Meaux à *la Ferté-fous-Jouarre. Voyez ci-deſſus.* De la Ferté & de Condé on paſſe au ham. de St.-Martin ½ l. N. de Jouarre. Côte au N. de Mourete, ſur le Morin. Vallon au N. de Courcelles & des Prés. Pente rapide & bois de Moras à trav. d'où l'on tire les meules à moulin. Cabaret vis-à-vis du chemin de Moras. Au ham. de Noiſemont. Route du chât. & vill. de St.-Ouen. Le long & au N. de *Buſſières*... 3 l. Sericour, Vapré. ½ l. N. de Boitron +. Aux Pauliers & bois Cornaille. Étang à ½ l. S de Baſſeveile. A Liſle. Juſtice à ½ l. N. d'Ondevilliers +. A Flagny & la Noue-le-Prêtre. ½ l. de la forêt de Nogent à trav. Aux Loges & bois des Antes, ½ l. N. de Verdelot. Ferme & côte de Cornillet. Vallon, ruiſſeau. Bourg de *Vieux-Maiſons*... 3 l. A Haute-Épine, ¼ l. N. de l'Épine aux bois +. Entre les Yeux Bloif & Courteſſon. Entre Launois-Milot & Foſſe au coq. A Coulais, N. de Marchais +. Fourche de la r. de Château-Thierry. Pente rap. au N. de Mecringe +. Pont, ruiſſ. & moulin au N. de Tigecour. Côte & chapelle St.-Martin. *A Montmirail*.... 3 l. A Monthelcant + ¼ l. N. de Maclaunay +, ½ l. N de Courbeſtot + ½ L S. de l'Eſchelles-le-Franc +. Au N. de la forêt de Beaumont. A Vauchamps +. La Requeterie. Au S. de Jeanvilliers +. Le long N. des bois & *à Fromentière*.. 3 l. Près de Boucaupiere, entre les bois. A Champ-Aubert + & chem. de Sezanne. 1 l. de la forêt d'Etoge à trav. ½ q. L. N. de Ferbriange. Pente rap. Vall. & vill. *d'Etoge*... 3 l. A 1 l. N. de Courjonnet & Coizard +. Côte à ½ l. S. de Beaunay +. Vallon, pont & ruiſſ. entre le moulin Macard & celui d'Etoge. ½ l. N. de Toulon. Demi-lune à ¼ l. de Loiſy +, Givry & Soulière. ½ l. N. du moulin à vent & vill. de Vert +. Avenue à ½ l. N. du chât. de Gravelle. Détroit entre le Mont, chât. de Charmont & le mont d'Etrechy. Côte à ½ l. S. d'Etrechy +, ¼ l. N de Colligny +. Au pied des vignes & moulin de la Faloufe de Cormont. Au N. de la Tour de Mont-Aimé. Le long S. des Corvées, moulin & vill. de Bergères +. Carref. de la r. d'Epernay à Sezanne. ¾ l. S. de Vertus. Chemin de Reims à Vitry par Epernay. Au S. de Voipreux, Chevigny +, & Villeneuve +. A Bierges +, au S. de *Renneville* +... 5 l. Pont, riv. de Somme-Soude, au S. de Roufles. ¼ l. S. de Vouzy +, & plus loin St.-Mard +. Côte au S. des avenues, chât. &

vill. de Pocancy +. 1 l. de Ecury & Champigneul +.
Vall. pont, ruiss. vill. de Thibie +. ¼ l. S. de St.-Pierre-
aux-Oyes, ½ l. de Villers-aux-Corneilles +. Vallon, côte
& avenue du chât. de Villers. Demi-lune & route de
Paris à Troyes. Pont, faubourg & Porte de Paris. *A*
Chalons 5 l.

Chemin de traverse.

De Meaux *à la Ferté-sous-Jouarre*... 5 l. *Voyez ci-dessus*
De la Ferté à Reuil-sur-Marne +. Le long de la rivière
à l'Est de Gemigny +. Au S. de la Tuilerie & de Couteran.
Pente rap. de Luzancy +. Bac & passage de la Marne.
Côte & vill. de Mery +. Au N. de la Marne & du vill.
de Sacy +. A Nanteuil sur-Marne. Au bas de Montmilan
& N. de Citry +. Pente rap. & vill. de Crouttes +. Pente
au S. du grand & petit Montregnier. Rue de Noise au S.
du chât. & vill. de Villiers-sur-Marne. A 1 l. N. de
Bassevelle +. Pont & ruiss. *A Charly*... 3 l. Au N. du
moulin à vent de Pavent. A Saulchery +. Ham. du pont
& bac de Nogent. Passage de la riv. de Marne. *A Nogent-
l'Artaut.* Pont & moulin du Crochet, au S. de Montloizel.
Bac & à l'E. de Romny +. Aux Etolins & à Chezy-l'Abb.
Pont & riv. d'Olloire, à ½ l. S. d'Azy. Entre le grand &
le petit Lugny. A Nogentel +. Carref. de la route de
Châlons. Pont, riv. & faub. de Marne. *A Chât.-Thierry*... 4 l.
De Château-Thierry *à Châlons*... 20 l.

Ou de Lusancy & du Bac 1 l. *de la Ferté.*

A Limon & avenue de Champversy. A Villiers-sur-Marne.
Mazure Nicaise & Beaurepaire. ½ l. S. de Domptin +, &
plus loin l'arbre Gobard. Au N. de Fonde, & à la Ma-
laffise. A Vaux & au bas de Moineaux. A Essomes, abbaye
& à *Château-Thierry. Le reste ci-dessus.*

CHALON sur-S... S.		Sens & à Chalon.......... 82
Charleville..... N.E.		Reims & à Charleville..... 48
CHARTRES.. O.p.S.	DE MEAUX	Paris & à Chartres......... 30
Château-Thierry E.p.S		Châlons-sur-Marne......... 12
Châtillon-s. Marne. S.		Troyes & à Châtillon...... 52
CLERMONT-F. S.O		Fontainebleau & à Clermont. 94
COMPIEGNE. *Chemin de traverse*...N...		13

MEAUX.

Sortant de Meaux par le faub. St.-Nicolas, on passe au carref. de la route de Châlons, & à l'Est de l'abbaye de Faron. Pente rap. & côte à ½ l. E. de Cregy +. Justice de Varredes+ à l'O. de Poincy +. Vallon & fontaine de Dame Légère. Pont & ruiss. à l'E. de Chambry +. Pente rap. & Fourche de la route de la Ferté. ¼ l. de Varreddes ; ½ l. de Germigny +. Plaine à ¼ l. E. de Barcy. Vallon, pont & riv. de Therouenne. A Étrepilly +. Pente rap. à 1 l. E. de Fontaine-les-Nonains. A Manœuvre & Vincy +. Vall. & ruiss. de Gergogne. *A Assy* en Multien... 4 l. A l'Est de Reez +, & de Plessis-Bouillancy +. ¼ l. des bois de Montrole à passer. Vallon, parc, chât. & vill. de Betz +. Entre Macquelines & Bargny +. A Levignan, & route de Paris à Soissons. *A Crespy* en Valois... 4 l. A Ormoy +, Champlieu +. 2 l. de la forêt de Compiegne à traverser.
A COMPIEGNE... 5 l.

Condé.......... N.		Valenciennes & à Condé....	51
Coulommiers...... S.		Nogent par Coulommiers....	10
Corbeil.......... S.		Brie-Comte-Rob. & à Corbeil..	16
Crecy.......... N.E.		Laon & à Crecy............	27
Creil.......... N.O.		Amiens par Creil..........	9
Crespy en Valois.. N.		Compiegne par Crespy......	8
Croï.......... N.	DE MEAUX	Soissons par Croï..........	6
Dammartin..... O.		Beaumont-sur-Oise.........	4
DEUX-PONTS.. E.		Metz & à Deux-Ponts.......	91
DIJON.......... S.		Troyes & à Dijon..........	66
Dormans..... E.p.S.		Chateau-Thierry & à Dormans.	17
Epernay...... E.p.S.		Châlons par Epernay.......	23
Fère Champen.. Ep.S.		Vitry par Sezanne..........	24
Fère en Tarden. E.p.S.		Château-Thierry & à Fère.....	17
Ferté-Gaucher.. S.E.		Provins par la Ferté........	12
Ferté Milon.... N.E.		Soissons par la Ferté........	8
Ferté sous-J... E.p.S.		Châlons-sur-Marne.........	5
Ferté-sur-Aube.. S.E.		Langres par la Ferté........	52
Flèche. (la)... S.O.		Paris & à la Flèche.........	71

FONTAINEBLEAU. *Route de traverse*...S... 17

De Meaux & faubourg Cornillon on passe sur le canal & à la chapelle de St.-Rigomé. Justice à ½ l. O. de Nanteuil-lès-Meaux +. A l'Eſt de la Grange du Mont, ½ l. de Mareuil + Avenue & à ¼ l. Oueſt du chât. de Bellou & de Boutigny +. ¼ l. du chât. de Magny-St.-Loup. Vallon à l'E. des Roiſes, Iſles & Eſbly +. Côte, parc, vill. & chât. de Quincy: *belle vue.* Demi-lune & route du port des Roiſes. A l'E. d'Hury, & plus loin Condé-Eſbly +. Pente rap. à 1 l. E. de Coupevray +. A Couilly, & route de Coulommiers, Pont & riv. du gr. Morin à paſſer. *A St.-Germain-lès-Couilly*.... 2 l. Côte à ¼ l. O. de l'abb. de Pont-aux-Dames. A l'E. de Montguillon & Montauſier. Le long E. de Loutevron +. Le long du parc & château du Vivier. Vall. ruiſſ. à ½ S. de Villers-ſur-Morin. Côte à ¼ l. S. O. de Crecy en Brie. Vall. à ½ l. de Reſy, du chât. & vill. de Tigeaux +. 1 ½ l. de la forêt de Crecy à trav. en paſſ. au carref. & pyramide de Tournam. Route & à ¼ l. O. de Montcerf +, & route de Villeneuve-le-Comte à Pezarches. A ½ l. E. de Neufmoutiers +. A Ruelle, ½ q. l. O. de la Houſſaye+. ½ l. E. des Chapelles +. 2 l. de *Tournam.* ¼ l. O. de Marles +. 1 ½ l. de Lumigny + le long E. de *Fontenay*... 5 l. Carrefour de la route de Paris à Rozoy. Entre Viry & Malaſſiſe. Entre le bois du Roi & N. D. du Vivier. A l'E. de l'étang & ham. d'Ecouble. A Claire, ½ l. E. de Foreſt. *A Chaulmes* en Brie. Vallon, pont & riv. d'Yères à paſſer, entre Montrevert & Grand-St.-Père. ⅓ l. O. de Verneuil, ¼ l. de Beauvoir +. A l'E. des bois de Vitry & aux Planches. Guignes-la-Putain +, poſte & r. de Paris *à Troyes*.... 2 l. A Vitry, ½ l. Eſt d'Yebles, ¼ l. de Champdeuil. Aux avenues . O. de Suſſy. A l'E. de Genouilly. Avenue du chât. & vill. de Criſenoy, & à l'Eſt de Champigny +. A l'Eſt d'Aubigny + & de Montereau, & le long du parc de St -Germain de Laxis. A Rubelles, & parc de Voiſenon, ½ l. O. de Maincy +. Pente rap. des Capucins, au N. des Récolets. *A Melun*...4 l. De Melun à FONTAINEBLEAU... 4 l. *Voyez de Paris à Fontainebleau.*

Glandelu..... N. E.	Fiſmes.................	7
GENEVE...... S. E.	Dijon & à Genève........	111
Geſvres....... N. E.	La Ferté-Milon..........	4
GRENOBLE..... S.	Lyon & à Grenoble........	140
Havre-de-Grace...O.	Paris & au Havre.........	61
LANGRES..... S. E.	Troyes & à Langres.......	65

MEAUX.

LAON............	N.E.	De Meaux à Soiss. & à Laon.	24
LIEGE..........	N.E.	—— Laon & à Liége......	79
LILLE...........	N.	—— Cambray & à Lille...	57
LIMOGES.....	S.O	—— Paris & à Limoges...	103
Lizy............	N.E.	—— Fismes............	4
LOUVOIS. Route de traverse....E....			27

De Meaux à Epernay... 23 l. *Voyez de Meaux à Châlons*. D'Epernay on passe le pont sur la Marne. Au chemin qui traverse la prairie pour les personnes à pied : *il abrège d'une demi lieue*. A l'O. du chât. & vill. de Dizy. Fourche de la route de Reims. A Dizy +, ¾ l. S. E. de Haut-Villers, abb. ¾ l. S, de Champillon +. Le long S. de la côte de vignes. A Ay. ¼ l. Nord de *Mareuil-sur-Marne*. Détroit entre les vignes, & à l'E. du vill. de Mutigny +. *A Avenay*, abb. de Bénédictines. A Fontaine, E. des bois de la montagne de Reims. A Tauxiere, où il y a une manufacture de Poterie. *A LOUVOIS*... 4 l.

LUXEMB.ᴳ	E.	Châlons, Verdun & à Luxemb.	73
LYON.........	S.	Sens, Macon, & à Lyon...	113
MANS (*le*)...	S.O.	Paris & au Mans..........	61
MARSEILLE....	S.	Lyon & à Marseille.......	200
Melun........	S.p.O.	Fontainebleau............	13
METZ	E.	Verdun & à Metz.........	66
MONTAUBAN..	S.O.	Paris & à Montauban......	167
Montmirail....	S.E.	Châlons................	13
MONTEREAU. Route de traverse... S..			20

De Meaux à *Fontenay en Brie*... 7 l. *Voyez de Meaux à Fontainebleau*. De Fontenay à *Rozoy*... 3 l. *Voyez de Paris à Rozoy*. De Rozoy on passe le vallon, ruiss. & moulin de Rozoy, à ½ l. O. de Breuil +. ¼ l. E. de Bernay + & du château ; du vill. chât. & parc de la Grange-Bleneau. A Courpalais +, ½ l. O. de Chapelle-Iger +. Vallon & riv. d'Yvron à passer. Côte, à ¼ l. E. de Cordou, abb. Le long O. de Fleury, ¼ l. de champ Gueffier. A Cuiseau, E. des Loges, ½ l. E. de la Fermeté, ¼ l. O. des Gastins +. 1 l. E. d'Ouzouer-le-Repas, & plus loin, Mormant +. Entre Quiers & Clairefontaine +. A côté de Perichois & Bailly +.

Route de Paris à Provins. *A Nangis*... 4 l. Le long du parc, 1 l. O. de Rampillon +. Vallon, étang & à Bourguignon. Bois à l'O. de la cenfe des Billets. ½ l. E. de Fontains +. Traverfe des haies de Nangis. A Valjouan +, O. des bois de St.-Martin. A la grande Maifon; E. de Bois-l'Abbé, Villeneuve le-Comte, & chemin de Donnemarie, ½ l. des bois de Montigny à paffer. Vall. Fontaine-Geoffroy, à l'O. de Montigny +. ¼ l. de bois à trav. en paffant à l'Eft du château de Montigny-Lancoup. Oueft d'Orvilliers. A Salins +, ½ l. E. de Laval +. Au S. des Buiffons & de Laval. ¼ l. N. de St.-Germain +. A Courbeton & le long du parc : *belle vue*. Le long de la Seine, & au bas de Surville. *A MONTEREAU*... 6 l.

MONTPELLIER...	S.	à Lyon & à Montpellier......	191
MOULINS..	S.O.	Fontainebleau & à Moulins..	72
NANCY.....	S.E.	Châlons & à Nancy........	72
Nanteuil........	N.	Dammartin & à Nanteuil...	7
Nogent-l'Artaut..	E.	Château-Thierry par Nogent.	9
Nogent-fur-Seine..	S.	Sens par Nogent..........	26

(DE MEAUX)

NOYON. Route de traverfe.... N.... 20

De Meaux & faub. St.-Jacques on paffe à l'E. de l'abbaye de St.-Faron. Côte rap. & Juftice de Varreddes, à ½ l. E. de Cregy +, & à ¼ l. O. de Poincy-fur-Marne. Vallon, ruiff. & cenfe de Dame-Légère. Côte à ½ l. E. du moulin & vill. de Chambry +. Pente rap. à ¼ l. O. du chât. & vill. de Germigny. Vallée & vill. de Varreddes +. ½ q. l. O. de la riv. de Marne. Côte à ½ l. O. de Congis +. & 1 l. d'Iffes-les-Meldeufes +. Vall. pont & riv. de Therouanne. A Gué à Treme. Pente rap. à ¾ l. E. d'Etrepilly. A Beauval, ½ l. O. de *Lify & Mary* +.... 3 l. A ½ E. de Trocy + : *belle vue*. ¼ l. O. d'Echampeu +, 2 l. de Cocherel +. A St.-Faron, ½ l. E. de Pleffis-Placy +. A May +. Route & à ¼ l. O. de *Gefvres*-le-Duc. Vall. & ruiff. de Gergogne. A l'O. du moulin grand Claco. Côte & bois, à ¾ l. E. de Rozoy-en-Multien +. Traverfe de la route de Gefvres à Rouvres. Vallée & vill. de Vaurinfroy +. A Beauval, ½ l. E. de Rouvres en Multien. A Neufchelles +, ¾ l. O. de Montigny-l'Allier. Pont, ruiff. de Grinette, à ¾ l. S. E. de Collinance +. Côte à ½ l. O. des bois de Montigny. Vallée vill. de Mareuil-la-Ferté +. Pont, riv. d'Ourcq, & vill.

MEAUX

de Fulaines +, Pont, étang, à $\frac{1}{2}$ l. O. de St.-Quentin +. Au bas du chât. de Bourneville. $\frac{3}{4}$ l. E. de Villeneuve-sous Thury +. Le long de l'Ourcq, riv. à l'E. de Marolles +. *A la Ferté Milon*... 4 $\frac{1}{2}$ l. Chemin de Crespy, & à l'E. de St.-Lazare. Pente rap. à l'E. de Precy à Mont +. 1 $\frac{1}{2}$ l. de Forest en passant à l'E. de la Chartreuse de Bourfontaine & Baisemont. $\frac{1}{4}$ l. E. de Pisseleux + & la Noue. *A Villers-Cotterets*... 2 $\frac{1}{2}$ l. $\frac{1}{2}$ de la forêt à traverser. A Vivieres +, $\frac{1}{2}$ l. O. de Montgobert +. $\frac{1}{2}$ q. l. de Soucy +, & à 1 l. de Valsery, abb. $\frac{1}{2}$ l. E. de Mortefontaine. A la cense de Pouye : *belle plaine.* A Montigny-Langrain. Coutieux +, ou à Thezy. Avenue, bac & riv. d'Aisne à pass. A Vic +, $\frac{1}{2}$ l Ouest de *Berny-Rivière*... 4 l. Pente rap. à l'E. de Bitry +. Entre St.-Pierre + & St.-Christophe +. A l'O. de Monflaye & Bonval, $\frac{1}{4}$ l. d'Autreches +. $\frac{1}{4}$ l. E. de Moulin-sous-Touvent +, à l'O. de Tiolet & Audignecourt +. $\frac{1}{4}$ l. O. de Nancel + & Belloy. A l'Est des Loges, chât. & plus loin Tracy + le Mont, près de la forêt de l'Aigue. $\frac{1}{2}$ l. O. de Blerancourdel +, dans le fond. Le long E. des bois de la mont. 1 l. O. de *Blerancourt : belle vue.* Entre le bois & le ham. de Bellefontaine. Vallée & vill. de Caines +, $\frac{1}{4}$ l. E. de Carlepont. A $\frac{1}{4}$ l. des bois, & à 1 $\frac{1}{2}$ l. de l'abb. d'Ourscamp. $\frac{1}{4}$ l. de bois à passer, à $\frac{1}{2}$ l. O. de Cuts +. Au S. O. du bois de Louvetain. A Pontoise-sur l'Oise, que l'on passe au bac +. Isle à trav, en pass. à $\frac{1}{2}$ l. O. de Varennes +. A l'E. d'Arene, $\frac{1}{4}$ l. de Sempigny +. Pont & riv. d'Oise à $\frac{1}{2}$ q. l. O. de Morlincourt +. $\frac{1}{2}$ l. E. de Pont-l'Evêque & de Mont-Renaud A Rudoroir & *à Noyon*... 5 l.

Orbais........	S.E.	Montmirail & à Orbais.....	18
ORLÉANS....	S.O.	Paris & à Orléans.........	38
PARIS......	O.	*Voyez* de Paris à Meaux....	10
PAU.........	S.O.	Paris, de Paris à Pau......	217
PERPIGNAN.	S.p.O.	Lyon & à Perpignan......	229
POITIERS....	S.O.	Paris & à Poitiers.........	97
Provins........	S.	Sens par Provins..........	14
Rebais.........	S.	la Ferté-Gaucher.........	12
	REIMS.	Grande Route..... E.....	29

De Meaux à Épernay... 23 l. *Voyez de Meaux à Châlons.*
D'Épernay à Reims..... 6 l. *Voyez de Reims à Troyes.*

    Chemin de traverse................ 26

De Meaux à *Vaux*.... 12 l. *Voyez de Meaux à Châlons.*
De Vaux à Valfecret, abb. Verdilly +, & au N. du bois
de Barbillon. Au S. du chât. de Trugny & vill. d'Efpiais +.
A la cenfe à Dieu, ½ l. N. de Mont St.-Père. ¼ l. de la
forêt de Fère à paffer. A Charmel +, 1 l. N. de *Jaulgonne*... 4 l. ¾ l. de la forêt de Ris, & fource de l'Ourcq,
riv. A la Deffence, ½ q. l. N. de Champvoicy +. Au N.
de St.-Germain & du chât. de Neuville. Vall. riv. de
Santoigne, & *Villers-Agron* +... 3 l. A Berthenet, ¼ l. S.
d'Arguify + Oigny +. Vallon, côte & vill. de Romigny +.
Vall. ruiff. & à *Ville* en Tardenois +... 2 l. A Cham-
brecy +; 1 l. S. de Sarcy +. Côte à 1 l. N. de Champla +
& la Neuville +. Vallon & riv. d'Ardres. A Bligny +.
Côte au S. d'Aubilly +, Premery + & Mery +. Vallée,
chât. de Villette, & riv. des Vaffeurs. A St.-Eufraize +,
½ l. N. de Bouilly & Courmas. Côte à ½ l. O. de St.-Lie
& Villedemange +. Pente rap. Vignes & vill. de Pargny.
Au N. des Mefneux +, S. d'Ormes +. Pont & ruiff. entre
Bezannes & Tinqueux +. Pont, riv. faubourg de Vefle.
A REIMS... 5 l.

RENNES...... S O. | De Meaux à Paris & à Rennes. 96

RETHEL. Grande Route..... E 38

De Meaux à *Reims*... 29 l. De Reims à *Rethel*... 9 l.

Chemin de traverfe................. 35

De Meaux à *Vaux*... 12 l. *Voyez de Meaux à Châlons.*
De Vaux à Valfecret, abb. au N. de Verdilly + & de la
Maladrie. A Trugny, chât. & vill. d'Efpiais +. A l'Eft
de Courpoil & de Moncheten, chât. Pente rapide. La
Croifette & Beuvardes +. Côte & ham. de Hotellier, à
1 l. E. de Brecy +. A Prehaux, entre le bois des Tour-
nelles & la forêt de Fère. A ½ l. E. de Villeneuve-fur-
Fère, Villemoyenne. ½ l. O. de Villers-fur Fère. Vallon
& riv. d'Ourcq à paffer. *A Fere* en Tardenois..... 4 l.
Côte & vill. de Seringe +, ½ l. S. du château de Fère.
Au S. de Mareuil en Dole +. ½ l. de la forêt de Dole à
paffer. A Dole, ham. & à l'abb. de Chartruve. Au S. de
Chery + & du mont St.-Martin. Vallon, riv. d'Ardres,
& vill. de St.-Giles +. Côte au N. de Couville. Plaine
à ½ l. S. de *Fifmes*... Pente rap. & vill. de Magneux +,

MEAUX.

fur la route de Soiſſons à Reims... 5 l. Rivière de Veſle à paſſer, & vill. de Courlandon +. Côte rap. à ½ l. N. de Breuil-ſur-Veſle +. Vallée & vill. de Romain +. A Ventelay +, ½ l. Oueſt de Bouvencour +. Plaine de la Loge-Fontaine. Pente rap. & vill. de Guyencourt +. A l'E. de Roucy + & de Bouſſignereux. Entre le bois & le bourg de *Cormicy* +... 4 l. A Berry-au-Bac ſur l'Aiſne +. Au N. de Condé, & à Guignicourt +. *A Neufchâtel*... 4 l. Pont, riv. de Retourne, & à Brienne +. Grande plaine à trav. A Romance + & *à* RETHEL... 6 l.

Ou de Guyencourt.

A Cormicy, ſur la route de *Reims*... 1 l. A Neuville, ½ l. S. de Sapigneulle +. A Merlet, ½ l. E. d'Aguilcourt +. Riv. de Suippe, à l'O. du chât. de Berlize & de Bertricourt +. Plaine à l'Eſt de Pignicourt +. Vallée à ¼ l. E. de *Neufchâtel*. Pont & ruiſſ. de Retourne. A Brienne + & pente rap. 6 l. de plaine à trav. en paſſ. au S. d'Avaux *ou* Asfeld le chât. Au S. du vieux Asfeld, & d'Asfeld-la-Ville. A la cenſe de Vauboiſon, S. du moulin & vill. d'Aire + Balham +. Chemin de Reims à Château-Porcien. Au N. d'Avançon. A Romance + & *à* RETHEL... 6 l.

ROCHELLE (la)	S.O.	Paris & à la Rochelle	131
ROUEN	O.	Paris & à Rouen	40
Rozoy	S.	Montereau	10
ST.-DENIS	O.p.N.	Bourget & à St.-Denis	10
ST.-MALO	O.	Paris & à St.-Malo	98
ST.-OMER	N.O.	Amiens & à St.-Omer	60
SAINTES	S.O.	Paris & à Saintes	131
SEDAN	E.	Reims & à Sedan	52
SENLIS	N.O.	Dammartin & à Senlis	8
SENS	S.	Montereau & à Sens	28
Sezanne	S.E.	Montmirail & à Sezanne	20

SOISSONS. *Route de traverſe*... N.E.... 22

De Meaux *à Château-Thierry*... 12 l. *V. de Meaux à Châlons.*
De Chât.-Thierry *à Soiſſons*... 10 l. *V. de Soiſſons à Chât.-T.*

Autre Route... 16

Tome II.   I

De Meaux à *Villers-Cotterets*... 10 l. *V. de Meaux à Noyon.*
De Villers-Cotterets à *Soissons*... 6 l. *V. de Paris à Soissons.*

Chemin de traverse................ 14 ½

De Meaux à *la Ferté-Milon*... 7 ½ l. *V. de Meaux à Noyon.*
De la Ferté on passe à Silly-la-Poterie +. Bois & vallon à passer. A Faverolles +. A l'E. de la forêt de Villers-Cotterets & du vill. de Dampleu. Moulin à vent. Vall. & vill. de Corcy +. Le long de la riv. & vill de Longpont. Pente rap. à l'O. de la Grange. A Vertefeuille, *sur la route de Paris à Soissons*, & à l'O. de *Beaurepaire*... 4 l. De Vertefeuille à SOISSONS... 3 l. *Voyez de Paris à Soissons.*

Stenay......... E.		Reims & à Stenay.........	53
STRASB... E.p.S.		Nancy & à Strasbourg......	109
Toul....... E p.S.	DE MEAUX à	Châlons & à Toul.........	66
Toulon....... S.		Lyon & à Toulon.........	209
TOULOUSE.. S.O.		Paris & à Toulouse........	180
Tours....... S.O.		Paris & à Tours...........	67

TROYES. Route de traverse........ 30

De Meaux & faubourg Cornillon on passe le long Ouest de la Marne. A Nanteuil-lès-Meaux +. Côte & hameau de Clermont & Beauregard. ¼ l. Ouest de Boutigny + & de Saint-Fiacre +, abbaye, croix à ½ q. l. Ouest du chât. de Bellon. Devant & à l'Est de Magny-St.-Loup: *belle vue.* Pente rap. à 1 l. E. de Quincy +. Pont & ruiss. à ¼ l. E. de Segy +. A Coulomme +, ½ l. O. de *Vaucourtois* +... 2 l. A l'O. du moulin à vent & vill. de Sancy +. A Sarcy, ½ l. E. de Bouleurs +. Avenue de Crecy à Sansy. Bois, vallon & ruiss. à ¾ l. N. E. de *Crecy.* A Roise, ham. ½ l. O. de Maisoncelles. Vallon, ruiss. des étangs de la haute Maison +. A l'Est des bois & ham. de Rouilly-le-Haut. Traverse de la r. de Paris à Coulommiers, & à 2 l. de la Ville. ½ l. E. de Guerard +. Entre Fey & Charnoy. Pente rap. Pont & riv. du gr. Morin, a ½ l. O. de Pommeuse +. Côte à ½ l. E. de la Celle +. Le long O. du parc & vill. de *Faremoutier* +... 3 l. Aux Bordes, E. de Buisson & de la Malvoisine. ¼ l. O. de Mauperthuis +. Aux Essarts, ½ l. O. de Saints +. Bois à ¼ l. N. de Tonquin +, 2 l.

de *Roxoy*. ½ l. O. de la Boissière. Vall. & petit bois à l'E.
du Plessis-Feuaussou. Entre Gloise & *Montierand*... 5 l.
Au N. de Vaudoy +. *A Jouy*. Haute chapelle à ½ l. de
l'abb. de Jouy. ½ l. de la forêt de Jouy à traverser. A
Chenoise + & à 1 l. E. de Boissy. *A Provins*... 4 l. De
Provins *à* TROYES... 16 l. *Voyez de Paris à Troyes*.

Autre Route.................. 34

De Meaux à *la Ferté-sous-Jouarre*... 5 l. *Voyez de Meaux
à Châlons*. Pente rap. & chât. de Vanteuil. A Jouarre,
abb. & vill. *belle vue*. Pente rap. & ham. de Rouilly. Pont
& ruiss. à passer. Aux Louvières & Montgoin. Petit &
grand Saussoy. ¼ l. Est de Doue +. A Boulivilliers &
à Rebais... 3 ½ l. Côte & bois de la Madelaine. A Saint-
Léger + & Château-Benard. Grand & petit champ Cor-
morin. Au Buisson & à St.-Bartelemy en Beaulieu. A
Magny & bois St.-Père. La pet. Brosse & *à Mailleraye*... 4 l.
De Mailleraye à *Sezanne*... 6 l. *Voyez de Paris à Sezanne*.
De Sezanne à TROYES... 16 l. *Voyez de Troyes à
Château-Thierry*.

VALENCIENNES. N.	Cambray & à Valenciennes...	52
Vaucouleurs.... S.E.	Châlons & à Vaucouleurs...	64
VERDUN....... E.	Reims & à Verdun........	9
VERSAILLES... O.	Paris & à Versailles........	14½
Vichy......... S.O.	Moulins & à Vichy........	85
Vitry-le-François. S.E.	Châlons & à Vitry........	39

(DE MEAUX à)

ROUTES ET CHEMINS DE TRAVERSE
DE METZ

Distance de Metz

à		Voyez	lieues.
ABBEVILLE...N.O.		Verdun & à Abbeville.....	95
AIX-la-Chap.... N.		Spa, Limbourg & à Aix....	71
AIX en Prov.. S.O.		Nancy & à Aix...........	183
ALENÇON...... O.	à	Paris & à Alençon.......	121
Amboise........ O.		Orléans & à Amboise.....	123
AMIENS... N.O.	D E M E T Z	Verdun & à Amiens.......	85
Andelys (les).... O.		Paris & aux Andelys......	102
ANGERS....... O.		Paris & à Angers.........	149
ANGOULÊME... O.		Orléans & à Angoulême....	188
ANTIBES....... S.		Lyon & à Antibes........	223
ANVERS....... N.		Namur, Mézières & à Anvers.	79
ARLES........ S.O.		Lyon & à Arles...........	174
Arlon.......... N.		Namur par Luxembourg....	22
ARRAS....... N.O.		Reims & à Arras.........	85
AUCH........ S.O.		Orléans & à Auch........	253
AUTUN...... S.O.		Nancy & à Autun.........	78
AUXERRE.... S.O.	à	Verdun & Auxerre........	71
Auxonne...... S.O.		Langres & à Auxonne.....	63
Avesnes...... N.O.	D E M E T Z	Charlemont & à Avesnes...	58
AVIGNON... S.O.		Lyon & à Avignon........	164
AVRANCHES... O.		Paris & à Avranches.......	150
Bagnères...... S.O.		Dijon & à Bagnères.......	261
Balaruc....... S.O.		Lyon & à Balaruc.........	189
BAR-LE-DUC.. S.O.		Nancy & à Bar..........	34
Bar-sur-Aube.. S.O.		Toul & à Bar-sur-Aube....	40
Bar-sur-Seine.. S.O.		Toul & à Bar-sur-Seine....	47
Barrèges...... S.O.		Limoges & à Barrèges.....	271
BASLE........ S.		Nancy & à Basle.........	66
Bastogne....... N.		Namur par Bastogne......	31

METZ. 69

BAYONNE.... S.O.	Limoges & à Bayonne.....	269
BEAUCAIRE.. S.O.	Lyon & à Beaucaire.......	173
Beaugency...... O.	Orléans & à Beaugency....	105
BEAUVAIS.. N.O.	Paris & à Beauvais........	92
Béfort........... S.	Nancy & à Béfort.........	46
BESANÇON.... S.	Nancy & à Besançon.......	56
Béthune....... N.O.	Arras & à Béthune.........	92
BÉZIERS..... S.O.	Lyon & à Béziers..........	199
BLOIS........ O.	Orléans & à Blois.........	113
Bois le-Duc..... N.	Liége; de Mézières à Bois le-D.	74
BORDEAUX ... O.	Limoges & à Bordeaux.:....	214
Boulay.......... E.	Saarelouis par Boulay......	6
Bouquenom.... S.E.	Strasbourg par Bouquenom..	20
Bourbon-l'Ancy. S.O.	Nancy & à Bourbon.......	93
Bourbon-l'Arch... O.	Moulins & à Bourbon-l'Arch.	109
Bourbonnes les B S.O.	Nancy & à Bourbonnes.....	42
BOURG-en-Bresse.. S.	Besançon & à Bourg.......	89
BOURGES..... O.	Troyes & à Bourges.......	104
Bouzonville..... E.	Saarelouis jusqu'à Tromborn.	14
Brest........... O.	Paris & à Brest...........	222
Briey.......... N	Longwy par Briey.........	6
Bruges....... N.O.	Bruxelles & à Bruges.......	102
BRUXELLES.N.p.E.	Namur & à Bruxelles......	72
CADIX....... S.O.	Lyon & à Cadix..........	469
CAEN......... O.	Paris & à Caen...........	129
CAHORS...... S.O.	Limoges & à Cahors.......	204
Calais....... N.O.	Reims & à Calais.........	112
CAMBRAY... N.O.	Reims & à Cambray.......	78
CHALONS-sur-M. O.	Verdun & à Châlons.......	34
CHALON-sur-S. S.O.	Dijon & à Châlon.........	74

CHARLEMONT. Grande Route.... N.... 46

De Metz à côté de *Dion-le-Val*... 45 l. V. de Metz à Namur. A la fourchette de la r. de Namur. A Felix-Prest. Givet. Pont & rivière de Meuse. A Givet-Saint-Hilaire & à Charlemont... 1 l.

Charleroy....... N.	Mézières & à Charleroy....	70
CHARTRES..... O.	Paris & à Chartres........	96
Château-Dun.... O.	Paris & à Château-Dun.....	107
Château-Salins... S.	Strasbourg par Chât.-Salins..	11
Château-Thierry... O.	Châlons & à Chât.-Thierry...	53
Chaumont en B. S.O.	Neufchâteau & à Chaumont..	44
Chimay...... N.O.	Mézières & à Chimay......	50
CLERMONT-F.S.O.	Moulins & à Clermont.....	124
Clermont en Arg.. O.	Verdun & à Clermont......	21
COLMAR.... S.p E.	Nancy & à Colmar........	49
Commercy..... S.O.	Bar-le-Duc par Commercy...	16
Compiègne.... N.O.	Reims & à Compiègne.....	68
COUTANCES.... O.	Paris & à Coutances.......	150
Damvillers.... N.O.	Verdun ou Mézières........	22

DEUX-PONTS. *Grande Route de Poste*...E... 25

De Metz à Forbach.... 15 l. *Voyez de Metz à Francfort.* De Forbach à la route de Saarbruch. O. de l'Hermitage de Ste.-Anne. ½ l. de la Forêt de Forbach à trav. Côte, vall. & vill. d'Esseling +. Côte longue & rapide, & à ½ l. N. E. de Lexin +. A Gros-Blidestrof-sur-Sarre +. Entre la côte de bois & la riv. de Sarre. ½ l. O. de la montagne & village d'Aurschmaker +. Traverse d'une Enclave de l'Empire, en passant au vill. de Wellerding +. Vis-à-vis du moulin & ham. d'Hanveiller. Au S. du confluent de de la Sarre & la Blisse. *A Sarreguemine*.... 4 l. Pont & riv. de Sarre. Côte & au N. des bois Neukirch. Vallon & moulin de Neukirch. Côte & dev. l'église de ce village +. Fourche du chemin de Sarreguemine à Strasbourg. Le long S. des bois de Neunk. Traverse des bois de Fraunberg. Vallon & vill. de Fraunberg +. Pont & riv. de Blisse. ¼ l. N. de Habkirch. Côte longue & au Nord du bois de Reintheim. ½ l. S. E. de Bolcken + & de l'abbaye de Grevendahl. *A DEUX-PONTS*... 6 l.

Autre Route de Poste.............. 32

De Metz à Bitche........ 26 l. *Voyez de Metz à Landau.* De Bitche à Deux-Ponts. 6 l. *V. de Strasb. à Deux-P.*

METZ. 71

Dieulouard....	S.O.	Toul par Dieulouard.......	9
Dieuſe.........	S.	Straſbourg par Dieuſe......	15
DIJON......	S.O.	Nancy & à Dijon..........	57
Dôle.........	S.O.	Beſançon & à Dôle........	66
Domfront.......	O.	Paris & à Domfront.......	136
DOUAY....	N.O.	Reims & à Douay.........	84
DREUX.......	O.	Paris & à Dreux..........	95
Dun-ſur-Meuſe.	N.O.	Verdun & à Dun..........	23
Dunkerque....	N.O.	Lille & à Dunkerque......	101
Elbeuf.........	O.	Paris & à Elbeuf.........	105
EMBRUN.......	S.	Lyon & à Embrun.........	159
Epinal..........	S.	Nancy & à Epinal.........	28
Eſtain........	N.O.	Verdun par Eſtain.........	12
ÉVREUX.......	O.	Paris & à Evreux..........	101
Falaiſe.........	O.	Paris & à Falaiſe.........	124
Faulquemont...	S.E.	Straſbourg par Faulquemont.	9
Fère. (la).....	N.O.	Reims & à la Fère........	61
Feneſtranges....	S.E.	Straſbourg par Dieuſe......	21
Flèche. (la)......	O.	Paris & à la Flèche........	137
Fontainebleau...	O.	Troyes & à Fontainebleau...	83
Forbach........	E.	Landau par Bitche.........	15
Forges.......	N.O.	Paris & à Forges.........	102
FRANCFORT. Route de traverſe.		..E...	73

Sortant de Metz on paſſe au N. de la belle croix. Au moulin & à ¼ l. S. de Villiers ✚. Côte & cabaret de l'Ecréviſſe. ½ l. S. de Vanton & de May ✚. ¼ l. N. de Berny ✚. Fourche de la route de Saarelouis. Côte, vall. ruiſſ. & moulin de Lovallier. Côte & à ¼ l. N. du vill. de Colombé & Ars ✚. ¾ l. de Noiſeville ✚, & route de Saarelouis. ¼ l. S. de Flanville ✚. Devant l'égliſe de St.-Aignan. 1 l. S. de l'abbaye de Ste-Barbe, que l'on voit. ¼ l. N. de Puxe & de Laizeroy ✚. Au-deſſus S. de Silly, & au Nord de Bois-d'Urville. Côte longue & rapide à deſcendre. Entre la croix & le chât. de Pont. A Pont à Chauſſy ✚. Pont ſur la Nied Françaiſe, rivière. Au S. du moulin & au vill. de Courcelles ✚. Devant la poſte & paſſage d'un petit ruiſſ. Côte & juſtice de Courcelles. Côte rap. croix & chemin de Palpecour. Côte & au S.

des bois de Courcelles. Vallon, côte & vill. de Raville +. Vall. & ruiss. de Servigny. A Poligny +. Pont & riv. de la Nied-Allemande. ¼ l. d'Helfedange, chât. & de Quinglange. Côte longue à trav. Le long des bois, & à ¼ l. S. de Marange +. Entre Haute-Vigneul & Hallerin. Entre les bois des deux villages. Vis-à-vis S. de Zeming +. Au bois & à ¼ l. S. de Bouchepert. Côte rap. bois & abb. de Longeville. Traverse de la vallée de St. Avold. Fourche de la route de St.-Avold à Nancy. Au N. de l'étang & ham. de Roderies Le long du petit bois de St.-Avold. Pont, ruisseau & vis-à-vis du moulin. *A St.-Avold* ou *Avaux* +. A la route de Dieuse, & chapelle de la belle croix. Pont, moulin & riv. de Rossel. Côte rap. & butte de St.-Avold. Entre la forêt de St.-Avold & celle de Steimberg. ¾ l. N. du Mont & d'Hombourg-l'Evêque. Pente rapide & ville de Freyming +. Vall. ruiss. Côte & à Merlebach +. Côte & vill. de Rosembrich. Pont & riv. de Rossel. ½ l. S. d'Emersveiller +. Ruiss. & à ¼ l. N. de Morsbach. Vallon & ruiss. d'Olingen +. Côte & bourg de *Forbach*.... 15 l. Fourche & chemin de Sarreguemine. ½ l. de la forêt de Forbach à trav. & plusieurs ruisseaux & vallons. Au S. de Teuschaus & Molsatt. Descente & *à Saarebruck*... 3 l. Pont & riv. de Sarre. Entre deux tertres & une maison bourgeoise. Pont entre les étangs de deux forges. Plusieurs montagnes & bois à trav. *A Deux-Ponts*... 8 l. De Deux-Ponts *à Landau*... 14 l. De Laudau *à Spire*... 9 l. *Voyez de Metz à Spire*. De Spire *à Heidelberg*... 6 l. D'Heidelberg *à* FRANCFORT... 18 l.

GAND.......	N.O.	Bruxelles & à Gand........	84
GÈNES......	S.p.E.	Aix & à Gènes...........	264
GENEVE......	S.	Besançon & à Genève.....	90
Gorze........	S.	Nancy jusq. Corny, à Gorze.	5
Gray........	S.O.	Langres, de Langres à Besanç.	55
GRENOBLE.....	S.	Lyon & à Grenoble........	131
Guibraye......	O.	Paris & à Falaise.........	124

HAGUENAU. Grande Route... S. E.... 38

De Metz *à Saverne*..... 31 l. *Voyez de Metz à Strasbourg*.
De Saverne *à Haguenau*... 7 l. *V. de Nancy au Fort-Louis*.

Autre Route............... 40

METZ

De Metz à *Bitche*..... 26 l. *Voyez de Metz à Landau.*
De Bitche à *Haguenau*... 14 l. *V. de Strasb. à Deux-Ponts.*

Havre-de-Grace..... O.	De Metz à Paris & au Havre.	137
Joinville........ S.O.	De Metz à Toul & à Joinville.	30
Landau Grande Route jusqu'à Bitche...E...		42

De Metz à *St.-Avold*... 11 l. *Voyez de Metz à Francfort.*
De St.-Avold à la fourche de la route de Deux-Ponts. Vis-à-vis la Chapelle de la belle croix. Côte de Venhek à trav. *belle vue.* Fourche de la route de Dieuse. Vallée & vill. du petit Eberschwiller, sur le ruiss. du petit moulin. $\frac{1}{4}$ l. de bois à trav. & à Macheren +. Côte & à $\frac{1}{4}$ l. N. des bois de Linsviller. $\frac{1}{4}$ l. de bois, vallon & ruiss. à passer. A Marienthal +. Vallon, ruiss. & à $\frac{1}{2}$ l. O. d'Henriville. Entre le ham. de Barst & le bois Capel. Côte, vill. & vallon de Capel +. Côte & à l'O. de l'Oratoire. Le long de la côte & au vill. de Nidehoft +. Vall. & ruiss. d'Ober-Hoft. Côte rap. & le long des bois d'Hoft. Vallon, moul. étang de Diergrarten. Côte & au N. des bois de Pettelange. Vallon & chât. de Pettelange. Pont & bourg de *Pettelange*... 4 l. Côte rap. à trav. Vallon, côte & à $\frac{1}{2}$ l. S. de Guebenhausen. Vall. moulin, étang d'Erneswiller. Le long & au S. de ce village. Le long du bois & au-dessus de Ransbach +.. Traverse du Vallon & village de Wustweiller + : *terre de l'Empire.* Côte & 1 l. des bois de Welferding à trav. Fourche de la route de Bouquenom. A *Sarreguemine*... 3 l. Passage de la Sarre, rivière, côte, vallon, moulin & vill. de Neunkirch. Fourche de la r. de Deux-Ponts. Le long E. des bois de Remelfing. Entre les bois d'Eberfching. A la cense de Vinsingershoff. Vallon, côte & hermitage de Hermscapel. Vallon, & à $\frac{1}{2}$ l. N. de Wiesweiller +. $\frac{1}{4}$ l. de Wolfflinger. Côte rapide & bois à traverser. Pont, ruiss. & vill. de Gros Rederching. $\frac{1}{4}$ l. N. de Singlingen. Côte d'une lieue à trav. $\frac{1}{2}$ l. N. de Beningen + & chemin pour y aller, qui est aussi celui de Bouquenom. A *Rorbach*..... 4 l. Côte d'une lieue de traverse, en pass. au S. du petit Rederching. Vallon & le long des bois d'Heilligenbronne. Moulin, étang & *cabaret* de Fromuhl. $\frac{1}{4}$ l. Nord de Sierstahl, à côté Sud d'Holbach. Entre les bois de Siarsthal. A la Briquerie & Freidenberg. Cense à la fourche de la route de Deux-Ponts. Côte rap. & $\frac{1}{2}$ l. des bois & chât. de Carmagniol.

METZ.

Pont, moulin, étang & riv. de Schwalb. *A Bitche*... 4 l.
Montagne & bois des Vosges à trav. en pass. à la fourche de la r. de Wissembourg. Traverse de la forêt de Bitche. Etang, croix & vill. d'Haspelscheidt. Borne & frontière de la France. Comté d'Hanau à trav. Le long de la riv. de Boubach. Fourche de la route de Deux-Ponts. Au moulin de Lugen & à Saltwaag. Au bas N. du vieux chât. de Haldenbach. Fourche du chemin de Strasbourg, $\frac{1}{4}$ l. N. de Weidenthal +. Fouche de la r. de Deux-Ponts, *cabaret* & cense d'Horbach. Le long de la riv. entre la forêt de Deux-Ponts. Aux étangs & à $\frac{1}{4}$ l. N. de Hauvenstein. Vieux & neuf chât. de Falkenbourg. A Vilgerswissen +. $\frac{1}{4}$ l. N. de Spirgelbach. Au bas S. de Vatelbourg, vieux chât. Entre le moulin & le vill. de Rendel. A Sarenstel +. Entre la Papeterie & la chapelle d'Anweiller. *A Anweiller*... 12 l. Le long de la riv. & au vill. de Queich-Hambach +. A Alberswciller +. Entre le canal & la riv. de Queich, vis-à-vis de Sebeldergen +, au S. de Gottamstein +. Passage du canal & à $\frac{1}{2}$ N. d'Harzheim. Dev. le moulin de la croix. *A LANDAU*... 4 l.

Landrecy........	N.O.	De Metz à Méz. & à Landrecy.. 62
LANGRES.......	S O.	—— Nancy & à Langres.... 42
LAON..........	N.O.	—— Reims & à Laon....... 56

LAUTERBOURG. Chemin de traverse... E... 46

De Metz à Bitche... 26 l. *Voyez de Metz à Landau.* De Bitche & fourche de la route de Landau on traverse les montagnes & forêts des Vosges, en pass. à la Tuilerie de la main du Prince. Au S. de la cense & étang de Firtomus & l'abbaye de Stirzelbronn. Au N. de l'étang & moulin de Bedischeidt, 1 l. des censes de Nouveyer & de Deshart. Entre Cobrett & Hiltzelhoff. $\frac{1}{4}$ l. N. de Brendel. Fourche du chemin de Fischbach. A Ober-Steinbach +. Au N. du vieux chât. d'Arnsbourg. Limite de l'Alsace, & vis-à-vis des ruines de l'ancien chât. de Wasseinstein. A Nider-Steinbach. Au N. de la ferme & chât. de Frensbourg. A la cense de Scyerhaus. Jonction du chem. de Fischbach. Détroit entre les montagnes & les bois. Moulin & vill. de Lembach +.

METZ.

Ou de l'Abbaye de Stirzelbron.

On passe à la fourche du chemin de Steinbach, à l'étang & vis-à-vis S. du moulin de Schtich, cense, & à ¼ l. N. de St.-Ulerich, chapelle. ½ l. du chât. de Blumenstein. A Fischbach +. Rivière & détroit de ce vill. A Schœnau +. Hirschthal. Limite de l'Alsace & à ½ l. Ouest des vieux chât. de Hochenberg & Lindenschmidt. Au bas du chât. de Fleckenstein. Détroit & le long des marais & de la riv. A la jonction du chemin précédent, & à Lembach +. Trav. de la côte & bois de ce village. Vallon & vill. de Kleinbach. Fin des bois & montagnes des Vosges. ½ l. N. du vill. de Rott. Fourche de la route de Weissembourg à Strasbourg. A ½ l. N. E. du chât. de Geisberg. *A Weissmbourg*... 12 l. De Weissembourg on passe à ½ l. N. du chât. de Geisberb. Au chemin & S. d'Alstad +. Le long S. des Lignes, de la rivière de Lauter & de la forêt de Bienwaldt. Dev. le moulin & Fort St.-Remy, vis-à-vis du moulin de Bienwaldt. ½ l. N. de Scleithal & Selmach +, Nider. 1 l. d'Auterbach +. A Scheibenhard +. Fourche de la route de Strasbourg. *A LAUTERBOURG*... 8 l.

Autre Chemin.................. 48

De Metz à *Saverne*... 31 l. *Voyez de Metz à Strasbourg.*
De Saverne à *Lauterbourg*... 17 l. *Voyez de Nancy à Spire.*

Laval............ O. | De Metz à Paris & à Laval.. 143

LIEGE *par Luxembourg*...... N....... 48

De Metz à *Luxembourg*.... 15 l. *Voyez cette Route.* De Luxembourg à Fich + sur Alzette, riv. Entre les bois de Strassen & la riv. Vis-à-vis du Meldange +. ¼ l. O. des Papeteries du Meldange. A Beggen. Bereldingen +. Pont & riv. d'Alzette. A Walserdengen +. Helmsingen +. Heisdorff +. ¼ l. E. de Steinzeel +. A Bofferdingen. Helmdingen +. Lorentweiller +. Le long de la prairie & riv. d'Alzette. ¼ l. E. d'Hunsdorff +. A l'O. & près de Lintgen +. Entre la riv. & le bois de Merlch. A Rottingen +. Birsbach. ¼ l. E. de Mersch. Pont & riv. d'Alzette. *A Udingen*.... 5 l. ¼ l. E. de Biessen +. A Schleydernoff. Colmar, & à ¼ l. E. de Berg +. A Ob & Nid Schwren +. ¼ l. E. de Graentzingen +. A Amdeig. Pont & rivière d'Alzette. *A Ettelbruch +*... 3 l. Erpelding +. Le long de la Sure, riv. A Brandenbourg +. Nachfinanderfcheid +. Wailler +. *Hofingen* +.... 3 l. A 1 l. O. de Dafbourg. A l'Eft de Dorfchweid & de Marnach. A Fifchbach +. O. de Hupperdange. Bruyères à trav. en paff. à l'O. de Binsfeldt +. A Nider-Beflingen +. *Ober-Beflingen* +... 4 l. Au grand chemin de Baftogne à Liege, que l'on fuit. A l'E. de Deiffelt +. A Behault ou Bocholtz. ¼ l. Oueft de *Comanfter* +.... 3 l. Traverfe des bois de ce vill. Au petit Hier +. Bruyères à trav. *A Stavelot* ou *Stablo*... 4 l. De Stablo à Ruy. Traverfe des bois du Thier des Rathons. *A Spa*... 3 l. De Spa *A LIEGE*... 8 l. *Voyez Route de Bruxelles à Spa.*

Route par Verdun.............. 61

De Metz à *Verdun*... 15 l. *De Verdun à Liege*... 46 l.

LILLE....... N.O.		Mézières ou Reims & à Lille.	82
LIMOGES... O.p.S.		Nancy & à Limoges.......	155
LISBONNE..... O.	DE METZ à	Bayonne & à Lifbonne.....	451
LIZIEUX...... O.		Paris & à Lizieux.........	118
LONDRES... N.O.		Calais & à Londres.......	152
Longuyon....... N.		De Méz. à Metz par Longuyon.	18

LONGWY. Route de traverfe... N.... 14

De Metz à *Hukange*.... 5 l. *Voyez de Metz à Luxembourg.* D'Hukange à la côte & à ½ l. N. E. de Fameck +. Vallon, pont & ruiff. de Remolange. Côte & églife de Ste.-Agathe. Vallée & le long de la Fenche, rivière. Entre le hameau d'Erfange & la Fonderie. Le long de la forge & au village d'Hayange +. Dev. la Fonderie. Entre le moulin & la chap. de Knutange. ½ l. S. d'Algrange +. Détroit entre les bois de Fontoy. Chât. moulin, chapelle de Ste.-Geneviève & au vill. de Fontoy +, *Pofte*... 3 l. Côte & entre les bois Communeaux. Entre l'églife de Ste.-Barbe & la cenfe de Gondrange. Entre le bois & le vill. de Havange +. ½ l. N. E. du chât. de Baffompierre. A Ludelange +. ¼ l. O. de Treffange +. Plaine & vill. d'Aumetz + *ou* Ametz. *Pofte*... 2 l. A ¾ l. E. d'Errouville +. Vallon & vill. de Crune +. Côte & le long du bois de Grande Rimont. ¼ l. E. de Brehan-la-Ville. A Brehan-la-Cour, ferme. Chemin & à ¼ l. Sud de Tiercelet +. A l'hermitage de Bouron, entre les bois le Moine & la Maleche. ¼ l. N.

de Villers-la-Montagne. Entre la chapelle de N. D. & Haucourt +. ¼ l. E. de Mexy +. Côte, & à ½ l. O. d'Herſerange +. Vallon & devant les Carmes. Pont, moulin & riv. de Sonnes. A la ville baſſe & devant les Récolets. Côte rapide de Longwy. *A Longwy*... 4 l.

Chemin de traverſe................. 19

De Metz on ſuit la route de Verdun juſqu'à la côte de Gravelotte. Fourche de la route de Verdun, ½ l. E. de Gravelotte +. A la Folie & à l'O. de *Montigny*.... 4 l. Juſtice, & à ¼ l. O. d'Amanville +. Plaine, ½ l. E. de St.-Privat-la-montagne +. ¼ l. de *St.-Ail* +. A Sainte-Marie aux chênes +. Bois, côteau & hameau d'Auboué. Pont & riv. d'Ornes. Côte rap. croix & bois d'Auboué. ¼ l. O. de Moutier +. Au faubourg & à l'O. de *Briey*... 3 l. (ou *de Ste.-Marie aux chênes*). On paſſe à ¼ l. N. de St.-Ail. Vall. & ruiſſ. d'Abouville. A Moinneville +. Pont, riv. d'Ornes & Bellere. Côte rap. & vill. de Valroy +. Vallon, côte, juſtice, & à ¼ q. l. E. de Muflot. Vall. ruiſſ. de Lancefontaine. Faub. & à l'O. de *Briey*... 3 l. De Briey on paſſe entre les bois de ce Bourg. A la Malmaiſon, ¼ l. S. de Mancieulle. Le long N. du vill. d'Alnould +. A Mainville +. & *à Albord*... 2 l. A l'E. du vill. de Piennes +. Juſtice & à ¼ l. Oueſt de Landres +. Vallon & village de Preutin. *A Circour* +... 2 l. Côte & vill. de Xivry-le-Pranc. A St.-Suplet +. Han, & dev. Pierrepont. A Pierrepont +, & riv. de Crune. Côte entre les bois de Pierrepont. A Chenière +. ¼ l. E. de Cutry +. Croix & chât. d'Haumont. A Rehon & riv. de Chiers. *A Longwy*... 5 l.

Louvain.... N. | De Metz à Namur; de Méz-à Anvers. 68

Luneville. Grande Route.... S.... 20

De Metz à Moyenvic... 13 l. *Voyez de Metz à Straſbourg*. De Moyenvic à la route de Straſbourg, Côte & à l'Eſt de la forêt de St.-Jean-Fontaine. Côte, bois, vallon, & à ½ q. l. O. de Juvrecourt. Pont, ruiſſ. de Richecourt-la-Petite. Côte, vallon & vill. d'Arracourt +. Entre les bois & les Jumelles, Tertres. ½ l. E. d'Attienville +. Entre les bois d'Hiencourt & de St.-Pencrace. A l'Eſt de la haute Fouquerolle. ½ l. O. de Bathelemont +. Vallon & ferme de baſſe Fouquerolle. Côte & à ¼ l. de Serres +. Vallon & vill. de Valhey. Côte & bois de Poncel. Vall.

côte & à ¼ l. E. des bois d'Einville. Côte rap. & autour d'*Einville au Jard*. A l'Eſt du moulin neuf & du château de la Borde. Pont & riv. de Sanon. Côte & le long O. du parc d'Einville. A la Rochelle, ¼ l. de Bonviller. A l'E. des bois de Soru & Buſſy. ½ l. E. de Deuville +. 1 l. O. de la forêt des chaſſes du Roi. ½ l. E. de St.-Evre, & 1 l. du tertre de Leomont. ½ l. O. de Jolivet. Côte rap. & *belle vue*. Faubourg des Carmes. *A LUNEVILLE*... 7 l.

LUXEMBOURG. Grande Route... N... 15

De Metz & porte de France on traverſe 2 l. de plaine en paſſant à la maiſon neuve. ¼ l. E. de Woipy +. Pont, ruiſſ. de Saulny & la maiſon rouge. A Ladonchamp, chât. La chapelle de St.-Remy, & à ¼ l. de Tape. Pont & ruiſſ. de Noroy-le-Veneur. A ½ E. de Semecourt, & Fève +. ¾ l. Oueſt d'Argancy, au-delà de la Mozelle +. Rivière. A Brieux, chât. & à Mézières +. Pont & ruiſſ. du moulin Friau *ou* Fricau. ½ l. O. du bac & vill. d'Hauconcourt. Pont, ruiſſ. & à ¼ l. O. de Talange +. A Haugondange, *poſte*... 4 l. A l'O. & près de Mondelange. ½ l. de Bletange & Bouſſe +. Pont, riv. d'Orne, & à ¼ l. E. de Bouſſange +. A Richemont +. ½ l. O. de Guenange +. ¼ l. E. du bois de Rudange. A Hukange + ſur la Mozelle. Bac & riv. de Mozelle. Fourche de la route de Longwy. ½ l. d'Illange + en-deça de la riv. ½ l. E. de la côte & ham. d'Hebange. Devant le chât. de Gaſſion. ¼ l. O. de Haute-Yutz +, au-delà de la Mozelle. Entre cette riv. & Beauregard. Pont, moulin & rivière de Fenche. *A Thionville*... 3 l. De Thionville à la chapelle de Saint-François. La Malgrange, & à ¼ l. O. de Manom +. ½ l. E. de Guentrange-ſur-Mont. A la Grange. Côte rapide & cenſe de Maiſon rouge. ½ l. E. des bois de Thionville. Au *cabaret* du Dragon. Carref. d'une route Romaine. Le long O. des bois du Roi. Le long du ruiſſ. & au vill. de Hettange +. Entre le moulin & la forêt. A Zetrich +. Vallon entre les bois du Roi & de Kauffem. Vallon, ruiſſ. & à ¼ l. O. de Bouſt +. Entre les bois & au vill. de *Rouſſy* +... 3 l. Le long E. de la forêt du Prince de Bade. ½ l. O. du bas Runtgen +. Au haut Runtgen. Le long du bois de Hon, & à ½ l. O. de Preich. Entre les bois de Hon & Evrange. Limite de la France. A Friſange +. Côte, vallon, & à l'Eſt des bois d'Oberſten. ¼ l. O. de Villers-la Tour +.

METZ.

Côte rapide à ½ l. Eſt de Roeſer +. Vallée & prairie d'Alzette. A Altzingen *ou Alſingen* +..... 3 l. Pont, moulin & riv. d'Alzette. A Heſperange, vill. de France. Vallon entre les bois d'Heſperange. Côte rapide & chap. ruinée. Au *cabaret* & près de l'abbaye de bonne Foy. A ¼ l. E. d'Holrich +. *A* LUXEMBOURG... 2 l.

LYON....... S.O.	Beſançon & à Lyon........	106
MACON...... S.O.	Dijon & à Macon.........	87
MADRID.... S.O.	Lyon & à Madrid.........	363
MALINES...... N.	Namur; de Mézières à Anvers.	73
MANS. (*le*)..... O.	Paris & au Mans..........	127
Marche en Famene N.	Namur par Baſtogne.......	41
MARSEILLE..... S.	Lyon & à Marſeille........	193
Marville...... N.O.	de Méz. à Metz par Longuyon.	23
MASTREICHT... N.	Liége & à Maſtreicht.......	56
MAUBEUGE.N.p.O.	Charlemont & à Maubeuge...	56
Mayenne....... O.	Paris & à Mayenne........	136
MEAUX....... O.	Verdun & à Meaux........	66

MÉZIERES. Route de poſte... N... 39

De Metz à *Verdun*... 15 l. De Verdun à *Stenay*... 11 l.
De Stenay à *Mézières*.... 13 l.

Autre Route.................. 40

De Metz à *Longwy*... 14 l. De Longwy à *Longuyon*... 4 l.
Voyez de Verdun à Luxemb. De Longuyon à *Mézieres*... 22 l.
Voyez de Mézières à Luxembourg.

Mirecourt........ S.	Nancy & à Mirecourt......	26
Mirepoix...... S.O.	Montpellier & à Mirepoix..	232
MONS....... N.O.	Mézières & à Mons........	66
MONTAUBAN.. S.O.	Limoges & à Montauban....	219
Montmédy...... N.	Verdun, *ou de Mézièr. à* Metz.	26
MONTPELL... S.O.	Lyon & à Montpellier......	184
MOULINS.... S.O.	Dijon & à Moulins........	102
Mouzon...... N.O.	Verdun, de Verd. à Mézières.	30
Moyenvic........ S.	Straſbourg par Chât.-Salins..	13
Mulhauſen....... S.	Lunev.& de Nancy à Mulhauſ.	57

Namur. Grande Route..... N.... 56 ½

De Metz *à Luxembourg*... 15 l. *Voyez cette Route*. De Luxembourg à Straſſen +. Pont & riv. de Mamer. ¼ l. N. de Mamer. Côte de Capellen. *A Kaas* +... 4 l. 1 ½ l. de bruyères à trav. A Steinfort +. ½ l. N. de Sterpenic. Le long du bois & à ¼ l. de Clairefontaine, abbaye. A la Maladrie & route de Longwy. *A Arlon*... 4 l. A Volcrat & au petit moulin. ¼ l. N. de Stockem +. ½ q. l. S. de Frelange +. A Heiſcheling +. ¼ l. O. de Lottert. Le long des bois de Naſſen-Buſch. Le long S. d'*Habay-la-neuve*... 3 l. 1 l. des bois de Bologne à trav. A Aulier + *Bechem* +... 2 l. 1 l. de bruyères, en paſſ. à ¼ l. S. Genvaud, & dev. l'égliſe +. 1 l. de bruyères à trav. en paſſ. près de Marbay. A Offing, ½ l. O. de Naumouſay +. A Hamipré +. *A Neufchâteau*... 4 l. De Neufchâteau aux bruyères & à ½ l. O. de Longlier +. A Gerimont. Entre les bois & les bruyères. A Verlaine +. baſſe Mouline, O. de haute Mouline. ¼ l. O. de Saint-Pierre. Bruyères & à ¼ l. N. O. de Neuvillers. A Recogne +. Chemin de St.-Hubert. Traverſe des bois de Bannay. 1 ½ l. de bruyères. *A Libinbas*... 5 l. A Remy-Fontaine. 3 l. de bruyères & de bois à trav. en paſſ. à Ramponeau, *cabaret*. ¼ l. N. de Red +. Fin du bois & forges de Neupont. Pont & riv. de Leſſe. *A Lompré*... 4 l. A Barzin & à Soyen *ou* Soyer, 1 l. de bois à trav. en paſſant à Uſtine & à la Scirie de Tanton. *A Voneiche* + 2 l. ¼ l. de bois à trav. Le long des bois de Stappe. Pont & ruiſſ. du Snoye. ¼ l. O. de Pont-Drome +. Côte & bois de *Beauraing*... 2 l. Le long d'une côte de bois & à la chapelle de Saint-Pierre. ½ q. l. N. de Severy +. A la Sauvingue. ¼ l. E. de Dion-le-Mont, au même point de Dion-le-Val +. Route & à 1 l. E. de *Givet* & de *Charlemont*. 1 l. des bois communeaux à trav. *A Feſchaux* +... 2 l. Au Meſnil-Saint-Blaiſe. Traverſe de la route de Paris à Liége, par Reims & Givet. Le long des bois de Blemont +. A Blemont + & à Haſtier, par-delà. Pont & riv. de Meuſe. *A Haſtier-la-Vaux*... 3 l. ¼ l. S. E. de Gerin +. A Onhaye +. Le long des bois & à ¼ l. S. de Weiller +. Chemin & à ¼ l. O. de *Dinant*. *A Bouvignes*..... 2 ½ l. De Bouvignes *à Namur*... 5 l. *Voyez de Mézières à Namur*.

Ancien Chemin................ 52

De Metz à Arlon par *Luxemb*... 22 l. *V. la Route ci-deſſ.* D'Arlon on paſſe à ¼ l. O. de Bonnert *ou* Bonradt +.

Entre

METZ.

Entre Metzer + & Toulingen +. *A Attert*... 2 l. A l'E. de Schockweiller +. 2 l. de bois & bruyères à traverser. A St.-Nicolas, chapelle. A Martelange & riv. de Sure. E. de Redel. O. de Warnach. $\frac{1}{2}$ l. de bois à passer. *A la Malmaison*... 4 l. A $\frac{1}{4}$ l. E. d'Hollange & $\frac{1}{2}$ l. Ouest de Honville +. A Senlez +. 2 l. de bois à traverser. *A Bastogne*... 3 l. A l'Isle-la-Hesse, & à $\frac{1}{4}$ l. de Senonchamps. $\frac{1}{4}$ l. N. de Mande-St.-Etienne. *A Flamizoul* +... 2 l. A Flamierge +. S. de Fronte. $\frac{1}{2}$ l. des bois Chabries & d'Herbeumont à trav. A Roumont +. Pont & riv. de Curt. 1 l. de bruyères en passant à l'Est de Tenneville +. *A Bellevue*... 3 l. A Trompe-Souris, & à Journal. 2 l. de bois & bruyères à trav. Bois & vill. de Bande +. $\frac{1}{4}$ l. S. de Roy. Forge, Scirie & riv. d'Hedre, en traverse. une lieue de bois. Au N. de Hologne. A St.-Esprit & *à la Marche-en-Famene*... 5 l. A $\frac{1}{4}$ l. N. d'Aye +. $\frac{1}{2}$ l. des bois d'Aye à trav. A Ste.-Anne & à Hogne. A côté du grand Sencin. Traverse du bois de Janée. Au Corps, & à $\frac{1}{4}$ l. de Mehogne+. A Pessoulx+. Cabaret de Jaucourt. Fontaine. 1 l. N. de *Chiney*, & trav. de la route de Givet à Liége. *A Emptinne* +... 5 l. A Nattoire +. Bois de Wawremont, à Assese+. Haute & basse Carioule+. *Vivier-l'Agneau*... 3 l. $\frac{1}{2}$ l. des bois de Dosses à trav. A St.-Bernard +, Barrière & cabaret de la Marchanderie. $\frac{1}{4}$ l. O. d'Andoy +. A l'Est du bois des Dames & du chât. de la Perche. $\frac{1}{4}$ l. d'Erpen +. Cabaret des trois Cornets. E. de Geronsart. Pont & riv. de Meuse. *A NAMUR*... 3 l.

NANCY	S.		Pont à-Mousson & à Nancy...	13
NANTES	O.		Paris & à Nantes par Angers.	170
NARBONNE	S.O.		Lyon & à Narbonne	207
Neubrisach	S.		Nancy & à Neubrisach	45
Neuchâteau	N.	D E M E T Z	Namur par Neuchâteau	31
Neuchâteau	S.O.		Nancy & à Neuchâteau	26
NEVERS	S.O.		Autun & à Nevers	101
NISMES	S.O.		Lyon & à Nismes	171
Nomeny	S.		Nancy par Nomeny	8
NOYON	N.O.		Reims & à Noyon	68
Orient. (l')	O.		Paris & à l'Orient	201
ORLÉANS	O.		Châlons sur-M. & à Orléans..	99
Ostende	N.O.		Bruxelles & à Ostende	95

Tome II,

METZ.

PARIS......O.		Verdun, Châlons & à Paris..	76
Pau.........S.O.		Dijon, de Dijon à Pau.....	265
Perpignan..S.O.		Lyon & à Perpignan.......	222
Péronne......N.O.		Reims & à Péronne........	77
Pettelange.......E.	à	Landau par Bitche.........	15
Petite-Pierre....S.E.		Phalsb. de Strasb. à Deux-Ponts	30
PHALSBOURG..S.E.	METZ	Strasbourg par Phalsbourg...	28
PHILISBOURG..E.		Spire jusq. Landau & à Philisb.	52
Plombières.......S.	DE	Nancy & à Plombières......	34
POITIERS....O.		Autun & à Poitiers........	185
Pont-à-Mousson.S.O.		Nancy par Pont-à-Mousson..	7
Pontarlier.......S.		Besançon & à Pontarlier....	72
Pougues........O.		Dijon, la Charité & à Pougues.	100
Provins.........O.		Troyes & à Provins........	69
Quesnoy. (le).N.O.		Mézières & au Quesnoy.....	65
Quimper........O.		Paris & à Quimper........	221
REIMS.....N.O.	à	Verdun & à Reims........	45
Remiremont......S.		Nancy & à Remiremont....	34
RENNES.....O.	METZ	Paris & à Rennes..........	162
Rethel-Mazarin.N.O.		Verdun & à Rethel........	44
RHODEZ.....S.O.		Clermont-Ferr. & à Rhodez..	168
Rochefort....O.p.S.	DE	La Rochelle & à Rochefort...	204
ROCHELLE.*la*O.p.S.		Paris & à la Rochelle......	197
Rorbach........E.		Landau par Bitche.........	22
ROUEN......O.		Paris & à Rouen..........	106
Saarbourg.......S.		Strasbourg par Moyeuvic....	24
Saarbrugch......E.		Francfort................	18
Saare-Albe....S.E.		Strasbourg par Saare-Albe...	18
Sarreguemine.....E.		Deux-Ponts par St.-Avold...	13

SAARELOUIS. Route de traverse...E... 13

De Metz on passe au N. du Fort de Belle croix. Devant l'Eéreviffe, *cabaret*, & les Bottes. ¼ l. S. de Wallier +. ¼ l. N. de Borny +. ⅓ l. S. de Venton + & de May +. Fourche de la route de St.-Avold. Vallon, pont, ruiss. moulin & ham. Côte & à ½ l. O. de Flanville+. A Noiseville *ou* Noiseville +. ¼ l. O. de Retonfay +. ½ l E. de

METZ.

Servigny. ¼ l. S: de l'abbaye de Ste.-Barbe : *belle vue.* ½ q. l.
N. de Slatigny +. Vallon du ham. de Rebaville. Côte rap.
& au S. des bois de Hé. *Aux Etangs*.... 4 l. Chauffée
d'un étang, S. des bois de Hé. Vall. & ruiff. de Hé. A
Pontigny. Pont & riv. de la Nied-Françaife. Côte & vill.
de Condé +. Vallon, pont & riv. de Nied-Allemande.
Vis-à-vis du moulin & ham. de Nortin. Côte & vill. de
Volmerange +. Pont, moulin & prairie de ce village.
Côte le long du bois & à ¼ l, O. de Macher +. Trav.
des prés & à ¼ l. S. de Breklange +. Moulin de Boulay,
& ruiff. de Momerstoff. *A Boulay*, fur le Coom, riv... 2 l.
Côte rap. & à ¼ l. O. de Dentin +. ½ q. l. S. de Rierange,
& à ¼ l. d'Evlange + : *belle vue fur la prairie & fur Bo*-zon-
ville à 2 ½ l. Vallon, & à ½ l. S. d'Hottonville +. Vallon,
côte & vill. de Teler +. Traverfe de la côte de Tromborn,
en paffant à ½ l. E. du bois & vill. de Bretenach. Pofte &
ham. de *Tromborn*... 3 l. *Très-beau point de vue.* A ½ l. E.
d'Andenauven & de Châteaurouge +. Defcente de la côte
& ham. de Gareiftroff. ¼ l. N. O. de Belweille +. Côte &
au S. de Viling +. Petit bois & à ¼ l. N. O. de Berus +.
¼ l. E. d'Itteflorff +. A Fitfberg *ou* Fours à chaux, ham.
Fourche de la route de Thionville. Vallon & au bas S.
du chât. du Diable. A 1 l. N. de Berus. Côte & maifons
de Neuhaus. Au N. de Piquart & à ¼ l. de Bourg-Dauphin +.
Carref. des routes de St.-Avold, &c. *A SAARELOUIS...* 4 L.

S. *Avold* ou *Avaux*. E.	Francfort-fur-le-Mein......	11
ST.-*BRIEUC*.... O.	Paris & à St.-Brieuc........	188
ST.-*CLAUDE*.... S.	Befançon & à St.-Claude....	89
St.-*Diey*........ S.	Luneville; de Nancy à S.-Diey.	31
St.-*Dizier*........ O.	Bar-le-Duc & à St.-Dizier....	31
St.-Etienne en F. S.O.	Lyon & à St.-Etienne......	119
ST.-*FLOUR*.... S.O.	Clermont-Fer. & à St. Flour.	147
St.-Gobin...... N.O.	Laon & à St.-Gobin........	63
St.-Hubert....... N.	Verdun & à St.-Hubert......	41
St.-Lo.......... O.	Paris & à St.-Lo...........	142
ST.-*MALO*..... O.	Paris & à St.-Malo.........	164
St.-*Mihiel*....... O.	Paris par St.-Mihel........	14
ST.-OMER.... N.O.	Arras & à St.-Omer........	102
St.-Quentin... N.O.	Reims & à St.-Quentin....	67

St.-Venant....	N.O.	Arras & à St.-Venant......	95
Ste.-Marie-aux-M.	S.	Nancy & à Ste.-Marie-aux-M.	37
Ste.-Menehould...	O.	Verdun; de Verdun à Châlons.	21
SAINTES......	O.	Paris & à Saintes..........	197
Saverne........	S.E.	Strasbourg par Saverne.....	31
Schlestatt........	S.	Nancy; de Nancy à Colmar.	42
SEDAN.....	N.p.O.	Verdun & à Sedan.........	34
Seltz..........	S.p.E.	Saverne; de Nancy à Lauterb.	46
SENS..........	O.	Troyes & à Sens..........	69
Sierck........	N.E.	Trèves par Sierck........	12
SOISSONS....	N.O.	Reims & à Soissons.......	58
Spa...........	N.	Liége par Luxembourg.....	39

SPIRE. Route de traverse.... E.... 51

De Metz à *Landau*... 42 l. *Voyez cette Route*. De Landau on passe à l'E. de la Citadelle, entre deux Redoutes. Au-dessus Nord de Damhein + & de Bornheim +. ¼ l. Sud d'Ob & Nider-Hostel +. ½ quart l. de l'abbaye d'Humbach. Chemin & à ¼ l. N. de Zaiskam +. Au N. O. d'Ob & Nid-Lustatt +. A Weingarten +. Schweigeinheim +. Au S. de la forêt de Freichsbach. ¼ l. d'Heitigesheim +, & à 2 l. N. O. de *Philisbourg*, au-delà du Rhin, que l'on voit. A ¼ l. N. O. de Berghausen. Fourche de la route de Strasbourg. *A SPIRE*... 9 l.

Stavelot........... N. | Liége par Luxembourg..... 36

STENAY.. Chemin de traverse...N.O... 26

De Metz à *Verdun*...... 15 l. *Voyez de Verdun à Metz.*
De Verdun à *Stenay*.... 11 l. *Voyez cette Route.*

Autre Chemin de traverse.............. 29

De Metz à *Estain*... 11 l. *Voyez de Verdun à Metz par Estain*. D'Estain à la chapelle de St.-Fiacre. ¼ l. N. E. de Fromesée +. A Morge-Moulin +. Ginerey +. Entre les bois de Ginerey & de Parinsau. ½ q. l. N. de Mogeville +. Au S. & près de la forêt de Mangienne. A Maucourt +. ½ l. N. E. de Bezonvaux +. Pont, riv. & à ¼ l. E. d'Ornes +. Côte rap. à trav. & au S. O. de la gr. forêt de Mangienne. Vallon, croix, & à ¼ l. S. de Gremilly +. Côte rap. de ce village : *belle vue*. Vallon, chât. & moulin de Sous-Mazanne. ½ l. S. d'Azenne. Côte, croix & carrefour de la route de Verdun à Longwy. ½ l. S. de Thil +. Vallée & village de Ville devant Chaumont. ¼ l. S. du vill. & butte de Chaumont +. ½ l. N. du vill. de Flabas & des côtes. Au N. du moulin & vill. de Moirey +. S. O. de Gibercy +. Fourche de la route de Verdun à Montmédy. A Wavrille & *à Damvillers*.... 11 l. De Damvillers *à* STENAY.... 7 l. *V. de Verdun à Mézières par Damvillers.*

STRASBOURG. *Grande Route*... S. E... 40

Sortant de Metz par la porte Mazelle, on passe devant la Croix de Lorraine & les trois Pucelles, *cabarets*. A ½ l. N. E. de Borny +. Vallon & ruisseau de Bevoy. Le long O. de Grigy. Côte & vis-à-vis O. de la Grange au bois. Côte, avenue du chât. & vill. de Mercy-le-Haut. Descente rap. de la Horgne *ou* Horgue, & avenue du vill. & chât. de Pelte +. Ruisseau, O. de Gery & de la forêt de Cunescy. Traverse des prés & à l'E. du moulin Crespy. Pont, ruiss. & à ¼ l. O. de Frontigny. Côte, croix, E. du ham. de Cheny. Au Cheval rouge, *auberge & poste*... 3 l. Chemin & à ¼ l. O. de Mescleuve. Croix & chemin de Pierrejeu. Côte rap. de Mescleuve : *belle vue*. Entre la forêt de Mescleuve & les bois de Dorny. Pente longue & rapide à trav. ¼ l. E. d'Orny, & ½ l. d'Ocherisey +. Aux Grèves & St.-Nicolas, *cabaret*. Vallon, prairie, pont, & à ½ l. O. de Pontoy. A côté E. de la ferme de Pluche. Commencement de la côte de Dixme. ¼ l. E. du vill. de Linchon +. Chemin & à ¼ l. E. du ham. de Silly. Entre deux petits bois & au chemin du vill. de Baile-Beu +. Croix & sommet de la côte de Dixme : *très-beau point de vue*. Devant le Cheval blanc, *auberge*. ¼ l. E. de Buchy, & à l'O. des bois de Solgne. Côte, chemin, & à ½ q. l. O. du chât. d'Ancy. Vallon & vill. de *Solgne* +.... 2 l. Devant la poste & l'auberge de St.-Nicolas. Côte, le long & à l'O. du bois d'Ancy. ½ l. E. du vill. de Secours +. Descente, en côtoyant le bois Chaudron. Vallon, & à ¼ l. O. d'Auchatel & Sailly +. Côte & vallon à trav. & à ½ l. O. de Moncheux. Commencement de la côte de Delme. A l'E. du bois & à ½ l. de Wlmont +. Croix, chemin, & à ½ l. O. de Juville +. Le long O. de la côte de Delme ; *au sommet de laquelle on jouit d'une belle vue*. A 2 l. E. de

Nomeny, que l'on voit. A la Fontaine & à $\frac{1}{2}$ l. E. de Fauville +. Devant la Garde-de-Dieu, *auberge*,. Chemin & à $\frac{1}{4}$ l. E. de Liaucourt +. Borne, chemin & à $\frac{1}{2}$ l. E. d'Alaincourt. Chemin & à $\frac{1}{2}$ l. O. de Xocourt. Le long des vignes & à $\frac{1}{4}$ l. E. de Puifieux +. $\frac{1}{4}$ l. O. du village & mont de Tinery +. Vall. ruiff. de Puyfieux. *A Delme*... 3 l. Devant la pofte & des auberges. Pont & ruiff. de St.-Jean. Chemin & à $\frac{1}{2}$ q. l. E. de Donjeux. $\frac{1}{4}$ l. O. du Viviers: *Principauté* Vis à-vis du Moulinet & à $\frac{1}{2}$ l. de Lemoncour +. Vallon & à $\frac{1}{4}$ l. E. d'Oriaucour +. A la Juftice, pofée fur trois territoires. Avenue du chât. d'Oriaucour. $\frac{1}{2}$ l. O. de la Neufville +. Le long O. de la forêt de Salins. Vall. ruiff. & à $\frac{1}{2}$ l. N. E. de Frefne. Côte & fourche de la route de feue la Reine, & qui va à Nancy. Pente rapide & à $\frac{1}{4}$ l. O. d'Ammelicourt +, & à $\frac{1}{4}$ l. E. de Couture. Croix & route de Nancy à Saarelouis. *A Château-Salins*... 3 l. Rue des Salines. Le long E. de la Ville. Pont, prairie & riv. de petite Soille. Côte, croix & à l'O. des bois de Chaumont. Vallon, prairie, ruiff. & à $\frac{1}{4}$ l. O. de Morville-lès-Vic. Côte rap. à trav. en paff. à l'O. des bois de Fouilly, & à la route de Vic, que l'on voit à 1 l. A $\frac{1}{4}$ l. O. de Salival, abb. Vis-à-vis O. de Saint-Lavier & de St.-Jean, Hermitage. Pont, moulin neuf & ruiff. de Salival. Croix à la fourche de la route de Nancy à Strafbourg par Dieufe. Pont fur le canal & riv. de Seille. *A Moyenvic*... 2 l. *La pofte prend par Vic.* De Moyenvic à la fourche de la route de Lunéville. 1 l. S. de l'abb. de Salival, *Prémontrés*. 1 l. de *Marfal*. Vis-à-vis N. de la Pyramide. Vallon, pont, ruiff. & à $\frac{1}{4}$ l. N. de Xanvrey +. Le long de la prairie du canal de Moyenvic. Croix, vis-à-vis de Baffe-Recourt. $\frac{1}{4}$ l. N. de Bezauge-la-petite. A Lezay +. $\frac{1}{4}$ l. S. de Jevelize +. Pont, ruiff. & à 1 l. N. de Moncourt +. $\frac{1}{2}$ q. l. S. du puits d'eau falée. $\frac{1}{4}$ l. N. de Lay +. Au S. du moulin de Romur. Prairie, pont, riv. & à $\frac{1}{2}$ l. S. de Donnelay +. $\frac{1}{2}$ l. N. de Dommerey +. Vis-à-vis les dépôts des bois de la Saline. Traverfe de la côte de Dommerey & des Vallons. Pont, ruiff & prairie de Dommerey. Côte à $\frac{1}{2}$ l. S. O. du tertre & hameau de Marimont: *belle vue*. Vallon, pont, prés & ruiffeau de Bourdonnay. *A Bourdonnay*.... 4 l. Devant l'églife & la pofte. Croix & chemin de la Garde +. Traverfe de plufieurs vallons en côtoyant les bois de la ville au Sud. Pont, prairies, & ruiff. de Maizières +. Le long S. de ce

METZ.

village. Au S. & près de la fontaine & moulin de Brindebourg. Le long N. de la côte & bois de Keſſignol. A Aſſoudange +, & chemin de Marſal, du vill. & poſte... 2 l. D'Aſſoudange on trav. les prairies & le ruiſſ. qui deſcend dans l'étang de Lendre. Côte rapide & $\frac{1}{4}$ l. des bois de Keſſignol à trav. Quittant le bois, on paſſe à $\frac{1}{4}$ l. de l'étang & ferme de Milbert. Chemin & à $\frac{1}{4}$ l. E. de Languimberg +, & 1 l. de Fribourg-l'Evêque +. Le long N. des bois de Hautes-Heſtres. 1 l. S. de l'étang de Stock. Devant & au N. des Maiſons neuves. $\frac{1}{4}$ l. des bois de Hautes-Heſtres à trav. Au S. & près de la cenſe Delor. Vallon, pont, ruiſſ. & à $\frac{1}{4}$ l. N. du grand étang de Gondrexange. Dev. & au S. de la cenſe du Tuile. $\frac{1}{4}$ l. S. de Diane-Capelle +. $\frac{1}{2}$ l. des bois du Houſſeau à trav. Vallon, ruiſſ. & à $\frac{1}{2}$ l. N. d'Herſing, & 1 l. de Gondrexange. Devant le *cabaret* & cenſe de la belle Etoile *ou* Colinette. Traverſe d'une côte rapide, d'où l'on découvre au S. E. le Bourg de *Lorquin* & les Voges. A Heming +, poſte... 3 l. C'eſt à ce vill. que ſe réunit la route de Nancy à Straſbourg. De Heming à STRASBOURG.... 18 l. *Voyez de Nancy à Straſbourg par Lunnéville.*

Autre Route.................. 40

De Metz à *Moyenvic*.... 13 l. *Voyez la Route ci-deſſus.*
De Moyenvic à Straſbourg par *Dieuſe*... 27. l.

Autre Route par Bitche.......... 43

De Metz & de Straſbourg à Bitche............... 43

Chemin de traverſe.

De Straſbourg à Metz par Bouquenom.............. 38

		DE METZ		
Thiaucourt......	O.		Pont-à-Mouſſ. & à Thiaucourt.	10
Thionville......	N.		Luxembourg..............	7
TOUL........	S.O.		Pont-à-Mouſſon & à Toul...	14
TOULON.......	S.		Lyon, de Lyon à Toulon...	200
TOULOUSE..	S.O.		Moulins & à Toulouſe......	230
TOURS........	O.		Orléans & à Tours.........	128

TREVES. *Grande Route*... N. E... 25

De Metz à *Luxembourg*...... 15 l. De Luxembourg à Fetſchenhoff. N. de Hamme. A Grevencheur. $\frac{1}{4}$ l. de la la forêt de Grunenwald à trav. Côte, Vallon & village *Senneingen* +.... 2 l. Chemin & à ¼ l. S. d'Hoftert +. A A Nider-Anwen +. Le long S. du bois de Collefbach. ¼ l. N. de Mensdorff +. A Rodt, vill. & riv. de Sire. Le long N. du bois de Wirten. Côte & vill. de Berg +. ¼ l. E. de Betzdorff-fur-Sire +. Chemin & à ½ l. S. de Wicker +. Le long & au N. du bois de Betzdorff. Chemin & à ¼ l. S. d'Hagelsdorff+. *A Greven-Macheren ou Grefmacker*...4 l. De Greven on fuit la Mofelle en defcendant. Vis-à-vis, & à l'O. de Temeltz +. Pont au confluent de la Sire *ou* Zire. A Mertert +. Le long & à mi-côte E. de Mertert. A Wafferbilich +. Pont au confluent de la riv. de Zaor *ou* Sierc. Au N. d'Oberlich, au-delà de la Mofelle. Chemin & à ¼ l. S. de Laffert *ou* Langfurt +. Entre une côte de vignes & la riv. Vis-à-vis & au N. de Wafferürfch +. Le long S. du vill. d'Igel +. Borne du Duché de Luxembourg, & côte à trav. Vis-à-vis du confluent de la Sarre & la Mofelle. A ¼ l. O. de la Chartreufe. A Zewen *ou* Seben +. Vis-à-vis N. de Korch *ou* Kirich +. Au N. du vill. & Chartreufe de Meitzlich +, au-delà de la Mofelle. A Eiren +. ½ l. O. de Madert +, & St.-Mathias, au-delà de la riv. Pont & riv. de Mofelle. *A TREVES*... 4 l.

Autre Route par Sierck.............. 25

De Metz à *Thionville*... 7 l. *Voyez de Metz à Luxembourg.* Sortant de Thionville on paffe la Mofelle. Fourche de la route de Saarelouis. A l'E. & près de Baffe-Yutz +. Au même point de Maquenom +. 1 l. de plaine à trav. A Baffe-Ham. Pont, moulin & ruiff. de Bibiche, & devant l'Oratoire de Ham. Pont au confluent de la Kaner & la Mofelle. Côte & vill. de Konifmaker +. A Mitrich. Vall. ruiff. & petit Hentage. Vall. ruiff. & à ¼ l. du grand Hentage. ½ l. E. de Berg +. Au-delà de la Mofelle. Vallon, côte & à ½ l. S. E. de la Chartreufe de Retal. Au même point de haut & bas Kons. Traverfe & extrémité d'une côte de roche. *A Sierck*... 5 l. A ¼ l. O. du vill. & abb. de Runsdorff. Le long E. de la Mofelle, que l'on quitte. A Afpach. Côte rapide & limite de la France à trav. *A Perle* +.... 2 l. Côte entre les bois de Perle. Vallon & cenfe de Pelling. Côte & plaine de quatre lieues à trav. en paff. à ¼ l. O. de Bourg +. ½ l. E. de Tetting +. Le long E. du bois de Bourg. ¼ l. O. d'Oberleken +, &

de la forêt du Roi. ½ l. E. de Sinz +. Le long O. du bois de Kesseling. A la naissance du vallon, & à ½ l. O. de Faux +. Le long O. du bois de ce village. ½ l. E. du hameau de Beiren, Enclave de Lorraine. A 1 ½ l. O. de *Freudenbourg*. A l'O. de Kierff & de Meirich. Le long E. du bois de Zidling. ¼ l. E. de Tetteling. A l'E. & près de Merskirch *ou trois Maisons*... 5 l. Au-dessus & à ¼ de Kirsch +, & à ¼ l. N. O. de Trasem-sur-Lech. Entre la butte de Karel & le bois de Kirsch. Vis-à-vis & à 1 l. O. de *Saarebourg*. A ¼ l. E. de Reling. ½ q. l. des bois de Reling à traverser. Descente de la côte & fin de la plaine. Vallon de la riv. d'Allebach, que l'on suit entre la forêt de Saarebourg, l'espace de deux lieues, en passant vis-à-vis de Manebach. A Tavernen +, où l'on quitte la rivière. Chapelle de Ste.-Marguerite. Côte rap. à trav. Pont & rivière de Saare, que l'on passe. A Rondez. Saarebruch. La Chartreuse & vill. de Meitzlich. Pont, moulin & Capelle. A Madert +. St.-Mathias & *à TREVES*... 6 l.

TROYES....... O.		Nancy, de Nancy à Troyes. 61
VALENCIENN. N.O.		Mézières & à Valenciennes.. 76
Vaucouleurs.... S.O.		Nancy & à Vaucouleurs..... 24
Vendôme....... O.		Orléans & à Vendôme...... 115
VERDUN..... N.O.	D E M E T Z	*Voyez* de Verdun à Metz... 15
Vesoul........ S.		Nancy & à Vesoul......... 46
Vichy......... S.O.		Dijon & à Vichy.......... 128
Vic............ S.		Strasbourg jusq. Chât.-Salins. 12
VIENNE en D. S.p.O.		Lyon & à Vienne.......... 113
VILLEFRANCH. S.O.		Macon & à Villefranche.... 96
Virton......... N,		Longuyon; de Verdun à Virton. 29
Wissembourg..... E.		Saverne; de Nancy à Landau. 48
Vitry-le-François. O.		Bar-le-Duc, de-là à Chât.-sur-M. 46

ROUTES ET CHEMINS DE TRAVERSE
DE MÉZIERES

Distance de Mézières.

à		Voyez	lieues
ABBEVILLE...N.O.		St.-Quentin & à Abbeville..	58
AIX-la-Chap.. N.E.	DE MÉZIERES à	Liége & à Aix............	50
AIX en Prov.... S.		Stenay, Dijon & à Aix.....	207
AMIENS... N.O.		St.-Quentin & à Amiens....	48
ANGERS......S.O.		Paris & à Angers..........	129
ANTIBES..... S E.		Lyon, de Lyon à Antibes...	248

ANVERS. Grande Route.... N... 52

De Mézières à Namur..... 30 l. *Voyez cette Route.* De Namur à la côte & à l'hermitage de St.-Fiacre. Moulin à vent. A Ponty. La Barrière & près de Champion. Le long O. des bois de Champeu *ou* Cheneux. Prés & ham. de Cognelet. Le long des bois de Tetfotz. Barrière à ¼ l. O. de Waret +. Moulin à vent de Crotcul. A Leuze +. Barrière & vill. d'Eghezée. +. Route Romaine de Bavay à Tongres, & à ½ l. S. d'Harlue +. A Neuville *ou* Noville-sur-*Méhaigne* +.... 4 l. Tombe & vill. d'Hottomont +. A la gr. Rosière +. 1 l. E. de Perwez-la Marche. ¼ l. N. du petit Rozière +. A N. D. de Hall, & à Béguin. ½ l. E. de Thorembais, & au moulin à vent. Tombe, & à ½ l. O. de Glimes +. A l'O. & près d'Offic-d'*Incourt* +... 3 l. A côté E. de Roux-Miroir. Barrière à ¼ l. E. de Piétrebai. A Hamme +. ¼ l. O. de Valdue, abbaye. 1 l. de la forêt de Méerdal. à traverser. A côté de Vlanden. ¼ de la forêt d'Heverle à passer. Barrière, & à ½ q. l. E. d'Heverle. Route & à ½ l. O. de l'abbaye du Parc. *A Louvain*... 5 l. (*On s'embarque à Louvain si l'on veut*). De Louvain à Herent. ¼ l. de bois à trav. A Bucken +. Pont & canal de Louvain à Anvers. Le long du canal. ¼ l. O. de Bort-Méerbecke +. Barrière, & à ¼ l. O. d'Hever +. A Trianon & à Plankendael. A l'Ouest & près de Muysen +. *A Malines*... 5 l. De Malines à *Anvers*... 5 l. *Voyez de Bruxelles à Anvers.*

MÉZIERES.

Arlon.........	S.E.	Longwy................	26
ARRAS.......	N.O.	Cambray & à Arras.......	42
Aubenton.....	N.O.	Guise par Vervins.........	6½
AUCH........	S.O.	Paris & à Auch.........	234
AUTUN......	S.O.	Reims & à Autun..........	90
AUXERRE....	S.O.	Reims & à Auxerre........	64
Avesnes......	N.O.	Valenciennes par Landrecy..	19
AVIGNON.....	S.	Lyon & à Avignon........	188
Bagnères......	S.O.	Paris & à Bagnères........	254
Balaruc.......	S.O.	Lyon & à Balaruc.........	209
Barrèges......	S.O.	Paris & à Barrèges.........	264
BASLE.......	S.E.	Verdun; de Verdun à Basle..	99
BAYONNE....	S.O.	Paris & à Bayonne........	258
Befort........	S.E.	Verdun & à Befort........	79
BESANÇON...	S.E.	Reims & à Besançon.......	93

Bois-le-Duc ou Hertegen-Bosch. *Grande Route*...E... 70

De Mézières à Liége... 40 l. *Voyez cette Route.* De Liége au faubourg St.-Walbruge. Barrière & traverse de la plaine où s'est donné la bataille de Rocour en 1746. *Cabaret*, & à ¼ l. S. de Rocourt +. ¼ l. N. de Longtin +. Barrière & vill. de *Juprell*.... 2 l. A Wihogne. Heurle-Tixhé +. ¼ l. O. de Frère. A Hoffelken. Traverse de la prairie & vallée de Tongres. *A Tongres*... 2 l. A l'E. de Muloken + & Roie. A Ober-Repen +. Chemin & à ¼ l. E. de Samel +. A Hullintingen, E. de Bellevue. *Cabaret* & à l'O. de Guichoven +. Côte & croix de Bellevue. Vallon, Ouest de Cortesen +. Plaine, bois & hameau de Printagen. A Wummerstingen +. Pont & riv. de Nieuve. Côte rap. & chapelle des Bons Enfans. Vall. & *cabaret* de Roubedingen. *A Hasselt*... 5 l. Pont, prairie & riv. d'Oude. Chapelle & *cabaret* de Kempense. ¼ l. de bruyères à trav. Plaine & vill. de Sonhoven +. A Berkenin & à N. D. Houtalin *ou* Houthalen. Laek. Helcheteren +. 1 l. de bruyères à trav. *Cabaret* & ham. d'Hoef. *A Hechtel*... 6 l. Au ham. de Logt. Ouest du château de Vlasmar. 4 l. de bruyères à trav. *A Westerhoven* +.... 5 l. A Kerck-Sop. Velthove +. Meerselt +..... 2 l. A Sanderwyck. Oerle-Vry +... 2 l. Oirschof +. 1 l. de bois à passer. Au chât.

de Boxtel. Pont & ¹⁄₂ liv. de Dommel. *A Boxtel*... 3 l. A Gemunde ✝. Michiels-Geftel. Nieu-Herlaar-Heert. Out-Herlaar. A Bois-le-Duc *ou* Hertogen-*Bofch*... 3 l.

BORDEAUX...	S.O.	Paris & à Bordeaux........	207
Bouillon........	E.	Sédan ; de Stenay à Liége...	11
Bourbon-les-B..	S.O.	Paris & à Bourbon........	136
Bourbonnes les B..	S.	Reims & à Bourbonnes.....	72
BOURGES....	S.O.	Paris & à Bourges........	112
Breft...........	O.	Paris & à Breft...........	202
Bruges........	N.O.	Lille ; de Lille à Bruges....	61
BRUXELLES....	N.	De Méz. & de Brux. à Namur.	43
Bufancy........	S.	Verdun par Bufancy.......	12
CAEN..........	O.	Paris ; de Paris à Caen.....	109
CAHORS......	S.O.	Paris & à Cahors.........	199
Calais........	N.O.	Arras ; d'Arras à Calais.....	68

CAMBRAY. Route de traverfe......... 33

De Méz. à *Avefnes par Chimay*...19 l. *V. de Méz. à Valencien*. D'Avefnes à *Cambray*... 14 l. *Voyez de Cambray à Avefnes*.

Autre Route par la Capelle............. 35

Sortant de Mézières on paffe la Meufe. Au faub. d'Arches. Fourche de la belle avenue qui conduit à Charleville. Devant l'églife de Béthleem, & au clos Lambert. Côte rap. du Mont Joly. ½ l. S. d'Eftion ✝. Chemin des carrières, & à ¼ l. N. de Warcq ✝. ¼ l. du chât. de la Grange-au-bois. Côte, vallon & maifon du Temple. Côte & cenfô de la Grange-le-Comte. Prairie & le Riant de Vaches, riv. à trav. A Tourne ✝. A l'O. & près de Charoué ✝. Fourche de la route de Rocroy. Vallon, prairie & vill. de Clairon ✝. Côte & petit bois de ce village. Côte, vallon, ruiff. & vill. de Lonny-les-Renwez. *Pofte*... 4 l. Devant le chât. de Lonny. A Sormonne ✝. Pont, prairie & riv. de Sormonne. A Martin ✝ & au S. de Bogny ✝. ¼ l. S. du Châtelet ✝. Vallon, ruiff. & à ½ l. S. de Valmorancy ✝. Pont, riv. de Sormonne, moulin & vill. de Chilly ✝. Vis-à-vis de Sergentillieu & au S. du bois Depote. Fourche de la r. de Reims à Givet *A Mauberfontaine*... 3 l. Fourche de la r. de Givet. Vallon & à ¼ l. des Ardoifières.

MÉZIERES.

A la demi-verge, ferme. Côte & à ½ q. l. N. du Tertre de la Croute. ½ l. S. d'Eſtaignières +. Vallon, pont, riv. de Ricze & moulin des Buttes. Côte, route de Rocroy, & ferme du Bel air. Entre le vill. & les Bois d'Auvillers +. Aux Dores d'Auvillers-les-Forges. Au N. de la Neuville-aux-Tourneurs +. Au pied du moulin à vent & au S. de Tarzy +. A Auge +. 1 l. N. d'Aubenton. ½ l. S. d'Any +. A Bellevue, *Poſte & auberge*... 4 l. A ¼ l. N. de Leuze +, ¼ l. S. du bois & chât. de Bobigny. ½ q. l. N. de Martigny +. Bois & vallée d'Anſeau à traverſer. Devant la ferme de Lorembert. Au S. des cenſes des Vallées. ¼ l. N. du vill. & abb. de Bucilly +. Au S. de la ferme de Renette. ¼ l. N. des bois d'Eparcy. Chemin d'Hirſon à Vervins. *A Hirſon*... 3 l. ¼ l. de la forêt de St.-Michel à traverſer. A la rue de la Porte, & à ¼ l. S. de Monderpuis +. A la Rue-Heureuſe, & au rond Buiſſon. Chemin & a ¼ l. N. de Wimy +. A Beauregard. La rue de Paris, & *à la Capelle*... 3 l. De la Capelle *à Aveſnes*... 4 l. *Voyez de Laon à Bruxelles*. D'Aveſnes à *CAMBRAY*... 14 l. *Voyez de Cambray à Aveſnes.*

Capelle. (la)... N.O.		Cambray...............	17
Carignan...... S.E.		Luxembourg............	10
CHALONS-ſur-M.. S.		Reims & à Châlons......	28
CHALON ſur S... S.		Reims & à Chalon.......	99
Charlemont...... N.		Namur par Charlemont...	18
Cherbourg...... O.		Paris & à Cherbourg.....	137
CLERMONT-F. S O.	de MÉZIERES à	Reims & à Clermont.....	140
COLMAR...... S.E.		Verdun & à Colmar.....	82
DEUX-PONTS. S.E.		Verdun & à Deux-Ponts...	64
DIJON........ S.		Stenay & à Dijon.......	79
Dinant........ N.		Namur par Dinant.......	18
Donchery....... S.		Stenay par Sedan.......	3
DOUAY.... N O.		Cambray; de Cambray à Lille.	39
Dunkerque.... N.O.		Lille, de Lille à Dunkerque.	62
Falaiſe......... O.		Paris & à Falaiſe.......	104
Fère. (la)....... O.		Laon & à la Fère.......	28
Flèche. (la)...... O.		Paris & à la Flèche......	117
Fumay........ N.		Namur...............	5
GAND........ N.		Bruxelles & à Gand.....	55

GENEVE.......	S.E.	Dijon & à Genève........	124
Givet............	N.	Namur par Rocroy.......	18
GRENOBLE.......	S.	Lyon; de Lyon à Grenoble.	152

Guise. Route de Poste...... N.O... 22

De Mézières à la Capelle... 17 l. *V. de Mézières à Cambray.*
De la Capelle à Guise... 5 l. *Voyez de St.-Quentin à Liége.*

Autre Route................. 23

De Mézières à Montcornet... 13 l. *Voyez de Mézières à Laon.*
De Moncornet à Marle... 5 l. *V. de S-Quentin à Guise & à Marle*
De Marle à Guise..... 5 l. *Voyez de Laon à Valenciennes.*

Chemin de traverse............ 21½

De Mézières à Lonnoy-lès-Renwez... 3 l. & 4 l. de poste. *Voyez de Mézières à Cambray.* De Lonnoy on passe la prairie & la côte. A Sormonne ✝. Prairie, pont & riv. de Sormonne à passer. Fourche de la route d'Avesnes. Le long du bois du Tranchoir. Côte, vallon, prairie, ham. & chât. de Wartigny-sur-Audry. Le long N. de la riv. d'Audry. A Rouvroy ✝, & passage de la rivière. Vis-à-vis S. de l'Echelle. Rivière à passer, & à Vaux-lès-Vilaine. A Aubigny ✝. Carref. de la route de Givet. A Logny-Bogny ✝ où l'on quitte la rivière.... 3 l. Trav. de la chaîne qui sépare la Sambre de la Meuse. A Maipas, chât. *situé au point de partage.* Croix & au N. de Liart. Vallon & à ¼ l. S. d'Aouste ✝. Pont-Corbeau à côté du Gouffre. Le long de la riv. d'Aube. Cour des prés, chât. *A Rumigny...* 2 ½ l. Chemin de Rozoy & de Montcornet. Vis-à-vis du moulin & au N. de la rivière d'Aube. A Hannapes ✝. Pontonton & riv. de Ton, au confluent de l'Aube. Côte & à ¼ l. N. de Logny-lès-Aubenton. Vallon & moulin du Coq verd. *A Aubenton* sur le Ton, que l'on passe... 1 l. A 1 l. S. de Bellevue, *Poste sur la route d'Avesnes & Valenciennes.* Chem. de Laon par Montcornet. A la rue des Marais. Vallon, ruiss. & vill. de Beaumé ✝. Chemin & à ½ de Bemont ✝. A la rue Grande-Jeanne, & à ½ l. S. de Martigny ✝, & ¼ l. N. de Bemont ✝. ¼ l. de bois à tra. Au Jardinet, ½ l. S. de Bucilly ✝. Le long N. des bois de la Hutte. Vallon, étang, & à l'Ange-Gardien. Vallon & à ¼ l. S. de Landouzy-la-Ville. Côte & ferme

MÉZIERES.

du *Bosquet*... 3 l. Le long N. du bois du Tilleul. Fourche du chemin de Vervins à Hirson. A la Bouteille + & à ¼ l. N. de Landouzy-le-château. *A Vervins*.... 2 l. (ou *du vallon de Landouzy la-Ville*) on passe à la côte du Bosquet. Carrefour du chemin de Montcornet. A la Rue-Robin. Côte & rue des Roys. Entre le moulin & l'église de Landouzy-la-Cour. Côte & cense de Quersonière. Vallon & au N. de la ferme d'Eparmaille. Au N. du bois de Thenaille. A Verte-Vallée. Côte & à ½ l. N. de Thenaille +. Vall. pont & rivière de Vilpion. *A Vervins*... 2 l. De Vervins on passe un vallon, ruiss. & à ¼ l. de Fontaine +. Côte & au N. du château de Cambron, & du bois du Tuyau. Vallon, ruiss. moulin & vill. de Voulpaix. ¼ l. des bois de la Motte à trav. Plaine de la vallée, & ¼ l. des bois de la Cailleuse à passer. A ¼ l. S. de la vallée au bleds +. A la rue du Bois. Le long N. du bois de Sourd. Vallon & à ¼ l. de Sourd +. A la rue de Thin. Pont, ruiss. côteau, chât. & vill. de Wiege +. A l'avenue & à ½ l. de Faty +. 1 l. N. de Puisieux +. ½ q. l. de bois à trav. Vill. & à l'église du Beaurain. Côte, vallon & vill. de Flavigny +. Entre la riv. d'Oise & N. D. de Bonne Rencontre. Faub. de Chantereine. *A GUISE*... 6 l.

Havre-de-Grace.....	O.	De Mez. à Amiens & au Havre.	94
Hirson.........	N.O.	—— Cambray par la Capelle.	14
Landrecy........	N.O.	—— Avesnes & à Landrecy..	23
LANGRES........	S.	—— Verdun & à Langres....	63
	LAON. Route de Poste....	O....	24

De Mézières à *Lonny-les-Renwez*... 4 l. *V. de Méz. à Cambray*. De Lonny à *Aubigny*... 3 l. *Voyez de Mézières à Guise*. D'Aubigny on passe la riv. d'Audry. Côte à ¼ l. O. de l'Eperon. Sommet de la grande chaîne & carrefour de la route de Reims à Liége. A la Guinguette & à Malgrétout. *A Mairbressy*... 4 l. A ½ l. S. de Montbresson +, ¼ l. N. de Vaux +, ¾ l. N. de Rouvrois +. Traverse du Tertre & à l'arbre de Rozoy. *A Rozoy*... 1 l. De Rozoy on trav. la côte en passant à ¼ l. N. de Soisle +. ½ l. S. de Chery +, Doliguon & Ste.-Genevieve. A côté des Carrières & à ¼ l. S. de Magny & de Vincy-sur-Serre +. A l'O. des bois de Vers. Au Calvaire & *à Montcornet*... 4 l. De Montcornet *à LAON*... 8 l. *Voyez de Laon à Charlemont*.

Chemin de traverse................... 21

De Mézières on traverse le faubourg de St.-Julien. A St.-Julien, ½ l. N. de Preys +. Bac, ponton & passage de la Meuse. A Warg & chemin de Renwez. Pont & riv. de This. Côte & Granges du moulin. Avenue du chât. de la Grange-au-bois. ¼ l. S. de Belval +. Côte rapide, vall. & vill. de Sury +. Traverse de la côte de Sury. ¼ l. S. de St.-Marcel +. Vall. & riv. de *Clavy* +.... 3 l. Prairie, pont & riv. de Thine. Le long des bois de Boissart, & à ¼ l. S. des carrières & vill. de Rumilly. A Neufmaison +. Passage de la chaîne qui traverse la France du Midi au Nord. ¼ de Vaux + & du vill. de l'Eperon +. Carrefour de la route de Reims à Givet. A la Guinguette, *cabaret*, & à ¼ l. de Marlemont. Entre la butte du moulin à vent & la forêt de Montméillant. A la Verrerie & à *Malgré-tout*... 4 l. ½ l. N. de Maranvé. Vallon, ruiss. & ferme de la Vallée. ¼ l. N. de St.-Jean aux Bois. Au pied du Tertre de la haute Tuerie. Entre les Tailles & Suberteau, au S. de Frety-Gorgon. Entre les bois de Roquigny. Au fief d'Arlois & d'Avesnes. Vill. & poste de Mainbressy +. ½ l. S. de Montbresson +. ¼ l. N. de Vaux +. ¼ l. Sud de Rouvrois +. Traverse du Tertre & à l'arbre du Rozoy. A Rozoy... 2 l. *Voyez la suite ci-dessus*.

Laval............ O.	De Mézièr. à Paris & à Laval.	123
Lens........... N.O.	—— Arras; d'Arras à Lille.	46

LIÉGE. *Grande Route*.... N. E.... 40

De Mézières à Givet & *Charlemont*..... 18 l. *Voyez de Mézières à Namur*. De Charlemont on passe le pont sur la Meuse. A Givet & route de Luxembourg. Le long E. de la Meuse & du vill. de Heer +. Le long des bois de Elemont. ¼ l. Ouest de Mesnil-St.-Blaise. A Falmagne. *Falmignoule*... 3 l. Pont & riv. de Lesse. A la Celle +. Bois de Javellan. Failly. *Ciney*.... 5 l. A Emptine +. *Hubinne*...... 2 l. Traverse des Bois de Bormenville. A *Hevelange* +.... 2 l. A Avrain. Terwagne. Tinlot. Barrière & à l'O. de Soxhet *ou Souhait* +.... 4 l. Le long du bois de ce village. ½ l. E. de Sery + & Villers-le-Temple +. ¼ l. O. de Nandrin +. A la Poste & au cabaret de Faisneaux. Barrière & à ¼ l. E. de St.-Severin +.

MÉZIERES.

A Neufville +. Traverse des bois de l'abbaye. Barrière & ham. d'Yvot-sur-Meuse. Au Val St.-Lambert +. Le long des Marais & de la Meuse. ¼ l. S. de Seraing +. Passage de la Meuse. Barrière & au S. de *Tilleur* +.... 4½ l. A Sclassin & vis-à-vis d'Ougnée +. A Val-Benoît. Avrois & faubourg. *A Liége*... 1½ l. (*ou de Tilleur*). On passe à Filleux *ou* Fileux. St.-Gilles, & *à* LIÉGE... 1 l.

     Autre Route.................. 41

De Mézières *à Ciney*... 26 l. *Voyez ci-dessus.* De Ciney à Emptine +. Champion +. Schaltin +. Perwez. Bois-les-Dames & *à Huy*... 7 l. On s'embarque à Huy sur la Meuse jusqu'à *Liége*.... 8 l.

  Chemin de traverse & difficile...... 34

De Mézières au faubourg d'Arches & *à Charleville*... ½ l. Le long de la Meuse & à l'O. du Mont Olimpe. A St.-Mont & au Calvaire. ¼ l. des bois de la Havetière à traverser. Côte de Sorel & fourche du chemin de Charleville à Rocroy. Bois de Mery à trav. A Mont-Hermé. Bac & riv. de Meuse à passer. A la Val Dieu. Traverse de la forêt des Ardennes. A l'O. de Falenne. A Landrichamp. Charmoy. Ranseune, & *à Givet*.... 12 l. De Givet *à* LIÉGE... 22 l. *Voyez la Route ci-devant.*

LILLE........	N.O.	De Méz. à Valencien. & à Lille. 43
LIMOGES.....	S.O.	——— Paris & à Limoges.... 149
Longwy........	S.E.	——— Luxembourg......... 22

 LUXEMBOURG. *Route de Poste.* E. par S.   33

De Mézières *à Stenay*... 13 l. *Voyez de Stenay à Mézières.*
De Stenay *à Longuyon*.... 9 l. *V. de Stenay à Luxembourg.*
De Longuyon *à Luxemb*... 11 l. *V. de Verdun à Luxembourg.*

   Route de traverse................ 30

De Mézières *à Sédan*... 5 l. *Voyez de Stenay à Mézières.* De Sédan on passe à Balan +. Bazeille +. Pont, ruiss. & à ½ l. Sud de Moncelle + & de Lamecourt. A Douziers sur la *Chiers* +... 2 l. Le long des prairies & au N. de la riv. ¼ l. N. de Brevilly + & à ¼ l. S. de Pouru-St.-Remy. Pont, ruisseau, & au S. de Remehan. A Sachy +.

¼ l. E. de Tetagne +. A Wé + & au chemin de St.-Hubert. A Caignan... 3 l. Deux lieues de prairies à traverser. Le long de la Chiers, en pass. à Blagny + & à ¼ l. de Sailly +. A ¾ l. Nord du bois de Blanc-Champagne. A Linay + & à ½ l. N. de Villy +. A Fromy +. ¼ l. O. de Moiry +. Prairie, rivière d'Orval, moulin & vill. de Margut... 2 l. A ¾ l. N. E. de la Ferté sur Chiers. ½ l. N. de St.-Valfroid, hermitage. Au chemin de St.-Hubert, & à 2 l. de l'abbaye d'Orval. ¼ l. N. de Silly +. A Montlibert. Traverse des bois & côte de Vaux-les-Moines. Le long de la côte & du ville. de Tonne-le-Tille. Pont, moulin, riv. & vill. de Thonnelle. Vallon & le long de la Thonne, riv. Vis-à-vis, & à ½ q. l. E. de Tonne-les-prés. Chemin de Stenay & *à Montmédy*... 3 l. A Medy-Bas. Au bas S. de Frenois +. Le long de la Chiers, riv. Au grand Verneuil + & à Ecouviez, dernier village de France... 2 l. A ¼ l. S. de Mont Quentin +. Pont, riv. & au S. de la Morteau & Rouvroy +. Au moulin de la Dru. ¼ l. de bois de Greville à trav. en sortant du Duché de Luxembourg. Vallon, étang & au N. d'Alondrel. Côte, bois & vill. de la *Malmaison* +... 2 l. A Tellancourt + & chemin de Longuyon à Arlon. A Villers-la-Chèvre & *à Longwy*... 3 ½ l. De Longwy *à LUXEMBOURG*... 7 ½ l. *Voyez de Verdun à Luxembourg.*

LYON.......... S.		à Verdun & à Lyon..........	125
MACON .... S.		Verdun & à Macon........	109
MANS. (*le*)..... O.		Paris & au Mans..........	107
Marienbourg..... N.	DE MÉZIERES	Namur.................	13
MARSEILLE..... S.		Lyon & à Marseille........	212
MAUBEUGE.... N.		Mons par Maubeuge.......	23
Maubertfontaine.N.O.		Cambray................	7
Mayenne........ O.		Paris & à Mayenne........	114

METZ. *Grande Route*.... S. E.... 40

De Méz. *à Longuyon*... 22 l. *Voyez de Méz. à Luxembourg.*
De Longuyon *à Longwy*... 4 l. *Voyez de Verdun à Luxemb.*
De Longwy *à Metz*..... 14 l. *Voyez de Metz à Longwy.*

Autre Route.................... 39

De Mézières *à Stenay*... 13 l. De Stenay *à Metz*... 26 l.

MÉZIERES.

MONS. Grande Route ..... N 26

De Mézières à Chimay ...... 12 l. *Voyez de Mézières à Valenciennes.* De Chimay à la Maladerie & au Trieux-les-Moines. ¼ l. E. de Roberchies +. Au vill. & belle prairie de *Ranse* +. .. 3 l. 1 l. des bois de Ranse à traverser. Au Trou du Loup. Le long Est du bois de Martinsart. Barrière & cabaret de l'Ecaille. A Lauro, & à la croix de la Bataille. ¼ l. O. de Solre-St.-Gery +. Vallon, riv. & chapelle de St.-Julien. A N. D. de Bon secours & *à Beaumont* ... 3 l. A Pater & à St. Jean. Le long du bois de Commagne, ½ l. O. de Therintont +. Barrière de Sartiau. A Montignies St.-Christophe + & à la Haye. Vallon, riv. à ¼ l. Nord de la Thure +. ¼ l. S. de Solre-sur-Sambre. Vallon, prairie & riv. de Sambre. Au N. & près d'Erquelines +. A ¾ l. S. O. de Merbes-le-chât. +. Barrière & à ¼ l. N. de Grandreng +. Barrière des quatre chemins ... 4 ½ l. Prairie à ¼ l. du chât. de Rouvroy. A Rouvroy +. Traverse d'une route Romaine qui va à Tongres. Barrière & vill. de Givry +. Côte & à ½ l. E. d'Harveng +. A Harmignies +. Prairies & à l'Est de Beugnies. A Bon Secours, chapelle. Côte de la Garde. ¼ l. E. de Septennes +. Vallée & traverse du champ de la Bataille de 1572. Prairies & vill. de Malplaquet +. A ¼ l. O. de St.-Symphorien +. Côte & hameau de Mont-Plausel. Au Bon Dieu de Pitié & route de Binch. A Mont-Palis & *à MONS* ... 3 ½ l.

Montmédy	S.E.	De Mézières à Luxembourg.	13
MONTPELLIER ...	S.O.	—— Verdun & à Montpellier.	203
MOULINS	S.O.	—— Troyes & à Moulins ...	108
Mouzon	S.	De Mézières à Stenay	9

NAMUR. Grande Route ... N ... 30

De Mézières à Rocroy ..... 8 l. *Voyez de Mézières à Valenciennes.* De Rocroy au gué d'Houssus. 3 l. de la forêt des Ardennes à trav. en passant à l'étang. La forge du Prince & à l'Hermitage. *A Couvin.* Vis-à-vis de la Forge & à la Limite de la France. A Frasne. Pont & riv. d'Eau blanche. *A Marienbourg* ... 5 l. Pont & riv. de Brousse. Le long du Franc-bois. A Faignole +. ½ l. de bois à trav. A Roly +. ¼ l. des bois de Sautour à trav.

A Neufville St.-Hubert, & à $\frac{1}{4}$ l. E. de Samar +. *A Philippeville*... 3 l. (*ou du pont de Brouffe*) à la forge de Marienbourg. 1 l. de bois à traverser. A Neufville & *à Philippeville*... 3 l. De Philippeville *à Charlemont*... 4 $\frac{1}{2}$ l. *Voyez de Valenciennes à Charlemont.*

Autre Route.

De Mézières *à Marienbourg*.... 13 l. *Voyez ci-dessus* De Marienbourg à Faigole +. Au Sud & près de Mataigne-la-grande. A Mataigne-la-petite +. Niverlet +. La croix de Ginnée. Deiches +. Foiche + & *à Charlemont*... 5 l.

Autre Route.

De Mézières à Rocroy. *Voyez ci-dessus*. De Rocroy à la Maison Rouge, *cabaret*, & au chemin de Reving, éloigné de 2 l. à l'Est. Cinq lieues de la forêt des Ardennes à trav. A l'O. de Divertissement + & de *Fumay*. A l'Est d'Oigny +. Au Mesnil +. O. de Montigny +. A Vireux-St.-Martin. Vis-à-vis de Vireux, au de-là de la Meuse. Pont & riv. de Versint. A Mollain +. Hierges +. Vorelle +. Foiche & *à Charlemont*... 8 l. De Charlemont & Givet-St.-Hilaire on passe le long de la Meuse, en la descendant. A $\frac{1}{2}$ l. Est d'Egmont +. Entre les bois de Liége & la Meuse. A Hermeton +. Tiler. Heusemont, & vis-à-vis d'Hastir-la-Vaux.... 3 l. $\frac{1}{4}$ l. E. de Gerin +. A Onhaye +. Le long des bois & à $\frac{1}{4}$ l. S. de Weillen. Chemin & à $\frac{1}{4}$ l. Ouest de *Dinant*, au delà de la Meuse. A Bouvignes-sur-Meuse.... 2 $\frac{1}{2}$ l. le long de la Meuse jusqu'à Namur, en passant à $\frac{1}{2}$ q. l. E. de Senenne + & à côté d'Anhée. A Champel. Entre les bois du moulin & la riv. de Meuse. A l'O. de Poilvache. $\frac{1}{4}$ l. Est de l'abb. du moulin & de la forge. A Heneumont. Vis-à-vis O. d'Ivoir +. A Hun. Entre les bois de Bioulx & la Meuse. $\frac{1}{2}$ q. l. d'Annevoye. A Rouillon. Au N. de Godinne, au-delà de la Meuse. A Rivière. *Profondeville* +.... 3 l. A Valgrappe. Entre les bois de Mastogne & la Meuse. A Folz, vis-à-vis de Dave +. A Haye-à-Folz. Wespion. Plante. *A NAMUR*, sur Meuse & Sambre... 2 l.

NANCY........	S.E.	De Méz. à Verdun & à Nancy.	46
NANTES.........	O.	—— Paris, Angers & à Nantes.	150
NARBONNE.....	S.O.	—— Lyon & à Narbonne....	226

MÉZIERES. 101

NISMES........ S.	Lyon & à Nismes.........	190
Orient. (l')....... O.	Paris & à l'Orient........	181
ORLÉANS.. O.p.S.	Paris & à Orléans........	84
PARIS...... O.	Reims & à Paris.........	56
PAU.........S.O.	Paris & à Pau..........	263
Péronne....... N.O.	St. Quentin & à Péronne....	36
PERPIGNAN..S.O.	Lyon & à Perpignan.......	241
Philippeville..... N.	Namur par Rocroy........	16
POITIERS... O.p.S.	Paris & à Poitiers........	143
Quesnoy. (le).. N.O.	la Capelle; de Laon à Bruxelles.	26
REIMS....... O.	Réthel à Reims...........	18
RENNES..... O.	Paris & à Rennes.........	142
Rethel......... S.O.	de Réthel & à Mézières....	9
Rochefort.... O.p.S.	La Rochelle & à Rochefort..	184
ROCHELLE.. O.p.S.	Paris & à la Rochelle......	177
Rocroy......... N.	Valenciennes............	8
Rozoy......... O.	Laon	9
Saarbourg...... S.E.	Metz & à Saarbourg.......	64
Saarbruch..... S.E.	Metz & à Saarbruch.......	58

(colonne centrale : DE MÉZIERES)

SAARLOUIS. *Route de Poste*... S.E... 52

De Mézières à Verdun & Metz...... 39 l. De Metz à Saarlouis... 13 l.

Autre Route de Poste............... 42

De Mézières à Longwy... 22 l. *V. de Méz. à Luxembourg.* De Longwy à Hukange... 10 l. *Voyez de Metz à Longwy.* D'Hukange à Thionville, où l'on passe la Moselle, riv. Fourche de le route de Sierck & de Trèves. ¼ l. N. de Haute-Yutz ✠. A la Chapelle & le long des bois d'Illange. Vallon, ruiss. d'Herpelhorff. Entre les bois & village de Stukange ✠. ¼ l. N. de Volstroff ✠. Vallon & rivière de Bibiche. Cense, côte & à ¼ l. S. de Distroff ✠. ¼ l. N. de Metzervise ✠. Le long N. des bois de ce village. Côte, vallon, riv. de Kaner & vill. de Kedange. Chemin d'Hombourg ✠. A 1 l. S. de Buding ✠. Côte & ¼ l. de bois à trav. Butte, vallon & vill. de Dolstein ✠. Côte & à ½ l. S. de Munskirch. ½ l. de bois à traverser. Vallon, ruisseau, moulin & vill. de Chemery ✠. Côte à ¼ l. Sud du vieux

Chemery. Entre les bois de Chemery. ¼ l. N. du vill. & abb. de Freiſtroff. Côte, vallée de Nied, & au N. O. d'Iding & de Guiching. Côte & au S. E. de la forêt de Stokolz. Vallon, pont & riv. de Nied. *A Bouzonville*. Moulin, ruiſſ. & hameau de Benting à ½ q. l. Côte longue & rapide de Bouzonville. Vallon & ham. de Schrekling. Au S. de Bideſtroff +. A Itteſtroff +. Côte & hameau de Fitzberg *ou* fours à chaux. Vallon & au bas du chât. du Diable. Côte & maiſons de Neuhaus. *A Saarlouis*... 20 l.

Chemin de traverſe............... 38

De Mézières *à Montmédy*.... 23 l. *Voyez de Mézières à Luxembourg*. De Montmédy on paſſe la Chiers, rivière. A Yrez-les-prés. Entre les bois de la ville & l'Othain, rivière. Hermitage & côte de St.-Montant. ¼ l. O. de Flaſſigny +. Côte, Vallon & au bas de St.-Hubert. *A Marville* ſur Chiers... 4 l. Paſſage de la riv. d'Othain. Dev. les Capucins. A Han devant Marville +. Pont & riv. de Chiers. A Colmey + & *à Longuyon*... 2 l. De Longuyon à la forge. ¼ l. des bois de Sorbet à traverſer. Route de Longwy à Verdun. A Rouvroy ſur Othain. Vis-à-vis E. de Durey +. A Nouillompont-ſur-Othain + & *à Spincourt* +.... 3 l. A Rechicourt +. Côte à trav. & à la croix de Jean-le-Noir. A Preutin +, N. de Murville +. A Malavillers +. Fontoy +, *Poſte*. A la Fonderie & au village devant la Plattinerie & la Fenderie d'Hayange, ſur la Fenche. Au N. du ham. d'Erſange. Côte & égliſe de Ste.-Agathe. Vallon & traverſe d'une route Romaine. A Hukange + & r. de Metz à Thionville. Entre Gaſſion & la Moſelle. *A Thionville*... 4 l. *Voyez la ſuite ci-deſſus.*

St.-Hubert.... N.E.		Bouillon & à St.-Hubert....	18
St.-Quentin... N.O.		Guiſe & à St.-Quentin.....	28
SEDAN....... S.E.		Stenay par Sedan.........	5
SENS......... S.O.	DE MÉZIÈRES	Paris & à Sens...........	86
SOISSONS...... O.		Reims & à Soiſſons........	31
Spa.......... N.E.		Liége & à Spa...........	48
Stenay........ S.E.		De Stenay à Mézières......	13
STRASB.... S.E.		Stenay & à Straſbourg.....	79
TOULON....... S.		Lyon & à Toulon.........	221
TOULOUSE.. S.O.		Paris & à Touloufe........	226

TRÈVES	E.	De Méz. à Luxemb. & à Trèves.	40
TROYES	S.	—— Reims & à Troyes......	47

VALENCIENNES. Route de Poste... N.O... 36

De Mézières à Rocroy... 8 l. *Voyez la Route ci-dessous.*
De Rocroy à Philippeville... 9 l. *V. de Mézières à Namur.*
De Philippeville à Valenciennes... 19 l. *Voyez de Valenciennes à Charlemont.*

Autre Route par Avesnes.............. 32

De Mézières ou passe la Meuse & le faubourg d'Arches. Avenue & à ¼ l. S. de Charleville. Devant Béthléem & le clos Lambert. Côte & vis-à-vis la chapelle du Montjoly. Au chemin de Charleville. ½ l. S. d'Estion. Chemin de Warcq. Vall. ruiss. moulin du Temple, & au N. de la Grange au bois. Côte & Grange-le-Comte. Vallon, prairie, riv. de Vaches & vill. de Tourne. Entre Charoue + & Clairon +. Côte rap. de Clairon & à *Renwez*. A ½ l. N. E. d'Arcy + & de Rimogne +. 1 l. des bois du Roi à trav. A Cense-Baudoin & à Bourgfidel +. *A Rocroy*... 8 l. De Rocroy à la Taillette +. Rigniowez + & la Loge-Rosette. 2 l. de la forêt de Thierache à trav. en passant à Rieses. A Bouviez. Escourmont. Postiaupré. Forges & *à Chimay*... 4 l. De Chimay à Ste.-Geneviève & à St.-Remy +. ¼ l. S. de Macon. Au Fourneau d'Imbrechies, & la cense de Macon. A la Marlière, ½ l. N. de Momegnies +. Au N. d'Ouin +. A Trelon +, forge & fourneau. 1 l. de bois à traverser. *A Liessies*... 1 ½ l. Mont-l'Abbaye & riv. d'Helpe. Côte & hameau de Beaumont. ½ l. des hayes d'Avesnes à trav. A l'Epine-Harnaut, & à Solre-le-Château. A Beugnies +. ¼ l. des bois de la haye d'Avesnes à passer. Route de Maubeuge & de Mons. *A Avesnes*... 3 l. D'Avesnes à Valenciennes... 16 l. *Voyez de Valenciennes à Charlemont.*

VERDUN	S.p.E.	De Méz. à Stenay & à Verdun.	24
Vervins.........	N.O.	—— Guise par Vervins...	11½

ROUTES ET CHEMINS DE TRAVERSE
DE MONTPELLIER

Distance de Montpellier.

à	Voyez	lieues.
ABBEVILLE....... N.	De Montp. à Lyon & à Abbev.	233
AGDE. *Route de traverse*.... O.....		13

De Montpellier au pont de *St.-Martin du Crau*.... 9 l. *Voyez de Montpellier à Perpignan.* De St.-Martin on passe à la Peyrille & au pont. A la Roquette. Pont sur la riv. de Soupir. Vignes, à 1 l. S. de Pomerols +. *A Marseillan*, & à l'O. du Port. Côte de vignes à passer. Vallon, côte de vignes & vallée. Pont de St.-Bauzille. *A AGDE*... 4 l.

Autre Chemin par Pezenas............ 13 ½

De Montpellier à *Pezenas*... 9 l. *Voyez de Montpellier à Perpignan.* De Pezenas on passe à la fourche de la route de Perpignan par Béziers. A l'O. de Conas sur-l'Héraut. ½ l. O. de Castelnau-de-Guers +. Côte de vignes. O. du moulin de Conas. Vallon; côte à l'Est des carrières de pierres. A Nezignan-l'Evêque. Vallon, côte à ½ l. O. de St.-Hypolite. Pente & cense de Soulance, vallée & vill. Carrefour de la route de Béziers. 1 l. de côte de vignes, à l'E. de St.-Thibery. Vallée & bourg de *Bessan*. Le long de la rive droite de l'Heraut, riv. au pont & à ½ q. l. O. du chât. de Thouroulle. ¼ l. de celui de Caillan. Entre Mermian & St.-Sylvestre. Pont sur le canal, O. de l'écluse ronde, vis-à-vis l'isle de Madame Bondinel. Pont sur l'Héraut, & *à AGDE*... 4 ½ l.

| AGEN........ N.O. | De Montp. à Toulouse & à Agen. | 92 |
| AIGUEMORTES. (les)... *Route de traverse*. S. E... | | 11 |

De Montpellier aux Baraques de *Daubenet*.... 6 l. Des Baraques on passe le pont de l'hôpital. *A Aymargues.* Malherbe. *St.-Laurent-d'Aigouze*... 3 l. Pont, canal de la Roubine & à Psalmody. Marais, pont, riv. de Vistre,

MONTPELLIER.

& au Conseil. Pont & canal de la Roubine à passer. *Aux* *Aiguemortes* ...... 2 l.

Aire............ O.	De Montpell. à Auch.& à Aire.	98
AIX.......... S.E.	——— Arles & à Aix.......	36
ALAIS........ N.E.	——— Aubenas par Alais.....	17

ALBY. *Route de traverse*.... N.O.... 37

De Montpellier on passe au N. de Burgas. Côte de St.-Laurent, le long du canal. Devant le chât. de la Piscine. Le long N. de Neuve. Chât. pont & riv. de Mosson. Eglise de Juviniac. Côte & bois à côtoyer. Avenue du chât. de Caunelle. Chapelle de Courpoiron. Vallon, pont au S. d'Aussarges. 1 l. de montagnes & landes à trav. en passant à la fourche du chemin d'*Aniane*... 3 l. Pente rapide à $\frac{1}{4}$ l. S. de Montarnaud +. Vallon, détroit & vill. de St.-Paul-de-Mont-Carmel +. Au bas N. de la Tour d'Artus. Pont & riv. de Caulazon à passer. 1 l. de montagne & bois de la Taillade à trav. Au S. de St.-Jean-de-Laval. A *Gignac*... 3 l. Pont & riv. de l'Heraut, & à Mas-Bedos. Saint - André de Sangonis. Vignes & cense de Coussepas, $\frac{1}{2}$ l. O. de Ste.-Brigitte. Ruisseau, moulin & vill. de *St.-Felix-de-Lodez* +... 2 l. Vis-à-vis du moulin de Rabieux. Le long de l'Ergue, rivière qu'on remonte jusqu'à Lodève. Pont à $\frac{1}{4}$ l. S. de Salleles +. Au N. de Laulo, situé au-delà de la rivière. Vieille Eglise au N. de St.-Frichaux. Chemin de Lodève à Clermont. Au bas du Mas de Calvayré. A *Lodève*-sur-l'Ergue.... 4 l. A St.-Martin-de-Combas + & aux Plants +. *Cabaret* & Tour de Perthus. Montagne, landes & bruyères. Au N. du Mas de Mourie & près des ruines du château. Pente rapide entre les bois & les rochers. A N. D. d'Autignagnet +. Pont & ham. de Ferou-sur-Orbe, rivière. A $\frac{1}{2}$ l. S. O. de Bouviala +. Le long de la rivière & au hameau de la Chaussarig & moulin de la Plane, près de la source de l'Orbe. Ruiss. d'Aube, côte & bois à passer. A Clapier +, au bas S. des rochers & de la forêt de *Guillaumard*... 3 l. A St.-Xiste, Prieuré, au bas des rochers. Entre Tourna-dous & St.-Julien. Pente rapide de Mourez, à $\frac{1}{2}$ l. S. de Montpaone. Prairie, pont & rivière de Sorgue. A St.-Maurice, au bas S. de la montagne & du roc de *Roqmaure*... 2 l. Ruisseau de Borio, à $\frac{3}{4}$ l. de Mornahgue +.

Tome II.   O

Prairie le long de la Sorgue. A la Tour +. La Baraque, & ruiss. d'Innous, à 1 l. S. de l'abbaye de Monnenque & du bois de Visse. A St.-Amans-sur-Sorgue +. St.-Felix-de-Sorgue... 2 l. A Versols + & ruiss. de Versolet. A la Peyre de Sorgue + Pont sur cette rivière. A Guilhaumet & au bas des vignes de Congoux. A St.-Étienne, 1 l. S. Ouest de Saint-Étienne-de-Naucoules +. A Vendeloves, vignoble. ¼ l. O. de Valhauzy +. A l'hôpital & au S. de St.-Afrique. 1 l. de vignes à trav. en passant entre le Bourguet & le Vert. A Vabres... 4 l. De Vabres à Alby... 14 l. *Voyez d'Alby à Montpellier.*

      A L E T. *Route de traverse* .... O 44

De Montpellier à *Carcassonne* ... 37 l. *Voyez de Montpellier à Toulouse.* De Carcassonne on passe à Caillau & à la fourche du chemin de Mirepoix. Le long du canal royal & de la riv. d'Aude. Côte de vignes & vill. de Maquens +. Vallon & vill. de Villabé +. Le long du canal de la Ville. O. du bassin & canal de Couffoulens +. A Preixe +. Pont à ½ q. l. O. de Corneze. A Roussiac-sur-Aude +. Pont à ½ l. N.O. de Pomas +. Le long de l'Aude & au bas de St.-Sauveur. Au S. de Cepie + & au N. de St.-André +. Pont & chapelle-sur-Brau. Détroit le long de l'Aude en passant à l'O. de Pieuse + & entre les vignes de Limoux. A *Limoux* ... 5 l. A ¼ l. O. de Salles & pont sur la rivière de Corneilla. A la chapelle de Brasse-sur-Aude. ½ q. l. O. de Vendennes +. Entre les bois & la riv. d'Aude. A A L E T ... 2 l.

AMIENS ..... N.		à	Lyon, Paris & à Amiens ...	223
Anduze .... N.E.			Au Puy en Vellay	14
ANGERS ..... N.O.			Toulouse & à Angers	197
Angles .... O.	DE MONTPELLIER		Béziers & à Angles	25
ANGOULÊME. N.O.			Toulouse & à Angoulême ...	161
Aniane .... N.O.			Milhaud	7
ANTIBES .... S.E.			Aix & à Antibes	77
APT .... E.			Avignon & à Apt	33

      A R L E S. *Grande Route* .... E 18

De Montpellier au pont de *Lunel* ... 6 l. *Voyez de Lyon à Montpellier.* Du pont du Lunel on passe à St.-Michel-de Boulaine. Pont & riv. de Cubelle. Chemin à ¼ l. N. de *Maſſargues*. A *Aymargues*. Pont & riv. de Rhoſny. A Cailla ou Caila +. Pont & riv. de Viſtre Pont & marais à trav. Au S. du chât. de Bech, & chemin de *Vauvert*. Vall. côteau & landes à trav. *lele vue*. Au Mas de Bord. Le long N. des marais d'Eſcamandre. A l'abbaye de Franquevaux. Bois & côte à ½ l. N. du parc & chât. d'Eſpeiran. ¼ l. de vignes à paſſer - *le le vue*. *A S. Gilles*... 6 l. De St-Gilles on paſſe entre la côte & le marais de la Caſtagnolle. A Loubes & près des Agaſſes. Côte rapide & bois de Brouſſan. *A Bellegarde*... 3 l. Pont entre le marais de la Caſtagnolle & celui de Bellegarde Belle plaine à trav. en paſſant aux ſaules, Breſſon, la Roche, Tardieu & Tourotte. A Fourques + Paſſage du petit Rhoſne. A Trinquetaille. Pont ſur le Rhône à paſſer. *A ARLES*... 3 l.

ARRAS..........	N.	De Montp. à Lyon & à Arras.	236
Aubais..........	E.	De Montpellier à Niſmes...	8

AUBENAS. Route de traverſe... N.E... 30¼

De Montpellier à *Sommieres*... 7 l. *Voyez de Montpellier à Niſmes*. De Sommières on paſſe à Moulin-Moiſſac. Chemin & à ½ q. l. O. de Villevieille & de *Calviſſon*. A Sabalie & pente rapide. Côte à ½ l. E. de St-Julien +. Entre Poudre & Fontbouiſſe. *Cabaret* & pont ſur Aiguegalade, rivière. Pente rapide, vignes à ½ l. O. de Souvigniargues +. Le long E. du bois, pente rap. & vignes à paſſer. Le long E. de Fontaine-de-Lecques +. Le long O. de la côte de vignes, & à ¼ l. E. de Leques +. Vallée, pont à ½ l. S de Combas + & de Fontaine-de-Mere-Dieu. ⅓ l. S. O. de la tour de Pintard. Colline entre la côte & les landes. Carref. du chemin de Niſmes à St.-Hipolyte. Côte rap. à ¼ l. E. de Vic Foſq +, & à ¾ l. de Quillan: *belle vue*. Pont, *cabaret* & vill. de *Creſpian* +.... 3 l. Vallée le long du Courme, riv. en paſſant au pont & à ¼ l. E. de Cannes +. ½ q. l. O. du haut Montmirat +; au bas de Montmirat & à l'Eſt de Coſte & de Failly. Pont & riv. du Courme à paſſ. Pont St.-Saturnin à ½ q. l. O. de Pian & de Moulezan +. Au bas E. du hameau & chât. de Clairan. A ¼ l. O. de Montagnac +, ½ l. E. de Ste-Théodorite +, 1 l. O. de Maureſſargues +. ½ q. l d'Antignargues +, & à 1 l. E. de Puechredon +. Pente rap.

de la Plane. A Ranquet, ½ l. O. du bois & vill. d'Aigremont. Vallon à ¼ l. O. de Manthes & à 1 l. E. du chât. de Canaules. A 1 ½ l. de St.-Nazaire-de-Gardies +. Pente rap. Moulin & vill. de Ledignan +. Carref. du chemin d'Anduze *à Nismes*... 3 l. Pente rap. à ½ l. O. de St.-Benoît-de-Chairan +. Vignes, & à ½ l. O. de Marvejols-lès-Gardon +. A ¼ l. S. O. de Caffagnole +, 1 l. de Ners +. Au bas E. d'Arnaffon, ½ l. O. de Maffane +, & à ½ l. E. de Cardet +. Pont & riv. de Gardon-d'Anduze. Au bas O. des Tavernes, ¼ l. E. de Ribaute +. Au Mas Brun, & à l'E. du Mas Icard. A Vermeils, O. de Clauzels. Pont & ruiff. de Valat-de-Fontvive, ½ l. E. du chât. de Girac. Pont sur le Valat de Jérusalem. Vignes à ½ l. E. de Bagnards +, 1 l. O. de St.-Hilaire de Brethmas +. A St.-Chriftol +. Pont à ½ l. S. E. de St.-Martin-d'Arênes +, & à ¼ l. O. de Montmoirac. Pente rapide. Montagne & vignes à paffer. Vallée, vignes, à ½ l. O. du Tertre & du château de Larnac. Le long O. de la prairie & jardins. Au faubourg du pont vieil. Pont & riv. de Gardon à paffer. *A Alais*... 4 l. D'Alais on paffe devant le château *ou* les Capucins, à l'E. de Rochebelle. Le long O. de la côte de vignes de Clavière. Au moulin & aux Mulaurieres. Pont de l'Abbeffe à ½ l. S. O. de St.-Alban +. Fourche du chemin de Borjac. Pont Pinet & chemin de Langogne. Au moulin de Caumont. Le long de la côte de vignes de St..Alban, ½ q. l. O. de St.-Martin de Valgagne +. Vis-à-vis O. de Theiffier, au bas de la montagne & des bois de St.-Alban. Aux Rofiers, ½ l. E. de St.-Julien de Valgagne. Colline de Meillaffe. Pont & ruiff. d'Allias. Colline à ½ q. l. O. de Rouffon. Pont & riv. d'Avene à paffer. Vis-à-vis E. de Comeyras, & côte à trav. Vallon de la pierre Rouge, A l'O. de la Papeterie & du hameau de Couffa, sur la riv. d'Auzonet. *A St.-Ambrois*... 2 l. De St-Ambrois on paffe le pont sur la Ceffe. Au ham. de Pont, E. de St.-Brés +. Au Perron. Pente rap. vignes & chemin de Vans. ¾ l. de landes à paff. Vallon & hameau de Peyregras. Pont & riv. de Claiffe. Aux Aires, au bas O. de St.-André-de-Grugières +. Montagne & ¾ l. de bois à paffer. Vallon & ham. de Pleux. Pont, le long de la côte & au bas de *Beaulieu*... 3 l. Vallon, ham. du bois & du chât. de Jalez. Carref. du chemin de Villefort à Barjac. Aux Lebres, pont & riv. de Chaffezac. Montagne & maifon neuve... 1 l. Pente rapide & chât. de Leftourmayres:

MONTPELLIER. 109

belle vue.. Vignes à ½ l. O. de Chandolas + Commanderie. Entre Moularet & Pezanam. A Lagornaire. Vallon & ½ l. de bois à trav. Pente rap. à l'Ouest de Fontgros. ½ l. de vignes à passer. Chapelle de N. D. de Bon Secours, à 1 l. S. de Joyeuse. Pente rapide & village de la Blachère. Chemin du Puy en Vélay. *A Joyeuse*... 4 l. De Joyeuse on passe la pente rap. de la Bourgade. Pont, rivière de Beaune & ham. du Pont. Maison neuve au N. de Rosières +. Pont & riv. de Blajou. Au S. de la Tuilerie. Détr. entre les côtes, Blajou & Champetier. ¼ l. S. de Laurac +. Pont, riv. de Ligne & côte de Niné. Au bas S. de la Chartreuse de Laurac, & du Tertre de Prat. Pont & riv. de Roubrau, Vis-à-vis le moulin de Fontané. Fourche du chemin & à 1 l. S. E. de *Largentière*. Entre la côte de vignes & à l'O. de la Lande, riv. A Uzer +. Pont & riv. de Lande à passer. Pont, côte & l'hôpital, à ¼ l. S. E. de Vinezac +. Devant Benette & Pruinas, en côtoyant la montagne de bruyères. Pente rap. de Savas & chemin de Largentière. A la Chapelle sous Aubenas +. Pont, ruiss. & chemin de Villeneuve. A Chasternac +. ½ l. O. de St.-Sernin-de-l'Espinasse +. Côte & vallon à passer. Côte & hameau de Mazes. Vallon, pont des Blanets. Pont & ham. de Rigaud. Montagnes, vignes & ruiss. à passer. Pont & vill. de St.-Etienne-de-Fontbellon +. Côte de vignes, vallon de Cautelas. Mont, vignes & hameau de Bois-Vignal. *A AUBENAS*... 3 ¼ l.

AUCH............ O.	De Montp. à Toulouse & à Auch.	78
Aurillac.......... N.	—— à Limoges............	51
AUTUN....... N.p.E.	—— Lyon & à Autun.....	119
AUXERRE....... N.	—— Lyon & à Auxerre....	148

AVIGNON. *Grande Route*.......... 20

De Montp. *à Remoulins*... 15 l. De Rem. *à Avignon*... 5 l.

Chemin de traverse................. 26

De Montpellier *à Bellegarde*... 15 l. *Voyez de Montpellier à Arles* De Bellegarde au Mas de Bos & à St.-Paul. Au Mas de Michau, S. du chât. de Gaujac. *A Beaucaire*... 3 l. ¼ q. Pont & fleuve du Rhône. *A Tarascon*... ¼ l. De Tarascon *à Avignon*... 7 l. *Voyez d'Avignon à Tarascon.*

Bagnères les Eaux. O.	Toulouse & à Bagnères	98
Bagn. de Cominges. O.	Toulouse & à Bagnères	96
Bagnols N.E.	Mende & à Bagnols	31
Balaruc S.O.	Cette	6
Barjac E.	Et de Lyon à Alais	20
Barrèges O.	Toulouse & à Barrèges	103
BAYONNE O.	Toulouse & à Bayonne	128
Beaucaire E.	Tarascon	18¾
Bédarieux O.	La Caune	18
Belmont N.	Alby	18
BESANÇON N.E.	Lyon & à Besançon	128
Bessan O.	Agde	10
Besse N.	Mende & a Besse	64
BÉZIERS O.	Perpignan	17
BLOIS N.O.	Lyon; de Lyon à Blois	175
BORDEAUX. N.O.	Toulouse & à Bordeaux	128
Bosouls N.O.	Limoges	38½
Bourbon-les-Bains. N.	Lyon & à Bourbon	128
Bourbonnes les-B. N.E.	Lyon; de Lyon à Bourbonnes.	145
BOURGES N.	Clermont & à Bourges	119
Bourg St.-Andéol. E.	Grenoble	30
Brest N.O.	Toulouse & à Brest	282
Brusque N.O.	Lodève & à Brusque	26
BRUXELLES. N pE.	Lyon; de Lyon à Bruxelles.	258

CADIX. Grande Route.... S.O 287

De Montpellier *à Perpignan*... 38 l. *Voyez cette Route*.
De Perpignan au Boulou. La Junquera. Figueras. Ampurdan, *Gerone*... 17 l. A Hostalrich. La Roca. *Barcelona*... 17 l. A Martorell. Villafranca. *Tarragona*... 18 l. On côtoye la Mer & l'on arrive à Cambrus & à *San-Felipe*... 4 l. On quitte le bord de la Mer, & l'on va à Perello, Tortosa +, où l'on traverse la riv. de Cinca. *A Uldecona*... 14 l. L'on quitte la Province de Catalogne pour entrer dans celle de Valence. On longe la Mer jusqu'à Benicardo; on la quitte & l'on arrive à Penniscola, Oropesa, Castellon de la *Plana* +... 12 l. A Villa-Réal & à Nules, sur le bord de la Mer. A Murviedro & à

Valencia... 7 l. De Valencia à Algemefi, Alcira, Carcaxente, où l'on traverfe la rivière de Xucar. A Canals, en laiffant Xativa San-Felipe à 1 l. au S. A Mogente & à Fuente-la-Higuera. A Villena. Elda. Moniforte, & à *Alicanta*, port de Mer... 29 l. D'Alicante à Elche & à *Orihuela*..... 9 l. On quitte la Province de Valence pour entrer dans celle de Murcie. A *Murcia*... 6 l. De Murcia à Alcantarina Lebrilla. Totana. Lorca +. Venta-del-Rio, où finit la Province de Murcie. On entre dans celle de Grenade, & l'on arr. à Loz-Velez-Las-Vertientes. Cullar, & à *Baza*... 31 l. A Gorventa. Guadix. Diezma & à *Grenade*... 16 l. De Grenade A Alcala-la-Real. A Bujulance & à *Cordova*... 23 l. A Ecija. Fuentes. Carmona & à *Seville*... 25 l. De Seville à Los Palacios. Lebrija. Xerez-dala-Frontera. Au Port de Ste.-Marie & à *CADIX*... 21 l.

Autre Route par Bayonne............ 322

De Montpellier à *Bayonne*.... 128 l. De Bayonne à *Cadix*... 194 l.

CAEN.......	N.O.		Touloufe & à Caen........	252
CAHORS.....	N.O.		Touloufe & à Cahors......	88
Calais..........	N.		Lyon, Paris & à Calais....	260
Calviffon.......	N.		Nifmes.................	$8\frac{1}{2}$
CAMBRAY......	N.	DE MONTPELLIER	Lyon & à Cambray.......	235
Capeftan.......	S O.		Narbonne...............	21
CARCASSONNE..	O.		Touloufe...............	35
CARPENTRAS...	E.		Avignon & à Carpentras....	26
Caftelnaudary...	O.		Touloufe...............	46
Caftres......	Op.N.		Touloufe par Caftres.......	34
Caftries.........	E.		Nifmes par Sommières.....	4

CAUNE. (la) *Chemin de traverfe*.. N.O. 30

De Montpellier à *Pezenas*... 12 l. *Voyez de Montpellier à Perpignan*. De Pezenas on fuit la rivière de Peine, en paffant à ¼ l. S. de l'abbaye de N. D. de Mougères, & à 1 l. de Neffiez +. Côte à ½ l. de la fontaine minérale de St.-Majan & de l'abbaye de *Caffan*... 3 l. Vallon & vill. de Gabian +, au N. de la fontaine d'huile-Pétrone. Le long de la Tongue, rivière. Montagnes & bois à $\frac{1}{4}$ l. O. de Roquecels +. Vall. riv. d'Albine & vill. de Faugères +. Montagne entre les bois de Montban & celui des Arenasses, au point de partage de la grande chaîne qui traverse la France. A $\frac{1}{2}$ l. S. de Soumatre. Chemin & à 1 l. S. de *Bedarieux*. Vallon entre les bois & les montagnes. A Boulonnet, $\frac{1}{4}$ l. du chât. de la Bastide. Pont & rivière d'Orb, à $\frac{1}{4}$ l. E. des Aires +. *A Herepian* +... 5 l. $\frac{1}{4}$ l. N. des Aires. A Coubillou & chemin de St.-Pons à Lodève. Pont & ruisseau de Ripourquier. Montagne à passer. Vallon & ham. de la Barbouillie. Montagne & maison du Mas de Soulies. Vallon & bourg de *St.-Gervais*... 2 l. A N. D. du Buis. Le long O. de la Marre, riv. Pont à passer sur cette rivière & au pont d'Andabre. Montagne de la Verrerie. Pente rap. à $\frac{1}{2}$ l. N. de Castanet +. Vall. & rivière de Bauzon. Côte & Prieuré de *St.-Amans-de-Mounies* +... 2 l. Pente rap. pont & moulin de la Mouline. Mont & vallon à $\frac{1}{2}$ q. l. S. de Boissezon de Matriel +. A Cabrier, sur le ruiss. de Pourquier. *A Montegut*... 2 l. Montagne à trav. Pont & cabaret de Grissulet à $\frac{1}{2}$ l. N. de Murat. Colline, pont & ruiss. de Grainsaintous. Aux Giousses. Pont & moulin des Mages. Mont & ham. de la Comse. Pente rap. Pont & riv. de Vebre. A la Trivalle, $\frac{1}{2}$ l. S. de Cabanne +. Vallée vis-à-vis E. du moulin de Laucate. Pont au S. de la montagne de Murasson. Prairie & montagne à traverser. *A la CAUNE*... 4 l.

Ou d'Herepian.

On passe à Coubillon & au chemin de Vabres. $\frac{1}{2}$ q. l. E. de St.-Pierre-de-Redès. Pont, riv. & bains de Lamadou. Montagne & ham. de St.-Pierre. Au Logis neuf, *cabaret*.. Vallon, ham. & cabarets de *Douts*... 3 l. A $\frac{1}{2}$ q. l. E. de Douts +. Colline & montagne à passer. A Rec-d'Agout, Senausses, & à Merle. A la Baraque & *à Montegut*... 3 l. *Voyez la suite ci-dessus.*

Ancien Chemin................ 35

De Montpellier à *Béziers*... 17 l. *Voyez de Montpellier à Perpignan*. De Béziers on passe vis-à-vis E. de la Fondette. Montagne à trav. à $\frac{1}{4}$ l. E. de l'abb. de Cormeilhan. $\frac{1}{2}$ l. O. de Ribaute +. Pont & montagne à passer. Vallée, pont à $\frac{1}{2}$ l. O. de Lieuran. *A Puimisson* +... 3 l. A $\frac{1}{4}$ l. E. du Prieuré de St.-Martin-des-Champs. Le long des vignes,

MONTPELLIER.

Est de St.-Geniés. Montagne d'Affagnian à passer. Pont sur Libron, à ½ l. E. d'Autignac +. Pont à l'O. du chât. de Gresan. Pont & riv. d'Albine *ou* Libron. A ½ l. S. de Laurens + & de St.-Jean. Cabaret de Milhaud & Pourtal. Montagne & cabaret d'Amans, ½ l. de bois de la Monelle à passer. ¼ l. E. de Cauffiniojouls +. ¼ l. O. des carrières de marbre. Pont & riv. de Libron. Côte à ½ l. Ouest de Faugères +. Montagne & bois des Arenasses en traversant la grande chaîne primitive qui sépare les bassins des Mers. Chemin & à 1 l. S. de *Bedarieux.* Vallon le long d'un ruisseau. *Le reste ci-dessus.*

Cauterets........	O.	De Montp. à Toul. & à Cauter.	106
Caunes..........	O.	—— Carcassonne.........	35
Cavaillon........	E.	—— Aix jusqu'à Orgon....	28
Cavallerie. (*la*)....	N.	—— Milhaud...........	20

CETTE. *Chemin de traverse*... S. O... 7

De Montpellier on passe la côte de Couveau, le vallon de Masson & le ruiss. Côte de Bourdet & à Montels +. Vallon, château & côte entre Astre & Dras. Vallon & ruiss. Côte à ¼ l. E. du chât. de la Lauze. Vallon, pont de *Villeneuve* sur la Mosson. A ¼ l. N. O. de Villeneuve. A mi-côte de la montagne & hermitage de St.-Beauzille, *ou par la Madelaine le long des marais.* Vallée & bourg de *Miravaux.* A ¼ l. Ouest de l'étang de *Maguelonne*... 3 l. Vignes au N. du chât. de Meirillan & vill. de Vic +. A la Roubine & à l'Est de la montagne de Gardiole. Le long O. de Bertel & de Roux. A Argelies +. Vignes & chapelle de la Maladerie. *A Frontignan*... 2 l. ¼ de vignes & ¼ l. de l'étang à passer. A Languedoc & *à* CETTE... 2 l.

Autre Chemin............... 7

De Montpellier *à Gigean*... 4 l. *Voyez la route de Monpell. à Perpignan.* De Gigean on passe à la fourche du chemin de Béziers. Le long de la Veine, riv. & au moulin de Roquerol; au chemin de *Poussan. A Balaruc* +, ½ l. N. de Balaruc-les-Bains + & de N. D. d'Aix. 1 l. de côte & vignes à trav. Passage de la jonction de l'étang de Thau avec celui de Maguelonne & du Canal. A Languedoc, sur le bord de la Mer & *à Cette*.... 3 l.

Tome II.   P.

*CHALABRE. Chemin de traverse...*S.O... 47

De Montpellier à *Limoux*... 42 l. *Voyez de Montpellier à Alet.* De Limoux on passe le long de la rivière que l'on suit. Au pied de la Digne d'en-bas +. A la Digne d'en-haut +. A Castelrene & le long du Cougain, riv. A la Martine, ½ l. S. E. de la Besole +. Traverse de la gr. chaîne en passant des bois. Col de l'Espinas. Pont & riv. de Lembroch. A côté de St.-Benoît. A Roques, & montagne à trav. ¾ l. O. de Montjardin +. *A Chalabre* sur Lers, rivière... 5 l.

CHAL.-sur-M...	N.E.		Lyon & à Châlons.........	178
CHALON-sur-S.	N.E.		Lyon & à Chalon.........	107
Cherbourg.....	N.O.		Toulouse & à Cherbourg....	291
Clermont.....	N.O.	DE MONTPELLIER à	Lodève..............	8
CLERMONT-F..	N.		Mende & à Clermont......	66
COLMAR......	N.E.		Lyon, de Lyon à Colmar...	164
Compiègne......	N.		Paris & à Compiègne......	211
Cornus.........	N.		Milhaud & à Cornus.......	25

COUILLIOURE Grande Route... S.O... 45

De Montpellier à *Perpignan*... 38 l. *Voyez cette Route.* De Perpignan on passe devant la Theza. A Corneille-de-Barcol, & *à Elne*... 3 l. Pois, Pont & riv. à passer. A Taxo-d'Aval. Landes ou bruyères à trav. *A Argelles...* 2 l. Le long S. O. de la Mer Méditer. *A COUILLIOURE...* 2 l.

Digne..........	E.		Aix & à Digne..........	60
DIJON......	N.E.		Lyon & à Dijon..........	124
Draguignan.....	E.		Aix & à Draguignan......	59
Dunkerque......	N.		Paris; de Paris à Dunkerque.	260
EMBRUN......	E.	DE MONTPELLIER à	Avignon & à Embrun.....	72
Entraigues......	N.		Limoges par Aurillac......	45
Fabressan........	O.		Narbonne & à Fabressan...	29
Falaise.......	N.O.		Toulouse & à Falaise.....	242
Flèche. (la)....	N.O.		Toulouse & à la Flèche....	212
Florac..........	N.		Mende..............	24½
Florenzac......	S.O.		Perpignan par Pomerols...	11
Fontainebleau....	N.		Moulins & à Fontainebleau.	143

MONTPELLIER.

Forcalquier...... E.		Avignon & à Forcalquier..	42
Frontignan.... S.O.		Cette par Frontignan.....	5
Ganges......... N.	DE MONTP.	Mende.................	11
GÈNES........ E.		Aix & à Gènes.........	117
GENEVE..... N.E.		Lyon & à Genève.......	116
Gigniac...... N.O.		Alby par Gignac........	6
GRASSE....... E.		Aix & à Grasse.........	69

GRENOBLE. *Grande Route*...E... 71

De Montp. *à Valence*... 48 l. De Valence *à Grenoble*... 23 l.

Autre Route par Viviers............. 73

De Montpellier au *St.-Esprit*.... 26 l. on passe ¼ l. de vignes. Chemin du Puy & devant la Martine. Pont sur la riv. d'Ardeche à passer. A Bourdelet. Pente rapide de Baladun. A St.-Just-d'Ardeche †. Chemin & à ½ q. l. de *St.-Marcel*-d'Ardèche. Colline de vignes, côte de Saint-Etienne, Vallon, pont & ruiss. à passer. Côte de vignes. de Bonrepos. A la Loumé, pont & ruiss. L'Hôpital. Pont & moulin du Bourg St.-Andéol. Au Bourg *St. Andéol*... 4 l. Avenue & à l'O. de Chelard. Pont, vignes, à l'E. du chât. de la Combe. A ½ q. l. & au bas de N. D. de Consignac †. Pont de la Combette sur le Valchaud. Moulin à vent, baraque, à ¼ l. S. E. de St. André de Mitroix †. ½ l. O. de *Donzere*, au-delà du Rhône. Pont devant la Tour ruinée de Chomel. Au Romarin & détroit entre les rochers. *A Viviers*... 3 ½ l. A la Madelaine, ¼ l. O. de châteauneuf, au-delà du Rhône. Pont & riv. d'Escoutay. Grange du pont & chemin du Puy. Au bas E. du ham. & rochers de Tubière. A la Farge & le long du Rhône. A Frayol & aux Tuileries. Pont à ½ q. l. E. de Melas †. *A Teil*. E. de Joviac. 1 l. O. de *Montelimart*. A Barjare & le long du Rhône. *A Rochemaure*... 3 l. Entre la côte de vignes & le Rhône. Passage de Lavezon & chemin de Privas à Maysse. Vignes, pont & ruiss. des Lavandières. Pont au bas E. des Ribes. Vignes & vill. de Cruas †. Pont à l'Est de St.-Paul-de-Molières & de Villard, au bas des bois de Bressac. Chapelle de Ste.-Euphémie, vis-à-vis de l'Isle Pisse & Chie, sur le Rhône. Entre le Rhône & la côte de vignes de Baix. *A Baix*, au bas du vieux chât... 4 l. Le long du Rhône, au bas Est de la chapelle de St.-

MONTPELLIER.

Pierre. A la Roche. Pont de Payre & fourche du chemin de Privas par Chaumarac. A l'Eſt du ham. de Payre. Entre la Motte & la Croze. Devant l'égliſe de Pouzin +. Pont Pont ſur la rivière d'Ouveize à ſon confluent avec le Rhône. Fourche du chemin de Privas & d'Aubenas. Au Bourg de Pouzin. A Reinière, vis-à-vis le confluent de la Drome. Le long du Rhône en paſſant à la cabane de Montellier. *A Lavoulte*... 3 l. Montagne à traverſer en paſſant à Ponſon, O. de Souchet & Gary. A Moyon-ſur-Erieux. Pont ſur cette rivière & hameau du Pape. A St.-Laurent du Pape +, ſur la riv. d'Erieux. Pont au S. de Thouac. Vis-à-vis N. de Moyon, au-delà de la rivière. Pont ſur Abron, au S. du Colombier. *A Beauchaſtel*... 2 l. Vis-à-vis Nord du confluent de l'Erieux. Pont visà-vis le bac de Beauchaſtel, ſur le Rhône. Pont & ruiſſ. de Blanc. A Charmes, ½ l. E. de *St.-Georges*... 3 l. Au Port & vill. de Soyon + ſur le Rhône. A Guilherand +. Carref. du chem. de Valence au Puy. Paſſ. du Rhône. *A Valence*... 3 ½ l. de Valence à GRENOBLE... 23 l.

Havre-de-Grace.	N.O.	Paris & au Havre	243
Hières	S.E.	Aix, d'Aix à Hyères	57
Joyeuſe	N.E.	Alais & à Joyeuſe	27
Landau	N.E.	Straſbourg & à Landau	202
LANGRES	N.E.	Lyon & à Langres	140
LAON	N.	Lyon & à Laon	199
Lezignan	O.	Narbonne	12
LILLE	N.	Paris & à Lille	249

LIMOGES. *Grande Route*... N.p.O... 138

De Montpellier *à Touloufe*..... 61 l. De Touloufe à *Limoges*... 77 l.

Chemin de traverſe............ 90

De Montpellier à Milhaud... 23 ½ l. *Voyez cette Route*. De Milhaud on paſſe dev. les Cordeliers & l'abbaye de l'Arpajonie. Pont & ruiſſ. Pente rapide & 4 l. de montagnes à paſſer. A la Borie-blanque, au bas de Pravairac. A St.-Germain +. Bois à ½ l. E. d'Azinières +, ¾ l. de Salzac +. Entre les bois & les Sapins. A la Glene, ¼ l. E. de St.-Léon. Vallon de Bramarigues... 5 l. Montagne à trav. en paſſ. à la Commanderie de la Clau +. Au

MONTPELLIER. 117

Logis neuf & à la Maison neuve, ¼ l. S. de Prévinquières *ou* à Griffon & côte du Vezinet. A Vezins +. Côte de la Vaquiere & à ¼ l. S. de Prévinquières, où l'on retrouve le chemin ci-dessus. A ¼ l. N. de la Vayse. A la Vayse-Roudie. Fourche du chemin de Rhodez. Vallon de Caberla. Montagne & vill. de Severac-l'Eglise +. *A Palmas*... 6 l. Pont & riv. d'Aveiron au confluent de la Serre. Montagne & pente rap. du Luc. Vis-à-vis E. de Soulanges. ¾ l. de bois à trav. en pass. au chemin de St.-Genies. Pont & riv. de Dourdou. Pente rapide & vill. de Gabriac +. A Toulet, O. de la montagne du Calvaire. Vallon à ¼ l. N. de Bonc +. Pente rap. le long Ouest de la montagne de Madignac. Carref. de la route de Rhodez à St.-Flour. *A Bosouls*... 4 l. A Seutels, au-dessus E. des vignes. A Carols & vallon à passer. Côte à ½ q. l. Sud de Ste.-Eulalie-du-Causse +. Carref. du chemin de Rhodez à St.-Flour. Au N. & le long de St.-Julien de Rodelle +. A Gandalon, ¼ l. E. de Verayrettes +. A la Pomarede, ¾ l. O. de Sebrazac +, ¼ l. E. de Fijaquet +. Plaine à ¼ l. E. de *Villecontal*, ¾ l. O. de St.-Genies-d'Estaing +. Entre les bois de de Teyssières, à ¼ q. l. Est de Campuac +, à l'Ouest des bois, ½ l. de Castaillac +. A Recluo, & ½ q. l. Ouest de Golinhac +. Fourche du chem. de Rhodez à Aurillac. *A Entraigues*... 7 l. Au confluent de la Truyère & le Lot. Pont & rivière de Truyère à passer. Pente, montagne, ham. de Pargues & bois à trav. Le long N. de Genolhac + : *belle vue*. Cabaret de Tournadoux. Aux places d'Emblare. Chapelle de la Madelaine. *A Montsalvy*... 2 l. Pente rap. & ham. de la Poulverière. Pont sur le ruiss. d'Ozé, que l'on passe. Côte à ½ l. E. de la Besserette +. A ¾ l. E. de Sansac-Venozes +. ½ l. O. de Ladinhac +. Pont & moulin de Puechredon, au bas O. du chât. de Peyrou. Pente rap. de la Rouvière à 1 l. E. de la Capelle de Fraisse + A la Maison neuve... 3 l. A la Feuillade, ¼ l. E. de la chapelle de Vezic +. Plaine & landes à côtoyer. Pente rap. Pont à l'O. de Prunet +. Montagne à trav. & bois à côtoyer. Pont à l'Ouest du moulin de Prunet. Côte & vallon. Entre Boursolet & Madelbos. ¼ l. de bois à passer, à l'O. du Tertre & ham. de Montol. *Cabaret* de la haute-Boigne. Pente rapide. Pont entre le moulin & le hameau des Granges. Mont. à trav. Vallée, prairie & moulin de la Vergne. Pont & riv. de Cer à passer. A Arpajon +. Pont & riv. de Jourdanne, que l'on passe. A la Maison neuve. A Caila & chemin

de *Maurs*. Dev. les Capucins d'Aurillac. *A Aurillac*... 4 l.
D'Aurillac à LIMOGES... 35 l. *Voyez de Limoges
à Aurillac*.

Limoux.........	S.O.	De Montp. à Alet par Carcaff.	42
Lodève.........	N.O.	—— Alby.............	12
LONDRES...	N.O.	—— Paris; de Par. à Londres.	300
Lunel............	E.	—— Lyon par Nifmes.....	6
LUXEMBOURG.	N.E.	—— Lyon & à Luxembourg.	197
LYON........	N.E.	—— Alais; d'Alais à Lyon..	77

Autre Route de Lyon............. 78

De Montpellier *à Nifmes*... 13 l. De Lyon *à Nifmes*... 65 l.

MACON........	N.E.	De Montp. à Lyon & à Macon.	94

MADRID. *Grande Route*...O... 179

De Montpellier *à Perpignan*... 38 l. *Voyez cette Route*. De Perpignan fuivez la route de Cadix jufq. *Barcelonne*... 34 l. De Barcelone à la fourche du chemin de Cadix. A Piera. Igualada. Santa-Maria. *Cervera*... 18 l. A Tarraga. Molerufa. *Lerida*... 10 l. Traverfe de la riv. de Segre. A Fraga, où l'on paffe la riv. de Cinca. A Candafnos. Bujaraloz. *Zaragoza*... 24 l. Paffage de la riv. d'Ebre. De Zaragoza à *Calatayud*... 14 l. A Bubierca. Cetina. Montréal. Arcos. Lodares. Bujarralva. 15 l. Torremocha, Almadrones. Grajanejos. Torija. *Alcala*... 19 l. D'Alcala à MADRID... 7 l.

Autre Route par Bayonne.......... 218

De Monrpellier *à Bayonne*..... 128 l. De Bayonne *à Madrid*... 90 l.

MANS (le).......	N.O.	De Montp. à Toul. & au Mans..	217
MARSEILLE.....	S.E.	—— Arles & à Marfeille...	39
Maffilargues......	S.E.	—— Arles.............	7

MENDE Route de traverfe...N.... 29

De Montpellier on paffe à Aftruc, la Garde, Cambon, & Mancillane. A l'Eft du chât. & pont d'O. Pont & canal à paffer. Entre Roque & Fefquet. Au bas E. de la Tour de Piquet. A la Baraque, Cabet, $\frac{1}{4}$ l. O. du château de Fonfrede. Montagne & landes à l'Eft du Roc de Gourdon.

Côte, vallon, croix à l'E. de de la Tour-Gely. Vallon, pont & riv. de Pezouillet. Croix à l'Ouest de la Tour du Juge. Côte & vill. de *St.-Gely-du-Fesq* +... 3 l. Pont, Vallon à l'O. du chât. de Coulondres. Pente rapide & landes à l'Est du chât. & ferme de Roquet. Pont & hameau de Galabert. Baraque de Valence, $\frac{1}{4}$ l. O. des *Matelles*. Côte & landes à trav. Plaine à l'Est des bois & chât. de Comboux. Montagne de la *Pourquarasse*... 3 l. Vallée, pont & ruiss. de la Liquière, à $\frac{1}{4}$ l. O. du château de la Roquette. A St.-Martin-de-Londres. Pont, ruisseau de Lamalou, E. de Masclas, $\frac{1}{4}$ l. O. de N. D. de Londres. *Cabaret* du Logis du Bosc.... 2 l. Montagne à l'O. du bois du Pont. Vallon & moulin de Tracas. Pente rapide de Cardonille. Montagne de rochers & à Cailla. Frigoulet, & pont sur l'Auzon. *A St.-Bauzille* du Putois. La Plantade, $\frac{1}{4}$ l. E. d'Agones +. Vallée & côte de St.-Bauzille. Détroit entre les montagnes & les bois. Vis-à-vis de la chapelle St.-Vincentian. Pont & vill. de la Roque-Ainier + sur l'Héraut, riv. A $\frac{1}{2}$ l. E. de Cazillac-bas. Aux Pontes & *à Ganges*... 3 l. Confluent de la Vis, riv. & l'Héraut, à l'Est de St. Julien +. *Cabaret* du Mas neuf, sur l'Héraut. Au bas du chât. de Mercon, situé aussi sur cette rivière. Au Moulinas, Est d'Aujot. (*ou de Ganges*) on passe le long du ruiss. de Ruitor, & le Détroit à l'Ouest de la haute montagne de la Fage. Entre Pialade & la Jonquière. *A Sumene* & au Moulinas, E. d'Aujot. Du Moulinas on passe au *cabaret* du pont d'Héraut, au confluent de l'Arre, riv. Pont & riv. d'Héraut. A Cigal & chemin de Vigan. Breton & à Cleny. Le long de l'Héraut, *ou* au Mas de St.-André & de Majincoules +. A Sallesous, $\frac{1}{2}$ l. O. de N. D. de Rouvière. A 1 l. de la montagne de l'Esperou. Le long de la riv. en pass. à Mazel, $\frac{1}{2}$ l. E. de Taleyrac +. Pont & riv. d'Heraut, à $\frac{1}{4}$ l. O. d'Ardaillies +. A Figuerauba. Fourche du chemin de Nismes. Pont & riv. d'Héraut, que l'on passe. Le long S. de cette rivière où il y a le moulin de la Bessede. Pont, faubourg d'Ardèche, sur l'Héraut. *A Valfaugues*... 5 $\frac{1}{2}$ l. Rivière de Castelars & ham. de Bertezène. Traverse de la montagne de Laigonal, en passant à l'Est du chât. d'Asperies. A Airé-de-Coste, E. des sources de la riv. de Tarnou, au point de partage du bassin de la Méditerranée de celui de l'Océan. Chemin à 1 l. O. de *St.-André-de-Valborgne*... 2 l. A $\frac{1}{2}$ l. O. du château de l'Hom. $\frac{1}{2}$ l. de St.-Martin de Campzelade +.

A 1 l. N. E. du roc de Cabrillac. *Cabaret* de la baraque & pente rap. A 1 l. E. du roc de l'Hom, & de la grande chaîne de rochers de Fraissinet & Gatuzières. A l'Hôpital *auberge* & chemin de Nismes. Au sommet de la grande chaîne qui traverse la France. A Terne rouge & chemin de St.-Germain. Aux *auberges* de Nozières & de *Rey*... 3 l. Montagne de Rochers & vill. de St.-Laurent-de-Trèves +. Pont & riv. de Tarnon. Vis-à-vis O. du confluent de la rivière de Mimente & le Tarnon. ½ l. O. de Montvaillant & du village de la Salle +, au pied de la montagne de Ramponenche. 1 l. de vignes & de rochers à côtoyer. *A Florac*... 2 l. Pont & riv. de Tarnon. Pont & riv. du Tarn. Chemin de Marvejols. ½ l. O. de Bedoues +. Pente longue & difficile. A 1 l. O. d'*Hapanhac*. Pente rapide en passant à la Maison neuve, *auberge*... 2 l. Vallon & pente rapide de las Combettes. Montagnes hautes & rap. à trav. Colline entre des rochers. A l'Est de Chalhac, Pruneyrolle, Moline & Cluzel. Prairie, pont & moulin sur la Bremont, rivière. A l'Ouest de la Lozère, haute montagne. Vallon & vill. de *St.-Etienne-de-Valdonne*... 2 l. Pont & ham. de Varasoux. Pente rapide & vallon à passer. Pont & riv. de Nize, à ½ l. E. de St.-Bauzile +. A Langlade, ½ q. l. E. de Brenoux +. Pente très-rapide à l'E. du Lac. 1 l. O. de Lanuejols +. Pente rap. roches & chem. du Saint-Esprit. A la Baraque & à Saint-Gervais. *A MENDE*... 2 l.

METZ........	N.E.	De Montp. à Lyon & à Metz.	182
Mèze............	O.	—— Perpignan............	8
Mézières........	N.E.	—— Lyon & à Mézières....	203
Milhaud..........	E.	—— Nismes par Lunel.....	10

MILHAUD. Chemin de traverse... N... 23 ½

De Montpellier à la fourche du chemin d'Aniane & de Gignac... 3 l. *Voyez de Montpellier à Alby*. Du chemin d'Alby on traverse des Landes, une vallée & un ruiss. Au bas E. du moulin & vill. de Monternaud. Côte de vignes, vallon, montagne & bois de Monternaud à trav. Vallon de la riv. de Coulazon. Pente rap. vill. à ¼ l. N. de l'église de la Boissière. Le long N. du bois de la Taillade. Vall. & ruiss. de Gassac. Vignes & montagne à trav. Vallon, Arne vielle, & ruiss. de Corbière, *A Aniane*... 4 l. Plaine

MONTPELLIER.

de vignes & riv. d'Héraut à passer. A St.-Jean-de-Fos +. Détroit entre les montagnes & les vignes. Pont & ruiss. à ¼ l. S. de Barry & des ruines du vieux Montpeyroux, dit Castelas. *A Montpeyroux*... 2 l. La Meillade, O. de Barry +. A Arboras +. 2 l. de Montagnes, landes & rochers à passer. A la Triballe, ¾ l. O. de St.-Martin-de-Castries. Détroit & vill. de la Vacquerie +. Au Mas de Bedos. Côte & vill. de St.-Pierre de la Fage +. Montagne rapide au sommet de laquelle on passe à ¼ l. S. de St.-Michel-d'Alajou +. Vallon, pente rap. & à la Baraque. Rochers à ¾ l. S. du Cros +. Montagnes, rochers & vill. de Cylar +... 3 l. Détroit entre les rochers de Servière & ceux de Lastourte. Montagne rapide & hameau de la Pessade, ¼ l. E. de Canals +. A la Baraque & ham. des *Imfrunts*... 2 l. Pente rap. de la montagne des Menudes. Vallon & montagne à passer. Chemin de *Vigan* & mont. à trav. Vallée & vill. de l'Hospitalet, *cabaret*. Bois & montagne à passer, à ¾ l. E. de Ste.-Eulalie & Commanderie du Lazare. *A la Cavalerie* & chemin d'*Alby*... 3 l. Passage d'un détroit de 2 l. entre les rochers du Lazare. Entre le roc du Royal-Gers & le roc Nègre. Pente rap. bois & ham. de las Fonts. Vallée à ½ l. Est de Creissel +. Bac & riv. du Tarn. *A MILHAUD*... 3 ½ l.

Mirepoix......	S.O.		Saint-Girons...............	48
Montagnac....	S.O.		Perpignan................	9
Montpeyroux....	N.		Milhaud.................	9
MONTAUBAN...	O.	DE MONTPELLIER à	Alby *ou* Toul. de-là à Montaub.	73
Montsalvy....	N.O.		Limoges par Aurillac.......	48
MOULINS......	N.		Clermont & à Moulins......	88
Mulhausen....	N.E.		Lyon & à Mulhausen......	155
NANCY......	N.E.		Lyon & à Nancy..........	172
NANTES......	N.O.		Toulouse & à Nantes.......	210
NARBONNE...	S.O.		Perpignan................	23
			NISMES. Grande Route.... E.....	11
			Chemin par Sommières.............	13 ½

De Montpellier on passe au pont & rivière de Les. Au bas S. de Castelnau. Traverse de ¼ l. de vignes. Route & à ½ l. du chât. de Doscares. A Rupt, ¼ l. S. de Crez +.

Tome II.   Q

Pont de Banderolles & fourche de la route de *Lyon*... 2 l. Côte de la Bergerie. Carrières & chemin à ½ q. l. de Vendargues +. Pont & riv. de la Cadoule. Côte le long du parc du chât. de Castries. *A Castries*... 2 l. Passage du canal qui conduit l'eau à la ville. Vallée, côte & chât. de Fomagne. Pont & ruiss. de Berauges. Monts, landes & carrières à passer. ½ l. S. de Beaulieu. A Reninclières +. 1 l. de landes & bruyères. Vallon le long O. de Boisseron. Pont & riv. de Benovie. Le long du jardin, ½ q. l. E. du chât. Vallée de Malevirade. Pont & riv. de Vilourle. *A Sommières*.... 3 l. Au moulin Moissac. Fourche du chemin de Sommières à Alais. *A Villevieille.* Côte à trav. A Aujargues +. Côtes & vallons à passer. *A Calvisson-sur-Escattes*, rivière... 2½ l. A 1 l. de St.-Côme + & Clarensac +. Pont & moulin de Dargnac. Vignes, pente rap. & vill. de Nages +. Au S. du moulin à vent & vill. de l'Anglade +. ¾ l. de Caveirac +. Côte & ¾ l. de bois & vignes à côtoyer. Vignes à ¼ l. N. de *Milhaud*. A ½ q. l. S. de St.-Cézaire +, vignoble. Vignes & fourche de la route de Lyon à Montpellier. Pont, faub. à l'Est de la Boucherie. *A NISMES*... 4 l.

Nissan........	S.O.	à Perpignan...............	19
Chargues.....	N.O.	St.-Pons...............	24
Orange........	E.	Avignon & à Orange......	27
Orgon........	E.	Aix par Tarascon.........	24
ORLÉANS ..	N.O.	Lyon & à Orléans........	174
Pamiers......	S.O.	St.-Girons par Mirepoix....	74
PARIS......	N.	Lyon & à Paris...........	192
PAU.........	O.	Toulouse & à Pau........	102

PERPIGNAN. Grande Route....S.O... 38

De Montpellier on passe la côte, le vallon, le ruiss. & devant Rondelet, ½ l. S. E. de Jannet. Plaine du Vigan à trav. Pont & ruiss. du chât. de Bon. Côte & vall. à ¼ l. S. E. du chât. du Terral. Entre les carrières & St.-Jean-deVedas +. Pente rap. à ½ l. S. du chât. parc & vill. de la Verunne +. Entre la vieille Poste & la Bergerie. Pont & riv. de la Mosson. Vallée, pont à l'E. du château de Valautre. Côte, vign. & vill. de St. Martin-de-Colombs+. Vallon, pont & ruiss. à ¼ l. N. O. de l'hermitage de St.-

MONTPELLIER.

Bauzille. Côte & vill. de Fabregues +: on passe au bas au bas de l'église & du chât. Vall. & logis des Dames, Poste... 3 l. Côte au N. de la Tuilerie & du château de Mujoulan. ½ q. l. S. de la Commanderie de St.-André-de-Cucules. ½ q. l. du chât. de la Barthe. Au N. de la montagne de la Gardiole. Plaine & ruiss. à pass. *A Gigean*... 2 l. Fourche du chem. de Béziers par Pinet. ½ l. de Loupian +. Le long Nord de l'étang de Thau, au bas de la côte & hermitage de Ste-Marguerite. Pont & rivière de Delgas, à ½ l. de Loupian. Moulin à vent. Cazernes & Poste au N. de *Mèze*... 3 l. Vignes à l'O. de la chapelle de St.-Joseph. Plaine & ruisseau à passer. A l'E. du château de St.-Paul, O. de Clausel. Pente rapide à ¼ l. O. du chât. de Ferle. Vall. ruiss. & côte à trav. Pont de Bernazobre, à ½ l. S. de Val Joyeux. A la Brisaude. Pont à l'Est de St.-Martin-de-la-Garrigue. Montagne & vallon à passer. Entre les Combes & le jardin de Rey. *A Montagnac.* Dev. les Augustins. Pont au N. d'un Camp Romain. Fourche du chemin de Gignac. Au bas du chât. de Marennes. Pont & riv. d'Hérault à passer. Fourche du chemin des gens de pied. A ½ l. S. de Lesignan-la-Cebe +. Le long S. du parc du chât. des Prets. Dev. les Cordeliers & passage de la riv. de Peine. *A Pezenas*... 4 l. Au bas S. de Castel-Sec. Pont à l'E. de la Commanderie de l'étang. Chemin d'Agde & celui de la Caune. ½ l. N. de Conas, & ½ l. de Castelnau-de-Guers. A Cantobre & rivière de Recdaire. ¼ l. Sud de Tourbes +. ½ l. O. de St.-Jean. Côte & avenue de Montrose. A ½ q. l. N. de Valros, Prieuré +. Vallée, pont, riv. de St.-Michel, & à ½ l. N. de Montblanc +. Bois, pont & moulin de la Roque, sur la Tongue. ½ q. l. Sud de St.-Adrien, 1 l. de *St.-Servian*. Côte, vallon & Bégude de Jordy. Pont & riv. de Rouire, à ¼ l. N. de Clairac +. Côte au S. de Peytavin. Vallée, pont & riv. de Libron. Côte & chât. de Libouriac. A ½ l. S. E. de Boujau +. Au S. de St.-Louis & de la Commanderie de Garissou. Vallée entre le haut & bas Garissou. Côte & vall. à trav. *A Béziers*... 5 l. Faubourg, pont & riv. d'Orb. Fourche de la route de Toulouse pour l'Etape & chemin de Serignan. Au N. des neuf Ecluses de Fonseranne. Pont de Narbonne sur le canal royal, & chemin de Colombiers & de la voute du Malpas. Le long E. du canal. Ruiss. à l'E. de Lebressine. Côte à ½ q. l. E. du Luc *ou* Lux +. Entre la Viargue & la Grangette. A ¼ l. N. de St.-Aubin & de St.-Paul. ½ l.

S. de Colombiers +. 1 l. de Montady. Entre N. D. & le Mont de Salvares. Pont, vall- & ruiss. Côte de Niffan. A *Niffan*, $\frac{1}{2}$ l. S. de la voute du *Malpas*... 2 l. Pont & ruiss. de l'étang de Poilhes. Vallée, côteau à l'O. du moulin à vent. Pont à $\frac{1}{4}$ l. de la Commanderie de Periex & de l'étang de Capeftang. Belle plaine à trav. en pass. le pont & riv. d'Aude. *A Courfan*..... 2 l. Devant le moulin à vent Abet & delui de St.-Felix. A $\frac{1}{4}$ l. O. de St.-Jean de Celeiran, Commanderie. A l'Ouest de Grand Selve.. A la Ricardelette & à la Bastide. E. de Condom. 1 l. de Vinasson +, au bas de la montagne de la Clape. Jardins à l'Est du moulin de Gua. Pont & le long O. de *Narbonne*... 2 l. Carrefour de la route de Carcassonne. Tuilerie, pont & chap. de St.-Crefcent. Détroit entre les montagnes de vignes. A la Coupe. Pont de Montplaifir à $\frac{1}{2}$ q. l. Oueft du moulin à vent du Roi. 1 l. de Collines entre les montagnes en passant au Prat de Cefte, *cabaret*... 2 l. Plufieurs ruiss. qui descendent de la mont. & forêt de Fontfroide. A $\frac{1}{4}$ l. O. de Peyriac de Mer sur l'étang de Bage. A la Platrière & étang de Pudre. Pont à l'O. de l'Isle de Mousset & de l'étang de Bage. Côte de Poilhet *ou* Pouilhet & plaine d'un champ de bataille à trav. Moulin à vent. Pont & riv. de Berre au Sud du Lac +. Vallée de Sigean. *A Sigean.* . 3 l. A l'E. de l'étang Boye. Côte, vall. & ruiss. de l'étang de Ste.-Croix. Mont. & bruyères à passer. Vallée, pont entre le vieux moulin & la Murette. Côte de rochers à $\frac{1}{4}$ l. E. de Roquefort +. Bruyères & pente rap. Le long O. des vignes de la côte de la Palme. Aux cabannes, $\frac{1}{2}$ l. O. de l'étang de la Palme. Plaine à trav. en pass. au pont de Treilles. Pont à $\frac{1}{4}$ l. O. de l'ét. de Leucate, $\frac{1}{2}$ l. du village. Aux cabannes de Fitou, *Pofte*... 4 l. A Pedros, le long de l'étang de Leucate. Au moulin Piquet & *à Salces*... 2 l. 1 $\frac{1}{2}$ l. de vignes à trav. Mas de la Garrigue. Pont & rivière de l'Agli *ou* Lagly. A $\frac{1}{2}$ l. Est de Rivefalte. Vignes de St.-Sernin. Mont & vignes à $\frac{1}{2}$ l. O. de Pia. 1 l. de vignes à passer. A 1 l. O. de Bonpas: A Vernet +. Pont & rivière basse. Bois, pont & riv. à passer. *A PERPIGNAN*.... 4 l.

Autre Chemin 37

De Montpellier *à Gigean*... 5 l. *Voyez ci-devant.* De Gigean on passe aux Begudes. Vallon & ruiss. Pont, riv. de Veyne & chemin de Balaruc. Côte au S. des ruines de

MONTPELLIER.   125

St.-Vincent-de-Jonquières. Vallée, pont & rivière de Lauze, à $\frac{1}{2}$ S. de *Pouſſan*. $\frac{1}{4}$ l. N. de Balaruc, & 1 l. de Balaruc-les-Bains, près de N. D. d'Aix. Côte & croix de Bouzigues. Pont le long N. du moulin & vill. de Bouzigues +. Le long N. de l'étang de Thau. Chemin & à $\frac{3}{4}$ l. N. E. de *Meze*... 3 l. Côte, vall. & vill. de Loupian +. Pont & riv. de Delgas. Côte & vieux chât. de Pallas à $\frac{1}{4}$ l. de Meze. Vall. & côte à trav. Ruiſſ. à $\frac{1}{4}$ l. S. de Clauſel. Chemin de Montagnac à Meze. Plaine au N. de Saint-André. $\frac{1}{2}$ l. S. E. de St-Paul. Pont à $\frac{1}{4}$ l. N. de St.-Martin du Crau. $\frac{1}{4}$ l. S. du chât. de Creiſſels. Chemin & à 2 l. N. E. de *Marſeillan*. Pont & moulin ſur la Soupier & vill. de *Pinet*... 2 l. Côte, vignes & ham. des Granges, $\frac{1}{2}$ l. N. de Pomerols +. Pente rap. Vallée à $\frac{1}{2}$ l. S. de St.-Hypolyte & à $\frac{1}{4}$ l. N. de *Florenſac*. Paſſage de l'Iſle & riv. d'Heraut. A Thibery + & Chemin de *Beſſan* & d'*Agde*... 2 l. Le long de la Tougue & plaine à paſſer. Côte à $\frac{1}{2}$ l. S. de Montblanc & à 1 l. de Valros +. 1 l. de vallons & côtes. Pont & ruiſſ. de Rouire & vill. de *Clairac* +... 2 l. Pont, riv. de Libron. A Bachelery, $\frac{1}{3}$ q. l. N. de Cabrials +. Côte de Maſſiac. Ruiſſ. à $\frac{1}{4}$ l. N. de St.-Jean-d'Oreillan +. Vall. & côte de Valras. A *Béziers*... 2 l. *La ſuite ci-deſſus.*

Autre Chemin................ 36

De Montpellier on paſſe au S. de Burgas. Côte de Pezenas. Vallon & côte, à $\frac{1}{4}$ l. S. de Celleneuve +. Côte, vallon, devant la belle Boucherie & l'avenue du chât. de Bon. Côte à $\frac{1}{4}$ l. N. du chât. de Terral. Pente rap. & château de la Baraque. Pont & riv. à $\frac{1}{2}$ l. S. du chât. de Bionne. Vill. & chât. de la Verunne +. Côte rap. & vall. à trav. Côte au S. des carrières de Pignan, & du chât. de l'Epine. Vall. croix, à $\frac{1}{4}$ l. S. de l'abb. de Vignogoul +. Vallée & bourg de *Pignan*... 2 $\frac{1}{2}$ l. Le long des vignes & à 1 l. de Fabregues +. Pont & Tuilerie de Beaulieu, ſur Coulazon. A Conon-Terral +... 1 l. & vignes à trav. A Cornon-Sec. Chât. de Cremian. Pont au S. de la ſource de la Veyne. Côte de vignes, à $\frac{1}{4}$ l. N. de Montbazin +. 1 l. de landes à trav. & la montagne d'Amour. Vallou, pont, riv. de Morie. Côte & vill. de *Villevayrac* +... 3 l. Vall. côt. & riv. de Delgas. A Vallemagne, abb. & à *Montagnac*... 2 $\frac{1}{2}$ l.

Voyez la ſuite à la première Route.

Pezenas....... S.O.	Perpignan par Pezenas....	12
Piguan........ S.O.	Perpignan par Pignan.....	2 ½
Plombières..... N.E.	Lyon & à Plombières.....	149
POITIERS.. N.O.	Toulouse & à Poitiers.....	167
Pougues........ N.	Moulins & à Pougues.....	104
Poussan....... S.O.	Perpignan par Loupian...	6 ½
Provins........ N.	Lyon & à Provins.......	171
Puisserguier.... N.O.	Toulouse par Castres.....	21

Puy en Vellay. (le). Route de traverse... N.E... 46 ½

De Montpellier on va au Rosier, & l'on traverse une montagne & bois. A Montfévrier, O. de la Maison neuve. Pont & riv. de Lès. Croix au bas de Baillarguet. A Prades. Au bas O. de St.-Vincent +. ½ q. l. E. du chât. de *Restinchères*... 3 l. Mont & vallon à l'E. de Triadou. Vallée à ⅓ l. E. de St.-Jean de Cucnles +. *Cabaret* d'Alegre, au bas O. de St.-Mathieu-de-Trevières +. Vallon, montagne, côte & vill. de Valflaunes +. Pont & riv. de Brestaloux. Côte rap. vallon au bas O. de Laneyre & vill. d'Alcyrac +. Pont à ½ l. S. E. de Lauret +, les Ribes & vill. de Sauteiragues +. Fourche du chemin de *St.-Hippolyte*... 4 l. Colline, pont & riv. de Ruisraix. A Cremal, S. de l'égl. de Corconne, & de Vilate, côtes & vallons à passer. ½ q. l. S. O. de Liouc + & pente rap. *A Quissac*... 3 l. E. de Ciculiade. Colline entre les montagnes, O. du chât. de Florian. Détroit au bas de Cauviac. Pont & rivière de Crieulon +. Pente rapide & ham. de *Vil'eseque*-... 2 l. Vallon; côte rap. à trav. en pass. au-dessus E. de Reversac, 1 l. N. E. de Durfort +. E. des bois de Roque. Pente rap. de St.-Romain. Vallée à ¼ l. O. de Massilargues. à l'Est d'Hortoux & de St.-Pierre de Savignac +. Vis-à-vis E. du chât. de Bouzene & de St.-Baudile-de-Tornac +. Pont de la Brugnière. A 1 l. O. des vill. de Cardet + & Ribaute +. A l'Est du Mas neuf, & à la Madelaine. Carref. du chem. de Nîmes. A Tornac-du-pont. ¼ l. S. O. de Gaujac +. Entre Leyrac & le Gardon, riv. *A Anduze*... 2 ¼ l. Au bout du pont. Entre la montagne de Rochers & le Gardon. A Courmadel, & mont Sauve. Colline & vill. de Generargues +. Moulin & ham. de Rodes. La Frigoule & le chât. ¼ l. S. de St.-Sébastien-d'Aigrefeuille. Pont & côte à trav. A Campanèzes-Plos. Vall. au N. de la montagne

& bois de Vals. Au bas O. du chât. de Tronquade, *ruiné.* Pont & ruiss. de Tronquade. Colline à trav. en passant à Provensal, St.-Jean-du-Pin +, & la fontaine minérale. Fourche du chemin d'Alais à Mende, au bas E. de l'Hermitage. A ¼ l. S. du chât. de Rochebelle. Pont & riv. de Gardon, que l'on passe. *A Alais...* 3 l. D'Alais à *Langogne...* 20 l. *Voyez d'Aix à Clermont.* De Langogne on passe le pont sur l'Allier, riv. A l'E. du Mas neuf & de la Borie de Baile, de Mazet & Lagnolas. Le long du mont de Pradelles, ¼ l. E. de St.-Clément +. 1 l. de St.-Etienne-de-Vigan +. *A Pradelles : belle vue...* 1 ¼ l. Pont à l'E. de la Trinité. Pente rap. & colline au bas E. de l'Hermitage. Pente rapide & montagne à l'Est de la Fagette. Pont à l'E. des Uffernets, ½ l. O. de St.-Paul-de-Tartas +. Mont. & vall. en pass. à l'E. de la Mouteire & la Vaysse. Plaine à ½ l. E. de Landos : *belle vue.* Pente rapide & ham. de la Sauvetat. Détroit entre la montagne de Charbonnier & celle de Fourches. Montagne à trav. en pass. à *Bargettes...* 3 l. Pont & chât. de Castaros. Pente rap. & vill. de Castaros +. ½ q. l. O. au-dess. du Tarret & du chât. de Chadornac. Pente rap. en côtoyant les bois. Côte, vall. pont & riv. d'Aunac. ¼ l. O. d'Aunac Montagne & plaine en pass. à Bizac & à ¾ l. O. de *Brignon* +... 2 l. Pont sur Gagne, & ham. de Chassillac. Pente rap. & ham. de Montagnac. Pente rapide & à ¼ l. O. de Coucouron, & 1 l. du vill. de Solignac +. Pente & ham. de Tarreyre, ½ l. O. de Cussac +. Vall. Chaponade & Bond la Servante. Montagne à trav. Au bas O. de la chapelle de St.-Benoît. Pont sur Dolezon & pré de Vals. Vis-à-vis O. de la montagne de Pons & Ours. Devant O. des Cordeliers, à l'E. des Capucins. *Au Puy* en Vellay.... 3 l.

Autre Chemin.................. 46 ½

De Montpellier *à Anduze...* 14 ½ l. *Voyez la Route ci-dessus.* D'Anduze on passe le pont sur le Gardon. Ham. du bout du pont au bas des rochers. Pente rapide & colline à passer. Entre la Matauraire & Vincente. Dev. Montaut & le Crès. ½ q. l. S. du Mas-Imbert. Au N. de Garrigues & des vignes, ½ l. de Boisset +, ¼ l. de Gaujac +. Au S. de Peyremalle & Mauniac. Détroit entre les montagnes. A Bagards +. Au bas des montagnes & bois. A l'Hôpital, pont sur le Valat de Jérusalem. Vignes, au S. de St.-Cristol. ¼ l. S. de St.-Martin-d'Arênes +. Fourche du chemin d'Alais à Sommières. Pont & montagne à passer. Le long O. de la prairie & des jardins. Faubourg de Pont vieil & Pont sur Gardon. *A Alais*... 3 l. D'Alais à la *Bastide*... 16 l. *Voyez d'Aix à Clermont*. Le long de l'Allier que l'on passe sur un pont. Entre la montagne & cette rivière. Pont, moulin & ham. de Regloton-sur-l'Allier. Chemin du Vivier & de Joyeuse. A la basse & haute Verune +. Le long de l'Allier & vis-à-vis de la Madelaine. Montagnes & vallon de Lembrades. Pente rapide à l'O. de la grange de Merle. Pont & village de Cellier-du-Luc +. Montagne & à $\frac{1}{2}$ l. O. de Chazeneuve. A Pont-Arnier, $\frac{1}{4}$ l O. & au bas de St.-Alban-en-montagne. Pont de la Veissière-sur-Espezonette, rivière. A Faugène, vis-à-vis du Villard. Montagne à côtoyer en pass. à l'O. des moulins Martinets. Château du Perret, sur Espezonette. A Lesperon +. Pente rapide à 1 l. E. de *Langogne*. Pente & ham. de Pestels. Pont, moulin & ham. de la Ribeire. Fourche du chemin de Langogne. *A Pradelles*... 3 l. *La suite ci-dessus*.

Quissac.........	N.E.	De Montp. au Puy en Vellay.	10
REIMS......	N.p.E.	—— Lyon & à Reims.....	188
RENNES......	N.O.	—— Nantes & à Rennes....	237

RHODEZ. Route de traverse... N. O... 38 $\frac{1}{2}$

De Montpellier *à Milhaud*.... 23 $\frac{1}{2}$ l. *Voyez cette Route*. De Milhaud on passe devant les Cordeliers & l'abbaye d'Arpajonnie. Pont, ruiss. & vignes à passer. Pente rap. & 4 l. de montagnes à trav. en pass. à la Borie blanque, au bas de Pravairac. A St.-Germain +. Bois à $\frac{1}{2}$ l. E. d'Azinières +. $\frac{3}{4}$ l. du village de Salzac +. Entre les bois & les sapins. A la Glene, $\frac{1}{4}$ l. E. de St.-Léon. Vallon de Bramarigues, monts à pass. & fourche du chem. d'*Aurillac*... 5 l. Le long S. du bois de Trie. A Viarouge +, $\frac{1}{2}$ l. S. de St.-Julien-de-Fayret; 1 l. S. de *Segur*. Pente rap. à l'E. de Peyret, à $\frac{1}{2}$ q. l. de *Prades* +..... 3 l. Le long N. du Tertre de ce village. Au N. de Buscayllet & Buscatels. Côte & ham. d'Alaret. Village & pont de Salars sur le Viaur +. Côte & pente rap. Pont, ruiss. au S. de Veillac. Au N. d'Anglas, & chemin des gens de pied. A Puech-Destés, $\frac{1}{4}$ l. N. de Camboularet & de St.-Georges de *Camboulas* +... 3 l. Au N. de Poujol +, du Verdie & Cassagnolle. Plaine au-dessus N. du vieil Vaissac. Vall.

pont

MONTPELLIER.

pont & ham. de Briane. A la Tricherie & au N. du chât. de Boiſſou. A Langalouche. S. de Flavin ✝. ½ q. l. N. de la chapelle St.-Martin ✝. Carrefour de la route d'Alby & Cahors. Entre Serin & Cros, Barthe & Naujac. A l'E. de la Boiſſonade, ¼ l. de Luc ✝. A l'E. du bois & chât. de la Garigue. Vallon & Châtel-Gaillard & à la Mouline. Pont & riv. d'Aveyron à paſſer. Entre le moulin & le Port-Vieil. Pente rap. de la montagne de Rhodez, ¼ l. E. du château d'Olemps. Vis-à-vis de la Chartreuſe. *A Rhodez*... 4 l. (*On abrège la route d'une lieue & demie en paſſant de la fourche des gens de pied.*) Au pont & au bas du chât. de Ronnac. Pente rapide & à ½ l. E. d'Aynières ✝. Plaine au S. de St.-Genies. Pente rapide à l'E. des Combettes. Pont à ¼ l. O. du moulin, étang & vill. de Ste.-Radegonde ✝. Côte & chât. de Bajaquet. Pont & rivière d'Aveyron. A Monaſtère. Montagne & *à RHODEZ*... 2 ½ l.

ROCHELLE. la N.O.		Touloufe & à la Rochelle... 176
ROUEN.... N.O.		Lyon, Orléan. & à Rouen... 223
St.-*Affrique*..... N.		Alby par Vabres.......... 22
St.-*Chinan*.... N.O.	DE MONTPELLIER à	Touloufe par Caſtres...... 23
St.-*Eſprit*..... N.E.		Lyon par Niſmes......... 28
St.-*Etienne en F.* N.E.		Et de Lyon au Puy....... 73
St.-*Félix*..... N.O.		Alby................... 19
ST.-FLOUR..... N.		Mende & à St.-Flour..... 35
St.-*Gaudens*..... O.		Touloufe & à St.-Gaudens... 82
St.-*Gilles*....... E.		Arles................... 13

ST.-GIRONS. *Chemin de traverſe*...O... 67

De Montp. à Narbonne... 23 l. *V. de Montp. à Perpignan.* De Narbonne à Carcaſſone... 15 l. *V. de Touloufe à Montpell.* De Carcaſſonne en paſſe à Caillau & à la fourche de la route de Limoux & Alet. Butte, Juſtice & vignes. Pont à ½ l. N. de Maquens ✝. Vignes, & au S. de Salvaza, ½ q. l. de Grezes ✝. Pont ſur le ruiſſ. de Riverolles. Le long S. du vill. de Corneille ✝. Moulin à vent & ruiſſ. de Salfloure. Pont ſur le Merdeau, à ½ l. N. d'Arzens ✝. Plaine & ruiſſ. à 1 l. S. d'Alzone. Pont & ruiſſ. de la Martine. Pont Filhol & pente rapide. A Montréal : *belle vue*... 4 ½ l. Pont & riv. de Ribenty, à ¼ l. N. de Villeneuve-lès-Montréal ✝. ½ q. l. S. du moulin à v. & vill. de la Force ✝.

Tome II.   R

Pont & à ½ l. N. du moulin à eau & vill. de la Serre +. A Pandaffier. Pont, ruiff. & Prieuré de Prouille. Fourche du chemin de Caftelnaudary. Montagne de Fanjeaux. *A Fanjeaux*, fitué au fommet & point de partage de la gr. chaîne qui traverfe la France... 2 l. A la Confrairie & à la Chevaline. Plufieurs côtes & vallons. à traverfer. Pente rap. de Culages. Pont fur la riv. de Vixiège, que l'on paffe. A Orfans +. Montagne & moulin à vent à l'O. du chât. de Carla, ¼ l. S. de St.-Julien-de-Bariola +. Pont, ruiff. mont & vill. de St.-Gauderic +. Vallon, pont à ½ q. l. O. de Malegoude +. A ½ l. S. de Ste-Foy. Colline entre les montagnes & le long d'un ruiff. ½ l. N. de St.-Jean-de-Lerm. Au bas Sud des Cordeliers & du château Terrides. Chemin de *Belpech*. Pont, Ifles & riv. de Lers à paffer. *A Mirepoix*... 4 ½ l De Mirepois à ¾ l. S. de St.-Aubin +. Le long de la rive gauche de la rivière de Lers, qui coule au milieu d'une belle plaine. A ½ l. S. de Mazierette +. A Beffet +, ½ l. N. de Mazerolles +. A Coutens +. Poufet. ½ q. l. N. de Tourtrol +. Pont, ruiff. & ham. de Radat. Chemin & à ½ l. N. de Viviés +, ½ l. S. de Teilhet +. Pont à ¼ l. S. de Rieucros +, ½ l. de Vals +. Pont & riv. de Douctouire, à ¾ l. N. d'Avrigna, ¼ l. des Iffars +. A Lefpujols +. Côtes & landes *ou* bruyères à trav. Entre Bellair & Millet. Vallée entre des petits bois. Le long S. du vill. des Allemens +. Pont & riv. de Crieu. Côte de vign. & fourche du chem. de Foix. *A Pamiers*... 6 l. Pont & riv. d'Ariège *ou* Oriège. Côte de Caftenet à trav. en paff. à Lefbeiries & aux Negrets. Vallon & riv. de Leftrique. Au haut de Rodes. Montagne à trav. en paff. à ¼ l. N. de Madière +. A Sabatier & à Bafcou au fommet. A Balges. Pente rap. en paffant au bas S. de N. D. de Pailhés. *A Pailhés*.... 4 l. Pont, riv. de Leze à paffer. Montagne & ham. de Chagrin. A la Garanchère & le Rots. Pente rap. de Bellem. *A Sabarat* fur l'Arize... 1 l. A ½ l. N. O. de *Bordes*. Montagnes de vignes à paffer. *Au Mas-d'Azil*... 1 l. A Baudes & au trou où reparoît l'Ariège. Détroit entre des rochers & des bois. Gouffre où fe précipite la rivière. Moulin au bas du château de Roquebrune. A Maury & Rieubaix, Coutillat-fur-Ariège, riv. A Garaut. Pionis. Clermont +, ¼ l. de l'églife. Montagne à trav. en paff. à Serrelongue, fitué fur le fommet. Vallon & riv. de Volpe. Montagne & pente rapide de Semiac. Vallon, côte & à la Baraque, *cabaret*. Montagne

MONTPELLIER. 131

& bois à l'O. de Miremont & à ½ q. l. S. de Montesquieu +. A la Rouquette & pente rapide. Vallon, montagne & à Bergerat. Vis-à vis de Jean Dieu, ¼ l. E. de Montjoye. Vallon, pont & moulin. *A St.-Girons*... 6 l

St.-Hypolite... N.E.	Aubenas...............	13
St.-J. d'Angély. N.O.	Alby & à St.-Jean-d'Angely.	150
St.-Laurent...... E.	Antibes & à St.-Laurent....	79
St.-Léonard... N.O.	Clermont & à Limoges.....	96
St.-Lizier....... O.	Toulouse & à St.-Lizier.....	81
St.-Lo....... N.O.	Rennes & à St.-Lo.......	270
St.-Malo.... N.O.	Rennes & à St.-Malo......	254
St.-Marcellin... N.E.	Valence & à St.-Marcellin...	58
St.-Marcellin... N.E.	Montbrison par St.-Etienne..	69
St.-Martory..... O.	Toulouse & à St.-Martory...	78
St.-Mihiel.... N.O.	Lyon; de Lyon à Verdun..	171
St.-Omer...... N.	Paris & à St.-Omer.......	253
St.-Palais...... O.	Toulouse; de Toul. à Bayonne.	122
St.-Papoul...... O.	Et de Toulouse à St.-Papoul..	48
St.-Paul....... E.	Antibes & à St.-Paul......	81
St.-Paul des Fen. S O.	Alet & à St.-Paul.........	49
St.-Paul 3 Chât. N.E.	Nismes & à St.-Paul.......	33
St.-Pons...... N.O.	Toulouse par Castres.......	27½
St.-Quentin..... N.	Paris & à St.-Quentin......	227
Saintes.... N.O.	Alby & à Saintes.........	144
Sedan...... N.E.	Lyon & à Sedan.........	198
Sens......... N.	Lyon & à Sens.........	162
Servian....... S.O.	Perpignan	14
Sigean....... S.O.	Perpignan	28
Soissons...... N.	Paris & à Soissons........	217
Sommières..... N.E.	Nismes par Sommières.....	7
Strasbourg. N.E.	Lyon & à Strasbourg.......	180
Tarascon..... E.	Aix par Tarascon.........	16
Tarbes....... O.	Toulouse & à Tarbes......	93
Toul....... N.E.	Lyon & à Toul..........	167
Toulon...... S.E.	Marseille & à Toulon......	53½

TOULOUSE. *Grande Route*... O... 61

De Montp. à Narbonne... 23 l. V. de Montp. à Perpignan.
De Narbonne à Toulouse... 38 l. V. de Toulouse à Montpell.

Autre Route.................. 55 ½

De Montpellier à *Béziers*... 17 l. *Voyez de Montpellier à Perpignan*. De Béziers on passe le pont sur la riv. d'Orb. Devant le Jacobins. A Mairie, au S. de Poussan le bas. Vis-à-vis de Lezignan. *A Maureilhan* +... 2 l. Belle plaine à trav. en pass. à Luissan, ½ l. S. de Campagnolles + & à 1 l. de Cazouls +. Vallée & bourg de *Puisserguier*... 2 l. Côte à l'E. du moulin-d'Oiseau. Pont à l'E. de Creissan +, ½ l. Ouest de St.-Christophe, hermitage, sur la côte de Picotalen. Côte à ½ l. S. O. de *St.-Baulery*. Pont & le long de Lirou, riv. A Sebazan +. Vallon & hameau de Fraisse, à l'O. de Gach: Colline entre les montagnes & rochers. Dev. le chât. de St.-Chinian, à l'E. du moulin de Campredon. *A St.-Chinian*, sur la riv. de Bernasobre, que l'on passe... 2 ½ l. Côte de vignes à traverser. Pont, moulin de Pierremorte & ruisseau de Bernasobre. ¼ l. de Babeau +. Montagnes, vallons & côtes à passer. Autre vallon en passant à l'E. & près de Poussaury, dit Donna-Dieu. Pente rap. à ½ l. O. de Babeau +. Montagne & bois, à ¼ l. O. du moulin à vent & ham. du Couduro. Vall. & ruiss. à ½ l. E. de Pes. Au bas du vill. de Pardailhan, dit *Pont-Guiraut*... 2 l. Traverse d'une pente rapide de la grande chaîne, qui, en traversant la France, sépare les bassins des Mers & des Fleuves. Pont à ¼ l. O. de Rode-mouls & Catalo, au point de partage des eaux. Détroit entre de hautes montagnes. A Condade & au N. d'Opinio. Le long du ruisseau de Rodemouis que l'on descend. A Caroulio, ¼ lieue Est du vieux château de Fadese. Pont & riv. de Thomières. A St. Barthelemy + & *à St.-Pons-sur-Thomières*... 2 l. A N. D. de Grace & détroit à passer. Aux Caussades. Fagole. Corniou +. Au Pont & au Colombier. Au chât. de Cabanès, ½ l. S. de Prouille +. Colline à passer entre les montagnes. A Cabanel, au N. de Galistel. A la Bastide de *Rouairouze* + 2 l. Pont & riv. de Thore à passer. Moulin & pont de pierre. Entre Mouline & la Tardouze, au S. du chât. de Campan. Montagne & ham. de Croupons. A la Plazède, vis-à-vis du moulin de la Motte. A la Cabarède +, sur la riv. de Thore, que l'on suit. A ¼ l. S. de Sauveterre +, ½ l. N. d'Albine +. Pont & ruiss. de Gaudessoubre, qui sort de la fontaine

Fougaſſière. A Caſtellane & Eſtrebaud. Pont & ruiſſ. de Rieubernet & celui de Masfrancon. A la Baſtide-*Saint-Amans* +.... 3 l. Pont & ruiſſ. d'Eclairac, à ¼ l. S. de St.-Amans-de-Valhoret +. Pont & riv. de Thore en paſſant au N. de la haute montagne & bois de Nore. Au moulin-Lautier & aux Alberts. Aux Eſtrades. Pont, ham. & riv. de Larne. ½ l. S. de St.-Baudille +. Pont & ham. d'Haute-Rives, ¼ l. N. de *Mazamet* & 1 l. de *Hautpoul*. A Rigoulous, ¼ l. N. de *Payrin* +.... 3 l. Mont à trav. en paſſant au S. & au bas d'Aumontel +. 1 l. de landes, à ¾ l. S. de N. D. de Noylhiac +. Vallée & vill. de Gaix +. Aux Vitarels & à Siala. Pont & riv. de Durinque & hameau de Pinchevel. *A Caſtres-sur-Agoult*, riv... 3 l. De Caſtres à *Toulouſe*... 17 l. *Voyez de Toulouſe à Caſtres.*

Autre Chemin par Narbonne............ 62

De Montpellier à *Narbonne*... 23 l. *Voyez de Montpellier à Perpignan.* De Narbonne on paſſe aux jardins du Bourg. A la Glacière & à Leſpayres. Au Couderques & à Ste.-Jeanne. Détroit entre les monts & côtes de vignes. A Marcouvignan +. Paſſage de la riv. d'Aude. A St.-Marcel. ½ l. E. de St.-Nazaire-de-Rive-d'Aude +. Petit bois à trav. Pont ſur le canal royal, à ¼ l. de *Sommeil*... 3 l. Vignes, à ½ l. E. de Gineſtas +. Plaine à trav. en paſſ. à ½ l. O de Mirepeiſſet +. A Cabeſac-ſur-Ceyſe, riv. Vallée à ¼ l. O. de Bize & de la Manufacture royale. Montagnes & vall. à trav. A Aiguevives +. Devant les moulins de Cantaragne-ſur-Ceyſſe. Fourche de la route de Carcaſſonne. Pont & riv. de Ceyſſe *ou* Ceſſe. A la *Caunette* +... 4 l. Montagnes & landes des Garrigues Blanques. Autre montagne, à ½ l. E. de Velieux +. Vall. & vill. de Rieuſſec + & riv. Brian... 2 l. Traverſe de la grande chaîne qui ſépare le baſſin de la Méditerranée de celui de l'Océan. Au N. du Tertre ſitué au point de partage. Vallée, pont & hameau de Cavena, à ½ l. E. du roc de St.-Bauzille. Colline le long d'un ruiſſeau. A Pondera, au bas O. de Caſtel-Fadeſe. Pont & rivière de Thomières. *A St.-Pons-ſur-Thomières*... 2 l. *La ſuite ci-devant.*

Tournon	N.E.	Grenoble; de Lyon à Viviers.	52
TOURS	N.O.	Toulouſe & à Tours	157
TROYES	N.p.E.	Lyon & à Troyes	159

Vabres	N.O.	*DE MONTPELLIER à*	Alby	23
VALENCE	N.E.		Lyon, & de Lyon à Montp.	48
VALENCIENN	N.		Paris & à Valenciennes	244
Valfraugues	N.		Mende	16½
Vauvert	E.		Arles	8
VERDUN	N.E.		Lyon & à Verdun	179
Vias	S.O.		Agde & à Vias	12
VIENNE	N.E.		Lyon	71
VILLEFRANCH	N.E		Lyon & à Villefranche	85
Villeneuve	O.		Béziers	16
Villevielle	E.		Nismes par Sommières	8
VIVIERS	N.E.		Grenoble	33½
UZÈS	N.E		Nismes & à Uzès	20

ROUTES ET CHEMINS DE TRAVERSE DE MOULINS

Distance de Moulins.

à			Voyez	lieues.
ABBEVILLE	N.	*DE MOULINS à*	Paris & à Abbeville	112
Aigueperse	S.E.		Macon	27
Aiguerande	O.		Limoges par Aiguerande	21
AIX en Provence	S.		Lyon; de Lyon à Aix	121
AIX la Chapelle	N.E.		Paris & à Aix	177
Amblepuis	S.E.		Lyon	30
AMIENS	N.		Paris & à Amiens	102
ANTIBES	S.E.		Lyon & à Antibes	163
ARRAS	N.		Paris & à Arras	115
Artonne	S.pO.		Clermont	15

AUBUSSON. Route de traverse....S.O... 29

De Moulins à *Montmaraut*.... 10 l. *Voyez de Moulins à Limoges*. De Montmaraut on passe aux Quatre vents &

MOULINS. 135

aux Crenons, ½ l. E. de St.-Bonnet-de-Fours +, à l'O. des bois du Roi. Entre l'Auge & Marciaux & les Guillomets, ¼ l. E. de Beaune +. A Château-Gaillard & Tertre à trav. Au Poux : *belle vue*. ¼ l. O. de l'église du vill. de Perrouze +. A Buxière-Jérusalem + & *à Montaigu*... 4 l. Vall. de la Prade, à l'O. de Pechepiron. Pente rapide de Balonet. Côte longue à trav. en passant aux Mons, ¼ l. Sud d'Ars +. A la Crouzille + & aux avenues de Muratel. Au-dessus N. de Murat : *belle vue*. 1 l. de bois à côtoyer en passant au N. des Renauds, Mont-Cocus, & au Puy-Charles. ½ q. l. des bois de Champeaux à passer. Entre Fougères & les Forges. A Masillat +. Entre Lavaux & le bois de St.-Pardoux. Vallon, pont & ruisseau d'Ars à passer. Vis-à-vis le moulin de St.-Pardoux, au confluent du Buron, rivière. Le long N. du Buron & à son confluent avec le Cher. Traverse du Buron sur un pont, A Chambonchard +. Entre la côte de bois & la riv. A Valette & ruisseau. Pente rap. & côte à traverser. Vallon, ruiss. & château de Monaix. *A Evaux*.... 6 l. Pente le long de la Chaerot, riv. Pont, riv. de Chaerot & ham. de Douleaux. Au confluent de la Tarde, ½ l. S. du Châtelet +. Entre la riv. & le bois de Bort. Pont & riv. de Tarde. *A Chambon*... 1 l. On repasse la riv. & l'on rencontre la fourche du chemin d'Evaux. Pont & riv. de Meouze. A Taury & pente rap. A Dolle & à Doulette. ½ l. E. de Mazeiras +. A la Chaumette & le long du bois. A l'Est de la Chaussade, ½ l. O. de Tromp +. Pont & riv. de Muinsac. Côte, vallon à ¼ l. S. de Chauchet +. Côte à ¼ l. O. de St.-Priest +. A l'O. de Mainioux, & à la Haute-Chaux. Vallon, pont & riv. de Tarde, ½ q. l. S. de l'abbaye de *Bonlieu*... 4 l. Ham. & côte de Pont de Bonlieu. Au Bujard, O. de la croix au Bost +. A Matelladonne. ¼ l. E. de Puimalcignat +, O. de la Ribière. Côte, vallon & riv. de Mazeau à passer. A Leon-le-Franc & à l'étang. Côte & ¼ l. de bois. Le long E. de St.-Maixant +, A ½ l. O. de Chaussade +. Le long O. de Saint-Amand. Château de Fot & vallon à passer. *A Aubusson*.... 4 l.

AUTUN...........	E.	Bourbon-l'Ancy & à Autun..	24
AUXERRE......	N.E.	Autun & à Auxerre........	53
Auzance.........	S.O.	Aubusson..............	20

AVIGNON..... S.	Lyon & à Avignon........	103
AVRANCHES. N.O.	Tours & à Avranches......	129
Bagnères...... S.O.	Limoges & à Bagnères.....	158
Balaruc......... S.	Montpellier & à Balaruc...	127
Barrèges...... S.O.	Auch & à Barrèges........	168
BASLE......... E.	Autun & à Basle..........	96
BAYONNE.... S.O.	Limoges & à Bayonne......	165
Beaujeu........ S.E.	Bourg en Bresse..........	32½
BEAUVAIS.... N.	Paris & à Beauvais........	87
Béfort.......... E.	Autun & à Béfort.........	81
BESANÇON..... E.	Autun & à Besançon.......	60
BORDEAUX... S.O.	Limoges & à Bordeaux.....	104

(colonne centrale : DE MOULINS à)

BOURBON-L'ANCY. *Grande Route*... E... 9

De Moulins on passe au S. des Augustins & au bas de la chapelle de Ste.-Catherine, & de l'église de St.-Bonnet +. ½ q. l. N. d'Iseure +. Pont & au S. des chât. de Marcelage & Cresance. Côte à ½ l. S. de la Brosse-Cadier, fief. ½ l. N. du chât. du Parc, & à ¼ l. de la Ronde. 1 l. des bois de Breuil à trav. Route & à ¼ l. du chât. de Pomay. Vallon, pont & côte de Vernois. Pont, riv. d'Ouzen & vallée, en passant au N. de Luzigny +. Avenue du chât. du Breuil, auprès de l'étang. Pont & moulin de la Baraude-sur-Luzarde, rivière. Le long S. des Pierrots & des Michauds. Etangs & vill. de Chevagne *ou* Chevanne-le-Roi +. Confluent de la Luzarde & de l'Acolin... 5 l. Pont & riv. d'Acolin, au N. de la Motte & de Montchenin, fief. Côte & à ¼ l. S. du chât. de la Boube. Vallon, étang, & ¼ l. de bois à trav. Vis-à-vis N. de la ferme des Beroyers. Vallon au S. des Voisins & des Flagots, au bas N. de Nerondas. Côte au S. de la Feuille : *belle vue*. Vallée & vill. de Garnat, sur la Loire... 2 l. Pont, riv. d'Angesor & chât. de Deffend. Au Mont & au N. du bois des Bagnats. Bac & passage de la Loire. Au port du Fourneau & chemin de Decise. Côte & plaine à trav. *belle vue*. Pente rap. & ham. de St.-Denis, au bas de St.-Martin. *A* BOURBON-L'ANCY *ou* les Bains... 2 l.

BOURBON-L'ARCHAMBAULT. *Route*... O... 6½

De Moulins à Souvigny... 3 l. *Voyez de Moulins à Limoges.*

MOULINS.

De Souvigny on passe devant & à l'O. des Cordeliers & du bois de Champaigre, ¼ l. E. d'Autrye Issard ✛. Entre les Ramès & les Taillis, fermes. ¾ l. de bois à passer. A *St.-Menoux.* Vall. pont sur Ours, à ½ l. S. du château de Cluzors. Côte des Bordes, ½ l. d'Angonges ✛. ½ q. l. de bois à passer. A ½ l. S. de Breuil ✛. Pente rapide de Losme & à Lavin. Pont à ½ q. l. N. de Vesvres, ¼ l. S. de Lareuillère. Côte & ham. de Lepqux. Vallon; pont sur la Barge & moulin cachet. *A BOURBON-L'ARCHAMBAULT*... 3 ½ l.

Bourbon-les-B. E. | De Moulins à Dijon & à Bourbonnes. 71

BOURG-en-BRESSE. Route de traverse... S. E... 43 ½

De Moulins *à Macon*... 35 ½ l. De Macon *à Bourg*... 8 l.

Autre Chemin.................. 46

De Moulins à *Marcigny*-les-Nonains.... 20 l. *Voyez de Moulins à Macon.* De Marcigny on passe à la croix de Charres, côte de Poubet & au coin. Le long du bois, à l'O. de St.-Martin-la-Vallée ✛. ¼ l. S. & au-dessus de *Semur-en-Brionnois.* Ham. du Cornu, & 1 l. de bois à passer. Au N. de Jonzye ✛. A St.-Julien de Craye ✛. Au S. de Parigny & du chât. de l'étang. Pont, côte & cense de Berry. Avenue au N. du chât. de Chamron. Pente rapide & chapelle de N. D. de Pitié. Pont & riv. de Mornière, au S. de Ligny ✛. Côte & ham. de la grande forêt. Vallon & abb. de St.-Rigaud, Ordre de St.-Benoît. Côte & ¼ l. des bois d'Availe à passer. Pente rap. & vill. de Saint-Maurice-lès-Châteauneuf. Pont & rivière du Mussye. *A Châteauneuf*... 5 l. Côte rap. & bois à passer. Aux Pins & au carref. du chemin de Roanne à Macon. Au N. de la Rouere & de Mazoncle le-haut. ¾ l. N. de St.-Igny-de-la-Roche ✛. Pente rap. au N. de Mely & de Bardinière. Vallée & bourg de *Chaussaille*... 2 l. Au S. du ham. de Delaye, au bas de la côte. A l'E. du chât. Chausaille, au-delà de la riv. de Boteret. Au grand moulin. Pont au S. de Varenne & de St.-Germain-la-Montagne ✛. Vis-à-vis N. de Villon. Aux Petits & à la Guillarmière. Côte au N. de de Montveneur & de Chizeville. ½ l. S. d'Azolette ✛ & ½ l. Nord de Belleroche ✛. Pont à ½ l. Sud de Proprières ✛. Pente rap. & ham. de Botton. Vall. ham.

Tome II. S

de Lasserière & source de la Boteret. Traverse de la gr. chaîne qui sépare le bassin de l'Océan de celui de la Méditerranée. Fourche du chemin de Charolles à Lyon. A $\frac{1}{2}$ l. N. de Poule +, dans le fond. $\frac{1}{2}$ des bois de Courouy à passer. Vallon, ham. de Chaussaye & pente rap. Vall. ham. d'Eproux & pont sur l'Azergue, riv. pente rapide de la montagne de Tourveon, & ham. de Foux, au N. de Chénelette +. Au N. de la Perrière & de la Grange-Morel. Vall. à $\frac{1}{2}$ l. S. des Ardillats +. Pont & rivière d'Ardière, ham. de la Croix, Turbay & riv. d'Ardière. *A Beaujeu...* 5 $\frac{1}{2}$ l. De Beaujeu *à Lancié...* 2 $\frac{1}{2}$ l. *Voyez de Macon à Beaujeu.* De Lancié au carref. de la route de Macon à Lyon. Belle plaine au N. de l'Ouby. Passage de la Saone au Bac. *A Toissey....* 2 l. De Toissey *à* BOURG... 9 l. *Voyez de Bourg à Toissey.*

BOURGES...	N.O.	La Charité & à Bourges....	31
Brest...........	O.	Bourges & à Brest.........	173
BRUXELLES..	N.E.	Paris & à Bruxelles.......	141
CAEN.......	N.O.	Orléans & à Caen.........	115
CAHORS......	S.O.	Limoges & à Cahors.......	101
Calais..........	N.	Paris & à Calais..........	139
CAMBRAY......	N.	Paris & à Cambray........	114
CHALONS-*s*-M..	N.E.	Troyes & à Châlons.......	86
CHALON *sur*-S...	E.	Autun & à Chalon........	36
Charité. (la).....	N.	Fontainebleau............	19

CHAROLLES. *Chemin de traverse...* S.E... 21

De Moulins *à Garnat-sur-Loire...* 7 l. *Voyez de Moulins à Bourbon-l'Ancy.* De Garnat on trav. une belle plaine en passant à Boulon-sur-Angezore +. Le long des bois de la Pomeraye. A Bourbon-Coutard +, $\frac{1}{4}$ l. N. de l'abb. de Septfons. Passage de la rivière de Bebre & du Roudou. A Diou-sur-Loire +. Gilly + & Aupontis +. Le long S. de la Loire, au N. de Putey, de Theil, de Pierrefitte, & riv. d'Ode à passer. Au S. du vill. de Perigny, au-delà de la Loire. Bois, ham. de Chambon & des Cornus. *A Coulanges +... 6 l.* Au S. du pont des Loges sur-Loire, & du Port, Vis-à-vis de la Barque. Pont, étang, moulin & ham. de Taleine. $\frac{1}{4}$ l. S. de l'Agnant, au-delà de la Loire. Au N. du chât. & des bois de Mortillon. Pont & cense

MOULINS.   139

de Bois-Louchat. Au N. de la côte & du bois d'Estrées. Au Péage, ½ l. S. de Ste.-Radegonde. Pont sur la Vouzance, ½ l. N. de Molinet +. A la Broche, ½ l. S. de la Motte-St.-Jean. Pass. de la Loire au Bac. *A Digoin*... 2¼ l. De Digoin à Charolles... 6 l. *V. de Lyon à Bourbon-l'Ancy*.

Autre Chemin de traverse............ 19

De Moulins on passe au S. d'Iseure +. *A Montbeugny-sur-Luzarde* +.... 3 l. A Theil *ou* Thiel-sur-Acolin +. *A Dompierre-sur-Bebre*.... 4 l. Pierrefite-sur-Loire +. *A Coulanges* +.... 4 l. De Coulanges *à Charolles*... 8 l. *Voyez ci-dessus*.

Charlieu.........	S.E.	De Moul. & d'Aut. à Roanne.	28
Charoux.........	S.O.	—— Ebreuille..........	14
CHARTRES......	N.O.	—— Orléans & à Chartres..	71

CHENERAILLES. *Route de traverse* ..O... 27½

De Moulins à Montluçon... 17½ l. *Voyez de Moulins à Limoges*. De Montluçon on passe la riv. de Cher & l'on va à la Tuilerie, vis-à-vis de Cluzeaux. A Fombouillant, ½ l. E. de Saulx +. Côte des Maisons rouges. Côte à ¼ l. E. d'Ouche +. ½ l. de landes. A ½ l. O. de Lignerolles +. Vallon & ruisseau du Mont. A Argenty +.... 3 l. A la Maison rouge. Pont Leonard à l'E. de Teillet +. Côte à l'E. du chât. du Mas. A Richebœuf. Vallon, ruiss. & côte de la Madelaine. ¼ l. de bois de la Villederie à passer. Bois & entre des clos. Vallon & bois à trav. Au Mas-Chaumeix. Vallon, étang à l'E. des ruines d'Eulex. Petit bois à ½ l. O. du Châtelet +. Entre la Villote & Chassat. Pente rapide & bourg de *Chambon*... 3 l. Au S. de St.-Sornin +. Bruyères & ham. de Rières. Vallon, étang & bois à passer. Au Nord de St.-Loup-des-Landes +. A Gourneix & côte de Monteil. Pont & riv. de Vouise. Côte, vallon, étang & moulin de Pinaud. Pente rapide & hameau de Chassagne. Mont-Bergier à ½ l. S. de St.-Chabraix +. *A* CHENERAILLES... 4 l.

Cherbourg......	N.O.	De Moul. à Orl. & à Cherb.	142
Cîteaux..........	E.	—— Dijon............	40
Clamecy.........	N.E.	—— Auxerre par la Charité.	32
Clermont en Argon.	N.E.	—— Châl. sur-M. & à Clerm.	107

CLERMONT-FERRAND. *Grande Route*... S. O... 22

De Moulins on passe sur le quai, au S. du cours. Carrefour de la route de Bourbon-l'Archambaut. A $\frac{1}{2}$ l. E. de Neuvy-lès-moulins +. Entre la riv. & le chât. d'Aigremont. Vis-à-vis de la Folie, au-delà de la riv. Au bas E. de Bressoles +. Pont & moulin des Fondeux, à $\frac{3}{4}$ l. O. de Toulon +, sur la route de Moulins à Lyon. Devant les Vireaux & à l'O. du chât. de Longvée. Le long E. de la côte de la Baleme. Dev. les Moquets. A Chemilly & dev. la *Poste*.... 3 l. Pont & riv. de Creuse. Le long E. de la côte des Meillas, en passant à la Motte-Jolivet. A Soupaize +. Pont à l'O. des Moulins. Aux Morins, 1 l. O. de Bessay +. Devant le chât. de Tilly. Pont & riv. de Veze, que l'on passe, & côte à trav. Pont, ruiss. & chât. de Beau-Rosier, à $\frac{1}{4}$ l. E. de St.-Germain-d'Entrevaux +. Montagne & village de *Chatel-de-Neuve* +.... 2 l. A $\frac{1}{2}$ l. O. de la Ferté Auterive +. Le long du bois, & à l'E. de la chapelle de St.-Marc. $\frac{1}{2}$ q. l. O. de Monestay. Pente rapide, bois & vall. Côte à $\frac{1}{2}$ q. l. O. du chât. de la Glachère. Côte & bois à trav. en pass. à $\frac{1}{2}$ l. O. de Contigny +. Pente rap. & vignes à $\frac{1}{2}$ E. de *Verneuil*. Vallée à l'E. de Polièvre. Ham. pont de la Racherie-sur-Ouzenan, O. du moulin de la Comtesse, au confluent de la Sioule & l'Ouzenan. $\frac{1}{4}$ l. E. de Saulcet +. Pont & chapelle de la Maladerie. $\frac{1}{2}$ l. E. de Montfant + & Lonchy +. *A St.-Pourçain*... 3 l. Pont, riv. de Sioule à passer & au Palluet. A l'O. de la Commanderie du Temple. $\frac{1}{2}$ q. l. E. des Cordeliers, $\frac{1}{2}$ l. de Souitte +. A l'O. de Chatel. Entre les Tuileries & les Beaux-Menus Belle plaine le long E. de la Sioule. $\frac{1}{4}$ l. E. de Champagne & du confluent de la Bouble avec la Sioule. A Biscataille & Caradeau. $\frac{1}{2}$ q. l. E. de Martilly. A l'E. des Bouleaux, en-deçà de la Sioule. A $\frac{1}{4}$ l. O. du chât. de la Codre. $\frac{1}{4}$ l. E. du moulin d'Antremiolle & du chât. de Chatelus. A l'O. de Plaix, $\frac{3}{4}$ l. de St.-Gilbert, abbaye. $\frac{1}{4}$ l. E. de Bayet, sur Sioule +. Pente rap. à 1 l. E. du chât. & parc de Douzon, au-dessus de Bompré & Villionne. *A Vernet*... 2 l. O. du bois de ce village & à Coupegorge. A $\frac{1}{2}$ l. S. E. de Barbrier-Persenat +, & à 1 l. d'Estroussat +; dans le fond. Vis-à-vis E. des Morelles & des Ecolles. $\frac{1}{4}$ l. O. de Brout +. Plaine & belle vue, à $\frac{1}{4}$ l. E. de St.-Cyprien +, St.-Germain +, & du vill. de Salles +; 1 l. de Charoux. Au Mayet d'Ecolle +, O. des

MOULINS.

Fourages. Pente rapide à 1 l. O. de St.-Pons +. Vallée & les Goulots, à ¼ l. E. de Jeuzant +. A l'O. de Pradet & à ¾ l. d'Escurolles +. Fourche du chemin de Chantelle. Le long O. de Saulzet. A ¼ l. E. du chât. & parc de Langlard. 1 l. O. de Montignet +, ¼ l. E. de Mazerier +. Devant & à l'O. du petit Vaure, cense. ½ q. l. E. & au bas de Ste.-Flamine. Entre Noyers & le clos, E. de St.-Etienne +. *A Gannat sur-Andelot, riv...* 4 l. Faubourg St.-Jaumes. A 1 l. O. de Pontratier, abbaye. ¾ l. E. de la montagne & chât. de Giroux. Le long E. d'une côte de vignes, à ¼ l. O. de Poizat +, 1 l. de Charmes & Biozat +. A l'Est du ham. & chât. de Jayet. Pont & riv. de Toulene, à ½ q. l. O. de St.-Genest-du-Rest +. Avenue du chât. de Villemont. ¼ l. E. de Villefranche & du chât. de Patural. ½ l. de St.-Julien & St.-Jean-de-Vansat. +. ¾ l. O. du chât. & vill. d'Effiat +. A N. D. de Montpensier. Au bas O. du vieux chât. & à ¼ l. du vill. de Montpensier.+. ½ l E. de Chaptuzat +. *A Aigueperse...* 2 l. Faubourg & côte de Montusant : *belle vue.* Justice à ¾ l. O. de Bussière + & à ½ q, l. E. de Bellecombe, Bicon & St. Cirgue. 1 l. d'*Artonne*. Pont à l'E. de Reynaude, fief. Vignes, à ¼ l. E. d'Aubiat +. Vignes & ham. de Chey : *belle vue.* Pente rap. prairie, à ½ l. E. de Cellule +. Pont & riv. de Morge, à ½ l. O. de Varennes +. Côte à l'O. de Pontmort. Au Verdelet : *belle vue.* Vall. côteau, à ¼ l. E. de St.-Bonnet +. Vall. ruiss. côte, à ¼ l. O. de Pessat-Villeneuve. Pente rap. Justice à l'O. d'une belle plaine. Chemin de Randan. Prairie le long de Visac & Luquet. Pont & riv. de Sardon. Pente rapide & ville de *Riom...* 3 l. Pente rap. entre les Carmes & l'Hôpital. Pont, moulins & riv. d'Ambène. Pont entre le moulin Duguet & Marchat. A la chapelle de St.-Lazare. ¾ l. O. de Marsat. Pont entre Mirabel & Menetrol +. Côte de vignes à l'O. de Bourasol. Vallée, vignes, à ¼ l. E. du vill. de Pompignat +. Pont, ruiss. de l'étang & à l'E. de Chataugay. Côte de vignes à trav. *belle vue.* Chemin & à ½ l. N. E. de *Cebassat.* Ruiss. de Bedat & chapelle de St.-Blaise. A ½ l. O. de *Gerzat.* Justice à ¼ l. de *Cebassat.* Au bas E. de N. D. de Nera. A Portefaix chemin des gens de pied. A l'E. de la mont. de Chanturgue, & de la côte de Clermont. Le long E. de St.-Antoine & des fossés. Devant les Cordeliers. *A Montferrand.* Dev. les Récolets & pente rap. de la montagne de Clermont. *A CLERMONT....* 3 l.

Cluny .... S.E.	*à* Charolles & à Cluny	25
Crozet .... S.	Lyon par Roanne	24
Decize .... N.	Nevers par Decize	9
DEUX-PONTS.N.E	Nancy & à Deux-Ponts	122
Digoin .... S E.	Charolles	15
DIJON ..... N.E.	Autun & à Dijon	45
Douay ...... N.	Paris & à Douay	121
Dunkerque ...... N.	Paris & à Dunkerque	140

(column label: DE MOULINS à)

EBREUILLE. Route & chemin ...S.O... 16

De Moulins à *St.-Pourçain*... 8 l. *Voyez de Moulins à Clermont.* De St.-Pourçain on passe au faubourg, la côte & à l'O. des Cordeliers. Vignes à l'E. de l'égl. de Souitte +: *belle vue.* Pente rap. & chât. de Barutel. Pont, riv. de Bouble. Le long de la riv. à l'O. de Martilly +. A Nerigne & le Codray, E. de Chareil +. Bois & devant le château de Douzon. ¼ l. Est de Tourilles +. 1 l. de *Chantelle.* ½ l. O. d'Etrouffat +. Au-dessus E. d'Uxelle +. ¼ l. de Taxat +. Fourche du chemin de Gannat à Chantelle. Côte rap. & bourg de *Charroux*... 6 l. Pente rap. & ham. de Chalignat. ¼ l. E. de Naves +. Vallon & ruiss. Côte à ½ l. O. de St.-Bonnet-de-Rochefort. ¼ l. E. de Vicq + & du chât. de la Motte d'Arçon. ½ l. O. du chât. de Rochefort. Pente rap. & chât. d'Arçon. Plaine & ville d'*EBREUILLE-sur-Sioule*.... 2 l.

Evaux .... S.O.	Moulins à Aubusson par Evaux.	20
Fours .... S.	—— St.-Etienne en Forez	32
Fontainebleau ...... N.	—— Paris par Fontainebleau.	55
Gannat .... S.O.	—— Clermont-Ferrand	14

GENEVE. *Grande Route*.... S. E... 81

De Moulins *à Lyon*... 43 l. De Lyon *à Genève*... 38 l.

Chemin de traverse 78

De Moulins *à la Croizette*... 35 l. *Voyez de Moulins à Lyon.* De la Croizette & fourche de la route de Lyon on passe vis-à-vis E. du château d'Avauge. Côte de la Grange-Guerry, à l'E. de Sarcey +. Au Bost, ¼ l. E. des Olmes +.

MOULINS.

½ l. O. de Breuil +. Pente rap. & ham. de Pontaret, fur Azergue, riv. Fourche du chemin de Lyon à Charolles. A Leygny +. Au bas S. du château de Tanay & de *Bois-d'Yoing*. Pont & ham. de St.-Paul, fur Nifi. Montagne à trav. à ½ l. S, de Moyré. Pente rap. & ham. de Bourolle. Aux Thuilleries, au bas S. de Bagnols +. Le long des bois, ½ l. N. de la Mine de cuivre & du bourg de *Claffy*. ¼ l. de bois à trav. & à la Tuillerie. Pont & moulin fur la Norie. A l'abbaye d'*Alix*... 3 l. Mont & bois d'Alix à trav. Vall. ruiff. côte, au N. de Marcy +. A St.-Cyprien, la forêt, & à la Chaffagne +. Pente rap. de la montagne de Chaffagne. Vallée & ham. des Cartères, ½ l. N. de Lucenay +. *A Anfe*. Paffage de la Saone dans un bac, au S. de St.-Bernard & au N. d'Amberieux +. Le long N. de la riv. de Saone. *A Trévoux*... 2 ½ l. A ½ Nord de Quincieux + & de la Salle. Aux granges & vignes à trav. A Robillon, & chemin de Lyon à Macon. Pente rap & chât. de Balmont. N. de la Broffe & de Reyrieux +. ½ l. S. de Touffieux +. ½ q. l. N. de Poullieux +, ½ l. S. de Rancé+. A St.-Maurice, N. de *St.-Jean-de-Thurignou* +..... 2 l. Chapelle de St.-Léger au carref. du chemin de St.-Trivier. ½ l. de bois à trav A Preilbar & au long des étangs. Au S. du chât. du Breuil. A la Broffe, ¼ l. O. du gr. étang de Glarin. A la Perouze +. Entre Zos & le Blanc, au milieu des étangs. *A Villars*... 3 l. Aux Oures & au Caquet, entre les étangs. A la Bourdonnière & étangs à trav. A Arbuffon. Verfailleu +. Pont & riv. de Renom. *A Chalamont*... 3 l. A St.-Martin-de-Chalamont. Bois, & étangs à paffer. Au N. de Chatillonet *ou* Chatillon-de-la-Palud +. A Bublannes + & route de Lyon à Varambon. A la Villette de Loyes + & de Richemont +... 2 l. E. du Mont du Pras. A Priay + & côte rap. *belle vue*. A la Tour de Bellegarde. *A Varambon* & au bas du Mont Marqueron. *Au Pont-d'Ain*... 2 l. Du Pont-d'Ain *à* GENEVE... 25 l. *Voyez de Bourg à Genève*.

Gueret........	S.O.	à Limoges par Gueret.......	34
Gueugnon.......	E.	Autun par Toulon........	20
Haon-le-Chatel...	S.	Montbrifon.............	24
Havre. (le)....	N.O.	Orléans & au Havre......	124
Igrande........	O.	Poitiers par la Châtre.....	9
Jalligny........	S.	Roanne par Jalligny.......	10

LANGRES........	N.E.	De Moul. à Aut. & à Langres.	61
LAON.........	N.p.E.	—— Paris & à Laon.......	104
Lay...........	S.	—— Lyon par Roanne.....	28
LIEGE.........	N.E	—— Paris & à Liége......	159
LILLE.........	N.	—— Paris & à Lille......	128

LIMOGES. *Grande Route*... O... 51

De Moulins on passe au S. du Cours, le pont & riv. de l'Allier. Carref. de la route de Clermont. Pont entre la Croix de fer. & le chât. d'Origny. Côte au S. de Neuvy-les-moulins +. Vall. étang, à $\frac{1}{4}$ l. S. Montgarnaud. Petit bois au S. de Certilly. A Coulandon +, Au Nord de la forêt de Moladier. Vallée, pont sur la riv. de Queune. E. de la Chassagne & de Bennay. *A Souvigny*.... 3 l. Pont & ruiss. à l'E. de la Martrée. Pente rap. O. du moulin de Vernelle. Côte de la Varenne à trav. Vallée, chaussée, étang & riv. de la Queune. A l'E. de la forêt de Messargue. Au bas O. du fief de Coudrais. Entre la Queune & les montagnes. $\frac{1}{4}$ l. E. de Noyant +. Pont sur la Queune & vill. de Chatillon +. *A la Pierre percée*... 2 l. O. du chât. de Bouy. Vis-à-vis des moulins Philipon & Durot. Au bas E. du pavillon & chât. de Fins. $\frac{1}{4}$ l. de bois à trav. Vallon, pont, étang & source du Morgon, riv. côte à trav. en pass. aux Places, & au bas de Tronget +. $\frac{1}{2}$ l. E. de Roeles + & source de Laumance. Au chât. de la Ly, au bas O. de la montagne & bourg de *Montet*-aux-Moines... 2 $\frac{1}{2}$ l. A $\frac{1}{4}$ l E. de St.-Sornin +. Pente rap. & sommet d'une montagne de 3 l. à passer: *belle vue*. Au-dessus O. du vill. des deux Chaises +. Entre Lombartière & Brunatière. A Beaufort, $\frac{1}{4}$ l. E. de Sazeret +. 1 l. O. de St.-Marcel +. *A Montmarault*.... 2 $\frac{1}{2}$ l. A la Croix-Perot & chemin de Villefranche. Aux Begauds & pente rapide. A Viret, $\frac{1}{4}$ l. N. de St.-Bonnet-de-Fouts +. Pont & riv. de Thernille, au N. du moulin, étang & château de la Brosse. Vallée & ham. des Patureaux. Au S. du Puits-Châteaunin, chât. Pont & ham. de Bezenet. Côte rapide à trav. Au S. de Goutemore. Pont & ruiss. de Voirat. Côte des Marceaux. Le long S. du vill. de *Doyet* +... 3 l. A Ancopt, S. du chât. de Bors. Pont & moulin de Bors-sur-l'Œil. Côte entre Billiard & Cheveroche. Vallon, étang & côte à trav. *A Chamblet* +... 2 l. Pente rap. &

MOULINS.

ham. de Belle-Chaffagne. Entre les bois & les bruyères, au S. de Vieille-Chaffe. A Chatelard. ¾ l. de vignes à trav. ¼ l. S. de Château-vieux ✚. Pente rap. à ½ l. S. de Blanzat ✚. *A Montluçon*... 2 l. Pont & riv. de Cher. A la Tuilerie. Pente rap. & chemin de Chambon. Vall. & riv. à paffer. Côte & bruyères *ou* landes à trav. A ¾ l. N. de Prémilhat ✚. A Quinzaines ✚ & Chemin de *Bouffac*. ½ l. de bruyères à trav. ¼ l. N. du chât. d'Auzannes. *A Lamaide*... 3 l. Vallon, à ½ q. l. E. de Nouhant ✚. Côte & ham. de Boueix. Le long du bois & à la Chauffade-blanche. Vis-à-vis de Renimours & à la Chauffade. Pont & riv. de Vernegette, ¼ l. S. d'Auge. Pente rap. bois & landes à trav. Côte, pofte de Son & ruiff. à paffer. Côte, vallon, à ½ l. S. de Périgord. Moulin de la Breche, vis-à-vis de Reville. Pont, rivière & côte de la Chaux. *A Gouzon*... 5 l. Bruyères & ruiff. Côte, 1 l. de landes & bois à paffer. A ¼ l. S. de Parfac ✚. Chemin & à 1 l. N. E. de *Jarnage*. Pont & riv. de Veraux. Côte & bois, au N. de Poultière. Pont & ruiff. de Jarnage. Côte rap. à ¾ l. S. de Remondeix ✚. Bruyère & carref. de la r. d'Aubuffon, Au N. N. de Treffagne. A Feyas, pente rapide & la Buffière. Etang & vill. d'*Ajain* ✚.... 5 l. Vallon de la Courfelle. Au S. de Villebebe & Villarvent. Vis-à-vis de Longeas & pente rap. A Villandry. Pont & rivière de Creufe à paffer. Côte & ham. de Pont-à-Dauge. Devant la Nouzière & la Ribière. A Chier-Bailloux. Vallon & route d'Aubuffon. Pente rap. de Glos. *A Gueret*... 3 l. De Gueret à LIMOGES... 19 l.

Autre Chemin par Bouffac............... 53

De Moulins à *Quinzaines*... 19 l. *Voyez la Route ci-deffus.* De Quinfaines on paffe ½ de landes. A Savernat, ½ q. l. S. de St.-Martinien ✚ & à 1 l. d'*Huriel*. Pont, étang de la Chapelle. Côte au N. de Bartillat & Auchier. Vall. étang & chât. de They. Côte rap. au S. du chât. de la Foret. ¼ l. de bruyères à trav. Pente rapide de la Cour. Entre Labouret & le bois de la Garenne. Vall. & riv. de la Magieure. Côte de Peux & vill. de Treignat ✚, au N. de Poulhat. Vall. ruiff. côte & ham. de la Motte. A Leyrat. Vallon, ruiff. & ham. de Breuil. Vall. étang & côte de Mazeire. Vall. étang & village de Bouffac-lès-Eglifes ✚. A la Grange-d'Agou & la Maifon-Dieu. *A Bouffac* 6 l. Pont & riv. de Veron, que l'on paffe. Côte rap. & ham. du Pont. Entre les bruyères & Chabanes. Côte & ham. de la Reyrie. Pont & riv. de la pet. Creuſe. A Chaumes & à Chaumeix. ¼ l. S. de Malareix +, au-delà de la Creuſe. Pont & riv. de Veraux. A Châtre, haut & bas. Au N. d'Etable & au S. de Villaros. Côte & ham. de la Verrière. Vall. ruiſſ. & ham. de Chevaudue. Pente rap. & ham. de la Coſte. ½ l. S. de St.-Lizier-lès-Domaines. Bois, Vall. & ruiſſ. à paſſ. Côte & Bourg de *Chatellux*... 4 l. Vall. & moulin de Coudanne. Carref. de la r. de Bourges. *A Gueret*... 5 l. De Gueret à *LIMOGES*... 19 l.

Loches............	O.	Moul. à Tours par Châteauroux.	51
LONDRES....	N.p.O.	——— Paris; de Paris à Londres.	179
Lons-le-Saunier.....	E.	——— Chalon-ſ.S. & à Lons-le-S.	51
LUÇON...........	O.	——— Poitiers & à Luçon....	100
LUXEMB.ᴳ	N.E.	——— Metz & à Luxembourg.	117

LYON. *Grande Route*....S..... 43

De Moulins à *Roanne*.... 24 ½ l. *Voyez cette Route.* De Roanne on paſſe le pont ſur la Loire. Côteau à l'O. de Rhin. Fourche du chem. de Thizy. Le long des Etines, E. du chât. de Varenne. Plaine, pont & ruiſſ. à paſſer, à ¾ l. N. de Comette +. ¼ l. O. de St.-Vincent de-Boiſſet +. Au bas de Rhin, ½ q. l. E. de Parigny +. A Cholet, ½ l. de N. D. de Boiſſet +. Pont ſur la riv. de Rhin. Pont, moulin, & Chavalon ſur le Rhin. A l'Hôpital & devant la *Poſte*... 2 l. Pont ſur Gand, riv. à ¾ l. E. de St. Cyr-de-Favière +. Prairie, à ¾ l. N. de Vandrange +. A Etivaux, N. d'Etournets, ſur Gand. Au Portail, Sud de Neaux +, & chât. de Valorgne. Le long du Gand & côte au S. du chât. de la Finée. Chapelle de St-Eloy & à *St.-Simphorien de-Lay*... 2 l. Pont au S. des étangs & du chât. de la Verpillière & à ¼ l. de *Lay*. Au S. de la Croix rouge, 1 l. N. de *St.-Juſt-la-perdue*. Côte & ham. de Chaſſin. Pente rap. à 1 l. N. E. de Croizet. Pont, prairie & vill. de Fourneaux +. Côte & ham. de la Roche, au N. du chât. de Wareille, & à ½ l. de Chira-Simon +. Aux Pinaſſes du Mas-Chezal +. A la Fontaine, ham. & *Poſte*... 2 l. ½ q. l. N. de l'égliſe du Mas-Chezal. A 1 l. des moulins à vent & vill. de St.-Cyr de Valorge +. Gr. chaîne qui ſépare le baſſin de la Méditerranée de celui de l'Océan, & les eaux de la Loire de celles de la Saone, à trav. en paff. à la Chapelle, au bas du Tertre qui fait le point de partage. Au Sud du Châteaugaillard & des Sauvages +, vill. au fommet & au point de partage. Pente rap. de la montagne vers la Saone. A ½ l. E. de Joux + dans le fond. Prairie le long de la Tardine. A Perelle, N. de la Buffière. *A Tarare*... 3 l. Le long de la prairie & de la Tardine, en paff. à la grange Cloarde. ¼ l. N. de St.-Marcel-Eclairé +. ½ q. l. de la Chapelle & de la montagne de Grivilly. Au bas du Mortier, la Roue & de Flein. Au Pont-Charra, ½ l. N. de St.-Forgeux +. ½ l. S. de St.-Loup +, au-delà de Vindry, château. Aux Grillets, la Roche, & au S. de Miolans. ¼ l. N. de N. D. du Clevy. Côte, ham. de la Croifette & *Pofte*, au S. du vill. des Olmes +. Vall. & côte au Nord du château des Avauges. Fourche du chemin de *Trévoux* par Anfe. A ½ l. S. de Sarcey +, ¼ l. N. E. de St.-Romain-de-Popez. A Bully + & fon chât. Vallon le long de la rivière de Tardine. Au bas S. des Molières, ½ l. de St.-Germain +. A l'*Arbrefle* ou *la Brefle*, au confluent de la Tardine & la *Brevenne*... 5 l. Pont, riv. de la Brevenna & Ste.-Madelaine. Pente rap. au N. d'Eyrieux + & Sourcieux +. Pente rap. à ¼ l. S. de Fleurieux +. Au Pont Buvet. Côte à ½ q. l. N. de Lentilly, Sud de Cruzol. Devant la cenfe de Felix. A la Tour de Salvagny + & *Pofte*... 3 l. Vall. ruiff. & bois à côtoyer, à ½ l. S. de Dardilly +, en-deça du Mont-d'Or. A l'Eft du chât. du Val & de Charbonnière +. A Pinet, ½ q. l. N. de Taffin +, la Grange blanche & Champvert; au S. E. d'Eculy + & la Duchère. Fourche de la route de Paris par Macon. Faubourg de Vaize à traverfer. A LYON... 2 l.

MACON. Chemin de traverfe... S. E... 36¼

De Moulins à la *Paliffe*-fur-Bebre.... 12¼ l. *Voyez de Moulins à Roanne*. De la Paliffe on paffe dev. & au N. du chât. Côte & fourche du chem. de Donjon. Fourche de la route de Lyon. ¼ l. des bois de Mauvet à paffer. A la Garde, S. de Thoret. A Pondriar, S. du bois de la Chaffagne. ½ l. de bois à trav. au S. du Mont de Lodde. A Sevette, cenfe le long du bois. Chemin & à ¼ l. S. de *Montaignet*... 3 l. A la Font. Vernillier. Boutiaude & à Coutant, en côtoyant les bois. Vallon, pont, au S. du moulin neuf. A *Urbize* +... 2 l. Côte, chapelle de la Nativité & bois de Mauvernais à paffer. Côte & ham. des grands Fourniers. Aux Charriers, $\frac{1}{2}$ l. S. de Ceron. 1 l. de bois à trav. & pente rap. Vallée & ham. de Chauvigny. A Chambilly-sur-Loire +. Paff. de la riv. de Loire au bac. *A Marcigny-les-Nonains*... 3 l. Côte, ham. de Vignal & bois à paff. Au N. de la Cray & de Balmont, la Foy & les Pions. $\frac{1}{2}$ l. N. de Semur ou de Marcigny. A la Grange du Prieuré. Barrat & la rivière, N. de St.-Martin-la-Vallée +. *A Semur*-en-Brionnois & aux Pions. Des Pions on paffe au S. de la Fay. $\frac{1}{2}$ l. de Montmegin +. $\frac{1}{2}$ l. des bois de Montmegin à paffer. Vallon & vill. de Ste.-Foy. Côte au S. de la Commanderie de Launay, N. des bois de Guiche. A la montagne, $\frac{1}{2}$ l. S. de Brian +. Vall. ham. de Vaux & côte de Panay, au S. de Noyers & du chât. de Suilly. A St.-Chriftophe +. Monfac & Valtin, à la fource de la Belaine. Vall. étang & fource de Mornière, au S. du bois Bouton. A Trelu, $\frac{3}{4}$ l. S. d'Oye +, $\frac{1}{4}$ l. N. de Muffie. Côte & ham. de St.-Albain. Bois, côte, vallon & vill. de Vareille +. Côte & ham. de Croc-Carnet. A Bofdemont +. Côte & petit bois à paffer. Pont & faub. de la Segaude, au N. des Minimes. *A la Clayette*... 5 l. Côte & chapelle de St.-Roch, au N. O. de Varenne +. A Trapeloup. Chemin & à $\frac{1}{4}$ l. S. de *Bois-Ste-Marie*. Montagne à trav. en paff. à Bilbin. Petit bois, $\frac{1}{4}$ l. S. de Gible. $\frac{1}{4}$ l. de bois à trav. à $\frac{1}{4}$ l. S. de la Prafle. Pente rap. de la grande chaîne & bois à trav. & $\frac{1}{4}$ l. N. d'*Aigue-perfe*. Moulin à eau & ham. de Croux. *A Matour*... 3 $\frac{1}{2}$ l. Pont & ham. des Beilières & le long de la Grofne, riv. A la Vallée, au bas de *Trembly* +... 1 l. De Trembly à *Macon*... 6 l. *Voyez de Macon à Nevers.*

MANS. (le)..... N.O.	Moulins à Tours & au Mans..	82
Marcigny les-Non...S.E.	—— Macon par Marcigny...	20$\frac{3}{4}$
MARSEILLE........ S.	—— Lyon & à Marfeille...	130
METZ........ N.E.	—— Dijon & à Metz......	102
Montargis....... N.O.	—— Fontainebleau........	43

MONTBRISON. *Route de traverfe*... S... 38$\frac{1}{2}$

De Moulins à Roanne..., 14 $\frac{1}{2}$ l. *Voyez cette Route.* De Roanne on paffe à l'avenue du chât. du Marais, & chemin d'*Haon*-le-châtel. A $\frac{1}{2}$ l. E. du Prieuré de Beaulieu & de Riorges +. Pont entre le moulin Popule & Paillaffon, fur Renaifon. Côte & fourche de la route de Clermont à Lyon. A Chamard : *belle vue*. Au Vallet & chemin de *Villereſt*. Vis-à-vis O. du chât. de Champlong. $\frac{1}{2}$ l, O. de Villereſt, $\frac{1}{4}$ l. S. de St.-Sulpice ✝. Aux Aulnes, $\frac{1}{2}$ l. E. de Lentigny ✝. Pont & riv. de Lourdon. Côte, pont & moulin de la Bruyère, E. de Chatelu, O. de St.-Jean & de St.-Maurice-ſur-Loire ✝. Vall. à l'O. de l'Hôpital. Colline & ham. de Fond. Montagne à trav. en paſſ. à la Mure. A Vitré, $\frac{1}{2}$ l. O. de Bully ✝. Croix des Signoles & vill. de St.-Polgue, au ſommet de la montagne ; *belle vue*.... 4 l. Prairie, ponts, iſle, ſur Iſabelle, rivière, moulin, ham. du Pont & côte à trav. Pente rap. entre Champagny & Salonbay. Vall. prairie à trav. ſur Leca, riv. côte & vill. de Souternon ✝. Pente rapide de la Frachaiſe. Prairie, pont & riv. de Patouze, à l'Eſt de Montagnon, & à $\frac{3}{4}$ l. de Grezolles ✝. Côte & ham. de Treveau. Le loug E. de St.-Julien d'Ode. Pente rapide & prairie de St.-Germain. *A St.-Germain-Laval*... 3 l. Devant la Paroiſſe. Paſſage de la riv. d'Aix. A 1 l. O. de l'abb. de Pomiers. Côte & vill. de Verrière ✝. $\frac{1}{2}$ l. E. de Naulieu. Prairie & ruiſſ. à trav. Côte & ham. de Boſt ; *belle vue*. Vall. & prairie de Budins à paſſer. Pont & vill. de Buſſy-Albieu ✝. 1 l. O. de St.-Sulpice-en-Buſſy ✝. A Arthun ✝. 1 l. E. de St.-Sixte ✝. Entre le ham. des Beſſets & le chât. de Beauvoir. A $\frac{1}{2}$ q. l. O. de Preſle. Au Molar & à Volame. Côté à $\frac{1}{2}$ l. E. de Leigneux, abbaye de Chanoineſſes. Pente rap. & vignes de Boen. *A Boen*... 3 l. Fourche de la route de Clermont à Lyon. Pont & riv. de Lignon à paſſer. Au bas N. de l'égliſe de Trelin ✝. Au Mortier, S. O. de la Boutereſſe ✝. A Aſſieux, $\frac{1}{2}$ l. N.O. de Bonlieu, abb. & de Ste.-Agathe-la-Baſtie ✝. A l'E. de Regnieux & du chât. de Goutela. $\frac{3}{4}$ l. O. de Montverdun ✝. 1 l. des Cordeliers & de St.-Etienne-le-Molard ✝. $\frac{1}{4}$ l. E. de Marcoux ✝. A Marcilly ✝, E. de l'Egliſe. A $\frac{1}{2}$ l. O. de la montagne & bois d'Uzore, $\frac{1}{2}$ l. de Chalain-d'Uzore ✝. Entre Daguet & Boiſſieu. Pont à l'E. de Pralon ✝. Aux avenues du chât. de la Corée. A l'E. de *Chandieu* & O. de Villeroy. A la Douane du Pont & à Trunel. Fanbourg de la Madelaine, à $\frac{1}{4}$ l. O. de Savinieux ✝. *A MONT-BRISON*.... 4 l.

Montet-aux-Moines. S.O.	Moulins à Limoges par Gueret. 7$\frac{1}{2}$
Montluçon....... S.O.	—— Limoges par Gueret.... 18

Montmaraut . . . S.O.	Limoges par Gueret.	11
MONTPELL. S.p.O.	Clermont & à Montpellier. . .	88
Moutiers-d'Ahun S.O.	Limoges.	27
NANCY . . . . . . N.E.	Langres & à Nancy.	90
NANTES . . . . O.	Poitiers & à Nantes.	121
NEVERS . . . . N.	Fontainebleau	13
Orient. (*l'*) . . . . . O.	Nantes & à l'Orient.	161
ORLÉANS. . N.p.O.	d'Orléans à Moulins.	53
Pacaudière. (*la*) . . S.	Roanne.	19
Palisse. (*la*) . . . . . . S.	Roanne.	12¼
Paray-le-Monial. S.E.	Charolles.	17
PARIS . . . . . . N.	de Paris à Moulins.	71
PAU . . . . S.O.	Limoges & à Pau	154
PÉRIGUEUX . . . S.O.	Limoges & à Périgueux.	75
Péronne . . . . . S.p.O.	Paris & à Péronne.	105
PERPIGNAN . . . . N.	Clermont & à Perpignan. . . .	126

POITIERS. *Chemin de traverse*. . . O. . . 68

De Moulins *à Gueret*. . . 33 l. De Gueret *à Poitiers*. . . 35 l.

Autre Chemin de traverse. 58

De Moulins *à Bourbon-l'Archambault*. . . 6 ½ l. *Voyez cette Route*. Devant la Paroisse. Petit bois au N. de Bessay-le-Monial +. Au chât. du Mont & à *Igrande*. . . 2 ½ l. Pente rap. & vallon à trav. Bois & rivière de Bandes à passer. A Vicure +. Côte à l'O. de la forêt de Dreuille. Passage de l'Omance, rivière *A Cosne*. . 3 l. (ou de Moulins à Souvigny. . . 3 l.) *Voyez de Moulins à Limoges*. De Souvigny on traverse la forêt de Messarge. *A Mellier*. . . 2 l. Vallon & riv. d'Ours. Côte, chât. de Belleray, & au S. de Gipey + & de St.-Hilaire. +. Au N. de la Bussière-la-Grue +. Riv. de Morgon & forêt de Dreuille. Passage de l'Omance. *A Cosne*. . . . 5 l. Passage du pont & riv. d'Œil. Chaussée de l'étang du Lys. Bois de Venas à passer. Le long N. des étangs & chât. de Couture. Pente de Flemagnet. Côte & ham. des Foucauts. Pont & ruiss. de Noel. Côte & cense de Jeu. Pont & riv. de l'Amonse. *A Herisson*. . . 2 l. A la Chausseau. Vallon & riv. de Cher, que l'on passe. Côte, vallon & riv. de Quengue, au N. de Moussais + & à Vedun +. Vallon, côte & ham. des

MOULINS.

Molats. Au S. de l'Ecrévisse & Prachas. Pont & riv. d'Arnon. *A Cullan*... 7 l. Bruyères, vallon & au S. du grand & petit Levre. Côte rapide, ham. de Mas & riv. de Sinaise. *A Château-Meillant*... 3 l. Côte & plaine à ½ l. S. de Neret +. Vallon à ½ l. N. d'Urcières + & à Champilly. Au Nord du moulin, ½ l. de la Motte-de-Feuilly +. Le long du bois de Bore, vallée à ½ l. Sud de Montlevy +. Pente rap. à ¼ l. du chât. & vill. de *Briantes* +. Au chêne, ¼ l. S. de Lacs +. Vignes, pont & riv. d'Indre à passer. *A la Châtre*... 4 l. Pont & riv. de Couarde, à ¼ l. N. de Magny +. Côte du bois Moret & vallon au S. de Belfond. Côte, bois & ham. de la Chaussée. Pont & riv. de Vauvre. Côte & vallon à ¼ l. N. de Fougerolles +. Pente rap. & cense de Beauvais. Pente rap. des Chaumes. A la Chicheterie & bois à passer. Vallon & hameau de Boubarou. Côte de la Benardière. Vallon, ruiss. de l'abb. de Play. Côte à ½ l. S. du Moutiers +. Vallon, vill. de Cluis-dessous & riv. de Bouzance. Mont & vill. de *Cluis-dessus*... 4 ½ l. Vall. prairie & ruiss. à pass. Côte, vall. au N. de l'étang de Pissanty. Côte rap. & ham. d'Alet. A Pommiers +. ¼ l. de bois à passer à 4 l. S. du chât. de Chatellier, devant lequel on passe. Pente rapide, étang & moulin de Chatellier. Pont & ruiss. de Riautiran. Côte & bois à passer. Au Touchats & à Bedecon. Vall. pont, ruiss. de la Planche. Côte de la Borde. Vallon & vill. de Menonx +. Côte de vignes à trav. en pass. au bois & vis-à-vis de la Maison rouge. Vallon à l'O. de Gourban. A Domule, ½ l. Ouest de Peschereau. Croix de Laume. *A Argenton*... 5 l. D'Argenton à *Poitiers*... 20 l. *Voyez de Poitiers à Argenton.*

Quesnoy. (le)....	N.	Paris & au Quesnoy........	119
Randans.........	S.	Vichy & à Randans........	16
REIMS......	N.E.	Troyes & à Reims.........	99
Renaison........	S.	Roanne................	24
RENNES.....	O.	Nantes & à Rennes........	147
Rethel.........	N.E.	Reims & à Rhétel.........	108
Riom..........	S.p.O.	Clermont-Ferrand.........	19
Ris............	S.	Vichy & à Ris............	17

ROANNE. Grande Route... S.p.E... 24 ½

De Moulins on passe à l'O. de Bataillat, à ¼ q. l. de Panlou.

Vis-à-vis de la Motte-Briſſon. Dev. E. de l'Etoile, à $\frac{1}{4}$ l. de la Folie. Pont, moulins & grand Gaudet, $\frac{1}{2}$ l. O. de Préaux, Ogière & Rayeux, châteaux. A $\frac{1}{4}$ l. E. de Breſ-ſolés +, au-delà de l'Allier, riv. Pont à $\frac{1}{2}$ l. E. de Ver-millier. Côte du gros Vernois, à $\frac{1}{2}$ l. O. de Milbonnet. A Toulon +. Pente rap. pont & ruiſſ. du chât. des Segauds. A Beauregard, O. de Bonnay & de Malnots. Pont & moulin de Sane-ſur-la Sonante, riv. Devant la poſte de Sane. Côte à l'O. de la Forêt. Le long O. de Montcheſin. A 1 l. E. de Chemilly +, ſur la route de Clermont. Vallée à l'O. de Fougerolle, Marcy & de la forêt de Bord. Pont à l'E. de la cenſe des Fourniers. Pont à l'E. du fief de Paray. $\frac{1}{2}$ l. O. de Neufgliſe +. *A Beſſay*... 3 $\frac{1}{2}$ l. Pont & riv. de Beleau, à 1 l. E. de Soupaize +. Pont à l'E. de Baudinanche. A $\frac{1}{4}$ l. E. du chât. d'Auterive. Côte à $\frac{1}{4}$ l. E. de Chatel-de Neuve +. Le long O. du bois, $\frac{1}{4}$ l. E. de la Ferté-Auterive +. Ancienne poſte de Cherolles, à $\frac{3}{4}$ l. O. du vill. & chât. de St.-Gerand-de-Vaux +. A $\frac{1}{4}$ l. E. des Echerolles, 1 l. de Moneſtay. Pont, étang à l'E. de Mezilles. Côte à 1 l. E. de Contigny +, 2 l. de *Verneuil*. A St.-Loup, dont l'égliſe eſt à gauche +. Pont à l'E. de Deliſle & des Badets. A Chazeul, au bas O. du château. Pont au bas O. de la Ronde, à $\frac{3}{4}$ l. E. du chât. de Villemouſe. A l'O. des vignes & cenſe des Goutes & de Garbois. A Vouroux +, E. du Gravier, chât. *A Varenne*... 3 l. & de *Poſte*... 4 l. Pont ſur la Valençon & faubourg à paſſer. Côteau entre Fragne & les Loutaux. A l'E. de Barnier, 1 l. de Paray + & de Cordebeuf. Vall. & étang. A l'E. de Beaulieu & Peroux, O. de Rongère +. Vall. pont à 1 l. S. O. de Boucée & de la forêt de Voudelle. A l'E. de Tougue *ou* Togue, & au S. O. de Muage. Côte & vignes à l'O. des Baillots. $\frac{1}{4}$ l. N. de Langy +. Pente rap. au S. du chât. des Arragons. Vallée au S. de Pra & devant Peraton. Côte à $\frac{1}{2}$ l. N. E. de Sanſat +, $\frac{1}{2}$ l. S. de l'étang, chât. de Poncenat & du vill. de Ciernat +. $\frac{1}{2}$ q l. N. de St.-Etienne-du-bas +, $\frac{1}{4}$ l. de St.-Allire-de-Valence. Aux Etourneaux & à *à St.-Gerand*-le-Puy... 3 l. Vallons & côteaux à trav. Côte & cenſe de la Garenne, à $\frac{1}{4}$ l. N. de Preugne. Vallon, pont, moulin & vill. de Perigny +. Côte & petit bois à trav. Le long N. des bruyères, à 1 l. S. de Servilly. Vall. & côteaux à trav. Côte & fourche du chemin de Vichy. Bois & pente rap. du moulin, à $\frac{1}{2}$ l. S. du vill. de Lubier + ſur la Bebre, riv. *A la Paliſſe*... 2 $\frac{1}{4}$ l.

MOULINS. 153

Devant la poste & le chât. en passant la rivière de Bebre. Côte à ¼ l. de St. Prix + & chem. de *Donjon*. ½ l. S. de Bussoles + & chemin de Macon. ¾ l. des bois de Mauvet à trav. en passant la riv. de Balavan. Côte & maison de Matagot, à ¼ l. N. E. de St.-Didier-Gaudinière. *A Droiturier*... 2 l. Au N. des étangs & ham. de Babot. Au S. de Gonnaud, Goninet & Juillet, Censes. ½ l. N. du chât. de la Feyge. Le long S. du bois de la Grégoulle. A Boisdrat, S. O. de Pommeteau. ½ l. N. E. de Beauvert. Bois & chât. des Meuniers. Vall. étang au S. de Logère. Côte à ½ l. N. de St.-Parne-la-Val +. Au S. & devant la ferme de Villard. *A St.-Martin des Traux* +..... 2 l. Avenue du Château-Morand & au N. du fief de Fayolle. Côte au S. de la cense de la Loire & de Belins. Vall. pont au N. du Jard. Côte au S. de la Goude, à Gatheron. Vallon au N. de l'Aarcher & pont sur Berger. A l'O. du moulin de Bayon & Treillart. Pente rap. entre Berger & Panetier. O. de Brisson & les Briquettes. Montagne, à l'O. de la Saile : *belle vue. A la Pacaudiere*... 2 l. Vall. pont & moulin sur la belle Rivière. *A Tourzie* +. ¼ l. E. de *Crozet*. Pont de la Picatiere à l'O. de Villoson. Côte & cense de la Courtine. Vallon, pont à l'E. de la Bertaillire. Côte à ½ l. O. d'Arçon. Vallée, pont à l'E. des Tanneries. *A Changy*..... 1 l. Entre les Places & les Merles. Pont & riv. de Tressonne. Aux Mariolus, 1 l. N. d'*Ambierle*. Côte & vill. de St.-Forjeux. L'Epinasse +. Pont à ¼ l. O. du chât. d'Epinasse. Côte à 1 l. E. d'Ambierle. Pont à l'E. d'Espany. Côte & vill. de *St.-Germain-l'Epinasse* +... 2 l. Au S. des Dodins, 1 ½ l. N. E. de *St.-Haon*-le-châtel. Pont & riv. de Pelerin à passer. Côte à ½ l. E. de St.-Romain-la-Mothe +. A ½ l. des bois de Beaulieu, ½ l. E. du chât. de la Mothe. ½ q. l. N. du Temple, Command. Petit bois & peute rap. de Fourchambeuf. A Damet, ½ l. S. des étangs & vill. de Mably +. A ¼ l. O. d'Aiguilly + : *belle vue sur la Loire*. Pont de la forêt & riv. d'Oudan. Pont &, chapelle Ste.-Roanne. ¼ l. O. des châteaux de Beaujeu & des côtes. Vis-à-vis E. de celui du marais.
A ROANNE... 3 l.

ROCHELLE. (la)...	O.	Moul. à Poitiers & à la Roch.	101
ROUEN......	N.O.	—— Orléans & à Rouen.....	103
ST.-CLAUDE......	E.	—— Bourg & à St.-Claude...	64
ST.-ÉTIENNE-en-Forez. Route de traverse...S...			44½

Tome II.   V

De Moulins à l'*Hôpital*... 26 ½ l. *Voyez de Moulins à Lyon.* De l'Hôpital on paſſe le long de la riv. de Gand. Prairie & vill. de Vandrange +. A 1 l. E. de St.-Prieſt-la-Roche +. Le long O. de Boucquins: *belle vue.* Pente rap. à ¼ l. O. du château de Perais. A Flendre, Eſt de l'Egliſe de *Nullize* +. . 2 l. Vall. à l'O. du ham. de Mont. Côte & vall. à l'E. de Ratis, ¼ l. de St.-Jodard +. Le long O. de Recorbet & des Bonnets. Bois à côtoyer, à ½ l. O. de St.-Marcel-de-Felines +, ¼ l. E. de Pinay +. A Charpillon, E. de Ciz. Vallon & ruiſſ. de Berneton. Côte à ¼ l. E. de St.-Georges-de-Baroilles +. Devant Berry, E. de Bieſſe. Prairie, pont & riv. de Bernand. Croix & chât. de Lachas, à ½ l. N. E. de Gregnieux +. A Balbigny +. Pont & ham. de Valancieux, à ½ l. E. de Nervieux +. Pont & ham. de Bois-verd; le long de la Loire, de la prairie, & au vill. de St.-Paul-l'Epercieux, le long de la Loire... 3 l. Pont, à ½ l. E. de Miſerieux +, au-delà de la Loire, & à l'O. d'Épercieux +. Pont entre Vallerin & Civen. Pont & étang ſur Chanaſſon, à ½ l. O. de Civen +. Aux Places, ¼ l. E. de Clepé +. Pont à l'E. de Reigny. A la Gru, 1 l. O. de Salvizinet +. A l'Hoſte, E. du port Lignon. Prairie & pont ſur la Loire, O. de Palais. Pont & moulin à l'O. du chât. de Rozier. *A Feurs*... 2 l. Devant les Minimes & chem. de Lyon. Pont à ½ q. l. E. de Randant-ſur-Loire +. Pont, étangs & cenſe de la grande Barre. A l'E. d'Echallon & du chât. de la Salle. 1 l. O. de Valeilles +. Pont & riv. de Garoilet, que l'on paſſe. Aux Plaſſes, ½ l. O. de Sury-le-Bois, fief. Ponts & étangs à trav. A l'E. du ham. & chât. de *Magnieu*... 2 l. Pont & riv. de Thoranche, à l'O. du Pontet. ½ l. O. de St.-Cyr-les-vignes +, 1 l. E. des étangs & vill. de Marclop +. Entre Lormet & Reveiret, E. de Surget. Au bas O. de la Sauzée. Le long O. de Bellegarde +, ½ l. E. de St.-André-le-Puy +. Pont & riv. d'Anzieu. Aux Farges & à la Vange. 1 l. E. de Montrond +, ſur la Loire. Le long O. de la côte & au bas du chât. de la Rey. côte & chât. de Verney, à 1 l. E. de Cuzieu +. *A St.-Galmier*... 3 l. Pente rap. pont & riv. de Coize. Au bas Oueſt de Champbeuf +. ½ l. E. du Prieuré de Jourcey +. Prairie, pont & ham. de Leymenere. Le long de la côte, au bas O. de Sourcieux, & du vill. de St. Bonnet-les-Oules +. Pont & ham. de la Pra, ½ l. O. de la *Fouilloufe*..... 3 l. De la Fouilloufe *à* St.-Étienne... 3 l. *Voyez de Clermont à St.-Étienne.*

MOULINS.

Autre Chemin.................. 45½

De Moulins à *Montbrifon*... 38½ l. *Voyez cette Route.*
De Montbrif. à *St.-Étienne*... 7 l. *V. de Clerm. à St.-Étienne.*

St.-Florentin..... N. E. | Moul. à Auxerre & à St.-Floren. 59

ST.-FLOUR .. S. p. O. 45

De Moulins à *Montferrand*.... 21 l. *Voyez de Moulins à Clermont.* De Montferrand on passe à la Commanderie de St.-Jean, & au carref. de la route de Clermont à Lyon. Passage du ruiss. Artier. A Arbet, ¼ l. E. de Clermont. Chemin de Clermont à Billon. Fouche de la route de Clermont à St.-Flour, à l'E. d'*Aubieres*... 1 l. *Pour la suite, voyez de Clermont à* ST.-FLOUR... 23 l.

St.-Quentin..... N.	Paris & à St.-Quentin......	106
St.-Symphorien. S. E.	Lyon & à Vienne.........	46
SAINTES..... O.	Limoges & à Saintes.......	90
SEDAN...... N.E.	Reims & à Sedan..........	119
SENS...... N.p.E.	Montargis; d'Orléans à Sens.	55
Semur en Brionn. S.E.	Macon par Marcigny......	21
SOISSONS..... N.	Paris & à Soissons........	96
Souvigny...... S.O.	Limoges.................	3
STASBOURG... E.	Autun. & à Strasbourg.....	112
Tarare......... S.	Lyon...................	33
Thiers........ S.	Clermont, & de Clerm. à Lyon.	31
TOULON....... S.	Lyon & à Toulon.........	139
TOULOUSE.. S.O.	Limoges & à Toulouse.....	128
TOURS.... O.p.N.	Bourges & à Tours........	62
TROYES...... N.E.	Autun & à Troyes........	67
VALENCIENNES. N.	Paris & à Valenciennes....	123
Varenne........ S.	Roanne.................	7½
Vendôme..... N.O.	Orléans & à Vendôme.....	69
VERDUN..... N.E.	Dijon & à Verdun........	100
Verneuil...... S.O.	Clermont...............	7

VICHY. *Route de traverse*... S... 13

De Moulins à *Varenne*... 7 l. *Voyez de Moulins à Roanne.* Pont sur Valençon & faubourg à passer. Côte à 1 l. E. de

Cordebeuf, Chanteau, & de Paray +. Pont à l'O. de la Fouloufe & de la Toule. A ¼ l. E. du port de Cordebeuf, fur l'Allier, riv. Côte à ½ l. E. du Champfollet: *belle vue.* Vallée & vill. de Crechy +, fur l'Allier. Pont & ruiff. de Redan, à l'O. de Teillat. Le long de l'Allier & aux Andrivaux, au bas de Peix. ½ l. E. de Lonzat +. Entre l'Allier & la *côte de vignes*, & à la Ruelle. Dev. le chât. Gaillard. Pont & cours de Billy, *à Billy*... 2 l. Côte à ½ l. E. de Villeme & de la forêt de Marfenac. Le long E. de l'Allier, en paffant devant & à l'O. de Gorbat. A ¼ l. E. du Breuil, ½ q. l. O. du petit Poinat. ½ l. E. de Caffiere & Martillière, au-delà de l'Allier. Au bas Ouest de la Charbonnière. Pont au bas S. du grand Pinat. A la Font des Huillets, au bas de Teinturière. Pont au bas O. des Faux. *A St.-Germain*-des foffés & devant la Paroiffe. A ¼ l. O. de Seuillet +, & à l'E. de Rabrunin. Côte de vignes à l'O. de Sauzet & Charmont: *belle vue.* A ¾ l. E. de St.-Remy-en-Rollat +. Au Audris, au-deffus & à l'O. de Creufier-le-neuf +. Au haut Marieres, *vignoble*. Vallon, pont & vill. de Creufier-le-vieux +. Côte de vignes & ham. de Chambors. A Arloing, ¼ l. E. de Charmeil +. Vallon & ham. de Nantille, petit & grand. Vallée & chapelle de N. D. des Prés. Pont, riv. de Jolan & dev. les Capucins. *A Cuffet*... 3 l. Montagne & vignes à trav. *belle vue.* Pente rapide & chemin de Moutier-les-bains. Vignes à ½ q. l. de Moutier-les-bains. *A VICHY*-fur-l'Allier... 1 l.

ROUTES ET CHEMINS DE TRAVERSE
DE NANCY

Distance de Nancy.

à		Voyez	lieues.
ABBEVILLE...	N.O.	Reims & à Abbeville.......	97
AIX-la-Chap....	N.	Metz & à Aix.............	71
AIX en Prov....	S.	Lyon & à Aix.............	173
ALENÇON.......	O.	Paris & à Alençon.........	128
AMIENS...	N.O.	Reims & à Amiens.........	87
ANGERS........	O.	Paris & à Angers..........	156
ANGOULÊME	O.p.S.	Moulins & à Angoulême....	165
ANTIBES........	S.	Lyon, Aix & à Antibes.....	214
ARRAS........	N.O.	Reims & à Arras..........	87
AUCH.........	S.O.	Langres & à Auch........	222
AUTUN.......	S.O.	Neuchâteau & à Autun.....	6?
AUXERRE.....	O.	Neuchâteau & à Auxerre...	69
AVIGNON...	S.p.O.	Lyon & à Avignon.........	154
Bacarat.........	S.	Colmar.................	12
Bagnères......	S.O.	Auch & à Bagnères.......	245
Barrège.......	S.O.	Auch & à Barrège.........	255
BAR-LE-DUC.	N.O.	de Bar-le-Duc à Nancy.....	21

BASLE. *Route de traverse.* S. p. E.   53

De Nancy à Colmar... 34 l. De Colmar à Basle... 19 l.

Autre Route.................. 49

De Nancy à Remiremont... 22 l. De Remir. à Basle... 27 l.

Baudonville....	S.E.	Schlestatt...............	15
BAYONNE....	S.O.	Limoges & à Bayonne.....	256
Béfort.......	S.	Remiremont & à Béfort.....	33
BESANÇON.....	S.	Vesoul & à Besançon......	44
Bitche........	E.	Deux-Ponts.............	28
Blamont.......	E.	Strasbourg par Saverne.....	13

Blois........ O.	Orléans & à Blois........	107
BORDEAUX.. S O.	Langres & à Bordeaux.....	202
Bouquenom...... E.	Deux-Ponts.............	21
Bourbon-les-B.. S.O.	Autun & à Boubon.......	81
Bourbonn.-l-B.S.p.O.	Neuchâteau & à Bourbonnes.	29
BOURG-en-*Bresse*.. S.	Besançon & à Bourg.......	77
Bourmont..... S.O.	Neufchâteau & à Bourmont..	18
Brest.......... O.	Paris & à Brest...........	229
BRUXELLES....N.	Mézières & à Bruxelles.....	89
Bruyeres........ S.	Colmar par Bruyeres......	17
CADIX....... S.O.	Montpellier & à Cadix.....	459
CAEN.......... O.	Paris & à Caen...........	136
CAHORS..... S.O.	Limoges & à Cahors.......	192
Calais......... N.O.	Reims & à Calais.........	114
CAMBRAY....N.O.	Verdun & à Cambray.....	79
Cauterets...... S.O.	Auch & à Cauterets.......	250
CHAL.-*sur-M*...N.O.	Bar-le-Duc & à Châlons....	41
CHALON-*sur-S*. S.O.	Langres & à Chalon.......	62
Charleville...... N.	Mézières & à Charleville...	46
Charmes......... S.	Remiremont.............	9
Château-Salins... E.	Saarlouis	8
Chaumont....... O.	Neufchâteau & à Chaumont..	26
Cherbourg....... O.	Paris & à Cherbourg......	164
Clermont en Arg. N.O.	Verdun & à Clermont.....	28
CLERMONT-F.S.O	Neufchâteau & à Clermont..	112

COLMAR. *Route de traverse*...S.... 35

De Nancy à *Lunéville*... 7 l. *Voyez de Nancy à Strasbourg par Saverne*. De Lunéville & faubourg de la Fonderie on passe au vill. de Moncel-sur-Meurthre +. Entre la forêt de Mondon & la Meurthre, ¼ l. E. de l'abbaye de Beaupré, au-delà de cette rivière. A l'O. de la cense de Missipi. Entre la maison de brique & Sausy. Au S. & près des Nœuds & de la cense de Betaine, ½ l. O. de Ronxe +. Le long E. de la Meurthre. Côte & vill. de St.-Clément +. Le long & au N. de Cheneviere +, ½ l. N. E. de Walhimenil. Deux vallons & deux ruiss. à trav. A ¼ l. N. de Flin +, au-delà de la riv. A Mullisin *ou*

Menilfin & chapelle de la Madelaine, *Poste*... 4 l. Deux vallons & deux ruiff. à trav. A l'extrémité S. de la forêt de Mondon. Vallon, ruiff. à paffer. A Azerailles +. Le long de la Meurthre, en traverfant plufieurs côteaux & vallons. ½ l. N. E. de Glonville +, ½ l. S. de Gelacourt +, fur la côte. Pente rap. de Mazelur, côte & chapelle de Ste.-Catherine. Vallée à l'E. des bois de Fouilly. Cenfe de Frouard. *A Bacarat*... 2 l. Chapelle de St. Loup. Pont, ruiff. & ham. d'Humbepaire. 1 l. de prairies à trav. le long de la Meurthre. A Bertrichamps +. Côte & au S. des Rappées, près du bois. Vallon & ruiff. de St.-Jean. ½ l. N. E. de la chapelle +. Au point du jout, *cabaret*, & au N. de Thiaville. Vallon, ruiff. & ham. de Clairup. *A Raon*-l'Etape. *Poste*... 2 l. De Raon on paffe entre la riv. & le Cimetière. Au N. des cenfes de Repi & de la forêt. Entre la riv. & la montagne du Fey, couverte de Sapins. A l'E. des cenfes du grand & petit Xeitelle, fur la montagne de Sapins de Repi. A St.-Blaife +. Pont & rivière de Rabodot. Vallée de St.-Blaife & route de Schleftatt. A Claire-fontaine, ¼ l. E. d'Eftival +, abbaye. Le long E. de la Foffe, au-delà de la Meurthre. Côte rap. & au S. du bois d'Haubeaumont. Vallon & ham. de la Hollande. Traverfe d'un ruiffeau, & à 1 l. S. O. d'Hurbache. A la Tuilerie de la Hollande. A la Voivre +. Plufieurs côteaux, vallons & ruiffeaux à trav. en paffant à ¼ l. E. de St.-Mihel +. A la Pêcherie Sud des Sapins de Saint-Diey. Vallée le long de la Meurthre. *A St.-Diey*... 4 l. Paffage de la Meurthre & à St.-Martin. De St.-Diey à la chapelle-Périchon. ½ l. de prairies & la Meurthre à trav. A Ste.-Marguerite +. Chemin & à ¼ l. S. de Remonmeix, dans la plaine & fur la Fave, rivière. Pont, ruiff. & vill. de Coenche +. Gorge & ham. de Ginfoffe. Vallon, ruiff. & à ¼ l. S. de Bave. 1 l. N. de la Croix +. Au cabaret du Giron. Entre l'Aigoutte & le vill. de Laveline +. Traverfe de montagnes des Vofges. Détroit, Pofte & ham. de *Gemaingoutte*... 3 l. Le long du Torrent & à Vifembach +. Détroit du haut de Fefte. Mont & croix au bas S. du chât. de Fefte, *ruiné*. Au point de partage des eaux du Rhin & de la Mofelle. Vallée & cenfe de Hergauchamps. *A Ste-Marie-*aux-Mines, *Pofte*... 3 l. De Ste.-Marie on fuit la vallée & la riv. de Lebure, que l'on defcend entre les montagnes, en paffant au N. de St.-Blaife. Pont & ruiff. du petit Echery.

A Ste.-Croix ✛. Schlipbach. Muſlach & le long de la prairie. A la Sciérie de Liepvre & à Liepvre ✛; *Poſte*.... 2 l. Pont, riv. & Prieuré de Liepvre. Au N. des cenſes de Menobois & de Montlembach. 1 l. de prairies à trav. en paſſant au N. des cenſes de Weſprez. Ham. & cenſe de Bois-l'Abbeſſe. Au S. du ham. Sciérie & Papeterie de Meyerhoff. 1 l. de plaine & le long de la prairie & de la rivière. Au S. du vieux chât. d'Ortemburg, & de Ramſtein. Au Péage & devant Chatenois, chemin de Nancy par Ville. 1 l. de plaine & vignes à trav. Au Roi de Pologne, *cabaret*, & route de Béfort à Straſbourg. A Schleſtatt... 3 l. De Schleſtatt. à COLMAR... 5 l. *Voyez de Straſbourg à Colmar.*

Autre Chemin par Ville

De Nancy à Raon-l'Etape. *Voyez ci-deſſus.* De Raon à St.-Blaiſe ✛, la chapelle de St.-Benoît. ½ l. S. de l'abbaye de Moyemoutier. Au haut d'Himbeaumont, ¼ l. S. de Paire. ½ l. N. d'Hurbach ✛. Le long N. de Crimaubois. Vis-à-vis N. de Fontenelle & à ¼ l. Nord de St.-Jean-d'Hormont ✛. Chemin & à ¼ l. Sud de St.-Jean-ban-de-Sapt ✛. Chemin de Launois & de St.-Diey. A Nayeumont, N. de la montagne d'Hormont. Entre les Sapins de Laitre & d'Hormont. A la grande Foſſe. Au N. & près de la bonne fontaine. Ruiſſeau de Ste.-Catherine. Traverſe des Voſges, hautes montagnes. Côte entre Carmet & Beau-ſoleil. Au Frenot. Point de partage & limite de la Lorraine & l'Alſace. Moulin & ruiſſ. de Fraiſe-Goutte. A Saales ✛. Vallon, Scieries & vill. de Bruche ✛. A Venilly & à Salcée. Pont, riv. de Colroy, & à ¼ l. de Ranrupt ✛. Montagne de Staige à trav. Le long de la Milbach, riv. Au haut de Steige & à ce village ✛ Mei-ſingott & au S. d'Engelbach. ½ l. du vill. de Breittenbach ✛. A St-Martin ✛. Aux portes & au N. de *Ville*. Pont, ruiſſ. moulin de Trimbach & de Ville. ¼ l. N. de Neuve-Egliſe. A Trimbach. St.-Maurice ✛. Le long de la Milbach. Chât. *Cabaret* & moulin de Tanville. ½ l. S. de ce vill. & de St.-Pierre Bois ✛. A Ingervalt, cenſe. ½ l. Eſt de Diſſembach. A la Hutte, E. de Neufbois. Au péage de Chatenois & *à Schleſtatt.* De Schleſtatt à Colmar. *Voyez ci-deſſus.*

Autre Chemin.

De Nancy à *St.-Diey*... 20 l. *Voyez la première Route.* De

St.-Diey à la Chapelle-Périchon, ¼ l. O. de Ste.-Marguerite +. 2 l. de prairies à trav. Le long Ouest de la Meurthre, en passant à la cense de Bosé & à la grande Fouriere. ¼ l. O. de Saulcy + & au cours de ce village. A Moncel & à Aubrepaire, ham. A ¼ l. de la montagne & Eglise d'Entre deux-Eaux. 1 l. O. de Mandray +. A St.-Léonard +. ½ l. O. de la montagne de Bellangoutte. A l'O. du moulin & ham. de Souche. A Anould +. Route de Bruyères & de St.-Diey à Béfort... 3 l. Au N. de la Harlade, ¼ l. de Clevecy +. Pont & riv. de Meurthre. A Claire-goute, & le long de la Valtin, rivière. Au S. & près de Eraise +. A Nenemey, au bas de la gr. côte de Bouroche. Pont, moulin & riv. de Valtin. A Plainfaing. Détroit & trav. des Vosges. Gorge de la Masse. A la vieille Chérie & cense d'Engoharie. Au sommet de la branche qui partage les eaux du Rhin & de la Moselle. Descente des Vosges du côté de l'Est. A ¼ l. Ouest du vieux château de Gazoncada. Au Fort Galasse. Vallon, pont, chapelle & côte de la Goutory. Vallon & vill. de *Bonhomme*... 3 l. Vallon entre les rochers & le long de la Béguigne, rivière. Au S. de Chamont. A côté de la Fosse. A la Poutrois +. Chemin de l'abbaye de Pairis. Pont, moulin & ham. de Hachimelle. ½ l. S. de Freland, dans le vallon. Entre les montagnes & la Béguigne *ou* la Weis, rivière. A Altspach; abb. de filles. Scierie & moulin de Kayserberg. *A Kayserberg.* Devant & au N. des Capucins. *A Kiensheim*... 3 l. Chemin d'Ingersheim. A Sigoltzheim. 1 l. de prairies en passant à ¼ l. Sud de Benwier & à 1 l. de Zellenberg. A la chapelle de Saint-Chrême & chemin de Richenweir. Moulin de Cazelbrug & riv. de Felcht. A la route de Colmar à Strasbourg & à la chapelle du Rosaire. *A Colmar*... 3 l. *Où de Kiensheim* on passe *à Ammerschweir.* ½ q. l. E. de St.-Sébastien +. A Ingersheim. Au N. du moulin à poudre. *A Colmar.*

Autre Chemin par Bruyères.

De Nancy à Remberviller... 16 l. *V. de Nancy à Remiremont.*
De Remb. à St.-Diey... 11 l. *V. de Neuchâteau à St.-Diey.*

Autre Chemin.

De Remberviller à Prouassau. ½ l. O. de la forge & vill. de St.-Gorgon. Fourche de la route de Remiremont

Vallon, ruiff. & moulin de la Rue. Côte & le long O. des bois de St.-Gorgon ½ l. O. de l'abb. d'Autrey. Vallon, & vill. de Ste.-Hélène +. Au deffus F. de la forge de Bremoncourt. A l'O. des bois de Ste.-Hélène. Vallon & entre les bois de l'étang & Collez. ¼ l. E. de Grandviller. A Saudhet, le long de la Durbion, riv. A Bulmont, & paff. de la Durbion. Au bas de l'Hôpital. *A Bruyeres*... 4 l. Devant les Capucins. Vall. & à ½ l. S. de Champs +. Côte rap. à côtoyer. A Reteine & à ½ l. N. de Juftarupt +. Cenfe de la Faine. Vallée & riv. de Vologne à traverfer. A la Chapelle + & à Ivoux. ½ q. l. N. de St.-Jacques du Stat +. A Thiriville. Vallon, ruiff. & vill. de Corcieux. Prairie & riv. de Vologne à trav. Côte rap. & à ½ l. N. de Gerbepal. Vallon de la Chargoutte. *A Anould*.... 5 l. D'Anould à Colmar. *Voyez ci-deffus.*

Commercy.....	N.O.		Bar-le-Duc jufqu'à Void; de Neuchâteau à Verdun.......	14
Compiègne....	N.O.		Reims & à Compiègne......	70
Condé........	N.O.	DE NANCY	Valenciennes & à Condé....	86
Condrieux.....	S.O.		Lyon & à Condrieux......	105
Coulanges la vin..	O.		Auxerre & à Coulanges....	72
Darney.......	S.O.		Mirecourt & à Darney.....	23

DEUX-PONTS. *Route de traverfe*...E... 34

Sortant de Nancy par la porte de Ste.-Catherine *ou* St.-Georges on paffe fur le petit ruiff. de Tanneries. Paffage de la Meurthre fur le pont d'Effay. A ¼ de Tomblaines-aux Oyes +. ½ l. S. E. de St.-Mard *ou* Médard +. A Effay lès-Nancy. ¼ l. S. E. de la côte & vill. de Dommartemont+. A l'avenue & à ½ l. N. E. de Sauxure +. ¼ l. de Pulnoy +. Côte & au N. de Seichamps +. Vallée de la Folie à trav. Vallon & vill. de Neuflotte +. Côte à ½ l. S. E. de Laitre + & d'Amance +. Vallon, pont & cenfe de la Boufule. ½ q. l. N. du bois du Roi. A Champenoux. Pont & ruiff. de la Mezulle. Juftice entre le bois du Roi & Fay. Vallon & vill. de Mazerulle. Entre le bois Ramont & celui du Roi. Vall. ruiff. & vill. de Moncel. ½ l. N. E. de Petoncourt-fur-Seille +. Entre les bois de Rofebois & la forêt de St.-Jean-Fontaine. Route de la Reine & à ¼ l. S. de Chambrey +. Entre la Seille, riv. & la forêt de St.-Jean. Route & à ¼ l. S. de Château-Salins. ½ q. l. S.

de Burtecourt +. ½ l. de Salonne-sur-Seille +. A la Grange-Fonguet. Vallon & ruiss. de l'étang à trav. Au faubourg & au S. de Vic. *A Moyenvic*... 7 l. Passage du canal & de la riv. de Seille. Croix & fourche de la route de Metz. A ½ l. S. de l'abb. de Salival. Le long du canal souterrain d'eau salée. Vis-à-vis de St.-Julien & route de Marsal. Au N. & près de *Marsal*. ½ q. l. S. E. d'Haraucourt +. Chemin & à ¼ l. de St.-Médard & au bas du château de Bathlemont. Ruiss. & moulin de Mulcey, le long N. de ce village +. Chemin & à ¼ l. S. de Kerprich. Entre les Capucins & les Salines. *A Dieuze*.... 2 l. Sortant de Dieuze on passe devant l'Hôpital. Chemin & à ½ l. de Lindre +. Côte & à ½ q. l. N. de haute-Lindre +. Petit bois & vallon à trav. A ½ l. S. de *Vergaville*. ¼ l. N. du gr. étang de Lindre +. Petit bois & à ¼ l. N. de Zomange +. ½ l. S. de Bidestroff +. Vallon & bois de Desnin à trav. Chemin & à ¼ l. S. de Kutting +. Bois, étang & à ¼ l. S. de Lostroff +. A Loudrefing +. Traverse du vallon & bois de Milval. Vallée, ruisseau, étang, moulin & village de Miderche *ou* Mittersheim +. 1 l. des bois du Roi à trav. Vallée & ville de *Fenestrange*... 8 l. De Fenestrange on suit la Saare en descendant & en pass. à Nider Steinzelle. ½ q. l. S. de Didendorff +. Moulin, pont & riv. de Saarre. Pont & riv. d'Isch. ½ q. l. Ouest de Wolsffskirchen +. A Bistdorff-de-Nassau +. Vis-à-vis de Zoling +; au-delà de la Saarre. Au vieux Saarwerden. Fourche de la route de Strasbourg. Vis-à-vis E. de Ney-Saarwerden. A ½ l. O. de Rimerstroff +. *A Bouquenom*... 4 l. Côte & forêt de Bouquenom à trav. Vallon & à ½ l. S. de Vellerding +. ¼ l. de Dom Fessel. A Laurens +. Pont, riv. & vallon. A ¼ l. O. de Bitten. Vallon & moulin de Gabach. ¼ l. E. de Deling +. Vall. ruiss. & vill. de Rablingen +. Côte rap. & longue à trav. A Beningen + & à Rorbach. Etang & cabaret. Aux briqueries de *Bitche*.... 7 l. Des briqueries de Bitche *à Deux-Ponts*... 6 l. *Voyez de Strasbourg à Deux-Ponts.*

Autre Route par Kutting.

De Nancy à Dieuse. *Voyez la Route ci-dessus.* De Dieuze à Kutting +. Côte & à ½ l. E. de Domnom +. Vallée & vill. de Lostroff +. ½ l. N. O. de Loudrefing. ¼ l. du bois des Osses à trav. A Ensweiller + & à ½ l. E. de Lhor +. Vallée le long de la Rhode, riv. A Munster +. Vis-à-vis du moulin & étang de Candiviller. *Cabaret*, & au Sud de

NANCY.

Wiebersweiller +. A la Tuilerie. ¼ l. S. de Honskirch +. A Atweiller. Côte rapide d'une lieue à trav. A ½ q. l. S. de Bisert +. *A Harskirch.* Au S. de Viller-sur-Saarre +. *A Ney-Saarwerden.* Pont & rivière de Saarre à traverser. *A Bouquenom.* La suite ci-dessus.

Dieulouard....	N.E.		Metz par Pont à-Mousson...	4
Dieuze.........	E.		Deux-Ponts..........	9
DIJON.....	S.O.		Neuchâteau & à Dijon.....	45
Dôle...........	S.		Langres & à Dôle........	53
Dompaire.....	S.O.		Mirecourt & à Dompaire...	16
DOUAY....	N.O.		Reims & à Douay........	91
Dunkerque....	N.O.		Lille & à Dunkerque......	110
Einville au Jard...	S.		Luneville & à Einville.....	9
Enfisheim.......	S.	D E N A N C Y à	& de Basle à Colmar......	40
Epinal..........	S.		Remiremont..............	15
ÉVREUX......	O.		Paris & à Évreux..........	108
Falaise.........	O.		Paris & à Falaise..........	131
Faucogney......	S.		& de Vesoul à Plombières...	30
Faulquemont...	N.E.		Saarelouis..............	15
Feneſtrange.....	E.		Deux-Ponts.............	17
Fère. (*la*).....	N.O.		Reims & à la Fère.......	68
Fontainebleau....	O.		Troyes & à Fontainebleau...	78
GENEVE......	S.		Besançon & à Genève.....	78
Gerbeviller.......	S.	D E N A N C Y à	Remiremont.............	10
Giromagny......	S.		& de Béfort à Remiremont..	30
Gondrecourt...	S.O.		Toul & à Gondrecourt.....	17
GRENOBLE.....	S.		Lyon & à Grenoble.......	121
Haguenau.......	E.		Landau................	33
Harcoué........	S.		Mirecourt..............	7
Havre. (*le*).....	O.		Paris & au Havre........	134
Insming........	E.		Sarguemine............	17
Joigny.........	O.		Troyes & à Joigny........	66

LANDAU Grande Route...E... 45

De Nancy à Saverne... 26 l. *Voyez de Nancy à Strasbourg.* De Saverne on passe à la fourche de la route de Nancy à Strasbourg à travers le parc de Saverne, & la route de

Colmar à Bitche. A ½ l. N. de Waldolwisheim +. Pont & riv. de Zorn. A Deitweiller +. Wilwisheim +. ¼ l. S. de Meltzheim +. *A Hochfelden*... 3 l. A Schavindratzheim +. Mommenheim-sur-Zorn. Fourche de la route & à 1 l. N. O. de *Brumpt*. ¼ l. N. de Berntzheim +, *vignoble*. Le long S. de Walleinheim +. Vallon, ruiss. & à ½ l. N. du vill. de Rottelsheim +. ½ l. N. O. de Griecksheim +. ¼ l. S. E. de Batzendorf +. ½ l. N. O. de Niderchœffelsheim +. ½ l. de bois à trav. Fourche de la route de Strasbourg à Landau. Pont, étang & ruiss. de Rothbach. Côte de la Maladrie. A Scheidhoff & à Creutehaufel. *A Haguenau*... 4 l. D'Haguenau *à Landau*.... 12 l. *Voyez de Strasbourg à Landau*.

Chemin par Bouxweiller.

De Saverne on passe le long du canal. A Steinbourg + & chemin de Neuviller. A Hastmatt +. Le long Nord d'Imbsheim +. ¾ l. O. de Rietheim. *A Bouxweiller*. A Phaffenhoff +, le long de la Mocker. A Nider-Moderen +. Pont & riv. de Moder, & à l'abbaye de Neubourg. ½ l. de côte & bois à traverser. A Mertzweiller + & riv. de Zintzel. ¼ l. de bois à trav. A Laubach +. ½ l. O. d'Espach +. Pont & riv. d'Eberbach. Côte, en pass. à ½ l. E. de Forstheim. & à ¼ l. O. d'Haignenay. Vallée & vill. de Morsbroun +. ½ l. du gr. vill. de Durenbach + & 1 l. de Walbourg +. Pont & riv. de Fischbach. Côte rap. & vill. de Gonstatt +. Côte, vall. & bois à trav. ¼ l. S. de Hœlschloch +. A Surbourg +, poste. De Surbourg *à Landau*.

LANGRES.......	S. O.	Nancy à Neuchât. & à Langres. 29
LAON.........	N. O.	——— Reims & à Laon....... 58

LAUTERBOURG. *Route de traverse*...E... 43

De Nancy *à Haguenau*... 33 l. *Voyez de Nancy à Landau*. Sortant d'Haguenau on traverse 2 ½ l. de la forêt royale. Pont & riv. de Brumbach. A Suffenheim +, *poste*... 3 l. Plaine, ruiss. & bois à trav. A Runtzeinheim +. Canal détruit, & à la route de Strasbourg à Spire. Traverse de l'ancien canal. A Reschwoog + & route de Fortlouis. Entre Reschwoog & Gulsenheim. A Ropenheim +. Chapelle & moulin d'Althenheim. *A Benheim, poste*... 3 l. De Beinheim *à Lauterbourg*... 4 l. *Voyez de Strasbourg à Spire*.

LIEGE........ N.		Metz & à Liége..........	61
Ligny en Barrois. O.		Bar-le-Duc...............	17
LILLE...... N.O.		Mézieres & à Lille........	89
LIMOGES...... O.	DE NANCY a	Langres & à Limoges......	142
LISBONNE..... O.		Bayonne & à Lisbonne.....	440
Lixheim........ E.		Strasbourg.............	23
LONDRES... N.O.		Calais & à Londres.......	154
Longwy........ N.		Metz & à Longwy.........	27
Lons-le-Saunier. SpO.		Langres & à Lons-le-Saunier.	61
LUNEVILLE... S.E.		Strasbourg par Saverne.....	7
Luxeuil......... S.		Vesoul.................	26
LUXEMBOURG.. N.	DE NANCY a	Metz & à Luxembourg.....	28
LYON....... S.O.		Neuchâteau & à Lyon......	94
MACON...... S.O.		Dijon & à Macon.........	75
MANS. (*le*)..... O.		Paris & au Mans..........	134
Marsal......... E.		Deux Ponts............	8
MARSEILLE..... S.		Lyon & à Marseille........	181
Maubeuge... N.p.O.		Mézières & à Maubeuge.....	69
Mayenne....... O.		Paris & à Mayenne........	141
MEAUX..... N.O.		Châlons-sur Marne & à Meaux.	72

METZ. *Grande Route......* N..... 13

Sortant de Nancy on passe le long E. des Trois Maisons +. Devant la chapelle de St.-Sébastien & le chât. de Sanvoy. Entre la Meurthre, riv. & le vill. de Maxeville. Le long O. de la Meurthre. A la Justice des trois Colas. Vis-à-vis du pavillon, au bas du bois de Flamecourt & au bord de la rivière. A l'O. de la Côte-rôtie & du vill. de Pixerecourt +, au-delà de la rivière. Vis-à-vis E. de la Papeterie & de la Fayencerie de Champigneulle. A Champigneulle +. Pont, moulin & avenue de Bouxieres +, abb. Devant la chapelle de N. D. de Pitié. Entre la forêt de Hayes & la Meurthre. ¼ l. O. de Bouxieres-aux-Dames, abbaye de Chanoinesses & chemin de la Houssey. A la chapelle de St.-Jean. Au chât. & à ½ q. l. E. de Frouard. ½ l. de Pompey +. Pont & riv. de Moselle. ½ l. O. de Clevant +, au-delà de la Meuthre & à ¼ l. du confluent de cette rivière. Le long de la côte de bois de Marbache. ⅓ l. O. de Custine +, au-delà de la Moselle. *Cabaret*, moulin de Marbache +̇ & route de Nancy à Verdun. Entre la côte de Marbache & la Moselle, O. de l'Hermit. de Ste.-Barbe, & à $\frac{1}{2}$ l. de Millery, au-delà. A Belleville +, *Poste*.... 3 l. A $\frac{1}{2}$ l. O. d'Autreville +. Fourche de la route de Metz à Toul. Le long & à l'E. de *Dieulouard*. Entre le moulin & la Moselle, & vis-à-vis de vill. de Scarponne en l'isle. A $\frac{1}{4}$ l. O. de Loisy + & de Sainte-Geneviève +. Pont, ruiss. à $\frac{1}{4}$ l. N. E. de Gezainville +. 1 l. O. d'Atton, au-delà de la Moselle. A Blenod +. Croix à $\frac{1}{4}$ l. E. des bois de Puvenelle. $\frac{1}{2}$ l. O. du chat. de Proche-bois, & $\frac{1}{4}$ l. E. du vill. de Madière. Carref. de la r. de Verdun & de Bar-le-Duc. *A Pont-à-Mousson*... 3 l. Traverse de la ville & de la Moselle. Fourche de la route de Château-Salins. A $\frac{1}{4}$ l. O. du Tertre & du château de Mousson. A l'O. du chât. de St-Jean & de la Vitrée; la Tuilerie & la cense de Ponce sont du même côté. $\frac{1}{2}$ l. de la montagne & Croix de Froidmont. A Champé + sur Moselle. Le long E. de la Moselle que l'on descend. Croix & vis-à-vis du vill. de Vitonville. A $\frac{1}{4}$ l. E. de Pagny + & 1 l. de Perny +. A la Lobe, *cabaret*, & à $\frac{1}{4}$ l. O. d'Ary +. A la poste de Voisage. $\frac{1}{2}$ l. E. d'Arnaville + au-delà & vis-à-vis de la Gorge & à 1 l. de *Gorze*. En face de Novan, sur Moselle +. A Corny-sur-Moselle +. $\frac{1}{2}$ q. l. E. de Dornot +, au-delà de cette rivière. Vis-à-vis du Bac & vill. d'Ancy +. $\frac{1}{2}$ l. O. de la montagne & chât. de St-Blaise. A Jouy-aux-Arches +. Entre la riv. & les bois de St.-Blaise. A $\frac{1}{4}$ l. E. d'Ars, au-delà de la Moselle. $\frac{1}{4}$ l. S. du vill. & mont de Vaux. A Tournebride & dev. le chât. de Frescaty, appartenant à M. l'Evêque de Metz. A $\frac{1}{4}$ l. de la montagne & vill. de Ste.-Russine $\frac{1}{2}$ l. S. E. de la Maison rouge, du Bac & vill. de Moulin +. A $\frac{1}{4}$ l. S. des vill. de Chazel & de St.-Cy. Le long de la mont. de St.-Quentin A $\frac{1}{2}$ q. l. O. de St.-Priva. $\frac{1}{4}$ l. S. de Longeville +, au-delà de l'isle & de la Moselle. A Montigny +. Vis-à-vis S. de l'isle. A la Citadelle & *à Metz*... 7 l.

Mézières......,. N.p.O. | De Verdun à Nancy & à Méz. 46

MIRRCOURT. Route de Poste. S.O. 15

De Nancy à *Flavigny*... 3 l. *Voyez de Nancy à Remiremont*. De Flavigny on passe $\frac{1}{2}$ l. de bois. A $\frac{1}{4}$ l. E. de Pulligny +. Fourche de la route d'*Haroué*. Côte, vignes & au N. de

Cintrey ✝. Pont, moulin & riv. de Madon. Fourche de la route de Nancy à Neuchâteau. Le long de la Madon & vis-à-vis de Voinemont. Côte & à ½ l. E. de Clairey ✝. A la Croix de Clairey. ¼ l. O. de Gerbecourt ✝. A 1 l. E. de Vezelize. *A Tantonville*... 3 l. Chemin & à ¼ l. O. *d'Haroué.* Le long S. des bois de Tantonville. Vallon, moulin & vill. de Xirocourt. Pont & riv. de Madon. Au Haut-de-Vaux, entre les bois A Socourt ✝ & *à Charmes...* 4 l. Ou de Tantonville on va à Affracourt & l'on passe la Madon, riv. *A Haroué.* ¼ l. N. de Vaudeville ✝. Le long S. des bois de Crantenois. A Crantenois ✝. ½ l. N. du Menil ✝. Vallon & ham. de Neuveville. A Roville ✝, *Poste*... 3 l. A ½ l. O. de *Bayon.* Devant le chât. de Roville, & le long de la riv. A Mangonville. Moulin de Chauru & à Bainville-au-Miroir ✝. Entre la rivière, les vignes & la côte du haut Tombeau. A Gripport ✝ & à Socourt ✝. ½ l. E. de Floremont. *A Charmes*... 3 l. De Charmes on passe devant l'hermitage de Charmotte. Au pied du Tertre de la Ronce. Pont & riv. de Collon. Le long N. de Brantigny, ¼ l. d'Ubexy ✝ & à ¼ l. S. de Rugney. A Bonxurulles ✝. Le long N. au bois de ce vill. Vallon, moulin, & à ¼ l. N. d'Aavillaire. ½ l. de bois de Pietrevove à trav. ½ l. N. de Rabiemont ✝. A ½ l. S. de Mazirot ✝. Vallée, pont & riv. de Madon. *A MIRECOURT*... 3 l.

Autre Route.

De Nancy *à Tantonville*... 6 l. *Voyez la Route ci-dessus.* De Tantonville on passe à la r. de Vezelife à Charmes. A 1 l. de Vroncourt ✝. Vallon, ruisseau, & à ½ l. E. de Forcelles-St.-Gorgon ✝. Vallon, ruiss. & à ¾ l. de Praye & Sion ✝. Côte à ¾ l. O. de Xirocourt ✝. Vallon & ruiss. de la Maison rouge à traverser. A St.-Firmin ✝. ¼ l. E. d'Housseville ✝. ½ l. O. de Marainville ✝. Vallon, ruiss. & vill. de Diarville ✝. A côté du moulin de *Giblot*... 2 l. Chemin de Mirecourt à Bayon. Entre deux bois, & à ½ l. O. de Bouzanville, & ¼ l. E. de Pont ✝. A ½ l. Est de Boullaincourt ✝. Vallon à ½ l. Ouest d'Ambacourt & de Bretoncourt ✝. Bois & à ½ l. E. de grande Frenel. A ¼ l. E. de Puiseux. ½ l. O. du chât. de Mazirot. Côte, vall. ruiss. à ½ l. O. de Mazirot ✝. A Poussay, Prieuré & Chapitre ✝. Au moulin de Poussay-sur-Madon. A la Folie & chemin de Neuchâteau. Entre l'Hôpital & les Capucins. *A MIRECOURT*... 2 l.

NANCY.

MONTAUBAN.. S.O.		Limoges & à Montauban....	207
Montbéliard...... S.		Béfort & à Montbéliard.....	37
Montmédy....... N.		Verdun & à Montmédy.....	33
MONTPELL.. S.O.		Lyon & à Montpellier......	172
MOULINS.... S.O.		Langres & à Moulins.......	90
Morhange........ E.	DE NANCY à	Sarguemine..............	12
Moyenvic........ E.		Deux-Ponts par Moyenvic..	7
Mulhausen....... S.		& de Basle à Colmar.......	38
Munster......... S.		& de Basle à Remiremont...	32
NANTES......... O.		Orléans & à Nantes........	171
Neubrisach..... S.E.		& de Basle à Colmar.......	32
Neuchâteau.... S.O.		de Neuchâteau à Nancy.....	13
NISMES....... S.O.		Lyon & à Nismes..........	159

NOMENY. Chemin de traverse...N... 10

Sortant de Nancy on passe le pont sur la rivière de Meurthre & l'on va à Malzeville ✚. Côte rapide & bois à trav. Garenne à ¼ l. E. de Pixerecourt. Vallée & à ¼ l. O. d'Agincourt ✚. Pont & ruiss. de Mezulle. Côte rap. à trav. en passant à ½ q. l. E. de Lay-St.-Christophe ✚. Entre l'abb. de Lay & Eumont ✚. 1 l. de bois à trav. en passant à ¼ l. Ouest de Blanzé-de-Moulin ✚, Bouxières & d'Ecuelle ✚. A ½ l. E. de Montenoy. Vis-à-vis la chap. de St.-Hilaire. A *Leyr* ✚.... 7 l. A ¼ l. E. de Villers-lès-Moivron. Vallon, ruiss. à ½ l. E. de Moivron ✚. A la Tuilerie & à Arreye-sur-Seille ✚. Vis-à-vis d'Ajoncour ✚. A Chenicour-sur-Seille. Traverse des bois d'Abaucourt ✚. A la Borde & à St.-Michel. Pont & riv. de Seille à passer. *A Nomeny*..... 3 l. *Ou de Leyr on passe à Villers* ✚. *Moivron. Jaudelincourt* ✚. *La Borde. Saint-Michel. A* NOMENY... 3 l.

Orient. (l')...... O.		Nantes & à l'Orient.......	211
ORLÉANS .... O.		Troyes & à Orléans.......	93
PARIS... O.p.N.	DE NANCY à	Bar-le-Duc & à Paris......	83
Pau........... S.O.		Limoges & à Pau..........	245
PÉRIGUEUX... S.O.		Limoges & à Périgueux....	166
Péronne...... N.O.		Reims & à Péronne.......	79
PERPIGNAN.. S.O.		Lyon & à Perpignan.......	210

PHALSBOURG.... E.	à Strasbourg...............	23
PHILISBOURG.. E.	Lauterb. de Strasb. à Spite...	48
Plombières....... S.	Et de Plombières à Epinal...	22
POITIERS.... O.	Orléans & à Poitiers......	153
Pont-à-Mousson.. N.	Metz....................	6
Parentruy....... S.	Béfort & à Porentruy.......	41
Raon-l'Étape.... S.	Colmar par Raon..........	14
REIMS..... N.O.	Bar-le-D. Châlons & à Reims.	47
Remberviller...... S.	Remirem. par Remberviller.	16

(colonne de droite: DE NANCY)

REMIREMONT. *Route de traverse*... S... 21

De Nancy on traverse le faubourg de St.-Pierre, & l'on passe dev. N. D. de Bon Secours, & à la fourche de la route de Strasbourg. A l'E. du château de Belle vue. A Brichambaud, chât. Devant les ruines de la Malgrange. $\frac{1}{2}$ l. E. de Vandœuvre +. $\frac{1}{4}$ l. O. de Heillecourt +, chef-lieu. Devant le chât. & à l'E. d'Houdemont +. Le long de la côte & bois de la plaine de Charlemagne. Vall. & fief de Frecourt. Croix à $\frac{1}{2}$ l. O. de Fleville +. A $\frac{1}{2}$ l. E. de Ludre + & Côte-d'Afrique. Vallon, ruiss. & Justice de Ludre. Entre les bois de la Grève & de Fleville. Croix, Justice & Tuilerie de Richar. $\frac{1}{4}$ l. E. de Mereville, sur Moselle. A Richarminil +. Pente rap. & dev. le chât. Vallée, pont, ruiss. de la ferme de la Horne. $\frac{1}{2}$ l. E. de St.-Thibaud, Prieuré. Pont & riv. de Moselle à passer. A la rue du pont de Paqui. *A Flavigny*... 3 l. Fourche de la route de Mirecourt. Devant l'Abbaye & ville haute de Flavigny. Gorge entre la rivière & les bois. A $\frac{1}{4}$ l. O. de Tonnoy. $\frac{1}{2}$ q. l. E. de Menil-St.-Michel. Vis-à-vis du petit & gr. moulin de Tonnoy. Au Menil-St.-Martin. A $\frac{1}{2}$ l. O. de Vel, sur Moselle +. A Crevechamps +. Côte à trav. à $\frac{1}{2}$ l. N. de St.-Remimont +. Vallée & à l'E. de N. D. des Graces. Le long O. de la Moselle. $\frac{1}{2}$ l. O. de St.-Mard + & de Lorrey +. A Neuviller-Launoy-bois +. A $\frac{1}{4}$ l. O. de *Bayon*, au-delà de la riv. Au moulin de Roville. Fourche du chemin de Vezelize. Chât. & vill. de *Roville* +... 3 l. Entre la côte de vignes & un bras de la Moselle, & à $\frac{1}{2}$ l. O. de Virecourt +. A Magnonville. Au moulin à eau de Chauru. A Blainville-au-Miroir. Entre la côte de vignes du haut Tombeau & la Moselle. A Gripport + & à $\frac{1}{2}$ l. O. de Chamagne. A Socourt +.

Vallée de la Moselle & chemin du chât. de Savigny, ½ l. O. de Floremont +. Entre le château de Grignon & la Tuilerie. *A Charmes*...... 3 l. Devant l'hermitage de Charmotte. A ¼ l. O. d'Esseigney + au-delà de la riv. & en-deçà de la forêt. Vis-à-vis de l'Angley & de la Tuilerie: ¼ l. O. de Porcieux, au delà. A Bellefontaine, au bas de Vencey +. A ½ l. O. de la forêt de Fraise. Ruiss. de la Laumont. Chem. & ruiss. d'Aubiay, Prieuré. A Nomeny + & à ¼ l. O. de Châtel, sur Moselle. ½ l. de bois à trav. A ¼ l. E. de Frison +. Côte rapide & vallée d'Igney. A Igney +, *Poste*... 3 l. ½ l. O. de Girmont +. A Thaon +. Côte de St.-Antoine *ou* de Paye. A Chavelot +. Vallée & à ½ l. O. de Dogneville +. A Xay, cense. Côte & au Rang du Xay. A l'Ouest & près de Golbey +. Vallon, Huilerie & Cense. Côte de Montplaisir à trav. A la Madelaine & Huilerie Bège. *A Epinal*-sur-Moselle... 3 l. Chapelle de St.-Antoine & champ du Pin. Au Point du jour. Papeterie du champ d'Argent. Fourche du chemin de Plombières. A Dinozel & Rondenot. A Arches + & vis-à-vis d'Archette. *A Pouchey*-sur-Moselle +.... 3 l. Vis-à-vis de Jarmenil & route de Besançon à St.-Diey. ½ l. O. d'Eloyes +. Aux Bars de Pouchey. Vall. & cense de Presmoussette. Au haut de la Dars. Côte & vallon de Longuet, à l'E. de St.-Nabor + & à l'O. de la montagne de Grimoulan. A Bonfaing. Prairie & ham. du moulin. A Choisy, chât. aux Capucins & *à Remiremont*... 3 l.

Autre Route par Bayon............ 21

De Nancy *à la Neuville*... 1 l. V. de Nancy à Strasbourg. De la Neuville & fourche de la route de Strasbourg on passe à 1 l. de St.-Nicolas, ½ q. l. E. de St-Hilaire-en-Vermois. Vallon & ham. de Ville-en-Vermois. A l'O. de Manoncourt +. ¼ l. de Coyvillers +. ¼ l. E. de Burthecourt +. A l'Ouest des bois de Chaudron. Le long Est du bois de Louet. Aux baraques de Ferrières +. ¼ l. O. de Saffais +. Vis-à-vis du chât. de Ferrières. 1 l. de plaine à trav. en pass. à ½ l. E. de Vel, sur Moselle. ¼ l. O. d'Haussonville +. Côte rap. à ½ q. l. O. de Dontail +. Ruisseau de Maxet, & à ½ l. E. de St.-Mard +, ¼ l. de Lorrey +, ½ l. Ouest d'Henneville. Pente rap. & r. de Luneville & Vircourt +. Pont & riv. d'Euron. *A Bayon*... 5 l. Dev. les Tiercelins. Le long E. de la Moselle. A Vircourt +. ½ l. E. de Roville. ½ l. de bois à trav. A ½ l. E. de Bainville +. Le long O.

de la forêt de Charmes. A ¼ l. E. de Grippott +. A Chamagne +. La Tuilerie & à la forêt. Fourche du chemin de Remberviller. Pont & riv. de Mosette. *A Charmes*... 3 l. De Charmes à Remiremont. *Voyez la Route ci-dessus.*

Autre Route par Luneville, desservie par la Poste.... 22

De Nancy à *Luneville*... 7 l. *Voyez de Nancy à Strasbourg.* De Luneville on passe à St-Maur. Pont, riv. de Meurthre & près de Beaudesir. Côte & Châteaufontaine. A ½ l. O. d'Herimenil. Vall. ruiss. & à ¼ l. E. du chât. d'Adomenil. A Rehainvillers, ½ l. E. de Mont + & à 1 l. de Blainville-sur-l'eau. Le long O. des bois de Fourchon. Fourche de la route de Bayon. A Xermamenil. Entre les bois & à ¼ l. N. d'Haudonville +. Au faubourg N. D. & au N. de *Gerbeviller-sur-Agne*, riv. Entre cette riv. & les bois de Moyen. *A Moyen*... 4 l. Entre le moulin & le chât. de Moyen, à ¼ l. E. de Vallois +. A Magnières +. A St.-Pierrepont. Pont & riv. d'Agne. 1 l. de côte à traverser en pass. à ¼ l. O. de Xasseviller +. Vallon, & à ½ l. E. de St.-Maurice. A Roville, sur Mortagne, riv. Vallon au bas des Capucins. *A Remberviller*... 4 l. Passage de la Mortagne. A Provenson, ¼ l. O. de St.-Gorgon +. Fourche de la route de Bruyères. A ¼ l. E. de Vomecourt +. Côte & vill. de Destord +. Montagne & bois de Siroux à trav. Au Pont Bresson. A Charmois + devant Bruyères. A l'O. de Perle & de Docelles. A Chemenil, *Poste*... 4 l. Le long de la Valogne, que l'on passe. A Jarmenil. Pont & riv. de Moselle. Route de Nancy à Remiremont, que l'on suit. *A REMIREMONT*... 3 l.

RENNES.....	O.	à Paris & à Rennes.........	169
ROCHELLE. (la)	O.	Orléans & à la Rochelle....	184
ROUEN...	O.p.N.	Paris & à Rouen.........	113
Rozières........	S.E.	Strasbourg.............	5
Saarealbe.......	E.	Saareguemine...........	20
Saarbourg.......	E.	Strasbourg.............	19

SAAREBRUCH. Route de traverse..E... 24

De Nancy à *St.-Avold*... 17 l. *V. de Nancy à Saarelouis.* De St.-Avold à *Saarebruch*... 7 l. *Voyez de Metz à Saarebruch.*

Autre Route de Poste................. 25

De Nancy *à Saareguemine*..... 22 l. De Saareguemine *à Saarebruch*... 3 l.

SAAREGUEMINE. Route de traverse...E... 22

De Nancy *à Baronville*... 12 l. *V. de Nancy à Saarelouis.* De Baronville on passe sur un Tertre à $\frac{1}{4}$ l. O. de l'étang de Mirch. A la fourche de la route de St.-Avold. Pont & riv. de Roue *ou* Rotte, à $\frac{1}{2}$ q. l. E. de Langdorff +. $\frac{1}{2}$ l. O. de Harspick. Côte rap. & bois à trav. Fourche du chemin de *Morhange*. Vallée & vill. de *Gros Tenquin* +... 2 l. Au pied du Tertre & entre les bois. $\frac{1}{4}$ l. N. d'Erstorff +. A la route de Saarelouis. Vallon à ttaverser, & route de Dieuse. Côte rap. Vallon & village d'Hellimer +. A Diffembach. Côte, vallon & ruiss. à $\frac{3}{4}$ l. S. d'Atripe +. Côte à $\frac{1}{2}$ l. S. de Leuviller +. Vall. & vill. de St.-Jean-Rorbach +. Côte à $\frac{1}{2}$ l. N. de Hilsprich +. Entre les bois & à $\frac{1}{4}$ l. N. de Remering +. Vallon & ruiss. à traverser. A *Petelange, Poste*... 4 l. De Petelange *à Saareguemine*... 4 l. *Voyez de Metz à Deux-Ponts. Ou de Nancy* on suit la route de Saarelouis jusqu'à *Gerbecourt*.... 9 l. De Gerbecourt on passe au-dessus & au N. d'Achain & de Rode +. A $\frac{1}{4}$ l. S. de Baronville +. Le long des vignes & au-dessus N. de *Morhange*. Croix & chemin de ce bourg: *belle vue*. A $\frac{1}{2}$ l. N. O. de Racrange +. Vallée & le long du bois de Vallerange, $\frac{1}{4}$ l. E. de l'étang de Mitch. Entre le bois & le long de l'étang de Vallerange. Pont & ruiss. à $\frac{1}{2}$ l. E. de Harsprick. Côte rap. à trav. en passant le long & au N. O. de Wintrange +, *belle vue*. A Berig: *belle vue au Sud*. A $\frac{1}{4}$ l. O. de St.-Blaise & de Bertrin. Jonction de la route par Baronville. Vallée & vill. de *Gros-Tenquin*.... 5 l. *La suite ci-dessus.*

Chemin par Saarealbe............... 22

De Nancy *à Dieuze*... 9 l. *Voyez de Nancy à Deux-Ponts.* De Dieuze on passe vis-à-vis des Salines & une côte rap. A *Vergaville*. Le long E. de la riv. de Spin. Entre la Tuilerie & Steimbach, à $\frac{1}{2}$ l. E. de Guebling +. Côte longue & rap. entre Bourgalstroff à l'O. & Bedestroff à l'E. Entre les bois de Dordal. A $\frac{1}{2}$ l. O. de Marimont-la-haute + & $\frac{1}{4}$ l E. de Benestroff +. $\frac{1}{4}$ l. O. de Val +. A la cense de Valtouse, & à Neuf-village. Pont & riv. d'Albe à trav. Chât. & moulin d'Alstroff. Fourche de la route de Dieuze à Saarelouis. Prairie & vill. de Lening. Pont & riv. d'Albe. A Reging & *à Insming*..... 6 l. A $\frac{1}{2}$ l. E. de Neling +. A la Justice de Kinger : *belle vue.* A Kinger, sur Albe +. Hazembourg. Entre les bois de Gueblanche & la rivière. A Ottweiller, vis-à-vis S. de Gueblanche +. A Schweich +. Pont & riv. de Rote. Entre les bois de Rech & la riv. d'Albe A Rech +. Plaine & pr. à trav. en pass. à $\frac{1}{4}$ l. S. E. de la Mère-Eglise de Saarealbe. *A Saarealbe*, au confluent de la Sarre & de l'*Albe*... 3 l. Côte à traverser : *belle vue à l'Est & au Sud.* Vall. & pont à passer. Devant le petit Haras. A Villervaltt. Vall. & ruiss. à 1 l. E. de Ransbach +. Côte, vall. & ham. du petit Hambach. A Hambach. $\frac{1}{4}$ l. O. de la neuve Grange +. Vall. ruiss. à trav. & à Rode +. Côte rap. & $\frac{1}{4}$ l. des bois de Saareguemine à passer. Vallée & fourche du chemin de Bouquenom. *A SAAREGUEMINE*... 4 l.

SAARELOUIS. Route de traverse...N.E... 24

De Nancy à Champenoux... 3 l. *Voyez de Nanci à Deux-Ponts.* De Champenoux à Mezereulle +. Moncel + & à $\frac{1}{4}$ l. S. de Peloncourt +. Entre le bois de Rosebois & ceux de St.-Jean. A la route de la Reine & à $\frac{1}{4}$ l. Sud de Chambrey +. Route & à 1 $\frac{1}{2}$ l. O. de *Vic.* $\frac{1}{2}$ q. de Burtecourt +. Pont & riv. de Seille à passer. Côte à $\frac{1}{4}$ l. O. de Salonne +. Le long E. du bois des Anes. Vallée & à l'O. de la petite Seille, riv. A 1 l. O. de Morville +. $\frac{1}{2}$ l. E. de Couture +. *A Château-Salins*... 5 l. De Château-Salins on va à la fourche de la route de Metz. Vall. moulin & à l'E. d'Ammelecourt +. Côte & ham. de Lubecourt. A l'E. de la forêt de Château-Salins, que l'on côtoye l'espace de 2 l. en passant à Gerbecourt +. Entre le moulin des Loups & celui de Dommèvre. A $\frac{1}{2}$ q. l. O. de Vaxy +. Vall. du moulin d'Aulnois. Vallon & ruiss. du moulin de Frescati. A $\frac{1}{4}$ l. O. de Vannecourt +, $\frac{1}{2}$ l. de Dalhain +, & à $\frac{1}{4}$ l. de Bellange + : *belle vue.* A $\frac{1}{2}$ l. E. de Château-Brehain +, $\frac{1}{4}$ l. de Brehain +. $\frac{1}{2}$ l. de Villers-aux-Oyes, au bas de la forêt d'Antremont. A $\frac{1}{2}$ l. E. de Martille + & de la Nied Française. Traverse de la branche de montagnes qui sépare les eaux de la Seille & de la Nied : *belle vue.* Fourche du chemin de Saarealbe. Vallée & village de *Baronville* +... 4 l. Tertre de ce village à trav. A $\frac{1}{2}$ l O. de l'étang de Mitth. Fourche de la r. de Saareguemine. Pont & riv. de Rotte *ou* Roue. A Langdorff +. Côte &

vill. d'Enchewiller ✛. 1 l. de plaine en paſſant à ¼ l. E. de Chemerie. ¼ l. de la forêt de Remilly. Vallée & à ½ l. O. d'Adlange ✛. A ½ q. l. E. de la Mere-Egliſe de Faulquemont. Le long de la côte de bois de Faulquemont. *A Faulquemont*, ſur Nied... 3 l. A ¼ l. E. de Créange ✛. Côte rap. & vallons à trav. en paſſ. à ¼ l. O. de Pont de pierre. ¼ l. E. de Redlach. A Tritting ✛. ½ l. E. de Baumbiderſtroff ✛ vis-à-vis de la Tuilerie & Loderfang. A ¼ l. O. de la forêt de Furſt. ½ l. E. de Longeville ✛. Fourche de la route de Metz à Bitche. *A St.-Avold*... 3 l. Pont & riv. de Roſel. A la chapelle de la Trinité. Côte rap. & 1 l. de la forêt de St.-Avold à trav. en paſſ. à ½ q. l. E. de Porcelette ✛. A la borne du Pays de Naſſau. A Carling & à ¼ l. O. de l'Hôpital ✛. Traverſe du bois du Prince de Naſſau. A 1 l. de Creutzwald ✛, Verrerie & forge. Le long O. de la forêt du Prince, & à ¼ l. E. de celle de Merten ✛. A Hiberhern *ou Eibersheim*... 4 l. Pont & riv. de Biſten. A Biſten, ſous Berus ✛. Le long E. de la côte & au bas de Berus. Traverſe des prairies de Biſten. A Bourg-Dauphin ✛. Ruiſſ. & fourche de la route de Metz. *A SAARELOUIS*... 2 l.

Autre Route par Dieuze............ 26

De Nancy au château d'*Altroff*... 15 l. *Voyez de Nancy à Saareguemine*. Du chât. on paſſe au moulin & ruiſſeau à Alſtroff ✛. *Poſte*. à l'E. du moulin & vill. d'Erſtroff ✛. Route de Nancy à Saareguemine. A Freybouſſe ✛. Côte entre les bois à trav. Vallon & ruiſſ. à l'O. de l'Egliſe du Val ✛, ſeule auprès du bois. A 1 l. S. E. de Lelin ✛. O. de Laning & de Magtat ✛. A Lixing. ½ l. Oueſt de Bidning *ou Biding* ✛. A Evreſing ✛. Vallée à trav. en paſſ. au moulin d'Holbach, ſur la Nied Allemande. A ¼ l. O. d'Holbach ✛. Côte rapide entre Alteville ✛ & Chambre ✛. Vallée & à ¼ l. E. de Valmont ✛ & à ¼ l. O. du petit Ebercheviller ✛. Côte de Wenheck à traverſer. *A St.-Avold*... 5 ½ l. *Voyez la ſuite ci-deſſus*.

Saarevreden.......	E.	De Nancy à Deux-Ponts....	21
S. Avold.........	E.	—— Saarelouis par Chât.-Sal.	18
St.-Diey........	S.E.	—— Colmar par St.-Diey...	18
St.-Dizier.......	O.	—— Bar-le-D. & à St.-Dizier.	27
ST.-FLOUR.....	S.O.	—— Moulins & à St.-Flour..	135

Ste.-Marie-aux-M. S.	Colmar	24
St.-Mihiel . . . . . . N.	Verdun par St.-Mihiel	14
St.-Nicolas . . . . . . S.	Strasbourg par Saverne	4
ST.-OMER . . . N.O.	Reims & à St.-Omer	106
SAINTES . . . . . . O.	Limoges & à Saintes	181
Salins . . . . . . S.p.E.	Besançon & à Salins	53
Saverne . . . . E.	Strasbourg	26
Schlestatt . . . . . . S.E.	Colmar	29
SEDAN . . . . N.	Verdun & à Sedan	41
Seltz . . . . E.	Lauterbourg par Haguenau	40
Senones . . . . . . S.E.	St.-Diey	18
SENS . . . . O.	Troyes & à Sens	69
SOISSONS . . . N.O.	Reims & à Soissons	60

STASBOURG. *Grande Route* . . . E.p.S. . . 36

De Nancy & porte St.-Nicolas on passe à la fourche de la route de Neuchâteau. Au faub. St.-Pierre & à N. D. de Bon Secours. Fourche de la route de Mirecourt. A ½ l. S. de Tomblaine-aux-Oyes +. Chemin de la Malgrange. Le long N. de Jarville. Pont & ruiss. à passer. Chemin & à 1 l. N. de Fleville +. Le long du parc & dev. Montaigu. Devant & au S. de la chapelle de Ste.-Valdrey. A la Marquarerie. Pont & ruiss. A la Neuville, dev. Nancy +. ½ l. S. de Bosserville +, au-delà de la riv. de Meurthre. Route de Remiremont par Bayon. A ½ l. S. d'Art-sur-Meurthre +. Pont vis-à-vis de la Marquarerie & la Madelaine. Le long S. de la Meurthre. ½ l. S. de N. D. de Lorette, Prieuré. *A St.-Nicolas*. . . . 4 l. Pont & riv. de Meurthre. Devant les Capucins & faubourg de Varangeville. Au haut Varangeville. Avenue de l'Eglise de ce village. Le long S. de la côte de vignes. Pont & moulin au conflent du Sanon & de la Meurthre. A Dombasle +, *Poste*. Le long S. de la côte & Bois-le-Comte. Justice, chemin & à 1 l. N. de Rozière. Le long Nord du bois d'Hudivillers. A ½ l. S. de Plainville + & Ste.-Lucie, chapelle. Le long N. des clos d'Hudivillers +. Au Calvaire de la Croix rouge. *Cabaret* & à ¼ l. S. d'Anthelup +. ¼ l. N. de la forêt de Vitrimont. A mi-côte & au S. du Tertre de Léomont. A ½ q. l. N. de Vitrimont +. Au N. de la Faisanderie, près de la forêt. Côte & vignes de Bellerue.

NANCY.

A Taraon & à Debeinville. St.-Nicolas, *cabaret*, à la maison du Diable & à Jolicot. Avenue du château de St.-Léopold. A la porte de Nancy & *à Luneville*... 3 l. De Luneville on passe au faubourg de la Fonderie, en face du château du Prince Charles, & à la fourche de la route de St.-Diey. Dev. la maison de l'Aumônier du Roi. A ¼ l. S. de Jolivet +. ½ l. N. de Moncel +. Avenue du chât. & vill. de Chanteheux +. A l'Arbre-vert, *auberge*. Route & à ¼ l. S. de Croixmarre. Dev. le Cheval rouge & la Croix d'or, *auberges*. A ½ q. l. S. de Marainviller +. ¼ l. N. de la forêt de Mondon, que l'on côtoye l'espace de 3 lieues. A Thiebamenil +, sur Vezouze, riv. Chaussée & étang de Brissar, Arches, chemin & à ½ l. S. de Manonviller. +, au-delà de la Vezouze. A Benamenil +, *Poste*... 3 l. Pont & moulin de la Baraque. Chemin & à ¼ l. S. de Dom Juvin +. Côte à traverser. à ½ l. N. de Bureville +. Le long des Clos & au N. d'Ogeviller +. Pont & riv. de Verdière. A Herbeviller +. ½ l. S. de St.-Martin +. Pont, riv. de Blette & chât. de Lanois. Au N. du Banal bois. A Dom-Evre +, & à ¾ q. l. de l'Abbaye, au-delà de la Vezouze. Entre la rivière & la côte de Noirbois. Ruisseau & moulin de Barbezieux. A ¼ l. O. de Barbas +. ½ l. E. de Verdenal +. Côte rap. de St.-Jean à trav. en passant le long N. du bois de Trillon, vis-à-vis du moulin des Champs. *A Blamont*... 4 l. Sortant de Blamont on monte une côte rapide en pass. à la fourche du chemin de Haute-Seille. Justice à ¼ l. O. de Fremonville +, & à 1 l. de l'abb. de Haute-Seille. A ¾ l. E. de Repaix *ou* Repas +. Le long O. du bois de Cheneaux, à ½ l. E. de Gogney +. Chem. de Haute-Seille, & à ½ q. l. E. de la ferme de Salières. Vallon, ruiss. & auberge de Malan, Rupt, dit la Carpe. A ½ q. l. O. de la haie des Allemands. Côte rapide de la Carpe & le long des bois de Blamont. ½ q. l. E. du moulin Raptain. Ruiss. & ham. de Richeval. Côte & bois des Sablons à trav. A ½ l. E. d'Ibigny +. Traverse du bois le Comte & de la longue côte de St.-Georges. A 3 l. O. d'Aspach +. Vallée & vill. de *St.-Georges* +...... 2 l. Chaussée de l'étang desséché. Chemin & à ½ l. E. de Gondréxange. Côte rap. à trav. en pass. à ¼ l. O. de l'étang d'Hambourg & du vill. de Landange. ¼ l. O. de Neufmoulin. ¾ l. E. de Gondrexange +. 1 l. O. de *Lorqnin*. Pont & ruiss. de l'étang de Gondrexange. Chemin bordé du village d'Herfing +.

Fourche de la route Metz. *A Heming* +, *Poste*.... 2 l. Côte à trav. en pass. à ¼ l. N. de Xouaquesange +. Vall. & ham de Bebing. Pont, ruiss. à ½ l. S. de Reinting, abb. Côte & au S. des bois de Reinting. Vallée, route pavée & à ½ q. l. O. de Imeling +. *Cabaret* & vis-à-vis du chât. d'Imeling. Vis-à-vis du Moulin rouge & le long de la riv. de Saare. ½ q. l. Ouest du moulin neuf. A la chapelle de gros Orme. Porte & faubourg de Nancy. *A Saarebourg*.... 2 l. Sortant par la porte d'Alsace, on passe à la Croix & chemin d'Hoff +. A ½ q. l. O. de Bilh +. Devant la Maladerie. Pont & riv. de Bièvre. Ham. du petit Eich +, ½ l. S. E. d'Eich +. Pont, ruiss. à ¼ l. S. de Rieding +. Côte, chemin & à ½ l. O. de Hommartin +. Devant la ville de Reims, *auberge*, & à la poste de Hommartin, ¼ l. Sud de *Lixheim*... 2 l. A ½ l. Sud de Brouville, ¼ l. d'Herange +. A St.-Jean. Route de Lottembach & de St.-Quirin. ½ l. S. de Bourscheid +. Dev. & au N. de Kutzerode +. A Mittelbrun + & fourche de la route de Metz par Fenestrange. Sommet du point de partage des eaux du Rhin & de la Moselle. A la Maison rouge, la Charue & le Soleil d'or, *auberges*. Devant la Poste de Phalsbourg. Chemin des trois Maisons + & route de Bouquenom. Porte de France. *A Phalsbourg*.... 2 l. Sortant par la porte de Saverne, on passe à la fourche de la route de Bitche. Chemin de la bonne Fontaine. A la Roulette & cense Fiquet. Aux quatre Vents. ½ q. l. N. de Daun +. Traverse des bois & montagnes des Vosges. très-hautes, en pass. à la demi-lune, d'où l'on apperçoit la flèche de Strasbourg. Fourche de l'ancienne route qui passe au Sault du Prime de Lorraine. Dev. la fontaine. Descente en zig-zag des Vosges. A la réunion de l'anc. route. Chemin & à ½ q. l. S. d'Ottersthal +. Au bas & fourche de la r. qui passe le long de la ville de Saverne. *A Saverne*... 3 l. Treverse de la ville basse & à la route de Colmar. Route plantée du chât. de Saverne. Fourche de la route d'Haguenau. Devant la Briquerie de Saverne. Pont & riv. de Mosel. Vis-à-vis du moulin & ferme de Creutzfeld. Le long du bois de Saverne. A 1 l. N. E. de Marmoutier, abb. A ¼ l. O. de Furch Hausen +. Carref. de la route de Colmar à Bouxweiller Entre Wolscheim, au Nord, & Kleingest, au Sud. A Menolsheim +. Chemin & à ½ l. S. de Fridolsheim +. Pont, ruiss. & à ½ l. N. de Westhausen +. ½ l. S. de Sesoltheim +. Le long du vill.

NANCY.

de Landersheim +. A cent toises S. de Wœllenheim +. *A Wiltenheim*... 4 l. Tertre & chemin de Neugarten +. Au S. d'Avenheim +. Croix, poteau, chemin, & à ¼ l. N. d'Ittenheim +. A Schnersheim +. ¼ l. S. de Kleinfrankenheim. Devant la Couronne d'or, *auberge*, & le long du vill. de Weversheim. A la chapelle de la Vierge & à ¼ l. S. de Bœhlenheim +. Le long E. d'Offeinheim +. Prairie, pont & riv. de Soufflet. Le long N. du vill. & à la Poste de *Stützheim* +... 2 l. Vall. ruiss. & à ¼ l. de Dingsheim +. Traverse de la dernière côte. A Oberhausbergen + & au Soleil d'or. ¼ l. S. de Mitelhausbergen +. Traverse de la plaine fertile de Strasbourg & dev. la Justice. Chemin, & à ½ l. N. de la Chartreuse. A ¾ l. S. O. de Schlitigen +. A la porte de Saverne & à STRASBOURG... 3 l.

Autre Route................ 36

De Strasbourg & de Nancy à Saverne par Waslonne.

Autre par Raon-l'Etape............ 34

De Strasbourg à Nancy par Molsheim & Raon-l'Etape.

Autre par Fenestrange............ 34

De Nancy & de Strasbourg à Fenestrange.

Thann......	S.p.E.	Et de Basle à Remiremont...	35
Thiaucourt......	N.	Verdun par Thiaucourt......	10
Thionville......	N.	Metz & à Thionville......	20
TOUL.........	O.	Bar-le-Duc...............	8
TOULON......	S.	Lyon & à Toulon......	190
TOULOUSE..	S.O.	Limoges & à Toulouse.....	219
TOURS........	O.	Orléans & à Tours........	122
TRÈVES........	N.E.	Metz & à Trèves..........	38
TROYES........	O.	De Troyes à Nancy.......	48
VALENCIENN.	N.O.	Mézières & à Valenciennes...	82
Vaucouleurs....	S.O.	Toul, de Toul à Troyes....	11
Vauvillers........	S.	Et de Vesoul à Mirecourt...	26
VERDUN.......	N.	De Verdun à Nancy.......	22
Vesoul.........	S.O.	Et de Vesoul à Mirecourt...	37
Vezelize.......	S.O.	Mirecourt par Vezelize.....	7
Vic...........	E.	Deux-Ponts..............	7

VIENNE *en A.* E p.S.	ᴅ Straſbourg & à Vienne.....	244
VIENNE *en D.* S.p.O.	ᴺ Lyon & à Vienne.........	101
Vitry-le-Franç. N.O.	ᴬ Bar-le-Duc & à Vitry......	34
Waſſelonne..... S.E.	ᴺ Straſbourg par Waſſelonne...	29
Wiſſembourg..... E.	Landau................	40

ROUTES ET CHEMINS DE TRAVERSE
DE NEUCHATEAU
Diſtance de Neuchâteau.

à		Voyez	lieues.
ABBEVILLE.. N.O.	ᴅ	Bar-le-Duc & à Abbeville...	99
AIX *en Provence.* S.	ᴇ	Langres, Lyon & à Aix....	157
AMIENS.... N.O.	Bar-le-Duc & à Amiens.....	89
ANGERS....... O.	ᴺ	Langres & à Angers........	146
ANTIBES.... S.p.E.	ᴇ	Lyon, Aix & à Antibes....	198
ANVERS........ N.	ᴜ	Bruxelles & à Anvers......	97
ARLES..... S.p.O.	ᴄ	Lyon & à Arles...........	148
ARRAS..... N.O.	ʜ	Bar le-Duc & à Arras......	89
AUCH........ S.O.	ᴬ	Langres & à Auch.........	213
AUTUN...... S.O.	ᴛ	Langres & à Autun........	53
AUXERRE..... O.	ᴇ	Et d'Auxerre à Châtillon....	44
AVIGNON...... S.	ᴀ	Lyon & à Avignon........	138
Bar-ſur-Aube.... O.	ᴜ	Troyes par Bar-ſur-Aube...	25

BAR-LE-DUC. *Route de traverſe*... N... 18½

De Neuchâteau on paſſe entre les Capucins & la chap. à l'E. de Rouſſeux + ſur Meuſe. Côte rap. & vignes à trav. Fourche de la route de Nancy. Au bas de la chapelle de Ste.-Anne. Le long E. de la Meuſe, que l'on deſcend. ½ l. E. de Frebecourt +. A Couſſey +. ¼ l. de prairies entre la Meuſe & le Vair; riv. Pont & riv. de Meuſe à paſſer. *A* Domremy-la-Pucelle +... 2 ½ l. Dev. la *Poſte.*

Vill. & ruiss. de Greux +, à $\frac{1}{2}$ l. O. de Maxey +. Vall. au S. des bois de Greux. Aux Roises +. *Ou de Domremy aux Roises* Des Roises on traverse la côte & un petit bois. On passe à Vouthon-le-haut + & à Vouthon-le-bas +. Côte & $\frac{1}{2}$ l. de bois de Saussy à trav. *A Gondrecourt*, sur Ornain, riv... 3 l. De Gondrecourt on passe à l'E. de Ham & de la forge d'Abainville-sur-Ornain. A Abainville +. Entre la côte & la riv. d'Ornain. Pont, ruiss. de Delouze & route de Nancy. Pont, moulin & rivière d'Ornain, que l'on passe. *A Houdelaincourt* +... 2 l. A Baudignecourt +, sur Ornain. A Demange-aux-Eaux +. Entre la côte de bois & la rivière. Vis-à-vis du Pont & abbaye d'Evaux. $\frac{1}{4}$ l. S. de St-Joire, sur Ornain. Entre la Forge & la Neuve-ville. Le long O. de l'Ornain. A A Treverey +, sur Ornain, & à Saint-Amand +, sur *Ornain*... 3 l. Devant S. de Naix, sur Ornain, & à la forge de Naix.|$\frac{1}{4}$ l. E. de Nantois +, & $\frac{1}{4}$ l. de Longeau. Vis-à-vis le moulin de Clinquenpoix, $\frac{1}{2}$ q. l. Ouest de Menoucourt +. Pont & cabaret de Patouillat. Pont entre le moulin & le vill. de Givrauval. *A Ligny*... 2 l. De Ligny à *Bar-le-Duc*... 4 l. *Voyez de Vitry à Nancy.*

BASLE .... S.E.	Langres & à Basle	64
BAYONNE ..... O.	Langres & à Bayonne	244
Béfort ... . S.E.	Langres & à Béfort	49
BESANÇON ..... S.	Langres & à Besançon	40
BORDEAUX ... O.	Langres & à Bordeaux	189
Bourbon les B... S.O.	Langres & à Bourbon	68
Bourbon-l'Arch... O.	Autun & à Bourbon	84

(colonne centrale: *DE NEUCHAT. à*)

BOURBONNES-*les-B. Gr. Route de traverse.* S. 16

De Neuchâteau à *Montigny*... 11 l. *V. de Langres à Neuchât.*
De Montigny à *Bourbonnes*... 5 l. *V. de Troyes à Bourbonn.*

Autre Route 15

De Neuchâteau on passe la riv. de Mouzon. Entre le Deuil, la Pénil, & la Tour-Joyeuse. $\frac{1}{4}$ l. E. de Noncourt +, où reparoît la Meuse. Fourche de la route de Neuchâteau à Langres. Côte & chemin de Bulgneville. $\frac{1}{4}$ l. Ouest de Rebeuville, sur Mouzon +. Le long E. du bois le Boucher. Vall. & $\frac{1}{4}$ l. des bois de Fays à trav. $\frac{1}{2}$ l. O. de Xircourt +.

A N. D. des Pillers, chapelle. Vallée, pont & riv. de Mouzon. *A Pompierre* +... 3 l. A l'O. de N. D. de la Roche. A Sartes +, fur Mouzon, qu'on remonte. Entre les bois de Châtillon & la rivière. Pont vis-à-vis de Sommerecourt +. A $\frac{1}{4}$ l. O. d'Outremecourt +. Calvaire, pont & ruiff. de Greniot. Le long de la côte de la Motte, vis-à-vis du pont St.-Paire & St.-Nicolas, hermitage. A $\frac{1}{2}$ l. E. de Vaudrecourt +. A Soulaucourt. Pont & riv. de Mouzon à paffer. A Matu, E. des bruyères noires. 1 l. de bois à trav. en paffant au carref. de la route de Bourmont à Vrecourt. *Ou fi l'on veut*, de Soulaucourt on paffe vis-à-vis du pont & du moulin, & le long de la prairie. *A Vrecourt*... 2 $\frac{1}{2}$ l. Pont & riv. de Mouzon. $\frac{1}{4}$ l. de bois & au carref. de la route de Bourmont. Du carref. on trav. $\frac{1}{2}$ l. de bois. A $\frac{1}{2}$ l. E. de la côte & village de Chaumont-la-Ville +. Juftice à $\frac{1}{4}$ l. O. de la Commanderie & vill. de Robecourt. Fourche du chemin & à 1 l. de *Damblain*. Vallée & ruiff. à $\frac{1}{4}$ l. N. de Blevaincourt +. Ruiffeau & moulin de la Planchette. A $\frac{1}{4}$ l. Oueft de N. D. de Varroffe, hermitage, au bord de la forêt du crochet. Le long O. de Rofières, fur Mouzon +. Entre le bois d'Artambouchet & la rivière. Prairie & route de Langres à Nancy. Ruiff. à $\frac{1}{2}$ N. de Romain-aux-bois +. Entre Tolaincourt +, Rocour & Forêt. A l'E. de la côte & bois de Chefnoy. $\frac{3}{4}$ l. O. de Villote, au-delà de la prairie. $\frac{1}{2}$ l. du mont & chapelle de St.-Etienne. Vis-à vis du moulin d'Envie. Fourche d'une chauffée Romaine. Pont entre le moulin de la Ville & les Trinitaires. *A la Marche* en Barrois... 3 $\frac{1}{2}$ l. A $\frac{1}{4}$ l. E. d'Aureilmaifon, $\frac{1}{2}$ l. O. de la forêt & Mont-Heuillons. Entre les bois de Leffeur & de Brandeneffard. Fourche de la route de Befançon à Nancy. A Iche +. $\frac{1}{2}$ l. S. de Mont +. A l'O. d'Ainville, *ou* dans le vill. A Andoivre, $\frac{1}{2}$ l. de Senaide. Côte de vignes & vis-à-vis de la Pivotte. *A BOUR-BONNES-les-Bains*.... 4 l.

Bourg............	S.	De Neuch. à Dijon & à Bourg.	70
BOURGES........	O.	—— Dijon & à Bourges....	108
Breſt.............	O.	—— Paris & à Breſt.......	218
BRUXELLES......	N.	—— Reims & à Bruxelles...	102
CAEN............	O.	—— Paris & à Caen.......	125
Calais...........	N.O.	—— Reims & à Calais.....	116

NEUCHATEAU. 183

CAMBRAY	N.O.	Neuch. à Reims & à Cambray.	82
CHALONS-ſ-Marne..	N.	—— Bar-le-Duc & à Châlons.	39
CHALON ſur S ..	S.p.O.	—— Langres & à Chalon...	49
Charmes............	E.	Straſbourg...............	13
Chatenoy.........	S.	Epinal.................	3
CHALILLON-ſur-Seine.		*Chemin de traverſe*... O...	26

De Neuchâteau on paſſe dev. l'Hôpital & la rivière de Meuſe au confluent de Mouzon. Côte & chapelle de St.-Léger, ¼ l. N. de Noncourt +. Au-deſſus de Galmanchien. A N. D. des Anges, Oueſt de Noncourt, & du trou où reparoît la Meuſe. Côte & ½ l. des bois du Mont à trav. A la Maiſon-Dieu, ¼ l. S. de Freville +. A la chapelle Ste.-Anne & aux Récolets. A Morvillier : *jadis Liſol-le-Grand*... 2 l. Plaine à trav. en paſſant à l'O. du moulin à vent de Morvillier. A St.-Avant, & moulin de la Foſſe. Devant & au S. de Liſol-le-petit +. A ¼ l. E. de la côte & vill. de la Fauche. Juſtice & chapelle des Anges. A Prey, ſous la *Fauche* +... 2 l. 1 l. de bois à côtoyer au S. & à ½ l. N. de Semilly. A ¼ l. N. de Vezaigne, ſous la Fauche +. Vallon & ruiſſ. de ce village. A ¼ l. S. de St.-Blain +. Côte à ¼ l. N. du chât. de St.-Hubert. Entre le bois de Baremont & les Chizos. Pont & ruiſſ. d'Ecot. Côte au N. du bois Fouré à trav. A Rimaucourt +, en paſſant devant la chapelle de Ste.-Colombe, le Fourneau & la Forge. Pont & riv. de Sucure, à ¼ l. S. du bois & Mont-Fouillot. Chapelle au S. du Monteclaire, vieux château. *A Andelot*, ſur Rognon, rivière... 4 l. Paſſage de cette rivière ſur un pont. Plaine à ½ l. E. de Sept-Fontaine, abbaye. Le long O. des bois d'Andelot. A ¼ l. E. de Blancheville +. La même diſtance de Chantraine, & à 1 l. O. de l'abbaye de la Crête. A l'E. de la ferme de Malnuit & à ¼ l. O. de Cirey-les-Mareilles +. A ¼ l. N. de Mareilles +. Vallon & bois à trav. A Darmanne +, ½ l. E. de Méchineux-Minimes. Entre la ferme de Fragné & le bois, ½ q. l. S. E. de Treix +. A 1 l. S. E de Berthenay +. ¼ l. E. de Condes-ſur-Marne. Côte de Reclancourt. Vallée, pont & riv. de Marne à paſſer. A la Maladière & vis-à-vis de St.-Agnan +. Côte rap. à monter. *A Chaumont* en Baſſigny... 5 l. Sortant par la porte & faubourg de St.-Jean, on paſſe le vallon & la rivière de Suize & voye de Villers. ½ l. des bois de Fays à trav. A ½ l. Sud du moulin à vent & vill. de Villers-le-Sec. A $\frac{1}{2}$ l. S. E. de la côte & vill. de Buxières. A Montſaon +. $\frac{1}{2}$ l. S. de la côte & camp de Céſar. A Bleſſonville + & route de Bar à Troyes. $\frac{1}{4}$ l. O. de la Borde. 1 l. de la forêt de Châteauvilain à trav. en paſſ. à la cenſe de Marnay. A la Grange du Capitaine & le long du parc. *A Château-Vilain*, ſur Aujon, rivière... 4 l. A Creancé + *ou* à Vaulary & ſon château. $\frac{1}{2}$ l. de bois à trav. A Latrie. 1 l. de plaine & paſſage de la riv. d'Aube. A Vauxaules + & près de Montigny +. Côte à trav. *A Courban* +... 5 l. Au S. de Biſſey-la-Coſte +. $\frac{1}{2}$ l. N. de Layer-ſur-Roche. Pont, riv. d'Ource & à Brion +. $\frac{1}{4}$ l. S. de Moſſon. Entre les Tertres des deux Jumeaux. Fourche de la route de Châtillon à Paris A CHATILLON-*ſur-Seine*... 4 l.

Chaumont en Baſſ. O.	Châtillon-ſur-Seine	13
Cherbourg O.	Paris & à Cherbourg	153
Cîteaux S.O.	Dijon & à Cîteaux	38
Clairvaux O.	Château-Vilain, de Troyes à Arc-en-Barrois	21
Clermont en Arg. S.O.	Bar-le-Duc & à Clermont	27$\frac{1}{2}$
CLERMONT-F. S.O.	Langres & à Clermont	99
COLMAR S.E.	St.-Diey & à Colmar	46
Commercy N.	Verdun par St.-Mihiel	11
Compiègne N.O.	Châlons-ſ-M. & à Compiègne	63
DEUX-PONTS E.	Nancy & à Deux-Ponts	47
DIJON S.p.O.	Langres & à Dijon	32
Dôle S.	Langres & à Dôle	40
Dompaire S.E.	Épinal	13
DOUAY N.O.	Bar-le-Duc & à Douay	88

ÉPINAL. Route de traverſe... S. E... 17

De Neuchâteau où paſſe devant les Capucins. Côte & vignes de Tourneval. $\frac{1}{4}$ l. du vill. & bois de Rollainville +. Côte rap. entre les bois de Neulay & Rebeuville. A N. D. de l'Etange *ou* l'Etanche, abb. Pont & ruiſſ. de Froide-Fontaine à paſſer. Gorge entre les bois de Rouvre & de St. Remy. Devant les moulins de l'Etanche & de Rouvre. Chapelle de St.-Dominique vis-à-vis du vill. de Rouvre-la-Chetive. Au N. des prés & fontaine de la Boudière.

Le long

NEUCHATEAU.

Le long S. du bois du Luet & au N. de celui du Fays-Devant. *A Chatenoy fur-Mont*.... 3 l. A ½ l. Nord de Lonchamps fous-Chatenoy †. A Mannecourt. Juſtice, Vallon & ruiſſ. à paſſer. Côte à 1 l. N. de Sandaucourt †. A la rue des Halles. Pont, moulin & ruiſſeau de la Fontaine-Chrétien. ¼ l. N. de la Neuve Ville-fous-Chatenoy †. Côte & au S. de Houecourt †. Au S. des bois de Vroye & de la forêt. Vallon & ruiſſ. de la fontaine de l'Hopiat. Côte à ½ l. S. de Morelle-Maiſon. Pont, riv. de Vraine, moulin & vill. de Gironcourt †. A 1 l. S. E. de Dommartin, que l'on voit. Côte rap. à trav. Ruiſſeau, moulin, étang & à ¼ l. S. de Biecourt †. Au Menil-St.-Ois †... 3 ½ l. Chemin de *St.-Menge ou Beaudricourt* †. A Dombaſſe-St.-Ois. Entre les bois de la Vendue & de Sous-Haye. ½ l. S. d'Oilleville †. A Rouvres-en-St. Ois. Ruiſſ. vis-à-vis du moulin & vill. de St.-Menge. A ½ l. N. de Remiecourt †, ſur la côte. A Donvalliers †, ½ l. N. de Tiraucourt †. A Ramecourt, entre le vallon. Entre l'Hôpital & les Cordeliers. *A Mirecourt*..... 3 ½ l. A Mattincourt † & paſſ. du Madon, riv. Moulin de Sonnaval. Entre château Fontet, Tatignecour & Vellotte. Pont ſur une branche du Madon. ½ l. de bois à paſſer. A ¼ l. O. de Bouzemont †. A Naglaincourt & à la Viefville. ¼ l. N. de Graincourt, chât. & chapelle. *A Dompaire*, ſur un bras du Modon... 3 l. Paſſage de la rivière entre Madonne & Lameray, au S. de Bettigney. Entre les bois de Leuvrotte & la côte de Bettigney. A ½ l. N. de Dommard, devant Dompaire. Vallon & ruiſſ. de Bocquegney. ½ l. N. de Hennecourt †. Côte rap. & ½ l. de bois à trav. Pente rap. & vallon. Côte & vill. de Darneulle, en paſſant devant la P ſte... 2 l. A 1 l. N. de Ville-ſur-Illon. Entre les bois & côte de Faincieux & ceux de Fruzct au Sud. Vallon à ¼ l. S. du vill. d'Uxegney & à ¾ de Domèvre †. Pont, moulin & huilerie de Darneulle ſur la riv. d'Avière. Aux Forges. Chemin à 1 l. N. E. de Chamouſſey, abbaye. ½ l. des bois de Limbot à trav. Vall. ruiſſ. moulin de Chantereine. Côte rap. & *à ÉPINAL*... 2 l.

Evreux.....	O. p. N.	Neuchâteau à Paris & à Evreux.	27
Falaiſe............	O.	—— Paris & à Falaiſe.....	120
Flèche. (la)........	O.	—— Paris & à la Flèche...	133
Fontainebleau......	O.	—— Troyes & à Fontainebl.	64

Tome II.

GENEVE	S.	Neuch. à Langres & à Genève.	77
Gondrecourt	N.	—— Bar-le-Duc	5½
GRENOBLE	S.	—— Lyon & à Grenoble	105
Havre-de-Grace	N.O.	—— Paris, Rouen & au Havre.	123

JOINVILLE. Route de traverse...N.O... 11

De Neuchâteau on passe à Rousseux + & le pont Martinet-sur-la-Meuse. Côte de vignes, bois & côte de Boulemont à trav. Au bas S. du chât. de Bourlemont. A ¼ l. N. de St-Jacques-au-Mont. Pont, forge & riv. de Saunel à ¼ l. S. du vill. de Sionne +. A 1 l. N. de Pargney & de l'abbaye de Mureaux. Entre le moulin & le chât. de Rorté à ¼ l. N. de Midrevaux. 1 ½ l. de vallon à passer entre les bois de l'abbaye de Mureaux. Vallon & vill. de *Chermizey*... 3 l. A ½ l. S. du moulin à vent de ce village. Au N. des bois du grand Morchien & de ceux d'Avranville. A Avranville *ou* Avrainville. Bois du petit Morchien à trav. Pont, vallon & riv. de la Maldite à passer. Petit bois de Lux à trav. Côte & ¾ l. de bois à passer. A la Neuville-aux-bois +, ½ l. S. de Lezeville +. *A Germay*... 4 l. A ½ l. S. de Bressoncourt. Traverse des bois de Charmoy. Au N. de la Broutière +. A Thonnance-les-moulins +, Au N. des Forges & Fourneau. Côte & bois de la forêt à passer. A Noncourt +, sur Tarnier, riv. A Poissons + & chât. de Riaucourt. A la forge & le long de la Rongeant, riv. A Suzennecourt & *à JOINVILLE*... 4 l.

Landau	E.		Nancy & à Landau	58
LANGRES	S.O.		De Langres à Neuchateau	16
LAON	N.O.		Reims & à Laon	60
LIÉGE	N.	DE NEUCHAT. à	Verdun & à Liége	66
Ligny en Barrois	N.		Bar-le-Duc	12
LILLE	N.O.		Bar-le-Duc & à Lille	93
LIMOGES	O.		Langres & à Limoges	130
LONDRES	N.O.		Calais & à Londres	156

LONGWY. Route de traverse... 37

De Neuchât. *à Verdun*... 23 l. De Verdun *à Longwy*... 14 l.

Autre Route... 39

De Neuchât. *à Metz*... 25 l. De Metz *à Longwy*... 14 l.

NEUCHATEAU.

Chemin de traverse..................38

DeNeuch. *à Thuihey aux Groseilles*. 8 l. *V. de Neuch. à Verdun.*
De Thuihey *à Toul*.... 3 l. *Voyez de Verdun à Plombières.*
De Toul *à Bernecour.t*.. 5 l. *Idem.*
De Bernecourt on passe entre les bois de Fleurey +. Dev.
& à l'O. de ce village. Chemin & à 1 l. S, E. d'Essey.
$\frac{1}{2}$ l. des bois de Mormart à trav. Chemin d'Essey à Pont-
à-Mousson. A $\frac{1}{4}$ l. E. d'Euvezin. $\frac{1}{2}$ l. de Bouillonville.
A *Thiancourt*..... 3 l. *Ou si l'on veut abréger d'$\frac{1}{2}$ l. De
Fleurey on va à Essey*... 1 $\frac{1}{2}$ l. A Panne + & *à Beney*... 1 $\frac{1}{4}$ l.
De Thiaucourt & de Beney *à Marcheville*... 5 l. *Voyez de
Verdun à Nancy.* De Marcheville à Maizery +, sur la route
de Verdun à Metz. Le long Ouest de Pareid +. $\frac{1}{4}$ l. de
Villers-sous Pareid +. A $\frac{1}{4}$ l O. des bois du Trône. Vall.
ruisseau de l'étang & chemin d'Harnoncel. Côte & bois
à $\frac{1}{4}$ l. E. d'Hennemont +. Ruiss. à $\frac{1}{4}$ l. S. O. de Parfon-
rupt +. Côte rapide & bois de Buzy à trav. Vallée, pont
& riv. d'Orne. A Buzy +, sur la route d'Estain *à Metz*... 2 l.
De Buzy *à Estain*... 2 l. *Voyez de Verdun à Metz.* D'Estain
à Longwy... 10 l. *Voyez de Verdun à Luxembourg.*

LUNEVILLE. Route de traverse... E... 20

De Neuchât. *à Nancy*... 13 l. De Nancy *à Luneville*... 7 l.

Autre Route par Mirecourt...........23

De Neuch. *à Mirecourt*... 10 l. *Voyez de Neuchât. à Epinal.*
De Mirecourt *à Charmes*... 3 l. *Voyez de Nancy à Mirecourt.*
De Charmes *à Bayon*.... 3 l. *V. de Nancy à Remiremont.*
De Bayon on passe la riv. d'Euron, & l'on va à la fourche
de la route de Bayon à Nancy. Le long E. de la côte &
ferme d'Atreval, à l'O. du vill. de Henneville +. $\frac{1}{4}$ l. N.
de Bremoncourt, Prieuré, & à 1 l. N. O. de Clayeurs +.
Vallée & ruiss. du moulin d'Einvaux. Au bas S. de l'abb.
de Belchamp. A Méoncourt +. Vallon & ruiss. à $\frac{1}{4}$ l. S. de
Charmois. Côte à $\frac{3}{4}$ l. N. de Landecourt +. 1 l. des bois
de Sauley à trav. Vallon, ruiss. du moulin & étang de
Landecourt. Côte & ham. de la Maix. Vallée, pont &
riv. d'Agne. Côte à $\frac{1}{2}$ l. Nord de *Xermamenil* +.... 3 l.
Fourche de la route de Gerbeviller à Luneville, que
l'on suit. *A LUNEVILLE*... 4 l. *Voyez de Nancy à
Remiremont.*

NEUCHATEAU.

LUXEMBOURG.	N.E.	Neuchât. à Metz & à Luxemb.	40
LYON........	S.p.O.	—— Langres & à Lyon.....	78
MACON.......	S.p.O.	—— Dijon & à Macon.....	62
MANS. (le).......	O.	—— Troy.& au Mans p. Paris.	123
MARSEILLE........	S.	—— Lyon & à Marseille....	165
MAUBEUGE.......	N.	—— Reims & à Maubeuge...	78

METZ. *Route de traverse*...N.E... 25

De Neuchâteau à Toul.... 1 1 l. *Voyez cette Route.* De Toul au faubourg & abbaye de St.-Mansuy. Côte & près du château de la Vacherie. A ¼ l. E. de la côte de St.-Michel; *bon vin.* Croix & route de Toul à Verdun. ¼ l. O. du cimetière Taconay. A 1 l. O. de Gondreville, sur Moselle +. A Libdo & ½ l. des bois de Villey. A Saint-Etienne. Vallon & ruiss. de l'étang de Longeau. Côte à ¼ l. O. de Villey-St.-Etienne +. 1 l. E. de Bouvron +. Pont, ruiss. de la fontaine St.-Lohier & à ½ q. l. E. de Francheville +. Le long E. de la côte & bois de Bouvron. Pont à l'O. du moulin de Jaillon +. Côte & à ½ q. l. O. de ce village. A ¾ l. E. d'Avrainville +. Entre les bois des côtes en haye. A côté E. de Rozières-en-Haye.. Poste & cabaret des quatre Vents de Rozières, sur la route de Verdun à Nancy... 4 l. A ½ l. O. de Saizeray +. Vallon & ½ l. des bois de Dieulouard à trav. Route de Metz à Nancy. A Dieulouard 1 ½ l. De Dieulouard à Metz... 8 ½ l. *Voyez de Nancy à Metz.*

Mézières........	N.		Bar-le-Duc & à Mézières.....	52
Mirecourt......	S.E.		Epinal.................	10
MONS.........	N.		Reims & à Mons.........	86
MONTAUBAN.	S.O.	DE NEUCHAT.	Limoges & à Montauban....	176
MONTPELL...	S.O.		Lyon & à Montpellier......	156
Morhange.......	E.		Nancy & à Morhange......	25
MOULINS....	O.		Langres & à Moulins.......	77
Moyenvic.......	E.		Nancy & à Moyenvic.......	20

MULHAUSEN. *Route de traverse*...S.E... 40

De Neuchâteau à Epinal... 17 l. *Voyez cette Route.*
D'Epinal à Remiremont... 6 l. *V. de Nancy à Remirem.*
De Remirem. à Mulhausen... 17 l. *V. de Basle à Remiremont.*

NEUCHATEAU.

Autre Route par Geradmer............ 44

De Neuchâteau à *Epinal*... 17 l. D'Epinal on passe an N. de Laufromont, & à la côte de St.-Michel. 1 l. des bois d'Epinal à trav. Côte rap. Vallon & ham. de la Baffe. ½ l. S. de Charmois +. Carref. de la route de Luneville à Remiremont. Vallée, pont & riv. de Valogne. Aux Papeteries & vis-à-vis *Docelles*... 3 l. Détroit entre la montagne du Ban du bois & celle de St.-Jean du Marché. A Fauconpierre, ¼ l. S. de St.-Jean. A Tendon +, au Creux, & à Noir Rupt. Moulin, étang de Noir Rupt. *Au Tholy* +... 3 l. Passage du Rupt de Cleury. Colline & prairie à trav. A la Grange de Beillard. Détroit entre le Rougimont & la grande montagne. Aux Granges de Beillard de Gerardmer. Le long de l'étang & à *Gerardmer*... 3 l. De Gerardmer à *Vagney*... 3 l. De Vagney à *MULHAUSEN*... 15 l. *Voyez de Bâsle à Remiremont.*

NANCY. *Grande Route*.... N.E..... 13

De Neuchâteau on passe devant les Capucins. Côte de vignes à ½ q. l. E. de Rousseux. Justice à la fourche de la rouce de Bar-le-Duc. Le long O. des bois de Rousseux. Vallon, pont & moulin de Soulosse sur la Meuse. A Soulosse. Côte & vill. de St.-Elophe. Fourche d'une route Romaine. Entre les bois de la Gaillarde & de la Cotelotte. Vallon, Poste & vill. de *Martigny* +... 3 l. Côte de Martigny-les-Gerbonvaux. Entre le bois de Relieu, la route Romaine, & le bois de Graux. ½ l. E. du moulin à vent & vill. de Punerot +. ¼ l. de la Croix-Souris, sur la route Romaine. ¾ l. O. d'Harmonville & de la chapelle de St.-Roch. A Autreville +. Côte rapide, vallée & ruiss. de Graux à trav. Vall. & côte entre les bois de Lambanie. Le long O. des bois de Jury. *A Calombey-aux belles-femmes*.... 3 l. A l'O. des bois d'Allain. A Allain-aux-Bœufs. Vallon & à ½ l. E. de Bagneux +. Côte & ancien Cimetière du haut du Bourdon. Vallon entre les bois d'Allain & de Ochey à trav. ½ l. S. d'Ochey +. Carref. de la route de Toul à Plombières. A St.-Gibrien & au vill. de Tuihey aux-Groizeilles. ¼ l. des bois d'Ochey à trav. Côte & fourche de l'ancienne route. Croix à ¼ l. S. de Viterne +. *A Maizières* +... 3 l. Vallée & ruisseau à passer. A Bainville +. A l'E. de la montagne & chapelle de Ste-Barbe. Devant le moulin du pont St. Vincent.

Pont & Prieuré de St.-Vincent +. Paſſage de la Moſelle. Aux neuves Maiſons, ¼ l. E. du Chaligny +. Le long du Rupt des étangs, entre la côte d'Affrique & celle de Chaligny. A Chavigny entre les bois. 1 l. de bois & côte de la plaine de Charlemagne à trav. en paſſ. à la fontaine de Charlemagne. Devant & à l'E. du chât. Brabois ¼ l. de l'abbaye de Clairlieu. A l'hermitage des Reclus, côte à deſcendre. ¼ l. O. de Vandœuvre. ¼ l. du chât. de Remicourt & du vill. de Villé. A Monplaiſir, O. de la Malgrange & de Brichambaud. A ½ l. E. de Mareville, *Maiſon de Force*. A ¼ l. O. de Bon Secours. Au faubourg Saint-Pierre & *à NANCY*.... 4 l.

Autre Route par Vezelize.............. 16

De Neuchâteau *à Chatenoy*... 3 l. *Voyez de Neuchâteau à Epinal*. De Chatenoy on paſſe la prairie & le Rupt des Rieux à ½ l. de la Curtile. Prairie & moulin des Moines. Le long N. du bois de Jacob, à ½ l. S. de Viocourt & de Balleville +. Côte entre les bois de St.-Paul & la montagne. Au bas de St.-Paul +. Prairie & rivière de Vraine à trav. Côte & bourg de *Dommartin : belle vue*. Vignes à ¼ l. de St.-Prancher + & ½ l. S. de Rainville +. A l'E. de la côte & chapelle de St.-Jacques. Entre les bois de St.-Prancher + & de Baron. ¼ l. O. de Meconcourt + & 1 l. d'Aboncourt +. A l'E. du moulin & hameau de Pleuvezain. & à 1 l. d'Aouze, *vignoble*. Pont & ruiſſ. à ½ l. O. de Beuvezain +. *A Vicherey*... 3 l. Côte & Egliſe de Vicherey, ¼ l. N. O. de Beuvezain. A ½ l. E. des bois de Fraize. Vallon & hameau de Tramont-Laſſus. Côte, vallon & 1 l. de bois à paſſer. A Vandeleville +. Côte, vallons & ruiſſ. à trav. A ½ l. N. de Dommarie +. A Thorey +. Vall. & ruiſſ. de l'étang & ham. d'Etreval. A ½ l. O. de Vroncourt +. Côte & vill. d'Ognieville. Vall. & ville de *Vezelize*... 4 l. Devant les Minimes & route d'Epinal. Côte de la belle fontaine. A Hamelmont ou Omelmont. Entre Houdreville & Clairey +. Vallée & route de Nancy à Mirecourt. Pont, moulin & riv. de Madon. Vis-à-vis Ceintrey & Voinemont +. A la forêt de Benney & *à Flavigny* +... 3 l. De Flavigny *à NANCY*... 3 l. *Voyez de Nancy à Remiremont*.

NARBONNE..... S. O. | Neuch. à Langres & à Narb.. 179

NEUCHATEAU. 191

NEUBRISACH. Route de traverse...S.E... 40

De Neuchâteau à Epinal... 17 l. D'Epinal on passe entre le vieux Château & la Justice sur des Terrres. Côte rap. à trav. Au S. du bois & côte de la Voivre. Au N. de la grande Failloux. Vallée & moulin à $\frac{1}{4}$ l. de Jeuxey +. Côte à trav. & à $\frac{1}{2}$ q. l. S. de Deyviller +. Moulin & grange du Guy. $\frac{1}{2}$ l. de bois à passer. Au-dessus N. de Bolotte & d'Aydoile +. $\frac{1}{4}$ l. S. E. de Vaudeville +. 1 l. S. de Dompierre-sur-Durbion. 1 l. S. de Gircourt +. Au N. de la montagne & forêt d'Epinal. Carref. de la route de Nancy à Remiremont. Devant & au S. de *Fontenay*... 3 l. Au N. de la montagne & du bois de Vaudicourt. Vallon, moulin & vill. de Memenil +, $\frac{1}{2}$ l. S. de l'Eglise & au N. de l'étang. $\frac{1}{2}$ q. l. de bois à trav. Vallon & basse Verrière. $\frac{1}{4}$ l. S. de Vimenil +. Bois à passer, à $\frac{1}{2}$ l. N. de la montagne & du grand bois. Vallon & voye de la Borde. Bois & détroit entre deux montagnes. *A Bruyères*... 2$\frac{1}{2}$ l. de De Bruyères à Colmar... 14 l. *Voyez de Nancy à Colmar par Bruyères.* De Colmar à *NEUBRISACH*... 4 l, *Voyez de Bâsle à Colmar par Neubrisach.*

NEVERS..........	O.	De Neuch. à Dijon & à Nevers.	76
NOYON........	N.O.	—— Reims & à Noyon.....	72
ORLÉANS......	O.	—— Troyes & à Orléans...	77
PARIS.......	N.O.	—— Troyes à Paris......	72
PAU...........	S.O.	—— Limoges & à Pau.....	248

PLOMBIERES. Route de traverse. S.p.E. 24

De Neuch. à Epinal.. 17 l. D'Epinal à Plombières... 7 l.

Chemin de traverse................... 19

De Neuchâteau on passe la riv. de Mouzon, & à l'E. de Noncourt +. Fourche de la route de Neuchâteau à Langres. Côte & route de Neuchâteau à Bourbonnes-les-Bains. Pont, riv. de Mouzon & vill. de Rebeuville +. A Cortilleux *ou* Certillieux, *vignoble*. A l'Est de Tillieux & à l'O. de la côte de vignes A Landaville-le-haut... +. 2 l. Vis-à-vis E. du chât. de Landaville-le-bas. A Aulnoy-sous-Boufframont+. $\frac{1}{4}$ l. O. du vill. & chât. d'Hagneville +. A Morville +. Pont, moulin haut & le moulin bas. *A Bulgnéville*... 3 l. $\frac{1}{2}$ l. de bois à passer & à Hageville.

Entre Contreville & Surcanville +. Carref. de la route de Langres à Nancy. Entre St.-Balmont & Provenchère, E. de Relange +. *A Darney*... 5 l. 2 l. de bois à trav. & *à Gruey* +... 3 l. 1 l. de bois à paſſer & *à Bains*... 2 l. ¼ l. de bois & à Moncel. Ruaux + & *à Plombieres*... 4 l.

POITIERS.....	O.		Langres & à Poitiers.......	150
Provins......	N.O.		Troyes & à Provins........	50
REIMS.......	N.		Bar-le-Duc & à Reims.....	49
Remberviller....	S.E.	DE NEUCHAT.	Strasbourg par Raon.......	19
Remiremont....	S.E.		Epinal, de Nancy à Remirem.	26
RENNES.....	O.		Paris & à Rennes..........	158
ROCHELLE..(*la*)	O.		Moulins & à la Rochelle....	178
ROUEN....	N.O.		Paris & à Rouen..........	102

St.-Diey. Route de traverſe....S.E... 27

De Neuchâteau à Remberviller... 19 l. *Voyez de Neuchâteau à Straſbourg*. De Remberviller on paſſe à ½ l. N. de St.-Gorgon +. A Jean-Menil +. ½ l. S. de Bru +. Au S. de la Rifontaine. 2 l. de côte, bois & sapins à trav. A la Hote du bois. Pont & moulin Martinet, à ¾ l. S. de St.-Remy. ¼ l. N. de la Bourgeotte +. Au S. de Nompatelize +. & à 1 l. au même point d'Eſtival, abb. Vall. ruiſſ. & voye de Paru. ⅗ q. l. S. de Brehimont & St.-Michel +. ½ l. S. O. de la Voivre +. Vallon, ham. ruiſſ. & moulin de la Vacherie. Au Prechetot, ¼ l. d'Herbaville. Entre le Fourneau & le Champ. Entre le Tricheraux & Durand- A la Chenale, Menantille, les Tiches & *à* St.-Diey..... 8 l.

Autre Chemin par Epinal & Bruyères.... 27

De Neuchâteau à Bruyères... 22 ½ l. *Voyez de Neuchâteau à Neubriſach*. De Bruyères on paſſe devant les Capucins. Entre la montagne & le village de Champs +. Fourche de la route de Bruyères à Gerardmer. Vallée & fourche de la route de Nancy à Colmar. ¼ l. N. O. de la Chapelle +. A l'Epolliere, ſur la Valogne, rivière. A Biffontaine, au pied de la mont. d'Hérival. A ¾ l. N. de Corcieux +, au-delà de la prairie. A Vannemont. Côte & 2 l. de bruyères à trav. en paſſ. à ⅓ l. O. de St.-Léonard, & à 1 l. d'Entre-deux-Eaux +. ½ l. E. de Taintreux +. Au-deſſus

d'Anozel

NEUCHATEAU.

d'Anozel, & à ½ l. O. de Saulcy +. Entre les granges de Mour eprels & Menil. Au grand Prels. ½ l. O. de Ste.-Marguerite +. Vallée & ferme de la Grange. Fourche de la route de Nancy à Schleftatt. *A* St.-Diey... 4 ½ l.

St.-Dizier......... N.	Neuch. à Ligny & à St.-Dizier.	20 ½
St.-Hubert......... N.	—— Verdun & à St.-Hubert.	51

St-Mihiel. *Grande Route de traverse*... N... 16

Sortant de Neuchâteau on passe entre la Chapelle & les Capucins, à ½ q. l. E. de Roussieux. Côte, vignes & Justice de Roussieux. Fourche de la route de Nancy. Vall. le long de la Meuse, que l'on descend. Au bas de la chapelle Ste.-Anne. ½ l. E. de Frebecourt + & à l'O. de la ferme de Saulrue. A Cauffey +. 1 l. de prairie entre la Meuse & le Vair. ¼ l. O. de Moncel & de Cham. Pont, & riv. de Meuse à passer. *A Domremy-la-Pucelle*... 2 ½ l. A Greux + & ruiss. des Noises. ½ l. O. de Maxcy-sous-Brixey +. Entre la côte de vignes & la prairie. A ¼ l. de la chap. de Bermont. ½ l. O. de Brixey-aux-Chanoines +. A Goussaincourt +. Côte de vignes & bois de Burey. A 1 ½ l. O. de Clairey & de Ruppe +. ½ l. de Sauvigny +. Dev. O. de Burey-la-Côte +. ¾ l. de Traveron-sur-Meuse. Vis-à-vis S. du château de Monbras. Vallon, ruiss. de Vouthon. Côte à ¼ l. S. de Taillancourt, sur Meuse +. A ¼ l. S. de Champougney +. Vallée & ruiss. d'Amenty. *A Maxey*, *sur Vaise*... 3 l. Entre le ruiss. de Vaise & Bellevue, Chapelle. A l'O. du moulin de Malassis & Champougney. Pont & ruisseau d'Epiey, qui borne la Champagne. Au bas de la côte de vignes & de la chapelle de Ste. Libaire. Le long de la Meuse, à ½ l. O. de Seprigney *ou* Savigny. Vis-à-vis le moulin & le pont de Burey, sur la Meuse. A Burey-en-Vaux. Entre la Meuse & les bois du Roi. A Neuville-sur-Meuse & *à Vaucouleurs*... 2 l. A Belle vue & chapelle de St.-Pierre. Pont & ruiss. de Ruenicolle, qui coule entre Tusé & l'église. Côte rap. & 1 l. de la forêt de Saulcy à trav. Fin de la forêt & belle vue au N. *A Void*, sur Meholle, rivière... 2 ½ l. Fourche de la r. de Bar-le-Duc à Toul. Pont & Papeterie sur la Meholle. ½ l. O. de la côte de St.-Jean, au-delà de la Meuse. Pont, ruiss. à ½ l. E. de la Neuville-au-Rupt. Chemin & à ½ l. O. de Sorcy-sur-Meuse. Côte & chapelle de Chana. ½ l. O. de St.-Martin +, au-delà de la Meuse.

Tome II.   Bb

A $\frac{1}{4}$ l. O. d'Iffey + & 1 l. de Vertuzey +. $\frac{1}{2}$ l. de l'extrémité de la forêt de Commercy à trav. A $\frac{1}{4}$ l. d'Euville +, au-delà de la Meuse. A l'E. du Breuil & des Bénédictins. *A Commercy*... 2 l. Vis-à-vis de la forge & à $\frac{1}{2}$ l. O. de Vignot +. Le long E. de la côte de la cuisine des bois. A la Folie, fur Meuse. Traverse de la côte d'où l'on tire la mine de fer. Font & ruiss. de l'Aunoy. Côte & chapelle de St.-Jean de la Roche. A $\frac{1}{2}$ l. S. de Boncourt, au-delà de la Meuse. A Lerouville +. Fourche de la route par Kœur. Pont & riv. de Meuse, que l'on passe. A Pont-fur-Meuse & à $\frac{1}{2}$ l. O. de Boncourt. $\frac{1}{2}$ l. E. de Wadonville + & de Sampigny +. Le long de la Meuse & dev. le moulin à Pierre. A l'O. de la Commanderie & vill. de Marbotte. A Mecrin +. Côte à trav. en passant à l'O. de la forêt de St. Mihiel. A $\frac{1}{4}$ l. E. de Ham + Au dessus & à l'E. d'Ailly +. *A St.-Mihiel-fur-Meuse*... 4 l.

St.-Omer......	N.O.	Neuch. à Reims & à St.-Omer.	106
Saintes........	O.	——— Limoges & à Saintes...	169
Sedan..........	N.	——— Mézières...........	47
Soissons......	N.O.	——— Reims & à Soissons....	63

STRASBOURG. *Grande Route*...E... 49

De Neuch. *à Nancy*... 13 l. De Nancy *à Strasbourg*... 36 l.

Route de traverse................. 42 $\frac{1}{3}$

De Neuchâteau *à Mirecourt*... 10 l. *Voyez de Neuchâteau à Epinal*. De Mirecourt on passe la rivière de Madon, le ruiss. & à $\frac{1}{2}$ l. O. de Villers, $\frac{1}{2}$ l. de Rabiemont +. Côte à monter & à $\frac{1}{2}$ l. S. de Mazirot +. $\frac{1}{2}$ l. des bois de Pietrevove à trav. Vallon & moulin, à $\frac{1}{4}$ l. d'Aavillaire. Côte à $\frac{1}{4}$ l. N. de Jorxey +. $\frac{1}{4}$ l. S. de Gercourt + & à $\frac{1}{4}$ l. de bois à trav. Vallon & vill. de Bonxurulles +. Côte à trav. en passant. à $\frac{1}{4}$ l. Sud de Rugney +. $\frac{1}{4}$ l. Nord & au-dessus d'Ubexy +. Côte & devant Brantigny +. Pont, riv. & moulin de Brantigny. Au pied de la montagne & vignes de la Ronce, à $\frac{1}{4}$ l. S. de Floremont +. *A Charmes*... 3 l. Pont & riv. de Moselle à passer. Fourche de la route de Nancy à Epinal. A Essegney +. Pont & ruiss. à $\frac{1}{2}$ l. S. O. de la forêt de Charmes. A Langley, sur Moselle, & à la Tuilerie. Pont & ruiss. du cul de la Vache. A Porcieux +, sur Moselle. Côte & devant le Prieuré de Belval. $\frac{1}{4}$ l.

NEUCHATEAU.

des bois de Fraize à trav. Vallon & vill. de Moriville +. A ½ l. S. de Rehincourt + & Poſſoncourt. Entre les bois d'Ozainne. A St.-Geneſt +. Vall. à ½ l. S de Fauconcourt. Côte & ham. de Moyenmont. Vallon & côteau au N. de la forêt de Romont. A Romont +. Le long de la forêt. Entre la Tuilerie & la Croix-Ferry. Vallée, pont & riv. de Vomecourt. *A Remberviller*, ſur Mortagne, riv... 6 l. Devant les Capucins en montant la côte. Vallon & ruiſſ. de Corbé. Forge & vill. de Bru +. Pont, ruiſſ. entre la forêt Nojard & Tonnerot. A St.-Benoît +. 1 ½ l. de bois, chênes & ſapins à trav. Aux Sapinières. Scierie au N. des ſapins & du mont de Reppe. A Beauſéjour. Vallée & à *Raon-l'Etape*, ſur Meurthre, riv. que l'on paſſe... 4 ½ l. De Raon on paſſe au S. du vieux chât. de Beauregard. Devant & au N. des Tronches. Commencement de la vallée d'Allarmont entre les montagnes couvertes de ſapins. Entre les cenſes des Tronches. Au S. de St.-Seval, hermitage. Vis-à-vis les Scieries de Chierpierre, ſur la plaine, riv. A Agron, & Scierie de Lajus. Au-deſſus du moulin du gros chêne. A Celles +. Entre les ſapins de Senones & les cenſes de Blanc-le-Moine. *A Allarmont* +... 4 l. A ½ l. O. du Lac de la Meth, ſur la montagne. A Vexincourt & à Euvigny + ſur la plaine, riv. A Raon-ſur-plaine, que l'on quitte. Vis-à-vis S. de Raon-le-vieux +. Au ſommet des Voſges, où eſt le point de partage des eaux du Rhin & de la Moſelle. Cenſe & au bas du Donnons, Mont. A la grande Fontaine. Vallée & vill. de *Framont*... 3 l. A ½ l. du haut Fourneau, & à 1 l. du chât. de Salm. A Vackenbach & Vacquenou. A la Broque, ¼ l. N. de Vipucelle. Pont & rivière de la Bruch, que l'on ſuit. A Schirmeck +. Pont ſur la Bruch. A St.-Ulricq, Chapelle, ½ q. l. N. de Barenbach +. Pont & ruiſſ. Vis-à-vis O. de Stimbach. Pont à ¼ l. O. de Ruſſ. A Herbach & à Viche +. Pont & ruiſſ. à traverſer. A Netzembach +. Luxelhauſen +, ½ l. N. de Mulbach +. A Urmatt +. Pont & ruiſſ. à ½ l. S. de Haſlach +. A Heliberg + & fin des montag. Pont, ruiſſ. à ½ l. de Still +. A Tincheim & au N. de Gersvillers +. *A Mutzig*... 6 l. Pont & riv. A Hernolsheim +. Dorlisheim +. Route & à ½ l. S. de Molsheim. Devant S. d'Aldorff, abb. Au S. de Dittlenheim & d'Ippichem. A Entzheim +... 4 l. Lingelsheim +. Pont, riv. de Bruch & canal à paſſer. A STRASBOURG... 2 L.

Autre Route par Senones............ 42 ½

De Neuchâteau à *Raon-l'Etape*... 23 ½ l. *Voyez la Route ci-dessus.* De Raon à St.-Blaise +. Le long de la rivière de Rabodot. A la Ravine & à Moyenmoutier, abbaye. Au bas S. de la Prêle. *A Senones*, abbaye... 3 l. Au petit Raon +. St.-Jean-du-Mont +. A Belval. Montagne & bois à trav. Pont entre le Fourneau & Shampenay. Au-dessus N. de Plaine +. ½ l. N. de St. Blaise-la-Roche +. ½ q. l. de Diespach, & ½ l. de Fonday +. Au Pont des Bas. Pont & ruiss. de Bombois. Le long de la Bruch, riv. Vis-à-vis des fourneaux, forges & martinets de Rothan. A la Claquette. A Vipucelle & à la *Broque*... 5 l. De la Broque à STRASBOURG... 11 l. *Voyez ci-dessus.*

T O U L. Route de Poste..... N. E..... 12

De Neuch. à *Vaucouleurs*..+ 7 l. *V. de Neuch. à St.-Mihiel.*
De Vaucoul. à *Toul*... 5 l. *V. de Troyes à Toul par Joinville.*

Autre Route.................... 11

De Neuchâteau à *Colombey* aux belles femmes.... 6 l.
Voyez de Neuchâteau à Nancy. De Colombey à *Toul*... 5 l.

TOULON.......... S.	De Neuch. à Lyon & à Toulon.	174
TOULOUSE.... S.O.	—— Langres & à Toulouse.	206
TOURS.......... O.	—— Troyes & à Tours....	108
TROYES...... O.p.N.	—— Et de Troyes à Chaumont.	34
VERDUN.......... N.	—— Et de Verdun à S.-Mihiel.	24

V E S O U L. Chemin de traverse... S,... 29

De Neuchâteau à *Bourbonnes-les-Bains*... 16 l. De Bourbonnes on passe le long de la prairie & de la rivière d'Apance, que l'on passe. A Villars-St.-Marcellin. ½ l. des bois de Melay à trav. A Blondefontaine +. Raincourt + & bois de Jussey à trav. A Jussey. Augicourt +. *Combeaufontaine* +... 7 l. De Combeaufontaine à *Vesoul*... 6 l. *Voyez de Langres à Vesoul.*

Autre Chemin.

De Neuchâteau à la Marche. A Iche. Combeaufontaine & à *Vesoul*.

ROUTES ET CHEMINS DE TRAVERSE D'ORLÉANS

Distance d'Orléans.

à		Voyez	lieues.
ABBEVILLE.....N.	*D'ORLÉANS à*	Paris & à Abbeville.......	69
Aigle. (l')......O.		Dreux & à l'Aigle........	39
Aire en Artois...N.		Paris & à Aire...........	82
AIX en Prov..S.E.		Lyon & à Aix...........	175
AIX la Chapelle.N.E.		Paris & à Aix-la-Chapelle...	126

ALENÇON. *Grande Route*....O.... 48

D'Orl. *à Chartres*... 18 l. De *Chartres à Alençon*... 30 l.

Chemin de traverse................. 48

D'Orl. *à Vendôme*... 16 l. D'*Alençon à Vendôme*... 32 l.

Autre Chemin par Bonneval......... 40

D'Orléans *aux Barres*... 3 l. *Voyez d'Orléans au Mans*. A la fourche de la route du Mans. ½ l. O. de Briey. ½ l. E. de St.-Père-Avy ✝. ½ l. O. de Coinces ✝. Vallon & carref. de l'ancien chemin de Paris à Blois. Vignes, parc & chât. de Lignerolles. A ½ q. l. E. de la belle source de la Connie, rivière. A Blavetin & *à Patay*.... 3 l. A la Croix-faubourg & au moulin de Patay. Belle plaine à trav. Dev. Perolet & à Prenneville, ½ q. l. O. de Bourneville ✝. A la Melonnière, ½ q. l. S. de Bazoches ✝. Carref. du chemin de Châteaudun à Etampes. A ¼ q. l. E. de Varizé ✝ & son château. Au pont de la Sennerie-sur-Connie-Palue, riv. Hameau & moulin à vent de *Ponteau*... 4 l. Entre le bois & le chât. de la Brosse. Fourche du chemin de Chartres à Blois. Moulin à vent & vill. de Sté. Christine ou Villier-St.-Orien. A Dancy ✝. Edeville, & à ¼ l. E. de St.-Maur. A Lolon ✝. ½ l. E. de St.-Maurice ✝. ¼ l. E. de St.-Martin-du-Péan ✝. A *Bonneval*.... 3 l. Pont & riv. du Loir à passer. A la Croix de la Joasnière & à Montharville ✝. Côte & bois à ½ l. O. de Trisay ✝. Pont & riv. d'Ozane. A Dangeau ✝ sur Ozane, que l'on suit.

Devant S. du château de Villeneuve. Vall. moulin de la Haye des Isles. A Yevre +. La Chalonnerie. St.-Blaise & *à Brou*... 4 l. A Villoiseau & chemin de Brou à Chartres. Pente rap. du gros chêne. Au grand Puron & au bois de l'Eglise. Aux Ecosses. Vallon & étang du Menil. Etang à l'Est du chå. de Chateliers. A Frazé +. Vallon, ruisseau, étang de ce village. Petit bois & vallons à travers. Aux Roulières, & à la croix du *Perche* +... 3 l. A $\frac{1}{2}$ l. S. de l'abb. de Thiron +. Au grand Goulet, $\frac{1}{2}$ l. Sud de Gaudaine +. Entre les Mottes & les Grois & à la Voves. A $\frac{1}{4}$ l. S. de Champrond-le-Perchet +. Entre le petit & grand Chainville. $\frac{1}{4}$ l. N. de St.-Serges +. Aux Salles & aux Tuileries. A *Nogent-le-Rotrou*... 5 l. Pont, riv. de l'Huisne & à St.-Hilaire. Côte, vallon à trav. en pass. au S. de Berdhuis + & au N. de Preaux-sur-Erre +. Au S. de St.-Aubin des Groix +. Bois & vill. de Dammarie + & au S. de Serigny +. *A Bellême*... 5 l. De Bellême à *Alençon*... 10 l. *Voyez d'Alençon à Bellême.*

Autre par la Ferté-Bernard............ 39$\frac{1}{2}$

D'Orléans *à Brou*... 17 l. *Vayez ci-dessus*. De Brou aux *Autels*... 3 $\frac{1}{2}$ l. *Voyez de Chartres au Mans*. Des Autels on passe à la fourche du chemin de Chartres & au Mans. Aux Aven. & au bois de Charbonnière +. *A Authon*... 2 l. A St.-Bomer +. Les Hullotières. Rangé. Cormes +. Au N. des Récolets & *à la Ferté-Bernard*... 5 l. De la Ferté *à Alençon*... 12 l. *Voyez d'Alençon à la Ferté-Bernard*.

Amboise.....	O.p.S.	Tours...................	24
AMIENS......	N.	Paris & à Amiens.........	59
ANGERS.......	O.	Tours & à Angers........	57
ANGOULÊME.	S.O.	Limoges & à Angoulême...	89
ANTIBES.....	S.E.	Lyon & à Antibes........	216
Argenton......	S.O.	Limoges................	42
ARRAS.......	N.	Paris & à Arras..........	72
Aubigny.......	S.	Sully & à Aubigny........	20
Aubusson......	S.	Gueret, de Gueret à Aubusson.	58
AUCH.......	S.p.O.	Limoges & à Auch........	149
AUTUN.......	S.E.	Bourges & à Autun........	77
AUXERRE...	E.p.S.	Briare & à Auxerre.........	38

ORLÉANS.

AVIGNON.... S.E.	Lyon & à Avignon.........	156
Bagnères .... S.p.O.	Limoges & à Bagnères.....	171
Barrège..... S.p.O.	Auch & à Barrège.........	181
BASLE...... E.p.S.	Dijon & à Bâsle...........	127
BAYONNE.... S.O.	Bordeaux & à Bayonne.....	179
Beaucaire...... S.E.	Lyon & à Beaucaire........	165
Beaugency....... O.	Blois	6
BEAUVAIS.. N.p.O.	Paris & à Beauvais........	44
Béfort........ E.p.S.	Dijon & à Béfort..........	112
Bellême......... O.	Alençon par Bellême......	30
BESANÇON... S.E.	Dijon & à Besançon.......	88
Bleré........... O.	Amboise & à Bléré........	27
BLOIS......... O.	Tours....................	14
Bonneval..... N.O.	Alençon par Bonneval......	12
BORDEAUX.. S O.	Limoges & à Bordeaux.....	124
Bourbon-les-B.. S.E.	Moulins & à Bourbon......	62
Bourbonnes-les-B.. E.	Langres & à Bourbones....	85
BOURG-en-Bresse S.E.	Macon & Bourg...........	95

BOURGES. *Grande Route*...S... 27

D'Orléans à *Salbris*.... 15 l. *Voyez d'Orléans à Limoges*. De Salbris on traverse le Coussin, riv. & 1 l. de landes en passant entre l'étang & les petites fontaines. Bois & cense de Pontégaré. Pont & riv. de Naon entre les bois de Chevry & les Brosses. Landes & côte du Boulay. Pont, ruiss. & ham. de Cissin. Côte & bois à passer. Pont & moulin Brûlé sur la Rère, riv. A Nancay & devant le chât. Pont, ruiss. & le long des bois du vieux Nancay. Vallon & côte des quatre vents. A la cense de Creux. Vall. le long des bois de la Vigne. *A Neuvy sur Baranjon*, rivière... 5 l. Pont, moulin Gentil. Entre la grande & la petite Garenne. A l'O. des Baudons. Vallon & ruiss. à trav. Plaine & à l'O. du grand Millanfroy. Bois & ruiss. à traverser. Cense de la Foretrie. Aux Gaillards. A ½ l. Ouest de la forêt d'Allogny. *A Allogny* +...... 3 l. Pont, riv. des Croulas. ½ l. de la forêt de Hautebrune à traverser. Le long O. de la forêt. Ruiss. à passer à l'E. de Bourneuf. O. de la Pomeras. A Breuilly, ½ q. l. E. du fief de Monté. A la Breille, ½ q. l. E. de St.-Eloy-de-

Gy +. ¼ l. O. de Vaſſelay +. Au Peron & à la Folie. ½ l.
E. de St.-Ouchard-en-Septaine +. Pente rapide & cenſe
de Malitourne. Paſſ. du Moulon, riv. A BOURGES... 4 l.

Bracieux........	O.	Blois & à Bracieux.........	17
Breſt..........	O.	Rennes & à Breſt.........	142
Briare.........	S.E.	Moulins par Briare.......	18
Brive-la-Gaill..	S O.	Limoges & à Brive........	89
BRUXELLES.	N.pE.	Paris & à Bruxelles........	98
CAEN.......	N.O.	Chartres, Lizieux & à Caen.	62
Calais..........	N.	Paris & à Calais.........	96
CAHORS.....	S.O.	Limoges & à Cahors......	115
CAMBRAY...	N.pE.	Paris & à Cambray.......	71
Cauterets......	S.O.	Auch & à Cauterets......	177
Celle en Berry (la)	S.O.	Loches................	21
CHAL.-ſur-M.....	E.	Fontainebleau & à Châlons..	65
CHALON-ſur-S.	S.E.	La Charité & à Chalon.....	74
Chambery......	S.E.	Lyon & à Chambery......	126

CHARITÉ. (la) Route de traverſe... S... 39

D'Orléans à Moulins *ou* d'Orl. à Bourges & à la Charité.

Chemin de traverſe.................. 27

D'Orléans à St.-Denis de l'Hôtel *ou* de *Jargeau*... 4 l.
Voyez d'Orléans à Moulins. Pont & riv. de Loire à paſſer.
A la Croix rouge & celle des Barres. ½ l. de vignes à trav.
Aux Poriches & la Tiſonnière. Péage, chât. de Belacy &
Pont à paſſer. Le long O. de Queuvres +. Pont & riv.
de Leux. ¼ l. E. du moulin à vent & vill. de Vienne +.
½ l. O. de Tigy +. Aux Moulènes & 2 l. de plaines à
paſſer. Entre Blancheron & le Bignon. *A Vannes en So-
logne* +... 5 l. Côte & cenſe de Broſſeloir. Le long O.
des bruyères & vill. d'Iſde +. Entre la Lombardière &
Miſalins. Vallon, pont & ruiſſ. Côte & pente rapide de
Champigny. Pont & moulin de Mondemare ſur Beuvron.
Pont, ruiſſ. & côte de Grosbois. Bois & cenſe de Francé.
Vallon, étang & cenſe des Pauvaux. Détroit & vill. de
Clemont +. Pont de la Bezaudière ſur la Saudre. Fourche
du chemin de Jargeau à Bourges. Pont des Courtins ſur
Nere. A la Dijonnière & au Camus. A l'E. des landes &

du moulin

ORLÉANS.

du moulin neuf. Pente rap. & le long de la Nere. Cense des Colas. Traverse de la prairie & riv. de Nere. A la ferme des Cerveaux. Entre le Martinas & la Grange rouge. Vis-à-vis S. du moulin des Filles. *A Aubigny* sur la Nère que l'on passe... 3 l. Côte au S. du chât. & parc d'Aubigny. 1 l. de bruyères & côte à trav. Pente rap. & ham. des Moraux. A Oizon +. Pont, moulin, étang & ham. de Nouan-sur-l'Oisenotte. Vallon & cense de la Cormery. Au S. des Etourneaux. Côte & bois du grand Lieu. à $\frac{1}{4}$ l. O. de Dampiere +. Côte des Piages. Pont & moulin à Foulon. Bois & ham. de Milleraux. A Villegenon, & son château... 4 l. A la fontaine aux Vivants. Pente rapide à l'E. de Grignaux Pont, ruiss. de Rimaçon. Les Chesnés, à $\frac{1}{2}$ l. S. de Thou +. Pont & gr. moulin sur la Saudre. Hameau du Pont Bleteron. Aux Theneaux, $\frac{1}{4}$ l. O. de Jards +. Côte & vill. de N. D. du *Noyer* +... 2 l. Entre Pradelles & les Chestiers. $\frac{1}{2}$ l. E. du chât. de Boucard, sur Saudre. A Hautreville. $\frac{1}{2}$ l. O. de Menetou-Ratel +. $\frac{1}{4}$ l. E. de Sens-Beaujeu +. 1 l. O. de *Sancerre*. Vignes, vallon & vill. de *Bué* +... 3 l. A $\frac{1}{4}$ l. Est de Crézancy +. $\frac{1}{2}$ l. de bois à trav. à l'O. de Vinon + 1 l S. O. de Chalivoy, abb. Pont & riv. à trav. Côte & bois à passer. A la Chapelle-mont-Linard +. Pont & riv. de Loire & à la CHARITÉ... 6 l.

Charost........ S.p.O.|D'Orléans à Issoudun....... 27

CHARTRES. *Route de traverse*... N.O... 20

D'Orl. *à Bonneval*... 12 l. De Bonneval *à Chartres*... 8 l.

Autre Route.................. 18

Sortant d'Orléans par la Porte Banier, on trav. le faub. du même nom qui a $\frac{1}{4}$ l. de long, au bout duquel on prend à gauche & l'on va à Saran + & à la Tête noire. Traverse d'1 l. de la forêt d'Orléans. Aux Ratinières & au N. E. du vill. & moulin à vent de *Gidy* +... 3 l. Plaine à trav. en pass. à côté d'une Croix & du hameau d'Hunaud. Côte, ham. & moulin à vent de la Provenchère. Pente rapide en pass. au S. O. des Francs. Au pied d'une croix. Entre le moulin à vent & le vill. des grandes Bordes +. Moulin à vent de Sougy & à l'E. du vill. Au S. O. du ham. de Villecevreux. Carref. de la route de Paris *à Blois*... 3 l. Belle plaine à trav. en passant à l'E. de la chapelle de Ste.-Radegonde, & entre Neuvilliers & Terre-noire Le long O. d'une garenne & à Longny +. Entre le moulin à vent & le ham. de Foujeu. A 1 l. O. du chât. & parc de Goury & ½ q. l. de la ferme de Morales. A la Maladrerie. ½ l. E. d'Orgères, Abbaye, à côté du bois Bezard. Pente, vallon & passage de la Connie-Palue, riv. Côteau & plaine à trav. Vallon, pont & ruiss. de Connie-Palue. Aux petites Bordes, ham. & au pied d'un gros arbre. Entre la ferme de Brainville & celle du grand & petit Moray. Entre la croix & vill. de *Fains* +... 5 l. Plaine à trav. en passant à la fourche du chemin de Voves +. Vallon, côte & ham. de Saserai. Entre le moulin à vent & l'Hôpitau. A l'O. d'un autre moulin à vent & à ½ l. E. de Villeneuve-St.-Nicolas +. Entre Villarseaux & le château de Loaville. Chapelle de Nicorbin & croix du chemin des Morts. A côté O. de *Paisi* +... 3 l. Belle plaine de 2 l. à trav. en passant à côté d'un petit bois, du Colombier de Hamblai, la Croix rouge, & à ¼ l. E. du vill. de Corencé +. ½ l. Ouest de Berchères-l'Évêque + & à ¼ l. E. de *Vert*.. +. 2 l. A ¼ l. de Morancez +. A la Croix-Bonneau. ½ q. l. E. du Coudray +. Entre St.-Brice + & les Capucins. *A Chartres*... 2 l. *Ou de la fourche du chemin de Voves*, on passe à ce vill. & devant la belle route plantée qui va à Ouarville +, qu'on laisse au N. E. A l'O. du moulin à vent & hameau de Foinville. Entre le moulin à vent & le parc du chât. de Roselle. A Hombière, ham. & près d'un petit bois. Belle plaine à trav. Entre le moulin à vent & le village de Theuville +. Au ham. de Rosai - Auval. A la Croix-Boisselet & à l'E. du ham. de Bucé. A côté O. de Tour-la-Garenne, ham. A l'O. de *Berchères-l'Evêque*... 4 l. Croix & vill. de Gellainville +. A la jonction de la route précédente. *Voyez la suite ci-dessus.*

Châteaudun...... N.O.	D'Orléans au Mans........	11
Châteauneuf........ S.	—— Bourges & à Châteauneuf.	34
Château-Regnard.... O.	—— Blois & à Chât.-Regnaud.	22

CHATEAUROUX. Grande Route....S.O... 35

D'Orléans & rue Royale on passe le Pont neuf sur la Loire. Fourche de l'ancienne route de Blois. Faubourg St.-Marceau *ou* d'Olivet à trav. rue de la Cicogne, rue

ORLÉANS.

Moreau & baſſe. Pont ſur le Loiret, riv. ¼ l. E. de St.-Martin. Côte & bourg d'*Olivet*. Fourche du chemin de St.-Agnan. Moulin à vent de la belle Croix. Aux quatre Vents. ¼ l. O. du chât. de la Source & de la ſource du Loiret. Au Vauſſion, cenſe & belle plaine à paſſer. A la Cahatière, le fief de Corme, à l'O. de Gautray. 1 l. de bois à trav. belle tranchée. A la Caraudière & le grand bois. Pente & belle vallée en paſſant le long du parc & devant le château. *A la Ferté-Lowendal*... 5 l. Chapelle de St.-Lazare. Côte & vill. de St.-Aubin. Cenſe & étang de Rothay. Pente rapide des Baratins. Vallée, pont, ruiſſ. de Puits-Dardé. Le long E. des landes de la Boulay. A la Ronce & belle plaine. Côte de la Boulay. 1 l. de bois & landes à paſſer. A la Briqueterie & le long d'un étang. Pont, étang & chât. de la Motte. A la Motte-Beuvron +. Pont, moulin & rivière de Beuvron à paſſer. Côte & cenſe de Miprovent. ½ l. de bruyères. A Cordy, E. du fief Puet. Bruyères & pente rapide. Pont & ruiſſ. à l'O. du moulin de la Chauſſée. A l'O. du bois & chât. de Moleon. A Nouan-le-fuzelier +. Belle plaine à trav. A l'O. du Buiſſon-riviere. Côte, vallée & cenſe de la Bruerie, O. de l'étang. ½ l. du chât. de Rivaude. Bout du pont, moulin ſur la Saudre. *A Salbris*... 10 l. Chapelle de Salbris entre la route de Bourges. Pont & ruiſſ. de Couſſin. Pont & ruiſſ. de Naon. Côte & cenſe des Broſſes. 1 ½ l. de landes en paſſant à la Maiſon rouge. Pente rap. & cenſe de Many. Vallon, riv. de Rère & pont de la Loge. A ¼ l. E. du chât. d'Ardelou. Vallon, pont, ruiſſ. A l'Homme-Jean. ¼ l. E. de Theillay-le-Pailleux +. A Clermoy, vis-à-vis O. de la Mennerie. Vallon, étang & ruiſſ. ¾ de la forêt de Vierzon à trav. Pente rap. & fief de Boismarteau. Fourche de la route de Vierzon à Romorantin. Vignes & pente rapide au N. des Capucins. *A Vierzon*... 7 l. Pont ſur l'Eyre à paſſer. Iſle, pont ſur le Cher, rivière, que l'on paſſe. A la Croix St.-Jacques. Devant le château de la Noue & fourche de la route d'*Iſſoudun*. A ¼ l. N. du chât. d'Autry, dans le fond. La rue Creuſe & pente rapide. Pont, riv. d'Arnon & ham. de Port-deſſous. A St.-Hilaire-ſans Court +. Aux Rois, ½ l. O. du chât. d'Autry & ½ q. de St.-Martin-de-Court +. A la Moutonnerie du grand village. Vallon, pont & ruiſſ. La Blancharderie. ½ q. l. E. de Gy +. Vis-à-vis E. du chât. de la Motte. A la Grape-de-Champ. *A Maſſay*... 2 l.

ORLÉANS.

Pente & maiſon du Roydemeure. Ham. du Bois-Meſſire Jacques. Devant E. de la Baratterie. Entre Bergeau & Crota-bona. La Pitancerie & ½ q. l. de bois à trav. A Chaillou & plaine à paſſer. Traverſe de la route qui va à *Gracay*. Pont & ruiſſ. entre la Roche & la Ponterie. Côte & cenſe du Chêue. Traverſe d'une autre route de *Gracay*. Vallon, ruiſſ & hameau de Vaurenaud. Devant & au S. du chât. d'Eſpagne. Vallon & ruiſſ. à traverſer. *A Vatan*... 4 l. A ½ l O. de la chapelle de St. Laurian. A l'E. de la Pallue, Piſſoiſon & Fonbon. Vallon de Mée à trav. Vignes à l'Oueſt de Jonay. A l'E. du val de la Gerauderie. O. du bois & chapelle des Fourches. A la Gaudonnerie. Moulin à vent & *Poſte* de l'Epine Fauveau... 3 l. Maiſon neuve à ½ l. E. de Briou. A ½ l. O. de la Champenoiſe ✚. Vallon, pont ruiſſ. d'Angolin. Côte à l'E. des Chapell s. A Gaugé, ¼ l. E. de Coings ✚. Vallon, pont & ruiſſ. d'Angolin. A ¼ l. O. de St.-Pierre-des Notz ✚. Le long du bois de Cercé & de la Mailerie. Au Verger & petit bois à trav. *Au Bourg-Dieu*. Pente rap. pont & riv. d'Indre. Entre le moulin neuf & celui de la Rochelle. *A CHATEAUROUX*... 4 l.

Cherbourg....... O.		Caen & à Cherbourg......	89
CLERMONT-F...S.		Moulins & à Clermont....	75
COLMAR........ E.	D'ORLÉANS à	Béfort & à Colmar........	128
Cormery...... S.O.		Tours & à Cormery......	38
Coſne........ S.E.		Briare & à Coſne........	25½
DEUX-PONTS.. E.		Nancy & à Deux-Ponts...	127
DIJON.... E.p.S.		La Charité & à Dijon.....	79
Douay..... N.E.		Paris & à Douay.........	78

DREUX. Route de traverſe...NO... 26

D'Orléans à *Chartres*... 18 l. *Voyez cette Route* Sortant de Chartres on ſuit la route de Verſailles juſqu'au ham. de de Monceau. *Voyez la route de Verſailles*. De Monceau on paſſe à la chapelle du bois de Leves. Plaine à trav. en paſſant à l'O. de Poiſviller ✚. A l'E. de St.-Germain-de-la-Gaſtine ✚. Petit bois & à l'E. du moulin à vent & vill. de Challet ✚. ½ l. du vill. de Chaiſes ✚ & du château du Boulay-d'Acheres. A ½ q. l. O. de St.-Cheron-des-Champs ✚. Au péage & carref. de la route de *Maintenon*,

ORLÉANS.

à 3 l. à l'Est. Entre Fadainville + & Landonville + à l'O. & Cerazereux + à l'Est... 4 l. Deux côteaux & vallons à trav. en passant à ½ l. E. du Tremblay-le Vicomte + & de Gironville +. A ½ l. O. du vill. chât. & parc de Boulay-Thierry + & ¼ l. E. de Puiseux +. A côté O. de Boulay-Mivoye +. Belle plaine & à l'O. de Marville +. Entre les châteaux d'Epinay & de Blainville. A l'O. du hameau de Nuisemont. ¼ l. E. de Vetnouillet +. Vignes à traverser & *à* DREUX... 4 l.

EMBRUN.....	S.E.	Lyon & à Embrun.........	151
Étampes.........	N.	De Paris à Orléans........	15
ÉVREUX......	N.O.	Chartres & à Evreux.......	36
Falaise........	N.O.	Au Mans & à Falaise.......	78
Fère. (la).....	N.E.	Paris & à la Fère.........	60
Ferté-Lowendal...	S.	Châteauroux.............	5
Flèche. (la).....	O.	Tours & à la Flèche	49

FONTAINEBLEAU. Route de traverse. N.E. 20

Sortant d'Orléans par la porte de Bourgogne on passe au ham. de Perpignan & au vill. de St.-Loup +, ½ q. l. S. de St.-Marc +. A l'orme du Martroy, Coquille, & au Nord du moulin à vent de la Noue. Le long N. du parc de la Commanderie de Boigny. Au grand Boulain & ruiss. à passer. Vallon entre deux bois; le long d'un ruisseau. Côte à monter & à Marigny +: *belle vue*. Plaine à trav. en pass. au S. de la Cruaussette, ¼ l. de Rebrechien +, au N. du gr. & petit Flacy, & du moulin à vent. Carref. du chemin de Neuville à Jargeau. *A Loury*... 4 l. Vall. côte & au S. E. de la Blandinière. Traverse d'une lieue de la forêt d'Orléans. A Chilleurs +. Entre Santeau & son moulin à vent. Le Buisson au bois. ½ q. l. Nord de Mareau +. Pente à monter en passant à côté d'un moulin à vent. Plaine d'une lieue & dev. l'avenue du château de Denainvilliers. Vallon, ruisseau & moulin. Côte & *à Pithiviers*... 5 l. Au S. O. de la Folie. Plaine & le long du parc des Essars. ¼ l. S. O. du grand & petit Marcinvilliers + & de Ramoulu. N. O. de Boissy-le-Brouar & de Verine. Au Méridien. Belle plaine de 2 l. en passant au S. du Coudray +, où commence l'avenue de Malesherbes. Au S. du bois de Châteaugay, & *à Malesherbes*... 4 l.

Pont, riv. & vallon. A Mainbervilliers Côte & vall. à trav. A Buteaux & à la chapelle de la Reine +... 3 l. A Ury +. Forêt de Fontainebleau à traverser. Le parc & à cette Ville... 4 l.

GENEVE..... S.E.	Macon & à Genève........	125
Gien........ S.E.	Briare.................	16
Gracay...... S.O.	Limoges...............	28
GRENOBLE... S.E.	Lyon & à Grenoble.......	123

d'Orl.

GUERET. Chemin de traverse... S.O... 50

D'Orléans à Vierzon... 22 l. *Voyez d'Orléans à Châteauroux.* De Vierzon on passe la rivière d'Evre & le Cher. A la Croix-St.-Jacques. Le long du parc du chât. de la Noue, & à la fourche de la route de Limoges par Châteauroux. Devant la petite Noue. $\frac{1}{2}$ l. de vignes à lE. de l'étang & chât. d'Autry. Au cabaret de Travaille Coquin. Vallée & vill. de Mereau. +. Côte de Pallau, le long O. de la Blandinerie. Devant le Coudray. Pente rapide à l'E du moulin de la Roche. Prairie & maison de Lagina le sauvage. A Lury + sur l'Arnon, rivière. Aux Tureaux, $\frac{1}{4}$ l. E. de Chery+. Pont, ruiss. côte & cense de Mussay. $\frac{1}{2}$ l. O. du chât. & vill. de Cerbois+. Vis-à-vis E. & au-dess. du moulin Fussay. A l'O. des ruines de l'abbaye de Grange neuve. Vallée & prairie; chemin & à $\frac{1}{2}$ q. l. E. de *Reuilly*... 4 l. Vis-à vis E. du moulin du Guay. Côte & vallon à l'Est de l'Arnon, rivière. Le long O. du château & vill. de Lazenay +. Au-dessus E. du chât. & parc de la Ferté. Pont & grand Port sur l'Arnon. Côte & $\frac{1}{2}$ l. de bois de Diou + à trav. $\frac{1}{4}$ l. O. de Migny +. $\frac{3}{4}$ l. de Poisieux +. Belle plaine en passant à $\frac{1}{4}$ l. E. de Ste.-Lizaigne +. A l'Ouest des vignes & vill. St.-Georges +. Avenues de Billaudrie & Sainfoing. A l'Est des moulins & vill. de St.-Denis +, de St.-Ladre & de la gr. Maison. Fourche du grand chemin de Blois à Clermont. Entre les Cordeliers & les Minimes. *A Issoudun*... 4 l. Carref. des chemins de St.-Amand & Clermont. Dev. les Capucins, $\frac{1}{2}$ q. l. E. de St.-Paterne +. Au-dessus E. des moulins de Breche & Colombier. A Fontaine, E. du moulin neuf. A l'E du Chezeau & Villefranche. Vallon le long du ruisseau de Theols. 1 l. de plaine. A 1 l. E. de Thizai +. $\frac{1}{2}$ q. l. de la cense du Croc. Vallon & ham. de Montforget, sur le

ORLÉANS.

Couſeron. Côte à ¼ l. O. de Condé en Bommiers +. A l'O. de St.-Jean de Chaumes, *ruiné*, & de la forêt Chœur. ¼ l. E. de *Brives* +... 3 l. Au Meuſnet & riv. de Theols. Vill. de Planche +. A ½ l. E. de Vouillon, Prieuré +. ¼ l. O. de Bommiers +. A Ambrault & au Breuil. Entre les bois, E. du Terrier d'Ambrault. Pente rapide à l'Eſt de l'étang neuf & à l'O. du vill. du Bois +. ⅝ l. de bois à trav. A St.-Aouſt & étang de *Bourg*... 3 l. A l'Eſt de la Brandière & de Vinceuille. Entre Villechere & le Coudray. O. de Villeneuve. Côte entre la Barre & Vilaine. Pont & riv. d'Igneray à paſſ. *A St.-Charlier*... 2 l. A l'Eſt de la côte & vill. de Vic +. A Nohant. Pente rap. & vill. de Montgivray. Pont ſur l'Indre. A la Varenne & chemin de Châteauroux. Devant les Capucins. *A la Châtre*... 2 l. Aux grandes Bordes. Croix du Tertre & Vaudevent. Bruyères ou landes à traverſ. A Florenſange, ½ l. O. de St. Martin-de-Pouligny +. ¼ l. de bois de Curat à paſſer. A ½ l. de N. D. de Pouligny +. A la Forge & à Languette. Côte & vallon de Groſlard. Landes à l'Eſt de *Sevre*... 4 l. A l'Eſt de Fonteille. A Bordeſſoul & à l'E. de Malicorne. 1 l. de bruyères à côtoyer, & à ½ l. O. de Cellette +. A Puiceſſe & à Brade. Bois & château de Marſibaud. Vallon & riv. de Creuſe à paſſer. A ½ q. l. E. du chât. de Genouillat +, 1 l. O. de l'abb. de Prebenoſt. A Genouillat +. Brejaut, & 1 l. de landes à traverſer. & chemin d'*Aubuſſon*. Vall. ruiſſ. & chemin de Chatellux à Bonat. Au Bouet de la Chapelle. Montagne à traverſer. Pente rapide à l'O. de Rebières. Entre Lombateix & Boisfranc. Vallon, étang & rivière de Villevaleix. Côte & vill. de *Jouilliat*... 3 l. Vall. côte & ham. de Soulat. Pente rapide de Villegoudry. Vall. & côte à trav. Pente rapide à l'O. de Gleny +. Pont & riv. de Creuſe à paſſer. Hameau du pont & moulin de Chantrane. Côte & ham. de Chavanne. Pente rap. & ruiſſ. Devant Cher de Mont. Vallon & côte de Jouhet. Pont, ruiſſ. & pente rapide. *A Gueret*... 3 l.

Havre. (le).... N.O.	à Évreux & au Havre.......	60
Joigny......... E.	. Montargis & à Joigny......	32
Iſſoudun........ S.	Gueret................	30
Langres.... E.p.S.	Aux. Châtillon & à Langres.	72
Laon........ N.E.	Paris & à Laon...........	61

LIÉGE	N.E.	D'Orléans à Paris & à Liége.	116
LILLE	N.E.	—— Paris & à Lille	85

LIMOGES. Grande Route.......... 65

D'Orléans à *Châteauroux*... 35 l. *Voyez cette Route.* De Châteauroux on passe à Beaulieu, ½ l. E. de St.-Maur. A Naud-sur-Fond. ½ l. O. du château de Crès. ¾ l. de bois à passer à l'O. des Auberies. Aux pet. Glènes. Vall. à l'E. des grandes Glènes. 2 l. de bruyères en passant auprès de Taupius. ½ l. O. de Madrote. A l'Est des bruyères & étang de Guierpense. A Lotier. *Poste*... 4 l. A l'O. des étangs & à 1 l. de Velle +. ¼ l. E. des Maisons neuves. Aux Champs & près de la Teste. Vallon à passer entre deux étangs. A Tendu +. Bois & pente rapide à passer. Moulin, pont & riv. de Bouzane. Côte & ½ l. de bois des Salerons à trav. A la Maisonnette. Pont & petit Logis. Pont à ¼ l. E. de *St.-Marcel.* Côte rap. & chapelle de St.-Paul. ¼ l. E. de St.-Etienne +. *A Argenton...* 3 l. Pont & riv. de Creuse, que l'on passe. A la ville haute d'Argenton. Chapelle de St.-Jean. Entre les Narrons & la chapelle St.-Marc. Petit bois à ¾ l. O de Peschereau +. A l'O. du pied Baudet. Entre la Tuilerie & le ham. des Matrons. Bois & riv. de Sosne à passer. Le long O. de Celon +. Côte à ¼ l. E. de Vigou. Entre la Grange & la petite Borde. Entre la grange au Gourou & la Tuilerie du Breuil. Entre les petits bois. A l'Est de St.-Paul. Pont sur la riv. d'Ablou, que l'on passe. A Fay & devant la *Poste.* Entre les bois à l'Est de Manzolin. A Bois-Remond, 1 ½ l. E. de *St.-Benoît-du-Sault.....* 6 l. ½ l. de bois à côtoyer & à Clidier. Ham. ruiss. moulin, étang de l'Aumone. A l'Est du bois & château de Peux. Pont & ruiss. d'Anglin. A l'Est de Champalet & du vill de Mouchet +. Mont rapide à trav. en pass. à l'O. de Beauregard & à l'Est de la Roche-Chaux. Vallon & ruiss. Pente rapide, ham. & avenue du chât. de Rode. Pente & hameau de la Forge. Pont, ruiss. & moulin Bardon. Pente rapide & à Boismandé, *Poste*... 3 l. Pente rap. à l'E. de la Mardelle. Pont, côte, ham. de Garde & Chirade. Vall. & hameau de la Ville-au-Brun. Pont, riv. de Vareilles. Pente rap. & ham. de Rufasson. A Rufée & chemin de la *Souteraine.* Pente rap. pont & riv. de Benaise. Bois & côte à ⅓ l. E. *d'Arnac.* A l'O. du château d'Oreix. Descente, pont &

ORLÉANS.

ruisseau. A Montmagnier. Côte & chemin de Gueret au Dora. Pont, étang & riv. de Bram. Côte & hameau de *Doignon*.... 3 l. Pente longue à l'E. de Montcut. Pont à ¼ l. O. de la Commanderie de Bussière-Rapy. Côte à ½ l. E. de St.-Amand-Magnazeix +. Montagne à traverser. Pont, riv. de Seyne à ½ l. O. de Fromental +. *A Morterolle*..... 2 l. Mont & croix de Breuil au chemin de Belac à Aubusson. Pente rapide entre Dendeix & Puy-Berthe. Pont, riv. de Gattempe. Côte & vill. de Besines. Vallon & la Roche, à l'Est de Sagnac. Côte à l'Est du ham. & étang de la Forge. Croix du Mas-Aleau, E. de Chassagnac. Pont, ruiss. & cense de la Barotte. Montagne & bois à passer. *A Chanteloube*... 3 l. A Charensanes, E. de Champour. Pont & riv. de Couze. Vill. & château de Razès, à ¼ l. E. de l'Eglise +. Pont, ruiss. & moulin de Goulet. Gorge & ham. de la grande Croisille. A l'O. du moulin & étang de la Pescherie. *Cabarets* au bas de Nepoulas, A la Maison neuve. Détroit entre les montagnes. Entre la Douille Rey & la Douille-blanche. A ½ l. E. de Bonnat +. A la Maison rouge... 3 l. Pont, ruiss. & moulin de Beaune. Côte, bois & vill. de Beaune +. A 1 l. E. de Chatelat +. Le long O. de Maschartier & de Lessart. Pente rapide du gros Reix. A l'Est du petit Theil. Vallon à ½ q. l. Est d'Uzurat +. A la Bruyère & pente rap. +. Au Crucifix. Côte & Couvent des Augustins. *A LIMOGES*... 3 l.

LIZIEUX..... N.O.	Chartres & à Lizieux.......	52
Loches........ S.E.	Poitiers par Loches........	30
Louviers.... N.p.O.	Evreux & à Louviers......	41
Luneville........ E.	Langres & à Luneville.....	108
LUXEMB.ᴳ..... E.	Paris, Metz & à Luxembourg.	119
LYON........ S.E.	Moulins & à Lyon........	96
MACON....... S.E.	Moulins & à Macon.......	87
Marchenoir...... O.	Vendôme................	10
MADRID.... S.O.	Bayonne & à Madrid.......	263

MANS. (le) *Grande Route*... O... 49

D'Orléans à *Tours*... 29 l. De Tours *au Mans*... 20 l.

Chemin de traverse.................. 32

On sort d'Orléans par la porte St.-Jean & l'on passe devant & au N. du château de la grande Espère, à ½ q. l. S. de St.-Jean de la Ruelle +. A Bagnols-les-fontaines. Vignes & hameau du petit St.-Jean Ham. moulin & côte du grand Orme. 1 l. de vignes, en passant à Montabusard, Pisselevrette, Charmoy & *Bourgneuf*... 2 l. Côte à ½ l. E. du vill. d'Ormes +. A 1 O. de la forêt de Cercotes ou d'Orléans. Aux Barres, ¼ l. S. du Boulet +. Fourche du chemin de Bonneval. A St.-Pere-Avi-la-Colombe +... 2 l. Moulin à vent au N. de Coulmène, ½ l de St.-Sigismond +. Le long Sud de Renneville. Sud de la source de la Connie. Au Portail & à l'extrémité de Tournoisi +. ½ l. S. de la chapelle Ozerain +. A la Pierre percée, *Cabaret*. ½ l. N. de Villamblin +. Croix entre le vill. de Villempuy + & le moulin & château de Pareau. A la Bourdinière & carref. du chemin de Blois à *Chartres*... 4 l. A ½ q. l. N. de St.-Cloud +. 1 ½ l. S. O. de Varize +. Au N. de Saugeville, S. de Menainville. Croix & m. à v. Croix dev. & au S. de Luz en Dunois +. ½ q. l. N. de Boitreville, ¼ l. du chât. de Villechèvre. ½ l. S. de Jallant +. Le long N. de Nivouville. *A Châteaudun*... 3 l. A St.-Jean de la Chêne +. Au N. de St.-Avit +. Abbaye de Bénédictins. Côte & bois de Saint-Denis +. Fourche du chemin de *Droué*. Le long S. du bois du Chapitre. Au N. de Touchemont & la Fosse neuve. Entre le chât. de la Touche & la garenne du Trochet. Descente, vallon & côte. La Filandière, & au S. E. de la chapelle St.-Hubert & la cense du bois Rimbourg. A Savigny & Andillou. Le long O. du bois de Beauchesne, & de la grande & petite Coulière. Au S. de la Touche & à la ferme du Charmoy. ½ l. N. du bourg de *Droué* & de Bourguerin +. Au N. E. des Forgeries & au Poilay +. *A la Fontenelle*... 5 ½ l. A la ferme de la Bachelière & aux Augères. Vall. & passage du Couetron, riv. ¼ l. N. d'Arville +, Commanderie. Entre les fermes du Houx & du Bois rouge au N. & celles de la Provenderie & du Boulay au S. A ½ l. N. d'Oigny + ½ l. S. de St.-Avit +. Côte & le long S. du bois & étang de Boisvinet. Le long N. du ham. de la Vente. ½ l. N. de Glatigny, Abbaye. Vallon & ruiss. à passer. Traverse du chemin de Montmirail à Mondoubleau. Le long N. d'un petit bois, & de la Tuilerie. Passage de l'extrémité

ORLÉANS.

du bois de Coueteron. Au S. des Pidorrières. Entre Penterie & Chauſſe. *A Vibraye*... 5 ½ l. Au ham. & étang de la Rouſſe. Au N. de la forêt & entre les fermes de de la Boquetière & Lerverie en paſſ. une côte. Bruyéres à trav. & le long des hameaux de Valain & Greux. A *Lavaré* +. Pont, moulin & paſſage de la riv. de Longuère. ¼ l. N. de *Dollon* +. Au S. des Luars & maiſons neuves, hameaux. ½ l. S. du vill. & chât. du *Luart* +. Pont & riv. de Longuère. Le long O. de cette rivière & à l'Eſt d'une montagne en paſſant aux Croiſes. Fourche du chemin de Chartres, & plus loin on rencontre celui de la Ferté. *A Connerré*... 4 ½ l. Sortant de ce Bourg on monte une côte. La route fait un coude en tournant au S. E. & en côtoyant la montagne. Au moulin de la Croix, ſur la riv. d'Huiſne. A l'Eſt du Piolay & au carrefour du chemin de *Montfort* qui eſt à ½ l. l'O. ¼ l. de landes à côt. & *à St.-Mars* +... 2 l. Pont & riv. de Narais. A l'O. des étangs & ruiſſeau à paſſer. 1 l. de landes à trav. en paſſant à ½ q. l. E. de *Champagne* +. Paſſage d'un ruiſſ. & au Gué-Perray. A la fourche du chemin de Blois. ¼ l. S. de l'abbaye de Lepau. Carrefour de la route de Tour. Pont & moulins ſur la riv. d'Huiſne que l'on paſſe & à *Pontlieue* +. Au S. O. de la Martinière. A ¼ l. N. E. du petit *St.-Georges* +, au-delà de la rivière. A la Miſſion, Chapelle, & *au MANS*..... 3 ½ l.

Autre Chemin par Vendôme............ 36

D'Orléans à *Meun*... 4 ½ l. *Voyez d'Orléans à Tours*. De Meun à l'Angloachère. Entre *Cravant* + & le ham. & moulin de Villechaumont. Carref. du chemin de Dun à Beaugency. A Cernai & chemin de Chartres à Blois. Au N. de Prenai & ¼ l. de *Joſnes* +. Le long N. de Meſſilly, au S. de Cremou, & ½ l. de *Lorge* +, auprès de la forêt de Marchenoir. A Villemuſard ½ l. S. du parc & village de *Briou*..... 4 l. Moulin à vent à ½ quart lieue Nord du château de Fontenailles. Entre l'étang de *Roches* + & la grande Voves. ¼ l. Sud de *Roches* + & de la forêt de Marchenoir. A ¼ lieue Nord du parc & village de *Talcy* +. Au S. du bois de Rocheval. A Beaurichard, 1 l. S. de Marchenoir. ¼ l. N. de la Madelaine-*Villefoin* +. Vildemblin. Chemin de Châteaudun à Blois. ¼ l. S. de Villeneuve-*Frouville* +. A *Bœſſau* + & au N. du bois, du parc & du château. A Chaillou, ½ l. S. du chât. de *Frouville*... 4 l. Entre le moulin à vent & le hameau du Buisson. ½ q. l. S. de Baignault +. Au Bouchet & le long S. du bois de Monthault. Au N. de Thorrigny & ½ l. de Selomme +. A Villetrun +. Le long N. de la Touzerie & de Coulommiers +. Pont & moulin d'Huchigny, sur l'Ouzée, ruiss. Pente entre les bois. A la Chappe : *belle vue. A Vendôme* sur le Loir...... 4 l. De Vendôme *au* MANS.... 20 l.

Autre par Marchenoir............. 37

D'orléans *à Beaugency*... 6 l. *Voyez d'Orléans à Tours*. De Beaugency on passe dev. les Capucins. Au N. de la ferme de Rougemont. ¼ l. S. de Villorceau +. Entre le parc de Cerqueux & Toupenay. Carrefour de l'ancien chemin de Paris à Blois. A ½ l. S. de Jones +, & ½ q. l. N. d'Isi. Entre le Heaume & le parc de Fontenailles. Chemin d'Orléans à Vendôme par Boëssau. A ½ q. l. S. O. de Villemusard & son moulin à vent. ½ l. S. O. du parc & vill. de Briou +. Pont & vill. de Roches +. Entre les bois de la Rocheval & la forêt de Marchenoir. Le long S. du vill. du Plessis-d'Échelles +. *A Marchenoir*... 4 ½ l. Chemin de Blois à Châteaudun. ¼ l. S. de St.-Léonard +. Vis-à-vis S. de Claise. ¼ l. N. du bois & fief de Cigogne. Chemin de Châteaudun à Blois par la Ferté. Entre la eense des Bordes & Freppelle. *A Ouques*... 2 l. Avenue au S. du chât. de Ville-Gomblain. ½ l. N. de Ste.-Gemme +. Le long S. de l'étang & vill. d'Epiaix +. A Noyer. ½ l. S. de Goulafre & des bois Breton. Entre le bois & le petit Roux. Le long Nord de Thueil & à ½ l. S. de Faye. *A Villetrun* +... 3 l. *Voyez la suite ci-dessus*.

MARSEILLE....	S.E.	Lyon & à Marseille.......	183
Massey........	S.O.	Issoudun...............	24
Menars.........	O.	Tours.................	12
Menestous......	S.O.	Vierzon & à Menestous....	24
Mer............	O.	Blois.................	9
METZ.........	E.	Troyes & à Metz.......	99
Mehun.........	S.O.	Vierzon & à Mehun......	26
Melun.........	N.E.	Fontainebleau & à Melun...	24
Meun..........	O.	Tours.................	4 ½

(middle column: D'ORLÉANS à)

ORLÉANS.

Mézières...... N.E.		Paris & à Mézières....... 84
MONS....... N.E.		Paris & Mons.......... 88
Montargis....... E.		Sens............ 17
MONTAUBAN. S.O.		Limoges & à Montauban... 130
Montbéliard.... Ep.S.	D'ORLÉANS	Besançon & à Montbéliard.. 106
Montbrison...... S.		Moulins & à Montbrison... 91½
Montdoubleau... O.		Châteaudun & à Montdoubl. 21
MONTPELLIER. S.		Lyon & à Montpellier..... 174
Montreuil-Belley. O.		Tours & à Montreuil..... 46
Montrichard..... O.		Blois & à Montrichard.... 22
Mortagne..... N.O.		Chartres & à Mortagne.... 38
Morterolle..... S.O.		Limoges........... 55

MOULINS. *Route de traverse...S...* 52

D'Orléans on passe le Cours & le faubourg de Lorbette. Au S. de St.-Marc ✝. A Perpignan, au N. de l'Isle aux Bœufs. Pont, ruiss, & Prieuré de St.-Loup. Fourche de la route de Pithiviers. Côte des carrés & croix des Châtaigniers. A St.-Jean-de-Braye ✝: *belle vue au S. sur le vignoble & vill. de St.-Denis-en-Val.* Pente rapide au N. de Combleux ✝. Pont, moulin & ham. de Bionne. Côte au N. de Casrouge & commencement du canal. le long N. de la Cicogne & Port-Moran. A la croix Martin & aux Ormes. ½ q. l. N. du vill. de Chessy ✝. Aux Achats & au N. du moulin à vent de Chessy. ½ l. N. du vill. de Bou ✝. Pente & cense des Bordes. Hameau du pont aux Moines, sur le canal... 3 l. Côte le long N. du vill. de Mardié ✝. Au N. du petit bois & de la Palazerie. ½ l. de Danvoy ✝, au-delà de la Loire. St.-Nicolas, *ruiné*, & au N. de Vernelle. Pont du Lary, vis-à-vis N. de *Jargeau*. Vis-à-vis le pont de Jargeau, sur la Loire. A St.-Denis de l'Hôtel *ou de Jargeau*. Le long S. de la côte & au N. de la Loire. Pont, ruiss. à ¼ l. S. du parc & chât. de Chenailles. A Foujuif, sur la rivière. Côte de l'Ormepinon : *belle vue au Sud.* Pont & ruiss. Côte à ¼ l. N. d'Ouvrouer-les-Champs ✝. Le long Nord du parc de Châteauneuf & de la chapelle St.-Barthelemy ✝. Belle avenue en face de la grille du chât. *A Châteauneuf*-Penthièvre : *belle vue*... 3¼ l. A ½ l. N. de Sigoly, au-delà de la Loire. A St.-Martin-d'Abat ✝. ¼ l. N. de Germigny ✝. Chaussée, étang, moulin & vill. de St.-Agnan-des-Gués. Fourche du chemin de Montargis.

A 1 l. N. du bourg & abbaye de *St.-Benoît*. Moulin, pont & ruiss. A Bray-sur-Loire +. & cabaret de la Folie. Le Marais & la Corgnatrie. Buisson Benoît & carrefour du chemin de Sully. *Aux Bordes* +... 4 l. Moulin à vent, pont, étang & moulin à eau des Bordes. Entre le Porreux & la Moulinière. La Marchaudrie & les côteaux. Le long S. de la forêt d'Orléans & de la route qui la traverse. Vis-à-vis le chât. des Gués. Pont & moulin au N. de la Couarde. Vallon & ruiss. à côtoyer. Côte & vill. d'Ouzouer-sur-Loire +. ½ l. N. E. de Cuissy. 1 l. de St.-Agnan-le-Jalard +. Pont & moulin à ¼ l. S. O. de Dampierre, du parc, chât. & étang. A la Bretonnière, ¾ l. N. de *Lion*-en-Sullyas .. 3 l. Vallée en passant au S. de la Maison Neuve + & au N. des Guerets. Pont & ruisseau à passer. A Arcole, ¾ l. N. de *St. Gondon*. Pente rap. & ham. de Montoire. A la Cave & vill. de Nevoy +. Vall. pont & ruiss. Entre Picerat & Paillard. A Gien-le-vieux+. Pente rapide à ½ l. N. de Poilly-sur-Yerre +. Devant St.-Lazare & les Minimes. *A Gien*... 3 l. Le long N. de la Loire. Les Capucins sont au-delà de cette rivière. A Colombier-Jodon. ½ l. N. de St.-Martin-sur-Ocre +. A la Thiau, ½ l. N. de St.-Brisson +. Le long de la côte de vignes, Vis-à-vis de Rivotte & le commencement du Canal de Briare. Pont, ruiss. & Trousse-Barrière, à la fourche de la route de Paris. Pont sur le Canal. *A Briare*... 2 ¼ l. De Briare *à Moulins*... 33 l. *Voyez de Fontainebleau à Moulins.*

NANCY.........	E.	Troyes & à Metz.........	93
NANTES.........	O.	Tours, Angers & à Nantes.	77
Veuvy.........	O	Briare & à Neuvy.........	23
NEVERS........	S.	Moulins par Nevers......	39
Nogent-le-Rotrou..	O.	Alençon par Nogent......	25
N. D. de Clery.	O.p.S.	Tours................	4
NOYON......	N E.	Paris & à Noyon.........	53
Orient. (l')......	O.	Nantes & à l'Orient......	117
Ougues.........	O.	Vendôme...............	11
Ouzouer-le-Marché	O.	Meun & à Ouzouer.......	8½
PARIS...	N.p.E.	De Paris à Orléans......	28
PAU.........	S.O.	Limoges & à Pau.........	179
PERPIGNAN....	S.	Toulouse & à Perpignan...	195

| Pithiviers .... N.E. | D'Orléans a Fontainebleau.. | 9 |

POITIERS. Grande Route... S.O.   59

D'Orléans à Tours... 29 l. De Tours à Poitiers... 30 l.

Route de traverse................. 53

D'Orléans à Olivet... 1 l. *Voyez d'Orléans à Châteauroux*. D'Olivet à la Giraudière. A ¼ l. E. du bois & château de Noras. A la Renaudière. Elle plaine & ½ l. de bois à trav. A Lezeaux, cense, près du bois de Boilgibaud. A Bailly, pont & ham. du grand Persil, à ¼ l. O. de l'étang. Le long O. du bois, à ¼ l. d'Ardon + & du chât. de Boilgibaud. Entre Ville-Oiseau & Chevenelle. A Champerdu, ½ q. l. E. de l'étang & château de Cendray. *A Jouy-le-Pottier* +... 4 l. A l'E. du bois de Cendray. 1 l. de landes à trav. Pente, pr. & vill de *Ligny-le-Ribaud* +... 2 l. Pont, riv. de Cosson & vallée. Ruiss. Côte des grandes Chaises. Pont, étang & cense des petites Chaises. Vall. étang & côte. Le long des landes, à ¼ l. E. de la Ferté-Saint-Aignan +. Etang à ½ l. Sud-Est de Saint-Cyr-Semblecy. Entre les deux Vilrondier. ¾ lieue Ouest de Villeny +. Pont & vill. de *Bonneville* +..... 2 l. Au Bout d'en haut, les Jerneaux & la Motte. Bruyères & vallon. Au chêne, ½ l. E. de Vaugeon. A d'Huison + & à la Tuilerie. ¼ l. de la forêt de Boulogne à trav. Le long de Bois-Margot. Au vill. de Neuvy +. Pont, riv. de Beuvron & Eglise de Neuvy. A l'angle du parc d'Herbaut. Le long S. de la riv. *A Bracieux*... 4 l. Pont & riv. de Boncheure. Fourche du chemin de Blois à Romorantin. Pont, ruiss. & pente rapide. A la Trépinière. ½ l. S. du chât. de Villesavin. Aux haies & bois Tremal. Au Jardin, ½ l. Ouest de Fontaine. Devant le grand Chemin & la Déloucherie. Pont & riv. de Conon. Ham. du Gay-au-Merle. Le long E. des bois & au hameau de Begin, la Raboulière & ½ q. l. de bois à passer. A côté de la Mallière & traverse d'¼ l. de bois. Vallon & côte de Marson. A Doulain, ¾ l. E. de Fresne +. *A Contres*... 4 ¼ l. Pont & riv. de Bièvre à ¼ l. de Moulins. Côte & vignes à 1 ½ l. O. du Lac, moulin & vill. de Soing +. Le long O. des bois, à ¼ l. de Sassay + ½ l. E. de Oisly +. Vignes, & à l'O. de la Martinière & le Clouseau. Vallon, pont & étang. Au grand chemin de Coude +. ½ l. E. de la forêt de

Chouffy. Petit bois d'Oizy à trav. Vallon, étang & la Madelaine. Côte & cense des Sablons. Pente rap. de Peu. Pont, ruiss. & vill. de St.-Romain +. ¾ l. de la forêt de Grosbois à trav. Pente rap. & fief de Monplaisir. Puits St.-Martin & la croix Verte. Au Poirier, ½ l. O. de Poyers +. Faub. pont & riv. du Cher. *A St. Agnan*... 4 l. Devant le chât. & le parc. Côte de vignes à passer. Vallon & ham. de la Rochette. Traverse de la forêt de Brouard. *A Montrésor*... 5 l. Pont & riv. de Lindroye. Hameau du Pont-Mijon, à ¼ l. N. O. de Villoin, abbaye. A la Fouetière, ¼ l. S. de Chemillé +. Etang & Chartreuse de Liget. 1 l. de bois des Chartreux & de la forêt de Loches à trav. A Roule-Couteaux, Puy-Bertin, Lignère. ¼ l. S. de Ferrières +. *A Beaulieu*. Pont, isle & prairie à trav. en passant à Sonsac, devant les Capucins & les Cordeliers. *A Loches*... 4 l. ½ l. de la Ceverie à passer. Au N. du chât. & vill. de Varennes +. ¼ l. de St.-Senoch +. A la Rocherie. Vall. & vill. de Ciran +. Côte de la Braudière. Pont & ruiss. d'Estrigneuil. *A Liguel*... 4 l. Côte & dev. N. D. des Anges. Entre le chât. d'Epigny & la Bruyère. A Cuffay +. Bois, ham. & chât. de la Cicogne. A Bois-Robert & ½ l. de bois à passer. *A la Haye*... 3 l. Pont & riv. de Creuse. A St.-Jacques, ½ l. S. de Buxeuil +. Côte & chap. de Vaugibot. ½ l. S. de la Fontaine du Lac. Côte & vallon de Berthénot, ¼ l. S. E. de Poissai-le-Joly +. Le long E. de St. Sulpice & du chât. de la Fontaine. Fourche de la route de Tours à Poitiers. A ¼ l. Sud de Dangé +. *A Ingrande* +... 4 l d'Ingrande *à Poitiers*... 12 l. *Voyez la Route de Tours à Poitiers*.

REIMS........	N.E.	D'Orléans à Paris & à Reims..	66
Reuilly............	S.	—— Gueret...............	26
ROCHELLE.. (*la*)	S.O.	—— Poitiers & à la Rochelle.	92

ROMORANTIN. Route de traverse... S.O... 16

D'Orléans *à la Ferté-Lovendal*... 5 l. *Voyez d'Orléans à Châteauroux*. Pente rapide & vill. de St.-Aubin +. A la Fourche de la route de Limoges. A la Pépinière & le long du bois. Pente rap. de la Guillotière. Pont & riv. de Puisdardé. Entre Gruin & les Moron. Landes à ½ l. E. du chât. de Villedard. ¼ l. de landes à trav. en côtoyant un bois. Pont de Merdelet & vill. de *Chaumont* +... 3 l. A l'Epinai, Brie & Lardrela. Côte à ¼ l. E. de l'étang de

ORLÉANS.

Vilcou & de Villebourgeon. A Souppeau. Châteauvieux. Pont, riv. de Beuvron & la Ferté-Avrain +. A ½ l. O. du châ. d'*Auteroche*... 2 l. Belle plaine à l E. du moulin de la Gloire. ¼ l. S. de Neung +. Pont & ruiff. de Nouant. Côte & ham. d'Avignon. Vallons, étangs & pont à paffer. Vis-à-vis E. du Coudray & Fleury. Vallon, étang du petit bois. Côte & bois, à ½ l. E. de Marcheval. Vallon, étang & ruiff. à paffer. Le long O. d'un petit bois, au-deffus des étangs & du châ. de Villechenay. Entre Vicomte & la Rapinière. Côte de Châteaugaillard. Pont & riv. de Bonnecheufe. *A Millançay* +... 3 l. A l'E. de l'Eglife de ce village. Vall. étang & côte en longeant des bois. ½ l. O. de la forêt de Bruadan. Bois, étang de la Chapelle. A Dreuillet, ¼ l. O. de l'étang & châ. de Mers. Vis-à-vis O. de l'ét. & abb. de Lieu. Au bas E. de Lantenay+. Pont, ét. A Malicorne & St.-Marc. *A ROMORANTIN*... 3 l.

ROUEN......	N.	Chartres, Evreux & à Rouen.	50
Saarelouis......	E.	Metz & à Saarelouis........	112
Saareguemine....	E.	Nancy & à Saareguemine...	116
St.-Agnan....	S.O.	Poitiers par St.-Agnan.....	21
S.Benoît du Sault.	S.O.	Limoges...............	48
St.-Dié.......	S.O.	Blois................	11
ST.-FLOUR.....	S.	Moulins & à St.-Flour.....	98
St.-J. d'Angély.	S.O.	Poitiers & à St.-J. d'Angély.	88
ST.-MALO.....	O.	Tours & à St.-Malo.......	104
ST.-OMER......	N.	Paris & à St.-Omer........	89
St.-Quentin...	N.E.	Paris & à St.-Quentin.....	63
SAINTES....	S.O.	Poitiers & à Saintes........	87
Salbris.......	S.O.	Châteauroux.............	15
SAUMUR......	O.	Tours & à Saumur........	44
SENLIS......	N.E.	Paris & Senlis............	39
		SENS. Chemin de traverfe.... E....	29

D'Orléans *à St.-Agnan-des-Gués*.... 8 l. *Voyez d'Orléans à Moulins*. De St.-Agnan on paffe le long N. du parc de Sauvée. Au chemin de Paris à Sully. ¼ l. N. de Bouzy. Entre le Chat fauvage & la Caillotte. ¼ l. de la forêt d'Orléans à trav. Entre les étangs & le canal, ¼ l. S. de Vieilles Maifons +. Entre plufieurs Cenfes. Pont fur la rigole de Cour Palet. *A Lorris*... 4 l. Moulin à v. à ¼ l. S.

de Noyers +. A Timory +. Le Trembloir & chemin de la Bruyère. ½ l. de bois à trav. A Lombreuil +. Au S. du Marais & de Chevillon +. A l'O. de l'Isle-Don. Vallon, pont & ruiss. à pass. Au S. de Platteville & *à Montargis*... 5 l. De Montargis on passe le canal de Briare, la riv. de Loing & Douant. Aux Bénédictines, abb. 2 ½ l. de la forêt de Montargis à trav. en pass. au S. de la chapelle du Saint Sépulchre+. Au S. de Torraille+ & de la Selle-en-Hermoy+. Deux petits bois à trav. Aux Grotrois & aux Malles. Pente rap. de la Cave-haute. Pont & chapelle de la Maladrie. *A Courtenay*.... 6 l. Côte & hameau de la Potagenier. Petit bois, près de Savigny +. Au S. des bois & à l'Ouest de Vernoy. ¼ l. de bois à trav. Au N. de Serbois & d'Egriselle-le-Bocage +. A Cornan +. ½ l. S. du chât. & vill. de Subligny. A l'O. de Collemiers +. A Paron + & le long O. de l'Yonne, riv. Faubourg, pont, isle St.-Maurice-sur-Yonne... *A Sens*... 6 l.

Autre Chemin de traverse.......... 27

D'Orléans *à Sully-la-Chapelle*... 6 ½ l. *Voyez d'Orléans à Fontainebleau*. De Sully on passe à Ingranne +. A la Boulaye, ham. entre la forêt. 1 l. de la forêt d'Orléans à trav. Montvolant, la Brosseterie. ¼ l. S. de Nibelle + & de St.-Sauveur +. ¼ l. de bois à passe. *A Bois Commun*... 4 l. Montbarrois +. *Beaune*. Côte de vignes & route Romaine que l'on suit, en passant au carref. de la route de Paris à Moulins. ½ q. l. S. de Bordeaux +, ¼ l. N. de Corbeilles +. 1 l. de marais & la riv. de Suzain à trav. en passant à ½ q. l. S. du petit & grand Boulay. 1 l. N. de Mignerette +. Fourche du chemin de Montargis. A l'O. & vis-à-vis de la Mery. A Sceaux +, ¼ l. O. de Courtempierre +. Croix de Belle-Isle & *Maison blanche*... 4 l. Le long N. des ham. de la rivière. Pont & ham. de Moucheny-sur-Suzain. Au Verger, N. des vallées. A St.-Loup de-Bezar, ¼ l. S. de *Château-Landon*. A ¼ l. N. du chât. de Toury. Ham. du Pont, ¾ l. S. de Neronville+. Pont, canal & riv. de Loing. Carref. de la r. de Paris à Moulins. A Dordives+ & côte à trav... 3 l. Moulin Maréchal, au S. du Mez, château. A Canivelles & à Bransles +. ½ l. S. d'Egreville. A Bottecour, ½ l. N. de Chevry + & de Bignon +. *A Jouy*... 4 l. Villegardin +. Montachet +. St.-Valerien + & les *Bonneaux*... 2 l. Au N. de Foucheres +. ¼ l. S. de Villebougis +. Au N. de Villeroy & de Subligny +. Aux ham.

ORLÉANS.

de la patoiſſe de Paron +. Pente rapide. Pout ſur Yonne, riv. & faubourg St.-Maurice. *A SENS*... 3 ½ l.

SOISSONS.... N.E.		Paris & à Soiſſons.........	53
STASBOURG... E.		Nancy & à Straſbourg......	131
Suèvre......... O.		Blois.............	12
TARBES..... S.O.	D'ORLÉANS	Limoges & à Tarbes.......	165
Tonnerre..... E.p.S.		Auxerre & à Tonnerre......	45
TOUL......... E.		Troyes & à Toul..........	85
TOULON..... S.E.		Lyon & à Toulon.........	192
TOULOUSE.S.p.O.		Limoges & à Toulouſe......	142

TOURS. *Grande Route*.... O. p. S... 29.

On ſort d'Orléans par la porte Madelaine, & l'on paſſe le faubourg. Au pied d'un moulin à v. de la petite Eſpère, & au N. de Ste.-Madelaine. A la Gablière, ¼ q. l. O. de la Chapelle +. Le long S. des Muids & des Chêneteaux. Au Fourneau, aux Groiſons & à St.-Avy +. Vallon & ruiſſ. à paſſer. Le long de la ferme du rivage & à Cropel. Au Bel-Air. ¼ l. de vignes à traverſer. A St.-Hilaire +, St.-Pierre + & *à Meun*.... 4 ½ l. De Meun à Foinard, en traverſant des vignes. ½ q. l. N. O. de l'abbaye de Boſle. Au S. E. de Villeneuve +. Vignes & moulins à vent. *A Beaugency*... 2 l. Fourche du chemin de Marchenoir & vignes à trav. Vall. ruiſſ. & à Pont-Pierre. *A Mer*... 3 l. A Menars-la-Ville +. Suèvre, & *à Menars-le-Château*... 3 l. A 2 l. N. O. de St. Dié. De l'autre côté de la Loire. *A Blois*... 2 l. De Blois *à Chouſy*... 3 l. A ¾ l. S. de la Grange rouge. Entre la ferme de la Carte & la Loire. A Eſcure, ¼ l. N. de Chaumont +, au-delà de la Loire. A Haut-de-Veuve & la Marinerie. *A Veuve*... 3 l. A ¼ l. N. de Rilly, de l'autre côté de la riv. & de Moſne +. Au petit & gr. Sauvajon & à la Marre. ¼ l. S. de Cangy + & de Limetay +. Au haut Chantier, Poſte & Launay. Entre la Loire & pluſieurs fermes. La Pillaudière, la Vacherie & *d'Amboiſe*... 3 l. qu'on laiſſe de l'autre côté de la Loire. A l'entre-pont. Negron + & ſon château. ¾ l. N. du chât. de Chauteloup. Pluſieurs vill. & fermes entre leſquels on paſſe. Au port de Monlouis & la *Frillière*... 3 l. A Rue de l'Echenôt & paſſage de la riv. de Branle *ou* Brenne. A côté S. de St.-Roch. A ¼ l. N. de la Ville-aux-Dames +, au-delà de la Loire. ¼ l. S. de Roche-Corbon + & ½ q. l. de

St.-Georges ✝. Au S. de l'abbaye de Marmoutier, Ste.-Radegonde ✝ & St.-Simphorien. A TOURS... 3 l.

TROYES	E.	D'Orléans à Sens & à Troyes.	45
VALENCE	S.E.	—— Lyon & à Valence....	123
VALENCIENNES	N.E.	—— Paris & à Valenciennes.	80
Vendôme	O.	—— Au Mans par Vendôme.	16

ROUTES ET CHEMINS DE TRAVERSE
DE PARIS

{ Distance de PARIS.

à		Voyez	lieues.
Abas	S.O.	Limoges; de Limoges à Agen.	140
Abbecourt, abbaye.	O.	S. Germ. & à Mantes par Flins.	7½
ABBEVILLE	N.	Amiens & à Abbeville	41
Ablis	S.O.	Chartres par Dourdan	17
Achères	N.O.	St.-Germain & à Achères	6
Achères	S.p.O.	Orléans	24
AGDE	S.	Montpellier & à Agde	205
AGEN	S.O.	Orléans, Limoges & à Agen.	155
Aigle. (l')	O.	Dreux & à l'Aigle	32
Aignan	S.O.	Auch & à Aignan	194
Aignay-le-Duc.	S.E.	Troyes; de Troyes à Dijon..	63
Aigre	S.O.	Poitiers & à Aigre	110
Aigrefoin, chât.	S.O.	Chevreuse	7
Aiguemortes	S.	Lyon; Nismes & à Aiguemorte.	185
Aigueperse	S.p.O.	Moulins; de Moul. à Clerm...	87
Aigueperse S. Bonnet	S.	Macon & à Aigueperse	107
Aiguerande	S.O.	Orléans; d'Orléans à Gueret.	72
Aiguillon	S.O.	Agen & à Aiguillon	160
Ailly	N.	Amiens & à Abbeville	39
Aisnay-le-chât.	S.O.	Bourges; de Bourges à Clerm.	70

Aire en Artois.... N	Amiens & à St.-Omer......	59
Aire en Gascogne. S.O.	Agen & à Aire............	178
Airel.......... O.	Caen, Bayeux & à Airel.....	68
Airvaut...... S.O.	Poitiers & à Airvaut.......	102
Aix Engillons... S.	Bourges par Henrichemont..	55
Aix en Othe... S.p.E.	Sens & à Aix............	41
AIX en Provence. S.	Lyon & à Aix............	193
AIX-la-Chap.. N.E.	Mézieres & à Aix.........	106
Aix-Limozin... S.O.	Limoges & à Aix.........	96
Aizenay....... S.O.	Poitiers & à Aizenay.......	110
ALAIS.......... S.	Lyon & à Alais..........	174
Alanche......... S.	Clerm. Ferrand & à Alanche.	113
Alanches........ S.	Aix en Provence & à Alanches.	200
Alazac....... S.O.	Limoges & à Alazac........	111
Albert ou Encre.. N.	Amiens d'Amiens à Cambray.	38
Albret........ S.O.	Bordeaux & à Albret.......	180
ALBY...... S.p.O.	Limoges & à Alby........	168
Alègre.......... S.	Clermont Ferr. & à Alegre..	114
ALENÇON...... O.	Dreux & à Alençon........	45
Alet........ S p.O.	Toulouse & à Alet.........	200
Aligre........ S.O.	Poitiers, Niort & à Aligre...	117
Alixan........ S.E.	Lyon; de Lyon à Crest.....	145
Allemans...... S.O.	Limoges, Bergerac & à Allem.	134
Allos......... S.E.	Lyon; de L. à Embr. & Allos.	180
Alluets-le-Roy... O.	Marly & aux Alluets.......	9
Alzonne......... S.	Toulouse & à Montpellier...	189
Amance....... S.E.	Langres; de Langres à Vesoul.	99
Amberieu...... S.E.	Bourg en Bresse & à Belley...	114
Ambert......... S.	Clermont & à St.-Etienne...	106
Anbierle........ S.	Moulins; de Moul. à Roanne.	94
Amblainvilliers. S.O,	Dourdan par Palaiseau......	4
Amblepuis....... S.	Moulins & à Amblepuis.....	101
Ambleteuse...... N.	Abbeville & à Ambleteuse...	62 ½
Amboise...... S.O.	Orléans & à Amboise.......	52
Amboarnay.... S.E.	Bourg en Br. & à Ambournay.	112
Ambrières....... O.	Alençon & à Ambrières.....	60

AMIENS. *Grande Route*.... N.... 31

On fort de Paris par la porte St.-Denis & l'on traverse le faubourg du même nom; ensuite celui de St.-Lazare & de Gloire, en passant entre la foire de St.-Laurent & le Couvent des Lazariftes. Sortant de la Barrière on a l'abb. & le village de Montmartre à l'O. & les Carrières & vill. de Belleville. ¾ l. à l'E. A la Chapelle +. Sortant de ce vill. on entre dans la belle avenue qui conduit à St.-Denis. Belles plaines à droite & à gauche de l'avenue. On apperçoit le vill. de St.-Ouen + à ½ l. O. & Aubervilliers à l'E. ½ l. Le moulin à vent, le hameau de Crevecœur & la Courneuve font du même côté. Avant de paffer la grille de St.-Denis on remarque un Calvaire, la route de Verfailles qui traverfe le bois de Boulogne, & un pont fur le Crou, ruiff. *A St.-Denis* en France.... 2 l. Devant l'Abbaye où eft la Sépulture des Rois & Reines de France. Sortant de cette Ville on paffe devant le dépôt & le magafin de l'habillement des Troupes. Pont fur le Rouillon, riv. Carref. de la route de *Pontoife* & de *Gonneffe*. A la cinquième borne milliaire. ½ l. O. du moulin à vent & vill. de Stains +. ¼ l. E. du vill. & chât. de Villetaneufe +. 6ᵉ borne; à l'E. des m. à vent de Sannois. A Pierrefitte, où il y a de jolis maifons de campagne. Chemin & à 1 l. O. d'Arnouville +. Barage ou péage, 7ᵉ borne, demi-lune & fourche de la route de Beauvais. Avenue qui conduit à Arnouville & *à Goneffe*, vis-à-vis E. du moulin de Sarcelles N.º 8. Briqueterie & Tuilerie. A Sarcelles +. Pont fur le ruiff. du chât. d'Arnouville. Côte & églife de Sarcelles. ½ l. E. de St.-Brice + & Pifcop +. Route pavée de Villiers-le-Bel +. Le long Oueft du château de ce village. Pente rap. de la montagne d'Ecouen; *belle vue fur St. Denis, Montmartre, Villejuif, &c.* Tranchée & bois d'Ecouen à trav. en paff. derrière le moulin à vent. Pente rap. de la mont. *A Ecouen-la-Haute-feuille* +... 2 ½ l. Clos & chemin de Bouqueval +. Côteau à ½ l. E. d'Ezanville +. ¾ l. de Moiffelles + & ¼ l. O. du moulin à vent de Bouqueval. A Mefnil-Aubry +, devant l'Eglife & une croix. A 1 l. O. de Fontenay-les-Louvres +. Avenue du vill. de Villers +. ¼ l. E. du clocher d'Attainville + & du chât. de Maffliers +. 13ᵉ borne. A 1 l. O. de Chaftenay. Route pavée & à ½ l. O. de Mareil en France +. Chemin & à ¼ l. de Villiers-le-Sec +. 1 l. S. E. de Bellay en France + & plus loin St.-Martin du Tertre +. Vis-à-vis O.

de la Garenne & du moulin de Mareil. Parc de Champlâtreux, à ½ l. O. de Jagny + & 1 ½ l. du moulin de Marly-la-ville +. A Champlâtreux +. Fontaine & bel abreuvoir. Superbes avenues en face du château, orné d'une très-belle grille : b.l'e vue. Devant & à l'E. de la nouvelle Paroiſſe. Auberge & Nº 14. Pente rapide en trav. les bois de ce village. Vallon, pont & côte, & fin du bois. A 5 l. N. O. de Fleurines. Avenue à ¼ l. O. de Gaſſecourt. Pente rap. vall. & Nº. 15. Prairie à ¼ l. O. de Chauvigny. Pente rapide de la montagne. *A Luzarches*... 3 l. Dev. la poſte en deſcendant. A 1 l. O. de l'abb. d'Hérivaux. Pont & côteau. Nº 16. Pont, riv. & moul. de Chaumontel +. Chemin & à ½ q. l. O. de ce village. Avenue & à 1 l. S. O. de Coye +. ¼ l. E. du chât. de Bertinval Pente rap. Juſtice & rendez-vous. Entre les bois d'Hérivaux & ceux de Royaumont. Nº 17. Route directe au chât. de Chantilly. Pente rap. prairie & pont ſur la riv, de Theve. ½ l. O. de Coye. Le long E. du vill. de la Morlaye + & avenue du chât. Nº 18. Pente très-rapide. ½ q. l. E. de la forêt du Lys : *belle vue*. Le long O. de la forêt de Chantilly. Nº 19. Entre des bois & chemin à 5/4 l. E. de Gouvieux +. Vis-à-vis de la belle route qui traverſe la forêt en allant à Pontarmé. Nº 20. A ¼ l. O. du chât. de Chantilly. Chapelle de St.-Laurent. *A Chantilly*... 3 l. Pavé qui conduit à l Egliſe & au chât. Pente rap. & pavillon de Manſe. Pont, canaux & prairie à trav. Pente rap. Garenne & chemin à 1 l. N. E, de St -Leu Deſſerrent & de ſes belles carrières. Avenue & Nº 21. A 1 l. E. de Villers +. 1 ½ l. de Precy +. Avenue à ¼ l. E. de Sr.-Maximin +. Bois à trav. en paſſant à ½ q. l. E. de la ferme de Paintelan & des Hayes. Bois de Feneſtre à paſſer. A ½ l. E. du château de la Verſine. A l'E. de Tiverny +, Cramoiſy +, St. Vaaſt & *Merlou*, dans la vallée. Croix à l'E. de la Juſtice de Creil. Croix, chemin & à ½ l. O. du Pleſſis-Pommeraye & de Malaſſis. ¼ l. E. de Montataire, ſur le rocher. A 1 l. Sud-Oueſt du château & parc de Mont-la-Ville, en-deçà du château de Fleurines & de la forêt de Hallate. ¼ l. S. O. du chât. de Vaux. Pente rap. & belle vue ſur Creil. Tranchée à paſſer. Faubourg & chemin de Senlis, avec la chapelle de N. D. de Bonne Nouvelle. Dev. le Calvaire, une auberge & ſur un pont. *A Creil*... 1 ½ l. Pont & iſle ſur la riv. d'Oiſe. Belle prairie à trav. A ½ l. S. de Villiers-St.-Paul +; Rieux + & Brenouille + ſur Oiſe, ſont plus loin. A l'E. de la ferme des Granges. N° 25. Clos & jardins à côtoyer. A Nogent-les-Vierges +. Pavé qui conduit à la Paroisse & au château. ¼ l. O. du moulin à v. de Villers, & ½ de Saussy. N° 26. A ½ l. O. de Candilly. Au bas E. de l'église de Laigneville. ¼ l. O. du vill. & chât. de Monchy-St.-Eloy +. A Laigneville +. Avenue de la Commanderie. Côte rapide à l'O. du moulin & ham. de Cocriomont. Pente rap. & N° 27. Croix & pavé de Sageville. Vallée & chemin de Cauffry +. Pont à ¼ l. E. de la Souteraine & à ½ l. O. de Monneville +. Entre Cauffry & la Tuilerie. A l'E. du parc & chât. de Liancourt. Clos & N° 28. Croix & route plantée du chât. & village de Liancourt-sur-la-Breche & de Nointel. A Rentigny +. Pont à ¼ l. E. de Cambronne +, au-dessus de Vaux & de Despoillieu. Maison & croix à l'E. d'Uny. ¼ l. Ouest de Louveaucourt & Caigneux. Pont à ½ l. O. de Bailleval + & de Bethencourt, au bas des bois de Nointel. Côteau à ¼ l. E. de Neuilly + & du moulin à v. ½ l. O. de Senecourt, en deçà de Bailleval. Pont & côte à ¼ l. O. de Breuil-le-Vert +. ½ q. l. E. de la ferme de la Motte & Connettecourt. Pont & route pavée du village & château d'Auvillers, en passant entre Rotelou & la Motte. Cavée à 1 ½ l. S. O. d'Erguery & St.-Aubin. ½ l. O. de Breuil-le-Sec +, ½ q. l. de Giencourt & à l'E. de Bethencourt & son moulin à vent. Le long des jardins de Clermont. Pente rapide de la côte. *A Clermont en Beauvoisis*... 3 ¼ l. Pente rapide & route de Beauvais. Jardins, prairie & faubourg de l'Equipée. Pont sur plusieurs bras de la Breche. Auberge, moulin & pont, & place où l'on danse l'Eté. Au S. & près du chât. de Firz-james. Le long du mur & à l'E. du parc. Chemin & à ¼ l. O. de Warty, aujourd'hui Fitz-james. Vis-à-vis des ha! ha! qui laissent entrevoir les beautés du parc. A ¼ l. O. du bois & ferme de St.-Jean. ½ l. E. des bois de Bourbon. Bois d'Airion à 1 l. E. d'Estouy +. Le long O. de ce bois, ½ q. l. au-dessus E. du vill. d'Airion +. Chemin planté à ¼ l. O. de Lamecourt +. A ¼ l. E. de Bezaucourt, dans le vallon. A la belle étoile d'Argenlieu de 235 pas de diamètre avec une avenue de quatre rangs d'arbres qui est en face du chât. A ¼ l. E. d'Avrechy +, dans le fond. Le long O. du bois de Cuigniers. Avenue & à l'O. du chât. d'Argenlieu, & au ham. de ce nom. A 1 l. E. du clocher, vill. & moulin à v. de Fournival + & les environs de Beauvais. A ⅓ l. O. du moulin & vill.

de Cuiguières +

de Cuigniers +. Pente, vall. pont & côte à passer. ¼ l. E.
de St.-Remy-en-l'eau +. ½ l. O. de la Folie & Boutelangle,
1 l. du moulin & vill. d'Angiviller +. ¼ l. E. du moulin
& ham. de Valcourt, & plus loin Malborgne & bois de
Mons. Pente rapide en trav. une tranchée : *belle vue.*
Carrières, vall. & pont à passer. Pont sur la riv. d'Arre.
Au bas O. du bois du Plessis-St.-Just. Dev. la poste de
St.-Just & pente rap. *A St.-Just* en chaussée... 4 l. Rue
qui conduit à l'Abb. & à la Paroisse. Chemin de St.-Just
à Beauvais. Arbres, Calvaire & sentier que les gens de
pied prennent pour abréger. A ½ l. O. du chât. vill. &
moulins à vent du Plessis-St.-Just +. ¼ l. N. O. du vill. &
moulin de Plainval +, situé à l'angle du bois; Evremont
est plus loin. Fourche du chemin de Quimquempoix +.
Vall. & fourche de la chaussée de Brunehaut. Côte à 1 l. E.
de Castillon + & à ½ l. O. de Tromainviller. Croix à ½ l. E.
de Fumechon +. Garenne à ¼ l. S. O. de Morviller. A
Wavignies +. Avenue & poste de Wavignies. Bois & carref.
du chemin de Beauvais à Montdidier. Moulin à v. à ¾ l. O.
d'Ausanviller +. Pont à 1 l. N. E. de Thieux. E. de la
ferme du grand Mesnil. Chemin & à ¼ l. E. de Campremy +.
¼ l. de Fariviller. Moulin à v. à ½ l. O. de Bonvillers. ½ l. E.
des moulins & vill. de Boisrenaud. ½ q. d'Evanchaux. Vis-
à-vis O. du moulin à v. de Beauvoir. Pente rap. à l'Est
de l'église de Beauvoir. Pente rap. Carrières à ½ l. E. de
Caply. Côte à ¼ l. de Troussencourt + : *belle vue au N. sur
Breteuil.* Vallée, chemin & à ½ q. l. E. de Vendeuil +.
Fontaine & chemin de Montdidier. Pont & riv. de Noyez,
que l'on passe. Dev. la grille de l'Abbaye. *A Breteuil*... 5 l.
Dev. l'Hôtel-Dieu & la poste. Croix & tranchée. Justice
& Sablonnière de Breteuil. Avenue & à ½ q. l. E. de St.-
Sauveur. Chemin de St.-Sauveur & de Villers-le-Vicomte.
½ q. l. E. du m. à v. & à Esquennoy. Marre & ruelle que prennent les gens de pied pour abr. Dev. l'Egl. Cr. & pente rap.
Pont à ½ l. E. de Flechy. Pente rap. à ½ l. du bois d'Esquennoy. A ½ l. S. O. de la touffe d'arbr. & chap. de Montplaisir,
les vill. d'Halliville & la Warde + sont plus loin. Pont &
côte à ¼ l. E. des bois de Bonneuil. Au moulin à vent de
Malaton. Vall. pont à ¼ l. S. E. de Bonneuil +. Côte &
ham. de la Folie, composé de trois maisons. Devant une
marre & un puits très-profond. Pente rap. de la montagne
de Galet : *belle vue au S. & à l'E.* A l'E. & près du ham.
de Travers. Petit vall. & côteau à passer, en remarquant
à 1 ½ l. E. le vill. de Paillard + & plus loin le chât. & vill.

de Folleville & de Quiry +. A la ferme & auberge du Chapon blanc. $\frac{1}{2}$ l. E. de Gouy-les-Groseliers + & 1 l. de Croissy +, dans la vallée. Chemin & à $\frac{1}{2}$ q. l. Ouest de Lorthois. $\frac{1}{4}$ l. du moulin à vent & $\frac{3}{4}$ l. du vill. du Rogy +. A $\frac{1}{2}$ l. O. de la Warde *ou* Louarde-Mauger +. Le long O. des bois de Quint. $\frac{1}{4}$ l. E. du parc, chât. & vill. de Franfures +. A l'E. du moulin à v. de Flers. $\frac{1}{4}$ l. S. E. du moulin & vill. de Bosquet +. *A Flers* +... 3 l. Croix & chemin de la Warde Mauger. Dev. la poste & la croix d'où l'on apperçoit Sourdon à l'E. A $\frac{1}{4}$ l. O. des bois de Cantibaut. Aven. du chât. d'Essertaux & moulin à v. à l'extrémité orientale du vill. Dev. le Rossignol, auberge. Au N. E. du parc, chât. & église d'Essertaux +. Dev. les Briqueteries. Carref. du chem. de Poix à Mareuil. Le long E. du cimetière d'Essertaux. Avenue d'arbres fruitiers directe au moulin. $\frac{1}{2}$ l. O. du bois de St.-Nicolas. Avenue vis-à-vis le moulin à v. d'Oremeaux. Chemin à $\frac{1}{2}$ l. du nouveau moulin à v. & du vill. d'Oremeaux +. A 1 l. S. O. du vill. de Grattepanche + & à 2 l. de Sains + & St.-Fuscien, abb. pente rapide, arche & bois d'Ouardieu à côtoyer à l'O. Trav. de la partie orientale du vill. de St.-Saulieu +. Dev. un *Ecce Homo*. A $\frac{1}{2}$ q. l. E. de l'Eglise. Pente rapide de la côte de St.-Saulieu +. Au moulin à v. A $\frac{1}{4}$ l. O. du moulin & vill. de Rumigny +. 1 l. E. du vill. & bois de Proussel-le-Mont +. A Heubecourt + : *belle vue*. Devant la poste & l'Eglise. A 1 l. O. de Saint + & 1 $\frac{1}{4}$ l. S. O. de l'abbaye de St.-Fuscien, sur la chaussée Brunehaut, qu'on a vue à St.-Just. $\frac{1}{2}$ l. des bois de Dury à trav. & $\frac{1}{2}$ l. à côtoyer à l'O. de St.-Fuscien. Croix & moulin à v. A Dury +. Vis-à-vis le chât. & l'Eglise. A $\frac{1}{2}$ l. E. de Salleu +, dans la vall. Croix, à 1 $\frac{1}{2}$ l. E. du parc & vill. de Guignemicourt +. Clairy + & plus loin le chât. & vill. de Pissy +, Saulchoy, &c. Chemin & à $\frac{3}{4}$ l. E. de Ponts de Mets; plus loin est Fourdrinoy & le chât. de Pecquigny, &c. Au S. O. de la Tour de Corbie. 1 l. S. E. de N. D. de la Grace & à $\frac{1}{2}$ l. S. de l'Autois & plus loin Vinacour +. Dev. le nouveau moulin à v. & la chap. St.-Honoré. Faub. & chemin de Beauvais. Demi-lune & porte de Beauvais. A AMIENS... 4 l.

Ammerschweir..	S.E.	Colmar & à Amerschweir...	119
Amous.......	S.O.	Toulouse & à St-Gaudens...	192
Ancenis.......	S.O.	Angers; d'Angers à Nantes..	85
Ancerville....	E.p.S.	St.-Dizier & à Ancerville....	57
Ancy-le-Franc..	S.E.	Tonnerre & à Ancy-le-Franc.	54

(DE PARIS à)

Andance............ S.	Paris à Lyon; de L. à Avignon.	133
Andelot.......... S.E.	—— de Neuchât. à Chât.-sur-S.	64

ANDELYS. (les) Chemin de traverse. N.O. 26

De Paris au bois d'Ennemets... 22 l. *V. de Paris à Rouen dar Pontoise.* Du bois d'Ennemets aux *Andelys*.... 4 l. *Voyez de Gisors aux Andelys.*

Autre Chemin................ 24

De Paris à Vernon... 20 l. *Voyez de Paris à Rouen par St.-Germain* De Vernon on passe la riv. de Seine sur un pont. Dev. les Pénitens & le vill. de Vernonet. Fourche du chemin de Vernon à Gisors. Vis-à-vis & au N. de l'avenue & chât. de Bizy. Le long N. de la Seine, à ½ l. N. E. de St.-Marcel ✝. Bac & ham. des Fourneaux. Entre la Seine & la forêt de Vernon. A ½ l. E. de St.-Just ✝, au-delà de la Seine. Au Prieuré de la Madelaine. ½ l. N. E. de St.-Pierre-d'Autils ✝. Le long E. de Pressaigny-l'Orgueilleux ✝. ½ l. du Goulet, sur la r. de Rouen. A l'Isle ✝. ½ l. E. de Pormort ✝ & ¾ l. de St.-Pierre de la Garenne ✝. Pente rapide de la côte de Pressigny-le-val. ¼ l. E. de la Mivoye & à 2 l. du bourg & chât. de *Gaillon*. Entre la forêt de Vernon & celle des Andelys. ¼ l. des deux bois à trav. A ½ l. O. de Nezé & 1 ½ l. du moulin à v. vill. & chât. de Tourny. A Hennesis ✝. A l'Est d'Epinay. 1 ¾ l. O. du chât. & m. av. de Beauregard & de Guitry sur des monts. A la Haute-borne. 1 ½ O. de la Bucaille. ¼ l. O. de Guiseniers ✝. A la Baglande, ½ l. E. du vill. de Bouafle & plus loin celui de Toen ✝. ¼ l. E. de Clery, au bord du bois. Le long E. de Pongueil. Croix & chemin des Andelys à Vernon. Bois à ½ l. E. du chât. Gaillard. Pente rap. à ½ l. E. & au-dessus du petit Andelys, & 1 l. de Thuit. Vallée, pont & riv. de Gambon. Au grand *ANDELYS*... 4 L

Andilly.......... N.	Paris à St.-Denis & à Andilly.	4½
Andlaw....... N.p.S.	—— Colmar & à Andlaw...	125
Anduze........... S.	—— Lyon, Alais & à Anduze.	178

ANET. Route de traverse.... O.... 19

De Versailles à Houdan... 15 l. *Voyez de Versailles à Dreux.* Sortant d'Houdan on monte la côte de St.-Jean & l'on passe à la fourche de la route de Dreux. A ¼ l. N. E. de la forêt, ¾ l. d'Aavelu ✝. A côté du fief d'Orval. ½ l. S. de St.-Lubin & de St.-Sulpice-de-la-Haye ✝. Au N. des

Bránloires. ¼ l. N. E. du moulin & bourg de *Bu*, au-delà des vignes. Entre la Haye, Tortains & Duvaux. Entre les Noblets, les Barberies & les Roberts, hameaux. Au N. E. de Berchères+, de St.-Ouen+ & de Ville-l'Evêque+, auprès du bois. Vallon à ¼ l. S. de Rouvres +. Au N. de Nerbouton, des Nouains & du chât. de Becquerais, près de la forêt. A l'E. de la Ronce. ½ l. S. du village de Boncourt; 1 ½ l. d'*Ivry*: *belle vue*. Extr. de la forêt de Dreux à trav. Pente rap. & belle vue sur Anet. *A ANET*... 4 l.

Autre Chemin.................. 17

De Paris au haut arbre de *Menil-Simon*... 15 l. *Voyez de Paris à Damville*. Du haut arbre on passe le long des bois & au N. de la Tuilerie. A la fourche du chemin d'Ivry & près des Gastines rouges. ¼ l. N. des Gastines d'Oulins. Pente rap. à ½ l. S. de la chaussée. ½ l. S. E. d'*Ivry*. ½ q. l. E. du vill. d'Oulins+. Pont & riv. de Vesgres. Dev. le chât. d'Egleffien. Belle vallée, prairie & avenues du chât. d'Anet, entre la Vesgres & la riv. d'Eure. A ½ l. N. du chât. & vill. de Boncourt +. ½ l. E. des Cordeliers & d'Ezy+. A l'E. du chât. d'Anet de la Diane. *A ANET*... 2 l.

		DE PARIS à		
Angelez........	S.O.		Toulouse & à Angelez....	180
ANGERS.....	S.O.		Dreux & à Angers........	73
Angerville...	S.p.O.		Orléans..............	17
Angervilliers...	S.O.		Dourdan par Palaiseau.....	10
Angle........	S.O.		Poitiers; de Poit. aux Sables.	100
Anglure.....	E.p.S.		Sézanne & à Anglure......	32
ANGOULÊME.	S.O.		Orléans & à Angoulême...	117
Anizy-le-Chât..	N.E.		Soissons & à Anizy........	33
Annebauld....	N.O.		Rouen & à Pont-Audemer..	40
Annecy.......	S.E.		Lyon & à Annecy........	154
Annet.........	E.		Meaux...............	9
Anot.........	S.E.		Lyon, Embrun & à Anot...	188
Annonay.......	S.		Lyon & à Annonay......	132
Anse..........	S.		Macon; de Macon à Lyon.	106½
ANTIBES.....	S.E.		Lyon, Aix & à Antibes....	234
Antony.....	S.p.O.		Orléans..............	3
Antrain.......	O.		Mayenne & à Antrain.....	86
Antrains.......	S.		Auxerre & à Antrains.....	50

ANVERS..... N.E.	Bruxelles & à Anvers......	80
Anweiller....... E.	Metz; de Metz à Landau....	114
APT........ S.E.	Lyon, Avignon & à Apt.....	187
Arandan...... S.E.	Lyon; de Lyon à Belley....	126
Aramon........ S.	Lyon; de Lyon à Beaucaire..	175
Arbois........ S.E.	Dijon; de Dijon à Genève..	96
Arbouville, ch. S.p.O.	Orléans..................	19
Arbresle........ S.	Moulins; de Moulins à Lyon.	109
Arc-en-Barrois.. S.E.	Troyes & à Arc...........	53
Arche. (l')..... S.O.	Limoges, Brives & à l'Arche.	118
Archiac....... S.O.	Limoges & à Sarlat par Brives.	124
Arcis-sur-Aube. E.p.S.	Provins & à Arcis.........	38
Arconville.... E.p.S.	Troyes & à Bar-sur-Aube....	50
Arcueil......... S.	Orléans..................	2
Ardres......... N.	Arras & à Ardres..........	67
Ardres...... S.p.O.	Clermont-Ferr. & à Ardres..	107
Argellez....... S.O.	Auch & à Argellez.........	200
Argence....... O.	Entre Caen & Lizieux.....	49
Argentan....... O.	Dreux; de Dreux à Falaise..	43
Argentat...... S.O.	Limoges, Uzerches & à Arg.	118

ARGENTEUIL. *Route de traverse.* N.p.O. 4

De Paris à Epinay... 3 l. *V. de Paris à Rouen par Pontoise.* D'Epinay au carref. de la route d'Enguien. Le long de la côte & au bas du moulin d'Orgemont. ½ l. de Genevilliers, au-delà de la Seine. Le long du bord septentrional de cette rivière. A ARGENTEUIL... 1 l.

Chemin de traverse.................. 2½

De Paris on passe à la Barrière blanche. Entre Monceaux & Montmartre. Fourche de la route de St.-Ouen. ¼ l. E. de Villiers + & Neuilly. Traverse de la route de Versailles à St.-Denis. A Clichy-la-Garenne +. Bac & riv. de Seine. A Asnières +. Belle plaine à trav. en pass. à ½ l. E. de Colombe +. ¼ l. Ol de Genevilliers + & à 1 l. de *St.-Denis.* Cabaret, bac & rivière de Seine que l'on passe. A ARGENTEUIL... 2½ l.

Argenton........ S.O.	De Paris à Orl. & à Argenton	70
Argenton-le-chât... S.O.	Entre Tours, Angers & Poit.	88

Argueil...... N.O.	Gisors; de Gisors à Dieppe,.	28
Arinthot........ S.	Autun, Tournus & à Arint..	116
Arlai.......... S.E.	Dij. & de Lons-le-S à Dôle..	106
Arlant...... S.p.O.	Clermont-Ferr. & à Arlant.	111
ARLES......... S.	Lyon & à Arles..........	184
Arleux......... N.	Cambray & à Arleux.......	46
Arlon......... N.E.	Verdun; de Verd. à Liége...	81
Armainvilliers,ch.S.E.	Rozoy	7½
Armenonville... S.O.	Chartres.................	16
Armentières..... N.	Arras ou Lille & à Arment..	56
Arnac.......... S.	Clerm. St.-Flour & à Arnac..	122
Arnay-le-Duc.. S.E.	Auxerre & à Arnay-le-Duc...	70
Arnouville... N.p.E.	Senlis..................	4
Arpajon..... S.p.O.	Orléans.................	8
Arques....... N.O.	Rouen; de Rouen à Dieppe.	42
ARRAS........ N.	Péronne & à Arras........	44
Arreau......... S.O.	Auch & à Arreau.........	200
Arthenay.... S.p.O.	Orléans	23
Artonne..... S.p.O.	Entre Moulins & Clermont..	88
Arudy......... S.O.	Pau; de Pau à Madrid......	217
Arvert......... S.O.	la Rochelle & à Arvert.....	135
Asnières...... N.O.	Argenteuil	1⅓
Asnières...... S.O.	Poitiers & à Asnières.......	106
Aspect......... S.O.	Auch & à Aspect..........	196
Aspremont..... S.O.	Nantes & à Aspremont.....	112
Asprey........ S.E.	Langres & à Asprey........	71
Assy en Multien... E.	Meaux & à Assy..........	14
Ath............ N.	Valenciennes & à Ath......	61
Athis.......... O.	Falaise & à Athis.........	55
Attainville.. N.p.O.	Beauvais	7
Attigny ...... N.E.	Reims; de Reims à Sédan....	50
Attilly........ S.E.	A 1 l. de Brie-Comte-Robert.	7
Aubagne........ S.	Marseille; de Mars. à Toulon.	205
Aubais......... S.	Lyon. Nismes & à Aubais....	186
Aubenas....... S.	Clermont-Fer. & à Aubenas.	142
Aubenton..... N.E.	Laon; de Laon à Charlemont.	46
Aubervilliers... N.E.	La Chap. ou la V. & à Auberv.	2

PARIS.

Aubeterre......	S.O.	Angoulême & à Aubeterre..	136
Aubiers......	S.p.O.	Clermont-Ferr. & à St.-Flour	95
Aubiet......	S.O.	Toulouse; de Toul. à Auch..	175
Aubigny......	N.E.	Réthel; de Réthel à Liége..	54
Aubigny......	N.	Amiens; d'Amiens à Bethune.	45½
Aubusson......	S.O.	Orléans & à Aubusson.....	86
AUCH.......	S.O.	Orléans, Limoges & à Auch.	177
Audierne......	O.	Rennes & à Audierne......	148
Audruich......	N.	St.-Omer & à Audruick....	68
Aufay.......	N.O.	Rouen; de Rouen à Dieppe.	39
Augerville......	S.	Malesherbes & à Augerville.	18
Aulas.......	S.O.	Limoges; de Lim. à Cahors.	124
Aulnay.......	O.	Caen; de Caen à Vire.....	59
Aunay.......	S.O.	Poitiers; de Poitiers à Rochef.	103
Aunay.......	N.E.	Dammartin.............	4
Auneau.......	S.O.	Rambouillet & à Auneau...	20
Ault.......	N.O.	la Ville-d'Eu & à Ault....	40
Aumale.....	N.p.O.	Beauvais & à Aumale......	33
Aumont......	S.O.	Clermont; de Clerm. à Milh.	122
Aups.......	S E.	Avignon & à Aups........	200
Auray.......	O.	Rennes; de Rennes à l'Ori.	116
Auriat......	S.O.	Toulouse & à Castelnaudari.	184
Aurignac......	S.O.	Toulouse & Bagneres par Boul.	187
Aurillac......	S.p.O.	Clermont ou Limo & Auril.	128
Auriol.......	S.	Aix & à Auriol..........	199½
Auterive......	S.O.	Toulouse & à Mirepoix...	178
Auteuil.......	O.	Versailles	1½
Authon......	S.O.	Chartres; de Char. au Mans.	34
Autry.......	E.	Reims & à Autry.........	53
AUTUN......	S.	Sens & à Autun..........	73
Auverneaux......	S.	La Ferté-Aleps..........	10
AUVERS. Chemin de traverse. N.p.O.			8½

De Paris à St.-Denis..... 2 l. Voyez de Paris à Amiens. Au Carref. de la route de Pontoise & Gonnesse. A ¼ l. O. de Villetaneuse + ½ l. E. d'Epinay + & à l'E. du chât. d'Ormesson. A la Barre, O. de la Chevrette. A l'E. de l'étang d'Enguien & ¼ l. O. de Deuil +. Pavé & à ¼ l. S. & au bas d'Enguien *ou* Montmorency +. ½ l. S. des vill. d'Andilly + & de Margeney +, le long de la Montagne. *A Eau-Bonne* +... 2 l. A ½ l. S. de Moulignon + dans la gorge. ¼ l. N. d'Ermont +. Au S. de Rubelle & de St.-Prix+. ½ l. N. E. du Plessis-Bouchart+. A St.-Leu-Taverny+, au pied de la montagne & de la forêt de Montmorency. ½ l. E. des chât. de Boissy & de Beauchams. A côté de Vaucel. A Taverny +, au bas de la forêt. ⅓ l. E. de la Garenne de Bessancourt. A Bessancourt+. A l'O. du m. à v. & de la forêt. *A Frépillon*... 2 l. A ¼ l. O. de Bethemont +. A Mery +, ½ l. S. de Mériel. Bac & rivière d'Oise, que l'on passe. *A AUVERS*... 2 ½ l.

Lorsque la riv. d'Oise est débordée, on prend par Pontoise; alors il y a... 9 ½ l.

Auvillar	S.O.	Entre Montauban & Agen...	159
AUXERRE	S.	Sens & à Auxerre...	44
Auxy-le-Château	N.	Amiens & à Hesdin...	42
Auxon	S.E.	Troyes & à Auxon...	44
Auxonne	S.E.	Dijon; de Dijon à Dole...	84
Auzance	S.O.	Moulins; de Moul. à Aubuss.	91
Auzon	S.	Clermont & au Puy,...	106
Availles	S.O.	Poitiers & à Confolens...	102
Avalon	S.	Auxerre & à Avalon...	56
Avenay	E.	Epernay & à Avenay...	35
Avernes	N.O.	Pontoise; de Pont. à Magny..	13
Avesnes	N.E.	Laon; de Laon à Avesnes...	52
Avesnes-le-Comte	N.	Amiens; d'Amiens à Béthune.	43
AVIGNON	S.	Lyon & à Avignon...	174
Avignonet	S.O.	Toulouse & à Montpellier...	181
Avize	E.	Epernay; de Reims à Troyes.	36
Avrainville	S.p.O.	Orléans...	9
AVRANCHES	O.	Dreux & à Avranches...	79
Avron, château	E.	Lagny par Avron...	3½
Ay	E.	Epernay & à Ay...	34
Ayguecaudes	S.O.	Pau; de Pau à Oloron...	212
Ayguerande	S.O.	Orléans & à Guéret...	75
Aymoutiers	S.O.	Entre Limoges & Clermont..	103
Ayraines	N.p.O.	Beauvais; de Beauv. à Abbev.	33

Azay-le-Féron. S.O.

PARIS. 233

Azay-le-Féron	S.O.	Amboise, Loches & à Azay.	70
Azilhan	S.O.	Toulouse & à Montpellier	200
Baar	S.E.	Strasbourg & à Baar	125
Bacarat	S.E.	Nancy; de Nancy à Colmar	95
Bachelerie	S.O.	Limoges & à Sarlat	110
Bagé-le-châtel	S.	Chalon & à Lyon par Bagé	100
Bagnères-les-B.	S.O.	Toulouse & à Bagnères	208
Bagnères-l. Com.	S.O.	Toulouse & à Bagnères	205
Bagueux	S.O.	Orléans	1 $\frac{1}{2}$
Bagnols	S.	Lyon & à Bagnols	164
Baigneux-les-J.	S.E.	Troyes; de Troyes à Dijon	62
Bailleul ou Belle	N.	Arras; d'Arras à Furnes	57
Baillet	N.	Beauvais	6 $\frac{1}{2}$
Bailleu	N.	Beauvais jusqu'à Noailles	15 $\frac{1}{2}$
Baillon	S.O.	Dreux; de Dreux au Mans	46
Bailly	O.	Anet	5
Bains	S.E.	Langres; de Lang. à plombiè.	87
Balainvilliers	S.p.O.	Orléans	4 $\frac{1}{2}$
Balancour	S.	La Ferté-Aleps	11
Balaruc	S.p.O.	Montpellier & à Balaruc	198
Balleroy	N.O.	Entre Caen, Bayeux & St.-Lo.	60
Bannegou	S.p.O.	Bourges; de Bour. à Moulins.	62
Bapaume	N.	Péronne & à Bapaume	38
Barbantanne	S.	Avignon & à Barbantanne	178
Barbezieux	S.O.	Angoulème & à Barbezieux	129
Barbonne	E.	Sézanne & à Barbonne	30
Barcelonne	S.O.	Montpellier; de M. à Madrid.	264
Barcelonne	S.O.	Auch; d'Auch à Aire	194
Barcelonnette	S.E.	Lyon, Grenoble & à Barcel.	176
Bargemont	S.E.	Avignon & à Bargemont	213
BAR LE DUC	E.p.S.	Châlons & à Bar-le-Duc	62
Bar-sur-Aube	S.E.	Troyes & à Bar-sur-Aube	50
		Autre Route par Arcis	53

De Paris à Provins... 22 l. *Voyez cette Route.* De Provins à Richebourg, ham. A $\frac{1}{2}$ l. du Plessis-Pigy Entre St.-Martin-de-Chennetrou + & le ham. de Puis-Joly. Au S. de

Tome II.   Gg

Frenoy ½ l. N. du chât. de Courtiou & du vill. de Mont-le-Potiers +. Defc. & *à Villenoxe la grande*... 5 l. Sortant de cette Ville, on apperçoit un tertre au S. Le vill. de Pleſſis-Barbuiſſe + eſt à coté; celui de Mongenot + eſt au N. ½ l. Au S. du Bois-razé & du vill. de Potangis +. A Villiers-aux-Corneilles +. A côté S. de la gr. garenne Les vill. & chât. de Marcilly + font du même côté, ainſi que le chât. de Levrigny & le vill. de Saron +. On paſſe à côté & au N. du vill. de Baudement + & du Prieuré de St.-André. Marais à trav. & *à Anglure*...5 l. Sortant de ce bourg on paſſe à la ferme de belle Aſſiſe & au vill. des Granges +, & le Menil: ham. le vill. de Wouarce + eſt au N. ¼ l. Paſſage de la petite riv. d'Auge. A Boulages +. Au Prieuré, l'Abb. & *à Plancy*... 3 l. De Plancy au grand Viapre, Prieuré. Au S. du petit Viapre +, ſur la riv. d'Aube. A côté de Champigny +. Petite riv. d'Herbiſſe a trav. Belles prairies, après leſquelles on arrive au vill. d'Orme + & à la fourche de la route de Troyes à Chalôns. Le Chêne +, vill. eſt devant vous: ſur le chemin de Rameru. la route fait un coude au S. traverſe un bois & la riv. d'Aube. A *Arcis-ſur-Aube*... 4 l. ſortant de cette Ville on paſſe à côté S. du Prieuré. Suivant la route, qui eſt planté d'arbres, on paſſe à ½ q l. S. du grand & petit Torcy + & de St.-Nabor. A côté de Voepaſſon +. Entre Ortillon + & ſon moulin à v. Le long S. du bois de Chaudrey & du vill. +. Traverſe de la route de Rameru à Troyes. Au S. O. de Nogent-ſur-Aube+. A Coclois + & au Bourg de *Pougy*...5 l. A Moulins +. Pont & riv. d'Aube, que l'on paſſe, & on arrive *à l'Eſmont*... 1 l. Sortant de ce Bourg on paſſe au N. de Précy-St.-Martin + & l'on traverſe une garenne, au long de laquelle eſt le vill. de St. Leger +. A Brienne-le-Chateau +. A côté E. de Brienne la-Vieille +; O. de la ferme de Beugné, & à l'E. du bourg de *Dienville*. A la Rothiere +. Belle plaine à trav. en paſſ. à ¼ l. E. d'Unienville +, Jouvanzé + & de l'abbaye de Beaulieu: tous ces endroits ſont ſur la riv. d'Aube. A Trannes +. Vignes à côtoyer & *à Boſſancourt*+... 6 l. De Boſſancourt à Monſtiel+. Alleville + & *à BAR-ſur-Aube*... 2 l.

Bar-ſur-Seine.....	S.E.	Paris à Troyes & à Bar-ſ-Seine.	45
Barrèges........	S.O.	—— Auch & à Barrèges.....	210
Barême........	S.E.	—— Avign. Digne & Barême.	210
Barenton........	O.	—— Alençon & à Avranches.	,63

Barfleur......... O.	Caen & à Barfleur............ 86
Baricourt........ E.	Busancy; de Châlons à Stenay. 61
Burjac.......... S.	Lyon; de Lyon à Alais..... 163
Barjols......... S.E.	Avignon & à Barjols........ 200
Barneville....... O.	Bayeux & à Barneville...... 77
Baronville, chât.S.O.	Chartres................... 18
Barran......... S.O.	Auch; d'Auch à Maubourguet. 181
Barre. (la)...... S.	Clermont; de Clerm. à Alais. 140
Barre. (la).... N.O.	Evreux & à la Barre........ 34
Bas en Basset.... S.	Clerm. de clerm. à Montfau.. 120
BASLE......... S.E.	Béfort & à Basle........... 115
Basoche...... S.p.E.	Nemours; de Nemours à Sens. 26
Basqueville.... N.O.	Rouen; de Rouen à Dieppe.. 42
Bassée. (la)..... N.	Arras; d'Arras à Dunkerque. 51
Bassoues...... S.O.	Auch; d'Auch à Maubourguet. 185
Bastide. (la)... S.O.	Limoges, Aurillac & la Bast. 135
Bastide.(la) S. Pierre.S.O.	Montauban & la Bastide..... 161
Bastide. (la) d'Anjou.S.O.	Toulouse & à la Bastide..... 182
Bastogne........ E.	Verdun; de Verdun à Liége... 91
Baville........ S.O.	Dourdan................... 12
Baubigny...... N.E.	Meaux 2½
Baud........... O.	Rennes; de Rennes à l'Orient. 113
Baudonvillers.... E.	Nancy & à Baudonvillers... 98
Baugé......... S.O.	Au Mans & à Saumur....... 66
Baugy.......... S.	Bourges & à Baugy......... 61
Beaume-les-Dam. S.E.	Besançon & à Beaume-les-D. 98
Bavay........ N.E.	St.-Quentin & à Bavay...... 51
BAYEUX.... N.O.	Caen & à Bayeux........... 60
Bayon......... S.E.	Nancy; de Nancy à Remirem. 89
BAYONNE.... S.O.	Bordeaux & à Bayonne...... 202
Bays.......... O.pS-	Alençon & à Bays........... 55
Bazas......... S.O.	Bordeaux & à Bayonne...... 163
Baziege...... S.p.O.	Toulouse & à Montpellier... 176
Bazoche. (la).. S.O	Au Mans & à la Bazoche..... 54
Beaubourg....... E.	Charenton, Villiers & Beaub. 5¼
Beaucaire....... S.	Lyon; de Lyon à Nîmes.... 183
Beauchamps, ch.NpO	Pontoise................... 6

Gg 2

Beauchastel	S.	Lyon; de Lyon à Avignon	142
Beaufort	S.	Lyon, Valence & à Beaufort	152
Beaufort	S.O.	Au Mans & à Beaufort	77
Beaufort	S.E.	Lons-le-Saunier & à Beauf.	103
Beaugé	S.O.	Au Mans; du Mans à Saumur	69
Beaugency	S.O.	Orléans & à Beaugency	34
Beaujeu	S.	Macon & à Beaujeu	105
Beaulieu	S.O.	Limoges; de Limoges à Rodez	122
Beaumarchez	S.O.	Auch; d'Auch à Monbourguet	191
Beaumenil	N.O.	Dreux; de Dreux au Havre	36
Beaumont	N.O.	Rouen; de Rouen à Caen	49
Beaum. le Roger	N.O.	Evreux; d'Evreux à Falaise	33
Beaum. en Argone	E.	Réthel; de Rérhel à Stenay	60
Beaum. de Lom.	S.O.	Cahors, Montauban & Beaum.	167
Beaum. en Lorraine	E.	St.-Mihiel & à Beaumont	75
Beaum. le Vicomte	O.	Bellême & à Beaumont	45
Beaum. en Auvergne	S.	Clermont & à Beaumont	94
Beaum. en Périg.	S.O.	Périgueux & à Beaumont	130
Beaum.-lès-Tours	S.O.	Tours & à Beaumont	58
Beaum.-s Oise	N.p.O.	Beauvais	8
Beaune	S.	Auxerre & à Beaune	80
Beaune	S.	Nemours & à Beaune	26
Beaupreau	S.O.	Angers & à Beaupreau	85
Beauregard, chât.	O.	St.-Cloud & à Beauregard	4
Beauregard, chât.	S.E.	Sezanne	23
Beauregard-l'Evéq.	S.	Clermont; de Clerm. à Lyon	99
Beaurepaire	S.	Lyon; de Lyon au gr. Sevre	128
Beaurepaire	N.O.	Rouen & à Montivilliers	48
Beaurepaire, chât.	S.	A la Fert-Aleps	8

BEAUVAIS. Grande Route... N.p.O. 16

De Paris au Barrage ou Péage... 3 ½ l. *Voyez de Paris à Amiens.* Du carref. de la route d'Amiens on passe entre le moulin à v. de Sarcelles & le village de Groslay +, & ¼ l. N. O. de Montmagny +, ½ l. O. de Sarcelles + Côte à l'E. de la forêt de Montmorency. A St.-Brice + où il y a de belles maisons de campagne. Pont à ¼ l. O. d'Ecouen, 1 l. de Villiers-le-Bel +. Clos & 9ᵉ borne milliaire.. A l'E. du chât. Vert & de Piscop +. Pavillon, demi-lune & belle avenue directe au chât. du Luat. Chemin pavé à l'E. du château de Blamu & celui qui conduit à Ecouen. Au ham. de Poncelle & devant le chât. N.º 10 de la borne. A $\frac{1}{2}$ l. d'Ezanville +. Pont & chemin qui va à Daumont +, $\frac{1}{2}$ l. à l'E. Justice & moulin à vent de ce village. Poteau & N.º 11. A 2 l. O. du Menil-Aubry +. Vis-à-vis de la chapelle St.-Lubin. *A Moisselles* +... 2 l. A l'O. du moulin à vent & vill. d'Attainville +. Clos & N.º 12. Fourche de la r. de Viarmes & de Royaumont. Route pavée & à $\frac{3}{4}$ l. E. de Baillet +. Chemin de Belloy & de Champlâtreux. Poteau & chemin de Monsoult +. Côte & N.º 13. *belle vue.* Chem. bordé de Villaine-en-France +. Maison neuve, *cabaret*, demi-lune & pavé à $\frac{1}{4}$ l. E. du chât. & vill. de Maffliers +: *belle vue.* A 1 $\frac{1}{2}$ l. de St.-Martin-du-Tertre. Chemin planté & à $\frac{1}{4}$ l. O. de la ferme du Roi, de Franconville, chât. & de St.-Martin +. A l'E. de la chap. de N. D. des Champs. N.º 14 & Bois-Carreau, que l'on traverse en descendant une pente rap. Arche & chemin directe à Maffliers. $\frac{1}{4}$ l. E. du chât. de Nerville. Dev. & au S. du chât. & moulin de Valpendant. Pente rap. & *belle vue.* Etoile & carref. de la r. de l'*Isle-Adam* & avenue directe au chât. de Nerville. Au parc, dev. la grille & belle avenue dir. au chât. de Courcelles. Entre la côte & les prair. de Courcelles. A Presles +. N.º 16. A l'O. des bois de Carnelle. A l'E. de l'Eglise & à l'O. de la grille du chât. Pont & ruisseau à $\frac{1}{2}$ l. E. de Prevolle. Belle avenue qui conduit au chât. de Nointel +. A 1 l. N. E. de l'*Isle-Adam.* A $\frac{1}{4}$ l. E. de la Faisanderie & de Cassan. $\frac{1}{2}$ q. l. E. de Mours +. 1 l. de Champagne +. Entre la chap. St.-Pierre & celle de N. D. des Champs. *A Beaumont*-sur-Oise... 2 $\frac{1}{2}$ l. Péage, pont & riv. d'Oise à passer. Vis-à-vis de la ferme Cadot. Chemin & à 1 l. O. de Bruyère. Royaumont est plus loin. Aux Plantations, $\frac{1}{2}$ q. l. N. O. du chât. & vill. de Persan. $\frac{1}{2}$ l. S. O. de Bernes +. $\frac{1}{4}$ l. du Menil-St.-Denis +, & plus loin le vill. & moulin à vent de Morangle. A 1 l. S. du vill. & chât. de Fresnel +. Croix de pierre très-haute & remarquable. Clos & prairie à $\frac{1}{2}$ l. E. d'Amblaincourt, des Vosseaux & Pelimus. Le long de la côte. Belle plantation de Chambly. *A Chambly.* Pont & riv. de Meru. Clos à l'O. du Trou-grand-Jean. $\frac{1}{2}$ l. de Roncherolles +. Côteau, chemin & à $\frac{1}{4}$ l. O. du Menil-St.-Denis. Vall. & avenue à l'E. de la ferme du Menil-St.-Martin. Côte à $\frac{1}{4}$ l. E. de

Landrimont, Montagny, Prouvair & de Menillet. Chemin, Avenue & barrière à $\frac{1}{2}$ l. E. du chât. de St.-Juſt, dans le fond. $\frac{1}{4}$ l. de belle Egliſe +. Pente rap. à $\frac{1}{4}$ l. E. de Bornel+; plus loin ſont Courcelles & Sandricourt. Pont & riv. de Gobette à paſſ. Prairie & belle avenue d'ormes. *A Puiſeux- le-haut-Clocher* +... 2 l. Pont, riv. de Gobette, parc & chât. de Puiſeux. Jardins & chemin de Puiſeux à Meru. Pente rap. à $\frac{1}{4}$ l. O. de Dieudonne+. 1 l. S. O. du moulin à vent de Cavillon. $\frac{1}{4}$ l. E. du chât. & vill. d'Anſerville +; plus loin on app. à 4 l. au S. O. les vill. de Griſy+, Epiaix+, Bréançon+, ſur des tertres, à l'horiſon. Garenne à $\frac{1}{4}$ l. O. de Montchavois. $\frac{1}{2}$ l. S. O. de Richemont. A la marre d'Ovillers. Entre deux remiſes, à $\frac{1}{4}$ l. E. de Morte-fon- taine & $\frac{3}{4}$ l. d'Andeville +. $\frac{1}{2}$ l O. de Noviller-Ste.- Genevieve. Bois à côtoyer & à paſſer. A la croix. A $\frac{1}{4}$ l. E. de la Boiſſiere + & $\frac{1}{4}$ l. O. de la Fuſée. Maiſon neuve d'où l'on apperçoit, à 8 l. au S. O. le mont Javoult à l'horiſon. Le long E. de Ste.-Genevieve. Dev. pluſieurs auberges d'où l'on apperçoit à l'E. la ville de Senlis à 7 $\frac{1}{2}$ l. Creſpy à 13 l. & Clermont en Beauvoiſis à 5 l N. E. A 1 l. N. E. des deux clochers de Monchy-le-châtel +. Chemin & à $\frac{1}{4}$ l. O. de Bonvillers & Fercourt. Vis-à-vis O. de la butte du m. à v. *belle vue*. Fourche de l'ancien chemin de Beauvais. N.° 28. Entre le bois d'Epermant & la forêt de Monchy. A 2 l. S. du clocher de l'abb. de Froidemont. Pente rap. & chauſſée très-élevée. A l'Arche & pont bouché. *A Noailles*, autrefois *Boncourt*..... 3 l. Devant l'Hôtel de Noailles, auberge & poſte, la Halle & le Marché. A $\frac{1}{2}$ q. l. O. de l'Egl. du vill. de Longvillers, Boncourt ou Noailles. Prairie, barrière & avenue du chât. A $\frac{1}{4}$ l. S. O. d'Hermes & chât. de Granville. Pont ſur le petit Silly à l'E. du chât. & moul. de Framicourt & à $\frac{1}{2}$ l. de Tillart +. Moulin de la Planquette. A l'O. & près de la ferme de Blainville. Pont, prairie, au bas E. de la Houſſaye. Côte à $\frac{1}{4}$ l. O. de Ponchon + & $\frac{1}{4}$ l. du moulin à v. de Montplaiſir. Pont & prairie. A Roye *ou* Roie. Petit bois à trav. à $\frac{1}{4}$ l. E. d'Abbecourt +. Pont de Breille à $\frac{1}{4}$ l. O. de Pierrepont. A $\frac{1}{4}$ l. N. E. du moulin à vent & vill. de St.-Sulpice +, au-deſſus du château d'Abbecourt. Croix à $\frac{1}{4}$ l. S. O. du moulin à v. de Froid-au-cul. A $\frac{1}{4}$ l. N. E. du clocher de St.-Sulpice, & $\frac{1}{2}$ q. l. S. de Mattancourt. Avenue directe au chât. de l'Epine. Bois de l'Epine à trav. A $\frac{1}{2}$ l. O. de Merlemont, au-delà de l'Epine. Pont, côte, à l'E. du bois

PARIS.   239

du Fay & à l'O. de celui de Merlemont. A 1 l. S. de la butte de Bourguignemont, où César a campé. ¼ l. S. du moulin à v. de Bruneval. A Warluis +. Pont, prair. de ce village. Côte de St.-Lucien, d'où l'on apperçoit à 1 l. au N. E. le vill. de Rochy Condé +, St. Germain & St.-Martin-de-la-Verſine +; au-deſſus & plus loin, les moul. à vent & vill. du Fay, de Fouquerolles de Remerangle & Clermont, à l'E. Bois de St.-Lucien à paſſer. A ¼ l. S. O. de St.-Ouen de Terdonne +, au-delà du Therain, rivière. Pont & ruiſſ. de Berneuil. ½ q. l. N. E. du vill. d'Allone +. Côte à ½ l. S. O. de Villers, en-deçà de St-Ouen : *belle vue ſur la ville de Beauvais.* A 2 l. S. E. de Montmilles +. Juſtice & ancien chemin de Beauvais à Paris. A St.-Lazare, groſſe ferme & à Voiſinlieu. Pont & allée de Tilleuls. A la croix des Pellerins qui limite la paroiſſe d'Allone. Au faub. St.-Jacques. Pont & riv. de Therain à paſſer. A la porte de Paris. *A BEAUVAIS*... 3 L.

Beauville, chât. S.O.	Chartres, Châteaudun & Beauv.	33
Beauvoir...... S.O.	Poitiers, Niort & à Beauvoir.	108
Beaux. (les)..... S.	Avignon & aux Beaux....	186
Beauzée......... E.	Bar-le-Duc & à Beauzée....	67
Bécherel........ O.	Rennes & à Bécherel.....	92
Bédarides....... S.	Lyon; de Lyon à Avignon..	170
Bedarieux....... S.	Lyon, Alais & Bédarieux...	194
Bédée.......... O.	Rennes & à Bédée.......	92
Bédouin........ S.	Lyon; Orange & Bedouin..	180
Beine.......... E.	Reims & à Beine........	40
Beinheim....... E.	Staſbourg & à Beinheim....	124
Belac.......... S.O.	Amboiſe, le Blanc & à Bélac.	84
Belaye......... S.O.	Cahors & à Belaye.......	150
Béfort......... S.E.	Langres & à Béfort......	100
Bellabre....... S.O.	Orléans & à Lim. par Bellab.	74
Bellegarde... S.p.O.	Moulins & à Aubuſſon....	96
Belle-Iſle en terre.. O.	Renn. Guingamt & Belle Iſle.	124
Belle-Iſle en m. O.p.S.	Rennes, Auray & Belle-Iſle..	126
Bellême..... O.p.S.	Dreux; de Dreux au Mans...	37
Bellenave.... S.p.O.	Moulins & à Clermont....	86
Bellencombre... N.O.	Giſors; de Giſors à Dieppe..	33
Bellœil........ N.E.	Valenciennes & à Belœil...	58

DE PARIS à

Bellestat...... S.O.	Toulouse & à Mirepoix....	189
Bellevre....... S.E.	Dijon & à Seurre......	91
Belleville....... S.	Macon & à Belleville....	104
Belleville....... E.	Nancy & à Belleville....	90
Belley........ S.E.	Bourg-en-Bresse & à Belley.	124
Bellou......... O.	Falaise........	46
Belloy en France. N.	Amiens........	7
Belmont..... S p.O.	Montpellier & à Alby....	208
Bellomer....... O.	Dreux; de Dreux au Mans..	29
Belpech..... S.p.O.	Toulouse & à Mirepoix....	185
Belvez....... S.O.	Limoges; de Limoges à Agen.	128
Belvoir....... S.E.	Besançon & à Porentruy....	96
Benarville..... N.O.	Rouen; de Rouen à Fécamp.	48
Benfelden..... S.E	Entre Colmar & Strasbourg..	126
Bénon........ S.O.	Poitiers; de Poit. à la Roch..	114
Bercheres...... E.	Rozoy............	5½
Bercy, chât..... E.	Charenton...........	1
Bergerac...... S.O.	Limoges & à Bergerac....	129
Berg-op-Zoom.. N.E.	Bruxelles & à Berg-op-Zoom.	87
Berg-St.-Vinox... N.	Arras; d'Arras à Dunkerque.	74
Bergzaberen..... E.	Metz & à Landau.......	126
Berlaimont.... N.E.	St. Quentin & à Maubeuge..	45
Bernay....... N.O.	Evreux & à Bernay......	37
BERNE........ S.E.	Besançon & à Berne......	128
Berre......... S.	Avignon, Salon & à Berre..	188
Bersch....... E.p.S.	Nancy & à Strasb. par Molsh.	112
Berus......... E.	Mets; de Metz à Saarelouis..	84
BESANÇON... S.E.	Langres & à Besançon.....	91
Bessan......... S.	Montpellier & à Agde....	202
Bessancourt... N.p.O.	Auvers...........	6
Besse......... S.	Clermont & à Besse......	101
Besse........ S.O.	Entre Vendôme & le Mans..	50
Bessieres...... S.O.	Cahors; de Cahors à Montaub.	154
Bethemont... N.p.O.	Auvers...........	6½
Béthéem....... S.	Auxerre & à Clamecy.....	54
Béthune....... N.	Arras & à Béthune.......	51
Beuvron...... N.O.	Lizi. & à Caen par Beuvron..	48

Beuzeville.

PARIS.

Beuzeville..... N.O.		Rouen; de Rouen à Caen.... 44
Beze.......... S.E.		Dijon; de Dijon à Bourbonnes. 84
Beze ou Bize... S.O.		Toulouse & à Montpellier... 206
BÉZIERS..... S.p.O.		Montpellier & à Beziers..... 109
Bicêtre......... S.		Fontainebleau............ 1¼
Bidache....... S.O.		Bayonne; de Bayonne à Pau. 208
Bièvres....... S.O.		Mont-R.. Plessis P. & Biev. 3½
Billickheim...... E.	DE PARIS à	Strabourg & à Landau...... 128
Billom......... S.		Clermont & à St.-Etienne.. 98
Billy.......... S.		Moulins; de Moul. à Vichi. 80
Binch........ N.E.		Laon; de Laon à Bruxelles.. 61
Bioule....... S.O.		Cahors & à Montauban...... 155
Biran........ S.O.		Auch; d'Auch à Aire....... 182
Biron........ S.O.		Limoges & à Agen......... 130
Bischweiller..... E.		Strasbourg & à Haguenau.... 122
Bitche.......... E.		Metz; de Metz à Landau.... 104
Bizy......... N.O.		Rouen par Vernon......... 21
Blaizon....... S.O.		Tours; de Tours à Angers... 79
Blajan....... S.O.		Auch; d'Auch à St.-Gaudens. 188
Blamont...... S.E.		Besançon & à Porentrui..... 109
Blan. (le).... S.O.	DE PARIS à	Orléans à Loches & au Blanc. 79
Blangis..... N.p.O.		Beauvais & à la ville d'Eu.. 31
Blangy...... N.O.		Evreux & à Pont-l'Evêque... 45
Blanc-Menil... N.E.		Senlis.................. 3½
Blanzac...... S.O.		Angoulême & à Blanzac..... 132
Blaye........ S.O.		Poitiers; de Poitiers à Blaye.. 141
Bleneau........ S.		Montargis & à Blenau...... 40
Blerancourt.... N.E.		Soissons & à Blerancourt.... 34
Bleré......... S.O.		Amboise & à Bleré........ 55
Blesle......... S.		Clermont & à St.-Flour... 107
Bletterans..... S.E.		Chalon-S Saone & à Blette... 96
Bligny....... S.E.		Auxerre; d'Auxerre à Beaune. 74

BLOIS. Grande Route... S.O.... 42

De Paris à Orléans.... 28 l. D'Orléans à Blois... 14 l.

Chemin de traverse............. 42

De Paris à Dourdan...... 12 l. Voyez cette Route. De

Tome II.   H h

Dourdan on paſſe à la Grange-le-Roi +. A $\frac{1}{2}$ l. E. du bois & abb. de l'Oyes. Le long E du chât. de Villeneuve. Vis-à-vis de la ferme de Trouvillard & de la Grange-Paris. $\frac{1}{2}$ l. O. de Richaville +. A l'E. du parc, chât. d'Herouville & à $\frac{1}{4}$ l. O. de Breau-St.-Lubin. Carrefour du chemin d'Eſtampes à Ablis, & à $\frac{1}{2}$ l. E. de Chantignonville. A Authon + & chemin de Chartres *à Etampes*... 2 l. A Paponville, $\frac{1}{2}$ l. O. de St.-Eſcobille +. Bois & hameau de Guillerville. Autre chemin de Chartres à Etampes. Bois à trav. Le long E. du parc d'Oiſonville & du bois de Vierville. A Biſſey, $\frac{1}{4}$ l. E. d'Olut, & du vill. d'Andelu +. 1 l. de Cottainville. $\frac{1}{2}$ l O. de Gommerville. Entre Baudreville & Bierville. A $\frac{1}{4}$ l. O. du chât. d Arnouville. *A Merouville*... 4 $\frac{1}{2}$ l. A l'O. de Bartonvilliers. A Neuvy +. A l'E. de Changirau & des bois du chât. de St.-Germain-le Deſiré. A Trancrainville +. Moulin à vent, bois & château de la Carrée. $\frac{1}{2}$ l. E. de Quilleville *ou* Guilleville +. $\frac{1}{2}$ l. N. O. du moulin à v. & vill de Puiſet. $\frac{1}{4}$ l. de bois à trav. Aux Allaines, vill. Carref. des chem. de Pithiviers, Chartres & *Châteaudun*... 3 l. A $\frac{1}{2}$ q. l. O. de Villermont 1 l. d'Yſenville +. A l'O. du bois & ham. de Mihardouin. $\frac{1}{4}$ l. de Merville +. Vallon qui deſcend au chât. de Cambron. A $\frac{1}{2}$ l. E. du chât. & moulin à v. de Menainville. A Brandelon, Et du bois de Menainville. $\frac{1}{2}$ l. E. de Teillay-le-Peneux + & 1 l. O. de Santilly +. A côté du moulin à v. & du vill. de Bazoches-les-Hautes + & *à St. Chriſtophe*... 2 l. A $\frac{1}{2}$ l. E. de Champdoux & du bois de Villard. $\frac{1}{4}$ l. O. de Baignaux & $\frac{1}{2}$ l. E. du bois des Monts & du chât. de Goury. $\frac{1}{2}$ q. l. du vill & chât. de Lumeau +, & $\frac{1}{2}$ q. l. O. d'Auneux; *belle vue*. M. à v. à $\frac{1}{4}$ l. O. de Pouprix +. 1 $\frac{1}{2}$ l. d'Artenay +. A l'O. de Domainville & de Legron. Carref. du chemin d'Orléans à Chartres. A $\frac{1}{4}$ l. E. d'Echelle & $\frac{1}{4}$ l. de Terminier +. A l'O. de Topineux; $\frac{1}{4}$ l. E. de Frécul. Aux Bordes-Martin. $\frac{1}{2}$ l. de Rouvray Ste-Croix +. A l'O. de Sougy + & $\frac{1}{4}$ l. de la ferme de Lancorme. $\frac{1}{4}$ l. E. de *Patay* & ſes moulins à v. $\frac{1}{4}$ l du chât. & parc be Lignerolles. A l'O. de Vilardu & Brilly, 1 l. d'Huêtre +. Vallon à $\frac{1}{2}$ l. E. de la ſource de la Connie, rivière. A Romilly, $\frac{1}{2}$ l O. de Coinces +. A St.-Pere-Avy +, ſur la route d'Orléans *à Châteaudun*... 4 $\frac{1}{2}$ l. A Frecul, $\frac{1}{4}$ l. S. E. de Goulmene. A l'E. de la haie, 1 l. de Tournoiſy +. A St.-Sigiſmond *ou* Simon +. $\frac{1}{2}$ l. de Champs & d'Herbechere. O. de la ferme de Moyſe. $\frac{1}{2}$ l. de Gemigny +. Entre Cheminiers & Vaurunard. A l'E. de l'Ormetau, ¾ l. d'Espiez +. ¼ l. O. du clocher de Rosieres +. Avenue directe au parc & chât. de Montpipau. Entre Champferé & Cleofmont. ½ l. O. de la Motte, en-deçà de Montpipau. Vis à-vis O. du chât. & parc de Luce. E. de la haute Bergere. Pont, ruiss. & cense de la Cour à ¼ l. O. du bois & chât. de la Renardiere. A Bacon +, 2 l. E. d'Ouzouer... 3 l. A ½ l. E des fermes de Torigny & de Montournois, & à ½ l. du chât. de Mézieres. Le long E. du bois & ferme. de Glefneau, 1 l. de Poiriou & du chât. du Coudray. Carref. du chem. de Meun à Ouzouer. A ¼ l. O. de Villeffery & ½ q. l. E. d'Orfiere, ¼ l. de l'Aunay, & 1 l. de Villermain. A l'O. du moulin à v. de Rilly à 2 l. de *Meun*... 2 l. A Cravant +. A 1 l. E. de Poilly +. Chemin de Beaugency à Châteaudun. A Cernay & chemin d'Orléans à Vendôme. A 1 l. E. de Lorge & Briou +, au bord de la forêt de Marchenoir. Le long E. d'Ourcelles. ½ l. O. de Villejouan, ¼ l. de Villorceau +. A ¼ l. E. des vignes & vill. de Josnes +. A l'E. de Trugny & à l'O. du moulin & ham. de Toupenay. Chemin de Beaugency à Marchenoir. A l'E. du bois & ham. d'Issy. ¼ l. O. du chât. de Cerqueux. ½ l. E. de Coneries. A Sery + & chemin de *Menars-la-Ville*... 2 ½ l. A ½ l. O. d'Aunay +; ¼ l. E. de la chapelle-St.-Martin +. A l'O. des bois de Malvault. A l'E. de Balastre & chemin de Suevre à Chartres. Au Tremblay, ¾ l. E. de Mulsans +. A la Boufie, ¼ l. O. du chât. de *Diziers*... 3 l. Le long O. du parc de Menars-le-Château. ¼ l. Est de Villerbon. Entre Villemansy & Villefollet. Chemin de Blois à Chartres. 1 l. de vignes à traverser en passant à l'E. de Villebaron +. A l'O. de la Chaussée. Dev. St.-Lazare & Bourneuf. *A Blois*... 3 l.

Boens	S.	Moulins; de M. à Montbri...	104
Bohain	N.E.	St.-Quentin; de St.-Q. à Liége	40
Boinville le Gaill.	S.O.	Chartres	16
Bois d'Arcy	O.	Versailles & à Bois d'Arcy...	6
Bois-Commun	S.	Nemours & à Bois-Commun.	31
Bois-le-Duc	N.E.	Mézières & à Bois-le-Duc...	126
Bois-le-Vicomte	N.E.	Meaux	5
Bois-d'Yoingt	S.	Macon & Bois-d'Yoingt	110
Bois-Ste-Marie	S.	Autun; d'Autun à Lyon	92
Boisset	S.O.	Clermont & à Aurillac	126
Boissise-la-Bertr.	S.E.	Melun	11

Boissise-le-Roy. S.E.	Melun	11
Boissiere. (la)... N.O.	Rouen; de Rouen à Amiens..	39
Boissuire. (la)... S.O.	Tours par Chartres	39
Boissy....... N.O.	Rouen par Pontoise	9
Boissy, chât... N.O.	Pontoise	5
Boissy, chât... N.E.	Soissons	12
Bolbec....... N.O.	Rouen; de Rouen au Havre..	44
Bolenne......... S.	Lyon; de Lyon à Avignon...	162
Bologne...... S.O.	Auch & à Bologne	188
Bondy......... E.	Meaux	3
Bonnac...... S.p.O.	Clermont & à St.-Flour	109
Bonnebosc.... N.O.	Lisieux & à Bonnebosc	46
Bonnétable..... O.	Dreux; de Dreux au Mans...	44
Bonneuil....... N.	Amiens	26
Bonneuil....... E.	Charenton & à Bonneuil....	3½
Bonneval..... S.O.	Chartres; de Chartres à Vend.	28
Bonny......... S.	Moulins	43
Boons....... N.O.	Rouen; de Rouen au Havre...	40
BORDEAUX.. S.O.	Poitiers & à Bordeaux	151
	Orléans, Limoges & à Bord..	146
Bordes. (les)... S.O.	Pau & au Bordes	211
Bordes. (les).. S.p.O.	Orléans; d'Orléans à Briare..	38
Bormes...... S.p.E.	Aix; d'Aix à Bormes	219
Bort......... S.O.	Clermont & à Aurillac	114
Bosclaurent:.. N.O.	Rouen; de Rouen à Dieppe..	34
Bosouls...... S.O.	Clermont & à Rodez	111
Bosse. (la)... N.p.O.	Chaumont en V & à la Bosse..	16
Bossu........ N.E.	Valenciennes & à Bruxelles...	56
Bouafle...... N.O.	Mantes par Flains	8½
Bouchain....... N.	Cambray par Bouchain	47
Bouchet..... S.p.E.	Melun	11
Bouffemont..... N.	Beauvais	5½
Bouille. (la)... N.O.	Rouen; de Rouen à Caen...	36
BOUILLON... N.E	Mexières & à Bouillon	67
Boulay........ E.	Metz; de Metz à Saarelouis..	82
Bouleaume,ch.N.p.O.	Gisors jusqu'à Lierville	13
BOULOGNE s.M. N.	Amiens & à Boulogne	60

PARIS.

Boulogne ou Bol.	S.O.	
Boulloire	S.O.	
Bouquenom	E.	
Bouqueval	N.	
Bouray	S.	
Bourbon-l'Ancy	S.	
Bourb.-l'Arch.	S.p.O.	
Bourbonnes les-B.	S.E.	
Bourbourg	N.	
Bourdeaux	S.	
Bourdeille	S.O.	
Bouretout	N.O.	
Bourg-Achard	N.O.	
Bourg-Archamb.	S.O.	
Bourg-Argental	S.	
Bourg Baudouin	N.O.	
Bourg-de-Lestra	S.	
Bourg-de-Valence	S.	
Bourgdun	N.O.	
Bourg-en-Bresse	S.O.	
Bourg-la-Reine	S.	
Bourg-le-Roi	S.O.	
Bourg gr. & petit	S.	
Bourg-S.-Andéol	S.	
Bourg-sur-la-R.	S.O.	
BOURGES	S.p.O.	
Bourget. (le)	N.E.	
Bourgneuf	S.O.	
Bourgneuf	S.	
Bourgneuf	S.O.	
Bourgouin	S.	
Bourgthcroude	N.O.	
Bourmont	S.E.	
Bournazel	S.O.	
Bourneville	N.O.	
Bourth	O.	
Boussac	S.O.	

DE PARIS à

Toulouse & à Tarb. par Boul.	189
Dreux; de Dreux au Mans	50
Nancy; de N. à Deux-Ponts	104
Beauvais	9
La Ferté-Aleps	10
Moulins & à Bourbon-Lancy	80
Moulins & à Bonrbon-l'Arch.	78
Troyes & à Bourbonne	72
Arras & à Bourbourg	46½
Lyon, Montel. & à Bourdeaux	153
Angoulême & à Bourdeille	132
Rouen & à St.-Val. en Caux	39
Louviers & à Bourg-Achard	36
Amboise; d'Amb. à Limoges	81
Clermont & à Tournon	125
Rouen par Pontoise	26
Clermont & à Valence	132
Lyon & à Avignon	141
Rouen; de Rouen à Dieppe	44
Dijon, Macon & à Bourg	115
Orléans	2
Alençon; d'Alençon au Mans	47
Fontainebleau	6½
Lyon, Viviers & à Bourg	162
Poitiers, Fontenay & à Bourg.	106
Orléans & à Bourges	55
Senlis	3
Bourges & à Bourgneuf	94
Autun; d'Autun à Chalon	82
Nantes & à Bourgneuf	99
Lyon; de Lyon à Chambery	124
Rouen; de Rouen à Lizieux	37
Entre Langres & Neuchâteau	79
Clermont, Aurillac & Bourn.	140
Rouen; de Rouen à Honfleur	41
Dreux, Verneuil & Bourth	29
Bourges; de Bourges à Gueret.	77

Boussay .... S.O.	Angers, Beaupreau & Boussay. 90
Bouffy .... S.E.	Villen-S.-Georges & à Boussy. 6
Boutarvillier.. S.p.O.	Orléans 13
Boutigny .... E.	Meaux & à Boutigny 11
Bouvignies ...... N.	Douay; de Douay à Lille... 55
Bouzonville...... E.	Metz & à Bouzonville 90
Boynes .... S.	Fontaineb. Pithiv. & Boynes. 29
Bracieux ...... S.O.	Orl. & à Tours par Bracieux. 39
Braine sur-Vesle. N.E.	Soissons, de Soissons à Reims. 29
Brancion......... S.	Chal.-s.S. Tournus & Branc. 93
Brantome ..... S.O.	Angoulême & à Brantome... 133
Brassac .... S.O.	Toulouse & à Brassac 187
Braud......... S.O.	Bordeaux 140
Bray - sur-Seine. S.E.	Provins & à Bray 26
Bray sur-Somme.. N.	Roye; de Compiegne à S.-Om. 34
Breau, chât... S.p.E.	Melun 11
Breau sans nappe.S.O.	Dourdan; de Dourd. à Chartr. 14
Breauté ...... N.O.	Rouen, Bolbec & à Breauté... 48
Breçay......... O.	Falaise; de Fal. à Avranches. 71
Bregy........ E p.N.	Dammartin & à Bregy 11
Brehal.......... O.	Caen; de Caen à Granville.. 76
Bressuire ...... S.O.	Au Mans, Saumur & à Bress. 90
BREST .... O.	Rennes & à Brest 146
Breuillet ...... S.O.	Dourdan................ 10
Breuilpont ... O.p.N.	Evreux 18
Breteuil......... N.	Amiens................. 23
Bretueil-sur-Iton N.O.	Dreux; de Dreux au Havre.. 28
Breteville l'Orgueilleuse O.	Caen; de Caen à Carentan... 56
Brettevi le-sur-l'Aize... O.	Falaise; de Falaise à Caen... 54
Bretigny ...... S.E.	Besançon & à Bretigny...... 100
Bretigny ..... N.O.	Lizieux................. 40
Bretigny St. Pierre. S.	Linas & à Bretigny 7
Bresolles ...... N.O.	Dreux & à Bresolles........ 26
Brevane .... S.E.	Charent. Creteil & Brevane. 3½
Briançon ...... S.E.	Lyon, Grenoble & Briançon. 159
Briare .... S.	Lyon par Moulins......... 39
Brie-C-Robert... S.E.	Melun par Brie............ 7

Brie-sur Marne... E.	Vincennes & à Brie........	3
Briis-sous-Forge... S.	Dourdan juf. Gomez & à Briis.	8½
Brienne. S.E.	Troyes; de Troyes à Joinville.	46
Brieulle-s-Meuse... E.	Reims; de Reims à Luxemb.	52
Briey.......... E.	Verdun; Verd. à Thionville.	71
Brignais......... S.	Lyon & à Brignais........	117
Brignolle..... S.p.E.	Aix & à Brignolle........	207
Brinon...... S.p.E.	Sens; de Sens à St.-Frorentin.	40
Brionne...... N.O.	Rouen; de Rouen à Alençon.	41
Briou......... S.O.	Poitiers & à St.-J.-d'Angely.	103
Briou......... S.	Lyon; de Lyon à Avignon...	155
Brioude........ S.	Moulins & à Brioude.......	107
Briouse........ O.	Dreux; de Dreux à Domfront.	48
Briquebec....... O.	Caen, Valognes & Briquebec.	80
Briffac........ S.O.	Angers & à Briffac.........	77
Brive-la-Gaill.. S.O.	Limoges; de Limog. à Cahors.	118
Broglie........ O.	Evreux & à Lizieux........	36
Broons......... O.	Rennes; de Rennes à Breft...	100
Broffe. (la) Prieuré. E.	Ferriere..............	7
Broffe, (la) chât.. S.	Sens...............	21
Brou......... S.E.	Macon, Bourg & à Brou....	120
Brou......... S.O.	Chartres & à Brou........	29
Brouage....... S.O.	La Rochelle & à Brouage....	132
Bruere........ S.O.	Bourges & à St.-Amant.....	62
BRUGES....N.p.E	Lille & à Bruges..........	75
Bruges........ S.O.	Pau & à Bruges...........	213
Bruges........ S.O.	Bordeaux................	150
Brulon........ S.O.	Au Mans & à Brulon.......	60
Brumpt......... E.	Strasbourg & à Brumpt.....	123
Bruniquel..... S.O.	Montaub.&deToulou.à Cordes	165

BRUNOY. Chemin...S.E..... 5½

Sort. de Paris par la barr. de Bercy, on paffe à Conflans+. Maifons+. ¼ l. O. de Creteil+ & ¼ l. E. de Choify le-Roy+. A Villeneuve-St.-Georges+. Crofne+. Yeres+. A l'abb. d'Yeres & à *BRUNOY*... 5½ l.

Brufques... S. | De Paris à Clerm. Milhaud & à Brufques. 147

BRUXELLES.. N.E.	Valenciennes & à Bruxelles..	70
Bruyères....... S.E.	Nancy; de Nancy à Colmar.	100
Bruyères-le-Chât.N.E.	Laon; de Laon à Reims.....	36
Bruyères-le-Châtel.. S.	Arpajon & à Bruyères......	9
Bu............ O.	Versailles & à Dreux.......	17
Buchy....... N.O.	Gisors; de Gisors à Dieppe.	26
Buisson-le-Château. E.	Lagny par Guermantes.....	6½
Bulgneville..... S.E.	Montigny-le-Roy, de Langres à Mirecourt............	81
Bulles.......... N.	Amiens................	20
Bullion....... S.O.	Dourdan...............	10
Bures........ N.O.	Gisors; de Gisors à Dieppe.	31
Bures........ S.O.	Palaiseau & à Bures........	5½
Burlat....... S.O.	Limoges, Alby & à Castres...	180
Bussieres........ E.	Meaux; de M. à Montmirail.	17
Bussy.......... S.	Sens; de Sens à Joigny.....	37
Bussy......... S.E.	Châlons-sur-Marne & à Bussy.	44
Bussy......... S.E.	Troyes; de Troyes à Langres.	58
Bussy [St.-Martin, St.-Georges]... E.	Charenton, Champs & à Bussy.	6
Buxy......... S.	Chal.-sur-S. & à Charolles..	89
Buzançois..... S.O.	Blois; de Blois à Châteauroux.	67
Buzancy........ E.	Reims; de Reims à Stenay...	56
Buzet.......... S.	Clermont & à Aubenas......	134
Cabreres...... S.O.	Limoges, Fijeac & Cabreres.	137
Cachan......... S.	Orléans................	1
Cadalere...... S.O.	Alby & à Cadalere.......	176
Cadenet........ S.	Lyon; de Lyon à Avignon...	173
Cadiere. (la)..... S.	Toulon jusq. Beausset & à la C.	206
Cadillac...... S.O.	Bordeaux & à Toulouse.....	165
CADIX....... S.O.	Bayonne & à Cadix........	396
CAEN......... O.	Evreux & à Caen..........	53
CAHORS..... S.O.	Limoges & à Cahors.......	143
Cahuzac...... S.O.	Limoges; de Limoges à Alby.	170
Cailly........ N.O.	Rouen; de Rouen à Amiens.	37
Cailsere....... S.O.	Saumur, Thouars & Cailsere.	100
Cajarc........ S.O.	Limoges, Fijeac & Cajarc...	138
Calais......... N.	Amiens & à Calais........	68

PARIS.

Callac	O.	Avranches; d'Avr. à Quimper.		130
Calmont	S.O.	Toulouse & à Mirepoix		181
Calvisson	S.	Nismes & à Montpellier		182
CAMBRAY	N.p.E.	Péronne & à Cambray		43
Cambremer	N.O.	Lizieux & à Cambremer		46
Campan	S.O.	Auch; d'Auch à Barrèges		200
Cancale	O.	Avranches & à Cancale		89
Candé	S.O.	Angers & à Candé		80
Candis	S.O.	Saumur & à Candis		81
Canisy	N.O.	Caen; de Caen à Coutances		69
Cannes	S.E.	Aix; d'Aix à Antibes		231
Canourgue. (la)	S.	Clermont & à la Canourgue		131
Cany	N.O.	Rouen & à S. Valery en Caux		44
Cap-Breton	S.O.	Bayonne		197
Capdenac	S.O.	Limoges; de Lim. à Rodez		134
Capelle. (la)	N.E.	Laon; de Laon à Bruxelles		47
Capelle-Marival	S.O.	Limoges; de Lim. à Rodez		131
Capestan	S.p.O.	Toulouse; de T. à Montpellier		206
Capialat	S.O.	Bordeaux		150
Carbonne	S.O.	Toulouse & à Bagnères		180
CARCASSONNE	S.O.	Toulouse & à Montpellier		193
Cardaillac	S.O.	Limoges & à Rodez		132
Caremonac		Idem		118
Carennac	S.O.	Limoges; de Lim. à Rodez		122
Carentan	O.	Caen; de Caen à Cherbourg		69
Carhaix	O.	Rennes; de Rennes à Brest		122
Carman	S.p.O.	Toulouse & à Carman		175
Carrières	N.O.	Nanterre, Chatou & Carrières		3½
Carrières	N.O.	St.-Germ. Poissy & Carrières		6
Carignan	E.	Mézières & à Carignan		66
Carlat	S.O.	Toulouse par Aurillac		130
Carouge	O.	Alençon & à Carouge		52
CARPENTRAS	S.E.	Lyon, Orange & Carpentras		176
Carvin-Epinoy	N.	Arras & à Carvin		51
Cassan, chât.	N.E.	Senlis		10
Cassel	N.	Arras & à Cassel		62
Cassis	S.	Marseille & à Toulon		206

Tome II.

Castanet	S.p.O.	Toulouse & à Montpellier. 173
Casteldon	S.	Moulins; Vichy & Casteldon. 88
Castelfranc	S O.	Limoges; de Lim. à Agen... 145
Castelendren	O.	Rennes; de Rennes à Brest... 114
Castelgeloux	S.O.	Auch & à Castelgeloux... 190
Castellane	S.E.	Avignon & à Castellane... 215
Castelmoron	S.O.	Bordeaux & à Castelmoron... 164
Castelnau	S.O.	Toulouse & à Tarbes... 181
Castelnau	S.O.	Bordeaux & à Dax... 188
Castelnau	S.O.	Alby... 169
Castelnaudary	S.p.O.	Toulouse & à Castelnaudary. 184
Casteln. de Barbarens	S.O.	Auch; d'Auch à Lombez... 182
Castelnau de Brassac	S.O.	Alby & à Castres... 180
Casteln. de Brettenous	S.O.	Limoges & à Cahors... 125
Casteln. de Magnoac	S.O.	Toulouse & à Castelnau... 192
Castelnau de Mamès	S.O.	Agen & à Castelnau... 169
Castelnau d'Estrefons	S.O.	Bordeaux par Cahors... 154
Castel-Sacrat	S.O.	Cahors & à Castel-Sacrat... 153
Castel-Sarrasin	S.O.	Montauban... 152
Castillon	S.O.	Toulouse & à Castillon... 191
Castillon	S.O.	Limoges, Périgu. & Castillon. 135
Castillonez	S.O.	Périgu. Berg. & Castillonez. 124
CASTRES	S.O.	Alby & à Castres... 180
Castries	S.	Lyon, & de Montp. à Nismes. 183
Câteau-Cambrésis	N.E.	St-Quentin & au Cât. Cambr. 44
Catelet. (le)	N.E.	St.-Quentin & à Cambray... 40
Catus	S.O.	Limoges & à Agen... 131
Caudebec	N.O.	Rouen; de Rouen au Havre.. 38
Caumont	O.	Caen; de Caen à Coutances.. 61
Caunes	S.p.O.	Toulouse & à Montpellier... 194
Caussades	S.O.	Cahors & à Montauban... 152
Cauterets	S.O.	Auch & à Cauterets... 207
Cavaillon	S.p.E.	Avignon & à Cavaillon... 181
Cavalerie	S.	Clermont & à Milhaud... 142
Cayeux	N.	Beauvais & à Cayeux... 40
Caylus	S.O.	Cahors; v. de Toulou. à Rodez. 150
Cazals	S.O.	Limoges & à Agen... 128

Cazeres	S.O.		Toulouse & à Bagnères	185
Ceilhes	S.		Alby; d'Alby à Lodève	188
Celle	S.O.		Poitiers; de Poitiers à Saintes.	96
Celle	S.		Lyon; de Lyon à Montpellier.	182
Celle en Berry	S.O.		Blois; de Blois à Châteauroux.	54
Cerance	O.		Caen & à Granville	78
Cerdon	S.E.		Bourg en Bresse & à Genève.	114
Ceret	S.		Perpignan & à Ceret	228
Cerilly	S.	DE PARIS à	Bourges & à Clermont	76
Cerisay	S.O.		Saumur, Bressuire & à Cerisay.	93
Cerisiers	S.		Sens & à Cerisiers	34
Cerisy	O.		Caen; de Caen à St.-Lo	64
Cerisy	O.		Caen; de Caen à Coutances.	71
Cernay	E.p.S.		Béfort & à Strasbourg	110
Cernay-la-Ville.	S.O.		Chevreuse & à Cernay	8
Cerqueux	N.O.		Lizieux	40
Cervieres	S.		Clerm. de Clerm. à Lyon	108
Cette	S.		Montpellier & à Cette	199
Ceysseriat	S.E.		Bourg; de Bourg à Genève.	108

CHAALIS, Grande Route... N.E... 11

De Paris à la fourche des r. de Senlis & de *Chaalis*... 7 l. *Voyez de Paris à Compiegne.* De la fourche de la route de Senlis on passe à la Croix, ½ l. S. de Survilliers+. Vallon, côte à ½ l. N. de Vomars +. Vallée à trav. en pass. au bas & au N. de St.-Vy + & de Montmeillant +. A Plailly +. ½ q. l. S. de Bertrand-Fosse. *A Mortefontaine*....2 l. Dev. le chât. & le long du parc. Pont au S. E. du moulin de Mortefontaine. Côte au N. des bois de St.-Laurent. Le long S. du bois du Fay. A ½ l. N. de Montaby & à 2 l. de Dammartin. Vallon, pont à ¼ l. N. O. de St.-Sulpice. E. des étangs & ham. de Charlepont. Forêt d'Ermenonville à trav. *A CHAALIS*... 2 l.

Chabannois	S.O.		Limoges & à Chabannois	104
Chablis	S.	DE PARIS à	Sens, Auxerre & Chablis	48
Chagny	S.p.E.		Chalon-sur-Saone par Dijon	90
Chaillot	O.		Versailles	¾
Chaise-Dieu (la)	S.		Clermont, Brioude, la Ch. D.	110
Chalabre	S.p.O.		Toulouse; de Montp. à Chalab.	194

Chalais....... S.O.	Angoulême & à Chalais.....	140
Chalamont..... S.E.	Bourg; de Bourg à Lyon....	112
Chalançon....... S.	Clerm. de Clerm. à Tournon.	139
Chalautre...... S.E.	Provins & à Chalautre.......	26
CHALON-*sur*-S... S.	Sens & à Chalon..........	85
Chalonne....... S.O.	Angers; d'Angers à Beupreau.	83
CHAL.-*sur*-M..... E.	Meaux & à Châlons.......	41
Chalus........ S.O.	Limoges & à Chalus........	101
Chamarande..... S.	Sens....................	9½
Chamberet..... S.O.	Limoges; de Limoges à Tulle.	111
CHAMBERY... S.E.	Lyon & à Chambery.......	144
Chambly....... N.	Beauvais.................	10
Chambon...... S.O.	Bourges & à Limoges.......	81
Chambord..... S.O.	Orléans, Blois & Chambord..	44
Chambourcy... N.O.	St.-Germ. & Mantes par Flins.	6
Chamboy..... N.O.	Evreux; d'Evreux à Falaise...	45
Chambrefontaine N.E.	Dammartin & à Meaux......	10
Chamerat........ S.	Lyon; de Lyon à Aubenas....	145
Champagnac... S.O.	Limoges & à Tulle.........	112
Champagnolle... S.E.	Dijon; de Dijon à Genève...	103
Champcenets... S.p.E.	Provins..................	19
Champceuil... S.p.E.	Melun...................	10
Champdeniers .. S.O.	Poitiers & à Niort.........	94
Champeix....... S.	Clermont & à St.-Flour.....	98
Champgueffier. S p.E.	Rozoy...................	14
Champigny...... S.	Sens....................	27
Champlan... S.p.O.	Orléans..................	4
Champlatreux.... N.	Amiens..................	6
Champlay....... S.	Lyon par Sens............	38
Champlitte..... S.E.	Langres; de Langres à Gray.	76
Champrond.... S.O.	Chartres; de Chartr. au Mans.	27
Champrosé, chât. S.E.	Rozoy...................	10
Chauac......... S.	Clermont & à Milhaud......	129
Chanceaux..... S.E.	Troyes; de Troyes à Dijon...	64
Changy......... S.	Moulins; de Moul. à Roanne.	90
Chantelle........ S.	Moulins; de Moul. à Ebreuille.	85
Chanteloup.... S.O.	Amboise & à Chanteloup....	54

PARIS. 253

Chanteloup.... N.O.	Poissy & à Chanteloup......	7
Chantignonville. S.O.	Chartres par Dourdan......	15
Chantilly....... N.	Amiens.............	10
Chaource...... S.E.	Sens; de Sens à Bar-sur-Aube.	50
Chapelle. (la)... S.O.	Angers & à Château-Gontier.	84
Chapelle. (la)... S.O.	Saumur & à Montreuil-Bellay.	84
Chapelle. (la)... N.E.	Laon; de Laon à Guise.....	44
Chapelle. (la).... E.	Sézanne en Brie..........	16
Chapelle-Angillon. S.	Fontainebleau & à Bourges...	54
Chapelle-S.-Denis. N.	St.-Denis ou Amiens.......	1
Chapet....... N.O.	Mantes par Flins.........	9
Chapton, chât... S.E.	Sezanne & à Chapton......	28
Charentenay..... S.	Bourges & à la Charité.....	66
Charenton..... S.E.	Bercy & à Charenton	2
Charenton... S.p.O.	Bourges; de Bourges à Clerm.	68
Charité. (la).. S.p.O.	Moulins.............	53
Charlemont.... N.E.	Mézières & à Charlemont...	70
Charleroy..... N.E.	Valenciennes & à Charleroy.	70
Charleville..... N.E.	Mézières & à Charleville....	57
Charlieu........ S.	Moulins & à Charlieu......	100
Charly......... E.	Meaux & à Château-Thierry.	20
Charmeau....... S.	Sens...............	25
Charmes...... S.E.	Nancy; de Nancy à Épinal,..	92
Charmes aux Non. N.E.	Soissons............	25
Charmeau, chât. N.O.	Rouen par Magny.........	15
Charneille. (la)... O.	Falaise; de Falaise à Domfront.	54
Charny......... E.	Meaux..............	10
Charolles........ S.	Autun & à Charolles......	89
Charonne....... E.	Bagnolet.............	1
Charost....... S.O.	Bourges & à Charost.......	61
Charoux...... S.O.	Moulins & à Clermont.....	84
Charoux...... S.O.	Poitiers & à Charoux.......	95
Chars........ N.O.	Gisors..............	12

CHARTRES. Grande Route... O.p.S... 20½
De Paris à Versailles... 4½ l. De Versailles à Chartres... 16 l.

Route de traverse.................. 20 ½

De Paris à Rochefort... 10 l. *Voyez de Paris à St. Arnoud.*
De Rochefort à la r. de Dourdan. Pont & prairie à ½ q. l.
N. O. de Longvilliers. Traverse du bois Coupe-gorge.
Au N. du Plessis-Marty, sur la r. de Dourdan, & au S. des
bois de Rochefort. ½ q. l. N. de Reculet, le long de la côte.
¼ l. N. du petit Plessis, Folle entreprise & l'Alleu, en
deçà de la forêt de Dourdan. Dev. la chap. de St.-Fiacre &
au N. des moulins de St.-Arnould. Le long d'un bois &
pente rapide. Devant le cimetière de St.-Arnould, d'où
l'on apperçoit le clocher de St.-Yon. *A St.-Arnould...* 1 l.
Pont, riv. de Remarde & à l'E. de la Bucodrie. Pente rap.
& bois Goulet. Au N. de la forêt de Dourdan & près de
Pontevrard +. Entre les Chatelliers & les Bordes. A l'E.
de la marre Doudieu, Manguerin, Dimancheville & du
bois des Faures. *A Ablis* 2 ½ l. Dev. la croix de la Madelaine. Chemin de Prunay & d'Eclimont. ½ l. S. du bois &
chât. des Faures. 1 l. du chât. & vill. d'Oisonville. Au N.
de la chapelle & ½ l. de Prunay +. A ½ q. l. S. de Gourville
& 1 l. N. d'*Auneau.* Belle plaine & avenue directe au N.
& au chât. d'Eclimonr. Aux Essarts. ¾ l. S. de St.-Simpho-
rien +, Paroisse d'Eclimont. A ½ l S. de Bleury +. ¼ l. N.
du chât. & vill. de Levainville +. Pente rap. & bourg de
Guedelongray... 2 l. Pont & riv. de Voise, que l'on passe;
à ½ q. l. N. d'Angle. Côte, à ¼ l. N. d'Oconville & ½ l. S.
d'Ymeray +. ¼ l. de *Gallardon.* Le long S. de St..Cheron-
du-Chemin +. ¼ l. N. du chât. de Cherville. Entre Um-
peaux & Champseru +. A 1 l. N. du chât. & vill. d'Houville +. ¼ l. S. de Coltainuille +. ¼ l. N. de Villers-le-Bois.
Au bois de la Folie-Bouvet. Pente rap. & Maison de
Paradis. Pont & ruiss. ½ l. N. de Nogent-de-Phaye +. Côte,
bois, au N. du petit & gr. Archevilliers. ¾ l. S. du chât.
& vill. de St.-Prest. Le chât. de Vauventriers & Champhal
sont du même côté. Au N. de St.-Cheron & St.-Barthelemy.
Pente rap. & chât. du vieux étang. *A CHARTRES...* 5 l.

Chasselay........	S.	Macon; de Macon à Lyon...	110
Chataigneray. la	S.O.	Poitiers & à la Chataigneraye.	115
Châteaubourg....	O.	Mayenne & à Rennes.......	79
Châteaubriant....	O.	Angers; d'Angers à Rennes...	91
Château-Chalon.	S.E.	Lons-le-S. & à Chât.-Chalon.	103
Château-Chinon...	S.	Auxerre & à Château-Chinon.	68

(DE PARIS à)

Château-Dauphin S.E.	De Paris à Embrun & à Château-D.	184

CHATEAUDUN. *Route de traverse.* S.O. 31

De Paris à Versailles & *Chartres*... 20 l. De Chartres à *Châteaudun*.... 11 l.

Chemin de traverse............... 31

De Paris aux *Allaines*.... 2½ l. *Voyez de Paris à Blois.* Des Allaines on passe à côté du moulin & hameau de Villarmon. A l'O. du bois & chât. de Mihardouin. E. du ham. & moulin à vent de Sevetreville & à 1 l. de Germignonville +. A ¼ l. E. de Gauvillers & d'Orvilliers. Vallon à l'E. du chât. de Cambron & de la source de Connie Palue, riv. O. de Teillay-le-Peneux +. Côte de la ferme de Villecotin. A *l'Orme-Benoît*... 2 l. A la Maladrie & chem. d'Orléans à Chartres. Moulin à v. à ½ q. l. E. d'Orgeres +. Abbaye. Le bois de Chassematin est à dr. & Frileuse est à gauche. ¼ q. l. A l'E. de Villepareux. 1 l. N. du moulin & vill. de Guillonville + & ½ l. S. de Cormainville +. A ¾ l. N. de Bourneville +. Croix & chemin à ⅔ q. l. N. de l'église de Bazoches +. Carrefour du chemin d'Orléans à Bonneval, O. du moulin à vent de Bazoches. Poteau à ½ l. S. E. de Nottonville. A *Varize*... 4½ l. Devant le chât. & pass. du pont sur la Connie. Côte & partie du parc à trav. A la Frileuse, N. de Civry +. Au N. d'Arville. ½ l. S. de Connie & de Molitard. Côte à trav. en pass. au N. d'Etauville. ¼ l. de Luz en Dunois. A Jallant + & à la ferme de Villesain. Carref. de la r. de Paris à Tours. *A CHATEAUDUN*... 3 l.

Château-du Loir. S.O.	Au Mans; du Mans à Tours...	61
Châteaufort... O.p.S.	Versailles, les Loges & Chât.	6½
Château-Giron... O.	Mayenne, Vitray, Chât. Giron.	76
Château-Gontier.. O.	Au Mans & à Rennes......	71
Château-Landon... S.	Nemours & à Chât.-Landon.	24
Château-Lin..... O.	Rennes; de Rennes à Quimper.	131
Chât. Meilland S.p.O.	Bourges & à Clermont......	69
Châteauneuf...... S.	Clerm. le Puy & à Châteaun.	130
Châteauneuf...... S.	Autun; d'Autun à Dijon.....	75
Châteauneuf..... O.	Dreux; de Dreux au Mans...	24
Châteauneuf.... S.O.	Clermont & à Châteauneuf...	100
Châteauneuf.. O.p.S.	Au Mans; du Mans à Angers.	69
Châteauneuf... S.O.	Bourges & à Limoges.......	69

Châteauneuf...... S.	Auxerre, Clamecy & Chât..	54
Châteaun. du Rhone.S.	Lyon, Montelimart & Chât.	155
Châteaun. de Faon. O.	Rennes; de Rennes à Brest...	126
Châteaun. du Pape. S.	Lyon; de Lyon à Avignon...	169
Chât.-Porcien. E.p.N.	Reims & à Château-Porcien..	48
Chât.-Renard.... S.	Montargis & à Château-Ren.	35
Chât.-Renaudl.O.p.S.	Chartres; de Chartres à Tours.	48
Châteauroux... S.O.	Orléans & à Châteauroux....	63
Château-Salins... E.	Strasbourg par Metz........	84
Château-Thierry... E.	Meaux & à Château-Thierry.	22
Chât.-Valliere. O.p.S.	Au Mans & à Tours.......	64
Chât.-Villain... S.E.	Troyes & à Château-Villain.	57
Chatel........ S.E.	Nancy; de Nancy à Epinal...	93
Chateldon....... S.	Et de Clermont à Vichy....	89
Chatellerault... S.O.	Tours & à Chatellerault.....	77
Chatelus...... S.O.	Orléans; d'Orléans à Gueret.	76
Chatenay....... S.	Sceaux & à Chatenay.......	2½
Chatenoy....... S.E.	Neuchâteau & à Epinal.....	75
Chatillon sur Ind.S.O.	Tours; de Tours à Châteaur.	72
Chatillon lès Domb. S.	Macon; de Macon à Chatillon.	104
Chatillon en Bazois.S.	Nevers; de Nevers à Autun.	68
Chatillon....... O.	Au Mans & à Mayenne.....	58
Chat. la MichailleS.E.	Bourg; de Bourg à Genève...	124
Chatillon.... S.p.O.	Montrouge & à Chatillon....	1½
Chatillon........ S.	Sens..................	26
Chatillon sur Loing. S.	Montargis & à Chatillon....	35
Chatillon sur Marne.E.	Meaux & à Chatillon.......	29
Chatillon s Saone. S E.	Bourbonne-les-B. & Chatillon.	72
Chatill. sur Seine. S.E.	Troyes & à Chatillon.......	55
Chatou........ N.O.	St.-Germain par Chatou....	3
Châtre. (la)... S.p.O.	Bourges; de Bourg. à Limoges.	75
Châtre. (la).... S.O.	Au Mans; du Mans à Tours..	63
Chauconin...... E.	Meaux................	10
Chaudesaigues. S.p.O.	Clermont & à Chaudesaigues.	122
Chaulmes....... E.	Brie-C.-Robert & à Chaulmes.	11
Chaulnes...... S.E.	Provins...............	12
Chaumont..... S.O.	Orléans & à Amboise......	46

Chaumont

Chaum. en Baſſigny. S.E. | Paris à Troyes & à Chaumont. 59

CHAUMONT-en-Vexin. Route & Chemin. N.p.O. 15

De Paris *à Lierville*... 13 l. *Voyez de Paris à Giſors*. De Lierville & fourche de la r. de Giſors on paſſe entre le chât. du Bouleaume & le vill. de Boubiers +. 1 l. O. de Tourly + & 1 ½ l. de Monneville & Marquemont +. ½ l. du chât. & vill. de Liancourt +. 1 l. du Fay +. ½ l. E. de Reilly +, village dans une vallée. Fourche du chemin de Trie-le-Chât. A ¾ l. O. de Loconville +. ½ l. S. du chât. de Rebetz. Deſcente rapide ¼ l. S. de Laillery +. *A CHAUMONT*.... 2 l.

Chemin par Beaumont............... 17

De Paris *à Chambly*... 10 l. *Voyez de Paris à Beauvais*. De Chambly on paſſe à ¼ l. E. de Ronquerolles +. ¼ l. O. du moulin & ferme de Menil. A l'E. de Renonval & de Gandicourt +. ¼ l. O. du chât. de St.-Juſt. A l'E. de Landrimont, Montagny & Meuillet, le long de la côte. ¾ l. O. de Belle-Egliſe +. ½ l. S. de Bornel +. 1 l. de Puiſeux +. A Courcelles +. Au N. de Montagny-la-Poterie & au S. des bois & vill. de Foſſeux. Fourche du chemin & à 1 l. S. E. de Meru. Entre Hamecourt & Eſche. Le long N. du château & hameau de Sandricourt, & à ¾ l. Sud de *Meru*. Devant la chapelle de Saint-Nicolas & aux avenues plantées en face du chât. de *Sandricourt*... 2 l. Détroit à paſſer entre deux côtes & bois. A ½ q. l. N. du vill. & moulin à v. d'Amblainville +. Belle vallée à trav. en paſſ. à la fourche du chemin de Pontoiſe à Beauvais. Au S. du Fai aux Anes, de St.-Martin & la Trinité, ferme. A ¼ l. N. du Coudray & ¼ l. de Berville +. ½ l. S. de Villeneuve-le-Roy +. Chemin de Pontoiſe à Beauvais. ¼ l. N. du chât. & vill. d'Hénonville +. A Ivry-le-Temple + & dev. la Commanderie...... 2 l. A ¼ l. N. de Monts +. ¾ l. de Neuville-le-Bocq +. ¾ l. S. de Tregny. 1 l. du chât. de Montchevreuil. Pont, moulin & ham. d'Heulecourt. ½ l. N. du ham. de Gipſeuil & de Marquemont +. ¾ l. de Tumberel & de Monneville. ¼ l. de la ferme du Breuil. ¼ l. S. de Freſnes-l'Eguillon +. A Fleury +. Au N. de Neuvillette, Belan & Tourly +. Le long du Fay +. ¾ l. N. de Liancourt +. Pente & vill. de Loconville +. Vallon & côte. Au parc & chât. de Rebetz. Devant l'abb. de Saint-Martin. *A CHAUMONT*... 3 l.

Chaumontel	N.	Amiens	8
Chaumot	S.p.O.	Nevers	58
Chauny	N.E.	Noyon & à Chauny	29
Chauffaille	S.	Autun; d'Autun à Bourg	96
Chauffée.(la)ch.	N.O.	A St.-Germain	4½
Chauffin	S.E.	Chalon-fur-S. & à Befançon	97
Chauvenerie, ch.	S.E.	Rozoy	7
Chauvigny	S.O.	Poitiers par Loches	80
Chauvigny	S.O.	Au Mans; du Mans à Tours	60
Chauvigny	N.p.E.	Noyon & à Chauvigny	30
Chauvry	N.p.O.	Beauvais	5½
Chavaigne	S.O.	Angers; d'Angers à Poitiers	80
Chavannes	S.E.	Bourg; de Bourg à Genève	109
Chavange	S.E.	Troyes & à Chavange	50
Chavannay	S.	Lyon & à St.-Etienne-en-F.	126
Chavenay	O.	Verfailles, Villepreux & Chav.	8
Chaville	O.	Verfailles par Séve	3
Chefboutonne	S.O.	Poitiers & à Saintes	103
Chelles	E.	Lagny	5
Chemault	S.	Fontainebleau & à Montargis	28
Chêne le Populeux	E.	Reims; de Reims à Sédan	54
Chenerailles	S.O.	Bourges & à Chenerailles	89
Chenevieres	N.E.	Louvres & à Chenevieres	6½
Chenevieres	S.E.	Rozoy	4
Chenonceaux	S.O.	Amboife, Bléré & Chenonc.	55

CHERBOURG. Grande Route... O. p. N... 80

De Paris à Caen.... 53 l. *Voyez cette Route*. Sortant de Caen on monte à la fourche du chemin de Villers, qu'on laiffe au S. O. Plaine à trav. A la Maladerie. Au S. de St.-Germain-la-Blancherbe ✝. Fourche du chemin de Cheux. Au N. des deux Juftices. ½ l. S. des vill. d'Auhie ✝ & de St.-Louet ✝. Vallon à trav. enfuite une plaine, en paffant au N. du ham. de la Villeneuve. Vallon & riv. de Mue. *A Breteville-l'Orgueilleufe* ✝... 3 l. Dev. le *cabaret* qui eft à la fourche du chemin de Cheux. Belle plaine à trav. Vallon à paffer, dans lequel eft le vill. de Ste.-Croix-Grantonne ✝. Entre St.-Léger, ham. & la chap. de St.-Clair. Petite côte à monter. Le vill. de Carcagny ✝ eft

PARIS.

à ¼ l. S. Celui de Nonnanr + est après à la même distance de la route. Martragny & son chât. sont au N. ¼ l Descendez au vieux pont & traversez la rivière de Sceule. On monte la côte & l'on arrive à St-Germain +. A la chapelle ruinée de St.-Martin-des-Entrées, St.-Exupere + & *à Bayeux*... 4 l. De Bayeux à Vaucelles, où l'on traverse la riv. de Drome. Côte à monter & à la chap. de Ste.-Anne. Devant un Calvaire & au S. du vill. de Latour +. Plusieurs vallons à trav. & devant la ferme de la Levrette. Au S. du vill. de Mosles + : il est dans le vallon sur le bord d'un ruiss. où l'on trouve le chemin de *Treviere*, bourg à 1 l. O. Côte à monter en passant à ¼ l. S. d'Argouges +. Plaine à trav. après laquelle ou descend dans un vallon où il y a un ruiss. qui fait tourner un moulin. On monte la côte, & l'on passe devant l'avenue du chât. d'Angranville, qui est au S. de la route, le vill. est à côté +. Plaine à trav. avant de descendre à la poste de *Formigny*... 4 l. dont on voit le vill. à ½ q. l. au N. Côte à monter, à Longueville + & à la Cambe, abb. Vall. & ruiss. Côte & plaine à trav. en pass. à côté du m. à v. de St. Germain-du-Pert +, le vill. est avant ½ q. l. au S. Fourche de la r. d'*Isigny*, bourg à 1 l. S. O. A St-Clément +. Passage du gr. Vay, qui a 1 ½ l. de traverse, jusqu'au ham. du même nom... 5 l. Du gr. Vay on passe au moulin à v. de Beauregard, en laiss. le vill. de Brucheville + à ½ q l. S. O. de la route. Gr. plaine à trav. ensuite on descend dans un vall. où il y a des prairies & un ruiss. que l'on passe. Le vill. d'Andouville + est à 200 toises au N. Côte & petite plaine. Vallon & à ½ q. l. S. O. de Turqueville +. Côte, plaine & vall. à trav. A Baudienville, ham. A ¼ l. S. O. de *Mere-Eglise*. ¼ l. N. de St.-Germain-de-Varreville +. A côté de Beuzeville +. Vall. ruiss. côte & à la fourche du chemin de Mere-Eglise. Vall. & riv. de Bequet à passer. On monte la côte & l'on passe entre Freville + & Emondeville. A côté N. du vill. & chât. d'Ecauffeville +. Au S. de Montebourg +. A St.-Cyr + & *à Valognes*.... 4 l. De Valognes à la forêt de Brix, qui a 3 l. de long à trav. Sort. de la forêt on arrive au Roule & à *CHERBOURG*. 5 l.

Route desservie par la Poste & Diligence...... 81

De Paris à Caen & *Carentan*...... 69 l. De Carentan à Cherbourg... 12 l. *Voyez de Cherbourg à Carentan.*

Cheroy	S.	Sens	26
Cherveux	S.O.	Poitiers & à Niort	101
Chevanne le Roy	S.p.O	Moulins & à Bourbon-l'Ancy.	75
Cheverny	S.O.	Blois & à Cheverny	45
Chevilly	S.	Fontainebleau	2
Chevreuse	S.O.	Chatillon, Plessis-Piq. & Chev.	7½
Chevry	E.	Brie-Com.-Robert & à Chevry	7½
Chezay ou Chazay	S.	Macon; de Macon à Lyon	107
Chezy-l'Abb.	E.	Meaux; de M. à Chât.-Thierry.	20
Chievres	N.E.	Laon; de Laon à Gramont	61
Chimay	N.E.	Laon; de L. à Phillippeville.	53
Chinay ou Ciney	E.	Reims; de Reims à Liége	78
Chinon	S.O.	Tours; de Tours à Loudun	69
Chirac	S.p.O.	Clerm. de Clerm. à Canourgues.	127
Chizé	S.O.	Poitiers; de Poitiers à Saintes.	105
Choisel	S.O.	Chevreuse & à Choisel	8
Choisy	E.	Sezanne	18

CHOISY-LE-ROI. *Chemin de traverse*.. S.E. 2½

Sortant de Paris par la barriere des Gobelins, on trav. le nouveau boulevard de l'Hôpital. Fourche de la route de Fontainebleau, qu'on laisse à droite. Fourche du chemin d'Ivry, qu'on laisse à gauche. Belle plaine à trav. en pass. à ¼ l. S. O. d'Ivry +. Au N. de la ferme de Gournay. Dev. la petite chap. de N. D. ¼ l. N. de Villejuif +. A Vitry +. Vallon & au N. de la côte couverte de bois. *A* CHOISY-LE-ROI... 2½ l.

Cholet	S.O.	Angers; d'Ang. à la Rochelle.	87
Cebassat	S.p.O.	Moulins & à Clermont	92
Ciotat (la)	S.p.E.	Marseille & à la Ciotat	208
Cité (la)	O.p.S.	Toulouse & à Montpellier	193
Citeaux	S.E.	Dijon & à Citeaux	83
Cintegabelle	S.O.	Toulouse & à Mirepoix	179
Civray	S.O.	Poitiers & à Angoulême	103
Clairefontaine	S O.	Dourdan & à Clairefontaine	14
Clairvaux	S.E.	Troyes & à Clairvaux	53
Clairvaux	S.O.	Clerm. Aurillac & Clairvaux.	144
Clairvaux-s-Ain	S.E.	Lons-le-Saun. & à St.-Claude.	105

PARIS. 261

Clamant	S.E.	Besançon & à Clamant	102
Clamart	S.O.	Vaugirard, Issy & à Clamart	2
Clamecy	S.	Auxerre & à Clamecy	54
Claye	E.	Meaux	6
Clayette	S.	Autun; d'Autun à Lyon	94
Clecy	O.	Falaise & à Clecy	56
Cleeac ou Layrac	S.O.	Agen & à Layrac	155
Clermont	S.p.O.	Montpellier & à Clermont	200
CLERMONT-F.	S.p.O	Moulins & à Clermont	93
Clerm. en Argone	E.	Chal.-s-Marne & à Clermont	55
Clermont en Beauv.	N.	Amiens	15
Cleres	N.O.	Rouen; de Rouen à Dieppe	36
Clerval	S.E.	Besançon & à Béfort	102
Clichy-la-Garen.	N.O.	Argenteuil	1¼
Clichy en Launoy	E.	Meaux	3½
Clisson	S.O.	De Poitiers à Nantes	110
Cloye	S.O.	Châteaudun & à Cloye	34
Cluny	S.	Chalon.-sur-S. & à Roanne	96
Cluys-dessus	S.O.	Bourges & à Limoges	79
Cognac	S.O.	Saintes & Cognac	128
Coignières	S.O.	Versailles & à Rambouillet	9
Coincy	E.p N.	Meaux & à la Fère	22
Coligny	S.E.	Lons-le-Saunier & à Bourg	111
Collegien	E.	Lagny par Guermantes	5½
COLMAR	S.E.	Béfort & à Colmar	116
Colmars	S.p.E.	Avignon; d'Av. à Castelanne	221
Cologne	S.O.	Auch	185
Colombes	N.O.	Neuilly, Courbevoye & Col.	2½
Colombes	E p.S.	Bar-le-Duc & à Plombières	79
Colombelles	O.p N.	Caen; de Caen à Bayeux	58
Combeaufontaine	S.E.	Langres & à Vesoul	79
Combourg	O.	Rennes; de Rennes à St.-Malo	95
Combreux	S.O.	Orléans & à Combreux	30
Combronde	S.p.O.	Bourges & à Clermont	94
Commercy	E.	Bar-le-Duc & à Metz	71
Compans	E.p.N.	Ville-Parisis, Gressy & Comp.	7
Compeyre	S.	Clermont & à Milhaud	138

COMPIEGNE. Grande Route... N.E... 19

On sort de Paris par la porte & faub. St.-Martin en pass. devant les Récolets, à droite & la foire St.-Laurent à g. Sortant du faubourg on voit à l E. la butte & carrières de Belleville +. La maison où se donne le spectacle du combat des Animaux & la Justice de Montfaucon sont en deçà. Fourche de la r. de Meaux. A $\frac{1}{2}$ l. O. du Pré St.-Gervais +. A $\frac{1}{4}$ l. E. de la Chapelle +. L'Abb. & le vill. de Montmartre sont au-dessus sur la montagne. A la Villette + & 2. borne milliaire. Sort. de ce vill. qui est long à trav en a à l'E. les vill. de Pantin +, Romainville + & Noisy + au bas de la côte. N.º 3 de la borne milliaire. Route pavée & à $\frac{1}{2}$ l. S. E. d'Aubervilliers *ou* N. D. des Vertus, & à 1 l. de *St.-Denis*. A 1 l. O. du parc, chât. & vill de Baubigny. 1 $\frac{1}{2}$ l. de Bondy, & 2 l. de Livry, près du chat. de Raincy. N.º 4 : *belle vue*. Chemin d'Aubervilliers à Baubigny. Pont sur l'Eaubonne & prairies, à $\frac{1}{2}$ l. E. du moulin à v. & ham. de Crevecœur. Chem. planté directe à Baubigny, Livry, &c. A $\frac{1}{2}$ q. l. E. de l'Hôtel-Dieu & $\frac{1}{2}$ l. de la Courneuve. Chem. & à $\frac{1}{2}$ l. O. du petit Drancy. N.º 5. Chemin directe au chât. & vill. de Stains +. Demi-lune & avenue à $\frac{1}{2}$ l. N. O. du chât. parc & vill. du gr. Drancy +. A la Trinité, grosse ferme, Vis-à-vis E. d'un parc & belle maison bourgeoise. Abreuv. & pont sur le ruiss de Groslay. *Au Bourget +... 3 l.* Dev. la poste & l'église, en montant. Chemin directe au N. E. & à Blanc-Menil +, & à $\frac{1}{4}$ l. O. du parc & chât. du Coudray. 1 l. E. du moulin à v. chât. & vill. de Stains +. Pavé directe au vill. & chât. de Dugny. Autre chemin pavé qui conduit au chât. & vill. de Blanc-Menil +. Au Pontiblon, sur le ruiss. du Tremblay & N.º 7. A l'E. du bois & vill. de Garges +, 2 l. de Pierrefitte. +. Route pavée à $\frac{1}{2}$ l. S. E. de Bonneuil + & $\frac{1}{4}$ l. du château & vill. d'Arnouville +. N.º 8 : *belle vue au S.* Croix & chemin à 1 l. N. O. d'Aunay. Chemin à 1 $\frac{1}{3}$ l. O. de Villepinte +. Carref. de la r. de Reims & celle de Versailles, $\frac{1}{2}$ l. E. de Gonnesse. N.º 9. A $\frac{3}{4}$ l. O. de Roissy +. Pavé & à $\frac{1}{4}$ l. S. E. du Thillay +. Dev. une fontaine & un abreuvoir. N.º 10. A Vauderlan +. Croix, côte & tranchée. Demi-lune & chemin à $\frac{1}{2}$ l. E. de Goussainville + & $\frac{1}{2}$ l. Q. de Roissy + : *belle vue*. A 2 l. O. du Menil-Amelot. N.º 11 & avenue directe au S. O. & au Thillay +. Poteau & chemin direct à Roissy. A 2 l. E. du moulin à v. & bourg d'*Ecouen*, $\frac{1}{2}$ l.

de la grange des Noues; plus loin font les vill. de Bouqueval + & le Pleſſis-Gallot +. N.º 12. Pente rapide &
avenue directe à Roiſſy. Dev. le Regard, l'abreuvoir &
la fontaine. Pont & ruiſſ. *A Louvres*... 3 l. Dev. l'hôpital,
la po..e & l'égliſe. Le long E. du parc du chât. & du m. à v.
A 1 l. N.O. d'Epiais +, Mauregard & du Menil +. ¼ l. O. du
moulin à v. & vill. de Chenevieres +. Croix vis-à-vis la
Maladerie. Avenue directe au S. E. & à Epiais +. A 1 l. de
Fontenay lès Louvres & à 2 l. du Menil-Aubry +. N.º 13,
à 3 l. O de *Dammartin*. ½ l. O. de la ferme de Vaulerant.
A l'O. d'une garenne, ½ l. de Villeron +. ½ l. E. du bois
du Coudray. Les vill. de Puiſeux +, Chatenay +, Marcil +
& Champlatreux + ſont plus loin du même côté. A la
Baraque *ou* les 13 Cantons, *cabaret*, en face du pavé & de
la belle avenue directe au chât. de Marly-la-ville +. Avenue
& à ½ l. N. O. de Villeron +. N.º 14. Deva. une Juſtice &
à ¼ l. O. de Vemars +. Demi-lune & avenue directe au
chât. de Marly-la-Ville. Pente rap. & fourche du chemin
de Chaalis. Poteau & chauſſée très-élevée. 15.ᵉ borne
milliaire. Ferme, tranchée & côte de Gueſpelle. A 2 l.
S. E. de *Luzarches*. 1 l. S. O. de N. D. de Montméliant +
& de St-Vy +. Plantation, ferme & ruines de la chapelle
de St. Lazare *ou* St.-Ladre. Dev. le cabaret de Gueſpelle.
Poteau, chemin & à ½ l. O. de Survilliers +. A 5 l. N. de
St.-Chriſtophe + & du mont d'Aumont, formé de ſables.
Vallon & avenue directe à Champlatreux. N.º 16. Côte
& avenue de Beaumont, où finit le Diocèſe & l'Election
de Paris. A ½ l. E. du bois du Prince *ou* Nibert, à l'extrémité
du bois d'Hérivaux. Aven. à ¼ l. O. de Survilliers + & chem.
à 1 l. S. E. de l'abb. d'Hérivaux 1 l. O. du Plailly +. 1 ½ l. de
Mortefontaine +. A l'O. du bois de la Juſtice. Chemin & à
½ l. S. E. d'Orry +. N.º 17. A la croix de Sire Renaud,
plantée à l'O. de la Juſtice de la Chapelle. A la Chapelle
en Servat +. Chemin & à 2 l. S. E. de Chantilly. N.º 18.
Bois à ½ l. O. de Neufmoulin & ¼ l. N. O. des bois de
Moriere. 1 l. S. O. de la butte des Gendarmes. Pont, ruiſſ.
& chemin d'Orry +. A l'O. du bois du Miniſtre & Bourdon.
½ l. E. de Mongreſſin & de la forêt de Chantilly. ½ l. O. de
Thiers + & 1 l. de la butte des Gendarmes. N.º 19. Dev. la
chap. S.-Nicolas. A Pontarmé. Pont & riv. de Theve à paſſ.
Trav. d'une l. de la forêt de Pontarmé. Croix & carref. où
viennent aboutir ſept Routes. N.º 20. En ſortant de la
forêt on trouve le N.º 21. *Belle vue ſur Senlis au N.* A ¼ l. de

la Victoire, abb. & 1 l. de Mont-l'Evêque. ½ l. S. E. de St.-Nicolas +. ¼ l. de Courteuil +, St.-Léonard +, & à 1 l. d'Avilly & St.-Firmin +. Faub. de Senlis & dev. l'Hôpit. N.° 22. Pont, riv. de Nonnette & fourche de la r. qui passe dans la ville. Le long E. de la ville de *Senlis*... 5 l. Devant plusieurs Auberges. A l'E. du boulevard, belle promenade. Auberges & chemin de Senlis à Crespy. Aven. & à l'O. de N. D. de Bon Secours, directe à la tour de Montepilloy. Demi-lune & chemin au S. de Vilvert. Tranchée & pente très-rapide. N.° 23. Pont sur un bras de l'Aunette. Autre pont sur cette riv. Côte & fourche de la r. de Lille : il y a un *cabaret* d'où l'on apperçoit Chantilly. Le long O. du vall. où coule l'Aunette. Avenue directe au N. & au Plessis-Choiselle. Auberge & avenue du Plessis-Avenue du chât. & au N. de Chamant +. 1 l. S. de Saint-Christophe +, au milieu de la forêt de Hallate. A 3 l. N. de N. D. de Montméliant & St.-Vy +, au-delà de Plailly & Mortefontaine. Pont & côte au S. de la Malgenette. ¼ l. N. O. de Balagny + & Barbery +. Extrémité de la forêt de Hallate à trav. en pass. au N.° 25 & à la Croix posée en 1733, à l'O. d'Ognon +. Vallon & pont à passer. Fin de la forêt & carref. royal. ¼ l. S. de Villers-S.-Frambourg + & à ½ l. du clocher d'Ognon. Le long des murs de Villers, & au N.° 26. Pente rap. à 1 l. N. O. de Bray +. Devant un pillier de Justice & au S. du m. à v. d'Yviller. N.° 27. Vallon, pont, auberge d'Yviller & avenue à ¼ l. N. O. de Brasseuses. Côte, vall. & pont à passer en côtoyant les jardins d'Yviller +. Côte & vis-à-vis des carrières. A ½ l. N. du moulin à v. de Brasseuses, ¼ l. N. du bois de Montel & de Raray. A Villeneuve *ou* Neuville +. N.° 28. Devant l'Eglise, la Poste & un réservoir... 3 l. Au S. de la croix des trois Evêques, qui sépare l'Evêché de Senlis, Noyon & Amiens. Chemin & à ¼ l. N. O. de Noël St.-Martin +. Pont & vall. au N. de ce vill. Pente rap. & N.° 29. Abreuv. & ferme de Murgé. Pente très-rap. & demi lune. Vallon, & ravin profond. Pente rap. à ½ l. O. de la Boissiere. Entre deux garennes. N.° 30. Platteforme & poteau planté en 1727, duquel on jouit d'un très-beau coup-d'œil. Pente rap. & tranchée de la montagne de Verberie. A ¼ l. O. de St.-Vaast +. 1 l. de Saintines & au S. de St.-Sauveur +. Chapelle de N. D. à l'E. de S.-Germain +. *A Verberie*... 1 ½ l. Devant la belle fontaine & les Mathurins. N.° 31. En face de la croix St.-Oyen. Auberges & chemin de S.-Sauveur +.

PARIS.

Devant la Paroisse de Verberie. Pont, prairie, clos & chemin à l'E. du Port-Salut, sur Oise. Pont & riv. d'Autone à passer. Pont, scierie & moulins sur l'Autone. Petit bois & N.° 32. A $\frac{3}{4}$ l. O. du chât. de Soupisseau & de St.-Sauveur. Vis-à-vis O. de la ferme du marais. $\frac{1}{4}$ l. S. E. d'Herneuse. 2 l. de bois à trav. en passant à l'extr. occident. de la forêt de Compiègne. N.° 33. Au pont de la Reine & au N.° 34. A la Croix-St.-Oyen. Le long E. du vill. & de la poste. 1 $\frac{1}{3}$ l. A $\frac{3}{4}$ l. E. des villages de Moux +, Armancourt +, Fayet & Ste.-Catherine. A la croix & carref. des réunions & à la 35.e borne. Au carref. Laval. N.° 36 & fin de la forêt. Maisons & avenue à la rivière d'Oise. Avenue à $\frac{1}{2}$ q. l. de Royal-Lieu & à $\frac{1}{2}$ l. E. du bac & vill. de Jaux. N.° 37 & avenue de la Baraque. A $\frac{1}{2}$ l. S. de Venette +, au-delà de la riv. d'Oise. Maisons de St.-Germain & Calvaire. Croix & jardins à l'E. de St. Germain. $\frac{3}{4}$ l. S. du moulin à v. & vill. de Marigny +. A l'E. des Capucins. $\frac{1}{2}$ l. du moulin à v. & vill. de Venette. Faub. & route pavée qui conduit au chât. Avenue, Calvaire & porte de Paris. *A COMPIEGNE*... 2 l.

Comps..........	S.	Clermont & à Rodez.......	120
Concarneau......	O.	Rennes, l'Orient & Concarn.	134
Conches.......	N.O.	Evreux & à Conches.......	29
Conchez.......	S.O.	Bordeaux, Aire; d'Aire à Pau.	198
Concots.......	S.O.	Cahors; de Cahors à Rodez...	148
Condé..........	N.E.	Valenciennes & à Condé....	55
Condé..........	E.	Château-Thierry & à Condé.	25
Condé..........	O.	Falaise; de Falaise à Vire....	53
CONDOM......	S.O.	Agen & à Condom.........	162
Condrieux......	S.	Lyon & à Condrieux.......	125
Conflans........	S.	Montargis & à Conflans.....	32
Conflans en Garnis.	E.	Verdun; de Verdun à Metz...	69
Conflans l'Archev	S.E.	Charenton.............	1$\frac{1}{2}$
Conflans Ste.-H.	N.O.	St.-Germain & à Conflans...	7
Confolent.....	S.O.	Poitiers; de Poit. à Limoges.	111
Conlie........	O.p.S.	Au Mans & à Mayenne......	56$\frac{1}{2}$
Conliege.......	S.E.	Lons-le-Saunier & à S. Claude.	100
Connéré.......	S.O.	Chartres & au Mans........	40
Conques.......	S.	Clermont & à Rodez.......	116

Tome II.   L l

Conteville..... N.O.	*De Paris à* Rouen; de Rouen à Honfleur.	46
Conty.......... N.	Beauvais & à Amiens.......	25
Corbeil........ S.E.	Fontainebleau par eau......	8
Corbeilles........ S.	Nemours & à Corbeillet....	28
Corbeny...... N.E.	Soissons & à Réthel.......	35

CORBIE. Grande Route... N... 36

De Paris *à Amiens...* 31 l. D'Amiens *à Corbie...* 5 l.

Chemin de traverse............ 31½

De Paris *à Montdidier.....* 24 l. *Voyez cette Route.* De Montdidier on passe à la fourche du chemin de Montdidier à Bray. Côte au N. E. de St.-Martin + & St. Médart +. ¼ l. E. du chât. de Forestel. ½ l. de St.-Pierre-au-Mont & de Fontaine +. Le long E. du bois de Gratibus. ½ l. O. du bois & village de Figniéres +. ½ l. E. de Gratibus +. Maresmontier +, Bouillancourt + & de Malpart, au-dessus. Pente & vallée a l'E. d'Hargicourt. Fourche de la route de Montdidier à Amiens. A St.-Riquier, E. de Pierrepont. Pont & riv. d'Avre, que l'on passe. *A Contoire....* 2 l. Pente rap. & bois à trav. ¾ l. de bois à côtoyer. A ¼ l. E. du Plessier-Rozainviller +, Moulin & cimetière à ¼ l. O. d'Hangest +. ½ l. O. du Fresnoy-en-Chaussée. *A Mézères +...* 2 l A ¼ l. E de Villers aux-Erables +. Carref. de la route d'Amiens à Roye. Bois à ½ l. O. du chât. & vill. de Beaucourt +. Plaine & vill. de Demuin. Pont & moulin sur Luce à ½ l. E. d'Hangard. Prairie & le long de la riv. de Luce. A Aubercourt +. Pente rap. à ½ l. O. d'Ignaucourt +, & à 1 l. de Cayeux + Le long E. du bois d'Aubercourt. A ¼ l. O. du chât & vill. de Marché-le-Cave. 1 l. E. de Cachy + & Gentelles +. ¼ l. S. E. d'Herville. A Villers-Bretonneux +. Carrefour de la r. d'Amiens à Péronne. Au pied du moulin à v. de Villers. Vall. à trav. Pente rap. Côte & *belle vue* le long de la Somme du côté du couchant. Côte & belle vue sur Corbie. A Foulloy +. ½ l. E. d'Aubigny +. Ponts, moulins & isle de la riv. de Somme à trav. A ¼ l. du Hamelet +. *A CORBIE...* 3 ½ l.

ROYE. Autre Chemin............ 34½

De Paris *à Roye...* 26 l. *Voyez de Paris à Péronne.* De Roye on passe à Goyencourt + & à l'E. de Damery +. ½ l. O. de Fresnoy lès-Roye. Moulin à v. & village de

PARIS.

Parvillers +. $\frac{1}{2}$ l. O. de la Chavatte +, $\frac{1}{4}$ l. de Fouquecourt +. $\frac{1}{4}$ l. E. de Rouvroy + Chemin de Montdidier à Péronne. $\frac{1}{2}$ l. E. de Warvillers +. Moulin à v. & chemin de Beauvais à Péronne. A Vrely +. 3 $\frac{1}{2}$ l. Vallon, à $\frac{1}{4}$ l. O. de Mehari-court +. Côte & bois à trav. Avenue directe à l'E. & au chât. & vill. de Rosieres. $\frac{1}{2}$ l. E de Caix. $\frac{1}{4}$ l de bois à côtoyer & chemin de Breteuil à Bray. A Anguillaucourt +. $\frac{1}{4}$ l. S. O. d'*Harbonnieres*. $\frac{1}{4}$ l. S. de Guillaucourt +. A *Wiencourt*... 2 l. A $\frac{1}{4}$ l. E. de Marché-le-Cave. Chemin de Villers-Bretonneux à Harbonnières, de 5242 toises 4 pieds 6 pouces : il a servi de base dans les grands triangles de la Carte de France A $\frac{1}{4}$ l. O. de Bayonvillers +. A Warfusée, $\frac{1}{2}$ q. l. O. de la Motte +, sur la r. d'Amiens à Péronne. Le long S. des bois du Hamel $\frac{1}{2}$ l. N. E. de Villers-le-Bretonneux +. Pente rap. & vallon à 1 l. S. O. de Vaire + & de Naux +, sur Somme. Pente & côte à trav. *belle vue*. A Fouilloy +. $\frac{1}{3}$ l. F. d'Aubigny + Ponts, moulins & isle de la Somme à passer. *A CORBIE*... 3 l.

Corbigny........	S.	Auxerre, Clamecy & Corbigny.	61
Corbreuse.....	S.O.	Dourdan & Corbreuse......	13
Cordes........	S.O.	Cahors & à Alby.........	164
Corlay.........	O.	Rennes; de Rennes à Brest...	117
Corme........	S.O.	Poitiers, Saintes & à Corme..	125
Cormeilles.....	N.O.	Rouen; de Rouen à Lizieux..	46
Cormeilles en Vex.	N.O.	Gisors.................	10
Cormery......	S.O.	Tours; de Tours à Loches...	62
Cormicy.......	N.E.	Soissons; de Soissons à Réthel.	3
Cormolin......	O.	Caen; de Caen à Coutances..	62
Coron........	S.O.	Angers & à Coron........	85
Corps........	S.p.E.	Grenoble & à Gap........	154
Cosne........	S.p.O.	Lyon par Moulins........	46
Cosne........	S.O.	Bourges & à Clermont......	76
Cost.........	O.	Au Mans & à Laval.......	68
Cossigny......	E.	Brie-C. Robert & à Cossigny.	8
Côte St.-André....	S.	Lyon, Vienne & côte St.-And.	127
Couberon......	E.	Meaux................	4$\frac{1}{2}$
Coubert.......	E.	Brie-C.-Robert & à Coubert.	8
Couches.......	S.	Autun; d'Autun à Chalon....	79
Coucy........	N.E.	Soissons & à Coucy........	30

Couhé-Vérac... S.O.	Poitiers & à Couhé-Vérac....	98
Couilloure. ..... S.	Perpignan & à Couilloure...	229
Couilly......... E.	Lagny & à Couilly........	9½
Coulange-la-Vin... S.	Auxerre & à Coulange.....	47
Coulange-f-Yonne.. S.	Auxerre & à Coulange.....	50
Coulibeuf....... O.	Lizieux & à Falaise.......	50
Coulommiers..... E.	Lagny & à Coulommiers....	18
Coulonges..... S.O.	Poitiers & à la Châtegneray.	108
Coupevray....... E.	Lagny & à Coupevray......	9
Courances....... S.	Corbeil & à Courances.....	12
Courbeton....... S.	Montereau..............	21
Courbevoye.... N.O.	Neuilly & à Courbevoye....	2
Courcelles..... S.O.	Au Mans & à Angers......	65
Courcelles-le-Roy.. S.	Fontainebleau & à Orléans..	27
Courgivaux...... E.	Sezanne par Rozoy........	28
Courchamps.... S.E.	Rozoy & à Courchamps.....	21
Courdimanche.. N.O.	Rouen par Pontoise........	9
Cournom........ S.	Moulins; de Moul. à St. Etienn.	84
Courpiere........ S.	Clermont & à Courpiere....	102
Courson...... S.O.	Dourdan................	9
Courtemanche.... N.	Amiens.................	28
Courtenay....... S.	Sens & à Courtenay.......	36
Courteron...... S.E.	Troyes, Bar f-A. & Courteron.	50
Courthezon ...... S.	Lyon; de Lyon à Avignon...	169
Courtizols....... E.	Châlons & à Verdun........	44
Courtry......... S.	Melun & à Courtry........	13
Courville...... S.O.	Chartres & à Courville.....	25
COUTANCES... O.	Caen & à Coutances.......	74
Couterne........ O.	Alençon; d'Alen. à Domfront.	55
Couzances.... S.p.E.	Dijon; de Dijon à Bourg....	101
Coye........... N.	Amiens.................	9
Coze......... S.O	Angoulême, Pons & à Coze..	140
Craon.......... O.	Laval & à Craon..........	72
Craone....... N.E.	Soissons & à Laon........	34
Craponne....... S.	A 2½ l. de la Chaise-D. en Auv.	112
Crecy fur-Serre.N.p.E.	Laon; de Laon à Amiens....	36
Crecy.......... N.	Abbeville & à Crecy.......	44

PARIS.

Crecy......	O.	à Dreux & à Crecy......	22
Creil......	N.	Amiens......	12
Creissenzac.....	S.O.	Limoges & à Cahors......	123
Crequi......	N.	Amiens, Hesdin & à Créqui..	50
Crespieres......	O.	Damville......	8
Crespy......	N.E.	Laon; de Laon à Amiens....	35

CRESPY en Valois. Grande Route... N.E... 17

De Paris à Levignen.... 16 l. *Voyez de Paris à Soissons.* De Levignen on passe à l'E. de la ferme de l'étoile, ¼ l. O. de Gondreville +, sur la r. de Soissons. ¼ l. de la ferme de la Folie. Vallée & à ¼ l. O. du bois du Tillet. A St.-Lazare, chapelle, à ¼ l. S. de St.-Germain + & de Bouillant. A Aragon & r. de Crespy à Villers-Coterets. *A CRESPY. 1 l.*

Chemin de traverse...... 15

De Paris à Nanteuil.... 12 l. *Voyez de Paris à Soissons.* De Nanteuil on passe à l'O. de Peroy. 1 l. de la Gruerie royale de Nanteuil à trav. A Ormoy-Esny-les-Champs +. A Villers-Esny-les-Champs +. ¼ l. O. de Rouville +. A ½ l. E. des bois & abb. du Parc-aux-Dames. ½ l. S. E. de Duvy +. 1 l. de Trumilly & de Montcornon. *A CRESPY en Valois.* 3 l.

Cressy......	E.	Sézanne......	12
Crest......	S p. O.	Clermont & à St.-Flour.....	96
Crest......	S.	Lyon; de Lyon à Die......	147
Creteil......	S.E.	Charenton & à Creteil......	3
Creuilly......	O.	Caen & à Creuilly......	58
Crevecœur......	N.	Beauvais & à Crevecœur....	21
Crevecœur....	N.p.E.	Cambray......	41
Crevecœur......	O.	Lizieux; de Lizieux à Falaise.	48
Criel......	N.p.O.	Beauvais & à la ville d'Eu....	40
Criquetot......	N.O.	Rouen, Yvetot & Criquetot.	49
Croc......	S.O.	Aubusson; de Clerm. à Limog.	90
Croquelard......	S.O.	Agen & à Croquelard......	158
Croisic. (le).....	O.	Nantes & au Croisic......	118
Croissy......	E.	Vincen. Bourbourg & Croissy.	6
Croissy......	N.O.	St.-Germain par Chatou....	4
Croix en Brie....	E.	Meaux & à Croix......	17
Crona......	S.	Nevers & à Crona......	65

		De Paris à	
Croſne	E.p.S.	Melun	4 ½
Crotoy. (le)	N.p.O.	Abbeville & au Croitoy	46
Crouy	N.	Meaux & à Crouy	16
Crozet	S.	Moulins & à Roanne	87
Cruzy	S.	Montpellier, Béziers & Cruzy.	210
Cucuron	S p.E.	Apt ; d'Aix à Sault	19
Cuers	S.E.	Toulon ; de Toulon à Antibes.	21
Cuiſery	S.	Chalon & à Bourg	92
Cuiſy	E.	Châlons-ſur-Marne & à Cuiſy.	40
Cujes	S.p.E.	Aix & à Toulon	203
Culey	O.	Falaiſe	48
Cullan	S.O.	Bourges & à Montluçon	71
Cuſſac	S.p.O.	St.-Flour & à Cuſſac	123
Cuſſet	S.p.O.	Moulins & à Vichy	84
Cuzance	S.E.	Lons-le-Saun. & à Cuzance.	106
Cuſeau	S.E.	Lons-le-Saunier & à Cuſeau	107
Dachſtein	E.p.S.	Straſbourg par Nancy	113
Damazan	S.O.	Bordeaux & à Damazan	182
Dambach	E.p.S.	Nancy & à Schleſtatt	111
Damblain	S.E.	Langres & à Baume-les-Dam.	97
Damerie	E.	Meaux & à Châlons	30
Dammarie	S.E.	Béfort ; de Béfort à Baſle	108
Dammartin	N.E.	Soiſſons	8 ½
Dampierre	S.E.	Langres & à Dampierre	80
Dampierre	S.O.	près de Chevreuſe	8
Dampierre	S.	Fontainebleau & à Gien	37
Dampierre	N.O.	Giſors & à Forges	26

DAMVILLE. Route de traverſe... O... 25

De Paris *à St.-Cloud*... 2 ½ l. *Voyez de Paris à Verſailles par St.-Cloud.* Quittant le pont de St.-Cloud, on traverſe ce village par une rue tortueuſe très-rapide à monter ; & l'on paſſe le long N. du parc. A ½ q. l. S. de Garches +. Au N. de Villeneuve. A l'étang & Vaucreſſon +. Chemin & à ¼ l. S. de la Selle +. Bois à trav. & à Roquencourt +. Carref. de la route de Verſailles *à St. Germain*... 2 l. A Bailly +. Noiſy + & chemin pavé de Rennemoulin + & de Villepreux +. ¼ l. N. de Chaponval. A la Tuilerie & *à St.-Nom* +.... 2 l. Belle route plantée que l'on ſuit, en paſſant à $\frac{1}{4}$ l. N. de Chavenay + & $\frac{1}{4}$ l. S. de Lanluet +. $\frac{1}{2}$ q. l. S. de Foucherolles +. Vall. & ruiſſ. à paſſer. $\frac{1}{4}$ l. N. de Davron +. Le long N. du parc & de Vuideville. A Cepieres +... 2 l. Plaine à trav. en paſſant à $\frac{1}{4}$ l. S. de Boutemont. Vall. & ham. des Mondious. La chapelle du St-Nom de Jéſus eſt à l'angle de la fourche du chemin de Verſailles à Mantes. Pont & riv. de Mandre, que l'on paſſe. A Mareil +. $\frac{1}{2}$ l. E. de Maulle +. Le long O. de Montainville +. Plaine & carrefour du chemin de Montfort à Meulan. Le long Nord d'Andelu. $\frac{1}{4}$ l. de Thoiry + & Marcq +. A la ferme de Concie. $\frac{1}{4}$ l. Sud de Jumeauville +. Juſtice de Goupilliere au N. du chât. de Thoiry. Cabaret & auberge de Goupilliere. Fourche du chemin de St.-Corentin & Septeuille. $\frac{1}{4}$ l. S. d'Hargeville. Le long N. de *Goupi'liere*... 3 l. Côte & bois à trav. en paſſ. au S. du parc & chât. d'Hargeville. Vallée à $\frac{1}{2}$ l. N. de Flexanville +. Pont, $\frac{1}{2}$ l. S. de St.-Martin-des-Champs +. A Oſmoy +. $\frac{1}{4}$ l. S. du chât. de Corbeville. Pont, ruiſſeau & à $\frac{1}{4}$ l. N. du chât. de Moyencourt. Côte, $\frac{1}{4}$ l. S. du chât. & vill. de Septeuille & 1 l. de l'abb. de St.-Corentin. A Prunay-le-Temple & devant la Commanderie. $\frac{1}{2}$ q. l. N. d'Orvilliers +. Chemin d'Houdan à Mantes. Au pied du moulin à v. d'Orvilliers, $\frac{1}{2}$ l. S. du vill. de Mulſent. Petit bois & hameau de la forêt. $\frac{1}{2}$ q. l. S. de Sivry-la-Forêt +. Vall. pont & ham. de la Huardiere & de la *Briſerie*... 3 l. Colline au N de la vallée. Côte à $\frac{1}{4}$ l. N. de Boiſſet & du pavillon Rougemont. $\frac{1}{2}$ l. S. de Tilly +. Flins + eſt plus loin. Au N. des Milherus. Bois & à $\frac{1}{2}$ l. S. de Menil-Simon + & 1 l. de Mondreville +. Au haut Arbre. Entre deux bois au N. de la Tuilerie & à $\frac{1}{2}$ l. du bois & chât. de Scanne. Fourche du chemin d'Anet. Aux Gaſtines rouges. Pente rap. & belle vue ſur la riv. d'Eure. A la chauſſée. Paſſage de la riv. de Veſgres. Prairies & à $\frac{1}{4}$ l. S. de Nantilly +. 1 l. N d'Anet & de Boncourt +. Pont, moulin & riv. d'Eure. Prairies, pont & moulin au S. de l'Abbaye. A Ivry... 3 l. Belle plaine à trav. où s'eſt donnée la fameuſe bataille que Henri IV gagna. Au S. de la ferme de la Malmaiſon. Au N. d'Uerville & des Buiſſons, le long de la forêt d'Ivry. A la Couture +. $\frac{1}{4}$ l. S. de Villeneuve & Tourne-Boiſſets. $\frac{1}{2}$ q. l. de bois à paſſer. A Bouſſez + au N. de la forêt. $\frac{1}{2}$ q. l. S. de la Neuvillette + & $\frac{1}{4}$ l. N. de la Bigaudiere & Mouette +. A Mouceaux +. Au N. du gr. Marché & de Neuville +. $\frac{1}{2}$ l. S. de Fouctainville +. $\frac{1}{2}$ q. l.

du Buisson & de Ste.-Marguerite. ½ q. l. de bois à passer au N. de la forêt d'Ivry. A ½ q. l. S. de Batigny. *A St.-André*... 3 ½ l. Nouvelle route d'Evreux à Dreux. ½ l. S. du Parcq +. Le long N. des Authieux + ½ l. S. de Jumelle. Entre le bois Hébert & le bois Raux. A Bailleul + & chem. d'Evreux à Nonnancourt. A ¾ l. S. de Thomer + & de la Soigne +. ¼ l. N. de St.-Mamer. Entre Corneuil + & la Ville-au-Bois. Au N. du bois, chât. & vill. des Minieres +. Pont sur l'Iton au S. de Mouceaux. *A DAMVILLE*... 4 l.

		DE PARIS à		
Damvillers	E.	Reims & à Damvillers	62
Dangu	N.O.	Gisors; de Gisors à Rouen	17
Dannemarie	S.p.E.	Sens par Brie-Comte-Robert	19
Dannemoine	S.p.E.	Sens, St.-Florentin & Dann.	50
Darnetal	N.O.	Rouen	30
Darney	S.E.	Langres & à Mirecourt	60
DAX	S.O.	Bordeaux & à Bayonne	188
Decize	S.	Nevers & à Chalon-sur-S.	65
Degagnac	S.O.	Limoges & à Cahors	138
Denat	S.O.	Alby & à Castres	178
Denonville	S.O.	Chartres	18
Dergues	S.O.	Clermont, Rodez & Dergues	150
Dessaignes	S.	Clermont & à Valence	135
Desurennes	N.	Amiens & Boul. par Hesdin	54
Deuil	N.	St.-Denis & à Montmorency	3
DEUX-PONTS	E.	Metz & à Deux-Ponts	101
DIE	S.p.E.	Lyon & à Die	157
Dienville	S.E.	Troyes & à Bar-le-Duc	45
Dieppe	N.O.	Rouen & à Dieppe	44
Dieulefit	S.	Lyon & à Avignon	153
Dieulouard	E.	Nancy & à Pont-à-Mousson	87
Dieuzé	E.	Nancy & à Deux-Ponts	91
DIGNE	S.E.	Lyon, Sisteron & Digne	188
Digoin	S.	Bourbon-Lancy & à Digoin	88
DIJON	S.	Lyon par Dijon	77
Dinan	O.	Avranches & à Brest	89
Dinant	N.E.	Givet & à Dinant	69
Dives	N.O.	Rouen; de Rouen à Caen	54
Dixmont	S.	Sens & à Dixmont	33

PARIS.

Dixmude	N.	Arras; d'Arras à Ostende	66
Dol	O.	Avrauches & à Brest	83
Dôle	S.E.	Dijon & à Dole	89
Domart	N.	Amiens & à Montreuil	37
Domfront	O.	Alençon & à Domfront	60
Dommartin	E.	Reims & à Dommartin	56
Domme	S.O.	Limoges, Sarlat & Domme	121
Dompaire	S.E.	Neuchâteau & Dompaire	87
Dompierre	N.	Moulins & à Charolles	79
Dompierre	S.	Montdidier	22
Donchery	E.	Réthel & à Sédan	58
Donjon des clefs.	S.O.	Versailles & à Rambouillet	6½
Donnemarie	S.E.	Langres	67
Donzere	S.	Lyon, Viviers & Donzere	157
Donzy	S.	Auxerre & à la Charité	66
Dorat	S.O.	Limoges	81
Dormans	E.	Strasbourg	27
Dorne	S.p.O.	Moulins	70
Douarnenez	O.	Rennes, Quimper & Douarn.	140
Douay	N.p.E.	Lille	50
Doudeville	N.O.	Yvetot & Doudeville	41
Doué	S.O.	Saumur & à Doué	83
Doulens	N.	Amiens & Doulens	38
Doulevent	S.E.	Troyes & à Joinville	64

DE PARIS

DOURDAN. *Route de traverse* ... S.O... 12

De Paris aux *Barbettes*... 7 l. *Voyez de Paris à Orléans.* Des Barbettes & fourche de la r. d'Orléans on passe entre les vignes de Leuville & de Linas. Au S. des bois & ½ l. N. de Chanteloup & d'Arpajon. ½ l. S. de Bailleau. Aven. directe au chât. d'Ollainville. Bois & r. de Versailles à Arpajon. Bois à trav. & parc du château de Bruyères. A Bruyères-le-Châtel ✝. ¼ l. E. de Courson ✝. Le vill. de St.-Yon ✝ est à 1 l. au Sud. Pont, ruiss. & au N. du Colombier, chât. Côte & à ¼ l. S. du chât. de Soucy. Pont à passer, à ¼ q. l. S. d'Arny & 1 l. de Fontenay. Colline le long de la Remarde, en passant au N. de Malassis, la Boilliere, & au bas S. de la Touche. Avenue directe à St.-Maurice. Ponts, isles, moulins & riv. de Remarde.

Tome II. M m

Dev. & au N. du chât. de Folleville. Pente rap. à ¼ l. S. de St.-Maurice. Dev. le chât. de Basville : *belle vue*... 3 l. Le long des jardins & parc de Basville en pass. à la fourche du chemin de Rambouillet, direct au château du Marais. Chap. de St.-Nicolas & à St.-Chéron +. Pente & vallée le long de l'Orge. Au N. de St.-Evrould & de Larachée & au S. de Villepereuse. Moulin à eau au N. de la Charpenterie; Aux Coutieres, N. de Sermaises +. On rencontre plusieurs moulins en pass. au N. de Villeneuve, du grand Menil & ¼ l. S. de Beauvais. A Rouinville. Le long N de la riv. d'Orge & *à* DOURDAN... 2 l.

Autre Route.

De Paris à *Rochefort*... 10 l. *Voyez de Paris à St.-Arnould.* De Rochefort on passe à la fourche de la r. de Chartres. Le long O. de la Robette. A Longvilliers & dev. l'église +. Pont & riv. de Remarde. Fourche du chemin d'Arpajon. Vallée à trav. en passant à ¼ l. E. de Reculet & à 1 l. de *St.-Arnould.* ¾ l. O. de St.-Cyr & du chât. de Bandeville. Au Plessis-Marly. Côte & forêt de Dourdan à trav. Pente rap. à l'O. de Rouillon. A l'E. de Semont & Beauchamps. Le long E. de la forêt, ¼ l. O. de Liphard. Au bel air & chemin de St.-Arnould. Pente rapide & belle vue. *A* DOURDAN... 1 ½ l.

Autre Route.

De Paris à la route d'*Angervilliers. Voyez de Paris à St.-Arnould.* De-là on passe à l'O. du parc de Limours. A la fourche de la r. d'Arpajon. Bois & côte à passer. Pente rap. & ham. de Bajolet. A la Roitterie, ½ l. O. de Machery & à 1 l. du chât. & vill. de Vaugrineuse +. A Angervilliers +. Dev. le chât. & à l'O. du parc. Côte & au S. des bois d'Angervilliers. A 1 l. N. O. de Basville & 2 l. du clocher de St.-Yon +. Côte à trav. *belle vue au S.* Pente rap. à l'E. du parc & chât. de Bandeville. Vallée, pont & riv. de Remarde. Chemin de Rochefort & St.-Arnould. A St.-Cyr +. Chem. d'Arpajon. ½ l. O. de Ste.-Julienne +. Côte & bois à passer. Vallon & ham. de Bistel. Côte & ham. de Liphard. *A* DOURDAN...

Dourgue........	S.O.	De Paris à Toulouse & à Dour.	186
Dourlach.......	E.	—— Metz & à Dourlach....	112
Douvres.......	N.p.O.	—— Calais & à Douvres....	78

PARIS. 275

Douzenac	S.O.	Limoges & à Cahors	115
Dozullé	N.O.	Rouen; de Rouen à Caen	51
Dragnignan	S.E.	Aix & à Draguignan	216
Drancy	N.E.	Senlis	3
Draveil	S.E.	Villeneuve-S.-G. & Draveil	5
Dravel	S.O.	Limoges & à Agen	134
DREUX	O.	Versailles & à Dreux	19
Droué	S.O.	Chartres	15
Druzenheim	E.	Strasbourg & à Druzenheim	126
Ducey	O.	Falaise, Mortain & Ducey	72
Duclair	N.O.	Rouen & à Duclair	34
Dun	S.O.	Orléans & à Limoges	79
Dun-le-Roy	S.O.	Bouges & à Dun	63
Dun & S. Pastour	S.O.	Toulouse & à Mirepoix	190
Dun-sur-Meuse	E.	Reims & à Luxembourg	61
Dunkerque	N.	Arras & à Dunkerque	69
Duras	S.O.	Bordeaux & à Duras	170
Durefort	S.	Montpellier & à Toulouse	200
Duretal	S.O.	Au Mans & à Angers	64
Eaubonne	N.	Pontoise	4½
Eauze	S.O	Agen & à Eauze	171
Ebreuille	S.	Clermont-Ferrand	87
Echarcon	S.	La Ferté-Aleps	8½
Echaufour	O.	Dreux & à Falaise	38
Echenay	E.p.S.	Bar-le-Duc & à Echenay	71
Eclaron	E.p.S.	Joinville par Vassy	55
Eclimont	S.O.	Chartres	17
Ecomoy	S.O.	Au Mans & à Ecomoy	57
Ecos	N.O.	Rouen par Pontoise	18
Ecouché	O.	Argentan & à Ecouché	45
Ecouen	N.	Amiens	4½
Ecouis	N.O.	Rouen par Magny	23
Ecquevilly	O.	Mantes par Flins	8½
Egremont	N.O.	St-Germain & à Egremont	6
Egreville	S.	Nemours & à Courtenay	23
Eguilles	S.p.E.	Avignon & à Aix	190
Eguillon	S.O.	Bordeaux & à Agen	180

DE PARIS à ... *DE PARIS à*

Eguisheim	S.E.	Colmar 116
Elancourt	O.	Montfort-l'Amaulry 8
Elbeuf	N.O.	Rouen par Elbeuf 29
Elne	S.	Perpignan & à Elne 225
Elven	O.	Rennes; de Rennes à Vannes. 107
EMBRUN	S.E.	Lyon & à Embrun 169
Emery	E.	Vincennes & à Beaubourg... 6
Enghien	N.	St.-Denis & à Enghien 4
Enghien	N.	Lille & à Enghien 73
Ennery	N.	Pontoise & à Ennery 9
Ennezat	S.	Riom; de Clermont à Vichy. 91
Ensisheim	E.p.S.	Béfort & à Neubrisach 115
Entraigues	S.O.	Clerm. Aurillac & Entraigues. 132
Entrevaux	S.E.	Lyon, Embrun & Entrevaux. 193
Envermeux	N.O.	Beauvais & à Dieppe 30
Epernay	E.	Strasbourg 33
Epernon	O.	Versailles & à Chartres 15
Epiais	N.E.	Dammartin 7
Epiaix	N.	Pontoise & à Epiaix 10
Epinal	E.p.S.	Nancy & à Epinal 98
Epinay	N.p.O.	Pontoise 3
Epinay en France	N.	Amiens 7
Epinay-sur Orge	S.	Lonjumeau & à Epinay 5½
Epineuil	S.p.E.	Joigny & à Tonnerre 50
Epreville	N.O.	Rouen, par Magny 28
Erie	S.	Clermont-Ferrand 89
Ermenonville	N.E.	Senlis 11
Ermont	N.p.O.	Pontoise 4½
Ernée	O.	Mayenne & à Ernée 65
Erstein	E.p.S.	Strasbourg & à Erstein 134
Ervy	S.E.	Sens & à Bar-sur-Aube 48
Esbly	E.	Meaux 9
Escoyeux	S.O.	Poitiers & à Saintes 116
Espalion	S.p.O.	Clermont & à Rodez 109
Espelette	S.O.	Bayonne & à Espelette 206
Essarts	O.	Montfort-l'Amaulry 10
Essay		Alençon & à Essay 50

PARIS.

Essey	S.E.	Basle	108
Essonne	S.	Fontainebleau	8
Essoye	S.E.	Troyes & à Essoye	49
Estafort	S.O.	Agen; d'Agen à Condom	159
Estain	E.	Verdun & à Longwy	65
Estaing	S.p.O.	Clermont & à Rodez	109
Estaires	N.	Arras & à Dunkerque	54
Estampes	S.	Orléans	13
Estrechy	S.	Orléans	11
Estrepagny	N.O.	Gisors; de Gisors à Rouen	19
Etang. (l')	N.O.	Marly & à l'Etang	5
Etang. (l')	S.E.	Rozoy	11
Etaples	N.	Abbeville & à Boulogne	55
Etiolle	S.p.E.	Corbeil	7
Etoges	E.	Meaux, Montmirail & Etoges	28
Etoile	S.	Lyon, Valence & à Etoile	144
Eu. (la ville d')	N.pO.	{ Abbeville & à la Ville d'Eu	49
		{ Beauvais & à la ville d'Eu	37
Evaux	S.p.O.	Bourges & à Evaux	82
Eve	N.E.	Senlis	10
Evecquemont	N.O.	Rouen par St.-Germain	9
Evrecy	O.	Caen & à Evrecy	56

EVREUX. Grande Route... O... 25

De Paris à Bonnieres... 17 l. *Voyez de Paris à Rouen par Vernon.* De Bonnières on passe entre le moulin & le vill. de Bennecourt qui est au-delà de la Seine. Fourche de la route de Rouen. Colline à passer, au S. de Bois-Guiard. A l'E. du bois & vill. de Menil-Renard. Bois du chêne à ¼ l. N. du moulin & vill. de Villeneuve-en-Cheuvry +. Au S. des gr. & pet. Lisses. Aux petites Molieres; les grandes sont à dr. de la r. A Chaufour +. 3 l. S. de *Blaru* +... 2 l. A Chaignolles: *belle vue.* Pente au S. de Chaignes +. A Aigleville + & dev. le chât. Le long de la ferme de Beauvais. ½ q. l. E. de St.-Sulpice & ½ l. de Fains +. A Pacel+, ½ l. S. de Menilles+. Entre les Marchies & la Chiotte. *A Passy.* 2 l. Passage de la riv. d'Eure. A Bondeville, ½ l. N. de Fains +. Le long S. de la riv. d'Eure, A St.-Aquilin +, ½ l. S. de Croissy +. Côte & plaine à trav. en pass. au N. du bois de Nid-de-Chien. Au S. & près du fief de Preaux. A ¼ l. N.

du Plessis-Hébert +. Entre le Buisson de May & la Roche. ½ l. N. d'Orgeville. ½ q. l. de Caillouet. Le vill. de Ruffey & Doncourt + font au N. & ceux de la Brosse & Martinville au S. Entre Miferey + & Cuilly +. Au S. du Breuil, ½ l. de Gauciel +. ½ l. N. du bois de Marolie & du val David +. Le vieil Evreux + & la Trinité + font du même côté. A 1 l. du vill. & chât. de St.-Luc, au-delà du bois. ¼ l. N. de St.-Aubin + & ¼ l. de Crocouville +. Au S. de la Gaftine, ferme, ¾ l. de Hueft & Fauville +. ½ l. N. du Coudray +. Au long Buisson & entre Netreville & Milleville +. A ¼ l. N. d'Angerville-la-Campagne & de la forêt d'Evreux. Fourche de la r. d'Evreux à Vernon, & nouvelle route d'Evreux à Dreux. A ¾ l. E. de St.-Germain & du chât. de Navarre. *A EVREUX*... 4 l.

Nota. *Les personnes à pied & à cheval prennent souvent de Rosny par la fosse aux Potiers, traversent l'extrémité de la forêt de Rosny, passent aux Guinets, aux Bolquais, à Villeneuve & à Chaufour : ils abrégent de ¼ lieues.*

Evron..........	O.	Alençon & à Evron........	64
Exideuil......	S.O.	Limoges & à Sarlat........	107
Exmes.........	O.	Dreux & à Falaife........	41
Ezanville.......	N.	Amiens................	5
Fabressan....	S.p.O.	Toulouse & à Montpellier...	200
Falaife.........	O.	Dreux & à Falaife........	48
Falaife. (la).....	O.	Mantes par Flins..........	10
Fanjeaux.....	S.O.	Toulouse & à Mirepoix.....	191
Faremoutier......	E.	Meaux & à Faremoutier....	14
Fargis.........	S.O.	Verfailles & à Rambouillet...	10
Faucogney.....	S.E.	Langres, Vefoul & Faucogney.	96
Faulquemont.....	E.	Metz ; de Metz à Strasbourg..	85
Faulquemberg....	N.	Amiens & à St.-Omer......	55
Faures. (les)...	S.O.	Chartres par Rambouillet...	15
Fauville......	N.O.	Rouen ; de Rouen à Fécamp.	42
Faverney......	S E.	Langres, Port-f-S. & Faverney.	85
Favieres.......	S.E.	Rozoy..................	9
Fayt-Billot.....	S.E.	Langres & à Vefoul........	73
Fayt-le-Froid.?..	S.	Clermont & à Valence......	130
Faye..........	S.O.	Tours, Richelieu & Faye...	75
Fayence.......	S.E.	Aix, Draguignan & Fayence.	226

Fécamp......	N.O.	Rouen & à Fécamp........	49
Felletin.......	S.O.	Orléans, Guéret & Felletin.	88
Fère. (la).....	N.E.	Noyon & à la Fère.........	32
Fère-Champen.	E.p.S.	Sézanne & à Fère-Champen.	33
Fère-en-Tardenois.	E.	Meaux & à Reims.........	26
Ferolles.........	E,	½ l. N. de Brie-Comte-Robert.	7
Ferotte........	S.E.	Bezançou & à Basle.......	119
Ferrieres........	S.	Montargis................	25
Ferrieres........	O.	Evreux & à Ferrieres......	31
Ferrieres.......	S.E.	Charenton, Croissy, Ferrieres.	7¼

FERTÉ-ALEPS. (la). Route de traverse... S. 12

De Paris à Ris... 6 l, *Voyez de Paris à Fontainebleau.* De Ris on passe le long des murs de Fromont. Fourche de la r. de Fontainebleau, que l'on quitte, & l'on prend une route à dr. bordée d'arbres, en pass. à ¼ l. E. d'Orangis ✚. O. du petit bourg, chât. Belle plaine à trav. en pass. entre la ferme de Bois Briard & Courcouronne ✚ Carref. de la route de Corbeil à Versailles. A 1 l. O. de St.-Germain-lès-Corbeil ✚. ¼ l. E. du bois & ferme des Folies, en-deçà du Mont-Aubert. A l'O. de la ferme des Places & du bois Chaland. A Lisses ✚. A l'E. du parc & château de Beaurepaire. ½ l. O. de Villabé, 1 l. de Corbeil. Aven. directe au S. O. elle conduit à la Plagniere, Montblain, fermes & à Echarcon ✚. Avenue & à ¼ l. O. de Ville-Oison. Desc. rap. & belle vue sur la riv. d'Essonne. Le chât. & étang de Villeroy. A ¼ l. O. du moulin Galant & des Tourbieres. Devant le château de Montangé. Ponts, isles & prairies arrosées par la rivière d'Essonne. A ½ l. Ouest d'Ormoi ✚ ½ l. E. d'Echarcon ✚. Avenue du chât. de Villeroy. *A Menecy* ✚... 2 l. Dev. le chât. & le long du parc de Villeroy. Carref. de la r. de Fontaine à la Ferté. Avenue directe au S. & à la Verville. A ¼ l. S. O. de Misery & 1 l. de Ver-le-grand. A Fontenay-le-Vicomte ✚. A ½ l. E. de Ver-le-petit. ¼ l. O. de Chavannes ✚. ½ l. E. de Bouchet & du parc St.-Vrain. A Balencourt ✚. ½ l. E. de Sauflay. ¾ l. O. des Grès & ferme de la Malvoisine. ¼ l. E. de St.-Aubin, ½ l. d'Itteville ✚. A Boigny, Mosay, E. de Meurs. A Beaulne ✚. A 1 l. O. des Grès & vill. de Mondeville ✚, Moul. & chap. de de St.-Lazare. *A la* FERTÉ-ALEPS... 3 l.

Autre Route................ 12

De Paris à Pressoir-Pront.. 8½ l *Voyez de Paris à Fontai-*

nebleau. De Preſſoir-Pront à la fourche de la route de Fontainebleau. A ¼ l. N. O. du Pleſſis-Chenet. ½ l. du vill. de Monceaux & Ste-Radegonde. ¼ l. S. du moulin Galant, belle Papeterie. Le long du petit bois & au S. de Roiſſy, ¼ l. de Villabé ½ l. S. d'Ormoy. 1 l. de Liſſes +. Chemin à ¼ l. S. de Menecy +. Le long S. du parc de Villeroy. A *Fontenay-le-Vicomte* +... 1 ½ l. de Fontenay *à la* FERTÉ-ALEPS.... 2 l. *Voyez ci-deſſus.*

Ferté-Avrain.(la)S.O.	Orléans & à la Ferté.......	38
Ferté-Bernard. la S.O.	Au Mans	42
Ferté-Frenel. (*la*). O.	Dreux & à Lizieux........	36
Ferté-Gaucher. (*la*) E.	Sézanne	20
Ferté-Imbault. la S.O.	Orléans & à la Ferté......	44
Ferté-Louptiere.(*la*) S.	Sens, Joigny & la Ferté....	44
Ferté - Lovendal. S.O.	Orléans & à la Perté.......	33
Ferté-Macé.(*la*)... O.	Dreux, Argentan & la Ferté.	50
Ferté-ſ-Aube.(*la*) S.E.	Troyes & à la Ferté.......	55
Ferté-ſ-Jouarre.(*la*) E.	Meaux & à la Ferté........	15

(DE PARIS)

FERTÉ MILON. (*la*) *Grande Route*...N.E... 17
De Paris *à Meaux*... 10 l. De Meaux *à la Ferté-Milon.*.. 7 l.

Route de traverſe................ 17

On ſuit la route de Meaux juſques près de la Villette-St.-Denis... 1 l. & l'on prend à gauche, paſſant entre la Villette & le Rouvroy, ayant le vill. de Pantin + à l'E. & Aubervilliers + à l'O. 1 l. de St.-Denis & 2 l. d'Enghien. Plaine à trav. en paſſ. le Ru de Montfort. Le long O. du parc, chât. & vill. de Baubigny +. A ½ q. l. E. du petit & grand Drancy +. ¼ l. N. O. de Bondy & de la forêt, dans laquelle eſt le chât. du Raincy. Pavé direct au gr. Drancy +. Bois & ferme de Groſlay, ¼ l. S. E. du Bourget +; avenue à gauche, qui conduit au chât. du Coudray. Pont & à ¼ l. O. des fermes de Rougemont & de Fontenay, ½ l. de Sevran +, le long E. d'Aunay +. Avenue de Sevran, Livry + & Clichy +. A ¼ l. S. de Villepinte +. 1 l. N. de Vertgalant & de Vaujours + ſitués dans les bois de St.-Denis. Avenue & à ½ l. S. E. du chât. de la Queue & du vill. de Tremblay +. A la Villette-aux-Aunes. Avenue directe au S. E. & au chât. de Bois-le-Vicomte. Autre avenue qui conduit à Mitry-en-France +. Entre une Juſtice & la ferme de Maurepas. 1 l. N. de Villeparifis +, ſur la route de Meaux. Côteaux & à ¼ l. S. de Mitry +. *A Mory* +... 5 l. Chemin à ¼ l. S. de Compans +, & 1 l. de Thieux +. Ponts, isles & riv. de Brevonne à passer. A ¼ l. N. de Cressy +, ¾ l. de Souilly + de Claye +; la tour de Montjay est 1 l. plus loin. Côteaux à 1 l. S. de Thieux +. Le long S. de St.-Mesme +. A 2 ½ l. de *Dammartin*. Avenue & à ½ l. N. de Messy +. Au S. de Vineuil, ½ l. de Nantouillet, & 1 l. de Juilly +. Entre Vinante + & le Plessis du bois +. ½ l. S. de Montgé +. N. du Plessis-l'Evêque +. Au S. de Cuisy + & Chambre-Fontaine, abbaye… 3 l. A ½ l. de Monthion +. ½ l. S. de St.-Souplets +. & côté de Gesvres +. Vall. pont & ruiss. de Therouenne à passer. A Fontaine-lès-Nonains +, abbaye. A l'E. du chât. & vill. de Douy-la-Ramée +. A Puisieux +. O. de Vincy + & Manœuvre. Vall. pont, étang & riv. de Gergogne. *A Assy en Multien*… 4 l. A Etavigny +, Boullare + Collinances +. Pont & ruiss. de Grinette. A 1 ½ l. S. E. de Betz. A Villeneuve +. ½ l. E. de Thury-en-Valois +. ¾ l. S. d'Auteuil + & du chât. du Plessis. ¼ l. de la forêt de Villers-Coterets à trav. A Marolles + & dev. St.-Lazare & Precy à Mont. *A la* FERTÉ-MILON… 4 l.

Ferté-Vidame. (*la*)	O.	Dreux & à la Ferté	29
Ferté-Vincuille la	S.O.	Châteaudun & à la Ferté	35
Fervaques	O.	Lizieux & à Alençon	45
Feucherolles	O.	Anet	7
Feuquieres	N.	Amiens	30
Feurs	S.	Clermont & à Lyon	118
Figeac	S.O.	Limoges & à Rodez	133
Fignan	S.O.	Montauban & à Fignan	162
Firmy	S.O.	Limoges & à Rodez	135
Fismes	N.E.	Soissons & à Fismes	32
Fitz-James	N.	Amiens	15
Flavigny	S.p.E.	Sens & à Dijon	69
Flavigny	E.p.S.	Nancy & à Flavigny	86
Fleche. (*la*)	O.p.S.	Au Mans & à la Flèche	61
Flers	O.	Falaise & à Vire	56
Flers	N.	Amiens	27
Fleury	S.	Melun	13
Fleury	S.p.O.	Orléans	27
Fleury	S.O.	Orléans & à Fleury	34
Fleury	N.	Amiens	29

Flins........N.O.	St-Germain & à Flins......	9½
Florac.........S.	Clermont, Mende & Florac..	136
Florence......S.O.	Agen & à Florence........	164
Florenzac....S.p.O.	Montpellier & à Florenzac...	203
Florimont......S.O.	Périgueux & à Florimont....	130
Foissy..........S.	Sens & à Foissy..........	36
Foix........S.O.	Toulouse & à Foix........	188

(middle column: DE PARIS à)

FONTAINEBLEAU. Grande Route...S.p.E... 16

On sort de Paris par la barrière des Gobelins & l'on traverse le boulevard de l'Hôpital. Fourche du chemin de Choisy & Vitry, qu'on laisse à gauche. Aux maisons de la pointe. ½ q. l. S. O. de l'Hôpital-Général & ½ l. du faub. St.-Antoine : on apperçoit Ménil-Montant & Belleville au-dessus. Au moulin de la pointe. Le long O. de la Maison Blanche, Cabaret & Guinguette de Paris. Au N.º 2 de la borne milliaire & chemin de Bicêtre. Chemin pavé direct au vill. du gr. Gentilly +. Dev. le chemin qui fait face au chât. de Bicêtre, à dr. de la r. ¼ l. O. du clocher d'Ivry +. Tranchée, pépinière & vignes à passer. 3.e borne. Chemin pavé qui conduit à la ferme & maison bourgeoise de Mous-Ivry. ½ q. l. S. O. de la ferme de Gournay. Côte de Ville-juif, de laquelle on voit les vill. de Confians +, Carrières & Charenton +, de l'autre côté de la Seine. Tranchée entre la Pyramide & la terrasse du chât. de Villejuif; *belle vue.* La route est alignée aux Tours de N. D. de Paris. A l'E. du parc & chât. de Villejuif. Traversez ce vill. en passant devant la place où il y un Calvaire. Devant la Poste & au N.º 4... 2 l. Plaine de Long-Boyau à trav. qui a 3 l. de long en passant dev. la Saussaye, ferme. Chemin de Thiais +. Route pavée à ¼ l. E. de Chevilly + & la Rue. Le Bourg-la-Reine & Sceaux sont plus loin. N.º 5. A la belle étoile, auberge. Carref. & demi-lune de la route de Versailles à Choisy. A la belle épine, auberge. N.º 6. A l'E. des vill. de Rungis +, Antony + Vissous, &c. Route pavée & à ½ l. O. d'Orly +. N.º 7. ¼ l. E. de Parey +. A la vieille Poste. Dev. le Verre galant & route de Ville-neuve-le-Roi. A 2 l. O. des bois de la Grange & du mont Griffon, au-dessus de Villeneuve-St.-Georges. A l'E. de Chilly + & Morangis .. Au pavillon & route qui conduit au chât. & vill. d'Athis +. Nº 8 d'où l'on apperçoit la Tour de Montléry, à 3 l. au S. O. Chemin & au N. E. de la ferme de Contin. A ¾ l. N.O. du cloch. de S.-Germain-lès-Corbeil +. 1 ½ l. S. O. de Villeneuve-St.-Georges, les Granges & le chât. de Grosbois. A la Cour de France, auberge. Pavillon, parc de Juvisy + & pyramide semblable à celle de Villejuif. N.º 9 & fin de la plaine de Longboyau. Le long O. de Juvisy en pass. au Pavillon & à la poste de Fromenteau. Chemin pavé de gr. Vaux & de Villemoisson +. Pente rap. de la montagne. Tranchée entre des vignes & maisons. A ¼ l. O. de Draveil +. 1 l. de Vigneux + chât. Frayé & 1 ½ l. de Montgeron +. Dev. le mont St.-Michel, auberge. Pont sur l'Orge entre deux belles fontaines. Belle avenue le long de la Seine, riv. ½ l. N. E. de Savigny-sur-Orge +. Pont & N.º 10... 3 l. Pont sur un bras de la riv. d'Orge à ½ q. l. de Viry +. Route pavée qui conduit à Grigny +. Morsan + & Fleury +. Plaine de Ris à trav. en pass. au N.º 11. Avenue directe au S. O. & au chât. de l'Arbalêtre. A ¼ l. N. E. de Plessis-le-Comte +. Pavillon, parc, demi-lune & avenue en face de la grille du chât. de Ris. A Ris +. Dev. l'Ecu de France, le gr. St.-Nicolas, le Lion d'or & les Dames de France, auberges. Sort. de ce vill. on passe à ½ q. l. de la Borde & ½ l. S. de Champrosay. N.º 12. Pavillon & mur de Fromont. Dev. la grille & à l'E. du moulin à v. de Ris. ¼ l. N. E. d'Orangis +. Vallon & ruiss. à passer. Fourche de la route pavée & plantée de Villeroy & la Ferté-Aleps. Belle avenue à côtoyer, en pass. à la r. & ¼ l. S. du beau chât. du petit Bourg. N.º 13. Belle route pavée en face du petit Bourg. Pont & ru à pass. A ½ l. N. E. de Bois Briard, Courcouronne, Lisses, &c. Pavé qui descend à Esvry +. Le long du mur de l'ancien parc de Mousseaux. N.º 14 & cabaret de l'Hermitage. Vis-à-vis S. de Beauvoir, ¼ l. N. E. du clocher de Lisses +. 2 l. O. de Lieusaint +. Route & à l'O. de la Grange-Feu Louis. Avenue plantée en face du chât. ½ l. N. O. de Corbeil, dans le fond. N.º 15. Nouvelle route de Corbeil à Versailles. Pente rapide & tranchée à passer. Route pavée d'Essonne à Corbeil & aux Bordes. Pont & riv. d'Essonne *ou de Juines. A Essonne* +... 3 l. Dev. la poste. Pont sur un bras de la riv. Pente rap. & N.º 16. Chemin des moulins à poudre & du fief de Nagy. Route de Fontainebleau à Corbeil. A l'O. de Saintry + & du chât. de Chautereine. ½ l. E. de Villabé +. 1 l. du chât. de Beaurepaire. ½ q. l. E. de la papeterie du moulin galant. A l'E. des Tourbieres le long de la Juines. A Pressoirpront. Dev.

un moulin à v. & le cabaret de la Martinique. N.º 17. A ½ l. E. d'Ormoy +. 1 l. de Menecy +. Le château de Villeroy est au-dessus. Fourche de la route de la Ferté-Aleps. A 1 l. S. de Saintery & Corbeil, sur la Seine. Au Plessis-Chenet : *belle vue*. A ¼ l. O. de Morsain + & de la forêt de Rougeaux. Dev. l'Ecu de France. Avenue à ¼ l. N. du chât. & vill. de Monceaux, & plus loin Ste.-Radegonde. N.º 18. Avenue à ½ q. l. O. du Coudray & du Pavillon du Roi. N.º 19 & aven. en face du chât. du Coudray. Poteau & avenue dir. au Pavillon du Roi. Bois à côtoyer à ½ l. S. O. de St-Fargeau +. Chemin de la Maison Rouge. ¼ l. N. E. d'Anverneaux +. 1 l. de Portes + & Nainville +, & plus loin le Tertre blanc. Le long O. du parc & chât. de Tilly, en pass. devant deux Pavillons. Arche & avenue au S. du chât. de Tilly & au N. de Moulignon +. N.º 20. Clos de vignes & arche à passer. Croix & chemin à ¾ l. E. d'Anverneaux. ½ l. O. de Ste.-Assise; Beaulieu, Boissise, Boissette & l'abbaye du Lis sont plus loin. Le long N. du parc des Bordes, Avenue directe au chât. Demi-lune & avenue du chât. de Jonville. N.º 21. Pente rapide à ¼ l. N. de Montgermont +. *A Ponthierry*.... 3 l. Traversant ce vill. on passe le pont & riv. d'Ecolle, dev. la poste & plusieurs auberges. A ¼ l. S. E. de St.-Assise, beau chât. ¼ l. S. O. de Boissise-le-Roi. Croix & ancienne route de Bourgogne. Le long E. du vill. de Pringy +. N.º 22. A ½ l. N. E. de Montgermont +. Vaufre, l'abb. du Lis & le May sont du même côté. Avenue directe au N. & au chât. de Brau. ¼ l. E. d'Orgenoy. N.º 23. Avenue du chât. de Fortoiseau. Au N.º 24. A l'E. de Faronville & de St.-Sauveur. ¼ l. O. de Villiers & à l'E. de Memorant. N.º 25. A ¾ l. E. de Perthes. 1 l. N. E. de Fleury + & de Cely +. *A Chailly* +..... 2 l. Dev. la grille du chât. les auberges & la poste. N.º 26. Au N. du bois de la Charniere & ½ l. de Barbison. Au S. des bois de Mé & chemin de Macherin. Forêt de Fontainebleau à trav. en pass. au bas Breau. N.º 27 & roche de Chatillon. Plaine de Clairbois, entre le rocher du Cuvier & ceux des Plattieres d'Aspremont. Tranchée & rocher du mont St.-Pere. N.º 28. Carref. & croix du grand Veneur. N.º 29. Rocher du gr. Fouteau. Pente rap. & tranchée de la Tête à l'âne, d'où l'on découvre Fontainebleau. N.º 30. Demi-lune & route d'Arbonne +. Entre les bois de la tranchée & des champs. *A FONTAINEBLEAU*... 3 l.

Autre Route par Melun 15

De Paris à *Charenton* .... 2 l. *Voyez de Paris à Troyes.* Paſſage de la Marne ſur le pont de ce village, devant des moulins & à la fouche de la route de Troyes. Au S. de l'Ecole Vétérinaire. Le Port-à-l'Anglois & le vill. d'Ivry ſont de l'autre côté de la Seine. A Maiſons ✛ où il y a de belles maiſons bourgeoiſes. 6.ᵉ borne. A ½ l. O. de Creteil✛. ½ l. E. de Vitry ✛. ½ q. l. O. de N. D. des Meſches, & ¼ l. de Meſly. Carref. de la r. pavée qui va à Choiſy, éloigné de ½ l. à l'O. N.º 7. Prairie à l'O. de l'Hôpital, ferme & vis-à-vis celle de la Tour. ¼ l. de Brevanne, 1 l. de Boiſſy✛, du Piple, Sucy en Brie, &c. Route de Brunoy par Valenton ✛ & Limeil ✛. A 1 l. d'Orly ✛ & de Villeneuve-le-Roi✛. Le long E. de la riv. de Seine. *A Villeneuve-St.-Georges* ✛... 2 ½ l. Dev. les Ecuries du Roi, la poſte & les auberges. N.º 9. Route de Croſne ✛ & d'Yeres ✛. Pont & riv. d'Yeres à paſſer. Dev. de belles maiſons bourgeoiſes. A ½ l. l. E. d'Ablon ✛, 1 l. d'Athis ✛, 1 ½ l. de Juviſy, & plus loin la tour de Montlhéry à l'horiſon. Le long O. du fief de Belleplace. Arche, croix & chemin de Châteaufrayé, Vigneux & Draveil ✛. ¼ l. O. de Croſne ✛. A l'O. & près du moulin de Senlis, & du cimetiere de Montgeron ; pente & chap. de l'Hermitage. Le long du parc de Montgeron. N.º 10. A Montgeron ✛. Avenue & vis-à-vis du château dev. l'égliſe & les auberges du lieu : *belle vue.* Avenue dir. à Chalandré. N.º 11. A ¼ l. d'Yeres ✛, ſitué au bas des bois de la Grange. Vall. & r. nouvelle de Brunoy. 12.ᵉ borne milliaire. Traverſe de la forêt de Senart en paſſant au carref. & pyramide de *Monſieur.* Route directe au N. E. & à Brunoy. N.º 13. A la croix de Villeroy, d'où l'on voit Lieuſaint. N.º 14. Poteau & route de St.-Aſſiſe & St.-Port. Chemin à ½ l. E. de Tigery & Etiolles ✛. Pont & marre de Lieuſaint. A ½ l. E. du clocher d'Ormoy ✛, 1 l. de St.-Germain-lès-Corbeil ✛. ¼ l. S. O. de Combs-la-Ville. 1 l. de Varennes ✛ & 2 l. de *Brie-Comte-Robert.* ½ l. O. de Vernouillet. A Lieuſaint *ou* Lieurſaint ✛... 3 l. Dev. les auberges, la poſte & l'égliſe. N.º 16. Carref. de la route de Cramayel. Pont à ¼ l. E. de Varatre. A l'O. de Chaintreaux, ¼ l. de Luigny & ½ l. de Maſſy ✛. N.º 17. Chemin à ¼ l. E. de Cervigny. Marre & avenue à l'O. de Revigny, au vill. de Nandy ✛. N.º 18. Avenue & à ¼ l. E. du chât. de la Grange-la-Prevôté. Entre Villebouvet & le petit Pleſſis. Le long du parc du chât. du Pleſſis-Picard & vis-à-vis le ha! ha! qui laisse apperçevoir le chât. A $\frac{1}{2}$ l. E. de Nandy + & 1 l. du Pavillon du Roi. A $\frac{1}{4}$ l. E. de Savigny-le-Temple +. N.° 19. A $\frac{1}{2}$ l. S. du chât. d'Eprune, en-deça de Reau +. Poteau & chemin à $\frac{1}{2}$ l. E. de Cesson +. Vallon, pont & ruiss. à $\frac{1}{4}$ l. S. O. de Pouilly-le-Fort. $\frac{1}{4}$ l. N. E. de Vert St.-Denis +. Côteau d'où l'on apperçoit le clocher de St.-Barthelemy & de l'abb. de St.-Pere de Melun. Chemin de Vert. A $\frac{1}{4}$ l. O. de l'abb. du Jard, & du chât. de Voisenon. N.° 21: *belle vue*. Bois rempli de grès. A l'O. des pilliers de Justice & de la ferme de Montaigu. Chemin du creux au Marchemarais. N.° 22. Vallon & fourche du chemin de *Corbeil*. Route pavée de Melun à Brie-Comte-Robert. A $\frac{1}{4}$ l. N. E. du chât. de May, au-delà de la nouv. route de Melun à St.-Assise. *A Melun*... 3 l. Faub. St.-Bartelemy à trav. en pass. entre l'église & l'abb. de St.-Pere. N.° 23 & cazernes de la Maréchaussé. Place de St.-Pierre & route de St.-Assise. Vis-à-vis la poste & de la r. de Melun *à Meaux*. Traversez la ville en passant au pont des moulins sur la Seine, d'où l'on voit le parc, chât. & vill. de Vaux-le-Penil +. Isle de Melun à trav. Pont aux fruits, sous lequel passent les coches & les bateaux. N.° 24 de la borne à l'angle d'un mur & du chemin du pet au Diable. Dev. la Croix d'or, auberge. Chemin direct à l'O. & à l'abb. du Lîs. Le long d'un bois & d'une plantation. N.° 25. Bois & clos à côtoyer. Carref. d'où partent huit Routes. A $\frac{1}{2}$ l. E. de Dammarie. Le long des hayes & bois. A la belle étoile, où viennent aboutir douze Routes. Vis-à-vis O. de la maison de M. Moreau, & du vill. de la Rochette +. Belle pépiniere à trav. Jardin & avenue en face de la maison de M. Moreau. Maisons, jardins & chemin de la Rochette +. Route qui traverse la plaine du Lis. N.° 25 de la borne. Forêt de Fontainebleau à trav. en pass. à la table du Roi, qui est une grosse pierre de grès posée au carref. de la r. de Melun à Fontainebleau, la route de Bourgogne & la route Ronde, ouverte par Henri IV. Pente rap. de Montgautier. N. 26 à $\frac{1}{4}$ l. O. de Brosse. Côte, croix & carref. de Vitry, $\frac{1}{4}$ l. O. du vill. de Bois-le-Roi +. Pente rapide & N.° 27. Le long de la vente Bouchard & du rocher de Pierre-Margot à l'O. N.° 28. Mont de St.-Louis à passer. N.° 29 posé vis-à-vis les rochers du Mont-St.-Germain. Vallée de la Solle & pente rap. Carref. croix d'Augas & route pavée directe à la croix de Toulouse. *Belle vue sur le vill. d'Avon + & sur les rochers qui environnent la ville de Fontai-*

PARIS. 287

nebleau. Pente rap. & roch. du mont d'Uffy. N.° 30. Route du mont d'Uffy. A l'O. d'un Calvaire poſée ſur les roch. Bois à côtoyer en paſſant à l'E. de la chapelle de N. D. de Bon Secours. Route qui trav. la vallée de la Chambre. Borne qui limite la forêt. Chemin de Pelus & de Provençaux, ſéparé par la route de Valvin Chemin à l'E. de la Chambre ou Ste.-Famille. *A FONTAINEBLEAU*... 4 l.

Route par Eau............ 2 l.

De Paris *à Valvin*... 20 l. *Voyez de Paris à Montereau par Eau.* De Valvin on paſſe une gorge entre le bois Gontier & ceux de la Madelaine. A la Chaudiere. Aux baſſes Loges & route de Bourgogne. Au N. & vis-à-vis de Changy. A côté de la cave Coignard. Chemin du vill. d'Avon ✚. Entre Pelus & Provençaux & au N. du parc de Fontainebleau. *A FONTAINEBLEAU*... 1 l.

Fontaine ardente... S.	Lyon & à Grenoble........ 143
Fontaine-Franç. S.E.	Dijon ou Langres & à Fontaine. 82
Fontaine-la-Gaill. S.	Sens................. 29
Font.-le-Bourg. N.O.	Rouen & à Fontaine-le-Bour. 34
Fontaine-St.-Lucien N.	Beauvais & à Fontaine-St.-L. 21
Fontarabie..... S.O.	Bayonne; de Bay. à Madrid. 215
Fontenailles....... S.	Sens par Montereau....... 15
Fontenay...... S.O.	Au Mans & à Angers...... 60
Fontenay....... S.O.	Poitiers & à Saintes....... 109
Fontenay........ S.	Auxerre & à Clamecy..... 50
Fontenay....... O.	Carentan & à Coutances... 75
Fontenay..... N.O.	Gifors & à Rouen........ 21
Font. aux Roſes. S.O.	Montrouge, Chatillon & Font. 2
Fontenay en Brie. S.E.	Rozoy.................. 10½
Font.-le-Comte. S.O.	Poitiers, Niort & à Fontenay. 112
Font.-le-Vicomte. S.E.	Fontainebleau par Melun... 10
Fonten.-lès-Briis. S.O.	Arpajon & à Fontenay..... 8½
Font.-lès-Louvr. N.E.	Louvres & à Fontenay..... 7
Font. le Fleury. S.O.	Chartres............... 11
Fontenay ſur Bois. E.	Vincennes & à Fontenay... 2
Fontenelle, chât. S.E.	à 1 l. S. de Lagny........ 7½
Fontenoy.... N.p.E.	Valenciennes & à Tournay... 58
Fontenoy le chât. S.E.	Langres & à Plombieres..... 85

Fonten.-ſ-Aiſne. N.E.	Soiſſons	23
Fontevrauld. S.O.	Tours, Chinon & Fontevrauld.	70
Forbach E.	Metz & à Francfort	90
Forcalquier S.p.E.	Lyon, Avignon & Forcalquier.	196
Force. (la) S.O.	Périgueux, Bergerac & à la F.	130
Forcelliere. (la). S.O.	Angers & à la Rochelle	91
Forêt, (la) chât. E.	Chelles & à la Forêt	6½
Foreſt-le-Roy S.O.	Chartres	13
Forges S.p.O.	à St-Arnould juſqu'à Gometz.	8½
Forges-les-Eaux N.O.	Giſors & à Forges	27
Fort. (le) S.	Joigny & au Fort	44
Fort de l'Ecuſe. S.E.	Bourg; de Bourg à Genève.	124
Fort-Louis E.	Nancy & à Fort-Louis	119
Fortelle, château. S.E.	Rozoy	13
Fortereſſe, chât. S.E.	Sens par Montereau	20
Foſſat S.	Perpignan	222
Foucarmont. N.p.O.	Beauvais & à la ville d'Eu	32
Fougeray O.	Rennes & à Nantes	97
Fougeres O.	Alençon, Mayenne & Foug.	72
Fougerolles S.E.	Veſoul & à Plombieres	94
Fougerolles O.	Alençon & à Fougerolles	66
Fouſſeret S.O.	Toulouſe & à Fouſſeret	185
Fraiſſinet S.O.	Périgueux & à Montauban	156
Françoiſe. (la) S.O.	Montaub. de Touloufe à Bord.	161
FRANCFORT-ſur-le-M.E.	Metz & à Francfort	149
FRÉJUS S.E.	Aix; d'Aix à Antibes	221
Fremigny, chât. S.	la Ferté-Aleps	10
Frépillon N.p.O.	Auvers	10
Freſcati E.	Metz	76
Freſnay-le-Vicomt. O.	Alençon & à Freſnay	52
Freſnes O.	Falaiſe & à Freſnes	53
Freſnes E.	Verdun & à Metz	66
Freſnes hors Capet. E.	Meaux	8
Freſnes-lès-Rungis. S.	Orléans	3
Freſniers N.p.E.	Senlis & à Péronne	27
Frette. (la) N.O.	Argenteuil & à la Frette	4
Fretteval S.O.	Châteaudun & à Fretteval	38

Frevent....... N.	Amiens & à St. Omer......	42
Fribourg...... S.E.	Nancy, Colmar & à Fribourg.	124
Fromeries..... N.O.	Beauvais & à Dieppe	26
Frontignan... S.p.O.	Montpellier & à Frontignan.	197
Fronton...... S.O.	Cahors & à Toulouse.......	165
Fruges....... N.	Amiens & à St.-Omer......	46
Fumel........ S.O.	Limoges & à Agen.........	135
Furnes........ N.	Arras & à Furnes..........	68
Gabaret....... S.O.	Agen; d'Agen à Bayonne....	191
Gabas........ S.O.	Pau, Oléron & à Gabas.....	214
Gacé......... O.	Evreux & à Argentan.......	42
Gagny........ E.	Montreuil, Villemomble & G.	4
Gaillefontaine.. N.O.	Beauvais & à Dieppe.......	30
Gaillon...... N.O.	Rouen par Mantes	23
Galan........ S.O.	Bordeaux & à St.-Bertrand...	194
Gallardon..... S.O.	Chartres..................	17
Gamaches... N.p.O.	Beauvais & à la ville d'Eu...	33
GAND....... N.p.E.	Lille; de Lille à Gand.....	72
Gandelu...... N.E.	Meaux & à Soissons........	18
Gannat...... S.p.O.	Moulins & à Clermont......	8
GAP....... S.p.E.	Lyon; de Lyon à Embrun...	158
Gardanne.... S.p.E.	Aix; d'Aix à Gardanne.....	196
Garde;(la) abbaye.N.	Amiens...................	16
Garenne...... N.O.	Au N. de la forêt de St.-Germ.	6
Garges...... N.p.E.	Entre St.-Denis & Gonnesse.	3
Garlin....... S.O.	Agen, Aire & d'Aire à Pau...	204
Garnache. (la).. S.O.	Nantes & à la Garnache....	108
Garris....... S.O.	Bayonne & à Garris........	206
Gau......... S.O.	Pau & à Gau..............	209
Gavray....... O.	Caen & à Granville........	78
Gemersheim..... E.	Metz; de Metz à Spire.....	124
Gemozac...... S.O.	Angoulême & à Gemozac...	132
Gençay....... S.O.	Poitiers & à Gençay.......	93
GÈNES....... S.E.	Lyon, Aix & à Gênes......	274
GENEVE..... S.E.	Dijon & à Genève.........	122
Genevraye...... S.	Sens par Montereau.......	18
Genlis....... N.E.	Noyon & à Genlis.........	30

Tome II.

Genolhac........	S.	Clermont & à Alais........	146
Gerberoy......	N.O.	Beauvais & à Dieppe......	23
Gerbeviller...	E.p.S.	Nancy; de Nancy à Schlestatt.	94
Germigny........	E.	Meaux & à Germigny......	17
Gerzat..........	S.	Moulins & à Clermont.....	92
Geste........	O.p.S.	Beaupreau & à Geste......	87
Gesvres.........	O.	Au Mans................	51
Gevree-le-Duc....	E.	Meaux & à Gesvres.......	14
Gex-le-Château..	S.E.	Lons-le-Saunier & à Genève.	126
Giat........	S.p.O.	Clermont & à Giat........	105
Gien............	S.	Orléans & à Gien.........	44
Gif............	S.O.	Palaiseau & à Gif.........	6
Gigniac.........	S	Montpellier & à Gigniac...	198
Gigny......	S.p.E.	Chalon, St.-Amour & Gigny.	116
Gilvoisin.......	S.	Orléans................	11
Gimont........	S.O.	Toulouse & à Auch........	181
Ginest..........	S.	Lyon, St.-Etienne & Ginest.	128
Giromagny.....	S.E.	Langres & à Béfort........	110
Gisors........	N.O.	& de Gisors à Pontoise.....	16
Givet........	N.E.	Soissons & à Liége........	67
Givords.........	S.	Lyon & à St.-Etienne......	119
Givry-lès-Chalon..	S.	Chalon-sur-Saone & à Givry.	87
Glandèves.....	S.E.	Embrun & à Glandeves.....	198
Glos-la-Ferriere...	O.	Evreux & à Argentan......	35
Goderville....	N.O.	Rouen, Bolbec & Goderville.	47
Gondecourt....	N.O.	Meulan & à Gondecourt.....	10
Gondrecourt..	E.p.S.	Bar-le-Duc & à Neuchâteau...	72
Gondrin......	S.O.	Agen, Condom & Gondrin..	169
Gonnesse......	N.E.	Soissons................	4½
Gonneville....	N.O.	Rouen, Bolbec & Gonneville.	50
Gonnord......	S.O.	Angers & à Châtillon......	82
Gordes.........	S.	Avignon & à Gordes.......	182
Gorgne.........	N.	Arras; d'Arras à Dunkerque.	54
Goron.........	O.	Alençon & à Fougeres......	65
Gorze..........	E.	Verdun; de Verdun à Metz.	73
Gourdon......	S.O.	Limoges & à Cahors........	131
Gourin........	O.	Rennes & à Quimper.......	125

PARIS.

Gournay..... N.O.	Gisors; de Gisors à Dieppe..	22
Gournay....... E.	Chelles................	5
Gournay..... N.E.	Péronne par Pont-Ste.-Max.	21
Gouffainville... N.E.	Senlis................	5½
Gouvieux....... N.	Amiens...............	10
Gouzon....... S.O.	Bourges & à Gueret......	80
Grainville..... N.O.	Rouen, près des Andelys....	25
Gramat....... S.O.	Limoges & à Rodez.......	129
Gramont..... N.E.	Laon & à Gramont.......	73
Grancey...... S.E.	Langres; de Langres à Dijon.	77
Grandbourg, chât.. S.	Fontainebleau...........	6
Grandcourt.. N.p.O.	Gisors & la ville d'Eu......	40
Grand Drancy. N.E.	Senlis................	3
Grandrieu....... S.	Clermont & à Mende......	130
Grand Fresnoy. N.E.	St.-Quentin & à Liége.....	39
Grand Gallargues. S.	Lyon & à Montpellier.....	184
Grand Luce... S.O.	Vendôme & au Mans......	58
Grand Lude... N.E.	Laon.................	33
Grand Mesnil.. N.E.	Soissons & à Noyon.......	29
Grand Pré...... E.	Reims & à Grand Pré.....	52
Grand Torcy... N.O.	Rouen & à Dieppe........	42
Grand Val, ch. S.E.	Brie-Comte-Robert........	4
Gr.Vaux.(S.Laurent) S.E.	Besançon & à St.-Claude....	111
Grandville...... O.	Caen & à Granville.......	81
Grandvillers. N.p.O.	Beauvais & à Abbeville.....	23
Gr. Chartreuse. S.p.E.	Lyon & à Grenoble........	140
Grande Mortrée... O.	Alençon & à Falaise......	51
Grange. (la)... S.E.	Rozoy................	13
Grange. (le bocage) S.	Sens.................	30
Granges la Prevôté. S.p.E.	Melun................	9½
Granges. (les)... S.E.	Troyes...............	33
Granges le-Bourg.S.E.	Besançon & à Béfort.......	93
Granges-le-Roy. S.O.	Dourdan & à Granges-le-Roy.	13
Grasse........ S.E.	Aix & à Antibes.........	225
Grasse. (la).... S.O.	Toulouse & à la Grasse.....	199
Graulhet...... Sp.O.	Alby & à Castres..........	180
Gravelle, château. S.	Orléans...............	11

		DE PARIS à		
Gravelines	N.		St.-Omer & à Gravelines	68
Gray	S.E.		Langres & à Gray	81
Greevenmacheren	E.		Verdun & à Trèves	88
Gregy	S.E.		Brie-Com.-Robert & à Gregy	7
Grenade	S.O.		Casteinau & à Grenade	166
Grenade	S.O.		Bordeaux & à Aire	200
GRENOBLE	S.p.E.		Lyon & à Grenoble	141
Gretz	S.E.		Rozoy	8
Grignon	S.		Lyon, Montelimart & Grign.	160
Grignon, chât.	O.		Versailles & à Dreux	8
Grigny	S.		Fontainebleau	6
Grisolles	S.O.		Montauban & à Toulouse	173
Grisy	N.p.O.		Pontoise & à Grisy	10
Grisy	S.E.		Brie Comte-Robert & à Grisy	8
Grosbois, chât.	S.E.		Provins	5
Groslay	N.		Beauvais	3
Groslieu, chât.	S.O.		Dourdan & à Groslieu	14
Grosse tour de Jœur.	S.		Orléans	11
Guebervilier	S.E.		Béfort & à Strasbourg	110
Guebweir	S.E.		Béfort & à Strasbourg	110
Guedelongroy	S.O.		Chartres	19
Gueldres	N.E.		Liége, Mastreik & à Gueldres	114
Guemar	S.E.		Colmar & à Guemar	120
Guémené	O.p.S.		Rennes & à Brest par Guém.	114
Guêne (la)	S.O.		Limoges & à Aurillac	114
Guerande	O.p.S.		Nantes & à Guerande	110
Guerard	S.p.E.		Sezanne	18
Guerche	O.p.S.		Angers; d'Angers à Rennes	92
Gueret	S.O.		Orléans & à Guéret	78
Guermantes	E.		Lagny par Guermantes	7
Gueugnon	S.		Autun & à Gueugnon	86
Guibeville	S.		la Ferté-Aleps	$8\frac{1}{2}$
Guibray	O.		Falaise	48
Guiche (la)	S.O.		Blois	42
Guierche (la)	S.O.		Orl. & à Poitiers par Loches	66
Guierche (la)	S.O.		Au Mans	50
Guidaume	S.E.		Avignon & à Castellanne	215

Guigne-la-put.	S.p.E.	Provins	11
Guincamp	O.	Rennes & à Guincamp	119
Guines	N.	Boulogne & à St.-Omer	69
Guiole. (la)	S.O.	Clermont & à Rodez	131
Guiry	N.O.	Magny	14
Guise	N.E.	St.-Quentin & à Guise	42
Guitres	S.O.	Bordeaux & à Libourne	160
Gye	S.p.E.	Troyes & à Dijon	47
Gy	S.E.	Langres & à Besançon	87
Habas	S.O.	Dax & à Pau	200
Hacqueville	N.O.	Gisors & à Rouen	22
Hagenbach	E.	Strasbourg & à Francfort	134
Hagetmau	S.O.	Agen, Aire & Hagetmau	206
Haguenau	E.	Metz & à Landau	114
Ham	N.E.	Noyon & à St.-Quentin	30
Hambie	O.	Caen & à Coutances	78
Hanches	S.O.	Chartres	16
Haon-le-Chatel	S.	Moulins & à Roanne	94
Haras du Roi	O.	Dreux & à Argentan	40
Harbonnieres	N.	Roye; de Compiegne à S.-Om.	31
Harcourt	N.O.	Elbeuf & à Harcourt	31
Harcourt	O.	Falaise & à Harcourt	54
Harfleur	N.O.	Rouen & au Havre	48
Haroué	E.p.S.	Bar-le-Duc & à Epinal	84
Hasparren	S.O.	Bayonne	200
Haspres	N.p.E.	Cambrai & à Valenciennes	47
Hattatt	S.E.	Béfort & à Colmar	118
Hastin	S.O.	Bayonne & à Pau	208
Hastingues	S.O.	Bordeaux & à Dax	191
Haute Bruy. abb.	S.O.	Versailles & à Rambouillet	9
Hautefort	S.O.	Périgueux & à Montignac	126
Haute-Rivoire	S.	Clermont & à Lyon	115
Hautpoul	S.O.	Alby & à Hautpoul	176
Havre-de-Grace	N.O.	Rouen & au Havre	51
Haye. (la)	S.O.	Orléans & à Poitiers	63
Haye du Puy	O.	Caen, Carentan & Haye du P.	73
Hazebrouck	N.	Arras & à Dunkerque	57

Hédé . . . . O.	Rennes & à St.-Malo 91
Heiltz le Maurup. EpS	Bar-le-Duc & à Vitry-le-Franç. 52
Hennebond . . . . . . O.	Rennes & à l'Orient 120
Henrichemont. S.p.O.	Fontainebleau & à Bourges . . . 53
Herbaut . . . . S.O.	Orléans, Blois & à Herbaut. 47
Herbiers . . . . S.O.	Angers & à la Rochelle 94
Herblay . . . . . . N.O.	Franconville & à Herblay . . . 6
Hericourt . . . . . . S.E.	Besançon & à Béfort 110
Herisson . . . . . . S.O.	Bourges & à Clermont 75
Herissy . . . . S.	Sens 13
Herlisheim . . . . . S.E.	Béfort & à Colmar 114
Hermont . . . . . . S.O.	Clermont & à Limoges 100
Hermieres, abbaye. E.	A 2½ l. S. de Lagny 9
Hermitage. (l') . . S.O.	Chevreuse, près de Jouy 4
Herouville, chât. S.O.	Dourdan & à Hérouville 14
Hesdin . . . . N.	Amiens & à Hesdin 46
Hieres . . . . S.	Toulon & aux Isles d'Hières. 214
Hirson . . . . . . N.E.	Laon & à Hirson 50
Hambourg . . . . . S.E.	Basle & à Hambourg 118
Hondeschoote . . . . N.	Arras; d'Arras à Furnes 65
Honfleur . . . . . . N.O.	Rouen & à Honfleur 46
Honnecourt . . . N.p.E.	St.-Quentin & à Cambray . . . 42
Hôpital. (l') . . . . . S.	Clermont & à l'Hôpital 109
Hornoy . . . . . N.p.O.	Beauvais & à Abbeville 28
Houdain . . . . N.	Arras & à Ardres 51
Houdan . . . . S.O.	Versailles & à Dreux 14½
Houilles . . . . . . N.O.	Asnieres, Besons & à Houilles. 3½
Houssaye. (la) . . . N.	Beauvais 16
Houville . . . . . . N.O.	Rouen par Pontoise 24
Houville . . . . . . S.O.	Chartres 18
Huningue . . . . . S.E.	Béfort, Basle & Huningue . . . 116
Huriel . . . . S.O.	Bourges & à Montluçon 77
Huy . . . . N.E.	Soissons 25
Igny . . . . S.	Sceaux & à Igny 4
Igny . . . . E.	Reims 36
Illiers . . . . S.O.	Chartres & à Illiers 26
Ingrande . . . . . . S.O.	Angers & à Nantes 80

Ingrande......	S.O.
Irancy.........	S.
Is-sur-Thil.....	S.E.
Isigny.........	O.
Isle. (l').......	S.
Isle-Adam......	N.
Isle-au-Mont...	S.E.
Isle-Bouchard..	S.O.
Isle-Dodon.....	S.O.
Isle de Noé.....	S.O.
Isle-Jourdain...	S.O.
Isle-Jourdain...	S.O.
Isle. (l') chât....	E.
Isle-s-le-Doubs.	S.E.
Isle-sur-le-Tarn.	S.O.
Isle-sur-Suippe...	E.
Issigneaux.......	S.
Issy...........	S.O.
Issy-l'Evêque.....	S.
Issoire..........	S.
Issou..........	N.O.
Issoudun......	S.O.
Istres..........	S.
Iverdun........	S.E.
Iverny.........	E.
Ivry...........	N.O.
Ivry...........	S.E.
Ivry-le-Temple	N.p.O.
Izeron.........	S.
Jabelines.......	E.
Jallois........	O.p.S.
Jalligny.......	S.
Jametz........	E.
Janville........	O.
Janvrys........	S.O
Jarcy, abbaye..	S.E.
Jard, abbaye.	S.p.E.

DE PARIS à

Tours & à Poitiers........	75
Auxerre & à Irancy........	47
Langres & à Dijon........	82
Caen; de Caen à Cherbourg.	67
Avignon & à l'Isle........	179
Beauvais..............	9
Troyes & à Châlons........	41
Tours & à l'Isle Bouchard....	68
Auch & à l'Isle-Dodon......	189
Auch; d'Auch à Maubourguet.	182
Toulouse & à Auch........	177
Poitiers & à Limoges.......	102
Château-Thierry...........	17
Besançon & à Béfort.......	104
Alby & à l'Isle............	175
Reims & à Réthel........	42
Clermont & à Tournon.....	123
Vaugirard & à Issy........	1½
Autun & à Bourbon-Lancy.	84
Clermont & à Issoire.......	100
Mantes.................	11
Orléans; d'Orléans à Guéret.	58

DE PARIS à

Avignon & à Istres........	190
Dijon & à Iverdun........	115
à 2 l. N. O. de Meaux......	10
Evreux par Ivry..........	16
Choisy-le-Roi............	1
Chaumont-en-Vexin par Ivry.	13
Lyon & à Izeron.........	119
Meaux................	8½
Tours & à Nantes........	90
Moulins & à Vichy........	83
Reims & à Luxembourg....	67
Caen & à Janville........	56
Dourdan...............	7
Provins................	6
Fontainebleau par Melun...	10

Jargeau......	S p.O.	Orléans & à Jargeau.......	32
Jarnac.......	S.O.	Angoulême & à Saintes.....	126
Jarnage......	S.O.	Bourges & à Gueret.......	85
Jarrie. (la)....	S.O.	La Rochelle & la Jarrie....	122
Jarzé........	S.O.	Au Mans & à Angers.......	66
Jaujac........	S.	Clermont & à Viviers......	139
Jaulnais......	S.O.	Tours & à Poitiers........	83
Javron........	O.	Alençon & à Mayenne......	54
Jegun........	S.O.	Auch, d'Auch à Aire.......	172
Jengersheim....	S.E	Colmar..................	117
Jenlis.......	S.p.E.	Troyes, Dijon & à Jenlis...	81
Jockgrim.......	E.	Strasbourg & à Francfort...	137
Joigny........	S.	Sens & à Joigny..........	37

JOINVILLE. Grande Route... S.E... 63

De Paris à *Châlons-sur-M...* 41 l. De Châl. à *Joinville*. 22 l.

Autre Route.................... 58½

De Paris à *Vitry-le-Franç*. 44½ l. De Vitry à *Joinville*. 14 l.

Chemin de traverse............... 57½

De Paris à *Sezanne*... 28 l. *Voyez cette Route*. De Sézanne à la fourche du chemin d'Anglure. ¾ l. N. de Vindé +. Au chemin de Châlons, Vertus & Vitry. Pont & ruiss. des Auges. Côte au N. de la fontaine & du moulin de Tortas. Belle vallée à trav. en pass. à ½ l. N. de Chichey +. 2 l. au N. E. du moulin à vent & bourg de *Barbonne* & de la forêt de la Traconne. Le long N. de St.-Remy, ½ l. de Gaye +. 1 l. S. de St.-Loup. 1 ½ l. du moulin & village d'Allement + & ½ l. de Lintel. Marais à trav. A Pleurs & dev. le château... 3 l. Pont, riv. à passer. A 1 l. N. de Marigny +, Anguselle + & Taas +. ½ q l. N. de Courcelle. 1 l. S. d'Ognes +, Conantre + & à 3 l. du bois, côte & moulin à vent d'Aoust. A ¼ l. S. des bois & château de Tortepée. 1 l. S. de Cauroy +. Pont & carref. du chemin de Plancy à Fère. ½ l. N. de Fresnay. 1 l. de Coursemain +. Pont & marais, à ¼ l. N. du ville de Faux + Côte à trav. & belle vue au S. O. Vallon & vill. de Salon +. Carref. du chemin de Plancy à Fere & *Vertus*... 3 l. A ½ l. N. du moulin à vent de Champfleury. Côte & ormes de Salon. 1 l. S. O. du moulin à vent de Semoine, au-delà de Changrillet +. Vallon & chemin d'Arcis à Fere-Champenoise, Vertus, Epernay & Reims. Pont à $\frac{1}{2}$ q. l. S. de l'Eglise & vill. d'*Herbisse* +... 2 l A $\frac{1}{2}$ l. de Villiers+ & 1 l. de Changrillet +. Chemin d'Arcis-sur-Aube, au S. du moulin a v. d'Herbisse. Côte & belle vue au S. Descente & carref. du chemin de Troyes & d'Arcis à Châlons. Vallon à trav. en passant au N. de la ferme de Croc-Barré Côte à 1 l. E. du vill. d'Allibaudiere. *Belle vue sur Arcis, éloigné d'une lieue.* Vallon à 1 $\frac{1}{2}$ l. E. d'Orme + & de la belle vallée arrofée par la riv. d'Aube. *Coup d'œil agréable.* Côte & chemin d'Arcis à Luistre. Arbre de la Souche, à $\frac{1}{2}$ l. O. de Luistre. Vallon, $\frac{1}{4}$ l. E. de Chesne + & 1 $\frac{1}{4}$ l. d'Arcis-sur-Aube. Côte à trav. Descente & vill. de Vinets +. A $\frac{1}{2}$ l. E. de St.-Nabor. 1 l. du petit & grand Torcy +. Pont & ruiss. de Luistrelle, $\frac{1}{2}$ l. N. de Vaupoisson. Prairie, petit bois & vill. d'Aubigny +. Au N. du bac sur l'Aube & du village d'Ortillon +. Petit bois & vill. d'Isle +. Prairie, à $\frac{1}{2}$ l. N. de Chaudrey +, au-delà des bois. Bois & chapelle de St.-Jean. *4 Rameru*... 4 l. Prairie à 1 l. S. O. de Vaucogne +, 2 l. de Dampierre +; Braban est plus loin. Pont & ruiss. à $\frac{1}{2}$ q. l. de la Piété, abbaye, & à $\frac{1}{4}$ l. de Romaine +. $\frac{1}{2}$ l de bois à côtoyer, & passage de la riv. d'Aube. Prairie en pass. à $\frac{1}{2}$ q. l. E. de Chaudrey. Carref. du chemin de Mery à Bar, & de Troyes à Vitry. Le long de la prairie & au S. de Nogent-sur-Aube, $\frac{1}{4}$ l. de Morembert, au-delà de la rivière. A l'O. du moulin à eau de Nogent & à $\frac{1}{2}$ l. de Ste.-Thuise +. Le long O. de Coclois +, 1 l. de la Tomelle d'Aulnay. $\frac{1}{2}$ l. O. du vill. de Brillecourt +, au delà de l'Aube. 1 l. d'Aulnay +. Le long O. de Vericourt +. *A Pougy:* Pont & ruiss. d'Auzon, que l'on passe. Vis-à-vis O. du bac, vill. & moulin à v. de Magnicourt +, au-delà de l'Aube. Prairie le long O. de l'Aube & à l'E. de Molins +. $\frac{1}{4}$ l. O. du confluent de la riv. de Voire & du chât. & vill. de Chalette +. Entre la côte & la prairie. Au petit Lesmont. Pont & rivière d'Aube. Au N. de l'étang Der. *A Lesmont*... 3 $\frac{1}{2}$ l. De Lesmont à JOINVILLE... 14 l. *Voyez de Troyes à Joinville.*

Joncels............	S.	Paris à Montpell. & à Joncel.	196
Jonchere..........	S.O.	— Poitiers & à Luçon....	105
Jonvelle..........	S.E.	— Langres & à Jonvelle..	83

Jonville, chât...	S.E.	
Jonzac.......	S.O.	
Josselin........	O.	
Jossigny.......	S.E.	
Jouarre........	E.	
Jouarre, abbaye..	E.	
Jougnes.......	S.E.	
Joux..........	S.E.	
Jouy..........	S.E.	
Jouy..........	S.O.	
Jouy le Montiers.	N.O.	
Joyeuse........	S.	
Jugon.........	O.	
Juillac........	S.O.	

DÉPARTS DE PARIS		
Melun.................	10
Saintes & à Jonzac........	132
Rennes & à Josselin.......	104
1 ½ l. S. de Lagny.........	7 ½
Meaux & à Jouarre........	15
½ l. S. O. de Jouarre.......	15
Dijon & à Iverdun........	110
Besançon & à Pontarlier....	103
Provins.................	17
Chevreuse par Châtillon....	4
Poissy, Chanteloup & à Jouy.	8
Clermont & à Avignon.....	141
Avranches; d'Avr. à Brest...	99
Toulouse & à Juillac.......	182

JUILLY. Grande Route de traverse. E. p. N. 9 ½

De Paris au Mesnil-Amelot... 7 l. *Voyez de Paris à Soissons.* Du Mesnil on passe au S. de la chap. de N. D. de Guivry, & à l'avenue directe au N. O. & à Mauregard +. Autre avenue directe au N. & à Villeneuve +. ¾ l. N. de Mitry +. 1 l. de Mory +. Fourche du pavé qui joint celui de Paris à Meaux & celui de Compans +. Le long O. du parc de Compans. Pont & riv. de Bretonne; au S. du moulin de Thieux. A Thieux +. On traverse le parc de ce vill. & l'on se trouve à ¼ l. S. de St.-Mard + & 1 ½ l. de *Dammartin*, sur la mont. A 1 l. N. de St.-Mesme +. 1 ½ l. de Messy +, & plus loin la tour de Montjai. Chemin pavé du chât. & vill. de Nantouillet +. *A JUILLY...* 2 ½ l.

Autre Route...................... 9 ½

De Paris on suit la route de Meaux jusqu'à la fourche du chemin pavé de *Compans*....... 6 ½ l. que l'on prend, en passant à ¼ q. lieue Ouest de Souilly +, village dans le fond. A l'E. des bois de Montsaigle. Pont, ruiss. de Bois-le-Vicomte. ½ q. O. de Gressy +. 1 l. de Messy +. Carref. de l'anc. route de Paris à Meaux, & à ¼ l. E. de Mory +; le moulin & vill. de Tremblay sont plus loin. 1 l. O. de St.-Mesme + & 1 l. E. de Mitry en France. A l'O. du parc de Compans +. A Thieux +, dont on traverse le parc. Pavé qui conduit à Nantouillet. Belle vue sur Juilly, la maison & le parc des Peres de l'Oratoire. *A JUILLY...* 3 l.

Juillié	S.		Macon & à Juillié	102
Juſſey	S E.		Langres & à Plombieres	79
Juvigny	O.		Falaiſe & à Avranches	69
Juvigny	O.		Alençon & à Domfront	58
Juviſy	S.p.E.	DE PARIS à	Fontainebleau	5
Keyſerberg	S.E.		Colmar	117
Kiensheim	S.E.		Colmar	117
Kievrain	N.pE.		Valenciennes & à Kievrain	55
Labrit ou Albret	S.O.		Bordeaux, Bazas & Albret	186
Ladeveze	S.O.		Auch & à Ladeveze	190
Ladon	S.		Sens	29
Lagnieu	S.p.E.		Bourg & à Belley	116

LAGNY. *Route de traverſe*... S. E... 7

De Paris au faubourg St.-Antoine, en paſſ. dev. l'Abb. Barriere du Trône. A l'étoile & avenue de Vincennes en paſſant le long S. du petit Charonne, & à ¼ l. du grand. Au N. de la vallée de Fécamp & de la gr. Pinte. Chemin & à ¼ l. N. de St.-Mandé. Le long du mur du parc & à Vincennes : belle place & devant le château. Au S. de la Piſſote + & de Montreuil +. Parc de Vincennes à trav. en paſſ. au N. des Minimes & route de Fontenay +. Porte de Nogent, au Nord du moulin de Beauté, du Tremblay, Pelangis, du pont & vill. de St.-Maur+. Fourche du chem. de Nogent & pente rapide... 3 l. Chapelle de N. D. de Conſolation & moulin à v. de Nogent : *belle vue*. Le long O. du parc du chât. de Plaiſance, pente rap. Fourche du chemin de Fontenay-ſur-Bois +. À ¼ l. S. de Roſny +. Pont à ¼ l. N. de Brie-ſur-Marne +. Le long de la rive dr. de cette riviere. ¼ l. S. des bois de Neuilly, en-deçà d'Avron. A Neuilly-ſur-Marne +. 1 l. S. de Villemomble+, Launay, Gagny +, & plus loin le chât. de Raincy. Pont à ½ l. N. de Noiſy-le-grand & du chât. de Villeflix. ½ l. S. du parc & chât. de la Maiſon Blanche. Côte à trav. en paſſ. le long N. du parc & devant le chât. de Ville-Evrard. A ¼ l. S. de Montguichet. Vallée le long de la Marne en paſſant des ponts ſur les riv. de Chelles & de Madame. Le long N. du petit Paris, du port & bac en face du chât. vill. & Prieuré de Gournay +. Belle prairie de Chelles à trav. 1 l. S. du moulin à v. & vill. de Montfermeil +. *A Chelles*... 2 l. Dev. l'Abbaye & la Paroiſſe. A N. D. des

Souffrances, ¾ l. N. du chât. & vill. de Champs +. Route directe au N. E. & au chât. de Brou & de Forest. Justice, ¼ l. N. de Belle-Isle & Nosiel +. A Villeneuve-aux-Aunes, le long S. de Brou + Pont, étang & avenue du chât. de Brou Au N. des bois & vill. de Vaires +, & 1 l. du chât. & vill. de Torcy +, au delà de la Marne. Le long S. des bois de Brou & de la forêt. Pont & ruiss. de Vilvaudé. Côte & belle avenue directe au chât. de Pomponne. 1 l. N. de Bussy + & de Guermantes +. Le long S. du parc & devant le chât. de Pomponne. A Pomponne +. ½ l. N. de St.-Thibault des Vignes +. Devant les Augustins & vill. de Torrigny +. Pont & riv. de Marne. *A LAGNY*... 2 ¼ l.

Autre Route par Brie-sur-Marne.......... 8

De Paris au pont de *St.-Maur*... 3 l. *Voyez de Paris à Rozoy*. Passage de la Marne. ¼ l. N. de St.-Maur + & du chât. Au S. de Polangis & du moulin de Beauté. Avenue directe au N. & au chât. du Tremblay. Fourche de la r. de Rozoy. A ¾ l. N. O. de Champigny +. ½ l. Sud de Nogent-sur-Marne +. Fourche de la route de Beaubourg + & Ferriere +. A Brie-sur-Marne +. Bois à l'E. de Plaisance & du Pavillon. ½ l. N. du Désert & du Villiers +. A la grande Maison, chât. au S. de Noisy +. Le long S. du parc & dev. le chât. de Noisy-le-grand + & *Villeflix*... 2 l. Au S. E du chât. de Ville Évrard. ½ l. S. de Gournay-sur-Marne +; plus loin sont le moulin & vill. de Montfermeil +. Au N. du bois de Grace. Pont & ruiss. de Malnouc A Champs +, le long S. du parc & chât. & au N. de celui de Lusard. Parc & chât. de Noisiel +. Chemin pavé de Noisiel à Beaubourg. ¾ l. N. du Buisson & ½ l. de Lognes +. Pont, ruiss. de Beaubourg à ¼ l. de la Marne. Côte, parc & chât. de Torcy + & au S. de ce village. ¾ l. de Vaires + & ¼ l. N. de Collegien +. A St.-Germain-des-Noyers +. Le long du parc & à 1 l. S. de Pomponne +. Pont & ruiss. de Ferriere +. A Bussy-St.-Martin +, ¼ l. N. de Bussy-St.-Georges +. Le long du parc, chât. & vill. de Guermantes +. Avenue & vill. de Gouverne +. Le long du parc de Deuil & pente rap. A l'E. de St.-Thibault-des-Vignes & à *LAGNY*... 3 l.

Nota. *On abrège la Route en prenant de Vincennes à Nogent en Brie; mais il faut passer le Bac.*

Laignes........	S p.E.	Paris à Auxerre & à Châtillon.	59
Lamballe........	O.	—— Rennes & à Lamballe...	107

PARIS.

Laïbenque.....	S.O.	Cahors & au Puy-la-Roque... 147
Lambesc........	S.	Avignon & à Lambesc...... 187
Landau........	E.	Metz & à Landau......... 118
Landelle. (la)..	N.O.	Chaumont en Vex. & la Land. 19
Landernau......	O.	Rennes; de Rennes à Brest... 141
Landes d'Airiou..	O.	Avranches 72
Landivisiau......	O.	Rennes; de Rennes à Brest... 137
Landeser.......	S.E.	Basle & à Mulhausen....... 116
Landivy.......	S.O.	Au Mans & à Landivy...... 58
Landrecy......	N.E.	Laon ou St.-Quentin & Landr. 48
Langeac........	S.	Clermont & à Alais........ 114
Langeais.......	S.O.	Tours; de Tours à Angers... 63
Langogne	S.	Clermont & à Langogne.... 128
Langon........	S.O.	Bordeaux & à Langon...... 164
LANGRES.....	S.E.	Troyes & à Langres........ 67
Lanildut........	O.	6 l. N. O. de Brest........ 148
Lanilis........	O.	Rennes & à Lanilis........ 148
Lannion.......	O.	Rennes & à Lannion....... 124
Lanluet........	O.	Anet.................. 8
Lannemezan...	S.O.	Toulouse & à Lannemezan... 199
Lannoy.......	N.E.	Mézieres............... 52
Lannoy........	E.	Meaux & à Lannoy....... 25
Lantillé ou Latillé...	S.O.	Poitiers & à Bressuire...... 50
Lanvollon......	O.	Rennes & à Tréguier...... 116
LAON........	N.E.	Soissons & à Laon........ 33
Lardy.........	S.	La Ferté-Aleps.......... 10
Largentiere.....	S.	Clermont & à Viviers...... 141
Lassay........	O.	Alençon & à Lassay....... 57
Laudun........	S.	Lyon & à Avignon....... 169
Launoy.......	N.E.	Soissons............... 24
Launoy, chât....	E.	Meaux & à Launoy....... 15
Lauterbourg.....	E.	Strasbourg & à Lauterbourg.. 133
Lautrec.......	S.O.	Cahors & à Lautrec....... 179
Lauzerte.......	S.O.	Cahors & à Lauzerte...... 152
Lauzun........	S.O.	Agen par Bergerac........ 146
Laval........	O.p.S.	Alençon & à Laval....... 67
Lavardens.....	S.O.	Bordeaux & à Auch....... 155

(middle column: DE PARIS à ... DE PARIS à)

Lavaur........ S.O.	Cahors; de Cahors à Castres. 180
Lavercantiere... S.O.	Limog. & à Cahors par Sarlat. 130
Lay.......... S.	Moulins & à Lyon........ 98
Laye........ E.p.S.	Nancy................. 74
Lécluse......... N.	Arras & à Lécluse....... 48
Lécluse. (Fort de) S.E.	Lyon; de Lyon à Genève... 146
Lefaouet......... O.	Rennes & à Quimper...... 116
Lempde......... S.	Clermont & à Lyon........ 94
Lempde...... S.p.O.	Clermont & à St.-Flour.... 104
Lencloistre..... S.O.	Tours; de Tours à Poitiers... 78
Lennemur....... O.	Rennes, Morlaix & Lennemur, 131
Lens.......... N.E.	Laon; de Laon à Gramont... 64
Lens........... N.	Arras & à Lens............ 48
Lent........... S.	Entre Lyon & Bourg-en-Br. 110
Lenta........ S.O.	Toulouse & à Lenta....... 174
Leray......... S.	Fontainebleau & à la Charité. 49
Lescar....... S.O.	Pau................. 206
Lesches...... S.p.E.	Lyon, Grenoble & Lesches. 153
Lescures...... S.O.	Limoges & à Alby........ 167
Lesdiguieres.... S.O.	Clermont, Rodez & Lesdigu. 140
Lesigny........ E.	Brie-Comte-Robert....... 6½
Lesmont...... S.E.	Provins, Arcis & à Lesmont. 44
Lesneven....... O.	Brest................. 145
Lespare...... S.O.	Bordeaux & à Lespare..... 172
Lessay......... O.	Coutances & à Lessay..... 79
Lestrep ou Lesterp.S.O.	Poitiers & à Limoges...... 102
Leudeville...... S.	La Ferté-Aleps........... 9½
Leuville..... S.p.O.	Orléans............... 7
Leuze........ N.E.	Laon & à Leuze.......... 44
Leytoure ou Lectoure. S.O.	Agen & à Lectoure........ 173
Lezat......... S.O.	Toulouse & à Fossat....... 180
Lezignan les Religieus.S O	Toulouse & à Montpellier... 203
Lezines....... N.E.	Laon; de Laon à Gramont... 69
Lezoux......... S.	Clermont & à Lyon....... 99
Liancourt....... N.	Amiens............... 15
Liancourt... N.p.O.	Chaumont en Vexin....... 14
Libos........ S.O.	Limoges & à Agen........ 140

Libourne	S.O.	Limoges, Périgueux & Lib.	136
Liques	N.	Abbeville & à Ardres	66
LIÉGE	N.E.	Laon & à Liége	88
Lier	N.E.	Bruxelles & à Lier	78
Lieurey	N.O.	Rouen; de Rouen à Lizieux	43
Lieusaint	S.p.E.	Fontainebleau par Melun	8
Lignieres	O.	Dreux & à Falaise	36
Lignieres	S.	Avignon & à Salon	183
Lignieres le chât.	S.O.	Bourges & à Limoges	64
Ligny	E.p.S.	Bar-le-Duc & à Nancy	66
Ligny le château	S.	Sens & à Chablis	45
Ligueil	S.O.	Tours, Loches & Ligueil	69
Lihons	N.	Roye; de Compiegne à S.-Om.	33
LILLE	N.p.E.	Arras & à Lille	57
Lillebonne	N.O.	Rouen & au Havre	40
Lillers	N.	Arras & à St.-Omer	54
Limbourg	N.E.	Liége & à Aix-la-Chapelle	95
Limeil	S.p.E.	Villeneuve-St.-Georges	4
Limeuil	S.O.	Limoges & à Sarlat	120
LIMOGES	S.O.	Orléans & à Limoges	93
Limon	S.p.O.	Chevreuse	4½
Limours	S.p.O.	Dourdan	8½
Limoux	S.p.O.	Toulouse & à Limoux	199
Linas	S.	Orléans	6½
Linde	N.	Arras & à Dunkerque	59
Lindebeuf	N.O.	Rouen & à Arques	44
Lion d'Angers	O.p.S.	Angers; d'Angers à Rennes	78
Lions	N.O.	Gisors & à Lions	23
Lire	O.	Evreux & à l'Aigle	32
Lis, abbaye	S.	Fontainebleau	12
LISBONNE	O.	Bayonne & à Lisbonne	386
Lisses	S.	La Ferté-Aleps	7½
Livarot	O.	Lizieux & à Livarot	46
Liverdis	S.E.	Rozoy	10
Livignac	S.O.	Limoges & à Rodez	134
Livron	S.	Lyon; Valence & Livron	145
Livry	E.	Meaux	4

Livry, adbaye	E.	Meaux ... 4
Livry	S.E.	Melun ... 12
Lixheim	E.p.S.	Nancy & à Strasbourg ... 106
LIZIEUX	O.	Evreux & à Lizieux ... 42
Lizy ou Lisy	N.E.	Soissons & à Laon ... 29
Loches	S.O.	Amboise & à Loches ... 61
Locrenan	O.	Rennes, Quimper & Locrenan. 140
Lodeves	S.	Alby & à Montpellier ... 194
Loges. (les)	N.O.	Dans la forêt de St.-Germain. 5½
Lognes	S.E.	Lagny par Champs ... 6
LOMBEZ	S.O.	Toulouse & à Lombez ... 182
Londinieres	N.O.	Beauvais & à Dieppe ... 32

LONDRES. *Grande Route* ... N.p.O. 108

De Paris à Calais... 68 l. De Calais on passe la Mer pour aller à Douvres... 10 l. De Douvres à Canterbury... 7 l. Sittingborn... 6 l. Rochester... 4 l Dartfort... 7 l. De Dartfort à LONDRES... 6 l.

Longny	O.	Dreux & à Alençon ... 28
Longpont, abb	S.	Orléans ... 6
Longué	S.O.	Au Mans & à Saumur ... 74
Longuyon	E.	Verdun & à Luxembourg ... 72
Longvilliers	S.O.	Dourdan ... 11
Longwy	E.	Verdun & à Luxembourg ... 76
Lonjumeau	S.	Orléans ... 4
Lonlay, abbaye	O.	Alençon, Domfront & Lonlay. 63
Lons-le-Saunier	S.E.	Dijon & à Lons-le-Saunier ... 100
Lonzac	S.O.	Saintes & à Lonzac ... 128
Loo	N.	Popering. S.Six, Elsendam &L. 64
Lorgues	S.p.E.	Aix & Draguignan ... 214
Loriol	S.	Lyon; de Lyon à Avignon ... 146
Lorme	S.	Auxerre, Corbigny & à Lorme 66
Lorquin	E.p.S.	Nancy & à Strasbourg ... 100
Lorris	S.	Montargis & à Lorris ... 32
Loudeac	O.	Rennes & à Loudeac ... 110
Loudun	S.O.	Tours & à Loudun ... 74
Loué	O.p.S.	Au Mans & à Laval ... 58
Louhans	S.E.	Chalon & à Lons-le-Saunier. 100

PARIS.

Louppes........	S.O.	
Lourdes........	S.O.	
Louvain.......	N.E.	
Louvecienne...	N.O.	
Louviers.......	N.O.	
Louvigné......	O.	
Louvigny......	O.	
Louville.......	S.O.	
Louvois........	E.	
Louvres.......	N.E.	
Loye..........	S.	
Luberfac......	S.O.	
Luc...........	S.O.	
Luc. (le).....	S.p.E.	
Luce. (le gr.) chât.	S.O.	
Lucenay-l'Évêque..	S.	
Lucheux.......	N.	
LUÇON........	S.O.	
Ludes.........	E.	
Lude. (le).....	S.O.	
Luguy.........	S.	
Luines........	S.O.	
Luiftres.......	E.p.S.	
Lumeau.......	S.p.O.	
Lumigny.......	E.	
Lunel.........	S.	
Luneville.....	E.p.S.	
Lupiac........	S.O.	
Lure..........	S.E.	
Lufard, château.	S.E.	
Lufignan......	S.O.	
Luffac........	S.O.	
Luffac-les-chât..	S.O.	
LUXEMBOURG..	E.	
Luxeuil.......	S.E.	
Luzarches.....	N.	
Luzignan, voyez Lufignan.		

DE PARIS à

Bordeaux................	152
Auch; d'Auch à Barréges....	200
Bruxelles & à Louvain.....	76
Marly.................	4
Rouen par Vernon........	26
Rennes par Domfront......	70
Caen & à Louvigny.......	56
Chartres ou Orléans.......	20
Reims & à Louvois.......	42
Senlis.................	6
Bourg & à Lyon........	114
Limoges & à Sarlat.......	105
Pau; de Pau à S.J.Pied-de-Port.	212
Aix; d'Aix à Fréjus......	211
Orléans & à Beaugency.....	31
Autun.................	68
Amiens & à Béthune......	39
Poitiers, Niort & Luçon...	119
Reims & à Châlons.......	40
Au Mans & à Saumur.....	61
Chal. fur-Saone & à Macon.	92
Tours & à Luines........	60
Sezanne, Arcis & à Luiftres..	39
Orléans...............	23
Rozoy & à Lumigny.....	18
Lyon & à Montpellier.....	186
Nancy & à Luneville.....	90
Auch; d'Auch à Aire.....	179
Langres & à Béfort.......	92
Lagny par Champs.......	5
Poitiers & à Lufignan.....	93
Blois, au Blanc & à Luffac...	76
Poitiers & à Limoges.....	98
Verdun & à Luxembourg...	83
Langres, Vefoul & Luxeuil.	95
Amiens................	$7\frac{1}{2}$

Tome II. Q q

Luzech.........	S O.	De Paris à Cahors & à Luzech.	146
Luzy............	S.	—— Autun & à Luzy.....	52
LYON.........	S.	—— Sens *ou* Moul. & à Lyon.	114

Lys. (le) Route pavée... N... 8

De Paris à *Moiselles*... 5 l. *Voyez de Paris à Beauvais.* De Moisselles & fourche de la route de Beauvais & de Royaumont, on passe à l'O. du vill. d'Attainville +. Le long de la Côte & vill. de Villaine +. E. des bois de Belloy + & au bas de ce vill. Moulin à vent & ferme de Fontenelle. ½ l. E. de St.-Martin du Tertre +. Le long de la forêt de Carnelle. ¼ l. O. du bois de Paroy, à 1 l. de Luzarches. Vallon à ¼ l. O. du bois & vill. de Seugy +. A Viarmes +. Carref. de la r. de Beaumont à Luzarches. ½ l. E. d'Asnieres +. Colline & ruiss. que l'on côtoye. Pont & riv. de Theve, à l'O. du bois de Royaumont & du chât. de Baillon. A l'E. de Noisy + & de *Beaumont*. A Royaumont, abbaye. Bois des Epinettes à trav. Pont sur un bras de la Theve, à l'O. de la Morlaye. ½ l. Sud-Est, de Boran +. *Au* Lys.... 3 l.

Machault.......	E.		Reims & à Sédan..........	48
Machecoul....	O.p.S.		Nantes & Machecoul......	101
MACON.........	S.		Lyon par Sens............	98
Madiran......	S.O.	DE PARIS à	Auch & à Madiran........	194
MADRID....	S.O.		Bayonne & à Madrid.......	292
Madrid, chât....	O.		Dans le bois de Boulogne...	2
Masliers........	N.		Beauvais................	6
Magnac.......	S.O.		Limoges & à Magnac......	101
Magnanville...	N.O.		Rouen par Mantes........	14

MAGNY. *Grande Route*... N.O... 15

De Paris à *St-Denis*... 2 l. *Voyez de Paris à Amiens.* Au carref. des routes de Gonnesse & d'Amiens que l'on quitte, & l'on prend celle qui est à gauche en passant au N. du moulin de la Truye. ½ S. du chât. & vill. de Villetaneuse +. Cabaret & route d'Enghien. Avenue du chât. de la Briche à Villetaneuse. Bois & Vivier à trav. Au S. du moulin, étang & ferme de Coquenard. Au N. de la riv. de Seine & de Villeneuve-la Garenne; plus loin sont Genevilliers +, Colombes +, Asnieres, &c. & le Calvaire. A Epinay +, où il ll a de belles maisons bourgeoises. A $\frac{1}{4}$ l. S. du chât. d'Ormesson, la Barre, la Chevrette, & plus loin Deuil + & Enghien +. Carref. de la route d'Enghien à Argenteuil. Dev. la Vache noire & la route pavée directe au N. & au chât. & vill. de St.-Gratien+. Entre les arbres & les vignes, au Sud du bois des Gouttes & au N de la côte & du moul. d'Orgemont. Chemin & à 1 l. S. d'Eaubonne +. St.-Prix + est au-dessus. A Sannois +. Chemin du chât. de Cernay & d'Ermont+. Au N. des Tertres & moulin de Sannois. 1 l. S. de St.-Prix +, St.-Leu & Taverny +, au-delà de la vallée de Montmorency. *A Franconville.* 3 l. Sortant de ce vill. on passe entre des arbres & des vignes. Le long d'un bois & devant la chapelle & ferme de St.-Marc. Chem. direct au N. & au chât. de Boissy, qui est entouré de bois. Petit Petit bois à trav. en pass. dev. la maison d'un Garde. Chem. Chemin & au N. du moulin à v. & vill. de Montagny +. Chemin & à $\frac{1}{2}$ l. du chât. & vill. d'Herblay + Vignes & arbres fruitiers à trav. en pass. au S. de la Garenue de Bessancourt & du chât. de Beauchamps. Maison, moul. à v. & croix de Pierrelaye +, & à $\frac{1}{4}$ l. du vill. Descente rapide. Le long S. des Tourelles de Maubuisson. Avenue directe à cette Abb. royale. Dev. les Capucins. Traverse du faub. de la haute Aumone, très-rap. à desc. en pass. au S. de Maubuisson. Prairie & à la basse Aumone. Dev. les auberg. & à la porte du pont sur la riv. d'Oise que l'on passe : sur le milieu de ce pont il y a une croix qui sépare l'Archevêché de Paris de celui de Rouen. *A Pontoise...* 3 l. Sortant du pont on prend à gauche le long de l'Hôtel-Dieu, & l'on passe au bas de l'église de St.-André, qui est bâtie sur le rocher. On suit la rue Basse & l'on arrive au faubourg de N. D. en pass. un pont sur le Ru *ou* riv. de Viorne. Sort. de ce faub. on passe à la fourche du chemin de Meulan, qu'on laisse au S. ainsi que l'abb. de St.-Martin. Les vill. de Gency & Sergy+ sont plus loin dans la plaine. Suivant la route on passe au N. de Ste.-Apoline, & à $\frac{3}{4}$ l. S. de Boissy-l'Aillerie +. A Puiseux + A $\frac{1}{2}$ l. S. de Courcelle +, $\frac{1}{4}$ l. de Mongeroult +, & plus loin Cormeilles en Vexin +. $\frac{1}{4}$ l. N. de Courdimanche + & $\frac{1}{4}$ l. S. d'Ableiges +. A la Villeneuve+. Route de Meulan, qui passe à Sagy+, Saillancourt +, Gondecourt & au chât. de la Villette. Au N. du grand & petit Mesnil, N. E. de Longuesse+. 1 l. S. d'Us+ & 2 l. de *Marines.* Justice au N. E. de Vigny +, vill. dans le fond. Au Bordeau de *Vigny....* 4 l. A 1 l. N. E. de Fremainville +, ¼ l. S. de la ferme de Boiſſy. ½ l. du Perchay +. ¼ l. N. E. de Théméricourt +, ¾ l. d'Averne +. ½ l. de Goulangrez +. Route de Magny à Meulan, paſſ. à Averne, &c. A ½ l. S. de Commeny +, 1 l. de Mouſſy +, ½ l. N. E. de Gadancourt +. A la Juſtice de Guiry & limite de la généralité de Paris & celle de Rouen. A 1 l. S. du Belay +. ¼ l. N. E. de Guyry + & plus loin Wy *ou* le joli village dans la gorge & au-deſſus de Mondétour + & de Villers-en-Arthie +. ¼ l. S. de la ferme de Tillet. Aux tavernes de Clery +, le long N. de la montagne & du vill. A 1 l. S. de Neucourt + & 1 ¼ l. d'Hadancourt +. Au N. du Pleſſis, ½ l. de Bantelu + dans le fond. A 2 l. S. E. du Tertre & vill. de Montjavoult, d'où l'on voit Paris éloigné de 15 l. Pont & ruiſſ. à paſſer. Route directe au N. & au château d'Arcueil. Au S. du petit bois de Blamecourt. Pente rap. & belle vue ſur Magny & les environs. A la chapelle de St.-Antoine & ancien chemin de Meulan. Fourche de la r. de Mantes. Chemin de la Roche-Guyon. *A Magny en Vexin*... 3 l.

Magny	S.O.	Chevreuſe	6½
Magny	S.O.	Chartres & à Magny	26
Magny-Guiſcard	N.O.	St.-Quentin par Compiègne.	18
Maillebois	O.	Dreux & à Alençon	25
Mailleray. (la)	N.O.	Rouen & à Caudebec	36
Maillezais	S.O.	Poiriers, Niort & Maillezais.	109
Mailly	N.p.E.	Roye; de Comp à St.-Omer.	26
Mailly, chât.	N.E.	Soiſſons & à Laon	29
Maincourt	S.O.	Rambouillet	8
Maineville	N.O.	Giſors; de Giſors à Dieppe.	30
Maintenon	O.p.S.	Verſailles & à Chartres	17
Maiſon-Blanche	S.E.	Rozoy	6
Maiſons	S.E.	Charenton & à Maiſons	2
Maiſons	N.O.	Beſons, Houilles & Maiſons.	5½
Maizy	O.	Caen & à Maizy	67
Malaucène	S.p.E.	Avignon & à Malaucène	184

MALESHERBES. Grande Route....S... 23

De Paris *à Fontainebleau*. 16 l. De Font. *à Malesherbes*. 7 l.

Chemin de traverſe............ 17

De Paris *à la Ferté-Aleps*... 12 l. *Voyez cette Route*. De la

PARIS.

Ferté on passe à l'O. des rochers ; à l'E. de la riv. de Juines & du chât. de Presles, en deçà de Villiers + & de Cerny +. O. du parc & vill. de Guigneville +. le long de la riv. & au vill de Duison +. Vis-à-vis de Jouy & Pasloup. A Vaire +. Côte & à l'O. de Boutigny + & du chât. de Belebac. Au-dessus O. de Courdimanche + & près du bois & vil. de Maisse-le Marechal +. O. de Gironville + & de Bonnevault ou Bonneval +. E. du parc & chât. de Vignay. A Prunay +. O. de *Buno* +... 3 l. A Boigneville +. Belle avenue directe à Malesherbes. A l'O. de Touvault, ½ l. de Nanteau +. Avenue directe au vill. de Rouville +. Route de Pithiviers & *à* MALESHERBES.... 2 l.

Autre Chemin par Arpajon............ 17

De Paris à Arpajon... 8 l. *Voyez de Paris à Orléans.* d'arpajon on passe le long O. du parc. chât. & vill. de la Norville +. Fourche de la route de Guibeville +, Marolles + & St. Vrain +. A l'E. de la grange au Prieur. Le long E. d'Avrainville +. 1 ½ l. de St.-Yon +, au dessus de Boissy. ¾ l. O. du vil. & chât. de Marolles +. Le long E. du vill. & chât. de Cheptainvile +. A l'O. des bois & obélis. de St.-Vrain +. Côte & avenue à ¼ l. O. du chât- d'Honville. Au paté & à l'angle septentr. du parc du beau chât. de Mesnil-Voisin & à 1 l. E. du clocher de Tourfou +. Pente rap. & à l'E. du parc du Mesnil. Entre la Boissiere & le Cochet. Pont & moulin de Bouray à l'O. de la vallée & de *Bissy*... 2. l. Le long E. du vill. de Bouray +. & plus loin les canaux, le chât. du Mesnil & le vill. de Lardy +. Dev O. de Fremigny, chât. ½ l. E. de la tour de Pocancy. Montagne de grès & bois à trav. A l'O. de Villiers + & Montmirault. A Cerny +. Le long du chât. de Presles. Pont & riv. de Juines. *A la Ferté-Aleps*... 2 l. *la suite ci-dessus.*

Autre Chemin.................. 19

De Paris à Estampes... 13 l. *Voyez de Paris à Orléans.* D'Estampes on passe le long du parc & devant le chât. de Vaudouleurs, N. de St.-Simphorien. Au S. de St.-Germain & de l'abb. de Morigny. ½ l. O. de Bonvillers. A l'E. de la Grange-St.-Pere & chemin de Pithiviers. A l'O. du chât. & bois de la mont. A Bois-Mercier, E. de Guignonville Vallon, chapelle & bois Galon à l'E. du Mesnil-Girault. Côte & à ¾ l. S O. de Puisselet-le-marais +. *A la Forêt-ste-*

Croix... 2 l. A ¼ l. E. de Marolles +. Le long E. du bois & vill. de Bois-Herpin +. A Roinvilliers + & Château-Gaillard ½ l. O. de Mespuis +. Belle plaine en passant à ¼ l. O. de Champmotreux +. *A Fonneville*... 2 l. A l'E. de Brouy +, ¼ l. de Blandy +. A Nangeville +. ½ l. E de Mainviller+. A Gollainville +. Belle avenue d'une lieue. directe à Malesherbes, que l'on suit en passant le long N. du bois de Châteaugay. Fourche de la route de Pithiviers & de la Ferté. *A MALESHERBES*... 2 ½ l.

Malestroit.... O.p.S.	Rennes; de Rennes à Vannes.	103
Malicorne.... O.p.S.	Au Mans & à Sablé......	60
MALINES.... N.E.	Bruxelles & à Malines.....	75
Malzieux...... S.	Clermont & à Mende......	117
Mamers...... S.O.	Chartres, Bellême & Mamers.	41
Manastier...... S.	Clermont, le Puy & Manastier.	126
Mandres...... S.E.	Bourbonne-les Bains.......	63
Mandres...... S.E.	Brunoy & à Mandres.......	6
Mandres...... O.	Dreux & à Mandres........	24
Mangienne...... E.	Verdun & à Luxembourg....	68
MANHEIM..... E.	Metz, Landau & à Manheim.	128
Manosque.... S.p.E.	Avignon & à Manosque....	199
MANS. (*le*).... S.O.	.. Chartres *ou* Dreux & au Mans.	{45 / 51}
Mansigne...... S.O.	Au Mans & à Saumur......	56
Mansle...... S.O.	Poitiers & à Angoulême....	110
Mantelan..... S.O.	Amboise, Loches & Mantelan.	64
Mantes....... N.O.	Rouen par St.-Germain....	14
Marais. (*le*) chât. S.E.	Brie-Comte Robert........	6
Marche. (*la*) *en Barr.* S.E.	Langres & à Mirecourt.....	78
Marche la) *en Famene*. E.	Sédan, St.-Hub. & la Marche.	82
Marchemorel..... E.	Meaux....................	10
Marchiennes..... N.	Valenciennes & à Lille......	60
Marchiennes... N.E.	Valenciennes & à Charleroy.	69
Marckolsheim... S.E.	Nancy, Schlestatt & Marckol.	117
Marciac...... S.O.	Auch & à Maubourguet.....	188
Marcigny les Nonn. S.	Moulins; de Moulins à Macon.	91
Marcilhac,..... S.O.	Limoges, Fijeac & Marcillac.	138
Marcolles.... S.p.O.	Clermont, Aurillac & Marc.	137

PARIS. 311

Marcouſſy	S.	Orléans	6½
Mareil	O.	Anet	9
Mareil	N.O.	Entre Marly & St.-Germain	5
Mareil en France	N.	Amiens	6½
Marennes	S.O.	Saintes & à Marennes	133
Mareuil	E.	Meaux	9½
Mareuil	E.p.S.	Châlons-ſur-Marne	36
Marguerittes	S.	Lyon; de Lyon à Niſmes	178
Marienbourg	N.E.	Laon; de Laon à Philippeville	66
Marignac	S.O.	Saintes & à Marignac	129
Marigny	O.	Caen; de Caen à Coutances	68
Marigny	N.E.	Compiegne	18
Marines	N.O.	Giſors	11
Marjency	N.	Montmorency & à Marjency	4
Marle	N.E.	Laon & à Marle	38
Marles	S.E.	Troyes	11
Marlieu	S.	Trévoux & à Marlieu	113
Marly	S.	D'Autun à Bourbon-Lancy	84
Marly-la-ville	N.E.	Senlis	7
Marly-le-Roy	N.O.	St. Germain	5
Marmande	S.O.	Bordeaux & à Touloule	174
Marmignac	S.O.	Limoges & à Agen	128
Marnay	S.E.	Langres & à Beſançon	85
Marolles	S.E.	Provins	5½
Marolles	O.	Dreux	17
Marolles	S.	Maleſherbes	14
Marquiſe	N.	Abbeville & à Calais	63
Marſac	S.	Clermont & à Marſac	110
Marſal	E.p.S.	Nancy & à Straſbourg	92
Marſeillan	S.O.	Auch & à Marſeillan	180
MARSEILLE	S.p.E.	Aix & à Marſeille	201
Marſeille	N.O.	Beauvais & à Dieppe	22
Mars-la-Tour	E.	Verdun; de Verdun à Metz	70
Marthres	S.O.	Toulouſe & à Bagnères	185
Martignac	S.O.	Limoges & à Cahors	140
Martigné	S.O.	Alençon, Mayenne & Mart.	63
Martigues (les)	S.	Avignon & aux Martigues	193

Martiray...... S.O.	Amboise; d'Amboise à Poitiers. 71
Martres de Vaires.. S.	Clermont & à Martres...... 96
Marvejols....... S.	Clermont & à Marvejols.... 126
Marville........ E.	Reims & à Luxembourg..... 68
Mas-d'Azil.... S.O.	Toulouse & à Pamiers...... 188
Mas-Garnier... S.O.	Montauban & à Mas-Garnier. 160
Masseube...... S O.	Auch; d'Auch à Arreau..... 184
Massiac......... S.	Clermont & à St.-Flour.... 108
Massilargues...... S.	Lyon; de Lyon à Nismes.... 178
Massy........ S.p.O.	Dourdan................. 4
Massy......... N.O.	Gisors & à Neuchatel....... 31
Mastre. (la)...... S.	Clermont & à Valence...... 136
MASTREIK... N.E.	Liége & à Mastreik........ 94
Masvaux...... S.E.	Langres & à Strasbourg..... 95
Matha........ S.O.	Poitiers & à Saintes........ 114
Matignon....... O.	Avranches & à Brest....... 94
Matour......... S.	Moulins & à Macon....... 100
Mauberfontaine. N.E.	Laon; de Laon à Liége..... 54
Maubeuges..... N.E.	Soissons & à Maubeuge..... 58
Maubourguet... S.O.	Auch & à Maubourguet..... 191
Mauchamps...... S.	Orléans................. 9½
Mauleon...... S.O.	Auch & à Mauléon......... 190
Mauléon...... S.O.	Bayonne & à Oléron...... 215
Mauléon...... S.O.	Angers & à la Rochelle..... 95
Maulevrier..... S.O.	Angers; d'Angers à Chatillon. 89
Maulle......... O.	Anet................... 9½
Maurecourt.... N.E.	St.-Quentin.............. 35
Mauregard.... N.E.	Soissons................ 7
Maurepas.... O.p.S.	Montfort-l'Amaulry....... 9
Mauriac...... S.p.O.	Clermont & à Aurillac..... 116
Maurmoutier.. E.p.S.	Strasbourg par Waslonne.... 111
Maurs...... S.p.O.	Clermont, Aurillac & à Maurs. 135
Maurup....... S.E.	Châlons-s-Marne & à Maurup. 54
Mauves......... O.	Alençon................. 40
Mauvezin..... S.O.	Montauban & à Auch...... 172
Mauzat...... S.O.	Périgueux & à Bergerac..... 124
Mauzé....... S.O.	Poitiers & à Mauzé........ 110

PARIS.

May............	S.O.		Angers, Beaupreau & à May.	86
May en Multien..	E.		Meaux & à May............	14
MAYENCE......	E.	DE PARIS	Strasbourg & à Mayence....	162
Mayenne....	O.pS.		Alençon & à Mayenne......	60
Maynac......	S.O.		Limoges & à Mauriac......	113
Mazan.........	S.		Lyon, Orange & Mazan....	173
Mazeres.......	S.O.		Toulouse & à Foix........	182

MEAUX. Grande Route... E... 10½

On sort de Paris par la porte & faubourg St.-Martin. A la fontaine & fourche de la route de Senlis, qu'on laisse à gauche & l'on passe au S. de la Villette +. A l'O. de la butte & carrieres de Belleville +. Belle plaine à trav. A la premiere auberge de Pantin: elle fait face à un chemin bordé de Noyers, qui conduit au Pré St.-Gervais +, dans les vallons duquel les Parisiens aiment à se promener dans la belle saison. *A Pantin* +.... 1 ½ l. Devant les belles maisons bourgeoises & l'Église. Sortant de ce vill on passe à ½ l. N. du chât. & vill. de Romainville + & du moulin à vent. Poteau & chemin direct à *St-Denis*. Au chemin de Baubigny +. Cabaret & moulin à vent de la Folie. Route pavée qui va au chât. & vill. de Baubigny. 5.e borne milliaire. Chemin pavé qui conduit à Noisy-le-Sec + à ¼ l. S. de la route. Au N. des moulins à vent de Noisy, Merlan & Londeau. A ¼ l. S. du chât. de Groslay, du vill. & chât. du gr. Drancy +, plus loin le Bourget, &c. A 1 l. N. O. d'Avron, chât. sur la montagne. *A Bondy* +... 1. l. Le long du parc, devant le chât. & la poste. N.° 6. de la borne. Route plantée directe au S. E. & au chât. du Raincy. N.° 7. A ½ l. N. du Raincy. Forêt de Bondy à trav. en pass dev. la 8.e borne & le Pavillon. A l'avenue directe à l'abb. de Livry. Pavé qui conduit au chât. & vill. de Clichy +, sur la montagne. A Livry +, où il y a de belles maisons bourgeoises. Le long du Pavillon & mur du parc. N.° 9. Devant la grille & bout du parc de Livry. Chemin & à ½ l. S. E. de Sevran +. Petit bois à trav. Route de la maison Rouge & bois à côtoyer. N.° 10. A ¼ l. N. de l'Eglise de Vaujours +. Au Vert-Galant, auberge. Le long N. du parc & pavillon du chât. de Vaujours. Demi-lune & grille en face du chât. Devant des auberges & la poste... 2 l. Au N. de la nouvelle ferme, ¼ l. de Montauban. Le long S. du bois de St.-Denis, dont on traverse la fin en passant devant le N.º 11. Route qui conduit au Bois-le-Vicomte & au Tremblay +. N.º 12. Pont, à 1 l. S. du haut clocher de Mitry + A Villeparisis +; devant la grille & le long N. du parc; belle avenue en face du chât. Avenue directe au S. & au chât. de Montsaigle. Chemin planté dirigé au N. & à la ferme de Morfonde. Prairie, pont & belles avenues ¼ L des bois de Montsaigle à trav. en passant au N.º 13. A ¼ l. N. E. de la ferme & chapelle de N. D. de Grosbois. A 3 l. S. de *Dammartin*. Vallon, côteau & dev. une Justice. Route pavée de Juilly & du Mesnil-Amelot +, sur la route de Soissons. Limite du diocese & élection de Paris. Côte & N.º 14. A ¼ l. S. de Souilly +, ¼ l. de Gresfy +. Compans + & Thieux + sont au-dessus. Arche, croix & pente rap. *A Claye* +... 2 l devant la poste & les auberges. Ponts sur la riv. de Brevonne. En face du chât. Pavé qui conduit à la Manufacture d'indienne de Voisin, au-delà de la riv. & chemin à ¼ l. S. de Messy +. A côté de l'Eglise & le long du cimetiere, d'où l'on apperçoit à 1 l. S. O. la tour & le ham. de Montjai, Vilvaudé, &c. Croix & chemin de Villaine, dans le bas. N.º 15. Pente rap. & chemin de la Commanderie de Choisi-le-Temple. Plantation pont & pente rap. A ¼ l. N. de la riv. de Marne, que l'on voit. N.º 16 & chem. Pavé du chât. & vill. d'Annet +. Vallon, arche & côte au N. de la garenne de Fresne, demi-lune & route plantée qui conduit à ce village + & son chât. N.º 17. A la belle avenue précédée d'une demi-lune & d'une terrasse, bordée de hayes vives; elle aboutit à la Marne en côtoyant le parc de Fresne. Poteau, chemin & à ½ l. S. de Choisy-le-Temple. Au chemin planté de Charny +. 1 l. N. O. de la maison blanche de Montigny. ¼ l. N. de Charmantré + & de la Marne, riv. vallon arche & pente rap. N.º 18. Chem. de Trilbardou + sur Marne : *belle vue*. Vallon profond & arche très-élevée à passer. Au Bel-Air, auberge. Tranchée à trav. ¼ l. S. du chât. & vill. de Villeroy +. A la demi-lune: *belle vue*. N.º 19. chemin de Trilbardou +. ½ q. l. N. de la ferme de Conchie. 1 ½ l. S. du moulin à vent & vill. de Monthion +. N.º 20 Carref. de l'ancienne route de Meaux à Paris & celle de Chauconin, faisant face au chemin de la chap. ruinée de St. Saturnin & de Trilbardou ¼ l. N. de Chauconin + & du chât. du Martray ; ½ l. de Neuf-Moutiers +. A la pépiniere de Meaux. Pont & ruiss. ¼ l. N. du chât. de Rutel. Avenue dir. au N. & au chât. du Martray pente rap. & le Bon air, cabaret. N.º 21. Carref. & belle

PARIS.

route de Rutel à Chauconin +: *belle vue sur Meaux*. Pente rap. faubourg St.-Remy & route de Dammartin. Pont & porte de St.-Remy. *A MEAUX*.... 4 l.

Autre Route pavée.............. 12

De Paris *à Lagny*... 7 l. *Voyez cette Route*. De Lagny à St.-Denis +. Vallon & ruiss. côte en passant entre la Folie, ferme, & Monterrain +. A Chessy +. Croix & à ½ q. l. S. de Chaliser +. Vallon & ruiss. à passer près de sa source. Le long S. E. du parc du chât. de Coupevray +. ½ l. du chât. & vill. d'Esbly +. ½ l. N. du moulin à v. & vill. de Magny +. Le long S. des Hautes-Maisons, chât. & du vill. de Montry +. Carref. dn chem. de Condé-Ste.-Libiere +. A St.-Germain-les-Couilly. Pont & riv. du grand Morin à passer. *A Couilly* +... 3 l. De Couilly on monte la côte rap. de Quincy, en pass. au carref. de la route de Port-des-Roise. E. des ham. d'Hury, Joncheroy, Butel & Voisin : *belle vue*. A Quincy +. Le long du parc & devant le chât. & l'église. Avenue directe à l'E. & au chât. de Magny-St.-Loup. 1 l. O. du chât. de Beliou & Boutigny +. A l'E. de la Grange du Mont. Justice, source & à l'E. de Mareuil +. ¼ l. O. de Nanteuil +. Chap. faub. & *à MEAUX*... 2 l.

Ancienne Route............... 11

De Paris *à St.-Mesme*... 7 ½ l. *Voyez de Paris à la Ferté-Milon*. De St.-Mesme on passe à ½ l. N. de Messy +. Le long S. de Vineuil; 1 l. de Juilly +. Belle plaine à trav. en pass. à 1 l. S. de Vinante +¹, 1 ½ l. de Montgé +; ½ l. N. de Choisy-le-Temple. Moulin à vent & à ½ q. l. N. de Charny +. Vallon, pont, côteau au S. de Villeroy +. Carref. de la nouv. route & avenue de Chauconin + & *Trilbardou* +... 2 ½ l. du carref. *A MEAUX*... 1 l.

Medan........ N.O.	Rouen par St.-Germain.... 7
Mées. (*les*)... S.p.E.	Avignon & à Digne........ 203
Mehun ou *Meun*. S O.	Orléans & à Meun........ 32
Meillonas..... S.p.E.	Bourg & à Meillonas...... 109
Meimac....... S.O.	Limoges & à Mauriac..... 113
Meissac....... S.O.	Limoges & à Figeac....... 122
Méjanes....... S.	Clermont, Alais & Méjanes. 150
Melay-le-Vidame S.O.	Chartres & à Blois........ 26
Mêle-sur-Sarthe...O.	Alençon............... 40

(middle column: *DE PARIS à*)

Melle	S.O.	Poitiers & à Saintes	99
Melleraut	O.	Dreux & à Falaife	36
Melun	S.p.E.	Fontainebleau par Melun	10½
Menars-le-Chât.	S.O.	Orléans & à Blois	40
Menat, abb.	S.p.O.	Moulins & à Menat	90
MENDE	S.	Clermont & à Mende	131
Menecy	S.	La Ferté-Aleps	9
Menerbes	S.p.E.	Avignon & à Sifteron	183
Menillet, chât.	N.E.	Senlis	10
Menil-Montant.	N.E.	Bagnolet	1
Menil-Voifin, chât.	S.	La Ferté-Aleps par Arpajon.	10
Menin	N.	Lille & à Menin	61½
Menouville	N.	Chaum. en Vex. p. Ivry-le-T.	10
Mens	S.p.E.	Lyon & à Grenoble	152
Menucourt	N.O.	Poiffy & à Menucourt	9
Mer ou Menars-la-V.	S.O.	Orléans & à Blois	37
Mercœur	S.p.O.	Clermont & à St.-Flour	102
Mere-Eglife	S.O.	Chartres & à Mere-Eglife	27
Meriel	N.p.O.	Auvers	7
Merlerault	O.	Dreux & à Argentan	38
Merlou	N.	Beauvais	12
Meru	N.	Beauvais	13
Mervans	S.p.E.	Dijon & à Bourg	92
Merville	N.	Arras, Béthune & à Merville.	56
Mertzig	E.	Metz & à Mertzig	90
Mery	S.E.	Troyes	31
Mary	S.	Auxerre	42
Mery	N.pO.	Auvers	7
Meflay-le-grenet.	S.O.	Chartres & à Châteaudun	24
Meflay le Vid.	S.O.	Chartres & à Châteaudun	26
Mefnil-Amelot.	N.E.	Soiffons	7
Mefnil-Aubry	N.	Amiens	5
Mefnil-Garnier	O.	Coutances	7½
Mefnil-Germain.	O.	Lizieux	42
Mefnil S.-Denis	S.O.	Verfailles & à Rambouillet	8
Mefniltheribus	N.p.O.	Chaum. eu Vex. p. Ivry-le-T.	15
METZ	E.	Verdun & à Metz	76

PARIS. 317

Meudon	O.	Versailles par Issy	2½
Meulan	N.O.	Rouen par St.-Germain	10
Meursault	S.p.E.	Auxerre & à Meursault	79
Meute (la) chât.	O.	Passy & à la Meute	1½
Meze	S.	Montpellier & à Meze	200
Mezel	S.p.E.	Avignon; d'Avignon à Digne.	203
Mezidon	O.	Lizieux & à Falaise	48
MÉZIERES	N.E.	Reims & à Mézières	56
Mézières	N.O.	Mantes par Flins	10
Mezy	N.O.	Rouen par St.-Germain	10
Meyrueir	S	Clermont & à Meyrueir	142
Miellan	S.O.	Auch; d'Auch à Tarbes	186
Migette	S.E.	Dijon, Salins & à Migette	101
Mignaux, chât.	S.O.	Dourdan	4
Milhaud	S.	Clermont & à Milhaud	142
Milly	S.	Entre Fontaineb. & Etampes.	13
Milly	N.p.O.	Beauvais; de Beauv. à Dieppe.	20
Milmont	O.	Dreux	12½
Mimiac	S.O.	Limoges & à Mimiac	113
Mirabel	S.O.	Cahors; de Cahors à Montaub.	152
Miradoux	S.O.	Agen & à Miradoux	184
Mirambeau	S.O.	Poitiers; de Poit. à Bordeaux.	132
Mirande	S.O.	Auch; d'Auch à Tarbes	184
Mirebeau	S.E.	Dijon; de Dijon à Gray	83
Mirebeau	S.O.	Tours; de Tours à Poitiers	80
Mirecourt	S.E.	Troyes, Chaumont & Mirec.	81
Miremont	S.p.O.	Toulouse & à Foix	176
Miremont	S.O.	Limoges & à Bergerac	121
Miremont	S.O.	Bordeaux; Dax & Miremont.	200
Mirepoix	S.p.O.	Toulouse & à Mirepoix	195
Miribel	S.p.E.	Lyon; de Lyon à Genève	117
Miromesnil	N.O.	Rouen; de Rouen à Dieppe	42
Mitry en Fran.	E.p.N.	la Ferté-Milon	6
Moingt	S.	Moulins & à St.-Etienne	111
Moirans	S.E.	Lons-le-Saun. & à St.-Claude.	108
Moissac	S.O.	Montaub. de Toulouse à Bord.	165
Moisselles	N.	Beauvais	6

Moissy......	S.p.E.
Molesme.......	S E.
Molieres......	S.O.
Molosmes....	S.p.E.
Molsheim....	E.p.S.
Monastier.......	S.
Monceaux.......	E.
Monceaux.......	S.
Monceaux....	S.p.E.
Monceaux, ch.	S.p.E.
Moncuq.......	S.O.
Monein.......	S.O.
Monestiers.......	S.
Monestiers.....	S.O.
Monestiers...	S.p.O.
Monge. (la)......	S.
Monistrol.......	S.
Monléon......	S.O.
Monlieu......	S.O.
Monrazier.....	S.O.
Monrejeau.....	S.O.
MONS.......	N.E.
Montagnac......	S.
Montagny....	N.O.
Montagny....	N.O.
Montagut.....	S.O.
Montaigu.....	S.O.
Montaiguet......	S.
Montargis.......	S.
Montastruc..	S.p.O.
MONTAUBAN.	S.O.
Montaudin......	O.
Montaugé, chât..	S.
Montaulieu...	S.p.O.
Montaut de Crieux	S.O
Montbart....	S.p.E.
Montbasens......	S.

DE PARIS à

Melun..................	9
Troyes & à Molesme.......	51
Cahors & à Montauban.....	150
Sens; de Sens à Tonnerre...	44
Nancy; de N. à Strasb. p. Mol.	109
Clermont & à Aubenas......	125
Meaux & à Monceaux......	12
Fontainebleau	9
Rozoy; de Rozoy à Sézanne.	21
Melun & à Fontaibleau....	15
Cahors & à Agen.........	150
Pau; de Pau à S. J.-pied-de P.	214
Valence; de Die à Monestiers.	170
Cahors; de Cahors à Alby...	168
D'Alby à Carcassonne......	192
Clermont & à la Monge....	102
Clermont & à Monistrol....	121
Auch; d'Auch à Arreau.....	183
Angoulême & à Bordeaux ..	141
Limoges & à Bergerac......	123
Toulouse & à Bagneres.....	194
Valenciennes & à Mons.....	60

DE PARIS à

Lyon, Montpellier & Mont.	201
Pontoise.................	5⅓
Rouen par Magny.........	15
Toulouse	170
Moulins & à Aubusson......	85
Moulins & à Macon........	86
Lyon par Moulins.........	29
De Toulouse à Alby.......	174
Cahors & à Montauban.....	158
Alençon & à Rennes.......	68
la Ferté-Aleps............	8
Alby; d'Alby à Carcassonne.	188
Toulouse & à Foix........	183
Dijon par Tonnerre........	60
Mende; de Mende à Montaub.	160

Montbason.... S.O.	Tours & à Montbason......	62
Montbéliard... S.E.	Vesoul & à Montbéliard....	98
Montboissier... S.O.	Chartres & à Blois.........	27
Montboson..... S.E.	Besançon & à Lure........	99
Montbrison...... S.	Moulins & à Montbrison....	109
Montbron, chât. S.E.	Troyes.................	22
Montbrun..... S.O.	Auch & à Montbrun......	183
Montceaux...... S.	Auxerre, Vezelay & Montc..	60
Montceaux, P.ᵗᵉ.. N.	Roye..................	15
Montcenis....... S.	Autun & à Montcenis.....	79
Montchevreuil, ch. N.p.O.	Chaum. en Vex. p. Ivry-le-T.	14
Montclar...... S.O.	Montauban & à Montclar....	160
Moncontour..... O.	Avranches & à l'Orient.....	102
Montcornet.... N.E.	Laon & à Montcornet......	41
Montcoutant... S.O.	Tours, Thouars & Montcoutant	93
Mont-Dauphin. S.p.E.	Grenoble, Embrun & M. D.	172
Mont de Marsan. S.O.	Bordeaux & à Aire.........	187

(second column label: DE PARIS à)

MONTDIDIER. *Grande Route*...N... 24

De Paris à St.-Just... 19 l. *Voyez de Paris à Amiens.* De St.-Just on passe à l'O. de la chapelle & à ¼ l. du Plessis-St.-Just ✝. Vallon entre les moulins à vent du Plessis & le bois de Plainval. Côte & à l'E. du moulin à v. & vill. de Plinval ✝ A Levremont ✝. Vis-à-vis la ferme de la Fosthibaut. O. du moulin à v. & vill. de Montigny ✝. ½ l. E. de Brunvillers-la Mothe ✝. ¼ l. O. d'Halluin *ou* Maignelay & à 1 l. de Coivrel, à l'horison. A l'O. du moulin d'enhaut de Caurel. *A Caurel* ✝... 2 l. Vallon à l'E. du Quesnoy & de Sains ✝. Côte & vill. du petit Crevecœur ✝. Entre Grate penche & son moulin à vent. Autre moulin à v. à ¼ l. O. du chât. & vill. de Dompierre ✝. ½ l. de Domfront *ou* Dofront. Le long E. du chât. & vill. de Roiaucourt ✝. Croix & moulin à v. de ce vill, ¼ l. O. de Domelieu ✝. ¼ l. de St.-Martin-du-Pas. Pente rap. de la côte d'Ayencourt. Croix au N. du bois & vill. d'Ayencourt ✝. Pont, riviere de Dom & ham. de Monchel. Côte, moulins à vent à ¼ l. E. de Mesnil ✝.
A MONTDIDIER.... 3 l.

Autre Chemin................ 25

De Paris à Cuvilly..... 21 l. *Voyez de Paris à Péronne.*
De Cuvilly à Montdidier... 4 l. *V. de Compiegne à Montdidier.*

Mont-d'Or-les-Bain	S pO	
Montdoubleau...	S.O.	*DE PARIS à* Clermont & au Mont-d'Or .. 101
Montdragon..	S.p.O.	Chartres & à Tours........ 42
Montebourg.....	O.	Alby & à Castres.......... 170
Montech......	S.O.	Caen & à Cherbourg....... 76
Montel.........	N	Montauban; de Cahors à Auch. 161
Montelegier......	S.	Amiens................ 27
Montelimart.....	S.	Lyon; de Lyon à Die...... 144
Montendre....	S.O.	Lyon & à Avignon........ 153
Montenoison.....	S.	Poitiers & à Bordeaux...... 142
Montreau, chât...	E.	De Dijon à la Charité...... 68
		Montfermeil............. 2

MONTEREAU-Faut-Yonne. Grande Route. S.p.E. 20
De Paris à *Fontainebl.* 16 l. De Fontain. à *Montereau.* 4 l.

Autre Route.

De Paris à *Melun*... 11 l. *Voyez de Paris à Fontainebleau.*
De Melun on passe le faubourg & dev. St.-Lienne & les
Récolets. Avenue du chât. de Vaux-le-Penil + & route
pavée à ¾ l. S. O. du chât. de Praslin. ¼ l. N. de Livry &
la Rochelle. Entre le buisson de Massory & Milly-les-
Granges+. Au S. de Sivry & bois à trav. *Au Châtelet.*+... 2 ½ l.
Vallon, pont & ruiss. Belle plaine où est la ferme des
Grandes Maisons, à ¼ l. O. des Ecrennes+. Près de la Fau-
conniere & de Ville-l'Abbé. A l'E. de Bailly, N. E. de
Machault+, Chapendu. ¼ l. N. de Chapuis. A Panfou, S.O.
de la forest de Fermoy & à Ville. ¼ l. du chât. de la grande
Commune. A Valence +. O. de l'étang de *Fechou*... 2 ½ l.
Bois de Valence à traverser. A l'O. du plat buisson, ¼ l de
Forges. O. du chât. de Surville. Pente rapide & belle vue
sur Monterau. *A* MONTEREAU-*Faut-Yonne*... 2 l.

Route par Eau................ 26
Voyez de Paris à Sens par Eau.

Montesquieu de Volvest.	S.O.	Toulouse & à St.-Girons.... 183
Montesquiou......	S.O.	Auch & à Montbourguet..... 184
Montet-aux-Moines.	S.O.	Moulins; de Moul. à Limoges. 78 ½
Montevrain.......	S.E.	Lagny & à Montevrain...... 8 ½
Montfaucon......	S.O.	Angers & aux Sables d'Olon. 90
Montfaucon en Argonne	E.	Reims & à Luxembourg..... 60
Montfauc. en Auv.	S.p.O.	Clermont & à Montfaucon... 124

MONTFERMEIL. Chemin de traverse... E... $4\frac{1}{2}$

De Paris au faubourg St.-Antoine & barriere du petit Charonne. Belle plaine à trav. remplie de vignes, en passant au S. de l'Epine, au N. de Vincennes + & de la Pissote +. *A Montreuil* +... 2 l. Pente & côte à trav. en passant au moulin à vent de Montreuil ; au N. de Tilmont Montreau & la Tuilerie, & au S. de la Boissiere : *belle vue*. Pente rap. & vill. de Rosny +. Vallée au S. de Merlan, Londeau & Bondy +. Le long N. de la montagne & du chât. d'Avron. A l'extrémité de la forêt de Bondy., Parc & chât. de la Garenne. A Villemomble +. Avenue du chât. de Raincy. Etang & chât de Launay. Chât. & vill. de Gagny +, au N. de la Maison blanche. Le long du parc & chât. de Montguichet. Avenue au S. de Clichy en Launoy. parc, chât. & vill. de *MONTFERMEIL* +... $2\frac{1}{2}$ l.

Autre Chemin.................... $4\frac{1}{2}$

De Paris *à Bondy*... $2\frac{1}{2}$ l *Voyez de Paris à Meaux*. De Bondy on passe au Brichet & vieux chât. Trav. de l'extrém. de la forêt de Bondy. Aven. en face du chât. de la Garenne. A Villemonble + & *MONTFERMEIL*.... 2 l.

Montferran....	S.O.	De Paris à Auch & à Toulouse........	186
Montferrand.....	S.	Moulins & à Clermont......	92
Montflanquin...	S.O.	Limoges & à Agen........	136
Montfort.......	O.	Rennes & à Montfort......	93
Montfort-l'Amaul.	O.	Dreux.................	11
Montfort-le-Pont	S.O.	Chartres & au Mans.......	40
Montfort-s-Rille	N.O.	Evreux & au Havre........	38
Montfrin.......	S.	Lyon & à Nismes..........	175
Montgé.........	E.	Juilly & à Montgé........	9
Montgermont.....	S.	Fontainebleau...........	11
Montgiron....	S.O.	Angoulême & à Bordeaux...	138
Montgiscard..	S.p.O.	Toulouse & à Montpellier...	175
Monthety, chât.	S.E.	Rozoy..................	$6\frac{1}{2}$
Monthion.......	E.	La Ferté-Milon..........	10
Monthureux....	S.E.	Langres & à Mirecourt.....	82
Montier Amey, ab.	S.E.	Troyes & à Chaumont en Bass.	42
Montier-les-Bains.	S.	Moulins & à Vichy........	84
Montierender....	S.E.	Troyes & à Bar-le-Duc.....	52

Montier-St.-J. S.p.E.	Auxerre & à Semur....... 57
Montignac..... S.O.	Limoges & à Sarlat........ 113
Montigny..... S.O.	Chartres................. 7
Montigny...... S.E.	Lagny & à Montigny...... 9
Montigny-le-Roi S.E.	Troyes & à Bourbonne-les-B. 67
Montivilliers... N.O.	Rouen, Caudebec & Montiv. 48
Montjoye...... S.O.	Cahors & à Agen.......... 155
Mont-l'Evêque. N.E.	Senlis................... 11
Montlhéry........ S.	Orléans.................. 6
Mont-Louis.... S.O.	Perpignan & à Mont-Louis.. 235
Moutluçon.... S.O.	Bourges & à Montluçon..... 80
Montluel....... S.E.	Lyon & à Geneve......... 119
Montmagny..... N.	Beauvais................. 3
Montmarault... S.O.	Moulins & à Limoges...... 81
Montmartin..... O.	Coutances & à Granville... 78
Montmartre.... N.O.	Banlieue de Paris.......... 1
Montmaur... S.p.O.	Montpell. & à Castelnaudary. 210
Montmédy...... E.	Reims & à Montmédy...... 65
Montmélian.... S.E.	Lyon; de Lyon à Chambéry. 142
Montmélian N.D. N.E	Senlis................... 8
Montmele....... S.	Macon & à Lyon.......... 106
Montmirail...... E.	Meaux à Châlons.......... 24
Montmirail.... S.O.	Chartres & au Mans....... 40
Montmoreau... S.O.	Angoulême & à Montmoreau. 129
Montmorency. N.p.O.	L'Isle-Adam.............. 4
Montmorillon... S.O.	Poitiers & à Montmorillon... 99
Montoire...... S.O.	Chartres, Vendôme & Mont. 45
Monton..... S.p.O.	Clermont & à St.-Flour..... 96
MONTPELLIER. S.	Lyon & à Montpellier...... 192
Montpezat..... S.O.	Toulouse & à Montpezat.... 187
Montpezat....... S.	Clermont & à Aubenas.... 134
Montpezat..... S.O.	Cahors & à Montauban..... 152
Montpeyroux..... S.	De Montpellier à Milhaud... 201
Montpipau.... S.O.	Orléans & à Blois......... 31
Montpont....... S	Chalon & à Montpont..... 100
Montpont... . S.O.	Limoges & à Bordeaux...... 130
Montravet..... S.O	De Bergerac à Bordeaux.... 135

Montrazier	S.O.	Limoges & à Montflanquin	132
Montréal	S.p.E.	Auxerre & à Montréal	58
Montréal, chât.	N.O.	Gisors; de Gisors à Rouen	24
Montrésor	S.O.	Orléans & à Loches	54
Montreuil	E.	Montfermeil	2
Montreuil	O.	à Versailles	4
Montreil-Argile	O.	Evreux & à Falaise	36
Montreuil-s-Mer	N.	Abbeville & à Montreuil	51
Montrevault	S.p.E.	Sens, Joigny & Montrevault	44
Montrevel	S.p.E.	Chalon-s-Saone & à Bourg	99
Montrichard	S.O.	Blois & à Montrichard	50
Montricoul	S.O.	Montaub. de Toul. à Cordes	163
Montron	S.O.	Tours; de Tours à Périgueux	115
Montrouge	S.	Orléans	1
Montry	S.E.	Coulommiers	9½
Mont-S.-Jean	S.p.E.	Auxerre, Saulieu, M.-S.-Jean	66
Mont-St.-Michel	O.	Avranches & au Mont-St.-M.	82
Mont-St.-Vincent	S.	Autun & au Mont S.-Vincent	93
Mont-Salvy	S.p.O.	Clermont & à Rodez	136
Montsoult	N.	Beauvais	6
Mont-sur-Vent	O.	Coutances & à Cherbourg	76
Montvert	S.p.O.	Clermont & à Aurillac	124
Montville	N.O.	à Rouen; de Rouen à Dieppe	34
Morainvilliers	S.	Orléans	20
Morancy	N.	Beauvais	9
Morangis	S.	Orléans	4½
Moret	S.p.E.	Sens	19
Moreuil	N.	Amiens	28
Morey	S.E.	Dijon; de Dijon à Genève	110
Morigny, abbaye	S.	Etampes ou Orléans	12
Morlaas	S.O.	Bordeaux & à Pau	204
Morlanne	S.O.	Pau	200
Morlaye (la)	N.	Amiens	9
Mormant	S.E.	Provins	13
Mormant	S.	Montargis & à Gien	29
Mornas	S.	Lyon; de Lyon à Orange	163
Morsain	S.	Fontainebleau	9

Morsan........	S.	Fontainebleau...........	6
Mortagne....	S.p.O.	Alençon.................	36
Mortagne.....	S.O.	Angers & aux Sab. d'Olonne.	89
Mortagne....	N.p.E.	Valenciennes & à Mortagne.	59
Mortain........	O.	Alençon & à Avranches.....	60
Morteau.......	S.E.	Besançon & à Morteau......	112
Mortefontaine...	N.E.	Senlis...................	8½
Mortemer, abb.	N.O.	Gisors; de Gisors à Rouen...	23
Morterolle.....	S.O.	Orléans & à Limoges.......	83
Morvilliers.....	S.E.	Troyes; de Troyes à Langres.	50
Mory..........	N.	Arras...................	38
Motte. (la)......	O.	Caen; de Caen à St.-Lo...	66
Motte. (la)......	S.	Clermont & à la Motte.....	109
Motte. (la) ch.	S.p O.	Orléans & à la Motte......	37
Motte.-S.-Jean.(la)	S.	Moulins & à Charolles......	84
Motteux........	S.	Lyon; de Lyon à Avignon...	173
Mouceaux.....	N.O.	Evreux..................	24
Mouceaux-en-Br.	S.E.	Provins..................	21
Mouchard.....	S.E.	Dijon; de Dijon à Salins...	97
Mouilleron....	S.O.	De Nantes à la Rochelle....	114
Moulignon....	N.O.	L'Isle-Adam..............	4

MOULINS. *Grande Route*...S... 71

De Paris à *Fontainebleau*... 16 l. *Voyez cette Route*. Sortant de Fontainebleau on trav. le parc. Carref. de la route de Sens & de Malesherbes. Trav. de 2 l. de la forêt de Fontainebleau en pass. à Bouron +. Le long O. de Grès, sur Loing, riv. Le long E. de la forêt en passant à Ulay: à coté de Foljuif & de la ferme Guinebert. A la Maladerie & à *Nemours*... 4 l, Sortant de Nemours on trav. le canal & l'on passe à ½ l. E. de St.-Pierre +. Entre la riv. de Loing & des landes. A côté E. de Bagneaux + sur le bord du canal & à Glandelles +. ½ q. l. E. de la Madelaine +, sur la côte. A Soupes+ & à la Croisiere, hameau... 3 l. A ¼ l. E. de Nenonville+. Ruiss. & r. de Sens à trav. A Dordives+. ¼ l. E. du parc & chât. de Toury. Le long des Aunoys, des Pinsons & des Turelles, fermes. A *Fontenay*+... 2 l. A ½ q. l. O. de St.-Eloy +, de *Ferrieres* & de la chap. St.-Lazare. Au Puy-la-Laude, ham. & le long O. de la forêt de Montargis. ¼ l. E. de Cepoy+, situé au-delà de la riv. &

du canal. Devant l'avenue qui conduit au port de Cepoy. ½ q. l. E de Chalettes+. Le long de l'abb. de St.-Dominique & des Bénédictines. Paſſage de la riv. de Loing. *A Montargis*... 3 l. Sortant de cette ville on paſſe dev. le crucifix, chap. ½ q. l. E. de Villemandeur + & le long des Chardonneaux. Vallon & ruiſſ. à trav. A l'O. de Mormant en Gatinois +. ¼ l. E. de Moiſſy & ¾ l. de Vimory +. A la Commodité, ham. & *Poſte*. Le long O. du bois & vill. de Soltaire +. ½ l. E. de St.-Hilaire-ſur-Puiſeaux +. ½ l. O. de Cortrat +. Fourche de la route de *Gien*. A l'O. de Mondeblain & de Precigny +. ¾ l. E. d'Ouzouër-des-Champs +. Aux Chaufours & le long de l'étang. A Noyen *ou* Nogent-ſur-Verniſſon +... 4 l. Pont & riv. de Verniſſon. Devant la chap. St.-Lazare. Plaine à trav. en paſſ. à 2 l. O. de *Chatillon-ſur-Loing*. Aux Bezars, ham. & auberge. Bois de Boiſmorand à trav. en paſſant à ¼ l. E. de ce village +. Entre les bois & landes des Boullans, & traverſe du bois de la Meuniere. *A la Buſſiere*... 3 l. Sortant de la Buſſiere on paſſe entre deux bois. Belle plaine à trav. en paſſant à ½ l. E. d'Arabloy +, vill. dans le bois. Au bel Air. 1 ¼ l. O. d'*Ouzouër*-ſur-Treſée. A côté E. de la ferme de Trouſſebois. A Trouſſe Barriere & paſſage du canal de Briare. *A Briare*... 3 l. 2 ¼ l. S. E. de Gien. 1 ¼ l. N. de Chatillon-ſur-Loire. Sortant de Briare on paſſe entre un petit bois & la riv. de Loire. Au S. O. de la Déporterie, ferme & de Boiſrond. A la poſte d'Ouſſon & la baraque. ¼ l. d'Ouſſon-ſur-Loire +. Pont & ruiſſ. à paſſ. Entre pluſieurs fermes & ham. Devant la chap. ruinée de St.-Lazare. *A Bonny*... 3 l. Pente, vallon & côte à paſſer. A l'E. des Cadoux, ham. près de la Loire. Bois à tr. Entre les Broſſieres & les Brocs. O. des Plés & des Barres. A la Celle +. ½ l. E. de Leray +, au-delà de la Loire. A l'E. de Neuvillote & à l'O. de Miennes +. Ruiſſ. & moulin. Le long E. de la Loire & de la chap. St.-Lazare. *A Coſne*... 3 ½ l. Traverſe de cette ville & de la riv. de Nouain. Côteau à monter en ſortant de Coſne. Belle plaine à trav. Pente, & à Maltaverne. Côtes & vallons à trav. en paſſant aux Bertiers, ½ l. S. O. de St.-Andelin +. 1 ½ l. de S.-Martin-du-Tronſec & 4 l. de *Donzy*. *A Pouilly*... 3 ½ l. Vignes à trav. en paſſant au S. O. de Charanton. *A Meves*. ½ l. O. de Bulcy +. 1 ½ l de Garchy +. Plaine à trav. entre la Loire à l'O. & un bois à l'E. chap. de St.-Louis & ham. de la Pointe. Entre des vignes & à *la Charité*... 3 l. Le long E. de la Loire & à Munot +. A

l'E. de la Marche +& le long O. d'un bois, en passant à
¼ l. E. de Tronsanges +. *A Pougës*... 3 l. Vignes & côte
à trav. Entre Fronselin & Azy. ¼ l. O. de Varennes +.
Ruiss. & landes à trav. A l'E. de la Fermeté & des Tureaux.
½ l. O. de Coulanges. Demi-lune dans le milieu des vignes.
A Nevers... 3 l. Ponts & Isle de la Loire à passer. A côté
E. de la chap. de St.-Antoine. A l'O. de Plaguy, ½ q. l. E.
de Chalay+. ½ l. O. de Sermoise+ & 1 ¼ l. E. de Gimouille
près de l'Allier, riv. Côtes à trav. en passant à la Tuilerie
& entre Sceau & les Bouillots. *A Magny* +... 3 l. ¼ l. O.
de Cours +. Pente, vallon, ruiss. & plaine à trav. ¼ l. O.
de St.-Parize +. 1 l. E. de Mars +, sur l'Allier. Pente,
vallon, pont & riv. du Cheneau. Vallon & ruiss. à passer.
Côte à monter & plaine à traverser en pass. à l'O. de la
Roblette, Buy & Brosse; ½ l. E. du vill. & chât. de Lan-
geron +. A côté de la chapelle de St.-Roch, pente rap. &
à St.-Pierre-'e-Moutier..... 3 l. Côteau & à l'O. de St.-
Pantaléon, chap. Pente, vall. & pass. de 2 ruiss. Entre les
étangs de Bois-Rousseau. A l'E. d'une Justice & de la
Chamillerie, chapelle. Vallons & ruisseaux à trav. en
pass. entre la Ferté-Langeron & Chantenay +. A côté de
la chap. de St.-Imbert. Petit bois & ruiss. à passer. ¼ l. E.
de Trenay +. Pont, ruisseau & moulin Cacherat. Entre
Chassenay, Chavanne & Villefranche. Pont, ruiss. & à
l'O. de Lucenat +. *A la Villeneuve* +... 4 l. Ponts & ruiss.
à passer. A 1 l. S. E. de Bagneux +. Côte & à l'O. de la
cense d'Avrilly. Pente rap. Vallon & ruiss. A la Grange-
Caton, à l'Ouest des Chartreux & des Bernardins. A
MOULINS... 3 l. De Fontainebleau 54 l. *La Poste
en compte* 56.

Moulins en Berry. S.O.	Orléans & à Châteauroux....	55
Moulins en Bretagne O.	Rennes................	78
Moulins Engilbert. S.	Nevers & à Moulins-Engilb.	72
Moulins-la-Marche O.	Dreux; de Dreux à Sées.....	40
Moussy...... N.E.	Soissons..............	7
Moussy...... N.O.	Rouen par Pontoise........	13
Moustier d'Ahun. S.O.	Orléans, Guéret & Moustier.	82
Moustier en Provence S.	Avignon & à Moustier......	183
Moustier-hautepierre. S.E.	Besançon & à Moustier......	103
Moustiers. (les). S.O.	Poitiers & aux Sables d'Ol.	125
Moustiers-S.-J. S.p.E.	Auxerre & à Moustiers.....	57

Mouzon......... E.	Reims, Stenay & à Mouzon. 63
Mouy........... N.	Amiens................ 15
Moyaux...... N.O.	Evreux & à Pont-l'Evêque... 40
Moyenvic.... E.p.S.	Nancy & à Moyenvic....... 90
Moyrans....... S.E.	Lons-le-Saun. & à St.-Claude. 109
Mucidan....... S.O.	Limoges & à Bordeaux...... 126
Mugron........ S.O.	Bordeaux & à Dax......... 190
Mulhaufen..... S.E.	Béfort & à Mulhaufen...... 113
Munfter....... S.E.	Nancy & à Munfter........ 115
Muraffon........ S.	Clerm. Milhaud & Muraffon. 152
Murat...... S.p.O.	Clermont & à Aurillac..... 118
Mure.......... S.E.	Grenoble; de Grenoble à Gap. 148
Mureaux (les). N.O.	Rouen par Meulan........ 10
Muret......... S.O.	Toulouse & à Bagnères..... 175
Mures-St.-Laurent. S.	Lyon & à Chambéry....... 118
Muffy-l'Evêque. S.E	Troyes & à Muffy-l'Evêque.. 50
Nailloux....... S.O.	Toulouse & à Mirepoix..... 182
Nainville........ S.	Milly................. 11
Najac......... S.O.	Limoges & à Alby......... 156
NAMUR...... N.E.	Liége................ 76
NANCY..... E.p.S.	Châlons-fur-M. & à Nancy... 83
Nandy...... S.p.E.	Melun................ 10
Nangis........ S.E.	Troyes............... 16
Nans.......... S.E.	Dijon; de Dijon à Ornans... 102
Nant............ S.	Clermont, Milhaud & Nant.. 145
Nant.......... S.O.	Bordeaux & à Aire......... 192
Nanterre...... N.O.	St.-Germain-en-Laye...... 3
NANTES..... S.O.	Angers & à Nantes........ 94
Nanteuil..... N.E.	Soiffons............... 12
Nanteuil........ E.	Meaux & à Nanteuil....... 11
Nantouillet...... E.	La Ferté-Milon........... 8
Nantua....... S.E.	Bourg; de Bourg à Genève.. 119
NARBONNE..... S.	Toulouse & à Montpellier... 215
Nargis.......... S.	Montargis............. 24
Navarre, chât. N.O.	Evreux............?.. 25
Navarrens..... S.O.	Bayonne & à Oléron...... 221
Nay.......... S.O.	Pau; de Pau à Bagnères..... 215

(left column under "DE PARIS à"; right column under "DE PARIS à")

Neauphle-le-Chât.	O.	Dreux par St.-Cloud...... 8
Neauphle-le-Viel..	O.	Idem.................. 9
Nemours.....	S.p.E.	Fontainebleau & à Nemours. 20
Nérac.......	S.O.	Agen & à Nérac.......... 166
Néronde......	S.O.	Bourges & à Néronde...... 64
Nesle.......	N.p.E.	Roye & à Nesle.......... 29
Neubourg.....	N.O.	Evreux; d'Evreux au Havre. 31
Neubrisach....	S.E	Colmar & à Neubrisach.... 121
Neuchâteau....	S.E.	Troyes & à Neuchâteau.... 72
Neufchâteau....	E.	Verdun & à St.-Hubert.... 83
Neufchâtel....	N.E.	Reims & à Neuchâtel...... 43
Neuch. en Bray.	N.O.	Beauvais & à Dieppe...... 32
Neuilly......	N.O.	St.-Germain-en-Laye..... 2
Neuilly.......	S.	Joigny & à Neuilly........ 40
Neuilly-en Thelle	N.E.	Senlis & à Neuilly........ 12
Neuilly-S.-Front.	N.E.	Soissons............... 22
Neuilly sous-Clermont.	N.	Amiens................ 17
Neuilly-sur-Marne.	S.E.	Lagny................. 3½
Neuvic.......	S.O.	Limoges & à Aurillac..... 121
Neuville......	S.O.	Poitiers............... 86
Neuville......	S.O.	Au Mans............... 50
Neuville au bois	S.p.O	Orléans................ 24
Neuv.-lès-Dombes.	S.	Macon & à Châtill.-lès-Domb. 104
Neuvy........	S.E.	Rozoy; de Rozoy à Sézanne. 24
Neuvy-le-Roy...	S.O.	Chartres & à Tours....... 52
NEVERS........	S.	Fontainebleau & à Nevers... 58
NICE........	S.E.	Aix; d'Aix à Antib. & à Nice. 239
Niderenheim...	E.p.S.	Béfort & à Strasbourg..... 120
Nieuport.......	N.	Furnes & à Nieuport...... 70
Nions........	S.E.	Dijon & à Genève........ 116
Nions........	S.	Lyon & à Avignon........ 167
Niort........	S.O.	Poitiers & à Niort........ 105
NISMES.......	S.	Lyon & à Nismes......... 179
Nivelles......	N.E.	Laon; de Laon à Bruxelles... 54
Noailles.......	N.	Beauvais............... 13
Noé.........	S.O.	Toulouse & à Bagnères..... 178
Nogaro.......	S.O.	Auch; d'Auch à Aire...... 194

Nogent-l'Artaud.

PARIS.

Nogent-l'Artaut... E.	Château-Thierry	18
Nogent-le-Roy.. S.O.	Cartres	17
Nogent-le-Roy.. S.E.	Troyes & à Bourbonne les-B.	64
Nogent-le-Rotrou.S.O.	Chartres & au Mans	32
Nogent-ſ-Marn.E.p.S.	Vincennes & à Nogent	3

(DE PARIS à)

NOGENT-fur-Seine. Grande Route...S.E. 26

Voyez la Route de Provins & Troyes.

Autre Route par Eau sur la Seine...... 38½

De Paris à Montereau par Eau... 26 l. *Voyez la Route de Sens par Eau.* Du pont de Montereau on passe le long de la route de Meaux, à l'E. du chât. de Surville. Le long S. du parc de Courbeton. Vis-à-vis S. de St.-Germain +, au N. de Motteux. Le long S. des bois de Marolles, vis-à-vis & au N. de Marolles +. 1 l. de la Brosse. ½ l. S. de Courcelles +. Confluent de la vieille Seine, à ½ l. S. du chât. de Changy. Au N. du moulin à v. de Barbey. Dev. & au N. de la Tombe +. ½ l. du moulin à v. de Misy & au N. de celui de la Tombe. ¼ l. S. de Chatenay. Le long N. de *Gravon*... 3 l. A ¾ l. S. d'Egligny +, au-delà de la prairie. ¼ l. N. du chât. & vill. de Balloy +. Entre Amboule & Dagorneau. ½ l. S. de Vimpelles + au bas de la côte. ¼ l. N. de Bazoches. Canal de Provins au S. de St.-Sauveur. Le long S. de Mouy. Pont au N. de *Bray-ſur-Seine*... 3 l. Au N. des moulins à eau & du chât. de Villesceau. Le long N. de Jaulne +. Au S. du chât. de Neuvry, 1 l. d'Everly +; Challemoisson est au-dessus. Vis à vis N. du moulin des hautes Tosse, ¼ l. de Villenauce-la-petite. En face & à l'O. de Toussac. Vis-à-vis d'Isle & à l'E. de Grisy + & du ham. de Vesoul. Entre les bois & à Pormontain, au N. A ¾ l. S. d'Hermé +, en-deçà des bois de Sordun. Au N. des Pieds cornus & le long de *Noyen*+... 3 l. Le long S. du bois de Chanson. Au S. des Turets, cabaret au N. de Villiers +. Confluent de la riv. de Lorrain. Le long N. du ham. d'Athis & du vill. de Courceroy +. Le long N. du parc & avenue du chât. de la Motte. O. du vill. de la Motte-Tilly +. Vis-à-vis E. de l'Isle & de la grève de Rondieres. ½ l. S. E. de Melz + & ½ l. S. de Meriot +. Port & magasin de Beaulieu. Au S. de St.-Barthelemy & au N. du parc d'en bas. Au Port de NOGENT... 3½ l.

Nogent-sur Vernisson.. S.	
Nogentel, chât. E.p.S.	
Nointel..... N.p.O.	
Nointel......... N.	
Noiseau........ S.E.	
Noisiel......... E.	
Noisy-le-grand... E.	
Noisy-le-Sec..... E.	
Noisy-St.-Nom... O.	
Noisy-sur-Oise... N.	
Nolay.......... S.	
Nolon, château... S.	
Nomeny......... E.	
Nonancourt..... O.	
Nonant......... O.	
Nonnette........ S.	
Nontron...... S.O.	
Noroy......... S.E.	
Norville........ S.	
Nosay...... S.p.O.	
Nosay...... O.p.S.	
N. D. de Clery.. S.O.	
N. D. de Délivr. O.	
N. D. de l'Epine.. E.	
N. D. de Liesse.. N.E.	
N.D. de Severan. S.O.	
Noue. (la)..... S.E.	
Nouvion...... N.E.	
Nouvion....... N.	
Noyen........ S.O.	
Noyers...... S.p.E.	
NOYON...... N.E.	
Nozeroy........ S.E.	
Nuaille....... S.O.	
Nuis........ S p.E.	
Nuys.......... S.	
Obbeville, chât. S.O.	

DE PARIS à

Lyon par Moulins.........	33
Rozoy & à Sézanne........	24
Beauvais.................	9
Amiens..................	15
Rozoy...................	5
Lagny par Champs........	6½
Lagny...................	5½
Meaux...................	3
Anet....................	5½
Beauvais.................	9
Auxerre & à Chalon sur-S...	77
Sens....................	27
Verdun; de Verd à Strasbourg.	79
Dreux & à Nonancourt......	22
Dreux & à Argentan........	42
Clermont & à St.-Flour.....	103
Poitiers & à Périgueux......	120
Vesoul & à Montbéliard....	88
Orléans..................	8
Orléans..................	6
Rennes; de Rennes à Nantes.	102

DE PARIS à

Orléans & à Notre-Dame....	32
Caen & à Notre-Dame.....	56
Châlons-sur-Marne & à N. D.	44
Laon & à Notre-Dame.....	37
Pau; de Pau à Oloron......	212
Sézanne.................	26
St.-Quentin & à Maubeuge...	47
Abbeville & à Calais.......	44
Au Mans & à Noyen......	58
Auxerre & à Semur........	53
Compiègne & à Noyon.....	25
Lons-le-Saun. & à Pontarlier.	111
Poitiers & à la Rochelle.....	112
Tonnerre & à Dijon........	56
Dijon; de Dijon à Chalon...	83
Chartres.................	14

PARIS.

Oberberkheim... S.E.	Colmar & à Schlestatt...... 120
Oberenheim.... S.E.	De Colmar à Oberberkheim.. 118
Oirier........ S.E.	Langres; de Langres à Gray. 79
Oiseau........ O.	Alençon & à Mayenne..... 55
Oisemont..... N.O.	Gisors & à Abbeville...... 34
Oisery....... E.	La Ferté-Milon.......... 11
Olargues....... S.	Montpellier & à Castres.... 216
Oliergues...... S.	Clermont & à Oliergues..... 103
Olivet........ O.	Dreux................. 14
Ollainville, chât. S.	Orléans................ 7½
Ollioules...... S.	Aix; d'Aix à Toulon...... 208
Olonsac..... S.O.	Toulouse & à St.-Pons..... 202
Oloron...... S.O.	Pau & à Oloron......... 215
Ombreval, chât. N.O.	Beauvais.............. 6
Oradour..... S.p.O.	Clerm. St.-Flour & Oradour. 120
Orange........ S.	Lyon & à Orange........ 167
Orbais...... S.p.E.	Meaux, Montmirail & Orbais. 27
Orbec........ O.	Evreux & à Falaise....... 39
Orcemont.... O.p.S.	Chartres par Rambouillet... 13
Orchamps..... S.E.	Dijon & à Besançon...... 92
Orchies...... N.p.E.	Cambray & à Tournay..... 54
Orgelet...... S.E.	Lons-le-Saunier & à Orgelet. 105
Orgeval...... N.O.	Mantes par Flins......... 8
Orglande...... O.	Caen & à Cherbourg....... 73
Orgon........ S.	Lyon, Avignon & Orgon... 181
Origny-Ste-Benoiste. N.E.	St.-Quentin & à Liége..... 39
Orient. (l')... O.p.S.	Rennes & à L'Orient...... 125

ORLÉANS. *Grande Route*...S.p.O... 28½

On sort de Paris par la Barriere de St.-Jacques *ou* St.-Michel & l'on traverse les nouv. Boulevards. Au petit Montrouge, guing. de Paris. ½ q. L. E. du grand Montrouge +. ½ l. O. du grand Gentilli +, il est dans le fond sur la riv. des Gobelins. A l'O. d'Arcueil +, de l'aqueduc & de Cachan. ¼ l. E. de Bagneux +, ½ l. de Chatillon + & de Fontenay-aux-Roses +. *Au Bourg-la-Reine*... 2 L Pente douce à monter & l'on se trouve au marché & vis-à-vis l'avenue qui conduit au chât. de Sceaux. ¼ l. O. de l'Hay + & ¾ l. de Chevilly +. A la poste de Berny & carrefour de la route de Versailles à Choisy. ¼ l. O. de Fresnes-Tourvoye +. Au pont d'Antony & passage de riv. de Bievres. On monte une côte & l'on traverse une belle plaine en passant à ¼ l. O. de Rungis +. ½ l. de Vissous + & 1 l. de Parey +. A ¾ l. E. de Ver ieres +, ½ l. de Massy +, 1 ½ l. de Vauhallan + & d'Igny. ½ l. O. de Morangis+ & Chilly +. Dev. l'aven qui conduit à ces deux vill. ½ l. E. de Champlan+, Vilbon + & Saux; 1 l. de Palaiseau+. *A Lonjumeau*... 3 l. Pont & riv. de l'Ivette. Sort. de ce bourg on monte la côte & l'on passe devant l'avenue qui conduit à Balainvilliers + & celle qui va au chât. du Cuchet. A l'E. du bois & ham. de Plessis-St.-Pere. A ¼ l. O. d'Epinay + & de Villemoisson +. Entre Ville-du-Bois + & Chapellevilliers+. *A Montlhery*, situé entre l'abb. de Longpont & le vill. de Marcoussy +. A Linas +. ½ q. l. O. de Leuville +. ½ l. E. du ham. de Fey; les Barbettes sont sur la route. Carref. de la route de Dourdan. Devant la Folie; ferme, à l'O. du chât. de Chanteloup & du Prieuré de St-Eutrope. A l'E. du parc d'Olinville & du ham. de la Roche. En descendant la côte, on voit le vill. de St.-Germain + & le chât. d'Olinville. *A Arpajon*... 3 l. A ¼ l. E. d'Esgly + & à l'O. d'Atrainville +. Les fermes de Bourbon-Louvet, la Beauvaisiere, la Gravelle, la Maison rouge, le Chantier & la Forêt sont du même côté. Aux quatre vents. A l'E. du vill. de Boissy sous St.-Yon +, le Prieuré de St.-Yon est plus loin sur la côte. Au bel Air & avenue qui conduit au vill. de Chamarante +. ½ q. l. S. E. de Mauchamps +. Le long E. d'un petit bois & à l'ancienne poste de Bonne. ¼ l. O. de Chamarante +. *A Etrechy* +... 3 l. Ruiss. à passer & devant la cha . de St.-Nicolas, à l'E. du chât. de Roussay. A la fontaine Livau. Entre le vill. de Champigny & la tour de Jœur. A l'O. du chât. de Ville-Martin, du petit Jœur & de Malassis. Devant la chap. de St.-Failly & le chât. de Brunehaut. ½ l. S. E. de Brieres-les-Scellées +. A ½ q. l. O. de St.-Germain-les-Estampes +. Devant les Capucins & *à Estampes*... 2 l Sortant de cette ville on passe devant les Mathurins en traversant la petite riv. de Coctrive. A St.-Martin +. Fourche du chem. de Chalo-St.-Marc & la ferme des belles Croix. On monte la côte, plaine à trav. & à la ville Sauvage. Entre une Justice & la Malmaison. Belle plaine à trav. *à Mondesir*... 2 l. Côtes & vallon à passer. A Monerville + & fourche du chemin de

St.-Pere ✝. A 1 l. E. de Puſſay ✝. A côté E. de Retreville. ½ l. O de Manneſard. *A Angerville*... 2 l. Traverſe de la route qui va à Sermaiſe ✝. A Guetreville, ⅓ l. S. E. d'Intreville ✝, ½ l. E. de Rouvray ✝, ½ q. l. du ham. & chât. d'Arbanville. A l'E. de Barmainville. ✝. A l'ancienne poſte du bel Air. ¼ l. O de Boiſſeaux ✝. 1 l. S. O. d'Andonville & de la butte Dalmon. A l'E. de Dimancheville, ham. ½ l. d'Oinville-St.-Liphard ✝. ¼ l. de Garville. A Champilory, & avenue qui conduit à St.-Peravy ✝ à ½ l. S. E. de la route. *A Thoury*... 3 ½ l. 1 l. E. de Yenville & 2 l. des Allaines ✝. 1 l. O. de Tillay-le-Godin ✝. Sortant de Toury on paſſe à la chap. de St.-Blaiſe, où l'on traverſe le chem. d'Yenville & de Tillay. ½ l. O. d'Armonville & d'Ondreville; à l'E. de Poinville ✝. A la Maiſon neuve, auprès de laquelle on voit à l'E. le chemin de la Neuville, bourg. Le vill. de Tivernon ✝ eſt du même côté ¼ l. A l'ancienne poſte de Château-Gaillard. Entre cette Poſte & Arthenay; on apperçoit Abouville, ham. ¼ l. à l'E. le ham. de Villier eſt à l'O. Sentilly-le-Moutier ✝ eſt à ½ l. Sur la hauteur près d'un moul. à v. A ¼ l O. de Lion-en-Beauce ✝. ½ l. de la Budiniere & la Borde-Chalon, ferme. Le ham. de Dommerville & le vill. de Ruan ✝ ſont plus loin. Le Coudray-Vichat, ham. & le chât. d'Apilly ſont du même côté à 1 ½ l. A l'E. d'Ambeſon ✝, O. d'une Juſtice & du ham. d'Aſſa. ¼ l. & 1 l. E. du vill. de Pourprix. *A Arthenay*... 3 l. Sortant de ce bourg on paſſe entre le moulin Brûlé, ferme, & le ham. d'Autroche. A côté de la grange & du ham. d'Herbelay: Buſſi-le-Roy eſt plus loin du même côté. A l'E. du chât. d'Auvilliers, d'un moulin à vent & & du vill. de Creuſy ✝. A la croix-Briquet. Dev. l'avenue directe à l'O. & au vill. d'Andeglou ✝. A Langennerie. Dev. la belle route qui conduit au chât. de Chevilly à ¼ l. O. de la route. Les ham. de Chateliers & de Mouchefne ſont de l'autre côté près de le forêt d'Orléans. *A Cercottes* ✝... 2 l. Ce vill. eſt dans la forêt d'Orleans: en le quittant on trouve une eſpace qui laiſſe appercevoir le vill. de Gidy ✝ & le Coudreau, ham. à l'O. En rentrant dans la forêt on voit une route qui conduit à Ambert ✝ vill. à 2 l. à l'E. dans le milieu de la forêt. A la Montjoye, hameau. Avant de deſcendre la côte on apperçoit le vill. de Saran ✝. ¼ l. à l'O. Deſcendez à la Poterie. A l'O. du Chêne-Maillard & du ham. de Montcran-le-Chêne-rond. Traverſez le faub. Bannier, qui eſt fort long, en paſſant devant la route de

334 PARIS.

Chartres à droite, & les Chartreux à gauche. Porte Bannier & à ORLÉANS.... 3 l.

Orly.........	S.p.E.	
Ormeſſon.........	S.	
Ormeſſon, chât.	N.O.	
Ormoy......	S.p.E.	
Ormoy.........	S.	
Ormoy-le-Davien	N.E.	
Ornans......	S.E.	
Orphin......	O.p.S.	
Orpierres.....	S.p.E.	
Orſay........	S.O.	
Orthez.......	S.O.	
Orval.........	E.	
Oſny.........	N.O.	
Oſſun.........	S.O.	
Oſtende.........	N.	
Ottweiller......	E.	
Ouanne........	S.	
Ouarville......	S.O.	
Oudenarde...	N.p.E.	
Oulchy........	N.E.	
Ouques.......	S.O.	
Ourville......	N.O.	
Outaus.......	S.O.	
Outarville...	S.p.O.	
Ouville......	N.O.	
Ouzouër........	S.	
Ouzouër-le-Château	S.	
Ouz.-le-Marché.	S.O.	
Ouzouër-ſur-Trézée.	S.	
Ouye. (l')......	O.	
Oyſelay........	S.E.	
Oyſonville.....	S.O.	
Pacaudiere. (la)...	S.	
Pacy-ſur-Eure.	N.O.	
Pailhés.......	S.O.	

DE PARIS à PARIS à PARIS à DE PARIS à

Fontainebleau par Choiſy...	3½
Nemours & à Ormeſſon.....	21
L'Iſle-Adam...............	3
Melun....................	8
La Ferté-Aleps...........	8½
Soiſſons.................	16
Beſançon & à Ornans.....	98
Chartres par Rambouillet...	14
Grenoble & à Siſteron.....	168
Dourdan par Palaiſeau......	5
Pau par Orthez...........	195
Reims, Montmédy & Orval.	69
Pontoiſe & à Oſny.........	9
Auch; d'Auch à Barrège....	196
Lille & à Oſtende.........	76
Metz; de Metz à Deux-Ponts.	98
Auxerre & à Ouaune.......	49
Dourdan & à Ouarville.....	19
Lille & à Oudenarde.......	74
Soiſſons par Meaux & Oulchy.	22
Chartres & à Blois........	40
Rouen & à Fécamp........	44
Bordeaux & à Pau.........	189
Orléans..................	21
Rouen & à S.-Valeiy en-Caux.	38
Montargis & à Sully.......	32
Montargis & à Orléans.....	31
Blois....................	34
Montargis & à Gien.......	37
Dreux & à l'Ouye.........	21
Langres & à Beſançon......	83
Dourdan & à Oyſonville...	17
Moulins; de Moul. à Roanne.	90
Évreux..................	20
Toulouſe, Pamiers & Pailhés.	212

PARIS.

Paimbeuf....	O.p.S.
Palaiseau.....	S.O.
Palisse. (la)....	S.
Paluau.....	S.O.
Palud. (la).....	S.
Pamiers.....	S.O.
Pampelonne...	S.p.O.
Pampelune....	S.O.
Pantin......	E.
Paray-le-Monial...	S.
Parc-aux-Dames	N.E.
Parcé......	S.O.
Parcou.....	S.O.
Parey......	S.
Parisot.....	S.O.
Parthenay.....	S.O.
Pas.....	N.
Passais.....	O.
Passavant.....	S.E.
Passavant.....	S.O.
Passy.....	O.
Passy.....	S.
Passy.....	E.
Patay.....	S.O.
PAU.....	S.O.
Paulhaguet.....	S.
Pavie.....	S.O.
Bavilly.....	N.O.
Penne ou Pienne	S.pO.
Peirac ou Peyrac	S.pO.
Pelissanne.....	S.
Pequeuse.....	S.p.O.
Pereux. (le) chât.	S.E.
Periers.....	O.
Perigny.....	S.E.
PÉRIGUEUX..	S.O.

DE PARIS à

Nantes & à Paimbeuf......	106
Dourdan par Palaiseau......	4½
Moulins; de Moul. à Roanne.	82¼
Nantes & aux Sables.......	108
Lyon; de Lyon à Avignon...	160
Toulouse & à Pamiers......	184
Alby........	164
Bayonne & à Pampelune....	222
Meaux.....	1½
Autun & à Paray-le-Monial..	88
Soissons.....	16
Au Mans & à Sablé.......	62
Angoulême & à Bordeaux...	138
Fontainebleau.....	4
Cahors; de Cahors à Rodez..	155
Tours, Thouars & Parthenay.	87
Amiens & à Arras.........	39
Alençon & à Passais......	64
Besançon & à Porentruy....	100
Saumur & à Châtillon......	85
Versailles.....	1½
Sens.....	23
Près de la Ferté-Milon.....	19
Blois.....	28
{Auch; d'Auch à Pau......	202
{Bordeaux & à Pau........	206
Clermont & au Puy.......	111
Auch; d'Auch à Arreau.....	178
Rouen; de Rouen au Havre.	34½
Cahors & à Alby.........	156
Toulouse & à St.-Pons.....	196
Aix.....	186
Dourdan par Palaiseau.....	9
Vincennes, Nogent & Pereux.	3
Caen & à Periers.........	73
Brie-Comte-Robert........	6
Limoges & à Périgueux.....	117

Pernes............ S.	*DE PARIS à* Lyon, Avignon & Pernes...	179
Pernes.......... N.	Amiens & à St.-Omer......	48
PERPIGNAN.... S.	Tonlouſe & à Perpignan....	223
P*erray* ou *Pré*, abb. S.O.	Au Mans...............	51
Perrecy.......... S.	Autun & à Perrecy........	84
	PÉRONNE. *Grande Route*... N...	34

De Paris à Senlis.... 11 l. *Voyez de Paris à Compiegne.* De Senlis on paſſe le long E. du Boulevard. Au chem. de Creſpy & avenue de N. D. de Bon Secours. Pente rap. pont & ruiſſ. d'Aunette. Côte, à l'E. de Vilvert & des Carrieres. Fourche de la route de Compiegne à ½ l. S.O. de Chamant ✚, Balagny & Montepilloy. Maiſon à l'angle d'où l'on apper. au S. O. le clocher de St.-Nicolas ✚, de St.-Léonard ✚, & plus loin la forêt, le chât. & vill. de Chantilly ✚. Aven. & à l'O. du chât. du Pleſſis-Choiſſelle. Vallon & pente rap. Remiſe & chemin des gens de pied, pour abréger. Avenue d'où l'on apperçoit Champlatreux, au-deſſus de la forêt de Chantilly, diſtante de 5 l. A l'E. de la butte & arbres de Tombré. 24.ᵉ borne miliaire. ¼ l. de la forêt de Hallate à trav. en paſſ. au carref. des Indrolles, & N.° 25. A l'E. de la côte de ſables d'Aumont. ¼ l. S. de St.-Chriſtophe & ſon châteae ſur la montagne. A Fleurines ✚, au milieu de la forêt. ¼ l. de la forêt à trav. Pente rap. & à l'O. de la chap. de S.-Jean. chap., fontaine & moul. de Ste.-Maxence. A l'O. du moulin à vent. *A Pont-Ste.-Maxence...* 3 l. Dev. l'Egliſe le grand Cerf, auberge, & la place au blé. Pont & riv. d'Oiſe, d'où l'on app. à l'O. Beaurepaire, Brenouille & Rieux ✚, le long de la riv. plus loin le moul. de Villers. Faubourg de Flandre à trav. en paſſ. dev. la Croix d'or. A l'O. de la ferme St.-Antoine & des marais. Devant le Calvaire, en côtoyant le ruiſſ. du moulin à huile. Avenue directe au moulin à v. & vill. de Saron ✚. Moulin à farine à l'E. du chât. des Ayeux. A 2 l. O. de Verberie. Le long d'un petit bois & d'une prairie. Vis-à-vis de l'avenue qui traverſe le parc du Pleſſis. A l'O. d'une belle avenue, entre deux canaux, directe au chât. du Pleſſis. 30.ᵉ borne miliaire. A ½ q. l. O. du Pleſſis-Longueau ✚. Pont à l'O. d'une Iſle au milieu d'une piece d'eau. Pont ſous lequel paſſent les eaux qui ſortent des canaux du chât. ruiné de Fontaine-le-Comte. Chemin du Pleſſis-Longueau ✚. Dev. les auberges; garenne & avenue directe au château. Le long O. d'un bois & chemin de Bazicourt. Le long E. de

PARIS.

St.-Martin-Longueau. ½ l. de la Drancourt & de Sacy-le-grand. Calvaire, à ½ l. O. de Sacy-le-petit : *belle vue*. Arche à l'E. de la ferme de la Borde. O. des tertres, Moulins & chap. de Ste. Catherine. Carref. du chemin & à 3 l. de Clermont, que l'on voit. A l'E. du moulin à v. & vill. de Choisy & d'Avrigny. A Blincourt +. Chemin, & ¼ l. E. de la Motte-d'Ancourt. Avenue au S. O. de la ferme de Tranais, & plus loin le chât. & vill. d'Arcy. +. Bois de Lihus à côtoyer. Clos, ham. & poste de Lihus : *belle vue*... 3 l. Chemin & à ½ l. E. de St.-Julien-le-Pauvre, & plus loin Bailleul-le-Sec +. A l'O. du moulin à vent & vill. de Moyvillers +. Pente douce & à Estrée-St.-Denis +. A 1 l. E. du chât. d'Airenne, O. du bois de Remy. Pont, à ½ l. E. des Logettes, ferme. Le long E. des bois de Fresnel. ½ l. O. du bois & vill. de Francieres +, plus loin Remy + & Lachelle +. Le long O. d'une remise & du vill. d'Henneviller +. ½ l. E. de Warnanvillers. ferme. A 3 l. S. E. de Coivrel ; *belle vue sur Gournay*. ½ l. O. d'Arsonval & des bois de Monchy, plus loin le mont Ganelon & la forêt de Compiegne. Tranchée & pente rap. à passer. Canal, prairie & pont, en face des canaux du chât. de Gournay. Pont, moulin sur la riv. d'Aronde. Pente rap. Poste & place du Marché... 2 ½ l. Demi-lune & avenue en face du chât. ¼ l. E. de Neufvy +, dans le fond ; plus loin sont Moyenneville +, la Neuville +, Promleroy & Angiviller +. Pente rap. & tranchée à passer. Pont à l'E. de la riv. de la Somme-d'or. Pente douce & côteau à ½ l. du Bout du bois, chât. A l'O. du bois & ferme de Porte. A St.-Maur *ou* Entrevaux. Vis-à-vis de la chap. de St.-Maur, au carref. d'une route Romaine. A l'E. de la maison d'un Garde-chasse. Pente longue & rap. & côte d'où l'on apperçoit la ferme de Lihus. Au bois de la Taulle & carref. de la route de Compiègne. A ¼ l. O. de Ressons +, & plus loin les arbres & la ferme St.-Claude. En face du chât. de Séchelles. Chemin & à ½ q. l. O. de la Commanderie de Bellicourt. Carref. & belle avenue dir. à la grille du parc & chât. de Séchelles. ½ l. N. du vill. & moulin de la Taulle. A Cuvilly + & chemin de *Montdidier*... 2 l. Dev. la Poste & avenue du chât. de Séchelles. A l'avenue directe au N. E. & au chât. de Sorel. ¼ l. E. du chât. & vill. de Mortemer +. Clos bordés de hayes, à l'O. de la chap. St.-Claude. Calvaire & arbres fruitiers. O. du petit & gr. Blermont +. ¼ l. E. de la Madelaine-

Roolot. A Orvillé. Pont à l'E. du bois & vill. d'Hainviller +. Vallon, pont, entre le moulin à v. d'Orvillé & le bois de Blermont +. ½ l. E. d'Hainviller + & du chât. de Bains. Clos de Conchy & carref. du chemin de Noyon à Montdidier & à Amiens. *A Conchy-les-Pots* +... 2 l. Dev. la fontaine & au Plessier-St.-Nicaise +. Poteau de la poste de Conchy, dit *Pontl'etrier.* ½ l. E. du moulin à v. & vill. de Boulogne +. Entre les bois & à 3 l. O. du moulin à vent de Candor. Vis-à-vis de Vaussoir & du chât. de Quint. ¼ l. E. de Mézières-les-Bus. ½ l. O. de Cessier & 1 l. de Crapeau-Mesnil +. Clos, prairie & à Tilloloy +. Le long du parc & avenue directe à l'E. & au moulin à v. de Beuvraines, de ceux de Lagny & de Candor, à l'horis. Le long du potager & du partere; en face du chât. où il y a une avenue directe au N. Rue à l'O. qui va à Beuvraines. Croix, & le long des Garennes. Chemin & à 1 ½ l. O. d'Amy + & chemin de Grevilliers, ¼ l. à l'O. A ¼ l. E. des bois & vill. de Popincourt +, ½ l. de Dancourt +. 1 l. O. de Verpillieres + & 2 l. de Margny +. Le long E. de Laucourt +. A 1 l. O. de Royéglise + & Champien plus loin. Moulin à v. à ½ l. S. de St.-Mard +. Calvaire, moulin. Chemin & à ¼ l. O. de St.-Georges. Au faub. St.-Gilles. Pont & riv. d'Avre que l'on passe. Grille du pont St. Gilles. *A Roye...* 3 l. Pente douce, Calvaire & place du Marché; dev. le Mail & grille à passer; place où vient aboutir la route de Nesle. Faubourg de St.-Pierre à trav. Vallon & pont. Moulin à v. & à ½ l. O. de Carrepuis +. A l'E. des fermes de Braquemont & de la Grange. ¾ l. de Goyencourt + & Damery +. 1 l. O. du moulin & vill. de Marché-la-Louarde +. Cabaret, ferme de l'abb. & chemin de Gruny +. Chemin planté au S. E. de Fresnoy-les-Roye +. ¾ l. O. du chât. de Tilloy & de Retonviller +, sur la route de Roye à Nesle. Chemin, moulin à vent & à ¼ l. O. de Cremery +. A l'E. d'un bois & à ¼ l. de l'aven. de Fresnoy à la Chavatte +. Avenue directe au N. E. & au chât. de Liencourt. A Liencourt +. Avenue en face du chât. Le long E. du bois de ce vill. A 1 l. O. du chât. & vill. d'Herlies +. ½ l. E de Hattencourt +. Fransart +, Châteaubleu & Fouquecourt +, ¼ l. O. d'Estalon +. A Fonches +. Le long E. du vill. & dev. la Poste... 2 l. A l'avenue directe au S. E. & à Estalon +. Pont à ¼ l. O. de la source de l'Ingond. A Fonchette +. Chemin & à ¼ l. E. de Punchy +. ¼ l. d'Hallus +, 1 l. de Chilly & de Maurecourt +. A ½ l.

PARIS.

N O. de Curchy +. Route pavée & plantée dir. au N. O. & à Chaulnes & Lihons, & chemin de Nesle, que l'on voit. Le long E. de Puzeaux. ¼ l. O. du petit Hiancourt. 1 l. N. O. de Chaulnes, du chât. & du parc. Au pied de deux moul. à huile. ½ l. O. de Berfaucourt +. A Omiecourt-le-mont-Royard +. Devant la grille du chât. & l'église. Croix & chemin d'Hiaucourt-le-grand +. Avenue de Chaulnes à Pertain. ¼ l. O. de Pertain +. A l'E. du moulin à vent & chapelle de St.-Léger. Bois à passer & vallon à trav. ½ l. O. de Licourt +, au bord du bois. ¼ l. O. de Pressoir +. *A Marché-le-Pot* +... 2 l. Avenue directe au N. E. & à Misery +. Avenue & à ½ l. E. de Gomiecourt + & ¼ l. d'Ablincourt +. ½ l. O. des bois & vill. de Misery +. Pont & vall. à trav. A Mazancourt. ¼ l. E. de Fresnes +. Chemin & à ½ l. E. du chât. & vill. de Berny +, plus loin Deniecourt + & Soyecourt +. Bois à trav. Pont, chemin d'Amiens à St.-Quentin & pente rapide. A l'E. d'Horgny, ¼ l. de Beloy. ¾ l. N. O. de Briot + & St.-Christ +. 1 ½ l. d'Athies & d'Ennemain +. A Villers-Carbonel +. Avenue en face du chât. Croix & carref. d'une route Romaine de St.-Quentin à Amiens. A 1 l. E de Beloy +. ½ l. O. du vill. & moulin à v. de Brie-sur-Somme, & 2 l. de Mons-en-Chauffée +. ⅓ l. N. O du chât. d'Applaincourt, plus loin on voit Briot + & St.-Christ +, dans la vallée. En face & au S. de Péronne, Mont-St.-Quentin & le moulin d'Hercourt, au-dessus & plus loin celui de Nurlu. Vallon & pont de brique à passer. Le long O. d'Estrepagny +. ¼ l. E. de Berleux. Pont & ruiss. A l'O. de Lamire ; ¾ l. du Mesnil-Bruntel +. Pont sur le canal. Chemin de Bray à Amiens. A l'O. de la Pelette & de Bayencourt. ¼ l. S. O. de Doingt, au-delà de la Somme. Fortifications, pont sur la Somme & porte de Paris. *A PÉRONNE* ... 3 l.

Perthes	S.	Fontainebleau	14
Pertuis	S.E.	Avignon & à Manosque	191
Peruelt ou Perwelt	N.O	Gisors & à Dieppe	26
Pesmes	S.E.	Dijon & à Pesmes	88
Pessan	S.O.	Auch; d'Auch à Lombez	179
Petite Pierre	E.	Phalsbourg & à Petite Pierre	110
Pettelange	E.	Metz & à Deux-Ponts	95
Peyroade	S.O.	Bayonne & à Pau	210
Peyruis	S.p.E.	Avignon & à Sisteron	198

Peyrus.......	S.O.	Cahors & à Villefranche....	150
Pézénas........	S.	Montpellier & à Pézénas....	204
Pfaffenheim....	S.E.	Béfort & à Colmar........	113
Phalsbourg......	E.	Strasbourg par Metz......	104
Philippeville...	N.E.	Laon; de Laon à Liége.....	59
Philisbourg......	E.	Strasbourg & à Francfort...	143
Picquigny......	N.	Amiens & à Picquigny.....	34
Pierre-Buffiere..	S.O.	Limoges & à Pierre Buffiere..	98
Pierre-Chatel...	S.E.	Belley & à Pierre-Chatel...	126
Pierrefort........	S.	Clermont & à Pierrefort....	121
Pierrelatte.......	S.	Lyon & à Avignon........	159
Pierrelaye.....	N.O.	Pontoise.................	6½
Picux. (les).....	O.	Caen, Valognes & aux Pieux.	82
Pigans........	S.E.	Aix & à St.-Tropez........	210
Pignan......	S.p.O.	Montpellier & à Pézénas....	194
Pimbo........	S.O.	Bordeaux & à Pau.......	200
Pin. (le)........	E.	Meaux	6
Piney........	S.E.	Troyes & à Nancy........	43
Piolene........	S.	Lyon; de Lyon à Avignon..	164
Piple (le) chât..	S.E.	Provins	4
Pionzat........	S.O.	Evaux; de Clermont à Guéret.	90

PITHIVIERS. *Grande Route*... S... 27

De Paris à *Fontainebleau*... 16 l. De Font. à *Pithiviers*... 11 l.

Chemin de traverse 21

De Paris à *Estampes*... 13 l. *Voyez de Paris à Orléans.* d'Estampes on passe la riv. de Cocrive *ou* Juine & au N. de St.-Simphorien. Pente rap. au N. de Bretagne; le long S. du parc & dev. le chât. de Vaudouleurs. ½ l. S. de St.-Germain-les-Estampes +. ½ l. de Morigny. 1 l. de Champigny + & plus loin Etrechy : *belle vue* A ½ l. O. de Beauvoir & de Bonvillers, ½ l. de Bouville +. A l'E. de la Grange-St.-Pere. ½ l. O. du chât. & bois de la montagne; ¼ l. de Bois-Mercier. ¼ l. O. d'Ormoy-la-Riviere +. Devant une Justice & à l'E. de la ferme d'Huilet. ¼ l. O. du chât. de Guignonville. Le long O. du bois & chât. de Menil-Girault. 1 l. S. E. de Puisselet-le-Marais +. Croix & à ¼ l. E. de Boissy-la-Riviere +. ½ l. O. de la forêt Ste-Croix +. *A Marolles* +... 2 l. A ½ l. O. de Bois-Herpin +.

1 l. E. de Fontaines + & de St.-Cyr +. ¼ l. de la ferme de l'Orme ¼ l. O. de Bois Champbault, ½ l. de Rouvillers +, ¼ l. de Quincampoix, derriere le bois. A ¾ l. E. du chât. de Coltainville, des vill. d'Abbeville + & Arancourt +. 1 l. O. de Mespuis +. A l'O. du bois d'Ezarville & Lavenant, hameau. A Ansonville. ¼ l. E. de Rouvres. ½ l. O. de Blandy + & 1 l. de Brouy +. A l'O. d'Anzanville. 1 l. du vill. parc & chât. de Mainvillier +. ¼ l. E. de Dreville & ½ l. de Sermaises +. Avenue & à ¼ l. O. de Carbouville. 1 l. E. du parc, chât. & vill. de Tignonville + & plus loin Pannetiers + & Estouches +. Le long O. du parc, chât. & vill. d'Audeville +... 3 l. A ½ l. E. d'Argeville, 1 l. de Bessonville, ½ l d'Inville-la-Guitard +. A l'O. de Folleville, ½ l. de Cezarville + & d'Ossainville +. ¼ l. E. de Monville + & de Danonville. A Engenville +. ½ l. O. de la ferme de Piponvilliers. ½ l. E. du moul. à v. & ham. de Lolainville. ¾ l. O. du vill. de Ramoulu +. ½ l. E. d'Ezerville, ham. A l'O. du moulin à vent & ham. de Fresne, ½ l. du grand & petit Marcinvilliers +. 1 l. E. des chât. & bois d'Annorville & Tretinville. ¾ q. l. O. de Moncharville. ½ l. E. de Boulonville +. ½ l. O. du moulin à vent parc & chât. des Essarts, sur la route de Fontainebleau à Pithiviers. Le long E. du chêne. A Senive, ferme. ¾ l. O. des grands Essarts. ½ l. E. de la grange-Bourreaux. 1 ½ de Guigneville +. ¾ l. O. de Brandevilliers. Entre le moulin à v. & la Folie, ½ l. O. de Bondaroy +. *A PITHIVIERS*. 3 l.

Plailly	N.E.	
Plaisance, chât.	S.E.	
Plaisance	S.O.	
Plaisance	S.O.	
Plaisir	O.	
Plau	S.O.	
Plancy	S.E.	
Pleaux	S.p.O.	
Plessis Barbuise	S.E.	
Plessis-Belleville	N.E.	
Plessis-Bouchard	N.pO	
Plessis-Brion	N.E.	
Plessis-Choiselle, ch.	N.E,	
Plessis-le-Comte	S.	

DE PARIS	
Chaalis	8
Vincennes & à Plaisance	3
Auch; d'Auch à Pau	187
Limoges & à Toulouse	170
Dreux	7½
Toulouse & à Bagnères	200
Provins & à Plancy	34
Clermont, Mauriac & Pleaux	119
Troyes	25
Soissons	9
L'Isle-Adam	5
Noyon	20
Compiegne	12
Fontainebleau	6½

Plessis-Gassot.... N.	Amiens................. 24
Plessis-le-Franc. S.O.	Chartres & au Plessis...... 24
Plessis-l'Evêque... E.	Meaux.................. 9
Plessis-Paté...... S.	La Ferté-Aleps.......... 8
Plessis-Picard.... S.	Melun.................. 9½
Plessis-Piquet... S.O.	Chevreuse.............. 2½
Plessis-St.-Just... N.	Amiens................. 19
Plessis-St.-Pere, chât. S.	Orléans................ 5
Pleumartin.... S.O.	Tours; de Tours au Blanc... 82
Plombières..... S.E.	Langres & à Plombières..... 96
Plouay...... O.p.S.	Rennes & à Plouay........ 130
Plume. (la).... S.O.	Agen & à la Plume........ 164
Poissy........ N.O.	Rouen par St. Germain.... 6
POITIERS.... S.O.	Tours & à Poitiers........ 87
Poix.......... N.	Beauvais; de Beauv. à Abbev. 25
Poligny........ S.E.	Dijon; de Dijon à Genève.. 97
Pommeraye. (la) S.O.	Tours, Thouars & la Pommer. 90
Pompadour.... S.O.	Limoges & à Pompadour.... 107
Pomponne...... E.	Lagny.................. 6½
Poncin........ S.E.	Bourg; de Bourg à Genève... 113
Pons.......... S.O.	Poitiers, Saintes & à Pons... 126
Pontac........ S.O.	Pau; de Pau à Barrège...... 209
Pontaix........ S.	Lyon; de Lyon à Die....... 154
Pont-à-Mouss. E.p.S.	Bar-le-Duc & à Pont-à-Mouss. 76
Pontarlier..... S.E.	Besançon & à Pontarlier.... 107
Pontarmé..... N.E.	Senlis.................. 9½
Pontaudemer.. N.O.	Rouen; de Rouen à Caen.... 42
Pontauthon... N.O.	Evreux; d'Evreux au Havre. 35
Pontault....... S.E.	Rozoy.................. 6
Pont-aux-D. abb.S.E.	Sezanne................ 10
Pontavaire.... N.E.	Soissons & à Réthel....... 35
Pont-Beauvoif. S.p.E.	Lyon; de Lyon à Chambéry. 132
Pont-Camerez.... S.	Clermont, Milhaud & à Pont C. 156
Pontcarré.... E.p.S.	Ferriere & à Pontcarré..... 8
Pontchartrain.... O.	Dreux.................. 9½
Pontchâteau..... S.	Clermont; de Clerm. à Lyon. 96
Pontcroix.... O.p.S.	Rennes; de Renn. à Audierne. 147

PARIS.

Pont-de-l'Arche. N.O.	Rouen par St.-Germain.... 29
Pont-de-Montvert. S.	Clerm. Mende & Pont-de-M. 132
Pont-de-Vaux... S.	Chalon-sur-Saone & à Lyon. 96
Pont-de-Vesle.... S.	Macon; de Macon à Lyon... 100
Pont-d'Ouilly... O.	Falaise & à Pont-d'Ouilly.... 52
Pont-Ecoulant... O.	Falaise; de Falaise à St.-Lo. 55
Pont-Farcy..... O.	Caen; de Caen à Avranches.. 67
Pont-Gibault. S.p.O.	Clermont; de Clerm. à Limog. 98
Pontœiller..... S.E.	Dijon; de Dijon à Vesoul... 88
Pontigny..... S.p.E.	Auxerre & à St.-Florentin... 52
Pontillaut, ch. E.p.S.	Rozoy................. 6
Pontivy..... O.p.S.	Rennes; de Renn. à Quimper. 112
Pont-l'Abbé.. O.p.S.	L'Or. Quimper & à P.-l'Ab. 148
Pont-l'Abbé..... O.	Caen; de Caen à Valognes... 71
Pont-l'Abbé... S.O.	Saintes; de Saintes à Rochef. 127
Pont-l'Evêque..N.O.	Rouen; de Rouen à Caen... 48
Pontlevoy..... S.O.	Blois & à Pontlevoy........ 48
Pontoise...... N.O.	Rouen par Pontoise........ 8
Pontorson...... O.	Avranches & à Pontorson... 79
Pont-St.-Esprit... S.	Lyon; de Lyon à Avignon. 164
Pont-Ste-Marie. S.O.	Bordeaux & à Agen........ 184
Pont-Ste.-Max.N.p.E	Péronne.................. 14
Pont-sur-Sambre N.E.	Laon; de Laon à Condé.... 55
Pont-sur-Seine.. S.E.	Troyes.................. 27
Pont-sur-Vanne.S.pE	Sens; de Sens à Troyes.... 33
Pont-sur-Yonne... S	Sens.................... 26
Pont-Vallain... S.O.	Au Mans; du Mans à Saumur. 58
Poote. (la)...... O.	Alençon & à la Poote....... 49
Poperingues..... N.	Arras; d'Arras à Furnes.... 60
Porentruy..... S.E.	Béfort & à Porentruy...... 108
Pornic........ S.O.	Nantes & à Pornic........ 107
Port-à-l'Anglais S.pE	Choisy par eau........... 1½
Port de Marly.. N.O.	St.-Germain-en-Laye...... 4½
Port-Dieu..... S.O.	Limoges & à Tulle........ 114
Portes........ S.	Fontainebleau............ 10
Port-Louis... O.p.S.	L'Orient par Nantes....... 130
Port-sur-Saone.. S.E.	Langres; de Langres à Vesoul. 82

PARIS.

Pouancé	O.p.S.	Angers; d'Angers à Rennes..	85
Pougues	S.	Nevers	55
Pougy	S.E.	Arcis & à Pougy	42
Pouilly	S.	Saulieu, de Saulieu à Dijon..	68
Pouilly	S.	Lyon par Moulins	49
Pourprix	S.p.O.	Orléans	25
Poussan	S.	Montpellier & à Poussan	198
Pouzanges	S.O.	Angers; d'Ang. à la Rochelle.	92
Praissac	S.O.	Limoges, de Limoges à Agen.	130
Praslin	S.E.	Troyes; de Troyes à Langres.	52
Precy	E.	Meaux	9
Premery	S.	La Charité & à Premery	58
Pré-St.-Gervais	N.E.	Belleville & au Pré St.-Gerv.	1½
Presles	N.	Beauvais	8
Presles	S.E.	Rozoy	9
Pretot	O.	Carentan & à Pretot	71
Preuilly	S.O.	Amboise, Loches & Preuilly.	69
Prez-en-Pail	O.	Alençon & à Mayenne	51
Privas	S.	Clerm. de Clerm. à Aubenas.	142

PROVINS. Grande Route... S.E.. 22

On sort de Paris par le faubourg St.-Antoine, en passant au carrefour où étoit la porte, au N. de la Bastille & au S. des Boulevards. Fourche de la grande rue du faubourg, qu'on laisse à gauche, & l'on prend par la rue de Charenton en passant devant les Quinze-Vingts, autrefois l'hôtel des Mousquetaires noirs. Devant les Filles Anglaises & le long des murs de l'Abb. St.-Antoine & de la Manufacture des Glaces. Marais & barriere de Reuilly. Le long N. du mur & Pavillons de l'ancienne maison Royale de Rambouillet: plus loin St.-Bonnet & l'Hôpital. ½ l. N. E. du Val-de-Grace & l'Observatoire, 1 l. de Bicêtre & 1½ l. du vill. de Villejuif +, à l'horison. 2.e borne milliaire. Pont & ru de la vallée de Fécamp. Pente douce & à la Grande-Pinte. Rue directe à la Seine & au Paté. Devant plusieurs auberges d'où l'on apperçoit la montagne de Montmartre au N. O. le long des murs du parc & chât. de Bercy. A ¼ l. S. de Charonne, l'Epine & Malassise, & 1 l. S. O. de Montreuil +. Demi-lune en face du chât. de Bercy & belle avenue directe au N. E. & aux Hospitalieres, St.-

Mandé

Mandé & au chât. de Vincennes. Maison & avenue au S. O.
& au chât. de Conflans. Chemin des Carrieres & maison
des Carmes. N.º 3 de la Borne. Chemin de St.-Maur en
traversant le bois de Vincennes par la gr. aven. Calvaire
& chem. des Carrieres directe à Villejuif, Bicêtre, &c.
belle vue. A Charenton +... 2 l. Croix & chem. de Charonne.
Le long du mur & grille en face du chât. du Cadran. Le
long N. du mur des Carmes. Pente rap. & grille d'une
maison bourgeoise. Devant le Lion d'or, auberge, & la
Cazerne de la Marechaussée. Chemin de Valdosne, la
Charité & St.-Maurice. Devant la poste, grosse auberge.
Pont & moulins sur la riv. de Marne. A l'O. du moulin &
maisons de la Charité, Valdosne & St.-Maurice +. $\frac{1}{2}$ l.
N. E. du Port-à-l'Anglais, sur le bord de la Seine. Carref.
de la route de Melun, directe au S. E. & à Maisons +. Le
long O. de l'Ecole-Vétérinaire. A Alfort. N.º 4. Le long
N. du parc & jardin de l'Ecole-Vétérinaire. Avenue au S.
du chât. Gaillard & plus loin Charentoneau & le moulin
des Corbeaux. Chemin & à $\frac{1}{4}$ l. N. de Maisons +. $\frac{3}{4}$ l. S. O.
du chât. & vill. de St.-Maur +. N.º 5 d'où l'on apperçoit
au S. Valenton +, Villeneuve-St.-Georges +, Athis +, &c.
A 1 l. S. de Nogent-sur-Marne + & du chât. de Plaisance
1 l. N. E. de Choisy-le-Roy +. Chemin de Creteil à Maisons. $\frac{1}{2}$ l. N. de N. D. des Mesches & de Mesly. Croix,
chemin & à 1 $\frac{1}{2}$ l. O. de Chenevieres + & Ormesson. $\frac{1}{4}$ l. du
chât. Dubuisson-sur-Marne. A Creteil +. Belles maisons
& jardins bourgeois. A la croix de Bonneuil +. *Belle vue.*
Avenue en face du pavillon de Rancy. Entre les clos bordés de hayes vives. Belle avenue au chât. de Rancy. $\frac{1}{2}$ q. l.
O. de Bonneuil + N.º 7. Nouvelle route de Choisy à Tournam & Rozoy. Croix, chem. de Bonneuil à Villeneuve-St.-
Georges. Demi-lune & avenue en face du chât. de Bonneuil.
Chemin direct au petit & grand Val & à Ormesson +.
Pont & marais à passer. Avenue à l'E. & au chât. de Piple
$\frac{1}{2}$ q. l. N. du parc de Brevanne, & chemin de Choisy. $\frac{3}{4}$ l.
N. E. de Limeil, au-dessus de Brevanne. Pente rap. de la
montagne de Boissy. A Boissy-St.-Léger +. N.º 9. Belle
avenue directe au S. E. & au parc de Grosbois. Marre
d'où l'on voit Paris, le Calvaire, St.-Germain & les
environs. Avenue directe au N. O. & à Vincennes, St.-
Maur & les bois du Raincy, &c. Le long O. du parc de
Grosbois en pass. dev. les ha! ha! qui le laissent entrevoir,
& à l'E. du bois de la Grange. Demi-lune & route pavée

du chât. de la Grange. N.° 10... 3 l. A la grille & belle allée qui précede le chât. de Grosbois & belle demi-lune où viennent aboutir cinq routes, dont la principale est celle de Brunoy. Dev. la poste & le pavillon de Grosbois, *cabaret*. Demi-lune & fin du bois de la Grange; d'où l'on voit le clocher de Brie-Comte-Robert en face de la route. Pente douce en passant devant la Folie. Chemin & à $\frac{1}{4}$ l. E. de Villecresne. Demi-lune & chemin de Marolles. Prairie à $\frac{1}{4}$ l. N. E. de Cerçay & de Mandres +. N.° 11. Pont sur le Réveillon que l'on passe, au N. de Montesar. Route pavée de Marolles + & pente rap. Le long O. du mur du du chât. du Marais, & chemin au S. O. qui conduit à Brunoy N.° 12. Pavé & à $\frac{1}{4}$ l. S. O. du chât. & vill. de Senteni +. $\frac{1}{4}$ l. N. E. des vill. de Mandres + & Perigny +. Route pavée & à $\frac{1}{4}$ l. S. O. de Servon + & du château de Villemon, sur le Réveillon. Chemin & à 1 l. N. E. de Varennes +, Quincy + & Combs-Laville +. $\frac{1}{4}$ l. S. O. des chât. de Foreil, la Jonchere, Yvernau, sous Carriere, le Buisson, 1 l. de Lezigny +, dont on voit la Fleche. N.° 13. A $\frac{1}{2}$ l. de la tour de Brie, maison au N. de St.-Lazare. Chemin & à 1 l. S. de Ferolles + & Justice de Brie *A Brie-Comte-Robert*... 2 l. On trav. la partie Septentr. de cette vill. en pass dev. le petit Lourd, auberge & le N.° 14. Route de Meaux en face de celle de Melun, qui traverse la ville de Brie. A côté de l'ancien château des Comtes de Brie & de la Tour St.-Etienne. Devant la porte du chât. la Poste & Panfou, fief primitif de Brie-Comte-Robert. A $\frac{1}{2}$ l. N. de Gregy + & 1 l. d'Evry-les-Châteaux +. $\frac{1}{2}$ l. S. de la ferme & bois de la Borde. Chemin de la Meuniere & le Ménil. 1 l. de Cossigny + & son moulin à vent. Chemin & à $\frac{1}{2}$ l. N. de Gregy +. N.° 15. Pente rap. pont & prairie à $\frac{1}{4}$ l. S. de Villemain & Grisy +, $\frac{1}{2}$ l. de Grange-le-Roy +. Vignes & N.° 16. Fontaine & ruiss. le long de la route des Carrieres, & à $\frac{1}{4}$ l. N. de Suines, chât. Chemin de Grisy + & avenue du chât. de Suines à Grange-le-Roy. Chemin & à $\frac{1}{4}$ l. Nord-Est de Sognolles +. N.° 17. Demi-lune, avenue, & à $\frac{1}{2}$ l. S. du chât. de Goubert +. Le long d'une marre, prairie & pont à passer. Au bas Goubert. Pont & ruiss. au N. du moulin à eau de Coubert Côteau & N.° 18. Demi-lune & Justice de Coubert. $\frac{1}{4}$ l. N. de Solers +. Prés, chemin & à $\frac{3}{4}$ l. S. O. du bois, chât. & vill. de Courquetaine +. N.° 19. A $\frac{1}{4}$ l. S. de Malassise. 1 l. N. de Champdeuil +. 1 $\frac{1}{2}$ l. N. E. de

PARIS.

Liſſy +. Fourches + & Limoges +. Aux Etats. N.º 20. Chemin & à ½ l. O. d'Ouzouer-le-Vougis +. Jardins & clos bordés de hayes à côtoyer. Au pont des Seigneurs & riv. d'Yeres, dev. le péage. O. du moulin à eau de la Pierre blanche. Chemin & à ¼ l. N. d'Yebles +. Le long O. de Nogent, ¼ l. des bais de Vitry. Vallon & à l'O. du moulin à eau de Gratteloup. ½ q. l. du moulin des Planches. Carrefour de la route de Melun & de Meaux. *A Guignes* +... 4 l. Pont, moulin, clos & N.º 22. Dev. la Poſte & le grand Louis, Auberge. Chemin & au S. de la Tuilerie & le Cheſne. Juſtice & à ¼ l. des moulins & chât. de Vernouillet; avenue en face de ce chât. Pont au S. de l'Etant +. ½ l. de Verneuil + & 1 l. de Beauvoir +. N.º 23. Route plantée directe au S. & à ½ l. du chât. & vill. d'Andrezelles +. Pont, prairie & à la Baraque. Chemin planté de St.-Remy, Champeaux & Blandy. ¼ l. S. du chât. & vill. de Verneuil +. N.º 24. Croix, chemin & à ¼ l. S. de Pequeux. 1 l. de Beauvoir + & 1 ½ l. de *Chaulmes*. Chemin & au N. de Bombon. Chemin de Courcelles, Rouvray & Montchauvoir. Arche, prés & chemin planté de Péqueux + & celui du chât. de Courgouſſon. N.º 25. Clos & au N. de la ferme de Mons. Chemin & à ½ l. S. d'Aubepierre, Sabliere & Juſtice de Mormant. Demi-lune, avenue directe au S. & au chât. de Breſſoy. ½ l. S. O. de la ferme d'Ormeſſon, du moulin à v. & ham. de la Noue. Clos & chemin planté de Rozoy. ½ q. l. O. du moulin à vent. ½ l. d'Ouzouer-le-Repos. Clos, haie & N.º 26. *A Mormans* +... 2 l. Devant l'auberge du Dauphin, la poſte & l'égliſe. Chemin direct au S. & à Lady & Breau +. Arche à l'angle du parc de l'Epine. Chemin bordé du fief de l'Epine. Avenue & à ½ S. d'Ouzouer-le-Repos +. +. A ½ l. E. de Breſſoy & N.º 27. Chemin de la ferme de Biſſeau. Belle avenue directe au N. & au chât. de Biſſeau. Avenue de Pommiers & angle du parc. Pont, prés & avenue à ½ l. N. E. du moulin à v. de Triboulot, ½ l. de Lady +. Pont, marre & prés à ½ l. N. de Feuillet. ¾ l. de St.-Ouen + & chapelle Thibouſt +. 1 ¼ l. du chât. & de la forêt de Villefermoy. Vallon, à ½ L S. de Bagneaux. N.º 28. A ½ q. l. N. des Tenieres. Pont & marre à ½ l. N. du moulin à v. & chât. de Boiſboudran & Fontenailles +. Pont, N.º 29 & prairie à paſſer. Le long S. du gr. Puy +. ¼ l. de Quiers +. Chemin & à ½ l. S. O. de Périchois & Cloſfontaine +. Chemin bordé de Noyers. N.º 30. Pont, prés au S. du moul. à v. & vill. de Bailly +. A la Picardie, auberge & à la nouvelle route de Rozoy à Nangis. Dev. la chap. de St. Eloy. $\frac{1}{2}$ l. S. O. de la Moinerie & des Loges, & $\frac{3}{4}$ l. de Carrois +. N.° 31. A l'E. de la ferme de Baschaillot. Pont, prés & avenue à $\frac{1}{2}$ q. l. E. de Mantresse. A la demi-lune & route de Montereau qui trav. *Nangis.* $\frac{1}{4}$ l. N. de ce bourg. A la Bretoche. Le long S. de Chatel +. Marre & N.° 32... 3 l. Prairies & à $\frac{5}{4}$ l N. O. de Rampillon + en côtoyant les haies de Nangis. Dev. & au N. de la ferme de Preboudreau en-deçà de l'étang & des haies. A $\frac{1}{4}$ l. S. de la Pseauve. Vallon & pont à passer. $\frac{1}{2}$ l. S. du chât. de Vienne. N.° 33. A $\frac{1}{2}$ l. N. de Rampillon +, 1 l. de la Croix en Brie. Dev. la petite Bretoche, *auberge.* Pont & ruiss. au N. de l'étang & moulin de Rampillon. N.° 34. A 1 l. S. de la Croix +. Route ferrée de la Commanderie & de Croix en Brie +. $\frac{1}{4}$ l. S. du bois d'Epy & des Bouleaux. $\frac{1}{4}$ l. N. de Raché, $\frac{1}{4}$ l. de Montepeau, Boisguilhet & Sermaise. N.° 35 & devant St.-Léonard, auberge. $\frac{1}{2}$ q. l. N. de Vauvillers +. $\frac{1}{2}$ q. l, S. de la grande Maison & $\frac{3}{4}$ l. de Chateaubleaux +. Vallon, pont & N.° 36. Au N. de Verger & Beaurepaire. $\frac{1}{2}$ l. S. de Cereau. $\frac{1}{2}$ l. de vieux Champagne. Vis-à-vis N. de Beugnon. Prés & avenue directe au N. E. & au chât. du Plessis aux-Tournelles. Demi-lune & carref. du chemin de Bray à Coulommiers. *Limite de la Champagne & de la Brie.* A $\frac{1}{4}$ l. S. de Coutevroux +. *A la Maison rouge*..... 2 $\frac{1}{2}$ l. Devant la Croix blanche, le N.° 37. La Maison rouge & la Poste. Au bas de Coutevroux. $\frac{1}{4}$ l. N. de Mitoye. 1 l. S. du chât. & parc du Plessis-aux-Tournelles. $\frac{1}{2}$ l. N. de Landoy + & 1 l. de Lezines +. $\frac{1}{4}$ l. N. de la chap. St.-Sulpice +. *Belle vue.* Vall. pont, côteau, à $\frac{1}{4}$ l. S. de Chanoy, & $\frac{1}{2}$ l. de Cucharmoy +. Pont, carr. & N.° 39. A $\frac{1}{2}$ q. l. S. de Fontenelle. $\frac{1}{4}$ l. N. de St.-Loup-de-Naud +. A Vullaines +. Chemin au S. de Chailes & N.° 40. Chemin & à 1 l. N. O. de Sainte-Colombe + & du chât. de Sepeuil & Poigny +. Vallon, pont & N.° 41. Au S. de Marolles, du chât. de Gueriton & Mortery +. Côte & belle vue sur Provins & les environs. A 1 l. S. de Romilly +. Pente douce, croix & chemin de Provins à la Ferté-Gaucher & à Donnemarie. Pente rap. Carrières & chemin qui mene à la ville haute de Provins. N.° 42. Jardins à côtoyer. Vis-à-vis, au bas S. de l'abb. de St.-Jacques. Nouvelle route de Provins à Montereau. *A Provins...* 3 l.

Autre Route.................... 23

De Paris *à Rozoy*... 13 l. De Rozoy *à Provins*... 10 l.
Voyez de Meaux à Troyes.

Puiseaux........	S.		Nemours; de Nem. à Orléans.	23
Puiselet.........	S.		Malesherbes............	15
Puiseux......	N.O.		Rouen par Pontoise.......	9½
Puiffégur......	S.O.		Agen; d'Agen à Auch......	174
Puiffeux......	N.O.		Senlis................	7
Puybéliard....	S.O.		Angers; d'Ang. à la Rochelle.	95
Puyceley......	S.O.		Montauban & à Puyceley...	164
Puy-en-Vellay...	S.	D E P A R I S	Clermont & au Puy........	121
Puy-Guillaume...	S		Et de Clermont à Vichy...	90
Puy-la-Garde...	S.O.		Cahors; de Cahors à Rodez..	153
Puy-Laurens.	S.p.O.		Toulouse & à Castres.......	183
Puy Maurin...	S.O.		Toulouse & à Tarbes.......	185
Puy-N. D....	S.O.		Saumur; de Saumur à Thouars.	84
Puy-Martin.....	S.		Lyon; de Lyon à Gap......	158
Puy-la-Roque..	S.O.		Cahors; de Cahors à Rodez..	151
Querhoent.....	S.O.		Vendôme; de Vend. au Mans.	46
Quesnoy. (le)	N.p.E.		St.-Quentin & au Quesnoy...	48
Questember...	O.p.S.		Angers & à Vannes........	115
Quetehou.......	O.		Caen; de Caen à Barfleur...	77
Queue. (la).....	O.		Dreux.................	11
Queue. (la)....	S.E.	D E P A R I S	Rozoy................	5
Queue. (la) chât..	E.		La Ferté-Milon...........	5
Quillebeuf.....	N.O.		Rouen & à Quillebeuf.....	44
Quimper....	O.p.S.		L'Orient & à Quimper.....	145
Quimperlay..	O.p.S.		L'Orient & à Quimperlay...	134
Quincy.......	S.E.		Melun.................	7
Quingey......	S.E.		Dijon & à Bef. par Mouchard.	100
Quinson.....	S.p.E.		Avignon, Riez & Quinson..	203
Quintin.......	O.		Rennes, Lamballe & Quintin.	112
Quiffac.......	S.		Lyon, Nismes & Quiffac...	183
Rabastens.....	S.O.		Auch; d'Auch à Tarbes.....	190
Rablais.......	S.O.		Angers; d'Angers à Châtillon.	78
Raincy. (le).....	E.		Meaux................	4

Ramberviller	S.E.	Nancy; de Nancy à Basle	98
Rambouillet	S.O.	Chartres	12
Rameru	S.E.	Provins, Arcis & à Rameru	40
Randans	S.	Moulins, Vichy & Randans	86
Ranes	O.	Dreux, Argentan & Ranes	48
Raon-l'Etape	S.E.	Nancy; de Nancy à Schlestatt	97
Ravanes, chât.	S.	Sens	17
Ravieres	S.p.E.	Sens; de Sens à Dijon	54
Réalmont	S.p.O.	Alby; d'Alby à Castres	174
Réalville	S.O.	Cahors & à Montauban	154
Réau	S.E.	Melun	9

REBAIS. Grande Route & Chemin... S.E... 19

De Paris à Coulommiers... 16 l. *Voyez de Paris à Sézanne.* De Coulommiers on passe au N. des Capucins. Le long N. de la prairie & de la riv. de Morin. ½ l. N. de Saint-Pierre-en-Veuve, au-delà. A Pomolin, ¼ l. N. de Chailly & Voisins. Pont, ruiss. & à ½ l. S. d'Aunoy +, sur la côte. Pente rap. ¼ l. N. du chât. du Buisson. Au S. de Champ-Breton & Champ-Augé. Au N. de la Vacherie & Matroy, sur Morin. A Boissy-en-Brie +, ¼ l. S. de Sepense. Chemin & au N. de Fontenelle. Le long N. des Brosses. ½ q. l. S. des Granges. ¼ l. N. de Monthomet, Limous; plus loin le chât. & parc de Chalendos. A Champ-Colin, S. de Champ-la-Dame. A l'O. des Pieux & de St.-Denis-les-Rebais. A Villeneuve-sur-le-bois. 1 l. S. de Doué +. Pente rap. & au N. de St.-Ail. *A REBAIS*... 3 l.

Rebetz, chât.	N.O.	Chaumont en Vexin	15
Recey	S.E.	Troyes & à Dijon par Recey	60
Regennes, chât.	S.	Auxerre	38
Regny	S.	Moulins, Roanne & Regny	99
Reillane	S.p.E.	Avignon; d'Av. à Sisteron	193
REIMS	E.	Meaux ou Soiss. & à Reims	38
Reishoffen	E.	Phalsbourg & à Reishoffen	118
Remalard	S.O.	Dreux; de Dreux au Mans	33
Remich	E.	Metz; de Metz à Trèves	91
Remiremont	S.E.	Nancy & à Remiremont	104
Remoulins	S.	Lyon; de Lyon à Montpellier	174
Renaison	S.	Moulins; de Moul. à Roane	95

Rennemoulin.... O.	Versailles & à Dreux......	6
RENNES.... O.p.S.	Dreux, Alençon & Rennes..	86
Renwez....... N E.	Mézières; de Méz. à Rocroy.	59
Réole. (*la*).... S.O.	Bordeaux & à Agen........	166
Requista........ S.	Clerm. Milhaud & Requista.	148
Ressons, abbaye.. N.	Beauvais par Meru........	14
Reuilly....... S.O.	Orléans; d'Oil. à Issoudun.	54
Revel....... S.p.O.	Cahors; de Cah. à St.-Papoul.	174
Revigny....... S.E.	Châlons & à Bar-le-Duc.....	53
Revin........ N.E.	Mézières, Rocroy & Revin..	65
Rhedon..... O.p.S.	Angers; d'Angers à Vannes.	99
Rheinel....... S.E.	Bar-le-Duc & à Rheinel....	70
Rheinzabern..... E.	Strasbourg & à Francfort....	137
Rhetel ou *Rethel*.. E.	Reims & à Réthel...	47
Rhodez ou *Rodez*.S.O.	Clermont & à Rodez......	139
	Cahors & à Rodez........	167
Rians....... S.p.E.	Avignon; d'Av. à Draguignan.	194
Ribaucour...... N.	Amiens & à Ribaucour.....	36
Ribauvillers.... S.E.	Colmar................	115
Ribemont..... N.E.	La Fère; de Compièg. à Guise.	40
Riberac...... S.O.	Limoges & à Riberac......	125
Ribiers......... S.	Lyon, Grenoble & à Gap...	158
Ricey. (*les*)... S.p.E.	Troyes; de Troyes à Dijon.	50
Richelieu...... S.O.	Tours & à Richelieu.......	72
Richenweir..... S.E	Colmar................	114
Rieux........ S.O.	Toulouse & à St.-Girons....	182
Riez........ S.p.E.	Avignon & à Riez........	202
Rigny-le-Seron.S.p.E.	Sens; de Sens à Troyes.....	35
Riom.......... S.	Moulins & à Clermont......	90
Riom-le-chetif. S.p.O.	Clermont, Bort & à Riom...	113
Rion......... S.O.	Bordeaux & à Tartas.......	188
Ris......... S.p.E.	Fontainebleau	6
Ris........... S.	Moulins, Vichy & à Ris....	86
Riscle........ S.O.	Bordeaux & à Tarbes.......	200
Rishoffen....... E.	Nancy; de Nancy à Landau...	110
Riviere-le-Châtel.(*la*) S.E.	Lons-le-Saun. & à Pontarlier.	112
Roanne......... S.	Moulins; de Moulins à Lyon.	95

Roche. (la) ...... S.		Clermont, le Puy & la Roche. 125
Rochebeaucour... S.O.		Angoulême & à Périgueux... 126
Rochebernard. O.p.S.		Nantes; de Nantes à Vannes. 105
Rochechalais ... S.O.		Limoges, Périgueux & Roch. 127
Rochechouart... S.O.	DE PARIS à	Limoges & à Rochechouart... 103
Rochederien ..... O.		Avranches & à Tréguier..... 109
Rochefort...... S.O.		La Rochelle & à Rochefort. 128
Rochefort...... S.E.		Dijon; de Dijon à Besançon.. 90
Rochefort.... S.p.O.		Clerm. de Clerm. à Aurillac. 100
Rochefort...... S.O.		Chartres 11
Rochefort........ S.		Lyon & à Rochefort....... 120
Rochefoucault.. S.O.		Limoges & à Angoulême.... 112

ROCHEGUYON. (la) Grande Route & Chemin. N. O. 18¼ l.

De Paris à Magny... 15 l. Voyez cette Route. De Magny on passe au carref. des routes de Paris & Mantes. Le long S. de l'Aubette, riv. & au N. de la fontaine de St.-Plaisir & du chât. de Charmont. Moulin à eau & hameau d'Hodon. ½ l. S. d'Archemont. Pont, ruiss. & à ¾ l. N. de Genesville + & plus loin Mondétour + & Artie +. Pente rap. & à ½ l. S. de Louviers, Commanderie. 1 l. N. de Villers-en-Arthie +. ¼ l. S. d'Omerville +. ½ l. d'Amble- ville, & plus loin Lû-sur-Epte, riv. belle vue. Chemin & à ½ l. N. du parc & prieuré de Villarceau. A Chaussy + & pente rap... 2 l. A ¼ l. S. de Boucagny. 1 l. de Lû, &c. A ¾ l. E. de la Boissiere. Culfroid & Meré. ½ l. S. de St.-Leu où Frocourt, 1 l. de Bray; Baudemont + est au-dessus. ½ l. N. de Cherencé + & 1 l. de Vetheuil +. ¼ l. N. de la ferme de Bezu. Au Chenay, ½ l. S. E. d'Amenucourt +. ½ l. N. du vill. de Roche-d'Autisse + : belle vue ½ l. N. de la forêt de Rocheguyon, au-delà de la Seine, riv. ½ l. E. de Gasny-sur-Epte +. Pente rapide & à la ROCHE- GUYON..... 1 ¾ l.

Autre Chemin................. 18

De Paris à Rolleboise... 16 l. Voyez de Paris à Vernon. De Rolleboise à la Rocheguyon... 2 l.

ROCHELLE. (la).. S.O.	Paris à Tours & à la Rochelle.	121
Rochemaure........ S.	—— Lyon; de L. à Avignon.	153
Roche-en-Pozay... S.O.	—— Tours; de T. au Blanc.	86

Roche-sur-Yon.

Roche-sur-Yon..	S.O.	
Roches. (les)...	S.O.	
Rochette........	S.	
Rocamadour...	S.O.	
Rocourt.......	N.E.	
Roquemaure......	S.	
Rocquencourt....	O.	
Rocquevaire...	S.p.E.	
Rocroy.......	N.E.	
Rohan......	O.p.S.	
Rohan-Rohan..	S.O.	
Roinville......	S.O.	
Roissy-en-Brie....	E.	
Roissy en France.	N.E.	
Romagne-s-Montfaucon	E.	
Romaine. (gr. & petit)	S.E.	
Romainville.....	E.	
Romans........	S.	
Romenay.......	S.	
Romilly.......	S.E.	
Romorantin....	S.O.	
Ronay.......	N.E.	
Roncevaux....	S.O.	
Ronchamps....	S.E.	
Roolot.........	N.	
Roque. (la)......	S.	
Roquebrou.....	S.O.	
Roquecor......	S.O.	
Roquef. de Marf.	S.O.	
Roquelaure....	S.O.	
Rorbach........	E.	
Rosay, chât..	O.p.N.	
Rosette, chât..	S.O.	
Rosheim.....	E.p.S.	
Rosiers. (les)...	S.O.	
Rozieres........	N.	
Rosny........	S.E.	

DE PARIS à ... DE PARIS à ... DE PARIS à

Angers; d'An. aux S. d'Olon. 103
Chartres; de Chartres à Tours. 45
Melun 12
Limoges & à Cahors....... 130
Soissons................ 24
Lyon, Orange & à Roquem. 170
Anet................... 5
Aix & à Rocquevaire...... 199
Laon de Laon à Rocroy.... 52
Rennes; de Rennes à Rohan. 109
Poitiers & à la Rochelle..... 107
Chartres................ 17
Rozoy 6½
Dammartin............... 5
Reims & à Luxembourg.... 58
Rozoy 7
Meaux.................. 2½
Lyon, Valence & Romans... 145
Chalon; de Chalon à Bourg. 94
Troyes.................. 29
Orléans & à Romorantin.... 44
Soissons; de Soissons à Reims. 32
Bayonne & à Roncevaux.... 224
Vesoul; de Vesoul à Béfort. 95
Amiens par Senlis......... 22
Lyon; de Lyon à Nismes.... 178
Limoges & à Aurillac....... 125
Cahors; de Cahors à Agen... 153
Bordeaux & à Aire........ 190
Agen; d'Agen à Auch...... 176
Metz, Sarguemine & Rorbach. 98
Mantes & à Rozay........ 15
Chartres & à Roselle....... 23
Strasbourg & à Rosheim.... 124
Tours; de Tours à Angers... 77
Amiens.................. 30
Charenton, Montreuil & R. 2½

Rosny....... N.O.	Rouen par Mantes........	14
Rosporden... O.p.S.	L'Orient & à Rosporden....	140
Rossillon........ S.	Lyon, Vienne & Rossillon,..	124
Rostrenen.... O.p.S.	Rennes; de Renn. à Carhaix.	120
Roubaix.... N.p.E.	Lille & à Roubaix........	59

ROUEN *par Pontoise. Grande Route*...N.O... 31

De Paris à Magny... 15 l. *Voyez cette Route.* De Magny on passe le pont sur la riv. d'Aubette & au chemin planté de Pommiers qui conduit à Gisors, éloigné de 3 l. au N. Aux ham. de Boves & d'Etrez. ¼ l. N. E. d'Archimont. Petit bois & pont à passer. A St.-Gervais +, on monte la côte en pass. au S. de l'Eglise & du Presbitere, bâtis sur le rocher. Devant des caves taillées dans le roc. Le long du cimetiere & des carrieres de St.-Gervais. Chemin & à ¼ l. S. O. de Magnitot & de la tour de Gerville. ½ l. S. du parc & chât. d'Halaincourt. Vallon & avenue directe à ce parc. ¼ l. E. du ham. de Ducourt. ¾ S du vill. de Parnes + & du chât. d'Aincourt. A la Chapelle-en-Vexin +, au S. de l'Eglise & pente rap. *Belle vue.* Croix à l'E. du bois de Buhy & au S. O. d'un vallon profond. ¼ l. S. O. du grand Buchet Aincourt est plus loin. Bois de Buhy à côtoyer; le long N. du parc & devant le chât. de Buhy; il est situé au bas de l'Eglise du vill. +. A ¼ l. O. de la chap. de St.-Vincent, ham. & du chât. de Heloy : *belle vue.* Croix de laquelle on découvre la vallée où se trouve l'hermitage, la riv. d'Epte Guerny +, Gisancourt, le chât. de Beaujardin; & plus loin Noyers +, Dangu +, Neauphle, &c. Pente rap. de la montagne de St.-Clair. Pont & riv. de Cuderond à ½ q. l. de l'hermitage. *A St.-Clair* +... 2 l Place où se fit l'entrevue de Charles-le-Simple, Roi de France, avec Rol, Chef des Normands. Pont, Isle & moulins sur la riv. d'Epte. ½ l. N. E. de la tour & vill. du Château +. Au Bordeau de St.-Clair. ½ l. S. de Guerny +, 1 l. de Gisancourt + & plus loin le chât. de Beaujardin. Belle route à suivre en pass. au N. de la Motte. Colline, pente douce & fontaine au N. de la tour du moulin à vent ruiné d'Auteverne. Tranchée & croix, à ¼ l N. du vill. d'Auteverne +; chemin & à ¼ l. S. de Vesly +. Au S. E. de Gamaches +, Prouvemont +, & 1 ½ l. d'*Estrepany.* ½ l. N. E. de Chaignes & 2 l. de Tourny +. ¼ l. N. de Requiecourt +. Carref. du chemin de Gisors à Vernon. Au N. des Regards & des Canaux qui conduif. l'eau au chât. d'Ennemets. ½ l. N. de Senancourt +, ¼ l. de Cahaignes +. Moul. à v. de Fours + à 2 l. de Civieres + & d'Ecos. Le long N. du parc & de l'avenue qui fait face au chât. d'Ennemets. Pofte, cab. & ham. du Tilliers... 2 l. A l'E. du moulin à v. & vill. de Cantiers +. 1 l. du tertre & vill. de Guitry +, Fontaine +, & au-deffus le moulin à vent & chât. de Beauregard. A 1 l. S. de Gamaches + & Prouvemont +. Le long S. du vill. de Villiers-en-Vexin +. ¼ l. de Vatimefnil, & plus loin Ste.-Marie-des Champs. Moulin à vent chemin & à ½ l. N. de Monflaines +. ½ l. S. de Douxmenil +. Moulin à vent & le long N. du vill. de Flumenil +. ¼ l. S. d'Hacqueville +. A Richeville +, long vill. à trav. Au petit Suzay, N. des bois de Travailles. A 6½ l. N. E. du moulin de la Bucaille & du Val-d'Ailly, fur la route de Rouen par Vernon. A Suzay +. E. de la ferme & hameau de Vert-Buiffon. ½ l. S. de Farceaux +, Neuville +, 1 l. de la Londe +, du parc & chât. de Thil. ½ l. E. de Leomenil. Le long S. du vill. de Boifemont +. Carref. du chemin de Gifors aux Andelys. Le long S. du chât. & chap. St.-Jean-de-Frenel. ½ l. E de Corgny +. Le long N. des bois & parc de Muchegros. A ¾ l. S. du tertre & vill. de Verclive + & du Mefnil, au bas de la côte. Aven. du chât. de Muchegros, directe à l'Eglife de St.-Prix. En face du clocher d'Ecouis. ¼ l. N. des Abbatis, près du bois. Route de Rouen à Gifors. *A Ecouis...* 4 l. Entre la Collégiale & le chât. Chemin d'Ecouis à Lions. A ¾ l. N. E. de Frefnes-l'Archevêque +, plus loin le moulin à v. & vill. de Cuverville, le chât. & vill. de Thuit +. ½ l. S. de la ferme des Broches, 1 l. du chât. du Pleffis, Touffreville +, Lifors & Mortimer. ¼ l. N. de Villereft +, Frefnes eft plus loin. ¼ l. N. E. de Langonne. ½ l. de Bacqueville +, Marcouville + & au-deffus Houville +. ¾ l. S. de Gaillardbois +, 1 l. de Menequeville +, & à 1⅓ l. N. E. de Rozay +, entre les bois. Le long S. de la ferme de Bremule, au N. des bois de Bacqueville & à ¼ l. S. du vill. de Creffanville +. ¼ l. E. de la Tuillerie, au bord du bois. A Grainville +; devant l'Eglife, le chât. & l'avenue directe au N. O. & au chât. de Radepont. Pente rap. de la côte de Fleury & belle vue au N. fur *Charleval.*, Tranfieres +. Periers +, Peruel +, Vafcœuil + fitués dans la vallée arrofée par la riv. d'Andele. Tranchée & pente rap. pont & riv. d'Andelle à paffer. A Fleury. Chemin & à ½ l. E. de Radepont & plus loin Fontaine-Guerard, abb. fur Andelle. Pente rap. & bois à trav. chemin à $\frac{1}{2}$ l. O. de Vaudrimare + & plus loin Gourneſt +. $\frac{1}{2}$ l. S. de Cautelou +; Erneville + eſt au-deſſus. $\frac{1}{4}$ l. E. de Cocqtot, au bord de la forêt. *A Bourghaudoin*... 3 l. Devant la Poſte & le chemin de Cailly par Martinville. Le long S. du vill. de Meſnil-Raoult +, S. de la Vente-Pouchet. Au Nouveau-Monde. S. de la Lande, Friez, la Bergerie & Montmain +. $\frac{1}{4}$ l. N. du vill. de la Neuville-Champdoiſſelle +. Le long S. du Bac & vill. de Francquevillette +. $\frac{1}{3}$ l. N. des Houſſays au bord de la forêt de Longboil. Le long N. du vill. de Bons +. Fourche du chem. de Rouen aux Andelys, & poſte aux chevaux... 2 l. A $\frac{1}{2}$ l S. de la forge Ferette & ham. de Faux. $\frac{1}{4}$ l. N. de Buclon-l'Abbeſſe, le Coquet, & plus loin Quevreville + & Imare +. 1 l. N. E. d'Incarville & du moulin à vent de St.-Aubin +. Le long S. du parc, chât. & vill. de St.-Pierre de Franqueville + & au N. du moulin à vent. Le long S. des Maiſons de N. D. de Franqueville +. $\frac{1}{2}$ l. N. de Celloville + & St.-Aubin +. $\frac{1}{4}$ l. E de Normare & Neuvillette. Le long S. du vill. de Meſnil-Eſnard +. $\frac{1}{2}$ l. S. de *Darnetal*, entre les bois *Belle v. à l'O. ſur la forêt de Rouvray au-delà de la Seine*. A Bon-Secours *ou* Bloville +, où il y a de belles maiſons bourgeoiſes: *on y reſpire un bon air*. Pente rap. & tranchée de la montagne de St.-Michel *ou* Bon-Secours. Entre les ravins & précipices de la côte: *belle vue ſur la Seine*. Devant N. de St. Paul, O. du faub. d'Eauplet. Fourche de la r. de Paris par Vernon. Au Cours-Dauphin le long de la Seine. N. du Cours-la-Reine & du faubourg St.-Sever. Au pont, vis-à-vis du pont de bateaux. *A Rouen*... 3 l.

Route par St.-Germain............ 33

De Paris *à Vernon*... 20 l. *Voyez cette Route*. De Vernon on paſſe devant & au N. du Point du Jour. Au S. de la tour & vill. de Vernonet + & du convent des Pénitens, au bas de la forêt de Vernon, au-delà de la Seine. Route pavée & plantée à $\frac{1}{2}$ l. N. du chât de Bizy: elle conduit à Evreux. Au N. des Capucins. A l'hotel du Pré, N. de Mortemer, Virolet, &c. Avenue directe à l'O. & au chât. & vill. de St.-Juſt +. Le long E. du ham. de Maratre. Pont à $\frac{1}{4}$ l. S. du pré de la Madelaine au-delà de la Seine & de l'iſle Souveraine. Le long E. de St.-Pierre-Longueville *ou* d'Autils +. Au Clos-Ardent, E. de l'iſle Chouquet. A Maitreville, O. de Preſſigny-l'Orgueilleux. Le long O. de l'iſle de Mienne. ½ l. S. de N. D. de l'Iſle +. Au Goulet. Chemin de St.-Pierre & du Roule. Au Clos-Adam. ¼ l. S. des fermes de la Bardouillere, & du Menil. ½ l. de Portmort+ la Miroye, le Thuit & Preſſaigny le-Val, au bas de la forêt & des Andelys. ¾ l. N. de N. D. de Grace +; St.-Etienne & Viller-ſous-Bailleul + ſont dans la gorge. Au N. du chât. de Fontenaitain, Bailly, la Mivoye & du chât. de Manducage. ¼ l. S. de St.-Pierre de la Garenne +. ¼ l. du parc & chât. de Pormort, la Falaiſe, Châteauneuf & les Vaux, au-delà de la Seine. ½ q. l. N. de Tourneville + & d'Enneville. Au S. de la Muette, au milieu de la Garenne. ¼ l. de Courcelle +, 2 l. de Toeny +, & plus loin le chât. & vill. de Thuit +. ¼ l. N. d'Abloville & Villeneuve. Barriere, route directe au N. & à N. D. de la Garenne, en traverſant le bois. Pont à ¼ l. N. de Couvicourt; le moulin & chât. des Rotoirs ſont plus loin. Au N. de la Grange-Dime & du chât. de Jeufoſſe, dans la gorge, St.-Aubin au-deſſus. En face & à l'E. du chât. de Gaillon. A ½ l. S. de la Chartreuſe de Bourbon, Aubevoye & Villers au-deſſus. ½ q. l. Nord de Marcheran, Gailloncel, Cornoyer en-deçà de St.-Aubin & du mont Meret. *A Gaillon*... 3 l. Le long du jardin potager du château. Dev. la poſte & l'Egliſe. Au bas S. du château. Pente rap. & avenue en face du chât. A Chef-la-Ville. ¼ l. S. d'Aubvoye +. Le long N. du parc & château du Menil-Courmoulin &·au S. de Ste.-Barbe. Auberge au S. de l'égliſe de Ste.-Barbe. Le long S. du parc de Gaillon. ½ l. E. du Hazay, dans le bois. A Vieux-Villers +. Chemin & à ¼ l. N. E. du moulin & vill. d'Ailly +. Pente rap. de la côte de Gournay, vis-à-vis le moulin à v. des quatre Vents. Vallon & pont fort élevé à paſſer. Pente rap. & petit bois à trav. A ½ q. l. S. du chât. du val d'Ailly. ½ l. du moulin à v. & ham. de Greſtin. Au N. de Gournay, ¾ l. du clocher de Venables +. Le long S. de Fontaine-Berenger +. Entre deux moulins à v. Parc & chât. d'Heudeville bordé de hayes vives. Le long O. du vill. d'Heudbouville +. Auberges & chemin de Louvier aux Andelys & à Giſors. A ¾ l. E. du parc & pavillon de Pinterville. 2 l. des clochers de Menil-Jourdain, Cacoville, Quatremarres, &c. A 3 l. S. du tertre & couvent des deux Amants. A Vironvey : *belle vue*. 1 l. E. de *Louviers*, Au-deſſus O. de la Seine, du bac & ham. de Menil-Andé. 1 l. de Muids+. Le long de la Seine. A 2 l. E. de Garde-châtel, au milieu du bois, Montaure est plus loin. Le long O. du vieux Rouen. ½ l. d'Andé + sur la Seine. Le long O. de Saint-Pierre de Vauvray +. Pente rap. de la montagne Bluet. A l'E. du petit Mont. En face de Vaudreuil + dans la vallée. Arbres fruitiers & à ¼ l. E. de Cremonville. Tranchée dans le roc à passer. Maison glaciere à l'O. de St.-Etienne-du-Vauvray. Chemin & à 1 l. N. E. de Louviers. ½ l. E. de la métairie de Mégremont, *ruinée*. Pont & riv. d'Eure en pass. le long S. du parc des canaux & au pavé en face du chât. du Vaudreuil. *Au Vaudreuil* +..... 4 l. Entre St.-Cyr & N. D. & dev. la poste. Chemin du pont de l'Arche par Lery. A l'E. de la Cavée, ½ l. O. du chât. de la Motte, situé au bout du parc du Vaudreuil. Auberge & pente rap. à ½ l. S. de Lery +. A l'O. de Torche. 1 l. de la forêt du pont de l'Arche à passer. Pente rap. à ¼ l. S. de Damps +. ½ l. N. E. du Manoir +, Pitres & des deux Amants. *Au pont de l'Arche.* Passage de la riv. de Seine. Faubourg, chemin & à l'O. du chât. de Rouville & du Manoir +. Chemin des gens à pied pour abréger. A ¼ l. O. du vill. d'Alizey + au bas de la côte. Le long N. du vill. d'Igoville +. Autre chemin des gens de pied. Pente rap. en côtoyant des carrières. ½ l. E. de Sotteville-sous-le-val +, Freneuse +. Vis-à-vis Criquebeuf +, Marlot + & plus loin Caudebec & *Elbeuf*. A ½ l. N. de Bonport au bord de la forêt. Entre deux petits bois. Pont, arbres fruitiers & chemin à l'E. Le long S. du vill. des Autieux +, où il y a de belles maisons bourgeoises. Le long du parc du chât. *Belle vue au N. le long de la Seine jusqu'à Rouen.* A ½ l. S. de Gouy +, St.-Aubin-la-Campagne +. Pente rap. de la montagne de St.-Ouen. Au port St.-Ouen, ham. *où l'on s'embarque pour Rouen.....* 3 l. A ¼ l. N. E. d'Oissel-la-Riviere +. Le long de la riv. droite de la Seine & au bas d'une côte de rochers vifs. A St.-Crespin-Bequet. Pont qui sépare les maisons de St.-Crespin de celles de Belbeuf. Rochers à l'Est du château de St.-Etienne. Aux Gravettes. ½ l. E. de St.-Etienne-de-Rouvray; la forêt est plus loin. A la Poterie, fabrique de fayance. Au bas des avenues du chât. & vill. de Belbeuf +. A la Mivoye *ou* Anfreville +. ½ l. des quatre marres, chât. & ferme de l'Escure. ½ l. E. de Sotteville & des Capucins, & plus loin la Chartreuse de St.-Julien. Au bas de la montagne & vill. de Bon Secours. Au faubourg d'Eauplet. Devant les Manufactures de porcelaine, d'indiennes & des teintures.

Au bas des terrasses & maisons bourgeoises, vis-à-vis de la montagne St.-Michel. Esplanade & église de St.-Paul. Fourche de la route de Paris par Magny. Cours Dauphin, au N. du Cours-la-Reine. Le long du faubourg St.-Sever au-delà de la rivière. *A ROUEN*... 3 l.

Route par Gisors.................... 30

De Paris à *Gisors*... 16 l. De Gisors à Rouen... 14 l. *Voyez ces Routes*.

Autre route nouvelle par St.-Germain...... 31 $\frac{1}{2}$

De Paris à *St.-Germain-en-Laye*... 5 l. *Voyez de Paris à Vernon*. De St.-Germain on passe au N. de St.-Léger + & au S. de la forêt. $\frac{1}{2}$ l. N. de Fourqueux + & Mareil +. 1 l. de Marly +. Au bas N. de l'abbaye d'Hennemont & le long de la Bretonniere & Chambourcy +. $\frac{1}{4}$ l. d'Egremont + & $\frac{1}{2}$ l. S. de *Poissy*. A la Maladrerie : *belle vue au N. sur l'Autils, Courdimanche, &c.* Au S. de Mignaux, Hacqueville, Vilaine +, Medan +, Chanteloup +, Triel +, &c. Au N. de la Bidanniere, Bethemont & Thessancourt; $\frac{1}{4}$ l. d'Orgeval +. Au S. des Feugeres & de Bure. Au N. de Montamets & Benainvilliers. Pont & au N. de Morainvilliers + & la Bardaury. Le long S. du parc, dev. le chât. & vill. de Fresnes *ou Hecquevilly*.... 3 $\frac{1}{2}$ l. $\frac{1}{2}$ l. N. de la forêt des Alluets +. Au S. de Bouafle +, 1 $\frac{1}{2}$ l. de *Meulan*. A Flins +. Traverse du chemin de Meulan à Maulle +. Au petit Paris, $\frac{1}{2}$ q. l. N. d'Aubergenville +. Pont. riv. de Maudre, à $\frac{1}{4}$ l. N. d'Epône +. A Mézières +, 1 l. S. d'*Issou* +... 2 l. Au S. de Porcheville + au-delà de la Seine. Le long de la rive gauche de cette rivière. A l'E. de Mantes-la-Ville. *A Mantes*... 2 l. De Mantes à Rouen... 19 l. *Voyez de Paris à Vernon & Rouen*.

Route par eau sur la Seine.

De Paris on fait la route par terre jusqu'à Poissy où l'on s'embarque... 6 $\frac{1}{4}$ l. Du port de Poissy on passe le long de l'Isle, au N. du chât. de Villers, de Mignaux & du chât. d'Hacqueville, vis-à-vis O. de la ferme de Gresillon; E. de Vilaine +. $\frac{1}{2}$ l. de Breteuil, le long de la côte. A l'E. de Medan +. $\frac{3}{4}$ l. S. O. de Chanteloup + & Pissefontaine. $\frac{1}{4}$ l. E. de Vernouillet + & de Verneuil +. Devant le bac & Triel +. Au bas S. de la montagne de l'Autils, de St.-Nicaise & du ham. du Temple. Isle au N. de Rouillard.

Au S. du long vill. de Vaux +. Vis-à-vis S. de Rive, au bas d'Evequemont +. Le long S. de Thun. Sous le pont de *Meulan*, N. de la Sangle. Confluent du ruiss. $\frac{1}{4}$ l. N. des Mureaux +. Le long de l'Isle-Belle, 1 l. Nord de Bouafle +. Au N. des fermes de la Haye & de Valence. Au S. de Mezy + & de Juziers +. $\frac{3}{4}$ l. N. de Flins + & d'Aubergenville +, vis-à-vis du chât. de la Garenne. Confluent de la petite riviere de Maudre. Au S. de Rangiport, $\frac{1}{4}$ l. de Garjenville. $\frac{1}{2}$ l. N. d'Epône +; plus loin la Falaise + & Nésée +. Entre Montalet & Mézieres +. Vis-à-vis S. de Porcheuville +, $\frac{1}{4}$ l. d'Issou +. Au N. de Launay, la grande Rue & Mauduit, le long de la côte. Au bas N. de la Plaingue & du prieuré de St.-Germain de Sequeval. $\frac{1}{4}$ l. N. de Guerville +. $\frac{1}{2}$ l. E. de Mantes-la-Ville. A l'E. des Cordeliers & du confluent de la riv. de Vaucouleurs. Au Sud du faubourg de Limay. Pont de *Mantes* à l'E. de la Ville. A l'O. des Capucins & de Limay; le grand Moussets, la Carlée & St.-Sauveur sont du même côté. Au S. de Dennemont & au N. de Gassicourt +. 1 l. N. des Beines, Buchelay +, Magnanville & son chât. au-dessus. N. de la butte verte & route de Rouen. Au S. des vill. & des isles de Guernes +. Le long du parc & dev. le chât. de Rosny. A l'E. du Buisson & à l'O. de Flicourt. Port & vill. de Rolleboise, où l'on débarque. On fait la route par terre jusqu'à Bonnières, en passant à $\frac{1}{4}$ l. S. de Mericourt. $\frac{1}{4}$ l. du moulin à vent & du vill. de Mousseaux +. 1 l. N. E. de St.-Martin + & de N. D. de la Désirée, & de Vétheuil + au-delà. A 1 l. N. du bois & bourg de la *Rocheguyon* & d'Austisle +. $\frac{1}{4}$ l. du moulin à v. $\frac{1}{2}$ l. du vill. de Freneuse +. A Bonnieres +. où l'on se rembarque. Du port de Bonnieres on passe au S. de la Lombardie, Gloton & Jaucourt. Au N. du moulin à vent & du vill. de Menil-Renard + & de Bennecourt +. Vis-à-vis de l'Arche & de la route d'Evreux. Le long N. de Jeufosse + au bas de la côte. A l'O. de Villez & de Limetz +. Le long E. du port de Villez + & à l'O. du confluent de la riv. d'Epte. A la grande Isle, E. du petit & gr. Val & à l'O. de Giverny +. Au S. des Monitaux & l'hermitage de St.-Michel. Le long de la côte & forêt de Vernon. Au N. de Moussel & plus loin le parc de Bizy. Pont & à l'E. de la ville de *Vernon*. Au N. du point du jour & au S. de la Tour & Vernonet +. Au N. E. de la route directe au chât. de Bizy. $\frac{1}{2}$ l. E. de St.-Just +.

A l'Isle

A l'isle Souveraine, N. E. de Maratre & de St.-Pierre-Longueville +. A l'O. de la Madelaine & de l'isle Chouquet. A l'E. du clos Ardan & de Maitreville, O. de Pressigny-l'Orgueilleux +. Isle Mienne à $\frac{1}{2}$ l. S. O. de N. D. de Lille +. Le long E. du Goulet. Isle aux Bœufs, au S. de Bardouillere & du Menil. Isle St.-Pierre, le long E. de St.-Pierre de la Garenne. A l'O. de Pormort + & au S. du parc & chât. de Pormort-la-Falaise. Au S. du chât. neuf & des Vaux, en-deçà de la forêt des Andelys. Vis-à-vis E. de la chapelle de N. D. de la Garenne. Au S. du moulin à v. & ham. de la Roque. Au N. de la ferme de Millefrancs & avenue directe au chât. & bourg de *Gaillon*. Au S. de Courcelles +. N. de la Maison rouge à l'angle du mur du clos des Chartreux de Bourbon. A $\frac{1}{4}$ l. N. d'Aubvoye +. 1 l. S. de Toeny +, son chât. & moulin à v. & Bouafle. Pont & ham. du Roule, où l'on débarque pour prendre les Mazettes, qui vous conduisent jusqu'au port St.-Ouen, en passant une montagne rapide d'où l'on découvre sur la Seine au S. E. tous les endroits jusqu'à Vernon, & au N. E. le moulin à v. le chât. & village de Toeny +, vis-à-vis E. de Bouafle & Vezillon + au-delà de la Seine, plus loin le petit Andelys. Bois à trav. en pass. le long N. de Villers + & au S. de Venables +. $\frac{1}{2}$ l. S. du chât. & vill. de Muids +. 1 l. N. E. de Bernieres + & la Roquette +, & au-dessus le chât. & vill. de Thuit +. A l'Ormais & le long de la rive gauche de la Seine. $\frac{1}{2}$ l. N. de Fontaine-Bérenger. $\frac{1}{4}$ l. N. d'Heudbouville +. Le long au bas E. de Vironvey +. Bac vis-à-vis O. du Menil. Au vieux Rouen. N. O. du chât. & vill. d'Andé +. A St.-Pierre du Vauvray & bac d'Andé. $\frac{1}{2}$ l. O. de Portejoye +, d'Herqueville + & Connelles, au-delà de la Seine. A 2 l. S. de la côte & abb. des deux Amants. A St.-Etienne-du-Rouvray +. Route de Paris à Rouen par Mantes. Pont & riv. d'Eure à passer, en côtoyant les canaux & le parc du chât. du Vaudreuil. Au Vaudreuil +. Du Vaudreuil au port St.-Ouen. *Voyez de Paris à Rouen par Vernon*. Au port St.-Ouen on prend les batelets & l'on passe à l'O. de St.-Cyprien & des Gravettes. A l'E. du chât. & vill. de St.-Etienne-du-Rouvray +. Vis-à-vis de la Poterie, au bas de Belbeuf +. A l'O. d'Anfreville *ou* la Mivoye +. A l'E. des quatre marres. O. de Lescures. E. de Sotteville & des Capucins. Le long O. du faubourg d'Eauplet. Entre St.-Paul & le faubourg St.-Sever. Au port de *ROUEN*.

Rougemont.....	S.E.	Besanç. *ou* Vesoul & à Rougem.	93
Roussebruge......	N.	Arras; d'Arras à Furnes.....	63
Rousses. (*les*)..	S.p.E.	Dijon; de Dijon à Genève...	112
Routot.......	N.O.	Rouen; de Rouen à Honfleur.	38
Rouvray........	S.	Auxerre & à Rouvray......	58
Rouvres, chât.	S.p.E.	Fontainebleau	6
Royan.......	S.O.	Poitiers, Saintes & à Royan.	128
Royan........	S.	Lyon, Grenoble & à Royan.	146
Royaumont.....	N.	Amiens.................	8
Roye.......	N.p.E.	Péronne................	26 1/12
Rozan........	S.O.	Périgueux, Bergerac & Rozan.	138
Rozans......	S.p.E.	Lyon, Grenoble & à Sistéron.	171
Rozieres......	S.O.	Au Mans, la Flèche & Roz.	72
Rozieres......	N.E.	Soissons	23
Rozieres......	S.O.	Orléans & à Rozieres......	32
Rozoy.......	N.E.	Laon; de Laon à Méziéres...	43
Rozoy gâte blé....	E.	Château-Thierry	20
Rozoy.......	N.O.	Gisors; de Gisors à Rouen...	24

(column spanning label: *DE PARIS à*)

ROZOY. Grande Route.... S.E... 13

De Paris au parc de Vincennes. *Voyez de Paris à Lagny.* Traverse du parc en passant à la Pyramide & au S. des Minimes. A la porte St.-Maur. Route directe au S. E. & à St.-Maur. Pente rap. auberge & pont sur la riv. de Marne à passer... 3 l. Au S. de Poulangis, & plus loin le moulin de Beauté. Avenue & à $\frac{1}{4}$ l. S. du chât. du Tremblay. En-deça de Nogent-sur-Marne. $\frac{1}{4}$ l. N. du chât. de St.-Maur & du vill +. Fourche de la route de Lagny & Beaubourg. Au Bouquet, N. du parc de St.-Maur. A Champigny +. Pente rap. & belle vue. Fourche du chem. d'Ormesson. Avenue à $\frac{1}{4}$ l. N. E. du chât. de Cœuilly. $\frac{1}{4}$ l. E de Chene-vieres+. $\frac{1}{2}$ l. O. du Plessis-St.-Antoine, chât. Route pavée & à $\frac{1}{4}$ l. E. d'Ormesson +. Pente rap. pont & moulin sur le Morbras. $\frac{1}{4}$ l. E. de Noiseau +. Pente & route directe au chât. de Villemon, en traversant le bois de N. D. Chât. & route de la Queue +, au S. du Plessis-St.-Antoine. $\frac{1}{2}$ l. N. des Marmouzets au bord du bois. Au N. du bois de N. D. en passant à $\frac{1}{4}$ l. S. de Pontault +, $\frac{3}{4}$ l. de Combault +. $\frac{1}{4}$ l. S. de Pontillaut, $\frac{1}{2}$ l. de Bercheres +, & 1 l. d'Emery +. $\frac{1}{2}$ l. N. de la Maison-Blanche & de Villarceau, 1 l. du clocher

PARIS.

de Lesigny ✚. Bois à trav. en pass. au bas N. de Monthehy.
Aven. & à $\frac{1}{4}$ l. S. de Roissy. Au N. de la ferme des Agneaux.
Vallon, pont & à $\frac{1}{2}$ l. N. E. du parc & chât. de Romain.
A Azouer-la-Ferriere... 4 l. A $\frac{1}{4}$ l. N. E. de la Tuilerie.
Avenue & à $\frac{1}{4}$ l. N. & directe au chât. de la Chauvenerie.
1 l. de la forêt d'Armainvilliers & la route de Meaux à trav.
Belle avenue directe au chât. d'Armainvilliers. Au S. O.
de l'ét., $\frac{1}{2}$ l. du Puis-Carré & de Favieres, 1 l. d'Hernieres.
A l'E. de la Grange-l'Evêque. Pente rap. & vill. de Gretz.
Avenue directe au N. & au chât. d'Armainvilliers. Au N.
de la ferme du Menil & Vignolle, du parc & chât. de
Combreux. *A Tournam*... 2 l. Devant la Madelaine ✚ &
route de Meaux dir. au chât. de Champrose. $\frac{1}{2}$ q. l. N. de
la Bourgognerie, $\frac{1}{4}$ l. de Fretay auprès du bois. $\frac{1}{4}$ l. S. de
Courcelles. $\frac{1}{4}$ l. N. du chât. & parc des Boulays. Entre le
Menil & Coffry. $\frac{1}{2}$ l. N. de Châtre ✚. 1 l. N. E. de Liver-
dis ✚ & plus loin le clocher de Courquetaine ✚. $\frac{1}{4}$ l. S. du
Paty & de la ferme de la Motte, $\frac{1}{2}$ l. du parc & chât. de
Champrose. Au N. du petit & grand Loribeau. $\frac{1}{2}$ l. S. des
Chapelles ✚. Pont & ruiss. entre le petit & grand Boitron.
1 l. S. E. de la Houssaye. A l'E. de la ferme de Laune, vis-
à-vis le moul. & le parc de Fontenay. *A Fontenay* ✚... 2 l.
Carref. de la route de Melun à Meaux. Aux Bordes, $\frac{1}{2}$ l. S.
de Marles ✚. $\frac{1}{2}$ l. N. de Malassise. Route des châteaux de
Bourgbaudoin, la Fortelle, la ville du Bois & du vill. de
Lumigny ✚. Bois à trav. à $\frac{1}{2}$ l. S de Segrets. Moulin à vent
au N. du parc & chât. de Bernay ✚ & $\frac{3}{4}$ l. du chât. & vill. de
la Grange-Bleneau ✚. $\frac{1}{4}$ l. N. de Toutroin, $\frac{1}{4}$ l. de Fortelle. Pente rap.; route directe au S. O. & au chât. & vill.
de Bernay ✚. Pont, riv. d'Yeres & à $\frac{1}{2}$ l. N. de la Grange.
A Rozoy... 2 l.

Rue.........	N.p.O.	Abbeville & à Rue........	46 $\frac{1}{2}$
Ruffach......	S.E.	Béfort & à Strasbourg.....	116
Ruffac.......	S.O.	Poitiers; de Poit. à Angoulêm.	105
Rugles.......	O.	Dreux, l'Aigle & à Rugles...	34
Ruines.......	S.	Clermont; de Clerm. à Mende.	117
Rumigny.....	N.E.	Laon; de Laon à Givet....	46
Rungis.......	S.p.E.	Fontainebleau	3
Ruremonde...	N.E.	Liége; de Liége à Vezel....	108
Ry..........	N.O.	Gisors, Lions & à Ry.....	27
Saarbourg....	E.	Strasbourg par Metz.......	97

(de PARIS à)

Saarbruch....... E.	Metz; de Metz à Francfort.	94
Saarealbe....... E.	Nancy & à Deux-Ponts.....	104
Saarguemines.... E.	Metz & à Deux-Ponts.....	89
Saarlouis....... E.	Metz & à Saarlouis........	89
Saarveling...... E.	Saarlouis & à Saarveling....	91
Saas de Gand.. N.E.	Lille. Gand & à Saas......	79
Sabara....... S.O.	Toulouse & à St.-Girons....	189
Sablé........ S.O.	Au Mans & à Sablé.......	64
Sables d'Olonne. S.O.	Nantes & au Sables.......	120
Saclé........ S.O.	Sceaux & à Saclé..........	5
Sagy........ N.O.	St.-Germ. de Verf. à Pontoise.	10
Saignon........ S.	Avignon & à Aix.........	186
Saillans........ S.	Lyon, Valence & à Saillans.	149
Saillies....... S.O.	Pau..................	200
Sailly sur la Lys.. N.	Arras; d'Arras à Estaires & S.	54½
S. Agreve....... S.	Clermont & à St.-Agreve...	132
S. Aignan..... S O.	Orl. Romorantin & à St.-Aig.	49
S. Aignan..... S.O.	Auch; d'Auch à Aire......	190
S. Alban....... S.	Clerm. de Clerm. à Mende...	121
S. Albin....... S.	Chalon-sur-S. & à Macon...	95
S. Amand..... S.O.	Bourges & à Clermont......	65
S. Amand...... N.	Lille..................	53
S. Amand....... S.	Clermont & à St.-Flour....	94
S. Amand... S.p.O.	Poitiers & à Angoulême....	115
S. Ambroix...... S.	Lyon; de Lyon à Alais.....	166
S. Amour....... S.	Chalon & à St.-Amour.....	100
S. Andiol....... S.	Avignon & à St.-Andiol....	179
S. André..... N.O.	Evreux par Ivry..........	20
S. André....... S.	Clermont, Mende & à Florac.	131
S. André....... N.	Amiens.................	23
S. André le-Désert. S.	Macon..................	98
S. Anthelmie..... S.	Clerm. de Clerm. à St.-Etien.	110
S. Antonin.... S.O.	Cahors; de Cahors à Alby...	160

ST.-ARNOULD. Grande Route... S.O... 11

On suit la route d'Orléans jusqu'à Antony.... 3 l. Pont & riv. de Bievres. 500 toises au-dessus on quitte la route d'Orléans, on prend celle qui est à droite & l'on passe à Massy +, Palaiseau +, Valange, chât. Le long O. du parc. A l'E. d'Orsay + & de Bures +. A la Nouvelle-France, Gometz-le-Chatel + & Gometz-la-Ville +. Belle plaine à trav. en passant à Chaumusson & à l'O. du vill. & bois de Limours + & de Picquepus. A ¼ l. E. de Pequeuse +. Petit bois des Morts à trav. Pente, vallon & ruiss. à passer. ½ q. l. O. du Cormier & de Malassis. ¼ l. E. de la ferme de Vilvert. Le long E. d'une Croix & du vill. de Bonnelles +, ¼ l. de Bullion +. A côté O. de Bourneuf, & de la Cense. Plaine à trav. Côte & *à Rochefort*... 7 l. A la fourche de la route de Chartres. Le long de la Robette, riv. A Longvillers +. Vallon entre un côteau au N. & la Remorde, riv. au S. Plus loin en suivant la route, on apperçoit deux moulins sur la riv. Vis-à-vis de la folle entreprise & du chât. de l'Alleu. A Biloy & *à S.T-ARNOULD*.... 1 l.

ST.-ASSISE. *Grande Route*... S.p.E... 11

De Paris à la croix de Villeroy dans la forêt de *Senart*...7 l. *Voyez de Paris à Fontainebleau par Melun*. De la croix de Villeroy & N.° 14. de la borne miliaire on prend à droite en traversant le reste de la forêt, à l'E. du ham. de Senart & de la Faisanderie. Pont & ruiss. à pass. à l'E. de Tigery. Le long O. d'Ormoy +, ½ l. de Lieusaint +. 1 l. E. d'Etiole +. Devant Villepesque, ¼ l. de Fresne & ½ l. de St.-Germain +. Avenue à l'O. de Maratre, 1 l. de Moissy + & 1 ½ l. du chât. Cramayel. ½ l. E. de la ferme de Mory & à ¼ l. du vieux marché de Corbeil. ½ l. du Perray *ou* Pré, plus loin Bondoufle, Lisses, le Plessis, &c. ½ l. O. de la ferme de Cervigny, 2 l. de Reau. A l'E. de Villeray. ½ l. N. E. de Villededon & la Brosse. Chemin de Corbeil à Melun. ½ l. O. du parc & chât. de la Grange-la-Prévôté. 1 l. de la forêt de Rougeaux à trav. Chemin pavé direct au pavillon du Roi. Pente rap. le long de la Seine & à Croix-Fontaine au bas, à l'O. du Pavillon. Vis-à-vis de Villiers & des bois du Coudray. Pont, moulin, auberge & *St.-Port*. A ¼ l. E. de St.-Fargeau + au-delà de la Seine. Bois de St.-Assise à trav. Fourche de la nouvelle route de St.-Assise à Melun. *A ST.-ASSISE*... 4 l.

Autre Route.

De Paris *à Corbeil*... 7 l. *Voyez de Paris à Fontainebleau*. De Corbeil on passe le pont sur la Seine, le faubourg

St.-Jacques & à la Pêcherie. Le long E. de Saintery & du chât. Pente & belle vue sur la Seine. Près de la Brosse & Villededon. Forêt de Rougeaux. Fourche du pavé du pavillon du Roi. Pente rapide & belle vue sur la Seine. Le long de cette rivière & à Croix-Fontaine. Vis-à-vis de Villiers & avenue du Coudray. Pont, auberge, moulin de St.-Port, *à St.-Port*. Devant le chât. & bois de St.-Assise que l'on traverse. *A ST.-ASSISE*... 4 l.

Route par eau.

De Paris au bac *St.-Assise*..... 12 l. *Voyez de Paris à Montereau par eau.*

S. Astier......	S.O.	Périgueux & à St.-Astier....	119
S. Aubin.....	S.O.	Chevreuse par Châtillon....	6
S. Aubin......	O.	Dreux..............	9
S. Avold......	E.	Metz à St.-Avold.........	87
S. Bauzille.....	S.	Lyon; de Lyon à Uzès.....	173
S. Béat.......	S.O.	Toulouse & à St.-Béat......	202
S. Bel........	S.	Près de Lyon 1; 1 l. d'Arbresle.	110
S. Benoît d'Herbetot	O.	Lizieux & à St.-Benoît.....	45
S. Benoît du Sault..	S.O.	Orléans; d'Orl. à Limoges...	76
S. Benoît-s-Loire, abb.	S.	Orléans & à Sully.........	36
S. Bertrand de Com.	S.O.	Toulouse & à St.-Bertrand...	197
S. Bonnet......	S.	Lyon, Grenoble & à Gap..	155
S. Bonnet-de-Châtel...	S.	Clerm. de Clerm. à St.-Etien.	114
S. Brice........	N.	Beauvais...............	4
S. Brice......	S.O.	Alençon, Mayenne & à St.-B.	73
S. BRIEUC.....	O.	Rennes; de Rennes à Brest...	112
S. Calais......	S.O.	Vendome; de Vend. au Mans.	50
S. Cere.......	S.O.	Limoges; de Lim. à Rodez...	121
S. Chamas......	S.	Avignon; d'Avig. à Marseille	188
S. Chamand...	S.O.	Limoges; de Lim. à Tulle...	112
S. Chamont......	S.	Lyon; de Lyon à St.-Etienne.	123
S. Charlier....	S.O.	Orléans; d'Orléans à Gueret.	66
S. Chely......	S.	Clermont; de Clerm. à Mende.	119
S. Christophe...	S.O.	Vend. & à Château-la-Valliere	52
S. Ciergues...	S.p.E.	Dijon; de Dijon à Geneve...	113

S. Cirq....... S.O.	Cahors; de Cahors à Figeac..	148
S. Ciprien..... S.O.	Limoges; Sarlat & St.-Ciprien.	122
S. Clair...... N.O.	Gisors, Gournay & St.-Clair.	23
S. Clair sur Epte. N.O	Rouen par Magny.........	17
S. Clair-Gometz. S.O.	St.-Arnould	7
S. Claude...... S.E.	Lons-le-Saun. & à St.-Claude.	114
S. Cloud....... O.	Versailles par St.-Cloud....	2½
S. Constant.. S.p.O.	Clerm., Auril. & St.-Constant.	137
S. Corentin, abb. O.	Mantes & à St. Corentin.....	16
S. Cosme........ S.	Clerm. & Men.; de M. à Rod.	138
S. Cos. de Vair. O.p.S.	Dreux & au Mans par Bellême.	41
S. Cosme & S. D. S.O.	Agen; d'Agen à Montauban..	160
S. Cyr, abb..... O.	Versailles & à St.-Cyr......	6
S. Cyr....... N.O.	Marines & à St.-Cyr.......	12
S. Denis..... S.O.	Blois................	42
S. Denis de Gastine O.	Alençon d'Alenç. à Fougeres.	65
S. Denis en France N.	Amiens...............	2
S. Denis-le-Gast. O.	Caen; de Caen à Granville...	76
S. Didier....... S.	Clerm.; de Clerm. à Tournon.	121
S. Didier-sur Froman... S.	Macon; de Macon à Lyon...	108
S. Dié....... S.O.	Orléans & à Blois.........	40
S. Diey....... S.E.	Nancy; de Nancy à Colmar...	101
S. Dizier.... E.p.S.	Strasbourg par Nancy......	56
S. Emilion.... S.O.	Limoges & à Bordeaux......	136
S. Escobille.... S.O.	Dourdan & à Yenville......	15
S. Esprit. (le).... S.	Lyon; de Lyon à Montpellier.	163
S. Etienne au Temple E.	Reims & à St.-Etienne......	42
S. ETIENNE en F. S.	Lyon & à St.-Etienne......	127
S. Evrould..... O.	Dreux; de Dreux à Falaise...	35
S. Fargeau...... S.	Nemours & à St.-Fargeau....	40
S. Fargeau... S.p.E.	Fontainebleau...........	10
S. Félicien....... S.	Lyon; de Lyon à Valence...	130
S. Félix...... S.O.	Toulouse & à Castelnau.....	180
S. Florent le vieil. S.O.	Angers; d'Angers à Nantes..	83
S. Fl.-lès-Saum. S.O.	Tours & à Saumur.........	71
S. Florentin.. S.p.E.	Sens & à St.-Florentin......	44
S. FLOUR....... S.	Clermont & à St.-Flour....	116

S. Forget..... S.O.	Versailles & à Chevreuse...	8½
S. Frajou..... S.O.	Toulouse & à St.-Gaudens...	183
S. Fulgent.....S.O.	Angers; d'Angers aux Sables.	96
S. Galmier...... S.	Moulins & à St.-Etienne....	108
S. Gaudens... S.O.	Toulouse & à St.-Gaudens...	191
S. Gaultier.... S.O.	Orl. Châteauroux & St.-Gault.	68
S. Gengou....... S.	Chalon & à St.-Gengou....	96
S. Genies .... S.	Clerm. Alais & St. Genies...	154
S. Genies en Aun.S.O	Saintes; de S. à Bordeaux....	129
S. Georges....... S.	Estampes ou Orléans.......	11
S. Geo ges.... N.O.	Evreux	20
S. Georges... O.p.S.	Au Mans; du Mans à Laval..	64
S. Georg.-s-Loire. S.O.	Angers; d'Angers à Nantes..	76
S. Gerand le Puy.. S.	Moulins & à Roanne.......	81
S. Germain... S.p.E.	Fontainebleau par eau......	7
S. Germain de Calberte. S.	Clermont & à Alais........	140
S. Germain des Fossés.. S.	Moulins; de Moulins à Vichy.	82
S. Germain en Laye. N.O.	Rouen par St.-Germain.....	5
S. Germain-Lambon... S.	Clermont & à St.-Flour.....	102
S. Germain-Laval.... S.	Moulins & à Montbrison....	101
S. Germain-l'Herme... S.	Clermont & à la Chaise-Dieu.	104
S. Germ. les bell. FillesS.O	Limoges; de Lim. à Cahors.	100
S. Gervais.... N.O.	Rouen par Magny.........	15½
S. Gervais... S.p.O.	Montpellier & à Toulouse...	200
S. Gervais de Messey.. O.	Falaise & à Domfront......	52
S. Ghislain.... N.E.	Valenciennes & à Bruxelles.	60
S. Gilles........ S.	Lyon; de Lyon à Nismes....	178
S. Gilles...... N.O.	Rouen; de Rouen au Havre.	45
S. Girons..... S.O.	Toulouse & à St.-Girons....	194
S. Gobin....... N.E.	Soissons & à la Fère.......	33
S. Gondon...... S.	Orléans; d'Orléans à Gien...	42
S. Gratien... N.p.O.	Pontoise................	4
S. Guillain de Pierre.. O.	Caen; de Caen à Coutances.	66
S. Guillain la Brousse. S.	Lyon; de Lyon à Viviers...	158
S. Haon-le-Châtel.... S.	Moulins & à Roanne......	91
S. Heraye..... S.O.	Poitiers; de Poitiers à Saintes.	95
S. Hermine.... S.O.	Poitiers; de Poitiers à Nantes.	117

S. Herman•

PARIS.

S. Hermand	S.O.	Angers, d'Angers à Luçon	101
S. Hilaire	S.O.	Orléans & à Blois	30
S. Hilaire de Riez	S.O.	Nantes; de Nantes aux Sables	115
S. Hubert	E.p.N.	Sedan & à St. Hubert	72
S. Hypolite	S.E.	Besançon & à Vesoul	109
S. Hypolite	S.	Clerm. Mende & St.-Hypol.	144
S. Hypolite	S.pO.	Moulins & à Riom	89
S. Hypolyte	O.	Caen; de Caen à Vire	59
S. Ibars	S.O.	Toulouse & à Fossat	181
S. James	O.	Avranches & à Rennes	80
S. Jean	S.	Clerm. Mende & à Nismes	150
S. J. d'Angély	S.O.	Poitiers; de Poitiers à Saintes	116
S. Jean de Colle	S.O.	Limoges & à Périgueux	110
S. Jean de Laone	S.E.	Dijon; de Dijon à St.-Jean	84
S. Jean de l'Isle, Comm.	S.	Fontainebleau	7
S. J. de Ruelle	S.O.	Orléans	28
S. Jean du Luz	S.O.	Bayonne & à St.-Jean	208
S. J. de Gometz	S.O.	St.-Arnould	6½
S. J. en Royans	S.	Lyon; de Lyon à Die	139
S. Jouan de l'Isle	O.	Rennes; de Rennes à Brest	98
S. Julia	S.pO.	Toulouse & à Castelnaudary	178
S. Julien	O.p.S.	Angers; d'Ang. à Rennes	84
S. Julien	S.E.	Bourg & à Pontarlier	113
S. Julien	S.	Clermont & à Tournon	99
S. Julien-le-Faucon	O.	Lizieux & à Falaise	45
S. Julien	N.O.	Rouen par Mantes	23
S. Jul.-sur-Reyssouse	S.E.	Chalon s. Saone & à Bourg	97
S. Junien	S.O.	Limoges & à Angoulême	101
S. Junien	S.O.	Toul. Rieux & St.-Junien	183
S. Just	N.	Amiens	19
S. Just	S.E.	Rozoy; de Rozoy à Provins	16
S. Just	S.O.	Saintes & à Rochefort	128
S. Just en chevalet	S.	Moulins; de Clermont à Lyon	106
S. Lambert	S.O.	Versailles & à Chevreuse	7
S. Lambert	S.O.	Angers par Saumur	80
S. Lambert	N.O.	Rouen & à St. Valery	42
S. Laurent	S.O.	Au Mans	36

Tome II.   A a a

S. Laurent	S.E.	Aix & à Antibes	235
S. Laurent	S.O.	Angers & aux Sables d'Olon.	90
S. L. de gr. Vaux	S.E.	Dijon; de Dijon à Genève	108
S. Léger	S.	Clermont & à Mende	130
S. Léger aux bois	N.E.	Soissons	21
S. Léger des bois	O.	Montfort-l'Amaulry & St.-L.	10
S. Léonard	S.O.	Limoges; de Limoges à Clerm.	99
S. Leu	S.p.E.	Melun	11
S. Leu-Desserent	N.E.	Senlis & St.-Leu	11
S. Leu Taverny	N.p.O	L'Isle-Adam	5
S Lié	S.p.O.	Orléans	25
S. Lié	S.E.	Troyes	37
S. Lizier	S.O.	Toulouse & à St.-Girons	190
S. Lo	O.	Caen; de Caen à Coutances.	66
S. Loubouer	S.O.	Bordeaux & à Pau	195
S. Loup	S.O.	Au Mans; du M. à la Rochelle.	88
S. Loup	S.O.	Chartres & à Châteaudun	25
S. Loup	S.E.	Vesoul & à Plombières	95
S. Lys	S.O.	Toulouse & à Lombez	176
S. Macaire	S.O.	Bordeaux & à Toulouse	166
S. Maixent	S.O.	Poitiers & à St.-Maixent	99
ST.-MALO	O.	Alençon & à St.-Malo	89
S. Mamert	S.p.E.	Sens	17
S. Marcel	S.O.	Orléans; d'Orl. à Limoges.	70
S. Marcel	N.O.	Rouen par Vernon	20
S. Marcel	S.	Toulouse & à Narbonne	208
S. Marcel	E.p.N.	Meaux	7
S. Marcellin	S.	Lyon; de Lyon à Die	139
S. Marcellin	S.	Moulins & à St.-Etienne	111
S. Mard	N.E.	Soissons	9
S. Mard	N.E.	Soissons	14
S. Mard, abbaye.	N.	Amiens	26
S. Mards en Othe	S.E.	Sens; de Sens à Troyes	37
S. Mars-s-Loire.	S.O.	Tours; de Tours à Angers	62
S. Martin	N.	Amiens	24
S. Martin	N.O.	Evreux & à St.-Martin	28
S. Martin	S.O.	Nantes & aux Sabl. d'Olonne.	118

S. Martin-d'Ablois	E.	Meaux & à Châlons.......... 32
S. M. de Vallamas.	S.	Clerm. de Clerm. à Valence. 132
S. Martory....	S.O.	Toulouse & à Bagnères..... 187
S. Mathurin...	S.O.	Tours; de Tours à Angers... 74
S. Mathurin.....	S.	Nemours.................. 18
S. Maur.......	S.E.	Vincennes & à St.-Maur.... 3
S. Maurice.....	S.O.	Dourdan par Palaiseau..... 9½
S. Maurice.....	O.	Caen; de Caen à Valognes.. 71
S. Maurice....	S.O.	Chartres & à Châteaudun.... 29
S. Maurin.....	S.O.	Cahors & à Agen.......... 155
S. Maximin...	S.p.E.	Aix; d'Aix à Antibes....... 201
S. Maximin.....	N.	Amiens................... 11
S. Médard.....	S.O.	Limoges & à Agen......... 154
S. Méen.......	O.	Rennes; de R. à Loudeac... 97
S. Menoux...	S.p.O.	Moulins & à Bourbon-l'Arch. 75
S. Mesme...	E.p.N.	Meaux.................... 7
S. Mesmin...	S.p.O.	Orléans & à St.-Mesmin... 30
S. Michel. (le mont)	O.	Avranches & au Mont St.-M. 82
S. Michel des bois.	S.	Orléans................... 7
S. Mihiel.......	E.	Bar-le-Duc & à St.-Mihiel... 70
S. Mont.......	S.O.	Bordeaux & à Pau.......... 200
S. Nazaire.......	S.	Marseille & à Toulon....... 213
S. Nazaire...	O.p.S.	Nantes & à St.-Nazaire..... 108
S. Nicolas....	N.O.	Gisors; de Gisors à Rouen.. 21
S. Nicolas.....	S.O.	Montaub. de Toulouse à Bord. 158
S. Nom........	O.	Anet..................... 6
S. OMER......	N.	Arras & à St.-Omer....... 61
S. Ouen......	N.O.	Argenteuil par Asnieres.... 2
S. Ouen, abb...	S.E.	Rozoy.................... 8½
S. O. de la Londe.	N.O	Rouen par Vernon......... 30
S. Ouen des Toits.	O.	Laval & à Avranches...... 73
S. Palais.....	S.O.	Bayonne & à St. Palais..... 211
S. PAPOUL...	S.O.	Toulouse & à St.-Papoul... 184
S. Pathus......	E.	Dammartin & St.-Pathus.... 11
S. Paul.......	S.E.	Aix, Antibes & à St.-Paul... 238
S. Paul.......	S.O.	Bayonne.................. 203
S. Paul des Landes	S.O	Limoges & à Aurillac...... 125

S. Paul-Fenouillettes. S.	Toulouse & à Perpignan....	206
S. Paul Trois Châteaux. S.	Lyon & à Avignon.........	160
S. Paulien....... S.	Clermont & au Puy.......	118
S. Peravy..... S.O.	Orléans.................	21
S. Pierre........ S.	Estampes *ou* Orléans.......	7
S. Pierre..... S.p.E.	Melun & à St.-Pierre......	13
S. Pierre du chemin SO	Saumur & à la Rochelle....	88
S. Pierre-Eglise .. O.	Caen, Valognes & à St.-Pierre.	83
S. Pierre-J-Dives. O.	Lizieux; de Lizieux à Falaise.	49
S. Plancard.... S.O.	Cahors; de C. à St.-Bertrand.	185
S. Pois........ O.	Caen; de Caen à Avranches..	72
S. Pol........ N.	Amiens & à St.-Pol........	45
S. Pol-de-Léon... O.	Rennes & à St.-Pol........	137
S. Pons..... S.p.O.	Cahors & à St.-Pons.......	198
S. Porquier.... S.O.	Montauban & à St.-Porquier.	164
S. Pourçain..... S.	Moulins; de M. à Clermont.	79
S. Prix........ N.	L'Isle-Adam.............	5
S. Prix...... S.p.E.	Auxerre & à St.-Prix......	46
S. Quentin... N.E.	Compiègne & à St-Quentin.	35
S. Quentin...... S.	Lyon; de Lyon à Montpellier.	163
S. Quentin.. O.p.S.	Au Mans; du M. à Chât.-Gont.	70
S. Rambert...... S.	Moulins & à St.-Etienne.....	110
S. Remy...... S.O.	Chevreuse par Châtillon....	7
S. Remy,..... S.O.	Montfort-l'Amaulry........	9
S. Remy........ S.	Avignon & à St.-Remy.....	184
S. R. de la Varenne. S O.	Tours & à Angers.........	80
S. Renan....... O.	Rennes, Landernau & S. Ren.	150
S. Reverien..... S.	la Charité & à St-Reverien..	66
S. Riquier...... N.	Amiens & à Abbeville.....	40
S. Romain.... N.O.	Rouen & au Havre p. Caudeb.	43
S. Romain...... N.	Amiens.................	28
S. Rome........ S.	Clerm. Milhaud & St.-Rome.	145
S. Suex...... N.O.	Gisors; de Gisors à Dieppe.	31
S. Satur........ S.	Fontainebl. Cosne & St.-Satur.	48
S. Saturnin... S.p.E.	Apt; d'Aix à Sault par Apt.	189
S. Sauges...... S.	Auxerre & à Nev. p. Corbigny.	67
S. Sauveur...... S.	Auxerre; d'Aux. à St.-Fargeau.	54

S. Sauveur le Vic. O.	Caen, Carent. Pretot & St.-S. 73
S. Sauv.-f-Dives N.O.	Evreux, Pont-l'Ev. & St.-S. 54
S. Sauvy ..... S.O.	Montauban & à Auch...... 168
S. Savin ...... S.O.	Orl. d'Orl. à Poit. p. Chât.-r. 78
S. Sébastien .... S.O.	Bayonne & à St.-Sébastien... 217
S. Seine ...... S.p.E.	Troyes; de Troyes à Dijon. 67
S. Sépulchre ... S.O.	Bourges, la Châtre & St. Sép. 77
S. Sernin .... S.	Alby & à Montpellier...... 180
S. Sever ...... N.O.	Faubourg de Rouen........ 30
S. Sever .... O.	Vire & à St.-Sever......... 62
S. Sever ...... S.O.	Bordeaux & à Pau.......... 192
S. Silvain ...... O.	Lizieux & à St.-Silvain...... 48
S. Sorlin .... S.p.E.	Bourg, de Bourg à Belley.... 117
S. Souplets ... E.p.N.	Dammartin & à St.-Souplets.. 10
S. Sulpice.... S.p.O.	Orléans................. 10
S. Sulp. de la Pointe. S.O.	Cahors; de Cahors à Lavaur.. 160
S. Sulpice de Lezat. S O.	Toulouse & à Fossat....... 178
S. Symphorien de Lay. S	Moulins, de Moul. à Lyon... 99
S. Symphorien d'Ozon. S.	Lyon; de Lyon à Vienne..... 118
S. Trivier en Dombes. S.	Macon; de Macon à Lyon.... 106
S. Tron....... N.E.	Bruxelles & à St.-Tron..... 85½
S. Tropez .... S.p E.	Aix & à St.-Tropez........ 222
S. Urbain ..... S.E.	Châl. Joinville & St.-Urbain. 64
S. Urcize....... S.	Clerm. Chaud. & St.-Urcize. 124
S. Vallery en Caux N.O	Rouen & à St.-Vallery..... 44
S. Vall. f-Somme. N.	Abbeville & à St.-Vallery.... 45
S. Vallier........ S.	Lyon; de Lyon à Avignon... 133
S. Vaulry ..... S.O.	Orl d'Orl. à Lim. par Gueret. 78
S. Venant...... N.	Arras; d'Arras à Dunkerque.. 54
S. Victor ..... N O.	Rouen; de Rouen à Dieppe.. 38
S. Vit........ S.E.	Dijon; de Dijon à Besançon.. 93
S. Vrain........ S.	La Ferté-Aleps par Arpajon.. 10
S. Vrain........ S.	Montargis, Briare & St.-Vrain. 46
S. Vy ...... E.p.N.	Chaalis................. 8
S. Yon ...... S.p.O.	Orléans................. 9
S. Yon-lès-Rouen. N.O	Rouen & à St. Yon........ 31
S. Yriex ...... S.O.	Limoges; de Lim. à Sarlat... 101

Ste. Affise.... S.p.E.	Melun 10
Ste. Aulaye.... S.O.	Angoulêm à Ste.-Aulaye.. 139
Ste. Beaume..... S.	Aix; d'Aix à Toulon........ 205
Ste. Colombe..... S.	Lyon; de Lyon à Viviers.... 121
Ste. Croix.... S.p.E.	Dijon; de Dijon à Bourg..... 99
Ste. Croix....... S.E.	Colmar & à Ste.-Croix...... 119
Ste. Eremie .... S.	Clerm. Mende & Ste.-Eremie. 134
Ste. Foix..... S.O.	Lim., Bergerac & Ste.-Foix.. 136
Ste. Foy de Pérod. S.O.	Toulouse & à Lombez...... 177
Ste. Foy...... S.O.	Agen 154
Ste. Genevieve.. N.O.	Nanterre & à Ste.-Genevieve. 3½
Ste. Genev. des bois. S.	Orléans; 1 l. E. de Montlhery. 7
Ste. Hermine... S.O.	Saumur; de Saumur à Luçon.. 110
Ste. Marguerite S.p.E.	Aix, Toul. & Ste.-Marguerite. 211
Ste. Marguerite... N.	Amiens................. 11
Ste. Marie aux M. S.E.	Nancy; de Nancy à Schlestat. 108
Ste. Maure.... S.O.	Tours; de Tours à Poitiers... 68
Ste. Menehould... E.	Châlons & à Ste.-Menehould. 51
Ste. Mere Eglise... O.	Caen; de Caen à Cherbourg.. 72
Ste. Radegonde... S.	Fontainebleau............ 9
Ste. Reine..... S.E.	Sens; de Sens à Dijon....... 65
Saintery..... S.p.E.	Fontainebleau............ 7½
SAINTES..... S.O.	Poitiers & à Saintes........ 131
Saissac....... S.p.O.	Alby; d'Alby à Carcassonne.. 186
Salaignac..... S.O.	Limoges & à Sarlat........ 113
Salbris....... S.O.	Orléans; d'Orléans à Bourges. 43
Salerne..... S.p.E.	Aix; d'Aix à Draguignan.... 218
Salers ...... S.p.O.	Clerm. Mauriac & Salers..... 120
Salescuron... S.p.O.	Clerm. & à Rodez.......... 130
Salins........ S.E.	Dijon; de Dijon à Salins..... 99
Salles....... S.p.O.	Montaub. Cordes & à Salles. 172
Salles....... S.p.O.	Montpellier & à Pommiers... 240
Sallies....... S.O.	Toulouse & à St.-Girons..... 188
Salon....... S.	Avignon & à Salon......... 185
Saluces....... S.E.	Lyon, Embrun & Saluces.... 192
Samatan..... S.O.	Toulouse & à Lombez...... 181
Samazan..... S.O.	Auch; d'Auch à Maubourguet. 186

PARIS.

Samers	N.	Abbeville & à Calais	58
Samois	S.p.E.	Montereau	15
Samoreau	S.p.E.	Montereau	16
Sancerre	S.	Cosne & à Sancerre	49
Sancoins	S.p.O.	Bourges & à Moulins	67
Sannois	N.O.	Pontoise	4
Santillier	S.	Lyon & à St.-Etienne	126
Sanxey	S.O.	Poitiers & à la Rochelle	93
Saou	S.	Lyon; de Lyon à Avignon	147
Sap. (le)	O.	Dreux & à Falaise	39
Saramon	S.O.	Auch; d'Auch à Lombez	183
Sarcelles	N.	Amiens	4
Sarlat	S.O.	Limoges & à Sarlat	119
Sarrancolin	S.O.	Auch; d'Auch à Arreau	197
Sarrians	S.	Lyon & à Avig. par Orange	170
Sartrouville	N.O.	Besons & à Sartrouville	4
Sarzeau	O.p.S.	Rennes, Vannes & à Sarzeau	117
Sassenage	S.p.E.	Lyon; de Lyon à Grenoble	140
Saujon	S.O.	Poitiers, Saintes & à Royan	125
Saulgues ou Saugues	S.	Clermont & à Alais	118
Saulieu	S.	Auxerre & à Saulieu	63
Sault	S.	Lyon, Orange & à Sault	171
Sault de Navaille	S.O.	Bordeaux & à Pau par Sault	198
Saumieres	S.	Nismes & à Montpellier	181
Saumur	S.O.	Au Mans & à Saumur	73
Sauvetat	S.p.O.	Clermont, Aurillac & Rodez	145
Sauveterre	S.O.	Bayonne & à Pau	212
Sauveterre	S.O.	Cahors & à Montpellier	170
Sauvigné	S.O.	Dreux ou de Chartres au Mans	48
Sauvigné ou Savigné	S.O.	Tours & à Duretal	67
Saux	S.p.O.	Orléans	5
Sauxilanges	S.	Clermont & à Sauxilanges	102
Sauzé	S.O.	Poitiers & à Angoulême	100
Savenay	O.p.S.	Nantes & à Savenay	103
Savenieres	S.O.	Angers & à Savenieres	76
Saverdun	S.O.	Toulouse; de Toulouse à Foix	181
Saverne	E.	Strasbourg par Metz	107

Savegnac..... S.O.	Limoges; de Lim. à Périgueux.	113
Savegney..... N.O.	Beauv. de Beauv. à Gournay.	20
Savigny......... O.	Avranches par Alençon....	73
Savigny....... S.O.	Chartres, Vend. & Savigny.	50
Savigny-sur-Orge. S.	Fontainebleau.............	5½
Sayssac....... S.O.	Toulouse & à Seyssac......	190
Scatalens..... S.O.	Montauban & à Scatalens....	163
Sceaux....... S.p.O.	Bourg-la-Reine & à Sceaux..	2½
Scellieres...... S.E.	Et de Lons-le-Saunier à Dôle.	96
Scey-sur-Saone.. S.E.	Troyes; de Troyes à Besançon.	81
Schlestatt...... S.E.	Nancy & à Schlestatt.......	113
Sechelles, chât... N.	Roye	21
Seclin...... N.p.E.	Arras; d'Arras à Lille......	55
Secondigny.... S O	Saumur & à Secondigny....	93
Sedan......... E.	Reims & à Sedan..........	61
Sées......... O.	Dreux & à Sées............	39
Segonne..... S.p.O.	Bourges & à Moulins.......	66
Segonzac....... S.O.	Angoulême & à Saintes.....	125
Segrais, chât... S.O.	Dourdan..................	10
Segré......... S.O.	Angers & à Segré..........	81
Segrets, abbaye. S.E.	Rozoy	13
Segur....... S.p.O.	Clermont, Aurill. & à Rodez.	164
Seignelay.... S.p.E.	Sens & à Seignelay........	42
Seissan....... S.O.	Auch; d'Auch à Arreau.....	181
Seissel....... S.p.E.	Lyon & à Seyssel..........	148
Selle. (la)...... O.	St.-Cloud & à la Selle......	4
Selle. (la)....... S.	Sens.....................	30
Selongey...... S.E.	Langres & à Dijon........	77
Seltz........... E.	Strasbourg & à Mayence....	131
Selve. (la)... S.p.O.	Clermont, Rodez & la Selve.	146
Semur en Auxois. S.E.	Auxerre & à Semur........	60
Semur en Brionnois S.	Moulins; de Moul. à Macon.	94
Senecey........ S.	Chalon & à Senecey.......	89
Senarpont....... N.	Beauvais & à la ville d'Eu...	35
SENEZ...... S.p.E.	Avignon & à Senez.......	208
SENLIS...... N.E.	Compiègne...............	11
Senlisse....... S.O.	Chevreuse & à Senlisse.....	8

Senonches.

PARIS.

Senonches	O.	Alençon	28
Sennonnes	S.E.	Nancy & à Schlestatt	104
	S E N S.	*Grande Route* .... S	30

De Paris à *Fontainebleau*... 16 l. *Voyez cette Route.* De Fontainebleau on traverse le parc & l'on arrive à la fourche de la route de Nemours, qu'on laisse à droite, on passe entre des Landes & le parc qui est au N. le vill. d'Avon est au bout du parc. On entre dans la forêt qui a 1 l. de traverse. Sortant de la forêt on passe le long E. du ham. des Sablons & de la chap. de St.-Sebastien. ¼ l. O. de St.-Mamert, sur le bord de la Seine. *A Moret*... 3 l. Passage de la riv. de Loing & du canal. Petite côte à monter en passant à l'E. de la chap. St.-Lazare & du parc & chât. de Ravanne. ½ l. d'Ecuelles + & Montarlot +. 1 l. d'Episy + & de Villecerf +. On passe au pied de l Obélisque de la Reine, à l'O. de Froide-Fontaine. ½ l O. de la Gran-Paroisse + de l'autre côté de la Seine. ¼ l. E. d'Epinay & ½ l. de vill. St.-Jacques +, le chât. de la Brosse est à côté dans le vallon & le ham. de Lorgenoy. Avenue à droite qui va à la ferme du Vaustin, & une à gauche qui conduit au vill. & chât. de Varennes +. Avenue directe à l'E. & à Montereau-Faut-Yonne, éloigné de ¾ l. de la route. *A Fossard*... 3 l. A ¼ l. E. d'Emans +, 1 l. de Noisy +. Avenue & à ½ q. l. S. O. de Cannes +, sur la riv. d'Yonne. Le long E. d'un côteau & à l'O. d'une Justice. Demi-lune & avenue directe à l'O. & au chât. de la Brosse, le moulin à vent est au-dessus sur un tertre. Entre un calvaire & le ham. de Bichain. A 1 l. E. de Montmachou + au-dessus du bois de la Bondu. ½ l. O. de Barbey. Au-delà de l'Yonne, *A Villeneuve-la-Guiard*... 2 l. Vallon & ruiss. à trav. ¼ l. E. de Villeblevin + & ½ l. O. de la Chapellote + *ou la chapelle aux Veuves*. ½ q. l. E. de Chaumont + & des moulins à vent ½ q. l. E. de Champigny-sur-Yonne. ¼ l. O. de Coulon & son moulin à vent au-delà de la riv. Le long de la Chap., ham. & de la Chapelle-Feu-Payen. Le long E. de Villemanôche + & de la chap. de St.-Jacques. *A Pont-sur-Yonne*... 3 l. Pont & riv. d'Yonne à passer. Le long E. de cette riv. & à ¼ l. O. de Gisi-les-Nobles +. 1 l. S. O. de Michery +. ½ l. O. de Cuy + & Evry +. ½ q. l. E. de Villenavotte au-delà de la riv. ¼ l. O. du parc & château de Nolon, & du ham. des Granchettes. A St.-Denis +. Vis-à-vis E. de Courtois + sur le bord de l'Yonne. A Ste.-Colombe. ¼ l. O. de St.-Clément +

Tome II.   Bbb

& ¼ l. E. de St. Martin +. A l'O. de St.-Antoine. Abb. Entre les Capucins & les Ursulines. *A SENS*.... 3 l.

Sept-Fons....	S.p.O.	Cahors; de Cahors à Alby...	155
Sergines.....	S.p.E.	Bray; de Bray à Sens......	23
Sergy........	N.O.	Pontoise & à Sergy........	8½
Sermaizes....	S.O.	Dourdan................	11
Sermur.......	S.O.	Moulins; de Moul. à Limoges.	98
Serre........	S.p.E.	Grenoble, Gap & à Sisteron.	181
Serrieres.....	S.	Lyon & à St.-Etienne......	125
Serverette....	S.	Clermont & à Mende......	123
Servian.......	S.	Montpellier & à Perpignan...	206
Seurre.......	S.p.E.	Dijon & a Seurre..........	86½
Severac......	S.	Clermont & à Milhaud.....	141
SEVILLE.....	S.O.	Bayonne; de Bayonne à Cadix.	387
Seyne.......	S.p.E.	Grenoble & à Digne.......	181

SEZANNE. Route... E.p.S... 27

De Paris à *Couilly*.. 10 l. *Voyez de Paris à Meaux par Lagny.* De Couilly on passe à Pont-aux-Dames, Abb. Pont & ruiss. de Segy. ½ l. S. du chât. & vill. de Quincy +. A Martigny, ⅓ l. N. E. de Montaumer. Au N. de la ferme des Marets & au S. de celle de Monbarbin. Côte & à ¼ l. E. de Coutevrou + & du Vivier, chât. Au-dessus N. de Villiers-sur-Morin +. ¼ l. S. O. de Montpichet. Bouleurs + & Coulomme + sont au-dessus. Pente rap. de la côte de Crecy *A Crecy*... 1 l. Le long N. de la Ville. A la Chapelle +, N. de St.-Martin. Entre Choisel & Libernon, à l'E. de Montaurevers & ¼ l. du chât. de Bessy. Vallon & bois à passer. A ¼ l. S. O. de Maisoncelles+, 1½ l. de Haute-Maison+, ¼ l. N. de Rouilly-le-Haut, ½ l. de Guerard +. Au N. de la chap. St.-Blandin. Chemin de Meaux à Rozoy. ¼ l. N. de Charnoy, 1 l. de Faremoutier, abb. Au S. de Cheru. Au haut Montmartin & au N. du bas. Chem. de Coulommiers à Meaux. Avoisin, pente & au S. de Boussoys. Au N. de Pommeuse +. ½ l. de St.-Augustin + sur la côte. Le long N. de Mourou +. Pont ruiss. & au S. de la Capucinerie. ¼ l. N. de Coubertin, S. de Boisguiaut, de Mitheuil & le long de la Couture. Pont & riv. de Morin. Côte en pass. le long de la fausse riv. & au-dessus S. des Grandes Maisons, N. des Parichets. Pont & riv. de Morin. *A Coulommiers*... 3 ½ l. Ponts sur le Morin

& la fauſſe riv. Dev. les Capuc. Vallée, à l'E. de Vaux & St.-Pierre-en-Neuve. Côte de St.-Pierre, ½ q. l. O. de Montigny. Vall. Croix & chap. de St.-Lazare. A Chailly + Voiſins: *belle vue*. Fourche du chemin de Bray-ſur-Seine. Vallon & ruiſſ. Au S. de Chailloy. Côte & bois à cotoyer. ¼ l. S. de Salerne. 1 l. N. du moul. à vent & vill. d'Amilly +. Au S. de la Sauvagere & la Couture. Au N. de la Ferriere & de Marolles +. Au S. de la Villotte & pente rap. Pont & ½ l. N. E. du chât. & vill. de Marolles + Côte & cabaret, au S. de Mondelot & Grandmont. ¼ l. N. des deux Maiſons. ½ q. l. des Bordes & du vill. de St.-Simeon +. Le chât. de Chalandos & le vill. de Chauſery + ſont ½ l. plus loin. Au N. de Villards, au S. de Moncel & St. Remy-de-la-Vanne +. 1 l. N. de Choiſy +, 2 l. du moulin à vent & vill. de Chevru +, ½ l. de Champbonnois & le Temple. Le long S. de Poligny. ½ l. N. du Buiſſon-Bailly & Nancy, ¼ l. S. du Guet-Blandin & Champgoulain, ¼ l. de Jouy ſur-Morin +. Entre les bois du Val & la ferme de Moncel. Vallon, pont, au N. du haut & bas Val. Côte au S. de Montigny. Au N. du ham. & chât. de Montblin. Pente & fourche du chemin de Provins. Pont & riv. de Morin. *A la Ferté-Gaucher*... 4 ¼ l. A la Commanderie; Au N. de la Maiſon-Dieu. Côte & croix Paillard, au N. de St.-Martin-des-Champs +. ¾ l. de Lecherolles +. Au S. de Coupigny, 1 l. de St. Barthelemy-en-Beaulieu +. Entre deux bois, N. du Mont-Vinot, ½ l. de Moutis + & plus loin Drouilly. Au Moncel, ¼ l. N. de la Chapelle-Veronge +. Entre Montigny & la petite Broſſe. Le long de Domart. ½ l. N de Poitiers. Pente rap. chemin de Rebais & de Meaux. *A Meilleray-le-Haut* +... 2 l. Pont, ruiſſ & au N. du Morin, riv. Côte à trav. en paſſ. au N. & au-deſſus de Belleau +, plus loin Bois-Frais. ham. & le vill. de Villeneuve-la-Lione +. Vallon, pont, ½ l. S. du Vezier +. Côte 1 l. N. du bois, vill. & chât. de Reveillon +. Au N. des Chaigneux & au S. de la Commanderie. Pente rap. & vill. de Treffaux +. Plaine à trav. en paſſant à ½ l. N. de Joyſel +. ½ l. S. de Morſins. Au N. de Champguion + & du chât. au S. des Butheaux. 1 l. N. du chât. & vill. d'Eſternay +. Vallon & ferme des vieux Eſſarts... 3 l. ½ l. de la forêt de Gault à traverſer. A l'Hermite. En ſortant de la forêt. Au S. du Chatelet & de Guebarré & au N. des Granges & du Preſſoir. ½ l. de la Noue + en deçà du bois de l'Armée. Le long S. des grands Eſſarts +. 1 l. S. O. de Lâchy, Abb. le chât de Chapton eſt au-deſſus. Chemin de Sezanne à Montmirail.

Vallon, côte, ½ l. O. de Verdey +. Pente rapide au S. de Placard & Villiers. Fourc. de la route de Sezanne à Provins. A Mœurs +. Pont & riv. du grand Morin à passer. Côte à trav. en passant le long de la Tuilerie. Moulins & pont sur la riv. des Auges. *A SEZANNE*.... 3 l.

Autre Chemin................ 27½

De Patis à Rozoy... 13 l. *Voyez cette Route*. De Rozoy on passe le long de Breuil +. Au S. du parc, chât & vill. de Voinsles +. 1 l. N. du chât. de Champ-Gueffiier, S. de Planoy. Au N. du chât. de Courtavenel, ½ l. S. du vill. & moulin à vent du Vaudoy +. ½ l. N. de Pecy + & du chât. de Beaulieu. Carref. du chemin de Bray à Coulommiers. Parc & chât. de Vigneau. *A Jouy-le-Chatel*... 3 l. Près du moulin à vent & vill. de Vilgagnon +. ¾ l. N. des bois & abb. de Jouy. Vallon, au S. de Banost. Près de Bezalles + & Boisdon. Bois, avenue & chemin de Provins à la Ferté-Gaucher à trav. en pass. au N. du chât. & vill. de Champcenets +.. 3 l. *où de Bézalles* à Champcenets + & les Marets +. Vallée, pont & riv. d'Aubetin à passer. Au N. d'Augers + & au S. de Cernaux + & de Sancy +, N. de Champcouelle +. Plaine, côte & vill. de Mouceaux +. ½ l. S. de Maisoncelle + ½ l. N. du moulin à vent de St.-Bon. ½ l. de bois à trav. *A Courgivaux*... 4 l. Pont & à ¼ l. S. du chât. de Nogentel. A Tourneloup. Chaussée, moulin, étang sur le Morin. Côte au S. d'Esternay +; Dev. le chât. d'Esternay, ½ l. N. de Chatillon +. Le long du bois de l'Armée, au S. de Beauvais & la Noue +. ¼ l. du bois de l'Armée à trav. ¼ l. S. des grands Essarts +. A Mœurs +. Ponts & riv. du Morin. Devant la Tuilerie. *A SEZANNE*... 4½ l.

		DE PARIS à		
Sierck..........	E.		Metz; de Metz à Trèves....	88
Sigean......	S.p.O.		Montpellier & à Perpignan..	220
Signes-s-Latay	S.p.E.		De Marseille à Draguignan..	212
Signy-l'Abbaye.	N.E.		Reims; de Reims à Givet...	53
Sigolsheim.....	S.E.		Nancy, de Nancy à Colmar.	117
Sillé..........	S.O.		Chartres & à Sillé.........	51
Sillery..........	E.		Reims; de Reims à Châlons..	40
Simorre.......	S.O.		Toulouse & à Simorre......	185
Sissonne......	N.E.		Laon; de Laon à Réthel....	38
Sisteron......	S p.E.		Grenoble, Gap & Sisteron..	182
Sognolles......	S E.		Provins..................	9

SOISSONS. Grande Route... N.E... 25

De Paris au N.º 14 & carref. de la route de Versailles à
Senlis... 4 ½ l. *Voyez de Paris à Compiegne*. Du carref. de
la route de Senlis, qu'on laisse à gauche, on traverse la
plaine *ou* campagne d'Avernes, en pass. à ½ l. S. E. de
Vauderlan + & au N.º 9 de la borne milliaire. Vallon,
N.º 10 & à Roissy +. Dev. l'église, le chât. & le N.º 11.
Chemin & avenue directe au N. & à Louvres. Entre la
pépiniere & le mur du parc. N.º 12. Chemin à droite qui
conduit à la ferme de Mortieres, éloignée d'une demi l.
de Roissy, & d'un demi q. l. S. de la route. Croix & route
pavée directe au S. & qui conduit au Tremblay + à 1 l.
en passant à côté de la ferme de Mortieres. A ½ l. N. O.
des Platrieres, 1 ⅓ l. de Mitry + & de Mory +. Avenue
directe au S. & au Tremblay +. On voit plus loin Vaujours +, Livry +, Clichy + & le Raincy + au milieu de la
forêt de Bondy. La même avenue conduit au vill. d'Epiais
à ½ l. au N. Chenevieres est ¼ l. au-dessus. Pont, Justice
& N.º 13. Avenue & à ½ l. S. O. de Mauregard +. Arche
à l'O. du clocher du *Mesnil-Amelot*... 2 ½ l. Extrémité du
vill. à trav. en pass. aux Ormes, où est la poste, en face
de la route de Meaux, Compans + & Juilly +. Vis-à-vis
de la Rose royale & de la place du Marché au vin. N.º 14
& avenue de Meauregard & de N. D. de Guivry. Avenue
directe au N. E. & à Moussy-le-vieil +. N.º 15. Avenue
qui conduit à la r. de Juilly. Demi-lune & route pavée
à ½ l. S. de Moussy, & plus loin Montméliant +, & St.-Vy +.
A Villeneuve-sous-Dammartin +. N.º 16. Ferme, matre
& avenue de Compans & de Juilly. Dev. l'église, le chât.
& pente rap. Le long du parc & jardin, & pont sur la
Brevonne à passer. Fontaine, côte & tranchée. Moulin à v.
& chemin de St.-Mard, à ¾ l. à l'Est. Avenue & poteau
portant les armes de France & de Condé. Le long des
jardins, S. E. de Longperrier + Pavé du chât. de St.-Mard.
A la chapelle de St.-Guinfort: *belle vue au S. à plus de 15 l.*
A Dammartin... 2 l. Demi-lune & plantation directe au
au chât. des Tuileries. Entre un calvaire & un moulin à v.
Pente rap. entre des jardins & le parc du chât. des Thuilleries. Route nouvelle de Dammartin à Meaux. N.º 19.
Chemin & à ½ l. O. de Rouvres +. ¼ l. E. d'Orcheux, ½ l.
du moulin à v. d'Eve & ⅔ l. d'Othis +. N.º 20 & route de
Meaux. Arche, à 1 l. O. de St.-Pathus +, 1 ½ l. d'Oissey +.

$\frac{1}{2}$ l. E. d'Eve +, Vert est au-dessus. Le long O. de Lagny-le-Sec + & de la ferme de la Rochelle. Belle avenue directe à l'E. & au chât. du Plessis & du village +. A Mannoury, *auberge*. A 1 $\frac{1}{4}$ l. S. E. du vill. & forêt d'Ermenonville +. $\frac{1}{2}$ l. O. du vill. & moulin à v. de Silly +, 1 l. d'Ongnes + & de Chevreville +. A $\frac{1}{2}$ l. S.E. de Montagny +, 1 l. de Versigny +. 1 l. O. du moulin à v. & vill. de Sennevieres +. *A Nanteuil-le-Haudoin*.... 3 l. Chemin de Nanteuil à Crespy. Croix & pente rap. de la côte de Nanteuil. A l'E. des étangs & de N. D des Marais. 1 l. S. de Rozieres-du-mont-Luat +. $\frac{1}{2}$ l. O. du bois du Tronsay. A la Vache noire des Gombries, *auberge*. $\frac{1}{2}$ q. l. E. de Peroy +. Avenue & à $\frac{1}{4}$ l. O. de Boissy-lès-Gombries +. $\frac{1}{4}$ l. S. E. du bois de Nanteuil. Chemin & à $\frac{1}{4}$ l. N. O. de Fresnoy-les-Gombries +. Vallon & arche à passer. A $\frac{1}{4}$ l. N. O. de la source de la Grinette. Pente & à 1 l. N. O. de Villers-St.-Genest. *A Levignen* .. 3 l. Devant la poste aux chev. Chemin & à 1 l. S. E. de Crespy-en-Valois, & 1 l. N. O. du chât. & vill. de Betz +. $\frac{1}{4}$ l. E. de la ferme de l'Etoile. Vallon & à $\frac{1}{4}$ l. O. d'Ormoy-le-Davien +. $\frac{1}{2}$ l. S. de la Folie, ferme. Chemin d'Ormoy à Crespy. Devant une Justice. A Gondreville +. Entre le bois de Tillet & la forêt de Villers-Coterets. Vallon & grès à trav. Bruyeres & à $\frac{1}{4}$ l. S. de Vaumoise +. Bois à passer. Route & à 1 $\frac{1}{2}$ l. E. de Crespy. $\frac{1}{4}$ l. de Lieu restauré +, & plus loin Montigny. Grès & bois à trav. Vallon, arche & Fontaine-aux-Princes. A la Fontaine-aux-Clers. Vallon, pont, côtes, à $\frac{1}{2}$ l. N. O. du Plessis-aux-Bois. $\frac{1}{4}$ l. S. E. de la ferme de Fontenelle. A l'O. de Vaucienne + & Collioles +. Pisseleux + est plus loin, au bas de Villers-Coterets. Tranchée & pente rapide en passant dev. les Auberges de Vaucienne. Vallon profond, pont & riv. d'Authonne. A la nouvelle auberge & route de Collioles +. Montagne rap. en côtoyant des carrieres : *belle vue sur la vallée, &c.* Au pied du moulin à vent & à $\frac{1}{4}$ l. S. de Largny +. Vallon à passer. $\frac{1}{2}$ q. l. N. de la ferme de la Noue, $\frac{1}{4}$ l. de Pisseleux +. *A Villers-Coterets*... 4 l. Sur la place & devant la fontaine. Au S. du chât. & dev. l'église, abreuvoir & vennerie. Sentier des gens de pied. Le long du mur qui enferme une partie de la forêt. Route de Dampleu + & de Fere. Le long de la forêt & à l'avenue directe au parterre & au chât. $\frac{1}{2}$ q. l. E. de St.-Remy. Forêt de Villers-Coterets à trav. Route & à 2 l. O. de Longpont +.

PARIS.

Vallon du Sault du Cerf & pente rap. A la maison du Garde & porte du nouveau mur. Route, barriere & pente rapide. Belle demi-lune & fin de la forêt. A Vertefeuille, auberge, vis-à-vis de la poste... 3 l. $\frac{1}{4}$ l. O. de la ferme de Beaurepaire. 1 l. N. de Longpont, abb. A l'arbre d'onze heures. $\frac{1}{4}$ l. E. de Traflon & $\frac{1}{4}$ l. O. de Maison neuve. Vall. & pont à passer. Côte, chemin & à $\frac{1}{2}$ l. O. de Chaudun +. Pente rap. & à $\frac{1}{4}$ l. E. de Domiers +. A la Cr. de fer, *auberge*. Le long du mur de la ferme de Gravaçon. A l'E. du bois des églises & près de la Folie. $\frac{1}{2}$ q. l. E. de Mify-au-Bois +. Vall. direct au N. & au vill. de Breuil + & Saconin +. Au-dessus O. de Vauxbuin +. $\frac{1}{4}$ l. S. E. de Maupas. $\frac{1}{4}$ l. O. du chât. de Chevreuse, $\frac{1}{2}$ l. du vill. de Belleu + & du chât. d'Orchamp; *belle vue*. Pente rapide de la montagne de Vauxbuin. $\frac{1}{2}$ q. l. E. de la ferme de Presle. Nouv. route qui joint la route de Reims. $\frac{1}{4}$ l. de Maupas, $\frac{1}{4}$ l. de St.-Léger de Merfin +. Fauxbourg St.-Criftophe & route de Compiegne. Porte St.-Christophe. *A SOISSONS*... 3 l.

Soilly	N.E.	Château-Thierry & à Soissons.	25
Soify f. Enguin.	N.p.O.	St.-Denis & à Soiffy	4
Soify f. Etiolle.	S.p.E.	Fontainebleau	6
Solers	S.p.E.	Melun	9
Solesme	N.E.	St.-Quentin & à Valenciennes.	46
SOLEURE	S.E.	Béfort, Porentruy & Soleure.	122
Sollies-le-pont	S.E.	Toulon; de Toulon à Antibes.	213
Sollomiac	S.O.	Cahors; de Cahors à Auch...	169
Sombernon	S.E.	Auxerre; d'Auxerre à Dijon.	70
Sommevoire	S.E.	Troyes & à St.-Dizier	58
Sommieres	S.	Lyon; de Lyon à Montpellier.	179
Songeons	N.p.O.	Beauvais & à la ville d'Eu.	22
Sorcy	E.p.S.	Bar-le-Duc & à Nancy	72
Sorde	S.O.	Bayonne; de Bayonne à Pau.	212
Sorel	O.	Dreux	18
Soreze	S.p.O.	Cahors; de Cah. à St.-Papoul.	170
Soucy, chât	S.O.	Dourdan	8$\frac{1}{2}$
Soucy, chât	O.	Dreux; de Dreux à Alençon.	30
Soubife	S.O.	Rochefort & à Soubife	129
Souillac	S.O.	Limoges; de Lim. à Cahors.	127
Souilly	E.	De Bar-le-Duc à Verdun	69

Souilly .... E.	Meaux	7
Soulaines ...... S.E.	Troyes & à Joinville	52
Souterraine. (la) S.O.	Bourges; de Bourg. à Moulins.	87
Souvigny ...... S.O.	Moulins; de Moul. à Limoges.	74
Souzy .... S.O.	Dourdan	10
Spa .... N.E.	Mézières & à Spa	104
Spire .... E.	Strasbourg & à Spire	145
Stains ...... N.p E.	St.-Denis & à Stains	3
Steevorde .... N.	Arras; d'Arras à Dunkerque.	60
Steffort .... S.O.	Agen & à Steffort	162
Stenay .... E.	Reims & à Stenay	61
Stoucard .... E.	Strasbourg & à Stoucard....	158
STRASBOURG. E.	Strasbourg { par Metz	116
	par Nancy	119
Sucy .... S.E.	Brie Comte-Robert	4
Suevre .... S.O.	Orléans & à Blois	40
Suines .... S.E.	Brie Com.-Robert & à Suines.	8
Suippe .... E.	Reims & à Ste.-Menehould.	48
Sully .... S.	Orléans & à Gien	39
Sultz .... E.	Nancy; de Nancy à Landau..	118
Sultz .... S.E.	Béfort; de Béfort à Colmar..	113
Sultzbach ...... S.E.	Colmar & à Sultzbach	118
Sulzmatt ...... S.E.	Béfort; de Béfort à Colmar...	112
Suresnes .... O.	Passy, Lonchamp & Suresnes.	2¼
Surgeres ...... S.O.	Poitiers & à Rochefort	113½
Surville, chât. S.p.E.	Montereau	20
Survillers ..... N.E.	Chaalis	8
Sury-le-Comtal ... S.	Moulins; de M. à St.-Etienne.	109
Sussy .... S.E.	Provins	11
Suzay .... N.O.	Rouen par Pontoise	21
Suze. (la) .... S.O.	Au Mans; du Mans à Sablé...	56
Suze-la-Rousse ... S.	Lyon & à St.-Paul 3 Châteaux.	159
Taillebourg .... S.O.	Poitiers; de Poitiers à Saintes.	120
Tain .... S.	Lyon; de Lyon à Avignon..	136
Tallant .... S.E.	Troyes; de Troyes à Dijon..	72
Tallard ...... S.p.E.	Lyon & à Sisteron par Gap.	172
Talmont ...... S.O.	Poitiers & aux Sables d'Ol..	132

Tanlay.

Tanlay	S.p.E.	Sens; de Sens à Dijon	49
Tannay	S.	Auxerre; d'Auxerre à Autun.	57
Tarascon	S.	Lyon & à Tarascon	181
Tarascon	S.O.	Toulouse, Foix & Tarascon.	201
TARBES	S.O.	Auch & à Tarbes	193
Tarare	S.	Lyon par Moulins	104
Tartas	S.O.	Bordeaux & à Tartas	186
Taulignan	S.	Orange & à Taulignan	173
Tauves	S.p.O.	Clermont & à Aurillac	104
Taverny	N.p.O.	L'Isle-Adam	5
Teil sur le Rhône	S.	Lyon; de Lyon à Avignon	147
Teilleul. (le)	O.	Alenç. Domfr. & le Teilleul.	67
Termunde	N.E.	Bruxelles & à Gand	79
Terrasson	S.O.	Limoges; de Lim. à Sarlat.	113
Tessouaille	S.O.	Angers; d'Ang. à la Rochelle.	85
Tessy	O.	Caen; de Caen à Coutances.	67
Thann	S.E.	Nancy; de Nancy à Basle	118
Thenon	S.O.	Limoges; de Limo. à Sarlat.	111
Therouanne	N.	Amiens; d'Amiens à St.-Omer.	52
Thiais	S.p.E.	Fontainebleau	3
Thiancourt	E.	Verdun; de Verdun à Nancy.	73
Thiberville	O.	Evreux & à Lizieux	38
Thiers	S.	Clermont; de Clerm. à Lyon.	102
Thieux	N.E.	Bregy	7½
Thiffauges	S.O.	Angers; d'Angers à Luçon	91
Thignonville	S.	Orléans	18
Thilchatel	S.E.	Langres; de Langres à Dijon.	81
Thillay. (le)	N.E.	Senlis	5
Thionville	E.	Metz & à Luxembourg	83
Thiverny	N.	Amiens	12
Thiviers	S.O.	Limoges & à Périgueux	108
Thoard	S.p.E.	Grenoble, Sisteron & Thoard.	185
Tholey	E.	Metz, Saarlouis & Tholey	94
Thomery	S.p.E.	Sens	16
Thorigny	S.p.E.	Sens	29
Thorigny	O.	Caen, de Caen à Coutances	67
Thouars	S.O.	Tours & à Thouars	80

Tome II.   Ccc

Thoury ou *Toury*. S.p.O.	Orléans 20½
Thuit .... N.O.	Rouen *ou* de R. aux Andelys. 22
Tigery, chât.. S.p.E.	Melun 8
Tillieres .... O.	Dreux & à Alençon 25
Tilly .... O.	Caen; de Caen à Coutances. 64
Tinchebray ...... O.	Caen; de Caen à Rennes... 66
Toiſſey .... S.	Macon & à Trévoux 103
Tonnay-Boutonne... S.O.	Poitiers & à Rochefort 121
Tonneins ...... S.O	Bordeaux & à Agen 187
Tonnerre ..... S.p.E.	Auxerre & à Tonnerre 51
Torcé .... O.p.S.	Au Mans; du Mans à Laval. 59
Torcy .... E.	Lagny par Guermantes 7
Torfou .... S.	Eſtampes *ou* Orléans 10
Toſſiat .... S.p.E.	Bourg & à Toſſiat 108½
Tôtes .... N.O.	Rouen; de Rouen à Dieppe. 38
Toucques ..... N.O.	Rouen, Honfleur & à Toucq. 48
Toucy .... S.	Auxerre & à St.-Fargeau.... 50
Touget .... S.O.	Cahors; de C. à St.-Bertrand. 175
TOUL ...... E.p.S.	Straſbourg par Nancy 77
TOULON .... S.p.E.	Aix; d'Aix à Toulon 210
Toulon en Champagne E.p.S	Meaux, Montmir. & Toulon. 29
Toulon en Charollois... S.	Autun & à Toulon 81
TOULOUSE.. S.O.	Montauban & à Toulouſe ... 170
Tour blanche (la).. S.O.	Angoulême & à l'Iſle 130
Tour d'Auvergne. (la)S.O.	Clermont & à la Tour 105
Tour de Jœur. (la) S.p.O.	Orléans 12
Tour-du-Pin. (la) S.p E.	Lyon; de Lyon à Chambery. 128
Tournam ...... S.E.	Rozoy 9
Tournay ...... S.O.	Auch; d'Auch à Bagnéres... 195
TOURNAY.. N.p.E.	Valenciennes & à Tournay.. 60
Tournheim ...... N.	St.-Omer & à Calais 65
Tournon .... S.	Clerm. *ou* Lyon & à Tournon. 138
Tournon ...... S.O.	Cahors; de Cahors à Agen... 151
Tournus .... S.	Lyon par Chalon 91⅓
Tourouvre ...... O.	Dreux; de Dreux à Alençon. 36
TOURS ...... S.O.	Orléans *ou* Chartres & à Tours. 57
Tourteron .... E.	Réthel; de Réthel à Sédan.. 52

PARIS.

Toury, chât. .... S.	Montargis	23
Toury .... N.O.	Gisors	14
Traisnel, abb. S.p.E.	Troyes	26
Trancault .... S.p.E.	Traisnel & à Trancault	29
Trapes .... S.O.	Versailles & à Rambouillet.	7
Trappe. (*la*) abb. S.O.	Dreux & à la Trappe	35
Trebes .... S.p.O.	Toulouse & à Montpellier...	195
Treffort ...... S.p.E.	Chalon, Bourg & Treffort...	108
Tréguier .... O.	Rennes & à Tréguier	126
Treignac ...... S.O.	Lim. & à Tulle par Treignac.	108
Tremblade. (*la*) S.O.	La Rochelle & à la Tremblade.	134
Tremblay le Vicomte... O.	Châteauneuf par Maintenon.	21
Tremblay. (gr. & petit). E.	Dammartin	5½
Trementine .... S.O.	Angers; d'Ang. à Mortagne.	83
Trémouille. (*la*) S.O.	Amboise; d'Amb. à Limoges.	79
Tréport .... N.	la ville d'Eu & à Tréport...	40
Tréviere. (chât.) .. O.	Caen; de Caen à Cherbourg.	62
Trévoux .... S.	Macon & à Trévoux	110
TRÈVES .... E.	Verdun, Luxemb. & à Treves.	93
Trianon .... O.	Versailles & à Trianon	5
Trie .... S.O.	Auch; d'Auch à Bagnères...	190
Trie-la-ville ... } N.O.	Chaumont; de Ch. à Gisors.	16
Trie-le-chât ... }		
Trilbardou .... E.	Meaux	9
Trinité. (*la*) ... S.O.	Chevreuse par Châtillon....	6
Troarn .... O.	Rouen; de Rouen à Caen...	57
Troissy ...... E.p.S.	Meaux & à Châlons	27
Troo .... S.O.	Vendôme & à Troo	48
Trou de l'Ecu .. N.E.	Compiegne & à Trou	27
Trous. (*les*) .... S.O.	Dourdan par Palaiseau	7½

TROYES. *Grande Route* ... S.E ... 38

De Paris à *Provins* ... 22 l. *Voyez cette Route*. On sort de Provins par la porte de Troyes, après avoir passé le pont sur la rivière de Vouzie. Entre cette rivière & la montagne. Chemin au S. de Richebourg, en côtoyant la montagne escarpée & S. du moulin de l'étang. Pont, pente rapide & N.º 44 de la borne milliaire. A ½ l. S. de

Fontenay + ou St.-Brice. Richebourg est plus loin. Justice & chapelle de St.-Hubert entre 4 Pins. $\frac{3}{4}$ l. de Luboin, entre Fontenay & Richebourg; plus loin le parc & chât. du Houssoye. $\frac{1}{2}$ q. 1 N. de Villecendrié & des ruines de Fontaine-aux-Ecus. Vallon direct à Chalautre la petite +. N.º 45. Le long E. de Sordun +, $\frac{1}{2}$ q. l. S. de la ferme de l'Ormurion. Auberge & chemin de l'Eglise de Sordun. Clos à trav. & avenue directe à la ferme de l'Ormurion, près celle des Fossés. Vallon & pont à $\frac{1}{4}$ l. N. du petit Paraclet de N. D. du Jariel & du château de Montbron. N.º 46. A 1 $\frac{1}{4}$ l. S. de Lechelle +. Pente rap. & à $\frac{1}{4}$ l. S. de la ferme du petit étang & des carrières de grès. Pont & vallon. Pente & le long N. du bois de Sordun. N.º 47. Borne & chemin de l'étang qui passe sur la chaussée, & delà à Pigy. $\frac{3}{4}$ l. de la forêt de Sordun à trav. en passant à la croix de fer : *belle vue à l'E.* Pente longue & fort rap. en passant à $\frac{1}{2}$ q. l. N. & au-dessus de Fontaine-aux-Bois. N.º 48 & fin de la forêt. $\frac{1}{4}$ l. S. O. du Plessis-Meriot. *A Meriot* +... 3 l. A $\frac{1}{4}$ l. N. de Melz +, 1 l. du chât. & vill. de la Motte-Tilly +. Carrières de grès & chemin à 1 l. S. E. de *Chalautre-la-grande*. N.º 49. 1 l. O. de la Tour de St.-Laurent de Nogent. Pont sur un bras de la vieille Seine & mauvaise prairie à trav. $\frac{1}{2}$ q. l. S. du chât. de Jaillac, *ruiné*. N.º 50. Pont, route ferrée & à $\frac{1}{4}$ l. du chât. de Beaulieu. Pont & N.º 51. Vis-à-vis un Calvaire entouré d'arbres. Pont & ruiss. Au faubourg des Ponts. Devant les Capucins & la chapelle de N. D. Fourche de la nouvelle r. de Sezanne. Pont sur un bras de la Seine : *belle vue.* Isle, pont, moulins & porte de Provins. *A Nogent-sur-Seine*... 1 l. Dev. l'Hôtel de ville & à la porte de Troyes. Calvaire, demi-lune & boulevard de Nogent. Faubourg de Troyes à trav. en pass. devant Jérusalem, les trois Rois, auberge & la poste. Route du château de Rozier, à 2 l. au S. E. & dev. la chapelle de la Trinité. N.º 52. Au S. de la chap. de St.-Roch, $\frac{1}{4}$ l. de N. D. de Lorette, 1 $\frac{1}{2}$ l. de St.-Feréol + & du bois de la Sauffote, $\frac{1}{2}$ l. de la ferme de Bernieres, de 900 arpens. Demi-lune & route du chât. de Crouillere, & ancien chemin de Troyes. Le long N. du parc de Crouillere & un pavillon. Chaussée entre des pieces d'eau & en face du chât. Pont entre une grille & le moulin sur la riv. d'Ardusson. *Auberges* le long du parc & au N. de la chapelle +. Le long N. du bois de l'étoile, sur la côte. A la Garenne *ou étoile* de Grouillere. N.º 54, en face de la route qui traverse le bois de Chaflac. Route plantée directe au N. & au vill. de Marnay +. Les côtes & la ville de *Vilenoxe* font 2 l. plus loin. Le long N. du bois du Tillet. N.º 55. Avenue & à 80 toifes du parc & chât. de Pont. Pofte & route à $\frac{1}{2}$ q. l. S. de *Pont*... 2 l. Pente rap. & chem. de Quincey + & au N. des Regards & réfervoir des eaux du château de Pont. N.º 56. Vallon & pont au S. des bois de l'ifle & ceux de N. D. Les vill. de Villeneuve-au-Châtelet + & Périgny font au-deffus. Vallon, côte & N.º 57. Aux premieres maifons de Crancey, S. du village +. A Faverolles, N. de l'églife de St.-Hilaire +. A 1 l. S. d'Efclavolles + & de Conflans +. Croix de fer & chemin au N. de la vigne, ferme. N.º 59. A $\frac{1}{2}$ l. S. de Sellieres, abbaye. Pont aux Bicques fur le ruiff. de Gelanne. Pente de la côte de haut buiffon. $\frac{1}{4}$ l. N. de Pars +. 1 $\frac{1}{2}$ l. d'Origny-le-fec, fur la montagne. Chemin & à $\frac{1}{2}$ l. S. de la ferme de Lion. N.º 60 : *belle vue* Route plantée & à $\frac{1}{2}$ l. S. O. de Romilly +. Pente rap. de la côte de haut-buiffon. Calvaire entourré de buis. Le long des clos & haies; avenue, chemin & $\frac{1}{4}$ l. N. de Pars +. N.º 61. A $\frac{1}{2}$ q. l. S. de la montagne. Poteau & chemin vert qui limite la Généralité de Paris. N.º 62. *Aux Granges*... 3 l. Devant l'Ecu de France, l'ancienne pofte, & vis-à-vis de la nouvelle. A $\frac{1}{4}$ l. S. du clocher, & le long du vill. de Maifieres *ou la grande Paroiffe* + & du chât. de Pouffe; 1 l. de Macheres, abbaye & 1 $\frac{1}{2}$ l. de *St.-Juft*. Plaine à trav. en paff. à 1 l. S. de Cleffe + & 1 l. N. du moulin à vent d'Orvillers : le village + eft $\frac{1}{4}$ l. plus loin derriere la côte. A Chartres +. Le long S. du vill. & chemin à $\frac{1}{4}$ l. O. de *Mery*-fur-Seine. Croix & auberge de St.-Remy. A $\frac{1}{4}$ l. S. de St.-Oulph + & $\frac{1}{2}$ l. O. de Mégrigny +. A la belle Etoile, *auberge*, en face de la route de Mery & de Châlons. Pente à defcendre en paffant au S. O. de l'étang. Le long E. de la montagne de la Boëte. $\frac{1}{4}$ l. O. de Vallans +. Vall. pont, $\frac{1}{4}$ l. E. de St.-Georges, ruiné. $\frac{1}{2}$ l. O. de Courlange. Côte, croix, chemin & à $\frac{1}{2}$ l. O. de St.-Mefmin +, 1 l. de Rilly-Ste.-Syre +. 2 l. du moulin à vent & vill. des petites Chapelles +. Vallon au N. E. du Pavillon +. $\frac{1}{4}$ l. de Fontaine-St.-Georges +. *A Grès*... 3 l. Devant la pofte. Pont & ruiff. $\frac{1}{4}$ l. S. O. du fief de Blive. $\frac{1}{2}$ l. de la chapelle St.-Gilles, 1 l. de Chauchigny +. $\frac{1}{4}$ l. de Savieres +; & à 4 l. N. O. de la tour de St.-Pierre de Troyes, qu'on apperçoit. Route & à 1 l.

O. du chât & vill. de Villacerf +. Chemin & à ½ l. O. de Pains +. Pente rap. pont & ruiss. A la Malmaison & la belle étoile, petite auberge. Avenue & à ½ l. S. O. du chât. de Riancey. 1 l. N. E. de la Grange l'Evêque, au bas de Montgueux +. Avenue directe au N. E. & à St.-Lié + plus loin St.-Benoît +, au-delà de la Seine. Pont & belle avenue directe au chât. de St.-Lié. 1. l. S. O. de Vannes + & Vermoise, au-delà de la Seine. ½ l. S. O. de Barbery-aux-Moines; & plus loin le chât. de Davau. Chemin & à ¼ l. de Chansa. 1 l. du chât. & vill. de Ste.-Maure +. ¼ l. de Barbery-St.-Sulpice +. A ½ l. N. E. des carrières de craye du Chandey. Avenue directe au N. E. & à Mousson. ¼ l O. de la chapelle St.-Luc +. Vignes à trav. en pass. à ½ l. N. des Noes +. St.-André & Moutier-la-Celle, abb. sont plus loin. ¼ l. O. de la Cordeliere & des Vassols. Faubourg de St.-Martin, pont & riv. de Becon, devant l'égl. de St.-Martin +. Demi-lune & Boulevard de Troyes. Route de Sens qui traverse le faubourg Ste.-Savine. Porte de Paris. *A TROYES*... 4 l.

Trun	O.	Dreux; de Dreux à Falaise...	47
Tulle	S.O.	Limoges; de Lim. à Aurillac.	113
Turckheim	S.E.	Nancy; de Nancy à Colmar..	115
Turenne	S.O.	Limoges; de Lim. à Cahors..	122
TURIN	S.p E.	Lyon & à Turin	200
Vaas	S.O.	Vendôme & à Angers	53
Vabres	S.p.O.	Alby & à Vabres	182
Vadans	S.E.	Dijon; de Dijon à Gray....	89
Vailly	N E.	Soissons & à Réthel	29
Vaires	S.E.	Lagny	6
Vaison	S.	Lyon, Orange & à Vaison...	172
Val. (gr. & pet.)	S.E.	Provins	4
Valabregues	S.	Avignon & à Valabregues...	179
Valcourt	E.p.S.	Châlons & à Bar-le-Duc	54
Val-Dieu. (la)	N.E.	Mézières & à la Val-Dieu...	60
Valencay	S.O.	Blois & à Châteauroux	68
VALENCE	S.	Lyon; de Lyon à Avignon..	141
Valence	S.p.O.	Alby par Clermont	141
Valence	S.O.	Cahors; de Cahors à Agen..	155
Valence	S.O.	Agen; d'Agen à Auch	162

(middle column: DE PARIS)

VALENCIEN. N.p.E.	Cambray & à Valenciennes..	52
Val-St.-Germain. S.O.	Dourdan..................	11
Val-Secret, abbaye. E.	Meaux & à Château-Thierry.	21
Valensole.... S.p.E.	Avignon, Forcalquier & Val.	199
Valentine...... S.O.	Toulouse & à St.-Béat......	193
Valenton.... S.p.E.	Melun...................	4
Vallet......... S.O.	Tours; de Tours à Nantes...	90
Vallette....... S.O.	Limoges, Tulle & à Mauriac.	117
Vallette. (la)... S O.	Angoulême & à Périgueux...	126
Valliere. (la)... S.O.	Au Mans; du Mans à Saumur.	65
Valliquierville.. N.O.	Rouen; de Rouen au Havre.	40
Vallon........ S.O.	Au Mans & à Sablé........	56
Valmont...... N.O.	Rouen; de Rouen à Fécamp.	47
Valognes....... O.	Caen; de Caen à Cherbourg.	76
Valreas......... S.	Lyon; de Lyon à Orange...	166
VANNES.... O.p.S.	Rennes & à Vannes........	112
Vanvey........ S.E.	Troyes; de Troyes à Dijon..	56
Vaivres ou Vanves. S.O.	Vaugirard & à Vanvres....	1½
Varambon.... S.p.E.	Bourg; de Bourg à Lyon...	112
Varatre....... S.p.E.	Melun...................	8½
Varen......... S.O.	Cahors; de Cahors à Alby...	188
Varennes...... S.E.	Brie-Comte-Robert........	7
Varennes........ S.	Moulins; de Moul. à Roanne.	78
Varennes en Argon. E.	Châlons & à Stenay........	58
Varrenes, Prieuré. E.	Meaux...................	8
Varilhes...... S.O.	Toulouse & à Foix........	186
Varize........ S.O.	Chartres & à Blois.........	30
Vassy......... S.E.	Troyes & à Joinville........	55
Vassy.......... O.	Falaise; de Falaise à Vire...	56
Vatan........ S.O.	Orléans; d'Orl. à Limoges.	56
Vaubecourt... E.p.S.	Bar-le-Duc & à Vaubecourt...	66
Vaubregues....... S.	Lyon; de Lyon à Tarascon.	178
Vaucontour.... S.E.	Dijon; de Dijon à Vesoul...	87
Vaucouleurs... E.p.S.	Bar-le-Duc & à Vaucouleurs.	74
Vaucresson...... O.	St.-Cloud & à Vaucresson...	3½
Vauderlan..... N.E.	Senlis...................	5
Vaudouleurs, chât. S.	Estampes ou Orléans.......	12

Vaudreuil..... N.O.	Rouen par Vernon........ 27
Vaugien, chât.. S.O.	Chevreuse 7
Vaugirard..... S.O.	Versailles par Vaugirard.... 1
Vaugrineuse... S.O.	Dourdan................. 9
Vauhallan..... S.O.	Antony, Verrieres & Vauhal. 4
Vaujours....... E.	Meaux 5
Vauréal....... N.O.	Pontoise & à Vauréal...... 9
Vauville........ O.	Caen, Valognes & à Vauville. 88
Vauvillers..... S.E.	Langres & à Plombieres..... 83
Vaux......... N.O.	Rouen par St. Germain..... 9
Vaux de Cernay. S.O.	Rambouillet.............. 9
Vaux-le-Pénil. S.p.E.	Melun 12
Velizy........ S.O.	Meudon & à Velizy....... $3\frac{1}{2}$
Venasque..... S.p.E.	Carpentras & à Venasque... 179
Vence........ S.p.E.	Aix; d'Aix à Vence...... 216
Vendœuil...... N.E.	La Fère; de Compieg. à Guise. 36
Vendœuvres.... S.E.	Troyes & à Langres....... 45
Vendôme...... S.O.	Chartres; de Chartr. à Tours. 41
Vendresse....... E.	Réthel & à Sédan......... 54
Venerque......S.O.	Toulouse & à Foix........ 175
Ventes. (grandes) N.O	Gisors; de Gisors à Dieppe. 35
Venthie........ N.	Arras & à Dunkerque...... 53
Ver.......... N.E.	Senlis................... 9
Vercel........ S.E.	Besançon & à Vercel...... 95
Verberie...... N.E.	Compiegne............... 15
Verches....... S.O.	Saumur, Doué & à Verches. 85
VERDUN....... E.	Châlons & à Verdun....... 61
Verdun........ S.O.	Montauban & à Verdun.... 165
Verdun....... S.p.E.	Auxerre & à Verdun....... 86
Verseil....... S.p.O	Toulouse & à Castres....... 175
Vermand..... N.p.E	St.-Quentin & à Péronne.... 38
Vermanton... S.p.E.	Auxerre & à Vermanton.... 49
Vernantes..... S.O.	Au Mans & à Saumur...... 69
Verne. (a) Chartreuse SpE	Aix; d'Aix à St.-Tropez.... 216
Verneuil......... O.	Dreux & à Verneuil....... 27
Verneuil......... S.	Moulins & à Clermont..... 78
Verneuil...... N.O.	Vernon 8

VERNON

VERNON. Grande Route... N. O... 20

Sortant de Paris on suit la route de Versailles jusqu'à la place de Louis XV. que l'on traverse, ensuite les champs Elysés; pente douce à monter en passant la grille de Chaillot. Tranchée de la montagne que l'on monte. A l'étoile: *belle vue sur la plaine de St.-Denis, la vallée de Montmorency*, &c. Pente douce, à $\frac{1}{4}$ l. S. du Roule & du chât. des Ternes; 1 l. de Clichy + & d'Asnieres +. Le long N. du bois de Boulogne, en traversant la route de St. Denis à Versailles, qui, en entrant par la porte Maillot, traverse le bois de Boulogne. Plaine des Sablons à passer. Vis-à vis la porte du bois qui va au château de Madrid. *A Neuilly* +... 2 l. Passage de la Seine sur un beau pont dont la construction est aussi belle que hardie. Nous devons ce chef-d'œuvre à M. Perronet, Architecte du Roi, & premier Ingénieur des Ponts & Chaussées. C'est encore ce célèbre Artiste qui dirige celui que l'on bâtit à la place de Louis XV. Côte douce à monter en passant au S. de Courbevoye & de la Cazerne des Suisses. A l'étoile: *belle vue*; au N. on découvre Argenteuil au bas de la côte & du moulin à vent de Sannois; on apperçoit plus loin Montmorency à 3 $\frac{1}{2}$ l. & Dammartin à 7 l. & à l'horison. A l'E. on voit la forêt de Bondy avec le Raincy, Livry +, Clichy +, &c. Villejuif +, Châtillon +, Clamart +, Meudon +, St.-Cloud + & le Calvaire, sont au Sud. A l'Ouest & au Nord-Ouest on peut voir les vill. de Besons +, Houilles +, Sartrouville +, le château & vill. de Maisons +, & plus loin, à l'horison, l'Autils & Courdimanche à 7 l. Sortant de l'étoile la route fait un coude, & l'on passe à côté du moulin à v. de Chantecoq, sur l'ancien chemin, & à $\frac{1}{2}$ l. N. du Calvaire & des Hermites. Au S. de la ferme du Bel air & du moulin de Nanterre. Tranchée de la montagne à passer. A la Boule royale, auberge & poste, $\frac{1}{2}$ q. l. S. de *Nanterre*... 1 l. Route pavée directe au N. & à Nanterre, que les gens de pied prennent pour aller à St.-Germain; elle passe à Chatou +, au bois de Vesinet; le Pec & à St.-Germain; elle abrege de $\frac{1}{4}$ l. Suivant la grande route, on passe dev. les Cazernes de Ruel, $\frac{1}{4}$ l. S. de Carriere-St.-Denis +. Route pavée de Ruel & devant le Donjon. $\frac{1}{2}$ q. l. N. du vill. de Ruel +. Demi-lune & route de St.-Germain à ce vill. Pont, avenue, $\frac{1}{2}$ q. l. N. du chât. de la Malmaison

& chemin du pavillon de la Jonchere. ¼ l. S. du vill. de Croiſſy + & du chât. de la Garenne, de l'autre côté de la riv. de Seine. Route pavée de Verſailles par la Selle +. Le long de la rive gauche de la Seine. Au N. du chât. & parc de la Chauſſée. Pont & à ½ l. N. de Bougival +, dans la gorge. Route pavée de Louvecienne +. A la Machine de Marly, qui fournit l'eau à Verſailles. Le long d'un parc & de la Seine. Au bas N. du chât. de Prunay ; au S. du bois de Veſinet, de l'autre côté de la riviere. Au port de Marly & route pavée qui monte à Marly & à Verſailles. Chemin du Pec + qui ſuit la riv. Entre des vignes & des clos. Fourche des routes de Mareil + & Fourqueux +. Pont & ham. de Filancourt. Pente rap. à monter, carrières & côte de St.-Germain. Demi-lune en face de la grille du chât. & route qui deſcend au Pec +. *A St.-Germain-en-Laye*... 2 l. On traverſe cette ville & en ſortant on paſſe à l'O. des jardins anglais de M. le Maréchal Duc de Noailles. 1 l. de la forêt à trav. en paſſant devant la croix de Montchevreuil & de la 14.ᵉ borne milliaire. Fin de la forêt. Deſcente & plaine à trav. *A Poiſſy*... 1 l. Pont ſur la Seine que l'on paſſe, & N.º 15. D'où l'on voit à l'O. le chât. de Villiers, Mignaux, Hacqueville ; plus loin la Tour & le ham. de Bethemont, Orgeval +, &c. On voit au N. Carrieres +, Andreſis +, Chanteloup +, &c. Fourche de la route de Pontoiſe, qui paſſe à Chanteloup & traverſe la montagne de l'Autils ; on laiſſe cette route à droite & l'on ſuit celle qui eſt à gauche, en paſſant à ½ l. N. E. de Vilaine + & de Medan +, ſur le bord & au-delà de la Seine. Au S. du moulin à v. & ham. de Piſefontaine. ½ l. N. de Verneuil + & Vernouillet +. *A Triel*... 2 l. Devant le chât. & la maiſon neuve. Entre la Seine & la montagne de l'Autils. A la chap. St. Nicaiſe & au Temple. ¼ l. N. de Rouillard, ham. au-delà de la riv. A Vaux + & au bas S. de l'égliſe d'Evequemont +. 1 l. de Gondecourt + & de Sagy +. Le long de la rive, Thun, la chap. de St.-Hilaire & de la route nouvelle de Meulan à Pontoiſe. ¼ l. N. de la Sangle & ½ l. des Mureaux +, 1 l. de Chapet + & plus loin Ecqvilly +. *A Meulan*... 2 l Route nouvelle de Magny, qui paſſe aux Tanneries. Ponts & moulins ſur Aubet & le Monciau. Belles maiſons au bas S. d'Hardricourt + & au N. de l'iſle belle. A Mezy +. Le long N. de la Seine. 1 l. de Bouafle +, Flins +, Aubergenville +, &c. A Juziers +.

Au bas S. du chât. d'Ablemont. Entre Juziers-la-ville & Juziers-la riviere, au bas S. du Menil & des marais. Le long S. du chât. d'Hanucourt, des fontaines & de Garjenville +. ½ l. N. de Rangiport. 1 l. d'Epone & Mézieres +; Néfée + la Falaife +, Aunay + Maulle +· font plus loin dans la gorge. A la chap. St.-Pierre & cabaret. Au bas S. du vill. chât. & parc d'Iffou +. N.° 27 de la borne, au bas du pavillon d'Iffou. ½ l. N. de Montalet, Parcheuville +. Vallée de fables à trav. en paff. à ½ L. S. de Guitrancourt +. 1 l. de Fontenay-St.-Pere +. Côte de vignes à paffer, à 1 l. N. du Prieuré de la Plaigne & de St.-Germain de Secqueval. ¼ l. de l'ancien couvent des Céleftins. ¼ l. N. E. de Mantes-la-ville & au S. de Mantes; le chât. de Villier & Magnanville + font au-deffus. A Limay +, faubourg de Mantes. Route de Mantes à Magny. Ponts, ifles & riv. de Seine à paffer. *A Mantes*.... 4 l. Pente rapide en traverfant la ville. Chap. de St.-Pierre & route plantée directe au S. O. & au chât. de Magnanville. A ¼ l. S. du vill. de Gaffîcourt + & de St.-Sauveur fur la côte. ¼ l. S. de Dennemont, au-delà de la Seine & Follainville dans la gorge, ¼ l. N. du ham. des Beines & des Granges, & ¾ l. du vill. de Buchelay +. 1 l. N. E. de Jouy. Demi-lune & bois de la butte verte à trav. en paffant devant le N.° 32 & à l'avenue directe au chât. de Rofny, ½ l. S. du chât. de Beuvron, fur la hauteur. ¼ l. S. du vill. de Guernes +, au-delà de la Seine. A Rofny. Devant la grille du chât. au N. du Prieuré & de la Paroiffe. Le long S. du mur, au bout duquel il y a une grille qui termine le parc. Pont très élevé fur le ravin d'Apremont. Ancien chemin d'Evreux; il traverfe la forêt de Rofny & abrege d'une lieue. Le long E. de la côte de Châtillon & des Buiffons, en fuivant la rive gauche de la Seine. ½ l. O. des vignes & vill. de Guernes + au-delà de la riv. du ham. & bois de Flicourt. A Rolleboife *ou* Roulleboife +, le long du vill. & de la Seine, au bas de l'églife bâtie fur un rocher & le long des caves, taillées dans la montagne. Pente très-rapide à paffer: *belle vue*. A la demi-lune *ou* efplanade, d'où l'on voit au N. Mericourt & fon moulin; plus loin, Mouffeaux +, Auxile +, Moiffon, Cherencé +, Villers en Artie, &c. A la droite de la Seine, on apperçoit le bois & chât. de Sadrancourt, St.-Martin + & N. D. de la Défirée; plus loin Vertheuil & le chât. de Villers en Artie à l'horifon; les roches de la Rocheguyon font en-deçà. On découvre à l'E. la montagne de l'Autils, près de Poiſſy. Cavée & petit bois à trav. Avenue de mûriers blancs directe au N. & à Freneuſe +, *vill. renommé pour les bons navets*, & de-là à la Rocheguyon. N.º 34. A 1 ½ l. de la Rocheguyon, de ſa tour & ſes rochers, ſur la Seine. Côte de ſables à paſſer & au N. du moulin à v. de Freneuſe. ¼ l. S. de Gaillard. ½ l. de Freneuſe + & 1 l. de Clachaloſſe, ſur la Seine. Au N. du clocher de St.-Aubin +. Pont & chemin de la Rocheguyon. Chemin & à ½ l. N. E. du Meſnil-Renard +, ſur la côte. *A Bonnieres*... 3 l. Au S. de la Lombardie, Gloton, Incour, Cachaleau & Tripeval, ſur la Seine. Au bas N. du moulin à v. de Bonnieres. ¼ l. S. de Bennecourt +, au-delà de la riv. Fourche de la route d'Evreux qui paſſe dans la gorge bordée de rochers. Pont conſtruit ſur le ravin. Le long des clos, fermés de hayes vives, & de la côte rapide de Jeufoſſe. A Jeufoſſe +, adoſſé aux Rochers. Au bas E. de N. D. de la Mere. ½ l. de Villers & de Limets +, au-delà de la Seine, & plus lein Gomecourt, Ste-Genevieve +, Gaſny-ſur-Epte +. Vis-à-vis le confluent d'un bras de l'Epte & d'une avenue directe à la Rocheguyon. Au port de Villers +: *belle vue ſur la Seine*. A l'O de l'iſle formée par les bras de la riv. d'Epte, qui tombent dans la Seine. A ⅓ l. S. de Giverny +. Pont, moulin, ruiſſ. & à ¼ l. N. du grand Val & au bas du chât. de Paquette; *belle vue*. Au petit Val, O. de Giverny +. Le long E. de Mouſſet + & à la demi-lune qui fait face à l'égliſe. ½ l. N. du parc & chât. de Bizy. Fauboug de Gamilly, au S. des rochers de l'Hermitage, au-delà de la Seine & au bas de la forêt de Vernon. Entre l'Hôpital & St.-Michel. Cimetière & cours de Vernon. *A VERNON*... 3 l.

Vernouillet	N.O.	à Vernon	8
Verpilliere	N.	Péronne	25
Verriere	S.O.	Chartres	8
Verrieres	S.p.O.	Antony & à Verrieres	3½
Veron	S.p.E.	Sens	30
Vers	S.O.	Limoges & à Cahors par Tulle.	130

VERSAILLES. Grande Route...O.... 4½

On ſort de Paris par le quai des Tuileries. A la place de Loùis XV. & dev. le nouv. pont que l'on conſtruit.

Le long N. de la Seine & au S. du Cours-la-Reine, en passant vis-à-vis N. de l'Hôtel Royal des Invalides. A la grille de la Conférence & devant la nouvelle Pompe à feu, qui fournit de l'eau à Paris. Le Gros-Caillou + & la Triperie sont vis-à-vis, de l'autre côté de la riv. Au bas S. de Chaillot + & le long des beaux jardins bâtis en amphithéâtre. Le long du mur du Couvent des Bons Hommes & à la nouvelle barriere. Vis-à-vis & à $\frac{1}{4}$ l. N. de l'Ecole Royale Militaire & du Champ de Mars, au-delà de la Seine. Devant la rue qui monte aux Bons-Hommes & à Passy +. On suit la rive droite de la riv. en passant devant les eaux minérales de Passy & les beaux jardins semblables à ceux de Chaillot. Après Passy on voit le vill. d'Auteuil + à $\frac{1}{2}$ q. l. N. O. de la route. *Au Point du Jour*... 2 l. La Manufacture des acides de Mgr. Comte d'Artois & le moulin de Javelle sont vis-à-vis de l'autre côté de la Seine. Sortant du Point du Jour, on passe entre le N.º 4 de la borne & une Justice, & devant la nouvelle route plantée & ferrée qui va à St.-Cloud, & qu'on laisse à droite. Belle plaine à trav. d'où l'on découvre au S. E. les vill. de Vaugirard+, Issy+, Vanvres+, Clamart + & Meudon +. Le chât. de Belle vue est au S. vis-à-vis de la route, la Verrerie Royale & le vill. de Seve + sont au bas sur le bord de la Seine. La ferme de Billancourt est à gauche de la route. Fourche de la route de St.-Denis qui traverse le bois de Boulogne. Pont de Seve sur la riv. de Seine que l'on passe. Quittant le pont on tourne à droite & l'on passe devant la poste & plusieurs auberges. Le long de la grille & parc de St.-Cloud+. Traverse de la nouvelle route que la Reine vient de faire, & qui va de St.-Cloud à Belle vue en pass. devant la porte de la Verrerie Royale. Le long N. de ce bâtiment & de la Manufacture de Porcelaine. Traversez le vill. de Seve, qui est long, en passant devant l'Eglise... 1 l. Avant les dernières maisons de ce village il y a un chemin à droite, que les personnes à pied prennent, il traverse le petit bois, passe au petit Montreuil : il abrége le chemin. Les voitures & gens à cheval suivent la gr. route qui va toujours en montant jusqu'à l'avenue de Paris, en passant à Viroflay +, l'église est à $\frac{1}{2}$ q. l. à gauche. A l'avenue de Paris & à *VERSAILLES*... 1$\frac{1}{2}$ l.

Route par St.-Cloud............ 4$\frac{3}{4}$

Suivez la route-ci-dessus jusqu'au *Point du Jour*.... 2 l.

200 toifes après ce ham. On prend la nouvelle route qui conduit à St.-Cloud +, au bout de laquelle on trouve le pont que l'on paffe & l'on monte au chât... 1 l. Etant au chât. de St.-Cloud, on détourne à gauche, l'on defcend dans le parc en fuivant la route pavée, enfuite à droite & l'on monte une côte rapide. Pente douce jufqu'à la porte du parc. Sortant du parc, on paffe dev. la fontaine qui fournit de l'eau au Roi. La route va toujours en defcendant jufqu'au vill. de Villedavré +, que l'on trav. Sortant de ce vill. on fuit le vallon entre les bois. A la nouvelle route de la Reine qui traverfe la butte de Picardie. On a fait une tranchée à l'extrémité de cette côte de plus de 30 pieds de profondeur, qui, en coupant la montagne, rend la route plus droite, en même-temps plus pratiquable & moins longue. Du haut de cette montagne on voit Verfailles prefqu'en vue d'oifeau, ainfi que tous les endroits qui environnent cette ville. Au bout de cette belle route on arrive à la porte de Montreuil, on fuit l'avenue de St.-Cloud, qui eft replantée & embellie, en paff. dev. les Ecuries du Roi, & l'on arrive à la place d'Armes & au château.... 2 l. Les gens de pied quittent la grande route à la nouvelle barrière, montent la côte des Bons Hommes; traverfent le vill. de Paffy, enfuite le bois de Boulogne, A Boulogne & au pont de St.-Cloud. *Le refte comme ci-deffus.*

Chemin par Vaugirard................ 4½

On fort de Paris par la barriere de Seve *ou* celle de Vaugirard; on traverfe le boulevard des Invalides, qu'on laiffe au N. L'Ecole Militaire eft plus loin du même côté. On traverfe la Sabloniere, guinguette, après laquelle on arrive *à Vaugirard* +... 1 l. De Vaugirard à Iffy +. Le vill. de Vanvres + eft à gauche ½ q. l. fur la côte. Le long des maifons bourgeoifes de ce vill. Au Moulineau, ham. & dev. plufieurs jardins. Entre la Verrerie Royale de Seve & la riv. de Seine. Au pont de *Seve*... 1½ l Du pont de Seve *à Verfailles*... 2 l. *Voyez la première Route. Les gens de pied qui veulent abréger*, étant au Moulineau, & après les murs des jardins, quittent le chemin de Seve, prennent le chemin à gauche qui monte la côte rapide & traverfe la route qui va du chât. de Meudon à Belle Vue, paffe à côté des Capucins de Meudon, en côtoyant le mur de leur clos; trav. le parc de Meudon, & paffe auprès du vill. de Chaville+, de-là à Viroflay & *à VERSAILLES*.

Verſigny	N.E.	Soiſſons	12
Verſoix	S.E.	Dijon & à Geneve	120
Vertaiſon	S.	Clermont & à Lyon	98
Vertheuil	S.O.	Poitiers & à Angoulême	107
Vertus	E.	Meaux & à Châlons	36
Vervins	N.E.	Laon; de Laon à Mons	44
Veſoul	S.E.	Langres & à Veſoul	85
Veules	N.O.	Rouen, St.-Valery & Veules	45
Veyne	S.	Lyon, Die & à Veyne	164
Vezelay	S.	Auxerre & à Vézelay	55
Vezeliſe	S.E.	Toul; de Toul à Epinal	84
Vezin	S.O.	Angers & à Châtillon	84
Viarmes	N.	Beauvais	8
Vias	S.	Montpellier & à Agde	204
Vibraye	S.O.	Chartres & au Mans	40
Vic-Bigorre	S.O.	Auch; d'Auch à Pau	191
Vic-en-Carladez	S.p.O.	Clermont & à Aurillac	124
Vic-Fezenzac	S.O.	Auch; d'Auch à Aire	184
Vic-le-Comte	S.	Clermont & à St.-Flour	99
Vichery	S.E.	Troyes, Neuchât. & Vichery	76
Vichy	S.	Moulins & à Vichy	84
Viel Heſdin	N.	Amiens; d'Amiens à Heſdin	46
Viella	S.O.	Bordeaux & à Vic en Bigorre	190
Vielmur	S.p.O.	Touloufe & à Caſtres	184
Vieille Brioude	S.	Clermont & au Puy	109
VIENNE en A.	E p.S.	Nancy; Straſb. & à Vienne	327
VIENNE en Dauph.	S.	Lyon & à Vienne	121
Vienne	E.	Châl. Ste.-Menehould & Vien.	53
Vienne	S.O.	Blois & à Vienne	43
Vienne, chât.	S.E.	Provins	17
Vierzon	S.O.	Orléans; d'Orl. à Limoges	50
Vieux-Maiſons	E.	Meaux & Châlons	21
Vigan. (le)	S.O.	Limoges; de Lim. à Cahors	132
Vigan. (le)	S.	Clermont; Mende & à Niſmes	142
Vignay, chât.	S.	Orléans	16
Vignely	E.	Meaux	9
Vigneux	S.p.E.	Melun	9

Vignory	S.E.	Troyes & à Vignory	64
Vihiers	S.O.	Tours; de Tours à Nantes	80
Villabé	S.	La Ferté-Aleps	8
Villacerf	S.E.	Troyes	36
Villafans	S.E.	Besançon & à Pontarlier	101
Vilaine	O.	Alençon & à Vilaine	52
Vilaine	N.O.	Mantes par Flins	6½
Vilaine, chât.	S.p.O.	Palaiseau	4
Vilaine en France.	N.	Beauvais	6
Villarceaux	N.O.	Rouen par Magny	17
Villars	S.	Macon & à Meximieux	108
Villars	S.O.	Chartres & à Blois	25
Ville	N.E.	Noyon	23
Ville	S.E.	Nancy; de Nancy à Colmar	116
Ville à Pourçons	S.	Nevers	64
Ville au bois	S.E.	Troyes & à Chaumont	60
Ville-Comtal.	S.p.O.	Clerm. Aurillac & à Rodez	133
Velleconin	S.p.O.	Estampes ou Orléans	11
Villecresne	S.E.	Provins	5½
Villedavré	O.	Versailles par St.-Cloud	3½
Ville-Dieu	O.	Falaise, Vire & Ville-Dieu	64
Ville du bois.	S.p.O.	Estampes ou Orléans	6
Ville-Evrart, ch.	E.	Lagny	3½
Villefagnan	S.O.	Poitiers & à Angoulême	106
Villeflix, chât.	E.	Lagny	4
Villefort	S.	Lyon; de Lyon à Uzès	155
Villefranche	S.p.O.	Toulouse & à Montpellier	181
Villefranche	S.O.	Moulins & à Villefranche	81
Villefranche	S.	Macon & à Villefranche	107
Villefranche	S.	Clerm. Milhaud & à Alby	180
Villefr. d'Astarac	S.O.	Cahors & à St.-Bertrand	178
Villef de Rouer.	S.pO.	Cahors; de Cahors à Rodez	156
Villejuif	S.p.E.	Fontainebleau	2
Villejust	S.p.O.	Estampes ou Orléans	5½
Villemain, chât.	S.E.	Brie C.-Robert & à Villem.	8
Villemareuil	E.	Meaux & à Châlons	12
Villemartin, chât.	S.	Orléans	11

Villemaur.

Villemaur..... S.E.	Troyes par Sens..........	39
Villemenon, chât. S.E.	Provins...............	6
Villemilan, chât. S.	Estampes ou Orléans......	3½
Villemoisson...... S.	Lonjumeau & à Villemoisson.	3½
Villemomble..... E.	Lagny par Montreuil.....	3
Villemur..... S.p.O.	Montauban & à Alby.......	166
Villeneuve....... S.	Macon & à Villeneuve.....	109
Villeneuve... S.p.O.	Clerm. Rodez & Villeneuve.	151
Villeneuve..... N.E.	Dammartin...............	7
Villen. d'Agen. S.O.	Limoges & à Agen........	153
Villeneuve de Berre. S.	Clermont & à Viviers......	144
Villeneuve-le-Roy.. S.	Sens; de Sens à Joigny.....	33
Villen.-l-Béziers... S.	Montpellier & à Villeneuve.	206
Villen.-St.-Denis. N.	St.-Ouen & à Villeneuve.....	2
Vill. S. Georges.S.p.E.	Melun................	4
Villeneuve....... S.	Lyon & à Avignon........	172
Villen.-l'Archev. S.E.	Sens & à Troyes.........	36
Villen. la Grenade S.O.	Bordeaux...............	156
Villeoiseau, chât. S.	Montargis & à Villeoiseau...	28
Villeparisis...... E.	Meaux................	5½
Villepinte....E.p.N.	Meaux................	5
Villepinte....S.p.O.	Toulouse & à Carcassonne...	187
Villepreux...... O.	Dreux par St.-Cloud......	6
Villequier..... N.O.	Rouen, Caudebec & Villeq.	38
Villerest....... S.	Moulins & à Montbrison....	101
Villeron....... N.E.	Senlis................	7
Villeroy..... E.p.N.	Meaux................	9
Villeroy........ S.	Sens.................	28
Villeroy, chât.... S.	La Ferté-Aleps.........	8½
Villers-Coterets. N.E.	Soissons..............	19
Villers le-Bocage.. O.	Caen & à Avranches......	59
Villers-sur-Scey. S.E.	Vesoul & à Montbéliard....	91
Villetaneuse..... N.	St.-Denis & à Villetaneuse...	3
Villetertre. (la) N.O.	Gisors...............	13
Villette. (la).. N.p.E.	Senlis...............	1¼
Villiers-Adam.. N.E.	Senlis................	8½
Villiers, chât.. N.O.	Poissy & à Villiers........	6½

Villiers en Brie... E.	Vincennes, Nogent & Villiers. 4
Vill. en Decevre O.pN	Mantes & à Villiers........ 19
Vil. la Garenne. N.O.	Neuilly & à Villiers....... 2
Villiers le Bacle. S.O.	Palaiseau & à Villiers..... 5½
Villiers le Bel.... N.	Beauvais............. 4½
Villiers le-Sec.... N.	Amiens.............. 6½
Vimoutiers...... O.	Evreux; d'Evreux à Falaise.. 42
Vinante..... E.p.N	Bregy............... 9
Vincennes...... E.	Barrière du Trône & à Vinc. 2
Vintzenheim... S.E.	Nancy & à Colmar....... 117
Vire............ O.	Falaise & à Vire......... 60
Virton......... E.	Verdun & à Virton....... 75
Viry........... S.	Fontainebleau 5⅞
Vissembourg..... E.	Metz & à Vissembourg..... 124
Vitteaux..... S.p.E.	Auxerre; d'Auxerre à Dijon. 66
Vittefleur..... N.O.	Rouen & à St.-Valery en C. 42
Vittel.......... S.E.	Montigny-le R. Lang. à Mirec. 84
Vitray ou Vitré... O.	Alenç. Mayenne & à Rennes. 76

DE PARIS A

VITRY-*le-François. Grande Route*... S. E. 49

De Paris à Châlons... 41 l. De Châlons à Vitry... 8 l.

Chemin de traverse................ 44½

De Paris à *Sezanne*... 28 l. *Voyez cette Route.* De Sezanne on passe au N. de N. D. & de St.-Pierre. Fourche de la route de Sezanne à Châlons. Le long N. de St.-Remy +. A ½ l. N. de Gaye +. ½ l. S. de Lintel +. *A Pleurs* +... 3 l. Fourche du chemin d'Arcis & de Troyes. Le long Sud d'Ognes +. A Cauroy + & chemin de Plancy à Fere. A Courganson, en côtoyant la prairie... 3 l. Vis-à-vis du moulin à eau de Bechet. Le long S. de Semaine + & au N. du moulin à vent. Côte & vallon à trav. Autre vallon & carref. du chemin de Châlons à Troyes, & vill. de Romainecourt+. Pente rap. & à ¼ q. l. N. de *Mailly* +.. 3 l. Côte à trav. à ½ l. N. de Mothée +. Vallon & vill de Poivre +, au N. du moulin à v. On traverse une plaine, ensuite on descend dans un vallon où est le village de Sommepuis +. Côte, carref. du chemin de Châlons *à Bar-sur-Aube*... 4 l. Au N. des censes de Galbaudine & Boisselle, & plus loin celle de Perthe. Colline & cense

PARIS. 403

de Blacy. Côte de vignes à ¼ l. N. d'Huiron, abbaye. A Blacy +. Fourche du chemin de Vertus & Fere. Pont & moulin sur la Blaize. Aux grandes & petites Indes. Pont & riv. de Marne. *A VITRY-le-François*... 3 ½ l.

Autre Chemin par Fere-Champenoise.... 45

De Sezanne à la fourche du chemin d'Arcis. ½ l. N. de St.-Remy + & chemin de Vertus. Au S. de St.-Loup +. 1 l. d'Allement + au N. de Lintel. A Linthe +, 1 l. N. de *Pleurs*... 2 l. A 1 l. S. du moulin à vent d'Aoust & 2 l. de celui de Banne. Au N. du village & château de Connautre +. 1 l. de prairie à côtoyer. *A Fere-Champenoise*... 3 ½ l. A Connautray + ou à Vorrefroy. Avenue & à ½ l. S. du chât. de Chapelaine & du vill. de Vassimon +. Le long S. du vill. & étang d'Haussimon +. Vill. & source de *Sommesous* +... 4 l. A Soudé-Ste.-Croix +, au S. de Soudé N. D. A Cosse + & chemin de Châlons à *Bar-sur-Aube*.. 4 l. A Maisons +. Côte de vignes, au S. de Loisy + & Drouilly +. Vallon, côte & au S. de Couvrot & Villers. A Blacy +. Grandes & petites Indes. Pont & riv. de Marne. *A VITRY*.... 3 ½ l.

Vitry........ S.p.E.		Choisy-le-Roi............	2
Viverols........ S.		Clermont & à Viverols.....	112
Vivonne...... S.O.		Poitiers & à Angoulême....	93
Vizille...... S.p.E.		Lyon, Grenoble & Vizille..	143
Vodable........ S.	D	Clermont, Issoire & Vodable.	101
Void........ E.p S.	E	Bar-le-Duc & à Nancy.....	71
Voinsles...... S.E.		Rozoy & à Voinsles........	14
Voisin, Manufact. E.	P	Meaux....................	7
Voisins, abb... S.O.	A	Orléans & à Blois.........	32
Voisines, abbaye. S.	R	Sens.....................	29
Volone...... S.p.E.	I	Lyon, Grenoble & à Digne.	191
Vormhout....... N.	S	Arras & à Dunkerque......	65
Vorreppe..... S.p.E.		Lyon; de Lyon à Grenoble.	137
Voulte. (la)...... S.		Lyon, Valence & la Voulte.	144
Vouvant...... S.O.		Tours & à la Rochelle.....	94
Vouziers......... E.		Reims & à Sedan..........	51
Voves........ S.O.		Chartres & à Orléans......	25
Vrecourt...... S.O.		Montigny-le R. Lang. à Mirec.	80

Vuideville, chât.	O.	Anet	8
Upaix	S.p.E.	Grenoble & à Sisteron	181
Urdach	S.O.	Bayonne	202
Urdos	S.O.	Pau, Oléron & Urdos	212
Ussel	S.p.O.	Limoges & à St.-Flour	114
Usson	S.p.O.	Clermont & à St.-Flour	102
Uzel	O.	Rennes & à Uzel	121
Uzerches	S.O.	Limoges & à Cahors	108
UZÈS	S.	Lyon & à Uzès	174
Wasselonne	E.	Strasbourg par Metz	107
Wassigny	E.p.N.	Reims, Rethel & Wassigny	51
Waast	N.	St.-Omer & à Boulogne	72
Watten, abbaye.	N.	St.-Omer & à Vatten	65
Werd	E.	Metz & à Werd	106
Wihr	S.E.	Langres & à Colmar	116
Wissant	N.	Abbeville & à Calais	65
Worms	E.	Metz, Landau & à Worms	135
Yebles	S.p.E.	Provins	10
Yenville	S.p.O.	Orléans	22
Yeres	S.E.	Melun	5
Yerville	N.O.	Rouen & à St.-Valery	40
Yoingt	S.	Autun & à L. par Charolles	95
Ypres	N.p.E.	Lille & à Ypres	65
Yverdun	S.E.	Besançon & à Yverdun	117
Yverneau, abb.	S.E.	Provins	$6\frac{1}{2}$
Yvetot	N.O.	Rouen; de Rouen au Havre	39
Zellenberg	S.E.	Colmar & à Zellenberg	120

ROUTES ET CHEMINS DE TRAVERSE DE PAU

Distance de PAU.

à	Voyez	lieues.
ABBEVILLE.... N.E.	De Pau à Paris & à Abbeville.	248
AGDE.......... S.E.	—— Toulouse & à Agde....	92
AGEN........... E.	—— Tarbes, Auch & à Agen.	42.

AIRE. Grande Route... N.p.E... 13

De Pau on passe une plaine remplie de landes, de marais, de riv. & canal de Lescar. A l'étang de Long, $\frac{1}{4}$ l. E. de *Lescar*. Ponts de Perlie, d'Usan, l'Heuillede & de Lauloupech. $\frac{1}{4}$ l. N. O. du ham. & chât. de l'Arragnon. Pont, riv. & marais de Bruscos. Pont & côte de Aigue-Longie. Pont & riv. de Luy de Béarn. Cabaret des Routures & à $\frac{1}{4}$ l. O. de Serres-Castel +. Pont & ham. de Gabares à $\frac{1}{2}$ l. E. de Sauvagnon +. Côte rap. & maisons à l'O. de Navailles +. Pente rap. Pont & riv. de Baleing. Côte & ham. de Pontblan à $\frac{1}{2}$ l. S. E. d'Argelos + & $\frac{1}{4}$ l. de St.-Peireux +, vill. au S. de *St.-Astis* +... 3 l. Pont & riv. de Luy de France à $\frac{1}{4}$ l. S. E. d'Argelos +. Montagne rap. d'Auriac à trav. en pass. à la fourche du chemin de St.-Sever, & à $\frac{1}{4}$ l. N. O. de *Theze : belle vue*. Pente rapide à $\frac{1}{4}$ l. O. de Miossens +. A la Marquette, au-dessus O. de la Longuette +. $\frac{3}{4}$ l. S. du parc & chât. de Caplanne. Ponts sur la Gabas, au bas S. E. de Garlede+. Pont, ruiss. & à $\frac{3}{4}$ l. S. E. de Mondebat +. Côte & cabaret de Gabons, à $\frac{3}{4}$ l. O. du vill. & chât. de Clarac +. Pente rapide du Tourniquet. A $\frac{1}{2}$ q. l. O. de Boueilho +. 1 l. de landes à trav. en passant le pont sur la riv. de Bahus. $\frac{1}{4}$ l. O. de Boueilh +. $\frac{3}{4}$ l. de Lasq. $\frac{3}{4}$ l. O. de Baliracq +. A Coumeson. Fourche de la route, & à $\frac{1}{4}$ l. O. de *Garlin*... 4 l. Devant le cabaret de Larieusset. A la Mourere, 1 l. O. du chât. & vill. de Moncla +. A la vigne, cabaret & à Sarron +. O. du bois & chât. de St.-Agnet. $\frac{3}{4}$ l. du chât. & vill. de Projan +. Le long E. de la Carrerade. Avenue du fief des Dragons. $\frac{1}{2}$ q. l. E. de Loumenchau & à $\frac{1}{4}$ l. O.

de la chap. Ste.-Anne. Dev. Vidalot, cabaret & à Baradé, ½ l. E. de *Latrille* + .. 2 l. A ¼ l. O. du vill. de Segos +. O. du grand Bilhere & de Vison.. 1 l. de Lanux +. A l'E. du fief & du moulin à vent de Beure; O. de la montagne de Fau & de Crabot. A Larquetal, O. du bois de Cazamont. A Auboue & Crapot : *belle vue sur le bourg & la vallée de Barcellonne.* Faubourg du Mas & devant le Séminaire. Pente rap. & ville d'*AIRE*... 2 l.

Autre Chemin par Morlaas.......... 15

De Pau on traverse la plaine ci-dessus. Pont & riv. de Luy de Béarn, au S. du vill. de Buros +. Montagne rap. de Morlaas à trav. en passant à la Bourie : *belle-vue. A Morlaas, ville fort longue*... 2 l. Pont & moulins de Bazacle, sur Luy de France. Côte & ham. de St-James. Vallon & cabaret de Cuyer. Fourche du chemin de Vic-Bigorre, à ¼ l. S. de Higueres. Pont & riv. de Biaret. Côte au S. de Souge. Lande & à ½ l. N. de Gabaston +. Pont sur Gabas, au S. du chât. de Bretagne. Côte & vill. de Bretagne +: on passe au S. de l'église de ce village. Pont & à ¼ l. N. O. de St.-Laurent-sur Mont +. Pente rapide. Montagne ½ l. S. de Riupeyroux +. Vallon, côte à ¼ l. S. d'Audiracq + & chât. Bellocq. Pente rap. pont, fief de la Borie à ⅓ l. O. de Garderest +. A Monassut +. Pont sur Lées, au S. E. du chât. & vill. de Lussagnet +. Montagne rap. & landes de Simacourbe. A ce village & dev. l'égl. +. Pente rap. au N. de Juillacq +. Vallée & pont sur la Lées à passer, au N. de Sansons +. Haute montagne difficile à monter, sur laquelle est la ville de *Lamberge : belle vue*... 5 l. Pente rap. & faub. à ½ l. O. du moul. à v. & vill. de Vauze + & de Bassillon +. ¼ l. E. d'Escures +. Pente rap. Montagne à ¼ l. O. du chât. & vill. de Corberre + & à ⅓ l. E. de Castels +. Pente rap. à ¼ l. O de Domengeux +, à l'E. de Castillon, ½ l. de Lespielle +. ¼ l. E. de Gayon. ½ l. de Germenaud +. ½ l. O. de Blachon +. Pente rap. & vill. des Bordes +. ⅓ l. O. de la montagne & vill de Semeac +. Au-dessus E. de St.-Martin-d'Aricau +. A Tamon. ¼ l. au-dessus E. de St.-Jacques-d'Aricau + & ½ l. de Vialer +. A Larmanou; maisons le long & au bas de la montagne couronnée du chât. & de l'église de Cadillon +. ⅓ l. E. de St.-Jean-Pouge +. *A Conchez*... 3 l. Pente rap. & fief de Florence. Montagne & à ¼ l. O. de Mont +. Vallée entre Duisse & Aubous +. ¼ l. S. O. du moulin à vent & bourg de *Viella* ½ l. E. des Tuileries & vill. de Portet +. Bois, pont & riv. de Tarcis à passer. Fourche du chemin d'Aire à Vic-Bigorre. Colline & petit bois; au S. de Camicas & au N. de Verlus +. Au bas S. de l'église d'*Aurensan* +... 2 l. A ¼ l. N. de Projan +, 1 l. de Moncla +. ½ l. N. E. de Segos + & vis-à-vis d'Izaute. A l'O. du vill. de Lanux + & le long de la Lées. riv. ½ l. O. de Bernede +. Pont sur la Lées à ½ l. S. O. d'Arblade-Brassal +. Le long E. de la côte & bois de Cazamont. Pont, isle sur l'Adour, à ½ l. S. de Barcellonne. Le long des murs de l'Evêché. *A AIRE...* 3 l.

AIX *en Provence.* S.E.		Toulouse & à Aix.........	138
ALBY........ E.		Toulouse & à Alby........	60
Amboise...... N.E.		Tours & à Amboise......	153
AMIENS..... N.E.	D	Paris & à Amiens.........	238
ANGERS....... N.	E	Bordeaux & à Angers.....	155
ANGOULÊME N.p.E.	P A U	Bordeaux & à Angoulême...	92
ANTIBES..... S.E.		Aix & à Antibes.........	179
APT.......... E.	E	Avignon & à Apt........	136
ARLES........ E.	D	Montpellier & à Arles.....	120
ARRAS..... N.E.		Paris & a Arras..........	250
Aubenas....... E.		Montpellier & à Aubenas...	132
AUCH. Grande Route.... E....			25

De Pau on passe entre la Justice & les belles promenades de cette ville & entre Chicot & Doture. A Puchain & route de Morlaas. 3 l. des landes de Pontlong à trav. en pass. à ½ l. N.E. d'Idron +, au-delà & au bas du bois de Lée. ½ l. du vill. de Lée +. Entre Clos & Casterot, ¼ l. N. d'Oasse +. ¼ l. S. de Sendets +, 1 l. S. de Serre-Molaas +. ¼ l. N. d'Artigueloutaa + & de Loubouey +. A Sareen, ¼ l. N. de Noustin +. Aux Bordes-d'Espoey, ½ q. l. N. de *Somolon*... 4 l. A ½ l. S. de Limendous +. ¼ l. N. de Luc-Garien +. A Chala, ½ l. N. d'Espoey + 2 l. de landes à trav. en pass. la Souge & le Tron, riv. A la Corne, ½ l. S. de Luguet +. Pont & cense de Tissenet, à 2 l. N. de *Pontac*. Pont, moulin & riv. de Gabas. Marque-d'Aire-Parege. Pont & riv de Lis, à ½ q. l. S. de *Gers-sur-Lande* +..... 3 l. Landes & riv. de Galine. Pente rap. & entre les bois de Borderes. Pont & riv. de Souy. A la Baraque, ¼ l. N. d'*Ibos*. Belle plaine en côtoyant des vignes & au S. du chât. de Vrac. ½ l. S. de

Borderes +. A Bertillac. Pont & riv. de Lechez. A 1 l. N.
du vill. d'Odos +. *A Tarbes* 3 l. De Tarbes *à Auch...* 15 l.
Voyez d'Auch à PAU.

AUXERRE	E.p.N.	De Pau à Limoges & Auxerre.	210
AVIGNON	E.	—— Montpellier & à Avigno.	123
Avranches	N.p.O.	—— Bordeaux & à Avranches.	188

BAGNERES. Route de traverse. Sp.E.   15

De Pau *à Tarbes.....* 10 l. *Voyez de Pau à Auch.* De
Tarbes on passe à la fourche de la route de Lourdes &
Barrèges. A la Loubere + & dev. le chât. ½ l. E. d'Odos +.
½ l. O. de Soues +. A Horgues +. ½ q. l. O. de Salles +,
sur l'Adour que l'on côtoye en remontant. A Momeres +.
½ l. O. d'Allier +. Petit bois & à ½ l. O. de Bernac-de-
Bas +. A St.-Martin, ½ l. O. de *Bernac-dessus* +... 2 l.
A ¼ l. O. de l'église d'Arcizac. A Arcizac +. Pont & canal
de Gespe à passer. Vis-à-vis & à l'O. du port & vill.
d'Hys +. ¼ l. de bois à passer. A Montgaillard + en pass.
au bas E. de l'église. A la fontaine de la Solie & chemin
de Lourdes. ½ l. O. d'Antist, au-delà de l'Adour. Entre
les bois & cette rivière. Pont & riv. de Loussouet, à ¼ l.
O. d'Ordizan +. A Trebons +. Pont & canal de Lanou.
A N. D. de Hourcaderes, & à Pouzac +. Pont & moulin.
Entre le canal de Lanou & l'Adour. A Montjoy & *à*
BAGNERES... 3 l.

Balaruc	S.E.	*DE PAU à*	Montpellier................	96
Bapaume	N.E.		Paris & à Bapaume.........	244
Barcelonne	N.E.		Aire & à Barcelonne.......	14
Barcelonnette	E.		Avignon, Embrun & Barcel.	182

BARRÈGES. Grande Route... S...   25

De Pau *à Tarbes......* 10 l. *Voyez de Pau à Auch.*
De Tarbes *à Barrèges...* 15 l. *Voyez d'Auch à Barrèges.*

Chemin de traverse.... ~~~~~~~~~~   20

De Pau on passe le Lousse, riv. & dev. la Papeterie. A
Bizanos sur le Gave de Pau +. A l'E. d'Aressy-sur-Lagoin +.
½ l. de Mazeres + & d'Usos. E. de Meillon-sur-le-Gave +.
& à l'E. d'Assat +. ¼ l. de St.-Ambroise-de-Narcastel +.
Aux Bordes +, ½ l. O. d'Angais +. A Besing +, ½ l. E. de
Baliros +. A Boeil +; ¼ l. E. des Pardies +. A Baudreix,

½ l. E. de St.-Abit + & d'Arros +. ½ l. de Bourdettes +. A Mirepeix. Route & à ¼ l. E. de *Nay*. A Courtiade, ¼ l. du chât. de Clarac. A Couarraze *ou Coaraze*... 4 l. Pont & riv. de Gave à passer. A Igon + sur le Gave, que l'on côtoye. A Lestelle +. ½ l O. de Montaut +, au-delà du Gave. Devant la chap. de N. D. de Betharam. Pont sur le Gave, à ½ q. l. S. de Montaut. A l'E. du Calvaire de Lestelle. A Saux-sur-le-Gave, N. de la haute montagne du Plan; du vieuxchât. & rocher de la Calanque. *A St.-Pé...* 2 ½ l. Entre les rochers & la chap. de St.-Marc. A la Bataille, N. du pied de la Garde. Le long N. du Gave & au vill. de Peyrouse +. A Ste-Marguerite, Camus, Barbot, & au N. des bois de Lourdes. ½ l. de la montagne de rochers d'Aix. A Pouchar & chemin de Pontac +. A N. D. du Puy & *à Lourdes*... 2 ½ l. De Lourdes *à Barrèges*... 11 l. *Voyez d'Auch à Barrèges*.

Autre Chemin................ 22

De Pau on passe le pont sur le Gave. Fourche du chemin de Larruns. Pont sur la Soust & à Golos +, Lezons +, Mazeres + & à Ubos + sur Labareils, riv. A l'E. de Rontignon +. Dev. E. du chât. & auberge de St.-Ambroise de Narcastel +, O. d'Assat +. Bois, pont sur le Gest & vill. de Baliros +. A Pardies, St.-Abit, Arros +, Bourdettes +. Le long E. du bois du chât. de Langladure. *A Nay*... 4 l. Pont & riv. du Gave. Fourche de la route de Pau à St.-Pé & à Lourdes. ¼ l. S. de Mirapeix + & près de Benejac +. Pont, riv. de Lagoin & côte à passer. Ruiss. côte & ham. de Carlon. Le long O. du bois de Benejac, N. de Bourdalat-dessous. A Labatmale +. Plaine à trav. en passant le Lauron, Sausset & la Barade, rivières. *A Pontac-sur-l'Artiu*.... 3 l. Bruyères & marais à trav. en passant la Gabas, riv. à ½ l. N. de sa source. Bois d'Azereix & pente rap. Pont & riv. de Soui. Détroit, chap. de St.-Joseph & avenue du chât. d'Ossun. Pont & riv. de Sardaine, *à Ossun*. Avenue à l'E. du chât. que les gens de pié prennent pour abréger. Plaine, & à ½ l. S. de d'Azereix +. Côte de vignes, riv. de Geune & vill. de Juillan +. Pont & riv. de Lechez. Routes de Tarbes *à Barrèges*... 3 l. De la fourche de cette r. *à Barrèges*... 15 l. *V. d'Auch à Barrèges*.

| BAYONNE.... | O.p.N. | De Bayonne à Pau......... | 25 |
| BEAUVAIS.... | N.E. | De Pau à Paris & à Beauvais. | 222 |

BESANÇON.... E.	Montpellier, Lyon & Besanç.	230
Béthune........N.E.	Paris, Arras & Béthune.....	258
BÉZIERS......S.E.	Narbonne & à Béziers......	86
BLOIS........N.E.	Tours & à Blois...........	108
BORDEAUX... N.	Dax & à Bordeaux.........	60
Bourbonnes les-B.. E.	Clerm. & à Bourbonnes....	223
BOURGES....N E.	Limoges & à Bourges.......	151
BRUXELLES. N.E.	Paris & à Bruxelles........	276
CAEN..........N.	Tours & à Caen...........	203
CAHORS.......E.	Auch & à Cahors.........	60
CAMBRAY....N.E.	Paris & à Cambray........	250
CARCASSONNE. S.E.	Toulouse & à Carcassonne...	65
CHAL.-sur-M. E.p.N.	Limoges & à Châlons.......	242
CHALON-sur-S... E.	Limoges & à Chalon.......	190
CHAMBERY.....E.	Lyon & à Chambery.......	210
CLERMONT-F.. E.	Limoges & à Clermont.....	143
Clerm.-en-Beauv.N.E.	Paris; de Paris à Amiens...	221
Cognac........N.	Angoulême & à Cognac....	102
Compiegne..... N.E.	Paris & à Compiegne......	225
Condrieux......E.	Lyon...................	169

(center column label: DE PAU)

DAX. Grande Route.... N.... 18

De Pau à *Puyoo*... 12 l. *Voyez de Bayonne à Pau*. De Puyoo on passe la pente rapide, le pont & le moulin de Joanau. Fourche de la route de Bayonne. Côte & à $\frac{1}{2}$ l. E. d'Ablet+, 1 l. de la Hontan+. A la Gourde & Luiq. Montagne du Castet & ham. de Pechau. Fourche du chem. de Tartas. *A Habas: belle vue*. Pente rap. de Lesparc & Lesparede. Pont & vill. de Misson+. Montagne à trav. en pass. à l'E. d'Orossen. Pente rapide, pont, ruiss. & moulin. Montagne à passer. Pont & vill. de *Pouillon*+.. 3 l. Côte à l'O. de la chapelle de St.-Quitterie, le quartier du chât. du Mont & ham. de Caze. Le long E. de la haute montagne & du chât. de Benarucq, au sommet. Au-dessus O. du ham. de Gouarach, du chât. & chapelle de St.-Martin. A Ariosse. Au bas O. de la haute montagne, couronnée du chât. de Montperoux. $\frac{1}{4}$ l. E. de Benesse+. A la Lassere, Plucho & Baigtosse. Vallon, pente rapide & fief d'Haubardin. $\frac{1}{2}$ l. O. de Saugnac+ & Cambran+ sur la riv. de Luy. Côte & ham. d'Hontangloise. A St.-

Pandelon ✛. Pente rap. au bas & à l'O. d'Harran. Pont & riv. de Luy à pasſ. Côte rap. Croix & ham. des Tortes. Plaine de bruyères à trav. *A DAX*... 3 l.

Autre Chemin.............. 19

De Pau au ham. de *Pechau*... 14 l. *Voyez ci-deſſus*. De Péchau à la fourche du chemin d'Habas. Pont & riv. d'Arrignaud à paſſer. Pente rap. du Quartier de Viellé, & paſſant à Talamon & Rotaings. A l'O. du Faur & chap. d'Eſtibeaux. Pente rap. Vallée & vill. d'Eſtibeaux ✛. Carref. du chemin de Tartas & d'Orthés. Côte & ¾ l. de landes à trav. Pont, moulin & riv. d'Arruyre. ¼ l. E. du ham. & moulin de Marlucq. 1 l. du tertre & chât. de Montperoux. Côte & à ½ l. E. de Mainbaſte ✛. A Arte-gert & Breugnon. Pente rap. bois, cabaret & chemin de Pomarès. Pont & riv. de Luy. ¼ l. E. de Saugnac ✛ & du chât. d'Ore. ½ q. l. O. de *Cambran* ✛... 3 l. Montagne longue & rapide, & à 1 l. E. de St.-Pandaléon. ½ l. de landes à trav. A la Croiſade & chemin d'Aire. Quartier de Naroſſe & à l'O. de l'égliſe ✛. Montagne & fourche du chemin de Dax à Aire. Le long de l'Adour & *à DAX*... 2 l.

Autre Route............. 18

De Pau *à Orthès*..... 10 l. *Voyez de Bayonne à Pau*, D'Orthès on monte la côte longue & rap. en paſſant dev. l'abbaye des Bernardins. A la Regue & à Deteſtevin. 1 l. de montagne & landes à paſſer. Au-deſſus E. de St.-Boès ✛ & de Salle. Plaine & à ¾ de St.-Martin & Ste.-Marie de Bonnat ✛. ¼ l. E. de St.-Girons ✛. A St.-Jonan. Traverſe du Quartier de deſſus. A la Houcarde. ½ l. S. O. d'Ar-fagne ✛. Vallon, montagne ſur laquelle eſt le vill. de Tiih ✛. Pente rap. au S. de Villendro. Entre Aracq & les Mouliots, au N. de l'égliſe de Mouſcardès ✛. Pente rap. & à 1 ½ l. S. O. de *Pomarès*. ¼ l. N. E. d'*Habas*. Montagne & chapelle d'Eſtibeaux. Vallée, chemin de Tartas & vill. d'*Eſtibeaux*... 4 l. D'Eſtibeaux à *Dax*,... 4 l. *Voyez ci-deſſus*.

DEUX-PONTS.. E.	*De Pau à*	Lyon, Nancy & Deux-Ponts. 310
Dieppe...... N.p.E.		Rouen & à Dieppe........ 234
DIJON........ E.		Clermont & à Dijon....... 210
Dunkerque.... N.E.		Paris & à Dunkerque...... 276

Foix. Route de traverse ... S....

De Pau à *Tarbes*..... 10 l. *Voyez de Pau à Auch.* De Tarbes on passe le pont sur l'Adour. Faubourg & carref. des routes d'Auch, de St.-Girons & Bagnères. Vignes & à ½ l. S. O. de Semeac +. ¼ l. E. du vill. & chât. de la Loubere +. Pont & canal d'Alaric à l'O. des bois de Rebisclou. ½ l. E. de Souës +. 1 l. d'Odos +. A la Tuilerie, ½ q. l. N. de Barbazan de Béat +. Côte, bois de Remisclou & hameau de Pietat. ½ q. l. N. E. du chât. de Barbazan. Vallon, riv. & montagne à trav. Pente rap. & à ½ q. l. N. d'Angos +, ¼ l. S. de Calvanté & ½ l. N. de Montignac +. Pont, riv. de Lassarene & à ½ q. l. N. de Mascaras +. Pont & riv. de Larret-derrière. Côte, à ½ q. l. N. de Claverie-Roger, ½ l. S. de Chés +. Montagne à trav. à la chapelle de N. D. & cap de la Gelle. A Bourcasset, ¼ l. S. de Bordes +. Pont & ruiss. de Larret-devant, ½ l. S E. de Peyroube +. Au S. des Minimes, pont & riv. de Larros. *A Tournay*... 4 l. Vill. d'Ozon + & pente rap. Vallée à 1 l. N. de Ricau +. A la Nespede +, pont, riv. de Lene & à Péré. Pont & riv. de Lene; côte à ½ q. l. S. de Lutilhous +. Pont & riv. de Baise-derrière. Fourche de la route de St. Gaudens à Bagnères. Bruyères & à ¼ l. S. de la Grange +. Pont & riv. de Baise devant. *A Lannemezan*.... 4 l. De Lannemezan à *St.-Martory*.... 12 ½ l. *Voyez de Toulouse à Bagnères.* De St.-Martory à *St.-Girons*.... 7 ½ l. *Voyez de Toulouse à St.-Girons.* De St.-Girons on passe au N. de St.-Valier. Vignes, côte de Pujole & montagne à traverser. Pente entre St.-Martin & Mariats. Vallon, côte & à ¼ l. S. de Baliar. Pont, riv. & ham. d'Honta. Vallons, monts & ruisseaux à trav. en pass. près de la chapelle de Sara-du-Cos. A Lescarabiche, ½ l. S. de *Lescure*... 6 l. Le long du Bau, ruiss. Pont & abbaye de Combelongue. Vis-à-vis du moulin Basset & pente rap. Montagne & à ¼ l. S. de *Rimont*. Vallon, hameau de Calibere, Mont & bois à trav. A la Gardesse-sur-Artillac. A Castelnau de Durban + & au N. du chât. & de l'église. Pont, riv. d'Artillac & dev. la Papeterie. Pont de Buscaillere. Montagne, vallon, pont. à ½ q. l. S. de Vic +. Montagne à trav. à ½ l. S. de Brouzenac +. Vallée le long de l'Arize. Le long S. de la Bastide de *Seron*.... 6 l. Colline au bas des Andreaux. Pont, ruiss. de Laujole, ham. de la Baraque, Malchifrot & pont sur Laujole. Côte & à ¼ l. S. de Cadarcet +. A Gay & pente rap. Vallon, montagne à trav. en pass. à Treroens. A St.-Martin-de-Carlap +. Pente rap. & ham. de Trouchoule. ¼ l. N. de St.-Pierre-de-Riviere +. Montagne d'Artigues à trav. vall. montagne & ruiss. A Bourasse. Pente rap. du Trésorier. Moulin, pont, riv. de Larget & *à Foix*.... 4 l.

Fontainebleau.... N.E | De Pau à Orléans & à Fontain. 198

GALAN. *Route de traverse*...S............ 18

De Pau *à Tournay*..... 14 l. *Voyez de Pau à Foix*. De Tournay on passe le long S. des bois. A la métairie & chemin de Tric. Landes & pont sur la Bouës à passer. Vill. de Burg + & pente rap. Pont & moulin sur la Baise-detriere. Côte au N. du bois & vill. de Castelbajac +. Pente rap. & vill. de Bon repos. Vallée, bois de Moras & rivière de Baisolle, que l'on passe. Pente rap. & bois de Maslis. *A GALAN*.... 4 l.

GAP..........	E.	Avignon & à Gap........	165
GÈNES....	E.p.S.	Marseille & à Gènes.......	231
GRENOBLE....	E.	Montpellier & à Grenoble...	173
Havre. (*le*)......	N.	Rouen & au Havre........	241

(*De Pau à*)

Izere. (Montagne d') *Route de traverse*...S.O... 10

De Pau on passe sur le Gave. Au S. de Jurançon. Pont & riv. de Nées. Le long de cette riv. & de la côte de vignes. Au bas du chât. des Istes & *à Gau*... 2 l. Fourche du chemin d'Oloron. Le long de la riv. de Nées & à l'O. de la forêt d'Arros. ½ l. O. du bourg d'*Arros*. Pont & riv. de Nées. A Rebenac +. Devant les Papeteries & à l'O. du pic de Rebenac. Cabaret, pont & moulin de Bescat. A Sevignac +. Vis-à-vis du pont de Nau, à ½ l. d'Arrudy +. ⅓ q. l. O. de Meyrac + & à l'E. d'*Arrudy*... 2 l. Entre les rochers de Ste. Colombe & le Gave d'Ossau. A Loubie-Jussot +, ¼ l. S. E. d'Isette +. Vis-à-vis & à l'O. de Castel. Pont & riv. de Calariu. A la chap. Aiguelade. Pont, moulin & chap. d'Ariubeits. ½ l. E. de Billeres +. Pont & moulin sur Arriu-Mage. Entre St.-Vivien + & Belestin +. A ½ q. l. O. de Beont + & Dielle +, E. de la montagne de Trobes & de Gore +. ½ q. l. O. d'Aste +. A Geteu, ½ l. E. de St.-Mont, Montagne de roches. ¼ q. l. O. de Loubie-Soubiron +. ⅔ l. O. de Beost +. *A Laruns*. 3 l. Pont & ruiss. d'Arrieuse, à l'O. du pont Hourat. ¼ l. O.

d'Affoute + & d'Aas +. Devant l'infcription de Catherine, fœur d'Henri IV. en 1641. A ¼ l. O. de la fontaine d'eaux minérales de Bonne. Pont fur le Gave de Gabos. Eaux chaudes & fontaines minérales. Pont d'Enfer fur le Gave. A Gouft +, au bas de la montagne d'*IZERE*... 3 l.

LANGRES...... E.	*de PAU à*	Cahors, Limoges & Langres.	217
LAON........ N.E.		Paris & à Laon............	239
Laval.......... N.		Bordeaux & à Laval.......	174
LIÉGE..... N.E.		Paris & à Liége...........	294
LILLE...... N.E.		Paris & à Lille...........	263
LIMOGES.... N E.		Agen, Cahors & Limoges...	103
Luxembourg..... E.		Dijon & à Luxembourg.....	283
LYON......... E.		Montpellier & à Lyon.....	180

MADRID. *Grande Route*... S.p.O... 98

De Pau à Oloron....... 8 l. *Voyez de Pau à Navarrens*. D'Oloron on paffe à Lourbe & à Efcot. Saranza & pont fur Afpe à paffer. A Bidous, Cos, Igun +, Saut & Urdos + en traverfant les Monts Pyrénées. A Camfranc + & à *Iaca*... 13 l. Bermues & *Anzanigo*... 5 l. Pont & riv. de Gallego. A Ayerve, Gurrea, Zuera, *Zaragoza*... 16 l. A Santa-Fé & la Muela, Ramera, Venta, Armunia, el Frafno, *Calatayud*.... 16 l. Paffage du pont & riv. de Xalon. A Rubierca, Cetina, pont & riv. *A Montréal-de-Ariza*... 7 l. Au S. de l'abbaye d'Hiterro. A Arcos. A l'E. de la montagne & de Medina-Cely. A Lodares & fourche de la route de Pampelona. Pont & riv. de Meza. A Bujarralva, 2 l. E. de *Siguenza*... 8 l. A Torre, Mocha & chemin de Morella. A Amadrones, Grajanejos, Torija, *Guadalajara*... 14 l. Pont, riv. de Henarès & à Meco-Vento, *Alcala-de-Hennarès*... 4 ½ l. A Torrejon de-Ardoz & à MADRID.... 6 ½ l.

MANS. (*le*)..... N.	*de PAU à*	Bordeaux & aux Mans.....	173
MARSEILLE... S.E.		Montpellier & à Marfeille...	142
Maubeuge..... N.E.		Paris & à Maubeuge.......	256
MEAUX...... N.E.		Paris & à Meaux..........	216
Mende.......... E.		Touloufe & à Mende......	99
METZ........ E.		Paris & à Metz...........	282
MÉZIÈRES.... N.E.		Paris & à Mézières........	262

Milhaud........ E.	Alby & à Milhaud.........	82
Mirepoix...... S.E.	Toulouse & à Mirepoix......	67
MONTAUBAN... E.	Toulouse & à Montauban...	54
Montbrison...... E.	Lyon par Clermont........	166
Montmédy... E.p.N.	Paris & à Montmédy.......	271
MONTPELL... S.E.	Toulouse & à Montpellier...	102
MOULINS.... N.E.	Clermont & à Moulins......	154
NANCY........ E.	Paris & à Nancy..........	290
NANTES... N.p O.	Bordeaux & à Nantes.......	142
Nantua......... E.	Lyon; de Lyon à Genève...	203
NARBONNE... S.E.	Toulouse & à Narbonne....	80

NAVARRENS. Route de traverse....O... 10

De Pau on passe à Jurançon + & à Larong +. ½ l. N. de St.-Faust + Le long E. du bois d'Artigalouve. A Vic de Bas & à Artigalouve. 1 l. O. de *Lescar*. Pente rap. & vill. d'Arbus +: belle vue au N. sur la vallée du Gave de Pau. Vallée, pont & moulin sur la Baise, riv. Dev. & au N. de Parvin. Pont au S. des bois d'Abos & au S. du ham. de Paraise. Montagne & landes à passer. Pente rap. & au N. de Cucuron. Pont & riv. de Baise. *A Monein*... 6 l. De Monein on traverse la montagne & la riv. de Bartaderes. 3 l. de montagnes & bois à trav. en pass. au bois, moulin & à la cense de Bartaderes. A Marque-Malle. sur le sommet de la montagne. ¼ l. N. & au-dessus de Luc, abb. A Bourdet. Bois de Berne à passer. Pente rap. & vill. de Jasses +. A Beverens & *à NAVARRENS*... 4 l.

Autre Chemin................. 13

De Pau on passe le pont sur le Gave, au S. de Jurançon +. Pont & riv. de Nées. Le long de cette riv. & de la côte de vignes, au bas du chât. des Istes, *à Gan*... 2 l. Fourche du chemin de Larruns. Pente rap. bois & vignes à côtoyer. Pont, riv. de Las-Hies. Côte & ham. de Comfrang. A Assat & à Loer. Au bas de la montagne & chapelle du haut de Gan. Source de la Baise. Au bel air, ½ l. S. de Lassaubetat +. Landes & cabaret de *Cami*... 3 l. A ½ q. l. S. des eaux minérales d'Ogeu. Pont, ruiss. & bois d'Ogeu à trav. Vallée, pont & riv. d'Arrui-Gaston à passer. A Herrere le-bas +, ¼ l. N. E. d'Herrere-le-haut +. ¼ l. S. d'Escou +. Au Pavillon du Plaa. Avenue au S. O. du chât.

& vill. d'Escou +. Côte, landes du Gabarn à trav. ¼ l. S. de Précilhon + Goès +. *A Oloron*..... 3 l. D'Oloron à *NAVARRENS*... 5 l. *Voyez de Bayonne à Oloron.*

NEVERS...... N.E.	Moulins & à Nevers........	167
NISMES...... S.E.	Montpellier & à Nismes....	113
NOYON...... N.E	Paris & à Noyon..........	231
Orient. (*l*)... N.O.	Nantes & à l'Orient.......	182
ORLÉANS.... N.E.	Bordeaux & à Orléans......	178
PARIS.... N.E.	Bordeaux & à Paris........	206
PÉRIGUEUX.. N.E.	Bordeaux & à Périgueux....	89
PERPIGNAN. S.p.E.	Toulouse & à Perpignan....	95
PÉRONNE.... NE.	Paris & à Péronne.........	240
POITIERS..... N.	Bordeaux & à Poitiers......	123
Pontoise...... N.E.	Paris & à Pontoise........	214
Provins....... N.E.	Paris & à Provins.........	228
REIMS....... N.E.	Paris & à Reims..........	244
RENNES... N.p.O.	Nantes & à Rennes........	168
*RHODEZ*ou*Rodez*.E.	Toulouse & à Rodez.......	85

RIEUX. Chemin de traverse..S.p.E... 40

De Pau *à St.-Martory*..... 30 l. *Voyez de Pau à Foix.* De *St.-Martory à Marthres*..... 2 l. *Voyez de Toulouse à Bagnères.* De Marthres à Palaminy + & *à Cazeres*... 4 l. A Goubet, Forges, St.-Julien-sur-Garonne. Passage de la Garonne. Côte de Beauregard : *belle vue.* Vallée fertile à traverser. *A RIEUX-sur-Arize*... 4 l.

Riom.......... E.	Clermont & à Riom.......	146
Roanne......... E.	Clermont & à Roanne.....	166
*ROCHELLE.la*N.p.O.	Bordeaux & à la Rochelle...	108
ROUEN... N.p.E.	Bordeaux & à Rouen......	220
Saarlouis....... E.	Paris & à Saarlouis........	295
ST-*ÉTIENNE*... E.	Clermont & à St.-Etienne...	175

ST.-JEAN-PIED-DE-PORT. *Route de traverse*...O. 23

De Pau *à Navarrens*..... 10 l. *Voyez cette Route.* De Navarrens on passe le Gave d'Oloron. Traverse de la route de Bayonne à Oloron. Côte & au S. de Susmion. 3 l. de landes & montagnes à trav. en passant à la Serrede-haut. Au N. des bois de Bedat-dessus. A Serra. ¼ l. S. de Larrery +. A Morcayolle +. Pente rap. Vallon & à ¼ l. O. de Mendibieu +. Côte & vill. de Berrogain +. Vallon & ruiss. au bas de Larruns +. Moulin à l'E. de Niodos +. Le long du Gave de Mauléon. ½ q. l. O. de Cheraute. Devant les Capucins, & le Gouvernement, au bas N. de *Mauléon*..... 4 l. A Licharre & au pont sur le Gave. Pente rap. & 3 l. de landes à trav. en passant à l'E. du mont Assalegui. ¼ l. de l'hermitage de St.-Remy. Au bas S. du vill. d'Ainharp. ½ q. l. O. d'Oyhercq +. A Lohitcun +. Le long S. de *Sorhapurn* +... 3 l. Pente rap. & village d'Uhart +. Pont & riv. de Bidouze, vis-à-vis du pont & au N. de d'Arhansus +. Pente rap. & le long de la Bidouze. ½ q. l. S. d'*Ostabat*... 2 l. Au N. de St.-Engrace, ¼ l. au bas d'Asme +. ¼ l. de bois à traverser. Pont, ruiss. & à ½ q. l. O. d'Arros. A Cibits, ¼ l. au S. de Larcebeau +. Côte à ¼ l. S. de la croix & haute montagne de Gastellusahar. ½ l. d'Utxiat +, au bas du mont Achourdoy. A la chapelle de Galcelaburia. Entre Gamarte + & Amhice +. A Mongelos & à St.-Jean. Pont, ruiss. & bois à traverser. A Laccare +, au-dessus de Cambo, *eaux minérales*. Au N. O. du mont de Laccaramendy. Vallon à ¼ l. E. de Bustincé. A Jalalia, ¼ l. E. d'Iriberry +. A Apat-Hôpital +. Pont, côte, vill. de St.-Jean-le-vieux +. ¼ l. N. d'Urrutie +. A la Madelaine +. Au bas S. du mont & vill. d'Ispoure +. Pont & riv. de Nive. *A St.-Jean-pied-de-Port*... 4 l.

St.-Malo.....	N.p.O.	De Pau à Rennes & St.-Malo. 185
St.-Omer......	N.E.	De Pau à Paris & à St.-Omer. 269

St.-Sever. *Chemin de traverse*...N... 14½

De Pau à *Astis* +... 5 l. *Voyez de Pau à Aire*. D'Astis on descend au pont sur le Luy de France, à ¼ l. S. E. d'Argelos +. Montagne rapide d'Auriac & fourche de la route de Pau à Aire. ½ l. S. O. de Miossen + : *belle vue*. Le long d'¼ l. de landes & à ½ l. E. d'Argelos. ½ q. l. de Cola, & ¼ l. de Viven +. Pente rap. de la montagne de Theze, en passant à Bernes. Entre Pouhare & Balete, au N. du Mont, S. de Castetbert. *A Theze: belle vue*... 1 l. Vis-à-vis O. du fief de Pedelabat. ½ l. E. d'Anga +. ¼ l. de Mouste +. Entre Trecalor & Sarigau. A Leme +. ½ l. E. de Sebi + & de Mialos +. A Mariolet. ½ l. O. du parc & chât. de

Caplanne. A Loumeracq +. ½ l. O. de Pouliac + & de Conbluc +. Mont & bourg d'*Arzac : belle vue*... 2 l. A $\frac{1}{4}$ l. O. de Rourfieugues + & Boucoue +. ¾ l. E. de Cabidos +. Vallon, pont & ruiſſ. à paſſer. Côte à ¼ l. O. du chât. d'Arbleix. Pont à ½ q. l. E. & au bas de Pedelargue. Pente rap. & le long d'un petit bois. ½ l. E. de Malauſane +. A Fillonden +. Vallon & ham. de la Serre. A St.-Roch, ¾ l. O. de Cajunte +. Vallon à l'E. de Vielle-debas. Montagne & landes de Baillet. ½ l. N. de *Mont.* ½ q. l. O. de la pyramide de Mant. 1 l. de landes à trav. en paſſant à l'extrémité de la montagne & des bois de Luques-Pin. Pont ſur la riv. de Louts. Pente rap. de la montagne de St.-Jean. Fourche du chemin d'Hagetmau, ½ q. l. O. de St.-Jean +. *A Samadet*... 3 l. Pente rap. pont & moulin ſur le Gabas, à l'O. de l'abbaye de St.-Antoine. Pente rap. à ¼ l. E. de Serresgaton +. 1 l. O. de la montagne & vill. d'Urgons +. A Bouheben, ½ l. O. de Bas en Tierſan +. A Aubaignan +, 1 l. S. de Sarraſiet +. Plaine & bourg de *Coudures*.. 1 ½ l. Pente rap. & ham. de Vellenavel. Bois & pont ſur le Bas, riv. Vallée le long du Gabas, en paſſ. à l'E. de Dume + & le long O. d'Eyres +. Pente rap. de la montagne de St.-Sever, en paſſ. à Herran & à Dubany. *A St.-Sever*, cap de Gaſcogne... 2 l.

Saverne.........	E.	Lyon & à Saverne.........	285
Sedan........	N.E.	Paris & à Sedan.........	268
SENS........	N.E.	Orléans & à Sens.........	207
SOISSONS....	N.E.	Paris & à Soiſſons.........	231
STRASBOURG..	E.	Lyon & à Straſbourg......	282
Taraſcon.....	E.p.S.	Niſmes & à Táraſcon.......	118
TARBES......	S.E.	Tarbes *ou* de Tarbes à Pau...	10
Tonnerre.....	E.p.N.	Limoges & à Tonnerre.....	217
TOULON.....	S.E.	Marſeille & à Toulon......	156
TOULOUSE....	E.	Tarbes & à Toulouſe.......	42
Tournay......	S.E.	Foix................	14
Tournon.......	E.	Montpellier & à Lyon.....	154
TOURS.......	N.	Bordeaux & à Tours.......	153
Tournus........	E.	Lyon & à Tournus........	203
TRÈVES.......	E.	Lyon & à Trèves........	309
Troyes....	E.p.N.	Auxerre & à Troyes......	227
Tulle........	N.E.	Cahors & à Tulle.........	93

VALENCIA Grande Route... S.p.O... 99

De Pau à Zaragoza... 44 l. *Voyez de Pau à Madrid.* De Zaragoza à Maria, 1 ½ l. S. E. de Santa-Fé. Pont & riv. de Guerra. A' Longarès & à Maynar +. Baguena, Caminréal. Montagnes à trav. A Villafranca, Villarquemado, *Teruel*... 35 l. A Puebla de Valverde, Sarrion, Barracas, Segorbe, Murviedro & chemin de Perpignan. *A VALENCIA*... 20 l.

VALENCIENNES. N.E.	De Pau à Paris & à Valenc. 258
VANNES...... N.O.	—— Nantes & à Vannes... 168
VERSAILLES.... N.E.	—— Tours & à Versailles... 202

VIC-FEZENZAC. Chemin de traverse. N E. 23

De Pau à *Vic-Bigorre*.... 7 l. *Voyez d'Auch à Pau.* De Vic-Bigorre on passe ½ l. de vignes & à ½ l. O. d'Artagnan +. *Belle route.* A Baloc, ½ l. E. de Caixon +. Le long E. de Lechez, riv. ¼ l. de Nouilhan +. Le long O. du bois de Marmajon +, ½ l. de la Fitole + & ½ l. E. de la Reule +. A Galardès & à *Maubourguet*... 2 ½ l. A ½ l. E. de Sombrun +. Pont, riv. & route de Maubourguet à Morlaas. ¼ l. O. d'Estirac +. ½ l. E. de Villefranche +. A Caussade +. ½ l. O. de Labatut-Riviere. Le long E. du bois de Bernet, à ¼ l. de Soubleteuse + & d'Hichac +. 1 l. O. de *Ladeveze*. A Desperes & Bernede. ½ l. O. de Tieste +. A Herès +. ½ l. O. de Belloc. Pont, moulin, riv. de Louet. Au bas E. de Montus +. Pente rap. & route d'Aire. ½ q. l. S. de *Castelnau* de Riviere-basse... 3 ½ l. A Mazeres +. Passage de l'isle & de la riv. d'Adour. A Ju + sur le canal Baniou. Le long S. de Baulat +. A Bardalat & la Ramée. ½ l. de landes, au N. de Ste.-Quietrie de Ripau +. *A Plaisance*... 2 l. Pont, riv. de Larros & dev. Bontems. Chemin & à 1 l. N. O. de *Beaumarchez*. Cense de Dufau & pente rap. A Lasserade + & à la Bogue. Au ham. de Miranès, Bidots & riv. de Midou-derrière. Pente rap. & à Artigues. Sous de Bast +. Côte & ham. de la Perchette. ½ l. O. de Froumentas +. A la Bourdette & à Compas. Riviere de Midou & pente rap. Moulin à v. Doussset & *d St.-Aignan*... 3 l. De St.-Aignan à *VIC-FEZENZAC*... 5 l. *Voyez d'Auch à Aire.*

ROUTES ET CHEMINS DE TRAVERSE
DE PÉRONNE

Distance de Péronne.

à	DE PÉRONNE à	*Voyez*	*lieues.*
ABBEVILLE.. N.O.		Amiens & à Abbeville.....	21
AIX la Chapelle...E.		Liége; de Liége à Aix.....	67
AIX en Prov.... S.		Paris & à Aix............	226
AMIENS.... N.O.		D'Amiens à Péronne.......	11
ANGERS..... S.O.		Paris & à Angers.........	106
		ARRAS. *Grande Route*... N...	11

De Péronne on passe au moulin à vent & vis-à-vis du chemin que les personnes à pied prennent pour abréger. Traverse du faubourg de Bretaigne & devant le Bureau des Fermes du Roi. Carref. du chemin de St.-Quentin & de Cateau-Cambrésis. ½ l. O. de Doingt +. ¾ l. S. O. de Buffu ++ & son moulin à v. Vallon profond & pont à pass. Pente rap. & route de Lille & Cambray : il y a une nouvelle auberge à l'angle. Vallon, au N. de Ste.-Radegonde + & Biache +. Côte, à ½ l. de Ste.-Radegonde. A Mont-St.-Quentin, abbaye. *Belle vue.* Pente rapide & à l'O. des maisons du Mont St.-Quentin +. Pont, prairies & ruiss. à ½ l. O. d'Aleines + ¼ l. E. de Clery + Feuilleres, &c. Le long E. de Feuillancourt. Chem. d'Albert *ou* Encre. Côte à 1 l. O. du moulin & vill. d'Hescourt-le-haut +. Entre deux vallons profonds, à 2 l. S. O. des moulins de Nurlu, au-dessus de Moislains. A 10 l. N. O. de St.-Quentin, que l'on voit. A l'E. du Bois-Madame & Marliere, & à l'O. du Bois-l'Abbé. 1 ½ l. de Manancourt +. Pente rap. tranchée & vallon. A la Brioche, *chetive auberge*. ½ q. l. O. de Bouchavannes +. Pente douce à l'O. du nouveau moulin à vent, du moulin & bois de St.-Pierre-Waast. A l'E. du chât. & ham. de Forest, 1 l. de Maurepas + & Hardecour +. Moulin, vallon & vill. de Rancourt +. Côte à ¾ l. E. du moulin & vill. de Combles +. ½ l. E. du moulin & vill. de Fregicourt +. Avenue du bois de St.-Pierre-Vaast. Gros Orme & chap. de Ste.-Anne. Vallon & petit bois de Fregicourt. ¼ l. E. du moulin & vill. de Morval +.

PÉRONNE.

A l'E. du moulin à v. de Sailly + en face du chât. Chemin planté de Manancourt. Pente rap. & vallon à trav. en passant à l'O. de Saillizel. Le long du parc de Sailly & à la route directe au village de Morval. Côte & vill. de Sailly +... 3 l. Avenue qui conduit au château & à l'égl. Entre la belle marre & la poste de Sailly. Vallon en pass. entre le cimetiere & le moulin. Borne qui limite la Picardie & l'Artois. A $\frac{1}{4}$ l. E. de Bœufs +. 1 $\frac{1}{2}$ l. de Flers. Aux Briqueteries & la Motte-Béranger; Calvaire, à $\frac{1}{2}$ l. O. de la Prévôté & vill. du Menil +. Demi-lune & aven. en face de l'abb. d'Arrouaise, entourrée de bois. Passage entre les bois de l'abbaye. Chemin planté & à $\frac{1}{2}$ l. O. de Rocquigny +. Moulin à v. à $\frac{1}{2}$ l. O. de celui du Menil & du Calvaire des 3 Evêchés. A 1 l. E. de Bus +, l'Echelle + & Itre +. Le long E. de Transloy +. Vis-à-vis N. D. de Lorette. Passage sur une arche entre deux moulins à v. $\frac{1}{2}$ l. S. de Villers-aux-Flots +. 1 l. d'Haplincourt & de Barastre, sur la grande chaîne. A 2 l. E. de Martinpuich + & de Coucelette +. Pente rap. & vill. de Beaulaincourt +. Avenue & moulin à $\frac{1}{4}$ l. de Riencourt. Traverse de la gr. chaîne primitive qui sépare le bassin des Mers. Pente rap. à $\frac{1}{4}$ l. E. de Ligny-le-Sart +; le Prieuré & le moulin d'Eaucourt sont à 1 l. A la chapelle Velu, $\frac{1}{4}$ l. O. de Bancourt +. Faubourg de Péronne & route de Cambray. *A Bapaume*, situé précisément au point de partage & au sommet de la grande chaîne... 2 l. Sortant de Bapaume on passe sous la porte d'Arras & au carref. de la route d'Amiens à Douay. $\frac{1}{2}$ q. l. d'Avesne, $\frac{1}{2}$ l. de Grevillers + & Irles +. Au faubourg d'Arras que l'on traverse. $\frac{1}{4}$ l. N. O. de St.-Albin, Bancourt +, Haplincourt +. 1 l. O. de Fremecourt +, 2 l. de Beaume +. Moulin à v. à $\frac{1}{4}$ l. E. de Bievillers +. Pente de la grande chaîne vers le Nord. Chemin & à $\frac{1}{2}$ l. O. de Favreuil +. Pente douce, à $\frac{1}{4}$ l. E. de Bisaucourt +. Pont, à $\frac{1}{4}$ l. O. de Bugniatre +. Côteau à $\frac{3}{4}$ l. E. d'Achiet-le-grand +. A Sapignies +. Le long E. de Behagnies +. Pente rap. & vallon à trav. Côte & à $\frac{1}{2}$ l. E. de Gomiecourt. $\frac{1}{2}$ l. O. de Mory + & de la ferme de Voledon, N. D. de Miséricorde. $\frac{1}{2}$ l. E. de St.-Sulpice. *A Ervillers ou Hervillé* +... 2 l. Dev. la poste & plusieurs auberges. Vallon & côteau, à $\frac{1}{4}$ l. E. de Courcelle-le-Comte. Vallon, pont, à l'E. du moulin d'Hamelincourt +. Côte, à $\frac{1}{2}$ l. O. de St.-Léger +, 1 l. de Croisilles +. Avenue & à l'E. du chât. & vill. d'Hamelincourt. A l'E.

de la chapelle St.-Boniface, ¼ l. de Moyenville +. Ormes & chap. de N. D. de Grace. Le long O. de Boyelles +, vallon & entre les deux auberges de ce vill. Avenue & Calvaire. Le long de la côte, & à l'E. du moulin de Bequerel. ¼ l. O. de Boiry-Bequerel +. A Bequerel. Pont, ½ l. O. d'Henin +, St.-Martin + & Heninelle +. ¼ l. O. de Boisleux-St.-Mard +, Boisleux-au-Mont +, Boiry-St.-Martin + & Ste. Rictrude +. Côte & à ¼ l. de la chap. du mont-Aigu, 1 l. de Heindecourt +, 1 ⅓ l. d'Andinser +. Moulin à v. à 1 l. S. O. de Wancourt + & de l'abbaye de Vivier. Vallon, pont & ruiss. à passer. Le long E. du vill. de Mercatel +. ½ l. O. du moulin à vent & vill. de Neuville-Vitasse +. Vallon, pont & ruiss. à 1 l. N. E. de Ficheux +, Côte, à 1 l. E. de Vailly +, & 2 l. de Beaumet +. Vallon, pont, ruiss. côte, Calvaire à ½ l. d'Agny +. Le long O. de Beaurain +. Entre les carrieres & les moul. à vent. A ¼ l. O. de Tilloy-lès-Moflaine, ½ l. E. d'Archicourt +, Beaumets +, &c. Au faub. de Ronville. Chemin d'Agny & 1. de Douay. Porte de Ronville. *A ARRAS*... 4 l.

AUCH......	S.p.O.	Paris & à Auch...........	210
AUTUN........	S.	Paris & à Autun..........	106
AUXERRE......	S.	Paris & à Auxerre........	77
AVIGNON....	S.	Paris, Lyon & Avignon....	207
Bapaume.......	N.	Arras................	5
BASLE........	S.E.	Reims, Langres & Basle....	130
BAYONNE....	S.O.	Paris & à Bayonne........	235
BESANÇON...	S.E.	Reims, Langres & Besançon.	106
BORDEAUX..	S.O.	Paris & à Bordeaux.......	184
BOURGES..	S.p.O.	Paris & à Bourges........	88
BRUXELLES.	N.p.E	Mons & à Bruxelles.......	45
CAEN.........	O.	Amiens, Rouen & à Caen...	69

CAMBRAY. Grande Route... N. E... 10

De Péronne & porte d'Arras on passe le faubourg de Bretaigne *ou* Bretaine. Devant le Bureau des Fermes du Roi. Carref. du chemin de St.-Quentin & du Cateau. ½ l. O. de Doingt +. Vallon, pont, ½ l. S. de Bussu +. Pente rap. route d'Arras & nouvelle auberge. Côte longue à trav. en pass. à l'O. de Bussu. ½ l. E. de l'abb. & vill. du Mont-St-Quentin +. Moulin à vent & à ½ l. E. d'Aleines +. Le

PÉRONNE.

long O. des bois de Buſſu. Entre le moulin & le village d'Heſcourt-le-haut : *belle vue*. A ½ l. O. de Driencourt +, dans le fond. ½ l. O. de Templeux-la-Foſſe +, 1 l. de Longavene + & 2 l. de Villers-Foucon. Le long O. du bois de Seve & de Madame. Juſtice à ¾ l. E. de Moiſlains +. Entre le bois de la Ville & celui de Pinelle. Vallon, à ½ l. O. de Lieramont +. Au moulin à v. de Nurlu, d'où l'on apperçoit la ville de St.-Quentin à 7 l. S. E. Douay, le Queſnoy, &c. *belle vue*. Le long O. du vill. de Nurlu + & vis-à-vis du nouveau moul. à v. ¼ l. E. de Menancourt +, Etricourt +. 2 l. S. E. de l'abb. d'Arrouaiſe & de Villers +. 3 l. S. de Beaumetz +, ſur la chaîne. 1 ½ l. E. de la Prevôté & vill. du Menil +. Avenue de Lieramont + & d'Heſcourt-bas. Pente rap. & moulin, ¼ l. O. de Sorel + & d'Heudicourt +. Dev. & à l'E. de Plany, ½ l. S. E. d'Equancourt +. Pente rap. Vallon & ham. du petit Sorel. Avenue & à ½ l. O. d'Heudicourt +. Devant & à ½ l. O. d'Heudicourt +. Côte & vill. de *Fins* +... 4 l. Fourche de l'ancien chem. de Cambray. Devant le chât. & la poſte. Entre la ferme, une avenue & un Calvaire. ½ l. N. de Sorel +. Vallon & pente très-rap. Le long S. du bois de Metz en-Couture +. Traverſe de la grande chaîne qui ſépare le baſſin des Mers. Pont & pente rap. à ¼ l. S. E. de Metz +. ½ l. N. de Revelon, cenſe, & à 1 l. d'Epechy +. Sommet de la grande chaîne. 3 l. N. O. de Bellicourt +. Fin du pavé & entrée de l'Artois. Vallon & côte d'où l'on voit N. D. de Cambray. A Gouzeaucourt +. Pente rap. à ¼ l. de Villers-Ghiſlain +. ¼ l. S. de Villers-Ploinch +. Au N. du parc, chât. & vill. de Gonnelieu +. 1 l. S. de Ribecourt + & 1 ½ l. de Fleſquieres +. Pluſieurs vallons à paſſer. A ¼ l. de la Vaquerie. Maiſon & marre de Gonnelieu, barriere & avenue a ¼ l. N. O. d'*Honnecourt* & à ½ l. de Vendhuille + où commence le canal ſouterrain, qui a 7020 toiſes. A 2 l. de *Caſtelet* & de Mont-St.-Martin +. 2 l. S. E. de Fleſquieres +, 1 ½ l. d'Anneux +. 1 l. S. de Marcoing +, Cantain + & Fontaine N. Dame; St.-Olle, Raillecourt & Sailly à 3 l. A ½ l. N. de Banteux +, ſur l'Eſcaut; au S. de la ferme de Bonavy. Jardins, poſte & auberges de *Bonavy*... 3 l. Fourche de la route de St.-Quentin. Le long O. du bois Laleau, à ½ l. de Vaucelles, abbaye. En face de N. D. de Cambray. A la ferme & aux auberges de Queſnel. Pente longue en paſſant à ¾ l. O. de Crevecœur, abb. 1 l. de Leſdain +, 2 l. d'Eſne + 2 ½ l. de Haucourt + & Ligny +. Avenue de

Crevecœur. Chemin & à ¼ l. de Marcoing +. A Manieres +. Pont fur l'Efcaut, à ½ l. O. du chât. de St.-Vaft. Devant l'églife & chemin de Crevecœur. Pente rap. à ¾ l. E. de Marcoing +, 1 ½ l. de Flefquieres. Le long O. de Rumilly +. Entre le moulin & le bois du St. Sépulchre. Pente rap. & vallon à trav. A l'auberge de Rumilly. ¼ l. E. de Noyelle +. 1 l. O. de Forenville + & Serenvillé. Auberge & ancien chemin de Péronne, d'où l'on apperçoit la citadelle de Cambray. Pente longue. A 1 l. S. E. de Fontaine N. Dame. ½ l. S. de Proville +, 1 l. de St.-Olle +, Sailly +. Faubourg St.-Sépulchre. Chemin de St.-Quentin par St.-Druon. Pont & porte du St.-Sépulchre. *A CAMBRAY*... 3 l.

CHALONS-f-M.	S.E.	Reims & à Châlons........	42
CHALON-fur-S.	S.	Paris & à Chalon.........	118
Charleville	E.	Guife & à Charleville......	36
Cherbourg	O.	Caen & à Cherbourg.......	97
DIJON	S.p.E.	Reims, Troyes & Dijon....	95
DOUAY	N.p.E.	Cambray & à Douay.......	16½

DOULENS. Route de traverfe... N. O... 12¼

De Péronne à Feuillancourt... ¾ l. *Voyez de Péronne à Arras.* Delà à Clery. Au N. de Bufcourt-fur-Somme, ¼ l. d'Hem + & Feuillere auffi fur Somme. ½ l. du chât., forêt & vill. de Maurepas +. Au-deffus N. de Curlu +, 1 l. de Frife +, ½ l. N. de Vaux +, & 1 l. d'Eclufier +. Le long S. du moul. & vill. de Maricourt & de la ferme de Brioche. 1 l. N. de Ste.-Suzanne +; ¾ l. S. de Montauban +. Entre le bois & le vill. de Carnoy +. 1 ½ l. N. de *Bray-fur-Somme*. ½ l. S. de Mamets +, 1 l. de Coutalmaifon. Au S. O. de St.-Quentin, chap. ¼ l. de Fricourt. ¼ q. l. N. de Becordel +, ½ l. S. de Becourt & Boiffelle +. ½ l. N. de Meaulte +. ½ l. de Villers & Morlancourt +. ½ l. S. d'Aveluy + & 1 l. d'Autheuille +, *A Albert ou Encre*... 5 l. Côte à ¼ l. N. de Dernancourt + & du moulin à v. de Villers. Au S. de Boufincourt +. Moulin & à ½ l. N. de Millencourt & Henancourt +. 1 ½ l. S. du chât. Cordelier & vill. de Mailly +. Vallon & vill. de Sens +. Au S. d'Hedauville +, ½ l. de Forceville. Moul. & vill. de Varenne +. ½ l. S. d'Acheux +, 1 ½ l. de Bus +. Au N. de l'abb. de Clairfay. A Leavillers +, ¾ l. N. d'*Harponville* +... 3 l. A Belle-Eglife, ½ l. S. de Louvencourt. Au N. du moulin & vill. d'Arquêves + &

PÉRONNE. 425

au S. de Vauchelles ✚. Vallon, au N. de Rincheval, S. de Marieux ✚ & N. de Beauquêne ✚. A Terramainil ✚ & au N. de Beauval. *A DOULENS*.... 4 l.

Dunkerque......	N.	Arras & à Dunkerque......	36
EMBRUN.......	S.	Lyon & à Embrun........	201
Falaise......	O.p.S.	Paris & à Falaise........	81
GAND.....	N.p.E.	Lille & à Gand..........	43
GENÈVE....	S.p.E.	Langres, Dijon & Genève...	140
GRENOBLE....	S.	Lyon & à Grenoble.......	174
LAON.......	S.E.	Ham & à Laon........	20
LANGRES.....	S.E.	Reims & à Langres.......	82
LIÉGE.........	E.	Valenciennes & à Liége....	57

LILLE. *Grande Route*............ 25

De Péronne *à Cambray*... 10 l. De Cambray à Lille par Douay.... 15 l.

Chemin de traverse............... 21

De Péronne à Moislains ✚, Menancourt ✚, ¾ l. O. de *Nurlu*.... 2 l. A Etricourt ✚, ½ l. O. d'Equancourt ✚. A Itre ✚, ½ l. E. de l'Echelle ✚. Entre Buyancourt ✚ & Bertincourt ✚. A Velu ✚, à l'E. de Bucquieres ✚. A Beaumé ✚ vill. sur le sommet de la grande chaîne.... 3 l. D'où l'on apperçoit le Quesnoy & Douay. Traverse du chemin de Bapaume à Cambray. A l'E. de Morchies ✚ & à l'O. du chât. de Lovendal & du vill. de Boursy ✚. A l'E. de Lagnicourt ✚. A Pronville ✚, ¼ l. de Queant. Au levant de Cagnicourt & de Villers ✚. A Sauldemont ✚, ¼ l. O. de Rumaulcourt ✚. A Recourt ✚, ½ l. O. d'Aycourt-St.-Quentin ✚. Vallée & bourg de l'*Ecluse*... 5 l. Riviere de Cogeule & prairie à trav. A Fortequenne, 1 l. O. d'Arleux ✚. A l'E. de Bellonne & de Noyelle ✚, A l'O. du vill. & église d'Etrée ✚. Moulin à ¼ l. E. de Gouy. Vallée, vill. de Ferin ✚ sur le canal. Route de Cambray à Lille & Tour-Raquet. Aux Clichettes & *à Douay*..... 2½ l. de Douay *à Lille*... 8½ l. *Voyez de Cambray à Lille*.

LIMOGES.....	S.p.O.	Péronne à Paris & Limoges.	126
LUXEMBOURG.	E.p.S.	—— Mézieres & à Luxemb.	64
LYON..........	S.	—— Paris & à Lyon......	147
MANS. (le).....	S.O.	—— Paris & au Mans.....	84

Tome II.   Hhh

MAUBEUGE. Route de traverse... E.p.N... 23

De Péronne & faub. de Bretaigne, on passe à la fourche de la route de St.-Quentin. Côte & bois de Rocone à passer. Au S. de Buffu +, Driencourt + & Templeux +, Vallon & vill. de Tincourt +, ¼ l. de Boucly +. Le long N. de Marquais + & *à Roiselle*.... 3 l. Nouveau-Monde & moulin à v. A Templeux-le-Guerard +. Moulin d'Hargicourt +, au S. de Ronsoy. Traverse de la gr. chaîne. ¼ l. de Bellicourt +, sur la gr. chaîne. A Bony + où l'on trav. le canal souterrain. *Au Castelet*... 3 l. Du Castelet on passe au N. de Gouy en Arrouaise +. Moulin à v. & à l'E. d'Aubancheuil-aux-bois + A Villers-Outreau +, ½ l. S.E. de Mont Ecouvet, où se donna la bataille. ½ l. S. de Malincourt +. ¼ l. N. de Serain +, 1 l. de Prémont +. Moulin au S. d'Eliucourt +. A Marets +, *poste*... 3 ¼ l. A Maurois +, ¼ l. N. d'Honnechy +. A Reumont & *au Cateau-Cambrésis*... 2 ½ l. Du Cateau à Maubeuge,.. 11 l. *Voyez de Cambray à Maubeuge par le Cateau.*

MÉZIERES.... S.E.		St.-Quentin & à Mézieres...	36
METZ........ S.E.		Reims & à Metz..........	77
MONS....... N.E.		Valenciennes & à Mons....	30
MONTPELL. S.p.O.		Paris & à Montpellier......	225
MOULINS...... S.		Paris & à Moulins.........	104
NANCY...... S.E.		Reims, Bar-le-Duc & Nancy.	79
NANTES..... S.O.	DE PÉRONNE	Paris, Angers & Nantes....	127
Orient. (l')... S.O.		Nantes & à l'Orient.......	167
ORLÉANS.... S.O.		Paris & à Orléans.........	61
Ostende........ N.		Lille & à Ostende.........	50
PARIS... S.p.O.		Senlis & à Paris..........	33
PAU......... S.O.		Paris & à Pau............	239
REIMS....... S.E.		Laon & à Reims..........	31
RENNES..... S.O.		Paris & à Rennes.........	119
ROCHELLE.(la) S O.		Paris & à la Rochelle......	154
ROUEN....... O.		Amiens & à Rouen........	39
ST.-OMER.. N.p.O.		Arras & à St.-Omer.......	28

ST.-QUENTIN. Route de traverse... S.E... 7½

De Péronne & faubourg de Bretaigne on passe au carref. de la route d'Arras & Cambray. Fourche du chemin du

PÉRONNE.

Cateau-Cambrésis. A Doingt +. Côte, à ¾ l. O. de Cartigny +. & Buire +. A ¼ l. O. de l'arbre & maisons de Dieu de Biais. Vallon à ¼ l. E. du Mesnil-Bruntel +. Bois & carref. du chemin d'Amiens à Vermand. ½ l. N. de Prusle & Mons-en-Chaussée +. A Athies +. ½ l. de Devise +, ¼ l. E. d'Ennemain +. Bois & carref. de la route d'Amiens à St.-Quentin. Au N. de Flez, ¼ l. S. de Monchy-la-Gache +. ½ l. N. de Quevieres + & d'Ugny-l'Équipée +, ¼ l. de Lanchy +. ½ l. S. de Treveçon +, St.-Martin + & Fertry +. A Beauvoir +; poste... 4 ½ l. A ¼ l. S. de Caulaincourt +, ¼ l. N. de Vaux + & ¼ l. de Fleuquieres. A Etreilliers +, Savy. ½ l. N. de Roupy +. Faubourg St.-Martin, *à* ST.-QUENTIN.... 3 l.

Autre Route........................ 6

De Péronne à Doingt +. Pont, ruiss. & route de Ham. A Cartigny +, ½ l. S. de Buire +. N. D. des Vignes, au bas du moulin de Cartigny. Petit bois à ½ l. N. de Dieu de Biais *ou* Bias. A Beaumetz, ½ l. N. de Santiré +. A Hancourt +, ½ l. N. de Vraignes. Au S. d'Aix & de Berne +. *A Pœuilly*... 3 l. A ½ l. N. de Caulaincourt +, Trevecon + & plus loin Beauvoir +. Route Romaine qui va à Binch. ¼ l. S. de l'abb. & Bourg de *Vermand*. Vallon, étang & vill. de Marteville + sur l'Omignon. ½ l. des bois de Vermand à traverser. Moulin à vent & vill. d'Holnon +. au S. de Selency & route de Vermand à St.-Quentin. Au N. de Francilly, ½ l. S. de Fayet +. Faubourg & porte St.-Martin *à* ST.-QUENTIN.... 3 l.

Saarlouis....	E.p.S.	Metz & à Saarlouis........	87
SAINTES....	S.O.	Paris & à Saintes.........	154
SAUMUR.....	S.O.	Paris & à Saumur.........	106
SEDAN......	E.p.S.	Mézieres & à Sédan.......	41
SENS........	S.	Paris; de Paris à Sens.....	63
SOISSONS.....	S.	Noyon & à Soissons.......	26
STRASBOURG.	S.E.	Reims & à Strasbourg.....	114
Thionville....	E.p.S.	Metz & à Thionville.......	84
TOULON......	S.	Paris, Lyon, Aix & Toulon.	243
TOULOUSE..	S.O.	Paris & à Toulouse.......	203
Tournay......	N.	Valenciennes & à Tournay..	27
TOURS......	S.O.	Paris & à Tours..........	90

TROYES	S.p.E.	De Péronne à Reims & à Tr.	61
VALENCIENNES.	NpE.	—— Cambray & à Valencien.	18
VERDUN	S.E.	—— Reims & à Verdun	61
VERSAILLES	S.p.O.	—— Paris, de Paris à Verf.	37½

ROUTES ET CHEMINS DE TRAVERSE
DE PLOMBIERES

Distance de Plombieres.

à		Voyez	lieues.
ABBEVILLE	N.O.	Neuchâteau & à Abbeville	120
AIX-la-Chap.	N.	Nancy; de Nancy à Aix	93
AIX en Prov.	S.p.O.	Lyon & à Aix	151
AMIENS	N.O.	Neuchâteau & à Amiens	110
ANGERS	O.	Vesoul, Besançon & Angers.	169
ARRAS	N.O.	Reims & à Arras	109
AUCH	O.	Dijon & à Auch	218
AUTUN	O.	Dijon & à Autun	64
AUXERRE	O.p.N.	Langres & à Auxerre	63
AVIGNON	S.p.O.	Lyon & à Avignon	132
Bagnères	O.p.S.	Auch & à Bagnères	241
BAR-LE-DUC	N.	Neuchâteau & à Bar-le-Duc	39
Barrèges	O.p.S.	Auch & à Barrèges	251
BASLE	S.E.	Béfort & à Basle	32
BAYONNE	O.	Dijon & à Bayonne	250
Béfort	S.	Et de Béfort à Remiremont	17
BESANÇON	S.O.	Vesoul & à Besançon	25
BORDEAUX	O.	Besançon & à Bordeaux	192
Bourg	S.p.O.	Besançon & à Bourg	55
BOURGES	O.	Dijon & à Bourges	90
Brest	O.	Paris; de Paris à Brest	242
BRUXELLES	N.pO	Reims & à Bruxelles	122
CAEN	N.O.	Paris & à Caen	149

PLOMBIERES. 429

Calais...... N.O.		Reims & à Calais.........	135
CAMBRAY.... N.O.		Reims & à Cambray......	101
CHALONS ſ-M.N O.		Neufchâteau & à Châlons....	62
CHALON-ſ-S.. S.O.		Veſoul & à Châlon........	47
Charleville...... N.	DE PLOMBIERES	Mezieres & à Charleville....	65
CLERMONT-F.S.O		Veſoul & à Clermont.......	112
Colmar......... E.		Béfort & à Colmar........	33
Compiegne.... N.O.		Reims & à Compiegne......	95
DEUX-PONTS.N.E		Nancy & à Deux-Ponts.....	56
DIJON....... S.O.		Veſoul & à Dijon.........	38
Douay..... N.O.		Reims & à Douay.........	110

EPINAL. *Route de traverſe*...N... 6

De Plombières on monte la côte de la Chapellegoute, & l'on traverſe ¼ l. de bois. A l'E. de la Grange de la Treutelay. Vallon & ham. du Pont Poirot. ½ l. O. de Bellefontaine 4. Vallon & à ¼ l O. du Menil. Côte rap. & bois à traverſer. Entre la ſource de l'Amerey & le bois de Xertigny. A la poſte, au haut de *Xertigny* 4.... 3 l. Côte à trav. Vallon, ruiſſ. moulin de Froide-Barre, ſur la riv. de Cone. Côte & ¼ l. de bois à paſſer. Etang & moulin de Buxegney, à l'O. de la Baſſe-Mougin, grange. Traverſe de la chaîne qui ſépare les eaux de la Méditerranée. ½ l. O. des Hadol 4. ¼ l. E. d'Urimenil 4. Vallon & à ¼ l. O. de Rouiller. A Donnoux, ſur le ſommet. Entre des bois & des montagnes. A St.-Laurent. Vallon & ruiſſ. à l'O. de Boſonfoſſe. Fourche de la route de Remiremont. *A* EPINAL..... 3 l.

EVREUX... O.p N.		Paris & à Evreux.........	121
GENÈVE....... S.		Beſançon & à Geneve......	56
GRENOBLE.... S.		Lyon & à Grenoble........	99
Havre. (le)... O.p.N.	DE PLOMBIERES	Paris, Rouen & au Havre...	147
LANGRES...... O.		de Langres à Plombières.....	29
LIÉGE....... N.		Verdun & à Liége.........	101
LILLE..... N.O.		Neuchâteau & à Lille.......	117
LIMOGES..... O.		Veſoul & à Limoges........	134

LUNEVILLE. *Route de traverſe*... N. E... 22

De Plombieres *à* Epinal.... 6 l. *Voyez cette Route.*

PLOMBIERES.

D'Epinal à Charmes....... 6 l. V. de Nancy à Remirem.
De Charmes à Luneville... 10 l. V. de Neuchât. à Lunev.

LUXEMB.ᶜ .... N.	Nancy & à Luxembourg.....	50
LYON...... S.p.O	Vesoul & à Lyon..........	72
MACON...... S.O.	Vesoul, Dijon & Macon.....	68
MANS. (le)..... O.	Paris & au Mans..........	147
MARSEILLE..... S.	Lyon & à Marseille........	159
METZ.......... N.	Nancy & à Metz..........	35
MÉZIERES..... N.	Verdun & à Mézieres......	65
MONTPELL.. S.O.	Lyon & à Montpellier......	150
MOULINS...... O.	Dijon & à Moulins........	83
Mulhausen..... S.E.	Béfort & à Mulhausen......	30
Montbéliard..... S.	Béfort & à Montbelliard.....	21½
NANCY......... N.	Epinal & à Nancy.........	22
Neuchâteau...... N.	Et de Neuchâteau à Epinal...	23
Orient. (l')..... O.	Paris & à l'Orient..........	230
ORLÉANS...... O.	Langres & à Orléans.......	104
PARIS.... N.O.	Langres & à Paris.........	96
PAU....... O.p.S.	Auch & à Pau	243
PERPIGNAN.. S.O.	Montpellier & à Perpignan..	188
POITIERS..... O.	Langres & à Poitiers.......	162
REIMS..... N.O.	Neuchâteau & à Reims.....	72
RENNES..... O.	Paris & à Rennes..........	182
ROCHELLE..(la) O.	Orléans & à la Rochelle.....	195
ROUEN.... N.O.	Paris & à Rouen..........	126
Saarguemines... N.E.	Nancy & à Saarguemines....	44
Saarlouis..... N.p.E.	Nancy & à Saarlouis.......	46
St.-Diey..... N.E.	Strasbourg..............	16
St.-Dizier..... N.O.	Bar-le-Duc & à St.-Dizier....	45
ST.-OMER... N.O.	Arras & à St.-Omer........	125
SAINTES...... O.	Limoges & à Saintes.......	173
SEDAN........ N.	Verdun & à Sedan.........	65
SENS...... O.p.N.	Troyes & à Sens...........	74
SOISSONS.... N.O.	Reims & à Soissons........	85

STRASBOURG. *Route de traverse*...E... 36

De Plombieres on passe devant la Papeterie, le pont &

PLOMBIERES.

riv. d'Angronne. Côte & chemin de Handiraut. Aux Boulottes, le long de l'Angronne. Au S. de la grange de Montaigu. Gorge entre les bois de Remiremont. A Olichamp, près de la source de l'Angronne. A Lorette, O. du point du jour. A Rouverois & *à Remiremont*... 3 l. Pont sur la Moselle, riv. Prairie & passage d'un bras de la Moselle. A $\frac{1}{2}$ q. l. S. de St.-Etienne-en-Voges +. Entre la montagne & la Moselle. A Celles, $\frac{1}{4}$ l. S. de St.-Mont, Prieuré. $\frac{1}{2}$ l. N. de Dommartin + & Franoux. Au S. de Mainviller; à Autrive & au bas S. de Lanol, dit St.-Amé +. Au N. du Solem, haute montagne & de Pecaviller. Pont & Ru de la colline de Cleury. A Breaviller, N. de Champel. A Gremanviller, Fontaine & *Vagney*... 2 $\frac{1}{2}$ l. Entrée de la colline de Manonrupt, qui a 2 l. de long, en pass. à Sapois. Aux granges de Sapois, $\frac{1}{2}$ l. S. de la montagne du haut de Tault. Entre la grande montagne & celle de Troches. Aux granges du Feny, à l'O. de la Goutte de Sap. Colline de l'étang de Gerardmer, vis-à-vis le canton du Lac & au canton du Marché. *A Gerardmer* +.... 3 $\frac{1}{2}$ l. Gorge entre la Haye-Griselle & la Pierre-Charlemagne. Pont & riv. de Vologne, $\frac{1}{2}$ l. E. de Rougemont, montagne. Côte & $\frac{1}{4}$ l. de bois à trav. A la grange de Narouelle. Le long de la ferme & étang de la grosse Grange. Vallon & entre le ruiss. & la chapelle de Pret-petit-Jean. A l'O. de Barre de Martin-Pret, Côte & grange du gr. Prey. Vallon & grange des Triscons. Côte & vallée des grandes Gouttes. A Gerbepal + sur Vologne, riv. Au bas de la croix du haut Bemont. Montagne & vallon à trav. en passant à Ziaupré & à l'O. de la haute fontaine, sur le sommet. Fourche de la route de Bruyères. Au S. de Chargoutte. A Anould *ou* Ban d'*Anould* +.... 4 l. Pont, moulin & ruiss. à passer. Fourche de la route de Nancy à Colmar. 3 l. de prairie à trav. en suivant la rive gauche de la Meurthre, riv. & en passant à St.-Léonard +. A l'E. de Girompaire & Aubripaire. A Moncel & à Saulay les-Cours. A l'O. du moulin & vill de Saulcy. $\frac{1}{4}$ l. O. de Ste-Marguerite + & à côté du ham. de ce nom. *A St.-Diey*... 3 l. A Rebache, les Tuileries & à la Culotte. Le long de Chemigoutte & à l'O. de Dormont, haute montagne couverte de sapins. Au S. E. de St.-Jean-d'Hormont +, & le long O. du bois de Belfay. Entre Bouras & Fayemont. A Launois & carref. de la route de Schlestatt. A Laitre-Bandu-Sapt +. Côte rapide à trav en serpentant.

Vallon & ruiss. Côte & au Menil. ½ l. O. de St.-Maurice +.
A Senones... 4 l. De Senones à STRASBOURG... 16 l.
Voyez de Neuchâteau à STRASBOURG.

		DE PLOMBIERES à		
Thionville...	N.p.E.	Metz & à Thionville.......	42
TOUL.........	N.	Epinal & à Toul..........	23
TOULON.......	S.	Lyon, Aix & à Toulon.....	168
TOULOUSE..	S.O.	Moulins & à Toulouse.....	210
TOURS......	O.	Orléans & à Tours........	133
TRÈVES.....	N.E.	Metz & à Treves.........	60
TROYES.....	N.O.	Langres & à Troyes.......	58
VERDUN......	N.	Toul & à Verdun	41
Vesoul	S.O.	De Vesoul à Plombieres.....	11
VIENNE *en Autr.*	E.	Strasbourg & à Vienne.....	244
VIENNE *en D.*	S.p.O.	Lyon & à Vienne.........	79
Vichy........	S.O.	Autun & à Vichy.........	101

ROUTES ET CHEMINS DE TRAVERSE
DE POITIERS

Distance de Poitiers.

à	DE POITIERS à	Voyez	lieues.
ABBEVILLE.	N.p.E.	Paris & à Abbeville.......	128
Airvault......	N.O.	Partenay & à Airvault.....	15
AIX *en Provence*.	S.E.	Limoges, Clermont & Aix..	148
Aizenay........	O.	Luçon & à Aizenay.......	42
ALENÇON......	N.	Tours, le Mans & Alençon...	63
Aligre.......	O.	Niort & à Aligre..........	30
AMIENS.....	N.E,	Paris & à Amiens........	118
ANGERS.....	N.O.	Et d'Angers à Thouars.....	32
ANGOULEME. Grande Route...		S...	30

De Poitiers on passe à la tranchée. Fourche du chemin de St.-Maixent par Sauxay. A l'E. de la Vacherie, O. du fief Clairet. Bois & avenue du chât. de Palais. Vallon & v.ll.

& vill. de la Croutelle 4. Pont, côte de la Motte & route de la Rochelle. Bois & ham. de l'Hommeray. Vis-à-vis la cense de la Rourie. Vallon, bois de la Reiniere A la Galonniere. $\frac{1}{4}$ l. E. de Ruffigny + Vallon du champ de Sandille. Le long du bois & à 1 l. de l'abb. de Bonnevaux. $\frac{1}{2}$ q. l. de bois à pass. Vallon à l'E. des Loges. Au Treuil, E. de la Planche. Côte & cense de Pain perdu. *à Vivonne*... 6 l. Pont, riv. de Vonne & St.-Aubin. Chemin de Luzignan, vis-à-vis de Jorigny. Au bois Coutant. A l'O. de Reclon, la Groix & Cersigny. $\frac{3}{4}$ l. de landes à passer. Aux Minieres. Vallon de Montorchon. $\frac{1}{2}$ l. O de Pairé. A la Touche. Pente rap. de la Garnison. Pont & moulin sur la riv. de Dive. $\frac{1}{2}$ q. l. E. de Valence +. Côte le long E. des bois de Valence. *A Couhé-Verac*.... 5 l. $\frac{1}{2}$ l. de bois du Trauchy à passer. A l'E de la garenne de Chemeraux. Ham. & clos Fourcher. Au Fouilloux, E. du moulin à vent de Palud. Au Bouchault. Pont & riv. de Bouleur. A Chaunay +. $\frac{1}{2}$ l. O. de Champagney-le-Sec +. A l'O. du bois & ham. de Vand. $\frac{1}{2}$ l. E. du chât. de Traversay. $\frac{3}{4}$ l. de Plibou +. $\frac{1}{2}$ q. l. O. de Linazay +. $\frac{1}{4}$ l. de bois à trav. *Aux Maisons blanches*... 4 l. A $\frac{1}{4}$ l. O. du parc & chât. de Pannesac. A l'O. de la Scie & de Périssac. E. du vill. de Limalonge + & du chât. de Montenau. Route de la Rochelle à Limoges. Au Pain & à la Fontaine. $\frac{1}{2}$ l. E. de Montalembert. Chez Lamore & côte de Chauroy. A Brangé & vallon, $\frac{1}{4}$ l. O. des Adjots +. $\frac{1}{2}$ l. de la forêt de Ruffec à passer. Pente rap. & à $\frac{1}{2}$ l. E. de Bernac +. *A Ruffec*... 3 l. Côte & chap. de N. D. des Vignes. Pente très-rapide. Vallon & montagne de la Chaussée. A $\frac{3}{4}$ l. O. de Barro +. E. du vill. de Villegast + & Commanderie. Le long O. du parc & route du chât. de la Tremblais. $\frac{1}{4}$ l. O. de *Vertheuil*. Aux Negres, Peigneres & Touchimbert, près du gr. Village. Vallon & côte à trav. $\frac{1}{2}$ l. O. de Bayers +. A haute & basse Sangle. 1 l. O. de Montonneau +. Côte & à $\frac{1}{4}$ l. O. de Fontclairaud. Pente rap. à $\frac{1}{2}$ l. E. de St.-Groux +. *A Mansle*... 5 l. Pont & riv. de Charente, que l'on passe. Côte & à $\frac{1}{4}$ l. E. de Cellette +. $\frac{1}{2}$ l. O. de Peuriot +. $\frac{1}{4}$ l. du Maine de Bouex + & de la Commanderie. Fourche du chemin de la Rochefoucauld. $\frac{1}{2}$ l. de la forêt de St.-Amand de Bouex $\frac{1}{2}$ q. l. O. d'Aussac +. Le long & à la pointe de la forêt. $\frac{1}{2}$ l. O. de Villejoubert. Pente rap. & vill. de Touriers +. Pont & ham. de Poulardiere. A la Touche, $\frac{1}{2}$ l. O. d'Anés +. Pente rap. & pont de *Churet*... 3 l. Côte de vignes à trav. Pont à ⅓ l. O. de Champniers ✝. Côte & vignes de Chauveau ✝. Pente rap. du Maine, vallon & vignes. A Pont Touvre & route d'Angoulême à Limoges. Pont, riv. de Touvre. Côte de vignes. ¼ l. E. de Gond. Confluent de la Touvre & la Charente. Faubourg de l'Homeau. Pente rapide de la montagne. *A* ANGOULEME... 4 l.

Autre Route...................... 30

De Poitiers & à St.-Cyprien. Fourche de la r. de Poitiers à Limoges. Côte & vignes à trav. Vallon & vill. de St.-Benoît de Quinsey ✝. Pont & riv. de Miauson. Côte de bois. Le long O. du bois de St.-Pierre; à l'O. de Samarre ✝. Aux Roches & Pré-Marie ✝. Côte & à l'E. du chât. de la Planche. Vis-à-vis O. de la Toucheronde. A la Ville-Dieu, *Commanderie*. A la grande Maison. Grand & petit Beneft. E. de la Voulte & de Poussiniere. Au Boisterne, entre les bois. Au grand Fouillou. Parc du chât. de Galmolsin. ¼ l. N. O. de St.-Maurice-de-la-Clouere. *A Gençay*... 6 l. A l'E. de Magné ✝. A la Ferriere ✝. ¼ l. de landes à passer. Vallon & riv. de Clouere. *A Vareilles-Sommierres* ✝... 3 l. Près de Champnier. A l'O. de Civray & de St.-Pierre-d'Exideuil ✝. Aux Maisons blanches & route d'Angoulême par *Vivonne*... 6 l. Des Maisons blanches *à* ANGOU-LÈME... 15 l. *Voyez ci-dessus*..

ANTIBES	S.E.	Aix; d'Aix à Antibes	189
Argenton	E.	A la Châtre	18
ARRAS	N.E.	Paris & à Arras	131
AUCH	S.	Limoges & à Auch	114
Aunay	S.	Rochefort ou à Saintes	16
AUTUN	E.	Limoges & à Autun	105
AVIGNON	S.E.	Clermont & à Avignon	122
AVRANCHES	N.O.	Angers & à Avranches	72
BASLE	E.	Orléans & à Basle	176
BAYONNE	S.p.O.	Bordeaux & à Bayonne	118
Beaucaire	S.E.	Clermont & à Beaucaire	130
BEAUVAIS	N.E.	Paris & à Beauvais	103
Belac	S.p.E.	Limoges	25
Béfort	E.	Besançon & à Béfort	161
BESANÇON	E.	Limoges & à Besançon	140

POITIERS. 435

Blanc. (le)...... E.	à Bourges...............	13
BLOIS....... N.E.	Tours & à Blois..........	45
BORDEAUX.S.p.O.	Angoulême & à Bordeaux....	63
Bourg-Archamb. S.E.	Luſſac & à Bourg.........	16

BOURGES. *Chemin de traverſe*... E... 44

De Poitiers on paſſe à St.-Saturnin-les-Poitiers. Au S. de la Pierre-Levée *ou* Breuil-l'Abbeſſe. A la grande Maiſon Petit bois & vallon à paſſer. ½ l. S. de Sayvre +. Vallon, vill. & au N. de l'égliſe de St.-Julien-de-l'Ars + & du chât. de la Roche. Vignes, au S. du chât. d'Epinoux; ¼ l. de Jardres +. Vallon & côte de Bretigny, au N. du chât. de Preſſec. Hameau & bac de la Maladerie ſur la Vienne. *A Chauvigny*... 6 l. Vallon & ham.. des Groges. Pente rap. & 1 l. de la forêt de Mareuille à paſſer. Le long du parc & au S. du chât. & vill. de Paizé-le-Sec+. A Souve, ½ l. O. de Mont-Savin +. *A St.-Savin*... 3 ¼ l. Pont & riv. de Gartempe à paſſ. ¼ l. N. de St.-Germain-les-St.-Savin. Côte & vignes à trav.. A Rambinoire & Chatoignac. ¾ l. de landes. Vallon & hameau de la croix Blanche. Bac & riv. de Langlin, que l'on paſſe. A Ingrande +, ¾ l. S. de la Commanderie de Plaincourault. Bruyeres & à ¼ l. de Concremiers +. *Au Blanc-en-Berry-ſur-Creuſe*.... 3 ½ l. Du Blanc à BOURGES... 31 l. *Voyez de Bourges à Poitiers*.

Breſſuire...... N.O.	Nantes par Breſſuire........	17
Breſt....... O.p.N.	Nantes & à Breſt...........	127
Briou....... S.p.O.	Saintes................	16
BRUXELLES. N.E.	Paris & à Bruxelles........	157
CAEN.......... N.	Tours & à Caen...........	87
Calais........ N.E.	Paris & à Calais..........	155
CAMBRAY.... N.E.	Paris & à Cambray........	130
Celle en Berry. la N.E.	Orléans par Loches.......	33
Ceriſy....... N.O.	Angers; d'Ang. à Coutances..	82
Chaiſe-Dieu. (la) S.E.	Clermont & à la Chaiſe-Dieu.	88
CHAL.-ſur-Marne. E.	Paris & à Châlons........	128
CHAL-ſur-S.. E.p.S.	Moulins & à Chalon........	117
Chantonay...... O.	Fonten.-le-Comte & à Chant.	35
Chapelle..... N.p.O.	Saumur & à Chapelle.......	26
Charité. (La)..... E.	Bourges & à la Charité......	56

POITIERS.

Charleville.... N.E.	*POITIERS à*	Paris & à Charleville.......	144
Charoux....... S		Angoulême	18
CHARTRES... N.E.		Tours & à Chartres........	66
Chateaudun... N.E.		Tours; de Tours à Chartres..	54
Châteauroux..... E.		Bourges.................	29

CHATAIGNERAYE. (la) *Chemin de traverse.* O. 28½

De Poitiers à *Niort*... 18 l. *Voyez de Poitiers à la Rochelle.*
De Niort on passe à ½ q. l. O. de Pexine +. Au Genest;
¼ l. E. de St.-Remy-en-Plaine +. A Villers-en-Plaine +.
Chambeutrand, Babillon & la Molinotte. Pont d'Autisse
& moulin Guilbéon. Moulin à vent & à l'O. de Paleau.
¾ l. d'Ardin +. *A Coulonges-les-Royaux*... 5 l A la Fontenelle, Beugné-St.-Maixent +. Pont & ham. de Liverniere.
Côte & bois à cotoyer. Bois & vallon à trav. A ¼ l. O. de
Fay-Moreau +. Pont & ham. des Chauvetieres. A Pinno-
tieres, la Guibonniere, *Puy-de-Sere*..... 2 ½ l. A la
Mongerie, la Louandiere, la Luniere & à la Treille. Pente
rap. & Loge-Fougereuse +. A la Restiere. Pont, ruiss.
Pente rap. entre la Cormenerie & l'Hometrie, le Belveder
& pente rap. *A la* CHATAIGNERAYE.... 3 l.

Chatellerault..... N.	*DE POITIERS à*	Tours...................	10
Châtillon-s Indre. N.E		Loches par Châtillon.......	20
Châtillon sur-Seine E.		Dijon & à Châtillon........	145
Chauvigny...... E.		Bourges	6
Chef Boutonne.. S.O.		Saintes	16
Cherveux..... S.O.		La Rochelle.............	14
Chinon...... N.p.O.		Saumur par Richelieu.......	20
Chizé........ S.O.		Saintes.................	18
Civray......... S.		Angoulême.............	16

CLERMONT-FER. *Grande Route*... S.E... 70

De Poitiers *à Limoges*... 30 l. De Limoges *à Clermont*... 40 l.

Chemin de traverse............... 66

De Poitiers *à Belac*.... 23 l. *Voyez de Poitiers à Limoges.*
De Belac on passe ¾ l. de landes. A Sentinelle, au N. de
Blanzat & pente rap. Pont & riv. de Gartempe. Au Bou-
chau & pente rap. A la Maison neuve & chemin du Dorat
à Limoges. A la Sosniere, faub. de *Château-Ponçat*.. 4 ¾ l.

POITIERS. 437

A Puy-Maillat & Masvrier. Croix de Breuil & carref. de la route de *Toulouse*... 2 l. A la Traverse & pente rap. A Gocheraud & passage de la riv. de Gartempe. Côte & ham. des Granges. A l'O. de *Foste* +... 2 l. Petit bois & chemin de la Souteraine. Pente rap. & cabaret du Puy-Gerbon. Vallon, ruiss. & côte de la Prade. Pente rap. & ham. de Jourdaneix. Riv. à passer, $\frac{1}{2}$ q. l. O. d'Aigue-perse +. Pont, moulin & au S. de Marqueix. Pente rap. & chap. de St.-Sasera, à 1 $\frac{1}{4}$ l. S. O. de *Benevent*. 1 l. de landes à trav. en pass. à l'E. des vill. d'Aresnes + & de Reix +, $\frac{1}{4}$ l. de St. Goussaud +. Vallon, à $\frac{1}{2}$ l. O. de St.-Jean-de-l'Orme. Tertre à trav. Pont, ruiss. & à $\frac{1}{4}$ l. N. de Chanroy +. Côte & vallon, pente rap. & vill. de St.-Dizier... 6 l. Pont & riv. de Seyrenne, que l'on passe. A la Valette & côte à trav. Vallon & ham. du vill. de Bostmoraud +, & chemin de Gueret à Limoges. A Thoron+ & à Pontarion +. St.-Hilaire-le-Château... 4 l. A Faye & au Pouges +. $\frac{1}{2}$ l. O. du chât. de St.-Georges. Au Charbonnier. $\frac{3}{4}$ l. N. de Chavanat+. A Courcelles, $\frac{1}{4}$ l. S. de St.-Michel-de-Vaisse+. $\frac{1}{4}$ l. de bois à trav. Au Forges & *à AVBUSSON*.... 6 l. D'*Aubusson à Limoges*... 19 l. *Voyez de Clermont à Limoges par Aubusson.*

Confolent........	S.	De Poit. à Limoges par Conf.	24
Couhé-Vérac.....	S.	De Poitiers à Angoulême....	11
DIJON......	E.p.S.	Limoges & à Dijon........	126
DOUAY......	N.E.	Paris & à Douay..........	136
Dorat. (le)....	S.E.	Gueret................	20
EVREUX.....	N.E.	Tours, Chartres & à Evreux.	84
Falaise.........	N.	Tours & à Falaise........	78
Flèche. (la)..	N.p.O.	Tours & à la Flèche.......	50
Fontenay-le-Comte.	O.	Sables d'Olonne..........	25
Gençay.........	S.	Angoulême par Gençay....	6
GENEVE.....	S.E.	Limoges, Lyon & Genève...	151
Gisors........	N.E.	Paris & à Gisors..........	103
Givet.........	N.E.	Paris & à Givet...........	154
Grancey........	E.	Dijon & à Grancey........	136
GRENOBLE...	S.E.	Lyon & à Grenoble.......	137

GUERET. Route de traverse...S.E... 35

De Poitiers à *Lussac-les-Châteaux*... 11 l. *Voyez de Poitiers* à *Limoges.* 1 ½ l. de landes à trav. Au S. de Buſſieres-Poitevine +. A *Darnac* + & *au Dorat*... 9 l. Pont & riv. de Bram à paſſer. *A Magnac-Laval*... 2 l. Pente rap. & ham. de Morniere. Au N. de Bois-Jeune, Cros & de Lage. ½ l. de Dampierre +. Pente rap. Vill. de Folleventour +. Côte à ¼ l. S. de St.-Hilaire-Magnazeix +. Côte & carref. de la route de Paris à Toulouſe & près de *Montmagnie*... 4 l. Le long N. des bois de Beſſac. ¼ l. S. de Buſſiere-Madelaine +. Pente rap. & Peux-Roche. *A la Souterraine*... 2 l. Pont & riv. de Sadelle. Côte & Croix-Pierre. Chemin de Dun-le-Palteau & à ½ q. l. S. de Bridier +, Querroy & les Ports. A St.-Hilaire, dit le *grand Village*... 3 l. *A St.-Vaulry*... 2 ½ l. Côte & croix de Baudillac. Côte rap. à trav. Au Mouchetar & à Montlevade. ¼ l. S. de St-Sulpice de-Gueretois. *A GUERET*... 2 l.

Havre. (le)......	N.	Tours, Rouen & au Havre...	122
Iſle Jourdain.....	S.	Luſſac & à Iſle Jourdain.....	15
Jaulnais.......	N.	Tours.................	6
LANGRES......	E.	Orléans & à Langres........	133
LAON........	N.E.	Paris & à Laon............	120
Lencloiſtre...	N.p.O.	Tours par Richelieu........	8
LIEGE.......	N.E.	Paris & à Liége............	175

LIMOGES. Route de traverſe...S... 30

De Poitiers on paſſe à St.-Cyprien + ou à St.-Saturnin +. A la Grande Maiſon *ou* à la chapelle Braudelle. A la Gontrie, la Modurerie. ½ l. O. de Mignalon +. ¼ l. de la Commanderie de Beauvoir. ¼ l. N. E. de l'abb. de Noaillé +. O. de la Leziniere. Entre Cervolet & le bois de la Foucaſſiere. Vallon & à ¼ l. O. de la Chaboſſiere. Pente rap. & bois à trav. A la Malleſoſſe, Pinier, la Marcaziere & la Roche-d'Argent. ½ l. E. de Nieuil-l'Eſpoir +. Petit bois & chât. Gaillard. Le long E. du bois de Vernou. A la Maiſonneuve, *auberge*... 5 l. A Gremillon, la Guillonniere. ½ l. de bois & landes à trav. A la Cour, ¼ l. O. de Dienne +. ⅓ l. de la forêt de Verriere, & riv. de Dive à paſſer. ½ l. O. du chât. & forges de l'Houmaizé +. *A Verrieres* +... 3 l. Vallon, pont & moulin de la Fontenille. Petit bois. 1 l. de landes. Vallon, pont, vill. de Mazerolles +. Côte rap. Bac & riv. de Vienne, que l'on paſſe. Chemin de Chatelleraut à Confolent. *A Luſſac-les-Châteaux*... 3 l. A Mou-

POITIERS.

lisme +. ¼ l. de landes *ou* bruyeres. Etang & ¼ l. de landes. ½ l. E. d'Entrefin. A la Frairiere. ½ l. E. de Ruisseau chàteau... 2 l. ¾ l. de bois à passer. ¼ l. O. de Bussieres-Poitevine +. A Gatebourg. ¼ l. E. du chât de Repert. A Lache Michesne. Vallon & ¼ l. de la forêt des Coutumes à à passer. ¼ l. O. du pont St.-Martin +. Vallon, côte, le long O. de St.-Bonnet.... 4 l. Aux loges de St.-Bonnet. Vallon, pont & pente rap. A la Dogerie, ¾ l. O. de la croix +. 1 l. de plaine en passant au S. de Repaire. Pente rap. pont & ruiss. de Breuil. Montagne à trav. Pont sur la Vincon. Pente rap. & ville de *Belac*.... 3 l. Vallon & ruiss. de Basine. N. D. de Lorete & vill. de St.-Sauveur +. Vallon, à ¼ l. O. de *Touerat*.... 2 l. A Berneuil +. Pente rap. pont & riv. de Vincon. Côte, à ¼ l. E. de la Commanderie de Brillaufa. Entre Chatin & la Borderie. Vallon & ham. de Morcheval. Côte, vallon, ½ l. E. de Chamboret +. Côte & à ¼ l. O. de Nantiat +. A la Maison-Rouge. Pente rap. & moulin de l'Etang. Au bas E. de Conore & de la Commanderie de *Berneuil*... 3 l. Mont & cabaret de la Maison neuve. A la Bachelerie & pente rap. Pont & riv. Pente rap. & aux Quatre Vents. ¼ l. E. de Nieul +. A la Justice de Nieul +: *belle vue*. Pente rapide & hameau de Frejefont. Montagne & bois à trav. A Couseix +. Pente en côtoyant des bois. Moulin du Pont à l'O. de Mas de l'Aigle, chât. Pente rap. & les Tuileries. A Mont-Jovy +: *belle vue*. Pente rap. & à l'O. des Augustins. *A LIMOGES*. 5 l.

LILLE......	N.E.	Paris; de Paris à Lille......	144
Luçon..:.....	O.	Aux Sables d'Olonne......	32
Loches.......	N.E.	Romorentin...........	25
Lussac-les-Chât..	S.E.	Limoges.............	11
Lussac les-Eglises	S.E.	Gueret..............	19
Lusignan......	S.O.	La Rochelle...........	6
LUXEMBOURG.	E.	Paris & à Luxembourg......	170
LYON......	S.E.	Clermont & à Lyon.......	110
MACON.....	E.p.S.	Clermont & à Macon......	111
MANS. (le)	*Route de traverse*... N...		42

(colonne centrale: *DE POITIERS à*)

De Poitiers on passe la Boivre, riv. Le faubourg, Côte de Cucillau & à la fourche de la route de Poitiers à Paris. Fourche du chemin de Thouars. A la Bugelerie. ¼ l. de vignes à trav. ¼ l. O. de Migné +. Ham. pont & rivière d'Auzance. Fourche du chemin de l'abb. de Lencloiftre. Pente rap. à $\frac{1}{2}$ l. E. du chât. de Verneuil. 3 l. de vignes à trav. en paff. à $\frac{1}{2}$ l. O. d'Avanton +. Fourche du chemin de Loudun. Entre Jarnet & Mafvaux. A Pierre-levée, $\frac{1}{4}$ l. E. de Neuville +. A Chaume & à Pouziou Entre le château de Breuil & celui de Tillou. A Boureliere, $\frac{1}{2}$ l. O. de Bladay + & à 1 l. de Chenechée +. Côte de Palais & de Chaffigny. Vallon, côte, ham. de Noiron, $\frac{1}{2}$ l. E. de Bournezeaux +. Vallon & vill. de Varennes +. $\frac{1}{4}$ l. O. du chât. de Ry & Albain. Côte, à $\frac{1}{2}$ l. E. d'Amberre. Pente rap. entre Rouffeau & le moulin de Gaftine. Devant la chap. St.-Jacques: *belle vue*. A *Mirebeau*... 6 l. A $\frac{1}{2}$ l. O. de Sully +. A Virecoupere. Vallée, $\frac{1}{2}$ l. O. de Poligny +. $\frac{1}{4}$ l. E. de Chouppes +. A la Nivard. $\frac{3}{4}$ l. S. O. de Couffay +. A la Hocherie & à Toupinet. Pente rap. & à $\frac{1}{2}$ q. l. O. de Dandefigny +. A Senecé & pente rap. A la Renouée, $\frac{3}{4}$ l. E. de St.-Aubin +. Chauffée de Renouée +. A l'O. du bois de Guefne, à l'E. de Trous & du chât. de la Bonnetiere. Le long E. d'*Aulnay* +... 4 l. $\frac{1}{2}$ l. E. du chât. de Sautonne & $\frac{1}{4}$ l. de Martaizé +. A Triou + & Prieuré. $\frac{1}{2}$ l. O. du parc & chât. d'Angliers. Côte de la Bariniere. $\frac{1}{4}$ l. E. de St.-Caffien +. A Briande, pont & prairie à paffer. Petit bois. $\frac{1}{2}$ q. l. de Challais +. Pente rap. & vill. de Nouzilly +. 1 l. O. de Roffay +. $\frac{1}{2}$ l. du parc & chât. du Bois-Rogue. *A Loudun*... 2 l. Pente rap. & au grand Champ. A l'E. de la côte & du chât. de Bué. Côte de vignes, $\frac{1}{4}$ l. O. de Veniers +. Vallon, pont & ruiffeau. $\frac{1}{2}$ l. O. de Bournan +. 1 l. de bois à paffer. Avenue de Marton +. Ruiffeau à $\frac{1}{2}$ l. O. de Roiffé +. A Eterne & à Chatenay. $\frac{1}{2}$ l. E. de *Solomé* +... 4 l. Ham. & côte de la Couture. $\frac{1}{4}$ l. E. de Saix +. Vallon de Bardono à l'O. des bois de Fontevraud. Pont & la belle cave à $\frac{1}{4}$ l. E. d'Epiers +. A Houperiere, la Chauviere, & à Bonne-Nouvelle. $\frac{1}{2}$ l. E. de Brezée. Côte à trav. *belle vue*. Carrefour du chemin de Fontevrauld à Montreuil. Vignes à l'E. de St.-Cyr-en-Bourg. Vallée à $\frac{1}{4}$ l. E. de Chacé. A Varrins +. Vignes & clos Bonnets. $\frac{1}{2}$ l. E. de Baigneux +. *A Saumur*... 4 l. De Saumur au *MANS*... 22 l. *Voyez du Mans à Saumur.*

Manfle	S.	<small>POIT.</small>	à Angoulême	23
Marennes	S.O.		à Rochefort & à Marennes	45
MARSEILLE	S.E.		à Lyon & à Marfeille	197
Maubeuge	N.E.		à Paris & à Maubeuge	138

Mayenne.

POITIERS.

Mayenne.... N.p O.	Tours & à Mayenne........	69
MEAUX...... N.E.	Paris & à Meaux..........	97
Mauzé........ S.O.	La Rochelle.............	23
Melle........ S.p.O.	Saintes................	14
METZ........ E.	Paris; de Paris à Metz....	163
MÉZIÈRES.... N.E.	Paris & à Mézieres........	143
Mirebaud... N.p.O.	Au Mans par Saumur......	6
Mirepoix....... S.	Toulouse & à Mirepoix....	232
MONS....... N.E.	Paris & à Mons..........	147
MONTAUBAN... S.	Limoges & à Montauban....	95
Montcontour... N.O.	Thouars................	10
Montmorillon... S.E.	Guéret................	12
MONTPELL... S.E.	Toulouse & à Montpellier...	168
Montreuil-Bell. N.p O.	Au Mans par Saumur......	19
Mortagne....... O.	Nantes................	30
Morterolles.... S.E.	Guéret par Morterolles....	27
Motte-Ste-Heraye S.O	La Rochelle.............	12
MOULINS...... E.	Limoges & à Moulins.....	81
NANCY....... E.	Orléans & à Nancy.......	152

NANTES. Route de traverse... O... 53

De Poitiers à *Angers*... 32 l. D'Angers à Nantes... 21 l.

Autre Route................ 51 ½

De Poitiers à *Fontenay-le-Comte*... 25 l. *Voyez de Poitiers aux Sables*. De Fontenay on passe à la fourche de la route des Sables d'Olonne, & au moulin. ¼ l. S. de Longeves +. Chemin de Mareuil, au S. de Poiville. ¼ l. N. de Petosse +. ¾ l. S. d'Hermencault +. A Pouillé, ¼ l. S. de *St.-Valerien* +... 3 l. A St.-Etienne-de-Briolloüet +. ½ l. S. O. de Thiré ou Thyré +. *A Ste.-Hermine*... 2 ½ l. De Ste.-Hermine à *NANTES*... 21 l. *Voyez de la Rochelle à Nantes*.

Chemin de traverse.............. 44

De Poitiers on passe au faubourg de Cucillau & à la route de Saumur. ¼ l. N. de Colombier & l'Arnaye. Vignes. Vall. & ham. du Moulinet. Pont, moulin & riv. d'Auzance. Pente rap. & chemin de Parthenay, à l'O. de l'Hic & de Ciffé... 3 l. ½ l. de Vignes à côtoyer. A l'E. du lac & ham. de Villers. ¼ l. O. de Charais +. ¼ l. de vignes & côte rap.

à passer. A Engenay. Vallon de la prairie & ham. de Rigomer. le long E. de *Vauzailles* +... 3 l. Moulin à v. à 1 l. E. de Montgauguier +. $\frac{1}{2}$ l. de vignes & à la Motte. Pont, moulin à $\frac{1}{4}$ l. S. de Massognes. Pente & côte de vignes. *A Jarzay* +... 2 l. $\frac{1}{2}$ l. S. de Cron +. A la Lande, la Vallée, Assais+ & Jumeaux +. $\frac{1}{2}$ l. S. de Borc +. Aux Trois-Maries, & *à Airvault* +... 2 l. Pont & riv. de Thoué. Côte, moulin à vent $\frac{1}{4}$ l. S. de Soulievre. $\frac{1}{4}$ l. de bois & à $\frac{1}{2}$ l. N. de Tessoniere. Vallon & pont de Barrou. Carref. du chemin de Thouars à Parthenay. Pont, côte rap. & vill. de *Boussay* +... 2 l. Pont & riv. de Thouaret ou Thoiret. S. de la Montagne de Clauday. Aux Brosses & *A Faye-l'Abesse*... 2 l. Aux Houlieres & à Lauraire. Vallon, ham. de la Roche, au S. de l'etang de Madoire. $\frac{1}{2}$ l. de St.-Porchaire. Côte & moulin à vent Jacquet. *A Bressuire*... 3 l. Au Plessis-Prunard. Côte, landes & ham. de la Bordelliere. A Rothais +. & *à Chatillon-sur Sevre*. 5 $\frac{1}{2}$ l. Aux Fosses & à la Baubrie. Entre le Puy-Glaume & la Barbiniere. $\frac{1}{4}$ l. E. de Moulins. Au pied du moulin à vent de la Voye. Bois & cense des Harcis. *A la Tessouaille*... 3 l. Forêt & Plessis-David. *A Cholet*... 3 l. $\frac{1}{4}$ l. de la forêt de Mortagne à passer. *A St.-Macaire* +... 3 l. Landes & à $\frac{1}{2}$ q. l. N. de la Renaudiere. Bois & avenue au N. du chât. de la Periniere. *A Tilliers* +... 3 l. Pont & riv. de Songeste. Avenue de la Ferté & moulin de Boissambe. *A Vallet*... 2 l. De Vallet *à NANTES*... 8 l.

Autre Chemin par Parthenay............ 48

De Poitiers à la Fourche de la route de Saumur & au Moulinet. Pont & riv. d'Auzance. $\frac{1}{2}$ l. O. du chât. de Verneuil. Vignes & à $\frac{1}{4}$ l. S. de Cissé +. 1 l. de Vignes à côtoyer & au N. de Vouillé +. $\frac{1}{2}$ l. de Chiré-en-Montreuil-Bonnin +, au S. de Troze, A Airon-sur-Vaudeloigne +. 1 l. N. de *Laillé*. *A Cramard* +... 7 l. Au N. de Chalandray +. $\frac{1}{4}$ l. S. du bois & chât. de la Bretonniere. Bois & landes de la forêt d'Aulin à passer. A la Ferriere-en-Parthenay. $\frac{3}{4}$ l. de bois à trav. Vallon, pont, à $\frac{1}{4}$ l. S. du chât. de la Bourbeliere. Vallon, pont & étang. Landes à traverser. Au Deffend & *à Parthenay*... 5 l. Pont & riv. de Thouars. Faub. & côte de N. D. du Rosaire. A la Foy & landes à trav. en passant aux étangs & ham. de Chalandeau. Pont, ruiss. de Cebron & ham. de Thimariere. $\frac{1}{4}$ l. de bruyères. Pont, étang & à $\frac{1}{4}$ l. E. d'Adillé. Côte & landes des lacs. Côte,

POITIERS.

petit bois & à $\frac{1}{2}$ l. O. de la Boiſſiere-Thouarſaiſe +. Vallon, ham. ruiſſ. de Juſſay. Landes & ham. de Fontbernier. Vallon & vill. d'*Amaillou* +... Côte & $\frac{1}{4}$ h de bois à trav. La Maſrairie & landes de St.-Martin. A Chichée +. Pont, riv. de Thouaret. Côte de Preſſou & carref. du chemin de la Rochelle à Thouars. Côte de Laugreniere, $\frac{1}{2}$ l. S. de St.-Sauveur-de-Givre-en-May +. Côte, landes & bois Rocard à paſſ. A Lauraire, la Roche-Chiron & Girardieres. $\frac{1}{2}$ l. S. de St.-Porchaire. Côte & moulin Jacquet. *Cabaret*, Malabry & Ste.-Catherine. *A Breſſuire*... 6 l. Au Pleſſis-Prunard & landes à paſſer. La Bordelliere & Rothais +. *A Châtillon-ſur-Sevre*... 5 $\frac{1}{2}$ l. Avenue du chât. de la Plandiniere. A Bourgneuf, N. de la Commanderie du Temple. A Raffoux, $\frac{1}{2}$ q. l. E. de St.-Laurent +. *A Mortagne*.... 4 l. A Evrunes +, Longeron +. Bois & au N. du chât. de Couboureau. A la Foire de Couboureau, $\frac{1}{2}$ l. N. de *Thiffauges*... 4 l. A Torfou + $\frac{1}{2}$ q. l. N. de *Bouſſay-ſur-Sevre*. Aux Anneries, Gétigné, $\frac{1}{4}$ l. S. de la Roche. *A Cliſſon*... 6 l. De Cliſſon *à Nantes*... 8 l.

NARBONNE... S.E.	Toulouſe & à Narbonne....	145
Niort........ S.O.	La Rochelle.............	18
Orient. (l')...... O.	Nantes & à l'Orient........	93
ORLÉANS.... N.E.	Tours & à Orléans,.......	59
PARIS..... N.E.	Tours & à Paris..........	87
Parthenay...... O.	Nantes par Parthenay......	12
PAU...... S.p.O.	Bordeaux & à Pau.........	123
PERPIGNAN.... S.	Toulouſe & à Perpignan.....	160
Pommeray. (la).. O.	Nantes par Breſſuire.......	20
Pouzauges...... O.	La Châtaigneray & à Pouzaug.	33
Puy-Béliard. (le). O.	Nantes par Ste.-Hermine....	35
Puy-N. D. (le) N.O.	Thouars & au Puy-N. D....	17
REIMS....... N.E.	Paris & à Reims..........	125
RENNES... N.O.	Angers ; d'Angers à Rennes.	69
ROCHEFORT. Grande Route... S.O...		40

De Poitiers *à la Rochelle*. 33 l. De la Roch. *à Rochefort*. 7 l.

Route de traverſe.................. 33

De Poitiers *à Mauzé*... 23 l. *Voyez de Poitiers à la Rochelle*. De Mauzé on paſſe près de St.-Valiere. Côte, moulin à vent à $\frac{1}{4}$ l. O. de St. Pierre d'Amilly +. Vallon & ham. de

Lorias. A l'E. du moulin du Curé & à ½ l. de St.-Georges-des-bois +. A Chailbe, E. des bois de Surgeres. Pente rap. & moulin à vent. *A Surgeres*.... 3 ½ l. Pont & riv. de Gere. A St.-Pierre-de Surgeres +. Côte de vignes à trav. Vallon & à l'E. de la grange de Verson. Vignes & à 1 l. E. de Peré +. A l'E. de St. Nicolas & de St.-Germain-de-Marencenne +. ½ l. N.O. du vill. & chât. de Vendre +. Vall. ruiss. & ham. de Monprevers. A la Brette & la Bugaudiere. Côte de vignes & à ½ l. E. de St.-Jean-du Breuil +. A Muron +. Côte, 1 l. O. de Genouille +. Entre Prevetée & la Boissette. Prairie, côte & ham. de l'isle du Diable. Le long du canal, en passant à l'O. de St.-Louis de la petite Flandre. ¼ l. S. E. de Loiré +. *A* ROCHEFORT *sur la Charente*... 6 ½ l.

ROCHELLE. (*la*) *Grande Route*... S.O... 33
De Poitiers on passe à la tranchée, ½ l. S. E. du vill. de Biard +. Fourche du chemin de la Rochelle par Sanxay. Bois & avenue du chât. de Palais. Pente rap. & vill. de la *Croutelle* +..... 2 l. Pont, ruiss. & côte de la Motte. Fourche de la route de Bordeaux. ¼ l. de bois à passer. Au N. de Barberie, ¼ l. de Bonnevaux, abbaye. Pont, vill. de Coulommiers-lès-Luzignan +. ½ l. des bois du Roi à passer. Côte & vallon de Touffou. ½ l. O. du bois & chât. de Roche. ¼ l. de Cloué +. Pente rap. & à ¼ l. de la Commanderie de Roche. Vallon, pont & riv. de Vonne. Ruines de Pranzay. A la Grange & *à Luzignan*... 4 l. Au Sud d'Enjambes +, Rangonniere & la Niotiere. Petit bois & hameau des grandes landes. Bois d'Augere. Devant le chât. de Langerie & village de Rouillé +. Petit bois & ham. de Champlieu, au N. du chât. de Boisgrolier. *A la Ville-Dieu-du-Perron* +... 3 l. Au N. de Guittiere, Vieilpin & les Fossés. Au S. de Soucy & du bois de Soudan. A Soudan +, Pont & ham. de la Broutelliere. Ancien chemin de Poitiers à la Rochelle. Côte douce & à ½ l. N. de Nantheuil +. Vignes, pont, ½ l. S. d'Exireuil. *A St.-Maixent*... 4 l. Chemin & à 4 l. S. E. de *Champdeniers*. Chemin & à 2 l. E. de *Cherveux*. Au N. de Jaunay +. Vallon, cense de Vergeray. Côte, ½ l. N. de Ste.-Néomaye +, le côteau & les Guibelieres. Pont & riv. de Sevre à passer. Côte & à ¼ l. S de St. Carlais +. A la Ville-Dieu du Pont-de-Van. A la Crèche. ¼ l. S. de Bretou. Côte, ¼ l. S. de François +. Pente rap. ½ l. N. de Chavagne +. A côté de Trevon, ½ l. S. de Chauray +. ¼ l. N. de Vouillé +. Entre

POITIERS.

les vignes & le ham. de Chaban, ¼ l. N. de Souché +. Pont de Villemontée sur le Lambon. Côte & hameau de Chatreuil. Chemin de Melle. *A Niort...* 5 l. Piedefont, Chamaillard. ¼ l. E. de Beffine. Côte & vignes à trav. Pont sur la Guirande. Prairie & autre pont à passer. *A Rohan-Rohan...* 2 l. Plaine & vignes à trav. Au Pont de Coffé. Pont, & à ¾ l. E. de Bourdet +. Plaine & vignes de Chabonmoine. Côte de vignes à ¾ l. N. O. de Rochebernard. Vallée, ¼ l. N. de Day-Rancon +. Ferme de Nioteau. Côte de vignes. *A Mauzé...* 3 l. Pont sur la Mignon, que l'on passe. Chemin de Rochefort. A Touvent. ¼ l. N. de Courdeault +. Chemin d'Aligre & ham. de la Barre. Pente rap. ¼ l. S. de Cram +. Vallon, vill. de la Laigne +. 1 l. de la forêt de Benon à passer. ½ l. N. de Bourg +. A Chanteloup, ¼ l. N. de la Grace-de-Dieu, abbaye. A Ferrieres +. Moulin, ¼ l. N. de St.-Sauveur de Nuaille. +. Vallon, ¼ l. S. du chât. de Beauregard. Côte & au bas du moulin à v. de Nuaille. *A Nuaille...* 5 l. Pont, prairie & ruiss. Côte, ½ l. N. d'Angliers +. Vignes, ½ l. S. de Longeves +. Vallon & ham. de Loiré. Pente rap. & vignes. Vallon, au S. de Raguenau. Carref. de la route de Nantes. Vignes & au S. d'Usseau: *belle vue.* Vallon entre le chât. de Groslieu & Versailles. Vignes & vill. de Dompierre +. La Pinandiere & la Motte, chât. ½ l. N. de l'abb. de St.-Léonard. Entre le moulin & le ham. de la Vallée. Plaine de vignes à trav. *A la Rochelle...* 5 l. *Si l'on veut aller à l'isle de Ré,* de la Rochelle on va à St.-Maurice +, la Leu & passage de la Mer. A la Flotte & *à St.-Martin de Ré....* 4 l.

ROUEN.....	N.p.E.	De Poitiers à Tours & à Rouen.	97
Ruffec............	S.	—— Angoulême.........	18
Saarlouis.........	E.	—— Metz & à Saarlouis...	176

SABLES-D'OLONNE. *Grande Route...*O... 46

De Poitiers à Niort... 18 l. *Voyez de Poitiers à la Rochelle.* De Niort on passe le pont & riv. de Sevre & à la fourche du chemin de Bressuire. Entre la chapelle de St.-Martin & Recouvrance. Côte, vignes, vallon & ham. de Sérapie. Vignes & à ½ l. N. de St.-Lignaire +. Plaine, en passant à ½ l. S. de St. Remy +. Moulin à vent, à ¼ l. N. E de Benets +. Vallée, ½ l. E. de Courdcault. A Oulmes + ½ l. N. E. de *Bouillé* +... 4 ½ l. Pont & riv. d'Autise, ¼ l. S.

de Nicœuil+. Côte & à ½ l. S. de Denans +, 1 l. de Xanton+.
Moulin à v. & vill. de Teffon +. Moulin & hameau des
Granges. Juftice & à ¼ l. S. de Cherzay +. Chemin de
Thouars E. de Bioffay. *A Fontenay-le-Comte* fur Vandée,
riviere... 3 l. Croix, au N. de Terreneuve & à ½ l. de
St-Médard, des prés & des carrières. Entre la Coliniere
& Ragoiferie. Côte entre Garnifon & la Folie. Pont &
riv. de Longeves ¾ l. N. d'Auzay + & Chaix. Avenue de
la Duranderie. Plaine, ¼ l. S. de Petoffe +. Au Sud de
France & à Thorigny. ½ l. N. de Langon +. Vallon &
vill. de Mouzeil +. Ham. des cinq Moulins. A Neilliers+.
Carref. de la route de Nantes. *A Luçon*... 7 l. La Grange-
Dimiere & Sourdy. ½ l. S. de Magnil-Regnier +. Moulin
à v. & à ½ q. l. N. de Chanay +. Petit bois, à ¼ l. S. de
la Bretonniere, ¼ l. N. de Lairoux +. Moulin à v. ¼ l. S.
de la Claye +. Pont, ifle & riv. de Lay. Au pont de Claye.
Le Preau, ½ l. N. de Curzon +. A St.-Cyr +, ¾ l. S. E. de
St.-Sornin +... 3 l. Côte & moulin à v. de la Chenulliere.
Tertre & cenfe de la Main-Borgere. S. du moulin à v. de
la Brugiere. ½ q. l. de Givre +. Pont & ruiff. de Touffe-
poil. Moul de la Rabretiere, 1 l. N. des *Moutiers*. Auberge
& la Menardiere. Ruiff. moulin à vent & chât. Boiffeau.
¼ l. N. de Bernard. *A Avrillé* +... 3 l. Chât. de la Gui-
gnaudiere. Côte & cenfe de la Sevardiere. ½ l. N. de St.-
Hilaire de la forêt +. A la Maifon neuve. Devant le
Branday, la Reiniere & la croix de l'eau. A la Maifon-
nette & moulin de la Foire. ½ q. l. S. de St.-Hilaire de
Talmont +. A la baffe ville & *à Talmont*... 4 l. Entre le
moulin du Prince & la Noue-Maftin. A Malbrande & à
Nicoliere. ½ l. S. du Prieuré de la Melleraye. Entre la
Croix & la Mozinière. A Touvant. ½ l. N. de l'abbaye de
St.-Jean d'Orbeftiers. ¾ l. S. du chât. d'Olonne +. Ruiffeau
& pas du bois. *Aux* SABLES-D'OLONNE... 4 l. *Belle vue
fur la Mer.*

St.-Fulgent..... O.	Châtillon-fur-Sevre & S.-Fulg.	29
St.-Hermand.... O.	Fontenay-le-Comte & St.-H.	32
St.-J.-d'Angély. S.O.	Saintes...............	29
St.-Jouan.... N.O.	Rennes; de Rennes à Breft...	81
St.-Loup....... O.	Nantes...............	10
St.-Maixent... S.O.	La Rochelle...........	13
ST.-MALO.... N.O.	Rennes & à St.-Malo......	86

POITIERS.

S.-*Martin de Ré*. S.O.	La Rochelle & à St.-Martin..	37
ST.-OMER.... N.E.	Paris & à St.-Omer........	148
S.-*Pierre-du-Ch*. N.O.	Bressuire & à St.-Pierre.....	23
St.-*Quentin*.... N.E.	Paris & à St.-Quentin......	122
St.-*Savin*....... E.	Bourges...............	9
Ste-*Marie-aux-M*.. E.	Béfort & à Ste.-Marie......	187
Ste.-*Menehould*... E.	Orléans, Troyes & Ste.-Men.	133
Ste.-*Hermine*. ... O.	Nantes par Ste.-Hermine...	30½
SAINTES. *Grande Route*... S.p.O...		34

De Poitiers *à Luzignan*..... 6 l. *Voyez de Poitiers à la Rochelle*. De Luzignan on passe au S. d'Enjambes, Fourche de la route de la Rochelle. Aux bois & devant le chât. de Mauprie. A Maisoncelle +. Le long du bois de Venoux. 3 l. de plaine en passant à l'O. du bois du Roi. 1 l. E. d'Avon +. Près du champ du Roi, ½ l. O. de St.-Sauvant +. A Chenay. Vallon, pont & riv. de Sevre. A Chey + & au moulin à v. de l'*Epine*.... 5 l. Pente rap. ¼ l. E. du chât. de Circée & ¼ l. de Sepvret +. A la Barre. Entre le Coudray & la Faujolle. E. du bois & ham. de Chatenay. Le long E. de St.-Léger-les-Melle. Pente rap. & à l'E. de *Melle*... 3 l. A la Grange & avenue du chât. des Ouches. A Charzay, ½ l. O. de Paizay-le-Tort +. Pont & riv. de Berlande. Côte, à l'E. de Cantaud & Beauvais. Pente rap. ½ l. E. de Vernou +. Bout du pont & riv. de Boutonne. *A Briou*... 2¼ l. Côte rap. à 1 l. E. de Seligny +. Vallée & ham. de Pontiou. Pont & à ½ l. E. de Villefollet & ½ l. O. de Juillé. Côte, 1 l. O. d'Annieres +. Côte de vignes à trav. Vallon, côte, ½ l. O. de la Commanderie & du vill. d'Ancigné +. A Arsange, ½ l. E. de Villiers +. Côte, 1 l. S. E. de Chizé. Entre les bois & vignes d'Ancigné. Pont & vill. de la *Ville-Dieu* +... 2 l. Vignes, bois & chemin de Chizé. Bois, vallons & vignes à trav. *A Aunay*.... 4 l. Pont, ruiss. de la Bédoire & route de Saintes par Escoyeux. Au plateau de l'Eguille. Côte de vignes & à ¾ l. E. d'Oulmes, Prieuré. Pont, ¼ l. O. de Paillé +. Côte, bois & vill. des Eglises-d'Argenteuil +. Vallon, côte, ½ l. E. de Vervant + & d'Antezon +. Pente rap. vill. de Pourzay-Garneau +. ¼ l. E. de Courcelle-sur-Boutonne, Le long E. du petit & grand Garneau. Côte de vignes à trav. Vallon & vill. de St.-Julien du Lescap +. Pont, isle & riv. de Boutonne. *A St.-Jean-d'Angely*... 4 l.

Pont, isle à passer. A la Grange & à St.-Nazaire. Côte de vignes & pont sur lequel on passe. $\frac{1}{4}$ l. de vignes à trav. en passant à $\frac{1}{4}$ l. E. de *Mazeray* +. *Moulin* à v & à $\frac{1}{4}$ l. E. du chât. de la Laigne. A Annieres +. Vallon du Cornet. Pente rap. & vignes à trav. A St.-Hilaire-de-Villefranche +. A Suran, entre les bois... 3 l $\frac{1}{2}$ l. de bois à trav. en pass. à $\frac{1}{2}$ l. E. de Douhet +. A la Roulerie. Ham. & moulin de Tallevard, O. de Venerand +. A la vieille Verrerie & petit bois à passer. A la Sauzaye, $\frac{1}{4}$ l. E. de Fontcouverte +. $\frac{1}{4}$ l. de bois à trav. A la Charloterie & la Greve. Vallée & vill. de St.-Paliays. Pont & riv. de Charente. *A SAINTES*.... 5 l.

Autre Route.................... 33

De Poitiers *à Aunay*... 22 l. *Voyez ci-dessus.* D'Aunay on passe à $\frac{1}{4}$ l O. des Salles d'Aunay. Pont & ruiss. de la Bedoire. Fourche de la r. de St.-Jean-d'Angely. Plateau-de-l'Eguille, $\frac{1}{2}$ l. E. d'Oulmes +. Vignes & côte à trav. Vallon, pont & hameau de Brie. Côte, 1 l. O de St.-Coutant-le-petit +. Vallon, pont, $\frac{1}{2}$ q. l. E. de Paillé. Côte, vignes, bois, $\frac{1}{4}$ l. E. des Eglises d'Argenteuil +. Entre Fragne & le Colombier. Côte & $\frac{1}{4}$ l. de bois. Vill. de Varaize-sur-la-Nie, riv. $\frac{1}{2}$ l. E. de Fontenet +. Vallée & à $\frac{1}{2}$ q. O. de Vilpouge +. Côte & vignes. Au petit Bourdeaux, $\frac{1}{4}$ l. E. de Ste-Mesme +. Le Fanal; $\frac{1}{4}$ l. O. d'Ebeon +. A la Poule & aux Audberts. Côte de vignes, $\frac{1}{2}$ q. l. O. de Bercloux +. Vallon & bourg d'*Escoyeux*... 6 $\frac{1}{2}$ l. Le long E. du bois de la Poterie. Vis-à-vis de Gaudin & à Morin. $\frac{1}{4}$ l. de bois à trav. A Gros-Bonnet & à Machefer. Bois & ham. des Taureaux. A la Sauxay, $\frac{1}{4}$ l. E. de Font-Couverte. $\frac{1}{4}$ l. de bois. A la Charloterie, la Greve, St.-Pallays, faub. & *à SAINTES*... 3 $\frac{1}{2}$ l.

Autre Route par Niort.................. 35

De Poitiers *à Niort*.. 18 l. *Voyez de Poitiers à la Rochelle.* De Niort on passe à St.-Florent + & Dutandrie. Côte de vignes. $\frac{1}{2}$ l. O. de St.-Maurice +. A Beauchamps & à Lens. Vallon, ruiss. de la Guirande. Côte, $\frac{1}{4}$ l. O. de Crepé +. Pont, ruiss. de Bief, $\frac{1}{2}$ l. E. de St.-Simphorien +. Côte de vignes à trav. Vall., côte, moulin à vent & vill. de Grip +. Pont & ruiss. Côte de vignes, à 1 l. O. de Marigny +. Vallon, vill. de Revetizon-Chabot +. Côte à l'E. de la Cormenier +. Pente rapide & bourg de *Beauvoir*... 4 l.

POITIERS.

Vignes & vallée à passer. A la Charriere +. Vignes, ¼ l. O. de la forêt de Chizé. A Belleville +. Pont & riv. de Mignon. St.-Etienne-de-la-Sigogne +. Vignes, 1 l. O. de Saint-Martin-d'Auge +. A Villeneuve-la-Comtesse +. Vignes, O. du chât. de Villeneuse. A Lignate, ¼ l. O. de la Croix-la-Comtesse +. A Toutifaut, ¼ l. E. de Vrigné +. Vall. & cense de la Bechée. Côte & vill. de *Loulay* +... 4 l. Vignes & chât. de la Plesse Côte & bois de Souverts. ½ l. O. de la Jarrie-Audoin +. Mont-Rolant, ½ l. O. de la Chapelle-Baton +. A Bourganeuf. côte, vignes & village de Pin+. le long de la côte de vignes. Justice, ¼ l. O. d'Oriou. Pente rap. 1 l. O. de Courcelles+. A S.-Jean-d'Angely... 3 l. De St.-Jean-d'Angely à SAINTES.... 6 l. *Voyez ci-dessus.*

Sanxey.......	S.O.		La Rochelle par Sanxey....	6
Saumur......	N.O.		Au Mans par Saumur.......	20
Sauzé........	S.		Angoulême............	15
Schlestatt.....	E.		Béfort & à Schlestatt.......	182
Secondigny....	O.	DE POITIERS à	Parthenay & à Secondigny...	15
SEDAN.......	E.		Paris & à Sedan...........	145
SENLIS......	N.E.		Paris & à Senlis...........	98
SENS.......	E.p.N.		Orléans & à Sens.........	88
Surgeres.....	S.O.		Rochefort...............	26⅓
STRASBOURG..	E.		Béfort & à Strasbourg......	192
Talmont......	S.O.		Saintes & à Talmont......	44
THOUARS. *Route de traverse*...	N.O...			14

De Poitiers au faubourg & côte de Cueillan. Fourche de la route de Paris. A la Bugelerie. ¼ l. de Vignes. ¼ l. O. de Migné +. Ham. pont & riv. d'Auzance. 1 l. de vignes. Fourche de la route de Saumur 2 l. de vignes à trav. en passant à Mabault, ¼ l. E. de *Neuville*.... 3 l. Au ham. d'Estable; près de Baston, ½ l. N. E. de Charais +. ½ l. O. du parc & chât. de Breuil. E. du village de Liaigues +. Vallon, côte & vill. de Bournezaux +. Petit bois & à ¼ l. O. de Varennes + & du chât. de Ry. côte de vignes. Vallon, 1 l. S. O. de Chouppes +. Côte & vignes. Fourche du chemin de Loudun. ½ l. E. de Mazeuil +. A Bellien, ½ l. N. E. de Ste.-Radegonde-de-Marconnay +. Vallée & le long E. de la montagne du pied de Mouron. ¾ l. O. de St.-Jean-de-Sauves +. Vignes, ½ l. N. de N. D. d'Or ou d'Aoust +. ½ l. E. de St.-Chartres +. ¼ l. O. de Frontenay +.

½ l. S.O. de Meſſay +. Vallon, pont & riv. de Dive. vill. de Marnes + & Pente rap. A 1 l. O. de *Moncontour*. Côte & bourg de *St.-Jouin*.... 7 l. Plaine & vill. de Noiſé + & au S. d'Oiron +. 1 l. O. de Bric +. A Taizé +, ½ l. O. de Bilazay. Carref. à l'O. de Montpalais & de Dillon. ½ l. O. du parc d'Orion. A la croix des Pilliers. Vallon au N. de Fleurie. Côte de Bourgneuf. A la Poideviniere. Aux S. des Capucins & de l'aub. du Dauphin. *A THOUARS*... 4 l.

Tonnay-Boutonne.	S.O.	Poit. à St.-J. d'Ang. & à Roch. 34
Tonnay-Charente..	S.O.	—— Idem............. 37
TOULON........	S.E.	—— Lyon & à Toulon.... 206
TOULOUSE......	S.	Limoges & à Toulouſe..... 107

TOURS. *Grande Route*.... N..... 30

Voyez de Tours à Poitiers.

Route par Richelieu............. 29

De Poitiers à *Mirebeau*.... 6 l. *Voyez de Poitiers au Mans.* De Mirebeau à Poligny +. Plaine & vill. de Crouſſay. Pente rap. de la montagne de Crouſſay. A Briſſay. ¾ l. O. de la Verrue +. vill. & Côte de Lignieres +. Au bas O. du chât. de la Tapiere. A Saires + & chât. de la Maiſon-neuve. La Boete & Bretegnon. Etang & bois à paſſer. ½ l. E. de Primcey +. A la Blinnerie & le long du bois. ½ l. S. de Neuil +. Vis-à-vis S. de Velue & pont à paſſer. ½ l. O. de Braye. Pont & riv. de Mable. Le long du parc & dev. le chât. de Richelieu. *A RICHELIEU*... 8 l.
De Richelieu *à Tours*... 15 l. *Voyez de Tours à Richelieu.*

Autre Chemin............... 27

De Poitiers au pont & ham. d'Auzance. Paſſage de la côte de Sigond. *A Avanton* +... 2 l. 1 l. de vignes. A la Jouberdiere & le Cloiſtre. Côte rap. de la Grave. Pont & riv. de Palu. côte du Gué. A Chedeville, O. de *Vendeuvre* +... 2 l. Chemin & au S. de Lencloiſtre, Prieuré. Ruiſſ. & ham. des Bourdes. Côte du Bouchet. Pente & à l'E. de *Bouſſageau* +... 2 l. A la Tranchée, ½ l. O. de Lencloiſtre. Côte, ham. & moulin. à vent de Maſſilly +. Pont, ham. du Gué de St. Cerin. Côte. bois & village de Cernay +. *A Orches* +... 2 l. Côte, bois & vall. *A Faye*-la-Vineuſe. Vallée à trav. Pont, riv. de Mable. Le long du parc & dev. le chât. *A RICHELIEU*.... 4 l. *Le reſte ci-deſſus.*

POITIERS.

TRÉMOILLE. (*la*) *Route de traverse*...S.E... 16

De Poitiers on passe à St.-Saturnin & au S. de la Pierre-Levée. Fourche de la route du *Blanc*. Aux Charasses, O. de Deffant. A Cicogne, $\frac{1}{2}$ q. l. N. de Mignalon +. $\frac{1}{2}$ l. de bois & landes à trav. *A Savigny-l'Evêquault*... 3 l. Vallon, côte de la Peliniere S. du chât. de Merle Trav. de $\frac{3}{4}$ l. de bois de Sauvigny. A la Chepre & aux basses *Forges*... 2 l. Chêne-Berland & Maison-neuve. Le long des bois, N. du pas de St.-Martin. Bois & vallon. La Vitrerie & pente rap. le Temple & Toulon +... 2 l. Bac & riv. de Vienne à passer. A Gatebour, Entre Gascard & la Roussaliere. Côte & à $\frac{1}{4}$ l. N. E. de Salles-en-Toulon. $\frac{3}{4}$ l. de landes à trav. A Chapelle *Vivier*.+... 2 l. 1 l. de landes & vis-à-vis de Soulages. 1 l. de bois & 1 l. de landes à trav. Bois & côte de la Loge-Monteil. Faub. des Bans. *A Montmorillon*... 3 l. Vallée, landes, étang de Gardechée. Bois & ham. de la Baudiniere. Etang, $\frac{1}{2}$ l. S. de St.-Martin-de-Journet +. Bois, $\frac{1}{4}$ l. N. de St.-Léomer.+. Pont, riv. de Sarleron. *A la TRÉMOILLE.* 4 l.

		de POITIERS à	
TROYES....	E.p.N.	Orléans & à Troyes.......	104
VALENCIENN.	N.E.	Paris & à Valenciennes....	139
VERDUN.......	E.	Paris & à Verdun.........	148
Vertheuil.......	S.	Angoulême.............	20
Vitry-le-François..	E.	Troyes & à Vitry.........	121
Vivonne........	S.	Angoulême.............	6

ROUTES ET CHEMINS DE TRAVERSE
DE REIMS

Distance de Reims.

à		de REIMS à	*Voyez*	*lieues.*
ABBEVILLE..	N.O.		Laon & à Abbeville........	50
AGEN........	S.O.		Paris & à Agen...........	193
Aigle. (l')....	O.		Paris & à l'Aigle..........	70
Aire en Artois..	N.O.		Arras & à Aire............	53
ALENÇON......	O.		Paris & à Alençon.........	83

AMIENS.... N.O.	Laon & à Amiens............	40
Andelys......... O.	Paris & aux Andelys.......	63
ANGERS....... O.	Paris & à Angers..........	111
ANGOULÊME. S.O.	Paris & à Angoulême.......	155
ANTIBES........ S.	Troyes, Lyon & à Antibes..	251
ARLES..... S.p.O.	Lyon & à Arles............	180
ARRAS...... N.O.	Péronne & à Arras.........	40
Attigny......... E.	Sedan par le Chêne........	9
Aubenton....... N.	Mons par Aubenton........	17
Aubuſſon...... S.O.	Troyes, Moulins & Aubuſſon.	128
AUCH........ S.O.	Paris & à Auch...........	215
Aurillac....... S.O.	Moulins, Clerm. & Aurillac.	157

AUTRY. Chemin de traverſe... E... 15

De Reims *aux deux Maiſons*.... 3 l. *Voyez de Reims à Verdun par Suippe.* Des deux Maiſons à la route de Suippe, ¼ l. N. de Beaumont. 1 ½ l. de Verzy & St.-Baſle. ¾ l. de Veez +. Thuizy + & Courmeloy +. à la Croix-Poitier. ¼ l. N. du chât. & vill. de Prône +. Au S. des ruines de St.-Georges & de la mont. de Nauroy. Gorge entre les monts de Moronvilliers. Vall. & vill. d'Auberive, ſur *Suippe* +... 4 l. Côte, ½ l. S. de Vaudeſancourt +. 1 l. N. du grand St.-Hilaire *ou* St.-Hilier +. Plaine, 1 l. de *St.*-Souplet +, A 5 l. N. O. de la Croix-en-Champagne. ¼ l. N. du vill. & moulin de Souain +. Croix, 1 l. S. du moulin à vent & vill. de Sompy. 2 l. du nouveau vill. & croix de Sompy, où s'eſt donnée la bataille de 1650. A 1 l. N. du moulin à vent de Perthes +. ¼ l. de Taburé +. 1 l. S. d'Aure +, ½ l. de Manre +: ½ l. N. de Ripont +. A Gratreuil +, ½ l. N. de Fontaine... 5 l. A ¼ l. de Rouvroy + & de Cernay +. Au S. de la garenne & chât. de Buſſy. Fin de la Champagne pouilleuſe & deſcente des Monts: *belle vue.* ½ l. S. de Sechaut +. A Bouconville +, vis-vis l'étang de l'Échelle. Entre les bois des froids Foſſés & les Etangs. A l'Etang, ¼ l. du chât. des froids Foſſés. ½ l. des bois d'Autry à traverſer. *A AUTRY*... 3 l.

AUTUN......... S.O.	De Reims à Troyes & à Autun.	72
AUXERRE....... S.O.	—— Troyes & à Auxerre...	46
Auxonne.......... S,	—— Dijon & à Auxonne...	71

REIMS. 453

AVIGNON....	S.	Lyon & à Avignon........	170
Avranches...	O.	Paris & à Avranches......	112
Bagnères.....	S.O.	Auch & à Bagnères........	238
Balaruc......	S.O.	Montpellier & à Balaruc....	194
BAR-LE-DUC..	S.E.	Châlons & à Bar-le-Duc....	31
Bar-sur-Aube.....	S.	Troyes & à Bar...........	41
Bar-sur-Seine....	S.	Troyes & à Bar-sur-Seine...	36
Baricourt.......	E.	Busancy; de Châl. à Stenay.	18
Barrèges......	S.O.	Auch & à Barrèges........	248
BASLE.........	S.E.	Langres & à Basle.........	99
BAYONNE.....	O.	Paris & à Bayonne........	240
Beaucaire....	S.p.O.	Lyon & à Beaucaire.......	179
Beaugency......	O.	Orléans & à Beaugency.....	72
Beaune.........	S.	Dijon & à Beaune........	73
BEAUVAIS...	N.O.	Compiegne & à Beauvais...	36
Béfort........	S.E.	Langres & à Béfort........	84
Belley.......	Sp.E.	Bourg & à Belley.........	115
BESANÇON..	S.p.E.	Langres & à Besançon.....	75
Béthune.......	N.O.	Arras & à Béthune........	47
BLOIS.........	O.	Orléans & à Blois.........	80
Bolbec.......	O.p.N.	Paris, Rouen & Bolbec.....	82
BORDEAUX...	O.	Paris & à Bordeaux........	189
Bouillon......	N.E.	Sedan & à Bouillon.......	23
Boulogne-s. M.	N.O.	Amiens & à Boulogne......	69
Bourbon-l'Ancy	O.pS	Autun & à Bourbon.......	87
Bourbon les Bains.	S.	St.-Dizier & à Bourbonne..	54
BOURG-en-Bresse.	S.	Dijon & à Bourg.........	98
BOURGES.....	O.	Troyes & à Bourges.......	92
Brest..........	O.	Paris & à Brest...........	184

BRUXELLES. *Grande Route*... N... 53

De Reims à *Laon*... 11 l. De Laon *à Bruxelles*... 42 l.

Chemin de traverse.................. 48

Sortant de Reims par la porte Masse, on passe à ¼ l. O. du moulin du Bourg ½ l. E. de St.-Brice + & ¼ l. de Champigny +. côte & à 2 l. O. du moulin & mont de Beru, 1 l. E. du chât. des Marais, sur Vesle. Plaine, ¼ l. E. de la Neuvillette +. ½ l. O. de Betheny +, 1 ½ l. de Vitry + & fon moul. 1 l. E. de St-Thierry+, *Vignoble*. ½ l. de Courcy + & Rocquincourt. Petit bois & à l'E. de Vendengoir. 1. l. O. de Frêne +. 1 ½ l. de la Croix-Godinot. Côte à l'E. des vignes & du vill. de Brimont + 3 l. O. du moulin & vill. de Bourgogne +. Vallée, ¼ l. E. de Bermericourt +. Entre Orainville + & Aumenencourt le pet. Marais, pont & riv. de Suippe à paſſer. Au pont Givart, ½ l. O. du grand Aumenencourt. Côte, ½ l. E de Bertricourt +. Pente rap. ½ q. l. E. de Pignicourt +. Vallée, ½ l. E. de Meneville +. Variſcourt, Guignicourt + & Condé, ſont plus loin. 1 l. O. de Poilcourt +. A la bonne Volonté, ¼ l. O. de Brienne+. Pont & rivière de Retourne. A N*uf*ch*a*tel..... 5 l. Pont & riv. d'Aiſne. Côte & vill. d'Evergnicourt +, ſur Aiſne. Vallon, côte & croix : ¼ l. O du vill. d'Avaux ou Asfeld-le chât. & Vieux +. ½ l. E du Moulin, vill & montagne de Proviſieux & de Prouvay + Entre le Plenoy & Trembleau. A l'E. de Roberchamp. 1 l. O. du m. à v. & vill de Villers, & devant le Tour +. A 1 l. E. du moulin & vill. de la Malmaiſon +. Moulin & vill. de l'Or +, ½ l. E. de Frontigny. ¼ l. O. du moulin & vill du Tour +. A l'E. des côtes & bois de la Malmaiſon. Vallon, E. de Mouchery, Cenſe. Côte, 1 l. E. du moulin de la Selve. Vallon, marais, vill. de N*i*zi-*le*-Comte +... 4 l. Côte & moulin, 1 l. O du moulin, & vill. de Bannogne +. ½ l. du moulin & village de St.-Quentin-le-Petit +. ½ l. de l'abb. de la Val-Roy. Au haut Chemin, ½ l. E. de Montigny-la-Cour +. Vallon de la Grange au bois. Côte, ¼ l. O. du moul. & vill. de Sevigny+. Bois du Fay, 1 l. de Lappion +. Au gros Dizy +. Vallon, O. des bois de Faux. Bois d'Angoutte, à l'O. de la Ville-au-Bois +. Côte & à ¼ l. O. de Liſlet +. Vallée, prairie & à *Montcornet-ſur-Hurtault*... 4 l. Pont-Caillou ſur la Serre. Côte & vill. de Chaourſe + en Thiérache. ½ l. E. de Séchelles +. E. de Vigneux +. O. de Renneval +. Au Haquet & bois du Val-St. Pierre à trav. A Val-St.-Pierre, Chartreuſe. Vallon & vill. d'Haris +, ſur la Brune. Côte & chauſſée d'Haris. Côte rap. des trois Rabouſis, ½ l. O. de Thenaille. Vallon, côte rapide. Rivière de Vilpion & *à Vervins*... 4 l. De Vervins à BRUXELLES... 31 l. *Voyez de Laon à Bruxelles.*

Autre Chemin................. 50

De Reims *à Montcornet*..... 13 l. *Voyez ci-deſſus*. De

Montcornet on passe la Serre au pont Caillou. Côte &
vill. de Chaourse, en Thiérache +. Côte & à ½ l. E. de
Séchelles +. Vallon, Côte entre Vigneux + & Renneval +.
A Dagny-la-Cour +. Vallon & riv. de Brune. Côte &
ham. de Lambercy. A Bancigny +, ½ l. O. de Jantes la-
Ville +. Vallon, ruiss. moulin & vill. de Plomion +. Ou
de Chaourse on passe à l'E. de Vigneux + & à l'O. de Re-
neval +. A Nampcelles +. Pont, moulin & riv. de Brune.
Pont, ruiss. & vill. de Plomion +. De Plomion à la Ni-
gaudiere. ¼ l. de bois à passer. A la Rue Erreuse, 1 l. E. de
Landouzy +. O. de Landouzy-la-Ville +. A la Héry + &
riv. de Ton à passer. *A Hirson...* 6 l. *& à la Capelle...* 3 l.
De la Capelle à BRUXELLES... 28 l. *Voyey de Laon
à Bruxelles.*

Busancy........	E.	à Stenay par Busancy........	18
CAEN...........	O.	Paris & à Caen...........	91
Calais........	N.O.	Arras & à Calais...........	67
CAMBRAY....	N.O.	Laon & à Cambray........	33
Carignan.......	E.	Montmédy & à Carignan...	29
Chablis.......	S.O.	Troyes & à Chablis........	46

CHALONS-sur-Marne. Grande Route... S.E... 10

De Reims & porte des Lumières, on passe entre le moulin
de la Housse & le château d'eau. 1 l. de plaine en passant
à ¼ l. N. de Cormontreuil +. Au N. de Vrilly & Challerange.
Vis-à-vis de St.-Léonard + & Taissy +. Croix-Pompelle,
¼ l. N. de Puisieulx +. Côte & fourche du chemin de
Grand-Pré, de Suippe & *Bar-le-Duc*..... 2 l. Côte &
glaciere de Sillery. Pont, canal, prairie & riv. de Vesle
à passer. Dev. le château & parc de Sillery, avenue du
vill. & église de Sillery +. A ½ l. O. de Prunay + & des
deux Maisons. 1 l. N. de la côte de vignes & village de
Verzenay +. A Beaumont +. 1 l. N. E. de Verzy + & de
l'abb. de St.-Basle, au bas des bois & montagne de Champagne. ½ l. O. de Veez & Thuisy +. ¼ l. de Courmeloy +
& 1 ½ l. de Prone +. A l'E. des vignes de Verzy. Pente rap.
½ l. O. de Sept-Sault. ½ l. E. de Villers-Mamery +, *vignoble.*
Aux petites *Loges* +... 3 l. Côte, 1 l. O. de Mormelon le
petit, à 2 l. du grand. 2 l. S. O. de Baconne. ½ l. E. de
Billy +. 1 l. de Trepail +. 1 l. de Livry + & Louvercy-sur-
Vesle +. 1 l. E. du moulin & vill. de Vaudemange +. Côte

rap. & croix du mont de Reims. 1 l. O de Bouy-sur-Vesle +.
E. du moulin à vent d'Ambonnay + Vallon & vill. des
grandes Loges +... 2 l. Côte & croix du mont de Châlons.
1 ½ l. O. de St.-Vaudenay +. A 8 l. S. O. des monts de
Vertus. Vallon, côte, 1 ½ l. O. de Dampierre. E. du
moulin à vent de la Veuve. 1 l. de celui de Juvigny, &
1 ½ l. de celui de Vraux; *belle vue*. Vallon & vill. de la
Veuve +. Devant l'étang & les Mathurins. Côte, 1 l. E. de
N. Dame, St.-Martin + & du chât. de Juvigny +. 1 ½ l. de
Matougnes +, Aulnay +. Vallon, ½ l. E. du moulin, chât.
& vill. de Recy +. ½ l. du moulin de St.-Martin sur le Pré +,
& plus loin St.-Gibrien & Fagnieres +. Faubourg & porte
St.-Jacques. *A CHALONS*... 3 l.

CHALON-sur-S... S.	Langres & à Chalon......	81
Chaourse...... S.O.	Troyes & à Chaourse......	37
Charité. (la)... S.O.	Auxerre & à la Charité.....	68
Charlemont... N.p.E.	Mézières & à Charlemont...	36
Charleville.... N.E.	Mézières & à Charleville...	19
CHARTRES..... O.	Paris & à Chartres........	58
Châteaudun..... O.	Chartres & à Châteaudun...	69
Château-Gontier.. O.	Au Mans & à Château-Gont.	109

CHATEAU-PORCIEN. Grande Route... N.E .. 10

Sortant de Reims on passe à côté du moulin du Bourg-
en-Montaut. 1 l. O. de Cernay-lès Reims + & plus loin
le mont & moulin de Beru. Vallée & vill. de Betheny +.
1 l. E. de la Neuvillette. Côte & à ¾ l. O. du moulin &
& vill. de Witry +. 1 ½ l. E. de Courcy & Brimont +.
½ q. l. de Frêne, ¼ l. du moulin & vill. de Bourgogne.
Montagne & Croix-Godinot; *belle vue*. Vallée & vill. de
Boult +... ½ l. Pont & riv. de Suippe. ½ l. O. de Bazancourt +. 1 l. E. de St.-Etienne-sur-Suippe. +. Côte & à
1 l. O. d'Isle-sur-Suippe. 2 ½ l. E. de *Neuchâtel*. Vallée,
pont & riv. de *Retourne*... 1 l. Devant le chât. & vill.
de Roissy +. ¼ l. E. de Saulx-St. Remy +. ½ l. O. de
l'Ecaille +. 1 l. de St.-Remy-le-petit. Pente rap. & côte
à trav. en pass. à l'O. de l'arbre de la Comtesse. Vallon
& bois. Le long O. du chât. & village de St.-Loup-en-
Champagne +. Pente rap. ½ l. O. du vill. d'Avançon +.
1 l. E. du moulin à v. d'Aire, 1 l. de Blanzy + & Balham +,
Gomont, sur la riv. d'Aisne +. Vallée, ¾ l. E. d'Herpy +

REIMS. 457

& de Condé. ¼ l. O. de Taizy+, Barby+ & Hanteuil+, Pont & riv. d'Aisne. *A Chateau-Porcien*... 5 l.

Château-Thierry. S.O.	Meaux par Château-Thierry.. 12
Chatellerault.... O.	Tours & à Chatellerault..... 115
Châtillon-fur-Seine. S.	Troyes & à Châtillon...... 45
Chaum. en Baff.S.p.E.	St.-Dizier & à Chaumont.... 42
Chêne le Populeux. E.	Réthel & au Chêne....... 15
Clermont en Arg. S.E.	Châlons; de Châl. à Verdun.. 24
CLERMONT-F.S.O.	Troyes & à Clermont...... 122
Cognac......... O.	Angoulême & à Cognac.... 165
Colmar....... S.E.	Béfort & à Colmar........ 101
Commercy..... S.E.	Châlons & à Commercy.... 39
Compiegne.... N.O.	Soiffons & à Compiegne... 23
Condrieux...... S.	Lyon & à Condrieux....... 121
Corbeny........ N.	Laon par Corbeny........ 6
Cormicy........ N.	Laon par Cormicy......... 4
Coulang.-la-Vin.S.O.	Auxerre & à Coulanges.... 49
COULOMMIERS. *Route de traverse*... O.p.S...	24

De Reims à Epernay.... 6 l. *Voyez de Reims à Troyes par Epernay.* D'Epernay on passe vis-à-vis du haut pavé. Au grand Pierre & à Goesse. O. de la Croix & Mont-Bernon. Vis-à-vis O. des Forges. A Pierry +, *gros vignoble & bon vin*. Détroit entre les côtes d'Ablois. A Corriget & Conardin. Mouffy & au N. de l'église du mont St.-Félix+. A Vinay+, N. de Vaudancourt+. Au moulin, ¼ l. N. de Brugny +. *A St.-Martin-d'Ablois*..... 2 l. A Soufson, E. de la forêt d'Anguien. ½ l. de la forêt de Brugny à passer. Au haut Batis, ½ q. l. O. de Bezil+. Petit bois à trav. Pente rap. à l'E. de Mareuille+. Avenue, parc & chât. de ce vill. Pont & riv. de Melun, ½ q. l. E. de Suify-le-Franc. Côte, ¼ l. O. de Corribert+. 1 l. de Lucy +. Pente rap. de Frevent & Mondelin. A la Foferie, 1 l. O. de Montmaur +. ½ l. S. E. d'Orbais. ½ l. de bois à traverser. Etang, à ½ l. N. O. de la Chapelle-fur-Orbais +. ¼ l. de bois & pente rap. Vallon, ruiff. & ½ l. de bois à passer. Etang à 1 l. de Margny & Verdon +. A Janvilliers +, 1 l. E. de Corrober +. Etang & vill. de Vauchamps +. Au N. de la forêt de Beaumont. ½ l. S. de l'Echelle-le-Franc +. A Montheland & *à Montmirail*... 7 l. Pont & riv. du petit

REIMS.

Morin. A l'E. de Rieux + & Montinil, N. de Mont-Olivot +. A St.-Barthelemy-en-beau-Lieu & *à la Ferté-Gaucher*... 5 l. De la Ferté *à Coulommuers*... 4 l. *Voyez de Paris à Sézanne.*

Damvillers...... E.		Luxembourg............	30
DEUX-PONTS.. E.		Metz & à Deux-Ponts......	70
Dieppe..... O.p.N.		Paris, Rouen & Dieppe.....	82
DIJON......... S.		Troyes & à Dijon.........	64
Dôle........ S.p.E.		Dijon & à Dôle...........	76
DOUAY........ N.		Laon & à Douay.........	38
Dourdan...... S.O.		Paris & à Dourdan........	50
DREUX....... O.		Paris & à Dreux.........	57
Dun-sur-Meuse... E.	DE REIMS à	Montmédy...............	23
Dunkerque.... N.O.		Arras & à Dunkerque......	64
Elbeuf......... O.		Paris & à Elbeuf.........	67
EMBRUN....... S.		Lyon & à Embrun........	165
Epernay........ S.		Troyes par Epernay.......	6
Estampes...... S.O.		Paris; de Paris à Orléans...	51
EVREUX...... O.		Paris & à Evreux.........	63
Falaise......... O.		Paris & à Falaise.........	86
Fere. (la)..... N.O.	DE REIMS à	Laon & à la Fère.........	15
Fère-Champenoise.. S.		Troyes par Epernay.......	15
Fère en Tardenois. O.		Château-Thierry par Fère...	11
*Ferté-Gaucher.(la)*SO		Coulommiers............	20
Ferté s-Jouarre.la S.O.		Meaux par Chât.-Thierry...	19
Flèche. (la).... S O.		Paris & à la Flèche.......	99
Fontainebleau... S.O.		Meaux & à Fontainebleau...	45
Forges........ N.O.		Beauvais & à Forges......	48
GÊNES....... S.E.		Lyon & à Gênes..........	270
GENÈVE.... S.p.E.		Besançon & à Genève......	109
Givet......... N.E.		Mézières & à Givet........	36
Gray.......... S.p.E.		Langres & à Gray.........	65
GRAND-PRÉ. *Route de traverse*...E...			15

Sortant de Reims on passe au S. du moulin de la Houffe. Vallée, ½ l. N de Cormontreuil +. Vis-à-vis N. de St.-Léonard & Taissy +. Au S. du moul. & des monts de Berru. A la croix de la Pompelle. Côte & fourche de la route de

REIMS. 459

Châlons ½ l. N. du village & chât. de *Sillery* +. ½ l. S. de l'Espérance, cense; & des vignes de Nogent. Vallon & à ¼ l. N. des deux maisons de Prunay +. Au-dessus de la croix & des ruines de Mouchery. ½ l. S. de Beine & des moulins à vent. Vallon & village de *Nauroy* +...... 4 l. Au Nord des monts de Moronvilliers +; côte & à ½ l. de ce village. Vallée, pont, prairie, moulin & riv. de Suippe. au petit St. Hilaire ou *St.-Hilier* +... 2 l. A ¼ l. N. de St.-Martin-le-Hureux. 5 l. de plaine à trav. en passant à ¾ l. S. d'Auvine +, St. Clément & St.-Pierre-à-Arne + Entre les bois de St.-Pierre & ceux de Beloys. 1 l. S. de St.-Etienne-à-Arne +. Croix de Blancmont où s'est donnée la bataille de Sompy en 1650. A 1 l. N. de Sompy & du moulin à vent. Au nouveau *Vilage* +... 3 l. 1 l. N. du vill. d'Aure +. Descente rap. des monts de Champagne. *A Liry-sur-Tailly*... 2 l. Pont & ruiss. des d'Huys; à côté de Singly. ¼ l. S. de Corbon & St.-Morel +, dans la vallée de Bourg. Plaine & vill. de Mouthois +. Le long N. du bois de Puireux. ½ l. O. de Challerange +. ¼ l. E. de Brieres +. *A Brecy* +... 2 l. Bac de Brecy sur la riv. d'Aisne. Côte rap. & tranchée à passer. ½ l. S. d'Olizy + & ½ l. N. de Mouron +. Au Caillou du Diable. Le long E. du bois de la Sarte, ½ l. N. des Termes +, ¼ l. de Senue +- A la Bergerie. ½ l. S. de Baurepaire. Pente & ferme d'Echauté. Pont, ruiss. au S. du moulin de Talmas. A la forge, N. de la riv. d'Aire & des bois de Negremont. *A GRAND-PRÉ*.... 2 l.

GRENOBLE.... S.	Lyon & à Grenoble.......	137
Guise.......... N.	Laon & à Guise.........	22
Havre. (le).. O.p.N.	Paris, Rouen & le Havre...	89
Landau........ E.	Metz & à Landau........	87
LANGRES....... S.	St.-Dizier & à Langres.....	51
	LAON. Grande Route... N.O...	11

Sortant de Reims on passe à ½ l. E. de Tinqueux + & St.-Brice. Côte, 1 l. E. de Champigny + & du chât. des Marais. A la Neuvillete +. 1 l. E. de Merfy +. 2 l. O. de Vatry. Fourche de la route de Cormicy. ½ l. E. de St.-Thiery +. Vignoble. ¼ l. O. de Courcy +. ½ l. E. de Thil-de-Pouillon +. Pente rap. à l'E. de Villiers-Franqueux +. Vallon ruiss. au S. du moul. & ham. Gauda. N. de Cauroy-les-Armonville +. Vall & ruiss de la fontaine St.-Aubeuf. A l'E. de *Cormicy*. O. du ham. & moul. de Neuville. Pente rap. à ½ l. O. de

Sapigneule +. Vall. bac & riv. d'Aisne. *A Bery-au-Bac*... 4 l. 2 l. de plaine en passant au chemin de Pontavaire. A Neufchatel. Passage de la Miette, riv. 1 l. E. de Pontavaire, 1 l. O. de Condes + & de Guignecourt. +. E. du vill. de Ville au bois +. $\frac{3}{4}$ l. du grand & petit Juvincourt 1 l. de *Craone. A Corbeny*... 2 l. Montagne rap. à l'E. de la forêt de Corbeny. $\frac{1}{2}$ l. de la Tuilerie & de Sainte-Croix +. Petit bois, $\frac{1}{2}$ l. O. d'Aizelle + & chât. Gaillard. Pente rap. entre le moulin & la chap. St.-Jean. $\frac{1}{4}$ l. E. de Ployard + & Arancy + O. d'Aubigny le Pavillon +. Montagne à trav. en pass. à $\frac{1}{4}$ l. du camp de Vielaon & du moulin de Ste.-Erine +. Au-dessus O. du chât. & vill. de Fussigny +. $\frac{1}{4}$ l. O. de Courtrizy +. 1 l. de Montaigu. Pente rap. & vill. Fetieux +. A Veslud +. 2 l. S. O. de Coussy-les-Aippes +. $\frac{1}{2}$ l. N de Parfondru +. le long du bois, $\frac{1}{4}$ l. du chât. de Tavergny. 1 l. S. O. de Salmoucy +. $\frac{1}{4}$ l. S. d'Athies +. A Chaufour. $\frac{1}{2}$ l. S. de Chambry. A Sauvoire, abb. 1 l. N. de Bruyères. A Vaux, faub. de Laon. Pente rapide & *à LAON*... 5 l.

Autre par Craone.................. 12

De Reims *à la Neuvillette. Voyez ci-dessus*. De Neuvillette à la route de Corbeny. A Thil, N. de St.-Thierry +. Montagne de vignes à trav. en pass. au S. de Villers-Franqueux +. Vallon & ruiss. à $\frac{1}{2}$ l. E. d'Armonville. A Cauroy-lès-Armonville +. Route de Bery-au-Bac. *A Cormicy*... 4 l. $\frac{1}{2}$ l. E. de Bouffignereux +. $\frac{1}{4}$ l. de bois à trav. à $\frac{1}{2}$ l. S. de Gernicourt +. Plaine, $\frac{1}{4}$ l. N. de Roucy +. $\frac{1}{4}$ l. E. de Chaudarde + & Concevreux +. Bac, moulin & riv. d'Aisne. E. de la Maison neuve, chât. A Pontavaire +. Carref. de la route de Soissons à Neufchâtel. Au Temple, $\frac{1}{4}$ l. O. de la Ville-au-Bois +. A l'E. du bois de Beaumerais. $\frac{1}{4}$ l. S. O. de *Corbeny*. A la Tuilerie, Chevreux & *à Craone*... 3 l. Pente rap. $\frac{1}{2}$ l. N. de Cranelle. $\frac{1}{2}$ l. de bois à trav. Abbaye de Vaucher & St.-Martin. Passage de la Lette, $\frac{1}{2}$ l. E. d'Ailles +. Pente rap. à l'O. du moulin & vill. de Bouconville +. $\frac{1}{2}$ l. E. de Chermisy + & Neuville +. Avenue & à l'O. du chât. de la Bove : *belle vue*. Au S. O. de Ployard +, $\frac{3}{4}$ l. d'Arancy +. Pente rap. entre la Vicomte & Verquesne. Pont & ruiss. $\frac{1}{4}$ l. E. de Martigny & Monthenault. A Bievres +, $\frac{1}{2}$ l. O. de Versaines +. Pente rap. & au S. de Mont-Châlons +. $\frac{1}{4}$ l. E. de Courpiere & Montberault. $\frac{1}{2}$ q. l. O. d'Orgeval : *belle vue*. Pente rap O. de

REIMS.

Cheret. A Bruyeres. 1 l. de plaine en paſſant à $\frac{1}{4}$ l. du chât. de Cornelle. 1 l. O. du bois & chât. de Lavergny. $\frac{1}{2}$ l. E. de Leully. A Ardon +, $\frac{1}{2}$ l. E. de Semilly. Pente rap. & à l'E. de l'abb. de St.-Vincent. *A LAON*... 5 l.

Autre Chemin par Amifontaine.......... 12

De Reims *à Bery-au-Bac*... 4 l. *Voyez la première Route ci-deſſus*. De Bery on paſſe à l'O. de Condé. Carref. de la route de Soiſſons à Neuchâtel. $\frac{1}{4}$ l. O. de Mauchamp. A l'E. de la Miette, riv. & de la Ville-au-Bois +. Le long E. du grand & petit Juvincourt +. Bois & à 1 l. O. du moulin & vill. de Prouay +. 1 $\frac{1}{2}$ l. E. de Corbeny, 2 l. de Craonne. *A Amifontaine*... 2 l. A 1 l. E. du moulin à vent & vill. de Berieux. $\frac{2}{4}$ l. de Goudelancourt +, 1 l. de St.-Thomas +. A la cenſe aux Groſelliers. $\frac{1}{2}$ l. E. d'Outre +, vill. & moulin de St.-Erme +. 1 l. O. de la cenſe de Fleuricour. $\frac{1}{4}$ l. E. de Ramcour +. 1 l. S. O. de Siſſonne. $\frac{1}{4}$ l. N. de Montaigu +. 1 l. S. de Marchais +. 1 $\frac{1}{2}$ l. de N. D. de Lieſſe. Au N. de la cenſe des Hayes & de Mauregny +. A Couſſy-lès-Aippes + & *d Aippes* +... 4 l. Au N. du chât. de Lavergny. Veſlud & Parfondru. S. de Salmoucy & d'Athies +. A Sauvoire, abbaye & à Vaux. *A LAON*... 2 l.

Laval.......	S.O.	à	Paris & à Laval..........	105
LIÉGE......	N.E.		Mézières & à Liége........	58
LILLE......	N.	R E I M S	Cambray & à Lille........	48
LIMOGES....	S.O.		Paris & à Limoges........	131
LIZIEUX.....	O.		Paris & à Lizieux.........	80
Longwy.......	E.	D E	Luxembourg..............	40
Louviers......	O.		Paris & à Louviers........	64
Luneville.....	S.E.		Nancy & à Luneville......	54

LUXEMBOURG. Grande Route... E... 45

De Reims *à Réthel*... 9 l. De Réthel *à Luxembourg*... 36 l.

Ou

De Reims *à Châlons*... 10 l. De Châlons *à Luxemb*. 35 l.

Chemin de traverſe................. 48

De Reims *à Verdun par Suippe*. 27 l. De Verdun *à Lux*. 21 l.

Autre Chemin................... 47

De Reims *à Autry*... 15 l. *Voyez cette Route*. D'Autry

on passe la riv. d'Aisne, forges de Bieves; entre Condé & Lançon +. 1 ½ l. de côtes & forêt d'Argonne à trav. A Apremont + & riv d'Aire que l'on passe. Au N. de Baulny + & de Montbiainville. Au S. de Chaudron & du bois de Chehery. A Serrieux & Eclisfontaine, sur la r. de Stenay à Clermont en Argonne. A Epinonville ou Epnonville +. Au-dessus N. d'Ivoiry + & à l'E. du bois Emont. Trav. de la gr. chaîne primitive qui partage la France, en passant au bas N. du tertre & bourg de *Montfaucon*. Au point de partage du bassin de la Seine & de la Meuse. A Sept-Sarges + & à Drillancourt +. Le long N. des bois de Forges. Pont & riv. de Meuse. A Consenvoy +. Au N. de Brabant-sur-Meuse & à 1 l. de Forges +. Pente rap & bois de Consenvoy. A Ormont. Entre les bois d'Ormont & de Hautmont. A Flabas +, ½ l. S. de Moirey & de *Damvillers*..... A Ville devant Chaumont, Thil + & à *Azenne* +... 15 l. D'Azenne à *Longwy*... 10 l. *Voyez de Verdun à Longwy*. De Longwy à LUXEMBOURG... 7 ½ l. *Voyez de Verdun à Luxembourg*.

Autre Chemin.

D'Autry au N. de la forge de Bieves & S. de Lançon +. 1 l. de la forêt d'Argonne à trav. A Chatel +, ½ l. S. de *Cernay* +... 2 l. Pont & riv. d'Aire. A l'abb. de Chehery. Vallon entre les bois de Mantrefagne & celui de Chehery. A Exermont +. Vallon & ferme d'Arietal. Vallée remplie de mines de fer, en traversant 1 l. des bois de Romagne. *A Romagne* sur Andon, ruisseau... 3 l. A l'E. de Cunel. A Brieulle sur Meuse. Villosne & passage de la Meuse. Au N. de Sevry. Pente rap. au S. de Haraumont +. ¼ l. des bois du Roi à trav. Plaine & bourg de *Damvillers*... 6 l. 2 l. de bois à passer. *à Mangienne*... 2 l. De Mangienne à Longwy... 8 l. *Voyez la suite ci-dessus*.

Autre Chemin.

De Reims à Grand-Pré.... 15 l. *Voyez cette Route*. De Grand Pré on passe aux Greves. Côte & bois de Taillegueule. ¼ l. N. de Chevieres +. Moulin de St.-Juvin & riv. d'Agron. A St.-Juvin +. ½ l N. de Marcq + & de la riv. d'Aire. A Sommerance +. 1 l. des bois de Romagne à trav. qui couvrent la grande chaîne. *A Romagne*... 4 l. *La suite ci-dessus*.

Autre Chemin par Grand-Pré.

De Grand-Pré on passe le long du parc & au S. de la

REIMS.

belle Joyeuſe. Vallée à paſſer. Entre les Loges & les Greves, fermes. Entre le bois de Taillegueulle & des Loges. A Champigneule +. Pont & riv. d'Agron, au S. de la Forge. Côte & à ½ l. N. de St.-Juvin +. Au N. de Verpel +, d'Aillypont & Imecourt +. A St. Georges +... 2 l. A Landres +. N. de la côte & tuilerie de Châtillon. A la d'Huy ou la Dieu. ¼ l. S. du moulin & vill. de Remonville +. Traverſe de la gr. chaîne, des bois d'Andevanne & de Bantheville. A Aincreville +. Pente rap. & montagne à trav. A Doucon ou Doulcon +. Chauſſée & rivière de Meuſe. à Dun... 4 l. Au S. de Milly. A Murvaux +, au bas de la côte de St.-Germain. Bois & côte de la Rochelle. A Brandeville +. 1 l. de la forêt de St.-Dagobert à trav. Pont & riv. de Loiſon. A Jametz & route de Verdun à Stenay... 4 l. Pente rap. & côte à paſſer. A Marville ſur l'Othain, riv... 3 l. A Han, devant Marville. A Colmey, ſur le Chiers, que l'on paſſe. A Villery-la-Chevre + & Longwy... 7 l. Le reſte ci-deſſus.

LYON	S.	Langres, Chalon & Lyon...	110
MACON	S.	Langres & à Macon...	94
Machault	N.E.	Sédan par Machault...	11
MANS. (le)	S.O.	Paris & au Mans...	89
MARSEILLE	S.	Lyon & à Marſeille...	197
Marville	E.	Montmédy & à Marville...	30
Maubeuge	N.	Laon; de Laon à Bruxelles...	33
Mayenne	O.	Paris & à Mayenne...	98
MEAUX	O.	Epernay & à Meaux...	29
METZ	E.p.S.	Verdun & à Metz...	45
MÉZIERES	N.E.	Réthel & à Mézières...	18
Montbart	S.	Troyes & à Montbard...	49
Montcornet	N.	Bruxelles...	13
Montbéliard	S.E.	Langres & à Montbéliard...	89
Montmédy	E.	Stenay & à Montmédy...	27
Montmirail	S.O.	Coulommiers...	15
MONTPELL.	S.O.	Lyon & à Montpellier...	188
MOULINS	S.O.	Troyes & à Moulins...	99
Mouzon	E.	Stenay & à Mouzon...	28
Mulhauſen	S.E.	Nancy, Colmar & Mulhauſen.	85
NANCY	S.E.	Châlons & à Nancy...	47

NANTES....	S.O.	Paris & à Nantes........	132
NARBONNE...	S.O.	Montpellier & à Narbonne..	211
Neuchâteau......	S.	Bar le-Duc & à Neuchâteau.	49
Neufchatel......	N.	Bruxelles par Neuchâtel....	5
NEVERS.....	S.O.	Auxerre & à Nevers.......	74
Nogent-s-Seine..	S.O.	Provins & à Nogent.......	34
N. D. de Liesse...	N.	Laon & à N. Dame de Liesse.	15

NOYON. Route de traverse... N.O... 23

De Reims à *Laon*... 11 l. De Laon à *Noyon*.... 12 l.
Ou
De Reims à *Soissons*... 13 l. De Soissons à *Noyon*... 10 l.

Chemin de traverse............... 24

De Reims à *Craone*.... 7 l. *Voyez de Reims à Laon par Craon.* De Craone on monte la côte rapide & l'on passe au N. du moulin & vill. de Cranelle. Le long S. des bois, ½ l. de Vaucler, abbaye. Au N. d'Ouche+ : *belle vue.* A Heurtebize; ½ l. S. de St.-Martin & Vaucler; plus loin Bouconville + & la Bove. ½ l. S. d'Ailles +, ¼ l. du moulin & vill. de Chermisy +. ½ l. N. de Paissy +, moulin à v. de Jumigny+ & de Moulin+. ¼ l. S. de *Cerny-en-Laonnois*+... 2 l. ½ l. N. de Troyon + & de Vendresse +. ½ l. S. de Courtecont +, 1 l. de Pancy & Chamouille. ½ l. N. de Chivy, Beaulne + & Verneuil. A Malva, ¼ l. S. de Grendelain + & Coulligy +. ¼ l. N. de Bray-en-Laonnois+. A la baraque de Froidemont, ¾ l. S. de Troucy + & 1 l. de Lierval +. ¼ l. S. de Chevrigny + & Monnampteuil +. Avenue & à ¾ l. du vill. & chât. d'Ostel +, au S. de Roger & de Filain+. Vis-à-vis S. de Ste.-Berthe & St.-Martin. ½ l. S. de Pargny, 3 l. de *Laon*. ½ l. N. d'Aisy + & de Jouy +. Au S. de la Malmaison & de Chavignon +. A' l'Ange-Gardien, auberge & route de Soissons *à Laon*... 4 l. A ½ l. S. de Vaudesson +. Carref. de la route de Pinon & moulin de Laffaux. A Pinon + & son chât. Plaine & prairie à trav. en passant à la route & à ½ l. d'Anizy le chât. Pont, riv. de Lette & moulin de Locres. *A Brancourt* +... 3 l. De Brancourt à *Noyon*... 8 l. V. *de Laon à Noyon par Coucy.*

Orient. (l')......	S.O.	De Reims à Paris & à l'Orient.	163
ORLÉANS......	S.O.	—— Paris & à Orléans.....	66
PARIS.........	O.	—— Meaux *ou* Soissons & à P.	38

REIMS.

PAU............	S.O.	Paris & à Pau.............	244
PERPIGNAN..	S.O.	Montpellier & à Perpignan..	216
Péronne......	N.p.O.	Laon & à Péronne.........	31
Plombières...	S.p.E.	St-Dizier & à Plombières...	72
POITIERS....	S.O.	Paris & à Poitiers.........	125
Pont-à-Mousson.	S.E.	Verdun & à Pont-à-Mousson.	45
Pontavaire......	N.	Laon par Pontavaire......	5
Provins......	S.O.	Sézanne & à Provins......	27
Quesnoy. (le)....	N.	Valenciennes par le Quesnoy.	32
RENNES.....	O.	Paris & à Rennes.........	124

RÉTHEL. Grande Route.... N.E... 9

Sortant de Reims on trav. le faub. & l'on passe au pied du moulin du Bourg. ½ l. O. de Cernay-les-Reims. côte, 1 l. du moulin & mont de Beru. Vall. & à ½ l. E. de Bertheny +, 1 ½ l. de Neuvillette +. 1 l. de Mercy +, St.-Thiery + & Pouillon +, *vignoble*. Côte & vill. de *Witry* +... 2 l. Vall. & le long de la côte, O. du moulin & vill. de Caurel +. A l'O. du moulin & vill. de Lavanne +. Côte, ½ l. E. de Pomacle +. 1 l. du mont & croix Godinot. Vallée, pont, moul. & riv. de Suippe. *A Isle-sur-Suippe*... 2 l. Pont & petit ruiss. ½ l. O. de Warmeriville +. ¼ l. E. de Bazancourt +. 1 l. de Boult. Pente rap. & côte à trav. en passant à ¼ l. O. de Menil-l'Epinoy + : *belle vue*. A l'O. de Neuflize, Alincourt & Juniville +, tous sur la Retourne, riv. A l'E. de St.-Remy +, l'Ecaille & Roisy +. Pont, riv. de Retourne & dev. le cabaret de St.-Ladre. Entre Bernicourt + & le Chatelet +... 2 l. Le long d'une montagne rapide. A Tagnon +. Pente à ¼ l. O. de Perthes-le-Chatelet. 1 l. E. du moulin & vill. d'Avançon + : *belle vue sur la riv. d'Aisne*. Pente rap. & devant la Guinguette, *cabaret*. Chemin & à l'E. du moulin, vill. & château de Romance +. A l'O. de Sault +, Pargny + & Tugny +, A RÉTHEL.... 3 l.

ROCHELLE.(la)	S.O.	Paris & à la Rochelle......	159
ROUEN....	O.p.N.	Paris & à Rouen.........	68
Saarlouis......	E.	Metz & à Saarlouis.......	58
S.-Etien.-en-F.	S.p.O.	Lyon & à St.-Étienne.....	123
St.-Florentin.	S.p.O.	Troyes & à St.-Florentin....	40
ST.-MALO.....	O.	Paris & à St.-Malo........	127
ST.-OMER...	N.O.	Arras & à St.-Omer.......	57
Ste.-Menehould.	E.pS.	Châlons & à Ste.-Menehould.	20

Tome II,

SAINTES........	S.O.	De Reims à Paris & à Saintes.	159
Saverne.........	S.E.	—— Nancy & à Saverne....	73

SEDAN. Grande Route.... E.... 23

De Reims *à Rethel*... 9 l. De Réthel *à Sedan*... 14 l.

Chemin de traverse............ 22

De Reims *à Isle-sur-Suippe*... 4 l. *Voyez de Reims à Rethel.* d'Isle on passe au N. de Warmeriville + & à l'O. de Menill'Epinoy +, S. d'Alincourt. + A Juniville & petite Paroisse +. Au S. de Bignicourt +. A Ville, sur Retourne, riv. que l'on passe. ½ l. N O. de Mont-St.-Remy +. A Pauvre + & route de Rethel *à Stenay*... 5 l. Mont de Champagne à trav. en pass. à ½ l. S. de Saulce-Champenoise +: *belle vue*. A 1 l. N. du moul. de Leffincourt. Croix & moul. à v. de Vaux : *belle vue*. A 1 l. N. du moulin de Leffincourt. Croix & m. à v. de Vaux: *belle vue sur l'Aisne*. Pente rap. & au S. de Vaux-en-Champagne +. ½ l. N. de Coulommes. Trav. de la vallée de Bourg, en pass au S. de Ste.-Vaubourg + & Prieuré. ¼ l. N. de Chaffilly + & de Mery +. ¼ l. S. d'*Attigny*. ½ q. l. N. du chât. de la Roche. Petit bois de Walard à passer. ½ l. O. de Vonc +, au-delà de l'Aisne. 1 l. S. de St.-Lambert & Charbogne. Vallon & riv. d'Aisne, qu'on passe au Gué. A Semuy +. ½ l. E. de Rilly aux-Oyes +. ½ l. S.E. du chât. de Mont de-Jeu. Vallon, vill. de la Neuville + & la Coque. ½ l. S. de Day. A Montgnont +. N. de Melime. Côte au N. du chât. d'Elaire, ½ l. S. de Longwé, Abb. *Au Chêne-le-Populeux*... 6 l. Du Chêne *à SEDAN*... 7 l.

Autre Chemin par Vouziers........ 23

De Reims *à Pauvre*... 9 l. *Voyez ci-dessus.* De Pauvre *à Vouziers*... 4 l. *Voyez de Rethel à Stenay.* De Vouziers on passe le pont & riv. d'Aisne, chaussée & prairie; ½ l. S. E. de Condé. Au bas O. de Chêtre +, moulin de Toupé, ½ l. O. de Landeve. De-là *à SEDAN*..... 10 l. *Voyez de Châlons à Sedan*..

Autre Chemin par Machault....... 23

De Reims on passe à Cernay-lès-Reims +. Mont, moulin à vent & vill. de Berru +. Plaine & à 1 l. S. du moulin à vent & vill. de Lavanne + & de Caurel +. 1 l. N. du vill. & des moulins de Beine. Vallon & vill. d'Epoye +. Côte, ¼ l. S. de St. Masme + & d'Heutregiville. ½ l. S. de Selles, sur Suippe +. *A Pont-Faverger.* Vis-à-vis de St.-Médard

& St.-Brice. $\frac{3}{4}$ l. de Bithniville +, 1 $\frac{1}{2}$ l. du petit St.-Hilaire. Pont & riv. de Suippe. Mont au S. de la Neuville-en-Tournasuy, & au N. d'Auvinne. Pente rap. & vill. de Cauroy +. *A Machault*...... 9 l. Vallon, à $\frac{1}{4}$ l. de la source de la Retourne. $\frac{3}{4}$ l. S. du moulin & village de Treffincourt +, au N. de Cheppe & de Contreuve. Au moulin de Bourg. Pente rap. des monts de Champagne. A Bourg +. Telinne & *Vouziers*... 4 l. De Vouziers *à* *SEDAN*... 10 l. *Voyez de Châlons à Sedan.*

SENLIS..........	O.	De Reims à Soissons & à Senl.	31
SENS..........	S.O.	—— Troyes & à Sens......	45

SEZANNE. Route de traverse...S.O... 16

De Reims *au petit Morains*... 13 l. *Voyez de Reims à Troyes par Epernay.* Du petit Morains & fourche du chemin de Troyes, on passe à $\frac{3}{4}$ l. O. d'Ecury-le-Repos +. Dev. S. du gr. & petit Launay, censes. $\frac{1}{4}$ l. des marais de St.-Gond. A Banne +. Au pied de la côte & du moulin. Le long N. des marais de St.-Gond. Au grand Broussy +. A l'E. du Mesnil. 1 l. du village & moulin à v. du petit Broussy +. Détroit entre les monts & à l'O. du moulin à v. d'Aoust. $\frac{1}{2}$ l. E. du mont, vill. & moulin d'Allement +. $\frac{1}{4}$ l. O. de St.-Loup +. $\frac{3}{4}$ l. de Linde, &c. $\frac{1}{2}$ l. E. de Peas +, 1 l. du moulin de Broyes. $\frac{1}{2}$ l. N. de St.-Remy, & route de Châlons. Côte, au N. de Vindé, 2 l. du moulin de Barbonne. *A SEZANNE*... 3 l.

Chemin de traverse............... 16

De Reims *à Moussy*... 7 l. *Voyez de Reims à Coulommiers.* De Moussy on passe au bas de Mont-Félix +. $\frac{1}{4}$ l. E. de Vinay +. 1 l. de St.-Martin-d'Ablois +. E. de Vaudancourt + & Brugny +. Au Jard & à la Poissonnerie. Petit bois à trav. à l'O. de Betin. 1 l. de forêt de Brugny à trav. Au bas E. de Meard. Pont & ruiss. de la riv. de Melun. $\frac{1}{2}$ l. O. de Charmoy +. $\frac{1}{4}$ l. E. de Lucy +, 1 l. de Corribert +. A Montmaur, *Abbaye*... 3 l. A la Caure +, $\frac{1}{2}$ l. E. de Menil. $\frac{1}{4}$ l. de bois à trav. & r. de Montmirail à Châlons. Cabane, $\frac{1}{4}$ l. E. de Champaubert +. Etang & cense rouge à $\frac{1}{2}$ l. O. de Congy +; Toulon +, le moulin de Vert & la tour de Montaimé sont plus loin. $\frac{1}{2}$ l. de bois d'Andecy à passer. Vallon & abb. d'Andecy. Vallon d'une lieue le long du petit Morin. A St.-Quentin &

vill. de Baye +. Au bas de la cenfe de Convert, O. d'Oilly & Villevenard +. Pont & riv. du *petit Mo in*... 3 l. A Pont St Prix, ½ l. S. E. des Reclus, abb. Côte, à ½ l. O. d'Oye + & de St.-Gond. A Montalard, 1 l. des marais de St Gond Pente rap. Vallon, étang & tuilerie ½ q l. E. de Soiffy-au Bois. ½ l O Montgivroult & moulin de Brouffe. Devant le chat. de Chapton. Etang, ½ l. E. de Lachy & de la fource du gr. Morin. ½ l. O. de Broyes + & 1 l. d'Allement. ½ l. d. bois à côtoyer. 1 l. E. des grands Effarts +, ½ l. de Verdey + Pente rap. de la belle Croix. *A SEZANNE*... 3 l.

Signy-l'Abbaye...	N.E.	De Reims à Réthel & à Signy. 15
Siffonne..........	N.	—— Laon par Siffonne... 9
SOISSONS......	N.O.	—— De Soiffons à Reims... 13

STENAY Grande Route.... E.... 23

De Reims à *Pauvre*.... 9 l. *Voyez de Reims à Sedan.*
De *Pauvre à Stenay*... 14 l. V. *de Réthel à Luxembourg.*

Chemin de traverfe............... 25

De Reims à *Grand-Pré*....... 15 l. De Grand-Pré à *Stenay*... 10 l. *Voyez de Châlons à Stenay.*

Autre Chemin............... 23

De Reims à *Vouziers*... 13 l. *Voyez de Reims à Sedan par Vouziers.* De Vouziers on paffe la riv. d'Aifne; à l'E. de Chêtre, ¾ M. de Longwé. A la Croix-aux Bois. 1 l. de bois à trav. A ¼ l. de Boux-aux-Bois & de Belleville +. A l'Orme & au N. de Briquenay +. La Malmaifon, chât. & au S. du Puifet, de la fource de la riv. de Bar. S d'Haricourt & de Bar. *A Buzancy*.... 5 l. De Buzancy à STENAY... 5 l. *Voyez de Châlons à Stenay.*

STRASBOURG.	S.E.	Nancy & à Strafbourg......	83
Suippe........	S E.	Verdun par Suippe........	10
Thionville......	E	Metz & à Thionville......	52
Tonnerre.....	S.O.	Troyes & à Tonnerre......	42
TOUL........	S.E.	Châlons & à Toul.........	45
Toulon.......	S.	Lyon & à Toulon.........	206
TOULOUSE..	S.O.	Paris & à Toulouse........	168
TOURS......	S.O.	Paris & à Tours..........	95

(DE REIMS à)

TROYES. Grande Route... S.... 29

Sortant de Reims par la porte de Paris, on traverse le faubourg de Vesle & l'on passe à la fourche de la route de Soissons & de Paris. A l'E de Bezannes +, Ouest de Champfleury+ A 1 l. E. de Sacy+ & à Villers-aux-Nœuds+. Traverse de la montagne & bois de Reims, en pass. à l'E. de Sermiers. Au petit Fleury. 1 l. des bois de Reims à trav. $\frac{1}{4}$ l. E. de St.-Imoges & $\frac{1}{2}$ l. de bois à passer. Pente rap. de la montagne de Reims. A Champillon +. $\frac{1}{4}$ l. E. de Hautvillers, abb. +, *bon vin*. A l'O. de Dizy+, $\frac{1}{4}$ l. d'Ay. $\frac{1}{2}$ l. de prairie le long de la Marne, pont sur cette riv. que l'on passe. *A Epernay* .. 6 l. D'Epernay on passe au haut pavé & aux marais. Au pied du mont & Croix Bernon. Petit bois & le long des Forges. Côte & à $\frac{1}{2}$ l. E. de Pierry : *grand vin*. A $\frac{1}{4}$ l. E. de la Côte & vill. de Montelon + Côte de vignes & à $\frac{1}{4}$ l. E. de Cuy. Vignes, côte & vill. de Cramant +. A la rue des Crochets : *belle vue à l'E*. *A Avize*, d'où l'on voit Châlons 7 l. à l'E. Vignes, côte, vill. & moulin d'Oger +. Au Menil + & devant le moulin à vent. A 2 l. O du chât. & vill. de Pocancy +. 1 l. de vignes à trav. en passant à l'E. de la Houpe de Vertus, mont. Pente rapide entre Notre-Dame & St.-Sauveur. *A Vertus*... 4 l. A l'E. de la côte de vignes de Bailly-la-Folie. A Bergeres, $\frac{1}{3}$ l. E. du mont de Falouse-Cormont. Moulin & carref. de la route de Paris à Châlons par Montmirail. Au pied de la montagne & tour de Montaimé, d'où l'on voit à l'E. la côte de Vaux près de Vitry, 9 l. N. Dame de l'Epine, 9 l. & au N. E. les côtes de Moronvilliers, 13 l. &c. A $\frac{1}{4}$ l. E. de Colligny +, 1 l. du chât. de Gravelle. $\frac{1}{2}$ l. O. de Pierre-Morains +. 1 l. E. d'Onizeux + & de Vert +, $\frac{1}{2}$ l. d'Aulnay-aux-Planches +. Au petit Morains +, $\frac{1}{4}$ d'Ecury-le-Repos +. A l'E. des marais de St.-Gond & de Banne +. 3 l. E. des côtes, moulins d'Aoust, de Broussy, Allement & Broyes. 1 l. O. de Normé +. 2 l. de Lenhare. *A Fère-Champenoise*... 4 l. A 1 l. O. de Connantray + 1 l. E. du chât. & vill. de Conantre +. Côte rap. Vallon & vill. d'Eury +. Fourche du chemin de Plancy. Plaine. $\frac{1}{4}$ l. N. E. de Gourganson. Vallée & vill. de *Semoine* +... 3 l. Carref. du chemin de Sezanne à Vitry. Côte & moulin à vent de Semoine. Vallée à trav. en pass. à l'E. de Changrillet + Le long O. de Villiers +. A Her isse, O du moulin à v. Carref. de la r. de Sezanne à Bar-sur-Aube. Côte, $\frac{1}{2}$ l. E. d'Allibaudiere +. Vallon & côte de vignes. Aux Vaſſeurs. ½ l. E. d'Orme. Petit bois & riv. d'Aube à paſſer. *A Arcis*... 5 l. D'Arcis *à* TROYES... 7 l. *Voyez de Châlons à Troyes.*

VALENCIENNES. N.		Laon & à Valenciennes.....	39
Varenne..... E.p.S.		Verdun par Varenne.......	20
Vendôme...... S.O.	REIMS	Paris & à Vendôme........	79
Vaucouleurs... S.E.		Bar-le-Duc & à Vaucouleurs.	43
Vendreſſe........ E.		Sedan par Vendreſſe.......	17

VERDUN. Grande Route... E... 30

De Reims à Châlons... 10 l. De Châlons à Verdun.. 20 l.

Chemin de traverſe............... 28

De Reims *à la croix de la Pompelle*... 2 l. *Voyez de Reims à Grand-Pré.* De la croix & fourche des routes de Châlons & Grand-Pré, on paſſe à ½ l. N. du château & vill. de Sillery +. Vallée & ham. des Deux-Maiſons. ¼ l. N. E. de Prunay +. 1 l. de Beaumont. 2 l. N. de St.-Baſle, abbaye. Verzy + & Verzenay +: *vignobles.* Le long de la montagne de Reims. Fourche de la route de Vouziers. ½ l. N. de Veez +, Thuiſy + & Courmeloy +. Pont, à 1 l. S.O. de Prone + & ſon moulin; les monts de Moronvilliers ſont plus loin. Côte ; à ¼ l. N. de Sept-Saulx + & des petites Loges. Côte, vallon, vill. de *Baconne* +... 4 l. A 1 l N.E. de Mourmelon-le-petit, & 1 l. de Livry +. ¼ l. N. du grand Mourmelon +. 2 l. de plaine en paſſant à 1 l. S. du grand St.-Hilaire *ou* St.-Hilier +. ¾ l. de Tonchery +. ¼ l. du chât. de Chantereine. Vis-à-vis S. de la Foulerie & moulin Jolivet. *A Suippe*... 4 l. De Suippe on paſſe à ½ l. N. de la Croix où s'eſt donnée la bataille d'*Attila* en 452. Vis-à-vis de la Foulerie, du moulin Nantivet & de la tour du Chatay. A Somme-Suippe +, où eſt la ſource de la riv. de Suippe. Côte, 1 l. N. de la Croix-en-Champagne +. Vallon & vill. de Sommetourbe +: ſource de la riv. de Tourbe. Arbre, côte, ¾ l. de St.-Jean-ſur-Tourbe +, & plus loin Laval + & Wargemoulin. Vallon & côteau à trav. Vallon, ½ l. S. de Somme-Bionne +. Côte, 1 l. S.O. du moulin à vent de Valmy. Traverſe de la côte d'Hyron: *belle vue.* Garenne, Maiſnieux, cabaret de la Lune & route de Châlons... 5 l. De-là *à* VERDUN... 13 l. *Voyez de Châlons à Verdun.*

REIMS. 471

Vertus............	S.	De Reims à Troyes.......	10
Vervins...........	N.	—— Bruxelles...........	17
Vesoul..........	S.p.E.	—— Langres & à Vesoul...	69
VIENNE en Dauphiné.	S.	—— Lyon & à Vienne.....	117

VIENNE-LE-CHATEAU. *Route de traverse*. S.E. 17

De Reims à *Suippe*... 10 l. *Voyez de Reims à Verdun*. De Suippe on passe au N. de Somme-Suippe, 1 l. S. du moul. à vent & vill. de Perthes +, ¾ l. de Hurlus + & du Menil +. Au N. de Laval + & de St.-Jean-sur-Tourbe +. A Warge-Moulin + *sur Tourbe*... 3 l. Au N. de Minaucourt. Mont-Charmont à passer. Vallée, au S. de Virginy +, & de Massiege. A Montremoy. ½ l. S. de Ville-sur-Tourbe. A Malmy +. Traverse des bois d'Hauzy. Au N. du Mont-Molmont. ½ l. S. de Melzicourt + & Servon +. Passage de la riv. d'Aisne à Vienne-la-Ville, *ou vis-à-vis de St.-Thomas* +. *A VIENNE-LE-CHATEAU*... 4 l.

Autre Chemin.................. 16

De Reims à *Baconne* +... 6 l. *Voyez de Reims à Verdun*. De Baconne au grand *St.-Hilaire*.... 2 l. Croix & à ¼ l. S. de Souain, entre Perthes + & *Hurlus* +... 3 l. Au N. de Minaucourt. A Virginy +, S. de Massiege +. Devant le chât. & vill. de Ville-sur-Tourbe. Bois d'Hauzy à trav. riv. d'Aisne, que l'on passe. A St.-Thomas & à *VIENNE-LE-CHATEAU*... 5 l.

Villefranche........	S.	De Reims à Lyon........	103
Villers-Coterets..	O.p.N.	—— Senlis.............	19
Vire..............	O.	—— Paris & à Vire......	98

VITRY-LE-FRANÇOIS. *Grande Route*...S... 18

De Reims à *Châlons*... 10 l. De Châlons à *Vitry*... 8 l.

Chemin de traverse.................. 21

De Reims à *Vertus*... 10 l. *Voyez de Reims à Troyes*. Dev. N. D. & à Voypreux +. ½ l. de Chevigny +. Carrefour de la route de Paris à Châlons par Montmirail. A 1 l. S. O. de Bierges + & Chaintrix +. Vall. & vill. de *Trecon* +... 2 l. Côte & vall. pont, riv. de Sommesous & vill. de Villeseneux +. ¼ l. S. de Soudron +. A Vatry + & route de Troyes à *Châlons*... 3 l. A Bussy-l'Estrée, sur Somme-Soudé. ¼ l. N. de l'Estrée. 3 l. de plaine à trav. en passant à 1 ½ l. de

Nuisement-Breuvery + & St.-Quentin-sur-Cole. 1 l. S du chat. de Vaugency & Cernon. 1 l. de Cougetz-sur-Cole +. Au S. de Fontaine + & Vesigneux +. Trav. d'une r. Romaine. *A Faux-sur-Côle* +... 3 l. Vallon & cense de Neau de Chaudiere. Côte, 1 l. S. O. de Drouilly + & Pringy +. Vallée & vill de Maisons +. Côte, au S. de Loisy +, Villers + & Couvrot +. A Blacy +. Grandes & petites Indes, faub. pont, riv. de Marne. *A VITRY*... 3 l.

Vouziers........	E.	De Reims à Sédan........	13
Wassigny......	N.E.	—— Réthel & Wassigny....	13
Yvetot......	O.p.N.	—— Paris & Yvetot......	77

ROUTES ET CHEMINS DE TRAVERSE
DE RENNES

Distance de RENNES

à		Voyez	lieues.
ABBEVILLE...	N.E.	Rouen & à Abbeville......	112
AIX *en Provence*	S.E.	Lyon; de Lyon à Aix....	254
ALENÇON...	N.p.E.	Mayenne & à Alençon.....	41
Amboise......	S.E.	Tours & à Amboise.......	63
AMIENS.....	N.E.	Rouen & à Amiens.......	111

DE RENNES à

ANCENIS. *Grande Route*... S.E... 35

De Rennes à *Nantes*... 26 l. De Nantes à Ancenis... 9 l. *Voyez d'Angers à Nantes.*

Chemin de traverse............... 23

De Rennes à Châteaubriant... 12 l. *Voyez de Rennes à Angers.* De Châteaubriant on passe entre le chât. de la Moriniere & la source de la Corne, riv. A l'E. de la forêt Pavé & à l'O. d'Erbray +. Chemin & à ½ l. E. de Moisdon. Pont, riv. de Don. Entre la forge Neuve & petit Bourg +. *A Auverné* +.... 3 ½ l. Pont & riv. de Croissel. ¼ l. E. du moulin à vent. Roucelle. Forêt d'Ancenis à trav. A 1 l. E. de l'abb. de Meilleraye. A Riaillé. +, O. du chât. de la Cour-du-Bois. Pont & riv. de l'Erdre. Côte rap. & landes

RENNES.

à trav. *A* ...... 4 l. Pont & riv. de Donneau. Côte & à l'O. du bois & chât. de la Riv. $\frac{3}{4}$ l. de landes à trav. En passant aux Varennes & à la chapelle Rigaud. Pente rap. du Bel-Air. Pont, ruiss. à l'O. de la Riviere. Côte rap. à l'E. de Courau, $\frac{1}{2}$ l. de Mesanger 4. Pente rap. & ham. de la Vareune. $\frac{3}{4}$ l. de landes à passer & à chât. Rouge. Laufraire. E du bois & chât. de la Guerre. O. de l'Aubiniere & chapelle Gauvin. A la Maniolle & vignes à passer. Entre le gr. champ. Et la Verrerie. *A ANCENIS*... 3 $\frac{1}{2}$ l.

Autre Chemin..................... 25

De Châteaubriant à la chapelle *Glain* 4... 6 l. *Voyez d'Angers à Rennes*. De la chapelle Glain au Prieuré. Pont, moulin & chât. de la Motte. Côte & ham. de haute & basse Roulaye. Prairie & ruiss de Mandie. A St.-Sulpice-des-Landes 4. Bruyeres, moulin à v. & ham. de la Haye. Vall. landes & côte à trav. En passant à l'E. de la forêt de Mars. Côte & landes à l'E de Bennœuvre 4. Chât. & vill. de St.-Mars de la *Juille* 4... 3 l. Pont & riv. d'Erdre. Côte, vall. bois & landes. A la Regisserie, O. de la Gachardiere, du moulin à vent & vill. de Pouillé 4. Aux Hayes, E. de la chapelle Rigaud. côte du Bel-Air & pont à l'O. de la Riv. A la Varenne & à *ANCENIS*... 4 l.

Andelys.......... N.E. |De Renn. à Alenç. & aux And. 77

ANGERS. *Chemin de traverse*....... 30

De Rennes on passe à St.-Hellier & fourche du chemin de la Guerche. A l'O. de Chantepie & à l'E. du chât. de Brequigny. Bois & à $\frac{1}{2}$ l. O. du Plessis de Vern, chât. A Vern 4. Pont & riv. de Seiche, E. de Noyal 4. Entre Meneuf & Chambriere. $\frac{1}{4}$ l. O. de St.-Armé 4. $\frac{1}{4}$ l. E. de St.-Erolon 4. A l'E. de Bourbarré. A Corps-Nuds *ou* les Trois-Maries 4 & au chemin de *Janzé* 4... 4 l. A $\frac{1}{4}$ l. E. de Chanteloup & à l'O. du vill. & chât. de Brie 4. Chemin & à $\frac{1}{2}$ l. E. de Saulniere. Le long E. de la Couiere *ou* Coyere Etang du Plessis-bois-Hamon. A Tourie 4 sur la Semnon, riv. $\frac{1}{2}$ l. E. de Lalleau-St.-Join. *A Souvache* 4... 4 l. Le long du bois du Plessis. A Rougé & à *Châteaubriant*... 4 l. de Châteaubriant à *ANGERS*... 18 l. *Voyez d'Angers à Rennes*.

Autre Chemin..................... 31

De Rennes à St.-Helier 4 Chantepie 4 & au S. du chat. de Cucé; O. de Dom Loup 4. *A Château-Giron*... 4 l. A l'O.

Tome II.   O o o

de St.-Aubin de Pavail +. Chemin & à l'E. de Venette +. Pont & riv. de Seiche. à l'E. d'Amanlis +. O. du vill. & chât. de Piré +. ½ l. d'Essé + A Teil. ½ l. O. d'Arbresec +. & ¼ l. E. de *Janzé* +... 3 l. Forêt de Teil à trav. ½ l. E. de Coemes +. Pont & riv. de Semnon. ¼ l. O. de Forges + & de la forêt de la Guerche. *A Martigne*... 3 l. Au chât. de la Riviere. Côte de St.-Morand & moulin des Haroulieres. 1 l. de la forêt d'Araise à trav. Entre les Soucis & le moul. à vent de Sailoges. Entre Dru & la Maison-Neuve. Côte, bruyeres *ou* landes de la Fossais. Pont & riv. de Verzée. A l'Etang & au g. moulin. *A Pouancé*... 3 l. *De Pouancé à ANGERS*... 18 l.

Voyez d'Angers à Rennes par Pouancé.

ANGOULEME	S.	De Rennes à Nantes & Ang.	93
ARRAS	N.E.	—— Paris & à Arras	130
AUCH	S.	—— Bordeaux & à Auch	160

AUDIERNE. Route de traverse... S.O... 62

De Rennes à *Quimpercorentin*... 52 l. de Quimper on passe au N. de Penhart +, A Ploneins & à la chap. Gourlizon. O. du chât. de Jue. A Ploaré. ¼ l. S. de *Douarnenez*... 4 ½ l. A Pol-David +. Pont & moulin au N. de Pouldregat. A Confort +, N. de Meillard +. *A Pontcroix*... 3 ½ l. Pont & moulin de Pontcroix. Pont & moulin d'Audierne *A Audierne*... 1 ½ l. (*ou de Ploneins*... 2 l.) On passe au S. de la chapelle Gourlizon. Le long S. de Pouldregat +. A Confort +, Pontcroix & *AUDIERNE*... 6 l.

AUTUN	S.E.	Rennes à Poitiers & à Autun.	177
AVIGNON	S.E.	—— Limoges & Avignon	240

AVRANCHES. Route de traverse. N.p.O. 19

De Rennes on passe à St.-Laurent. A l'E. de la riv. d'Isle, du Pont & vill de Beton-sur-Isle +. O. de la forêt de Rennes. Pont sur Islette, à ¼ l. O. de St.-Sulpice +. Le long E. de Chevagné +. Chemin & à ½ l. O. de Mouazé + & du moulin à vent. A l'E. de St.-Germain-sur-Isle. A St.-Aubin d'Aubigné +. Bois de St.-Yevre *ou* St.-Sevre à passer. ¼ l. E. de la Neuville Entre les bois de Frette & de Bourru, A *Sautoger*. ½ l. N. de Gahart +. Le long & devant le cabaret de Sens. Chemin & à l'O. de Vieuvy-sur-Coesnon +. A l'E. du chât. de la Chevrie. Pont & riviere de Coesnon. A

RENNES.

Romazy +; S. E. de Rimou +. chemin & à ½ l. O. de Chauvigné +. 1 l. E. de la Bazouge-la-Perouze +. Au Tremblay +. carref. du chemin du Mans à St.-Malo. A l'E. & près d'Antrain. Pont & riv. de Valeine *ou* Loifance. Chemin & à l'O. de St.-Ouen de la Royrie +. A Montanet +. ½ l. S. de Sacé. A Argouges + ½ q. l. au-deſſus O. de Carnet +. A la Gautraye, ¼ l. Nord de Carnet. A la Mulonniere & au N. de Beaufour. *A St.-James*.... 13 l. De St.-James *à Avranches*.... 6 l. *Voyez du Mans à Avranches.* (Ou *d'Antrin* (On va à Montanel +, le bourg de la Croix +, Creulon +, la Goupilliere, Pontaubault + & *à AVRANCHES*... 8 l.

Autre par Pontorſon............. 18

De Rennes à St.-Aubigné. *Voyez ci-deſſus.* De St.-Aubin on paſſe à l'O. du bois de St.-Sevre *ou* St.-Yevre. Entre la Neuville & Andouillé. Devant le chât. de Maxé. A l'E. de Fains + & riv. d'Iſle. A Boncée. E. du bois ce Marcillé & du chât. de la Haiediré.. A St.-Remy du Plain +. Chemin & à l'E. de Marcillé & Noyal +. A Bazouge-la-Perouze. Chemin & à l'E. de Cugnen +. O. des Portes. Au chât. de Trans & à l'O. de la forêt de Ville-Cartier. A Trans +, & chemin de Fougeres à Dol & St.-Malo. A Vieuviel +, ½ l. O. de Sougeval +. A Pleine-Fougeres +, Cendré, & chemin de St.-Malo. Pont & riv. de Coeſnon. A Pontorſon... 13 l. De Pontorſon *à AVRANCHES*.... 5 l.

Bagnères........ S.	Bordeaux & à Bagnères.....	178
Balaruc...... S.E.	Toulouſe & à Balaruc.......	236
Barrèges........ S.	Bordeaux & à Barrèges......	188
BAR-LE-DUC... E.	Paris & à Bar-le-Duc.......	148
BASLE..... E.p.S.	Tours, Béfort & Baſle.....	201
BAYEUX....... N.	Avranches & à Bayeux.....	42
BAYONNE...... S.	Bordeaux & à Bayonne.....	164
Beaucaire...... S.E.	Limoges & à Beaucaire.....	200
Beaugency...... E.	Tours & à Beaugency......	75
BEAUVAIS... N.E.	Rouen & à Beauvais.......	97
Béfort...... E.p.S.	Tours & à Béfort.........	186
Belle-Iſle..... N.O.	Guingamp & à Belle-Iſle....	38
Bellême..... E.p.N.	Alençon & à Bellême......	51
Belley....... S.E.	Lyon & à Belley..........	102

BESANÇON. S.p.E.	Orléans & à Besançon	175
BLOIS........ E.	Tours & à Blois	72
Bonnetable...E.p.N.	au Mans & Bonnetable	46
Bonneval....... E.	au Mans & à Bonneval	63
BORDEAUX.... S.	La Rochelle & à Bordeaux	109
Bourbon l'Ancy. S.E.	Tours & à Bourbon	134
Bourbon. les B. E.p.S.	Orléans & à Bourbonne	172
BOURG-*en-Breff* S.E.	Tours & à Bourg	178
BOURGES... E.p.S.	Tours & à Bourges	100

BREST. Grande Route.... O.... 60

De Rennes on passe à la fourche de la route de l'Orient, & à celle du chemin de Loudeac. Au N. de Vezin + & au S. de *Paffé* +... 3 l. Au N. de St.-Gilles +. ½ l. S du Clais. N du chât. de la Beneré. *A Beaée*... 3 l. Pont & à 1 ½ l. de la chap. du Loup +. *A Montauban*.. 3 l. Chemin & à 1 l. N. de St-Uniac +; ¾ l. de St.-Mervon +, S. de Calou. Pont, chemin & à 1 ½ l S. de Medreac +. A Quedillac +. ½ l. S de la chapelle Blanche. Pont & riv. de Rance à passer. *A St.-Jouan-de-l'Isle*... 3 l. Le long des bois de St.-Jouan. Chemin & à 1 l. N. E. du chât. Guillerien. ½ q. l. E. de la Noé Brondineuf, chât. *A Broons*.... 2 l. Pont & riv. d'Arguenon. Chemin à ⅔ l. O. de Tremeur + & ⅓ l. E. de Sevignac +. Pont, ham. & poste de *Langouedre*... 3 l. Au S. du chât. de Villeneuve & à ½ l. N. de Plenezjugon +. Le long O. de Tramain +. Pont & vill. de Pietan + *A Noyal* + & fourche du chemin de Brest à Avranches. *A Lamballe*... 4 l. Pont, ¼ l. S. d'Andelle +. 1 l. Nord de Meslin +. Chemin & au N. du chât. de Cargoulet. Pont, au Sud de Coemieux + & au N. de Pomeret +. *Aux Etangles*... 3 l. A Iffiniac + & chemin de Matignon. A Langueux +. Au N. de Tregueux +. *A St.-Brieuc*... 2 l. De St.-Brieuc *à* BREST... 34 l. *Voyez de Brest à Rennes*.

Route de traverse................ 59

De Rennes à Pontivi.... 26 l. *Voyez de Rennes à Quimper.*
De Pontivi *à* Brest.... 33 l. *Voyez de Brest à Rennes.*

Autre Chemin.................. 62

De Renns à Vezin. L'Hermitage +. N. de Rheu +. Pont & au N. de Ceintré +. A Breteil *ou* Breteuil +. Au N. de

RENNES.

l'abb. de St.-Jacques. *A Montfort...* 8 l. Devant N. du chât. de Tréguil. A Boisgervilly. N. de St.-Onen. *A St.-Méen* & carref. du chemin de St.-Malo *à Vannes...* 6 l. Au S. de la forêt de St. Méen. N. de Locouet +. Entre le bois de la Maladrie & le vill. de Tremorel +. Au S. du bois & chât. de Penhouet. A Medrignac +. N. de Laurenan & à la Haye, chât. Pont au N. de Plemet + & au S. de la forge de Vaublanc. Au N. de Prunessais & S. de la forêt de Loudeac. *A Loudeac...* 10 l. A l'E. de Cadenac. Pont, riv. d'Oust & St.-Drumen. A Carcado, chât. & St.-Doneri. Entre Quergrist & St.-Geran. *A Pontivi...* 5 l. *Le reste ci-dessus.*

BRUXELLES. N.E.	Paris & à Bruxelles.......	156
CAEN............ N.	Avranches & à Caen.......	42
Calais......... N.E.	Rouen & à Calais.........	128
CAMBRAY.... N.E.	Rouen & à Cambray.......	121
Candé........ S.E.	Angers par Candé.........	21
Carhaix........ O.	Brest par Carhaix.........	41
Cavaillon...... S.E.	Avignon & à Cavaillon....	246
Chablis......... E.	Auxerre & à Chablis.......	125
CHAL.-sur-Marne. E.	Paris & à Châlons.........	127
CHAL-sur-S.... S.E.	Tours, Moulins & Chalon...	156
Charleville....... E.	Paris & à Charleville......	143
CHARTRES..... E.	Au Mans & à Chartres.....	67
Châteaubourg.... E.	Laval....................	6
Châteaubriant..... E.	Angers par Châteaubriant...	12
Châteaudun...... E.	Au Mans & Châteaudun....	60
Châteaugontier... E.	Angers par Châteaugontier..	18
Châteauneuf.. E.p.N.	Bellême & Châteauneuf.....	60
Château-Thierry... E.	Paris & à Château-Thierry...	108
Cherbourg.... N.p.O.	Avranches & à Cherbourg...	54
CLERMONT-F. S.E.	Limoges & à Clermont.....	139
	COSSÉ. Chemin de traverse...E....	18

De Rennes *à la Guerche...* 10 l. *Voyez de Rennes au Mans.* De la Guerche on passe à la fourche du chemin de Vitré. Entre la Celle & Lavaille. Aux Landes, Offé, Blocherie. A Cuile + & devant le château. Petit bois, à ½ l. N. de Gastines. A Lidouniere & les Pallouis. A St.-Poix, Breil,

& petit bois à trav. A la Touche des landes & Saucourt. Meral ╬. Pont & riv. d'Oudon & côte de la Benneraye ╬. Vallon, ruiſſ. au N. de la Comelle. Côte, vallon & ruiſſ. *A Coſſé*.... 8 l.

Coulanges......	E.p.S.	De Rennes à Aux. & à Coul.	124
Coutances.........	N.	—— Avranches & à Coutanc.	32
Crevecœur......	Np.E.	—— Caen & à Crevecœur..	50
Creſpy...........	N.E.	—— Paris & à Creſpy.....	104

Croisic. (*le*) *Chemin de traverſe*... S... 27

De Rennes on paſſe devant & à l'Eſt du château de la Prévalé. A St.-Jacques de la Lande. Entre le chât. de Cice & Brutz. Chemin du chât. des Loges. A Pontréan ╬, ¼ l. N. O. de Lailler ╬. Pont, riv. de Vilaine & fourche de la route de Rennes à Vannes. A Guichen. 1 ½ l. S. de Gauven. Pont, moulin & vill. de la Guerliſionaie ╬. A Guignen ╬. E. de St.-Germain ╬. A Loheac ╬ & chemin du chât. de la Garenne. O. de celui des Champs. Le long E. des bois & chemin de Lieuron. Chemin & à l'E. du chât. de Bois-Heulin & Pipriac ╬. A l'O. de St.-Ganton ╬ & du chât. de Boſt. Chemin & à l'E. du chât. & vill. de St.-Juſt ╬. A Renac ╬. E. du chât. de Coipel. Chemin, O. de Brains ╬. & de *Fougeray*. A l'Eſt du village de Bains ╬. Fourche du chemin de Nantes à Maleſtroit. A A Rhedon *ou Redon*, ſur Vilaine... 11 l. A St.-Nicolas, faubourg & chemin de Châteaubriant. Pont à l'E. du moulin à v. de la Lande. Fourche du chemin de Redon à Nantes. Pont à l'O. du château de Dreneu. 1 l. E. de *Rieux*. A Fegreac ╬. Pont, riv. d'Iſac & chemin de Nantes. A Severac ╬. 1 l. N. O. de l'abb. & des moulins à vent de St.-Gildas-des-Bois. Chemin & à ¾ l. S. du village & chât. de Theillac ╬. Au N. de St.-Dolay ╬ & du bois de la Table-ronde. Le long E. du château de Lourmoïs & Nivillac ╬. A l'E. du vill. & moulin à v. de Marzan ╬. *A la Roche-Bernard*... 8 l. Pont, étang, à l'E. de Ferel. A Herbignac ╬. 1 l. O. de la chapelle des Marais. ½ l. de St.-Liphar ╬. E. d'Aſſerac. *A Guerrande*... 6 l. Trav. du marais ſalans. A Saillé, chapelle Batz ╬ & *au Croisic*. 2 l.

DEUX-PONTS....	**E.**	Rennes à Paris & à Deux-P.	187
DIJON.........	**S.E.**	—— Orléans & à Dijon....	155

RENNES. 479

DINANT. Chemin de traverse.... N.O... 10

De Rennes on paſſe à St.-Grégoire +. Entre la chapelle des Fougerais + & Betton +. Devant le chât. de la Beauce, le cabaret de la Broſſe & Mongerval. Fourche de la route de St.-Malo. Au Sud de la Méziere + & du chât. de Sevigné. Pont & vill. de Geveze +. A Lagouet +. E. de Langan & O. de St.-Gondran +. A la chapelle Chauſſée +. A l'E. de Niniac +. O. de Cardroc +. Le long & au bas de *Becherel*... 6 l. Le long O. de Lauconet +. Plaine, chemin & à l'O. de St.-Thual *ou* Teil. A Evran +. Pont & riv. de Linnon. A ¼ l. O. de St.-Judoſſe +. A Treſſains. Pont, rivière de Rance & chemin de St.-Malo à Vannes. *A DINANT*.... 4 l.

Dol........	N.p.O.	St.-Malo par Dol.........	12
Dôle........	S.E.	Autun, Chalon & Dôle.....	171
Domfront....	N.p.E.	Mayenne & à Donfront.....	36
DOUAY......	N.E.	Paris & à Douay.........	131
Douarnenez...	O.p.S.	Quimper & à Douarnenez...	58
Dourdan.......	E.	Chartres & à Dourdan......	77
DREUX......	N.E.	Alençon & à Dreux.......	67
Dunkerque....	N.E.	Rouen & à Dunkerque......	135
Elbeuf........	N.E.	Rouen par Elbeuf.........	65
Epernay.......	E.	Paris & à Epernay........	119
Eſtampes.......	E.	Chartres & à Eſtampes.....	80
ÉVREUX.....	N.E.	Alençon & à Evreux.......	68

FALAISE. Route de traverſe... N.p.E... 49

De Rennes à Mayenne... 28 l. De Falaiſe à Mayenne... 21 l.

Chemin de traverſe............. 38

De Rennes à Fougeres.... 10 l. *Voyez de Rennes à Vire.* De Fougeres à Teilleul.... 9 l. *Voyez de Caen à Rennes.* De Teilleuil à la Marchandiere. Côte & au N. de la Rozetiere. Pont, ruiſſ. au N. de la Charenterie. Côte & ham. des Gripes. Pont, entre la Havardiere & la Grangeray. A Beauchamp & à la maiſon Neuve. Pont & ham. de Pont-Barabé. Côte & ham. d'Hôtel-Bechet. A la Luardiere. ⅓ l. S. E. de St.-Cyr-du-Bailleul +. A la Chevallerie. Le long N. de la Rangetiere. A la Corniere: *belle vue A St.-Mars-d'Egraine* +... 3 l. Au Breil, ham. N. de Proniere. Vallon,

RENNES.

au S. du chât. de la Motte & du ham. de la Chauviniere. Pont à passer sur de Bois-Begay & la Mayenne à leur Confluent. Au pont d'Egraine, ham. ½ l. N. de Torchamp +. Le long E. des Piocheres & à la Gueroussere. La Maison neuve. Le long de la riv. de Varenne. A la Cangeoniere, O. de Chapponois, chât. A N. Dame-sur-l'Eau +. Côte & ville de *Domfront*... 3 l. De Domfront à *FALAISE*... 13 l. *Voyez de Falaise à Domfront.*

		De Rennes à		
Fère. (la)	E.p.N.		Paris & à la Fère............	121
Flèche. (la)	E.		Laval & à la Flèche.........	35
Forges	N.E.		Rouen & à Forges...........	83
Fougeray	S.		Nantes......................	11
Fougeres	N.E.		Caen *ou* à Vire.............	10
Fougerolles	N.E.		Fougeres & à Fougerolles...	17
GENEVE	S.E.		Lyon & à Genève............	220
Givet	E.		Paris & à Givet.............	153
Granville	E.		Avranches & à Granville...	24
GRENOBLE	S.		Lyon & à Grenoble.........	207
Guerrande	S.		au Croisic..................	25
Guemené	O.p.S.		Pontivi & à Guemené.......	32
Gueret	S.E.		Poitiers & à Guéret.........	104
Guerche. (la)	E.		Angers par la Guerche.....	10
Guingamp	O.		St.-Brieuc & à Guingamp..	33
Havre. (le)	N.p.E.		Caen & au Havre...........	60
Hennebond	S.O.		Vannes & à Hennebond....	37
Isigny	N.		Avranches & à Isigny......	42
Josselin	O.		Pontivi par Ploermel.......	18
Lamballe	O.		St.-Brieuc..................	21
Landau	E.		Paris, Metz & à Landau....	204
Landernau	O.		Brest par St.-Brieuc........	55
Landiviau	O.		Morlaix & à Landiviau....	51
LANGRES	E.		Paris & à Langres..........	153

LANNION. *Grande Route & Chemin.* O... 40

De Rennes à *Guingamp*... 33 l. *Voyez de Rennes à Brest par Lamballe.* De Guingamp on passe à la fourche de la route de Brest & au S. de Plouisy +. A Pedernec. E. de la montagne de Bré. A Guenezan +. ¾ l. E. de Bottelezan +.

RENNES.

Devant & à l'O. de l'abb. de Begar, le long O. de Lanneven +. A Cavan +. ¾ l. O. de Berhel +. Le long S. de Cavoanec +. A Buhulien +. ½ l. N. E. de Ploubezere +. *A LANNION*... 7 l.

Laval............	E.		Mayenne.................	19
LIEGE.........	E.		Paris; de Paris à Liége.....	174
LILLE........	N.E.		Paris & à Lille............	143
LIMOGES....	S.E.	DE RENNES à	Angers & à Limoges.......	99
LIZIEUX.....	N.E.		Fougeres & à Lizieux......	49
LONDRES..	N.p.E.		Paris & à Londres..........	194
Longwy.........	E.		Paris, Verdun & Longwy...	162
Lons-le-Saunier.	S.E.		Chal.-s-S. & à Lons-le-Saun.	171

LOUDEAC. Route de traverse... O.p.S... 25

De Rennes à Ploërmer... 15 l. *Voyez de Rennes à Vannes*. De Ploermel à Joffelin... 3 l. De Joffelin on paffe à l'E. de Pomeleuc +. Chemin & à ¼ l. O. de la Noué + & de la forêt. Pont, étang & forges de ce vill: ¼ l. E. de Bréand +, 1 l. de Rohan. A St.-Etienne-de-Gaidelifle +. A la Cheze. O. de Plemieu +. Pont & riv. de Vaublanc à l'O. de l'abb. de Lantenac. A l'E. de St.-Barnabé & chem. de St. Maudan +. *A LOUDEAC*... 7 l.

Autre Chemin................. 20

De Rennes on paffe à Vezin, l'Hermitage & au N. de Rheu +. Pont, au N. de Ceintré. A Breteil *ou* Breteuil. N. de l'Abb. de St.-Jacques. *A Monfort*... 6 l. Devant N. du chât. de Treguil & chemin au S. de celui de Bedée. A Boifgervilly & *à St.-Méen*... 5 l. Le long N. du vill. de Locouet +. Entre Trémorel + & le bois de la Maladerie. A Merdrignac +. Devant le chât. de la Haie. N. de Plemer +. Pont & au S. de la forge de Vaublanc. Au N. de la Pruneffais & S. de la forêt de Loudeac *A LOUDEAC*... 9 l.

LUXEMBOURG...	E.		Paris & à Luxembourg......	169
LYON..........	S.E.	de RENNES à	Limoges & à Lyon.........	179
Machecoul.....	S.E.		Nantes & à Machecoul.....	35
MACON.......	S.E.		Moulins & à Macon.......	189
Maleftroit.......	S.		Vannes par Maleftroit.....	17

Tome II.   P p p

Mans. (le) *Route de traverse*...E... 38
De Rennes à *Laval.* 19 l. Du Mans à Renn. par *Laval.* 19 l.

Autre Chemin.................... 40

De Rennes on passe à St.-Hellier +, Chantepié & Bivoye. Le long S. de Domloup + & Bois-Hamon *A Château-Giron*... 4 l. Au N. de St.-Aubin + & S. de Chaumeré +. Chemin & au N. de Piré. Pont du petit Bois. A Moulins +. N. E. de la chap. en Piré +. A côté du chât. de Grandinais. Chemin & à ½ l. E. de Marcilly Robert +. A Visseche +. Pont & riviere de Seche. Au S. O. de Carcron +. *A la Guerche*... 6 l. De la Guerche *au Mans*... 30 l. *Voyez du Mans à Rennes par Château-Gontier.*

MARSEILLE......	S.E.	De Rennes à Aix & Marseille. 267
Matignon.......	N.O.	—— St.-Malo & à Matignon. 22
Maubeuge......	E.p.N.	—— Paris & à Maubeuge... 137

MAYENNE. *Grande Route*...N.E.... 27

Route de traverse................ 24

De Rennes à *Vitré*... 11 l. De Vitré on passe à St.-Martin +. Pont & riv. de Vilaine. Au bas S. de Basse-Ferriere & au N. de la Choiseliere. Pont au S. de Baillé. Pente rap. & chapelle de Contrie. Au Perray. La Maison-de-Terre & au N. de Duchaye. Le long N. de la Bouliere, ½ l. de la Chapelle-Erbrée +. Entre la Cudeloyere & Boissanger. Côte & ham. de la Grimaudiere, ½ l. E. de S.-Mhervé +: *belle vue*. Pente rap. au N. de la Piverdiere & de Lanjuere. Pont entre un moulin & la Brosse. Pont & riv. de Vilaine. Entre le Pin & le moulin Neuf; côte & ham. du moulin Neuf. Au N. de Rufferay. Au S. de la Bruere, ¼ l. du vill. de Princé +. Pente rap. & ham. de Breil. A la Croizille +: *belle vue*... 4 l. Fourche du chem. de Laval à St.-Malo. Pente rap. à l'E. du fief de Boisguet, du pont David & à l'O. de la riviere. Pont à ½ l. E. de la Barillere. Montagne, landes & bois à trav. Vallée, chauffée, étang, Côte & vill. de Juvigné +. Vallée & chauffée de la Benichere. ¼ l. de landes à trav. en passant à l'E. de Fossavit & au N. de l'étang de Chanteloup. Pont entre la Cour-Perraux & Epinais. Avenue, S. du chât. de Poiriers. A la Duchaye. E. des étangs & chât. de Gaudesches. Le long E. de la Percherie & Bloze. Pont & ruiss. du chât.

RENNES. 483

de Fontenaille. A Gilzier & Boullevand. La Bouque-de-la-Riviere, O. du chât. de Penniſſaye. Vallon, chap. de St.-Georges & pont ſur Ernée, riv. *A Erné*... 3 l. d'Erné à *MAYENNE*... 6 l.

METZ........E.		Paris & à Metz............	162
MÉZIÈRES......E.		Paris & à Mézières.........	142
MONTAUBAN.S.p.E.		Limoges & à Montauban...	164
MONTPELL...S.E.	DE RENNES	Limoges & à Montpellier...	237
Morlaix........O.		St.-Brieuc & à Morlaix.....	46
Mortain.....N.p.E.		Fougeres & à Mortain......	21
MOULINS......S.E.		Tours & à Moulins.........	128
Moyenvic......E.		Paris, Nancy & Moyenvic...	176
Mulhauſen......E.		Béfort & à Mulhauſen......	199
NANCY........E.		Paris & à Nancy..........	169
NAMUR...E.p.N.		Paris & à Namur..........	162

NANTES. Grande Route... S.E.... 26

De Rennes on paſſe à l'O. du chât. de Brequiguy. A Chatillon. Paſſage de la riv. de Bruc. A l'O. de St.-Etblon + & d'Orgere +. ½ l. E. de Laillé +. Poſte du *Bout-de-landes*... 3 l. A ½ l. O. de Greven + Ruiſſ. à paſſ. ½ l. E. du bourg des Comptes +. 1 l. O. du Sel +. A Poligné +. Riv. de Bruc & à la Poſte de Roudun. 1 l. E. de Bageron +. *A Bain*... 4 l. Pente rap. pont & étang de Bain. Fourche du chem. de Châteaubriant. Chemin & à l'E. du chât. de de la Praie. 1 l. O. du moulin à vent de la Robinais. Petit bois, à l'E. du chât. & chap. de Pomeniac. A St.-Sulpice-des-Landes. Le long E. de *Fougeray*. Pont ſur Chere, riv. Entre Pierric + & Moais +. Fourche du chemin de Redon. A Derval + & devant la *Poſte*... 6 l. Chemin & à l'O. du chât. de la Garlay. Le long O. du village de Jans +. Pont ſur le Don, riv. A 1 l. E. de Marſac +. Fourche du chemin de Nozay à Châteaubriant. Devant O. du chât. de la Touche. Chemin & à l'O. du bas Nozay +. *A Nozay*... 3 l. Pont & riv. d'Iſac. Le long O. de Puceul +. Petit bois & à l'E. du moulin Neuf, ½ l. O. du vill. & forêt de Safré +. Pont & riv. d'Iſac. Vis-à-vis E. du moulin à vent de Blain. A Bout-de-bois, ham. & carrefour du chem. d'Ancenis à Treguier. A la Maiſon-Blanche & devant la *Poſte*... 4 l. Moulin à vent à l'E. d'Heric +. Chemin & à ½ l. O. du chât.

Ppp 2

de Chalonge. Pont E. du chât. & moulin à vent de Launay. Chemin & à l'O. de Grand-Champs +. Moulin à vent & ham. de Gesvres, E. des *Treilleres* +... 3 l. O. de la Chapelle sur Erdre +, de Langle-Chailloux. E. d'Orvaux + & du chât. du Plessis. *A NANTES*.... 3 l.

NEVERS........ E.p.S. | Rennes à Bourges & à Nevers. 119
NOYON........... E. | —— Paris & à Noyon..... 111

ORIENT. (l') *Route de traverse*... S.O... 39

De Rennes à Vannes... 25 l. De Vannes à l'Orient... 14 l. *Voyez de Brest à Vannes*

Chemin de traverse.................. 33

De Rennes à Ploermel.... 15 l. *Voyez de Rennes à Vannes*. De Ploermel on passe sur le pont, au S. des moulins & de l'Etang-au-Duc. Le long S. de Taupont +. Pont, N. du vill. de Glac +. Entre la Croix + & St. Gobien +. Le long N. de l'abb. de Pré. *A Josselin*... 3 l Pont sur l'Oust & au N. de Guegon +. ¼ l. S. de Buleon +. N. de St-Alouette+. Pont & riv. d'Auray. *A Lomtre*... 6 l. A N. de la vraie Croix + & à St.-Jean Dubotau +. Au S. de la montagne, chapelle St.-Michel, & N. D. de Meneguen. Pont & moulin au S. de Guenin +. Devant le chât. de la Villeneuve. *A Baud*... 3 l. A l'O. du chât. de Queneville & de la forêt de Camors. A Languidic +, E. du château des trois Pigeons. O. de celui de Pranbois. *A Hennebond*... 4 l. A St.-Caredec + & route de Brest. Entre Caudain + & St.-Ludet. Pont & riv. de Pontcorf & chât. de Trefaouen. *A L'ORIENT*... 2 l.

ORLÉANS...... E.		Tours & à Orléans.........	86
PARIS.... E.p.N.		Alençon & à Paris........	86
PAU.......... S.		La Rochelle & à Pau......	168
PERPIGNAN. S.p.E	D E R E N N E S	Toulouse & à Perpignan....	229
Ploermel...... S.O.		Vannes................	15
Plombières... E.p.S.		Langres & à Plombières....	182
Plouay........ S.O.		Vannes & à Plouay........	44
Pontchâteau..... S.		Redon & à Pontchâteau.....	26
Pontcroix..... S.O.		Pontivivi, Quimper & Pontcr.	61
POITIERS... S.E.		Angers & à Poitiers.......	69

RENNES. 485

Pontivi	O.	 *DE RENNES à*	Brest par Pontivi	26
Pontorson	N.		Et de St.-Malo à Avranches	13
Pontrieux	O.		Guingamp & à Pontrieux	30
Pornic	S.p.E.		Nantes & à Pornic	40
Port-Louis	S.		l'Orient & à Port-Louis	40
Pouancé	S.E.		Châteaubriant & à Pouancé	16
Questemberg	S.		Vannes par Redon	22

QUIMPER-CORENTIN. *Route de traverse.* S.O. 55

De Rennes à l'Orient... 39 l. De l'Orient à Quimper... 16 l.

Autre Route 48

De Rennes à Josselin... 18 l. *Voyez de Rennes à l'Orient.* De Josselin on passe au chemin de Lominé, qu'on laisse à gauche. Pont sur l'Oust, riv. au S. de Pomeleuc ✠ & au N. de Lantillac ✠. Chemin de la forge de la Nouée. A Pleugrisset ✠. Pont, à ½ l. N. de Reguini ✠. Chemin & à 2 l. S. de *Rohan.* Pont, au Sud de Credin ✠ & Nord de Naizain ✠. Chemin & à ¼ l. S. de Querfourne ✠. N. du chât. de Reste. S. du bois & vill. de Noyal ✠. Pont & chemin de Vannes à Brest. Fourche du chemin de l'Orient. *A Pontivi....* 8 l. Pont & riv. de Blavet. A Mulguenac ✠ & chemin de Brest. Devant le château de Menoret. *A Guemené...* 4 l. Au N. de la chapelle de Crénean Pont & riv. de Pontcorf. A Ploerdut ✠. S. de St.-Tugdual ✠ & N. de Lochrist & de Croisti ✠. Pont & vill. de Priziac ✠. Dev. le chât. de Crovenec. Pont & riv. d'Elle. 1 l. S. de Langonet, abb. *Au Faouet...* 6 l. Plaine à trav. en pass. à 1 l. N. de Lavenigen ✠. ¼ l. S. de Guiscriff ✠. Ponts, ruisseaux & vill. de Scaer ✠. Pont & riv. d'Isolle. Pont au N. de St.-Michel & du bois de Coatloch. Chemin & au N. du chât. de Coatloch. Dev. S. du chât. de Coatforme. *A Rosforden....* 7 l. Pont & chap. St.-Ivi. A Ergué-Armel ✠. Sud d'Ergué-Gaberie ✠. *A QUIMPER-CORENTIN....* 5 l.

Quimperlay	S.O.	 *DE RENNES à*	Vannes & à Quimperlay	44
Quintin	O.		Lamballe & à Quintin	31
Redon	S.		Vannes par Redon	15
REIMS	E.		Paris & à Reims	124
Rieux	S.		Redon & à Rieux	17
Rochebernard	S.		Redon & à Rochebernard	23

Rochederien... N.O.	Guingamp & à Rochederien..	39
Rochefort...... S.E.	La Rochelle & à Rochefort...	67
ROCHELLE. (la)S.E.	Nantes & à la Rochelle....	60
Rohan.......... O.	Ploermel & à Rohan.......	23
Roftrenen....... O.	Pontivi & à Roftrenen......	34
ROUEN.... N.E.	Caen & à Rouen..........	72
Sablé.......... E.	Laval & à Sablé..........	29
SABLES-D'OLONNE. Route de traverfe...SE...		46

De Rennes à Nantes... 26 l. *Voyez cette Route.* De Nantes on paffe le pont fur la Loire, faub. & à l'O. de l'abb. de St.-Jacques. Fourche des chemins de Bourgneuf, de Machecoul, Saumur & de Poitiers. Pont & riv. de Sevre. A l'E. de Rezé +. O. du chât. de la Maillardiere. Fourche de la route de Nantes à la Rochelle. A l'abbaye de *Villeneuve*... 2 l. Pont, à 1 l. E. du lac de grand Lieu. E. du chât. de la Fruidiere. Fouche de la route de Machecoul. O. de la forêt de la Huctiere. Chemin & à ½ l. O. de l'abb. de Genefton. Pont fur la riv. d'Iffoire & la Boulogne. E. de St.-Colombin+. A St.-Etienne de *Carcoué*+. 4 l. Pont fur la Logne, au S. de St.-Jean de Carcoué +. Pont & à l'O. de la forêt de Rocheferviere. Au Noyer & à Legé +. *A Paluau*... 4 l. A la chapelle Paluau +. E. de la montagne, des moulins à vent & des vignes. Pont & riv. de Vic. Moulin à vent de la Girardiere. Peignier & la Chevrie. Entre Rullau & la Villeneuve. *A Aizenay*... 2 l. Pont & ruiff. de Moiron. Au Couffais & moulin à vent de Galle. Vallon & ruiff. A Précanteau, la Boucherie & Contardiere. Grand moulin à v. Beaulieu fous la Roche +. Pont & riv. de Jaunay. Petite Vinniere & landes à trav. Chapelle & moulin à vent des Moulieres. ¼ l. N. de St.-Georges de Pointindoux +. Vallon & ruiff. de la Louvreniere. ½ q. l. O. du chât. de la Lézardiere, Petites Verges & ham. des Effais. Pont & riv. d'Auzance. *A la Motte-Achart* +... 4 l. Bois & ham. de la Paterre. ¼ l. E. du chât. du Pleffis-Landry. Landes & moulin à v. de la Coffonniere. Grandes landes, ¼ l. O. de la chap. Achart +. A la petite Graffiere. Pont & ruiff. de Girouard à paffer. Au moulin à v. de Bourgneuf, ¼ l. E. de la Commanderie. Pont, ruiff. de Pontchartrain. Pente douce de la Roufeliere. E. de Beauregard. ½ l. d'Olonne +. Côte, ruiff. & chât. de la Pierre-Levée. A la Vennerie & à ½ l. O. du

RENNES. 487

chât. d'Olonne. A l'E. de Garlieres & des Salines. *Aux* SABLES-D'OLONNE.... 4 l.

ST.-BRIEUC.....	N.O.	De Rennes à Brest.........	26
St.-James.........	N.	—— Avranches...........	13
St.-Lo............	N.	—— Avranches & à St.-Lo..	34
	ST.-MALO. *Route de traverse*...N.O...		17

De Rennes on passe à St.-Grégoire +. ½ l. E. de la chap. des Fougerais +. Chemin & à 1 l. O. de Beton +. Dev. le chât. de la Beaucé. Ham. de Mongerval & cabaret de la Brosse. Fourche du chemin de Dinant. Poste & vill. de la *Mezière* +... 3 l. Chemin de Mezière à Montreuil-le-Gast +, & du m. à v. de la Masse. Pont, E. de Vignac +. Chaussée & étang d'Hédé. *A Hédé*... 3 l. Pont & à l'E. de St.-Brieuc +. 2 l. de *Becherel*. A l'O. de St.-Meloir + & de Basouge +. A Tinteniac +. ¼ l. O. de Quebriac +. 1 l. E. de St.-Thual +. Pont & vill. de Domineuc + sur Linon, riv. O. du chât. de la Villehac. *A Pleugueneuc* +... 3 l. Chemin & à l'O. des chât. du Gage & Bourbansais. Chemin & à 1 l. E. de Treverien +. O. du chât. de la Sauvagere. A St.-Pierre de Plenguen +. Chemin & à 1 l. E. de St.-Helen & du chât. de Coetquen. Le long O. de Tressé +. O. du chât. de Mimac. Carref. de la r. d'Avranches *à Brest*... 3 l. Avenue du bois Gouillon, O. de Plerguet +. A la Brillardiere & à Châteauneuf +. Vall. ruiss. & pont Langon. A l'E. de Suliac +. O. de St.-Pere +. Au Galines, St.-Georges & à St.-Jouan +. Chap. de la Madelaine. *A St.-Servan & à* ST.-MALO... 5 l.

Autre Chemin.................... 20

De Rendes *à Hédé*... 6 l. *Voyez ci-dessus.* D'Hédé on passe le long E. de St.-Meloir +. O. de Basouge +. Entre la forêt du Tranoir & Quebriac +. ½ l. O. du moulin à v. & vill. de Dingé + & de la forêt de Marcillé. O. du chât. de Grandval & du vill. de Lanrignan +. Pont & riv. de Linon. *A Combourg*... 3 l. A l'E. du chât. de Tremergon. O. de Lourmais +. E. de Bonnemains +. O. du chât. des Ormes. Chemin de l'abb. du Tronchet. O. de St.-Léonard +. E. de Baguémorvan +. A Carfantin + & *à Dol*... 4 l. De Dol *à* ST.-MALO... 7 l. *Voyez d'Avranches à St.-Malo.*

St.-Nazaire.........	S.	Rennes à Rochebern. & à St.-N.	34
ST.-OMER.......	N.E.	—— Rouen & à St.-Omer...	121

RENNES.

ST.-POL-DE-LÉON. *Chemin*... O..... 51

De Rennes à *Morlaix*... 46 l. *Voyez de Rennes à Brest.* De Morlaix on passe sur la côte d'où l'on découvre la Mer & les rochers. Au moulin & ham. de Pontglas. Le long O. des landes & du ham. de Penlan. Avenue & à ¼ l. S. O. du château de Kerlandy. A Pratallouet. ½ l. E. de Plouenan +. Pont & moulin ¼ l. O. de Henvic +. Côte & landes à passer. Pont, ruiss. moulin & fief de Pontéon. E. de Keranton. *A Penarpont*... 3 l. Pont & riv. à passer. Côte, ham. & moulin à v. de Penzez. Au Croissant & au Briat. Landes & fief de Pouloleuriou. Vallon & au S. de Kermur. A Brevignan. Côte & ham. de Kervillarou. Vallon, pont, chapelle de la Madelaine. Puncé & landes à trav. Fourche de la route de St.-Pol à Brest. *A ST.-POL-DE-LÉON*... 2 l.

St.-Quentin....	N.E.	Paris & à St.-Quentin....	121
St.-Renan......	O.	Landernau & à St.-Renan...	64
St.-Servan....	N.O.	St.-Malo...............	16½
SAINTES....	S.E.	La Rochelle & à Saintes....	77
Sarzeau.......	S.O.	Vannes & à Sarzeau......	31
Saumur........	S.E.	Angers & à Saumur.......	42
Savenay......	S.	Nantes par Redon........	24
Schlestatt....	E.p.S.	Béfort & à Schlestatt.....	207
SEDAN.......	E.	Paris & à Sédan..........	147
Segré..........	E.	Angers par Segré........	21
SENS.........	E.	Orléans & à Sens........	115
SOISSONS...	E.p.N.	Paris & à Soissons......	111
STRASBOURG..	E.	Paris & à Strasbourg.....	205
Thionville.......	E.	Paris, Metz & Thionville...	169
Tonnerre.....	E.p.S.	Orléans & à Tonnerre.....	126
TOUL.......	E.	Paris & à Toul..........	163
TOULON......	S.E.	Aix & à Toulon..........	271
TOULOUSE.	S.p.E	Montauban & à Toulouse....	176
TOURS.......	E.	De Tours à Rennes.......	57

TRÉGUIER. *Chemin*...N.O... 40

De Rennes à *St.-Brieuc*... 26 l. *Voyez de Rennes à Brest.* De St.-Brieuc à la fourche de la route de Brest. 1 l. S. O. de

RENNES.

la Tour-Cesson au bord de la Mer. Pont & riv. de Goet, ½ l. S. de Plorin +. Au S. de Tremaloir + & chemin de Pardic. A Tregomeur +, Treguidel + & *Lanvollon*... 5 l. Au N. du chât. de Kmilven. A Tremeven +. Pont & riv. de Lieft, au S. de St.-Jacques +. Entre Treverec + & le Faouet + S. de Quimperguenezec + Fourche du chem. de Paimpol. *A Pontrieux* (*) sur Trieux, riv... 5 l. Chemin & à 1 l. S. du chât. de la Roche-Jagu. N. du vill. de Plouezal +. A Pomeritgaudi +. *A la Rochederien*... 2 l. Fourche du chem. de Lannion. ½ l. O. de Troguerie +. *A TREGUIER*... 2 l.

TROYES..........	E.	De Rennes à Orl. & à Troyes.	124
VALENCIENNES..	N.E.	—— Paris & Valenciennes..	138
Valogne.......	N.p.O.	—— Avranches & à Valogne.	47
VANNES.	Route de traverse... S.p.O...		26

De Rennes on passe à la fourche de la r. de Brest. ½ l. S. de Vezin +. Pont & ruiss. Le long S. de Rheu + & chemin N. de Moigné +. *A Mordelle* +... 4 l. Pont & riv. de Muel. ½ l. N. de Bréal +. ¼ l. S. de Verger + & Monterfil +. ¼ l. N. de St.-Urial +. Pont & chem. de Trefandel +. 1 l. S. de St.-Peran + & de la forêt de Painpont. *A Plean le grand*... 5 l. Pont & riv. de Lapht. 1 l. S. de l'abb. de Painpont. A Baignon +. S. de Trecesson. *A Campénéac* +... 4 l. Le long S. de Gourhel +. *A Ploermel*... 2 l. Le long E. de Montertelot + & du chât. de Crevy. Chemin de Malestroit & au N. O. de la Basse-chapelle +. pont sur l'Oust & vill. de *Rho-St.-André* +... 2 l. Pont & à l'E. de la Villegueur. Chemin à 1 ½ l. O. de *Malestroit*. Le long E. de Serant +. 1 l. O. de St.-Marcel +. Pont & riv. de la Claye, ¾ l. E. de Callac +. Chemin, à l'E. de St.-Nicolas + & le long O. de St-Moriec +. Forêt de Maulac à trav. Fourche du chem. de Rennes à Vannes par *Guer*. Pont & riv. d'Ars, O. du chât. de Chesfaux & à 1 l. de celui de Maulac. A Elven + & devant la *Poste*... 6 l. Fourche du chemin de Vannes à Redon. E. du chât. de Kboular. Chemin & à l'O. du chât. de Roscanvec. Chemin & à 1 l. O. de Treslean +. A Trebrat, chât. E. de St.-Avé +. O. du chât. de Kglas. *A VANNES*... 3 l.

(*) Dans cette Ville, & toute cette partie de la Bretagne, on parle la Langue *Celtique*. C'est ce que nous nommons à Paris: *Langage Bas-Breton*.

Vendôme............ E. | Rennes à Tours & à Vendôme. 72
VERDUN........... E. | —— Paris & à Verdun..... 147
VIRE. Route de traverse............ 26

De Rennes on passe au N. de Cesson + & à l'E. de St.-Laurent +. O. du vill. d'Assigné +. Traversé de la forêt de Rennes A Liffré +. Chemin de *Châteaubourg*. Chemin & à l'O. de Serigné + & au bois de Seraille. Pont, riv. de l'Isle & chemin de Rollion. Le long E. de Gome +. A St.-Aubin du Cormier + & *à St.-Jean-sur-Couenon*.... 6 l. Pont & isle sur Couenon, E. de St.-Marc + & de St.-Hilaire +. Au bois St. Gilles: *belle vue*. Le long S. de la Chaîne, ¼ l. N. O. de Vaudel +. ¾ l. de landes *ou* bruyeres à trav. en passant au-dessus de la chapelle St.-Aubert +. Pont entre Monneraye & Crochais. ½ l. Sud de St.-Sauveur des landes +. A Hordonnaye. Côte & vill. de Romagné +. Pont & ham. de la Touche. A Ste.-Anne +. Pont, côte, entre Villeneuve & les Pilais. Entre le grand & petit Perouzel. Pont, côte & ham. de Bliche. Vallée, faubourg & chemin d'Avranches. Pont & riv. à passer. Pente rap. de la montagne de Fougere. *A Fougere*... 4 l. Entre les Urbanistes & les Recolets Dev. Beaumanoir. Entre la Ferriere & le Tertre. 1 l. de la forêt de Fougere à trav. en passant devant la Maison neuve. Vallon, vieux Châtel & ham. des Mottes. Pont, entre la Touche & *Landeau* +... 2 l. Côte à l'E. de la Harlais. Vallée, à l'O. de la Serveliere. Côte entre la Boudeveillais & les Vieuville. A la Gendraye. Vallon le long O. de Plochaye & Feletiere. Pont, côte & ham. de Berhuet. E. de Touche-Morin & Lojaserie. Pont, moulin, étang de la Berchaye. Côte & ham. de la Guinchere des bois. *A Louvigné*... 2 l. A Launay & aux Roches. Le long E. du Mont-Louis. Pont & ham. de la Beraudiere. Côte à trav. en passant à l'O. de la Violais & à l'E. des Coutures. Pont & riv. François. Côte, ham. de la Jansonniere E. de St. Martin & chemin de Teilleul. Entre Ruette & les Rochardets. Aux Loges Machy +. O. de la Simonaye & à l'E. des Houtrayes. Entre le clos neuf & la Rupliere. Le long O. de Livois, Hamel, & à l'E. des Cerisiers. A la Richardiere, E. de la Godrie. Pont & chemin de *St.-James*. *A St. Hilaire du Harcouet*... 3 l. Pont & riv. de Selune. Côte entre la Fosse & la riviere. Le long O. de la Rechendiere. Pont & vill. de Parigny +. A l'Orberie. Au Pied d'argent.

Carref. du chemin de Falaife à Avranches. Côte & ham. de la Ganerie. Au Hamel, la Marauñere. Chevreville ✚ & dev. la Poſte. Pont & moulin de Chevreville. A la Chenaye. Avenue & au S. de Fontenay ✚. Pont, moulin de Fontenay. A Bahuet ✚, Thicubinaye & Boisbonniere. Vallon, pont & ham. de la Griffardiere. A la Cuvere. Pont, côte & ham. de Landemarice. Entre la Touche-Couvey & Romagny ✚. A Beau-Soleil. Chap. St. Denis. Pont & moulin ſur la Cance. *A Mortain*... 4 l. Au clos neuf & les quatre Vents, E. du vill. de Neufbourg ✚. Au-deſſus E. de l'abb. Blanche. Pont & riv. de Cance. E. de Deries & à Vauvillet. La Tournerie & chemin d'Avranches $\frac{1}{4}$ l E. de St. Barthelemi ✚. Entre la Mazure & la Ville ès-Moines. Vallée & ham. de la Moinerie. Pont & riv. de Sée. Côte, ham. de la Houſſaye & la Mazure. *A Sourdeval-de-la-Barre* ✚ .... 2$\frac{1}{2}$ l. Aux Gri-villiers. Pont & hameau de Poncel. Pente rapide entre l'Horere & la Ripaudiere. Avenue & à $\frac{1}{4}$ l E. de Ven-geons ✚. A la Boulie les-Bois & la Baſſerie. Dev. le chât. de la Rouardiere. Pont, moulin & ruiſſ. Côte & hameau de la Perriere *ou* Perrerie. O. des Vallées. A la Barbo-tiere. $\frac{1}{4}$ l. O. de Landevaum. A la Morceliere & Bonne-liere. $\frac{1}{2}$ q. l. S. E. de St.-Germain-de-Tallende ✚. Le long O. de la grande & petite Foſſe. E. du clos Fortin & à la Pinſonniere. A St.-Clair & chemin d'Avranches. Le long de la Mondrie. Pont, moulin & rivière de Vire. *A VIRE*... 2$\frac{1}{2}$ l.

Autre par St.-James................ 27

De Rennes à St.-James...... 13 l *Voyez de Rennes à Avranches.* De St.-James on deſcend au pont ſur la Beu-vron, & l'on paſſe à la fourche du chemin de St.-Georges ✚. A la Mulotiere. Vallon entre le Buat & la Porte. Côte & ham. de la Foſſe, au bas N. E. de Montjoye ✚. A St.-Denis & pente rap. Côte & ham. des baſſes Mazures. A l'E. des Cocus. $\frac{1}{4}$ l. de bois à trav. Vallon, côte & ham. des bas Racineux. Entre Villers & Champdoinet. N. de la Gaubergere. Pente rap. au N. du Tertre. A la Chapelle-Hamelin ✚. Paſſage de la riv. de l'Air. Côte, ham. de Bois Roux. *A St.-Martin de Landelle* ✚ ... 3 l. A la Foſſe & à Rochelet, la Goderie & route de Caen à Rennes. *A St. Hilaire*... 2 l. *Le reſte ci-deſſus.*

Vitré...........	E.	De Rennes à Laval.......	10
Usel...........	O.	— S.-Brieuc & à Usel...	35
Yvetot........	N.p.E.	— Caen & à Yvetot.....	81

ROUTES ET CHEMINS DE TRAVERSE
DE RÉTHEL

à		Voyez	lieues.
ABBEVILLE..	N.O.	Laon, Amiens & Abbeville.	51
ALBY.......	S.O.	Paris, Cahors & Alby.....	217
AMIENS.....	N.O.	Laon & à Amiens........	41
ANGERS.....	S.O.	Paris & à Angers.......	120
ARRAS......	N.O.	Laon & à Arras.........	45
Attigny.......	S.	Verdun................	3
Aubenton...	N.p.O.	Montcornet & à Aubenton..	14
Aubigny......	N.E.	Liége par Rocroy........	7
AUCH.......	S.O.	Paris & à Auch........	225
Autry........	S.E.	Ste.-Menehould par Autry...	13
AUTUN......	S.O.	Reims & à Autun........	81
AVIGNON....	S.	Lyon & à Avignon.......	179
BAR-LE-DUC....	S.	Varenne & à Bar.........	28
BASLE.......	S.E.	Verdun, Nancy & Basle....	102
BESANÇON..	S.p.E.	Reims & à Besançon.......	84
BORDEAUX..	S.O.	Paris & à Bordeaux......	168
Bourg........	S.	Reims & à Bourg.........	107
BOURGES....	S.O.	Paris & à Bourges........	103
BRUXELLES...	N.	Namur & à Bruxelles......	52
Busancy......	S.E.	Verdun................	12
CAEN........	O.	Paris; de Paris à Caen.....	100
CHALONS-sur-Marne. Grande Route...		S...	19

De Réthel à Reims... 9 l. De Reims à Châlons... 10 l.

RÉTHEL

Chemin de traverse.............. 15

De Réthel on passe à Sault +. Pertes-le Châtelet + : *belle vue*. A Alincourt + sur la rivière de Retourne que l'on passe... 3 l. ½ l. O. de Juniville +. Côte à trav. en passant à 1 l. E. de Menil-l'Epinoy +. ¼ l. E. d'Auffonce & la Neuville en Tournasuy +. E. de la Garenne & cense de Merlan. Pente rap. ½ l. O. d'Auvine +, St-Clément + & St.-Pierre-sur-Arne. ¾ l. E. de Pont Faverger. Pont & ruiss. d'Arne. *A Bethniville* +... 3 l. Au petit St.-Hilaire *ou* Hillier +. Pont & moulin sur la riv. de Suippe. ½ l. O. de St.-Martin-le-Hureux +. 1 l. des côtes & vill. de Moronvilliers +. ½ l. O. de Dontrian +. 1 l. de St.-Souplet. ½ l. de Vaudesincourt + & d'Auberive +. E. de Baconne + O. du grand St.-Hilaire +. ½ l. E. du gr. Mourmelon +. Riv. de Buffy & vill. de *Vadenay* +... 6 l. St.-Hilaire-au-Temple, sur Suippe +. O. de Dampierre & la Neuville-au-Temple. A la belle Croix & à *Chalons*..... 3 l.

CHALON-fur-S... S.		Troyes & à Chalon........ 90
Charleroy....... N.		Mézières & à Charleroy..... 38
Charleville.... N.E.		Mézières & à Charleville... 10
Château-Porcien.. O.		Laon............... 2
Chêne-le-Populeux. (le) S.E.		Sédan............... 7½
Clermont-en-Arg... S.	à	Varenne & à Clermont..... 19
CLERMONT-F.S.O.	RÉTHEL	Reims & à Clermont....... 13½
Compiègne...... O.		Laon & à Compiègne...... 35
Corbeny........ O.	DE	Laon par Neuchâtel....... 10
Cormicy...... S.O.		Reims & à Cormicy....... 13
Damvillers..... S.E.		Metz par Dun-fur-Meuse... 24
DIJON......... S.		Reims & à Dijon......... 73½
Dun-fur-Meuse. S.E.		Metz par Damvillers...... 18
Givet........ N.E.		Mézières & à Givet....... 27
Grand-Pré..... S.E.		Verdun en traverse....... 12
Guise........ N.O.		Montcornet & à Guise..... 15
LAON. *Chemin de traverse*... O.p.N...		14

De Réthel on passe le long de la riv. d'Aisne, ½ l. N. du chât. & vill. de Romance +. Le ruiss. du Moulinet, ¼ l. S. de Sorbon +. Le long N. du bois de Barby & S. du moulin à vent. A Barby +. ¼ l. N. de Nanteuil-fur-Aifne +. Pont & ruiff. de Vaux *ou* par Efcly +. ¼ l. N. de Taïzy +. *A Château Porcien*... 2 l. A la chap. St.-Lazare & au bas du moulin à vent. Pont, ruiff. Moulin & vill. de Condé-fur-Aifne. A Herpy-fur Aifne +. Côte, vallon à trav. en paff. à ½ l N. de Gomont, Balham, Blancy & Aire +. Au S. de la montagne & croix de Gillotin. Vis-à-vis de la Croix-Marc. *A St.-Germain* +... 2 l. Pente rap. à ½ l. N. de Juzancourt +. A Villers devant le Tour +. Carref. d'une route Romaine. Au N. de Roberchamps & Magnivillers. Pente rap. ½ l. S. de Frontigny. A la Malmaifon: *belle vue*... 3 l. Au S. des bois de la Malmaifon. Vallon & au S. du bois de la Motte. Petit bois & plaine à trav. 1 l. N. d'Amifontaine: *belle vue*. A Fleuricourt, pente rap. 1 l. S. de Siffonne. ¼ l. N. de Ramcour +, St.-Erme +, Outre +, Goudelancourt & Berieux +. ½ l. de Montaigu +. ½ l. du moulin à vent & village de Mauregny +. 1 l. S. de Marchais + & 1 ½ l de N. D. de Lieffe. Au N. des hayes & vill. de *Couffy* +... 4 l. A Aippes +, ¼ l. de Veflud +. N. du chât. de Lavergny. A Athies + *ou* à l'abb. de Sauvoire. A Vaux +. Pente rap. & à *LAON*.... 3 l.

Autre Chemin par Siffonne.......... 14½

De Réthel à *Herpy*... 3 l. *Voyez ci-deffus*. D'Herpy à la côte & croix Gillotin. Vallon, côte & cenfe de Gerzicourt +. 1 l. S. de Bannogne. Rue d'Allemagne, pont, ruiff. & vill. de *Tour* +... 2 l. pente rap. moulin à vent & bois de Chenoy. Carref. d'une route Romaine. ½ l. S. de Nizy +. Vallon & cenfe de Mouchery. ¼ l. N. des bois de la Malmaifon & à ¼ l. S. du moulin & vill. de la Selve +. Côteau, vallon & cenfe de Maquigny. Au N. du bois & cenfe de Joffrecour. Côte à trav.: *belle vue*. Vallon & fource de la Souche. *A Siffonne*, bourg & chât.... 4 l. A la cenfe de Pagneux. 1 l. S. de N. D. de Lieffe. ½ l. du chât & vill. de Marchais. ¼ l. N. du moulin & vill. de Montaigu +. N. des Tertres & cenfe des Hayes. S. des bois de Marchais. Le long N. du vill de *Couffy* +.... 3 l. A Aippes +. ¼ l. S. de Salmoucy +. N. de Veflud + & du chât. de Lavergny. A Athies + *ou* à Sauvoire, abb. A Vaux +. Pente rap. & ville de *LAON*.... 2 ½ l.

LIÉGE. *Grande Route*... N.E..... 4+

De Réthel on monte une côte rap. en paffant à l'E. des

RÉTHEL.

moulins à vent de Réthel, & à 2 l. de Château - Porcien. Vallon & ferme de Remicourt. $\frac{1}{4}$ l. E. de Sorbon +. Ruiss. $\frac{1}{4}$ l. O. de Bertoncourt + & du moulin $\frac{1}{4}$ l. du chât. de la Folie. 1 l. de Novy +. $\frac{1}{4}$ l. E. d'Arnicourt +. O. de la côte & bois de Triomont. Entre le bois de la Sambre & la cense de Dyonne & le tertre de Soirmont. Pont, ruiss. $\frac{1}{4}$ l. O. de Corny-la-Ville +. Pont & moulin. 1 l. E. de Sery +. Pente rap. $\frac{1}{2}$ q. l. O. de Provisy. A 1 l. E. de Beaumont-en-Aviotte. A Novion-en-Porcien + : *belles Carrières*... 3 l. $\frac{1}{4}$ l. E. de Briqueterie & Mesmont +, & plus loin le bois d'Avaux. Chemin & à 1 l. E. de Wassigny +. $\frac{1}{2}$ l. de Begny +. $\frac{1}{4}$ l. O. de Wagnon +. E. des fermes de St.-Martin & l'Hôpital. 1 l. de la Neuville-lès-Wassigny +. Bois à $\frac{1}{4}$ l. E. de Granchamp +. $\frac{1}{2}$ l. E. du bois Huilleux, rempli de Mine. A la Guinguette, $\frac{3}{4}$ l. E. de la Lobbe +. Pente rap. & passage de la grande chaîne qui partage la France du Midi au Nord, & traversant une lieue de bois. Pente rap. & riv. de l'Arquebuserie. Vallon du ruiss. de Vaux. *A Signy* l'Abbaye... 3 l. Devant l'abb. & à $\frac{1}{2}$ l. E. de Libercy +. O. de la cense Marc & Fosse au Mortier. A la Cense de Godel. $\frac{1}{4}$ l. E. de la Fosse à Vaux. Vallon & côte rapide des Gaisettes. Carrefour du chemin de Laon à Mézières. A 1 l. E. de la butte du moulin à vent au sommet de la grande chaîne. 1 l. du clocher & moulin à vent de Marlemont. $\frac{1}{4}$ l. O. de l'Epron +. Pont & riv. d'Audry. A Aubigny +, sur la route de Mézières à Lille... 2 l. Côte, à $\frac{1}{4}$ l. E. de Logny-Bogny +. $\frac{1}{2}$ l. O. de Vaux-lès-Vilaines. A Cermon +. $\frac{1}{2}$ l. E. d'Havy +, $\frac{1}{2}$ l. O. de Belzy & l'Echelle. Moulin à vent & chemin de Rocroy par le bois de Pote. A Blombay +. $\frac{1}{2}$ l. E. de Marby +. $\frac{1}{2}$ l. O. de Chilly. Prairie, pont, riv. de Sormone & Roger-Champ. A Etalle +. Pente rapide au S. de la forêt de Pote. *A Maubert-Fontaine*... 3 l. Gué & bois du haut taillis. 1 l. de bruyères à côtoyer. *A Rocroy*... 2 l. (Ou du moulin de Blombay) on passe dans la vallée & au vill. de Valmorancy +. Pont & riv. de Sormone. Côte & à $\frac{1}{2}$ l. O. de Rimogne. $\frac{1}{2}$ q. l. E. de Tremblay. 1 l. du bois Depote & du Roy à traverser. $\frac{1}{4}$ l. O. de Bourg-fidel + & $\frac{1}{2}$ l. E. de Sevigny-la-Forêt. *A Rocroy.* (La r. est plus courte d'une lieue.) De Rocroy à LIÉGE... 31 l. *Voyez de Mézières à Liége.*

LILLE.... N.p.O.		Cambray & à Lille........	44
LIMOGES.... S.O.		Paris & à Limoges.........	140
LUXEMBOURG. E.		Stenay & à Luxembourg....	36
LYON......... S.	DE RÉTHEL à	Reims & à Lyon..........	119
Machault....... S.		Ste Menehould............	5
Mans. (*le*).... O.		Paris & au Mans..........	98
Marle........ N.O.		Montcornet & à Marle.....	14
Marville....... S.E.		Stenay & à Marville......	24
Maubertfontaine... N.		Liége par Rocroy.........	11
Maubeuge....... N.		La Capelle & à Maubeuge..	29

METZ. *Chemin de traverse*... S.E... 45

De Réthel *à Buzancy*... 12 l. *Voyez de Réthel à Stenay par Vouziers*. De Buzancy on passe au Sud du bois de la Folie, & près de la ferme de Billecoq. Au Sud de *Baricourt*, devant les tuilleries de Baricourt & de Tailly. A Villé. Devant Dun. Pente rap. & vill. de Doulcon +. Pont & riv. de Meuse. *A Dun*... 6 l. Côte & bois de Dun à trav. A Fontaines. Bois de Fontaines & de Sivry à passer. Au N. E. de Haraumont +. Traverse du bois du Roi. Pente rap. & vill. de Réville. Plaine & à $\frac{1}{4}$ l. S. de Peuvillers +. *A Damvillers*...... 5 l. De Damvillers à METZ.... 22 l. *Voyez de Metz à Damvillers*.

MÉZIERES. Grande Route... N.E... 10

De Réthel on passe à $\frac{1}{2}$ l. N. de Pargny +. Le long de la côte, O. du moulin & château d'Arson. $\frac{1}{4}$ l. N. des étangs & vill. de Doux +. $\frac{1}{4}$ l. E. de Bertancourt + & de la Folie. Moulin à vent de l'abb. de Novy. $\frac{1}{4}$ l. O. de Faux +. Pente rap. vallée & bois de Mindois. A Vanzelles, 1 l. O. du chât. de Monclin. *Cabaret*, Côte & à 1 l. E. de Corny-la-Ville +. A Cautionart: *belle vue*... 3 l. $\frac{1}{4}$ q. l. O. de Vieille-Ville + & de Sauces-au-bois +. $\frac{3}{4}$ l. E. de Macheromeuil +. O. de Sauces-aux-Tournelles. Entre le vill de Fachaux + & le bois de la Chatelaine. Traverse de la grande chaîne primitive en passant à la Guinguette & devant le cabaret du Bel-Air, situé au point de partage des eaux, à l'O. de Neuvisy: *belle vue*. $\frac{1}{2}$ l. E. de vieil St.-Remy +. Pente rap. & ferme de Parfemaille. Prairie, étang, chapelle & ham. de la Bereuse. O. des bois de Pierre-Pont. Pont & riv. de Vence à

RÉTHEL. 497

passer. Devant Pierre-Pont. Pente rapide en passant le long de la Cassine. A l'E. & près de Launoy... 2½ l. Pente rap. Vallon. ¼ l. N. du chât. d'Aisement. Côte & vill. de Jandun +. Vall. ¼ l. N de Barbaise & ¼ l. de Raillicourt +. Côte rap. à trav. en passant à l'O. d'Hocmont & de haut Touligny : belle vue. ¼ l. E. de la fontaine aux Corbeaux. Pente rapide & vallon de la Franchise. Montagne à trav. en passant à l'O. de haute & basse Merale. ¼ l. de Champigneul +. ¼ l. E. de Gruyeres +, au dessus O. de Mondigny +. Tertre & fontaine Mondigneul, à 1 l. O. de St.-Marcel-sur-Mont +. Pente rapide entre les bois Hamelle & Jacquemar. Vallon & vill. de Warnicourt +. Côte, à ¼ l. O. d'Evigny +. ¼ l. E. de 7 fontaines +. Le long E. des bois de Prys. Pente rap & longue, ½ q. l. S. de Prys +. A la grange Moulue, ¼ l. O. de Mohon +. Faubourg de St. Pierre & riviere de Meuse à passer. *A* MÉZIERES... 4½ l.

Mons............	N.	Mézières & à Mons........	36
Montcornet.....	N.O.	Cambray par Guise........	9
Montmédy......	E.	Luxembourg.............	17
MOULINS..	S.p.O.	Reims & à Moulins........	108
NANCY........	S.E.	Verdun & à Nancy........	49
Neufchatel......	O.	Reims par Neuchâtel......	7
N. D. de Liesse...	O.	Laon par N. D. de Liesse...	12
NOYON........	O.	Laon & à Noyon.........	26
ORLÉANS.....	S.O.	Paris & à Orléans........	75
PARIS.......	O.	Reims & à Paris..........	47
PAU.........	S.O.	Paris & à Pau...........	253
Philippeville.....	N.	Mézières & à Philippeville...	26
POITIERS....	S.O.	Paris & à Poitiers........	134
Pontavaire......	O.	Soissons...............	12
REIMS......	S.O.	De Reims à Réthel........	9
RENNES.....	O.p.S.	Paris & à Rennes........	133
Rocroy.........	N.	Liége par Rocroy........	13
ROUEN.......	O.	Paris & à Rouen.........	77
Rozoy........	S.O.	Reims, Meaux & Rozoy....	48
Rozoy.......	N.O.	Guise.................	10
S.-Quentin.....	N.O.	Guise & à St.-Quentin....	26

Tome II.   R r r

STE.-MENEHOULD. Grande Route... S... 29

De Réthel à Reims... 9 l. De Reims à Chalons... 10 l. De Châlons à Ste.-Menehould... 10 l.

Chemin de traverse................ 16½

De Réthel on passe à Sault +. Côte & à l'O. de Bierme. Côte rap. & chemin de Thugny +. Vallon, E. de la fontaine Necharan. Côte, 1 l. E. de Perthes-le-Châtelet +. 1 l. O. du moulin de Mont-Laurent. Vallon & vill. de Menil-lès-Annelle +. ½ l. E. d'Annelle +. Côte rap. à trav. ½ l. O. de Pauvre +, ¼ l. E. de Ville +. Au Mont-St.-Remy & à *Machault*... 5 l. Côte, vallon, E. de Saint-Étienne. A Arne Carref. du chemin de Reims à Grand-Pré. E. de la Croix de Blamont & de la plaine où s'est donnée la bataille de Sompy en 1650. Vallon; E. du vill. de Sompy +. Plaine de Sompy à trav. Carref. du chemin de Reims à Autry. A Tahure + & source de la Darmoise... 5 l. Plaine, 1 l. E. du moulin de Perthes. O. des maisons de Champagne. A Minaucourt-sur-Tourbe +. Côte & à l'O. du mont Charmont. ¼ l. E. de Warge-Moulin. ¼ l. O. de Betzieux +. Vallée & vill. de Courtemont +. Pont & riv. de Bionne. A l'E. & près de Dammartin-sous-Hans, 1 l. E. de Hans +. Côte de Fourché & à l'O. de celle l'Hyron. Vallon & village de Maffrecourt +. ½ l. S. Ouest de la Neuville-au-Pont +. A Chaude-Fontaine & à STE.-MENEHOULD... 6½ l.

Autre Chemin par la vallée de Bourg......... 17

De Réthel à Bourg.... 7 l. *Voyez de Réthel à Stenay par Vouziers*. De Bourg on passe à l'O. de Ste.-Marie. Ruiss. d'Ainy & vill. de Sugny +. E. du mont St.-Martin, au bas des monts O. de St.-Marcel & à Courbon +, Monthois +. 1 l. E. de Liry + sur la route de Reims à Grand-Pré. E. de Marvaux + & de Vieux +. Ruisseau & moulin de Moya, E. d'Ardeuil +. O. des Rozieres, Prieuré. A Sechault +. ½ l. du chât. de *Bussy*... 4 l. A l'O. du moulin à vent & vill. de Bouconville +. Carrefour du chemin de Reims à Autry. Entre l'étang de l'Echelle & de Boubleuse. ½ l. E. de Fontaine-en-Dormois +. Rivière de Dormoise, ½ l. E. de Rouvroy +. A Cernay-en-Dormois + & à Ville-sur-Tourbe +. Pont l'Aculé sur la riv. de Tourbe. ½ l. E. de Virginy +. 1 l. S. O. de Melzicourt & Servon +. Entre

RÉTHEL

Malmy +, le mont Rémoy, & Manre +. A Berzieux, Q. de mont Molmont. E. des étangs de Senaple. riviere de Bionne. E de Courtemont & de Dommartin. Côte de Fourche & à l'E, &c. *Voyez ci-deſſus.*

SEDAN. *Grande Route*..... P.... 14½

De Réthel on paſſe à la fourche de la route de Mézieres. A Pargny +, ¼ l. N. de Bierme. A Arſon, ½ l. N. de Thugny + & de la côte d'Atome. A Doux +, S. du grand étang. Le long N. du vill. de Coucy +. Au bas S. de la Garenne. Moulin de Coucy & le long de la prairie. ¼ l. N. d'Ambly ſur-l'Aiſne +. A Amagne, ¼ l. N. de Montmartin +. Entre le bois de Grazin & Crevecœur. ½ l. de Givry + au-delà de l'Aiſne. Ruiſſeau de Sauces à paſſer. ¼ l. S. de Sorcy +. Côte & ham. de Sauſſeuille. ½ l. N. d'Alland'huy +. S. des bois de Sorcy. Pente rap. ruiſſ. & vill. d'Ecordal +. (ou de *Réthel*) au moulin à v. de Novy. Vallée & ham. de Luquy. Côte & vill. de Faux + : belle vue. ½ l. S. de Sorcy +. Vallon, pont des Attreux ſur le Sauces. Côte & au S. des bois de Sorcy +. ¼ l. N. d'Alland'huy. Pente rap. ruiſſ. & vill. d'*Ecordal* +... 4 l. D'Ecordal on paſſe à ¾ l. N. de Charbogne & 1 ½ l. d'*Attigny*, que l'on voit. ½ l. S. de Pré-Boulet. 1 l. de St.-Loup +. Vallon, ½ q. l. S. de *Tourteron*. Côte & petit bois, au S. de la Sabotterie. A Lametz +. Vall. & ruiſſ. Côte, ¼ l. N. de Day + & Neuville +. A la cenſe au bois. Le long S. de la foſſe ſans fond & Bois l'Abbé. Pente rap. & abbaye de Longwé, fontaine St.-Fiacre, ruiſſ. & moulin de Longwé. Côte, chât. de Montardré & bois de Longwé, ſur la grande chaîne, que l'on traverſe. Pente rap. & vallon. Au *Chêne-le-Populeux*.... 3 ½ l. Devant la fontaine de Laſſaut. ½ l. S. de la Forge de Bairon. Vallée, prairie & pont à Bar. Carrefour du chemin de Vouziers à Sédan. ¼ l. des petites Armoiſes +. A Tannay +. Fourche de la route de Stenay. Pont, ruiſſ. moulin & forges du Mont-Dieu. ¼ l. O. du Mont-Dieu, Chartreuſe. A la Tuilerie. 1 l. S. E. de Sauville +... ¾ l. des bois du Mont-Dieu à paſſer. Côte & à 1 l. E. de la Caſſine, chât. ½ l. O. d'Artaiſe. ½ q. l. E. de la Neuville-à-Maire. ½ l. de Maire + & 2 l. du bois & mont d'Aumont. Vallon & ruiſſeau de Terron. Côte & à 1 l. E. de *Vendreſſe* & de la côte de Tumoy. Vallon à l'O. de la Foſſe-à-Dionne. ¼ l. de de Maiſoncelle. A Chemery +. ¼ l. E. de Malmy +. Entre

la prairie la Bar & le bois de Nomont. E. de Connage +.
½ l. d'Omicourt & du mont de Noailles. Entre la carriere & le ham, de Rocan. A Chechery + Entre la côte
de S. Quentin & la prairie. Devant le cabaret de Coulan.
Le long E. de Chevizeu & Cheveuge +. Pente rapide à
l'O. du bois de Morlei. ½ l. E. du Tertre & croix Piau:
belle vue. Pente rap. ½ l. S. E. de *Conchery*. A Fresnoy +.
½ l. O. de Wadlincourt +. Fourche de la route de Sédan
à Mézières. ½ l. S. de Dancourt + & Villette + sur Meuse.
¼ l. du mont d'Yges + ¼ l. de Glaire. A Torcy & à
SÉDAN-sur-Meuse.... 7 l.

Signy-l'Abbaye.....	N.	De Réthel à Liége.......	6
Sissonne..........	O.	—— Laon..............	9
SOISSONS........	O.	—— Laon & à Soissons...	11
SENS...........	S.O.	—— Reims & à Sens.....	54

    STENAY. *Grande Route....* E..... 18

De Réthel on passe à ½ l. E. de Romance. A Sault +, ¼ l. O.
de Pargny +. O. de Bierme & pente rap. Vallon, ruiss.
& moulin de Bierme. Côte de l'Atome, ½ l. O. de Thugny. Vallon & fontaine de Necharan. 1 l. N. E. de
Perthes-le-Châtelet +. Côte à traverser en passant à ¼ l. O.
du moulin à vent du mont Laurent. Vallon, village de
Mesnil-lès-Annelle +. Côte & croix, ½ l. N. de Ville-sur-Retourne +. Pente rap. & chemin de Reims à Sedan.
Vallon & vill. de *Pauvre* +... 4 l. Côte & à ½ l. N. de
Dricourt +. Au Nord du moulin à vent de Leffincour.
Traverse des monts de Champagne. Au S. de Torcelles,
Chaumont + & plus loin Chardeny, Ste.-Vaubourg &
Attigny : *belle vue.* Moulin à vent de Bourg, ½ l. N. de
Cheppe +. Pente rap. des monts de Champagne. A Bourg +.
Traverse de la vallée de Bourg en passant à ¼ l. S. de
Mars-sous-Bourg +. 1 l. S. de Givry + & Loisy +. 1 l. N.
de Sugny +. A Blaise, & chât. de Richecourt. ¼ l. N. de
Ste.-Marie-sous-Bourg +. A Thelinne + & à *Vouziers*... 4 l.
De Vouziers à STENAY... 10 l. *Voyez de Reims à Stenay.*

    Autre par le Chêne................ 15

De Réthel Au Chêne-le-Populeux... 7 l. *Voyez de Réthel
à Sédan.* Du Chêne à Pont à Bar. Carrefour de la route
de Vouziers à Sédan. ½ l. N. des petites Armoises +. Côte
rap. au N. du vill. de Sly +. Justice, S. de Nocuve. ½ l. S.

RÉTHEL.

des étangs, Forge & Chartreuse du Mont-Dieu. Le long du bois du Fay. Côte rapide & bois à passer. Vallon & ruiss. au N. des grandes Armoises +. Pente rap. & côte à trav. Mont & vill. de Stone + : *belle vue*... 3 l. (*Ou de Pont à Bar*) on passe à Tannay + & au moulin étang des forges du Mont-Dieu. Au Mont-Dieu. Pente rapide de la côte de cette Chartreuse. ½ l. de bois à trav. & grange au Mont. Vallon, côte & vill. de Stonne. De Stonne on descend une pente difficile & rapide. Aux Tuileries ¼ l. N. du Mont-Damiont. Devant & N. du chât. de Franc-Lieu. Au bas S. du moulin & vill. de la Besace. A Warniforest, N. du bois du Roi Pont du Gué-de-Rien. ½ l. S. d'Yon +. La Tibaudine, S. de la côte de Juvigny. Vallon & bourg de *Beaumont* en Argonne. ½ l. S. de Letanne +. Côte de Beaulieu. Au pont Gaudron. ½ l. S. de Pouilly +. 1 l. de bois de Dieulet à traverser en passant la montée Payard. Pente rap. & vallée de la Meuse. ¼ l. S. de Cesse +. 1 l. de Martincourt. A la Neuville +. Prairie & rivière de Wisepe. Pont & riv. de Meuse. *A STENAY*... 5 l.

STRASBOURG.	S.E.	Nancy & à Strasbourg...... 85
TOUL........	S.E.	Verdun & à Toul......... 48
TOULON.......	S.	Lyon & à Toulon......... 215
TOULOUSE..	S.O.	Paris & à Toulouse....... 217
TOURS......	S.O.	Paris & à Tours.......... 104
TROYES........	S.	Reims & Troyes......... 38
VALENCIENN.	N.O.	Mézières & Valenciennes... 46
Varenne.......	S.E.	Verdun................. 16⅓
Vendresse.......	E.	Sédan.................. 7

VERDUN. Grande Route.... S. E... 29

De Réthel *à Stenay*... 18 l. De Stenay *à Verdun*... 11 l.

Chemin de traverse................ 26

De Réthel *à Dun-sur-Meuse*... 18 l. *Voyez de Réthel à Metz.* De Dun *à Verdun*... 8 l. *Voyez de Verdun à Stenay.*

Autre Chemin.................. 23

De Réthel *à Vouziers*... 8 l. *Voyez de Réthel à Stenay.* De Vouziers on passe le pont & riv. d'Aisne. Au S. de Chêtre +. Côte au N. de Falaise + & au S. de la Croix-au-Bois +. E. d'Olizy la Ferté +. Vallon, ruiss. O. de

Beaurepaire & bois de la Sarte. A la Bergerie. $\frac{1}{2}$ l. N de Termes. Vallon, ruiss. S. du moulin de Talmas. A la Forge & *à Grand Pré*... 4 l. Pont & riv. d'Aire à passer. Côte & bois de Negremont à trav. A l'O. de Barbançon & de Chevieres +. $\frac{1}{2}$ l. O. du moulin & vill. de Marcq +. 3 l. de la forêt d'Argonne à trav. *A Varenne*-sur-Aire, que l'on passe.. 4 $\frac{1}{2}$ l. Côte & à $\frac{1}{2}$ l. S. de Chepy + $\frac{1}{4}$ l. N. du Tertre & vill. de Vauquoy +. Entre les bois de Chepy & ceux de Neuvilly. Pont & riv. de Buanthe. A Avocourt +, entre les bois. Traverse de la grande chaîne qui sépare le bassin des mers. A la croix de Favery, plantée au point de partage des eaux de la Meuse & de la rivière d'Aisne: *belle vue*. A 2 l S. E. du tertre & bourg de *Montfaucon*, sur la grande chaîne. Pente rapide & village d'*Esnes* +... 3 L. Au N. du moulin à vent. Pont, ruiss. à 1 l S. de Betincourt +. $\frac{1}{2}$ l. N. E. de Montzeville +. Côte, $\frac{1}{2}$ l. S. de Chatancourt +. N. des bois de Bouru. Côte à Gresil à trav. en passant à $\frac{1}{2}$ l. S. de la marre aux Blosses +. Vis-à-vis O. de Villers. A Thierville +. $\frac{1}{2}$ l O. de Belleville +. A Jardin-Fontaine & devant le Polygone. Porte de France, & *à VERDUN*... 3 $\frac{1}{2}$ l.

Vouziers.........	S.E.	De Réthel à Stenay par Vouz.	8
Wassigny.........	N.	De Réthel à Liége........	4

ROUTES ET CHEMINS DE TRAVERSE
DE LA ROCHELLE

Distance de la Rochelle

à		Voyez	lieues.
ABBEVILLE. N.p.E.	LA ROCHELLE à	Paris & à Abbeville,.......	162
AIX en Provence. S.E.		Toulouse & à Aix.........	212
ALBY........ S.E.		Bordeaux, Cahors & à Alby.	124
Aligre........... N.		Nantes...............	6
AMIENS..... N.E.		Paris & à Amiens........	152

ANGERS. Grande Route:... N... 56

De la Rochelle à Nantes... 35... De Nantes à Angers... 21 l.

Chemin de traverse............... 46

De la Rochelle à Aligre..... 6 l. Voyez de la Rochelle à Nantes. D'Aligre on passe le long du canal de Contre-Rooth-de-Vix. Au pont & riv. de Vendée. ½ l. O. de Maillzay, ½ l. de St.-Pierre-le-Vieux. ¼ l. E. de Doix 4. A Puyfec & à Fontenay-le-Comte... 7 l. Au Porteau, O. de St.-Thomar & de Pissote 4. ½ l. E. de Serigné. 1 L. des bois de Vouvant à passer. Chemin & à ½ l. O. de Vouvant... 3 l. Entre la Miltiere, le moulin à vent & l'Arbleziere. ¼ l. E. de Cezay 4. O. du bois & chât. de la Cressonniere. La Frouardiere. ½ l. O. d'Antigny 4. A la Piniere, ¼ l. E. de St.-Maurice-le-Girard. 1 l. O. de la Chataigneraye. Pont sur Loing. Riviere & moulin de la Grenouillere. A Cheffois +... 3 l. Côte & moulin. 1 l. E. de Mouilleron-en-Pareds. Au Piedvizet. Ponte rap. & côte à trav. Vallon de l'Epronniere. Ham. & moulin à vent de la Touche. A Réaumur +. Pont & riv. du grand Lay. Bercelotte & côte. ¼ l. E. de Pouzanges-le-Vieux. Tertre & à ¼ l. E. de Pouzanges... 3 l. A la Fraudiere. Côte & bois à passer. Côte du Puy-Girard. Vallon & pente rapide des Barres. A la Pommeraye-sur-Sevre ;... 2 l. Pont sur la Sevre Nantoise à passer. Entre le grand & le petit Payloup. Pont ; ¼ l. E. du chât. de la Guerche & vill. de St.-Amand 4. A la Berengerie, ¼ l. O. de la petite Boissiere +. Pente rapide à l'E. de Bois-Fichet, Miaudiere & Bourneau. Pont & riv. de Louin à passer. *A Châtillon-sur-Sevre*... 2 ½ l. De Châtillon *à Angers*... 18 l. *Voyez d'Angers à Châtillon.*

DE LA ROCHELLE à

Angoulême...	S.E.	Et d'Angoulême à Saintes...	32
Antibes.....	S.E.	Aix ; d'Aix à Antibes........	253
ARRAS......	N.E.	Paris & à Arras...........	165
Auch.........	S.E.	Bordeaux & à Auch........	101
Auxerre......	E.	Bourges & à Auxerre.......	110
AVIGNON...	S.E.	Toulouse & à Avignon....	196
BASLE.........	E.	Limoges & à Basle........	203
Bayonne......	S.	Bordeaux & à Bayonne.....	102
BESANÇON....	E.	Moulins & à Besançon.....	167
Blaye..........	S.	Saintes & à Blaye.........	36
Blois.......	N.E.	Tours & à Blois...........	78

BORDEAUX. *Grande Route*....... 48

De la Rochelle on passe à Tadon, faubourg. ¾ l. O. de Perigny +. A Grandecourbe, ½ l. E. des Minimes. Côte, vignes & fourche du chemin de Surgeres. Le long O. du chât. & village d'Aytré +. Pente rapide & marais salins. Pont, à l'E. du pont de la Pierre. 1 l. O. de la Jarne +. Vignes, ¼ l. E. d'Angoulin +. Pente rap. de la Maladerie. Pont, ¼ l. O. de Salles. Le long d'un canal, ½ l. E. de la Mer. Cabane, ¾ l. E. de St.-Jean-de-Sable. Canaux, ½ l. O. de St.-Vivien-du-Vergerou +. Côte d'Angoutte, ¼ l. E. de Chataillon +. Vallée, pont & canal à passer. ½ l. O. du tertre & vill. de Voutron +. Passage du Marouillet. Le long des marais salés & de Pontas-du-Rocher. A la *Poste-du-Rocher*... 4 l. Côte & à ¼ l. E. des roches des Mannes. Au bas O. d'Ives + & au Dauphin. Pont & canaux à passer. Côte & ham. de la Touche-Longue. Vallon & ham. de St.-Pierre. Côte & devant le fief de Charras. Vallée & canal, ¼ l. E. de St.-Laurent-de-la-Prée +. Pont & canal, ½ l. E. de la Charente. Au grand Vergeron, ¼ l. O. de Plantemore. Côte & bois à trav. Vall. & vill. de Vergerou +. Côte de Villeneuve. Moulin à v. de la Midonnerie. Pente rap. & ham. de Marseille. A N. D., ¼ l. E. de Soubise. *A Rochefort*.. 3 l. Bac & riv. de Charente à passer. Moul. à v. & ham. de Martroux. Fourche de la route de Royan. Moulin-Pillays, pont & riv. A Montheraut. Cense & bois de la Boughetrie. A la maison Neuve. ½ l. N de St.-Thomas-du-bois. Le long S. des bois de la Faure. A l'Oliviere & à *Beuriay*... 3 l. Aux Bonneaux. Vallon de Jaudon. *A St. Porchaire*... 3 l. Croix & moulin à vent de l'Espine. La Pillardiere. ¾ l. O. de Plaçay. Moulin & ham. de la Truye. Puy-Rousseau & les Gallais. Bois & à l'O. de Ramefort. A Maugré, ½ l. E. de St.-Georges ✝. Pente rapide & hameau des Fresneaux-de-Meursac. Vallon & hameau de Bélair. Nord de St.-Eutrope. Faubourg de St.-Vivien & *à Saintes*..... 4 l. De Saintes à BORDEAUX.... 31 l.

Autre Route par Pont-l'Abbé......... 48

De la Rochelle *à Rochefort*... 7 l. *Voyez ci-dessus*. De Rochefort on passe le bac sur la Charente. Moulin à vent & ham. de Martroux. A Frolin & le long du parc, O. du chât. & vill. d'Echillais ✝. Entre les bois de la jeune Lhoumiere. ¼ l. E. de St.-Martin-des-Lautiers ✝. Ham. des Godineaux, ½ l. E. de Beaugay ✝. Pont, ruiss. & ruines de St.-Saturnin. A Pinaudart, ¼ l. E. de St.-Agnan ✝. 2 l. de *Brouage*, au-delà des marais salins. Entre deux bois. Vallon & moulin à vent ½ l. N. E. de St.-Fort. Le long E. des bois de Rosietes & du roc. A Champagne ✝. Pont & ham. du Petay. Moulin à vent & au N. de Bouil. A Chaume ✝. Prairie, pont & riv. *A Pont-l'Abbé*✝.... 4½ l. A St.-Michel-de-la-Nuelle ✝. Vallon, ½ l. N. de St.-Sulpice d'Arnoul ✝. A la Croix-Geoffroy. E. de Pacqueaux, Boutireau & Mampou. A Virecourt, ¼ l. E. du grand Village. A la Touche, ¼ l. N. de Soulignone ✝. Entre Chaillou & Mouchet. Vignes, ½ l. S. des Essarts. Petit bois, ½ l. N. de Nieuil ✝. Au bel Air, N. de St.-Georges-des-Côteaux ✝. Le long N. de Davis & Meursac. Au bas S. du moulin de St.-Georges. Vallon & ham. de la Sasse. S. du Barreau & de Pignier. Vallon & côte de la Pinellerie. ½ q. l. N. de S.-Entrope. Au faub. S.-Vivien & *à Saintes*... 5⅓ l. De Saintes à BORDEAUX... 31 l.

BOURGES..... E.	Poitiers & à Bourges.......	77
Brest........ N.O.	Nantes & à Brest.........	108
BRUXELLES. N.E.	Paris & à Bruxelles........	191
CAEN........ N.	Tours & à Caen.........	120
Calais........ N.E.	Paris & à Calais.........	189

(middle column label: LA ROCHELLE)

CLERMONT-FERR. *Grande Route.* S.E. 96

De la Rochelle à *Angoulême*.... 32 l. D'Angoulême à *Limoges*... 24 l. De Limoges à *Clermont*... 40 l.

Chemin de traverse.............. 87

De la Rochelle au faubourg de Tadon & à la Courbe. Vignes & au S. de la croix de Miſſion. Carref. de la route de Rochefort A Aytré ✚. N. du moulin & fief de Belair & de Boiſnan. Pente rap. & vill. de la Jarne ✚. 5 l. de vignes à trav. en paſſant à Ebeaupin, Ramigon & au Marquiſat. Côte & hameau de l'Aumonerte; à Groteau & à *Croix-Chapeau* ✚... 3 l. A la Trigale, ½ q. l. de la Garde-aux-Valais. A Montpenſé, Senebé. Petit bois, ¼ l. N. de Chiron. A Putdrouard, ½ l. S. d'Aigrefeuille. Moulin à vent à ⅓ l. S. de Forges ✚. Le long de l'Egliſe & vill. de Ché ✚. Vallon, ½ l. N. de Peré ✚. Bois & ham. de Beaume à Château. Côte & vignes. Vall., ½ q. l. N. de St.-Pierre ✚. *A Surgeres*... 4 l. Entre Chef-Bourg & Mezeron. A Boiſſeuil. ¼ l. de bois & au ham. de la Faye-de-Pagnes. ½ l. N. de Breuilles ✚. A St.-Félix ✚ & chât. de la *Poupeliere*... 3 l. Fontaine, moulin & hameau de la Tanniere. ¼ l. N. de Migré ✚. Côte & ham. de la Cavaterie. Bois & village de Vrigné ✚. Toutifaut & carref. de la r. de Niort à Saintes. ¼ l. S. de la Croix-Comteſſe ✚. ½ l. de vignes à trav. Vall. & vill. de Coiſvert ✚. La Roche-Tabarits, Pinier. Pont ſur la Boutonne, riv. A Dampierre-ſur-Boutonne ✚. ½ l. de vignes & bois à trav. Pont & ruiſſ. de Parmenault. Côte & bois à paſſer. Vallon, ½ l. E. de St.-Georges-de-Longuepierre. Vallon, pont & cenſe de Pincenelle. Côte, ½ q. l. E. de Porcherou. Carref. de la route de Poitiers à Saintes. *A Aunay*... 5 l. A Contres ✚ & aux *Educts*... 3 l. Au N. du vill. de Villiers-Couture ✚. S. de *Couture-d'Argenſon*... 3 l. A Courconime ✚, S. de Villegaſt ✚. Carref. de la route de Poitiers à Angoulême & le parc de la Tremblay à paſſer. Chât. & Bourg de *Verteuil*.... 6 l. A Pougé ✚, St.-Gerbois ✚, Champagne *ou* au vieux Ruffec ✚, St.-Coutant ✚. riv. de Charente & village d'*Allouë* ✚... 6 l. A Brechoux. Landes, pente rap. & ham. de la Magnounie. La Borde. Pont & riv. de Vienne. *A Confolans*... 3 l. Au S. d'Eſſe ✚. ¼ l. N. de *l'Eterp*. Aux Quatre-Vents, S. du vill. de Champeau ✚. Côte & ham. de Rouffignac. Vallon, ruiſſ. & vill. de Meziere ✚. ¼ l. de bois à paſſer. A l'étang

LA ROCHELLE.

& ham. de Moyard. Pont & riv. de Vincon. Pente rap. de la côte de Belac. A Belac... 7 ¼ l. De Belac A CLERMONT... 43 ½ l. *Voyez de Poitiers à Clermont par Aubuſſon.*

Cognac........ S.E.	Saintes & à Cognac........	23
DEUX-PONTS.. E.	Paris & à Deux Ponts......	222
DIJON...... E.p.S.	Moulins & à Dijon........	158
Falaiſe........ N.	Angers & à Falaiſe........	105
GENÈVE.... S.p.E.	Lyon & à Genève........	174
Havre. (le)..... N.	Rouen & au Havre......	141
LIÉGE.... E.p.N.	Paris & à Liége........	209
LILLE....... N.E.	Paris & à Lille..........	178
LIMOGES.... S.E.	Angoulême & à Limoges....	56
Luçon........ N.	Aux Sables d'Olonne......	11
LUXEMBOURG.. E.	Paris & à Luxembourg.....	204
LYON....... S.E.	Limoges & à Lyon......	136

MANS. (le) Grande Route... N.p.E... 83

De la Rochelle *à Poitiers & Tours*.... 63 l. De Tours au Mans.... 20 l.

Chemin de traverſe................ 64

De la Rochelle à *Fontenay-le-Comte*.... 13 l. *Voyez de la Rochelle à Angers.* De Fontenay à Lorberie +. Paſſage de la riv. de Vendée. A Mervant, hameau. A côté O. de Vouvant +. E. de St.-Maurice le-Girard +. *A la Chataigneraye*... 5 l. Vallon & vill. de la Tardiere +, Contiere, Jamin & pente rap. *A St.-Pierre-du-Chemin.* Côte longue à paſſer. Pont & à ¼ l. S. E. de la Ronde +, la Livronniere, & ¼ l. de Moutiers +. Pont & riv. de Sevre-Nantois. Côte des Bordes, ¼ l. O. de *Moncoutant*. Entre la Marioliere & la Monzie. Pont, ruiſſ. & ham. de Puiſée. Moulin à vent de la Breille. Entre Plaines & Montbreau. A Laubretiere, ½ l. O. de Chanteloup +. Pont & ruiſſ. de Chambron. Plainierre. ½ l. E. de Courlay. Petit bois à traverſer. Au bois Guillot. ¼ l. O. de Terves +. Moulin à vent & à eau, O. du chât. de Puligny. *A Breſſuire*... 7 l. Au N. du Prieuré de Ste.-Catherine. Bois-Danne, La Folie & Taillepied. Petit bois à trav. A la Tauverniere, ¼ l. N. de St.-Porchaire. A Cruhé & 1 l. de bois à cotoyer. Pont, étang & moulin à vent de la Fraudiere. ¼ l. de bois à trav. & *à Coulonge-*

Thouarsais +. 4 l. Bois-Migou, S. du bois & parc Challon. Vallon, ruiss. & ham. de la Nouette, Fontenoy & belle Marion. ¼ l. S. de Mauzé +. ½ l. N. de *Rigny* +... 1 l. Au S. du Pressoir & de la Gouraudiere. N. du m. à v. de Grallier, & à ½ l. S. de Ste.-Radegonde-de-Pommiers +. Pont, riv. & au N. de St.-Jacques de Montauban. *A Thouars*... 2 l. De Thouars *à Saumur*.. 10 l. De Saumur *au MANS*... 22 l. *Voyez du Mans à Saumur.*

MARSEILLE	S.E.	De la Rochelle à Aix & à Mars.	220
Mayenne	N.	—— Angers & à Mayenne	83
METZ	E.	—— Paris & à Metz	197
MÉZIERES	E.p.N.	—— Paris & à Mézières	177
MOULINS. *Grande Route*...	E...		107

De la Rochelle *à Angoulême & Limoges*..... 56 l. De Limoges *à Moulins*... 51 l.

Chemin de traverse............... 89

De la Rochelle *à Aunay*... 15 l. *Voyez de la Rochelle à Clermont.* D'Aunay à St.-Prix + *ou à* St. Mandé +. A Vinax & forêt d'Aunay à trav. Au S. de Paisay-le-Chapt + & de Cresiere +. A la Bataille + & *à Chef-Boutonne*... 4 l. Pente rapide & hameau de Vieilleville. Entre le bois verd. Vallon, ruiss. de la Péruse. *A Sauzé*... 3 ¼ l. A la Grouzille, N. du chât. de Monnau & du vill. de Limalonge +. Aux Maisons blanches, Poste & route de Paris *à Bordeaux*... 1 ¼ l. Au parc du château de Pannesac & à St.-Pierre d'Exideuil +. *A Civray*... 2 l. La Roche, N. de Savigé, au chât. de Rochemaux & *à Charoux*... 2 l. A Mauprevoir-sur-Pairou + & abbaye de Larreau. Passage du Clain, riv. les Cours & riv. de Clouere. 1 l. de bois & landes. A Vigean +. Pont & riv. de Vienne. *A l'Isle-Jourdain*... 4 l. A St.-Paixant +. Passage de la grande Blourds, riv. Côte de Pouillac & 1 l. de landes à passer. Au S. de Bussiere-Poitevine & carrefour de la route de Poitiers à Limoges. A Darnac + & *au Dorat*... 8 l. Du Dorat *à Guéret*.... 15 l. *Voyez de Poitiers à Guéret.* De Guéret *à Moulins*... 34 l. *Voyez de Moulins à Guéret.*

MONS	N.E.	Rochelle à Paris & à Mons.	182
MONTAUBAN	S.E.	—— Bordeaux & à Montaub.	103
MONTPELLIER	S.E.	—— Montauban & à Montp.	176

LA ROCHELLE. 509

Mouzon............	E.	Roch. Paris, Reims & à Mouz.	187
Moyenvic..........	E.	—— Paris, Nancy & Moyen.	212
Mulhausen.........	E.	—— Besançon & à Mulhauf.	200
NANCY...........	E.	—— Paris & à Nancy......	204

NANTES. Route de traverse... N.O... 34

De la Rochelle on passe au carref. de la route de Poitiers & à la poste d'*Ussau*... 3 l. Du carrefour au vallon & ham. de Raguenau. Au Breuil-Bertin, ½ l. O. de Longeres +. Bois & à ¼ l. E. de St.-Ouen +. vignes, 1 l. E. de Villedoux +. A l'E. des moulins à vent & vill. d'Andilly-les-Marais + à 3 l. de la Mer. Pente rapide & hameau de Serigny : *belle vue.* A la Bonde & 1 l. de Marais à trav. en passant à la petite cabane du pont, sur le canal. Côte entre l'Arceau & la Repentie. Moulin de la grande Gabauge. Pont & canal de la Banche. *A Aligre*, autrefois *Marans*... 3 l. Pont & riviere de Sevre. Aux grandes Allouettes & à la Folie. 1 l. de marais à trav. en passant sur le canal du marais Sauvage. A la Moinerie, la Bonne Aventure, les Allouettes rouges, le gros Ambiers, le Plessis & au Sableau. Côte & moulin à vent. Pont & canal des Ablis. Côte & ham. d'Aisne. Pont & canal à trav. Au bas O. de Chaillé-les-Marais +. A la Maison Commune. Pont & canal de Clin. Le long S. d'un canal & que l'on passe. Côte, vill. & abb. de *Moreilles* +... 4 l. 1½ l. de marais & prairies en passant le pont sur le canal de la ceinture des Hollandois. Côte & hameau de Petré. Moulin à vent & fief des Ardilliers. Carrefour de la route de Poitiers aux Sables-d'Olonne & à 1 l. E. de *Luçon*. A St.-Gemme de la plaine de *Luçon*... 2 l. A Talgon & chemin de Fontenay à Mareuil. ½ l. O. de St.-Aubin-de-la-Plaine +. A St.-Jean de Beugné. Le long de la Smagne, riv. & ham. de Magny. Pont & riv. de Smagne. Côte & village de *St.-Hermand*... 2 l. Devant & à l'O. de *Ste.-Hermine.* O. d'Ouguette & Barretiere. ½ l. E. de la Vineuse +. Vall. ruiss. côte, ½ l. O. de St.-Juire +. Entre le moulin & la cense de la Motte. A Grande-Feaule. Pente rap. ½ q. l. E. de la Reorthe + & ¼ l. O. de Châteauroux. Vallon & ruiss. à l'O. des bois de Ste-Hermine. Pente rapide du Noyer. Au Chapre, ¼ l. O. de Javarzay. Vallon, riv. du grand Lay & moulin de Charron. Pente rapide & hameau de la Tabatiere. Vallée & la Rioterie. *A Chantonnay*... 4 l.

Moulin à vent. ¼ l. O. de *Puybéliard*. Moulin à v. ¼ l. O. du chât. des Roches. Fontaine & vill. de St.-Vincent-d'Esterlange +. Pont & riv. du petit Lay. ½ l. E. de Ste.-Cécille +. Pente rapide du moulin à vent. A la Ferandiere, la Gueriniere. 1 l. O. de *Mouchamp*. Vallon profond, pont, riv. & moulin. Petit bois & côte de la Tranchere. Moulin de la Preverie. Vallon, ¼ l. E. de l'Herbergement. Côte, ½ l. E. de Ste Florence de l'Herbergement Ydrau +. Vallon, bruyeres & cense des bois. Bois de l'Herbergement à passer. ¾ l. O. de Vandraine +. A la Broissiere. Pont & à ¼ l. E. de St.-André-de-Goule-d'Oye +. *A St.-Fulgent*... 5 l. Pont de la Feuquetrie. Le long E. des vignes de la Ressandrie. Pont & ruiss. de la Chardiere, ½ l. E. de Chavagne +. Landes, ½ l. Ouest de Froides-Cuyeres & petit bois à passer. O. de St.-Georges. *A Montaigu*... 4 l. à l'O. de St.-Hilaire de Loulay +. Le long E. de la Maine, riv. Pont sur cette riv. à passer. A Remouillée +. Poste & vill. d'*Aigrefeuille* +..... 3 l. Chemin & à l'E. de Bignon +. Le long O. de la forêt de Toufou. E. de l'abbaye de Villeneuve. Chemin & à l'Est de Pont-St.-Martin +. Fourche de la route des Sables-d'Olonne. O. du chât. de la Mullardiere. Fourche du chemin de Bourgneuf. Pont & riv. de Sevre. Fourche du chemin de *Saumur*. Faubourg, à l'O. de l'abbaye de St.-Jacques. Pont & riv. de Loire. *A NANTES*... 4 l.

Niort........	E.p.N.	De Poitiers à la Rochelle...	15
Orient. (l')....	N.O.	Nantes & à l'Orient.......	74
ORLÉANS....	N.E.	Tours & à Orléans........	92
PARIS.....	N.E.	Tours & à Paris...........	121
PAU..........	S.	Bordeaux & à Pau........	108
POITIERS.	N.p.E.	De Poitiers à la Rochelle....	33
REIMS......	E.p.N.	Paris & Reims...........	159
RENNES...	N.O.	Nantes & à Rennes.......	60
Richelieu....	N.p.E.	Poitiers & à Richelieu.....	47
Rochefort........	S.	Bordeaux...............	7
ROUEN..	N.p.E.	Tours, Alençon & à Rouen.	130

ROYAN. *Chemin de traverse*..... S.... 17

De la Rochelle à *Rochefort*... 7 l. *Voyez de la Rochelle à Bordeaux*. De Rochefort on passe aux moulins & ham-

LA ROCHELLE.

de Boisnot. Bac & riv. de Charente. *A Soubise.* Chatenet. 1 l. S. E. de St.-Nazaire 4. Pente rapide. $\frac{1}{2}$ l. Ouest des Epaux +. A Moësse + : *belle vue sur la Mer.* Pente rapide & la Grange, O. de Montifaux. E. de l'isle Bourdeaux. 1 l. de marais salans à trav. Bac & riv. de Chenal de Brouages. *A Brouages...* 3 l. Le long de la côte & des moulins de la Guilleterie. A Hiers + & riv. à passer. Côte, bois & hameau de Touchelonge. Au petit Breuil, 1 l. E. de Boursefranc +. *A Marennes.* 1 $\frac{1}{2}$ l. de marais salans & riv. de Seudre. *A la Tremblade...* 3 l. Hameau & moulin à vent du petit pont. Côte de vignes & les Justices. Au Fouilloux & *à Arvert: belle vue.* A Baudy, Rochefort, Etaulle +. 1 l. des bois de Chassagne à passer. Côte des Rosiers & route de Saintes à Arvert. Bois & vill. de Breuillet +. Au Ramigeard & Taupignac. Bois & cense de Pausil. Pont & moulin de Beaulieu. $\frac{1}{4}$ l. E. de Vaux & $\frac{3}{4}$ l. de St.-Pallais +. A St.-Pierre de Royan +. Moulin, côte & hameau des Loges. *A ROYAN...* 4 l.

Autre Chemin................ 18

De Rochefort on passe au moulin & le bac sur la Charente. Moulin à vent & ham. des Martreaux. A Echillais +. Pont & à $\frac{1}{4}$ l. E. de St.-Martin-des-Lauriers +. A l'ancienne Eglise de St.-Saturnin. E. de St.-Aignan + Moulin à v. & hameau de Pinaudard. *A Villeneuve - St. - Fort* sur Brouages... 3 l. Le long O. des bois de Champagne. A St.-Jean-d'Angles. Portail rouge & ham. de Barillerie, la Griperie & la Jaretiere. $\frac{1}{4}$ l. E. de St.-Simphorien +. Entre l'oumeau & l'échelle de pierre. Petit bois de Massonne à trav. Aux Plantes. Ruiss. & marais à passer. La Tuilerie & chemin de Saintes à Marennes. Le long O. du bois de Cadeuil. Aux grands bois, cense. Vignes & ville de Gua +. Pont & riv. de Monard. A l'Hôpital & à la Chain. Bois & vignes à trav. A la Tublerie. $\frac{1}{2}$ q. l. E. de Dercie +. $\frac{1}{2}$ l. de marais. $\frac{1}{4}$ l. E. de l'Islate +. *A Saujon...* 5 l. Pont & riv. de Seudre. Chemin d'Arvert à Saintes. Pont, N. du chât. de Chaillonnay. Petit bois de la Treuille à passer. A Chaillonnay +. Petit bois & hameau de Girard. Pente rapide & village de Medis +. Vallon & étang à côtoyer. *A ROYAN...* 3 l.

| SAINTES....... | S.E. | Rochelle, Rochefort & à Saint. | 17 |
| Saumur........ | N. | —— Au Mans par Saumur.. | 42 |

SEDAN .... E.	Rochelle, Paris, Reims & à S.	181
SENS .... E.	——— Orléans & à Sens	121
STRASBOURG .... E.	——— Paris, Metz & Strasb.	214
	——— Orl. Troyes & Strasb.	223

ROUTES ET CHEMINS DE TRAVERSE
DE ROUEN

Distance de ROUEN.

à		Voyez	lieues.
ABBEVILLE... N.E.	De ROUEN à	Dieppe à Abbeville........	29
AGEN .... S.		Tours & à Agen..........	190
Aigle. (l') ..... S.O.		Bernay & à l'Aigle........	24
Aire en Artois.. N.E.		Amiens & à Aire.........	51
Aire en Gascogne.. S.		Agen & à Aire...........	212
AIX en Prov... S.E.		Paris; de Paris à Aix......	223
Alais.......... S.E.		Paris, Lyon & à Alais......	204
ALBY .... S.		Tours, Limoges & à Alby..	203

ALENÇON. Route de traverse... S.O... 35

De Rouen on passe la Seine sur un pont de batteaux. Faub. St.-Sever & devant St.-Yon. Vis-à-vis O. du fief & moulin de la Mare. Côte rap. & devant la Chartreuse St.-Julien. ¼ l. E. du grand Quevilly 4. Le long N. O. de la forêt de Rouvray. Au moulin à vent & vill. du Petit-Couronne +. ½ l. E. du Val-de-la-Haye 4 & de St.-Vaubour, commanderie, de l'autre côté de la Seine. Au moulin à vent & vill. de Grand-Couronne +. Entre la Seine & la forêt, vis-à-vis Hautot + au-delà de la riv. Aux Moulineaux... 4 l. Fourche de la route de Caen par Pontaudemer. 2 l. de la forêt de la Londe à trav. ¼ l. E. d'Infreville +. Côte & ham. du haut Breton, la Tuilerie & la Poterie. Le long du parc du chât. & au Bourg de *Bourgtheroude*... 3 l. Côte rap. Le long de la Badinerie & chemin d'Harcourt. A Côté E. des Mars & du moulin à vent, entre Angoville + au N. & Marcouville + au S. Côte & ¼ l. de bois à passer. Vallée,

¼ l. C.

$\frac{1}{4}$ l. O. de St.-Denis-de-Boscquerard +. Côte rap. & près de St.-Philbert +. $\frac{1}{2}$ q. l. O. de St.-Denis-des-Monts +. Carrefour du chemin de Louviers à Pontaudemer. Au Magneft; $\frac{1}{2}$ q l. O. de St.-Taurin-des Ifs +. A côté E. de Boscrobert +. Côte & vill. de St.-Martin-du-Parc + & ruiff à paffer. $\frac{1}{2}$ l E. du bourg de *Bec-Hellouin*. Côte & ham. de la Queronniere. *A Brionne*... 4 l. Pont & riv. de Rille. A St.-Denis de Brionne + & chemin de St.-Georges. Côte rap. & $\frac{1}{4}$ l. de bois à trav. Entre Franqueville + à l'O. & Aclou + à l'E. Traverfe du petit bois de Franqueville. A la Mare-Pequet. Carref. de la route de Paris à Caen. $\frac{1}{2}$ q. l. E. de Boifne + & le long du Catelet. $\frac{1}{4}$ l. O. de Carfix +. A la Boulaye. Traverfe du bois & à $\frac{1}{4}$ l. E. de Plafnes +. $\frac{1}{2}$ l. O. de St.-Leger-du-Bofcdel +. Près de Touffu, $\frac{1}{4}$ l. de Meneval +. Côte & ham. de Durcœur. *A Bernay*... 4 l. N. D.-de-la-Couture & chemin d'Orbec. Côte & fief de Bofc-le-Comte. Le long des bois & ham. de Malouve & Souvet. $\frac{1}{2}$ l. E. de St.-Nicolas-du-Bofc-l'Abbé +. Au Coudray, le Fay & les Friches. $\frac{1}{4}$ l. O. de St.-Quentin-des-Ifles +. Carref. du chemin de Beaumont à Orbec. Le long du petit bois de St.-Quentin. Vallon, $\frac{1}{4}$ l. de St.-Hilaire-la-Ferriere +. Petit bois & ham. de la Francoifiere. Au Catellier. St. Aubin-de-Thenney +. Les Hayes. Côte rap. de la Lombardiere. *A Broglie*. 3 l. (*Les gens à pied & à cheval, ne paffent point à St.-Aubin : du carref. de la r. d'Orbec, ils vont droit à Broglie.*) De Broglie au ham. & côte de la Cabotiere. Entre les bois de Broglie. $\frac{1}{2}$ l. O. de St. Vincent-la-Riviere +. Au Hamel, la Pulleviere, la Biconniere & chât. d'Heblet Petit bois, chemin & à $\frac{1}{2}$ l. O. de Montreuil +. A la Duriere & aux Buiffons. $\frac{1}{4}$ l. O. du bourg de Montreuil-l'Argile. A la Gobardiere. Fourche du chemin d'Orbec. $\frac{1}{2}$ q. l. O. de St.-Denis + & St.-Aquilin-des-Augerons +. Cabaret & calvaire de St.-Aquilin. Au bois Thibout & le long de la côte. *A Verneuffe* +... 3 l. Fourche du chem. & à 2 l. E. de Sap. Le long de la côte de Verneuffe. Pente rap. & ham. de la Perfilleterie. A la Fontaine & à Ternant +. Entre la côte & la riv. de Guiel. A Heugon +. La Chapelliere, la Londe & la Bougerie. Vis-à-vis de la paroiffe du Sap-André +. Entre les Moutiers & le Fay-de-Sap. Près du Mefnil-St.-Ménard. Entre le bois de Gacé & St.-Evroult-de Monfort +. *A Gacé*... 4 l. Pont & riv. de Tougues. $\frac{1}{4}$ l. O. de Coulmer +. $\frac{1}{4}$ l. E. de Croifilles +. $\frac{1}{2}$ l. O. de Mefnil-Vicomte +. Au Mefnil-Froger. O. de St.-Germain-de-

Clairefeuille +. *A Nonant* + .. 3 l. Carref. de la route de Paris à Falaife. Côte & chât. du Pleffis. Au gué de Chailloué. Paff. de la riv. du Don. Au bourg de Chailloué. A Louvigny & dev. l'Eglife de Chailloué +. *A Sées*... 3 l. De Sées à *ALENÇON*... 5 l. *Voyez de Falaife à Alençon.*

Autre par Merlereault.

Suivez la route ci-deffus jufqu'à Sap André. A Noyer-Menard +. ¼ l. O. du chât. & vill. des Lettiers +. ½ l. de bois à trav. & au vill. de Cizay +. Paffage de la riv. de Touques & à N. D. du Tilleul +. *A MERLERAULT*. Pour la fin de la route, voyez de Dreux à Alençon.

AMIENS.......	N.E.	D'Amiens à Rouen.......	28
Amboife..........	S.	Rouen à Chartres & à Amboife.	68

ANDELYS. Route & Chemin de traverfe. E.p.S. 10

De Rouen à Ecouis..... 8 l. *Voyez de Paris à Rouen par Magny.* D'Ecouis on paffe entre Fresne-l'Archevêque & le bois de Muchegros. Près de la Marette & Sauvagemare. Aux Capucins & aux *ANDELYS*... 2 l,

Chemin de traverfe............... 8½

De Rouen à Boos +. *Voyez la route de Paris à Rouen.* A la Neuville-champdoifel.... 3 l. 1 l. de la forêt de Longboil à trav. A St.-Nicolas-de-Romilly +. Pont & riv. d'Andelle. A Pont-St.-Pierre +. ½ l. de bois de St.-Pierre à paffer. ¼ l. O. d'Anfreville & ¼ l. E. d'Orgeville +. Entre lechât. & l'Eglife de *Houville* +....... 3 l. A Caverville +. ½ l. de Thuit +. ½ l. S. de Fresne-l'Archevêque. Côte rap. Vallée & couvent des Capucins. *Au grand Andely*... 2 l. A la Platrerie & le long de la riviere de Gambon. *AU PETIT-ANDELY*..... ½ l.

ANGERS.....	S.p.O.	De Rouen à Alenç. & à Aug.	70
ANGOULEME......	S.	—— Tours & à Angoulême,	128
ANTIBES........	S.E.	—— Paris & à Antibes.....	264

ARGENTAN. Route de traverfe... S.O.. 30

De Rouen à *Bernay*... 15 l. *Voyez de Rouen à Alençon*. De Bernay & fourche de la route d'Alençon, on monte la côte & l'on paffe à côté E. d'une ferme. Bois & chât. de Beau-

ROUEN.

champs. ¼ l. O. de Bosc-l'Abbé & de St.-Nicolas-du-Bosc +. ½ q. l. S. E. de Cahorche +. Le long de la Viellerie. A St.-Victor de Chretienville +. Moul. à v. de ce vill. A Ommey, la Mouselle, Chaumont & le prieuré de Maupas. ¼ l. O. de Chapelles-les-Grands +. A St.-Melin & fourche du chemin de Lizieux. Côte de la Mucliniere *A Orbec*... 5 l. de Poste & 4 de 2000 toises. Pont & riv. d'Orbec, la côte Fortin & la Madelaine. Au Roquey & chemin de *Sap*, 4 l. au S. A côté de la Miniere, la Chenevote & les Héritiers. ½ l. N. de Cerqueux +. A Volinger & dev. la Droliniere. ¼ l. S. de Preaux +. Au ham. Viel & le long de Leglu. Le long N. des bois de Canapville & au Bourg. ½ l. du vill. de Canapville +. Carref. du chemin de Lizieux à Alençon. Passage de la riviere de Touques. Côte d'Hurliney, E. du Buisson, la Miltiere & la Banque. Croix & fourche du chem. de Sap. Carrefour du chemin de Vimoutier à Lizieux. *A Vimoutier-*sur-la-Vie & Viette, riv... 4 l. Côte de la Huniere, ¼ l. S. de St.-Germain-de-Montgommert +. A Villeneuve. Le long du bois & à ¼ l. E. de Crouptes +. Entre les bois d'Orval & la Tartriere. A la Hiere & entre les bois de Clos-Marie. ½ l. N. des Champeaux + à l'hôtellerie Farou & aux Ventes, chât. ½ l. E. de Fouqueran +. ¼ l. de bois à trav. & chemin de Falaise. Côte rapide des Vanniers & au grand Village. *A Trun* ou *au moulin de Magny*... 4 l. Passage de la Dive. riv. Fourche de deux routes qui se réunissent. A la Commanderie de Villedieu ¼ l. E. de Bailleul + & à Tertu +. ½ l. de la forêt de Goufern à traverser Côte & à ¼ l. O. de Crennes +. *A Argentan*..... 3 l. (*Ou de Vimoutier*) Au pont Vautier & pont Percé. Passage de la Vie, riv. Devant le chât. de Radepont, au bois & près de Guerquesalle +. A la vallée Bardou. Le long O. de deux bois & à Bruyere-Freney. La Perse & chemin de Montormel *A Chamboy*..... 4 l. De Chamboy *à Argentan*.... 3 l. *Voyez de Lizieux à Alençon.*

Chemin de traverse............... 33

De Rouen à *Bourg-Achard*. 6 ½ l. *Voyez de Rouen à Caen par Pontaudemer.* De Bourg-Achard à Flancourt +. Epreville en Roumois + & *Tourville*... 2 l. A S.-Leger-du-Genetay +. Côte & ham. du Souillet. Vis-à-vis O. d'Appetot +. A Thierville & le long de la Piterie. Côte, ham. & bois de la Poterie-Gruchet. *A Pont-Authou*... 2 l. Pont & riv. de

Rilie, Riv. & vill. d'Authou. A la croix Blanche & ¼ l. de bois à trav. ¼ q. l. O. de Bretigny +. A St.-Pierre-de-Salerne +, la Bernardiere, les Monts & le Bucher. ¼ l. O. de Berthouville + & au moulin à vent. La Vastine, le Marché neuf & route de Caen... 3 l. A 1 E. de St Clair +. Entre Bucalin & Courbepine +. A St.-Martin-le-vieil +. Carrefour de la route de Bernay à Moyaux. A l'Ouest de Tilleul-fol Enfant + & au bois Molans. ½ l. O. de Plainville +. Entre la Pommerey & le manoir de Plainville. Le long Ouest d'un bois & de val Auger. O. du prieuré de Maupas & fourche de la route de Bernay. A St.-Melin & à Orbec... 5 ½ l Voyez la suite ci-dessus.

ARLES...... S.p E.	Paris & à Arles............	216
ARRAS...... N.E.	Amiens & à Arras.........	43
Aubusson........ S.	Orléans & à Aubusson......	108
AUCH.......... S.	Agen & à Auch............	197
Aumale....... N.E.	Route d'Amiens à Rouen...	16
AUTUN,..... S.E.	Paris & à Autun...........	103
AUXERRE..... S.E.	Paris & à Auxerre.........	74
AVIGNON.... S.E.	Paris, Lyon & Avignon....	204
AVRANCHES. S.O.	Caen & à Avranches.......	55
Bagnères........ S.	Limoges & à Bagnères....	223
Balaruc......... S.	Lyon, Montpell. & Balaruc.	228
Barrèges........ S.	Auch & à Barrèges........	233
Barfleur... .... O.	Caen & à Barfleur........	64
BAR-LE-DUC... E.	Paris & à Bar-le-Duc.....	92
BAYEUX...... O.	Caen; de Caen à Bayeux...	37
BAYONNE... S.p.O.	Tours, Bordeaux & Bayonne.	214
Beaucaire..... S.p.E.	Lyon & à Beaucaire.......	213
Beaugency...... S.	Orléans & à Beaugency....	56
Beaumont-le-Roger.S.	l'Aigle................	12
Beaum. en Auge.. O.	Caen par Pont l'Evêque....	19
Beaum.sur-Oise... E.	Gisors & à Beaumont.....	24
Baune........ S.E.	Paris & à Beaune.........	110
BEAUVAIS... N.E.	De Beauvais à Rouen......	24
Bec. (le)...... S.O.	Lizieux...............	10
Béfort........ S.E.	Paris & à Béfort.........	130
Bellencomble..... N.	Dieppe par Bellencomble...	10

BELLÉME. Route de traverse... S... 36

De Rouen au faubourg St.-Sever & devant St.-Yon. A côté du hameau & moulin à vent de la Mare. Côte & à ¼ l. E. de St.-Julien, Chartreuse. 2 l. de la forêt de Rouvray à trav. Aux Essarts, au milieu de la forêt. 1 l. de forêt, au nouveau monde & à Orival +. Le long de la riv. de Seine. *A Elbeuf*..... 5 l. Côte & ½ l. des bois d'Elbeuf à trav. A St.-Nicolas-de-Boscasselin +. ½ q. l. O. de la Saussaye +. ¼ l. de St.-Martin-la-Corneille +. A St.-Pierre des-Cercueils +. Côte, pente rap. & à ¼ l. O. de Becthomas +. ½ q. l. du château & parc de Montpoigant. Ruisseau de l'Oison & vill. de St.-Ouen-du-Poncheuil +. ½ l. E. de St.-Amant-des-hautes-Terres +. A la Briquerie & à Fouqueville +. Entre Amfreville-la-Champagne + & Bihorel. Vis-à-vis du moulin à vent d'Amfreville. Chemin du pont de l'Arche à Harcourt. A Iville + & chemin du Pont de l'Arche. Moulin à vent de Vitot & de la chapelle de St.-Marc. Vis-à-vis O. des Bénédictines. *A Neufbourg*.... 4 l. Vallon, côte & hameau de Beau-Fichet. Fourche du chemin de Conches. ¼ l. S. E. du village & moulin à vent d'Epreville +. A côté E. d'Ecardanville + & carrefour de la route de Paris à Caen. Le long du petit bois & vill. de Bray +, & de Pierrelées. Au Bourg dessus Beaumont-la-Ville. *A Beaumont-le-Roger*... 3 l Sortant de Beaumont on traverse la forêt. Vis-à-vis de Grosley + & à la Houssaye +. Près d'Ajon & la Ferriere, sur la paroisse de Champignolles +. *à Lire* vieille & jeune... 4 l. A côté de Neaufle & d'Ambenay +. *A Rugles-sur Rille*... 2 l. A Herponsey +, St.-Martin-d'Ecubley +, St.-Sulpice + & St-Barthelemy +. *A l'Aigle*... 2 l. De l'Aigle à Verneuil.... 5 l. *Voyez de Dreux à Falaise*. Et de Verneuil à Mortagne... 9 l. *Voyez de Dreux à Alençon*. De Mortagne on passe la côte & la vallée des Loges. A St.-Langes +, la ligne, la Thoriniere, la Pertuisiere & la Mucardiere. ¼ l. de la Beaudronniere. A Herbage, ¼ l. O. de Revillon. Bois, côte & pont d'Huisne. Pont & riv. d'Huisne. ½ q. l. E. de St.-Denis-sur-l'Huisne. Le long du ham. des Brosses & du petit bois. A la Tuilerie. Côte, vallon & vill. de Pin +... 2 l. Ruisseau & côte des Turcs. Bois & hameau de la Renaudiere. Vallon & vis-à-vis d'Esperrais +. Au pont de Magny. ¼ l. de la forêt de Bellême à trav. Passage & naissance de la Même, riviere. *A BELLÊME*... 2 l.

Chemin de traverse............ 29
De l'Aigle à la Martiniere, St.-Martin & *Notre-Dame d'Après*... 2 l. A côté & à l'E. de l'abbaye de la Trape. Le long de la forêt du Perche. ½ l. de la forêt à trav. A Bubertre & *à Mortagne*... 3 l. *La suite ci-dessus.*

Belley........ S.E.		Paris, Macon & à Belly.....	154
BESANÇON... S.E.		Paris & à Besançon........	121
Béthune....... N.E.		Amiens & à Béthune.......	50
Beuzeville....... O.		Caen par Pontaudemer.....	16
BÉZIERS........ S.	DE ROUEN	Toulouse & à Béziers......	249
Blangis........ N.E.		Abbeville *ou* d'Abb. à Rouen.	22
BLOIS......... S.		Chartres & à Blois........	62
Bolbec........ N.O.		Yvetot & à Bolbec........	14
Bonnestable...... S.		An Mans par Verneuil......	44
Bonneval...... S.E.		Chartres & à Bonneval.....	40
BORDEAUX.S.p.O.		Tours & à Bordeaux.......	161
Bouchain..... N.E.		Amiens & à Bouchain.....	52

BOUILLE. (*la*) *Route par Terre & par Eau.* 5

Route par Terre. Voyez de Rouen à Caen par Pontaudemer.

Route par Eau.

Du Port de Rouen on passe le long de la nouvelle route du Havre. Vis-à-vis de Claquedent, rempli de Blanchisseries. Le long des Chantiers de construction. Aux isles Alexandre & au confluent de la riv. de Cailly. Le long de l'isle des Rives. Au N. O. du petit Quevilly + & au S. E. de Canteleu. Vis-à-vis de Gort, Quevilly & l'isle Briffaut. Le long de Dieppevalle, au bord de la forêt de Romare. O. du grand Quevilly +. Vis-à-vis du grand Aunay. Le long du hameau de Biessert. O. de petit Couronne +. Le long E. du val de la Haye +. O. de grand Couronne +. ¼ q. 1. S. d'Hautot + & de Socquence, Sahurs + & Marbeuf. ½ l. N. de Moulineaux + & de la Vacherie. Au port de la *Bouille*... 5 l.

Bouillon.......... E.	Rouen à Paris, Sedan & à Bouil.	97
Boulogne-s.-Mer. N.p.E.	—— Abbeville & à Boulogne.	43
Bourbon-l'Ancy.. S.p.E.	—— Paris, Moulins & Bourb.	110
Bourbon-l'Archamb... S.	—— Paris, Moulins & bourb.	108

ROUEN. 519

Bourbonnes-les-B	S.E.	Paris, Langres & Bourbonne. 102
BOURG-en-Bresse	S.E.	Paris & à Bourg.......... 137
Bourg-Achard...	O.	Caen.................. 6½
BOURGES.......	S.	Orléans & à Bourges....... 77
Bourgtheroude..	S.O.	Alençon.............. 7
Bourneville......	O.	Bourg-Achard & à Bourneville 8
Brest.........	S.O.	Rennes & à Brest......... 132
BRUXELLES.	N.E.	Amiens & à Bruxelles...... 73
CADIX......	S.O.	Bayonne, Madrid & Cadix... 408

CAEN. Grande Route..... O..... 30

De Rouen *aux Moulineaux*...... 4 l. *Voyez de Rouen à Alençon*. Des Moulineaux & fourche de la route d'Alençon on passe au pied du château ruiné de Robert-le-Diable. A Courtois, Levrac & *à la Bouille*... 1 l. Chemin de Bourgtheroude. A Bosguerou. ¼ l. S. de Caumont+. Au Chouquet, ¼ l. S. de Mauny +. A St.-Ouen-de-Touberville +, ¼ l. S. de la Trinité-de-Touberville+. A la longue Marre, Boscgoet + & *Bourg-Achard*... 2 l. Vall. de Boscroger, ¼ l. S. de Bouquetot+. Avenue du chât. de Freville. A Passetems & au moulin à vent de Freville. Villiers, ½ l. S. de *Routot*. Le long de la marre du Bosc. *A Rougemontier*+... 2 l. Poste & chap. Bretot. ½ q. l. N. de Bretot +. Aux Bachelets, & le long des Morisses. ¼ l. N. de Couverville en Romois+. Vallée & vill. de Corneville-sur-Rille +. A Boulangard & & au bas S. de Maneville-sur-Rille +. Le long de la Rille, riv. & devant les moulins. Au bas du bois & chât. de Bonnebos, à St.-Agnan + & *Pontaudemer*... 3 ½ l. (ou *des Morisses*.) A Medine, ½ q. S. de Vastelot +. Vall. prof. de Colletot, ½ q. l. N. de ce village +. Bois & côte d'Epinay & de St.-Laurent. A Houxgaillard. Devant Bourdon & les Hauts Vents. Côte & avenue du chât. de Bonnebos. A St.-Agnan +. Pont & riv. de Rille. *A Pontaudemer*. Pont & riv. de Rille. Fourche de la route de Lizieux. A St.-Germain +. Pont & prieuré de St.-Gilles. A Hauteluye. ½ q. l. S. de Toutainville + Passage de la Corbie, riv. Au pont Bréan, cabaret & chemin de Honfleur. Aux Bordeaux & la Gobeterie. Côte & ham. de la croix Blanche. Aux Grands & le long du bois. Avenue du chât. de St.-Maclou, & près du chât. du Mont Aux Varennes & la Marhebout. ¼ l. N. du Torpt +. A la Pomme d'Or, ½ l. S. de *Beuzeville*.

A la Pomme Royale, Blaquemar & la Maderie. Le long de la Hauquerie. A la Gohagne & carrefour du chemin de Honfleur. Croix & au N. d'Herbetot +. A St.-François, cabaret de St.-Benoit +. Côte & ham. de la Renoudrie. ¼ l. S. du viel Bourg +. Le long de la Fausserie. Au Paul-Énault + & riv. de Calonne. Côte & vill. de St.-Julien +, ½ q. l. S. de Launay +. Entre Chouquet & le haut Launay +. ½ l. S. de Surville +. A Lieu-du-Part & carref. de la route de Lizieux. A St.-Melaine & chemin de Touques. Pont, riv. de Calonne & la chaussée. *A Pont-l'Evêque*... 6 l. Pont & riv. de Touques. Côte & cabaret de la Croix d'Or. ¼ l. S. de Reux +. A la Queue-Levée, cabaret. ½ l. S. du Bourg de *Beaumont*-en-Auge. ¼ l. N. de Drubec +. Devant le cabaret du Merisier. Fourche de la route de Caen par Dives. A Annebault-en-Auge +. Côte, ham. & ruiss. de Longueval. Au vill. de *Daneſtal*... 3 l. Au S. & près de l'étang & chât. de Giemar. Vallée & ruiss. de Caudemuche. ½ q l. S. de l'étang & vill. d'Angerville-en Auge +. ¼ l. N. du Prieuré de Montbutin. ½ l. S. de Criqueville +. ruiss. de St.-Leger-du-Bosc +. Au bas de *Dozulé*. Détroit & le long des bois de Dozullé. ½ l. S. de Royal-Pré, Prieuré. Au N. de Putot-en-Auge +. Côte & vill. de Gouftrainville +, la Chollerie, ½ l. E. de Basneville +. ½ q. l. N. de Rougemer & St.-Richer. Côte & N. de St.-Samson-en-Auge +. Marais de St.-Samson & riv. de Dive. Pont & riv. de Muancé. *A Trouarn*... 4 l. Bruyeres à trav. & au N. de St.-Pair +. Vall. du grand & petit Fort. 1 l. N. de St.-Pierre-Ourfin + *ou* marais des Tertriers. Côte rap. de Banneville + & aven. du chât. ¼ l. N. de Guillerville +. Aux Carrieres, entre Banneville au S. & Sannerville + au N. Le long du parc & chât. de Banneville. ¼ l. N. du parc de Manneville +. Vallon & à ½ q. l. S. de Demouville +. ½ l. N. de Menil-Fromantel +. Près de Mondeville +. Au Vast & côteau du Four-à-Ban. Fourche de la route de Paris. Route de Rouen par Dives. Faubourg Ste.-Paix & de Vaucelles. Fourche de la route de Falaise. Pont & riviere d'Orne. Devant les cazernes. *A Caen*... 3 l.

Autre Route par Dives............ 19

Suivez la route ci-dessus jusqu'à la fourche de la route de Caen par *Dives*... 20 l. L'on quitte la route par Troarn & l'on passe au Courais, la belle Epine & au S. de Bourgeanville +. A Branville +. ¼ l. du chât. de Grainville &

ROUEN.

d'Heulan ✝ A la Marre-aux-Pois. Avenue du chât. de Douville ✝. La Maison blanche. ¼ l. S. de Gonneville-sur-Dives ✝. l. N. de Grangues ✝. Au Manoir, S. de Trousseauville ✝. Le long des bruyeres & côtes de Dives *A Dives* .. 3 l. Marais, pont & riv. de Dives. Au Lion d'Or, cabaret de Cabourg. Au S. des garennes & des dunes. Eglise, bruyeres & vill. de Cabourg ✝. A l'Homme & le long des Dunes de sables qui bordent la Mer. A la Pointe de Merville. Pont, moulin & ruiss. du Buisson ✝. Le long de la côte de Merville. A Sallenelles-sur-Orne ✝ & à *Ecarde*... 3 l. ¼ l. E. du Port *ou* Benouville ✝. Côte & ham. de Longueville. Pente rap. & moulin de Ranville ✝. Pont & ruiss. d'Eguillon. A côté de Longueval & chemin du Bac. ½ q. l. O. de Ste.-Honorine-la-Chardonnette ✝. Bruyeres & côte de roches. Pont & ruisseau de Mondeville ✝. A la route de Paris. Faub. de Ste.-Paix & *à* CAEN... 3 l.

Autres Routes desservies par la Poste.

De Rouen à Pontaudemer, Lizieux & à Caen.......... 30
De Rouen à Honfleur & à Caen. *Voyez de Caen à Honfleur*.. 30

| CAHORS.......... S. | De Rouen à Limoges & à Cah. 178 |
| Cailly.......... N.E. | De Rouen & d'Am. à Neuchât. 7 |

CALAIS. *Grande Route*.... N..... 56

De Rouen *à Abbeville*... 29 l. D'Abbeville *à Calais*.. 27 l.

Chemin de traverse................ 55 ½

De Rouen *à Neuchâtel*..... 12 l. *Voyez d'Amiens à Rouen*. De Neuchâtel à Govil. Côte, hameau de Bihourel & chemin de Dieppe. ¼ l. de bois à trav. Vallée & hameau du Goulet. ¼ l. O. du vill. de Lucy ✝. A côté de Baillolet. O. du hameau de Beau Soleil. ½ l. E. de Duranville. Pont, riv. d'Eaulne & vill. de *Clais* ✝... 2 l. A l'E. & près de Neuville-sur-Eaulne. Vallée & à ¼ l. de Parfondeval ✝. Côte & ferme des Fosses. Carref. du chemin d'Aumale à Dieppe. A Bailly-en-Campagne ✝. ¼ q. l. O. de Fresnay-Campagne. A la Londe & Maisoncelle. A l'E. & près d'Agumont & d'Avesne ✝. ½ l. de St.-Agnant. Vallée, riv. d'Yeres & *à Sept Meules* ✝... 4 l. Côte & bois de Sept Meules. A Baroménil ✝. E. du hameau & chât. de Tost. A la Bourdaine, E. de Boscrocourt. Côte & vallée de Chauffour, ¼ l. d'Harancourt. *A la ville d'Eu*... 3 l. Pont

& riv. de Brefle. Chauffée d'Eu. Côte de St.-Léonard. Le long du parc du chât. de la Motte. ½ l. O. de la Croix au Bailly +. Moulin à vent de la Croix. Le long du bois, ¼ l. E. d'Ault. ¼ l. d'Onival + & de la Mer. Vallon & ham. d'Hautebut. A Brutelette & *Brutelle* +..... 4 ½ l. A Lencheres, la Targette de Ritiauville. Chemin & à 1 l. E. de Cayeux. *A St.-Valery*-fur-Somme & *la Ferté*... 2 l. Paffage de l'embouchure de la Somme. *Au Crotoy*... 1 l. A côté de l'églife de St-Pierre. O. du moulin à vent & des Dunes de fable. Entre la Broffe & Mayoc. A N. D. de Pitié, Sr.-Firmin +, bas Broutel & *à Rue*.... 2 l. De Rue *à CALAIS*... 24 l. *Voyez d'Abbeville à Calais*..

CAMBRAY.... N.E.		Amiens & à Cambray......	49
Cany.......... N.		St.-Valery-en-Caux........	15
CARCASSONNE... S.		Toulouſe & à Carcaſſonne...	228
Carignan......... E.		Paris, Mézières & Carignan.	96
Caudebec..... N.O.		Au Havre par Caudebec....	8
Cauterets..... S.p.O.		Auch & à Cauterets........	235
Chablis........ S.E.		Paris, Auxerre & Chablis...	78
CHAL.-ſur-Maîne. E.		Paris & à Châlons.........	71
CHAL-ſur-S.... S.E.	DE ROUEN à	Paris & à Chalon..........	114
Charlemont... E.p.N.		Paris, Mézières & Charlem.	106
Charleville...... E.		Mézières & à Charleville....	87
CHARTRES.. S.p.E.		Evreux & à Chartres.......	32
Châteaudun...... S.		Chartres & à Châteaudun...	44
Châteauroux..... S.		Orléans & à Châteauroux...	85
Chatellerault..... S.		Tours & à Châtellerault....	88
Châtillon ſ-Seine S.E.		Paris & à Châtillon.......	84
Chaum. en Baſſ. S.E.		Paris, Troyes & Chaumont..	89
Chaumont en Vex. E.		Giſors & à Chaumont.....	17
Cherbourg........ O.		Caen & à Cherbourg.......	58
CLERMONT-F... S.		Paris & à Clermont.......	123
Cognac........ S.O.		Angoulême & à Cognac....	138
COLMAR...... S.E.		Paris & à Colmar.........	147
Commercy...... E.		Paris & à Commercy......	100
Compiegne...... E.		Beauvais & à Compiegne...	39
Conches........ S.		Evreux & à Conches......	18
Condé........ N.E.		Amiens & à Condé........	60

ROUEN. 523

Condrieux . . . . . S.E.	Paris, Lyon & Condrieux	155
Conteville . . . . O.	Pontaudemer & à Conteville.	15 ½
Cormeilles . . . . . S.O.	Pontaudemer & à Cormeilles.	16 ½
Cosne . . . . S.p.E.	Orléans & à Cosne	75
Coulang.-la-Vin. S.E.	Paris, Auxerre & Coulanges.	77
COUTANCES . . S.O.	Caen & à Coutances	51
Criquetot . . . . . N.O.	Yvetot & à Criquetot	19
Crotoy (le) . . . N.p.E.	Calais par la ville d'Eu	28 ½
DEUX-PONTS. E.	Paris, Metz & Deux-Ponts . .	131

DIEPPE. Grande Route . . . . N . . . . 14.

De Rouen & porte Cauchoise ou du Havre, on traverse le faubourg Cauchois. Le long de la Seine. ½ q. l. du lieu de santé. A la vallée d'Yonville & au bas O. du mont Triboudet. ¼ l. O. de Bapaume. Le long de la vallée de Bapaume & de Deville, où il y a des Manufactures, Blanchisseries & Papeteries. A Deville. Fourche de la route du Havre & aux portes de Maromme +. A Bondeville N. D. + & le long de la Cailly, riv. Au Haulme-sur-Cailly +. Malaunay-sur-Cailly +. Pont & riviere de Cailly. Côte, bois de Bourgut & du chât. Modelé. Avenue du chât. des Allures. A ¼ l. des hayes de la Racliere. ½ q. l. O. d'Eslete + & ½ l. de *Montville*. A Cambres + . . . 3 l. A ¼ l. O. d'Anceauville +. Avenue de Bosclaurent +. Chem. & à ¼ l. E. de Sierville +. Au Boulay & chemin de Bocasse +. A Val Martin, ham. & à ¼ l. O. de Val Martin-St.-Georges +. Entre le Bosc Flamel à l'O. & Quesnay à l'E. Vis-à-vis E. du moulin de Beautot. Entre une maison de Beautot & une de Varneville. Au Printems & près de Varneville +. Chemin & à ¼ l. E. de Breteville +. A Tôtes . . . . 3 l. A ½ l. E. de St.-Vast-du-Val + & de Fumechon. A Bonnetot +. ¼ l. E. de Calleville-les-deux-Eglises +. Carrefour du chemin d'Abbeville à Yvetot. 1 l. O. du bourg d'*Aufay*. A Biville-la-Bagniarde +. Vallon & à l'O. du Fresne. ¼ l. E. de Ste.-Genevieve +. A Bennetot. Poteau, moulin à vent & à ¼ l. O. de Gonneville +. A l'E. & près de Soquentot. A Belmenil +. Chemin, avenue & à ¼ l. E. de Varanville. Carrefour du chemin de Longueville à Basqueville. Avenue du chât. & vill. d'Omonville +. A Venise & poste d'*Omonville* 3 l. Le long des clos de Breteville +. Avenues & à l'E. de Bois-l'Abbé. Le long des avenues & ham. de Catteville. Route plantée de Manehouville ✠. A Cainon. Descente de la côte & à ½ l. S. de Miromesnil. Au bas E. de Patteville. Pont & riv. de Seye. A Sauqueville ✠. Le long de la côte de Miromesnil & à S.-Aubin-sur-Seye ✠. Gorge & montagne rapide de St.-Aubin. A l'E. des jardins de Vertus : *belle vue au N.O. sur la Mer.* ¼ l. O. de Rouxmenil ✠ & de Bouteilles ✠. A Janval. Chemin & à ½ q. l. O. de Val-Druel ✠. O. de St.-Pierre d'Epinay. Mont à Caux & faub. de la Barre. *A DIEPPE* .... 4 l.

DIJON...... S.E.		Paris & à Dijon...........	107
Dives........ O.		Caen par Dives...........	24
Dôle......... S.E.		Paris, Dijon & à Dôle.....	119
Domfront..... S.O.		Falaise & à Domfront.....	44
DOUAY...... N.E.	DE ROUEN à	Amiens & à Douay........	48
Dozullé........ O.		Caen par Dozullé........	24
DREUX....... S.		Evreux & à Dreux........	24
Duclair...... N.O.		Au Havre par Caudebec....	4
Dunkerque... N.p.E.		Abbeville & à Dunkerque...	62
Duretal..... S.p.O.		Au Mans & à Duretal......	61
Ecouis........ S.E.		Paris par Magny..........	8

ELBEUF. Grande Route....S.... 5½

Voyez la route de Rouen à Alençon par Orval & Elbeuf.

Route par eau...... 6

Du port de Rouen à l'Isle la Mouque. O. de St.-Paul ✠ & d'Eauplet. ¼ l. N de Gramont. O. de Bloville ✠, E. de Sotteville ✠. O. de l'Escure & d'Anfreville-la-Mivoye. ¼ l. E. de St.-Etienne du-Rouvray ✠. Devant O. de la Poterie & des Gravettes. O. de St.-Crespin ✠ & du Port St. Ouen ; des Authieux ✠. N. du haut de Tourville & du vill. de ce nom ✠. Au S. & vis-à-vis du bac d'Oisel-la-Riviere ✠. S. de la Perreuse & du Catellier. N. de Bedasne & du moulin à vent de Cleon ✠ & du Basset. S. du ham. de la côte des Roches & de la forêt de Rouvray. E. d'Orival ✠. O. de Fourneaux. Au Port d'*ELBEUF*.

Epernay........... E.	De Rouen à Paris & à Epern.	63
EVREUX.......... S.	D'Evreux à Rouen........	14
Eu. (la ville d'). N.p.E.	De Rouen à Calais........	21

ROUEN.

FALAISE. Grande Route... S.O... 31

De Lizieux *à Rouen*... 20 l. De Lizieux *à Falaise*.... 11 l.

Chemin de traverse................ 3 l

De Rouen *à Pont-l'Evêque*... 18 l. *Voyez de Rouen à Caen.*
De Pont-l'Evêque à la Croix d'or, Menil-Poisson & chemin de Drubec. A Clarbec +. ¼ l. E. de Valseme. A Chamversant, ½ l. S. E. de la Chapelle. Hameau & côte rap. des Friches. Vallée & bourg de *Bonnebosq*... 3 l. Le long du ruiss. de la Botte. A Auvillars +. ¼ l. E. de Repentigny +. A Leaupartie +. 1 l. N. de Cambremer. A Rumesnil +. Au N. & près de Livet +. ½ l. de prairies & au Sud des Groseliers +. ½ l. Est de Beuvron. Aux Authieux + sur Corbon. Au bas O. de Montargis, Prieuré. Route de Caen à Paris. Carrefour de St. Jean. ¼ l. de prairies à trav. A St.-Vigor de Crevecœur +. *A Crevecœur*... 3 l. De Crevecœur *à FALAISE*... 7 l. *Voyez de Lizieux à Falaise.*

Fauville.......... N.O.| De Rouen à Fécamp....... 14

FÉCAMP. Chemin de traverse... N.O... 19

De Rouen *à Yvetot*.... 9 l. *Voyez de Rouen au Havre.* D'Yvetot *à Valiquerville*. Chemin & à ½ l. S. d'Escretteville +. A Hautbois. Chemin du chât. d'Alouvile. Fourche de la route du Havre & de Fécamp. Entre Ricarville à l'O. & Bermonville + à l'E. *A Fauville*... 5 l. A Bennetot. Bois & ham. de Soligny & Joyeux. A Ypreville +. ¼ l. de Limpiville. Carrefour du chemin du Havre à Dieppe. Au château d'Aubeuf +. A Toussaints +. St.-Ouen & *à FÉCAMP*... 5 l.

Fère. (la).......	E.	Beauvais & à la Fère.......	53
Flèche. (la)...	S, p. O.	Au Mans & à la Flèche.....	58
Fontainebleau...	S.E.	Paris & à Fontainebleau....	46
Fontaine-le-Dun.	N.O.	Yvetot & à Fontaine.......	17
Forges.......	N.E.	D'Amiens à Rouen par Forges.	10
Foucarmont....	N.E.	Abbeville par Neufchâtel...	16
FRÉJUS......	S.E.	Lyon & à Fréjus........	251
Fromeries.....	N.E.	Amiens par Fromeries.....	16
Gacé........	S.O.	Alençon............	25

(second column label: DE ROUEN à)

Gaillefontaine.. N.E.	Forges & à Gaillefontaine...	16
Gaillon....... S.E.	Paris par Vernon.........	10
Gamaches.... N.p.E.	La ville d'Eu par Gamaches.	20
GÈNES...... S.E.	Paris, Lyon & à Gênes....	304
GENEVE..... S.E.	Paris & à Genève.........	152
Gisors......... E.	Ecouis & à Gisors.........	14
Glos-la-Ferriere. S.O.	l'Aigle par Glos.........	21
Goderville..... N.O.	Bolbec & à Goderville.....	17
Gournay...... N.E.	Beauvais par Gournay.....	14
Grancourt... N.p.E.	La ville d'Eu par Grancourt.	18
GRENOBLE... S.E.	Paris, Lyon & Grenoble...	171
Gueret......... S.	Orléans & à Guéret.......	100
Guise......... E.	Compiègne & à Guise......	64
Harcourt...... S.O.	Elbeuf & à Harcourt.......	10
Harcourt...... S.O.	Caen & à Harcourt........	36
Harfleur....... O.	Au Havre par Harfleur....	19

HAVRE-DE-GRACE. Grande Route...O... 21

De la ville & port de Rouen on passe à la grille & porte du Havre. Devant le nouveau boulevard. Le long de la Seine & du faubourg Cauchois. N. du faub. St.-Sever & de Claquedent. Dev. la Manufacture de Velours. Avenue de l'Hôpital-général. Le long du chantier de Constructions & du mont Triboudet, couronné du bois Cotillet. Au N. du grand & petit Quevilly ✠. Chemin de Canteleu ✠. Côte & hameau de la vallée d'Yonville. Le long O. du mont Triboudet & vallée de Deville, remplie de Blanchisseries, Papeteries, &c. A Deville ✠. Fourche de la route de Dieppe, qu'on laisse à droite. A Maromme ✠. Pont & riv. de Cailly. Devant la Manufacture royale de Poudre & celle du rouge des Indes. Au chemin de Caudebec. Côte rapide & bois de Maromme. Vallon, & à ½ l. S. O. de Vaupallière ✠. Devant le château d'Yeux. Avenue du chât. de St.-Jean & la chaussée. A St. Jean du Cardonnet ✠. ¼ l. O. de la chaussée. Devant le cabaret & auprès du Cadran. Au parc & à ¼ l. N. de Roumares ✠. Carrefour du chemin de Roumares à Montville. ½ l. S. du moulin & vill. de Pissy ✠. A Mailzaize. ¼ l. N. du parc d'Esneval. Entre deux petits bois & chemin du Menil Côte rapide de Barentin. Devant St.-Helier. A Barentin ✠, Fabriquede Velours... 4 l. Pont & rivière de Ste.-Auſtreberte. Montagne rapide de Barentin. Devant l'Egliſe & le Preſbytere. ½ l. S. de *Pavilly: belle vue*. Aux auberges de la Sauſſeray, vieux Bouville & chemin de Pavilly. A St.-André, chapelle & hameau de Bretteville. ¼ l. N. de Bouville +. Au Hautpas, ½ l. E. de Panneville +. ¼ l. S. de Menilrecu +. A St.-Antoine & devant la Grace de Dieu, *cabaret*; moulin à vent de St.-Antoine, S. du haut Val. A la belle maiſon, auberge. Chemin & à ½ q. l. de Croixmare +. Au bois Hériſſon. Entre Runetot & Hivelin. ½ l. S. de Flamanville +, moulin & au N. d'Eſcalle +. N. de la Breteque & au Hameau d'Aſſelin. Près de Longuemarre & au bout de Biais. Au N. & près de Montchepé. A la Brene, ¼ l. de Ste-Marie-des-Champs. *A Yvetot*... 4½ l. Au N. d'Aſſelinboſc & de la Foulerie. S. de Champ-d'Oiſel. *Cabaret* & le long d'*Aliquerville*. ¼ l. S. d'Eſcretteville +. Près du moulin & ham. de Rouges-Marinieres. A Hautbois. Chemin du chât. d'Allouville. N. de Turgere, S. de Blanques. ½ l. N. de Bellefoſſe +. Au Goutelle. S. & près d'Allevimar +. Poſte d'*Aliquerville* +... 3 l. Le long N. de ce village & au Bocage. ¼ l. S. de Belleville +. Devant la belle ferme de Cornemar. N. de la grange du Fils. Aux maiſons de Quederu. Moulin à vent de Larguetot & à ce village +. Aux avenues & devant le chât. & la ferme de la Maiſon blanche. N. du ham. de Languetot. S. du chât. de Fontaine-Marcel. Côte rapide de Bolbec: *belle vue*. *A Bolbec*... 2 l. Fauxbourg de Carrebourdon. Au pied de la côte & du chât. de la Barre. ½ q. l. S. du val d'Arques. Côte rapide de la Barre. A la Marre-Carret & le chât. Gaillard, *Guinguette de Bolbec*. Maiſons & avenue du château des trois Pierres, entre la maiſon & le moulin. Avenue de la maiſon de Frederue. Le long du vill. de l'Oiſelliere +. Au ham. de l'Enfer. Devant une maiſon ſeule de St.-Romain, S. du hameau des Damettes & N. de *St.-Romain* de Colboſc. Avenue & au S. de Freſcot. Devant la ferme d'Epretot. Aux avenues du chât. de St.-Aubin. A St.-Aubin-les-Cercueils +, long village. ½ l. N. de Beaucamp +. A la Botte, *Poſte*... 3 l. Fourche de l'ancienne route de Rouen. ½ l. N. de Routot +. Le long du ham. de Cariot *ou* Carlot. A Enanville. ¼ l. S. de St.-Laurent de Brevedent. A Guêneville +, Nord de l'Egliſe. Chemin & à ¼ l. de Neuville. ¾ l. de la Seine, riv. que l'on voit. Aux Cambrettes. ¼ l. N. de Goufrevillesur Seine +. ¼ l. S. de Gournay +. Avenue de Champ-Dolant. Côte rapide d'Harfleur : *belle vue.* 1 l N. de *Montivilliers. A Harfleur...* 2 l. Pont & riv. de Lezarde. A la Breteque, *cabaret.* Aux premieres maisons de Graville + qui a 2 l. de long. Côte & à Graville +. Socance de Graville. Nouveau monde. Le long de la côte & Chapelle Sainte, remplie de belles maisons. A Ingouville +. Avenue de l'Hôpital-général. Belle avenue du Havre. Porte d'Ingouville & *au HAVRE...* 2 l.

Honfleur........	O.	Pontaudemer & à Honfleur..	16
Joigny.........	S.E.	Paris, Sens & à Joigny....	67
Joinville......	S.E.	Paris, Troyes & Joinville..	89
Landau........	E.	Paris, Metz & à Landau....	148
LANGRES.....,	S.E.	Paris & à Langres.........	97
LAON.........	E.	Paris & à Laon............	63
Laval.........	S.O.	Alençon & à Laval........	57
LIEGE........	E.	Paris, de Paris à Liége.....	118
Lieuray......	S.O.	Lizieux...................	14
Lillebonne....	N.O.	Au Havre par Caudebec....	12
LIMOGES......	S.	Orléans & à Limoges......	115
Lions.........	N E.	Beauvais par Gournay.....	8
Lire..........	S.O.	L'Aigle..................	20
LISBONNE...	S.O.	Bayonne & à Lisbonne.....	392
Livarot.......	S.O.	Lizieux & à Livarot.......	24
LIZIEUX.....	S.O.	De Lizieux à Rouen.......	20
LONDRES.....	N.	Calais & à Londres.......	96
Longwy........	E.	Paris, Verdun & Longwy...	106
Lons-le-Saunier.	S.E.	Paris, Dijon & Lons-le-Saun.	130
Louviers........	S.	D'Evreux à Rouen........	9
Luneville.....	Ep.S.	Paris, Nancy & Luneville..	120
LUXEMBOURG...	E.	Paris & à Luxembourg.....	113
LYON........	S.E.	Paris; de Paris à Lyon.....	144
MACON.......	S.E.	Paris; de Paris à Macon....	128
MADRID.....	S.	Bayonne & à Madrid......	298
Magny........	S.E.	De Paris à Rouen par Magny.	16

MANS. (le) Grande Route... S.p.O... 48
De Rouen *à Alençon...* 35 l. D'Alençon *au Mans...* 13 l.

ROUEN.

Ou

De Rouen *à Evreux*... 14 l. D'Evreux *au Mans*... 36 l.

Chemin de traverse.................. 56

De Rouen *à Bernay*..... 15 l. *Voyez de Rouen à Alençon.*
Pont & riv. de Charentonne. Au manoir d'Irlande A côté
de la Pucellière. A St.-Aubin-le-Vertueux +. Le long E.
d'un bois. Au Hameau, Philipiere, la Bechinière & *aux
Joncquerz* +... 2 l. A Thilleul-en Ouche +. Chemin de
Conches à Lizieux. A la Sentelle Vallon du Val-du-
Theil-en Ouche +. 1 l. O. de la *Barre*, bourg. A la Butte,
cabaret de *Boscrobert* + St.-Ouen-de-Mancelles +. A l'O.
des Jardins & de Laugeux. Aux Londes. Bois à trav. & à
la grande Haye +. Chambor +. Le Hamel. Le long du bois
de Boismahiard + & Châteaufort. *A Glos-la-Ferriere*... 5 l.
Dev. l'eglise de Glos. A la Richardiere & le Bas-Vernet.
¼ l. N de St.-Nicolas +. A Corboyer. Pont, moulin &
étang de St.-Michel. A la Françaisiere. Le long du bois &
du ham. de la Sapaye. Vallon, ruiss. & fief. de Fontenil.
A la Morinière & chem. de la Ferté-Frenel. A *l' Aigle*. 2 ½ l.
De l'Aigle *à Belême*... 18 l. *Voyez de Rouen à Bellême.* De
Bellême *au MANS*... 14 l.

Autre par Broglie................. 57

De Rouen *à Broglie*... 18 l. *Voyez de Rouen à Alençon par
Broglie.* De Broglie on passe le pont sur la riv. de Charen-
tonne. A la Courpolet, O. de Chamblac +. Le long E. des
bois de Guenet. Au Boulay; E. de la Trinité-Menil-
Josselin +. Au Val-de Bray. Le long du bois & vill. de
St.Agnant-de-Cerniere +. A St.-Pierre-de-Cerniere +. La
Beaurouille & St.-Martin-de-*Cerniere* +... 2 l. Le long
O. du bois & du Buisson Houdiere. Côte & vallon à trav.
Entre les Buissons & Maupertuis. Côte, vall. & à l'O. du
Menil, ¼ l. de Saucanne +. Au bois Nicole & à la *Ferté-
Frenel*... 2 ½ l. A la Hendrichere & Roncenet, Gauville-
en-Gauvillois +. La Mastiere. St.-Michel-de-Sommaire +.
Pont, ruiss. étang de St.-Michel. A la Cour-Claude. La
Friche & le grand Coche. ¼ l. E. de St.-Symphorien des-
Bruyeres +. A la Godette, la Morinière & *à l'Aigle*,.. 3 l.
Le *reste comme ci-dessus.*

ROUEN.

MARSEILLE... S.E.	Paris & à Marseille........	231
Maubeuge..... N.E.	Cambray & à Maubeuge....	60
Mayenne...... S.O.	Alençon & à Mayenne......	50
MEAUX........ E.	Paris & à Meaux..........	40
METZ......... E.	Paris; de Paris à Metz.....	106
MÉZIÈRES...... E.	Paris & à Mézières.........	86
Mirecourt..... S.E.	Paris, Troyes & Mirecourt.	111
MONS........ N.E.	Amiens & à Mons.........	61
Montargis..... S.E.	Paris & à Montargis.......	59
MONTAUBAN... S.	Orléans & à Montauban.....	180
Montereau..... S.E.	Paris, Melun & Montereau...	49
Montfort...... S.O.	Rennes & à Montfort.......	78
Montfort-l'Am.. S.E.	Et de Versailles à Dreux...	32
Montmédy...... E.	Paris, Verdun & Montmedy..	95
MONTPELLIER. S.	Paris, Lyon & Montpellier...	222
Montville....... N.	Dieppe	4
Mortagne.... S.p.O.	L'Aigle & à Mortagne......	32
MOULINS...... S.	Orléans & à Moulins........	102
Moul.-la-Marche.SpO	La Trape & à Moulins......	32
Mulhausen..... S.E.	Paris & à Mulhausen........	143
NANCY........ E.	Paris, de Paris à Nancy.....	113
NANTES...... S.O.	Angers & à Nantes.........	91
NARBONNE.. S.p.E.	Limoges & à Narbonne.....	230
Neuchâteau.... S.E.	Paris & à Neufchâteau......	102
Neufchatel.... N.E.	Amiens par Neufchâtel.....	12
NEVERS.... S.p.E	Orléans & à Nevers........	89
Nogent-le-Roy... S.	Dreux & à Nogent.........	26
Nogent-s-Seine.. S.E.	Paris & à Nogent..........	56
Nonnancourt..... S.	Evreux & à Nonnancourt....	21
NOYON........ E.	Compiegne & à Noyon.....	45
Nuys.......... S.E.	Paris, Auxerre & à Nuys....	113
Orbec.......... O.	Lizieux & à Orbec.........	25
Orient. (l')... O.p S.	Rennes & à l'Orient........	111
ORLÉANS... S p.E.	Dreux, Chartres & Orléans..	50
PARIS.... E.p S.	Paris à Rouen par { Gisors...	30
	Magny..	31
	St. Germ.	33

ROUEN. 531

PAU............	S.O.	Bordeaux & à Pau.........	204
Pavilly.........	N.	St.-Valery-en-Caux.......	4½
PÉRIGUEUX..	S.O.	Limoges & à Perigueux.....	139
PERPIGNAN....	S.	Toulouse & à Perpignan....	245
PÉRONNE....	N.E.	Amiens & à Peronne.......	39
Plombières.....	S.E.	Paris & à Plombieres......	126
POITIERS......	S.	Tours & à Poitiers........	98
Pont-de-l'Arche.	S.E.	Paris par St.-Germain.....	4
Pontaudemer....	O.	Caen....................	12
Pont-l'Evêque...	O.	Caen....................	18
Pontoise......	E.p.S.	Paris par Pontoise........	23
Provins......	E.p.S.	Paris & à Provins.........	52
Puy. (le).......	S.	Clermont & au Puy.......	151
Quillebeuf....	N.O.	Caudebec & à Quillebeuf...	14
Qnimpercorentin	S.O.	Rennes & à Quimper......	128
REIMS........	E.	Paris & à Reims...........	68

Routes de Rouen à RENNES.

De Rouen à Caen... 30 l.	De Caen à Rennes par Vire. 42 l.	72
De Rouen à Alençon. 35 l.	D'Alen. à Mayenne & Rennes. 41 l.	76

Réthel...........	E.	Paris, Reims & Rethel.....	77
Rochefort......	S.O.	La Rochelle & à Rochefort...	138
ROCHELLE. (la)	S.O.	Tours & à la Rochelle......	131
Rugles.......	S.O.	L'Aigle.................	22
Ry..........	N.O.	Gournay par Ry..........	4½
Saarebourg.....	E.	Paris & à Saarebourg......	127
Saarbruch.....	E.	Paris & à Saarbruch.......	124
Saarguemines....	E.	Paris & à Saarguemines.....	125
Saarlouis......	E.	Paris & à Saarlouis.......	118
Sablé.........	S.O.	Au Mans & à Sablé........	59
St.-Avold......	E.	Metz & à St.Avold.......	116
ST.-BRIEUC.	O.p.S.	Avranches & à St.-Brieuc...	81
St.-Claude.....	S.E.	Dijon & à St.-Claude......	141
St.-Dizier....	E.p.S.	Paris & à St.-Dizier.......	86
S.-Etien.-en-For.	S.E.	Lyon & à St.-Etienne......	157
St.-Esprit.....	S.E	Lyon & au St. Esprit......	193
St.-Evrould....	S.O.	L'Aigle.................	12

St.-Flour....... S.		Clermont & à St.-Flour....	146
St.-Germ. en L. E.p.S.		Paris par St.-Germain......	28
St.-George..... S.O.		Caen & à St.-George......	56
St.-Gobin........ E		Compiegne & à St.-Gobin...	54
St.-Lo...... O.p.S.	DE ROUEN	Caen & à St.-Lo.........	44
St.-Malo.. O.p.S.		Caen & à St.-Malo........	71
St-Omer... N.p.E.		Abbeville & à St.-Omer......	49
St.-Rom. de Colb N.O		Au Havre par Caudebec....	16
St.-Saen...... N.E.		Neufchâtel.............	10
S.-Valery-s-Somme N.		Calais par St.-Valery.......	27
St.-Valery en Caux. Chemin... N.p.O...			14

De Rouen à Barentin..... 4 l. *Voyez de Rouen au Havre*. Fourche de la route du Havre qu'on laisse à gauche & l'on va à la Beuglerie, Vis-à-vis O. du chât. de Banage. A Hardouville +, Quincangrogne & le Menil-de-Reçu +. *A Sidetot* +. . 2 l. ½ 1 O. de Sideville +. A St.-Etienne-le-Viel + & au cabaret de Hongrie. ¼ l. E. de Motteville +. ¼ l. O. d'Auzouville +. A Mares, ½ l. O. d'*Yerville*. E. du moulin à v. de la campagne. Vallon, côte & vill. de *Criquetot*... 2 l. ½ q 1 O. d'*Ouville* & traverse du chemin d'Yvetot à Dieppe ½ q l. de bois d'Ouville à trav. & à ¼ l. O. de l'abb. d'Ouville. A Yemanville. Côte & moulins à vent de Baudribose +. ¼ l. E. de Berville +. Vallon & à ½ l. S. O, de Pretot +. Côte & à l'E. de Baumare. A la Taille, ¼ l. O. de Pretot +. Vall. côte & vill d'Etalleville +. Trav. du chemin du Havre à Dieppe. Vallon, côte & hameau de Baucout. A Gonseville + & *à Bouretout*-d'Eberville +... 3 l. ½ q. l. E. d'Aglesqueville-la-Braslon +. O. du moulin du Mouchet. A Ermenouville *ou* Arnouville +. Au Menil-Geffroy +. ½ q. E. du Menil-Durdan +. ½ l. O. d'Angiens + & ½ l. de Silleron. Trav. de la route du Havre à Dieppe. A Guetteville + & Reddeville. Vallée de la Clemence & à côté O. de l'Eglise de St.-Vallery. *A* St.-Vallery-*en-Caux*... 3 l.

Saintes...... S.p.O.	Rouen à Poitiers & à Saintes.	133
Saumur........ S.p.O.	—— Au Mans & à Saumur...	70
Savene........ E.	—— Nancy & à Saverne....	137
Schlestatt........ S.E.	—— Nancy & à Schlestatt...	143
Sedan......... E.	—— Paris & à Sedan.......	91

ROUEN.

SÉES	S.O.	Alençon	30
Seltz	E.	Paris, Metz & à Seltz	156
Senarpont	N.E.	Aumale & à Senarpont	22
Senonches	S.	Dreux & à Senonches	32
SENS	S.E.	Paris & à Sens	60
Sezanne	E.p.S.	Paris & à Sezanne	58
Sisteron	S.E.	Paris, Lyon & à Sisteron	212
SOISSONS	E.	Compiegne & à Soissons	49
Songeons	N.E.	Gournay & à Songeons	18
Spire	E.	Metz & à Spire	157
STENAY	E.	Paris, Reims & à Stenay	91
STRASBOURG	E.	Paris & à Strasb. par { Metz.. 143 / Nancy. 149 }	
TARBES	S.p.O.	Auch & à Tarbes	212
Thionville	E.	Metz & à Thionville	113
Tonnerre	S.E.	Paris & à Tonnerre	81
Tôtes	N.	Dieppe	8
Torcy. (grand)	N.	Dieppe par Torcy	15
Touques	N.O.	Pont-l'Evêque & à Touques	20
TOUL	E.p.S.	Paris & à Toul	107
TOULON	S.E.	Paris, Lyon & à Toulon	240
TOULOUSE	S.	Limoges & à Toulouse	192
TOURNAY	N.E.	Amiens & à Tournay	56
TOURS	S.	Au Mans & à Tours	68
TRÈVES	E.	Paris & à Treves	123
TROYES	S.E.	Paris & à Troyes	68
VALENCE	S.E.	Paris, Lyon & Valence	170
VALENCIENN.	N.E.	Cambray & à Valenciennes	53
Valliquierville	N.O.	Au Havre par Yvetot	10
Valognes	O.	Caen & à Cherbourg	53
Valmont	N.O.	Fécamp	18
VANNES	S.O.	Rennes & à Vannes	98
Vaucouleurs	E.p.S.	Paris & à Vaucouleurs	104
Vendôme	S.	Chartres & à Vendôme	52
Ventes. (grandes)	N.	Dieppe jusqu'à Omonville, de là au grandes Ventes	13 $\frac{1}{2}$
VERDUN	E.	Paris & à Verdun	91

DE ROUEN à / DE ROUEN à / DE ROUEN à

Verdun	S.E.	Dijon & à Verdun	116
Verdun	S.	Montauban & à Verdun	186
Verneuil	S.	Evreux & à Verneuil	23
Vernon	S.E.	Paris par St-Germain	13
VERSAILLES	S.E.	St.-Germain & à Versailles	31
Vesoul	S.E.	Paris & à Vesoul	115
Vertus	E.p.S.	Paris & à Vertus	66
Vienne	S.E.	Paris, Lyon & Vienne	151
Vichy	S.	Paris, Moulin & Vichy	114
VILLEFRANCH.	S.E.	Paris; de Paris à Lyon	137
Vire	O.p.S.	Caen & à Vire	44
Wissembourg	E.	Paris & à Vissembourg	154
Vittefleur	N.O.	Entre Fécamp & St. Valery	14
Vitré	S.O.	Alençon & à Vitré	66
Vitry-le-Franç.	E.p.S.	Paris, Châlons & à Vitry	79
Yerville	N.O.	St.-Valery-en-Caux	8
Yvetot	N.O.	Au Havre par Yvetot	8½

ROUTES ET CHEMINS DE TRAVERSE
DE St.-OMER

Distance de St.-Omer

à		Voyez	lieues.
ABBEVILLE	S.	Hesdin & à Abbeville	20
Aire	S.E.	Cambray	5
AIX en Provence	S.E.	Paris & à Aix	254
AMIENS	S.	D'Amiens à St.-Omer	32
ANGERS	S.O.	Paris & à Angers	136
ANTIBES	S.E.	Paris & à Antibes	295
Ardres	N.O.	Calais	6
Armentières	E.	Lille par Armentières	14
AUTUN	S.	Paris & à Autun	136
AVIGNON	S.	Paris & à Avignon	235
Bailleul	E.	Lille	11
BASLE	S.E.	Paris & à Basle	178
Bassée (la)	E.	Béthune & à Lille	13
BAYONNE	S.O.	Paris & à Bayonne	263
Bergues-S.-Vinox	N.E.	Warton & à Bergues	9
BESANÇON	S.E.	Paris & à Besançon	152
Béthune	S.E.	Aire & à Béthune	10
BORDEAUX	S.O.	Paris & à Bordeaux	210
Bouchain	S.E.	Douay & à Cambray	23
Bouillon	S.E.	Mézières & à Bouillon	69
BOULOGNE. Route de traverse	S.O.		14

De St.-Omer à Ardres... 6 l. Voyez de St.-Omer à Calais.
D'Ardres à BOULOGNE... 8 l.

   Chemin de traverse.............. 12

De St.-Omer & porte de Calais, on passe le pont sur un bras de la riv. d'Aas & dans la belle avenue de Tilleuls. 1 l. S. de St.-Momelin +. A St.-Martin-du-Laert +. Moul. à vent de la Croisette. ½ l. N. de Tatinghem +. ½ l. S. de

Tilques +. A Cormette + & route Romaine. Côte & bois, ½ q. l. N. de Zudausques +. A Lieurs, ¼ l. S. de Moringhem +. ¼ l. N. de Quelleme +. A Boisdinghem +. ¾ l. S. de Norbecourt +. ¼ l. N. d'Acquin + & de West-Beaucourt +. Au S. de la Motte & Wataigne. Chapelle & ham. du grand Quercamps. ½ l. N. du bois & vill. de Bouvelinghem. Au N. de la Nouville, ¼ l. du petit Quercamps. A la haute Pente & forêt de Tournehem. Vallon & ruisseau entre Journy + & Rominghen. A Fouquessolle, chât. ¼ l. N. E. de Rebergue & ¼ l N. de haut Loquin +. ½ l. S. O. d'Audrehem + & côte rap. à passer. Pont, riv. d'Hem & ham. de Cambres. S. de Canchy-Breuil-de-Lignes. Au N. de Clay & Rougefort. Côte, ½ l. N. de Hocquenghem +. A Licques.. 6 l. ½ l. N. d'Herbinghem + & Hocquenghem +. A Sanghem +. S. de la forêt de Licques. Le long N. d'Eclemy & d'Alembon +. Traverse de la grande chaîne qui partage le bassin des Mers & des Fleuves. Pente rap. & village de Bourfin +: *belle vue.* Ruiss. & moulin, le long du haut & bas Breuil. Avenue du chât. du Tertre. Vallon & bourg de Wast-en-Boulonnois. ½ l. O. du village & château de Colemberg +. ½ l. N. O. d'Alinctun +. ½ l. N. de Bellebrune +. Vallon, ruiss. & au S. de Belle +. ½ l. S. d'Houlfort +. A Conteville +. Côte & ½ l. de la forêt de Boulogne à passer. A la haute Chapelle, N. de la basse. A Huplande, ham. ½ l. S. de Pernes-lès-Boulogne. +. Chemin & à ¼ l. S. du chât. de Souverain-Moulin: 1 l. de Pitefaut + & de Maninghen-Wimille +. A l'Inquetrie, S. des Watines & Boisl'Abbé. ¼ l. N. de Bainctun +, 1 l. de Questinghen +. A l'Ecuelle-Trouée, chât. & moulin à vent. ¼ l. N. de Montlambert. Au N. du chât. de Rotambert. A St.-Martin-lès-Boulogne & à *BOULOGNE* ..... 6 l.

BOURG *en Bresse*..	S.E.	St.-Omer à Paris & à Bourg. 167
BOURGES.........	S.	—— Paris & à Bourges.... 117
Brest.............	S.O.	—— Paris & à Brest....... 207
	BRUGES. Route de traverse... N.E...	24

De St.-Omer à *Arques & Cassel*.... 5 l. *Voyez de St.-Omer à Lille.* De Cassel on passe au mont d'Ouwemberg & à Terdeghem +. Moulins de Rome & *à Steenwoorde.* N. du chât. d'Oudenhove. Bois & cense de Calcannes.. A Abeele-Capelle. Cabaret de Lappe. F. d'Heste-Meulen +. *A Poperingues*..... 4 l. ½ l. N. de Gomane +, 1 l. de la haute

Grave +. Vallon, ruiff. & bois, au N. du chât. de Branaikem. A Wlamertingue +. Vallon, ruiffeau ½ l. S. de Brielen +. *A Ypres*.... 2 ¼ l. D'Ypres on paffe à St.-Jans. Wielken & chem. de Rouffclaerg. Au S. & près du chât. de Languerarcq. A St. Julien. ½ l. N. O. de Languemarcq +. A Poel-Capelle & route du bois de Milaene. A Sprietien. Roofebeke +. N. de Paffchen. Au pied de la côte & du moul. de Cayertberht. Entre les bois de Roofebeke. Cabaret de Brouweryken. Moulin à vent de Steghaeche, Den, Ceunynckx. ½ l. l. O. de Roulers. Côte & vill. *d'Hooghlede*. 4 l. A Stalpcodt. Moulin de Ghitfbergh. R. de Lille à Bruges & *à Thorout*.... 4 l. De Thorout *à BRUGES*... 4 l. *Voyez de Lille à Bruges*.

Autre Chemin................ 24

De St.-Omer à Poperingues...... 9 l. *Voyez ci-deffus*. De Poperingues à Ildervingen. Au pont & près S. du vill. de Boefingue +. Au bois de Boveckercke. *A Thorout*... 11 l. De Thorout *à BRUGES*...... 4 l. *Voyez de Lille à Bruges*

BRUXELLES...... E. | De St.-Omer à Lille & à Br. 47
CAEN............ O. | ——— Amiens & à Caen..... 90

CALAIS. Grande Route...N.O... 10

Sortant de St.-Omer par la porte de Calais, on apperçoit à 1 l. au N. le moulin & vill. de St.-Momelin +. On paffe le pont fur un bras de la riv. d'Aas. Belle aven. de tilleuls d'¼ l. à fuivre. A St.-Martin-de-Laert +. Fourche du chem. de Boulogne. Côte, N. des moulins de la Croifette, plus loin font les clochers des Chartreux, Longueneffe + & Tatinghen +. ½ q. l. S. de Longjardin, ¼ l. du château de Scadenbourg. Vallons, côteaux, ½ l. de Salperuick +. Côte, ¼ l. de la ferme des Moines. ½ l. S. O. du château d'Ecoué, & du Bourguet. Le long S. de Tilques +, d'où l'on apperçoit au N. l'abbaye de Watten, & plus loin la ville de *Caffel*. ¼ l. N. E. de Cormette + & de Zudanfques +. Vallon, O. du ham. des Prés & à ½ l. N. E. de Difques + & de Moringhem +. Côte rap. & devant les quatre Vents, cabaret. ½ l. S. O. de Serques +. Bois & pente rapide à paffer, en laiffant les maifons & le chât. de Moulle + au N. A Brouet, ¼ l. S. de Houlle +. ½ l. d'Eperleque + & de la forêt de Watten. Vallon à 1 l. N. E. de Norbecourt +. ½ q. l. S. du chât. de Weftrove & d'Eperleque +. Côte & à ½ q. l.

S. de Bayenghem +. ¾ l. de Menques +. Vallon. ¼ l N de Leulenghen +. S. du ham. de Maincove. Pente rapide. ½ l. E. de *Tournehem*. A Nordaufque +. ¼ l N. E. de Welles+. A la Recouffe fur l'Hem, que l'on paffe. Limite de l'Artois. Route de *Gravelines*, ville, à 5 l. au N. A ½ l. S. de Reques + & de Polincove +. Avenue du chât. de Cocove. 1 l. du vill. de Zudkercke +. ¼ l. N. de Zouafques + & Velles +. A Volfufe. ½ q. l. du chât. de la Pierre. ½ l. N. de la grande chaîne & de la forêt de Tournehem. A Berthan. Pont, ruiff. S. de la baffe Montoire. Côte & moulin d'Efquienbec. Vallon & hameau de Manegres. ½ q. l. S. de Nielles. +. ½ l. Nord du château de St.-Martin & village de Louchet. Le long Sud des avenues du château de Nielles. Sud du Poirier & du Plat d'or. ¼ l. N. d'Autingues +. 1 l. de Landrethun +. Route qui conduit dans Ardres. Glacis & fauxbourg d'*Ardres*... 6 l. A ¼ l. S. O. de Nordkercke +. Devant la pofte & route de la ville d'*Ardres*. ¼ l. E. de Balinghem +. Entre la ferme de Blancar & le Pigeonnier. ¼ l. O. de Nordkecke, 1 ½ l. d'*Audruick*. O. d'Amboſnarde +. 2 l. E. de *Guines*. Au pont Sans pareil *ou* à quatre faces, fur des canaux. Belles auberges. Chemin & à ¾ l. S. O. de Guemp +. Pont à ½ l. du moulin & village des Attaques. O. de la ferme d'Aras & devant celle de M. Faillart. Pont & chemin de la cenfe de Plein foffé. Avenue & ferme de Legalet. Avenue de la ferme du Colombier & de celle de M. Mulot. Pont & maifons à ½ q. l. E. de Coulogne +. Pont & riv. de Wattergand du vieux Duc. A la cenfe Gourry. 1 l. S. O. de Mark +. Fourche de la route de Dunkerque. Pont, canal & baffe ville de Calais.
1   CALAIS.... 4 l.

Route par Eau............... 11
De St.-Omer & faub. du haut Pont on paffe le long O. de St.-Momelin +, canal de Liettre & feigneurie du Capelain. A*Watten*... 2 l. A Ruts & à l'O. d'Holcke +. Fort Brion & près du chât. de d'Weez. A l'Aqueduc, GrifePierre & Cuppe. A Henuin, fort Rebus & pont Neuf. fort Batard, fort Rouge, pont Sans pareil, aux Attaques & à *CALAIS*.... 9 l.

CAMBRAY.......	S.E.	St.-Omer à Arras & à Camb..	16
Carvin.........	S.E.	—— Béthune & à Carvin...	16
Caffel.........	N.E.	—— Dunkerque..........	5

ST.-OMER.

CHALONS *sur*-M.S E	Reims & à Châlons	67
CHALON *s*-S. SpE.	Paris & à Chalon	146
Charleville ... E.p.S.	Cambray & à Charleville	51
Cherbourg.... O.p.S.	Caen & à Cherbourg	118
CLERMONT-F... S.	Paris & à Clermont	154
COLMAR ...... S.E.	Paris & à Colmar	178
Compiegne ..... S.E.	Amiens & à Compiegne	50
Condé .... E.	Lille & à Condé	29
DIJON .... S.E.	Paris & à Dijon	138
DOUAY ..... E.p.S.	Arras & à Douay	22
Doulens .... S.	Amiens par Doulens	20

DUNKERQUE *Route de traverse* ... N 13

De St.-Omer à Cassel... 5 l. *Voyez de St.-Omer à Lille.*
De Cassel à DUNKERQUE. 8 l. *Voyez de Lille à Dunkerque.*

Autre Route de Poste 13½

De St.-Omer à la Recousse..... 4 l. *Voyez de St.-Omer à Calais.* De la Recousse on passe à l'O. du château de Nordansque. E. du chât. de la Pierre & de celui de Cocove. ¼ l. O. de Recques +. A Policove +. ½ l. E. de Zudkerke +. Au fort St.-Jean. ¼ l. O. de Ruminghen. +. ½ l. E. d'Andrulck. Passage du canal de Calais à St.-Omer. ½ l. O. de Mariekerke +. A Mannnequebeure. ¼ l. O. de St.-Nicolas +. Moulin à vent 1 l. E. de Vielle-Eglise +. Pont du Halot, ¼ l. E. de St.-Omer-Capel +. 1 l. O. de Bourbourg. ¼ l. E. de de St.-Folquin +. A l'hôpital St.-Louis & Haut-Arbres, & riviere d'Aas. A Gravelines ...... 4½ l. de Gravelines à DUNKERQUE .... 5 l. *Voyez la route de Calais à Ostende.*

Route par Eau 10

De St.-Omer & faubourg du haut Pont, on passe devant St.-Momelin + & à *Watten* ... 2 Au pont l'Abbesse & à Linck +. ½ L E. de Capellebrouck +. A Looberghe +. 1½ l. S. E. de *Bourbourg*. ½ l. O. du vill. & château de Pigam +. Pont, moulin & hameau de Statembreughe. ½ L. E. de Brouckercke +. ¼ q. l. S. de Spiker +. A Mille-Brugghe. ¼ l. S. d'Arenbouts-Capel +. ½ l. N. de Steene +. A Halvemille-Brugghe. Au N. du village de Bierne +. A *Bergues*..... 6 l. A Fort-François & le Fort-Louis. A DUNKERQUE ..... 2 l.

EVREUX.......	S.O.	St.-Omer à Amiens & à Evr.	66
Falaise........	S.O.	—— Amiens & à Falaise....	91
Fruges.........	S.	—— Hesdin.............	7½
GENÈVE......	S.E	—— Paris & à Genêve.....	183

GRAVELINES. *Route de traverse*... N... 7½

De St.-Omer à St. Momelin +. La Prevôté de Ham. Eessetake. ¼ l. E. de *Watten*. A l'O. de Wulverdinghe + & à Escoutk. Moulin à vent. O. de Milam +. Dev. l'*Ecce Homo* & à Schipstadt. Au pont de l'Abbesse sur le canal de Bergues. O. du moulin & vill. de Linck +. A Capellebrouck +. ½ l. E. de St.-Pierrebrouck +. A Catove, ¾ l. E. de St.-Nicolas +. A Lancker, ¼ l. N. E. du château de la Vicomte. *A Bourbourg*. Sait-George + & *à* GRAVELINES..... 7½ l.

GAND. *Grande Route*..... E..... 29

De St.-Omer à *Ypres*... 13 l. D'Ypres à *Menin*... 5 l. *Voyez de Lille à Ypres*. De Menin *à Gand*... 11 l. *Voyez de Lille à Gand par Menin*.

Autre Route................. 30

De St.-Omer à *Cassel*... 5 l. De Cassel à *Armentieres*... 8 l. *Voyez de Lille à Dunkerque*. D'Armentières on passe à la grande & petite Robecq. Moulin à vent de Frelinghem. ¼ l. O. de Deulsement, & jonction de la route de Lille à Ypres, que l'on suit, en passant à la Genevrie, *cabaret*, la grande Haye & *à Warneton*. ½ q. l. du bas Warneton. Au mauvais Cornet & à Commines sur Lys. A Het Godthuys & Wervicke sur Lys. Cabaret de de Basflandre ou à Recke +. N. de Boussebecke, S. de Geluvelts. *A Menin*... 6 l. De Menin *à* GAND... 11 l. *Voyez de Lille à Gand*. (Ou d'Armentières à Ypres. D'Ypres à Gand.) *Voyez la Route ci-dessus*.

GRENOBLE...	S.p E.	St.-Omer à Paris & à Gren.	201
Havre. (*le*).....	O.p.S.	—— Abbeville & au Havre.	53

HESDIN. *Route de traverse*... S... 11½

De St.-Omer & porte d'Arras on passe à l'E. de Sainte-Croix de Neuve Rue. ¼ l. de Longuenesse + & des Chartreux. ¼ l. de Tatinghem + O. de Malassise & ½ l. d'Arque +. Calvaire, mont & bois à trav. en passant à la perche du

St.-Omer.

Guet. Pente rapide. Chapelle & fontaine de N. D. de Lorette. A ¾ l. O. de Longpont, Rubenpré & Blandecques +. ½ l. E. de Wifques-l'Hermitage +. A Halines +, O. de Wizernes +. Pont & riv. d'Aaas. ½ l. E. d'Efquerdes +, du moulin à poudre, & plus loin Setques +. ¼ l. O. du bois & vill. d'Helfaut +. Bois & carrefour d'une r. Romaine. ¼ l. O. de Pihen +. ¼ l. E. de Warans + & d'Enne +. O. de Crehen & Bienques. Vall. & vill. de *Rumilly-Wirquin*+...3 l. Côte & à l'E. de Wirquin +. O. de Clety +. Carrefour de la route d'Aire à Boulogne. ½ l. E. d'Cuve +. ½ l. O. de Dohem +. Croix & à l'O. d'Avroult. Croix St.-Lievin & à l'E. de Mercq-St.-Lievin +. A Bout de la ville, ¼ l. E. du chât. d'Erval. ½ q. l. de St.-Martin +. *A Fauquemberg.* 2 l. A l'E. du Hamelet & des Récolets. ½ l. E. de Renty +. ½ l. d'Affonval + & ½ l. O. de Vendôme : *belle vue*. Chapelle & carrefour de la route de Montreuil. ½ l. O. de Rudinghem. Côte & bois de Fruges à trav. *A Fruges*... 2 ½ l. Chapelle du mont Carmel. Croix des Fées. ¼ l. E. de Coupelle neuve +. Vallon & chapelle de St.-Hubert. Entre l'abbaye de Ruiffauville & Canlers +. A Apegarbe +. ½ l. E. d'Awondance +. A Senecouville. ½ l. O. d'Azincourt & plaine où s'eft donnée la Bataille du 25 Août 1415. A Bucamps. E. de Barle. ½ l. de Freffin +. A Tiramouffe, *cabaret*. ½ q. l. O. de Wamin. Croix, ¼ l. E. de la Loge Cornillon. ¼ l. de la forêt d'Hefdin à trav. Côte & vill. d'Huby-St.-Leu +. Pont, riv. de Ternoife & *à Hesdin.* 4 l.

Landau........	E.	Arras & à Landeau..........	144
Landrecy......	S.E.	Arras & à Landrecy........	36
Langres.....	S.E.	Arras, Reims & à Langres...	108
Laon........	S.E.	Arras, Peronne & à Laon....	46
Laval........	S.O.	Paris & à Laval............	123
Lens.........	S.E.	Aire & à Lens.............	16
Liége.......	E.	Lille, de Lille à Liége......	59
		LILLE. *Route de traverse...* E...	16

De St.-Omer & porte d'Arras *ou* St.-Michel on paffe à l'ouvrage à corne, où fe trouve la chap. de N. D. de Grace & Malaviféе, cabaret· Au S. du fort aux Vaches & faub. du Lys. Au Cœur-Joyeux. Avenue de l'éclufe à quatre faces. A Arque +. Pont & riv. d'Aas. 1 l. S. des ifles Flotantes & de l'abb. de Claire-Marais. ¼ l. N. de l'abb. de

Blandecques +. Fourche de la route de St-Omer à Aire. Côte rap. & canal de St.-Omer à Aire. Au N. des écluses de la Fontinette. S. de la croix & ham. de grand Eblinghem. Pont, $\frac{1}{2}$ l. N. de Campagne +. A Rougeforr, S. des bois du Roi. Pente rapide $\frac{1}{4}$ l. N. de Renescure +. Dev. la Crosse, cabaret. $\frac{1}{4}$ l. S. de l'abb. de Voestines. Petit bois, $\frac{1}{2}$ l. N. O. d'Ablinghem. Pont +. Cabaret & mont d'Ablinghem: *belle vue*. A Plattebeuse, $\frac{1}{2}$ l. O. de Staple. A Blanche maison. O. du m. à v. de Bavinvoche. Vall., 1 l. O. de Ste-Marie-Capelle +. Pont & riv. de Peene. A $\frac{1}{2}$ l. E. de la plaine où s'est donnée la bataille du 3 Avril 1677. Bavinckove +. Pente longue & rap $\frac{3}{4}$ l. O. d'Oxclare +. sommet de la montagne & ville de *Cassel*... 5 l. De Cassel A LILLE... 11 l. *Voyez de Lille à Dunkerque.*

Chemin de traverse.............. 16

De St.-Omer au cabaret du mont *d'Abblinghem*...... 3 l. *Voyez ci-dessus*. Du mont à Staple + & à la longue Croix. $\frac{3}{4}$ l. N de Wallon Capelle +. A Falcove, 1 l. S. de *Cassel*. Au S. du bois & vill. de d'Hondeghem +. A Hooghuys *ou* hautes Maisons. Moulin, château & cabaret de la Briarde. $\frac{3}{4}$ l. N. *d'Hazebrouk*. $\frac{1}{2}$ l. de Borre +. $\frac{3}{4}$ l. S. d'Eecke +. Au S. du chât. & vill. Caester + & de la Commanderie. $\frac{1}{4}$ l. N. de Pradelles +. Moulin & ham. de Rouge-Croix, $\frac{1}{2}$ l. N. de Strazeele +. A Courte-Croix. S. de Vleteren *ou* Fletre +. 1 l. S. des moulins & Mont des Chats. A Meteren + & à *Bailleul*.... 6 l. De Bailleul à LILLE.... 7 l. *Voyez de Lille à Dunkerque.*

Autre Chemin................ 16

De St.-Omer à Aire.... 4 l. *Voyez d'Arras à St.-Omer*. Sortant d'Aire on passe à Neufpré; $\frac{1}{2}$ q. l. Sud du Fort St.-François, situé de l'autre côté de la Lys, rivière. Le long Sud de Pecqueur. $\frac{1}{3}$ q. l. de Thiennes +. A Houleron, sur la Lacque, rivière. Vis-à-vis du petit Bac. A la ferme d'Escalven, sur le bord de la Lis; le château de Tanay est au-delà de cette rivière. Le long Sud d'Anchain & *à St.-Venant* sur la Lys... 2 $\frac{1}{2}$ lieues. Sortant de cette Ville on passe à la fourche du chemin *d'Hazebrouck*, éloigné de trois lieues au Nord. Le long Nord d'un moulin à vent. $\frac{1}{2}$ q. l. du hameau de Corbie. St Floris est du même côté, au-delà de la Lys. On passe au pied d'un second moulin à vent. Le long Sud

ST.-OMER.

du bois de Nieppe *ou* du Roi & du hameau de Wits.
A Notre Dame des Affligés & à *Merville*..... 1 lieue.
A Marmontier. ¼ q. l. Nord de l'abbaye de Beaupré.
Moulin à vent & à ½ q. l. N. de *la Gorgne*. A *Eftaires*... 1 l.
Pont & rivière de Lis à paſſer, enſuite au pied d'un
moulin à vent & de la ferme de la Motte. A Sailly,
Prévôté, ſur la Lys. Entre la Tuilerie & le Four-Rompu.
¼ l. Nord de Fleurbais +, fourche du chemin de ce
village au Bac, ſur la Lys. Le long S d'Erquengheim 4.
A Armentières ſur la Lys....... 3 l. D'Armentières à
LILLE... 4 l. *Voyez de Lille à Dunkerque.*

Lillers........	S.E.	D'Arras à St. Omer.......	7
LIMOGES......	S.	Paris & à Limoges........	154
LIZIEUX......	S.O.	Abbeville & à Lizieux.....	69
Lunéville......	S.E.	Arras, Nancy & Lunéville..	111
LUXEMBOURG...	E.	Arras, & à Luxembourg...	91
LYON......	S.p.E.	Paris & à Lyon...........	175
MACON......	S.p.E.	Paris & à Macon..........	159
MANS. (le)...	S.O.	Rouen & au Mans........	108
MARSEILLE..	S.p.E.	Paris & à Marſeille.......	262
Maubeuge......	S.E.	Arras & à Maubeuge......	42
Mayenne......	S.O.	Rouen & à Mayenne......	99
MEAUX......	S.E.	Arras & à Meaux........	61
Merville.......	S.E.	Lille par St.-Venant......	8
METZ.......	E.p.S.	Arras & à Metz..........	102
MÉZIERES...	E.p.S.	Arras & à Mézières.......	64
Montdidier.....	S.E.	Amiens & à Montdidier....	36
Montbéliard....	S.E.	Arras & à Montbéliard....	139
MONTPELL.	S.p.E.	Paris & à Montpellier......	253
Montreuil....	S.p.O.	Heſdin & à Montreuil......	16
MOULINS......	S.	Paris & à Moulins........	132
NANCY......	S.E.	Arras & à Nancy.........	104
NANTES......	S.O.	Paris & à Nantes.........	155
NARBONNE.....	S.	Paris & à Narbonne.......	276
NEVERS........	S.	Paris & à Nevers.........	120
NOYON.......	S.E.	Arras & à Noyon.........	40
Orchies......	E.p.S.	Lille & à Orchies.........	22

Orient. (*l*)	S.O.	St.-Omer à Rouen & à l'Or.	160
ORLÉANS	S.	—— Paris & à Orléans	89

OSTENDE. *Route de traverse*... N.p.E... 30

De St.-Omer à Bruges... 24 l. *Voyez cette Route.*
De Bruges à Ostende..... 6 l. *Voyez de Lille à Ostende.*

PARIS	S.p.E.	Arras & à Paris	61
PAU	S.p.O.	Paris & à Pau	268
PÉRONNE	S.E.	Arras & à Péronne	28
PERPIGNAN	S.	Paris & à Perpignan	284
Plombières	S.E.	Arras & à Plombières	126
POITIERS	S.	Paris & à Poitiers	148
Poperingues	N.E.	Ostende	9
Provins	S.E.	Paris & à Provins	83
REIMS	S.E.	Arras & à Reims	57
Remiremont	S.E.	Reims & à Remiremont	133
RENNES	S.O.	Rouen & à Rennes	125
Réthel	S.E.	Arras & à Réthel	62
ROCHELLE.(*la*)	S.	Paris & à la Rochelle	182
ROUEN	S.O.	Abbeville & à Rouen	49
St.-Amand	S.O.	Lille & à St.-Amand	24
St.-Brieuc	S.O.	Rouen & à St. Brieuc	130
St.-Claude	S.E.	Paris & à St.-Claude	175
St.-Etienne-en-F.	S.E.	Paris & à St.-Etienne	188
St.-Flour	S.p.E.	Paris & à St. Flour	175
ST.-MALO	S.O.	Rouen & à St.-Malo	120
St.-Pol	S.p.E.	Amiens par St.-Pol	13
St.-Quentin	S.E.	Arras & à St. Quentin	35
St.-Venant	S.E.	Lille par St.-Venant	6½
SAINTES	S.	Paris & à Saintes	182
SEDAN	S.E.	Arras & à Sedan	69
SENLIS	S.E.	Arras & à Senlis	51
SENS	S.E.	Paris & à Sens	91
SOISSONS	S.E.	Arras & à Soissons	55
Stenay	S.E.	Mézières & à Stenay	77
STRASBOURG	S.E.	Arras & à Strasbourg	138
Tonnerre	S.E.	Paris & à Tonnerre	111

St.-Omer.

TOUL	S.E.	Reims & à Toul	102
TOULON	S.E.	Paris & Toulon	271
TOULOUSE	S.	Paris & à Toulouse	231
Tournay	E.p.S.	Lille & à Tournay	22
TOURS	S.	Paris & à Tours	118
TROYES	S.E.	Arras, Reims & à Troyes	86
VALENCIENN.	S.E.	Arras & à Valenciennes	31½
Vendome	S.	Paris & à Vendôme	102
VERDUN	S.E.	Arras & à Verdun	86
Vesoul	S.E.	Arras & à Vesoul	126
VIENNE en Aut.	S.E.	Strasbourg & à Vienne	346
VIENNE en D.	S.p.E.	Paris, Lyon & à Vienne	182
Villefranche	S.p.E.	Paris & à Villefranche	168
Vitry-le-Franç.	S.E.	Arras & à Vitry	75
Waten	N.	Dunkerque	2
Ypres	N.O.	Gand	13
Yvetot	S.O.	Rouen & à Yvetot	57½

(DE ST.-OMER à)

Tome II.   Zzz

ROUTES ET CHEMINS DE TRAVERSE
DE Sᵗ.-QUENTIN

Distance de St.-Quentin.

à		*Voyez*	*lieues.*
ABBEVILLE..	N.O.	Amiens & à Abbeville......	28
Aire en Artois..	N.O.	Arras & à Aire............	31
AIX *en Prov*....	S.	Paris & à Aix.............	228
Albert ou *Encre*.	N.O.	Peronne & à Albert.........	15
ALBY........	S.O.	Paris & à Alby...........	203
ALENÇON......	O.	Paris & à Alençon.........	80
AMIENS....	O.p.N.	Peronne & à Amiens........	18
ANGERS.....	S.O.	Paris & à Angers..........	108
ARLES.........	S.	Paris, Lyon & à Arles......	216
Armentières..	N.p.O.	Lille & à Armentieres......	29
ARRAS......	N.O.	Cambray & à Arras.........	18
AUCH........	SO.	Paris & à Auch............	212
AUTUN........	S.	Paris & à Autun...........	108
AUXERRE......	S.	Paris & à Auxerre.........	79
AVIGNON.....	S.	Paris, Lyon & Avignon.....	209
Bapaume........	N.	Peronne & à Bapaume......	12
Bavay.......	N.E.	Cateau-Cambresis & à Bavay.	16
BEAUVAIS.....	O.	Compiegne & à Beauvais....	33
Béfort.........	S.E.	Paris & à Béfort...........	135
BESANÇON...	S E.	Paris & à Besançon........	126
BORDEAUX..	S.O.	Paris & à Bordeaux........	182
BOURGES....	S.O.	Paris & à Bourges.........	91
BRUXELLES.	N.E.	Valenciennes & à Bruxelles..	37
CAEN.........	O.	Paris & a Caen............	88
Calais.......	N.O.	Arras & à Calais...........	45
		CAMBRAY. *Grande Rouie*.... N...	10

Sortant de St.-Quentin par le faub. St.-Jean, on passe à l'E. des moul. & ferme de Cepy. ⅓ l. de Fayet. ¾ l. O. d'Omissy+

& Maurecourt +. Traverse de la grande chaîne en passant à ½ l. E. de Gricourt +. 1 l. O. de Lesdin +, où commence le canal de Picardie. ¼ l. de Thorigny. 1 l. de Tronquoy, ½ l. E. des moulins de Bertaucourt. Remise à trav Vall., pont, ½ l. E. de Pontruel +. ¼ l. O d'Haulcourt +. A la ferme & deux maisons de Bellenglise + ½ l. O. de Magny-la-Fosse + & du moulin à vent de Merville Le long E. de Riqueval. ¼ l. O. de Nouroir+ & de son moulin à vent. Pente rapide, auberge & poste à l'E. de l'église & vill. de *Bellicourt* +. 3 l. A 1 l. O. du moulin à vent & vill. d'Estrées +, au point de partage des eaux de l'Escaut de celles de la Somme. Traverse du canal souterrain. Descente de la grande chaîne, en passant à ½ l. E. de Bony +. 1 l. de Ronsoy +. ½ l. O. du mont St-Martin, abbaye. Vallée & borne de la Picardie & du Cambrésis *Au Castelet*... 1 ½ l. Pont & riv. de l'Escaut. Chemin & à ½ q l. O. de Gouy-en-Arrouaise +. E des étangs du Castelet. Moulin & à ¼ l. E. de Verdhuille +, où sort le canal souterrain. Vallon & ham. de Pienne. Côte, ½ l. O. d'Aubancheul-aux-Bois + & du bois Maillard, ham. Avenue du Pavillon, bâti au milieu des bois de la Terrière. A l'ancien chemin de St.-Quentin à Cambray. Vallon. pont, côte rapide à l'E. de la Terrière. Le long O. de Rancourt. Avenue du bourg d'*Honnecourt*. ¼ l. O. de Montecouvet. ham. & champ de Bataille. Avenue du bois & à ¼ l. S. de l'abb. de Vaucelles. Baraque à ¼ l. E. de Banteux +. Prairie & riv. de l'Escaut à trav. sur une belle chaussée. Pont & auberge de Banteux. Côte & le long O. du bois de Laleau. A la poste de Bonavy & route de *Péronne*....... 2 ½ l. De Bonavy à CAMBRAY... 3 l. *Voyez de Péronne à Cambray.*

Cateau-Cambrésis.N.E.	Liege par le Cateau........	9
CHAL.-s-Marne. S.E.	Reims & à Châlons........	32
CHAEON.-sur-S.. S.	Reims & à Chalon........	103
CHARTRES... S.O.	Paris & à Chartres........	55
Château-Thierry... S.	Soissons & à château-Thiery..	26
Chauny..... S.p.O.	Noyon................	7
CLERMONT-F... S.	Paris & à Clermont........	128
Compiègne... S.p.O.	De Compiègne à St.-Quentin.	18
Coucy le château... S.	La Fere & à Coucy.......	11
Crespy en Laonnois.S.	Laon.................	9
DEUX-PONTS.EpS	Metz & à Deux-Ponts......	99

(second column label: DE ST.-QUENTIN à)

D'épine	O.	Amiens & à Dieppe	43
DIJON	S.E.	Paris & à Dijon	112
DOUAY	N.	Cambray & à Douay	16
EVREUX	O.	Beauvais & à Evreux	45
Féluie	O.	Paris & Féluie	83
Fere (la)	S.	Laon par la Fere	6
Fontainebleau	S.	Paris & à Fontainebleau	51
Forges	O.	Beauvais & à Forges	48
GENÈVE	S.E.	Reims & à Geneve	131
Givet	E.	Guise & à Givet	29
Grand Fresnoy	N.E.	Liége par le Cateau	4
GRENOBLE	S.p.E.	Paris & à Grenoble	176
Guise	E.	Liége par Guise	7
Ham	S.O.	Noyon par Ham	5
Haspres	N.	Cambray & à Haspres	15
Havre (le)	O.	Rouen & au Havre	65
Hirson	E.	Guise & à Hirson	16
Landau	E.	Metz & à Landau	109
Landrecy	N.E.	Au Cateau & à Landrecy	11
LANGRES	S.E.	Reims & à Langres	73

LIÉGE. *Route de traverse* .... E. 54

De St.-Quentin, porte & faubourg St.-Jean, on passe à l'E. de Remicourt & de St.-Claude. Vallon & à ¼ l. N.O. de Rouvroy +. Côte, O. de Maurecourt + & d'Omissy +. ¼ l. de Lesdin +, & de l'entrée du canal souterrain. ½ l. de Remaucourt +, 1 l. du petit Essigny + Traverse du canal souterrain. Entre les bois & au moulin à vent de Haulecourt +; ce village est à ½ l. à l'O. A ¼ l. O de Fontaine-Uterte +. A Sequehart + & este... 2 l. A ¼ l. E de Vergie +. ½ q. l. du moulin à vent & de Senacourt, ¼ l. de Plessel. ¼ l. O du moulin & ham. de Melicourt. Traverse de la grande chaîne en passant à 1 l. E. de Joncourt + situé au point de partage. 1 O. de Beaurouart. 1 l. du grand Fresnoy + & plus loin Eave + & Seboncourt +, sur le sommet de la chaîne. 1 l. E. du moulin & vill. d'Etrées +. 2 l. de Bellicourt + sur la chaîne. ¼ l. E. du moulin & ham. de Ramicourt, & du Prieuré de Montbrehain. Au Prieuré de Brancourt. Chemin & à 1 l. O. de Gohain. Traverse du canal pour les Torrents. Côte & à 1 l. E. de Valprêtre

ST.-QUENTIN.

& de Beaurevoir +. A Gilcourt & ¼ l. de bois à trav. A Bois-Miron, E. de Premont +. Moul. ¼ l. E. de Serain +. Vallon, ¼ l. E. d'Elincourt +. Côte, moulin, poste & vill. de *Marets* +... 3 ½ l. Carrefour de la route Romaine de Péronne & de Cambray à Guise. 1 l. S. E. de Clary +. ¼ l. O. de Busigny +. ¼ q. d'Honnechy +. A Maurois +. Vallon & cense de Premy. ½ l. S. E. de Bertry +. Côte & vill. de Reumont +. ½ l. S. E. de Troisville + ¼ l. N. O. de St.-Benin +. Carrefour de la route de Cambray. Vallon, pont & rivière de Selle. *Au Cateau-Cambrésis*... 3 l. Du Cateau à *LIÉGE*... 44 l. *Voyez de Cambray à Liége*.

Autre Route par Guise.............. 50

De St.-Quentin, porte & faubourg St.-Éloy, on passe à la fourche de la route de Laon par la Fère. Moulin à v. & au S. du village d'Harly + & Rouvroy +. ½ l. Nord de Neuville-St.-Amant +. ¼ l. du moulin & vill. de Menil-St.-Laurent +. ¼ q. l. S. d'Homblieres + & Prieuré. Moulin à vent. ½ l S. du bois de Homblieres. A Marcy +. ½ l. N. O. de Regny +. Vallon au S. de Fontaine-N. Dame +. Côte à 1 l. S. du moulin & vill. de Ficulaine +. 1 l. S. de Montigny-en-Arrouaise. ¼ l. d'*Origny-Ste.-Benoiste*, & du mont d'Origny +. Pente rapide & chapelle de St.-Claude. N. de Neuvillette. A Bernot-sur-Oise +. Pont & rivière d'Oise, au Sud d'Hauteville +. Traverse de la vallée & de plusieurs bras de l'Oise. A Macquigny +. ½ l. S. de Noyailles & Proix +. Côte, 1 l. S. de l'abb. de Boberies & Lonchamp +. Vis à-vis de la cense de Couvron. Petit bois & à la Motte. ¼ l. N. O. d'Audigny + & son moulin à vent. 2 l. N. de la Herie + & son moulin. Au N. de la chapelle de St.-Pierre & route de Laon. Pente rapide & faubourg Chantereine. *A Guise*... 7 l. Pont, riv. d'Oise & faubourg St.-Médard +. Chapelle de St.-Laurent. & route de Valenciennes. Pente rapide. ½ l. N. de Flavigny & Beaurain + & plus loin Audigny +. Croix, 1 l. de Monceaux & de Faty +. 1 ½ l. de Puisieux + & son château. A Villers-lès-Guise +. Pijon, ½ l. S. E. de Vacqueresse +. Le long des bois de l'Echelle +, ½ l. N. de Crupelly +. Bois & chemin à ¼ l. S. de l'Echelle. ½ q. l. de la forêt de Regnaval à trav. A la rue du Charbon & à Herbin. Entre Fauchard & Montplaisir. Au pied du moulin à vent & au S. de Buironfosse +. Entre la forêt de Nouvion & un petit bois Sud de la Parpe & de St. Jean: *belle vue*. A la

Capelle... 6 l. De la Capelle à Avesnes.... 4 l. Voyez de Laon à Bruxelles. D'Avesnes à Givet... 16 l. De Givet à LIÉGE... 17 l. Voyez de Mézières à Liége.

(Ou de Villers.)

On va à la Vacqueresse +. Pont, ruiss. côte & ham. du petit Doreng. A la grande Rue, ½ l. O. de l'Echelle +. A Chenot. ¼ l. E. d'Esqueheries +. Pont, ruiss. & à Paris. ¼ l. de bois à passer. *A Nouvion* en Thierache. Malenperche, & 1 l. de la forêt de Nouvion à trav. A Garmousset. Fontenelle +. Mont Floyon +. Plouy & à Etrœung +. 15 l. de St.-Quentin. D'Erœung à Avesnes, Civet & Liége. *Voyez ci-dessus.*

Autre Chemin de traverse.

De St.-Quentin à la Capelle. *Voyez ci-dessus.* De la Capelle à la rue de Paris. Beauregard + & Monderpuis. Bois à trav. & à Anor +. Beauvais *ou* Beauvels +. Momignies. Macon & à la cense. Au Fourneau d'Imbrecey & à Chimay... 19 l. De Chimay à Givet... 9 l. *Voyez de Cambray à Givet.* Le reste comme ci-dessus.

LIMOGES....S.O.	Paris & à Limoges........	128
LUXEMBOURG.EpS	Mézières & à Luxembourg...	63
LYON.........S.	Paris, de Paris à Lyon.....	149
MANS. (le)...S.O.	Paris & au Mans.........	86
MARSEILLE....S.	Paris, Lyon & à Marseille...	236
Maubertfontaine...E.	Mézières par la Capelle.....	22
Maubeuge.....N.E.	Landrecy & à Maubeuge....	17
METZ........S.E.	Reims & à Metz...........	67

MÉZIERES. *Route de traverse...* E... 30

De St.-Quentin à Ribemont...... 3 l. *Voyez de Laon à St.-Quentin.* De Ribemont on passe à ½ l. N. de Villers-le-Sec. A Pleine-Selve +. Parpe-la-Ville +. ½ l. N. de Chevresis-le-Meldeux. Pente rap. & Monceaux-le-Vieux +. Pont & riviere du Perron. Moulin & village de *Monceaux-le-Neuf.* +... 3 l. A Sons +. ¾ l. N. de Bois-Pargny +. moulin à vent & vill. de Châtillon +. ¼ l. des bois de Bargemont à passer. Pente rap. & route de Marle à Guise. Fourche de la route de Laon à Maubeuge. Pont & riviere de Vilpion. Faub. St.-Nicolas, pont & riv. de Serre. *A Marle....* 3 l.

St.-QUENTIN.   551

A ½ l. S. de Montigny +. Bois & au N. de la Tombelle. ¼ l. S. de Gibly +. ¼ l. de la Neuville-Bomont +. ¼ l. du chât. & vill. de Bomont +, au-delà de la riv. d'Oise. ¼ l. de Pierrepont +. ½ l. de Ponſericourt + & de Tavaux-ſur-Serre +. ½ l. N. de Montigny-le-Franc. Carref. du chemin de Laon à Givet. ¼ l. S. d'Agnicourt +. Au S. de Sechelles. Pente rap. & au N. de la Ville-aux-Bois. *A Montcornet...* 5 l. De Montcornet à *MÉZIÉRES...* 16 l. *Voyez de Mézieres à Laon.*

MONS......	N.E.		Valenciennes & à Mons.....	29
Montcornet....	S.E.		Mézières................	14
MOULINS......	S.		Paris & à Moulins........	106
NANCY.......	S.E.		Reims & à Nancy.........	69
NANTES......	S.O.		Paris & à Nantes..........	129
N. D de Lieſſe..	S.E.	DE ST.-QUENTIN	Laon; de Laon à N. D. de L.	15
NOYON.......	S.O.		Ham; de Ham à Noyon....	10
Origny Ste. Benoiſte.	E.		Liége par Guiſe..........	4
ORLÉANS....	S.O.		Paris & à Orléans.........	63
PARIS.....	S.O.		Compiegne & à Paris......	35
POITIERS..	S.O.		Paris & à Poitiers.........	122
Queſnoy. (le)..	N.E.		Mons.................	13
REIMS.......	S.E.		Laon & à Reims..........	22
RENNES.....	O.		Paris & à Rennes.........	121
Réthel.......	E.p.S.		Laon & à Réthel..........	28
Rochefort.....	S.O.		La Rochelle & à Rochefort.	163
ROCHELLE.(la)	S.O.		Paris & à la Rochelle.....	156
ROUEN. *Route de traverſe...*	O...			44½

De St.-Quentin *à Ham....* 5 l. *Voyez de Compiegne à St.-Quentin.* De Ham à Neſle. Dev. St.-Léonard. ¼ l. S. de Morlemon +. ½ l. N. de Billencourt & de Biarre +. ½ l. S. de Herlie +. A Retonviller +. ¼ l. N. de Marché-la-Louarde. ¾ q. l. S. du chât. de Tilloy. ½ l. de Cremery +. ½ q. l. N. de Vaucourt. ½ l. S. E. de Gruny +. ¼ l. N. de Carrepuis +. 1 l. N. O. de Champien +. *A Roye......* 5 l. De Roye *à Breteuil....* 9 l. *Voyez de Beauvais à Péronne.* De Breteuil on paſſe le détroit entre le tertre, le ham d'Eſbeliaux & le bois de Blamont. Vallon au S. du bois des Grives. A Hardivillers +. Le long S. du bois du Tremble & celui des Glands. ¼ l. N de Maiſoncelles + & du Puits la-Vallée +. Carref. du chemin Romain de Beauvais à Amiens. ½ l. Sud du

Crocq +. ½ l. N. d'Ourſel-Maiſon +. Carref. d'un chemin de Beauvais à Amiens. ½ l. N de Francaſtel +. ¾ l. S. de Domeliers +. Au bois de la Cornicoie & vieux Viliers + ¹ l. S. du Chauſſois + & du Gallet: il y a un moulin à vent entre ces deux vill. 1 l. N. d'Auchy +. Au S. d'une Juſtice de la Borde & du bois de la Ville. A Crevecœur. 4 l. Au N. du moulin à vent & vill. de de Mannevillette +. ¼ l. de bois à trav. S. O. d'Hetoménil & de ſon moulin à vent ¼ l. N. d'Ovilliers. au S. de Rieux. ¾ l. S. O. de Conteville +. Au Hamel + & route de Beauvais à Abbeville, chap. de St. Martin & au S. de Cempuis +. ¼ l. N E. du Halloy +, ½ l. de Briot +. A Granvil r...... 3 l. ¼ l. N. de Zaleux. ½ l. S. de Sarnois + S. de Haion & Waton ½ l. N. de Brombos +. A la chauſſée & chemin de Beauvais à Aumale. ¾ l. S. de Sarcus +. Maulin à vent. ¼ l. S. de Broquier. A Monceaux-l'Abbaye 4. Bouvreſſe + ¼ l. N. de Boutavent. A Fromeries & chemin de Giſors à Aumale... 4 l. Au N. de Villedicula-Montagne, d'Haucourt & d'Eſnoyers +. ½ l. S. de Gaillefontaine. A Riberpre & à Forges..... 4 l. De Forges à ROUEN.... 10 ½ l. Voyez d'Amiens à Rouen.

Autre Route.................... 44

De St.-Quentin à *Crevecœur*... 23 l. *Voyez ci-deſſus*. De Crevecœur on paſſe au S. de Mannevillete +. Nord de Hautépine + & S. de Rothois +. N. de la forêt de Beaupré, ½ l. de l'Abbaye. A *Marſeille* .... 2 l. A Choqueuſe & Notre-Dame de Bon Secours, Chapelle. Moulin à vent. ¼ l. S. E. de Gremeviller +. N. de Fretot & chemin de Beauvais à Dieppe. ¼ l. E. de *Songeons*. Moulin à eau, O. de la Chapelle + ſur le Terrein, rivière. Pente rapide & à *Gerberoy*. O. de St.-Martin de Vambé +. E. de Bellefontaine. Chemin de Beauvais. Au N. de Bazincourt & de Hannaches +. ¼ l. S. E. d'Hecourt +, de St.-Quentin-des-Prés +, & plus loin Bouricourt +. ½ l. E. de Laudancourt. Pente rap. du mont Gripet & au N. de Ferrière +. A *Gournay* .... 5 l. De Gournay à *ROUEN*.... 14 l. *Voyez de Beauvais à Rouen.*

Roye............	O.	S.-Quentin à Rouen par Roye.	10
ST.-OMER	N.O.	—— Arras & à St.-Omer...	35
SAINTES........	S.O.	—— Paris & à Saintes......	156
SEDAN.......	E.p.S.	—— Mézières & à Sédan...	33

St.-QUENTIN.

SENS............	S.	St.-Quentin à Paris & à Sens.	65
SOISSONS........	S.	—— La Fère & à Soissons..	18
Solesme........	N.E.	—— Valenciennes.........	11
TOULOUSE.....	S.O.	—— Paris & à Toulouse...	205
TOURS.........	S.O.	—— Paris & à Tours......	92
TROYES..........	S.	—— Reims & à Troyes....	51

VALENCIENNES. Route de traverse... N... 18

De St.-Quentin *au Cateau-Cambrésis*.... 9 l. *Voyez de St.-Quentin à Liége*. Du Cateau on passe à Montay + & la rivière de Selle. A Neuvielis + & *Solesmes*.... 2 l. A Romerie sur la Bouzie, rivière. A Verting +, O. d'Escarmaing. E. de St.-Martin & Ste.-Marie de Bemerain +, vill. sur l'Ecaillon, rivière. Chapelle entre Querenain + & Artre +. *A Famars*.... 2 l. Au petit Aulnoit. Pente rapide de Briquet. O. de Marlis. *A VALENCIENNES*... 5 l.

VERDUN.......	S.E.	St.-Quentin à Reims & à Verd.	52
Vervins..........	E.	—— Guise & à Vervins....	13

Tome II.   Aaaa

ROUTES ET CHEMINS DE TRAVERSE
DE SENS

Distance de SENS.

à		Voyez	lieues.
ABBEVILLE. N.p.O.		Paris & à Abbeville.......	71
AGEN .... S.O.		Moulins, Limoges & Agen..	168
Aillant.......... S.	*à*	Joigny & à Aillant........	12
AIX en Provence.. S.		Lyon; de Lyon à Aix.....	163
Aix en Othe..... E.	*S*	Troyes par Aix en Othe....	11
AMIENS.... N.p.O.	*E*	Paris & à Amiens.........	61
Ancy-le-Franc.. S.E.	*N*	St.-Florentin & Ancy-le-Fr..	24
ANGERS....... O.	*S*	Orléans & à Angers......	86
ANGOULÊME.. S.O.		Limoges & à Angoulême...	130
ANTIBES... S.p.E.	*E*	Lyon, Aix & à Antibes....	204
ARLES......... S.	*D*	Lyon & à Arles..........	151
ARRAS........ N.		Paris & à Arras..........	74
AUCH....... S.O.		Agen & à Auch..........	185
AUTUN......... S.		Auxerre & à Autun.......	43

AUXERRE. Grande Route... S... 14

On sort de Sens par le faub St.-Prets & l'on passe la riv. de Vannes. A ¼ l. O. de Maslay-le-Vicomte +. ¾ l. E. de Paron +. ¼ l. O. du vill. de Maillot +. Avenue & à l'E. de la ferme du champ Bertrand. Pente rap. ¼ l. E. de Gron +: Collemiers + & le chât. de Subligny sont plus loin. A l'E. du pont & cense de Nanges. Pente rap. & chemin à ⅓ q. l. O. de Rozoy +. Belle vallée à trav. en passant à la Maison blanche, auberge. Le long de la riv. d'Yonne, que l'on remonte. ⅓ q. l. E. d'Etigny + & ½ l. des Epenards. Croix, avenue & à ¼ l. O. de Veron +, E. de l'égl. d'Etigny. Avenue & à ½ l. O. du chât. & vill. de Passy +. ¼ l. E du port & vill. de Marsangy +; plus loin est la commanderie de Roussemeau. Côte rapide de Passy à traverser ½ l. E. de Rousson, au de-là de la riv. Prairie & ruiss. de Vaux. Faub. St.-Nicolas, *à Villeneuve-le-Roy*... 3 l. Porte & faubourg

SENS.

de Joigny. Devant les ruines de l'ancienne église de St.-Savinien-les-Egrisselles. Au bas de la côte & ham. de Baudemont. E. de la Maladrie & de Charmoy. A Armeau +, ¼ q. l. E. de l'Eglise, bâtie sur un tertre. ½ l. E. de St.-Julien-du-Sault +. A Villevallier +. ½ l. E. de la chap. St.-Julien, ancienne Paroisse. Le long O. du Mont & chât. du Fey. A Villecien +, *vignoble*. Chemin à ¼ l. S. du tertre Rouge & le long de l'Yonne. 1 l. N. E. de la Selle, St.-Cyr +, dans la vallée où coule la riv. de Vrin. A St.-Aubin-sur-Yonne +, *vignobl*. Le long de la côte de la Migrenne, *bon vin*. ¼ l. E. de Cesy + au confluent du Vrin. Riv. d'Yonne & aven. de la Reinerie. Le long S. de la côte St.-Jacques, *bon vin*. Au N. de la maison d'Episy, 1 l. de Chamvres, dans la gorge de la riv. de Tholon +. Le long S. du faub. St.-Michel, en côtoyant la rivière d'Yonne. Grille & quai de la ville de Joigny. *A Joigny*.... 4 l. Grille, pont & riv. d'Yonne à passer. Faub. du pont, devant l'Arquebuse & carref. de la route d'Orléans & Montargis. Au S. de la ville haute de Joigny: *belle vue*. 4 l. de plaine à trav. En passant à ¼ l. N. du petit & grand Longueron. Demi-lune & avenue de Champlay +. Pont, ruiss. de l'étang du chât. de Champlay. Belle avenue & au N. du chât. de Voves +. Chemin & à ¼ l. S. d'Espineaux & de St.-Sidroine +. Le long N. de Charmoy +, ½ l. S. de la Roche. Le long du parc du chât. de Charmoy. 1 l. S. de Migennes +. ½ q. l. O. de Bonnard +, au confluent du Serain. *A Bassou* +... 3 l. Le long de la côte de vignes de Bassou. 1 ½ l. O. d'Hauterive +, 2 ½ l. du mont St.-Sulpice 1 ½ l. du Bourg & chât. de *Seignelay*. Plaine du Pont des Gaules à trav. en passant à ¼ l. E. de Clichery +. ¾ l. O. de Chemilly +. Vis-à-vis de Neron, & le long de l'Yonne qui forme ici une demi-lune. A Apoigny +, où il y a des Eaux minérales. Devant la chapelle St.-Fiacre. A la nouvelle route. O. du chât. de Regennes, sur l'Yonne. ¾ l. O. de Curgy-sur-Yonne +. Chemin & à ¼ l. E. des Bries. Côte, demi-lune, route & bois de la Barcelle. ½ l. O. de Monnetau-sur-Yonne +, ¼ l. de Sommeville. Pont & riv. de Beaulches, ¼ l. E. de Barcelle. Limite de la Bourgogne & la Champagne. Côte & avenue O. des Chenetz, Ste-Marguerite & St.-Simeon, chapelle. Chemin & à ½ l. de Perigny +. Pente rap. & le long du clos de la Chenaye: *bon vin*. Devant. O. de l'Hôpital général. Boulevard & nouvelle route qui descend au Port & sur le Quai. *A AUXERRE*.... 4 l.

Aaaa 2

Auxon	S.E.	St.-Florentin & à Auxon	19
AVIGNON	S.	Lyon & à Avignon	144
AVRANCHES	O.	Paris & à Avranches	104
Bagnères	S.O.	Auch & à Bagnères	208
Baigneux	S.E.	St.-Florentin & à Baigneux	37
Balaruc	S.	Montpellier & à Balaruc	168
BAR-LE-DUC	E.	Troyes & à Bar-le-Duc	41
Bar-sur-Aube	E.	Troyes & à Bar-sur-Aube	28
Bar-sur-Seine	E.p.S	Troyes & à Bar-sur-Seine	23
Barrèges	S.O.	Auch & à Barrèges	218
BASLE	S.E.	Langres & à Basle	93
BAYONNE	S.O.	Orléans & à Bayonne	208
Beaucaire	S.	Lyon & à Beaucaire	146
Beaugency	O.	Orléans & à Beaugency	35
Beaune	S.p.E.	Dijon & à Beaune	56
BEAUVAIS	N.p.O	Paris & à Beauvais	46
Béfort	S.E.	Langres & à Béfort	78
BESANÇON	S.E.	Dijon & à Besançon	68
BLOIS	O.	Orléans & à Blois	43
BORDEAUX	S.O.	Orléans & à Bordeaux	153
BOULOGNE	N.p.O.	Paris & à Boulogne	91
Bourbon-l'Ancy	S.O.	Autun & à Bourbon	58
Bourbonnes-les-B.	S.E.	Troyes & à Bourbonne	50
BOURG-en-Br.	S.p E.	Chalon-sur-S. & à Bourg	76
BOURGES	S.O.	Auxerre & à Bourges	47
Bray-sur-Seine	N.	Meaux	7
Brest	O.	Orléans, Rennes & à Brest	171
Brionon	S.E.	St.-Florentin	10
BRUXELLES	N.	Paris & à Bruxelles	100
CAEN	O.	Paris & à Caen	85
Calais	N.p.O.	Paris & à Calais	98
CAMBRAY	N.	Paris & à Cambray	73
Cerisiers	S.E.	St.-Florentin par Cerisiers	4
Chablis	S.E.	Auxerre & à Chablis	18
CHAL.-sur-Marne	E.	Troyes & à Châlons	35
CHAL.-sur-S	S.	Auxerre & à Chalon	65
Chaource	E.	St.-Florentin & à Chaource	12

CHARITÉ. (la) *Route de traverse*...S.O... 36

De Sens *à Montargis*. 13 l. De Montargis *à la Charité*. 23 l.

Chemin de traverse............ 36

De Sens on passe à Paron +, Gron+, Roussemeau, comm. & à *Chaumot* +... 3 l. A St.-Martin-Dordon+. E. de St.-Martin. A Cudot + & à l'abb. des *Echarlis*.... 4 l. E. de Ville-Franche. A Prenoy + & le long du parc & chât. de Vienne. *A Charny-sur-Ouanne*, riv.... 2 l. O. de St.-Martin & du chât. d'Hautefeuille. A Champignelle + & chât. de *Villars*...... 3 ½ l. A Villeneuve-les-Genets +. ¼ l. O. de *Tannere*. A Septfonts + & *à St.-Fargeau*.... 3 ½ l. 1 ½ l. de bois à trav. *A St.-Amand*.... 2 l. ½ l. de bois à passer. A Bitry + *ou à St.-Vrain*. Côte & bois à trav. pente rap. A l'E. d'Alligny +. 1 l. de bois & *à Donzy*...... 5 l. De Donzy *à la Charité*.... 6 l. *Voyez d'Auxerre à la Charité*. *Ou de St.-Amand & St.-Vrain*. On va à St. Loup-des-Bois + & *à Cosne*.... 3 l. *Ou de St.-Fargeau*. A Lavau + & à *Neuvy*.... 5 l. De Neuvy *à LA CHARITÉ*... 10 l. *Voyez de Paris à Moulins*.

Charleville.......	N.E.	De Sens à Reims & à Charl.	64
Charny..........	S.	—— Joigny & à Charny....	15
CHARTRES....	O.p.N.	—— Orléans & à Chartres..	47

Route Romaine............... 37 ½

On sort de Sens par le faubourg St.-Maurice, & l'on traverse une isle que forme la rivière d'Yonne, en passant au pied d'une croix ; pont & rivière d'Yonne. A Ru couvert, hameau, un quart de lieue Nord de Paron +. Le long Nord des Gallots & aux Grosses pierres, hameau. Au Nord de Subligny + & de Villeroy+. Trois-quarts de lieues Sud de Villebougis +, Nord de Fougeres +. A Saint-Valérien +. Aux Bonneaux-les-Doges, Bordru, Montachet +, Villegardin + & *à Jouy* +... Cinq lieues & demie. Au grand & petit Bottecour. Une demi-lieue Nord du Biguon & de Chevry+. Trois-quarts de lieue de Chevanne +. Le long Sud d'un petit bois & à une demi-lieue d'*Egreville*. A Branles + & à la croix de St.-Louis. Hameau de Canivelles. Ruisseau & moulin du Maréchal, un demi-quart de lieue Sud du château de Mez. Côteau & au Nord de Dordives +. Carrefour de la route de Paris à Moulins ; rivière de Loing & canal de Briare à passer. Un quart de lieue Sud de Neronville + & de *Château-Landon.* Le long de la chapelle de St.-Loup de Besar & des Vergers, en traversant un vallon dans lequel coule un ruisseau. Un quart de lieue plus loin il y a un autre vallon, & l'on passe à côté du moulin de Moucheny, situé sur le Suzain, ruisseau. Plaine à traverser. Vallon, la Maison Blanche, la croix de Belle-Isle & *à Sceaux* +.... 7 lieues. Marais d'une lieue à traverser, en passant au Sud du grand & petit Bouloy. Sortant du marais on passe à un quart de lieue Sud de Bordeaux +. Fourche de la route plantée qui va *à Beaumont* en Gâtinois & de-là *à Nemours.* Au Nord du hameau de Loncour & d'un plan de vignes. Entre Marseille & Gros Boiserie, hameaux. Le long Nord d'un bois & à un quart de lieue de *Beaune.* Fourche de la route de Pithiviers, que l'on prend, en laissant Batilly + & St.-Michel + à une demi-lieue au Sud-Ouest. Belle plaine d'une lieue & demie à traverser, en passant à une demi-lieue S. O. de Barville +, le long Est des hameaux de Rouve & Chalmont. *A Boyne...* 5 lieues. Sortant de cette ville on passe à côté Ouest d'un moulin à vent, A l'Est du grand & petit Reineville & à Yevre-la-Ville +, une demi-lieue Sud-Ouest d'Yevre-le-Châtel. A Secval, hameau, & à Dadonville +, situé sur un côteau. Vallon & rivière d'Essonne, côte à monter & *à Pithiviers...* Deux lieues & demie. Sortant de Pithiviers on passe au hameau de Servainvillers. Trois-quarts de lieues Sud de Boulouville +, un demi-quart de lieue d'Orme & le long de Melret. Fourche du chemin d'Outarville +, du village & château de Faronville +. A Grigneville +, un quart de lieue S. de Guignonville + : Febouville + & Guigneville + sont plus loin. Au Sud & près de Basinville +. Le long de Guedreville & la Cour. A Tillay-le-Godin +. Un quart lieue Nord d'Ondreville, à Armonville & *à Toury....* 6 lieues. Traverse de la route de Paris à Orléans. De Thoury *à Yenville & aux Allaines* +... 2 l. La route de Paris à Blois passe à ce village. Le long Sud du parc, château & village de Quilleville ou Guilleville +. A la croix Marrai. Vallon & côteau. A la croix Epied. Le long Ouest du bois, Ferme & arbre du Cerceau. Vallon & côteau. A l'Est d'Ymonville + & son moulin à vent. Un quart lieue de Praville +, situé au

SENS.

bord d'un bois; son moulin à vent est plus près de la route. Vallon & plaine à traverser. A la colonne de Villerau, entourrée de bois. Une demi-lieue Est de Beauvilliers +. A la croix rouge, une demi lieue Sud-Ouest de Boiville-lès-Saints-Pères +; une & demi-lieue de Reclainville + & deux lieues de Quarville +. A Alonne +; la croix de ce village est sur le bord de la route. A la colonne de l'Orme & à celle de Malaguière: les hameaux d'Imorville & le pavillon de Frainville sont à l'Est de la route. A la croix St.-Jacques, un quart lieue Ouest de Prunai-le-Gilon +. Plaine dans laquelle sont les hameaux de Veau, Bonne Ecure & Flauville à l'Est. Le village de Berchere-l'Evêque + est à l'Ouest un quart de lieue. Le long Ouest d'un bois & plaine à traverser. A la croix de Bonville, Ouest de ce hameau. A Seminaire +. Le long Ouest de la chapelle de la Madelaine & à la croix du petit Bonlieu. Ouest de St.-Barthelemy + & de l'abbaye de St.-Cheron, faubourg de la Grappe & la Tuilerie. *A CHARTRES*.... 9 ½ l.

CHATEAU-THIERRY. Route de traverse. N.E. 25

De Sens à Bray..... 7 l. *Voyez de Sens à Meaux.* De Bray on passe la riviere de Seine sur un pont, à l'Est de Mouy. 1 l. de prairies en passant à l'Ouest de Reugny. Fourche de la route de Meaux. Ponts à passer. Ouest du parc, château & village d'Everly +, ½ l. Ouest des Ormes +. Pente longue & rapide: *belle vue.* ¼ l. Ouest de Challemaison +, ½ l. de Gouaix +. A Grateloup. Fief & bois du château de Tachy. ¾ l. Ouest de la forêt de Sourdun. A Soissy +, ¼ l. Est de Lourps +. Vallon, au bas du bois de Montrame. Pont & ruisseau de la Méance. ¼ l. Ouest de Chalautre-la-Petite. Côte rapide ½ l. Ouest du Poigny +. Est de Champ-Benoist. *A Provins*..... 4 l. Devant l'Hôpital-général & l'avenue de la Houssaye. A l'E. de Rouilly +. O. de St.-Martin-des-Champs & de Gimbrois +. Est de St.-Hilaire +. Avenue & à 1 ½ l. Ouest du château & village de Courchamp +. A grand Fontaineau, Est d'Aunoy-les-Mininnes. A Champcenets + & avenue du château. Vallon, riviere d'Aubetin & village de *Courtacon* +.... 4 l. Aux Heaux & à Vaumoux. ½ l. O. de Vieuxmaison-en-Brie +. A St.-Mars + & près de Villers-Templou. Petit bois. Demi-lieue Ouest de Lecherolle +. Vallon, côte & ferme des Granges. Vallon, pont & riviere du grand Morin. *A la Ferté-Gaucher*..... 2 lieues.

Au Buisson, sur la route de Meaux à Sezanne. A Bellot-sur-le-petit-Morin 4. Côte & château Renard. Demi lieue de Villeneuve. Traverse de la route de Meaux à Montmirail. Une lieue de la forêt de Nogent à passer. A la Chapelle-sur-Chezy. *A Chezy*... 6 lieues. A Nogentel 4. Demi-lieue Ouest de Nesle-Notre-Dame. *A CHATEAU-THIERY*.... 2 l.

Châtillon-s Loing. S.O	Montargis & à Châtillon....	17
Châtillon-sur-M. N.E.	Château-Thierry & à Châtill.	32
Châtillon-s-Seine S.E.	Troyes & à Châtillon......	32
CLERMONT-F. S.O	Moulins & à Clermont.....	77
Chaum. en Bass. E.p.S.	Troyes & à Chaumont.....	37
Commercy....... E.	Troyes & à Commercy.....	59
Compiegne...... N.	Paris & à Compiègne......	49

Autre Route................... 41

De Sens *à Meaux*...... 28 l. *Voyez cette Route*.
De Meaux *à Compiègne*... 13 l.

Coulange la Vineuse S.	Auxerre & à Coulange.....	17
Colommiers..... N.	Meaux...................	18
Courtenay...... S.O.	Montargis................	6
Donnemarie..... N.	Braye & à Donnemarie.....	9
DEUX-PONTS.. E.	Troyes & à Deux-Ponts....	94
Dieppe........ N.O.	Paris, Rouen & à Dieppe...	74

DIJON. *Grande Route*.... S.E.... 47

De Sens *à Auxerre*... 14 l. *D'Auxerre à Dijon*... 33 l.

Autre Route par Montbard......... 50

De Sens à Joigny... 7 l. *Voyez de Sens à Auxerre*. De Joigny à Tonnerre.. 13 l. *Voyez de Sens à Tonnerre*. De Tonnerre on passe à la Maison rouge, *auberge*. La Grange & le long Nord du mont Sara. Sud des fermes du petit Dru & Vaupleine. A la croix Ste.-Reine & route de Châtillon. Côte & ¾ l. des bois Pinagot à traverser en passant sur l'enclave de la Bourgogne. Vallons & côteaux. 1 l. Sud de l'abbaye de Molosne, ¼ l. de *Tanlay-sur-Armançon*, riviere. Croix & route des carrieres d'Angy. Nouvelle route de Noyers à Tanlay. ½ l. Sud de St.-Vinnemer ✚. ¼ l. Ouest d'Argentenay ✚. A Lezines ✚. Vallon, pont & riv. d'Armençon. Pente longue en passant à l'Ouest de la Charité, *abbaye ruinée*. Croix, chemin & à ½ l. Nord de Passy-sur-Armançon ✚. Vallon & côte rapide à l'Ouest des bois d'Ancy-le-Franc. ¼ l. Nord-Est d'Argenteuil ✚. Pente rapide de la côte d'Ancy-le-Franc. A Ste.-Colombe & entre la côte de Plattefond & le parc du château d'Ancy-le-Franc. Porte de Tonnerre, *à Ancy-le-Franc*... 4 l. Sortant de cette ville par la porte de Nuys, on passe devant le château & à 1 l. Ouest de Stigny, au bas de la côte. Avenue de Chassigneulles ✚. Le long des fossés & du parc d'Ancy. Pont & riviere d'Armençon A Cusy, ¼ l. O. de Chassigneulles ✚. Chemin de Villiers-les-Hautes ✚. Route & au Nord du château de Fulvy. A Fulvy ✚. Avenue du moulin à Eau. Le long du jardin potager du château. Moulin & riviere d'Armançon. Côte rapide & chaussée de Vaudechouse, & arche de la fontaine de Sanvic. Chemin de la Commanderie de St.-Mard. Ouest de *Ravieres*. Le long du château & à *Nuys* sur-Armençon. Route de Noyers. Vis-à-vis la ferme de Marnay. Chemin de Cry ✚ & Rochefort. Ancienne route Romaine, qui passe à Rougemont. A la croix St.-Marc, Ouest de Perigny ✚. Fourche de la route Romaine. Entre la riviere & la côte de Perigny, vis-à-vis du moulin de St.-Pourçain. Route de Noyers, vis-à-vis la forge d'Aisy. A *Aisy-sur-Armençon*.... 4 l. Route d'Aisy à Noyers au S. du moulin de St-Jean. Belle chaussée, prairie & riviere d'Armançon, que l'on passe. Au pied de la côte & village de Rougemont ✚. Entre la côte de roches & la riviere. Devant le moulin de Rougemont. Pont & chemin de Quincy-le-Vicomte ✚. Avenue & au Nord de la forge de Buffon. Pente rapide au Sud du moulin à vent. A Buffon sur Armançon ✚. Route de Semur par Quincy-le-Vicomte. Au pied de l'église de Buffon, & route Romaine. Vis-à-vis Nord du pavillon des Berges, au confluent de la Brenne & l'Armençon. Avenue du Martinet. Entre la montagne & la prairie. Pont & riviere de Brenne. A St. Remy ✚ & château de l'abbé de Fontenay. Le long Est des bois de Chaumours. ½ l. Nord de Crepan, nouvellement paroisse ✚. Pont des Planches, qui limite la Bourgogne. Route de Saumur & à ¼ l. Nord de Courtangy-sur-

Dandurge, autrefois Paroisse. Pente rapide de la montagne de Montbard. Le long du parc du château : *belle vue*. Ou le long S. de la Ville. A *Montbard*..... 4 l. Pont & riviere de Brenne. Faubourg & devant l'Hôtel de l'Arquebuse Le long S. de la côte de la Chaure. Prairie des Molieres & croix des Evêchés. Pont, ruisseau. $\frac{1}{4}$ l. S. de l'abbaye de Fontenay. A Marmagne +. Le long des vignes des moines de Fontenay. Route Romaine de Ste.-Reine & de Flavigny +. $\frac{1}{4}$ l. Nord de Nogent-lès Monbard +. Pente rap. de la côte de Griache. $\frac{1}{2}$ l. N. de Fains +, $\frac{1}{4}$ l. de Corcelles +. 1 l. Nord du moulin, château & village de Grignon +. Au Nord du bois & ferme du Pressoir. Au haut du Murgé au Suisse: *belle vue*. A Morville. Croix au Nord de Fresne-le-Royal +. Pont fort élevé de Montmorillon +. Nord du pont de la Ruelle-aux-Vaches. Côte rapide de Montmorrillon +. Sud du hameau du Paty-de-Nan. Croix & & avenue de la chapelle Saint-Georges. Côte & vallon de Lucenay, vis-à-vis Nord du moulin. Le long Sud de Lucenay-le-Duc +. Côte rapide à traverser. Chemin & à $\frac{1}{4}$ l. Nord de Bussy-le-Grand. Sud de la ferme de champ du Moutier. Côte, $\frac{1}{2}$ l. Sud d'Estormay +. A *Villeneuve-les-Convers* +... 5 l. Chemin & à 2 l. S. de *Flavigny*. Cimetiere & chapelle St.-Nazaire. Chemin & à 1 $\frac{1}{2}$ l. Sud-Ouest de *Baigneux-les-Juifs*. Au Sud des trois fontaines de la Rotouze. Le long des bois de Givrenay. Cote & le long du bois de la Manche. Croix & arbre rond. $\frac{1}{4}$ l. Nord de Courpoye +. Chemin & à $\frac{1}{2}$ l. Nord de Frolois +. Le long Nord du bois ou parc de Deffans. Côte, $\frac{1}{4}$ l. S. de Poiseul +. A la croix Simon-Moinceaux. Pente rapide & étang de Frolois. Au Nord de la ferme de Varenceau. Pente rapide de la côte de la Perriere. Route de Troyes à Dijon. Pont de Courceaux sur la Seine. Côte de Cromoreau & *à Chanceaux*...... 4 l. Ce Chanceaux *à DIJON*...... 9 l. *Voyez de Troyes à Dijon.*

Autre Route. Chemin Romain.......... 50

De Sens *à Montbard*... 32 l. *Voyez ci-dessus*. De Montbard à Mormagne +. Fourche de la route de Dijon. $\frac{1}{4}$ l. Est de Nogent-lès-Montbard +. A Fains +. Ouest du château. $\frac{1}{2}$ l. E. de Corcelles +. A Flacey, Ouest des Bergeries. Entre le moulin de Crevecœur & Saigny +. $\frac{1}{2}$ l. Est du château & village de Grignon +. $\frac{1}{2}$ l. Est du moulin Moreau, des Granges & du château d'Orain. ¼ l. Sud-Ouest de Menetreux-le-Pitois ✠. Pont & riv. de Loze & hameau des Launes. ½ l. Est de Venarrey ✠ & Muffy-la-Foffe ✠. ¼ l. Nord des monts & village de Pouillenay ✠, *vignoble*. Au Sud-Ouest de Ste-Reine. Pont & moulin Chaunay, sur le Lozerain, riviere. Le long de la côte & des bois de Ste.-Anne. Vis-à-vis du pont; la chapelle St.-Georges & des Selliers. Sud-Ouest du moulin des Rats. ½ l. d'Eparmaille. Pente rapide & *à Flavigny*... 5 lieues. Pont & riviere de Lozerin. Côte & village d'Auteroche ✠. Jonction de la route qui paffe par Ste.-Reine. Demi-lieue Ouest de Tinery ✠. Demi-lieue de bois à traverfer. Un quart de lieue Ouest de Boux ✠. Demi lieue Est de Jally ✠, & demi-lieue Ouest de Salmaife ✠. Trois-quarts lieue de bois à traverfer. Ouest des Giboux & de Verrey ✠. Trois-quarts lieue Est de Villeberny ✠. Une lieue de bois en paffant à l'Est de la chapelle Ste.-Barbe & de Villy ✠, & à l'Ouest de Charencey ✠. Est de Chavanay ✠. Ouest de Champrenaud ✠. Trois-quarts lieue de bois à traverfer en paffant à l'Ouest de la petite Sainte-Reine & de St.-Helier ✠. Est de Fontette ✠ & Avofne ✠. Ouest de Verrey-fous-Drée ✠. Une lieue de bois en paffant entre Drée ✠ & St.-Memin ✠. Est de la Chaleur ✠ & route de Paris à Dijon. *A Sombernon*.... 6 lieues. De Sombernon *à Dijon*.... 7 lieues. *Voyez d'Auxerre à Dijon*.

Douay....... N.	*Sens à*	Paris & à Douay.........	80
Dunkerque...... N.		Paris & à Dunkerque......	99
Epernay...... N.E.		Troyes & à Epernay.......	43
Epineuil...... S.E.		St.-Florentin & à Epineuil..	20
ERVY. Chemin de traverfe.... S.E....			18

De Sens *à St.-Florentin*... 15 l. *Voyez de Sens à Tonnerre*. Sortant de St.-Florentin on paffe le pont & l'isle formée par l'Armance, riviere. Fouche de la route de Chablis & d'Auxerre, qui paffe à Vermigny ✠, village à une lieue au Sud. Entre le canal de Bourgogne & la rivière d'Armance, un quart lieue Sud de Montleu & des Communes. Pente douce & à une lieue Nord de Cheu ✠. Une lieue un quart Sud de *Neuvy-Sauteur*, situé sur une côte. A Germigny +. Au Nord-Est des prairies & de la rivière d'Armançon. Une demi-lieue Nord de Buteau + & une lieue de Percey +. Une lieue Sud de Beugnon + & de Seumaintrain +. Vallée à passer entre la chaussée, hameau, & des bruyères. Aux Croutes + & à *ERVY*.... 3 lieues.

ESTAMPES. Chemin de traverse... N.O... 18

Sortant de Sens par le faubourg St.-Maurice, on passe les ponts sur la rivière d'Yonne. Pente rapide & route d'Orléans. Bois de Bruneau & Villebougis +. Nord de St.-Valérien +. Sud de Dollot +. *A Cheroy-sur-Lunain*, rivière. 5 lieues. A Villebon +, Sud de Vaux +. Au Sud de Lorrès & de St.-Ange-le-Vieil +. A Préaux +, Une lieue Sud de Villemaréchal +. Au Sud de Paley-sur-Lunain +. Route & à demi-lieue Sud de Nantau-sur-Lunain +. Une lieue & demie de bois à traverser & route de Nanteau à Nemours. *A Nemours*... 6 lieues. De Nemours on passe au Sud de Puiselet, des bois de Villiers, Beauvais, &c. Côte & au Sud de Larchant. A Ampouville +, demi-lieue Sud de Jacqueville +. Nord de la montagne & village de Rumont + & d'Her-beauviller +. Trois-quarts lieue Nord-Est d'Augerville +. Nord de Buthiers +. Un quart lieue Est des Cordeliers. Pont & rivière d'Essonne. *A Malesherbes*..... 5 lieues. A Nangeville +, Roinvillers + & forêt de Ste-Croix +. Au bois Mercier, Vaudouleurs & *à ESTAMPES*... 7 l.

ÉVREUX....	N.O.	Paris & à Evreux..........	55
Falaise.......	O.	Paris & à Falaise........	78
Fère. (la)......	N.	Château-Thierry & à la Fère.	45
Fère-Champenoise.	E.	Troyes & à Fère-Champ....	30
Ferté-Gaucher.(la)	N.	Château-Thierry..........	17
Ferté-sous-Jouarre.	N.	Coulommiers & la Ferté...	27
Ferté-Louptiere...	S.	Joigny & à la Ferté......	16
Ferté-Milon. (la).	N.	Meaux & à la Ferté.......	35
Flèche. (la)......	O.	Orléans & à la Flèche.....	78
Fontainebleau..	N.O.	De Fontainebleau à Sens...	14
Forges.......	N.O.	Paris & à Forges.........	57
GENÈVE.....	S.E.	Dijon & à Genève........	93

SENS.

GIEN. Grande Route de traverse...O... 23

De Sens à Montargis.... 13 l. *Voyez d'Orléans à Sens.*
De Montargis à Gien... 10 l. *V. de Paris à Moulins.*

Chemin de traverse................ 91

De Sens on passe le faubourg St.-Maurice & les ponts sur la rivière d'Yonne. O. de l'Hôpital & de St.-Paul, Prieuré. *A Courtenay*... 6 l. De Courtenay à la ferme des Pias. A l'Est de Denaville & du bois des Bourses. Côte longue & hameau de Desigoits. Bois de la Bissauderie & les Hameaux. Trois-quarts de lieue de bois à passer. Demi-lieue Sud de Chuelles ✟. Est de l'étang & château du petit Molots. Demi-lieue de St.-Firmin des bois ✟. *A Château-Renard-sur-Ouanne*, & chemin de Montargis *à Auxerre*... 4 l. Pont & rivière d'Ouanne à passer. Côte de Moccero à une lieue Nord-Ouest de Melleroy ✟. Demi-lieue de bois à traverser. A la Chapelle-sur-Laveron ✟. Trois-quarts de lieue Est du canal & village de Montbouy ✟. *A Châtillon-sur-Loing*.... 3 l. Côte, hameau de Piraut & à Maltaverne. Ouest de Briquemault. A Adon ✟, Trois-quarts de lieue Nord-Ouest de Feims ✟. Entre les bois & le hameau des Tenins. *A la Bussiere* & route de Paris *à Moulins*..... 3 lieues. Au Nord des bois d'Arablay & de Bussiere. Petit bois & hameau du Temple. Chapelle de St.-Romain & la Poulandrie. Vallon de l'Anesse & *à GIEN*... 3 l.

Givet..........	N.E.	*DE SENS à*	Reims & à Givet.........	81
GRENOBLE....	S.		Lyon & à Grenoble.......	111
Guise.........	N.		Meaux, Soissons & à Guise.	62
Havre. (le)....	N.O.		Paris, Rouen & au Havre...	81
Joigny.........	S.		Auxerre................	7

LANGRES. Grande Route de traverse. S.E. 45

De Sens à Troyes... 16 l. De Troyes à Langres... 29 l.

Chemin de traverse................ 47

De Sens à Tonnerre.... 20 lieues. *Voyez cette Route.* De Tonnerre à Châtillon-sur-Seine...... 11 lieues. *Voyez*

d'Auxerre à Châtillon. De *Châtillon à Langres*.... 16 l.
Voyez de Langres à Châtillon.

Autre Chemin par Bar-sur-Seine.... 50

De Sens *à Germigny*... 15 l. *Voyez de Sens à Tonnerre.*
De Germigny on passe à une lieue S. de Beugnon &
près de la chaussée. Trois-quarts de lieue de Soumain-
train +. Une lieue de prairies & au Nord des Croutes +.
A Màizieres sur Armance. A Chezy *ou* Chessy +. Demi-
lieue de prairie, pont & rivière d'Armance, que l'on
passe. Pente rapide & *à Ervy*.... 4 lieues. Vallée au
Sud du château Chignon & de Montierault, Prieuré.
Pont & rivière d'Armance, Sud de Foret. Aux deux
Vacheries, Un quart lieue Sud de Davré. A Avreuil +
& carrefour de la route de Tonnerre à Troyes. (*Les
gens de pied prennent de Maisieres à Avreuil.*) Pont, ruisseau
de Landion, demi-lieue Nord de Valay +. Le long Sud
de l'Armance & la Loge Pont-Blain +. Aux Granges +,
Nord du bois de Guilangy. A la Grande Bande, fief, & la
Feuly. Demi-lieue Sud de Metz-Robert +, trois-quarts de
lieue des loges Margueron, au bord de la forêt. Côte
& chapelle Ste-Anne. *A Chaource* où est la source de
l'Armance... 4 lieues. Côte de Villequenne, une lieue
Nord de la Tesse +. Bois de Praslain à traverser. Vallée
& à demi-lieue Nord de Praslain +. Fontaine Beton &
village de Latanges +. Devant le château de Cauldin,
Nord de Truchot. Pont & rivière de Lozeln. Côte & à
un quart lieue Sud de Vougrey +. Au Nord du bois &
village de Villiers-sous-Praslain +. Vallon; village de
Villemorien + & son château. Pont & rivière de Sarce.
Côte & à demi-lieue Sud de Jully +. Une lieue & demie de
Virey-sur-Seine. Un demi quart de lieue Ouest de Valeur,
Commanderie. Au Nord du bois de Bar, trois-quarts de l.
de Bourguignon +. Pente rapide & ville de *Bar-sur-
Seine*.... 5 l. Pont & rivière de Seine, que l'on passe.
Pente rapide & bois de Bar. Un quart lieue Nord &
au-dessus de Merrey +. Trois-quarts de lieue de Polizot.
Ouest de Ville-sur-Arce +, dans le fond. Vallon & vill.
de *Bussiere-sur-Arce* +.... 2 l. Quatre lieues de vallée le
long de l'Arce, en passant au Nord de Chervy + & de
Bertignolle +. A Equilly +; Vitry-lès-Groises; Fortarcé,
où est la source de l'Arce; St.-Usage + & *aux Fosses*... 5 l.

SENS.

(*Ou de Bussiere on passe*) au Nord du Vivier & aux avenues Sud de Chacenay +. Pont & moulin de Malet. Sud de Noée +. A Fonlette + & *aux Fosses*... 4 lieues. Une lieue & demie de la forêt de Clervaux à traverser. Un quart lieue Nord de Villars +. *A la Ferté-sur-Aube*..... 3 lieues. Pont & rivière d'Aube à passer. Trois-quarts de lieue Sud de Juvencourt + & Ville +, une lieue de *Clairvaux*. Au Nord de la Forge, demi-lieue de Silvarouvre + & à une lieue & demie de Dinteville + & Lanty +. Vallon entre les bois & chemin de Chaumont en Bassigny. Demi-lieue Sud-Ouest de Pont-la-Ville +. Bois & à un quart de lieue Ouest d'Essey & pente rapide. *A Château-Villain*.... 3 lieues. De Château-Villain à Arc en Barrois... 3 lieues. *Voyez de Châlons-sur-Marne à Arc.* D'Arc à Langres.... 7 lieues. *Voyez de Langres à Châtillon.*

LAON.......... N.	Meaux, Soissons & à Laon...	52
LIÉGE..... N.E.	Reims & à Liége..........	103
Ligny-le-château. S.E.	St.-Florentin & à Ligny....	18
LILLE........ N.	Paris & à Lille...........	87
LIMOGES.... S.O.	Orléans & à Limoges......	94
LIZIEUX.... N.O.	Paris & à Lizieux.........	72
Luneville........ E.	Troyes & à Luneville......	73
LUXEMBOURG. E.	Troyes & à Luxembourg....	77
LYON.......... S.	Auxerre & à Lyon........	84
MACON........ S.	Auxerre & à Macon.......	68
MANS. (le)..... O.	Orleans & au Mans.....	79
MARSEILLE.... S.	Lyon & à Marseille.......	171

MEAUX. Route de traverse... N.... 28

De Sens à Bray... 7 l. *Voyez ci-dessous.* De Bray à Nangis...... 6 l. *Voyez de Paris à Bray.* De Nangis à MEAUX... 15 l. *Voyez de Meaux à Montereau.*

Autre Route de traverse.............. 23

De Sens à Pont-sur-Yonne..... 3 lieues. *Voyez de Paris à Sens.* De Pont on passe le long Est de l'Yonne, rivière. Pont sur l'Oreuse, E. de St.-Sulpice & de Sixte : un quart de lieue Ouest de Michery +. Un quart de l. Est du château & village de Serbonnes +. Pente rapide & *belle vue* à l'Ouest. Petit bois, une demi-lieue Ouest de *Sergines* & des moulins. Est des bois de Troncis. une demi-lieue Ouest de Montigny +. Est de Montléon & Avigny. Pente longue vers le bassin de la Seine : *belle vue*. Le long Est de Monceaux +. A Bray-sur-Seine..... 4 lieues. (*La traverse est de Sens à St.-Clement + & avenues de Nolon. Pont, riviere d'Oreuse. A Sergines...* 4 lieues. *La croix de Fer & près de Montigny +. A Bray...* 2 l.) De Bray on passe le pont & riv. de Seine. Au hameau de la tête du pont & route de Paris. Un quart de l. Est de Mouy +. Une demi-lieue Ouest de Jaulne +. Une lieue de belles prairies en passant à la route de Provins. Ponts sur la Vouzie & le canal. Pente rapide & village des Ormes +. Trois quarts de l. de Servigny & de Luzetaines +. Le long de la côte rap. de Cuterelles. A Molindocle, une demi-lieue Ouest d'Everly + & du château. Est de Paroy +, Sigy & *Donnemarie*. Une demi-lieue des bois de la Justice & de Paroy à passer. Au four de Savins +. Une demi-lieue Ouest de Lourps +, & de Sognolles +. Route de Montereau à Provins. A Lezines + & Laudoy +. trois-quarts lieue Ouest de Saint-Loup. A Heurtos & Mitoye ; Ouest de la chapelle Saint-Sulpice +. Maison rouge & route de Paris à *Provins*+... 4 l. Vallon & côte. Ouest de Courtevroux+ & de Vieux-Champagne. A Châteaubleau +. Une lieue Est de Plessis-aux-Tourelles+. Vallon, une demi-lieue Est de la Croix-en-Brie +. Ouest des bois de Plessis-aux-Tourelles, Vallon, étang & cense de Plessis-Neau. Ouest de la forêt de l'abbaye de Jouy, des Orby & château du petit Paris. Est de Pecy + & du château de Baulieu. Moulin, à l'Ouest du château de Vigneau & de *Jouy*-le-Chatel. Fontaine Pepin, un quart de lieue O. de la fontaine Chaude. Vallon & riviere d'Hyere. Une demi lieue Ouest de Vaudoy +. A l'Ouest de champ Potrau & entre deux bois. Aux Bordes. Bois à traverser & à l'Est du château de la *Grange-Menant*.... 5 l. A l'Ouest d'Amilly + & Courcelle. Est d'Auteil & Maillard. Pont & ruisseau d'Aubetin. A la Touche, une demi lieue Est de Bauteil +. Entre Fay, Banchelin & les Foucherets. Petit bois, une Demi-lieue Ouest de Marolles +. A Chailly + & route de Coulommiers à Sezanne. *A Coulommiers*-sur-Morin, riv... 2 l. A l'Est des Gran-Maisons sur le Morin. Côte & à l'Est des Triangles. Au petit Montglaust. Une demi-lieue

SENS.

Ouest d'Ounoy. A la Maison neuve. Une demi-lieue Est de Giremontier +. Aux Fermiers, un quart de lieue O. de Rhetorcé. Bois, étang & village de Maisoncelles +. Bois & à l'Ouest du château de Montgodfroid. Une demi-lieue Ouest de la Haute-Maison +. A Sancy + & Vautourtois +. Vallon, ruisseau, Côte à l'Est de Magny St.-Loup. Devant le château de Bellou, Sud de Boutigny. A Charmont. Nanteuil-lès-Meaux. *A MEAUX*... 5 lieues.

		SENS		
METZ.........	E.	à Troyes & à Metz.........	69
MÉZIÈRES....	N.E.	à Reims & à Mézières.......	63
Montargis.....	S.O.	d'Orléans à Sens............	12
Montbard.....	S.E.	Dijon par Montbard.......	32

MONTEREAU-Faut-Yonne. Grande Route. N.O.   9

De Sens à Pont-sur-Yonne.... Trois lieues. *Voyez de Fontainebleau à Sens.* On suit la route de Paris en passant au Nord-Est de la chapelle St.-Jacques, & du village de Villemanoche +. Le long de la chapelle feu Payen. A un demi-quart de lieue de Champigny-sur-Yonne +, un quart de lieue de Chaumont + & son moulin à vent. Villeblevin + est au-dessus. *A Villeneuve-la-Guiard*... Trois lieues. Entre un Calvaire & le hameau de Bichain. Un quart de lieue Est de la Brosse + & son moulin à vent, situé sur un tertre. Etoile & avenue qui conduit au château de la Brosse; le bois de la Bondu & le village de Montmachou + sont plus loin. A trois-quarts de lieue Sud-Ouest de Barbey + situé sur la rive droite de la rivière d'Yonne. Le long Sud d'une Justice. A l'avenue du château & village de Cannes +. Un quart de lieue Nord du château & village d'Emans +. A Fossard & ruisseau à passer. Fourche de la route plantée de Montereau, que l'on prend en quittant celle de Paris par Fontainebleau. Plaine à traverser en côtoyant la rive gauche de la rivière d'Yonne, & en passant à une demi-lieue Est du village de Varennes +. *A MONTEREAU-Faut-Yonne*, où se joignent les rivières de Seine & d'Yonne..... 3 lieues.

MONTMIRAIL. Chemin de traverse. N. p. E. 22 l.

De Sens à Provins..... Onze lieues. *Voyez de Sens à Château-Thierry.*

Sortant de Provins on passe à côté de l'Hôpital-général. On suit le vallon dans lequel coule un ruisseau qui fait tourner plusieurs moulins, en passant à l'Ouest du petit & grand Fleigny. Entre la Bretonniere & ses deux moulins à eau. Côte à monter avant d'arriver au hameau de Rouillot, delà à Rouilly +. Vallon, à un demi-quart de lieue Est de Mortery +. O. de Savigny & la Grand-Cour; un quart lieue Est de St.-Hillier +. Avenue du château & village de Courchamp +. A l'Est du vallon, étangs & village d'Aunoy-lès Minimes +. Le long Est de l'abbaye de Champcenetz. Une demi-lieue Ouest des Marets +. Entre le bois de Champcenetz & celui du grand Loupendu. Vallon & ruisseau, *à Courtacon*... quatre lieues. On monte la côte & l'on traverse une plaine, en passant à côté des Heaux. A Vaumoux; un quart de lieue Ouest de Vieux-Maisons +, un demi-quart de lieue de Fontenelle. Est de Villiers Templon, à St. Mars +; une lieue Est de Chartronges +. Vallon & côte, Ouest de Courvonne & d'un petit bois, un quart de lieue Est de la Ferrière. Le long Ouest du bois de Lecherolles +, un quart de lieue de ce village. Vallon à traverser. Entre les Granges & la Bruyere. *A la Ferté-Gauche*. Trois lieues. Sortant de cette Ville, on passe à la Commanderie & à la Croix-Paillard, un quart de lieue Nord de St.-Martin-des-Champs +. Entre deux bois, Nord du mont Vinot, au Moncel. Entre Montjay & la petite Brosse, à Meilleray-le-haut +: ce village est situé dans un vallon sur le bord d'un ruisseau & du Morin, rivière. Fourche du chemin de Sézanne qu'on laisse à droite. Vallon & côteau, un quart de lieue Nord-Ouest du Vezier +. Entre le bois Roulois & les Chenets. Plaine, en passant à côté du bois & hameau de Fontaine-Thibault, un quart de lieue Est de Chalendon, & une demi-lieue du mont Olivet +. A la cense de Montbouft. Un quart de lieue Est de Montinil +. Aux Chenets & passage d'un ruisseau près de sa source. Un quart de lieue Nord-Ouest de Maclaunay + & de Courbetoft + Un quart lieue Sud-Est de Mecringe +. Le long Nord Ouest

SENS.

du Chêne & de Vauclaroy. Vallon & passage du petit Morin, riviere, côte & à *MONTMIRAIL*... Quatre lieues.

MONTPELL.	S.p.O.	Lyon & à Montpellier	162
MOULINS	S.O.	Montargis & à Moulins	55
NANCY	E.	Troyes & à Nancy	69
NANTES	O.	Orléans & à Nantes	108
Nemours	N.O.	Estampes	11

NEUCHATEAU. Route de traverse.... 50

De Sens à Troyes... Seize lieues. De Troyes à *Neufchâteau*..... Trente-quatre lieues.

Chemin de traverse................. 49

De Sens à Cerisiers... Quatre lieues. *Voyez de Sens à St.-Florentin*. De Cerisiers à Arce +. Une lieue de la forêt d'Othe à traverser. *A Neuvy-Sautour*...... Six lieues. *A Ervy*... 2 lieues. D'Ervy à la Ferté-sur-Aube... 18 l. *Voyez de Sens à Langres*. De la Ferté on passe entre les bois Communeaux. Fourche du chemin de Bar à Langres. Nord de la cense de Matonveaux. A Pont-la-Ville sur l'Augeon, riviere. A Orges, Nord de la forêt de Châteauvillain. A Bricon + & chemin de Langres par Richebourg +, Mormant + & Marac +. A Montsaon-les-Fronches + & à Chaumont-en-Bassigny..... Six lieues. De Chaumont à *NEUFCHATEAU*.... Treize lieues. *Voyez de Neufchâteau à Chaumont*.

Nogent-sur-Seine.... N.| De Sens à Bray & à Nogent. 12

NOYERS. Route de traverse... S.E... 24

De Sens à St.-Florentin..... Quatorze lieues. De St.-Florentin on passe les ponts sur l'Armance, riviere, & route de Tonnerre. Pont, canal & riviere d'Armençon. Fourche de la route d'Auxerre à l'Ouest. A la cense Renard, trois-quarts de lieue Ouest de Germigny +. Entre Vergigny & Cheu +. Une lieue de plaine en passant à l'Est des bois de Pontigny, trois-quarts de lieue de l'Abbaye. Une demi-lieue Ouest de Varenne + & une lieue de Mercy +. *A Ligny-le-Château.* Sur le Serain que l'on suit. A Maligny-sur-Serain +. Vis-à-vis de Villy. Trois quarts de lieue Est de Lignorelles +. Entre la grande côte de Vignes & la riviere & village de la chapelle Vaupeltaine +. Est du château & village de Poinchy-sur-Serain +. Un quart de lieue Nord de Milly & à la chapelle Ste.-Vaubourg. Pont & riviere de Serain, que l'on passe. *A Chablis....* 6 lieues Vis-à-vis du Prieuré de St-Cosme. Le long de la riviere. Trois-quarts lieue Sud-Ouest de Fley +. A Cliché & prieuré de Saint-Bonnet +. Vis-à-vis du moulin Casmouche. A Chemilly-sur-Serain +. un quart de lieue O. du moulin & vill. de Poilly +. A St.-Potentien, hermitage. Petit bois à traverser & chemin de Tonnerre à Vezelay. Une demi-lieue Sud des Vertus-sur-Serain & de Molay. Route d'Auxerre à Noyers. *A NOYERS....* Quatre lieues.

Autre Route..................... 24

De Sens *à la Roche.....* Huit lieues. *Voyez de Sens à Tonnerre.* De la Roche on passe à un quart de lieue Sud de Migennes + & à la fourche de la route de Tonnerre. Pont, canal & riviere d'Armençon à passer. Au château & village de Cheny +. Côte de vignes, Est d'Ormoy +. Nord-Est de Bonnard & de Bassou: *belle vue.* A deux lieues Nord d'Appoigny + & du château de Regennes. Plaine au Sud de Chichy & du mont St.-Sulpice. A Hauterive +, une demi-lieue Nord de *Seignelay...* Trois lieues. Aux Chevaliers, une demi-lieue Nord de Hery. Le long Sud du bois de Pontigny, en passant aux Baudieres; trois quarts de lieue Nord de Rouvray +, & de Venousse +. Vis-à-vis Nord de Pontigny, abbaye sur le Serain. Au Sud de la Rue-Feuillée & aux Prez du bois. *A Ligny-le-Château....* 3 lieues. *La suite ci-dessus.*

NOYON........	N.	à Meaux & à Noyon........	48
ORLÉANS.....	O.	d'Orléans à Sens..........	29
PARIS...	N.p.O.	de Paris à Sens...........	30
PAU.........	S.O.	Orléans, Limoges & à Pau...	207
PERPIGNAN.	S.p.O.	Orléans & à Perpignan.....	223
Plombières.....	S.E.	Langres & à Plombières....	74

(DE SENS)

POITIERS	S.O.	De Sens à Orl. & à Poitiers.	88
Pont sur-Seine	N.E.	—— Nogent & à Pont	14
Provins	N.	—— Bray & à Provins	11

REIMS. *Route de traverse*... N.E... 45

De Sens à *Troyes*.... 16 lieues. De Troyes *à Châlons & Reims*... 29 lieues.

Chemin de traverse................ 33

De Sens on passe à S.-Antoine & S.-Clément +. Un quart de lieue Est de Ste-Colombe, Abbaye. Aux Papelins. Une demi-lieue Est de St.-Denis + & Courtois +. Une demi-lieue Ouest de Salligny + & Fontaine-la-Guillarde; Un quart de lieue de Jouancy : trois-quarts de lieue du château de Nolon. Au bas Ouest des bois de Montard. Pont & riviere de Voisines. Un quart de lieue Est de *Soucy*. Côte & à une lieue Ouest de *Voisines*. Entre les bois du Chapître & celui de de Champouy. Vallon & village de Fleurigny. Pont & rivière d'Oreuse. Un quart de lieue Est de Lanney, Commanderie. Une demi-lieue de St. Martin & de la Chapelle-sur Oreuse. Côte, une demi-lieue Ouest du château & bourg de *Thorigny*. A l'Ouest de la Tuillerie & des bois Ponnains. A Valliere & bois de Chanteloup : *belle vue*... Quatre lieues. Une demi-lieue Ouest de Grange-le-Boccage +. Le long Est du bois & château Feuillet. A Villers-Bonneux +, une demi lieue Est de Vertilly + & de Plessis-du-Mé. Le long Ouest du bois de la Forêt. Un quart de lieue Ouest de Plessis-Gatebled +. Vallon & village de la Louptiere +. Croix, trois-quarts de lieue Est de Fontaine + : *belle vue*. Vallon, prairie & bourg de *Traisnel*.... Trois lieues. De Traisnel à Macon +, aux Aunes & *à Nogent*. (*Ou de Traisnel*) à l'Est de Gumery +. Vallon & prairie, Ouest de Fontenay-Beaussery +. Côte, à l'Est du parc & château de la Motte-Tilly. *A Nogent*-sur-Seine.... Deux lieues. (ou de Traisnel) on passe entre Fontenay & Macon. *A Nogent*. De Nogent on passe le pont sur la Seine, le faubourg & devant les Capucins. A la Fourche de la route de Paris à Troyes. Trois-quarts de lieue de prairies en passant la vielle Seine. Château de Port & riviere de la

Forêt. Chapelle St.-Pars au bas Est de St.-Fereol +. Le long Ouest de la cour la Calande. Entre le moulin & le village de la Saussotte +. Côte & plaine, entre Mont-le-Potier + & Courtiou. Vignes & pente rapide : *belle vue sur Pont*. Vallée, bois du château & à *Villenoxe*-la grande.... 3 l. Vignes & pente rap. Est de Dival +. Trois-quarts de lieue de bois à traverser. A la Chalmelle. Un quart de lieue Est de Nesle-le-Repos. A la Forestiere +. Deux lieues de la forêt de Traconne à traverser. A l'Est des Gouffres & de Meix-St.-Epain +. Un quart de lieue Ouest de Vindé. *A Sezanne-*en-Brie.... Cinq lieues, (*ou de Villenoxe.*) On passe à Montgenot +. Pente rapide à l'Est de Fontaine-Bethon. Nord de Chantemerle + & de la Celle. Pente rapide. Le long de la forêt de Traconne. A Barbonne. Côtes rapides & à Vindé. *A Sezanne.....* Cinq lieues & demie. De Sezanne à *REIMS....* Seize lieues. *Voyez de Reims à Sezanne.*

RENNES...... O.	Orléans & à Rennes.......	115
Réthel........ N.E.	Troyes, Reims & à Réthel ..	54
ROCHELLE.(la) S.O.	Orléans & à la Rochelle...	121
ROUEN..... N.O.	Paris & à Rouen..........	60
Saarlouis....... E.	Metz & à Saarlouis.......	83
St.-Etienne-en-For. S.	Lyon & à St.-Etienne......	97
St.-Florentin... S.E.	Dijon par St.-Florentin....	14
	Chemin de traverse...............	10

On sort de Sens par le fauboug St.-Savinien, & l'on traverse la plaine de Massay-le-Vicomte. Etant à ce village on quitte la route de Troyes, & l'on prend celle qui est à droite, après avoir passé la rivière de Vanne. Au Sud de Massay-le-Roy +. Entre le clos de Noé & le village de ce nom +. Un quart de lieue Sud de Theil +, village & château. A Vauxmort +. Colline d'une lieue, en passant au Nord de Chaumont; à la chapelle de Notre-Dame de Pitié & à *Cérisiers*, Commanderie... Quatre lieues. Au Sud-Ouest des hameaux de Marchais, Laleu, les Gagneux & les Brisseaux, une demi-lieue de Vaudeurs +. Entre les Marquets & les Beauciars. Trois quarts de lieue Nord-Est de Villechetive +, village situé derrière le bois que l'on côtoye. Plaine de trois-quarts de lieue après laquelle on arrive à la Croix percée, & l'on descend au village d'Arce +, où un ruisseau prend sa source. Côte à monter, le long des bois de Milly, hameau ; ensuite on entre dans la forêt d'Othe, qui a trois-quarts de lieue de traverse. Sortant de la forêt, on a le village de Vachy + à gauche de la route & le hameau de Prunelle à droite. Fourche du chemin de *Brinon-l'Archevêque* & du bourg de *Seignelay*. Gorge entre une côte & un bois, dans laquelle est la Pinguetterie, ferme. Carrefour de la route de Joigny à Sezanne. A Vaudupuy, un quart de lieue Ouest de Champlost +. Pente & à l'Ouest de Chaton. Fourche de la route de Joigny à *Brinon-l'Archevêque*. De cette fourche on va à Avrolles + & delà à St.-Florentin, sur Armançon, rivière.... Six lieues.

St.-Julien du Sault. S.	Joigny..................	5
St.-Mards....... E.	Troyes par St.-Mards......	10
ST.-OMER.. N.p.O.	Paris & à St.-Omer........	91
St.-Quentin...... N.	Soissons & à St.-Quentin.....	58
Ste.-Reine....... S.E.	Dijon par Montbard.......	39
SAINTES..... S.O.	Limoges & à Saintes.......	133
Ste.-Menehould... E.	Troyes & à Ste.-Menehould.	45
Saverne......... E.	Troyes, Nancy & à Saverne.	96
Schlestatt..... E.p S.	Nancy & à Schlestatt.......	98
SEDAN...... N.E.	Reims & à Sedan..........	68
Seignelay....... S.	Joigny & à Seignelay......	12
Semur en Auxois. SpE	Montbard & à Semur......	36
Sezanne...... N.E.	Reims par Sezanne........	17
SOISSONS..... N.	Meaux & à Soissons.......	44
STRASBOURG.. E.	Nancy & à Strasbourg.....	105

TANLAY. *Route de traverse*.... S.E.... 22

De Sens à *Tonnerre*........ Vingt lieues. *Voyez cette Route*. De Tonnerre on passe à la Maison rouge, *auberge*, la Grange & le long Nord du mont Sara. Au Sud des fermes du petit Dru & Vaupleine. A la croix Ste.-Reine & route de Montbard. Le long Nord des bois Pinagot

& au Sud de l'Armançon; paffage de cette rivière & de l'ifle qu'elle forme. *A TANLAY*.... 2 l.

Thionville......... E.| De Sens à Metz & à Thionv. 76

TONNERRE. Route de traverfe...... 20

De Sens à Joigny... Sept lieues. *Voyez de Sens à Auxerre.* De Joigny on paffe devant les cazernes, en fuivant le quay. Fourche de l'ancien chemin de Troyes. Au Nord de la belle avenue de Villeroy. Entre la rivière d'Yonne & la Perriere. Une demi-lieue Nord du village & château de Champlay +. Pont, ruiffeau & auberge du Pechoir. Une demi-lieue Nord de Voves +. Avenue & Sud de St.-Sidroine +. Un quart de lieue Nord d'Epineaux, au-delà de l'Yonne. Le long du petit bois, Sud de la ferme du Cognot. Trois-quarts de lieue Nord de Charmoy + & du château de Charmeau. Port de la Roche. Confluent de l'Yonne & l'Armançon. Une lieue Nord de Baffou + & Bonnard +. A la route de Cheny & de Chablis. Sud de l'églife de Migennes +. Pont, ruiffeau & au Sud du moulin de Migennes, & de Chaumançon, cenfe. Une lieue de la forêt d'Othe à paffer. A Efnon + & avenue du château. Nord de Premartin. Pont, ruiffeau & moulin neuf, au Nord de l'Armençon. Route de Brinon à Auxerre. *A Brinon*-l'Archevêque.... Quatre lieues. De Brinon & porte de Tonnerre on paffe devant & au Nord de la Belle fontaine; le long des jardins des Gloriettes de Brinon. A la croix & prairies à traverfer. Pont & ruiffeau. Une lieue Sud de Mercy +. Trois-quarts de lieue de Bligny +, une demi-lieue de Vaudupuy & de Chaton. A la nouvelle route. Une demi-lieue Sud de Champloft +. Chemin de Sens à St.-Florentin. Clos, pont & ruiffeau. Une lieue Nord de Bouilly + & Rebourceaux +. A Avrolles +. Ruiffeau & pente longue à paffer. Au Sud du Refervoir des eaux de St.-Florentin. Vis-à-vis Sud de la ferme de l'Atrece. Nouvelle route de Troyes. Pente rapide & faubourg de Landrecy. *A St.-Florentin*... 3 lieues Pont & ifle fur-Armançon à paffer. Route de St.-Florentin à Chablis & Auxerre. Une lieue N. de Vergigny +, une lieue & demie des bois de Pontigny. Le long N. du canal de Bourgogne. Sud de Montleu & des Communes. Pente douce. Trois-quarts de lieue Nord de Cheu. Un quart de

SENS.

lieue ¼ Sud de *Neuvy-Sautour*, sur la côte au-delà du prieuré de Franchevault +. Une lieue Sud Ouest de Beugnon +. Trois-quarts de lieue Nord de Cheu + Jaulges +. A Germigny +. A la route d'Ervy, Chaource & Bar-sur-Seine. Le long Est de l'Armançon. Aven. & à un quart de lieue Ouest de Butteau +. Vallée, une demi lieue Est de Jaulges +. Carrefour, demi-lune & étoile en face du château & village de Percey +. Vis-à-vis de la belle ferme du château. Une demi-lieue Nord du château de la Tuilerie. Deux lieues de Mercy +. Le long du canal. Un quart de lieue Nord de Villiets +. Le long de la Terrasse du château de Flogny. A *Flogny* +.... 3 lieues. Chemin & au Sud de Rue-d'en-Bas & de la Chapelle-vielle-Forêt +. Une lieue Nord de Dyé + & Bernouil +. Au Nord du Bac, moulin & village de Roffey + : *bon vin*. Route d'Ervy & de Troyes. Le long du bois, entre le hameau l'Islede & Roffey. Route du château & village de Tronchoy +, moulin & à ce village. A Cheney + & vis-à-vis l'ancienne église de Tronchoy. Le long du parc & avenue du château de Cheney. Vis-à-vis Est de Vesinnes : *bon vin*. Le long & au bas de *Dannemoines*. Un quart lieue Est de Junay : *bon vin*. Un demi quart de lieue Sud d'*Epineuil*. Au Sud de la côte de Vauxmorillon : *bon vin*. Carrefour des routes de Troyes, Châtillon, &c. Prairie, chaussée, pont & riv. d'Armançon. Pont, chapelle & faubourg de Notre-Dame du Pont. A TONNERRE.... Trois lieues & demie.

Chemin de traverse................ 16

De Sens à *St.-Florentin* par Cerisiers... 10 lieues. *Voyez cette Route*. De St.-Florentin à Tonnerre..... 6 lieues. *Voyez ci-dessus*.

TOUL..........	E.	SENS à	Troyes & à Toul.........	58
TOULON.......	S.		Lyon & à Toulon........	180
TOULOUSE..	S.O.		Limoges & à Toulouse.....	171
TOURS.......	O.		Orléans & à Tours.......	58

TROYES. *Route de traverse*.... E.... 16

De Sens & faubourg St.-Savinien on traverse la plaine & l'on passe à Maslay-le-Vicomte +, & *Maslay-le-Roy* + deux lieues. Le long de la Vanne, riviere. Un quart de lieue

Nord de Noé +. Une demi-lieue Ouest du château & village de Theil +. Une demi-lieue Sud de Villiers-Louis +. Une demi-lieue Ouest de Vareilles +. Le long Ouest de *Pont* sur-Vanne. Belle vallée & le long de la Vanne, que l'on remonte, en passant à l'Ouest de la Grenouillere & de Chigy +. Une lieue Nord-Ouest des Siéges +. Au bas Sud des bois de Mont-Salmont. Un quart de lieue Ouest du fief de Mont-d'Houart. Avenue & à un demi-quart de lieue Ouest de Foissy-sur Vanne +. Pont & ruiss. Un quart de lieue Sud de Lailly +, une lieue de Vauluisant. A Molinond + & *à Villeneuve-l'Archevêque.* 4 l. Un quart de lieue Sud de Maulny-le-Repos. A Bagneaux, abbaye. Un quart de lieue Nord de Flaccy +. Trois-quarts de lieue Nord-Ouest de *Rigny* le Ferron. A Vullainnes-sur-Vanne +. Au Nord d'Armentières & du bois de la Brosse. A St-Benoît-sur-Vanne +. Côte & au Nord de la Maison neuve, du village & château de Courmononcle + & de Puisy-Gaudon +. Trois-quarts de lieue d'*Aix* en Othe. Vallée, croix de la Madelaine, Sud des bois de Villemaur. *A Villemaur*. Un quart de lieue N. du château des Bordes. Route & à un quart de lieue N. du chât. & vill. de Neuville +. Avenue, le long Nord du parc & village d'Estissac *ou* St.-Liebault +. Une demi-lieue de *Thuisy* +... 5 l. Pont & ruisseau de Betro. Une lieue S. de Dierrey-St. Julien +. Le long de la Vanne, & près du moulin Cliquą. Une demi-lieue N. de Bucey +. A Font-Vannes +, où la Vanne prend sa source. Un quart de lieue Nord de Messon +. Détroit, au N. du moulin à vent de Messon. A la Grange au Rais, une lieue Nord de Prugny +, & du moulin à vent de Beauregard. Côte rapide. Une demi-lieue Sud du moulin à vent & village de Montgueux + : *belle vue.* Pente rapide & vignes à trav. Une demi-lieue Nord du village & chât. de Torvilliers +. Trois-quarts de lieue Nord des moulins de l'Epine. Quatre lieues de celui de Lirey. Une demi-lieue Sud des carrieres de Craye de Chandey. Au N. de la Motte & de la riviere de Cors. Nord de la Malardiere, la Grange, & plus loin St.-Germain de Lincon +. Chemin & à un demi-quart de lieue Sud de Chanteloup & Nées +. Traverse du faubourg Ste-Savine, en passant au Nord de Notre-Dame [des Prez, abbaye. Une demi-lieue de St.-André + & de Montier-la-Celle, abb. *à TROYES.* 5 l.

SENS.

VALENCIENNES. N.	Paris & à Valenciennes	82
Vaucouleurs . . . . . E.	Troyes & à Vaucouleurs	53
VERDUN . . . . N.E.	Troyes & à Verdun	55
Vertus . . . . N.E.	Sézanne & à Vertus	26
Villemaur . . . . . . E.	Troyes	9
Villeneuv.-l'Arch. . E	Troyes	6
Villeneuve-le-Roy. S.	Joigny	3
Villenoxe . . . . . N.E.	Reims par Villenoxe	12

VITRY-le-François. Route de traverse... E.. 32

De Sens à Troyes... 16 l. De Troyes à Vitry... 16 l.

Chemin de traverse 32

De Sens à Villeneuve-l'Archevêque... 6 l. Voyez de Sens à Troyes. Delà on monte une côte longue en passant à l'Est de Voluisant, abbaye. Aux Marchais, & le Prieur. ½ l. de bois à trav. Vallon, chât. du *Buisson-Paraclet*... 2 l. Source de la riviere de Lalain. Côte & vill. de Pouy +. Côte & bois à passer. A Chevaudon; *belle vue.* ½ l. O. de la ferme de Cornillon. ¼ l. O. de Villadin +. Sud de Marcilly-le-Hayer +. Vallon & ruisseau de Larrain. A Somme-Fontaine + *ou* St.-Lupien. Ouest de Prunay & Belleville +. A St.-Flavy +. ¼ l. Est de *Marigny* +... 4 l. Côte & traverse de l'ancien chemin de Paris à Troyes. Plaine & village d'Orvillers +. Vallon au bas du moulin à vent. A la belle étoile & route de Paris à Troyes. A Megrigny & *à Mery...* 4 l. De Mery *à VITRY...* 16 l.

ROUTES ET CHEMINS DE TRAVERSE
DE SOISSONS

Distance de Soissons.

à

		Voyez	*lieues.*
ABBEVILLE..	N.O.	Amiens & à Abbeville......	38
AGDE........	S.	Paris & à Agde...........	230
Aiguemortes......	S.	Paris & à Aiguemortes.....	210
Aire en Artois..	N.O.	Arras & à Aire...........	51
Aire en Gascogne	S.O.	Paris & à Aire...........	203
AIX en Prov....	S.	Paris, Lyon & à Aix......	218
Aix la-Chapelle.	N.E.	Mézieres & à Aix.........	81
ALAIS.........	S.	Paris & à Alais...........	199
ALBY.......	S.O.	Paris & à Alby...........	193
ALENÇON...	O.p.S.	Paris & à Alençon........	70
AMIENS.....	N.O.	Compiegne & à Amiens....	28
Andelys. (les)...	O.	Paris & aux Andelys......	51
Anet........	O.p.S.	Paris & à Anet...........	44
ANGERS.....	S.O.	Paris & à Angers.........	98
ANGOULÊME.	S.O.	Paris & à Angoulême......	142
ANTIBES.....	S.E.	Paris, Lyon & à Antibes....	259
ANVERS....	N.p.E.	Bruxelles & à Anvers......	60
Ardres.......	N.p.O.	Arras & à Ardres.........	61
Argentan.......	O.	Paris & à Argentan.......	68
ARLES........	S.	Paris & à Arles...........	209
Armentières.....	N.	Lille & à Armentières.....	47

ARRAS. *Route de traverse*... N... 38

De Soissons à Compiegne. 10 l. De Comp. à Arras. 28 l.

Autre Route de traverse............. 34

De Soissons à Chauny..... Sept lieues & demie. *Voyez* de Soissons à Saint-Quentin. De Chauny on monte une côte & l'on passe à un quart de lieue Sud de *Genlis* & abbaye.

SOISSONS.

Moulin de Genlis, un quart de lieue Sud de Guyencourt +. Au Plessier-Gaudin, hameau & étang. Côte, moulin. Un quart de lieue Est d'Ugny-le-Gay +. Vallée & village de la Neuville-en-Benne +. Côte & une demi-lieue de bois à traverser. A Beaumont-les-bois-en-Benne +. Au Sommet de la grande chaîne qui traverse la France, d'où l'on voit Peronne, Saint Quentin, &c. Moulin à vent. Un demi-quart de lieue Est de Villeselve +. Trois-quarts de lieue Ouest du moulin & village de Cugny +. Trois-quarts de lieue Est de Golancourt +. Une demi-lieue Ouest d'Annoy + & Flavy-le-Martel +. Est d'Eaucourt. Trois-quarts de lieue Sud-Ouest de Saint Simon +. Une demi-lieue Nord de Brouchy +. Un quart de lieue Sud de Soumette +. Au Sud de Pithon + & d'Etouilly +. Au Vergalant, cabaret de Bion & canal. *A Ham-sur Somme*..... Cinq lieues & demie. De Ham *à Peronne*... 10 l. De Peronne *à ARRAS*... 11 l. *Voyez de Compiegne à Arras*.

Aubenton.....	N.E.	Laon & à Aubenton........	21
Aubigny....	N.p.E.	Laon & à Aubigny........	24
AUCH........	S.O.	Paris, Bordeaux & à Auch...	225
AUTUN.......	S.	Paris & à Autun..........	98
AUXERRE......	S.	Paris & à Auxerre........	69
Avesnes......	N.E.	Laon, Vervins & à Avesnes.	25
AVIGNON.....	S.	Paris, Lyon & à Avignon...	199
AVRANCHES	O.p.S.	Paris & à Avranches.......	104
BAR-LE-DUC..	S.E.	Reims & à Bar-le Duc.....	44
Bar-sur-Aube..	S.E.	Reims & à Bar-sur-Aube....	54
Bar-sur-Seine.	S.p.E.	Reims & à Bar...........	49
BASLE........	S.E.	Reims & à Basle..........	112
BAYEUX......	O.	Paris & à Bayeux.........	85
BAYONNE....	S.O.	Paris & à Bayonne........	227
Beaucaire......	S.	Paris, Lyon & à Beaucaire.	206
Beaune.......	S.	Paris & à Beaune.........	105
BEAUVAIS.....	O.	Compiegne & à Beauvais...	25
Béfort........	S.E.	Reims & à Béfort.........	98
BESANÇON...	S.E.	Reims & à Besançon......	88
Béthléem.......	S.	Paris & à Clamecy.......	79
Béthune.....	N.p.O.	Arras & à Béthune........	45

BÉZIERS.... S.pO.	Paris & à Béziers............	234
BLOIS........ S.O.	Paris & à Blois............	67
BORDEAUX.. S.O.	Paris & à Bordeaux........	172
Bouillon....... N.E.	Mézières & à Bouillon......	42
Boulogne-ſ-Mer. N.O.	Amiens & à Boulogne......	57
BOURGES.. S.p.O.	Paris, Orléans & à Bourges.	81
Braine-ſur-Veſle. S.E.	Reims................	4
Breſt....... O.p.S.	Paris, Rennes & à Breſt...	171
Brie-C.-Robert... S.	Meaux & à Brie..........	28
Bruges...... N.p O.	Lille & à Bruges..........	61
BRUXELLES. N.E.	Valenciennes & à Bruxelles.	56
CAEN......... O.	Paris & à Caen...........	78
CAHORS...... S.O.	Paris & à Cahors.........	168
CAMBRAY.... N.	St.-Quentin & à Cambray...	28

CHALONS-ſur-Marne. Grande Route. S.E. 23

De Soiſſons à *Reims*... 13 l. De Reims à *Châlons*... 10 l.

Autre Route................ 29

De Soiſſons à *Château-Thierry*. 10 l. *V.* de Soiſſons à *Troyes*. De Château-T. à *Châlons*. 19 l. *Voyez* de Meaux à *Châlons*.

Chemin de traverſe............. 24

De Soiſſons & faubourg Saint-Crepin on paſſe à la Juſtice, Sud de Saint-Germain † & des Celeſtins. Un demi-quart de lieue Oueſt du château d'Orchamp. Un demi-quart lieue Eſt de Belleu †. Une lieue de Vauxbuin †. Pente rapide du mont de Belleu & Sainte-Genevieve : *belle vue ſur Soiſſons & la riviere d'Aiſne*. Une demi-lieue Eſt de Septmonts, Noyan & Roſieres †. A la croix Notre-Dame. Une demi-lieue Oueſt d'Acy †. Une demi lieue Eſt d'Ecury, château & hameau. Au Nord d'Ambrief † & à la Folie. Belle plaine. Trois-quarts de lieue Eſt de Nanteuil † & de Vielaine. Une demi-lieue Oueſt de Leſges † & Cury-Houſſe †. Un quart de lieue Eſt de Maaſti : *belle vue* Juſtice, au bas Eſt de la Tache-Blanche. Une demi-lieue Oueſt de Branges †. Vallon, étang, moulin ; un quart de lieue d'Arcy †. Eſt de Rugny. Une demi-lieue de Cramaille †. Oueſt du bois & parc de Fere. Un quart de lieue Eſt de Sapponnay †. Pente rap. Bois, pont & le long du

SOISSONS. 583

mur du parc du château de Fere. *A Fere*-en-Tartenois... Sept lieues. De Fere *à Châlons*.... Dix-sept lieues *Voyez de Compiegne à Châlons.*

CARCASSONE. S.pO.	Paris & à Carcassonne......	218
CARPENTRAS... S.	Paris & à Carpentras......	201
Cateau-Cambrésis.. N.	St.-Quentin & au Cateau....	27
CHALON-s-Saone. S	Reims & à Chalon........	94
CHAMBERY..... S.	Paris & à Chambery......	169
Château-Thierry... S.	Troyes...............	10
Châtillon-s-M. S.p.E.	Fère en Tartenois & à Châtill.	11
CHARTRES... S.O.	Paris & à Chartres........	45
Chauny......... N.	St.-Quentin............	7½
Cherbourg....... O.	Paris & à Cherbourg......	106
Clerm. en Argon. S.E.	Reims & à Clermont......	37
Clerm. en Beauv. N.O.	Compiegne & à Clermont...	18
CLERMONT-F. S.O.	Paris & à Clermont.......	118
COLMAR...... S.E.	Reims & à Colmar........	114
Compiègne.... N.O.	De Compiegne à Soissons...	10
Corbeny......... E.	Bery au Bac & à Corbeny...	14
COUTANCES. O.pS.	Paris & à Coutances......	99
Craone......... E.	près de Corbeny..........	14
Crespy en Valois... S.	Senlis................	10
DEUX-PONTS.. E.	Reims & à Deux-Ponts....	83
Dieppe......... O.	Beauvais & à Dieppe......	59
Digne...... S.p.E.	Paris & à Digne..........	213
DIJON......... S.	Troyes & à Dijon........	72
Dinant....... N.E.	Givet & à Dinant........	44
DOUAY....... N.	Cambray & à Douay......	34½
EMBRUN.... S.p.E.	Paris & à Embrun........	194
Epernay....... S.E.	Reims & à Epernay......	19
EVREUX...... O.	Paris & à Evreux........	50
Falaise......... O.	Paris & à Falaise........	73
Fère. (la)....... N.	Coucy & à la Fère.......	10
Fère-Champenoise.. S.	Troyes par Epernay.......	27
Fère en Tartenois.. S.	Chalons par Fère en Tarten.	7
Ferté-Gaucher (la) S.	Meaux & à la Ferté......	28
Ferté-Milon. (la) S.O.	Meaux................	8

(middle column: DE SOISSONS à ... DE SOISSONS à)

Ferté sous Jouarre. Chemin de traverse.. S... 14

De Soissons & faubourg St.-Crespin on passe à la fourche de la route de Fere-en-Tartenois. Un quart de lieue Ouest de Belleu + & du château d'Orchamp. Avenue & à l'Est du château de Chevreuse. Côte à trois-quarts de lieue Est de Vauxbuin. A Vignolle, Est de Courmelles +. Un quart de lieue Est de Bercy-le-Sec. Pont & riviere de Crise. Un demi quart lieue Ouest de Noyen +. Pont, ruisseau. Une demi-lieue Ouest de Septmons + & Rosieres +. Un quart de lieue Est de Visigneux & route de Soissons à Château-Thierry. Pente rapide. Une demi-lieue Ouest du château & village de Busancy +. Entre le hameau de la Rue-Guyot & Charentigny. Une demi-lieue Ouest de Villemontoir +. Belle plaine. Trois-quarts de lieue Est de Vierzy +. Un quart de lieue Ouest de Tigny +. *A Parcy*.... Trois lieues. Trois-quarts de lieue d'Hartennes +. Une lieue Est de Villier-Helon +. Côte de la Tuilerie ; Est du bois Motoy. A Blanzy, trois quarts lieue Ouest du moulin du Plessis. Pente rapide bois & à un quart de lieue Ouest de St.-Remy-de-Blanzy Pont, ruiss. Un quart de lieue E. de Fontaine-Alix. Côte & hameau de Grumilly. A Edrolle, une demi-lieue Ouest de Billy-sur-Ourcq. Vallon, ruisseau & bois d'Arson. Une demi-lieue Est de Chouzy +. Pente longue à l'Ouest de Prugny & Roset. Pont & riviere d'Ourcq. Un quart de lieue Ouest de Vichel +. Côte, croix Capitaine & croix Tibie. Pente rapide & à St.-Remy-d'Aumont +. *A Neuilly St.-Front*.... Trois lieues. A Cointicourt +. Une demi-lieue Ouest de Priez +. Vallon & ruisseau de Dalland à passer. A Chevillon, Une demi-lieue Nord de Saint Gengoulph. Vallon & ruisseau de Clignon. *A Gandelu-les-Granges* ... Trois lieues. A Preumont & *à Montreuil-aux-Lions*..... Deux lieues. De Montreuil à *LA FERTÉ*..... Trois lieues. *Voyez de Meaux à Châlons.*

Fismes......	S.E.		Reims................	7
Fontainebleau.	S.p.O.		Meaux & à Fontainebleau...	33
FRÉJUS.....	S.p.E.	DE SOISSONS à	Paris & à Fréjus.........	246
GAND.........	N.		Lille & à Gand..........	58
GÈNES.....	S.p.E.		Paris & à Gènes.........	299
GENÈVE....	S.p.E.		Reims & à Genève........	122
Gisors.........	O.		Compiègne & à Gisors.....	31

SOISSONS. 585

GRENOBLE....	S.	Paris, Lyon & à Grenoble.	166
Guise........	N.E.	Laon & à Guise.........	19
Ham..........	N.	Noyon & à Ham.........	15
Havre. (le).....	O.	Paris, Rouen & au Havre...	76
Landrecy......	N.E.	Guise & à Landrecy......	26
LANGRES.....	S.E.	Reims & à Langres........	64

LAON, Grande Route..... N.E.... 8

De Soissons on passe le pont de pierre sur la riviere d'Aisne & au faubourg Saint-Vaast. Porte de Crouy & au chemin de Noyon. Un quart de lieue Est de Saint-Crespin-en-Chaye +. Vis-à-vis l'abbaye de Saint-Vaast. Devant l'abb. de St.-Paul. Demi-lune & carref. de la route de la Fere & celle de Vailly. A Crouy +, *vignoble*. Côte rapide & longue à monter, en passant au Sud de Sous-Perriere & à une demi-lieue Sud du moulin & vill. de Clamecy +. Le long des rochers & devant des carrieres. Sommet de la côte d'où l'on apperçoit Laon. Une lieue Sud de Neuville +. Un quart de lieue de Margival & de Laffaux +. Demi-lune & carrefour de la nouvelle route de Coucy & celle de Pinon. Une demi-lieue Nord de Nanteuil-la-Fosse +. Une lieue Sud du château & village de Pinon +. A l'ange Gardien & Poste de *Vaurains*.... Quatre lieues. Fourche du chemin de Craone. Pente rapide de la côte de Chavignon +. Le long Ouest du bois & vallon de la Malmaison. A la fontaine & au reservoir. A Corrivau & village de Chavignon +. Belle route plantée de Pinon. Croix, chemin à une demi-lieue Nord de Pargny +. Près de la ferme de Voyen. Le long des Cendrieres de Chavignon. Pont & riviere de Lette. Une demi-lieue Ouest de Monnampteuil+. Petit bois à traverser Est de la Sommette. A Urcel +. Entre le moulin d'Urcel & la ferme de Voyen-Trousse. Un demi-quart de lieue Est de Grand Champ. Traverse des sables en cotoyant le bois. Petit bois à traverser. Avenue & à un demi-quart de lieue Ouest du château de Mailly. Traverse des Communes. Une demi-lieue O. de Laval +. A Etouvelles +. Chemin & à une demi lieue Ouest du chât. de Cornelle. Pont, ruisseau & prairie à traverser. A Chivy +. Entre les jardins d'où l'on tire les bons Artichaux de Laon. Un quart de lieue Ouest de Leully +. Trois-quarts de lieue Est de Mons en Laonnois +. Avenue & à une demi-lieue Ouest d'Ardon +. Une demi-lieue Est de Clacy +. A Semilly + & route de Coucy-le-Château. Pente rapide, Ouest de l'abbaye de Saint-Vincent. *A LAON*.... Quatre lieues.

Lens............	N.	Arras & à Lens............	42
LIEGE........	N.E.	Charlemont & à Liége.....	59
LILLE........	N.	Cambray & à Lille........	43
LIMOGES....	S.O.	Paris & à Limoges........	118
LISBONNE..	S.O.	Paris & à Lisbonne.......	411
LIZIEUX......	O.	Paris & à Lisieux.........	67
LONDRES...	N.O	Amiens & à Londres......	105
LUXEMBOURG...	E.	Reims & à Luxembourg.....	58
LYON.........	S.	Paris & à Lyon...........	139
MACON........	S.	Paris & à Macon..........	123
MADRID...	S.O.	Paris & à Madrid.........	317
MALINES....	N.E.	Bruxelles & à Malines.....	55
MANS. (*le*)...	S.O.	Paris & au Mans..........	76
MARSEILLE....	S.	Lyon & à Marseille.......	226
MASTREIK...	N.E.	Liége & à Mastreik........	69
Maubert-fontaine.	N.E.	Laon; de Laon à Rocroy...	24
Maubeuge.....	N.E.	Laon & à Maubeuge......	30
MEAUX......	S.O.	de Meaux à Soissons.......	16
Mende.........	S.	Paris & à Mende.........	156
METZ.........	E.	Reims & à Metz..........	58

MÉZIÉRES. Grande Route. E.p.N. 31

De Soissons à Reims... 13 l. De Reims à Mézières... 18 l.

Autre Route...................... 32

De Soissons à Laon..... 8 l. De Laon à Mézières par Moncornet.... 24 l.

Chemin de traverse................ 29

De Soissons au faubourg Saint-Vaast. Carrefour de la route de Soissons à Noyon. Devant & à l'Ouest de l'abbaye de St.-Paul. Carrefour de la route de Laon & la Fere. Un demi-quart de lieue Sud de Crouy +. Pont & ruisseau à passer. Un quart de lieue Nord de l'Aisne, riviere. A Bucy le-long +. Pont, ruisseau & hameau d'Ambroyon.

SOISSONS. 587

A Sainte-Marguerite + & *A la Mal derie*... 2 lieues. Pont, moulin, S. du petit Micy & de Chivres +. A Micy-sur-Aifne-le-Bac +. Le long de l'Aifne & confluent de la Vefle. Une demi-lieue Nord de Sermoife + fur la route de Reims. A Condé-fur-Aifne + & à Celles +: *belle vue au Sud*. Ponts, ruiffeau & moulins, un quart de lieue Sud de l'abb. de Vaucelle. *A Vailly*.... Deux lieues. Au bas Sud de Saint-Precord, un quart de lieue des Picpuces. Pont ruiff. Une demi-lieue Sud d'Oftel +. Un quart de lieue Nord de Prefles + en dça des Bovettes & des carrieres. A Chavonnes+. Mont Sapin. Une demi-lieue Nord de Saint-Mard +. Un demi-quart de lieue Sud du village, château & parc de Soupire-fur-Aifne+. Pont & moulin. Trois quarts de lieue Sud de Mouffy + & de Verneuil +. Au Nord du bac & village du Pont-d'Arcy +. Une demi-lieue du Vieil. A Bourg-fur-Aifne +. Une lieue Nord de Longueval +. Une demi-lieue de Villers +. Une lieue de Barbonval, Serval & Merval +. A Euilly +. Un quart de lieue Sud de Pargiran. Un quart de lieue de Bellevue, Cuffy, abbaye & Jumigny.+. Pont, ruiffeau Trois-quarts de lieue de Vaffogne + & d'Ouche +. Le long Sud de *Beaurieux* .. 4 l. A ½ l. N. du bac & village de Maify + Petit bois, au N. de Cuiry + & Concevreux +. ½ l. de Chaudarde-fur-Aifne +. Au Nord de la maifon neuve. ¼ l. S. de Cranelle +. A Pontavaire-fur-Aifne & bac. Carrefour de la route de Reims à Laon. 1 l. S. de *Craone* & *Corbeny*. Petit bois & au S. de la Ville-au-bois +. Paffage de la Miette, riv: ¼ l. N. de Gernicourt +. Route de Reims à Laon ½ l. de Bery-au-Bac +. ½ l. S. du petit & grand Juvincour. Nord de Condé + & Guignecourt +. *A Neufchatel*... 6 l. De Neuchatel à Rethel... 6 l. *Voyez de Meaux à Rethel*. De Réthel à Méxières.... 9 l. *Voyez de Reims à Méxières*.

MONS...... N.E.		Laon & à Mons............ 35
MONTAUBAN. S.O.		Paris & à Montauban...... 183
Montcornet.... N.E.	DE SOISSONS à	Laon; de Laon à Charlemont. 16
MONTPELL. S.p.O.		Paris & à Montpellier...... 217
MOULINS... S.p.O.		Paris & à Moulins......... 96
NAMUR...... N.E.		Liége................... 51
NANCY....... S.E.		Reims & à Nancy......... 60
NANTES.... O.p.S.		Paris & à Nantes......... 119

NARBONNE...S.p.O.	Paris & à Narbonne......	240
Neufchatel.... N.E.	Mézières par Neufchâtel...	14
NEVERS.... S.p.O.	Paris & à Nevers.........	83
NISMES........ S.	Paris & à Nismes.........	204
N.D. de Liesse.. N.E.	Laon & à Notre-D. de Liesse.	12
NOYON. Route de traverse...N.p.O...		11

De Soissons & faubourg de St.-Vaast on passe au carref. de la route de Laon. $\frac{1}{4}$ l. E. de St-Crespin-en-Chaye +. A la maison bleue, *auberge*, sur la riv. d'Aisne. Pente rap. $\frac{1}{4}$ l. E. de Cuffies + $\frac{1}{4}$ l. O. du moulin & vill. de Clamecy +. A Loiry +, $\frac{3}{4}$ l. E. de Chavigny-le-Sec +. Vallon & étang de Loiry. Côte & vill. de Juvigny +. $\frac{3}{4}$ l. O. de Terny +. Croix du Loroir, $\frac{3}{4}$ l. E. de Bagneux +. A la Croix verte, $\frac{1}{2}$ q. l. O. de Crecy +. Pente rap & hameau des Vallées. Ponts, isles & riv. de Lette à passer. A Valieren, E. de Nogent, abbaye. A Etrelle & côte rapide. *A Coucy*-le château... $4\frac{1}{2}$ l. (ou de Soissons & faubourg St.-Vaast) on passe dev. l'abb. de St.-Paul. Carref. de la route de Laon & Vailly. Côte de vignes, $\frac{1}{2}$ q. l. O. de Crouy +. Côte rapide, plaine. Au moulin à v. & à l'O. de Clamecy +. A Terny +, $\frac{1}{4}$ l. E. de Juvigny +. Croix, $\frac{3}{4}$ l. O. de Neuville-Margival +. 1 l. de plaine en pass. à l'O. de Trou-de-Leu. A Crecy au Mont+: *belle vue*. Pente rap. & ham. de Pont à Cusevre. Ponts & isles de la riv. de Lette à passer. *A Coucy*-le-château... $4\frac{1}{2}$ l. Carrefour de la route de la Fère. De Coucy-le-château on descend à la Feuilly. $\frac{1}{2}$ *Poste*. Pont, étang, $\frac{1}{4}$ l. O. de Coucy-la-Ville +. $\frac{1}{2}$ l. S. de Follembray +. Petit bois de Coucy à trav. Ponts & riv. de Lette. A Guny +. $\frac{3}{4}$ l. Sud-Est de Chaomps +. Entre la côte de Guny & le bois de la Tinette. A Troly +. Pont & moulin de Presle. $\frac{1}{2}$ l. Nord de Selens +. A St.-Aubin +, $\frac{1}{4}$ l. S. de St.-Paul-aux-bois +. Pont, moulin, étang & ham. de Franval. Sud des bois des Penthiers. *A Blerancourt*... 3 l. Dev. & au S. des Feuillans. Pont & moulin $\frac{1}{2}$ l. N. de Blerancourdel + Au Nord de Bresson & au Frêne. $\frac{1}{2}$ l. S. de Doussancourt +. Côte & vill. de Camelin +. Vallon, chât. du Voisin & ruisseau à passer. Entre Berlincamp & le moulin à v. A Cuts +. 1 l. S. de Bretigny-sur-Oise. Le long du bois de Louvetain, en pass. à $\frac{3}{4}$ l. N. de Caines + & du bois de la montagne. Avenue & à $\frac{1}{4}$ l. S. du vill. & château de Varenacs +. A

Pontoise + sur l'Oise, que l'on passe au bac. Isle d'une dem-lieue à trav. en pass. à l'E. de la cense d'Arene. Pont & riv. d'Oise. O. de Morlincourt +. A Rudoroir + & à *Noyon*.... 3 l.

Chemin de traverse................ 8 $\frac{1}{2}$

De Soissons à la croix du *Loroir*.... 2 l. *Voyez ci-dessus.* De la croix on traverse 3 l. de plaine en passant au Sud de Bonne-maison & de la cense de Loire. Au mont du Croq, $\frac{1}{4}$ l. S. de Selens +, $\frac{1}{2}$ l. de St.-Aubin +: *belle vue.* A *Blerancourt*... 3 $\frac{1}{2}$ l. De Blerancourt à *Noyon*... 3 l. *Voyez la Route ci-dessus.*

ORLÉANS....	S.O.	Paris & à Orléans.........	53
PARIS...	O. p S.	De Paris à Soissons........	25
Pau........	S.O.	Paris; de Paris à Pau......	232
Périgueux.,	S.O.	Paris & à Périgueux........	142
Péronne......	N.	Noyon & à Péronne........	26
POITIERS....	S.O.	Paris & à Poitiers..........	112
Quesnoy. (*le*)...	N.E.	Laon & au Quesnoy.......	32

REIMS. *Grande Route*.... S.E... 13

Sortant de Soissons on traverse le faub. de St.-Crespin & l'on passe au S. de St.-Germain +. $\frac{1}{4}$ l. du chât. d'Orchamp & de Ste.-Genevieve. Ruiss. & moulin. $\frac{1}{4}$ l. N. de Billy +. Pont & ruiss. Au S. de la riv. d'Aisne & plus loin Ste.-Marguerite +. $\frac{1}{4}$ l. S. de Biza. $\frac{1}{2}$ l. de Micy-sur-Aisne. A Sermaize +, $\frac{3}{4}$ l. S. de Condé +. Demi-lune, $\frac{3}{4}$ l. N. de Ciry + & Solsongne. Le long S. de la riv. de Vesle. Le long N. de Vassemy +. Pont & ruiss. $\frac{1}{2}$ l. Nord de Couvrelles +. A Augy + & au bas de la tour Oca & de la Folie. Pont & riv. de Vesle. *A Braine-sur-Vesle*... 4 l. Devant la chapelle de St.-Jude. Au Sud de la côte & hameau de la Roche ferrée. A Courcelles +. Entre le bois & la côte de Courcelles. $\frac{1}{2}$ l. E. du Pont d'Ancy, $\frac{1}{4}$ l. de Lime +. Pont, ruiss. à $\frac{1}{4}$ l. S. de Paars +. Petit bois & à $\frac{3}{4}$ l. N. E. de Quincy-sous-le-mont +. Pont, moulin & ruiss. du Muisson. $\frac{1}{2}$ l. N. E. du mont N. D. +. Le long N. de Bazoches +. $\frac{1}{4}$ l. de St.-Thibault +. Une demi-lieue N. de Ville-Savoye + au delà de la Vesle, & plus loin le mont St.-Martin. Prairie, pont & riv. de Vesle. $\frac{1}{2}$ l. S. de Perle, sur la côte. Pont & riv. d'Ardres. *A Fismes*.... 3 l. Vis-à-vis de Villette, $\frac{1}{4}$ l. S. de Brassieux +. A Magnauxsur-Vesle +. ¼ l. de Courlandon. Le long S. de Dormon. Pont & ruiss. ½ l. N. d'Unchere +. ½ l. d'Ourges +, au bas de la côte. A Vassieux, ½ l. S. de Breuil +. Côte & à 1 l. S. de Romain + dans la gorge. Au S. de la Ville aux-Bois +, ¾ l. de Montigny +. ½ l. N. de Vandeuil +. Pont, ruiss. & vill. de *Junchery* +... 2 l. ½ l. N. de Bransecour +. 1 l. S. de Pery +. ½ l. N. de Sapicourt. Aux Voutes, ½ l. S. de Muizon +. 1 l. de la côte de vignes & vill de Trigny +. Bois, chemin & à ¼ l. S. de Chalons & Chenay +. ½ l. N. de Gueux +. ¼ l. de Vregny +. 1 l. S de Merly +, *gros vignoble*. A Tilloy *ou* Thillois. ½ l. S. de Champigny + & du château des Marais. ½ l. de St.-Brice-sur-Vesle +. Au S. de Tinqueux +. ¾ l. N de Bezannes +. Pont, ruiss. côte & Ste.-Genevieve. Pont, faubourg & riviere de Vesle. *A Reims*.... 4 l.

RENNES	O.		Paris & à Rennes	111
Rochefort	S.O.		La Rochelle & à Rochefort	153
ROCHELLE.(la)	S O.		Paris & à la Rochelle	146
Réthel	E.	DE SOISSONS	Reims & à Réthel	22
ROUEN	O.		Paris & à Rouen	55
Rozoy	S.O.		Meaux & à Rozoy	36
Rumigny	N.E.		Laon & à Rumigny	24
St.-Gobin	N.E.		La Fere	8
ST.-MALO	O.		Paris & à St.-Malo	114
ST.-OMER	N.O.		Arras & à St.-Omer	55

ST.-QUENTIN. *Route de traverse*....N... 18

De Soissons *à Coucy-le-Château*... 4 ½ l. *Voyez de Soissons à Noyon*. De Coucy on descend à la Feuilly ½ Poste. Pont, ruiss. & à ¼ l. S. O. de Coucy-la-Ville +. Pont, ruiss. & étang, ¼ l. S. de Follembray +. A Verneuil + & 1 l. de la forêt basse à trav. en passant au Vivier, chât. & carref. du chem. de Condren +. A la route directe à Praast & Villete. Fin de la forêt, 1 l. N. de St. Paul-aux-Bois +. A Pierremande +. Pont, ruisseau & entre deux étangs. A Autreville +, ½ l. E. de Bichancourt +. Avenue & à ¼ l. S. O. de Sincenis + Côte, ½ l. E. de l'Aventure. Vallée, ponts, isle & riv. d'Oise a passer. *A Chauny*-sur-Oise... 3 l. Fourche de la route de la Fere & Laon. Pente rap. ¼ l. E. de Caumont +. 3 l. O. de la Fere: *belle vue*. Fourche du chemin de

SOISSONS.

Ham & *Peronne*. A Genlis. Pont, ruiss. entre les abbayes de Genlis. Côte, ¼ l. E. de Guyencourt +. 1 ½ l. de bois à passer, en traversant la grande chaîne de montagnes qui sépare le bassin des Mers & des Fleuves. A Faillouel, O. du moulin à vent de la vallée & du vill. de Frieres + entre les bois. A l'E. de Bois-l'Abbé, du petit détroit & de Lignere. Carrefour de la route de la Fere à Ham. A Jussy +, 1 l. E. de *Flavy* +... 3 l. Pont & corps de Garde du canal, ½ l. E. des châteaux de Camas & du Burguet. A Lizerolle, ⅓ q. l. O. de Montecourt +. Carrefour de la route de la Poste qui passe au grand Seraucour +, à Roupy + & à St.-Quentin. 5 l. de Jussy. Au Fay, ¼ l. N. O. d'Hinancourt +. ¼ l. O. de Benay + & Cerify +. A Essigny le grand + & avenue de Castres. Une demi-lieue Ouest d'Urvillés +. 1 l. E. de Castres, ¼ l. de Grugy + & Gaulchy +. ¼ l. d'Oestre +. Faubourg d'Isle & riv. de Somme à passer. *A St.-Quentin*...... 4 l.

Autre Route.

De Coucy-le-château on passe au moulin à vent. ½ l. E. de Coucy-la Ville +. ½ l. N. O. d'Aulers-Bassolle +. ½ l. S. de Bas-Rosiere & de Fresne +. ½ l. de bois à trav. & à l'abb. de Prémontré. 1 ½ l. de bois en passant à ½ l. E. de Sept-Vaux +. ¼ l. de St.-Gobin, Vallon, étang & hameau du Vivret. A Bertaucourt, O, d'Espourdon +. Le long E. d'Andelin +. Moulin & vill. de Châtines +. Faubourg & riv. d'Oise à passer *A la Fere*.... 4 l. De la Fere *A St.-Quentin*.... 6 l. Voyez de Laon à St.-Quentin.

SAINTES..... S.O.	Paris & à Saintes............	146
SENLIS........ O.	Compiegne & à Senlis.......	18
SENS......... S.	Meaux & à Sens............	44
Tonnerre....... S.	Sens & à Tonnere...........	64
TOULON...... S.	Paris, Lyon & à Toulon.....	235
TOULOUSE.. S.O.	Paris & à Toulouse.........	195
TOURS...... S.O.	Paris & à Tours............	82
TROYES. Route de traverse.... S....		37

De Soissons & faub. St.-Crespin, on passe à la fourche du chemin de Fere-en-Tartenois. ¼ l. O. du chât. d'Orchamp, & Ste-Genevieve. Avenue & à ½ q. l. Ouest de Belleu +.

Aven. & à l'E. du chât. de Chevreufe. Côte, ¾ l. de Vaubuin +. Val. & ham. de Vignolle, ¼ l. E. de Courmelles +. A l'E. du moulin & vill. de Berzy le-Sec +. Pont & riv. de Crife, ½ q. l. O. de Noyan +. Pont & ruiff. ½ l. O. de Septmons & Rofieres +. Fourche du chemin de la Ferté. ¼ l. E. d'Aconin & de Vifigneux. Le long de l'étang, E. du moulin de Bufancy. Ruiff. à l'O. du chât. & vill. de Bufancy +. Pente rapide E. de la Rue-Guyot. ½ q. l. E. de Villemontoir +. Entre le vill. & le bois de Taux. O. du bois d'Hartenne, E. de Tigry +. Le long O. d'Hartenne +. ½ l. E. de Parcy +. ½ l. des bois de St.-Jean à paffer. Pente rap. ½ l. E. du Pleffis-Huleux +. ¼ l. de bois de Huc à trav. ½ l. O. de Nogentel & du grand Rozoy +. Carref. du du chemin de Villers-Coterets à Fere. ¼ l. E. d'Ouchy-la-Ville +. Pente rapide & à Auchy *ou* Oulchy le-Chatel +.... 5 l. Pont, ruiff. & la Grande maifon, chât. A ½ l. O. de Cugny-les-Ouches +. Vallon, pont & riviere d'Ourcq à paffer. A ¼ l. O. d'Armentieres +. ½ l. O. de Breny +. 1 l. E. de St.-Hilaire-Montgru +. A la Haye. ¼ l. E. de Montigny-la-Croix. A Rocourt +, ¾ l. O. de Coincy. Pente rapide. ½ l, E. du chât. & vill. de Grifolles +. O de Genevroux. Le long O. du bois du Châtelet & à l'E. de l'abb. de Charmes, ¼ l. O. de Befu St.-Germain +. 1 l. d'Epaulx + dans le fond. ¼ l. de Befu-les-Feves. A la Verderie & à l'E. de Bezois. Pente rapide & abb. de Valfecret. ½ l. O. de Verdilly. *A Château-Thiery*..... 5 l. De Château-Thiery *à TROYES*..... 27 l. *Voyez de Troyes à Château-Thiery.*

Vailly	E.	Mézières par Neufchatel	4
VALENCIENN. .	N.E.	Laon & à Valenciennes	36
VERDUN	E.	Reims & à Verdun	43
Vervins	N.E.	Laon; de Laon à Bruxelles . . .	19
Vitry-le-Franç. .	S.E.	Reims, Châlons & à Vitry . . .	31

(de SOISS. à)

ROUTES ET CHEMINS DE TRAVERSE
DE STENAY

Distance de Stenay.

à		Voyez	lieues.
ABBEVILLE . N. O.		Reims, de Reims à Abbeville.	73
AIX en Prov. . . . S.		Verdun, Lyon & à Aix . . .	191
AMIENS . . N. O.		Reims, de Reims à Amiens . .	63
ANGERS . . . O.	DE STENAY, à	Paris, de Paris à Angers . . .	134
ANGOULÊME . S. O.		Paris, de Paris à Angoulême.	178
ANTIBES . . . . S.		Aix, d'Aix à Antibes	232
ARLES . . . S. p. O.		Lyon, de Lyon à Arles	182
ARRAS . . . N. O.		Mézières, de Mézières à Arras.	50
AUCH . . . . S. O.		Paris, de Paris à Auch	238
AUTUN . . S. p. O.		Châlons f. Marne, & à Autun.	88
AVIGNON . . . S.		Lyon, de Lyon à Avignon . .	172

BAR-LE-DUC. *Partie grande route*. . . . Sud. 21

De Stenay *à Dun*. . . 3 l. *Voyez de Verdun à Stenay*. Sortant de Dun-bas on passe la Meuse. A Doulcon +. Côte rap. à trav. & à ¼ l. O. de Clery +. Prairie, pont & riv. d'Andon. A l'E. & près d'Aincreville +. Le long E. du bois de la Geline & de la Pelletière. Au-dessus & à ¼ l. E. de Banteville. Prairies & riv. d'Andon à trav. *A Romagne-sous-Montfaucon*. . . 2 l. Pont & clos de la Gabrielle. Au Bru, ½ l. E. de Genes. ¾ l. O. de Cierges +. A la Grange au Bois, fief. ¾ l. des bois Emont à trav. Sur le sommet de la chaîne primitive qui traverse la France du N. au S. A l'E. de la ferme d'Emorieu. Le long du bois & ham. d'Eclifontaine. ½ l. O. du moulin à v. & vill. d'Epenonville +. 1 l. O. de *Montfaucon*, sur la côte. ¾ l. de la ferme de Serieux & du bois de Chechey: A Charpentrie. Vallon, forge, pont & riv. de Buanthe. Côte rap. à trav. Chemin de Very, & à ¼ l. O. de Chepy. Pente rap. & calvaire de Miffion. *A Varennes*. . 3 Ville basse & pont sur l'Aire à passer. A la Ville haute & cour d'Annonciades. De Varennes on passe à la fourche de la route de Ste.-Menehould & à l'orme de Boureulles. Vallon & ruiss. de l'Offon. A la petite Ville. Pont, moulin & riv. d'Aire. Au bas du vill. de Boureulles +. E. de la forêt d'Argonne. ½ l. O. du tertre & vill. de Vauquoy +. Le long O. de la forêt d'Heffe. Vallon & ruiss. à trav. A Neuvilly +. Pont & riv. d'Aire. Près de la cense de Brisjam. ½ l. O. d'Aubreville + & du chât. de Courcelles. Traverse du chem. de Verdun à Grand-Pré. ¾ l. E. de la

STENAY.

Haute-Prife & du fief du Jarcq. ½ l. O. de Vraincourt+. A Clermont en Argonne...3½ l. 2 l. de la forêt d'Argonne à trav. A Beaulieu+, vill. & Abb....2 l. Côte & étang de Beaulieu. ¾ l. O. de Waly+. 1 l. E. de Paffavant+. Plufieurs vallons & ruiffeaux à paffer. ¾ l. E. de Brizeaux+. Vallon, ruiff. & à ½ l. O. de Foucaucourt+. Au bois de la Caille & étang de la Grim-belette. ½ l. N. E. de Triaucourt+. Devant la chap. de Me-noncourt. Vallon, riv. de Marque & à ¾ l. O. de Soify, ¾ l. d'Efvres. A la cenfe & au bois Brouaine. ¼ l. O. de Riaucourt+. Vallon & riv. d'Aifne. A Vaubecourt...3 l. Au bois & vill. de l'Ifle-en-Barrois+. Au petit Loupy, fur le Ché, riv. Bois d'Haraumont & des Chefnes. A Chardogne+. Moulin & ruiff. de Maffepré. Route de Bar à Reims. Pont, riv. d'Ormain & Fains+. A BAR-LE-DUC....4½ l.

Autre route. 24

De Stenay à *Verdun*...11 l. De Verdun à *BAR-LE-DUC*....13

Baricourt.... O.		Reims *ou* de Reims à Stenay.	3
BAYONNE.. S.O.		Paris, de Paris à Bayonne..	263
Beaumont en Argonne ......N.O.	DE STENAY, à	Réthel *ou* de Réthel à Stenay.	3
BEAUVAIS... O.		Reims, de Reims à Beauvais.	59
BESANÇON.. S.		Verdun, de Verdun à Befançon.	74
Blois.... S.O.		Paris, de Paris à Blois.....	103
BORDEAUX. S.O.		Paris, de Paris à Bordeaux..	212

BOUILLON. *Grande route...* Nord......... 11

De Stenay à *Sedan*.......8 l. *Voyez de Stenay à Mézières.*
De Sedan à BOUILLON...3 l. *Voyez de Stenay à Liège.*

Chemin de traverfe. 10

De Stenay à Moulin+. *Voyez de Stenay à Mézières.* De Mou-lin à la côte & près du Sart. A l'E. de Vau+. Vallée & à ½ l. O. de Sailly+. Prairie, pont & riv. de Chiers. A Carignan autrefois *Yvoy*...4½ l. Fourche de la route de Montmedy à Sedan. Côte & vill. de Wé+. Vallon & vill. d'Ofne+. Côte & vill. de Meffaincourt+. ¼ l. E. d'Efcombres. O. de Chenoix. 2 l. de la forêt de Bouillon à trav. Vallon, ruiff. & côte. Le long S. de la Semoy. Route de Bouillon à Sedan. A BOUILLON.. 5½

BOURGES..S.O.		Troyes, de Troyes à Bourges.	107
Breft....... O.	DE STEN. à	Paris, de Paris à Breft....	207
BRUXELLES. N.		Mézières, & à Bruxelles...	56
Bufancy.... O.		Reims par Bufancy.....	5
CAEN..... O.		Paris, de Paris à Caen.....	114

STENAY.   595

Calais . . . . N.O.	Arras, d'Arras à Calais 82
CAMBRAY . N.O.	Mézières, & à Cambray . . . 46
Carignan . . . . N.	Bouillon 4½
CHALONS ſ. M. S.O.	Clermont en Arg. & à Châlons. 26
CHALON ſ. Saone. S.	Verdun, de Verdun à Chalon. 85
Charleville . . . N.	Mézières, & à Charleville . . 14
Chêne-le-Populeux. O.	Réthel 10
Cherbourg . . . . O.	Paris, de Paris à Cherbourg. . 142
Chimay . . . . . O.	Mézières, & à Chimay . . . 26
Clermont en Arg. S.	Bar-le-Duc 11¼
CLERMONT-F S.O	Troyes, de Troyes à Clermont. 133
Compiegne . . . O.	Reims, de Reims à Compiegne. 46
Damviller . . . . S.	Verdun par Damviller 8
DIJON . . . . . S.	Verdun, de Verdun à Dijon . 66
Donchery . . . . N.	Mézières par Sedan 10
DOUAY . . . N.O.	Mézières, & à Douay 52
Dun-ſur-Meuſe . . S.	Verdun par Dun 3
Falaiſe . . . . . O.	Paris, de Paris à Falaiſe . . . 109
Fontainebleau . S.O.	Châlons, & à Fontainebleau. 63

GIVET. Grande route. . . . Nord. 29
De Stenay à Mézières. . . 13 l. De Mézières à GIVET. 16

Chemin de traverſe. 20

De Stenay à Sedan. . . . 8 l. Voyez de Stenay à Mézières, De Sedan à Foing+ ¼ q. l. E. du ponton, bac & vill. d'Yges+, au-delà de la Meuſe. A St.-Menge+. 1¼ l. des bois Mazarin à trav. A Sugny+, au milieu de la forêt. ¾ l. E. de Bagimont+, dans le bois. 1 l. de bois à trav., en paſſant près de la butte du Fond du bois Jean. Au-deſſus E. de Bohan+. . . . 5 l. Moulin, pont & riv. de Semoy. A Membré+. Côte rap. & ham. de Hériſſart. ¾ l. O. d'Orchimont+. Bois à trav. A Riennes+. A Boſſingnes. 3. 2 l. de forêt à trav. en paſſant à Félenne+. A GIVET. 4

GRENOBLE . . S.	De Stenay à Verdun & Grenoble. 139
Jametz . . . . S.E	De Stenay à Verdun 4

LIEGE. Grande route. . . N. p. E. 36

De Stenay à Sedan. . . . 8 l. Voyez de Stenay à Mézières. De Sedan au faubourg du Fond-Givonne. Côte rap. à trav. A Givonne+. Pont, ruiſſ., forge & platinerie de Givonne. Côte & près de la ferme de Virée, à la Chapelle. 1¼ l. des bois du Roi à trav. *A Bouillon*... 3 l. De Bouillon on passe la riv. de Semoy sur un pont. A la Côte, ¼ l. E. de Curfoz +. ½ q. l. O. de Noirfontaine +. ½ l. des bois de Menuchenet à trav. ¾ l. O. de Belvaux +. Vallon, ruiss. & moulin d'Almache. Le long des bois de Defoy. ¾ l. O. de Nollesvaux +. Le long E. du bois de *Montbour*... 3 l. Ou de *Bouillon* on passe à Noirfontaine +, Belvaux +, Nollesvaux & au bois de Montbour. *A Palisseul* ou *Palizeul*... 3 l. A Framont +, Maissin +. Pont & riv. de Lesse. A Transinne. Traverse de la route de Luxembourg à Namur. 1 l. des bois de Houtgiout à trav. Traverse du ch. de Givet à St.-Hubert. *A Tellin* +.... 4½ l. ½ l. O. de Bure. A Wavreille & à 1 l. S. de Rochefort. Pont & rivière de l'Homme. A Gemelle. Pont & riv. de Wame. A Marloye-le-Liégeois + & *à Marche* en Famène... 5 l. Ou de *Gemelle* à On +, Hargicourt +. Riv. de Wame. A Jemeppe. Pont & riv. d'Hedre. A Marloye + ou à Waha, Telin & *à Marche*. Ou si l'on veut, de Wavreille on passe à Forière-St.-Martin +. Pont & rivière de l'Homme. A Forière N. Dame +. ¾ l. O. d'Ambly. A Hargimont + & riv. de Wame. A Jemappe & riv. d'Hedre. A Marloye ou à Waha. Le St.-Esprit & route de Luxembourg à Namur. *A Marche* en Famène... 5 l. De la Marche on trav. ¾ l. de bois & bruyères. Pont & ruiss. de Wachot. Côte, vallon & vill. de Rabozée +. Pont & ruiss. de Baillonville. A Baillonville +. ¾ l. O. de Noizeaux sur Ourt. Le long du bois d'Eneilles, O. de l'arbre de la Forière & à ¼ l. E. de Barveau en Condroz. Côte & vill. de Felon +. Au Tilleul de ce vill. & à ¼ l. E. de Chantreine. *A Bourzen* ou *Bouxin* +... 4 l. A la croix de Fontenois, E. d'Avain +. A la croix de Gotte & à Tervagne +. Ou du bois *d'Eneilles* on passe à l'O. de la Grande somme. Entre Cherdeneu & Bonsaint +. Pont & riv. de Néolon, aux arbres, Cailles & à Vervox. Prairie, à l'E. de Clavier +. A Tervagne + & route de Givet & Charlemont à Liége. De Tervagne à Tinlot. Barrière & cabaret de Sohait *ou* Soxhet. Le long du bois, ¼ l. E. de Scry +. ¼ l. de Villers-le-Temple. *A la Poste* & à ½ q. l. O. de *Nandrin* +.... 4 l. A Fraisneaux +. Barrière & cabaret de la Tolle, ¾ l. de St.-Severin. A Neufville +. 1 l. de bois à trav. ¾ l. E. de Ramet. Barrière & ham. d'Ivot. Le long de la Meuse. A Val-St.-Lambert. Vis-à-vis E. de Flémalle +. Entre le ham. de Lisse & le vill. de Seraing +. Pont & riv. de Meuse. A la barrière, E. de Tilleur +. A Sclassin & le long de la Meuse. Vis-à-vis & à ¾ l. d'Ongrée +, au-delà de cette riv. Au Val Benoist + & *à LIÉGE*.... 5 l.

Chemin de traverse. 38

De Stenay *à Sedan*... 8 l. *Voyez ci-dessus*. De Sedan à Illy + & à Flégneux +. 3 l. de la forêt de Mazarin à trav. A. Alle + ou à Mousaive +. Passage de la Semoy. Au Gros-Fays + & *à Wagy* +... 6 l. A Bièvre +. ½ l. O. de Graide +. A Prougy & à *Haut-Fays* +.... 4 l. A Soyer & route de Luxembourg à Namur. A Froidlieu +. ½ l. E. de Revogne. A Lavaux + sur Wimbe & *à Wartin* +... 5 l. A Custine + sur Yvoigne. Conjoue +. Conen & près d'Achin +. *A Ciney*... 2 l. De Ciney *à LIÉGE*.... 13 l. *Voyez de Mezières à Liége*.

STENAY.

Autre chemin par St.-Hubert. 40

De Stenay à *Chauvency-le-Château*. . . 2 l. *Voyez de Stenay à Luxembourg.* Entre Thonne-les-Prez + & *Montmedy.* ½ l. O. de Frénois +. A Thonnelle +, Thonne-le-Thil + & au ham. de Montlibert. Au N. de Signy +. Fourche de la route de Sedan. Entre Taffigny & Sapogne +. A Villers devant Orval +. ¾ l. O. de Margny +. A l'O. & près de la forge & de l'Abb. d'*Orval.* 5 Côte & 1 l. des bois d'Orval à trav. A Florenville +, & *à Fontenville.* . . 3 l. A Ste.-Cécile. Chemin & à ¾ l. S. de l'Abb. de Conques. 2 l. des bois de Bouillon à traverser. A Mortehan + & Thibouroche. Pont & riv. de Semoy. *A Cugnon* +. . . 3 l. Côte rap. & 1 l. de bois à passer. A Remaumont + & Bortrix +. Au bois de Leuch & *à Recogne* +. . . . 4 l. Traverse de la route de Luxembourg à Namur & Bruxelles. Bois de Bernichot à trav. Basse & haute Bras +. A Nomel, chap. Celle de St.-Roch & *à St.-Hubert*, Abb. . . . 3 l. *Ou de l'Abb. de Dorval* on traverse les bois de l'Abb. & l'on passe à Florenville +. ¾ l. E. de la Cuisine +. *A Chiny.* Passage de la Semoy. 1 l. de la forêt de Chiny à passer. *A Suxy* +. . . 4 l. *Ou d'Orval* on va à Pin, hors la forêt. A Izel +. Jamoigne & riv. de Semoy, que l'on traverse. A Bulles +. 1 l. de la forêt de Chiny à trav. *A Suxy* + vill. au milieu des bois. . . 4 l. De Suxy à Monplanchamps + & *à Neuchâteau.* . . 2 l. De Neuchâteau *à Recogne.* . . 2 l. De Recogne à St.Hubert. . . 3 l. *V. la route ci-dessus.* De St.-Hubert on traverse 1 l. de bruyères & de bois. A Waffogne, Harzin + & riv. de Wame. Côte, vallon & ruiss. d'Hedre. Au moulin d'Hedre. Entre les bois d'Hologne & de Singette. A Waha +, le St.-Esprit & *Marche* en Famène. . . 6 l. Traversé des bruyères & bois de la Marche. A Rabozée +. Baillonville +. Le long des bois d'Eneilles. *Au Grand-Chêne.* . . . 4 l. A Bachelle, Bois +. O. de Clavier +. A Tervagne + & *à Tinlot.* . . 3 l. De Tinlot *à* LIÉGE. 7 *Voyez la premiere route ci-dessus.*

LILLE . . . N. O.	De Stenay à Mézières & à Lille .	56
LIMOGES . . S. O.	De Stenay à Paris & à Limoges .	154
Longuyon . . S. E.	De Stenay à Longwy	8
Longwy . . . S. E.	De Stenay à Longuyon & Longwy.	12

LUXEMBOURG. *Route de traverse.* . . Est. 18

Sortant de Stenay on traverse la route de Verdun à Sedan, & l'on passe la côte de Baalon. Vallon & fourche de la route de Verdun à Mézières. Pont, ruiss. & à ¾ l. S. du chât. de Bronelle. Côte, à ¼ l. N. E. de Baalon +. N. du moulin de ce vill. ¾ l. N. O. de Quincy +. ¾ l. N. de l'hermitage St.-Martin. Le long des bois de Chenoy. ½ l. E. de Brouenne +. Côte rap. & vallée de la Chiers. ¼ l. S. de Chauvency-St.-Hubert +. Pont & rivière de Chiers. A Chauvency-le-Château +. Le long N. de la Chiers. Ruiss. au S. & près de Thonne-les-Prez +. *A Montmedy.* . . . . 3 De Montmedy *à* LUXEMBOURG. . . . 15 l. *Voyez de Mézières à Luxembourg.*

LYON	S.	Verdun, de Verdun à Lyon .	112
MANS (le)	O. p. S.	Paris, de Paris au Mans	112
MARSEILLE	S.	Lyon, de Lyon à Marseille .	199
Marville	S. E.	Longwy	7
Maubeuge	N.	Mézières, & à Maubeuge	38
METZ	S. E.	Verdun, de Verdun à Metz .	26

(De Stenay,)

MÉZIÈRES. Route de traverse.... N. p. O. 13

De Stenay à Servisy, par la belle avenue ou la grande route. Au bas O. de la chap. St.-Lambert. ¼ l. E. de Cesse +, vill. au-delà de la Meuse & au bord de la forêt de Dieulet. ½ l. E. de Luzy +, également au bord de la forêt. A Martincourt + & à Inor + où l'on quitte la Meuse. ¼ l. E. de Prouilly + & à 1 l. de Pouilly +. Côte rap. à trav. en passant à ¼ q. l. E. de la Vignelle. ½ l. O. de Soiry & du bois de Blanc-Champagne. Vallée & à ½ l. E. d'Autreville + & 2 l. de *Beaumont* en Argonne. A Moulin +. Côte & le long du bois des Flavies. Vallon, ½ l. E. de Villemontry +. A Warmonter & Bellefontaine. Le long de la Meuse. A la Grande-Fontaine & Rozoy, faub. de *Mouzon*... 4 l. A l'E. de cette Ville & au moulin de la Fourberie. A l'E. de Rouffis + & de Villers +. O. du moulin & vill. d'Amblemont +. A Mairy +. ½ l. de prairie à trav. en passant à ¼ l. O. de Brévilly +. Pont, riv. de Chiers & à Douzy +. Pont sur un bras de la Chiers. Devant la platinerie & fourche de la route de Sedan à Montmedy. ½ l. S. de Rubecourt, du chât. & bois de Lamecourt. ¼ l. N. de Remilly +, au-delà de la Meuse. ½ l. de ponton & bac à Bazeille. Au N. des fouleries & à Bazeille +. ½ l. S. de la Moncelle +. 1 l. N. E. du mont & vill. de Noyers +. A Balan +. ½ l. E. de Wadlincourt +. *A Sedan*... 4 l. Sortant de Sedan on passe la Meuse. A Torcy +, faub. de Sedan. ½ l. S. de Glaire +. 1 l. du mont d'Yges. Ruiss. & route de Réthel. Au N. & près de Frenoy +. Le long S. de la Meuse, ½ l. de Villette + & de Dancour + sur Meuse. Faub. & au S. de la ville de *Donchery*, au-là de la riv. A l'hôtellerie de Condé. Pont & riv. de Bar. ¼ l. N. de Villers +. ½ l. S. de Vrigne-Meuse +. A Menil, ham. & à Don + sur Meuse. Vis-à-vis S. du bac ponton & du vill. de Nouvion +, au-delà de la Meuse. ½ l. N. de la forge, fourneau & vill. de Boutancourt +. A Flize +. Entre la côte de Flize & la Meuse. A Elaire, où l'on quitte le bord de la Meuse. Aux petites & grandes Ayvelles +. ½ l. S. O. du bac & vill. de Lumes +. A Villers devant Mézières +. Côte de Villers à trav. & à 1 l. S. de St.-Laurent. Pont & riv. de Vence. A Mohon + sur Vence & Meuse. Faubourg St.-Pierre, *à MÉZIÈRES*.... 5 l.

MONS	N. p. O.	De Stenay à Mézières, & à Mons.	39
Monfaucon.	S.	De Stenay à Dien, Brieulle & à Montfaucon.	10
Montmedy	E.	De Stenay à Luxembourg	3

MONTPELLIER . . . . S. O.	Lyon, de Lyon à Montpellier.	190
MOULINS . S. O.	Troyes, de Troyes à Moulins.	106
Mouzon . . . . N.	Mézières par Mouzon	4
NAMUR . . . . N.	Mézières, & à Namur	43
NANCY . . . S. E.	Verdun, de Verdun à Nancy.	33
NANTES . . S. O.	Paris, de Paris à Nantes . . .	155
NARBONNE . S. O.	Montpellier, & à Narbonne .	213
Orient (l'). . . O.	Paris, de Paris à l'Orient . .	186
ORLÉANS . S. O.	Troyes, de Troyes à Orléans.	88
Orval, Abb. . . E.	Liége par St.-Hubert	7
PARIS . . . O.	Reims, de Reims à Paris . . .	61
PAU . . . . . S. O.	Paris, de Paris à Pau	268
PERPIGNAN. S. O.	Montpellier, & à Perpignan .	228
Philippeville . . N.	Mézières, & à Philippeville .	29
POITIERS . . S. O.	Paris, de Paris à Poitiers. . .	148
REIMS . . . . . O.	Pauvre, de Pauvre à Reims .	23
RENNES . . . . O.	Paris, de Paris à Rennes. . .	147
Réthel-Mazarin . O.	de Réthel à Stenay	18
ROCHELLE (la). S.O	Paris, de Paris à la Rochelle.	182
Romagne . . . . S.	Bar-le-Duc	5
ROUEN . . . . O.	Paris, de Paris à Rouen . . .	91
St.-Hubert . N. p. E.	Liége par St.-Hubert	20
ST.-MALO . . . O.	Paris, de Paris à St.-Malo . .	150
ST.-OMER . . N.O.	Mézières, & à St.-Omer . .	71
St.-Quentin . N. O.	Réthel, de Réthel à St.-Quentin.	41
Ste-Menehould. S.p.O	Vitry le Français	12
SAINTES . . . S. O.	Paris, de Paris à Saintes . . .	182
SEDAN . . . . N.	Mézières par Sedan	8
SENS . . . . S. O.	Troyes, de Troyes à Sens . .	61
SOISSONS . . . . O.	Reims, de Reims à Soissons .	36
Spa . . . . . N. E.	Liége par Bastogne	40
STRASBOURG. S.E	Metz, de Metz à Strasbourg .	66
TOUL . . . . . S.	Verdun, de Verdun à Toul .	29
TOULON . . . . S.	Lyon, de Lyon à Toulon . .	208
TOULOUSE. S. O.	Paris, de Paris à Toulouse . .	231
TOURS . . . S. O.	Orléans, d'Orléans à Tours .	117

(DE STENAY, à)

TRÈVES	E.	DE STEN. à	Luxembourg, & à Trèves .	27
TROYES . . .	S. O.		Châlons f. Marne, & à Troyes.	45
VALENCIEN.	N. O.		Mézières, & à Valenciennes . .	49
Vendresse	O.		Tourteron, & à Vendresse. . .	17
VERDUN	S.		De Verdun à Stenay	11

VITRY-LE-FRANÇAIS. Route & chemin. . . S. p. O. . . 33½

De Stenay *à Clermont* en Argonne. . . . . 11½. De Clermont à Châlons & *à VITRY*. . . . 22 l.

Autre route. 24

De Stenay *à Varennes*. . . 8 l. *Voy. de Stenay à Bar-le-Duc.* De Varennes à la fourche de la route de Clermont. Vallon & ruiss. de l'Osson. 1½ l. de la forêt d'Argonne à trav., en passant à la Pierre croisée. Carref. de la haute Chevauchée, route Romaine. A la Chalade +, vill, & Abb. Pont & riv. de Biesmes. ½ l. du bois des Patis à trav. ½ q. l. O. de Florent +. ½ l. de bois de Florent, *à Ste.-Menehould*. . . 4 l. Au moulin Gergeau. Entre la cense brûlée & la Camuterie. Le long E. du bois des Acrutes. ¼ l. O. de Verrières + & des bois du Roi. ½ l. E. d'Argiers +. A Elize + & à la petite Beaulieu. ¼ l. O. de Dancourt +. ½ l. E. de Moncel. Vallon & à ¼ l. O. du moulin à v. de Braux. A la fontaine Barny, ½ l. O. de Braux-St.-Remy +. O. & près de la basse Vaurelle, & ½ l. de Sivry +. Traverse de la Champagne pouilleuse sur une côte de 7 l. en passant à ¼ l. O. de la cense d'Epensival. ½ l. du vill. d'Epence +. ½ l. E. de Dommartin + sur Yevre, & de Varimont +. Entre Noirlieu + & Somme-Yevre. Vis-à-vis O. de la ferme du bois. Carref. de la route de Reims à Bar. A l'O. de Berzieu & du chât. & vill. de Contant +. ¼ l. de Bussy-le-Repos +. A la Motte-Heriton, *cab.*, situé au carref. du ch. de Châlons à Bar. . . 6 l. Croix & à ¼ l. E. de Bronne. ¼ l. O. de Vano-le-Châtel +. Croix & à ¼ l. O. du moulin & vill. de Bassu +. ¼ l. E de Lisse +. ½ l. O. de Bassué +, *vignoble.* Fin de la côte de Champagne. Pont & ruiss. de Bassué *ou* Vion. Entre St.-Lumier + & St.-Quentin +. ¼ l. S. E. de St.-Amand +. A la route de Châlons à Nancy. Traverse des vignes & à ¼ l. E. de Couvrot +. Côte à trav. & au pont de Vaux sur l'Orne, riv. 1 l. O. de Vitry-le-Brûlé. Vis-à-vis de Bas-Village +. Faubourg & porte de Vaux; *à VITRY-LE-FRANÇAIS*. . . . 5½ l.

ROUTES ET CHEMINS DE TRAVERSE
DE STRASBOURG

Distance de Strasbourg.

à	Voyez	lieues.
ABBEVILLE . N.O.	Nancy, de Nancy à Abbeville.	138
AGEN . . . . . O.	Limoges, de Limoges à Agen.	226
Aire en *Artois*. N.O.	Reims, de Reims à Aire . . .	136
AIX en Prov. S.p.O	Lyon, de Lyon à Aix	181
AIX *la Chapelle* . N.	Metz, & à Aix-la-Chapelle .	111
ALBY . . . . . . O.	Béfort, de Béfort à Alby . . .	190
ALENÇON . . . O.	Paris, de Paris à Alençon . .	164
Amboise . . . . O.	Orléans, d'Orléans à Amboise.	155
AMIENS . . N.O.	Nancy, de Nancy à Amiens .	128
Ammerschweir . S.O.	Colmar.	17
Andlau . . . . S.O.	Schlestatt par Andlau	7
ANGERS . . . O.	Paris, de Paris à Angers . . .	192
ANGOULÊME . . O.	Besançon, & à Angoulême .	207
ANTIBES . . . . S.	Aix en Provence, & à Antibes.	222
ANVERS : . N.O.	Metz, de Metz à Anvers . .	119
ARLES . . . . S.O.	Lyon, de Lyon à Arles . . .	172
ARRAS . . . N.O.	Metz, de Metz à Arras . . .	121
AUCH . . . . . O.	Béfort, de Béfort à Auch . .	257
AUTUN . . . . . O.	Béfort, de Béfort à Autun . .	88
AUXERRE . . . O.	Béfort, de Béfort à Auxerre.	106
Auxonne . . . S.O.	Besançon, & à Dijon	66
AVIGNON . S.O.	Lyon, de Lyon à Avignon .	162
Bagnères . . O.p.S.	Auch, d'Auch à Bagnères . .	280
BAR-LE-DUC. N.O.	Nancy, de Nancy à Bar . . .	57
Barr . . . . . S.O.	Schlestatt par Barr	6
Barrèges . . O.p.S.	Auch, d'Auch à Barrèges . .	290
BASLE . . . S.p.O.	de Basle à Strasbourg	31
BAYONNE . . . O.	Béfort, & à Bayonne	278
Beaucaire . . S.O.	Lyon, de Lyon à Beaucaire .	171
BEAUVAIS . N.O.	Paris, de Paris à Beauvais . .	135

Tome II.   Ggggg

Béfort	S.O.	Colmar, de Colmar à Béfort.	31
Benfelden	S p.O.	Colmar par Schlestatt	6
Bergzaberen	S.p.O.	Colmar	4
Bersch	O.	Luneville par Bersch	5
BESANÇON	S.O.	Béfort, de Béfort à Besançon.	52
BÉSIERS	S.O.	Montpellier, & à Béziers	197
Bischweiller	N.E.	Landau par Bischweiller	6
Bitche	N.	Deux-Ponts	22
BLOIS	O.	Orléans, d'Orléans à Blois	145
BORDEAUX	O.	Béfort, de Béfort à Bordeaux.	222
Bouquenom	N.	Saarlouis	18
Bourbon-l'Ancy	O.	Autun, d'Autun à Bourbon.	103
Bourbon-l'Arch.	O.	Autun, d'Autun à Bourbon.	119
Bourbonne-les-B.	O.	Vésoul, & à Bourbonne	60
BOURG en B.	S.p.O.	Besançon, & à Bourg	85
BOURGES	O.	Béfort, de Béfort à Bourges.	124
Bouxweiller	N.	Saarlouis jusqu'à Saverne	11
BREST	O.	Paris, de Paris à Brest	265
Brumpt	N.	Landau	4
BRUXELLES	N.O	Metz, de Metz à Bruxelles	112
CAEN	O.	Paris, de Paris à Caen	172
CAHORS	O.	Autun, Limoges, & à Cahors.	213
Calais	N.O.	Metz, de Metz à Calais	152
CAMBRAY	N.O.	Reims, de Reims à Cambray.	116
Cauterets	O.p.S	Toulouse, & à Cauterets	285
CHALONS s.M.	Op.N	Nancy, & à Châlons	77
CHALON sur s.	S.O.	Besançon, & à Chalon	77
Charleville	N.O.	Metz, de Metz à Charleville.	79
CHARTRES	O.	Paris, de Paris à Chartres	139
Chaumont en B.	O.	Nancy, de Nancy à Chaumont.	62
Cherbourg	O.	Paris, de Paris à Cherbourg.	200
CLERMONT-F.	S.O	Béfort, de Béfort à Clermont.	134

COLMAR. Grande route.... S. p. O. 15

Sortant de Strasbourg par la porte Dauphine on passe un pont de la riv. du Rhin & une prairie. Au carref. de la route d'Allemagne. Devant les bâtimens qui renferment les bestiaux de la provision de Strasbourg. Au faub. des Bouchers ou des Trois-Cheminées. Route qui conduit au Poligone. Traverse des clos &

STRASBOURG.

jardins de la ville. A la fourche de la route qui conduit à la porte de l'Hôpital. Devant la Manufacture Royale de toile. Au Chasseur verd, *cab*., & au Péage. Pont sur un bras du Rhin à passer. Route plantée de quatre rangs d'arbres. ¼ l. O. du Poligone, ¾ l. de Rissoffen & Neyhoffen. Avenue. jardins, ferme & auberges. Pont & ch. du chât. d'Oswald. A Weckheisel. Fourche de la route de Basse & Calvaire. Entre des hayes, saules & clos. ¼ l. E. d'Illwickersheim +. Devant les auberges & à Ilkirch +. Devant l'orangerie & parterre du chât. d'Ilkirch. Plaine fertile en légumes à trav. A Graffenstad, ham. & devant la Ville de Strasbourg, *aub*. Pont de bois & riv. d'Ill à passer. Le long O. de cette riv. Pont de bois sur la riv. de Schiffbach. Autre pont & riv. à trav. 1 l. E. de Gayspalzheim +. *A Fegersheim* +... 3. Devant l'arbre & la Poste aux Chevaux. ¼ l. E. de Lipsheim +. Pont de pierre sur d'Andlau, riv. ½ q. l. O. d'Ichtersheim. Croix, poteau & chemin d'Hipsheim +. Pont & riv. de Scheer. Devant l'auberge de l'Etoile d'or & St.-Luden. ¼ l. O. de Scheerkirch +. Le long E. de la Scheer. ¼ l. E. de Limersheim. Chemin & à ¼ l. O. de Northausen +. Puits qui donne de l'eau au Rouliers. Belle plaine fertile à trav. Route & à ¼ l. O. d'*Erstein*. ½ l. E. de Scheffersheim +. Justice & chemin, ¼ l. E. de Bolsenheim +. Poteau, chemin & à ¼ q. l. O. d'Osthausen +. Devant le puits pour les chevaux. ¼ l. E. d'Uttenheim +. A Matzenheim +. ¼ l. E. de Westhausen +. ½ q. l. de Heisseren & du chât. de Verth. A Sand +. ¼ l. d'Elle, au-delà de la riv. d'Ill. ¼ l. E. de Kertzfelden +. *A la Poste*, O. de *Benfelden*.... 3 l. Route & à 3 l. E. d'*Andlau*. Le long des jardins de la ville de Benfelden. A l'O. & près d'Huttenheim +. ¼ l. E. de la forêt de Risch. Puits & chap. de St.-Vendelin. Le long O. de Semersheim + & de Kogenheim +. Le long E. de la forêt d'Obervald. Croix, poteau & défense des chasses de M. l'Evêque de Strasbourg. Chemin & à 1¼ l. E. de *Dambach*. Route plantée qui conduit à Ebers-Munster, éloigné d'¼ l. à l'E. & à l'Abbaye en l'Ill. Devant la Fleur de Lis, *aub*., & le long O. du vill. d'Ebersheim +. Devant le Soleil d'or & le Bœuf, auberges de ce vill. A la route de Nancy par Raon. Pont, riv. de Milbach & Oratoire. Plaine & prairie, à l'O. de la rivière d'Ill. ¼ l. E. de Scheerweiller, *vignoble*. Fourche de la route de Schlestatt à Saverne & Bouxweiller. Prairie & chap. de N. Dame. Pont & riv. de Giesen. Maison-Rouge, *aub*., située à la fourche de la route qui passe dans la ville de Schlestatt. Pont, riv., jardins & vignes à trav. 1 l. E. de Chatenois +. Devant *la Poste* & en face de la porte de Colmar de la ville de *Schlestatt*... 4 l. Au carref. de la route de Nancy par Ste.-Marie-aux-Mines. Au Roi de Pologne, *aub*. Fourche de la route de St.-Hypolite. Le long des jardins & de la corderie. E. de la justice & à ¼ l. O. de N. D. des Neiges +. ¼ l. E. de Kintzenheim +. Le long O. de la riv. d'Ill. 1 l. E. de *St.-Hypolite*. Pont & ruisseau d'Eckenbach. Prairie *ou* Riettes à trav. ¼ l. O. du moulin de Bruch, sur l'Ill. Pont & ruisseau. ¼ l. E. d'*Oberberckeim*. Au Péage, O. des montagnes noires & à l'E. des Voges que l'on côtoye depuis Strasbourg. ¼ l. E. de St.-Maximin. Au Bœuf & à l'Ange, *auberges*. Le long des murs & devant la porte de la ville de Colmar. Pont, tuilerie & chemin.

de *Ribauviller*, éloigné d'1 l. à l'O. Chap., arche & ruisseau à passer. Pont & riv. de Strengbach. O. de l'Ill & des bois d'Ostheim+. E. d'Attenheim. Pont & ruiss. 1 l. E. de Zellenberg+ & des Voges. Pont de bois, croix & riv. de Fecht. Le long des jardins, O. du vill. & *à la Poste d'Ostheim*+.... 3 l. Pont & riv. de Fecht. Entre les bois d'Ostheim, en passant sur des ponts. A l'E. de Chapenweir & de la chapelle St.-Chrême. ½ l. E. du moulin de Cazelbrug. Au Rosaire, ½ l. O. d'Hausen+. Route de Colmar à Nancy par St.-Diey. Plaine & vignes à trav. ½ l. O. du port, sur Ill. Devant un puits pour les Rouliers. 1 l. E. d'Ingersheim+. Fourche de la route qui passe dans la ville de Colmar. Devant l'auberge du Canon. Pont & riv. de Fecht, qui passe dans la ville. Devant le Bœuf, grosse aub. A la porte de Ruffach ou par celle de Neubrissach. *A COLMAR*......... 2

Cognac..... O.	<td rowspan="10">DE STRASBOURG, à</td>	Limoges, de Lim. à Cognac. 198
Commercy...N.O.		Nancy, & à Commercy... 50
Compiegne..N.O.		Reims, & à Compiegne... 106
Condé..... N.O.		Valenciennes, & à Condé.. 112
Condrieux... S.O.		Lyon, de Lyon à Condrieux. 113
Coulange.... O.		Auxerre, d'Aux. à Coulange. 109
COUTANCES.. O.		Paris, de Paris à Coutances. 190
Dachstein.... O.		Luneville............. 7
Dambach.. S.p.O.		Colmar............. 10

DEUX-PONTS. Route de traverse... Nord...... 28

De *Strasbourg à Haguenau*... 8 l. *V. de Strasbourg à Landau.* D'Haguenau on passe devant St.-Vendelin, chât. ½ l. E. de Schweickhausen. 1½ l. de la forêt Royale d'Haguenau à trav. Au-dessus N. de Mertzweiller+. Chemin de Bouxweiller à Landau. Vallée le long de la riv. de Zintzel. ½ q. l. O. de Griesbach+. (Ici on entre dans les montagnes des Voges.) A Gondershoffen+ & à *Reishoffen*, sur la Zintzel, que l'on remonte... 4 Pont & riv. de Stirzelbroun. ½ l. O. de Valsershoffen. Chemin de Dambach+ & Neunhoffen+. Devant E. de *Niderbroun*+.. 4 Au N. de la cense de Waffembourg & du moulin de Breitesmass. A Leitzelthal, cense. Le long de l'étang & vis-à-vis du vieux chât. de Philisbourg. A Mansbach, cense. A celle de Lisbach & au bas des ruines du chât. de Falckenstein. Pont & rivière de Zintzel à passer. Au N. du vieux chât. de Ramstein. A la forge de Bellerstein sur Zintzel. ½ l. S. de la tour de Valdeck, *ruinée*. A la cense de Bellerstein. O. du moulin, étang & ham. d'Hegelsharde. Sortie des montagnes & bois des Voges. Le long de l'étang de Bitche, *à Bitche*... 6 l. Pont & riv. de la Schwolb. A Freidenberg & fourche de la route de Bitche à Metz & Deux-Ponts. Aux briqueries de Bitche. ½ l. O. de Schorbach+. A Nusweiller en traversant la côte. ½ l. O. de Lengelsheim. ½ l. E. de Wolmunster+. *Poste* & vill. d'*Eschweiller*....3 l. Près de Lutzweiller+ & de Schweygen+. *A DEUX-PONTS*...3 l.

Autre route par Phalsbourg..........27

De Strasbourg à Phalsbourg... 12 l. *Voy. de Nancy à Strasbourg*. De Phalsbourg & porte de Saverne on passe à la tuilerie & chap. de St.-Jean. A Pigelberg, où l'on entre dans les montagnes. 4 l. de bois à trav. & la riv. de Zentzel. ¼ q. l. E. d'Eschbourg ✚. E. de Craufsthal ✚. *A la Petite-Pierre*........ 3
A Pupberg ✚. O. de Kaltenbach. A la Soucht ✚ & forêt de Bitche.... 3 l. ⅜ l. de Missendhal. Mont Royal *ou* Konigberg.
A Goetzenbruck ✚, *au point de partage des eaux du Rhin & de la Moselle*. A Lemberg ✚. Moulin & chât. de Carmagniole.
A Volffsgarden, cense. Sortie des bois & montagnes. *A Bitche*. 3
De Bitche à DEUX-PONTS... 6 l. *Voyez ci-dessus*.

Dieppe....	N.O.	Paris, Rouen & à Dieppe..	163
DIJON....	S.O.	Béfort, de Béfort à Dijon..	73
Dole.....	S.O.	Besançon, de Besançon à Dole.	62
DOUAY...	N.O.	Reims, de Reims a Douay.	118
Druzenheim...	E.	Mayence...........	6
Dunkerque..	N.O.	Metz, de Metz à Dunkerque.	141
Eguisheim..	S.O.	& de Béfort à Colmar....	21
Ensisheim.	S. p. O.	& de Basle à Colmar.....	21
EMBRUN.	S. p. O.	Lyon, de Lyon à Embrun..	157
Erstein....	S.O.	Colmar...........	5
EVREUX...	O.	Paris, de Paris à Evreux...	144
Falaise.....	O.	Paris, de Paris à Falaise...	167
Fécamp..	O. p. N.	Paris, Rouen, & à Fécamp.	165
Fenestrange..	N.O.	Metz par Fénestrange....	17
Fère (la)..	N.O.	Reims, de Reims à la Eère..	99
Ferrette....	S.O.	Basle, de Basle à Porentruy.	37
Fontainebleau..	O.	Troyes, & à Fontainebleau.	114
Fontenois...	S.O.	Nancy, de Nancy à Plombières.	57
Forges....	N.O.	Paris, de Paris à Forges...	146
Fort-Louis.	E. p. N.	Mayence...........	10

FRANCFORT. *Grande route*.... N. E........ 56

De Strasbourg & porte Dauphine on passe un pont & des prairies.
A la fourche de la route de Colmar & faub. des Trois-Cheminées. S. de la Citadelle. Péage du pont à la ville de Strasbourg.
Passage du Rhin sur un pont de bois. A Keel. Fourche de la route de Vienne & Fribourg. A Ottingen ✚. Pont & riv. d'Albe.
A l'O. des mont. noires. A Wolfsphatweiller ✚. ⅜ l. E. d'Aw ✚.
A Dourlach.... 2½ l. 1 l. E. du chât. & vill. de Carlsruch ✚.

Route de Stuttgard. Pont & riv. de Pfing. Entre des bois. Le long des montagnes. A Weingarten+ & Niedgrunbach. Au pied de la côte & vill. de St.-Michelberg+. ¾ l. E. de Safort+. ½ l. de Buchenau+. Devant les salines de Bruchsall, *à Bruchsall*... 4 l. Fourche de la route de *Manheim*. Vis-à-vis O. du puits salé. Ruiss., pont, ¾ l. E. de Forst. A Obstat+. Steffeld+. ½ l. E. de la forêt de Bruchsall & à 3 l. de *Philisbourg* sur le Rhin. A Langenbruch+. ¾ l. E. de Gronaw+. A St.-Roch+. ¼ l. O. de Mengelsheim. Ruisseau, ½ l. O. de Malsch+. A l'O. des montagnes noires. A Redingen+. Heidelberg. *Darmstatt*. 23 & *à FRANCFORT* sur le Mein.... 61.

GENÈVE. S.p.O.		Béfort, de Béfort à Genève.	86
Gemersheim... E.		Mayence............	22
GRENOBLE. S.p.O		Lyon, de Lyon à Grenoble.	129
Gueberweir.. S. O.	D E S T R A S B O U R G.	Colmar, de Colmar à Béfort,	18
Guemar... S. O.		Colmar.............	12
Gueret...... O.		Moulins, de Moulins à Gueret.	146
Haguenau.. N. E.		Landau.............	8
Hartisheim.. S. O.		Colmar, de Colmar à Béfort.	17
Hastatt..... S. O.		Colmar, de Colmar à Béfort.	24
Havre-de-Grace. N.O.		Paris, de Paris au Havre...	170
Huningue.. S. O.		& de Basle à Colmar....	30
Jockgrim... N. E.		Mayence............	18
Kayserberg.. S. O.		Schlestatt, & à Kayserberg.	15
Kiensheim. O. p. N.		Saverne.............	5

LANDAU. Route de traverse.... N. p. E...... 22

De Strasbourg & faubourg de Pierre on passe à la fourche de la route de Mayence. ½ l. O. de Schlitigheim+. ¾ l. E. de Mittelhausbergen+ & de Niderhausbergen+. ¼ l. O. de Soffelweyrshausen+. Pont & riv. de Souffel. ¼ l. O. de Reichstett+. ½ l. E. de Lampertheim. A Vendenheim+. Pont & ruiss. 1 l. de bois à trav. & à St.-Etienne, commanderie. Pont, riv. de Zorn & prairie à trav. *A Brumpt*...4 l. Fourche de la route plantée de Saverne. Vallon & ruiss. Entre Rottelsheim+ à l'O. & Griecksheim à l'E. Le long O. du vill. de Niderchœffelsheim+. ½ l. de bois à trav. en descendant. Fourche de la route de Saverne à Landau. Vallon, étang & ruiss. de Rothbach. Côte de la Maladrie. A Scheidhoff & Creutznausel, *cab*. *A Haguenau* sur Moder....4 l. Cabaret de Tuilerie. Pont de Reiffershoff. 2 l. de la forêt royale d'Haguenau à trav. en passant les rivières de Eberbach, Biberbach & de Surbach. Vallon de la riv. de Surbach. Côte rap. & vill. de *Surbourg*+...3 l. A ½ l. N. O. de Schwoobweiller. ½ l. E. de Hœlschloch+. A Hochweiller+. Vallon, à ¼ l. de *Sultz*. Pont & riv. de Zeltzbach. Côte à 2 l.

STRASBOURG.

O. de Hoffen+. Vallon, ruiss. & cabaret de Schoenenbourg.
Côte & vill. de Schoenenbourg+. Vallon & ruiss. de la Tuilerie.
Côte à ¼ l. S. de Grafersloch. Vallon & ruisseau. ¼ l. N. O.
d'Hunschbach+. Côte, vallon & vill. d'Ingelsheim+. Côte &
bois à trav. Vallon & vill. de Ritsels+. Pont, ruiss. & petit Rit-
sels. Côte rap. de la petite Chapelle & à ¼ l. E. de Steinsels+.
¼ l. O. du chât. de Gasberg. ¼ l. E. de Rott. Côte à trav. & route
de Bitche. Vallée & route de Lauterbourg. *A Weissembourg.* 5
Ruiss., pont & à ¼ l. S. de Schweigen+. Côte, à ¼ l. de Rech-
tenbach+. Vallon & vill. de Schweighoffen+. ½ l. du chât. &
bois d'Hafftel. A Cappweyher+. Au-dessus de Steinfeld+. Côte
à 1 l. O. de Schaidt. Vallon, *Poste* & ham. du petit Steinfeld.
On traverse le ruiss. & le ham. de *Nideroterbach*...3 l. Côte,
vallon, ruiss. & vill. de Dierbach+. Côte rap. & chemin de
Bergzabren. ¼ l. E. d'Oberhausen+. Pont, riv. & à ½ l. O.
d'Hergersweiller+. A Barbelroth. Côte, vallon, ruiss. & bois
à trav. Vallon, hameau & moulin de Mulhoffen. Passage de la
Clcinbach, riv. Le long E. de la montagne & de la ville de *Billickheim.* Vallon, ruiss. à ¼ l. O. de Rorbach. Côte & vallon à
trav. Vallon & vill. d'Insfling+. Côte rap. & vallon, riv., pont.
¼ l. E. de Volmersheim. Devant la Tuilerie. *A Landau*.... 3
Ou de *Barbelroth* on passe le ruiss. & vallon de Niderhorbach.
Bois de Barbelroth à trav. A Ingensheim+. Ruiss. & entre la
gorge d'Ingelsheim, la montagne & la ville de *Billickheim*. Pont
& riv. de Kleinbach. A Appenhoffen, ham. Côte à trav. Vallon
& à ¼ l. E. de Mertzheim. Côte, vallon, ruiss. à ½ l. E. de Volmersheim. *A LANDAU* sur la Queich, riv.

Autre route.

De Strasbourg & porte de Pierre on passe à l'avenue de la Manufacture de Ruperchlsau. A l'O. & près de Schiltigen+,
Saunn *ou* Bischheim+ & de Honheim+. Fourche de la route
de Spire & Mayence. ¼ l. E. de Soffelweyrsheim+. Pont & riv.
de Souffel. A Reichstett. Le long de la forêt de Brumpt. A
Hoerdt+. ¼ l. O. de St.-Wolffang. Moulin, pont & rivière de
Zorn. Le long O. du gros vill. de Weyersheim-la-haute-Tour+.
¼ l. E. de Biettenheim+. Vallée, prairie & ruiss. A Kurtzen-
hausen+. Côte rap. & route plantée de *Bischweiller.* Vallon
& vill. de Gries+. ¼ l. E. de Weittbruch+. ½ l. des bois de
Bischweiller à trav. Aux Tuileries. Etang & ruiss. de Rothbach.
Vill. & bois de Marienthal+. Belle route plantée d'Haguenau,
que l'on suit, en passant à ½ l. O. de Kaltenhausen+. A Bilds-
teinhoff. Pont, ruiss. & étang. A ½ l. de l'Isle de Fiat, chât.
A HAGUENAU. Voyez la suite ci-dessus.

Autre par Lauterbourg.

De Strasbourg à *Lauterbourg*...14 l. *V. de Strasb. à Mayence.*
De Lauterbourg on traverse la forêt de Bienvalt, en passant à
Richelberg+. Ruiss. & vill. de Langenkandel+. Près de Men-
derschlag. Bois, riv. & côte à trav. ¼ l. O. d'Erlenbach+. Bois
& riv. de Kleinbach à passer. Vallon & vill. d'Insheim+. A la
route de Landau par Haguenau. *A LANDAU.*

STRASBOURG.

Landrecy	N.O.	Metz, de Metz à Landrecy	102
LANGRES	O.	Béfort ou Nancy, & à Langres	64
LAON	N.O.	Reims, de Reims à Laon	94
Lauterbourg	N.E.	Mayence	14
Laval	O.	Paris, de Paris à Laval	183
LIÉGE	N.	Metz, de Metz à Liége	88
LILLE	N.O.	Metz, de Metz à Lille	123
LIMOGES	O.	Béfort, de Béfort à Limoges	164
LISBONNE	O.	Bayonne, & à Lisbonne	461
LISIEUX	O.	Paris, de Paris à Lisieux	161
LONDRES	N.O.	Calais, de Calais à Londres	192
Longwy	N.p.O.	Metz, de Metz à Longwy	54
Lons-le-Saunier	S.O.	Besançon, & à Lons-le-Saunier	72
Louvain	N.O.	Metz, de Metz à Louvain	109
Luneville	O.	Nancy par Saverne	29
LUXEMBOURG	N.	Metz, de Metz à Luxembourg	55
LYON	S.O.	Béfort, de Béfort à Lyon	102
MADRID	O.	Lyon, Montpellier & Madrid	359
MANS (le)	O.	Nancy, de Nancy au Mans	169
MARSEILLE	S.O.	Lyon, de Lyon à Marseille	189
Marienbourg	N.O.	Mézières, & à Marienbourg	92
Marckolsheim	S.p.O	Basle	12
Maubertfont.	N.O.	Mézières, & à Maubertfontaine	86
Maubeuge	N.O.	Metz, de Metz à Maubeuge	96
Maurmoutier	O.	Nancy par Wasslonne	8

MAYENCE. *Grande route*... N.E. 43

De Strasbourg & faub. de Pierre on passe à la fourche de la route de Laudau. Aux avenues de Rupertshau, O. de Schiltigen, de Bischeim & de Honheim + sur Ill, riv. Fourche de la route de Bischweiller. Pont & riv. de Zorn. Vis-à-vis du confluent de l'Ill & le Rhin. A Wantzenau +, Kilstett + & belle plaine fertile à trav. A Bettenhoffen +, Gambsheim +, Offendorff + & passage de la riv. de Wenbach. Le long O. du Rhin. A ¾ l. E. de Herrlisheim +. A la Tuilerie. Pont & riv. de Moder. *A Dru-zenheim* sur le Rhin... 6 l. Pont, riv., croix & ancien canal à passer. ¼ l. O. de Dahlunden +, au milieu du Rhin. ¼ l. de bois à trav. A Dengelsheim. Le long O. de Stattmatt +. ¼ q. l. E. de Seffenheim +. Entre l'ancien canal & le Rhin. A Augenheim +. Route de Haguenau & à ¾ l. E. de Runtzenheim. Pont & ruisseau à passer. A Reschwoog +. Route & à ¼ l. N.O. de Fort-Louis, situé au milieu du Rhin. A Guittenheim +, attenant

Reschwoog.

STRASBOURG.

Reschwoog. ¾ l. O. de Neuhaufel+ fur le Rhin. ¼ l. E. de Leuttenheim+ & de la forêt royale d'Haguenau. A Ropenheim+ & route de Forsfeld. Justice, moulin & chap. d'Altbeinheim. A Beinheim... 4 l. Pont & riv. de Furbach. A Neubeinheim+. ½ l. E. de Kœffeldorff+. Entre des bois de la forêt d'Haguenau. Aux Tuileries & à Seltz. Pont & riv. de Zeltzbach à paffer. ¾ l. de bois à trav. O. de Munichhaufen+. A Mothern+. Pont, vallée & le long O. du bois de Mothern. A Lauterbourg... 4 l. Pont & riv. de Lauter à paffer. Fourche de la route de Lauterbourg à Landau. ¼ l. O. de Berg+ fur Lauter. 3 l. de la forêt de Bienvalt à trav., en paffant a ½ l. O. d'Hagenbach. Paffage de la riv. de Holbach. Fin du bois & à ½ l. O. de Jockgrim. Riv. de Otterbach & ¼ l. de bois à paffer. ½ l. E. de Hazebihl+. A Rheinzabern, fur Erlebach, riv........ 4
Côte & a ¾ l. O. de Neuplortz+. Le long E. des bois de Rheinzabern. Chap. de St.-Pierre & à ½ l. O. de Kurlh+. Ruiff., côte & ¼ l. de bois à paffer. A Rilsheim+. Plaine à trav. & belle vue à l'E. ½ l. O. de Herdl+. ½ l. S. de Bellheim. ½ l. de bois, vallée, ruiff. & clairs chênes à trav. ¾ l. de bois, en paffant à ¼ l. O. de Sontern+. Pont & riv. de Queich. Côte & ville de Germersheim, fur le Rhin... 4 l. Belle vue à l'E. vers les montagnes noires. ½ l. de la forêt de Germersheim à trav. A Lingenfeld+, fur le Rhin. Côte rapide & à ½ l. E. de Schweigeinheim+. 2 l. O. de Philisbourg, que l'on voit. Route qui joint celle de Spire à Landau. A Heiligesheim+ & ch. de Philisbourg. A Berhaufen+, & à Spire, fur la Spire, riv... 4 l. On traverfe cette riv. & l'on paffe à la route de Manheim. A Frankendhal & à Worms... 8 l. A Alsheim+, Langen+, Guntersblum+, Rudelsheim+, Dinheim & à Oppenheim... 5 l. A Bodenheim, Laubenheim & à MAYNZ ou MAYENCE.... 4 l.

Mayenne	O.	De Strasbourg à Paris & Mayenne. 179
MEAUX ...	N.O.	De Strasb. à Châlons & Meaux . 109
Mende	S.O.	De Strasbourg à Lyon & Mende. 151

METZ. Grande route.... N.O. ,........ 40

De Strasbourg à Heming.... 18 l. V. de Nancy à Strasbourg.
De Heming à METZ...... 22 l. V. de Metz à Strasbourg.

Autre route de traverfe. 40

De Strasbourg à Phalsbourg.... 12 l. V. de Nancy à Strasb. De Phalsbourg à Mittelbrunn+. ¼ l. S. de Zillengen+. ½ l. N. de Kurtzerode. A Bourfcheid+. ½ l. N. de St.-Jean. A Harange+. ¼ l. N. de Brouviller. A Lixheim & au viel Lixheim+. 1 l. de bois à trav. A Rauwiller+... 3 l. Côte & à ¼ l. S. de Berndorff+. Petit bois à paffer & à ¼ l. N. E. de Heillering+. Pont & riv. de Brifch. Côte rap. à trav., en paffant au N. des bois de Frévalt & au S. de l'hermitage & des bois de Broudergarten. ¼ l. N. de Romelfing+. Pont & riv. de Sarre. A Feneftrange... 2 l. De Feneftrange à Moyenvic....... 10

Tome II.   Hhhh

Voyez de Nancy à Deux-Ponts. De Moyenvic à METZ.... 1;
Voyez de Metz à Strasbourg.

Chemin de traverſe. 3;

De Strasbourg à *Feneſtrange*... 17 l. *Voyez ci-deſſus.* De Feneſtrange à la Tuilerie. 2 l. de la forêt de Muyderswoldt à trav. en paſſant le vallon & ruiſſ. de Miderſche. Cab. & carref. de la r. de Nancy à Deux-Ponts. ¼ q. l. S. de Wiebersweiller+. *A Munſter*+... 3 l. Le long des bois de l'Evêque & de la riv. de Rode. Pont ſur cette riv. à paſſer. A Alberſtroff+. Côte du Groswald & ⅓ l. de bois à trav. Pont & riv. d'Albe. *A Lening*+..... 2 A Altorff & route de Nancy à St.-Avold. A Gros-Tenquin+ & route de Sarguemines. Côte & bois à paſſer, à ⅓ l. S. de Riſtroff. N. de Benin+ & vallée à traverſer. N. de Viller+ & petit bois à paſſer. A la Fontaine Minérale de Bouſtroff & à ce vill.+. ⅓ l. S. de Vat-les-Faulquemont. Le long S. du bois. Entre la côte & la Mère-Egliſe de Faulquemont. Pont & riv. de la Nied-Allemande. *A Faulquemont*.... 4 l. A Créange+ ſur Nied. A Fleſtrange+ & côte à trav. Au S. de Dourville. ⅓ l. O. de Quinglange+. A Helfedange+ & *Foligny* ſur la Nied-Allemande... 2 l. De Foligny à METZ... 7 l. *Voyez de Metz à Francfort.*

Mézières... N.O.	DE STRASBOURG, à	Metz, de Metz à Mézières.. 79
Molsheim... O.		de Neuchâteau à Strasbourg. 9
MONS... N.O.		Metz, de Metz à Mons... 106
Montauban. O. p. S.		Limoges, & à Montauban.. 226
Montbéliard.. S.O.		Béfort, & à Montbéliard.. 35
MONTPELLIER.. .... S.O.		Lyon, de Lyon à Montpellier. 180
MOULINS... O.		Autun, d'Autun à Moulins. 112
Munſter.... S.O.		Colmar, de Colmar à Munſter. 20
NAMUR. N.p.O.		Metz, de Metz à Namur... 97

NANCY. Grande route.... O. p. N. 36
Voyez de Nancy à Strasbourg.

Autre route par Waslonne. 3;

De Strasbourg & faub. blanc on paſſe à la fourchette de la route d'Andlaw. Devant N. de la Chartreuſe. Fourche de la route de Dachſtein. ¼ l. N. d'Ecolsheim+ & de Wolffisheim+. Route de communication à celle de Paris. Première côte d'Alſace à trav. Au S. & près de Furdenheim+. Vallée & à ⅓ l. N. de Kirchem+ & d'Odratzeim+. A Marlenheim. Route & à ⅓ l. N. de Vangen & 1 l. de Weſthoffen+. *A Waslonne*........ Fourche de la route de Bouxveiller+. ⅓ l. E. de Rumolsweiller+. Côte d'une lieue à trav. A Sengriſſ+ & à *Maurmoutier*.

STRASBOURG.

Vallée & ruiss. à passer. ¼ l. E. de Sindelsberg. ¼ l. de bois à trav. Entre Gottenhausen & Otterswiller. *A Saverne*..... 3
De Saverne à NANCY... 27 l. *V. de Nancy à Strasbourg.*

Autre route par Molsheim.......... 34

De Strasbourg à Raon-l'Etape... 19 l. *V. de Neuchâteau à Strasbourg.* De Raon-l'Etape à NANCY.... 15 l. *Voyez de Nancy à Colmar.*

NANTES	O.	Orléans, d'Orléans à Nantes.	208
NARBONNE	S.O.	Montpellier, & à Narbonne.	203
Neubrisach	S.p.O.	& de Basle à Strasbourg	16
NEVERS	O.	Dijon, de Dijon à Nevers.	119
Niderenheim	S.O.	Colmar par Niderenheim.	5
NISMES	S.O.	Lyon, de Lyon à Nismes	167
NOYON	N.O.	Reims, de Reims à Noyon.	106
Oberberckheim	S.O.	Schlestatt & Oberberckheim.	12
Oberenheim	S.O.	Schlestatt	5
Orient (l')	O.	Nantes, de Nantes à l'Orient.	248
ORLÉANS	O.	Nancy, de Nancy à Orléans.	131
PARIS	O.p.N.	de Paris à Strasb. ⎰ par Metz. ⎱ par Nancy.	116 / 119
PAU	O.	Lyon, de Lyon à Pau.	282
PERPIGNAN	S.O.	Montpellier, & à Perpignan.	218
Peronne	N.O.	Reims, de Reims à Peronne.	113
Pfaffenheim	S.O.	& de Béfort à Colmar.	21
Phalsbourg	N.O.	de Nancy à Strasbourg	12
Philisbourg	N.E.	Mayence	24
Plombières	S.O.	Béfort, & à Plombières	48
POITIERS	O.	Béfort, & à Poitiers.	192
Puy en V. (le)	S.O.	Lyon, de Lyon au Puy	132
Quesnoy (le)	N.O.	Metz, de Metz au Quesnoy.	105
REIMS	N.O.	Metz ou Nancy, & a Reims.	89
Reyshoffen	N.	Deux-Ponts	12
Remiremont	O.p.S.	St.-Diey, & à Remiremont.	33
RENNES	O.	Paris, de Paris à Rennes.	205
Rochefort	O.	Moulins, & à Rochefort.	206
ROCHELLE (la)	O.	Rochefort, & à la Rochelle.	213
Rosheim	O.	St.-Diey	5
ROUEN	N.O.	Paris, de Paris à Rouen.	149

(middle column label: DE STRASBOURG à)

		DE STRASBOURG à	
Ruffack	S. O	& de Béfort à Colmar	19
Saarbourg . .	N. O.	Nancy par Saverne	16
Saarbruck	N.	Saarlouis	26
St.-*Etienne en F.*	S. O.	Lyon, de Lyon à St.-Etienne.	115
St.-*Flour* . .	S. O.	Clermont, & à St.-Flour . .	157
St.-Hypolite.	S. p. O.	Colmar, & à St.-Hypolite .	45
St.-Omer .	N. O.	Arras, d'Arras à St.-Omer .	138
Ste.-Marie-aux-Mines. . .	S. O.	Schlestatt; de Nancy à Colmar.	15
Saintes	O.	Limoges, de Lim. à Saintes .	198
Sareguemines . .	N.	Saarlouis	23

Saarlouis. Route de traverse. . . Nord. 32

De Strasbourg *à Phalsbourg*. . . 12 l. *V. de Nancy à Strasbourg*. De Phalsbourg on passe à ½ l. O. de Wilschberg. A Wescheim. Le long E. de Meitingen + & du petit Buscht +. Bois & montagnes à trav. *A Troulig*. . . . 3 l. A Guntzweiller +. Vallon & à ½ l. N. E. de Bourbac +. Entre deux bois, ½ l. S. de Rimerstroff +. Le long des bois de Bourbac. Côte longue à descendre en passant au cabaret de Bouchert & à ¼ l. N. E. du vieux Saarwerden. Le long de la côte & bois de Rimerstroff. Fourche du ch. de Fenestrange. Ruiss. & tuilerie de Bouquenom. *A Bouquenom*. . . 3 l. Le long des murs & à la fourche de la route de Nancy par Château-Salins. Prairie, ruiss. & moulin. ½ l. E. de Schopperten +. Ruiss., étang & bois à trav. Le long des bois de Loutringeswaldt. ¾ l. de prairies en passant à ½ q. l. S. de Keskcatel. Pont & riv. de Sarre. Fourche de la route & à ½ l. N. E. du grand Haras. ¼ l. E. de Rech +. Le long de la Sarre & des prairies. ¼ l. E. de la Mère-Eglise de Saarréalbe +, au delà de l'Albe, riv *A Saarréalbe*, ville au confluent de la Sarre & d'Albe. . . 2½ l. Côte & vallon à trav. Au petit Haras & à Willervalt +. Côte de la tuilerie & ruiss. de Ransbach. Côte, vallon & petit Hambach. Côte & vill. d'Hambach +. Vallon, ruiss. & vill. de Rode +. ¾ l. des bois de Sareguemines à trav. *A Sareguemines*. . . 2½ l. Le long S. de la Sarre & vis-à-vis Hantweiller, au-delà de cette riv. A Welferding +. Pont & rivière d'Ipling. Vallée entre la Sarre & les bois de Welferding. ½ l. O. d'Aurschmaker +. Au gros Blidestroff & à la tuilerie, ¼ l. O. de Biving +. Entre la Sarre & les bois. ¼ l. O. de Guiding +, au-delà de la riv. ¾ l. O. des forges de Preibach. A Arneval & *à Saarbruck*. 3
Fourche du ch. d'Ottweiller. A Molstat + & à ¼ l. de Teuschans. Le long N. de la Sarre & à l'O. de la forêt du Prince de Nassau. A Bourbach, ¼ l. N. de Guersweiller +. A Rockerhau. Le long de la Sarre & de la forêt. Pont, ruiss. & village de Felkling +. 1 l. des bois du Prince à trav. A Bousse + & à ¼ l. N. E. de l'Abb. de Wadgassen +. A Bommerspach. Pont & ruiss.

STRASBOURG. 613

de Crisborn. Côte, vallon & à ¼ l. de Liftroff+. Le long de la Sarre. A l'Abb. de Loutre. Moulin & au S. de Roden+. Paſſage de la Sarre & *à SAARLOUIS*. ...6 l.

Autre route..............32

De Strasbourg *à Sareguemines*....23 l. *Voyez ci-deſſus*. De Sareguemines à Welferding+ & au gros Blideſtroff. Côte d'une lieue à trav. A Etſeling+. Vallon, côte & ½ l. de bois. A l'O. de l'hermitage de Ste.-Anne. Fourche de la route de Saarbruck. *A Forbach*....4 l. Vallon & le long de la forêt de Forbach. ¼ l. N. E. d'Emersweiller. Au petit Roſel. Pont & riv. de Roſel & au vill. de ce nom+. Entre les bois du Prince de Naſſau & la riv. de Roſel. Côte & à l'extrêmité de la forêt. Vallon, moulin & ham. de Ludweiller. Entre les bois du Prince & ceux de l'Abb. de Wadgaſſen. Pont & riv. de Biſten à paſſer. Côte & bois de Wadgaſſen. Le long O. de la Sarre. A Liſtroff & vis-à-vis des Capucins. *A SAARLOUIS*...5 l. Ou de Saarbruck on paſſe à Guersweiller+ & à Furſthauſen. Pont & riv. de Roſel *ou* Roſſel. A Verden+. 1 l. des bois de Wadgaſſen à paſſer. Egliſe & riv. de Biſten. A l'Abb. de Wadgaſſen & *à SAARLOUIS*......4½

Saumur	O.	Orléans, & à Saumur	175
Saverne	N.O.	Nancy par Saverne	9
Schleſtatt	S.O.	Colmar	10
SEDAN	N.O.	Metz, de Metz à Sedan	74
SÉES	O.	Paris, de Paris à Sées	158
Seltz	N.E.	Mayence	12
SENLIS	N.O.	Meaux, de Meaux à Senlis	117
SENS	O.	Béfort, de Béfort à Sens	109
Sierck	N.	Metz, de Metz à Trèves	52
Sigolsheim	S.O.	Baſle	30
Siſteron	S.O.	Lyon, de Lyon à Siſteron	193
SOISSONS	N.O.	Reims, de Reims à Soiſſons	96
Spa	N.	Metz, de Metz à Spa	79
Spire	N.E.	Mayence	26
Stenay	N.O.	Metz, de Metz à Stenay	66
Sultz	S.O.	& de Béfort à Colmar	22
Sultzbach	S.O.	Colmar, de Colmar à Munſter	20
Sultzmatt	S.O.	& de Béfort à Colmar	21
TARASCON	S.O.	Lyon, de Lyon à Taraſcon	171
Thaun	S.O.	& de Béfort à Colmar	26
Thionville	N.	Metz, de Metz à Thionville	47
Tonnerre	O.	Dijon, de Dijon à Tonnerre	100

STRASBOURG.

TOUL . . . O. p. N.	Nancy, de Nancy à Toul . . 42
TOULON . . S. p. O.	Aix, Marseille & Toulon . . 198
TOULOUSE . . O.	Lyon, de Lyon à Toulouse . 241
TOURNAY . N.O.	Valenciennes, & à Tournay. 130
TOURS . . . . . O.	Orléans, d'Orléans à Tours . 160
TROYES . . . . O.	Nancy, de Nancy à Troyes. 84
TURIN . . . . . S.	Lyon, de Lyon à Turin . . . 187
VALENCE . . S.O.	Lyon, de Lyon à Valence. . 129
VALENCIENNES . . . . N.O.	Reims, & à Valenciennes . . 121
VANNES . . . . O.	Nantes, de Nantes à Vannes. 234
Varenne en Arg. N.O	Verdun, de Verdun à Varenne. 61
Veissembourg . N.E.	Landau. 15
Vendôme . . . . O.	Orléans, & à Vendôme. . . 147
VERDUN . . N.O.	Metz, de Metz à Verdun . . 55
VERSAILLES. O. p. N	Paris, de Paris à Versailles . 123
Vic en Carladez. S.O	Clermont, de Clermont à Vic. 165
Vichy . . . . . S.O.	Moulins, de Moul. à Vichy . 125

VIENNE en Autriche. Route de Poste. . . E. p. S. . . . 208

De Strasbourg à Kehl . . . 2 l. Bischofsheim . . . 4 l. Stollhofen. 4
Rastatt . . . 4 l. Ettlingen . . . 4 l. Durlac . . . 3 l. Pforsheim. . 6
Entzweihingen . . 6 l. Canstat . . 6 l. Blockingen . . 4 l. Coepingen. 4
Geislingen . . . . 4 l. Neu-Westershoff . . . . 4 l. Ulm 4
Güntzbourg. . . . 6 l. Zusmarshausen . . . 6 l. Ausbourg . . . 6
Eversberg . . . 5 l. Schwabhausen . . . 6 l. Munic . . . 6 l. Bachdorf. 4
Anzig . . . 4 l. Haag . . . 4 l. Amphing . . . 6 l. Altenoetting . . . 6
Maerkel . . . 6 l. Braunau . . . 4 l. Altheim . . . . 4 l. Ried . . . 6
Unterhaag, première ville d'Autriche . . . . . 4 l. Lambach . . . 6
Weltz . . . . 4 l. Linz . . . . 8 l. Ennz . . . . 6 l. Sternberg 4
Amstetten . . . 6 l. Kemmelbach . . . 4 l. Moelk . . . 6 l. St.-Poelten. 6
Perschling . . . . 4 l. Siegardskirchen . . . 4 l. Burckersdorf . . . 4
VIENNE . . . . 4 l.

Autre route. 211

De Kehl à Offenbourg . . . . 5 l. Stakon . . . 5 l. Haussach . . . 4
Hornberg . . . . 3 l. Schilltach . . . . 3 l. Villingen 3
Donaueschingen . . . . 3 l. Geissingen . . . . 3 l. Engen 4
Stockach . . . 4 l. Meskirch . . . 4 l. Mengen . . . 4 l. Riedlingen . . 4
Ehingen . . . . 6 l. Ulm . . . 6 l. Le reste ci-dessus.

VIENNE en D. S.O.	De Strasbourg à Lyon & Vienne. 109
Villefranche. . S.O.	De Strasb. à Bourg en Br. & Villefr. 97

TOULON. 619

Vitry-le-Franç.	O.	a	Nancy, de Nancy à Vitry	70
Waslonne	O.		Nancy par Waslonne	5
Wissembourg	N.E.	ᴅᴇ ꜱᴛʀᴀꜱʙᴏᴜʀɢ	Voyez Veissembourg.	
Westoffen	O.		Molsheim	4
Wihr	S.O.		Colmar, de Colmar à Wihr	18
Worms	N.E.		Mayence	34
Ypres	N.O.		Lille, de Lille à Ypres	131
Yvetot	N.O.		Paris, Rouen & à Yvetot	158
Zellenberg	S.O.		Colmar	14

ROUTES ET CHEMINS DE TRAVERSE
DE TOULON

Distance de Toulon.

à			Voyez	lieues.
ABBEVILLE.	N.p.O	a	Paris, de Paris à Abbeville	251
AIX	N.		d'Aix à Toulon	17
ALBY	N.O.	ᴅᴇ ᴛᴏᴜʟᴏɴ	Montpellier, & à Alby	93
AMIENS	N.		Paris, de Paris à Amiens	241
ANGERS	N.O.		Aix, d'Aix à Angers	238
ANGOULÊME.	N.O.		Toulouse, & à Angoulême	215

ANTIBES. *Route de traverse*... Est....... 35

De Toulon on passe le pont, à l'E. de Ste.-Catherine, chap. & du Champ de Mars. Au N. d'Emery & chemin d'Hyères. Devant le chât. Verd au bas de la redoute d'Ortigue. Au S. du quartier du Font & de la montagne de rochers de Faron. Pont, riv. à passer & dans le vill. de la Valette + *ou* le long S. de ce vill. Au S. des Minimes & du chât. de Brandevin. N. de la montagne de la Garde. ½ l. S. de la montagne & rochers de Coudon. Avenue & au N. du chât. de Redon. Chemin & à ½ l. de la Garde + & du château de St.-Michel. Pont & quartier de Coudon à passer. A l'O. du plan de la Farlede, 1 l. de N. D. de la Crau, en-deçà de la montagne de Bonnemenne. ½ l. O. du chât. de la Castille. A Solliés-la-Farlede +. Au pont, le logis neuf & l'hôtellerie. Au bas E. de Solliés-le-Haut +, en-deçà du mont Moraton. *A Solliés-le-Pont*, sur Gapau, riv. ... 3 l. Devant le chât. & les Terrins. ¼ l. O. du parc & chât. de la Vene. Au bas O. de la montagne d'Entigay. Devant & à l'E. du chât. du Fils. Au bas de la montagne du Castelas. *A Cuers*... 2 l. Pont & riv. de la Fous. Fourche du chemin de Brignolle. Traverse des vignes & quartier de Loube. Bois & ch. du chât. de Montagne. Vignes & quartier de Pécoules à trav. E. du chât. d'Entrechaux. ½ l. & au bas de Pujet-le-Vieux+. *A Pujet-les-Crottes*+... 2 l. Pont, moulin & au S. de la Fous. Vignes au N. du chât. Verd. Au N. de la Dollone du Devens. ½ l. S. de la montagne de rochers & bois de Temes. Au bas S. d'un chât. Royal, *ruiné*. A Carnoulles & chem. de Brignolle. Devant les Observantins, *détruits*, & la papeterie de Paradous. *A Pignan*... 2 l. Pont & au bas de la chap. St.-Pierre. Pont & fontaine d'Aille. La Platinière, S. des bois du Deffens de Vidal. Pont & moulin de Gonfaron sur Maleval. A Gonfaron+. Belle vallée entre les bois à traverser. Chap. St.-Jacques-de-Cagnas. A la Lauzude, chap. A l'E. de la côte & des bois de la Rouvière. *Au Luc*.... 4 l. Du Luc *à Antibes*... 22 l. *Voyez d'Aix à Antibes*.

Chemin de traverse............ 32

De Toulon on passe au N. d'Emery, au chât. Verd & au S. du Fort de Faron. Pont, vignes & au S. de la Valette+. Fourche de la route d'Antibes. Avenue & au S. du chât. Redon. A la pointe, N. de la côte Bouillot. Devant le chât. de St.-Michel. N. de la Garde+. N. du chât. de la Touche. Traverse de la plaine & quartier d'Aspiou. Pont au N. du chât. de Méorier. Pont au S. du chât. de la Magnou. Pont & rivière du Gapau & Grange-Toucas. Pont d'Alibert sur Gapau. Pont au N. du jardin d'Hières. *A Hières*.... 4½ l. *Ou de la Valette* on passe la montagne rapide de la Garde+. Au S. du chât. de la Touche. Pont au N. du chât. de Méorier, S. du chât. de la Magnou. Traverse du quartier de la Moutonne. Le long N. de la montagne de Paradie, S. de St.-Jean & pont sur le Gapau. Devant les Recolets, *à Hières*.... 4½ l. *Ou de Toulon* on passe le pont sur le Reguana. Au bas N. du Fort de la Malgue. Côte le long de la Mer & au N. du Cap brun. Au bas N. de Ste.-Marguerite. Le long des rochers qui bordent la mer & le canton du Blan-de-Galle. A N. D. de Salut & le chât. de Pradets. Vis-à-vis S. de la grenouille du chât. Au S. du chât. de Garotis & côte à passer. Colline & chât. de Carquairanne, au bas S. de la montagne de Paradie. Montagne longue & rap. de Paradie à trav. en passant le canton de Carquairanne. Vallée & jardin d'Hières; pont sur le Gapau & les Recolets. *A Hières*.... 5 l. A cause de la montagne d'Hières on passe au S. des Cordeliers. Le long E. de la montagne de Fougac. Pont & rivière de Gapau, que l'on passe. Fourche du ch. de St.-Maximin. Le long N. des salines d'Hières. Côte, pont & ruiss. A Alegre & à la cabane. Colline, montagne & bois à trav. Pont & riv de la Bataille. Fourche du ch. & à ½ l. de *Bormes*... 4 l. Colline entre les montagnes & les bois. Canton de la Vannequille. Côte au N. O. de la montagne de Montarnard. Colline & source de la Molle, que l'on suit, en passant au N. de la montagne de la Fougasse & au S. des Nauguier. Entre les moulins Campaux & le mont St.-Clair. Pont, riv. de Molle & au Jas, S. du chât. de *la Molle*... 4 l. Du chât.

TOULON. 617

de la Molle à *Cogolen*... 2 l. *Voyez de Marseille à St.-Tropez.*
De Cogolen on passe au bas E. de la chap. St.-Roch, de la tour
ruinée & du moulin à v. de Cogolen. Pont & riv. de Gute. ¼ l.
O. du trou de la Garonne. A la chap. St.-Pierre & chemin de
St.-Tropez. ¼ l. au bas du moulin à v. de Pierredon. Pont &
riv. de la belle Troquade. Au bas E. de N. D. de la Quette. Au
N. des ruines du chât. de Grimaud & au bas S. du moulin à vent.
Robert-Aiguesputes & Meyfredy. 1 l. N. de St.-Tropez, au-delà
du golfe de Grimaud, que l'on suit. *A Ste.-Maxime*....... 3
De Ste.-Maxime à *Fréjus*... 3 l. De Fréjus à *Antibes*.... 12
Voyez d'Aix à Antibes.

Apt........	N.	Aix, d'Aix à Apt......	30
Arles.....	N.O.	Marseille, de Marseill. à Arles.	35
Arras.....	N.	Paris, de Paris à Arras....	254
Auch......	O.	Toulouse, & à Auch....	131
Autun.....	N.	Lyon, de Lyon à Autun...	137
Auxerre...	N.	Lyon, de Lyon à Auxerre..	166
Avignon...	N.	Aix, d'Aix à Avignon....	36
Bagnères-les-Eaux.	O.	Toulouse, & à Bagnères...	153
Bagnères-les-C..	O.	Toulouse, & à Bagnères...	150
Balaruc..	O. p. N.	Montpellier, & à Balaruc..	59

Barcelonnette. *Route de traverse*... N. E. 46

De Toulon à *Castellane*... 29 l. *Voyez cette route.* De Castellane on passe à la chap. St.-Antoine. Pont & chem. de Digne.
Pente rap. & canton de la Palu. ¼ l. E. de ce vill. +, au bas des
rochers. Pente rap., pont & côte à passer. Pont à ¾ l. S. E. de
la Baume, au bas des rochers du Col de Laupe. Le long O. du
Verdon, riv. ¼ l. de Demandot +. Pente rap. & vill. de Castillon +. Vallon & côte à trav. Pont à l'O. du moulin de Castillon.
Pente rap. ½ l. O. de St.-Julien + au bas des rochers, au-delà du
Verdon. Le long de la montagne & au bas du vill. de Courchon +. Le long O. du Verdon, que l'on remonte. Vis-à-vis du
pont, 1 l. O. d'Angles +. Vis-à-vis de Méouille, au-delà du
Verdon. A St.-André. Isle & chap. de N. Dame. Pont & riv.
d'Issole, O. de la montagne & bois de la Chamatre. ¼ l. E. de
celle de la Boissière. Pente rapide & vill. de *la Mure* +...... 4
Entre le Verdon & la montagne. Pont & ruisseau d'Argens. Le
long d'un bois. O. des bois & rochers vifs de la montagne de
Rente. Pont & riv. du Verdon, que l'on passe. Côte & N. D. de
la Fleur. Fourche du ch. de Glandeves à Entrevaux....... 2
Pont à l'E. de la riv. & à ½ l. O. de la colle St.-Michel. Colline
& vis-à-vis de la Rouière, au pied des rochers escarpés de la montagne de Corduech. Entre le Verdon & les bois. Pont sur le Verdon à passer. A Prégrand & N. Dame de Serret. *A Thorame-Haut* +... 2 l. Chap. de St.-Roch, ½ l. S. E. de la Chamatre,
montagne. Vis-à-vis O. du moulin à eau de Thorame. ½ l. O.

d'Ondres, au-delà du Verdon. ¼ l. O. de Villard-Reiffir +. A Ganon & au Collet, 1 l. O. du mont de Chabanac. A Beauverset +. Vallon & côte à trav., en passant à l'O. du Verdon. Côte & vill. de Villar+. Pont & riv. de Chasse Côte à l'E. des Espiniers. Pont & riv. du Verdon. Pont & riv. de Sence & devant le Fort de France. *A Colmars*... 2 l. Pente rap. & à l'E. du Fort de Savoye. Pente rap., pont & riv. de Riou. Chemin & à ¼ l. O. du haut & bas Clignon. ¼ l. E. de Chaumie +. ½ l. O. des rochers de la montagne de Combrette. Entre les bois & la riv. du Verdon. A la bastide & chap. St.-Roch. *A Alos* . . . . 2 A Beaumelle + & à la Fous, E. des rochers de Sestrières. Vallée & riv. du Verdon à côtoyer. Montagne du Pallon à passer. A la Chancelade & *à Mourjouan +*... 3 L. ¼ l. O. des monts de Lans. A Malune, ½ l. E. d'Agnelières +. Mont de Gemette & rochers de Siolane. Le long de la Bachelard +. Vallée & vill. d'Uvrenet +. *A BARCELONNETTE*... 2 l. Ou d'Alos à St.-Pierre-au-Pont sur le Boucher, riv. Aux Collettes, ½ l. O. de Boucher +. Traverse de la montagne du Pallon par le col de Chancelade. *A Mourjouan +*... 2¼ l. *Le reste comme ci-dessus*.

Barrèges	O.		Toulouse, & à Barrèges . . .	162
BAYONNE . . .	O.	ᴅᴇ ᴛᴏᴜʟᴏɴ	Toulouse, & à Bayonne . . .	182
Beaucaire . .	N.O.		Aix, d'Aix à Beaucaire . . .	37
BESANÇON.	N.E.		Lyon, de Lyon à Besançon .	146
BÉZIERS	O.		Montpellier, & à Béziers . .	70
BORDEAUX.	O.p.N		Toulouse, & à Bordeaux . .	181
Bourbon-l'Ancy.	N.O		Lyon, de Lyon à Bourbon .	148
Bormes	S E.		St.-Tropez par Hières	8½
BOURGES.	N.p.O.		Lyon, de Lyon à Bourges . .	169
BREST . .	O.p.N.		Toulouse, & à Brest	336
Briançon . . .	N.E.		Embrun, & à Briançon . . .	58

BRIGNOLLE. *Chemin de traverse*... Est. 10

De Toulon *à Cuers*... 5 l. *V. de Toulon à Antibes*. De Cuers on passe la riv. de Fous. Détroit entre les monts de St.-Martin. Le long O. d'une montagne rap. A l'E. du quartier du Brusquet, au bas des montagnes de Dau & rocs de la Font Joubenau. Au Jas de Jean-Long. Détroit à l'E. de St.-Clément. Colline entre Laure & le Jas d'Adrian & colle du petit Mas. ¼ l. N. E. du roc de Trébaude & mont Deffens. Mont, ¼ l. O. de Roc-Baron +. Vallée en passant près de Gentilhomme. A l'O. des bois & rochers vifs de Temès. Le long O. d'un tertre de Sapins. ½ q. l. du tertre & chât. ruiné de Forcalquièret. ¾ l. E. des vignes & vill. de Garcoult +. *A Forcalquièret +*... 3 l. Pont, riv. d'Issole. ¼ l. O. du mont & ham. de Merins. Le long O. du Bouguet. ¼ l. E. du mont & maison de Bonnegarde. Entre les bois de Bonnegarde & ceux de St.-Quenis. Vignes & pont sur le val de Camps, riv. Montagne rap. & à l'E. des rochers vifs. Mare & petit pont sur le val de Camps. A Camps+. Devant la chap. de St.-Anne. Chemin de Brignolle à St.-Tropez. Détroit entre les Pouragues & l'Hôpital. Au bas des rochers, de la montagne & chap. St.-Sébastien. Vignes & chap. St.-Pierre. Devant les Capucins de Brignolle; *à BRIGNOLLE*....2 l.

Autre chemin. 10

De Toulon *à Meaune*...6 l. *Voy. de Toulon à St.-Maximin.* De Meaune on passe la colline entre la tête de Garau & les Laures. A Sipière & montagne de Peimejan. Fourche du chem. de St.-Maximin. Vignes, à ¼ l. E. de la pierre de division. Le long N. du vill. de Néoulles+. Pont & riv. d'Issole. Chemin & à 1 l. S. E. de la Roque-Brussanne+. Au S. des bois & rochers de la Louve. Au N. de Mourgues & de St.-Etienne, en traversant les vignes. ½ l. S. du lac ancien & du lac petit. A la chapelle Ste.-Croix & *à Garéoult*+....2 l. A l'E. de St.-Pierre & St.-Médard. Colline à passer, E. du bois & des rochers de la Maron. O. des bois & maison de Bonnegarde: *belle vue.* Montagne rap. & bois entre les rochers. A 1 l. O. de Camps+. Pont, moulin & papeterie sur le Val. Chemin & à ¾ l. E. de la Celle+ & St.-Sébastien. *A BRIGNOLLE*....2 l.

BRUXELLES . N.	DE TOULON, à	Lyon, Paris & Bruxelles... 276
CAEN ....N. O.		Paris, de Paris à Caen.... 263
CAHORS ..N. O.		Toulouse, & à Cahors ... 141
Calais ...N. p. O.		Paris, de Paris à Calais.... 278
CAMBRAY ...N.		Paris, de Paris à Cambray.. 253
CARCASSONNE .O.		Montpellier, & à Carcassonne. 88
CARPENTRAS .. N.		Avignon, & à Carpentras.. 42

CASTELLANE. *Chemin de traverse*...N. E......29

De Toulon *au Luc*...13 l. *V. de Toulon à Antibes.* Du Luc *à Vidauban*....2 l. *V. d'Aix à Antibes.* De Vidauban on passe la côte & le bois de Peyloubier. A la Bletonede, ¾ l. S. E. de Taradeau+. Au Thor & au pont sur la riv. d'Argens. A la Cognasse & fourche de la route d'Antibes. A Louron. Pont sur la riv. de Rial. Moulin & chap. de N. Dame. *Aux Arcs*+... 2. A l'Annonciation de Ste.-Cécile. Montagne & arbres fruitiers à trav. en passant au Puy de Morin. Pente rap. & fourche du ch. d'Antibes. A Trans+. Pont, riv. d'Artuby & devant l'ancien chât. Hôtel de Ville. Pont à l'O. du quartier de la Fous. Montagne rap. de St.-Jean. Traverse du quartier & vignes de Negadis. Plaine de Draguignan, O. des Colettes & des Tours. *A Draguignan*...2 l. A l'E. des Capucins. Le long O. de la côte de la Bouasse. Fourche du ch. de Fayence. 1 l. de colline entre les montagnes & les bois de Maumont. Pente rap. & chât. de la Garde, le Logis & pont sur l'Artuby. Au Plan & mont rap. de Château-Double. *A Château-Double*+...2 l. Chap. de St.-Pierre & pente rap. Vis-à-vis N. du Plan & pont du Logis. Pont

& riv. d'Artuby, que l'on suit. Pont & fief de la Faille sur Artuby. Pont, isle, cabaret, chap. St.-Roch & au vill. de Montferrat+. Au bas O. de St.-Eloy & à l'E. de Ste.-Mitre. Vallon entre la montagne & le bois de Blaques, E. de celle de N. Dame. Pente rap. & chap. St.-Pons. Chem. & à 1½ l. O. de *Bargemon*, qui passe à Fayas+. Côte & vallon à passer, en côtoyant le bois de Montferrat. A la Mathurine, ¼ l. E. de la colle de Péréaux, mont. Chem. de Digne par Moustier... 2 l. Montagne & vallon à traverser, en côtoyant le bois. Entre le bois de Montferrat & le grand Esperel. Vallon & pont sur l'Artuby. Pente rap. & à l'O. d'une glacière. Sommet de la montagne. ¾ l. E. des bois & de la croix de Chauvet. Vallon à l'E. de Sauvechane. Pente très-rap. & chap. de St.-Claude, au S. du vill. de St.-Bayon+. Montagne & bois à trav. *A Comps*+, Commanderie.... 2 l. A l'O. des rochers entre lesquels coule l'Artuby jusqu'à son confluent avec le Verdon. Pont, côte, entre Bonnefont & St.-Didier. Pont & montagne à passer entre les bois. Vallée, pont & vill. de Jabron+. Détroit au S. des bois. Vallée le long du Jabron, en passant à ½ l. O. de Brenon+, sur Jabron. *Au Bourguet*+..... 2 Chap. Ste.-Anne, pente rap. & au Logis. A l'E. de St.-Ils, ¼ l. de l'église de Robion+ & de la chap. St.-Triophème, entre les roches. Pente rap. & à l'E. du petit Robion. Vallon. ½ l. E. du Prad de Loup & des rochers. Montagne à trav. ½ l. E. de Villard-Brandis+. E. de la chap. St.-Maur, au-delà du Verdon. Vallon entre le Verdon & les rochers de Chamateuil, au S. de N. D. du Plan. Pont, riv. de Verdon & chem. de Grasse. Au bas de N. D. du Roc & St.-Antoine. *A CASTELLANE*.... 2

CHALONS sur M. N.E		Lyon, de Lyon à Châlons.. 196
CHALON s. Saone. N.		Lyon, de Lyon à Chalon.. 125
Charleville ... N.		Dijon, de Dijon à Charleville. 226
Cherbourg .. N.O.	de Toulon	Paris, de Paris à Cherbourg. 291
CLERMONT. N.O.		Lyon, de Lyon à Clermont. 136
COLMAR ... N.E.		Lyon, de Lyon à Colmar.. 183
Colmars ... N.E.		Barcellonette par Castellanne. 39
Compiegne ... N.		Paris, de Paris à Compiegne. 229
COUTANCES. N.O.		Caen, de Caen à Coutances. 273
DEUX-PONTS. N.E		Lyon, de Lyon à Deux-Ponts. 226

DIGNE. Route de traverse... N.E......... 31

De Toulon *à Brignolle*.... 10 l. *Voyez cette route.* De Brignolle on passe le pont sur le Calami, riv. Vis-à-vis de la fabrique de Cire. Chemin de Barjols à Draguignan. ¼ l de vignes à passer. Détroit & chap. de N. D. de Pitié entre les bois & montagne de roches de la Brasque. A la fontaine des trois Rois. Pont & moulin du Val. Au Val+. Carref. du chem. de St.-Maximin à Draguignan. O. des Pénitens. Arbres fruitiers, ¼ l. E. de la montagne & hermitage de St.-Blaise. Entre le bois & la chap.

TOULON.

St.-Jacques. Détroit entre la montagne de St.-Cyriaque. Pont & Réal-Martin entre des rochers. Chem. & à ¾ l. S. de St.-Corrans +. Colline entre des montagnes de roches. 4 l. N. E. du chât. de Miraval. Vis-à-vis du Bel-Air, au bas des rochers. Pont à ¼ q. l. N. de Vaulongue. Montagne rap. à trav. Pont au N. E. des ruines du chât. de Chauvert. Le long E. du vill. de *Chauvert* +.... 3 l. Pont & auberge sur la riv. d'Argens. A l'O. du bois & roches de Châteauvert. Au bas S. de Pepin, E. de la grande & petite forêt. Détroit le long de la riv. de Barjols. Vignes & ham. de Guiente. Pont de Véoune, où le ruiss. se perd. Détroit & chap. St.-Sauveur. Entre les arbres fruitiers & la riv. Pont à l'O. & au bas des Carmes. *A Barjols*.... 2 l. Pont & ch. d'*Aups*. E. de la chap. St.-Arnier. Vallée entre les montagnes, en passant à ¼ l. E. des sources salées. Pont & moulin de Tavernes. ½ l. de vignes à trav. A Tavernes +. Chap. du St.-Esprit & arbres fruitiers. Montagne rap. & bois à passer. A l'E. de N. D. de Belle-Vue, herm. Vallon à l'E. du Plan de Bury. 1 l. de bois & mont. à passer. Colline entre des rochers & des bois. ½ q. l. O. du chât. de la Roquette. Tertre à passer entre vieille Roquette & Ste.-Técle. Vallée bordée de rochers & de vignes. Au bas des rochers & chap. de N. D. de la Fleur au bord de la plaine de Malasauque. Fourche du ch. de Montmeyan +. Vignes & pont sur le Verdon. Chapelle de St.-Clair & au bas de celle de St.-Michel. *A Quinson*.... 4 l. Devant la chap. Ste.-Anne. Colline entre les rochers & les vignes. Montagne à trav. en passant à l'E. de Mistral. Vallée le long O. du Verdon. Au bas S. de Montpezat +. Montagne de Montpezat. A la cense de Belle-Vue. Vallon, pont, pente rap. & vill. de Montagnac +. Pont à l'O. de N. D. de Montarmet & N. D. de Bon-Vallon. Pente rap. de Péomette. Montagne à passer. Vallée entre les prés de la Foire & St.-Chrystophe de Vauvachière. Pont à ½ l. O. de Campagne, ¾ l. de Roumoulles +. *A Riez*.... 3 ½ l. De Riez à DIGNE... 9 l. *Voyez de Marseille à Digne.*

Autre chemin 34

De Brignolle *au Val*... 1 l. *Voyez ci-dessus.* Du Val on passe entre Ste.-Croix & Feray. Croix & cense de Cambon. Pont, détroit entre les bois & les rochers, & au Logis de Saule. Chem. de Brignolle à Draguignan. Détroit entre deux tertres & pont à passer. Pont, riv. d'Argens & arbres fruitiers. Pont, moulin à farine & à huile sur l'Argens. Pont au bas S. de *Montfort* +.... 2 Pont à l'O. des Bastides & à l'E. du chât. de Montfort. Arbres fruitiers & vignes à trav. en passant à la chap. de N. D. de la Purification, & à l'E. du tertre & ruines du chât. de Montfort. Belle plaine remplie d'arbres fruitiers. Vis-à-vis E. du clos de Vachon & à ¾ l. de Nestuby parmi les arbres. ½ l. d'arbres fruitiers à trav. Au bas du tertre & chap. de N. D. de Grâce, cours d'Oratoriens. Pont & moulin de Cotignac. Pente rap. & à *Cotignac : belle vue*.... 2 l. Chapelle au bas des rochers & de la grande Tour. Colline & fontaine de Blême, E. de St.-Martin +. A Lougaragay, au bas S. E. de Condammalongue. Colline de vignes à passer. Montagne & bois à trav. en passant aux Blaques. Vallon & arbres fruitiers. A Sillans +. Pont & riv. de Bresque,

¼ q. l. O. de la cascade de Baumes. Fourche du chem. de *Sa-lernes.* Pente rap. entre les rochers, d'où l'on apperçoit la cascade. Montagne de roches & de bois à passer. Plaine & ham. du Puy de Bounie. ¼ l. de vignes. Quartier de Huchane & ch. de Draguignan. Le long O. des prairies d'Aups. Chapelle de Ste.-Catherine à l'O. & au-dessus du bourg d'*Aups.* . . . . 3¼ Chap. de St.-Honoré au carref. du ch. de Riez. Pente rap. à l'O. des rochers & cour de N. D. Augustins, & de la fabrique de Cire. 1 l. S. E. de Moissac+ : *belle vue.* 1 l. de bois à trav. en passant à l'O. de Givière, des rochers escarpés & de la chap. de N. D. de Liesse. Fourche du chemin de Castellane & d'Entrevaux. Le long de la montagne, des bois de Blacas & de ceux d'Aups. Vallée le long d'un ruiss. entre les montagnes de roches & les bois, en passant vis-à-vis de Majastre, St.-André, Bagarry, les Conquets, & à l'O. de la Tardée. Côte, bois & ruiss. à passer. *A Beaudun*+ . . . . 3½ l. *Ou de vis-à-vis Majastre* on passe la montagne. A la Colle, Bru, & à l'E. de St.-Barthélemy+. Entre Foncastellan, la Tuilerie & la chap. de N. Dame. *A Beaudun*+ . . . 3½ l. De Beaudun on passe la côte & à l'O. de Touron. Pente rap. ½ l. E. de St.-Croix-le-Verdon+. Le long E. du Verdon ; que l'on remonte. A Salles *ou* Salettes+. Entre le moulin & la chap. St.-Anne. Vis-à-vis le canton du petit pont. Au bas du canton de Ville vieille. Pont sur le Verdon. ½ l. N. de la montagne & vill. d'Aiguines+. A St.-Saturnin & Tassie. ¾ l. E. du canton de la Plaine. O. du val St.-Clair. Pont & riv. de Valonge. O. de St.-Pierre-Gordonne & le colombier. E. du canton de l'Air. Au canton d'Amborgnes, ½ q. l. O. de *Moustiers.* 3½ Pont & montagne très-rapide à trav. A la Beaune & pont à passer. Montagne & chem. de Valensole. Au N. E. du canton de Ste.-Apolinaire. Pont, côte & pente rap. en traversant le canton des Alés. Pont & riv. de Colostre, ¾ l. O. de St.-Jœurs+. Au chât. des Alés. Montagne & quartier de la Rouvière à traverser : *belle vue.* Pente rap. 1 l. E. de Bras-d'Asse+. Pont, riv. ½ l. du canton des Orezones. *A Estoublon*+ . . . . 3½ l. D'Estoublon *à* DIGNE . . . 5 l. *Voyez de Marseille à Digne.*

DIJON	N.	De Toulon à Lyon & Dijon . .	142
Douay	N.	De Toulon à Dijon & Douay . .	249
Draguignan	. N.E.	De Toulon à Castellanne	19
DREUX . . .	N.O.	De Toulon à Orléans & Dreux .	217
Dunkerque . . .	N.	De Toulon à Paris & Dunkerque.	279

EMBRUN. Chemin de traverse... N. E. 49

De Toulon *à Digne*. . . . . 31 l. *Voyez cette route.* Sortant de Digne on passe entre la Visitation & les Cordeliers. Entre N. D. du Puy & St.-Sébastien. Détroit au bas E. de Ste.-Croix & St.-Vincent. Vallée le long du ruiss. de la Marderie entre les montagnes. Aux Marcoux. Le logis neuf, au bas E. de l'église de Marcoux+. Pont & riv. de Bouïnenc. Vallée entre des côtes de vignes ; au Logis neuf. Détroit, côte, ¼ l. E. de Brusquet+.

TOULON. 623

A Champreynard. Pont, riv. de Blefnes. Chemin de Colmars, pont & ruiff. A la Javy+. ¾ l. S. de *Chandol*+...4 l. ½ l. E. de Clochers+. Détroit entre les montagnes, les rochers & les bois. A Beaujeu+. Devant le Logis neuf, *cab.* Colline le long d'un torrent. Mont & vill. de Vernet-le-Haut+. Pont & vill. de *Vernet-le-Bas*+...3 l. Le long de la Res, riv. Au Bourg & au bas de la Serre. Entre la riv. de Res, l'églife & vill. de Colloubroux+. Détroit à trav. Pont & riv. Blanche, au bas O. de Maure & à 1 l. de la montagne de roches de la Blanche. Le long de la montagne, pont & cenfe du Barret. A St.-Pons+ & *à Seyne*...3 l. Ou du Barret on paffe le long de la roche Blanche, au canton de Liffe & *à Seyne*. De Seyne on paffe la colline & le canton de la Pallée. Montagne & château de *Montclar*..... 2
A 1 l. S. de la montagne & croix de Colbas. Pont & prairie le long de la Valette, riv. Pente rap. & vill. de Montclar+. Vallon, côte à paffer. A St.-Jean & Rolans. Vallon & montagne. Ham. de Garos. Pont & riv. de Remolory. Pente rap. & ham. de la Louchette au fommet de la montagne. Pente rap. O. de St.-Vincent. Pont & riv. d'Ubaye, qui defcend de la vallée de Barcelonette. *A Ubaye*...2 l. Pente rap. Vallon & ruiff. Au Chevalier de l'Adroits & St.-Claude. Pente rap. & bois à paffer. Montagne & vill. de Pontis+. Le long de la Durance & la Rigoire. *A la Charrière*...2 l. De la Charrière *à EMBRUN*... 2
Voyez d'Avignon à Embrun.

Entrevaux . . . . E.	DE TOULON, à	Caftellanne jufq. Comps, & de Marfeille à Entrevaux . .	34
EVREUX . . N.O.		Orléans, d'Orléans à Evreux.	227
Falaife . . . N.O.		Orléans, d'Orléans à Falaife .	251
Flèche (la) . N.O.		Tours, de Tours à la Flèche .	256
Fontainebleau . . N.		Lyon, & à Fontainebleau . .	194

FORCALQUIER. Chemin de traverfe....Nord. 31

De Toulon on paffe entre deux ruiff. & à l'O. du petit & grand Projets de Baftides. Pont, chap. & chât. de St.-Antoine. Colline le long du Las, riv., entre la montagne de Faron, hériffée de rochers, & celle de Roque-Pecade & Cap-Gros, fameux rochers. Au chât. de la Rivière, à l'E. & au bas de la Redoute, St.-André & le Fort de Pomets. Quartier de Louban à trav. en paffant à l'E. de la chap. St.-Pierre & des moulins. Pont, riv. de Las, & moul. de Reveft. Pente rap. & chât. de Mardenne. Vallon au bas de la tour & au vill. de *Reveft*+...2 l. A l'E. du quartier du Lauron & de la montagne de rochers. Le long E. des rochers vifs, 2 l. O. du mont Maraton. Pente rap. entre les rochers. Vis-à-vis E. de la tour de Vidau, O. des rochers & de la pyramide de Reyeft. Détroit très-refferré entre des rochers vifs. A la croix des portes d'Orves : *belle vue*. Pente rap. entre les rochers de la Crau. Au Seuil blanc, E. du col de Lebrier & des Lebes, hériffés de rochers. Colline entre les rochers du Puy-Neuf & ceux du Trou-Maleron, du Bouquet & d'Ouache. Fourche du chem. & à 1 l. S. O. de la Chartreuse de *Montrieux*... 2 l. Pente rap. entre des rochers. E. du rocher Dardaran sur les monts de Limatte. A Lucrèce, au bas O. des rochers vifs d'Eguillen-Mararon. A la Mazure, entre les ponts du Puy de Lourme & la hanche du grand Puy, haute montagne. Vis-à-vis O. de la Tirassade. Pont au N. E. du Puy des Crottes, haute montagne. Traverse du col de Testen. Fourche du ch. de la Chartreuse de Montrieux & de St.-Tropez. Ch. & au S. de Cancerille. ¾ l. N. E. des rochers & croix de la Serre. Pont & riv. de Gapau. Isle & moulin d'Astand, Fourche du ch. de Montpellier à Brignolle par Meaune. Etang, chapelle & moulin Gapau. A Beaupré, S. de la Begude blanche. A la Grénouillère, clos d'où sort le Gapau. Traverse du plan de Signes, en passant les vignes. *A Signes*+..... 2 Le long des moulins. Chem. & à ½ q. l. E. de Raby. Colline à l'E. de chât. vieux, hermitage. Pente rap. entre les bois & les rochers. Bois & montagne à trav. Vallon de le Touanne. Côte à l'O. des bois & rochers de Deffens. A l'E. de la Table & source du Tay, riv. Montagne à trav. Vallée entre les rochers de la Venete & les bois & rochers de Deffens. Source de la riv. de Calamy. Vis-à-vis de St.-Chystophe, ¾ l. O. de Mazaugues+. Pont du grand Jas. Pont & ruiss. du val de Bioucarés. ¾ l. de la forêt des Planes de Cadière & montagne hérissée de rochers à passer. Plaine, vignes au S. du Pentagone. A Rogiers+. Pont sur le Caulon, E. de Rouvière. Mont de Pascarette & de Vaulougue. Plaine, vignes & ville de *St.-Maximin*...6 l. Ou de la *fourche de Montrieux* on côtoye la montagne des Rompides. Au Jas & à Valbelle. Entre les bois & les rochers, à l'E. de hanche du grand Puy. Pente rap. & Chartreuse de Montrieux. Pont, riv. de Gapau & *à Meaune*...2 l. De Meaune *à St.-Maximin.* 6 *V. d'Aix* à Hières. De St.-Maximin on passe à la chap. de N. D. de Bon-Voyage, vis-à-vis du Pavillon. Chemin de Digne & vignes à passer. 1 l. E. d'Ollière+. Entre Mempenti & Loumade. Pont entre Meyronne & les rochers d'Ollière. Au bas O. de St.-André & du vill. de Seillon+. Pente rap. & colline entre les rochers & les bois de Blachères. 1 l. de la montagne, rochers & bois de Blanchères à traverser, en passant vis-à-vis de la Séouve. Plaine & ½ l. de bois à passer. A la Tardive, ¾ l. S. de la montagne d'Attigues. Détroit entre le col de Caugnon. Colline en côtoyant un petit bois. E. de la plaine des Algéries & du col de la Bourguede. *A Rians*...5½ l. Ou de *St.-Maximin* devant les Capucins. Pont au S. O. de Cauguière & ½ l. de vignes à trav. Au N. de Barcelonne. Détroit entre le moulin & le vill. d'Ollière+. E. des Tourettes & de la grande Verrerie, au bas d'une chaîne de rochers. 2 l. des bois du Marquisat à trav. en passant au bas O. d'un ancien retranchement des Romains. Au Puets de Rians, & chem. d'Aix *à Rians*...6 l. De Rians on passe la côte au S. de l'Oratoire de St.-Marc & des moulins à v. Pont au bas O. du Sauvage. O. de Cornaille. Plaine & chât. de Velache. Fourche du chem. de Riez. Pont de la chaussée. Au Pigeonnier, S. de la montagne des Aigros. *A Ginasfervis*+...3 l. Colline du Puy de Féraud. Plaine entre la Bastidonne & Boutres. Montagne à traverser. Au Saint Nom de Jésus & à Vinon+. Chemin

d'Aix

d'Aix à Digne. . . . 2 l. Passage du Verdon. A St.-André & les hameaux Pardigons & Pas-de-Mène. Montagne à trav. A Roussel + où l'on passe la Durance. . . 2 l. Pont sur un petit bras de cette rivière. A la Loubière, S. du moulin de Palais. Au pied de Combaux. Pente rap. de la mont. de Manosque ; *à Manosque*. . 2
Devant le Séminaire & à l'O. de N. D. de la Rochette. Montagne & bois à trav. Le Contart & vallée. Aux Airs, O. de Beauregard, chât. Au bas S. de Dauphin +. Pont, au N. de St.-Mayme +. Pente rap. & vill. de Mane +. *A FORCALQUIER*. . . 4
à cause des montagnes.

DE TOULON, à

FRÉJUS	E.	Antibes per le Luc	23
GÊNES	E.	Antibes, d'Antibes à Gènes .	77
GENÈVE . .	N. E.	Lyon, de Lyon à Genève . .	137
Grasse	E.	Brignolle ; d'Aix à Nice . . .	30
GRENOBLE .	N. E.	Avignon, & à Grenoble . .	92
Havre-de-Grace.	N. O	Paris, de Paris au Havre . .	261
Hyères	S. E.	Antibes par Hyères	$4\frac{1}{2}$
LILLE	N.	Paris, de Paris à Lille	267
LIMOGES .	N. O.	Lyon, de Lyon à Limoges . .	176
LYON	N.	Aix, Avignon & à Lyon. . .	96
MANS (le) .	N. O.	Lyon, de Lyon au Mans. . .	256
MARSEILLE . .	N.	de Marseille à Toulon	15
METZ	N. E.	Lyon, de Lyon à Metz . . .	200
MÉZIÈRES. . .	N.	Lyon, de Lyon à Mézières. .	221
MONTPELLIER.	O	Marseille, & à Montpellier .	53
MOULINS.	N. p. O.	Lyon, de Lyon à Moulins. .	139
NANCY . . .	N. E.	Lyon, de Lyon à Nancy . .	190
NANTES . . .	N. O.	Toulouse, & à Nantes . . .	262
NARBONNE. . .	O.	Montpellier, & à Narbonne .	76
Orient (l') .	N. O.	Nantes, de Nantes à l'Orient.	302
ORLÉANS.	N. p. O	Lyon, de Lyon à Orléans . .	192
PARIS	N.	Aix, Lyon & Paris	210
PAU	O.	Toulouse, & à Pau	156
PERPIGNAN. .	O.	Montpellier, & à Perpignan .	91
POITIERS .	N. O.	Limoges, & à Poitiers	206
REIMS	N.	Lyon, de Lyon à Reims . . .	206
RENNES . .	N. O.	Nantes, de Nantes à Rennes .	288
ROCHELLE (la).	N. O	Bordeaux, & à la Rochelle .	229
ROUEN .	N. p. O.	Paris, de Paris à Rouen . . .	240

St.-Maximin. . . N.		De Toulon à Forcalquier	12
St.-Tropez . . . E.		De Toulon à Antibes ; de Marseille à St.-Tropez	17

SISTERON. Chemin de traverse. . . N. E. 39½

De Toulon à Manosque. . . 28 l. *V. de Toulon à Forcalquier.* De Manosque on passe la pente rap. de la montagne. Pont, côte, au N. de la fabrique de Cire & des Capucins : *belle vue.* Au pied du tertre *ou* montagne d'Or, couronnée par la vieille Manosque. Vallée à l'E. du bois, O. du canton & des vignes de St.-Lazare. A la Madelaine, ½ l. O. de la Durance, riv. qui coule au milieu d'une belle plaine. Devant le cimetière & le grand logis, E. de *Volx*+ . . . 2 l. Pont & riv. de Laye. ¼ l. S. du vieux Villeneuve+ & de N. D. des Roches. Pente rap. des quatre Tours : *belle vue.* A Villeneuve+. ¼ l. O. du confluent de l'Asse, riv. Vallée & vignes, à l'E. du Tronchay. Pont, ½ l. E. de la tuilerie & Lascombe. Pente rap. au bas E. des bois & montagne de la Belle-Côte, en passant à l'E. de St.-Saturnin. Pont de Pastre sur l'Auson. Côte à l'E. de Fongillou. O. du bac de la Brillanne & à ½ l. d'Oraison+, au-delà de la Durance. A la Brillanne+. Au Fonjuston & la Clede, cabaret, au-dessus O. de la Durance. . 2 A ½ l. E. des Recolets de N. D. des Anges. Fourche de la route d'Avignon à Sisteron par Forcalquier. ¼ l. O. de St.-Honoré+ & chât. Busque, au-delà de la Durance. A Giropay, *cabaret*, au bas E. de *Lurs*. Entre les bois & la Durance. Pont & riv. de Buez, O. du bac du Loup. Aux Bertrands vis-à-vis de Gargas. ½ l. E. de l'Abb. de Ganagobie. A la Serre & moulin sur la Durance. Au Pont-Bernard & chap. de St.-Roch. *A Peyruis*. . . . 3 A Barleou, ¼ l. O. des *Mées*, au-delà de la Durance. Pont & côte à 1 l. O. du confluent de la Bléonne. A Fournieu, ½ l. O. de Maligay+. Pont, ruiss. & détroit entre les montagnes & bois. Pente rap. à ½ l. O. du mont & vill. de Montfort+. Plaine & ham. de Plaidieux. A Chabannes, ¼ q. l. O. de Château-Neuf & val St.-Donat+. Aux Pourons, O. des montagnes & à l'E. des bois & montagne de Lurs. Entre le gravas & la forêt. ¼ l. O. d'Aubignose+. Au pied de la montagne couronnée du chât, vill. & bois de Peypin+. A la Pierre, 1 l. S. O. de Salignac+. A la Tourasse & aux Bons-Enfans. Pont sur Jabron, côte & Beaulieu. *A SISTERON*. . . . 4½ l.

SOISSONS . . . N.		Lyon, Troyes & Soissons .	114
STRASBOURG. . . . . N. E.	DE TOULON À	Lyon, de Lyon à Strasbourg.	190
Tarascon . N. p. O.		Aix, d'Aix à Nismes	4½
Toul . . . . N. E.		Lyon, Langres & Toul	189
TOULOUSE. O. p. N		Montpellier, & à Toulouse .	115
TOURS . . . N. O.		Lyon, de Lyon à Tours . . .	236

TOULOUSE. 627

TRÊVES	N.E.	Lyon, Metz & Trèves	225
TROYES	N.	Lyon, Dijon & Troyes	177
VALENCIENNES.	N	Lyon, Reims & Valenciennes.	245
Vence	E.	Draguignan; d'Aix à Nice	42
VERDUN	N.E.	Langres, de Langr. à Verdun.	197
Versailles	N.p.O.	Fontainebleau, & à Versailles.	211
Veyne	N.E.	Sisteron, de Sisteron à Veyne.	52
VIENNE	N.	Avignon, d'Avignon à Lyon.	89

(colonne: DE TOULON à)

ROUTES ET CHEMINS DE TRAVERSE DE TOULOUSE

Distance de Toulouse.

à		Voyez	lieues.
ABBEVILLE	N.	Paris, de Paris à Abbeville	211
AGDE	S.E.	Narbonne, & à Agde	50
AGEN	N.O.	Bordeaux	31
Aire en Gascog.	O.	Auch, d'Auch à Aire	37
AIX en Prov.	S.E.	Montpellier, & à Aix	97
AIX en Savoye	E.	Grenoble, & à Aix	183
AIX la Chapelle.	N.E	Paris, & à Aix	276

(colonne: DE TOULOUSE, à)

ALAIS. Grande route..... Est............ 77
De Toulouse à Montpellier...60 l. De Montpellier à ALAIS.. 17
Chemin de traverse............. 68

De Toulouse à Castres....17 l. Voyez cette route. De Castres à St.-Pons-de-Thomières....11 l. Voy. de Montpellier à Toulouse par St.-Pons. De St.-Pons on passe à St.-Barthélemy+. A Fontclure & moulin de Carioulo. Moulin & vill. de Riols+, sur Jeau, que l'on descend. Vis-à-vis Ardouane. A Prémian & au mas du moulin. Au mas de l'Eglise+. Vis-à-vis de Julio & du moulin Carrière. ½ l. S. de St.-Vincent+ sur Jeau. Au bas du chât. de Cesso. Pont & moulin Cesso, sur le Jeau. A Olargues. 4 Pont entre deux moulins sur le Jeau. S. de St.-Julien-d'Olargues. A la Triballe. ¾ q. l. S. de Mons+ au bas des rochers de la haute montagne d'Espinouse. Pont & ruiss. de Vialais. Côte, ham. & au bas de la montagne de Caroux. A St.-Martin-de-Larcon+.. 3¼
A Colombières+. Pont, moulin & au S. des mines de plomb.

Aux Saillots, les Bouffas, St.-Colombe & la Barlo-Baffe. St.-Pierre-de-Redes+. Courbillon & chemin de la Caune. ¼ l. N. des Aires+. A Herepian+. Le long de l'Orb & au N. O. des bois & montagne. *A Bédarieux....* 3¼ l. Montagne à trav. en paffant à Mas-Blanc+, St.-Jean-de-Prades+. Valquières+. La Valette+. Olmet+, *ou* à Villacun+. *A Lodève.........* 4 Ou de Bédarieux à Carlencas, en traverfant les montagnes. A Mérifons+. Celles+. La Baraque & *à Lodève...* 6 l. Sortant de Lodève on traverfe les montagnes & l'on paffe à Rogues+ ou à Cros, où l'on traverfe le chem. de Montpellier à Milhaud.... 3 Colline entre les rochers. O. des rochers de la Tude. Mont & vill. de Montdadier+. Côte & cenfe de Lefcale. Pont, ruiffeau d'Olepe & à ¼ l. O. de Pomiers+. A l'Enjournade & à Aveze+. Pont, prairie & riv. d'Arre. Fourche du chem. de Milhaud par Nant. A Carabaffe, *cabaret*. Au Vigan... 6 l. Du Vigan *à St.-Hypolite....* 6 l. *V. d'Aix à Alby*. De St.-Hypolite on paffe à Labrie. Côte & vallon à trav., en paffant au-deffus N. de la Roquette & de Merle. Au-deffus N. des Claris, ¼ q. l. de Conqueyrac+ & ¾ l. d'Agufan+. Montagnes & vallons à paffer à l'E. des bois. Pont entre Cazate & la Verrière. Côte, vallon & Font-de-Vert. Pente rap. Colline entre les bois. *A Durfort+.* 2¼ Pont & moulin de Durfort. Pont & moulin fur le Criculon, à ¼ l. S. de St.-Martin-de-Soffenac+. A Salettes, ¼ l. N. du chât. de Vibrac. Mont & bois de Roque à trav. A St.-Pierre-de-Sévignac+. Fourche du ch. de Quiffac. *A Andufe........* 2¼ D'Andufe *à Alais....* 6 l. *V. de Montpellier à Aubenas.*

Alby . . . . E.		d'Alby à Touloufe	18
Alençon . . N. O.		au Mans, & à Alençon. . . .	169
Alet . . . . S.		Carcaffonne, & à Alet	32
AMIENS . N. p. E.		Paris, de Paris à Amiens. . .	201
ANGERS . . . N.	DE TOULOUSE, à	Limoges, de Limog. à Angers.	136
ANGOULÊME . . N.		Bordeaux, & à Angoulême .	100
Antibes . . S. E.		Montpellier, & à Antibes . .	138
Anvers . . . N. E.		Paris, de Paris à Anvers. . .	250
Apt . . . . E.		Avignon, d'Avignon à Apt .	93
Argelez . . . S. O.		Auch, d'Auch à Barèges . .	40
Arles . . . E. p. S.		Montpellier, & à Arles . . .	79
Armentières . . . N.		Paris, de Paris à Armentières.	226
ARRAS . . N. p. E.		Paris, de Paris à Arras	214

Aspect. Chemin de traverfe.... S. O. 22

De Touloufe *à St.-Martory....* 17 l. *Voyez de Touloufe à Bagnères-les-Eaux*. De St.-Martory on paffe la Garonne fur un pont. A Geles, ¼ l. O. de Leftelie+. Mont-la-Grange & Verrerie. A Mont-Saunes+. Montagne à trav., au Pan & au Galis,

TOULOUSE.   629

Leudary. ¼ l. S. de Betpouech+. ¼ l. E. de Ganties+. A Balleugne, ¼ l. O. d'Estadens+. A Pujos, ½ l. E. de l'Eglise+. A la Loubère. La Terre-Blanque. Fontaignières & *à Aspect*... 5

Aubiet	O.	De Toulouse à Auch	13
Aubusson ...	N. E.	De Toulouse à Limog. & Aubusson.	98

Auch. Route de traverse.... O. p. N. 17

De Toulouse on passe à la fourche du ch. de Samatan. Plaine & côte de vignes à trav., en passant à ¼ l. S. d'un Amphithéâtre Romain. Moulin à v. & chât. de Marmande. Pont, riv. & St.-Martin-sur-Touch+. A l'Oratoire, ¼ l. N. de la Barrière, ¼ l. de Tournefeuille+. Côte & vill. de *Colomiers*+... 2 l. A Enjaca, S. de Cominilhan. Pont & riv. de Laussonette. Côte de vignes & au petit bois de Suraille. Pont & ruiss. de Courbet. Côte & vill. de Leguevin+. ¼ l. S. de *Brax*+.... 2 l. Entre Rendille & Cuieracon. A Pasquière & la croix St.-Blaise. Montagne & bois à trav., en passant au vill. de Pujaudran+. Vallons, pentes & à la Montaigne. Vallon, ruiss. & côte des Plaignots. Vallon, pont de Barcelonne. *A l'Isle-Jourdain*... 3 l. Pont, isle, riv. de Save & prairie. Montagne & vallon à trav. Côte & moul. à v. ½ q. l. N. de Clermont+. Vallon & plusieurs ruisseaux à passer. Côte, entre Saintoguets & Ergalop. Au grand Loubet, ¼ l. S. de *Sansas*+... 2 l. A la Garbille, ¼ l. N. de *Monferran*. Pont & vill. de Garbic+. Côte & petit bois à passer. Vallon, ruiss. ½ q. l. S. d'Ambon. Côte au S. du moulin à v. de la Garnison. Pont de Nourlens sur Marcaou, riv. Côte & Bastide neuve. A la Rouque & Sardine. *A Gimont*... 2 l. Pont, riv. de Gimont & ch. de Mauvezin. A Cahusac+, ¼ l. N. de l'Abbaye de Gimont. Côte de Cahusac. Entre Saintaraille & Emplares. Pont & côte au N. d'Aujardin. *A Aubiet*... 2 l. Vallon & pont sur la riv. des Rats. Entre la Jalousie & Ste.-Catherine. Côte de la Caravere. Le long S. du bois des Tourneaux, & du ham. d'Enrobert. Au N. du moulin & ham. d'Oudat. ¼ l. S. de Marsan+. Petit bois à côtoyer & à ¼ l. N. de Roquetaillade. ¼ l. S. du vill. de la Fisstte+. A Soulan & à la Canabery. Pont & chem. d'Auch à Montauban. Pente rap. ¼ l. N. de Montaigu+. Pont & rivière d'Arcon. Montagne & vignes & à Engachies. Au Griffon, ¼ l. S. du chât. de Serillan. Pont, côte & moulin à v. de Barail. Vallée & le long de la belle promenade d'Auch. Vis-à-vis des Capucins. Pont sur le Gers. *A Auch*.... 4 l.

Auriat	S. E.		Castelnaudary	8
Aurignac ...	S. O.		Bagnères	17
Aurillac ...	N. E.	De Toul.	Cahors, & à Aurillac.....	53
Auterive.	S.		Mirepoix..........	8
Autun ...	N. E.		Limoges, de Limog. à Autun.	153
Auvillar	N.		Bordeaux	26

AUXERRE . .	N. E.	DE TOUL. à	Limoges, & à Auxerre . . .	182
AVIGNON. . .	E.		Montpellier, & à Avignon. .	81
Avignonet . .	S. E.		Montpellier.	11
AVRANCHES.	N. O.		Rennes, & à Avranches . . .	195
Azilles	S. O.		Tarbes	28

BAGNÈRES-LES-EAUX. *Route de Poste*. . . S. O. . . . 38

De Toulouse *à Auch*. . . . 17 l. D'Auch *à BAGNÈRES*. 21

Chemin de traverse. . . . . $32\frac{1}{2}$

De Toulouse on passe à l'E. de Ferradon & Fontasse, en côtoyant la Garonne. A Gounon & à la Begude des Minimes. Belle plaine en passant à ½ l. O. de Pourville+. A Raubedou, ½ l. E. de St.-Simon+. A Descruches, ¾ l. O. de Vieille-Toulouse. Fourche du ch. de Saverdun, ½ q. l. de Portet+. Au chât. de Palarin, ¼ l. E. de Cugneaux+. A la Pyramide, ¼ l. N. de Pinsaguel+. Parc & vill. de *Roque*+. . . 2 l. A Jouanen, 1 l. S. E. de Froussins+. Petit bois à trav. & à Bonnefausse, ¾ l. E. de Seysses-Tolosane+. Le long de la Garonne. ¼ l. O. de Saubens+. *A Muret*, sur Louge. . . 3 l. ¼ l. E. du chât. de Rudelle. O. de celui de Cadillac. ¾ l. E. d'Ox+. ½ q. l. O. du chât. de St.-Hilaire-Segla. ½ l. de St.-Pierre-de-Baryouville+. Grande Métairie à ¼ l. E. de St.-Hilaire+. ¼ l. O. de la Garonne & de St.-Cassian+ & ½ l. de St.-Amans. Le long O de Fauga+. ¾ l. de Lauach+. ¾ l. E. de la Vernoze+. Cabaret & ham. de la Citadelle. ¼ l. O. du chât. de Mauzac, sur la Garonne. A Gaillard du Port & *à Noé*. . , 3 l. ½ l. O. du chât. & vill. de Montaut+. ¾ l. E. de Longages+, prieuré. Au Barbu. Petit bois & à ½ q. l. O. de Cappens+. Petit bois & ham. de Canaver. Petit bois & à ½ l. N. O. de St.-Hypolite+ & de Marquesave+. Chem. & à 1 l. N. de *Carbonne*. Carref. du ch. entre St.-Michel & le petit Touet, & à ¾ l. S. E. de Peissiés+. A Milhat, ¾ l. O. du chât. & vill. de la Terrasse+. ½ l. E. de la Fitte-Vigourdanne+. Le long E. de *St.-Félix-Terrebasse*+. . . 3 l. ½ l. O. de Salles+. Devant le chât. de St.-Félix. A Serac & Foresse. A Roudeilhe, ¼ l. E. de Lavallanet+. Pont & ¼ l. de bois à passer. Devant le cabaret de Castelnau, ½ l. N. O. de St.-Cizy+. Pont & ruiss. de la Bernede à ¾ l. E. de Mondavezan+. Entre Balluet & la Borde-de-Grosse. Pont à ¼ l. O. de *Cazerès*. Pont & riv. d'Houride. A la Batut, ½ l. N. de Mauran+. *A Marthres*. . . . 4
Le long O. de Boussens+ sur Garonne. Pont & ham. du Bout-du-Pont, sur la Noue. A Mancieux+ sur Garonne. *A St.-Martory*. . . 2 l. Au bas des rochers & au N. du chât. de St.-Martory. Vis-à-vis O. du moulin Apas, sur Garonne. Au bas S. du vieux chât. & vill. de Lestelle+. Vis-à-vis S. de Morlon. A Beauchalot+. Baron & pont sur le ruiss. de Saumès. Pente rapide de Millon : *belle vue*. A ¾ l. N. de Montespan+. Landes, ¼ l. N. & au-dessus de la Barthe-Inard+. 2 l. de bois & landes à trav., en passant à ¼ l. N. de Stancarbon+. A Maillos & au Crouzet.

TOULOUSE.

¼ l. N. de Miramont+. *A St.-Gaudens*.... 5 l. Pente rap. & ruiss. à passer, ½ l. N. de *Valentine*. Belle prairie au N. de la Garonne à trav. Au bas. S. de Villeneuve-de-Rivière+. Pont & riv. de Lavet. Le long N. du vill. des Bordes+. ¼ l. de Clarac, de Taillebourg+ & des Pointis-de-Rivière+. ¼ l. S. de Ponlat+. Chemin de l'isle en Dodon & à ½ l. N. d'Ausson+ & de Huos+. Mont & ham. de Capdeville. Vallon & pente rapide de la montagne de Monrejeau. *A Monrejeau*... 3½ l. A Berdoulet, ½ l. S. de Toureille+. Pente rap. & ham. de la Lande. ¼ l. S. de Cuguron+. 5 l. de landes *ou* bruyères à trav. en passant à Riffaut-Cadet, à Coussole & à Ricaut. Pont & rivière de Save. A Pinas+. Pont, riv. de Gers & route d'Auch à Sarroncolin. Entre le Crabi & le Bourtoulet. *A Lannemezan*.... 4 l. Pont & rivière de Baize-Devant. Bruyères *ou* landes. ¾ l. S. de la Grange+. Pont & riv. de Baize-Derrière. A la Poutge de Cantin. Pont & riv. de Lene. A Capbern+. ¼ l. N. de Molère+. A Mauvezin+ & près du vieux chât. *ruine*. Pente rap. ¼ l. N. de Bonnemaison+. Pont & Abb. d'Echelle-Dieu, sur Larros, riv. Pont & riv. de Luz. Montagne & bois à trav. A Romes, ¼ l. S. de Gieutot : *belle vue*. Pente rap. & à ½ l. N. d'Argelles+. A la Come de Marilheu+. La Hautbarade & pente rap. Au pont de pierre sur la riv. d'Adour. *A BAGNÈRES* en Bigorre. (*Eaux Minérales*).... 3 l.

Autre chemin.............. 32½

De Toulouse à Balluet... 13 l. *Voyez la route ci-dessus*. De Balluet on passe à Touzan. Pente rap. & vill. de Mondavezan+. Au Tapiau, montagne, & ham. des Terres : *belle vue*. A Lescunes+ : *belle vue au S*. Bois à passer & entre les Baraques & Jouandon. A la Tuilerie & à Sanarens. ¼ l. S. de Terrebasse+. A la Lune. Alan+ & au château de Jean-Cassaigne. Bordette. Verdot. Scala & les Bordes. ¼ l. S. de Montouillieu+. *A Aurignac*... 4 l. Pente rap. & ham. de Lasbordes. A Manent & Buscaille. ¼ l. N. de St.-Elix+. A Peyrouzer. Vallon, vill. & chât. d'Aulon+. Le long de la riv. de Noue. A la Farge & chât. de Floran, entre les bois. Pont & vill. de *la Tour*+, sur Noue.. 3 Bois & côte rap. à passer. Chât. & vill. de Lieoux+. La Baze. La Baraque. Flouguet. La Maison-Neuve. La Glarie & Bigourdan. Au bout de la côte. Pont & ruiss. de Saumès. A Frechou & au Pradet. *A St.-Gaudens*.... 2 l. De St.-Gaudens *à BAGNÈRES*.... 10¼ l. *Voyez ci-dessus*.

Bagnères de Com.	S.O.	St.-Bertrand, & à Bagnères . 35
Balaruc....	S.E.	& de Montpellier à Balaruc . 60
Bastide (la).	N.E.	Aurillac par Cahors 45
Barrèges...	S.O.	Tarbes; d'Auch à Barrèges . 48
BAYONNE...	O.	Auch, d'Auch à Bayonne .. 67
Bazas	N.O.	Auch, d'Auch à Bazas ... 51
Bazière.....	S.	Montpellier par Carcassonne . 6

(DE TOULOUSE à)

TOULOUSE.

Beaucaire . . . . E.		Montpellier, & à Beaucaire .	80
BEAUVAIS. N. p. E.		Paris, de Paris à Beauvais . .	186
BÉFORT . . . . E.		Besançon, de Besanç. à Béfort.	208
Belpech . . . . . S.	DE TOULOUSE, à	Mirepoix	15
BESANÇON . . E.		Limoges, de Lim. à Besançon.	187
Beze ou Bize . . S. E.		Montpellier par Trebes . . .	36
BÉZIERS . . S. E.		Montpellier par Béziers . . .	44
BLOIS. . . . . . N.		Limoges, de Limoges à Blois.	135
Boulogne . . . S. O.		Tarbes par Bologne	19

BORDEAUX. *Grande route*... N. O. 67

De Toulouse *à Montauban*... 12 l. *V. de Cahors à Toulouse*. De Montauban on passe à la Roque. Satur. ¼ l. N. de Gasseras+. Le long E. du Tarn, riv. Devant & à l'E. de Capau. Aux Rives, entre des petits bois. A St.-Hilaire, 1 L. S. O. de Falguière+. A St.-Hilaire de St.-Barthélemy+. ¼ l. E. du vill. & chât. de la Garde-d'Illemade+. Pont, ruiss., côte & vill. d'Illemade+. Pont, ¼ l. S. de St.-Pierre-de-Campredon. A la pointe d'*Aveyron*... 3 l. Bac & passage de l'Aveyron au confluent avec le Tarn. Le long N. des Rives sur le Tarn. ¼ l. E. de Mauzac+. Au Saula, ¼ l. O. de St.-Maurice+. Pente rapide & montagne de la Française. *A la Française*... 1 l. Pente rap., vallon & au bas N. du chât. de Parasol. Colline. Rival des Crouzets. Au bas de la côte de vignes & du vill. de la Peyrouse+. ½ l. S. de Lunel+. Au chât. de Camparnau. Pont & riv. de Lemboula. A Astirous, ¼ l. N. de Ste.-Livrade+, sur le Tarn. Pont, ½ l. N. de St.-Germain+. Pont, la tuilerie & le Luc. *A Moissac*... 3 Côte de vignes à passer. A Casaus. St. Laurent. Vallon, pont & ruiss. Côte & vill. de la Madelaine. A Segès+ & Binié. ½ q. l. N. de Boudou+. A Roudié & à Alberques. Entre Sattou & Massip. ½ q. l. N. de Ste.-Rose+. ¼ l. de Malauze+. Pente rap. & ham. de Laspeyres, dépendant du vill. de *Malauze*+... 3 l. *La Magistère*+... 3 l. *Croquelardit*... 3 l. & *à Agen*... 3 l. D'Agen au port Ste.-Marie... 5 l. A St.-Côme+ & *Aiguillon*. . . . . 2 *A Tonneins*... 3 l. Fauille+. Longueville+. St.-Perdou & *à Marmande*... 4 l. A l'O. de Tiras+. A Ste-Bazeille & *la Motte-Landron*... 3 l. St.-Albert+ & *la Réolle*... 2 l. A Gironde, Casseuil & *Langon*... 4 l. Barsac. Birlade & *Castres*... 6 La Prade. Le Bouscault & *à* BORDEAUX.... 7 l.

Autre route.

De Toulouse *à Grisolle*... 7 l. *V. de Cohors à Toulouse*. De Grisolle on passe à la fourche de la route de Paris. A la Villelongue, au bas de Canals+. Dieupentalle+. ¼ l. E. de *Verdun*. A Froumassou. Bessens+. ¼ l. O. de la Peyrière+. A Montbequi+. ¼ l. E. de l'Abb. de St.-Pierre-de-la-Cour, & ¼ l. de Masgarnier. Au faub. & à l'E. de *Pignan*. . . . 3 l. Pont, ruiss. & avenue du Mesnil. ¼ l. E. de St.-Cassien+. A l'Hôpital,

Poste

TOULOUSE. 633

Poste de Montech. Carref. du ch. de Montauban à Auch. ¾ l. O. de *Montech*... 1 l. Aux Morots. Ruiss., pont de Petoue. A Paillous, ½ q. l. E. de *Scatalens*. A St.-Joseph. Pont, ruiss. de Sanguine & moulin de Bellefeuille. Tuilerie de la Tomazette. ½ l. O. de la forêt Abbatiale. A Poutou. 1 l. N. E. de Cordes +. *A St.-Porquier*. Cailliot. 1 l. E. de l'Abbaye de Belleperche. A St.-André & chât. de Daux. St.-Martin-de-Belcasse +. L'Hôpital & route de Montauban à Castel-Sarrazin. 1 l. E. de Castellerus +. *A Castel-Sarrazin*... 3½ l. Pont, ruiss. & vignes à passer. A l'E. de Cassenel, Roux & N. D. d'Alem. 1½ l. de St.-Nicolas-de-la-Grave. A Cointre. ¾ l. O. de Gandalou +. Entre Laigues & les Nauzes. A Gouge & à la Trinque. ¾ l. O. de St.-Germain +. Pont & passage du Tarn, riv. *A Moissac*.... 2 *Le reste comme ci-dessus.*

Bordes	S.	Perpignan	50
Bourbon-l'Ancy	N.E	Limoges, & à Bourbon	137
Bourbonne-les-B.	E.	Lyon, de Lyon à Bourbonne	206
BOURGES	N. E.	Limoges, de Lim. à Bourges	124
BREST	O. p. N.	Bordeaux, de Bord. à Brest	225
Brignolle	S. E.	Aix, d'Aix à Brignolle	110
BRUXELLES	N.E	Paris, de Paris à Bruxelles	239
Bruniquel	E.	Cordes	19
Buzet	N. E.	Rabastens	5
CADIX	S. O.	Bayonne, de Bayonne à Cadix	261
CAEN	N. O.	Limoges, de Limoges à Caen	191
CAHORS	N. p. E.	de Cahors à Toulouse	27
Calais	N.	Paris, de Paris à Calais	238
CAMBRAY	N. p. E.	Paris, de Paris à Cambray	213
Capestan	S. E.	Montpellier par Trebes	36
Carbonne	S. O.	St.-Girons *ou* à Bagnères	10
CARCASSONNE	S.E	Montpellier par Carcassonne	23
Carlas	S.	Mirepoix, de Mirepoix à Carlas	27
Carman	S. E.	Castelnaudary par Carman	5
Carpentras	E.	Avignon, & à Carpentras	87
Castanet	S. E.	Montpellier	3
Castelanne	E.	Aix, d'Aix à Castelanne	124
Castelnau de Magnac.	S.O.	Tarbes par Bologne	22
Castelnau de Stref.	N.O.	Bordeaux par Agen	5
Castelnaudary	S. E.	Montpellier	14

Tome II.   L lll

Castel-Sarrasin. . N.	De Toulouse à Bordeaux par Castel-Sarrasin	14½
Castillon . . . S.O.	De Toul. à St.-Lizier & Castillon.	21½
Castillon. . . . . N.	De Toul. à Libourne par Bergerac.	59

CASTRES. Route de traverse... Est. 17

De Toulouse on passe le canal Royal & à Cambon, S. du chât. de Delprat. Vallée & ch. de Carman, Côte à trav. A Aigua & moulin à v. de Récébedou. Prairie & riv. d'Ers à passer. Vallon, le long & au bas du vieux chât. & du bois de Balma. Côte & moulin à v. de la Motte. Entre Cazaleds & Alciprier. Pont & riv. de Ceillone. A Pin-les-Balma+. Côte & vallon. Capellière. O. du cabaret & vill. de St.-Martial+. Pente rap. & à la Duchêne. Pont & riv. de Sauze. Au Colombier & pente rap. Devant Cornac. *A St.-Jean de St.-Avit*+... 3 l. A Bonacier, ¾ l. N. de la Valette+. Moulin à v. à ½ l. S. de St.-Marceil. Au Croc, ¾ q. l. N. de N. D. de Montlem. Côte d'Ambertroux & Pautel. ¾ l. S. de St.-André+. Prairie, pont, riv. de Giron & moulin Madame. Pente rapide d'Embringon. Moulin-gros & bourg de *Verfeil*. Entre le moulin à v. & Bagelis. A St.-Sernin+. A Anjoulet & Engombaut. Entre le cabaret & la Garde. ¾ l. N. de Montaucel+. *A Enrainel*+... 3 l. A Louillé & chât. de Soules, N. du vill. de Poudeux+. Moulin à v. & vill. de Pibres+. Côteau & ham. de Bornadelle. N. de St.-Barthélemy+. A la Bourdette; ch. de Castelnaudary & de St.-Papoul à Montauban. *A Lavaur*... 2 l. Pont & ruiss. d'Angles, O. de St.-Martin-de-Carla+. A Alponlet & à la Barthe. Bois, ruiss. ½ l. S. de St.-Georges-de-la-Bastide+. A Jonquières+. Pont, ¾ l. S. du mont & vill. de Fiac+. ½ l. S. de Viterbe+. ¾ l. de Brazis+. Le long N. des bois à ½ l. du vill. de Teyssode+. Le long N. du bois & vill. de St.-Paul-Cap-de-Joux+. ½ l. S. de St.-Martin-de-Damiette+. ¾ l. de Servières+. Pont & ruisseau d'Ariech. Bois, pont, ruiss. de Negopezou. Chât. Haut & vill. de *Guitalens*+... 5 l. Pont & riv. d'Agout. Aux Bourgnezies, vis-à-vis N. de Fédal. Pont, riv. de Bagas. ½ l. S. de Cicq+. ½ l. N. de Vielmur *ou* Vielmeur. ½ l. S. de St.-Martin-de-Carnac+. Pont au S. de la Moulinaire & la Grange. ¾ l. de Jonquière. ¼ l. N. de St.-Jean-de-la-Gardie+. A Emmotes, N. du mont St.-Julien. Montagne & ham. ½ l. S. O. de Carbes+. Vallon, ruiss. à 1 l. S. O. de St.-Nazaire. Plaine & ham. de la Balque. ½ l. S. d'Avits+. Bois & montagne à trav. A Trinque; au bas du bois & tertre de Siégal. Côte de vignes, entre Travet & la Corbière. Le long du Cours & *à CASTRES*... 4 l.

Caunes . . . . S. E.	De Toulouse à St.-Pons par Carcassonne	24
Cauterets . . . S. O.	De Toulouse à Tarbes; d'Auch à Cauterets	45

TOULOUSE.   635

Cavaillon .... E	Montpellier, & à Cavaillon .	84
Cazerès ... S.O.	Rieux, de Rieux à Cazerès .	15
Chalabre .... S.	Carcassonne ; de Montpellier à Chalabre	36
CHALONS s. M. N.E	Moulins, de Moul. à Châlons.	206
CHALON s. s. N.E.	Moulins, de Moul. à Chalon .	164
Charleville .. N.E.	Paris, de Paris à Charleville .	227
CHARTRES ... N.	Orléans, d'Orléans à Chartres.	160
Cherbourg .. N.O.	Orléans, & à Cherbourg...	230
Cintegabelle ... S.	Mirepoix	9
Clermont .... E.	Alby, Lodève & Clermont .	48
CLERMONT-F. N.E	Limoges, de Lim. à Clermont.	117
COLMAR .... E.	Lyon, de Lyon à Colmar ..	226
Cologne ... N.O.	Auch par Cologne	12
COMPIEGNE. N.E.	Paris, de Paris à Compiegne .	189
Condom ... N.O.	Auch, d'Auch à Condom ..	32
Conques .... S.E.	St.-Pons	25

CORDES. *Chemin de traverse* ... N.E. 25
De Toulouse à Montauban ... 12 l. *V. de Cahors à Toulouse.* De Montauban on passe à la fourche de la route de Paris. A la Crosse & ½ l. de landes ou bruyères. Pont & riv. d'Angle. Au Souliès & à Ratel-Bas. Pont & riv. de Tause. ¾ l. des ruines de St.-Etienne-de-Tulmon+. ¾ l. N. du chât. de Barayrous. A Burtalot, Courounets & vignes à côtoyer. A Sindic & pente rap. A *Negrepelisse* sur l'Aveyron ... 4 l. A Pégue, ½ l. S. de Bioule sur Aveyron. Entre Julios & Monteils. Pont à ¼ q. l. S. de la forêt de Vergne. A Brunis. 1 L S. de St.-Laurent-de-Maynet+. A Mirande & ruiss. à passer. A Burgaret, ¼ q. l. S. de l'Aveyron, riv. Pente rap. de Vaisse & au bout du pont. Montagne & ville de *Bruniquel*... 3 l. Pente rap., pont & riv. de Vevre. A Coufsanous, entre les rochers & l'Aveyron. ¾ l. S. de la Madelaine-des-Albis+. Pente rap. & ham. de la Pagesie. A St.-Paul-de-Mamiac+. Le long N. des rochers & de la forêt de la Gréfine. A Lassaigne, ¾ l. S. de *Penne* ou *Pienne*. A haute Serre, S. des rochers. ¼ l. S. de Vaours+. Bois, montagne & pente très-rap. A *St.-Salvy-de-Lherm*+ .... 3¼ l. Au S. de Tonnac. Montagne, rochers & vill. d'Alairac+. Vallée & vill. de Vindrac+. Corrompis sur Cerou. Les Cabannes. Pente de la montagne. A CORDES ... 2¼ l. A Campes+. Salles. Monastiers 3

Coullioure .... S.	De Toulouse à Narbonne ; de Montpellier à Couillioure. 60
COUTANCES. N.O.	De Toul. à Rennes & Coutances, 206

TOULOUSE.

Daumazan .. S. O.	St.-Girons............ 16
Dax .... O.	Auch, d'Auch à Dax 51
Deux-Ponts.N.E.	Metz, de Metz à Deux-Ponts. 255
Dieppe .. N. p. O.	Rouen, de Rouen à Dieppe . 206
Digne ..... E.	Avignon, d'Avig. à Digne . 106
Die .... E.	Avignon, d'Avignon à Die . 121
DIJON ..... E.	Moulins, de Moulins à Dijon. 174
Dole ...... E.	Lyon, de Lyon à Dole ... 180
Douay .. N. p. E.	Paris, de Paris à Douay ... 220
Dourgue .. E. p. S.	Julia, de Julia à Dourgue .. 16
Draguignan.. S. E.	Aix, d'Aix à Draguignan .. 120
Dunkerque ... N.	Paris, de Paris à Dunkerque. 239
Embrun .... E.	Avignon, & à Embrun ... 132
Evreux ... N.	Orléans, & à Evreux..... 178
Fabreſſan ... S. E.	Montpellier par Carcaſſonne . 29
Falaiſe .... N. O.	Limoges, de Limog. à Falaiſe. 181
Fanjeaux .... S.	Mirepoix............ 21
Figeac .... N. E.	Aurillac par Villefranche... 34
Fignan .... N. O.	Bordeaux par Agen 10

Foix. Route de traverſe... Sud........ 18½

De Touloufe on paſſe le long de la Garonne, à Gounon & à la Begude des Minimes. A Récébedon. ½ l. E. de St.-Simon+. Aux Defcruches & route de St.-Gaudens. ½ l. O. de Poſtel+, vis-à-vis du confluent de l'Ariege, riv. Paſſage de la Garonne. A Pinſaguel+... 3 l. Le long O. du petit bois de Belot. Au Cros, O. de la rivière d'Ariege *ou* Oriege. Pont & à ½ l. E. de Pins+. ½ l. O. de Guirans+. ½ l. E. de Villatte+. Pont & riv. de Leze à paſſer. ½ l. E. de la Barthe+. ¼ l. O. de Clermont+. A Vernet+... 2 l. ¼ l. O. de Venerque. Petit bois de la Commère. A Dufede, ¾ l. E. de la Gardelle+. ½ l. O. de Crépiac+. Précarbou & la Gazagnade. Port ſur Rieutor, ½ l. O. de Maſſac & Redon. Au Vivier & paſſage de la Mouillone, riv. ½ l. E. de Miremon. Entre Molle & Harot. Le long O. de St.-Martin-de Luffiac+ ſur Oriege. A ¼ l. O. d'Auterive. Le long O. de la Madelaine+.... 2 l. 2 l. de vignes à trav., en paſſant à ¾ l. O. de St.-Pierre-de-Bouzonville+. Au Purgatoire. Guilhem, & à 1 l. E. de Grazac+. A Baccarets+. Fourane. ¼ l. O. de Cintegabelle. Pont & riv. de Calers, 1 l. O. de Caujac+. Route de Cintegabelle. A la grande Borde, ¼ l. O. de Tramefaygues+. ¼ l. E. de St.-Quirc+ & Liſſac+. A Antougnole. ½ l. E. de Labattut. Pont & riv. de Laure. *A Saverdun*... 4 l. Pont & riv. d'Oriege. A Jeanne-Petite. N. de Ste.-Colombe+. Pont & riv. de Crieu. Entre cette riv. & celle d'Oriege. ½ q. l. O. de St.-

Jean-de-Crieu +. A Grave, ½ q. l. E. de Vernet + & de Cantereine +. ¾ l. O. de *Montaut-de-Crieu.* Vignes & ham. de Naudonnet. A Fontgranne. ½ q. l. E. de Bonnac +. A la Salbaire, ½ l. O. de Lambrine +. ¼ l. E. de Bezac +. Entre les Pigonniers & Estambleau. Au Gabe, E. de l'Oriege, riv. *A Pamiers* sur Oriege... 3½ l. Côte de vignes & fourche de la route de *Mirepoix.* Pente rap. du Mas & à Faurejean. St.-Jean-de-Falga +. Le long de la côte de vignes, ½ l. E. de Benagues +. A Joncla, ½ l. O. de Verniole +, *vignoble.* Pente rap. de Carbon. Le long de l'Oriege, ½ q. l. E. de Vals + & ½ l. S. E. de Rieux-de-Belport +. Pont, ruiss. de Meridic & au Castelet. *A Varilhes*.... 2
Vallée, ham. de Loubenquet & de Pataut. A Garigou. Pont & hameau de Zacharias. A St.-Jean-de-Vergès +. Lesfaures sur Oriege. Colline entre les montagnes & rochers. A la Barre + sur Oriege. ¼ l. E. de Vernajoul +. A Permilhac. E. de la montagne de rochers de St.-Sauveur. O. du tertre & mont de Foix, couronnés de rochers. Pont & riv. d'Oriege. *A Foix*..... 2

Fontainebleau.	N. E.	De Toulouse à Orl. & Fontaineb.	162
Forcalquier . . .	E.	De Toulou. à Avig. & Forcalquier.	113

Fossat. Chemin de traverse... Sud........ 13

De Toulouse *à Pinsaguel*.. 3 l. *Voyez de Toulouse à Foix.* De Pinsaguel on passe à la fourche de la route de Pamiers, vis-à-vis de Rau. Pont à ¼ l. E. de Pins +. A Augerou, ½ l. E. de Villate +. A Ponchon. Au Canton. Mallevigne-de-la-Barthe +. Soulignère. Fleurial. La Begude blanque. Pont & gr. grange d'Eaunes. ½ l. O. de l'Abb. d'Eaunes. ½ l. de la Gardelle +, la Bessane & Vignols. ¼ l. de Beaumont +. A Mandineli, ½ l. N. O. de St.-Pierre +. Montagne & vallon à trav. A la Grangère, ½ l. O. de St.-Léger +. *A St.-Sulpice-de-Lezat*.... 5
A la tuilerie de Gazaillas. Ferreri d'Enbas & Ferreri d'Enhaut. Aux Brougnes & *à Lezat*... 2 l. A Campfer. ½ l. E. de Villaret +. Pont & riv. de Leze à passer. Pente rap. & bourg de *St.-Ibars*... 1½ l. A Ste.-Suzanne & *à Fossat* sur Leze.... 1½

Fréjus	S. E.	DE TOULOUSE, à	Aix, d'Aix à Fréjus	125
Gailhac	E.		Alby par Gailhac	13
GÊNES . .	E. p. S.		Aix, d'Aix à Gênes	178
GENÈVE . . .	E.		Lyon, de Lyon à Genève . .	177
Gimont	O.		Auch.	11
Givords	E.		Montpellier, & à Lyon . . .	130
Glandèves	E.		Aix, d'Aix à Glandèves . . .	133

Grasse (la). *Route & Chemin*.... S. E. 29

De Toulouse *à Carcassonne*... 23 l. *V. de Toulouse à Montpellier.* De Carcassonne on passe vis-à-vis des Capucins de Trèbes. A Fontiés, E. de Montirat +. A Monze +. Le long de la

Bretonne, riv. *A Pradelles+*... 3 l. Montagne à trav. Pont & riv. des Mattes ; ½ l. de Montlaur+. Montagnes & vallons à passer. Pente rap. des Auzines. Pont & rivière d'Alzou. *A LA GRASSE* sur le Sou. ... 3 l.

Grasse ... E.-p. S.	Aix, d'Aix à Grasse	130
Graulhet .... E.	Alby par Graulhet	10
Grenade .... N.	Castelnau-de-Stref. & Grenade.	6
GRENOBLE .. E.	Montpellier, & à Grenoble	132
Gueret .... N. E.	Limoges, de Limog. à Gueret.	94
Guibraye .. N. O.	Falaise	181
Havre (le). N. p. O.	Rouen, de Rouen au Havre	213
Isle-Dedon .. S. O.	de Toulouse à Bologne	17
Isle en Jourdain. E.	Auch	7
Joigny .... N. E.	Moulins, de Moulins à Joigny.	187
Julia .... E.	Castelnaudari par Carman	12
Landau .. E. p. N.	Strasbourg, & à Landau	263
Landrecy .. N. E.	Paris, de Paris à Landrecy	218
Lannemazan . S. O.	Bagnères par Bologne	29
LANGRES. E. p. N.	Limoges, & à Langres	190
LAON .... N. E.	Paris, de Paris à Laon	203
Lautrech .... E.	Entre Lavaur & Castres	12
Lauzerte ... N. O.	Périgueux par Lauzerte	25
Lavaur ...... E.	Castres par Lavaur	8
Lenta .... S. E.	Castelnaudari par Lenta	4
Lezat .... S.	Fossat	10
Lezignan les Reli-gieuses ... S. E.	Montpellier	32
LIEGE ... N. E.	Paris, de Paris à Liége	258
LILLE... N. p. E.	Paris, de Paris à Lille	227
LIMOGES . N. E.	Cahors, de Cahors à Limoges.	77
Limoux ..... S.	Alet	29
Lisle ...... E.	Alby	14
LIZIEUX . N. p. O.	Tours, de Tours à Lisieux	191
Lodève ..... E.	Alais	42½

LOMBEZ. *Chemin de traverse*.... Ouest...... 12¼

De Toulouse & fourche de la route d'Auch on passe la côte, au N. du chât. de Bourassol. Au Castel & vignes à trav. Pente rap. du Boquet. Pont & riv. de Touch. *A Tournefeuille+*..... 2

TOULOUSE.

A Bellevaise. Begude neuve. Paderne. Plaisance du Touch. Pente rapide entre Poge & Mauperé. A Fontsorbes+. Bois & chât. de la Pescadoure. Pente rap. du Cap de la Coste. Vallon & ruiss. *A St.-Lys*...4 l. Entre la Rosse & Fausseti. A la Cabartigue. Pente rapide & bourg de *Ste.-Foy-de-Peyrollières*. A la tuilerie de Mazeris. Pente rap. & bois à trav. A la Roche, ¾ l. N. de la Salvetat-de-Ste.-Foy+. Pente rap. & bois à passer. Vallon, ¼ l. S. E. de Bragairac+. A Rougairac. Côte, à ½ l. N. de Sabonnères+. 1 l. de Mongras+. Entre Lourte & Lascours. Vallon, pont, ruiss. de Baulouse. Côte & ham. de Peyrouzet. A Nizas+. Puntis. Bel-Air & moulin à v. de Mona. Vallée & riv. de Lassour. Au bas S. de la tour de la Fage. Devant les Minimes & à l'E. de *Samatan*...5 l. A la Rente & au Chemin. Le long E. de la riv. de Save. Route & à ½ q. l. E. de la ville de *LOMBEZ*....14 l.

LONDRES .. N.		Paris, de Paris à Londres ...	278
Lunel .... S. E.		Montpellier, & à Lunel ...	67
LUXEMBOURG..			
.... E. p. N.		Metz, & à Luxembourg...	258
LYON ..... E.		Montpellier, & à Lyon ...	139
MACON.. E. p. N.		Lyon, de Lyon à Macon. ..	155
MANS (le) . N. O.		Limoges, de Lim. au Mans.	157
MARSEILLE. S. E.		Montpellier, & à Marseille .	100
Marthres ... S. O.		Bagnères	15
Mas (le)... S. E.	DE TOULOUSE, à	Carcassonne	23
Mas-d'Azil... S.		Pamiers	18
Mas-Garnier .. N.		Bordeaux par Fignan	10
Maubeuge .. N. E.		Paris, de Paris à Maubeuge .	228
Mauléon... S. O.		Bologne, & à Mauléon ...	24
Mauvezin .. N. O.		Agen par Mauvezin	14
Mayenne... N. O.		Tours, de Tours à Mayenne .	164
Mazères ..... S.		Mirepoix	
MEAUX ... N. E.		Paris, de Paris à Meaux ...	180
Mende...... E		Alby, d'Alby à Mende ...	57
METZ... E. p. N.		Lyon, de Lyon à Metz ...	243
Mézières ... N. E.		Paris, de Paris à Mézières ..	226
Milhaud .... E.		Alby, d'Alby à Clermont .	40
Mirande .... O.		Auch, d'Auch à Tarbes ...	23
Miremont .... S.		Foix............	6

MIREPOIX. *Route de traverse*....Sud......25½

De Toulouse à *Villarazens*.....18 l. *Voyez de Toulouse à*

Montpellier. De Villarazens on passe le pont sur la riv. de Tréboul & sur le Canal ; O. de St.-Rome. A Bram+. Le long E. de la riv. de Preuille. Côte & vill. de Villesiscle+. Ruiss. à ¾ l. E. du moulin & bourg de *Villefavary.* A Tourines. ½ l. N. O. de la Force+. Pyramide & moulin à v. O. du prieuré de Prouille. Fourche du ch. de Carcassonne. Montagne & ville de Fanjeaux.... 3 l. De Fanjeaux *à* MIREPOIX. ..,..... 4½
Voyez de Montpellier à St.-Girons.

Chemin de traverse. 21

De Toulouse *à la Madelaine*.... 7 l. *V. de Toulouse à Foix.* De la Madelaine on passe la riv. d'Oriege. *A Auterive.* St.-Pierre-de-Bouzonville. Au bas du chât. de Quintallone, en côtoyant la riv. d'Oriege. *A Cintegabelle*.... 2 l. N. de l'Abb. de Balbonne. Vis-à-vis du chât. de Terrascon. *A Calmont*... 2
Vis-à-vis E. de *Mazères* en Foix. A Molandier+ & *à Belpech*.. 4
Passage de la riv. de Viauege. A Trémezez+. St.-Julien-de-Plagne+. Raynes. Bel-Air & Chambrier. Entre les bois de la Belène. Vallon. ruiss. & côte de Bessous. Pente rap. de Sillé, pont & ruiss. de Clergue. Au bas de l'hermitage de St.-Loup. A Mazerettes+. Vallée le long du Lers, riv. Pont à ¾ l. S. de St.-Aubin+ & chemin de Carcassonne. Au bas des Cordeliers & de Terride. Ponts, isles & riv. de Lers à passer. *A* MIREPOIX. 4

Moissac ..... N.		Bordeaux	19
Montastruc.... E.		Alby, *ou* d'Alby à Toulouse .	4
MONTAUBAN.N.pE		de Cahors à Toulouse	12
Montaulieu .. S. E.	DE TOULOUSE, à	& d'Alby à Carcassonne ...	27
Montaut-de Crieu. S.		Foix par Pamiers	13
Montech..... N.		Bordeaux par Fignan	11
Montesquieu .. S. E.		Montpellier	7
Montesquieu-de-Volvestre ..... S.		St.-Girons	13
Montferran ... O.		Auch	10
Montgiscard . S. E.		Montpellier	5

MONTPELLIER. *Grande route*.... S. E. 61

De Toulouse on passe devant St.-Michel & Ste.-Catherine. E. des Récolets & au S. du chât. de Busca. 1 l. O. de Montaudran+. Avenue du chât. de Ponsan. Pont & au S. de celui de Désasars. Avenue & à l'E. du chât. Niquet. Autre avenue qui conduit à celui de Lespinet ; il est à l'E. de la route. Pont & au N. E. de St.-Aigne+. Chap. de St.-Roch. Côte & ham. de la Peyrade. Pont, ruisseau ¼ l. N. E. du moulin à v. des Religieuses. Côte, vallon & ham. de Remonville. A Vignol. Ham. du grand Chemin. ½ l. O. de la Bege+. Pont & au bas d'Auzeville+. Devant l'Hôpital, E. de Monavit, ¼ l. de Mervilla+. *A Castanet.* 2½

& 3 l. de Poste.

& 3 l. de Poste. Au bas & entre l'église & le vill. de Péchabon +. A Ducharme. Sancene. Ruisseau au bas E. de Pontpertuzat +. Pont à l'E. de Deyme +. Le long de la côte, ¾ l. S. O. de Montlaur +. A Menjou. Bonor. Le long E. du moulin à v. & du vill. de Donneville +. Pont & à l'O. du canal Royal, ½ l. de Maravals +. Côte, O. de l'écluse de Montgiscard; *à Montgiscard.* Avenue du Rouzaut. Vallée, pont & riv. de Lers-Morte. Moulin à v. & bourg de *Baziège*. . . 3 l. A la tour, S. des moulins de Monteserre. Pont de Baure & à Cabos. ¾ l. N. de *Montesquieu*. Pont & ham. de Lasbordes. A Villenouvelle +. Moulin à v. & pont du vill. Entre Binet & l'Hôpital. A la tuilerie, ½ l. N. E. de St.-Rome +. ¾ l. de Vieille-Vigne +. A la Begude basse. ½ l. S. de Montgaillard +. Pont & ruiss. Côte & Begude Novo. Vallon & côte de St.-Lazare. ½ l. N E. de Gardouch +. Pont à ¼ l. S. de Lasbarelles. *A Villefranche*. . . 2½ l. & 3 l. de Poste. Pont & ½ l. S. O. de Valsegure +. Entre le Cimetière & la Tabernocle. ¾ l. N. E. de la commanderie de Raineville. Pont & ruiss. de Faverol. Pont, ½ q. l. S. de St.-Brès, Cavalier, Louzaine & Péchabon. Pont & ruiss. de Lescasses. Ruiss. de Bourdette. *A Avignonet*. Pont & côte de St.-Michel. Pont, ruiss. de Cantaurane. A St.-Pierre, au bas S. de Montferrand +. Au Bosc, ½ q. l. N du bassin de Naurouze, qui fournit l'eau au canal. Pont, riv. de Sor & vignes à trav. A la Bastide d'*Anjou*. . . 3
Pont, riv. & St.-Jacques-du-Pont-Levet +. A la Jalade, ¼ l. S. de Ricaud +. Aux Pesquières. ½ q. l. S. de Peschbusque +, en traversant la graede chaîne, ¾ l. S. de Souilhanès, situé au sommet & au point de partage des eaux. A la chap. & route de Castelnaudary à Montauban par Carman. *A Castelnaudary*. . . . 2½
Entre l'hôpital & la chap. St.-Roch. Fourche du ch. de St.-Papoul. Moulin à v. & vill. de St.-Martin-de-la-Lande +. A Lasbordes + : *belle vue*. Vallée, pont, riv. de Fresquel. *A Villepinte* + ... 3 l. Le long N. de la Fresquel. A Villarazens +. Fourche du ch. de Mirepoix. ½ l. N. de Bram +, 1 l. de Villesiscle +. ½ q. l. N. de St.-Rome. 2 l. de *Montréal*. Avenue & au N. du chât. de Puget. *A Alzonne*. . . 2 l. Pont & riv. de Lampy, à la Jonction de la Bernasson. Côte de vignes, au N. de Fares & de Belzons. Ruiss. à ½ l. N. de Ste.-Eulalie. A la vieille Poste. Pont & riv. de Rougeanne. Côte des Moulières, ¾ l. N. de Villeseque-Lande +. Vignes, chap. de la Madelaine & chem. de Castres à Carcassonne. Pont & riv. de Fresquel. ½ l. N. de Sauzens +. *A Voisins* ou *Pezens* + . . . 2 l. Côte de vignes à trav. ½ l. S. de Ventenac +. Vallon, au N. de la Lande & Rivoire. Avenue & à ¼ l. S. du chât. & vill. de Penautier +. Le long de la riv. de Fresquel. Pont & canal Royal à passer. Vis-à-vis S. de Foucaud. *A Carcassonne*. . . . 2 l. *Ou* le long S. de la ville. Pont & riv. d'Aude à passer. *A la Cité* & devant les Capucins. Côte de vignes à trav. en passant à ¼ l. N. de Montlegun. Vallée & vignes, ¼ l. S. de Berriac. Pont, ½ l. S. de Villedubert +. Côte de vignes. Pont & au S. des Capucins de Trebes. Moulin, chemin de Béziers & de la Grasse. S. de *Trebes*. Le long S. de la riv. d'Aude & du canal. Pont à ¼ l. N. de Fontiès, ¼ l. de Montirat. Pont, ½ l. S. de Rustiques +. Pont & riv. de Merdeau. Chap. de N. Dame & le long N. de Floure +. ½ l. N.

du Fort d'Alaric. Pont ſur la Bretonne, ½ l. S. de Millegrand+. Moulin à v. & vill. de *Barbaira*+. . . 4 l. Pont, vignes, ½ l. S. de Marſeillette & de l'étang; N. d'un Champ de Bataille. Juſtice, péage & moulin au N. de Capendu+. Pont & ruiſſeau de Rieugras, ½ l. N. de Comingne+. A Douzens+. ½ l. S. de Blomac+. Pont, ¾ l. S. de St.-Couat+. *A Mons*+. 3
A ¼ l. N. de Fontcouverte+. 1 l. N. de *Fabreſan*. A Conilhac+. ¾ l. O. de Caumont, ¼ l. du chât. de Gaujac. *A Lezignan-les-Religieuſes*. . . 2 l. Devant les Pénitens. Pont, riv. de Joure & vignes à paſſer. Fourche du vieux ch. de Narbonne. ½ l. N. de Luc+, 1 l. de Montrabech+. *A Cruſcade*+. . . . 2
Au N. d'Ornezon+. E. de *Villedaigne*+. . . 2 l. Entre Piquet & Fédanne. Détroit en paſſant au S. du vill. de Monredon+. *A Narbonne*. . . 2 l. De Narbonne *à* MONTPELLIER. 23
Voyez de Montpellier à Toulouſe.

Chemin de traverſe. 56

De Toulouſe au pont qui eſt au S. des Capucins de *Tresbes*. . . 24¼
Paſſage du canal & de la riv. d'Aude. *A Tresbes*. . . . ¾ l. Pont ſur le canal Royal à paſſer. Au N. de Julia, ½ l. de Fontiès+ ſur Aube. ½ l. S. de Ruſtiques+. Au N. de Millepetit, ſur le canal. ½ l. de Floure+. Le long N. du chât. & vill. de Millegrand+. Pont & à ½ l. N. de Barbaira+. Devant & au N. de l'Acqueduc de Merues, ſur quel paſſe le canal. Pont & canal à paſſer. *A Marſeillette*. . . 2 l. Côte, ½ l. N. de Capendu+ & 1 l. de la montagne d'Alaric. Vallée le long S. du canal & étang de Marſeillette. A l'écluſe de Ranchin, ¼ l. N. de Blomac+. A Puicheric+. ½ l. N. de *St.-Couat*+. . . 2 l. Pont & moulin ſur l'Aude. Vis-à-vis de l'écluſe de Puicheric. ¼ l. N. de Roquecourbe. ¼ l. O. de Caſtelnaurive-d'Aube+, Entre le canal & moulin du Nautonnier. ¼ l. S. E. de la Redorte+. Pont ſur Argentdouble. S. de l'écluſe de Jouarres, ¾ l. d'*Azilles*. Le long S. de Jouarres+. Pont au S. de l'étang & Acqueduc de Jouarres, & à ½ l. N. de Tourouzelle+. A Homps & chemin de *St.-Pons*. 2
Devant le couvent des Pénitens. Pont, riv. de Jourre & vignes à paſſer. Fourche du vieux chem. de Narbonne. Pont au S. de l'écluſe & Acqueduc, ½ l. d'*Olonzac*.. Pont d'Ognon ſur le canal. Pont à ½ l. S. d'Oupia+. ¾ l. de Beaufort+. ½ l. N. du prieuré de Viala. ½ q. l. S. de Pouzols+. Pont Pouret & Calvet, *cab.*, ſur Repude, riv. Pont à ½ l. S. de Maillac+. ¼ l. N. du mont & vill. de Ste.-Valière+. Le long S. de la côte de vignes de Pouzols+. Ch. de Narbonne à St.-Pons. Pont & ham. de Cabezac ſur la Ceyſſe. ½ l. S. de *Bize*. Vignes, ½ q. l. S. d'Argelières. Canal & pont d'Argellières. Le long S. du canal en paſſant à Pigaſſe. N. de la commanderie de Preiſſon+. Le long S. de *Capeſtang* & au N. de l'étang. . . 5 l. Au S. de l'Aqueduc St.-Pierre. Pont de Tréſilles ſur le canal, N. de l'Aqueduc de Fouillans. Chem. direct à Pailhès, éloigné d'une ½ l. au S. Pont & chap. de St.-Jean-de-Theſſon. Au N. du Boſc & du moulin à v. de Pailhès, dans les vignes. Le long de la côte & au bas de l'égliſe de Montady+. Au N. de l'étang deſſéché & vis-à-vis la rigole directe à la voûte du Malpas. Vis-à-vis & au N. du Boſquet, dans les vignes. Ch.

TOULOUSE. 643

de la Goliane & de Colombières. Au S. de la Jacques. ¼ l. de Pouffan-le-Bas+ & à ¾ l. N. de Luc+. Au N. du pont de la Gourgaffe & S. de Gofquinoy. N. des neuf éclufes de Fonferanne fur le canal. Route de Perpignan. Pont & riv. d'Orb. *A Béziers*... 3 l. De Béziers à MONTPELLIER.... 17 l. *Voyez de Montpellier à Perpignan.*

Montpezat.	N. p. E.	Cahors............	22
Montpezat	S. O.	Bologne...........	17
Montréal	S.	Mirepoix..........	18
Montrejeau	S. O.	Bagnères..........	25½
Montricoux	N. E.	Cordes............	17½
MOULINS	N. E.	Limoges, de Lim. à Moulins.	128
Muret	S. O.	Bagnères..........	5
Nailloux.	S.	Pamiers...........	12
NANCY	E.	Lyon, de Lyon à Nancy...	233
NANTES	N. O.	Bordeaux, de Bord. à Nantes.	149
NARBONNE	S. E.	Montpellier........	38
Negrepeliffe	N. E.	Cordes............	16
NEVERS	N. E.	Moulins, de Moulins à Nevers.	141
Noé	S. O.	Bagnères..........	8
NOYON	N. p. E.	Paris, de Paris à Noyon...	195
Olargues	E.	Alais par St.-Pons.....	32
Olonzac	S. E.	Montpellier par Tresbes...	32
Orient (l')	N. O.	Nantes, de Nantes à l'Orient.	189
ORLÉANS	N. E.	Limoges, de Lim. à Orléans.	142
Orthez	O.	Pau, de Pau à Orthez....	52
Pailhès	S. E.	Montpellier par Tresbes...	42
Pamiers	S.	Foix par Pamiers.......	14½
PARIS	N. p. E.	Orléans, d'Orléans à Paris.	170
PAU	S. O.	Auch, d'Auch à Pau.....	42

PÉRIGUEUX. *Route de traverfe....* Nord...... 62
De Toulouſe à Cahors... 27 l. De Cahors à PÉRIGUEUX... 35

PERPIGNAN	S.	Narbonne; de Montpel. à Perp.	53
Peronne	N. p. E.	Paris, de Paris à Peronne...	203
Plan	S. O.	St.-Bertrand, & à Plan....	30
Plombières	E.	Befançon. & à Plombières.	210
POITIERS	N.	Limoges, de Lim. à Poitiers.	107

Mmmm 2

Pontarlier	E.	DE TOULOUSE, à	Lyon, de Lyon à Pontarlier .	190
Porquier (*St.*) .	N.		Bordeaux par Fignan	12½
Puy-Laurens . .	E.		Castres par Puilaurens	13
Puy-Morin . .	S. O.		Tarbes par Bologne	15
Puy en V. (*le*) .	E.		Alby, d'Alby au Puy	76
Quimpercorentin	N. O		Nantes, de Nantes à Quimper.	202
Rabasteins . .	N. E.		Alby par Rabasteins	9
REIMS . . .	N. E.		Paris, de Paris à Reims. . . .	208
RENNES . .	N. O.		Nantes, de Nantes à Rennes .	175
Rieumes . . .	S. O.		Bologne par Rieumes	13
Rieux.	S. O.		St.-Girons par Rieux.	12

Rodez. Route de traverse... Est. 43

De Toulouse *à Montauban* & *Caussade*... 17 l. *Voy. de Cahors à Toulouse*. De Caussade on passe à Pradette. ¾ l. S. de St.-Pierre-de-Milhac+. A Lugans-bas, ¾ l. S. de Monteils+. A Abec & pente rap. A Lugans-haut. Entre Laubade & Marmou. A Dardenne. Pente rap. de la Boriette. Le long E. de *Septfons*. 2
Chemin & à 3 l. O. de St.-Antonin. Pont, ruiss. Barave. ¾ l. N. d'Alignières. ¾ l. S. de la Lande+. ½ l. de bois à trav., en passant à Bourel+ & montagne rapide. Plaine, ¾ l. N. de la côte & vill. de Monpalach+. ¾ l. S. de la Naurette+. Tertre à trav. : *belle vue*. Le long S. de la Mandine+. Petit bois de Cos à passer. ¾ l. O. de St.-Amans+. Montagne de Maurisys. Le long N. de *Caylus*... 3 l. Pont & ruiss. de la Bonnette. ½ l. S. de St.-Pierre & St.-Etienne-de Livron+. Montagne & pente rap. A Reynal & au fief de Moulaires. Entre le moulin à v. & au N. de l'église de Félines+. Chemin & à ½ q. l. S. de Peyronis. 1 l. de *Puy-la-Garde*. Au N. du Mas du Rous & au Mas de Tarou. ½ q. l. N. O. de *Parisot : belle vue*... 2 l. Chap. de St.-Martin & pente rap. Vallon, E. du Mas de Rossignol. Pente rap. de la Borie-Haute. ½ l. E. du moulin à v. & bourg du *Puy-la-Garde*. ½ q. l. E. du mas de Benac & des granges. ½ l. de bois à trav. ¾ l. O. de Vaillourlhes+. *A Memer*.... 2 l. Le long N. du bois à ½ l. de St.-Grat+. Chât. de Mondevis & pente rap. Vallée, à ¾ l. S. d'Elves+. Bois & ch. à ¾ l. E. de l'Abb. de Loc-Dieu. A Gaillonne & à Bache. ½ l. N. O. de la bastide de Capdenac+. Vallon & côte à passer, en côtoyant un bois. Vallon, ½ q. l. S. de Savignac+. Côte, vallon & fourche du chemin de Cahors à Rodez. S. du mas de Souyry & du chât. de Vernusson. Vignes au N. de Laurière à trav. Pente rap. au S. de N. D. des Treize-Pierres+. *A Villefranche*... 3 l. Faubourg, pont & rivière d'Aveyron à passer. ¾ l. O. de St.-Jean-d'Aigremont+. Côte rap. à l'E. de la Chartreuse & la Madelaine+. ¾ l. de bois à passer. Au N. de Bruel, Garriguet & du vill. de Mourlhon+. Au S. de Puech-Loup. Bois, au S. du mas de la Borie & à 1 l. de Mauron+. Fourche de la route par la Bastide. 1 l. de plaine en passant à Alets & Cazelle. ¾ l. N. E. de Marmon+. 1 l. N.

TOULOUSE.

de Blaysols+ & de Vabres+. ½ l. S. de Teulières+. Pente rap. & montagne de la Peyrière à trav.: *belle vue.* Pente rap. & ham. de Jarlagou. Landes & au S. de la montagne St.-Jean. *A Rieupeyroux*...5 l. Ou *de la fourche de la Bastide* on passe la côte & le ham. de la Baume. Pont, ruiss. de Lezet *ou* Martinet. A la Bastide-l'Evêque+. Côte, ¼ l. N. de Teulières+. ¼ l. S. de Cabanes+. Bois, ¼ l. S. de Cadour+. Montagne à trav., pente rap. & ham. de Jarlagou. Plaine & landes, le long S. de la montagne St.-Jean. Pente rap. entre Rayhaldy & l'Hom. Le long N. de *Rieupeyroux*...4½ l. Belle plaine & landes à passer: *belle vue.* Le long S. de Cambrouse+. *A la Baraque*...2 l. ¼ l. N. de Lardeyrolles+. ½ l. S. de Limayrac+. A N. du grand Sagne, ¾ l. de Boussac+. Le long E. de Bourescur, S. de la Selve & N. de St.-Julien. A l'E. de la Garde, ¾ l. de Feneyrol+. ¼ l. S. de Vors+. ½ l. de la Valière. Au Lac, au-dessus N. du chât. & bois de *Bonbetou*...4 l. Entre la Vergne & Balniac. ¼ l. N. E. de Ceignac+. ¼ l. S. du chât. de Planesse. Fourche de la route de Montpellier à Rodez. ½ q. l. N. de la chap. St.-Martin. A l'O. de Serin. E. de Cros, la Barthe & Naujac. Devant la Boissonade, ¼ l. de Luc+. A l'E. du bois & chât. de la Garrigue. Vallon & Châtel-Gaillard. La Mouline, pont & riv. d'Aveyron. Entre le moulin & le port vieil. Pente très-rapide de la montagne de Rodez, en passant à l'E. du chât. Dolemps. Vis-à-vis E. de la Chartreuse. *A RODEZ*...3 l.

Rochefort....	N.	De Toulouse à Bord. & Rochefort. 108
ROCHELLE (*la*).	N.	De Toul. à Rochef. & la Rochelle. 115
Roque (*la*)...	S.	De Toulouse à Mirepoix & la Roque. 28
ROUEN....	N.	De Toulouse à Orléans & Rouen. 192
Sabara.......	S.	De Toulouse à Pamiers & Sabara. 18

ST.-BÉAT. *Route de traverse*...S. O. 32

De Toulouse à Gaudens...22 l. *Voy. de Toulouse à Bagnères.* De St.-Gaudens on passe à la Cave & pente rap. Pont & riv. de Garonne. *A Valentine.* 2 l. de belle plaine, en passant à 1 l. S. de Villeneuve-de-Rivière+. ¼ l. N. de la Barthe-Rivière. ¼ l. S. des Bordes, au-delà de la Garonne. A Martres+. ¼ l. N. d'*Ardiege*+...2 l. ½ l. S. de Clarac+ sur Garonne. ¾ l. de Cier-de-Rivière+. ½ l. S. de Taillebourg+ & Pointis-de-Rivière+. ½ l. S. de Huos & Ausson+, séparés par la Garonne. Route d'Auch à St.-Béat, & à ¾ l. S. de Monrejeau. A Bezert, cabaret..... 1 De Bezert à *ST.-BÉAT*...5 l. *V. d'Auch à St.-Béat.*

St.-Bertrand-de-Cominges...	S.O.	De Toul. à	Rieux, de Rieux à St.-Bertrand. 27
ST.-BRIEUC.	N.O.		Rennes, & à St.-Brieuc... 201
ST.-CLAUDE..	E.		Lyon, de Lyon à St.-Claude. 171
ST.-ETIENNE en F.	E.		Alby, d'Alby à St.-Etienne. 93

TOULOUSE.

St.-Felix de Caraman	. . . S. E.	De Toul. a Castelnaudary	10
St.-Flour	. . . E.	Alby, d'Alby à St. Flour . .	63
St.-Galmier	. . . E.	Mende, & à St.-Galmier . .	96
St.-Gaudens	. S. O.	Bagnères	22

St.-Girons. *Route de traverse*... S. O. 24½

De Toulouse à *St.-Martory*... 17 l. *Voyez de Toulouse à Bagnères*. De St.-Martory on passe la Garonne & à l'E. du chât. de St.-Martory. A Gélis, ½ l. E. de Lestelle+. Pente rap. de la grange de Verrerie. Montagne & vill. de Montsaunes+. Entre Parrat & Bartere. ½ l. O. de *Salies*. Pente rap. de Las-Bourdasses. Vallée à ½ l. O. de St.-Vincent+. A Mane+, ½ l. O. de *Touille*+ . . . . . 2 l. A His+. Castognede+. ¾ l. O. de la bastide de Salat. Pont à l'O. de la Cave+. Au bas N. du chât. de Prat. Pont & cabaret au N. de Prat. ¾ l. S. de *Bon-Repos*. . 2 Montagne, bois & rochers à passer. Vallée le long de la Salat. ¾ q. l. S. du vill. de Mercenac+. Au bas N. du vieux chât. de Caumont, à Caumont+. ½ l. S. du vill. & chât. de Thaurignan+. Pont & à ¾ l. O. de Thaurignan-le-Vieux+. ½ l. O. de Poumarieux & Gajan+. Plaine & ham. de Lorp. Pont & riv. de Salat. *A St.-Lizier*. . . 3 l. De St.-Lizier à St.-Girons. . ½

Autre chemin par Rieux. 20½

De Toulouse à *Noé*. . . . . 8 l. *Voyez de Toulouse à Bagnères*. De Noé on passe à ½ l. O. de Montaut+. ¾ l. E. de Longages+, prieuré. Au Barbut. Petit bois à ¾ q. l. O. de Cappens+. Petit bois de Canavère. Autre petit bois, à ¾ l. N. O. de St.-Hypolite & de Marquesave+. Fourche du chem. de Bagnères. A Havas, ¼ l. O. de St.-Hypolite. *A Carbonne*. . . 2 l. ¼ l. E. du chât. & vill. de la Terrasse+. Passage de la Garonne. Entre la Loude & Ferrery. Avenue & à l'E du chât. de Mansie, ¼ l. du parc de celui de la Terrasse. A la Tuilerie & bois de Mansie. ¾ l. O. de St.-Hylaire+. Pont à l'O. du parc & chât. de Rieux. *A Rieux* sur Arize. Pont & riv. d'Arize. Le long O. de la côte de vignes & du chât. de Montmedan. Au chât. de la Loubert. *Montesquieu-de-Valvestre*. . . . 3 l. Pont & riv. d'Arize. A la Perruque. La Terrasse. Côte & village de Castillon-la-Grangette+. Montagne à trav. en passant au ham. de Las Crouzettes. Au Rouge & à Miras. La Hitère+. ½ l. O. d'*Argain*+. . . . . 2 A Tubains. Capitaine. Le long O. de la forêt de Montbrun. Au chât du Bout-de-la-Forêt. Près de la Savarille & de la Taignière. Vallon profond & riv. de Volp. Montagne de la Peyre. Le long E. de la forêt de la Serre. ¾ l. O. de Mérigou+. A la Serre+. ¾ l. O. de Montardit+. A la Casse & à Poubil. Pente rap. & ruiss. à trav. Montagne & ham. de Baudits. A Mounet. Le long O. de Laray+. Vallon & ruiss. de Badet. ¾ l. des bois de Lassoumes à passer. A Moulièry & pente rap. *A St.-Lizier*. 5 Côte de vignes de N. D. de Marsan. A Miquet. ½ l. O. de Montjoye. Vall. & ruiss. de Bau à pass. A la Maladrie & *à* St.-Girons. ½

Pour Castillon. De St.-Lizier on passe à $\frac{1}{2}$ q. l. O. de St.-Girons. A Lédars +, sur le Lez, riv. que l'on suit. Pont & à $\frac{1}{2}$ l. S. E. du château & vill. de Montegut +. A Aubert sur le Lez. Moulins sur le Lez. A Luzenac + & au bas de Pouech +. A Arguilla. $\frac{3}{4}$ l. S. de la haute montagne de rochers de Balex. Vallée de Moulis & riv. de Lez à pass. A Angoumer +. $\frac{1}{4}$ l. S. d'Alas +. $\frac{1}{2}$ l. d'Agert +. Au pied du mont Balex. $\frac{1}{4}$ l. E. d'Arrout. Au Cazolas; au bas O. de Cescan +. $\frac{1}{4}$ l. E. d'Audressen. Pont & à l'E. du châr. de Coumes. *A CASTILLON*... $3\frac{1}{2}$ l.

		De Toulouse, à	
St.-Hilaire	S. E.	Carcassonne	24
St.-Hypolite	E.	Alais par Castres & St.-Pons	66
St.-Ibras	S. O.	Fossat	$11\frac{1}{2}$
St.-Lis ou *Lys.*	S. O.	Lombez	6
St.-Lizier	S. O.	St.-Girons	24
ST.-MALO	N. O.	Rennes, de Rennes à St.-Malo.	192
St.-Martory.	S. O.	Bagnères	17
St.-Michel	E.	Alais par Lodève	50
St.-Nicolas	N.	Bordeaux	16
ST.-OMER	N.	Paris, de Paris à St.-Omer.	231
St.-Papoul	S. E.	Castelnaudary, & à St.-Papoul.	16

ST.-PONS. Route de traverse... E. p. S. 28

De Toulouse *à Castres*.... 17 l. De Castres *à ST.-PONS*.... 11

Chemin de traverse. 38

De Toulouse *à Carcassonne*... 23 l. *V. de Toulouse à Montpellier.* De Carcassonne *à Homps*.... 8 l. *V. de Taulouse à Montpellier par le chemin d'Etaples.* De Homps on passe sur le canal Royal. *A Olonzac.* Pont & riv. de Landraugoul. A St.-Martin-d'Oncirac. Vignes & village d'Azillanet +. Montagne à trav. en passant à $\frac{1}{4}$ l. E. de Minerve +, où se trouve un pont naturel. Fourche du ch. de Narbonne à St.-Pons. Pont & riv. de Ceysse. *A la Caunette*... 3 l. De la Caunette *à ST.-PONS*.. 4
Voyez d'Alby à Narbonne par St.-Pons.

Autre chemin. 35

De Carcassonne à la Commanderie de St.-Jean. $\frac{1}{4}$ l. O. de Monredon +. Pont sur le Fresquel & le canal, E. de l'écluse du pont rouge. $\frac{1}{2}$ l. S. E. de Villemontausson. Chem. & à 1 l. S. de *Conques*. Côte de vignes à trav. Pont & riv. d'Orbiel. $\frac{1}{4}$ l. S. du châr. de Saptes. A Villalier, $\frac{1}{2}$ l. de Conques. A Fons & côte à trav. Pente rap. & carrière de Plâtre. $\frac{1}{4}$ l. N. de Bagniolles +. A Villegli +, N. du moulin à v. Le long de la riv. de Chamous. Entre la Mairie-Haute & la Neuve. Pont & riv. de Chamous. $\frac{1}{2}$ l. S. de Villeneuve-les-Chanoines +. $\frac{1}{2}$ l. de vignes à traverser. Pont, riv. de Naval & chem. de *Caunes* à 1 l. S. O. du pont.

½ l. de vignes en paſſant à Abrens. ¼ l. S. O. de Trauſſe +. *A Peiriac*... 3 l. A Merinville. Pont & riv. d'Argent-double à paſſer. Vignes, ruiſſ. de Canet & à Maſſiac. *A Azille*.... 2 ¼ l. de vignes & à Pépieux +. Pont, riv. d'Ognon & de Cap-long à paſſer. A la Serre. Pont & riv. de Landraugoul. S. de St.-Germain +. ¼ l. de Ceſſeras +. A Aziſlanet +. Montagne à trav. en paſſant à Laſval. ¼ l. E. de Minerve +. *A la Caunette*.... 3 De la Caunette *à* ST.-PONS... 4 l. *Voyez ci-deſſus.*

St.-Porquier .. N.	Bordeaux par Fignan.....	12½
St.-Quentin . N. E.	Paris, de Paris à St.-Quentin.	205
St.-Sulpice-de-la-Pointe .... E.	Alby *ou* d'Alby à Toulouſe .	7
St.-Sulpice-de-Lezat. ...... S. O.	Foſſat.............	8
St.-Tropez .. S. E.	Aix, d'Aix à St.-Tropez...	126
Ste.-Foy-de-Peyrollières ... S. O.	Lombez	7½
SAINTES.... N.	Bordeaux, & à Saintes....	98
Salies..... S. O.	St.-Girons...........	18
Salles .... N. E.	Cordes par Montauban....	26½
Samatan ... S. O.	Tarbes.............	11
Sarlat...... N.	Cahors, de Cahors à Sarlat .	49
Saverdun .... S.	Foix par Pamiers........	11
Sayſſac .... S. E.	St.-Papoul, & à Sayſſac ...	20
Scatalens .. N. O.	Bordeaux par Fignan.....	12
SEDAN.... N. E.	Paris, de Paris à Sedan....	231
SENS .... N. E.	Orléans, d'Orléans à Sens ..	171
Simorre ... S. O.	Lombez, de Lombez à Simorre.	15
SOISSONS... N. E.	Paris, de Paris à Soiſſons ...	195
STRASBOURG. E.	Lyon, de Lyon à Strasbourg.	241

TARBES. Grande route....S. O.......... 32

De Touloufe à *Auch*.... 17 l. D'Auch à TARBES...... 15

Route de traverſe............ 32

De Touloufe à *Samatan*... 11 l. *Voy. de Toulouſe à Lombez.* De Samatan on paſſe à la Rente & le long O. de la Save, riv. A Lombez. Au Crécon & petit Séjour. ¼ l. N. O. de Sauveterre +. Moulin du Poc ſur la Save.... 2 l. A Jambon, vis-à-vis du confluent de la Save & la Geſſe. ¼ l. N. de Cardeilhan +. A la Barthe +. ¼ l. S. E. de Sabaillan +. A St.-Pé ſur la Geſſe, riv.

TOULOUSE.

que l'on suit. Au chât. de Barthe & à Laudine. Bois & ham. de Bricolle & vill. de Paſſainat. ½ l. O. de Boiſſede+. A Ricaux+. Pont & ruiſſ. de Barez. ¾ l. E. de Molas+. A la Tuilerie & bois à côtoyer. A Monant. Memen. Engaſton. ¾ l. O. de *Puymaurin*. A Bateillier & au bas de Serrot. A Hoy, le Sec & Boſſou. Montagne & ham. de Michoure. *A Nenigan*+... 4 l. A Lasbordes & Arnay. Lunax+. Le Croiſſant. La Porte. Souville. La Camelle. Bourdeneuve, & *à Bologne*... 2 l. Côte & chap. de St.-Gervais. Bois, pont & moulin ſur la Gimone, riv. Pente rap. & ham. de Méliade. Bois, chap. de St.-Roch & village de Thermes en Magnoac+. A Betbeze+. Pente rap. & bois à paſſer. Chap. de St.-Orens. ½ l. N. de Deveze+. Pont, rivière de Gers & à la Terrade. Plaine, ½ l. N. d'Ariès+. ¾ l. S. de Sarriac. A Corale. Carref. de la route d'Auch à Arreau. Montagne rap. de Caſtelnau. *A Caſtelnau-de-Magnoac*... 2 l. A Crouſtel ſur le Gers, riv. & pente rap. Côte & à ¾ l. S. de la Roque+. Pont & riv. de Solle, ½ l. N. de Barthe+. Mont & village de Puntous+. Vallée & riv. de Baïſe-Devant. ½ l. N. d'Hachan+. ½ l. de bois & côte à trav., en paſſant au chemin & à ½ l. S. de Guiſerix+. Pont & riv. de Baïſole. ½ l. N. de la Peme+. Côte & vallon, montagne & vill. de Sadournin+. Vallon, montagne & bois à paſſer. A Padouen & chem. de Mirande à St.-Gaudens. Pont & riv. de Baïſe-Derrière. *A Trie*... 3 l. Aux Baraques. Pont & à ¼ l. E. de la Lanne+. A Boniface, ¾ l. N. O. de Tournausdarre+ & à 1 l. de la montagne & vill. de Puydarrieux+. Belle plaine & chem. de Mirande à Bagnères. Pente rap. ¾ l. N. de Villambits+. Montagne & vill. de Vidou+. Pont & riv. de Boués. Pente rap. de la Gave à ½ l. S. de Lubret+ & St.-Luc+. Montagne & vill. de Luby+. ¾ l. de Betmont+. Le long S. de la côte de bois. Pont, riv. & vill. d'Aumets+. ½ l. S. de Trouſley+. A Chelle-de-Bat+. Pont & riv. de Larros. Pont au bas S. de Marſeilhan+. Pente rap. & ham. Dantin. ¾ l. de bois à paſſer. Mont & chap. de St.-Roch. Village de *Caſtelvieil*+... 4 Bois, pont & riv. d'Eſteux. Pente rap. de la Tuilerie à ½ l. S. de Collongues+. Côte & chapelle de St.-Exupère. ¼ q. l. O. de Pouyaſtruc+. Pont & riv. de Leix. Pont & ruiſſ. Coti. ½ q. l. S. de Lizos+ & ½ l. d'Oléac-de-Bat+. A Boulin+. Bois, pente rap. & riv. à paſſer. A Marque-de-Bat. ½ l. N. de Sarouilles+. Côte & chap. de St.-Roch. Pont ſur le canal d'Alaric. Pont, vignes, ¼ q. l. N. de Séméac+. Carref. des routes d'Auch & de Bagnères. Pont & riv. de l'Adour à paſſer. *A TARBES*... 3

		DE TOULOUSE,		
Taraſcon	E.		à Montpellier, & à Taraſcon.	77
Teraſſon	N.		Limoges par Terraſſon.	57
Toujet	N.E.		Auch.	12
Toul	E.		Lyon, de Lyon à Toul.	228
Toulon	S.E.		Marſeille, de Marſ. à Toulon.	115
Tournay	N.p.E.		Paris, de Paris à Tournay.	228
Tournay	S.O.		Bologne, de Bolog. à Tournay.	26
Tournon	E.		Mende, de Mende à Tournon.	89

Tome II.　　　　　　　　　　Nnnn

TOURS	N.	Limoges, de Limog. à Tours.	137
Tresbes	S.E.	Montpellier par Tresbes	25
TRÈVES	E.	Metz, de Metz à Trèves	268
TROYES	N.E.	Orléans, d'Orléans à Troyes.	187
Uzès	E.	Montpellier, & à Uzès	81
VALENCE	E.	Lyon par Montpellier	109
Valence	N.	Bordeaux	24
Valence en Albig.	E.	Alby, d'Alby à Valence	24
VALENCIENNES	N.p.E.	Paris, de Paris à Valenciennes.	222
Valentine	S.O.	St.-Béat	23
Varilhes	S.	Foix par Pamiers	16
Venerque	S.	Foix par Pamiers	5
VERDUN	E.p.N.	Dijon, de Dijon à Verdun	229
Verdun	N.	Bordeaux par Fignan	9
Verdun s. Saone	E.	Lyon, de Lyon à Verdun	174
Verfeil	E.	Castres	5
VERSAILLES	N.	Orléans, d'Orl. à Versailles	170
VIENNE	E.	Lyon par Montpellier	132
Villefranche	S.E.	Montpellier	9
Villefranche	E.	Aurillac par Villefranche	30
Villef. de Périgord.	N.	Agen, d'Agen à Villefranche.	50
Villemur	E.	Castres	14
Villeneuve	N.	Agen, d'Agen à Villeneuve	38
Vitry-le-Franç.	N.E.	Troyes, Troyes à Vitry	204
Yvetot	N.	Rouen, de Rouen à Yvetot	201

(colonne latérale : DE TOULOUSE, Distance de Tours.)

ROUTES ET CHEMINS DE TRAVERSE
DE TOURS

à		Voyez	lieues
ABBEVILLE	N.p.E.	De Tours à Orl., Paris & Abbev.	9
AIX	S.E.	De Tours à Limog., Lyon & Aix	21
ALENÇON	N.O.	De Tours au Mans & à Alençon	

Amboise . . . . . E.	De Tours à Blois	6
AMIENS . N. p. E.	De Tours à Paris & à Amiens . .	88

ANGERS. Grande route. . . Ouest. 28

Sortant de Tours on passe le pont sur la Loire, le faub. St.-Symphorien & devant la route du Mans. On suite la levée le long de la Loire, en passant devant St.-Cyr-les-Tours +. ½ q. l. de Ste.-Anne. A la Maison-Blanche, vis-à-vis de la Motte. ½ q. l. N. du chât. de St.Côme. Pont & ruiss. à passer. A la Guignière & au port Martigny. Au petit Corbeau & au bas S. de Vallière +. Entre Chalegnère & St.-Genoult +. Au port Foucaut. Beaulieu & le port de Luines. Billot. Chemin de *Luines* & de Duretal. Devant la grange d'*Ave*. . . 3 l. A la grange Lourné. ½ l. S. de St.-Etienne-de -Chigny +. Pont & ruiss. vis-à-vis de Berthenay-en-l'Isle +. Au pont de Pile & les Ponceaux. La Gravière. Vis-à-vis un bras du Cher, riv. Au bas & ½ q. l. S. de *St.-Mars*. Aux Varennes. La Daudere, en côtoyant un petit bois. Vis-à-vis de la chap. aux Naux +, dans l'isle de Bréhémont. Route & à ½ q. l. S. de *Iangeais*. . . . 3 l. Pont & ruiss. à passer, en s'éloignant de la Loire. Le long de la côte de vignes des Liziers & Culmineau. A l'isle, vis-à-vis de Planche-Choury. Au S. des vignes & vill. de St.-Michel + sur Loire. A la Ronde. ½ q. l. N. de la Madelaine, en l'isle de Bréhémont +. A la Flanière, vis-à-vis de Milly. Les Rues, au bas S. de St.-Patrice +. A la Joubarderie. La Grenouille. Port plat & Charbonnier. Ste.-Barbe & Malidor. ½ l. N. d'Usse, chât. Aux Trois-Volets, ¼ l. S. d'*Ingrande* +. . . 3 l. Le long S. de la Corne-de-Cerf. Hudaudrie. Les trois Maisons & le Tartre. A la Chapelle-Blanche +. Aux Hiverts. Ablevois. Tache. La grande Maison. Route de Bourgueil à Chinon. Vis-à-vis du bac & port Boulay. A Chouzé +. Rue Menier. St.-Médard. La Rivière. Les petits Champs. ¼ l. N. de *Montsoreau* & de *Candes*, au-delà de la Loire. ¼ l. S. de Varennes. A Gore & Ste.-Catherine, ½ l. N. de Turquan +. Aux Courans, ¼ l. N. de Parnay +. A la Breche. La Turbélerie. Villebernier +. ¼ l. N. de Dampière +. Aux Ormeaux. La Croix-Cassel. Le Chapeau. Le Gros-Caillou & la Croix-Verte, ¼ l. N. de *Saumur*. . . 7 l. A Bois-Barbot & Rue-au-Loup. ½ l. E. de St.-Florent, Abb. ½ l. de St.-Hylaire +. A St.-Lambert-des-Levées +. Bois & avenue du chât. de la Motte, ¼ l. de Vivy +. A la croix de la Voûte & route de la Flèche à Saumur. A la Rue-au-Picho, en côtoyant le bois. Le long & au N. de la Loire, en passant vis-à-vis de bois Reinette. Au hameau de la Croix-Bidaut & au bout de Boumois. Vis-à-vis la chap. de la Madelaine. Avenue & à ½ q. l. O. du chât. de Boumois. A l'Anclave, ¼ l. E. de Tuffaux +. *A St.-Martin-de-la-Place*. . . . 2
La Martinière, ¼ l. N. de Chenehutte +. Aux Fortineries, ½ l. E. de Barbacane. A la Combre, ¼ l. N. E. de Trève +. Aux Gas +, sur la Loire. St.-Clément +. ¼ l. E. de Cuneault +. Vis-à-vis S. du Pas-du-Pain. Le long d'un bois qui borde la Loire. Au Porteau, ¼ l. N. E. de Genne + & de St.-Eusebe. *A Rosiers*. 2
A la Rue-Carte & la Motte. Murhoreau. ¼ l. E. de Besse +.

A la Guignaire & au Cadran. ¼ l. E. de la Thoureil+. A la Porte, E. des monts & bois de Thoureil. Au Pas & au Blanc sur Loire. Vis-à-vis O. du fief de Verdelet. Au Cheval blanc, S. de la Thibaudière. Fourche de la route de Beaufort. A la Fosse, ½ q. l. N. de St.-Martin-de-St. Maur, Abb. Royale, au-delà de la Loire. Le long de l'isle Tessier, en passant au moulin à v. & à ¾ l. O. de la Ménitré. A la grande levée de Ménitré... 2 Devant un *Ecce Homo*. ¼ l. N. de St.-Remy-de-la-Varenne+. *A St.-Mathurin*. Devant le cabaret de la Croix-Blanche. Vis-à-vis S. du moulin à v. des Ventes. Le long S. de la Boire-du-Chêne. ½ q. l. du fief de Marsolaye. ¼ l. N. de Gohier+, au-delà de la Loire. Le long de la Rue-Maugin & le Coureau. La Sablonière. ¼ l. N. de *Blaison*. A la Bohalle+, ¾ l. S. de Brain+. A la grande Maison, ¼ l. N. de St.-Sulpice+ & du chât. de Lambroise. Le long S. du village de la Daguenière+, vis-à-vis des *Quatre-Vents*....3 l. A ½ l. N. de St.-Jean-de-Mauvretz+ & de St.-Saturnin+, au-delà de la Loire. ¼ l. N. du moulin à v. & vill. de St.-Allemand+. ½ l. de prairies, en quittant la Loire. Au pont de Sorges sur Lauthion, ¾ l. des Ardoisières & vill. de Juigné+. Prairies, à ½ q. l. E. de Sorges+. A la Pyramide, ½ l. de Trélaze+. Aux petit bois, ¼ l. des Ardoisières. Entre le Rochay & l'hermitage. ½ q. l. E. de St.-Augustin+. Fourche de la route de Beaufort. Justice & Maison-Rouge, ¼ l. O. de St.-Léonard. Vis-à-vis les moulins de la Madelaine. *A ANGERS*. 3

ANGOULÊME..	S.	Poitiers, & à Angoulême..	60
ANTIBES...	S. E.	Lyon, de Lyon à Antibes..	260
Argenton...	S. E.	Châteauroux, & à Argenton.	34
ARRAS..	N. p. E.	Paris, de Paris à Arras....	101
AUCH.....	S.	Bordeaux, de Bord. à Auch.	144
AUTUN...	S. E.	Moulins, de Moulins à Autun.	92
AUXERRE...	E.	Orléans, d'Orléans à Auxerre.	67
AVIGNON.	S. E.	Limoges, Lyon & Avignon.	200
AVRANCHES.	N. O	au Mans, & à Avranches..	67
Barrèges.....	S.	Auch, d'Auch à Bagnères..	167
Bagnères.....	S.	Auch, d'Auch à Barrège...	177
BASLE.....	E.	Orléans, d'Orléans à Basle.	156
BAYONNE.	S. p. O.	Bordeaux, & à Bayonne..	148
Beaucaire..	S. E.	Lyon, de Lyon à Beaucaire.	209

BEAUFORT. *Chemin de traverse*....Ouest...... 21

De Tours *à la croix de la Voûte*....16 l. *Voyez de Tours à Angers*. De la croix & fourche de la route d'Angers on passe à l'E. de la Rue-Picho & de Bois-Reinette. 2 l. de plaine, en passant à ¾ l. E. de St.-Martin-de-la-Place. Au hameau du Gué-d'Arsie & pont sur l'Aution. Devant le Bouc. Entre la Mulotière

& Champeaux. A la tour & pont fur Fontaine-Sazan, riv. Avenue du chât. de la Chouannière. ½ q. l. E. des Malardières. Vis-à-vis de la grange Bordaye & pente rap. *A Longué*. 2½
Pont fur la riv. de Latan & prairie à paffer. A la planche des Souvenois. Pont, bois & fourche de la route de la Flèche. Entre les Montis & Tonnelier. Au N. E. du ham. & marais des Chantres. Arbre, entre le Patis & la Porée. Entre Auxigné & Gréfigné. 1 l. S. O. du chât. & étang des hayes. E. de la Rue de l'Alay. Entre la Rue du Bois & l'Aunay. Devant le Gaffeau & la croix Pélérin. Moulin à v. des Bouffelines. *A BEAUFORT*.. 2½

Autre chemin. 23

De Tours *au Cheval-Blanc, près de la Ménitré*.... 21 l. *Voy. de Tours à Angers*. Du Cheval-Blanc & route d'Angers on paffe devant le fief de la Thibaudière. Le long E. de la Ménitré. 1 l. de prairie en paffant à l'avenue de Ferjonnière. Aux Montils, O. des Communes de Beaufort. Pont & riv. de l'Aution. ¾ q. l. de bois à trav. A Canade, entre les prairies & les marais. ¼ l. E. de St.-Pierre-du-Lac+. *A BEAUFORT*. ... 2 l.

Beaugency .. N. E.	d'Orléans à Tours	23
BEAUVAIS. N. p. E.	Paris, de Paris à Beauvais ..	73
Béfort .... E.	Befançon, de Befanç. à Béfort.	138
Bellefme .... N.	au Mans, & à Bellefme ...	34
Belley .... S. E.	Lyon, de Lyon à Belley ...	163
BESANÇON. E. p. S	Orléans, & à Befançon. ...	117

BLANC (le). *Route de traverfe*... S. E. 43

De Tours *à Poitiers*.... 30 l. De Poitiers *AU BLANC*..... 13

Chemin de traverfe. 32

De Tours *à Châtellerault*... 20 l. *Voyez de Tours à Poitiers*. De Châtellerault on paffe au S. du Verger, ½ l. d'Antoigné+. Entre les bois & au ham. du petit Pot. 2 l. de bois & landes à trav. Vallon & vill. de Couffay-les-Bois+. Pont & riv. de Luire. Pente rap. des Baffes-Piques. Defcente & vallée à paffer. ½ l. de côte & bois. *A Roche-Pozay*..... 5 l. A Pozay-le-Vieil+. Mercy-Dieu, Abb. fur la Gardempe *ou* Gartempe, riv. A Vic+ fur Gardempe. Pont à paffer fur cette riv. *A Angle*. 3
Plaine à traverfer & *AU BLANC*.... 4 l.

Autre chemin 32

De Châtellerault on paffe à la côte de Ponthumée+. Vallon, côte & ruiffeau. ½ q. l. N. de St.-Hylaire-des-Monts+. 2 l. de bruyères, en paffant à Champfleury & à la Blanchardière. La Chalmandrie. E. du fief Bâtard. ½ l. S. de Seigné-les-Bois+. Au Faguet & Chaufetière. N. de la forêt de Pleumartin, *à Pleumartin*.... 5 l. Côte rapide & vallée à paffer. A Vic+ & riv.

de Gardempe, que l'on passe. *A Angle*.... 3 l. Plaine à traverser & *AU BLANC*.... 4 l.

Blois .... N. E.		d'Orléans à Tours 15
BORDEAUX. S. p. O		Poitiers, de Poitiers à Bordeaux. 93
Bourbon-l'Ancy. S. E		Moulins, de Moul. à Bourbon. 77
Bourbonne-les-B. E.		Orléans, & à Bourbonne.. 114
Bourg en *B*.. S. E.	DE TOURS à	Moulins, de Moulins à Bourg. 111
BOURGES. E. p. S.		de Bourges à Tours 43
Brest ...... O.		Nantes *ou* Rennes, & à Brest. 117
BRUXELLES. N. E.		Paris, de Paris à Bruxelles.. 127
Caen .... N. O.		au Mans, du Mans à Caen.. 57
Calais ...... N.		Paris, de Paris à Calais.... 125
Cambray . N. E.		Paris, de Paris à Cambray.. 100
Chalons s. *M*.. E.		Troyes, de Troyes à Châlons. 93
Chalon sur s. S. E.		Moulins, de Moulins à Chalon. 104

Chartres. Grande route.... N. p. E........ 36

Sortant de Tours on traverse la Loire & l'on passe entre St.-Symphorien+ & les Capucins. Au chem. du chât. de Baudry, éloigné de 3½ l. au N. A côté E. de St.-Barthélemy+. O. de la cense de la Chambrie. ½ l. du bois de Chantenay à trav. Entre Chizay & la Charonnerie. ¼ q. l. O. de Parçay+. Plaine & petit bois à passer. E. du parc & château des Belles-Ruries. *A Monnoye*+.... 4 l. Petit bois à passer & plaine à trav. Maison de Crotelle. Vallon & ruisseau. Côte & à côté O. de la maison de l'Arche. ¾ l. O. de Villedomer+. E. de la Pilounière, & des Bruères. O. du Tertre rouge. Pente rap. Vallée, O. du chât. de la Roche. Le long de la riv. de Brenne, en passant à l'E. du chât. de Boinnière. Au pied des Récolets & *à Chât.-Regnault*.. 4 A l'O. de la chap. de St.-Nicolas. O. de la forêt de Château-Regnault. A la Joresserie. Entre la Touche & la Mulonnière. Entre la Gairionnière & Ville-Chauve+. E. du Hautbourg. Entre la Foucherie & la Pézière. ¼ q. l. E. de l'Abb. de Longré. Vallon & riv. de Brenne à passer. Côte & à ¾ l. O. de la Hadurie & chap. de Vithion. A Belbas, ferme. A côté O. de la Noue & de la Couronne d'or. *Au Plessis-Goury*, chât.... 4 l. Le long E. du bois. A Huisseau+. Pente, vallon & ruiss. qui sortent des étangs du petit & grand Mars. Plaine de 2 l. en passant à ¾ l. E. de Villerable+; ¾ l. de Morsilly+. ¾ l. O. de Ste.-Anne+. *A Vendôme*... 3 l. Traverse de la ville & du faub. en passant devant les Capucins. ¾ l. O. d'Areines+. ¾ l. de St.-Ouen+. Le long E. du parc de Bel-Air. Vallon & côte. Le long O. du vallon où coule le Loire. riv. ¾ l. de St.-Firmin+ sur Loir. Vallon en passant entre la Grappée & l'Abb. de Lisle. A la chap. St.-Marc & *à Pezou*... 3 l. Le long O. du Loir, en passant à la Battière. ¾ l. E. de Bussou+ & à ¾ l. O. de Lignières, au-delà de Loir. A Bas-Fontaine & l'Ormoy. Le long E. de la forêt de Fréteval. ½ l. O. de ce bourg. ¾ l. de St.-Lubin + & de Morée +. ¼ l. de St.-Hylaire +. Entre plusieurs fermes & hameaux. Avenue & à l'O. du parc, chât. & vill. de St.-Jean +. *A Cloye* sur le Loir, que l'on passe.... 4 l. Le long des vignes & à ½ l. O. d'Autheuil +. Le long O. de la chap. du Noyer +. A Beauvoir. ½ q. l. E. de Terre noire. Le long O. de la Grange & de Piganau. *A Châteaudun*...3 l. Sortant de cette ville on côtoye la riv. en passant à ¾ l. E. de St.-Jean-de-la-Chaîne +. ¾ l. O. de Jallant +. Entre Périgondas & Guévalin. A la Varenne. La Guinetière. Au bout du pont & passage du Loir. A Marboué +, O. de la chap. de St.-Martin. Bois de la Noille à passer. ½ l. O. de St.-Chrystophe +. Aux Coudreaux & le long O. du bois de la Hulerie. Vallon à trav. A l'E. de Flacey +. 1 l. de plaine, en passant au pied d'une justice & à l'O. du vallon où coule le Loir. Le long O. de St.-Martin +. *A Bonneval*...3 l. A la chap. de St.-Gilles. ¾ l. O. de Perruhai & Villancien. Avenue & à l'E. du chât. & vill. de Houssay +. A la croix d'Augonville. Vallon à trav. & à Bois-de-Fugère, ham. Croix du Bois-de-Fugère. ½ l. E. de Bouville +. ½ q. l. O. de Vitrai +. ¾ l. du parc, chât. & vill. de Messay-le-Vidame +, & plus loin Andeville +. ½ l. E. de Luplanté +. ½ l. O. de Boisvillette + & de Lapouté. *A la Bourdinière*, ham. & chap...4 l. Au Temple. E. du chât. & ham. de Chenonville. 1 l. O. de Dammarie +. ¾ l. E. de Minières +. 1 l. de Messay-le-Grevet +. A Tivas +. Ponts & isle de la riv. d'Eure à passer. Croix de la Maladrie. Côte, arbre & à l'O. du chât. de Tachinville. ½ l. E. de Fontenay + sur Eure. ½ l. O. de Morancez +. Le long O. du chât. de Momaire. ¾ l. de Barjouville +. Cavée à trav. A Luisant +. Croix blanche. Moulin à v. O. de St.-Lubin & de St.-Brice +. *A CHARTRES*... 4

Châtre (la) . N. O.	DE TOURS, à	au Mans par la Châtre ...	10
Châteaudun . N. p. E.		Chartres	24
Château-Duloir. N. O		du Mans à Tours	10
Château-Neuf . S. E.		Bourges, & à Château-Neuf.	38
Château-Renaud . N.		Vendôme *ou* Chartres	8
Châteauroux . . S. E.		Gueret............	26
Chinon .... S. O.		Thouars	12
CLERMONT-F. S. E		Limoges, & à Clermont...	100
Cognac ..... *S.*		Angoulême, & à Cognac..	70
COLMAR .... E.		Béfort, de Béfort à Colmar .	154
COUTANCES . N. O.		Caen, de Caen à Coutances .	78
DEUX-PONTS . E.		Paris, de Paris à Deux-Ponts .	158
DIJON . . E. p. S.		Bourges, de Bourges à Dijon.	95
Dole .... E. p. S.		Chalon sur Saone, & à Dole.	119
DOUAY ... N. E.		Paris, de Paris à Douay ...	107

DURETAL. *Chemin de traverse*... Ouest...... 20½

De Tours *au port & à Luines*.... 3 l. *V. de Tours à Angers*. Pente rap. & côte de vignes en passant devant & à l'O. des Religieuses. Au bas S. de la vallée Garreau. Pont & ruiss. au S. du pont Clouet. 1 l. de bois à trav. Devant Tournay-des-Bois & son chât. Entre des bois & des landes. Entre la Toucherie & le Carrey-de-Guillons. Entre le Belliard & l'Hermitière. Au-dessus N. des étangs & vill. de Clerc+. *A la Haye*. S. du moul. à v.. 3 Avenue au S. du parc & chât. de Champchevrier. Entre le Cormier & la Duranderie. Pont & ruiss. ½ l. E. de *Savigné*. Entre la Huetrie & le pont Joubert. Petit bois & ham. des Maudoux. Le long S. de l'étang & des Vignots. Au S. des Aunais, ¾ l. de Courcelles+. Pont & ruiss. de *La Fontaine*.... 2 l. Entre la Grolerie & la grande Maison. ½ l. S. de Chaunay+. Vallon & grand étang de Rillé, d'où sortent le Doit qui coule au S. & le Lattan qui descend à l'O. Justice, côte bruyères, ¼ l. N. de Rillé+. Vallon, pont, riv. de Lattan, avec un moulin. Côte & bruyères à trav., en passant le vallon de Moucrosse+. ¾ l. N. de Parçay+. Côte, ½ l. S. de Breil+. *A la Pelletrine*...... 3 Entre un petit bois & la vieille Basse-Ferrière. Côte de la nouvelle Ferrière. Carref. du chemin du Mans à Saumur. A la Coyère, & au bas N. du chât. & vill. de Linières+. Pont, moulin, ham. de la Forge, sur Latan. Côte & ½ l. de bois à trav. A la Besserie, ½ l. N. E. de Mouliherne+. Pente rapide au S. d'un petit bois. Pont & moulin de Charigne, sur Beveroles. Côte & bois de la Pas. 1 l. de landes, ¾ l. E. de Güe-Deniau+. Au Teil, N. de *la Billette*... 3 l. 1 l. de la forêt de Chandelais à trav, en passant à l'avenue & à l'E. du parc & chât. de Lauberdière. Avenue de la grange Louet & la Borde. Petit bois, petite Borde & vallon à passer. A Jérusalem. ½ l. N. E. du vieil Baugé. Chemin de Saumur & avenue de la Gouberie. Pont & rivière de Couasnon. *A Baugé*... 2 l. Entre Chante-au-Coin & la Gardonnerie. Côte & ½ l. de la forêt de Baugé à trav. Vis-à-vis E. des bois Clairs. Vallon, ¼ l. E. de Rigné+. Pont & moulin de Beauvais, sur la Mouline. Côte, avenue & à l'E. du château de Mouline. Devant le bois Bonetau, fief. Le long E. d'un bois & à Lisardière. Le long de Jumelle, censes entre deux bois. Entre la Touche & la Fouillière. Vis-à-vis O. de Rangé. ½ q. l. E. de Cheviré+. Côte de vignes à trav.: *belle vue*. 1 l. S. O. de Fougeré+. Plaine de Netré+. ¼ l. de vignes & à Montigné+. Entre Laillerie & la Braudière. Entre des bruyères & un ruiss. Vis-à-vis E. de Mené, fief. ½ q. l. de la forêt de Chambiers. Devant la Bourfillonnière. Petit bois & à St.-Léonard+. Fourche de la r.e d'Angers. Pont & riv. de Loir à passer. *A DURETAL*. 4½

Falaise... N. p. O. | De Tours au Mans & à Falaise.. 40

FLÈCHE (la). *Route de Poste*.... N. O....... 20

De Tours *au Château-Duloir*.... 10 l. *V. du Mans à Tours*. Du Château-Duloir on passe le Prélambert, ru. Au grand Doit.

Côte & ham. de Beauregard. Fourche de la route de Pontvillain. ½ l. S. de Luceau+. Vallon, côte & landes à trav., en passant à la Rubinière. Aux Brosses, ¼ l. N. de Montabon+, ½ l. de Nogent+. Aux trois Pots, ham. & vignes: *belle vue au S.* Au haut Morie, ¾ l. N. de la Bruère+. ¼ l. de vignes, pente rap. & à la Roche: *belle vue.* Entre le Gué & la Maison-Neuve. *A Vaas*... 2 l. 2 l. de plaine en passant entre Bénétrie & Roineau. N. des Duranx. Pont & cense de la Borde. A Baussonnière, ¾ l. S. d'Aubigné+. Le long S. des bois & cense d'Entredeux. Pont & riv. à passer. A ¾ l. S. E. du chât. des Aiquebelles & du vill. de Coulonge+. Au S. de la Fagaudière. 1 l. de la chap. aux Choux. A Beauverger, Vauhuon & pente rap. 1 l. de bruyères *ou* landes à trav. Pente rapide. Le long S. du bois, ham. de la Malfrairie. Ham. & moulin de Mulidor, sur le Loir. Faub. & carref. de la route du Mans. Pont & riv. du Loir. *Au Lude*.... 3
Du Lude on traverse le faubourg. Vallon, chaussée de l'étang & moulin de Rihouy. Fourche de la route du Lude à Baugé. Avenue & au St. du chât. de la Ganetière: *belle vue.* Le long N. de la côte de la Noellerie. Au N. de la Baujonnière. Pont & ruiss. des étangs de Coulaine, ¼ l. S. du village de St.-Mars-de-Cré+. ½ q. l. N. de la Paque & des Caves. ½ l. de landes à trav. Le long S. du bois & avenue du chât. de Menvé, sur le Loir, éloigné d'½ l. de la route. Côte & vill. de Thorée+, ¾ l. S. de Pringé+ & du chât. de Gallerande. Pont, riv. des Cartes & moulin de Thorée. Au N. de la Commanderie & du bois. 1 l. de landes en passant à ¾ l. S. de Mareil+. Pont, ruiss. ½ l. S. de Créans+ sur Loir. A la Garelière, S. de Pouillé. Vis-à-vis du moulin de la Bruère, sur le Loir. A Ste.-Colombe, Abb & faubourg. Pont sur un bras du Loir. Faubourg & fourche de la route d'Angers. Pont & riv. du Loir. *A LA FLÈCHE*.... 5 l.

Route de traverse.............. 18

De Tours *à la Membrolle*... 2 l. à cause de la montagne. *Voyez du Mans à Tours.* De la Membrolle, ham. on monte une pente rap. & l'on passe devant la cense & le bois de la Molière. A la Chenaye. La Goberdière. Vallon, ruisseau & côte. Au S. des Mauriceries. ¼ l. N. de St.-Roch+. Entre le petit Beré & le Breuil. ¾ l. S. O. de Charentilly+. ¾ l. du bois Gautier à trav. en passant à la Haye noire. ½ l. de landes & au petit Beaufou. ¼ l. S. du bois de la Garrerie. Vallon, pont & ham. du Güe-de-la-Berte. Côte en passant au S. des Souillets. Vallon & pont à passer. Entre le bois & les censes du grand & petit Baugé. Au Carroy-Perrault. Avenue & à ¼ l. S. du chât. de la Motte. Aux Mousseaux & *à la Colinière*... 4 l. A ¼ l. S. du bois & fief du Breuil, ¾ l. de Sonzay+. A la Gaucheray, ¾ l. des Cartes, fief. Au fief de Launay-Marais. Aux Maisons blanches & au petit bois. Bois & avenue, ½ q. l. N. du chât. de la Roche. Pont, riv. & vill. de Souvigné+. Pente rap. de Champar. A Ris, N. de la Comté. Aux Corbeaux & la petite Tonnelle. 1 l. de la forêt de Château-la-Valière à trav., en passant au N. des Ventes, de la Verrerie & la Fonderie. A la chap. de St.-Thomas, N. du fief du grand étang. *A Château-la-Valière*... 3 l. Pont & riv. de

la Fare. Le long E. de la montagne & la forêt. Entre deux étangs & à ¾ l. S. de Villiers+. ¼ l. de bois à trav. Côte, vallon & ham. de la Soulaye. Entre la Michinière & St.-Claude. ¼ l. de bois & bruyères à côtoyer. Pente rap., pont & riv. de Maulne. Côte, vallon & le prieuré. Pont & riv. de Marconne. A Raillon & à Crouay. Au bois & N. D. de la Délivrance. *Au Lude*... 4
Le reste comme ci-dessus.

Fontenay-le-Comte. .... S. O.		Poitiers, de Poitiers à Fontenay. 55
Fontevrault, Abb. S.O		Chinon, & à Fontevrault .. 13
Forges ...... N.	DE TOURS à	Rouen, de Rouen à Forges. 78
GENÈVE .. S. E.		Lyon, de Lyon à Genève.. 181
Grand-Luce. N. p. O.		au Mans par le Grand-Luce. 13
GRENOBLE. S.E.		Lyon, de Lyon à Grenoble. 167

GUERET. *Chemin de traverse*... S. E. 43½

De Tours *à l'Abb. de Gramont*... 1 l. V. *de Tours à Poitiers.* A la route de Tours à Chinon. Fourche de la route de Poitiers. Avenue & parc, ¼ l. N. E. de Chambray+. 1 l. de bois à trav., en passant aux Cours & aux Barilles. Vis-à-vis E. de Porteau & aux Goupillières. Au Roffais, 1 l. S. O. de St.-Jean-du-Grec, prieuré. Entre la Tombe & les Recets. Vignes & ham. de St.-Blaise. ¼ l. O. de l'Abb. de Truis. Faub., pont & riv. d'Indre à passer. *A Cormery*...4 l. A la Gloferie, ½ l. O. de Courçay+. A l'O. du grand & petit Rouvre. A la grande Couture. ¾ l. O. de Fau-Reignac. Au petit Rochet, ¾ l. O. du chât. & vill. d'Azay+. Hameau & chât. des petites Bergereffes. Le long O. de Chambourg+. Vallon, ruiff. & grand Maray. E. du chât. de grand Maray. Pont, moulin & ham. de Corneille. Belle prairie le long de l'Indre. A Charbonnelles & à St.-Jacques. Vauchignard. ¾ l. O. de *Beaulieu*. *A Loches*... 5 l. ¾ l. de prairies à trav. A l'E. de la Mauvière & de la Cloutière. A la Hubardellerie & à Charillere. Ruiff. Bartelot & vill. de Peruffon+. Le grand cimetière & le prieuré. Au Fourneau, O. de St.-Jean+. Entre la Gioterie, la Berangerie & l'Hôpitau, commanderie. Aux Arcis. E. du parc de St.-Bault. Ruiff. & ham. de Prégnon. A l'E. du vill. & chât. de St.-Bault-de-Verneuil+. ½ l. O. de St.-Martin-de-Serçay+. ¾ de la chap. de St.-Hypolite. Vallon & ham. de la Chaife. ½ l. E. de Bridore. Vallée & vill. de Felray-la-Rivière+. Vignes, ¼ l. O. de St.-Cyran-du-Jambot+. Côte de vignes à trav. A Toifelay+. Pente rap. de la grande Maison. *A Châtillon* fur Indre.... 5 l. Abb. & chap. de St.-Antoine, ¾ l. O. de St.-Martin-de-Vertou+. Maison-Carreau, E. du chât. de Pouzieux. Entre la côte des bois de Boureau & la riv. d'Indre. Moulin à ¼ l. O. de Létrangé. A St.-Théodore & pont de pierre fur Ozance. A Clion+ & avenue du chât. de l'Iffe-Savary. Au N. de Marteau & à Gratin. ¾ l. S. de Villebernin+ & de la Motte. A Onzay+., ¼ l. S. de *Palluau*.... 3 l. A Eftrées+.

TOURS.

¼ l. S. de St.-Genoux, Abb. ¾ l. de vignes & ham. de la Brigaudière. Vallée & 1 l. de prairies, en paſſant près de Bray. ¼ l. O. de St.-Etienne+ ſur Indre. A la Folie, ¼ q. l. O. de N. D. de Buzançois.... 3 l. ¾ l. de vignes, à l'E. d'Habilly+. Grande & petite Bruère. Au Poyon & à la Boſſe. *A Châteauroux*..... 5
De Châteauroux on paſſe à l'E. du chât. de Crés & à Girault. 1¾ l. de la forêt de Châteauroux à trav. Vallon & riv. de Bouzance. *A Arthon*+... 3 l. Bois, bruyères & ham. de Brenne. Pente rap. E. de Gournay+. *A Cluis-deſſus*.... 4 l. A l'E. de Céry & du bois Billeron. Vallon & bois de Terrenoir. E. des Bottes & à Lage. ¾ l. O. de Buxerette+. A la Fréminière, O. de la forêt de Monpeje. *A Aiguerande*... 3 l. Au grand Mériſe & à Lourdoué-St.-Pierre+. Vallon, riv., côte & landes à trav. A Linard+. Malval+. Paſſage de la rivière de petite Creuſe. *A Bonat*... 3¼ l. A Mornay. Le Puy. Le Theil. Pezat & au Bouet-de-la-Chapelle. Montagne à trav. en paſſant à l'O. de Rebières. Entre la Lombarteix & Boisfranc. Vallon, étang, riv. de Villevaleix. Côte & vill. de *Joulliat*+... 1 l. De Joulliat à GUERET.... 3 l. *Voyez d'Orléans à Gueret*.

Havre-de-Grace . N.		Rouen, de Rouen au Havre .		89
Iſle-Bouchard . S. O.		Richelieu		11
Langeais .... O.	DE TOURS à	Angers............		6
LANGRES. ... E.		Orléans, d'Orléans à Langres.		104
LAON ... N. E.		Paris, de Paris à Laon		90
LIÉGE ... N. E.		Paris, de Paris à Liége		145
LILLE .. N. p. E.		Paris, de Paris à Lille		114

LIMOGES. *Route de traverſe*... Sud 60
De Tours à *Poitiers*.... 30 l. De Poitiers à LIMOGES..... 30
Chemin de traverſe.............. 51

De Tours à *Châtellerault*... 20 l. *V. de Tours à Poitiers*. De Châtellerault aux Trois-Pigeons. Pont & riv. d'Oizon. A la tour d'Oire. La rue des Blots. Vallon & vill. d'Availle+. Côte & ham. de Remouet. 4 l. de landes à trav. en paſſant à ¾ l. E. de Prinçay. ¼ l. O. d'Anier+. ¾ l. O. de Monthoiron+. ½ l. E. de Bonneuil-Matour+. Aux Cotelelus. ¾ l. O. d'Archigny+. Vis-à-vis de la Modetrie & petit bois à paſſer. A Pouvreau. Vernelle. *Chauvigny*...... 7 l. Vignes & à l'E. de St.-Pierre-les-deux-Egliſes+. Côte, vignes & ham. de la Chauvalière. Le long de la Vienne, riv. & au vill. de St.-Martin-la-Rivière+. A Gatebour, E. de Toulon+. Au Gaſchard & Cubord. ¾ l. E. de Salles-en-Toulon+. A Poirière. Charault. Ribe. Coquelinière. La Tour-au-Cognium. ¾ l. E. de Civaux+. Entre la forêt de Luſſac & la Vienne. Au bac de Luſſac ſur la Vienne. *A Luſſac*. 5
De Luſſac à LIMOGES.... 19 l. *V. de Poitiers à Limoges*.

Loches	S. E.	Gueret ou Châteauroux ...	9
Longué	O.	Beaufort par Longué	18
Loudun ...	S. O.	Thouars	17
Luines	O.	Angers	3
Lude (le).....	O.	la Flèche	15
LUÇON	S. O.	Poitiers, de Poitiers à Luçon.	62
LUXEMBOURG.	E.	Orléans, & à Luxembourg.	148
LYON	S. E.	Limoges, de Limoges à Lyon.	140
MACON ...	S. E.	Moulins, de Moulins à Macon.	104
Malicorne ..	N. O.	la Flèche, & à Malicorne ..	22
MANS (le).	N. p. O.	du Mans à Tours	20
Marchenoir.	N. p. E.	Vendôme, & à Marchenoir.	20
Mayenne ...	N. O.	au Mans, & à Mayenne ...	39
METZ	E.	Paris, de Paris à Metz	133
Mézières...	N. E.	Paris, de Paris à Mézières ..	113
Montbazon ...	S.	Poitiers	5
Montcontour.	S. O.	Thouars, & à Moncontour.	26

MONDOUBLEAU. *Chemin de traverse*... Nord.... 19½

De Tours à Querhouent... 13 l. *Voyez de Tours à Mortagne.* De Querhouent au chem. de Vendôme à la Flèche. Côte rap. & ¼ l. de bois à trav. ¼ l. O. de la Virginité, Abb. A la Fossée & à Villeneuve. ¾ l. de landes. Avenue & devant le châ. de *Chatellier*.... 3 l. Aux Poulinières. Carref. de la route du Mans à Vendôme. 1 l. de landes en passant à Chanron. A Mineray, 1 l. d'Epuisé. A la Borde-Bertre. Entre le Valancher & la grange de Estre. ¼ l. E. de *Sargé*... 2 l. Le long E. des bois de Rousselière. ¾ l. O. du Temple, commanderie. Vallée entre la Paquerie & la Monnerie. Pente rapide & cense de la Bouquerie. Côte & ham. de la Gravière. Pont & ruiss. des étangs du châ. de Rodières. Le long E. de la Graine, riv. en passant à la Tuilerie & au bas de Charme. A Cormenon + & à MONDOUBLEAU... 1½ & jusqu'à *Montmirail*.... 4 l.

Montrésor ...	S. E.	De Tours à Loches & Montrésor.	14
Montreuil-Belley.	S. O	De Tours à Saumur & Montreuil.	17
Montrichard ...	E.	De Tours à Amboise & Montrich.	10

MORTAGNE. *Route de traverse*... N. p. O 38

De Tours au Mans.... 20 l. Du Mans à MORTAGNE..... 18

Chemin de traverse. 37

De Tours à Château-Regnault...8 l. *V. de Tours à Chartres.*

De Château-Regnault & route de Chartres on passe à Neuville +, sur la Brenne, riv. Pente rap. & ham. de Cantchard. ½ q. l. E. du bois & prieuré de l'Etoile. A la Houderie & le Bel-Air. Vallon, ruiss., côte & vill. d'Auton +. Belle avenue du château de Fresne, que l'on suit. Au chât. de *Fresne*... 2 l. Entre les bois & à l'E. de la Pilonnière & la Guibardière, ¾ l. des Sournois. Bois & cense de la Barodière & Ruserie. A la Foisserie, ¾ l. O. du grand Prunay +. Aux Tuileries. O. de la forêt de St.-Arnoul. Vis-à-vis E. de ce village +. Aux Hures & la Herse. O. de la Lunotterie. Vallon, pont & ruiss. La Patrisière. ¾ l. E. de St.-Martin-des-Bois +. S. de la fausse Poudrière. S. O. de St.-Martin & de Lavardin + sur le Loir. 1 l. des Roches. ¼ l. de bois à trav. A St.-Outrille +. Passage du Loir. *A Querhoent*, anciennement Montoire... 3 l. Carref. du ch. de la Flèche. Pont & ruiss. de l'Abb. de la Virginité. Pente rap. ½ l. E. de St.-Quentin +. O. de Fargot, fief, ½ l. des roches. E. de Valron & de la Fosse, fief. ¼ l. de bois & à ¼ l. O. de la Virginité. ½ l. E. de Fontaine +. A la Fosse, ¾ l. O. de Lunay. A Villeneuve & chemin de Mondoubleau. 1 l. de landes en passant vis-à-vis des trois Bornes. Entre la vieille haye & les Fosses. Bruyères à ¾ l. O. du chât. de Châtelier. A Villeoiseau. Maurpar. Le Clereau. Savigny + & chem. de Vendôme au Mans. Pont, riv. de Braye & moulin de Savigny. Pente rap., côte & ham. de la Bosserie. Entre Conlieu & le Buisson, S. de Marolles +. Entre la Calletière & la Vauliger. A la Maladrie & chap. de St.-Marc, *ruinée*. Pente rap. & ch. de Bresse. *A St.-Calais*... 5 ½ l. *Ou de Querhoent* à St.-Quentin +. N. de St.-Jacques-des-Guerets, sur le Loir. Côte & bourg de *Troo*. Devant St.-Martin + & Marcharon. ½ l. S. de Cellé, & Godelenière. ½ l. N. E. de Bonnevaux +. Pont & riv. de Braye. *A Bessé*... 3 l. A Voirgoire. Au bas E. des Camaldules. Le long de la riv. d'Anille, qu'on remonte. A la Chapelle +. Pont, moulin E. de l'étang de la Borde. A la Berayerie. Vic sur Anille, que l'on passe. A l'E. de cette riv. *A St.-Calais*... 2½ l. Pente rap. & ham. de Busson. Au Vieldière. ½ l. E. de Conflans +. A la Durandière. Fex & le Plessis. Vallon & vill. de Berfay +. ¼ l. de la forêt de Vibraye à trav. en passant le ruiss. de Frêne. A Béolay, E. de St. Sauveur & de la fonderie. Le long E. de la forêt, en passant à la Borde-Changée & la Haye-Guerrier. Bréhonère & Boulardière. Le long O. de la riv. de Braye. *A Vibrais*...... 4
Devant O. du chât. Montagne à traverser: *belle vue*. Etang & hameau de la Vallée. Bois, ½ l. O. de Champrond + sur Brais. Pente rap. & ham. de Fénardière. Carref. du ch. de *Châteaudun*. Au Puy, ham. ½ l. E. de Lamenay. Entre la Censive & les Bordes. Devant E. de St.-Jean-des-Echelles +. Au Trône, ½ l. O. du chât. de Courtangis. Vis-à-vis E. de Planchette. A l'E. de la Traverserie, ½ l. O. de Courgenard +. ¼ l. de bois à trav. Pont & riv. de Grandon. Pente rap. & ham. de Boulé. Vallon, ruiss. ¼ l. O. de Cormes +. Pente rap. ¼ l. E. de Cherré +. Descente & à l'E. des Récolets. *A la Ferté-Bernard* sur l'Huisne, riv... 4 l. Ponts sur cette riv. & sur la Même. A St.-Antoine-de-Rochefort +. Pente rap. & chem. de Bonnétable. Les Houdairies & la Chapelle-du-Bois +. Aux hautes Biches & la vallée.

Vallée, chap., côtre entre les bois Bouillons & la forêt de Hallais. Vallée & vill. de *Bellou-le-Trichard*+.... 3 l. Etang, moulin & chât. de Lonne. A Igé+ & *à Bellême*.... 3½ l. De Bellême *à* MORTAGNE.... 4 l. *V. de Rouen à Bellême.*

MOULINS . . S. E.	De Tours à Bourges & Moulins.	68
Mulhaufen . . . . E.	De Tours à Béfort & Mulhaufen.	151
NANCY . . . . E.	De Tours à Orléans & Nancy . .	122

NANTES. *Grande route...* S. O. 49
De Tours *à Angers....* 28 l. D'Angers *à* NANTES...... 21
Chemin de traverfe. 45

De Tours *à la Croix verte*, près de Saumur... 15 l. *Voyez de Tours à Angers.* De la Croix verte on paffe les ponts & les ifles qui font fur la Loire. *A Saumur.* Pont & riv. de Thouars. Au pont Fauchard & chemin de Montreuil. Côte & ham. de Vau-l'Anglais. Vallon entre la pierre St.-Julien & Pocay. A la Touche ; côte & ham. de Riou. Vallon, pont, ½ l. S. de Marcon+. A Rou+. Colline au N. des moulins des Ulmes-St.-Florent. Bois & au bas de la Bertaudière. Côte & au S. d'un étang. Vallon, les ténières, au N. des landes élevées. ¾ l. S. de Forges+. Moulin à v. à ½ l. N. de Doulces+. *A Doué.*... 4
Au N. de la Chapelle-fous-Doué+, du ham. & chât. de Châtelaifon. Pont & riv. de Laynon. *A Tigny*+... 3 l. Pont, ruiff. & étang. Entre les moulins & le ham. de la Touche. A la Croix-Rochette, S. d'Aubigné-Briard+. A la Maffe. Pont & moulin Lyonnois. La Tambourderie. Avenue & parc de Moncé. La Comérée. Ruiff. d'Archizon à paffer. Au moulin neuf & la Folie. Gonnrod.... 3 l. A Margats, S. de Joué+. Avenue & chât. de la Frépinière. *A Chemillé*... 2½ l. Chap. Rouffelin. Moulin Montalais. *A Jallais....* 2½ l. Pont, ruiffeau & ham. de la Blanchardière. Pont, ruiff. des Hommes & de l'Evêché. Au S. du parc du chât. & à ½ l. de *Beaupréau.*... 2½ l. A la chap. du Genet. Pont & riv. de Vrema. Bruyères & avenue du chât. de la Brulâtre. *A Gefte*, fur la Sangeiffe, riv... 2 l. Au prieuré de la Régripierre. Le Portail & le moulin blanc. ¾ l. N. de *Vallet.*... 3 l. De-là *à* NANTES... 7½ l.

Orient (*l'*). . . O.	à Nantes, de Nantes à l'Orient .	89
ORLÉANS. E. p. N.	d'Orléans à Tours	29
PARIS . . . N. E.	à Orl. *ou* Chartres & à Paris	{ 57 / 56
PAU . . . . S. p. O.	Poitiers, de Poitiers à Pau . .	153

PÉRIGUEUX. *Route de traverfe...* Sud. 80
De Tours Poitiers & *Angoulême.*..... 60 l. D'Angoulême *à* PÉRIGUEUX.... 20 l.

TOURS. 663

Chemin de traverse............ 69

De Tours *au bac de Luffac-les-Châteaux*... 32 l. *V. de Tours à Limogos par Loches*. De vis-à-vis du bac de Luffac on remonte la riv. de Vienne en paffant à Mauvillant. Moulin à eau, ¼ l. E. de Goix+. Ham. & riv. de grand Blourds à paffer. A Breux. ½ l. N. de Perfac+. A Chaumenil, ¾ l. E. de la Raillerie-fous-Fougères. Au petit & grand Port. ½ l. E. de Queaux+. Au Mas & aux Rivières. Vis-à-vis du moulin Bréchon & Balentru. A Mouffac+. La Fauconnière. Charde. Moulin Beau. *Ifle Jourdain*... 5 l. A l'O. de Meilhac. *A Availle*...... 3
St.-Germain+ fur Vienne. ¾ l. E. de Négrat+. *A Confolans*.. 3
Grande côte à côtoyer. Pont, vill. de St.-Maurice-des-Lions+.
Aux Vigneaux & côte des Bordes. A Chabrac+. Montagne rap. à trav. *A Etaignac*... 4 l. Fourche de la route de Limoges à Angoulême. Pente rapide & ham. de Lafcoux. Etang & moulin du Bouchaud. *A Chabanois* fur Charente... 1 l. A l'E. de St.-Quentin-de-Chabanois. Vallon, ruiff. & monts à paffer. A Verneuil+. E. des Salles-Lavauguyon. Vill. & montagne de Maifonnais+. O. de Champniers+. E. de Reilhat+. A Pluviers+. Montagne à trav. A St.-Etienne-de-Droux+ *ou* à Augignac+. Côte, bois, & landes à trav. *A Montron*....... 10
Pont & riv. de Tardoire. A St.-Martial-de-Valette+. Pente rap. & montagne à paffer. Landes *ou* bruyères à trav. A Pouyade, ¼ l. O. de St.-Angel+. 1 l. de bois à trav. A l'O. de St.-Pancrace. A Bourna & Chataignat. Les Bouriaux. ¾ l. E. de Quentillac+. Au Puy Laurent. La grange de Péroux. Coufot & *Brantome*... 5 l. Mont, vignes de Vigana & Puy Nadaud. Au bois vieux, ¾ l. E. de Valcuil+. Vallons, monts & vill. de Puy des Fourches+. Bois & ham. de Fontanaud. 1 l. de bois à paffer. ½ l. E. de Biras+. Aux Payauts & haut Menefplier. Pente rap. ¼ l. O. de Preffac+. Au Boulanger & chât. de l'Evêque. A Rouchan & ruiff. à paffer. A la Tête fèche & Noujarede. ¾ l. N. E. de Chancelade, Abb. ¾ l. O. du mont & vill. de Chample-Vinet+. Bois & pente rapide. Vallon & ham. de Toulon. Prairie le long de l'Ifle, riv. *A PÉRIGUEUX*.... 6 l.

Peronne ... N. E.	De Tours à Paris & Peronne ..	90
PERPIGNAN .. S.	De Tours à Poitiers & Perpignan.	190
Plombières ... E.	De Tours à Orléans & Plombières.	133

POITIERS. Grande route... Sud......... 30

Sortant de Tours on traverfe le Mail & l'on paffe à la fourche du chem. de St.-Avertin+. O. de St.-Lazare. Pont, chem. & à ¼ l. E. de l'Abb. de Beaumont; ¼ l. de St.-Yves; ½ l. des Minimes. Entre Morier & Santin. ¾ l. E. de St.-Sauveur+. Pont & riv. du Cher. Pont, ruiff. ½ l. O. de St.-Avertin-les-Tours+. Pente rap. & demi-lune. Devant & à l'O. de Grammont. Fourche de la route de Chinon. Vallon, fourche de la route de Tours à Loches. Entre la Poulettrie & le Foutereau. Devant les *Carrés*.. 3

O. de Chambray +. Aux Melliés & pente rap. de la Madelaine.
Vallon, côte, cense de la Renardière. ½ q. l. de bois à traverser.
Aux Quais & à Tardifume. Pente & route du chât. de Couziers,
éloigné d'un quart de lieue. A la Grange, ½ l. O. de Veigné +.
Pont & rivière d'Indre. *A Montbazon*. . . . 2 l. O. de la Folie.
Entre la Métivière & le bois de Thiais. *A Sorigny* +. 2
Entre Beauchêne & la Simandière. *A la Poste*; E. de la Pomeraye, du bois & chât. de Montison. A la Remerie, Loclinière.
¾ l. E. de Villeperdue +. Le long O. du bois de St.-Maurice-du-
Rang. Côte & ancienne Poste. Plaine, ¼ l. O. de Ste.-Cathe-
rine-de-Fierbois +. A la Haraudière. ¼ l. O. de Commacre +.
Pont, ruiss., cense de Gasnier. ¼ l. de bois à trav. Aux Migot-
teries. *Poste*, tanneries, O. & devant *Ste.-Maure*. . . 4 l. Pont
& riv. de Manse. La Chaume & chem. de *l'Isle Bouchard*. Côte
& bois Chaudron. Vallon, ¼ l. O. de Pleix +. Côte, entre les
Tagots & les Erables. ¾ l. E. d'Argenson +, du parc & château.
Pente rap. & *Poste de Beauvais*. . . . 2 l. Pont, ruiss. ¼ l. O. de
Draché +. A la Levrie. ½ l. E. de Maillé; 1 l. de Nouâtre +.
Petit bois, à 1 l. E. de Noyers, Abbaye, & de Marcilly. A La-
selle-St.-Avant +. Vallée & à 1 l. E. des Ports sur Vienne. A la
Guirguette, O. de Longeville +. Pont & port de Piles sur la
Creuse, riv. A l'O. de la Prée, Nambon & du chât. de Lespé-
ron. Ruiss. E. de Pré-Prouvaire. ¾ l. de Pussigny +. Au Co-
lombier & le long du parc des Ormes, devant le chât. & vill. des
Ormes-St.-Martin +. . . 2 l. A la Jarrie. Vis-à-vis des Ecuries.
½ l. E. de Poissay-le-Joly +. A la Mardelle, E. de Bussière-la-
Gaillarde +, prieuré. O. du ham. & moulin de Pilleron. Pont
& à l'O. du chât. & vill. de St.-Sulpice +. A Dangé +. Pont,
ruiss. ½ q. l. de St-Romain +. A la route de Loches & Poitiers.
Vallée le long E. de la rivière de Vienne, en passant à l'E. de
Veaux +. Pont, moulin ¼ l. O. de St.-Ustre +. *A Ingrande* +. 3
Devant une justice & à l'O. du chât. de Chêne. ¼ l. E. d'An-
tran + sur Vienne. ¼ l. O. du chât. de la Duranderie. Le long
de la Vienne, devant les Capucins. *A Châtellerault*. 2
Pont & riv. à passer. A Châteauneuf + & ch. de Mirebeau. Pont
& riv. de Lauvigne, 1 l. de la forêt de Châtellerault à trav. ¼ l.
O. de Cénon +. Aux Barres. ½ q. l. E. de *Nintrée* +. 2
A Chedeville. ¼ l. O. de l'isse Dandouart. ¾ l. E. du chât. de
Rouet. ½ l. E. de la côte de Baudiment. ¼ l. O. de Moussais-la-
Bataille +. *A la Tricherie* +. . . 2 l. A ¼ l. S. de Beaumont +.
Pont & riv. de Palu & ham. de Longeve. Côte de Mozelière. ¼ l.
O. de St.-Cyr +. Route & à ½ l. N. O. du chât. & vill. de Dis-
says +. ½ l. E. de St.-Léger-en-Palu +. Côte & vignes à passer.
belle vue. ¼ l. E. de *Jaulnais*. *A Clain*. . . 2 l. Moulin & riv.
de Clain. Côte, à l'O. du petit & grand Verre. Vallée, ½ q. l.
O. de Chasseneuil + sur Clain. Au ham. du grand Pont, sur Auzance, riv. O. du chât. de Bonnillet, sur Clain. Vis-à-vis de la
Folie. Côte & vignes, ¼ l. O. du vill. de Buxerolles, *gros vi-*
gnoble. Hameau & moulin de Charuax, sur Clain. Le long de
cette riv. & au bas de la Poquinière. Ham. *ou* faub. de Cueillau.
Fourche de la route de *Saumur*. Pont & riv. de Boivre, que
l'on passe. *A POITIERS*. . . 4 l.

Pougues.

TOURS.

Pougues . . . . S.E	De Tours à Bourges & Pougues .	46
REIMS . . E. p. N.	De Tours à Paris & Reims	95

RENNES. *Route de traverse*. . . . Ouest. 57

De Tours à *la Flèche*... 20 l. *Voyez cette route.* De la Flèche on passe au carrefour de la route d'Angers. Devant & à l'O. de N. D. des Vertus & de St.-André. A l'E. de la Jalesse & de la Lande. Moulin, pont & vill. de Verton+. A la Ruzière & pente rapide. La Bertrais. ¼ l. du chât. de la Motte. ½ q. l. de bois à trav. Vallée, vill. de Cromières+ & chemin de *Parcé*. . . . . 2 Pont & riv. d'Arglane à passer. Devant N. de Beaulieu & des Lizières. Côte, ¼ l. S. de Beaulieu+. ¼ l. de landes & bois à trav. Devant la cense de Choizé & à Chantemêle. Au Cormier. ¼ l. E. de la forêt de Malpayre. Entre Pantigné & les Touches. *A Louaillé*+... 2 l. Côte & bois, entre la Farfouillère & Normont. Entre Soudé & la Barre. ¼ l. N. E. de Courtilliers & à 1 l. de l'Abb. de Préneuf. Entre la petite & la grande chaîne. Petit bois à trav. *A Sablé*... 2 l. Au faub. de Bouère, où l'on trouve le chemin de *Château-Gontier*. A Fercé. ¼ l. O. de Gastines+. Au pont Gueret, sur la riv. de Vaige. A Boissay+. ¼ l. O. de Bellebranche, Abb. Vallon & vill. de St.-Loup+. A Cloupoche, ¼ l. O. de Beaumont-pied-de-Bœuf+. A la Bruhère. Côte & ham. de Mariette. ½ l. E. de Buret. Vallon, pont & ruiss. sans issue à passer. Côte de Pont-Martin. ¼ l. E. d'Arcis, chât. Aux Yards & bois à trav. *A Mélay*... 6 l. A Lommaux. ¼ l. O. de St.-Denis-du-Maine+. ¼ l. E. de Bignon. Aux landes & à la Charbonnière. Petit bois de Ramée-Bergaut. 1 l. O. d'Arquenay+. Avenue & au S. du chât. de Champfleury. Maison neuve. Charbonnières & côte de la Malviande. Pont & riv. d'Ouette. Pente rap. E. de Parné+. Devant les Planches & plaine à trav. Vallon & vill. de Forcé+. Pont & riv. de Jouanne. Pente rap. La Gandinière & huilerie. Aux Fougerais. Vallon, ¼ l. de Thévalles, commanderie. Pont & ruiss. A l'E. de N. D. d'Avenières+. *A Laval*... 5 l. De Laval à RENNES. . . . . 29 *Voyez de Mayenne à Rennes.*

Richelieu. . . . S.O.		Poitiers par Richelieu	15
Rochefort . . . S.O.		la Rochelle, & à Rochefort .	70
ROCHELLE (la). S.O		Poitiers, & à la Rochelle . . .	63
Romorantin . . . E.		Bourges par Amboise.	21
ROUEN . . . . N.	De Tours	au Mans, du Mans à Rouen . .	68
Sablé . . . . . . O.		Rennes par la Flèche	26
Saumur. . . S.O.		Angers	15
St.-Calais. . . . N.		Mortagne par St.-Calais. , . .	18½
SAINTES. . S. p. O.		Poitiers, de Poitiers à Saintes .	64
SEDAN . . E. p. N.		Paris, de Paris à Sedan. . . .	118
SENS. . . . . . E.		Orléans, d'Orléans à Sens . .	58

Tome II.   Pppp

SOISSONS	.. N. E.	De Tours à Paris, & à Soissons.	82
STRASBOURG	. E.	De Tours à Orléans, & à Strasb.	160

THOUARS. Route de traverse... S. O. 23

De Tours *à Grammont*... 1 l. Fourche de la route de Poitiers. Entre le Pavillon & les Jumeaux. Le long du bois & vallon à trav. S. du chât. de Bellevue. A Joué+ & devant le Pressoir. ¼ l. de bois à passer, & au Verger, fief. Au Puy Tessier, E. de Bellan+. Le long O. du chât. & parc de la Carte. ¼ l. E. de Miré. Entre les bois & à l'O. de la Bourdinière. ¼ l. des bois de Bellan à traverser. A la Potonnière. La Minière. ¼ l. S. E. de Druye+. Ham. du Bois-Tireau. 1 l. de la forêt de Villandry à trav. Au bourg d'*Azay-le-Rideau*... 6 l. Pont & riv. d'Indre. 3 l. de forêt de Chinon, bruyères & landes de Richard à trav. Bois & près de l'Abb. de Grandmont. *A Chinon*... 5 l. Pont, riv. de Vienne & chap. de St.-Jacques. Carref. du ch. de Saumur à Loches. Devant les Ursulines & landes à passer. Au pressoir Brillard. Parilly+ N. du chât. de la Vauguyon. Côte, ¼ l. E. de la Roche+. Pente rap. de la Vacherie. Entre Nazelle & la côte de Ruffé. Entre Contray & Chargé. Côte & ham. de Fontenay. A la Blanchardière. Pente rapide & Maison-Blanche. Pont, ¼ l. O. de Marsay+. Pont, ruiss. & moulin Gillier. Le long E. de *Beuxes*+... 2 l. Au Pas; moulin Palu. Côte de Launay. Vallon, pont & moulin du grand Ponçay. A Basses+. ¼ l. O. de Sammarcolle+. A Beauregard & vallon de Chabottrie. Côte & à l'O. des roches. *A Loudun*... ¾ l. Colline & ham. de Beauce. Côte & chât. de Nuay. ½ l. N. d'Arce+. Tertre & vill. de *St.-Laon*+... 2 l. Vallée, prairie, pont & rivière de Dive à passer. Chât. & vill. de Pas-de-Jeu+. Détroit, ¼ l. N. d'Oiron+. A St.-Léonard, N. du parc d'Oiron. ¼ l. S. du bois & parc du château de Beauvais. Hameau, bois & côte d'Orbé. Fourche de la route de Thouars à Poitiers. Côte & hameau de Bourneuf. N. du chât. de Fleuri. S. des Capucins & du Dauphin. *A THOUARS*... 4 l.

TOUL	...... E.		Orléans, d'Orléans à Toul.	114
TOULON	... S.E.		Limoges, Lyon & Toulon	236
TOULOUSE	.. S.		Limoges, & à Toulouse...	137
TROYES	.... E.	DE TOURS à	Orléans, d'Orléans à Troyes.	74
VALENCIEN.	N. E.		Paris, de Paris à Valenciennes.	109
Vendôme	... N. E.		Chartres	15
VERDUN	.... E.		Orléans, d'Orléans à Verdun.	113
Vernantes	.... O.		& du Mans à Saumur	19
Vibrais	..... N.		Mortagne	28

ROUTES ET CHEMINS DE TRAVERSE
DE TROYES

Distance de Troyes.

à	*Voyez*	lieues.
ABBEVILLE . N.O.	Soissons, & à Abbeville . . .	75
AGEN . . . . S.O.	Orléans, d'Orléans à Agen . .	171
Aire en Artois. N.O.	Soissons, de Soissons à Aire .	88
AIX en Prov. . . S.	Lyon, de Lyon à Aix	160
ALBY . . . . S.O.	Orléans, d'Orléans à Alby . .	192
ALENÇON . . . O	Paris, de Paris à Alençon . . .	83
AMIENS . . N.O.	Soissons, de Soissons à Amiens.	65
Ancy-le-Franç.S.p.O	Tonnerre; de Sens à Dijon .	17
Andelys (les) . N.O.	Paris, de Paris aux Andelys .	64
Andelot. . . E p. S.	Chaumont; de Neuchâteau à Châtillon	26
ANGERS . . . O.	Orléans, d'Orléans à Angers.	102
ANGOULÊME . S.O.	Orléans, & à Angoulême . .	134
ANTIBES . . . . S.	Lyon, Aix & à Antibes . . .	201
ANVERS . . . N.	Reims, de Reims à Anvers .	99
Arc en Barrois . . S.	Langres par Arc	15
Arcis-sur-Aube. N E	de Châlons à Troyes	7
ARLES . . . S.p.O.	Lyon, de Lyon à Arles . . .	151
Arnay-le-Duc . . S.	Saulieu; d'Auxerre à Dijon .	40
ARRAS . . . N.O.	Reims, de Reims à Arras . . .	69
Aubigny . . . . O.	Gien; de Bourges à Montargis.	44
Aubusson . . . S.O.	Moulins, de Moul. à Aubusson.	96
AUCH . . . S.O.	Limoges, de Limoges à Auch.	195
Aurillac . . . S.O.	Moulins, de Moul. à Aurillac.	125
AUTUN . . S. p. O.	& d'Autun à Châtillon s. Seine.	45

AUXERRE. Route de traverse . . O. p. S. 17

De Troyes & faub. de Croncels on passe à l'E. de l'Abb. de Moutier-la-Celle, ¼ l. O. des Chartreux. Vignes, ¾ q. l. E. de St.-André-les-Montier+. O. du moulin à v. de Rosières. ½ l. de Fontaine-St.-Martin. Prairie, ruiss. & vill. de St.-Germain-de-Lincon+. ½ l. des moulins à v. & vill. de Lépine+. A l'E. du

Pppp 2

moulin à v. & vill. de Laine-aux-Bois+. A Richebourg. ¾ l. E. du vieux chât. de Montaigu. 1½ l. de vignes à trav., en passant à ¼ l. O. de Souleaux. 1½ l. de Moussey+. Côte, ½ l. E. du moulin à v. & vill. de Bouilly+. ½ l. O. de St.-Jean-de-Bonneval+. A l'E. de Vellery & de la forêt d'Othe. Pente rap. & vill. d'Aubeterre+. O. du moulin à v. de Lirey : *belle vue*. 4
Fourche de la route de Tonnerre. ½ l. E. de Javernan. A Chemineau. ¾ l. O. de Machy. ½ l. N. O. de St.-Phal *ou* St.-Fal+. Vallon & prairie, N. O. de Chamoy+. *A Auxon*. 2
Ou de Richebourg à Bouilly+. ½ l. de la forêt d'Othe. A Sommeval+. Rosselet & *Auxon*. D'Auxon on passe la côte de Plessis-Puiseau. Vallon, ¼ l. N. de Sivrey. Côte à ¼ l. N. de Montfey+ & Chaillots. Vallée & prairie, N. de la Forest, cense. Côte, à ½ l. S. de Vosnon+ & de la forêt d'Othe. Vallon & vill. de Villeneuve-au-Chemin+. Côte & vallon. ¼ l. N. de Coursan+. Côte, vallon. ½ l. N. de Lasson+. Fourche du chem. de Joigny à Troyes. Pont, ¼ l. S. de Sormery+. Côte, ½ l. N. de Neuvy-Sautour+. A l'E. de Boulay & Fontaine. ½ l. O. de Neuvy : *belle vue*. E. du château & village de Tuvry+. O. de Cheinq; 1 l. de Beugnon+. Vallon, ½ l. E. de Pommerats & Venisy+. Côte & *belle vue à l'E. & au S.* Pente rap. & devant les Capucins. *A St.-Florentin*. . . 5 l. Ponts, isle & riv. d'Armance à passer. Fourche de la route de Dijon par Tonnerre. Pont & riv. d'Armançon, où passe le canal. Fourche du ch. de Chablis. Plaine, 1 l. O. de Germigny+. A Vergigny+. ¼ l. O. de Cheu+ & 2½ de Flogny+. ¾ l. E. de Rébourceaux+. 1 l. de Bouilly+. 2 l. de *Brinon-l'Archevêque*. ½ l. de côte & bois de Pontigny à trav. O. de l'Ordonnois. Pente rapide de la côte de Pontigny. Route de Joigny. Entre St.-Porcaire & Roncenay. ¼ l. O. de la Rue-Feuillée, chât. Chemin de Ligny-le-Château & de Chablis. Pont & riv. de Serain. Devant l'Abb. de *Pontigny*. . . 2 l. A l'O. de la Tuilerie, 1 l. de Ligny-le-Chât. A l'E. de Beauvais, ½ l. de Venousse+ & ¾ l. de Rouvray-sur-Mont+. Côte, chât. de Montfort & Souilly. ½ l. O. de Lignerolles. Vallon, vill. de Montigny-le-Roi+. Côte, 2 l. S. E. de *Saignelay*. Vallon, ½ l. du chât. & bois de la Resse. *A Villeneuve-St.-Salve*+. . . 2 l. ¼ l. du chât. & mont Anthéaume. A Bergault. E. de Fontaine-Bernard. Pont, ruiss. & ham. des Carreaux. A Curly. ¼ l. O. de Thorigny. N. O. du château & ham. de Soleine. Entre Moruche & la Chapelle. ¼ l. O. de Venoy+. ¼ l. S. du chât. d'Egriselles. Côte de vignes : *belle vue au N. & à l'O.* A St.-Gervais & faub. du Pont. Pont & riv. d'Yonne. *A Auxerre*. . . 2 l.

		DE TROYES, à		
Auxonne	S.		Dijon, de Dijon à Dole . . .	42
Avalon	S. O.		Vezelay par Avalon	24
AVIGNON . . .	S.		Dijon, Lyon & Avignon . .	141
Avranches . .	O.		Paris, de Paris à Avranches .	112
Ay	N.		Châlons, de Châl. à Epernay.	28
Bagnères . . .	S. O.		Auch, d'Auch à Bagnères . .	218

TROYES.   669

Bains	S. E.	Langres, de Langres à Epinal.	49
Balaruc	S. O.	Montpellier, & à Balaruc	165
BAR-LE-DUC	E.	de Bar-le-Duc à Troyes	25
Bar-sur-Aube	S. E.	Chaumont en Bassigny.	12
Bar-sur Seine	S.	Dijon par Châtillon	7
Barrèges	S. O.	Auch, d'Auch à Barrèges	228
BASLE	S. E.	Langres, de Langres à Basle.	77
BAYONNE	S. O.	Autun, d'Autun à Bayonne	224
Beaucaire	S.	Lyon, de Lyon à Beaucaire.	150
Beaugency	O.	Orléans, d'Orl. à Beaugency.	51
Beaune	S.	Dijon, de Dijon à Beaune	44
BEAUVAIS	N. O.	Paris, de Paris à Beauvais	54
BÉFORT	S. E.	Langres, de Langres à Béfort.	62

BESANÇON. *Grande route*....S. p. E. 53

De Troyes à *Langres*... 29 l. De Langres à BESANÇON.... 24

Chemin de traverse. 49½

De Troyes à *Châtillon* sur Seine.... 16 l. *Voyez cette route*. De Châtillon on passe devant St.-Mamers. Entre la grange Emery & celle de Bezotte. Au N. de la Gréviande & de la Fin. ¾ l. de bois à passer. ¼ l. S. de Maizey+. S. des forges & fourneau, sur Ource, riv. ¼ l. N. de Villiers-le-Duc+. *A Vanvey*, entre la forêt de Mongu.... 2 l. Ponts, isle & riv. d'Ource à passer. ¼ l. de la forge de St.-Fal+. Entre la forêt de Monqu & la haute forêt. Côte, à 1 l. N. des étangs & Abbaye de Val-des-Choux. Vallon, N. des forges & fourneau de Voulaines. A Voulaines-les-Temples, grand prieuré de Malthe. Devant le chât. du Commandeur. 1½ l. N. des forges, fourneau & vill. d'Essaroy+, & à 2 l. de Montmoyen & grange d'Yercée. Etang & vill. de Leuglay+. Forge & ferme d'Argillères, sur Ource. Chartreuse de Lugny. *A Recey* sur Ource... 3 l. Passage de cette riv. Côte & bois de Châtel. A Bure-les-Templiers, commanderie. A Beneuvre+, sur le chem. d'Aignay à Langres. Neuvelle-les-Grancey+. *A Grancey-le-Château*.... 5 l. A Cussy-les-Forges. Côte & bois à trav. A Foncegrive+. *Selongey* & route de Dijon à Langres... 4 l. A Chaseul & forêt de Fontaine. *A Fontaine-Française*... 4 l. Au S. du pré Moreau, où s'est donné la Bataille du 5 Juin 1595, gagnée par Henri IV sur les troupes de la Ligne & celles d'Espagne. Bois, pont & riv. de Vingeanne à passer. ¼ l. N. de St.-Seyne, les Halles & la Tour. ¼ l. S. de Pouilly+. A St.-Seyne-l'Eglise+. 1 l. S. de Mornay+ & Montigny+. Au N. de la grange du Bois. ¼ l. S. du Fahy+ & 1 l. S. O. d'Auvet+. A Autrey+. ¼ l. E. de la Borde. A Bouhans+. ¼ l. N. de Feurg+, Nantilly+ & Passirey, ¼ l. de bois à trav. & pente rap. Fourche de la route de Dijon à Gray &

Vesoul. A Arc+ & route de Langres à Gray. Pont, rivière de Saone & *à Gray*...5 l. De Gray *à* BESANÇON. . . . . 10½ *Voyez de Besançon à Gray.*

BLOIS. . . . . . . O.	De Troyes à Orléans & à Blois. .	59
BORDEAUX. S O.	De Troyes à Moulins & Bordeaux.	171
Bourbon-l'Ancy. S. O	De Troyes à Autun & Bourbon.	58

BOURBONNE-LES-BAINS. *Route de traverse*...S. E. .. 34

De Troyes *à Chaumont* en Bassigny...21 l. *Voy. cette route.* De Chaumont on descend à Choignes *ou* à la Madière. Pont & riv. de Marne à passer. A la ferme d'Hurtebise. Vallon & vill. de la Ville-au-Bois+. Entre les bois de Luzy, Riepes & la Ville-au-Bois. Moulin à v. de Bielle & pente rap. Vallon & vill. de Bielle+. Fourche du ch. de la Marche. Entre les bois de Marginvaux & de la Haye. ½ l. N. de Saccey+. Entre le bois de Conroy & celui de Chanoy. Au Gagnage & pente rap. Vallon, vill. & *Poste de Mandres*+...4 l. Route Romaine, à ½ l. N. de Nogent-le-Roy. Le long S. du bois de Lonfay. Au haut Poirier. ¾ l. N. E. d'Odival. Le long N. du bois du Mont-Roussel. A Colenat, ½ l. S. d'Essey+. Côte & bois des Riezes à passer. Au moulin d'Enbas. ¾ l. N. de la source du Rognon. A Is+ en Bassigny. ¾ l. S. O. de Rangecourt+. Traverse de la chaîne qui sépare la Meuse de la Marne & la Seine. A Isonville & fourche de la route de Nancy. ¾ l. E. d'Espinant+ & Sarrey+. A Montigny-le-Roy, au sommet de la chaîne: *belle vue.* · . 4 l. Pente rap. & chaussée Romaine. Au N. de Montigny Bas+. ¾ l. S. de Provenchères+ en Bassigny. Le long du bois Guiot. Vallon & côte, entre les bois de But & Beneau. Vallon, prairie, au S. de la source & du vill. de Meuse+. Côte, à 1 l. du moulin à vent d'Avrecourt, & 2 l. de celui de Ranconnières. A Dammartin+. ¾ l. N. de Sauxurre *ou* Saulxurre+. ¾ l. du bois de Macmon à trav. Au S. du moulin & vill. de Pouilly-Fontaine+ de Meuse, sur le sommet de la chaîne. ¾ l. N. de Mauveignan & Dampremont+. ¾ l. de bois de Bourbonne & pente rapide. *A* BOURBONNE-LES-BAINS....5 l.

BOURG en Bresse . S.		Dijon, de Dijon à Bourg . .	73
BOURGES . . . O.	De Troyes à	Sens *ou* Auxerre	{63 / 50}
BREST . . . . . . O.		Paris, de Paris à Brest	184
Brienne-le-Chât. E.		Nancy par Joinville	9
Bruges . . . N.O.		Lille, de Lille à Bruges . . .	91
BRUXELLES . N.		Reims, de Reims à Bruxelles.	82
CAEN . . . . . . O.		Paris, de Paris à Caen	91
CAHORS . . . S.O.		Autun, d'Autun à Cahors . .	168
Calais . . . . N.O.		Soissons, & à Calais	102

TROYES. 671

CAMBRAY . N.O.	Soissons, & à Cambray . . .	65
CHALONS sur M. N.E	de Châlons à Troyes	19
CHALON s. Saone. S.	Dijon, de Dijon à Chalon .	52
Chaource . . . S.O.	Tonnerre par Chaource . . .	7
Charité (la) . S.O.	Auxerre, & à la Charité. . .	39
CHARTRES . . . O.	Orléans, & à Chartres. . . .	63
Châteaudun . . . O.	Orléans, & à Châteaudun. .	56
Château-Chinon. S.O	Saulieu & Château-Chinon .	41

CHATEAU-THIERRY. Route de traverse. . . . N. p. O. . . 27

De Troyes à la belle Etoile... 6 l. *Voyez de Paris à Troyes.* De la belle Etoile à Megrigny+. ¼ l. de prairie à trav. *A Mery sur Seine*, que l'on passe. . . . 1 l. A Charny+. Pont sur Aube & ½ l. d'isle & prairie. Fourche de la route de Troyes par Reges. Vis-à-vis & à l'O. du Chapitre. Pont & riv. d'Aube, ¼ l. E. de l'Abb. & Prieuré. *A Plancy* sur Aube. . . . 2 l. Fourche de la route d'Eperney par Fère. Pente rap. & plaine à passer. Route plantée de Boulages+. à ¼ l. de St.-Saturnin. A Faux+. 1 l. O. de *Salon*. . . 2 l. A l'E. de Fresnoy & du chât. de Tortepée. ¾ l. S. de Cauroy+ & d'Ognes+. Devant N. de Courcelle. ¾ l. d'Anglusailles+, Taas+ & Marigny+. Bruyères, ruiss. & village de *Pleurs*+. . . 2 l. ¼ l. de marécages & 2 l. de plaine, en passant à ¼ l. S. de Lintel+. 1 l. de Linthe+. ¼ l. N. de Gaye+. 2 l. de Ville-Louvotte+. Vis-à-vis N. de St.-Remy+. ½ l. de Chichey+. 1½ l. S. du moulin à v. & vill. d'Allement+. 2 l. N. E. du moulin à v. & bourg de *Barbonne*, & de la forêt de Traconne. Fourche de la route de Sezanne à *Châlons*. Côte & à 1 l. S. du moulin à v. & vill. de Broyes+. ¾ l. N. de Vindé+. Entre N. D. & St.-Pierre. Passage du ruiss. des Auges. *A Sezanne* en Brie. . 3 Moulin & ruiss. au S. de la Belle-Croix. A la grande Tuilerie. Vallon, pont & riv. du grand Morin. A Mœurs+ & chemin de Rozoy. Côte, à ¼ l. S. de Placard. ½ l. de Verdey+ & 1 l. de Lachy+, où est la source du grand Morin. Fourche de la route de Coulommiers. Croix & à l'E. des grands Essarts+. Plaine en passant à ¼ l. O. des Epées. 1 l. de Chapton, chât. ¼ l. E. du Châtelet & de la Gaudine. Au Clos-le-Roi. 1 l. de Villeneuve-les-Charleville+. ¾ l. de la forêt de Gault à passer. Entre Desiré & Jouy. Vallon, à 1 l. E. de Morstus, prieuré. *Au Gault*+, prieuré & cure. . . 4 l. Au N. du ham. & de N. D. de Montvinot. ¼ l. O. de Bergère+. 1½ l. de Vauchamps+. Le long des bois & vill. de Maclaunay+. Bois du chât. du Bel-Air à passer. A l'O. de Cornentiers, ½ l. de Courbestot+. ¼ l. E. de Rieux+, 1 l. de Montinil. 2 l. E. de Mont-Dauphin+. Le Chêne & côte de Vauclaroy. Pont & riv. du petit Morin à passer. Entre les Quatre-Vents & le parc, en montant. *A Montmirail*. . . . . . 2 Pente rapide & chap. de St.-Martin. Ruiss. & moulin au S. de Saussa & Courcelle. N. de Noux, Tigecour & Mécringe+. Côte, à ¼ l. O. de Montcoupeau. Fourche de la route de la Ferté-sous-Jouarre. A la Motte, ½ l. N. E. de Marchais+. Entre le petit & le grand Plénois. A Fontenelle + en Brie. ¾ l. E. de Rozoy-Gâtebled +. O. de Soudant & Gilloche. Vallon de *Prestibout*... 2 l. Entre Chêne-Benoît à l'E. & Prestibout à l'O. ½ l. E. de Montfaucon +. Vallon, à ¼ l. O. de Viffort +. E. de la Douffre +, ½ l. d'Essises +. Côte & bois à passer. Vallon, ruiss. & ferme de la petite Noye. E. de Gilletrie & grande Rue. A l'Orme-au-Loup. O. de Nesle + & d'Estampes +. ½ l. de Chierry & devant les Capucins. *A CHATEAU-THIERRY*. 3

Autre route de traverse.

De Troyes on passe le faub. St.-Jacques, devant les Mathurins & à la route de Langres. A la Bouras. Pont & riv. de Seine. Au pont Hubert. ¼ l. O. de Villechétif. Le long E. du vill. & parc du Pont-Ste.-Marie +. Côte & à l'E. de Lavau. ½ l. O. de Creney +, *vignoble*. Vallon, E. de la Vallotte & Caloison. Côte, ½ l. E. du vill. & chât. de St.-Maur +. ½ l. O. de Vailly +. ¾ l. E. de Vannes +. 1 l. N. E. de St.-Benoît +. 1½ de St.-Lié + & plus loin le moulin & vill. de Montgueux +. Au bois de Feuges, ½ l. O. du vill. +. Vallon, 1½ l. E. de Mergey +, Villacerf + & chât. Vallons & pente rap. à trav. ½ l. E. des petites Chapelles *ou* Chapelle-Vatton +. A la Chapellotte-St.-Geneviéve : *belle vue*. 4
Valion, ½ E. des grandes Chapelles +. A Premier-Fait +. Carrefour de la route de Nogent à Arcis. A Reges +. ½ l. O. de Besly. ¾ l. de prairies & pont à passer. A ¾ l. O. de Viapre +. Riv. d'Aube & *à Plancy*... 5 l. *La suite ci-dessus*.

Chât.-Villain. S.p.E.	De Troyes à Langres par Arc. . .	19
Châtillon s. Loing. O.	De Troyes à Sens & Châtillon . .	35

CHATILLON sur Seine. *Grande route*.... Sud. 16

On sort de Troyes par le faub. de Croncels & l'on passe devant les Chartreux. O. des Cours & Sancy-St.-Julien +. Vis-à-vis de Saulte & chem. du chât. de Rosières. Rive profonde, moulin & ham. de Bréviande. Au péage de Troyes & bureau des Aides. Pont & riv. de Hurande. Pente rap. à l'O. de Courgerennes +. ¾ l. N. E. de St.-Léger +, 1 l. de St.-Pouange +. Devant O. du château de Villetard. Fourche de la route de Tonnerre par Chaource. Pente rap. & au N. du chât. de Villehertin. Pont & riv. de Lozain, au S. des maisons blanches. Route qui communique à celle de Langres. ¼ l. S. de Verrière +. 3 l. de plaine, en passant à l'avenue du chât. de Villebertin. ½ l. N. E. d'Isle-Aumont +, duché & de St.-Thibault +. ¾ l. S. de St.-Aventin, au-delà de la Seine. Avenue du chât. de Maraux & St.-Thibault. Vis-à-vis N. de Tronchet. A la grande Vacherie. ¼ l. S. de Clerey +. ¾ l. N. de Vaudes +. ½ l. S. O. du chât. de Courcelles. Ferme de Vaudes, ¼ q. l. S. de Chemin. *A St.-Parre-les-Vaudes* +... 4 l. Devant la Croix-Blanche & *la Poste*. Le long de la Seine, ¾ l. S. de Villemoyenne +. ¾ l. N. de Rumilly + & forêt de Chaource. ¾ l. S. de Chappes +, au-delà de la Seine. Chât. & ham. de Fouchères. S. du pont & village de Fouchères +. Avenue & à ¾ l. N. du chât. de Vaux. A la ferme

de Virey.

de Virey. Chem. & à ¼ l. S. de Courtenot. Pont & riv. de Sarce. 1 l. N. de Jully +. Devant S. du chât. de Châtellier. Pente rap. & vill. de Virey +. ¼ l. S. du chât. de Fool. ¼ q. l. S. de Bourguignon sur Seine +. Vis-à-vis S. de Sercy +. Entre les jardins de Bar-sur-Seine. Devant la Maladerie & la chap. St.-Bernard. Chemin de Chaource, Tonnerre, Joigny, &c. Porte de Troyes, & *à Bar-sur-Seine*. . . . 3 l. A la porte de la Maison-Dieu *ou* de Châtillon. Le long de la côte de roche de N. D. du Chêne. Pont sur la Seine au confluent de l'Ource. ½ q. l. O. de Merrey +. Entre Villeneuve & la papeterie. ½ l. O. de Celle sur l'Ource. A Polizot +. Commencement du vallon de la Seine, entre les côtes de roches & de vignes. Avenue du pont & vill. de Polizy +. A Buxeuil +. Le long de la Seine, entre la côte de vignes de Buxeuil & la côte & bois de Thouen. *A Neuville* sur Seine. A Gyé, *gros vignoble*. Devant la chap. de St.-Nicolas. *A Courteron*. ½ l. N. des bois de Molesme. Devant la ferme de la Gloire-Dieu, *Prieuré détruit au-delà de la Seine*. Entre la Seine & la côte de rochers & de bois. Au bas S. de la chap. de St.-Hubert. ¼ l. E. du pont & vill. de Plaines +. Ch. & à ½ q. l. E. de Lille, chât. *A Mussy-l'Evêque*. . . 5 l. Pont sur un bras de la Seine. Le long de cette rivière. E. de St.-Roch, du pont & vill. de Gommeville +. Croix, à ½ l. de Noiron +. A Charey +. ¼ l. N. de l'Abb. de Pothière sur Seine. A Villiers-le-Potras + & pente rap. Devant le bureau des Aides. Le long des rochers, ¼ q. l. O. d'Aubrrée. ½ l. de Chaumont + dans la gorge. Pont, ruiss. & limite de la Champagne. Entre Vannaire & son moulin. ½ l. du tertre & église de Vix-St.-Marcel +. Le long E. de Courcelles-les-Ranes +. 1 l. O. de Massingy + & son moulin à v. 1 l. O. des tertres des deux Jumeaux. A Mouliot *ou* Mouluot +. ½ l. E. d'Etrochery +. 1 ½ l. du moulin & vill. de Bouix +. ½ l. N. E. du vill. & chât. de Ste.-Colombe +. A Courcelle-Prévoir & pont sur Seine. Belle avenue de l'Abbaye de Ste.-Geneviéve. *A* CHATILLON sur Seine. . . . 4 l.

CHAUMONT en Bassigny. *Grande route*. . . . S. E. . . . 21

Sortant de Troyes par la porte & faub. de St.-Jacques on passe à la route de Châlons & devant le couvent des Mathurins. Chaussée élevée & prairie à trav. Avenue du chât. de la Vacherie. Chem. planté de Foissy, prieuré. Pont, riv. de Seine & la Barze. Ch. du chât. de St.-Parre. Côte & moulin à v. de St.-Parre. Chemin & à ¼ l. N. de St.-Parre, Buire & St.-Loup. A St.-Parre-au-Tertre. Chem. des vieilles vignes. ¼ l. S. du chât. de Belley. ½ l. de Villechétif. Vallon & chem. ½ l. S. de l'étang Mercier. ¼ l. N. de Reuilly-St.-Loup +. Justice à ½ q. l. S. de Tennelière +. ¼ l. N. de Ruvigny +. Vis-à-vis de la Chapelle & à la Folie, *aub.* Pente rap. à ½ q. l. N. de la Grève. ¾ l. S. du moulin & vill. de Laubressel +. ¾ l. N. de Montaulain + & Daudes +. Pont de la Guillotière, sur la Barze. Nouvelle route qui communique à celle de Troyes à Dijon. ¼ l. S. de pont Barze. ¼ l. de Laubressel +. Chemin & à ¼ l. S. de Courteranges. Le long N. d'un bois, ½ l. S. de la Rivour, Abb. A Luzigny +. Devant les Trois-Rois & la Couronne, *aub.* Ch. du chât. du Haut-Chêne. Chem. vert,

S. du moulin de Luzigny. Au S. & près de Chantelot. ¾ l. N. O. de Montreuil +. ½ l. de prairie en passant la Barze, riv. sur le pont de Prémery. Côte & ham. de *Maignelot-les-Montier*. . . 4
Chem. & à ¼ l. N. de Montier-Amey, Abb. Prairie, côte, ¼ l. S. de Mesnil-St.-Père. Aux Fourières : *belle vue*. Au N. du bois de Briel. Au S. de la Maison-Blanche. Pente rap. & ru de Thieloup. A la Tuilerie. Avenue du chât. de la Villeneuve. ¾ l. N. E. de Briel +. Pente rap. & vill. de la Villeneuve-Mégrigny + : *belle vue*. Pente rap. & prairie à trav. Pont & riv. de Barze. Au N. de la ferme de Pidance & Bécassière. S. de Champauroy. En face du chât. de la Marque. N. de Boiscour. Au clos des petites forges, N. de Varennes. *A Vendœuvres*, où est la source de la Barze. . . 3 l. A la porte dorée & devant le Mulet, *aub.* Route de Châlons par Brienne. Vis-à-vis & ½ l. S. du Puy +. Côte de Magny & ancien chem. de Langres. ½ l. N. du moulin à v. & ham. de Nuisement. A Magny-Fauchart. N. du moulin & de Brouilleux. ¾ l. S. du moulin à v. & vill de Vauchonvilliers +. Pente rap. au N. de la Maison-des-Champs. Petit bois de Landry à trav. ¼ l. S. de Chanot. Tranchée & pente rap. de la côte de Chanot. Côte, ½ l. O. d'Argancon +. ¾ l. de Spoix +. ½ l. S. de Bossencourt : *belle vue au* N. Pente rapide. ¼ l. O. de Dolancourt +. Pont neuf sur l'Aube, que l'on passe. Route d'Arcis à Bar-sur-Aube. Le long N. d'une côte de vignes. A la Maison-Neuve, *aub.* ¼ l. N. de Jocourt +. A Arsonval + & ruiss. de la fontaine d'Arlette. Vis-à-vis N. de Montier en l'Isle. Au bas S. de le chap. de St.-Maur. Devant & N. d'Ailleville + & du chât. Chem. de St.-Dizier. Au S. des Filles-Dieu. Croix & ruiss. de Préfauche. ¾ l. N. de Prouerville +. Vis-à-vis du Jard & devant le St.-Esprit. Faubourg & ville de *Bar-sur-Aube*. . . 5
De Bar & porte St.-Michel on passe devant les promenades du Mattan. Le faub. de St.-Nicolas. Vis-à-vis de l'Hôpital & ch. de Joinville. ½ l. N. E. de la côte de Ste.-Germaine, où César a campé. Chemin de Bar à Clairvaux. ½ l. N. de Fontaine + sur Aube. Au bas de la côte de Ste.-Germaine. Traverse de la côte de Dardenne, en pass. à ¼ l. S. de Voigny +. ¼ l. N. de la ferme de Molin. Vignes de Lignol & chem. de Clairvaux. A Lignol +, ½ l. S. de Rouvre. A la Baraque. Villeneuve-aux-Fraines +. Le long N. du tertre de Colombey. ¼ l. S. d'Argentolle +, Prats + & Bierne. Pente rap. & chemin de l'église de Colombey. *A Colombey-les-deux-Eglises* +. . . 3 l. A la nouvelle route de Vassy & Joinville. Devant le grand Cerf, *aub.* Prairie du chât. & au N. du village. ½ l. des bois de la Lune à trav. Chemin & à 1 l. N. E. de Montherie. A la baraque de la Folie. 1 l. S. de Bas-Pré, commanderie & 2 l. du château de Loges, au milieu de la forêt. Chemin & à ¾ l. S. de la Chapelle-en-Blezy +. Pente rap. N. du bois d'Ancemont. *A Juzenneconrt* ou *Suzennecourt* +. . 2
Devant *la Poste* & en face du chât. Prairie, pont & rivière de Blaise. ½ l. N. de Gillancourt + & source de la rivière de Blaise. A Blesy +. Prairie à trav. Côte & le long S. des bois de Morillon. 1 l. S. du moulin à v., vill., chât. & prieuré de Sept-Fontaine : *belle vue*. Vallon & le long du bois la Dame. Montagne d'Alun à trav. ½ l. S. E. de Sarcicourt +, Anneville +, la Mancine +, &c. *belle vue*. Pente rap. de la côte d'Alun. ½ l. S. de

TROYES.

la Harmand+, 1 l. de Maraux+. ½ l. N. d'Euffigneix+, le long de la côte. ¼ l. de prairie, en paffant le long S. des bois de Bonnevaux. Aux lavoir des mines de fer. 1 l. N. de Buxières & plus loin le Mont-Saon, où Céfar a campé. Pont, ruiff. & ferme de Jonchery. Le long S. du village+. Chemin de Château-Villain & à ¼ l. N. de Villiers-le-Sec+. ½ l. S. de Berthenay+. Vallon, côteau, ¼ l. N. de la ferme de Dame Huguenotte & du bois du Fays. Pente rapide de la côte de Chaumont. Pont fur la Suize & faub. de St.-Jean. Pente rap. & à CHAUMONT en Baffigny... 4
Les *Voitures* prennent la route de Châlons en côtoyant les rochers. Paffent la Suize, riv. & à Buxecreuilles, montent à Chaumont & entrent par la porte de N. Dame.

Cherbourg .. N.O.		Paris, de Paris à Cherbourg .	119
Citeaux ..... S.		Dijon, de Dijon à Citeaux .	41
Clairvaux ... S.E.		Langres par Arc	15
Clermont en *Arg.* N.E		Châlons, & à Clermont ...	33
CLERMONT-F. S.O.	DE TROYES A	Autun, d'Autun à Clermont.	89
COLMAR .. E. p. S.		Langres, de Langres à Colmar.	78
Commercy .... E.		Bar-le-Duc, delà à Metz ..	34
COUTANCES .. O.		Paris, de Paris à Coutances .	113
DEUX-PONTS . E.		Nancy, & à Deux-Ponts ..	82
Dieppe ... N.O.		Paris, de Paris à Dieppe...	82

DIJON. *Grande route....* Sud. 35

De Troyes à Châtillon fur Seine.... 16 l. *Voyez cette route.* De Châtillon on fort par la porte Dijonnoife *ou* par le Guichet. Fourche de la route de Montbard à Autun. Devant les Cordeliers & le moulin. Entre les rochers & la Seine. Au bas de Tierces, E. de Rousferottes. A Buncey+. Devant le moulin & le colombier. Pente rap. O. de la baffe forêt. ½ l. E. d'Ampilly+ & des forges. Vallon & ¼ l. de la baffe forêt à paffer. ½ l. E. du chât., vill. & forge de Chameffon+. ¼ l. E. de la forge de la Boiffière. A Nod+. ½ l. E. du chât. de Bon-Efpoir. ½ q.l. O. de celui de Rochelimart. A Aifey-le-Duc+, au bas de Chemin+. Pont & riv. de Seine. O. du confluent de la Seine & la Brevon. A Vaurois. En face des rochers, du vill. de Bremur+ & du chât. de Roche-Prife *ou* Martigny. Détroit entre les bois & les rochers. Au bas de Semond, de haute & baffe Brebis. Ham. & forge de Chenecière. *A St.-Marc*+ ... 5 l. Devant l'Ecu de France, *aub.*, en quittant la Seine. Croix & à ¼ l. O. d'Origny+ & Blénot. A l'E. du vallon & vill. de Magny-Lambert+. Côte rap. de la Bergerie, en paffant vis-à-vis de la fontaine Fébrifuge. Le long E. des bois de Magny-Lambert. Vis-à-vis R. de St.-Hubert. A Toutifaut. Coupe cul *ou* pente rap. de Toutifaut: *belle vue.* Vallon & prairie de Meffange. Côte, entre Meffange & St.-Honoré. ½ q. l. O. de la Folie. ½ l. E. d'Ampilly-les-Bordes+. A Ampilly-le-Haut. ½ l. E. de Jours+ & de

Chaume+. Le long O. du bois du Fays. Chemin & à ¼ l. E. de Baigneux-les-Juifs. ½ l. O. des forges & ham. d'Orrey. A la Perrière. ¼ l. E. de Poiseuil-la-Ville+. ¼ l. O. d'Oigny, Abb. & du vill. de Billy+. A la justice des quatre Seigneuries. Le long d'un bois & devant le poteau de Frolois. Pente rap. de la côte de Courceaux. Fourche de la route de Tonnerre. Pont de Courceaux sur la Seine. Pente rap. de Courceaux & commencement de la grande chaîne, qu'il faut trav. *A Chanceaux.* 5
¼ l. O. de Chameronde. A l'E. & près du moulin à v. de Chanceaux. ¼ l. O. de Poncey+. ¼ l. de Pellerey+. Au S. de la papeterie de Poncey. ½ l. E. de la source de la Seine. Sommet de la grande chaîne qui sépare l'Océan de la Méditerranée : *belle vue.* ¼ l. O. de Champigny. Chemin & à ¼ l. E. de Bligny+. Descente rap. de la mont. de St.-Seine. *A St.-Seine* sur Ignon. . 3
Devant le cimetière. ¼ q. l. N. de St.-Martin-du-Mont. Côte & rochers vifs à monter. A Cestre & ancien chemin. A la croix de Pierrefiche. 1 l. de bois & pente rap. à passer. *A Val Suzon-le-Haut*, sur le Suzon. . . . 2 l. Devant *la Poste*, pont & riv. de Suzon. Montagne de rochers vifs à passer. Au-dessus S. de Suzon-Libas+. Bois & à 1 l. de Curtil+. ¼ l. O. d'Etaules+. Avenue, O. de Daroy+. Entre les bois & à l'arbre de Balaffré. E. de l'arbre de l'Observe. ¼ l. O. d'Hauteville+, 1 l. de Messigny+. A l'E. de Champmorin & Bonveau. Avenue de Changey & les Carrières. ¼ l. S. de Daix, ½ l. d'Hauteville+. ¼ l. d'Ahuy+. Vallon & ferme de la Fillotte. Côte, le long N. & au bas de la ville de *Tallant*. Vignes, ¼ l. S. de Foulaine & des Feuillans, sur le Tertre. Au N. de la Maison-Grégoire. Le long N. des carrières de Tallant. Port Guillaume; *à DIJON*. . . . 4

Dole	S.	Dijon, de Dijon à Dole . . .	47
DOUAY	N.	Reims, de Reims à Douay . .	67
Doulevent	E.	Nancy par Joinville	26
Dunkerque.	N. p. O.	Paris, de Paris à Dunkerque.	107
Eclaron . . .	N. E.	Bar-le-Duc par Eclaron . . .	24
Elbeuf	N. O.	Paris, de Paris à Elbeuf . . .	67
EMBRUN	S.	Lyon, de Lyon à Embrun .	136
Epernay	N.	Châlons, & à Epernay	27
Epinal	E.	Neuchâteau, & à Epinal . . .	51
EVREUX . .	N. O.	Paris, de Paris à Evreux . . .	63
Falaise	O.	Paris, de Paris à Falaise . . .	86
Fère Champenoise.	N.	Arcis; de Reims à Troyes . .	14
Fère (la)	N.	Reims, de Reims à la Fère .	45
Ferté-sur-Aube .	S.	Langres par Arc	17
Flavigny	S.	Montbard; de Sens à Flavigny.	28
Flèche (la) . .	O.	Orléans, & à la Flèche	94
Fontainebleau.	N. O.	Sens, de Sens à Fontainebleau.	30

TROYES. 677

Forges	N. O.	Paris, de Paris à Forges	65
GAND	N.	Valenciennes, & à Gand	89
GENÈVE	S. E.	Dijon, de Dijon à Genève	80
Gien	O.	Sens, de Sens à Gien	39
Gisors	N. O.	Paris, de Paris à Gisors	54
Grondrecourt	E.	Nancy par Joinville	34
GRENOBLE	S.	Lyon, de Lyon à Grenoble	108
Gueret	S. O.	Moulins, de Moulins à Gueret	101
Haguenau	E.	Nancy, de Nancy à Haguenau	81
Havre-de-Grace	N.O	Paris, de Paris au Havre	89
Harfleur	N. O.	Paris, de Paris à Harfleur	86
Honfleur	N. O.	Paris, de Paris à Honfleur	84

JOIGNY. *Route de traverse*.... Ouest....... 18

De Troyes à St.-Florentin... 1 1 l. De St.-Florentin à JOIGNY. 7

Chemin de traverse............. 16

De Troyes à Bouilly... 3 l. *V. de Troyes à Auxerre*. Montagne & moulin de Bouilly: *belle vue*. ½ l. de bois à trav. A Sommeval +. Roiselet & à *Auxon*... 3 l. Villeneuve-au-Chemin +. Vallée, ¾ l. N. de Courfan. Fourche de la route de St.-Florentin. A 1 l. N. de Neuvy-Sautour +. Vallée, N. de Turny +. Au Rué, N. de Veron & *Venify*... 4 l. ¾ l. N. de Champlost. Carref. du chem. d'Arc à St.-Florentin. Vallée & chem. de Sens à Brinon. Côte de Bligny: *belle vue au S. A Bligny* +.... 2
Vallée, S. de Paroy & de la forêt d'Othe. Au S. de Vervigny & Buffy +. Pente rapide & bois de Bouloy. S. de Brion + & de Looze +. Côte de Ferreuse, à la Madelaine & *à* JOIGNY.... 4

Joinville	E.	De Troyes à Nancy par Joinville	26
Juffey	S. E.	De Troyes à Langres & Juffey	41
Landrecy	N. p. O.	De Troyes à Laon & Landrecy	58

LANGRES. *Grande route*..... S. E........ 29

De Troyes à *Chaumont* en Baffigny... 21 l. *Voy. cette route*. De Chaumont & porte St.-Michel on passe à la route de Bourbonne & à celle d'Arc. Traverse du faub. St.-Michel. Au-deffus O. de Chamarande +. ½ l. N. E. de Brottes +. ¾ l. de Corjubin, commanderie. Pente rap. de la côte du Val. Devant O. de l'Abb. du Val-des-Ecoliers. Le long de la côte & des bois de la Vendue. ¾ l. O. de Verbielle +. Pente de la côte du Val. Prairie, pont & rivière de Marne. A Luzy +. Côte rap. de Luzy, entre les bois de ce vill. & ceux de la côte Claire. Pont & riv. de Marne. ½ l. S. O. de la nouvelle forge de l'Evêque de Langres. A Foulain +. ¾ l. O. des rochers & vill. de Poulangy +.

Côte de Marnay & devant la fontaine. ¼ l. O. du tertre de Jean-le-Blanc. Vallon profond & pente rapide ¼ l. N. de l'église de Marnay +. Devant le Mouton, *aub.* Route d'Arc à Nogent-le-Roi. Ruiss. à ¼ l. du moulin de Trimeule. *A Veseignes* +. . 4
Devant *la Poste*, & à l'O. du village. Entre la côte de Jussey & la Marne. ¼ l. O. de Thivet +. Entre les bois de Jussey & celui de Charmoy. Au bas E. du Châtel. A Rolampont *ou* Roland-Pont +. O de la forge & ¼ l. de Lannes. ½ l. du tertre & chap. St.-Menge. Ruiss. à ¼ l. E. de Chanoy. Chem. d'Arc, Châtillon & Bar sur Seine. Pente rap. ¼ l. N. E. de St.-Martin, St.-Ciergue + & Virloup. A Humes +. Pont, rivière de la Mouche & Payage. Devant la Maison-Forte, ¼ l. O. de Jorquenay +. ¼ l. du vallon & vill. de Champigny +. ¼ l. E. de St.-Sauveur & de la fontaine d'Arbolotte, très-connue des Bourgeois de Langres. A ¼ l. O. de Peigney +, *renommé pour son bon fromage.* A l'O. du tertre & justice de Langres, ¼ l. N. E. de Brévoine +. 3 l. du Haut-du-Sec, sur la grande chaîne. Routes de Bar, Nancy & Bourbonne. Pente rap.: *belle vue à l'O.* Porte du Marché de St.-Didier *ou* par celle des Moulins. *A LANGRES.* 4

LAON . . . . . N.	DE TROYES, à	Reims, de Reims à Laon . . .	40
LIÉGE . . . N. E.		Châlons, & à Liége.	82
Ligny en Barrois . E.		Bar-le-Duc, & à Ligny	38
LILLE . . N. p. O.		Reims, de Reims à Lille . . .	73
LIMOGES . S. O.		Orléans *ou* Autun & à Lim..	110 / 118
LISIEUX . . . . O.		Paris, de Paris à Lisieux	80
Lons-le-Saunier . S.		Dijon, & à Lons-le-Saunier .	58

LUNEVILLE. Route de traverse. . . . Est. 57

De Troyes *à Montigny-lè-Roi*. . . . 29 l. *Voyez de Troyes à Bourbonne.* De Montagny *à LUNEVILLE*. . . . 28 l. *Voyez de Langres à Luneville.*

Chemin de traverse. 59

De Troyes *à Bielle*. . . 22 l. *Voyez de Troyes à Bourbonne.* De Bielle on passe au N. du bois de la Haye. Traverse d'une route Romaine. Vallon, chât. & vill. de Langue +. Pont & riv. de Rognon, ¼ l. de la forge. Côte de Montromont. Entre le Bois de Charmes & de la Crette. Devant Orsoy, ¼ l. S. de Menouveaux +. ¼ l. de Cuve +, 1 l. de Longchamps +. ¼ l. N. de Ninville +. Vallon, ¼ l. S. d'Arcemont, ½ l. de Buxierres. Pente rap. & bois de la côte aux Dames *ou* de la grande chaîne primitive. Carref. de la route de Langres à Nancy. *A Daillecourt* +. . . 2 l. ¼ l. S. du moulin & vill. de Meuvy +, plus loin sont Clefmont +, Audeloncourt +, & Maisoncelle, le long de la grande chaîne. A 1 l. N. de la Villeneuve en Angoulancourt, & à 2 l. de Montigny-le-Roi + au sommet de la chaîne. Pont &

riv. de Meuſe. ¾ l. N. de Lenizeul+. ¼ l. S. de Baſſoncourt+. Au bas du tertre & chap. St.-Nicolas. A Choiſeul+ & route Romaine. A Merrey+, 1 l. N. de Maulain+. Le long N. du bois du Roi. ¼ l. de Ravenne-Fontaine+. ¼ l. S. de Colombey-les-Choiſeul+. Devant le chât. & vill. de Freſnoy+. ¼ l. S. de l'Abb. de Morimon. 2 l. de bois à trav. Pente rap. de la grande chaîne. *A la Marche*...5 l. Entre le mont de St.-Etienne & celui de la juſtice. ¼ l. de bois, N. de Montheuillons. ¼ l. S. de Martigny+. Entre la ſource du Mouzon & le bois de la Foſſoite. A la route de Nancy & au ſommet de la chaîne. *A Laigneville*+...4 l. De Laigneville à *Mirecourt*...5 l. V. de Veſoul à Mirecourt. De Mirecourt à *LUNEVILLE*........ 11 *Voyez de Neuchâteau à Luneville.*

LUXEMBOURG.. . . . . . E. p. N.		Châlons, & à Luxembourg.. 61
LYON . . . . . S.		Dijon, de Dijon à Lyon . . . 81
MACON . . . . . S.		Chalon ſ. Saone, & à Macon . 65
MANS (*le*) . . . O.		Paris *ou* Orléans, & au Mans. {89 / 94
MARSEILLE . . S.	DE TROYES, à	Lyon, de Lyon à Marſeille . 368
Mayenne . . . . O.		Paris, de Paris à Mayenne. . . 98
MEAUX . . . N.O.		& de Meaux à Provins 30
METZ . . . . . E.		Châlons, & à Metz 53
MÉZIÈRES. . . N.		Reims, de Reims à Mézières . 47
Mirecourt . . . . E.		Neuchâteau, & à Mirecourt . 44
Mirepoix. . . S. O.		Montpellier, & à Mirepoix . 207
MONS . . . . . N.		Reims, de Reims à Mons . . 73
Montargis . . . . O.		Sens, de Sens à Montargis . . 28
MONTAUBAN. S. O.		Limoges, & à Montauban . . 172

MONTBARD. *Route de traverſe*. . . Sud. 23

De Troyes à *Châtillon*....16 l. De Châtillon à *MONTBARD*. 7 *Voyez d'Autun à Châtillon.*

Chemin de traverſe. 20

De Troyes à *Polizot*... 8 l. V. de Troyes à Châtillon. De Polizot à Polizy ſur Seine, que l'on paſſe. Pont & riv. de Laignes, que l'on remonte. A Baînot-le-Châtel+. *A Ricey-le-Bas, Ricey-Haute-Rive* & *Ricey-le-Haut*...2 l. A Moleſme, Abb. La Ville-Dieu+. E. de Vertaut+. A Villers-les-Moines. ¼ l. S. E. de Channay+. Au bas du tertre & village de Grizelles+. E. du mont Cra. ½ l. O. de Marcenay+. 1¼ l. de Larey+. ¼ l. de prairies & à *Laignes*...4 l. A l'E. de Maumein, Gigny & Sennevoy+. ¼ l. de bois à paſſer. E. de Bois-au-Loup. A Fontaine-les-Seiches+. 1 l. E. de Jully, Beauvoir & ſon moulin à vent. A Cestre, ¼ l. O. de Planay +. E. de Verdonet. 2 l. de la forêt de Jailly à traverser, en passant à Aran & à la Mairie. *A* MONTBARD. ... 6 l.

Montbéliard. . S. E.		Langres, & à Montbéliard . .	60
Monthureux . . E.		Langres, & à Mirecourt . . .	44
Montmirail . . . N.	DE TROYES, à	Sezanne, & à Montmirail . .	22
MONTPELLIER . . . . S. O.		Lyon, de Lyon à Montpellier.	159
MOULINS. . S. O.		Autun, d'Autun à Moulins . .	67
Mussy-l'Evêque. . S.		Châtillon sur Seine	12

NANCY. *Route de traverse*... Est. 53

De Troyes à *Montigny-le-Roi*... 29 l. *V. de Troyes à Bourbonne*.
De Montigny à NANCY. . . . . . 24 l. *V. de Langres à Nancy*.

Autre route par Joinville. 48

De Troyes à *Colombey-les-deux-Eglises*... 15 l. *V. de Troyes à Bourbonne*. De Colombey on passe à l'E. de Prats. A Curmont +. St.-Bon & à St.-Blaise +, ou à Bierne & Haricourt +. Daillancourt +. Bouzancourt +. Cirey-le-Château & au fourneau. Arnancourt +. *Doulevent*. . . . . 5 l. A Dommartin-le-St.-Père +. Courcelles +. Dommartin-le-Franc. Morancourt +. Nomecourt +. ¼ l. N. O. de la Maison-Rouge. ¾ l. de bois à trav. & au bas du chât. *A Joinville*. . . . 6 l. Ou de Colombey à Courmont + & au puits *ou* gouffre. E. de St.-Bon & de Champcourt +. A Blaize +, S. de Bracancourt. Côte de Morfontaine. ¼ l. N. des Loges. A Marbeville +. N. de la forêt de Maréchats & Rélanvaux. A Froideaux, chât. S. du mont Gimont. *A Cérisière*. . . . 4 l. Pente rap. & bois à trav. Fourche de la route de Châlons à Langres. A Villiers sur Marne + & Gudmont +. O. de Rouvre + & devant Donjeux +. Mussey +. Fronville & Rupt +. *A Joinville*. . . 4 l. De Joinville on passe le faub. & la riv. de Marne. A la Bazinière & la Madelaine. ¼ l. S. de St.-Amé, Cordeliers. Pont & riv. de Rongeant. Route & à ¼ l. N. de Suzannecourt +. 1 l. de Poissons +. A Thonnance +. Vallée, ruiss. & fourneau de ce village. Pente rap. ¾ l. N. de la montagne de mine de fer. N. de la Fortelle, ¼ l. de Montreuil. 1 l. S. E. d'Osneleval +. N. de la forêt de la Saunoire. Vallon & le long du vill. de Pensey +. ¾ l. S. d'Essincourt +. 1 l. de Paroy +. Pont sur la Saulx & ferme des Noues. ¼ l. N. du Fourneau & d'Echenay +. Côte entre le bois à trav. Vallon & vill. de Saudron +. ¼ l. de *Gilaume*. . . . 4 l. Côte & vallon, ¼ l. N. du moulin à v. de Mandre. A Bure +. Côte & au S. du bois de Lejus +. Vallon & ruiss. ¼ l. N. de Mandre. Côte, 1½ l. N. du moulin à v. de Cirefontaine. 1 l. du mont de la Tremont & de Charcey +. ¾ l. N. O. de Touraille. Vallée & vill. de St.-Bonnet +. N. O. du fourneau & de la forge. ¼ l. O. de Richebourg,

¾ l. d'Abainville.

¾ l. d'Abainville. Vallon, ruiss. de Vaudemex. A Houdelaincourt+ & route de Bar-le-Duc... 3 l. Pont, moulin & rivière d'Ornain. Chemin & à 1 l. N. de *Gondrecourt*. Vallon, ruiss. & vill. de Délouze+. Côte & vill. de Rosières en Blois+. Bois de Binzolles, ½ l. N. de Badonvilliers+. ½ l. S. de Mauvage+. Entre les bois, N. de la forêt de Soulcy. Vallon & vill. de Montigny+. Côte & bois du Roi à trav. *A Vaucouleurs*. . . . 4 Ponts & riv. de Meuse. A Chalaines+. Côte, ¼ l. S. de Rigny-la-Salle+. Route de Vezelize & village de Rigny-St.-Martin+. 2 l. de bois Communeaux à trav. Pente rap. & vill. de Menillot+. A Chauloy+, S. du grand Menil & d'Ecrouves. Au S. des Côtes, Barine & St.-Michel. *A Toul*. . . . 5 l. De Toul à *NANCY*. . . . 6 l. *Voyez de Bar-le-Duc à Nancy*.

Chemin de traverse. . . . . 45.

De Troyes à *Ailleville*. . . 11 l. *Voy. de Troyes à Chaumont.* D'Ailleville on monte la côte de vignes. Entre Vernon & le bois de Lévigny. O. du bois St.-Jacques. 1 l. de Maisons. ½ l. E. du moulin & vill. de Lévigny+. A Fresnay+. Au bas E. du moulin & vill. de Ville+. A Thil+ & ruiss. du Sefondet. S. du moulin & vill. de Trémilly+. A Neuilly+. Bois à passer, O. de la Bussenière. Entre la Butenière & Ste.-Colombe. Plaine & bourg de *Sommevoire*. . . 5 l. Pente rapide. ¾ l. O. de Mertrud. 3 l. de forêt à traverser en passant entre Bailly+ & la Neuville-Army+. Aux Capucins & à *Vassy*. . . 3 l. De Vassy à *Joinville*. . . . . 4 *Voyez de Châlons à Langres par Vassy. Le reste ci-dessus.*

Autre chemin. 46

De Troyes à *Bar-sur-Aube*. . . 12 l. *V. de Troyes à Chaumont.* De Bar-sur-Aube à *Vassy*. . . . 8 l. *V. de Bar-le-Duc à Bar-sur-Aube. Le reste ci-dessus.*

Autre chemin de traverse.

De Troyes & faub. St.-Jacques on passe à la Bouras & au pont Hubert, sur la Seine. Côte de vignes & moulin S. de Cirey+. 1 l. de vignes à trav. à ½ l. S. d'Assencière+. ¾ l. N. de Mesnil-Scellières. 1 l. S. de Luyère: *belle vue*. Au N. du moulin à v. de Rosson. Vallon au N. de Rosson & de Rouilly+. ¾ l. N. de Sacey+. ¾ l. S. de Bouy+. Côte rap. à 1½ l. N. d'Aillefol *ou* Gerodot. 2 l. de vallée, en passant entre le Bon-Brost & la chap. de la Vierge. *A Piney*. . . . 5 l. A Villers-Brûlé+. ½ l. S. de Brantigny. Aux hautes Hayes, 1 l. N. de la forêt d'Orient. A Brévonne+, S. des étangs & du chât. Vallon & ruiss. Côte & ham. de Létape. Ruiss. & ferme de Fontaine. Côte, étang, au N. de Chantemerle. Côte & vill. de Radonvilliers+. Pente rap. pont & riv. d'Aube. *A Dienville*. . . 4 l. A ¾ l. de Brienne-le-Château. De Dienville à la Rothière+, où l'on trouve la route de Châlons à Bar-sur-Aube. Au petit Mesgnil+. Etang à ¾ l. S. de Chaumesnil+. Bois & étangs à passer. A la Chaise+. Bois & étangs des Hayes-Fleuries. Vallon, à ¾ l. S. de *Soulaines*. A Trémilly+. Neuilly+. Blumeré. Villers-les-Chênes.

Tome II.   Rrrr

Doulevent...61. A Dommartin-les-St.-Père+. Courcelles+. Dommartin-le-Franc. Morancourt+. Nomecourt+ & Joinville....51. *Voyez la suite ci-dessus.*

NARBONNE . S. O.	Montpellier, & à Narbonne .	182
Neuchâteau ... E.	& de Neuchâteau à Chaumont.	34
NEVERS ... S. O.	Auxerre, d'Auxerre à Nevers.	45
NISMES .. S. p. O.	Lyon, de Lyon à Nismes ...	146
Nogent.. .... N. O.	Paris par Provins	22
Orient (l') .. O.	Paris, de Paris à l'Orient ..	163
ORLÉANS ... O.	Sens, de Sens à Orléans ...	45
PARIS. .. N. O.	de Paris à Troyes.......	38
PAU ..... O. p. S.	Auch, d'Auch à Pau.....	220
PERPIGNAN. S. O.	Montpellier, & à Perpignan .	197
Plombières .. S. E.	Langres, & à Plombières ..	58
POITIERS ... O.	Orléans, d'Orl. à Poitiers ..	104
Pont-à-Mousson . E.	Bar-le-Duc & Pont-à-Mousson.	39
Pontarlier.... S. E.	Besançon, & à Pontarlier ..	72
Porentruy... S. E.	Vesoul, & à Porentruy ...	70
Provins .... N. O.	Paris par Provins	16
Quesnoy (le). N. p. O	Laon, de Laon au Quesnoy .	62
REIMS ..... N.	Châlons, & à Reims	29
RENNES.... O.	Paris, de Paris à Rennes...	124
Réthel....... N.	Reims, de Reims à Réthel..	38
ROUEN... N. O.	Paris, de Paris à Rouen ...	68
St.-Amour .... S.	Lons-le-Saunier, & à Bourg.	66
St.-Brieuc.... O.	Rennes, & à St.-Brieuc ...	150
St.-Diey .. E. p. S.	Langres, & à St.-Diey ...	69
St.-Dizier .... E.	Bar-le-Duc par Eclaron ...	19
St.-Florentin. . S. O.	Auxerre par St.-Florentin ..	11
ST.-MALO ... O.	Paris, de Paris à St.-Malo .	127
ST.-OMER.. N. O.	Arras, d'Arras à St.-Omer.	86
St.-Quentin ... N.	Reims, & à St.-Quentin ...	51
St.-Mihiel ... E.	Bar-le-Duc, & à St. Mihiel .	33
Ste.-Marie-aux-Mines.. E. p. S.	Nancy, & à Ste.-Marie ...	76
Ste-Menehould. E. p. N	Châlons; de Châl. à Verdun.	29
Ste.-Reine .... S.	Montbard & de Sens à Dijon.	27

(DE TROYES à)

TROYES.

SAINTES .... O.	Orléans, d'Orléans à Saintes .	138
Salins ...... S.	Dijon, de Dijon à Salins...	57
Saulieu ... S. p. O	Autun par Montbard	33
SAUMUR .... O.	Tours, de Tours à Angers ..	89
Saverne ..... E.	Nancy, de Nancy à Saverne .	74
Schlestatt .. E. p. S.	Nancy, de Nancy à Schlettstat.	78
SEDAN ... N. E.	Reims, de Reims à Sedan ..	52
Seltz .... E.	Nancy, de Nancy à Seltz . . .	89
SENLIS .. N. p. O.	Meaux, de Meaux à Senlis . .	38
SENS ...... O.	de Sens à Troyes	16
Sezanne .. N. p O.	Château-Thierry	16
SISTERON .... S.	Lyon, de Lyon à Sisteron ...	172
SOISSONS .... N.	& de Soissons à Chât.-Thierry.	37
Stenay .... N. E.	Châlons, & à Stenay	45
STRASBOURG. E.	Nancy, de Nancy à Strasbourg.	84
Tanlay ...... S.	Tonnerre ; de Sens à Dijon .	15
TARBES ... S. O.	Auch, d'Auch à Tarbes ...	210
Tarascon .... S.	Avignon, & à Tarascon ...	148
Thionville .. E. p. N.	Metz, de Metz à Thionville .	60

TONNERRE. *Route de traverse* ... S. O. 13

De Troyes à *Aubeterre* & moulin de *Lirey*...4 l. *Voyez de Troyes à Auxerre*. D'Aubeterre on passe à ¼ l. E. de Javernan. A la route de St.-Florentin. A Crescentine. ½ l. O. du chât. de Machy. Entre le ham. & la chap. de Fay : source de la Mogne. A l'O. des vignes & de la forêt de Chaource. A St.-Phal *ou* Fal : belle vue. ¼ l. E. de Chamoy+. Pente rapide. Vallon & bois à trav. ¼ l. O. de la Commanderie de l'Hôpital. A Pont-au-Verrier. Vallon entre les bois. Devant les Basses-Voyes & le Pêchoir. Aux bordes d'*Avreuil*....3 l. Pont & riv. d'Amance. ½ l. O. de la loge Pontblain+. Prairie & vill. d'Avreuil+. 1 l. E. de Davré sur le Landion. Carref. de la route de Joigny à Châtillon. Côte, à 1¼ l. E. d'*Evry*. Au Levant de Vanlay+ & du Fay, chât. O. de Bois-Lessu & ¾ l. de Turgy+. Côte, ¼ l. E. du Breuil. 1 l. O. de Vallières+. Entre le bois & le village de Bernon+. Vallon & vill. de *Consegrey*+...3 l. ¾ l. E. de Lignières+ & Marolles+. Côte, ¼ l. E. du grand Virey. O. de Fayette & bois Graveries. O. du bois & ferme du petit Virey. A la Garenne, ¾ l. E. de *Dannemoine*. Vis-à-vis O. de Vaulierchere. Près de N. D. de Mont-Carmel & de la chap. de Ste.-Anne. Vignes, à ½ q. l. E. d'*Epineuil*. Pente rap. & route de Paris. Pont & riv. d'Armançon. *A TONNERRE*......... 3

Autre route par Chaource........... 14

De Troyes & faubourg Croncels on passe devant les Chartreux.

A Bréviande, hameau. Pente rapide à l'O. de Courgerennes+.
Fourche de la route de Dijon. Le long du parc & devant le chât.
de Villebertin. ¼ l. E. de Mouffey+. Pente rap. & ham. des
Roches. Pont & riv. de Mogne. Côte & vill. d'Ifle *ou* Aumont+.
¼ l. O. de St.-Thibaut : *belle vue.* ¼ l. E. du chât. de Vieloup.
Entre les bordes & le chât. de Bray. Côte & ham. de la Trinité,
près de Crèmeau. 1 l. O. de Vaudes+ & *St.-Parre*+........ 4
A ¼ l. E. de la Vendue-Mignot : *belle vue.* 1½ l. du vill. & moulin à v. de Lirey+, fur le fommet de la montagne. 2 l. de la
forêt d'Aumont & de Chaource à trav., en paffant au château de
Montchevreuil. A l'E. des Vendues-l'Evêque *ou* hautes Vendues
& de Coulons. ¼ l. des loges Margueron. ½ l. de Metz-Robert.
Pente rap. O. de Bailly+. Pont & riv. d'Armance & la Pidanfatte. *A Chaource* & route de Joigny à Châtillon. 3
A St.-Jacques & rue d'Enhaut. Vallon, E. des bois de Cuffangy.
Côte de vignes, ¼ l. O. de la Jeffe+, du moulin à v. & chât. de
Montigny. E. du chât. de Chenoy. A Cuffangy+, 1 l. O. de
Maifons. Vallon, pont & riv. de Landion. Côte, ½ l. E. de Vallières+. ¼ l. N. O. de Cheffey+. O. de la juftice & hameau de
Châteliers. Vallon, E. de Prufy. ½ l. O. de Chazerey+. *A
Confegrey*+.... 4 l. *Le refte ci-deffus.*

TOUL ...... E.		Joinville, de Joinville à Toul.	42
TOULON .... S.		Lyon, de Lyon à Toulon ..	177
TOULOUSE . S.O.	DE TROYES, à	Orléans, & à Touloufe ...	187
TOURS ..... O.		Orléans, & à Tours	74
VALENCIENNES. N		Reims, & à Valenciennes ..	68
Vaucouleurs .. E.		Nancy par Joinville	37
Vendôme .... O.		Orléans, & à Vendôme ...	61
Vendœuvres . S. E.		Langres par Bar fur Aube ..	7

VERDUN fur Meufe. *Route de traverfe*... N. E. 39

De Troyes à *Châlons* fur Marne... 19 l. De Châl. à VERDUN. 20

Chemin de traverfe. 37

De Troyes à *Vitry-le-Français*... 16 l. De Vitry à *Ste.-Menehould...* 12 l. *V. de Stenay à Vitry.* De Ste.-Menchould
à VERDUN... 9 l. *Voyez de Châlons à Verdun.*

Autre chemin de traverfe. 38

De Troyes à *Bar-le-Duc.*.. 25 l. De Bar-le-Duc à VERDUN. 13

Verdun fur Saone. S. | De Troyes à Dijon & Verdun .. 50
Vefoul ..... S. E. | De Troyes à Langres & Vefoul.. 47

VEZELEY. *Route de traverfe.* ... S. O. 25

De Troyes à *Tonnerre.* ... 13 l. De Tonnerre on monte la côte de St.-Michel. Vallon; O. de Chéron, Nuisement & de la forêt de Pinagot. A la Commanderie de Marchesoif. Entro le bois & le ham. des Mulots. Justice, ¼ l. E. de Viviers+. Vallon & vill. d'Yron+. Côte & chap. St.-Roch. Le long N. des bois l'Affichot. O. de l'hermitage de St.-Blaise. Vallon, pont & moulin sur le Serain, riv. A Vertus+ & Prieuré. A Egremont+, sur la route d'Auxerre à Noyers. Côte, vallon & bois à trav. A Nitry+, Métairie & N. D. des Champs. ¼ l. E. de Vormes; 1 l. de Sacy+, *vignoble.* Vallon & bourg de *Joux-la-Ville.* ... 4 Côte de St.-Aubin. ¼ l. du puits d'Eme. ¼ l. de Fontemoy, Couchenoir & Pourly. Route de Paris à Lyon. Moulin & vill. de Précy-le-Secq+. ¾ l. de bois & vallon à passer. *A Voutenay* sur Cure... 2 l. De Voutenay à *VEZELAY.* .... 3 *Voyez d'Auxerre à Vezelay.*

Vézelize .... E.	De Troyes à Neuchât. & Vézelize.	44
Vignory ... S.E.	De Troyes à Chaumont & Langres.	26
Villefranche ... S.	De Troyes à Dijon & Lyon ...	74

VITRY-LE-FRANÇAIS. *Route de traverse...* N. E. ... 17

De Troyes à *Arcis-sur-Aube*...7 l. V. de Châlons à Troyes. D'Arcis on passe le pont sur la riv. d'Aube. ¾ l. de bois à trav. ½ l. O. du Chesne+. E. d'Orme. Aux Vasseurs & carref. du chem. de Plancy à Rameru, de Sezanne & de Châlons. Fourche de la route de Châlons & pente rap. A 1 l. E. d'Allibaudière+ : *belle vue.* Carref. du chem. de Sezanne à Bar-sur-Aube. A l'E. de la ferme de Croc-Barré. ¾ l. O. de Grandville+, 1 l. de *Luistre.* Vallon & vill. de Dosnon+ sur Ste.-Suzanne, riv. Entre le petit & le grand *Fenu.* .. 4 l. Côte, à 2 l. N. O. de St.-Ouen+ & de St.-Etienne. Côte, à 2 l. S. E. de Mailly+ ; le Mont-Aimé est plus loin. 1 l. du moulin a v. de Poivre. Vallon & cense de Cuftonne. O. de Nivelet & Pimbrault. Côte, 1 l. N. O. de Métiercelle+. Vallon & vill. de *Sommepuis+*..... 2 Fourche du chem. de Sezanne à Vitry. Traverse de la route de Châlons à Bar. Au N. de Galheaudine & Grenoble.. 1 l. S. de Coffe+ & Faux+. A la cense de Blacy. Vallon, côte, ¾ l. N. de l'Abb. d'Huiron. ¾ l. de vignes à trav. A Blacy+ & son chât. Prairies. Grandes & petites Indes à passer. Pont & riv. de Marne. *A VITRY-LE-FRANÇAIS.... 4 l.*

Autre chemin par Rameru. 16

De Troyes & faub. St.-Jacques on passe devant les Mathurins. A l'angle de la route de Troyes à Langres. A la Bouras. Riv. de Seine & pont Hubert. E. du pont Ste.-Marie+. O. d'Argentolle. A Creney+. Côte, ¼ l. E. de Vailly+. Vallon, prairie, vill. & chât. de *Charmont* ou *Colas-Verdey+*........ 4 A ¼ l. N. de Fontaine+. Côte, 1 l. O. d'Avant+, Pougy, &c. Vallon & à ¾ l. O. de Mesgnilletre+. Côte, 1 l. O. de Coclois+, Ste.-Thuise+. Vallon, ½ l. O. de Nogent+. E. de Chaudrey+. Prairie, pont & riv. d'Aube. Bois & à l'O. de la Piété, Abb. &

de Romaine+. Moulin & ruiss. du Puits ; à *Rameru*. 4
Pente rap. N. de Romaine+ & de Morembert. Au-dessus O. de
Vaucogne+. Vallon, avenue du chât. & vill. de Dampierre+.
S. de Nuisemont. O. de N. Dame & Plessis. Prairie & ruiss. du
Puits à passer. Côte & village de Braban+. ¼ l. de Corbeil+.
Moulin, ¼ l. S. de celui de Bailly. Vallon & côte, à l'E. de
St.-Etienne & St.-Ouen+. Vallon & ferme du Chemin. 4
Pente rap. ½ l. E. de Domprot+. Carref. de la route de Châ-
lons à Bar-sur-Aube & à ¼ l. S. de Métiercelle+, 1 l. d'Hum-
beauville+. ½ l. E. de la Certine. 1¼ l. O. du moulin & village
d'Arzillière+. Vallon & ham. de Pertes. Côte & vallon, à ¾ l.
O. de Courdemange & Chatrou. Pente rap. & Abb. d'Huiron.
Vallon & ham. de Glannes. La Grénouillère. A l'E. de la côte
de vignes de Blacy, & à l'O. de Frignicourt+. A Blacy+ &
chem. de Vertus. Ruiss., moulin, grandes & petites Indes. Pont
& riv. de Marne. *A VITRY LE-FRANÇAIS*. . . . 4 l.

Yvetot . . . N. O. | De Troyes à Paris, Rouen & Yvetot. 77

ROUTES ET CHEMINS DE TRAVERSE
DE VALENCIENNES

à		Voyez	lieues.
ABBEVILLE	. . O.	Arras, d'Arras à Abbeville . .	32½
Aire en *Artois*.	N. O.	Douay, de Douay à Aire . .	24
AMIENS	. . S. O.	Cambray, de Camb. à Amiens.	29
ANGERS	. . S. O.	Paris, de Paris à Angers . . .	125
ARRAS	. . . O.	Douay, de Douay à Arras .	14½
AUCH	. . . . S. O.	Paris, de Paris à Auch	229
AUTUN	. . . . . . S.	Paris, de Paris à Autun . . .	125
AUXERRE	. . . S.	Paris, de Paris à Auxerre. . .	96
Avesne	. . . . . . S.	Landrecy, & à Avesne . . .	15
AVIGNON	. . . S.	Paris, Lyon & Avignon . . .	226
BASLE	. . . . S. E.	Reims, de Reims à Basle . .	139
BAYONNE	. . S O.	Paris, de Paris à Bayonne . .	254
BEAUVAIS	. . S. O.	Peronne, & à Beauvais . . .	41
BESANÇON.	S. E.	Reims, & à Besançon	114
Béthune	. . . . . O.	Douay, & à Béthune	18
BORDEAUX.	S. O.	Paris, de Paris à Bordeaux. .	200

Distance de Valenciennes.

Bouchain . . . S. O.	De Valenciennes à Cambray . . 5
BOURGES. S. p. O.	De Valencienn. à Paris & Bourges. 108
Brest . . . . . O.	De Valenciennes à Paris & Brest. 198

Bruges. Grande route. . . Nord. 25

De Valenciennes on va à Ancin+ & l'on passe à ¼ l. O. de Beuvrages+. A Raismes+. Entre le moulin à v. & Vicogne, Abb. 1 l. de la forêt de St.-Amand à trav. Pont & rivière de Scarpe. *A St.-Amand*. . . 3 l. A ¼ l. E. de Celle+. A la Chaussée. La rue Lasson & Cordie. Limite de France & du Brabant. Côte & vill. de Maulde+. A l'E. & près de Bécharies. A Espain+. Le long de l'Escaut, riv. A Hollain+. Brutelle. Vis-à-vis O. d'Antoing. Vallon & à ¼ l. E. de Warnaff. Côte, moulin & à ¼ l. O. de Chercq+. Au moulin, ruiss. & ham. de Werdmont. Faubourg de Valenciennes, *à Tournay*. . . 4 l. De Tournay à Septfontaines. Côte, moulin à v. ¼ l. E. de Froiennes+. ½ l. O. de l'Abb. de Saulchoy+. Devant un Calvaire & à *Noel-Nis*. Chemin & à ¼ l. E. de Ramegnies+. Entre le chât. & le village d'Esquelmes+. ½ l. E. de Bailloeul+. Aux Calettes, ¼ l. E. d'Estaimbourg+. Au Pecq sur l'Escaut. Moulin à v. & à l'O. de *Warcoing*+. . . . . 3 l. Fourche de la route de Gand. Devant l'Hôpital & passage de la riv. de Tourcoin. ¼ l. O. d'Espières+. Barrière du Calvaire & route du vill. & chât. Dottignies+, ½ l. de la route. A Cayghem+ & devant la Chasse-Royale. A l'O. & près de l'église de Cayghem. Côte, cabaret & moulin de ce vill. Côte, vallon & chap. de St.-Antoine. Côte rap. & bois de la Ste.-Trinité. Vallon & route de Belleghen+, éloigné d'½ l. Au pied du tertre & des moulins de Belleghem. Pont, calvaire & chap. de la Vierge. Côte, pont & cense de Ten-Houtte. Moulin, croix, barrière, vallon, pont & ruiss. *A Courtray*. 4

De Courtray on passe le pont sur la rivière d'Heule. ¼ l. O. de Cuerne+. Vis-à-vis du chât. de Nieuweng-Huys. Pont, barrière & à ¼ l. O. d'Hulste+. Den Branbielck, ham. & moulin. Barrière & chap. ten Boorne. Pont & riv. de Mandel-Becke. ½ l. E. d'Iseghem+. *A Ingelmunster*+. . . . 3 l. A Stanberg, moulin & den Holvoet. 1 l. O. de Meulebecke+. Le long du bois & barrière de Welt-Molen. ¾ l. E. d'Ardoye+. Chem. de Gand à Ostende. ¾ l. O. de Pithem+. Route d'Ostende & à l'E. de Coolscamp. Côte & barrière de Coolscamp, ½ l. O. d'Ecghem+. Traverse du bois de Luysembergh. ¼ l. E. de Swevezeele. *A Den-Hille*. . . 4 l. 1 l. du bois de Papenburgh à trav. ¼ l. E. de Ruddervoorde+. A Wardamme. 1 l. de bois à trav. Au vill. d'Oostcamp. A Steenbrugge. Pont & canal de Bruges à Gand. *A Bruges*. . . 4 l.

Bruxelles. Grande route. . . . N. E. 20

De Valenciennes & porte de Mons, on passe à Lambert, & au premières maisons de St.-Sau[illegible] Onnaing+. Cab. de la Hutte. Chemin de Sebourg à Condé. A Quarouble+. Le long S. des bois d'Anbélize. A la barrière de Quievrain & route de Condé

par St.-Crcipin, Abb. Blanc Misseron & devant le bureau des Commis. ¼ l. N. de Quevrechin +. Pont de Corbeau & limite de la France. Pont & riv. de Hongneaux. *A Quievrain*. . . . 3
Côte & carref. de la route de Bavay. A la barrière de Quievrain. Vis-à-vis N. de la ferme de Sausoir. Vallon, pont & cabaret du St.-Homme. A la route pavée de Thulin à Elouges. ¾ q. l. S. d'Hennin. Borne posée au milieu du chem. de Quievrain à Jumapes *ou* Gemapes. A la barrière & devant le Grenadier, *cab*. Route & au N. de Dour & des fosses de charbon de terre. N. du moulin à v. de Bossu & des bois de Bleaugies. A Bossu +. Barrière de Bossu. A Hornu. Route de St.-Ghuislain & de Mons à Lille. Route de Wame & des fosses de charbon. Barrière, ¼ l. N. de Wame & du moulin à v. de Frameries. *A Quaregnon* ou *Carignon* +. . . 3 l. A ½ l. N. de Paturages +. Port, pont & vill. de Gemapes +. ¼ l. de Cuemes +. A la Motte & vis-à-vis de l'Ecluse. Pont & riv. de Treulle. Guinguette, jardin & chap. ¼ l. S. de Ghlin + : *belles maisons*. ¼ l. de l'Abb: d'Espanlieu. Promenades de Mons & porte de France. *A Mons*. 2
De Mons & porte de Nimy on passe le long des fossés & à travers les prairies. Plantation & blanchisseries de Nimy +, à l'O. de l'église de ce vill. Pont, riv. d'Haisne & maisons de Nimy. Ch. de St.-Ghuislain & de Condé, que prend la Poste. Chapelle & carref. de la route de Mons à Ath. Au Grenadier, *cab*. Clos & premières maisons de Maisières +. Côte, bois du Chapitre, du chêne St.-Hubert, & de Mons à traverser, en passant devant le Corp-de-Garde. Chemin & à ¼ l. O. de l'Abbaye de St.-Denis. Traverse de la côte de Sables; bruyères, poteau, étang, &c. Vallon, pont, ruiss. & étang de Roquette. Barrière, abreuvoir & *Poste de Castiau*. . . . 2 l. A l'extrêmité de Castiau *ou* Castillau +. Chemin du moulin & vill. de Thennes & Rœulx +. Le long du bois de la Haye-du-Comte. Devant la Truye qui file, *cab*. Vallon & étang de Gedonsark +. A Coulbray +, Rotten-Toul. Devant la Chasse-Royale, *cab*., & la Couronne. Route & à 2 l. de Rœulx, près du moulin à v. & *à Soignies*. 2
Barrière & chapelle de Soignies. Devant l'Hôtel Impérial, *cab*. ¼ l. de bois de Braine à trav. Chem. & vis-à-vis du clocher de Lenden +. Au Porreau, Corps-de-Garde & cabaret. A l'O. & près de la Tour, ferme. Vallon & maisons de Bourbecq. Moulins à v., barrière & calvaire de Braine. *A Braine-le-Comte*. . . 1
Le long des clos & à la barrière de Braine. Côte & ham. de Cocremont. A ¼ q. l. E. des bois de Rebecque. Au Flamand & à S:e.-Barbe, *cab*. Borne du Hainaut & du Brabant. Aux premières maisons d'Henuières +. Barrière & ham. de la Genette *ou* Genisire. Le long d'un petit bois & route de Quenaste +. A la Bruyère. A l'O. & près du Coucou. Barrière & vill. de Tubize +. *Poste*. Prairie, pont & riv. de Senne. Au bas d'Herbach +. Le long de la rivière de Senne, qui descend. A Berregat. Lambecke +. Fourche de la route de Lille par Tournay. *A Halle* ou *Hal*. . . . 4 l. De Halle à la barrière & à ¼ l. O. de Buyssenghem *ou* Huyssenghem. ½ l. d'Essinghem + sur Senne. A Brucum. Route & à ½ l. S. de St.-Peters-Leeauw. O. de Loth. Barrière & cabaret de Ruysbroeck. Au Vigeron. Vis-à-vis de Begards. Traverse de la prairie, pont & riv. de Zuene. A Vlest-

½ l. O.

VALENCIENNES.

½ l. O. de la Forest, Abb. A Elesnout. Vecywreyd+. Barrière & vill. d'Anderlech+. Traverse des prairies de Bruxelles & de la riv. de Senne. Porte d'Anderlech. *A BRUXELLES*. 3

Autre route par Condé & Ath. 18

De Valenciennes au carref. de la route de Tournay. Le long du vill. d'Anzain+ & des fosses de charbon de terre. ½ l. E. de Beuvrages+. ¾ l. de la belle prairie de Valenciennes. Vallon, ruiss. & vill. de Bruay+. Vis-à-vis O. de la Folie. Chemin de St.-Amand, qui passe à la ferme du grand Vivier & au bois de Raismes. A la chapelle Ste.-Anne. ¾ l. d'Eschaupont, au-delà de l'Escaut. A Gros-Arbre & aux Trieux-d'Eschaupont. Chemin de St.-Amand & à ¼ l. E. des fosses de charbon de Fresnes. A Fresnes+. Devant l'église & la verrerie; au pied du moulin à v. de Fresnes. Pont & riv. de l'Escaut. *A Condé*. . . 3 l. A la porte de Peruwelt ou Bon-Secours. Au Coq, ham. & chem. de Blaton. 1 l. de la forêt de Condé à traverser, en passant en face du chât. de l'Hermitage, qui est au milieu. Côte, chap. & ham. de Bon-Secours. *Borne de la France*. Le long de la forêt & chem. de l'Hermitage. A la prairie aux Hayes & à la fourche de la route de l'Hermitage à Peruwelt. A Peruwelt ou Perwez. Pont, riv. & devant le chât. Le long de la côte & à ¼ l. du moul. à v. & vill. de Rocour+. ½ l. O. du vill. de Basecles+. A la chap. St.-Roch. A l'E. & près de Bury+. Côte, barrière & carref. de la route de Mons à Lille. Devant le cabaret du Point-du-Jour. ¼ l. O. de Thumaide & de Ramegnies+. ½ l. E. du moulin & vill. de Braffe+. Le long du bois de Dugnolles. ¾ q. l. E. de Villeaupuich. ¾ l. O. de Tourpe-Bourloue+. E. du ham. d'Ante & du bois de Leuse. Arche & chem. planté de ville. Prairie & maisons du vieux Leuse parmi les arbres. Au vieux Leuse. A l'avenue directe à Leuse. Côte & vis-à-vis du moul. à v. de Leuse. *A Leuse*, 3 lieue de Poste & 4 lieue de 2000 toises. De Leuse à BRUXELLES. . . 12 l. *Voyez de Lille à Bruxelles par Ath.*

CAEN	O.	Amiens, Rouen & Caen . . .	88
Calais	N.O.	St.-Omer, & à Calais	40
CAMBRAY .	S.O.	de Cambray à Valenciennes . .	8
Capelle (la) . . .	S.	Landrecy, & à la Capelle . .	17
Cassel	N.O.	St.-Omer par Cassel	24
Cateau-Cambresis.	S.	Cambray, & à Câteau . .	13
CHALONS s. M. .	S.	Reims, & à Châlons	50
CHALON s. Saone.	S.	Reims, Troyes & Chalon . .	121

DE VALENCIENNES, à

CHARLEMONT. *Route de traverse*. . . S. E. 23

De Valenciennes & porte Cardon on passe sur les ponts levis & près de l'écluse de la Roncelle. ½ l. N. E. du petit Aulnoit, sur le chemin du Cateau. A Marlis+. 1 l. N. E. d'Aulnoit & Famars+. A Villette, ham. rempli d'auberges. Entre les moulins

à v. de Saultain, à Saultain+ : *belle vue au* N. Devant l'église & la belle ferme de ce village. ¾ l. S. d'Estreu+. A Curgies+. Chemie planté de Sebourg. Devant le chât., *la Poste* & au vill. de *Jalain*+. . . . 2 l. Devant l'auberge qui est à l'angle de la route de Maubeuge au Quesnoy. Vis-à-vis du moulin à v. de Jalain. Vallon & riv. de Hongneau. ¼ l. S. du grand Wargnies+. Côte & au N. du petit Wargnies+. Le long N. du bois de Ferrière. Fourche de la route de Cambray à Bavay. ¼ l. S. du ham. de Bocqueret. ½ q. l. des bois de Crioleux à trav. Entre le bois Roisin & Crioleux. Chem. de Bavay à Valenciennes par Sebourg. Vallon, pont, ruiss. & village de St.-Vaast+. Côte, vallon, N. du chât. de Raime. *A Bavay*. . . . 3 l. Sortant de Bavay on passe à ¼ l. N. d'Audignies. ½ q. l. S. de Nouvion+. Vallon, ruiss. & vill. de Longueville+. Fontaine de Ste.-Aldegonde. Le long S. du bois de la Lanière. Aux Mottes. ¼ l. N. de Neufmaisnil+. Vallon, ruiss., ham. & *Poste de Douzies*. . . 3
Côte & cabaret du Corbeau. Devant le cabaret de Hon & vis-à-vis de St.-Guillain. Carref. de la route de Mons. *A Maubeuge sur Sambre*. . . 1 l. Faub. de la Guinguette & devant la machine aux Armes. ½ q. L N. de Ferrière-le-Grand. Le long des bois de Bonpair. Vallon & village de Cersonjaine+. A Colleret+. ¼ l. N. de Quievelon & d'Aibe+. A Fauquemont. Le long S. des bois d'Houtters. Vallon, riv. de Thure & vill. de *Coursolre*+. . . . 3 l. A Marcigny. Leugnies+ *ou* à Chaudeville+. *Beaumont*. Barbançon+. *Ou de Leugnies* à la route de Beaumont à Chimay. A Solre-St.-Gery+ & à *Barbançon*. 4
Devant les Récolets. Le long S. des bois de la Gavole. Traverse de la plaine où s'est donnée la Bataille de 1693. A Bossus+. Prairie, riv. & vill. de Slenrieux+. 1 l. S. de Valcourt+. A la Jambe de bois *ou* à Bethléem. ¼ l. S. O. d'Aussoye. A Jamielle & à *Philippeville*. . . . 4 l. De Philippeville à Vaudezée+. Villers-les-Gambons+. Franchimont+. S. de Surice+. A Ramedenne. Pont & riv. d'Harmeton. ¼ l. S. de Vandelée. Traverse des bois de la Cloche. A Fagne. Valcourt. Givet-St.-Hilaire. *A* CHARLEMONT. . . . 4¼ l. *Ou de Philippeville* on passe à Sautour+. Sart-en-Fagne+. 1 l. de bois à trav. A Mattaigne+. Niverlet+. Gimnée+. Dorches+. Foiches+ & à CHARLEMONT. . 6 l. *Ou de Philippeville* à Franchimont+. Omezée+. Gochenée+. Fagne. Givet & *à* CHARLEMONT. . . 5

Charleville . . S. E.		Mézières 35
Cherbourg . . . . O.		Caen, de Caen à Cherbourg. 114
CLERMONT-F.S.O		Paris, de Paris à Clermont . . 145
COLMAR . . . S. E.	DE VALENCIEN. à	Mézières, & à Colmar. 116
Condé . . . . S. E.		Bruxelles par Condé 3
DEUX-PONTS. E.pS		Mézières, & à Deux-Ponts . . 100
DIJON . . . . . S.		Reims, de Reims à Dijon. . . 99
DOUAY , O. p. N.		Arras par Douay 9
Dunkerque . . N.O.		Lille, & à Dunkerque 33

VALENCIENNES. 691

GAND. Grande route.... Nord......... 21

De Valenciennes à *Warcoing*... 10 l. *V. de Valenciennes à Bruges.* De Warcoing à la route de Courtray. Espières +. Helchin +. Moulin & vis-à-vis du chât. d'Helchin. A Bossu + & route de Moen. A Hauterive +. O. d'Escanaffe. A Avelghem + sur l'Escaut, & *à Waeymaerde* +.... 2 l. A Kerckhove +. Nieuw-Hoeck. ½ l. E. de Caster +. Entre Quaedestraete & Maeneuwyck. A Elseghem. A l'O. & en deçà de Melden. Moulin & à l'E. de Petegem. Le long des marais d'Oudenarde. A Hutteghem & au faubourg d'*Oudenarde*... 3 l. A la côte & vill. de Bevère +, ¾ q. l. O. de Fenaeme *ou* Eenaeme +, Abb. & vill. au-delà de l'Escaut. Vallon & vill. d'Eyne +. Vis-à-vis de Neder-Eenaeme. Côte & moulin à v. d'Eyne. ¼ l. O. d'Heurne +. Vis-à-vis O. de Welden +. ¼ l. E. de Mullem +. A Maldeghem. ½ l. O. de Gavre. A Den-Cnock. Vogelen-Sang. Vis-à-vis de Sommersa-Ecke. *A* Ecke... 3 l. A Lantuyt. Eéstraete. ¼ l. O. de Seeverghem +. A Velstraete. Bois & hameau de Klosse. ¼ l. O. de Swynaerde +. A Putstraete. ¼ l. E. de St.-Denis-Westerem +. Pont, ruiss. & barrière de Gand. *A GAND*... 3

		DE VALENCIENNES, à		
GENÈVE.	S. p. E.		Dijon, de Dijon à Genève..	144
Givet.....	S. E.		Charlemont...........	23
GRENOBLE...	S.		Lyon, de Lyon à Grenoble.	193
Guise......	S.		Landrecy, de Landrecy à Guise.	14
Havre-de-Grace.	O.		Rouen, de Rouen au Havre.	79
Landau..	E. p. S.		Metz, de Metz à Landau...	118
LANGRES....	S.		Reims, de Reims à Langres..	90
LAON......	S.		Guise, de Guise à Laon...	28
Landrecy....	S.		Guise par Landrecy.....	7
LIÉGE......	E.		Givet, de Givet à Liége...	43

LILLE. Grande route... N. p. O......... 13

De Valenciennes à *Tournay*... 7 l. *V. de Valenc. à Bruges.*
De Tournay à LILLE....... 6 l. *V. de Lille à Bruxelles.*

Autre route de Poste............ 13

De Valenciennes à *St.-Amand*... 3 l. *V. de Valenciennes à Bruges.* De St.-Amand on passe la plaine & le canal du Décours. Au faub. de Lille. A la rue Caterie & chemin de Marchienne. N. du Sart & à Rozières +. Traverse des bois de Rozières. A Louette & à Boutiau. Beuvry-les-Orchies +. Fourche de la route de Douay. *A* Orchies... 4 l. D'Orchies à Mannanville & à Auchy +. Vallon & près du moulin à v. d'Auchy. A Vertbois. Ferme des Chanoines. La Coquerie. Capelle +. Planque. Pont-à-Marque... 3 l. De Pont-à-Marque à LILLE... 3 *Voyez de Cambray à Lille.*

Ssss 2

VALENCIENNES.

Autre chemin par Cyſoing.

De St.-Amand & faub. à la Rue-Marly. Le Point-du-Jour. Baudouin. ¼ l. O. de Celle ✢. Cenſe & à ½ q. l. N. de Roſuth ✢. Bois & cenſe d'Argenterie. A Rumegies ✢. La Rue-Prévôt. 1 l. O. de Rongy. A Belzanoy. ½ l. d'Havarderie. Au Bas hameau. Planard. ¾ q. l. des bois de Clermey à paſſer. A Mouchin ✢. A Belleporte & route de Douay à Tournay. Le long des bois de Flines. Côte & cenſe du Temple. Avenue & à ½ q. l. O. de Bachy. ½ l. des bois de Cyſoing à trav. *A Cyſoing.* Bouvines ✢. Ruiſſ., marais & Pont-à-Beuvry. Côte & ch. de Seclin à Tournay. A Sanghin-en-Melantois ✢. Au grand Maiſoncelle ✢. Hellemmes ✢. Five. Faubourg de Lille. *A LILLE.*

LIMOGES . . S. O.	Paris, de Paris à Limoges . . .	145
Luneville . . . S. E.	Nancy, de Nancy à Luneville.	89
LUXEMBOURG. . . . . E. p. S.	Mézières, & à Luxembourg. .	69
LYON . . . . . S.	Paris, de Paris à Lyon	166
MANS (le) . S. O.	Paris, de Paris au Mans . . .	103
MARSEILLE . . S.	Lyon, de Lyon à Marſeille .	253
Maubeuge. . E p. S.	Charlemont	8
METZ . . . . S. E.	Mézières, & à Metz	76
Mézières.. . E. p. S.	de Mézières à Valenciennes	36
Mons . . . . N. E.	Bruxelles	8
Montmedy. . . S. E.	Mézières, & à Montmedy. .	49
MONTPELLIER. . . . . S. p. O.	Lyon, de Lyon à Montpellier.	244
MOULINS. S. p. O.	Paris, de Paris à Moulins . .	123
NANCY. . . . S. E.	Mézières, & à Nancy	82
NANTES . O. p. S.	Paris, de Paris à Nantes . . .	146
NARBONNE.. S. O.	Montpellier, & à Narbonne .	267
Orient (l'). O. p. S.	Paris, de Paris à l'Orient . . .	177
Orchies . . . N. O.	Lille	7
ORLÉANS. . S. O.	Paris, de Paris à Orléans . . .	80
PARIS . . . S. O.	Cambray, & à Paris	52
PAU . . . . . S. O.	Paris, de Paris à Pau	259
Peronne . . . S. O.	Cambray, & à Peronne . . .	18
Philippeville E. p. S.	Charlemont	18
POITIERS . . S. O.	Paris, de Paris à Poitiers . . .	139
Queſnoy (le) . . S.	Landrecy	4

VALENCIENNES.

REIMS . . . . S. E.	De Valenciennes à Laon & Reims.	39
RENNES . . . O.	De Valenciennes à Paris & Rennes.	138
ROCHELLE (la). S.O	De Valenc. à Paris & à la Rochelle	173
ROUEN . . . . O.	De Valenc. à Amiens & à Rouen.	57

St.-Omer. Route de traverse . . . N. O. 30

De Valenciennes à *Bouchain*. . . 4 l. *V. de Cambray à Valenciennes.* De Bouchain & faub. N. Dame on passe une côte & un vallon, ¼ l. O. de Mastaing +. Côte & route de Bouchain à Tournay. O. d'Azincourt +. Vallée & entre le vill. d'Aniche + à l'E. & Aubéricourt à l'O. A la fourche de l'ancien chemin de Douay à Valenciennes. Devant les auberges d'Auberchicourt +. Moulin & au S. de Many en Ostrevent. A Lewarde +. Côte & bois de Lewarde : *belle vue.* ¼ l. N. de Roucourt +. Le long S. de Guenain +. A Déchy +. ¼ l. S. de Sin-le-Noble. Faubourg N. Dame & *à Douay* . . . . 5 l. De Douay on passe à ¼ l. E. d'Etrechin. A l'E. & près de Cuincy-la-Prévôté +. Pont, riv. & vill. de Lainin +. O. de Flers-Prévôté +. ¼ l. d'Auby & de Courchelles. O. de Noyelles +. A Henin-Liétard +. O. de Montigny +. A Billy +. Côte & à ¼ l. O. de Noyelles +. A Solan & l'Epinette. Côte, moulin & à ¼ l. E. d'Avion +. Traverse de la prairie de Lens. *A Lens*. . . . 5 l. Faub. & à la route d'Arras. A St.-Laurent & route de Dunkerque. Vis-à-vis de l'arbre Quint & celui de Grenay, où s'est donnée la Bataille du 20 Août 1648, gagnée par la Prince de Condé sur les Espagnols. Devant une chapelle & à ¼ l. O. de Lhoes. Côte, ¼ l. N. de Grenay. Vallée & vill. de Mazingarbe +. Côte, chemin & à ¼ l. O. de Noyelle. A Sailly-la-Bourse +. Chem. & à ¼ l. N. de Bourse +. Devant le chât. de Prets. Côte, moulin & à ½ l. N. de Verquigneul. Ham., pont, ruiss. & moulin de Beuvry. Côte & à ¼ l. O. de Beuvry +. Entre les moulins & *à Béthune*. . . 5 l. De Béthune à *St.-Omer*. . . . 11 l. *Voyez de Cambray à St.-Omer.*

Autre route par Denaing. 28

De Valenciennes à Wevrechin & *à Denaing* sur l'Escaut. . . . 2 Côte & au S. de la plaine où se donna la Bataille du 24 Juin 1712 entre le Prince Eugène & le Maréchal de Villars : ce dernier fut le Vainqueur. A ½ l. N. d'Ourche & de la Neuville sur l'Escaut. ¼ l. de Rœult + & 1 l. de *Bouchain*. A Escaudain. 1 l. S. d'Erre-en-Ostrevent. Au N. & près d'Abscon +. Devant le cabaret des Vainqueurs. Traverse de la grande route de Tournay. Au N. d'Aniche + & aux auberges d'*Auberchicourt*. . . . 3 l. *Le reste ci-dessus.*

St.-Quentin . . . S.	De St.-Quentin à Valenciennes . .	18
Soissons . . . . . S.	De Valenciennes à Laon & Soissons.	36
Spa. . . . . . . E.	De Valenciennes à Liége & Spa . .	51
STRASBOURG. S.E	De Valenc. à Mézières & Strasb.	115

VERDUN.

Toul	S.E.	<td rowspan="8">DE VALENC.</td> Mézières, & à Toul	78
Toulon	S.	Lyon, de Lyon à Toulon.	262
TOULOUSE	S.O.	Paris, de Paris à Toulouse	222
TOURS	S.O.	Paris, de Paris à Tours.	109
Troyes	S.	Reims, de Reims à Troyes	68
Verdun	S.E.	Mézières, & à Verdun	61
Vervins	S.E.	Maubeuge, & à Vervins	19

ROUTES ET CHEMINS DE TRAVERSE DE VERDUN

Distance de Verdun.

à		Voyez	lieues.
ABBEVILLE	N.O.	Reims, de Reims à Abbeville.	80
AIX en Prov.	S.p.O	Langres, Lyon & à Aix	180
AMIENS	N.O.	Reims, de Reims à Amiens	70
ANGERS	O.	Paris, de Paris à Angers	134
ANGOULÊME	S.O.	Limoges, & à Angoulême.	174
ANVERS	N.	Mézières, & à Anvers.	76
ARRAS	N.O.	Reims, de Reims à Arras	69
AUCH	S.O.	Limoges, de Limoges à Auch.	236
Auby	N.O.	Réthel	9
AUTUN	S.O.	Langres, & à Autun	76
AUXERRE	O.p.S.	Troyes, & à Auxerre	56
Avesnes	N.O.	Mézières, & à Cambray	43
AVIGNON	S.p.O.	Lyon, & à Avignon	161
Bagnères	S.O.	Auch, & à Bagnères	259
Balaruc	S.O.	Lyon, Montpellier & Balaruc.	185
Barrèges	S.O.	Auch, & à Barrèges	269
BAR-LE-DUC	S.O.	de Bar-le-Duc à Verdun	23
BASLE	S.p.E.	Nancy, & à Basle	75
Béfort	S.	Nancy, & à Béfort	55
BESANÇON	S.	Langres, & à Besançon	63
BORDEAUX	S.O.	Autun, & à Bordeaux	210

VERDUN. 695

BOUILLON. *Route de traverse... Nord*....... 19
De Verdun à Carignan par Montmedy... 14 l. *V. de Verdun à Mézières.* De Carignan à BOUILLON..... 5 l. *Voyez de Stenay à Bouillon.*

Bourbon-l'Ancy. S.O.	Autun, & à Bourbon....	91
Bourbonne-les-B. S.	Neuchâteau, & à Bourbonne.	40
BOURGES.... O.	Dijon, de Dijon à Bourges.	107
BREST...... O.	Paris, de Paris à Brest....	207
BRUXELLES. N.	Sedan, de Sedan à Bruxelles.	67
Buzancy..... N.	Mézières par Buzancy....	16
CAEN...... O.	Paris, de Paris à Caen....	114
Calais..... N.O.	Reims, de Reims à Calais..	97
CAMBRAY. N.O.	Mézières & Cambray....	57
Carignan..... N.	& de Sedan à Montmedy...	14
CHÂLONS s. M. O.	de Châlons à Verdun.....	20
CHALON s. S. S.O.	Langres; de Langres à Chalon.	72
Cherbourg... O.	Paris, de Paris à Cherbourg.	142
Clermont en Arg. O.	Châlons sur Marne......	6
CLERMONT-F. S.O	Autun, & à Clermont....	122
COLMAR... S.E.	Nancy, & à Colmar....	58
Commercy.... S.	Neuchâteau..........	12
Compiegne. N.O.	Reims, & à Compiegne...	53
Damvillers... N.	Mézières par Damvillers...	5½
DEUX-PONTS. E.	Metz, & à Deux-Ponts....	40
Dieulouard... S.	Nancy.............	18
DIJON... S.O.	Neuchâteau, & à Dijon...	55
DOUAY... N.O.	Mézières, & à Douay....	63
Dun sur Meuse.. N.	Stenay par Dun........	8
Dunkerque.. N.O.	Lille, & à Dunkerque....	86
Epinal...... S	Nancy, & à Epinal.....	37
Essey...... S.	Nancy par Essey.......	11
Estain...... E.	Metz par Estain.......	4
EVREUX.... O.	Paris, de Paris à Evreux...	86
Falaise..... O.	Paris, de Paris à Falaise...	109
Fresne...... E.	Metz.............	5½
GENÈVE... S.	Langres, & à Genève....	100
Givet....... N.	Mézières, & à Givet....	42

Gondrecourt. . S. O.	Bar-le-Duc, & à Gondrecourt. 24
Grand-Pré . . N. O.	Varenne, & à Grand-Pré . . 10
GRENOBLE . . S.	Lyon, de Lyon à Grenoble . 128
Havre de-Grace . O.	Paris, de Paris au Havre . . . 112
Jametz . . . . . N.	Mézières par Montmedy . . . 8
Joinville. . . . S O.	Bar-le-Duc, & à Joinville . . 25
Landrecy . . N. O.	Mézières, & à Landrecy . . 47
LANGRES . . . . S.	Neuchâteau, & à Langres . . 39
LAON . . . . N. O.	Reims, & à Laon 41
Ligny en Barrois. S.O	Bar-le-Duc, & à Ligny . . . 17

LIÉGE. *Route de traverse.* . . Nord 53

De Verdun à Longwy . . . 14 l. *Voyez cette route.* De Longwy au Mont-St.-Martin+. La Croix-Blanche. Aubagne+. Le long du bois de Hubcruis-Knop. A Meſſancy+. Le long de la riv. de Meſſancy. Cabaret & pont ſur cette riv. ½ l. E. de Bebange ou Buvange+. A Ste.-Croix & à Weyer. ½ l. E. de Seſſelig+. A Arlon . . . 4 l. D'Arlon à Baſtogne . . . . 10 l. *Voyez de Metz à Namur.* De Baſtogne au ham. & bois de Luzerie & à Bourcy. ½ l. E. de Beur. A Buret, ½ l. S. E. de Steimbach. ½ l. E. de Limmerlée. A Ober-Beſlingen . . . 7 l. De Beſlingen à LIÉGE . . . . 18 l. *Voyez de Metz à Liége.* Ou de Baſlogne on va à Foy. Noville+. Wicourt+. Honfalize ſur Ourt 4
A l'O. de Taverneux+. A St.-Urbain & Dine+ & à *Tailles*+ . . 3
1 l. des bois de Cedrogne à trav. A Malemprez+. Vaux-Chavannes+. ½ l. E. de la Harre+. Au champ de *la Harre*. . . . 4
Au Paradis. Houzonlonge. Harzé+. Hayvaille ou Ayvaille+, paſſage de la riv. d'Ayvaille. A Sprimont+. Harnay. Au Ronde-Chêne, où l'on trouve la route de Liége à Spa. Du Ronde-Chêne à LIÉGE . . . . 6 l.

LILLE . . . . N. O.	De Verdun à Reims & Lille . . . 67
LIMOGES. . S. O.	De Verdun à Langres & Limoges. 153
Longuyon . . N. E.	De Verdun à Longwy 10

LONGWY. *Grande route.* . . . N. E. 14

Sortant de Verdun on paſſe la riv. de Meuſe ſur un pont. Fourche de la route de Mézières. Faub. du Pavé. Devant la chapelle de St.-Urbain. ½ l. E. de Belleville+. Fourche de la route de Damvillers. Au N. de la Carafiole, maiſon de plaiſance des Moines de St.-Airy. Côte rap. & maiſon de Belle-Vue. 1 l. des bois de la Foſſe-à-l'Eau à trav. Côte rap. & au N. d'Eix+. ½ l. S. des étangs & chât. de Dicourt. ½ l. de Soupleville. A Abancourt. Le long S. de Broville. ½ l. de Fromezée+. Au Pont-Chaſſon, N. des bois d'Eſtain. Pont & riv. d'Ormes. A *Eſtain.* 4
Côte d'Haudremont, ch. & à 1 l. O. de Rouvres+. Le long E.

des bois de Tilly. A Longeau & St.-Férieul; O. des bois de Gondrecourt. Devant & à l'E. d'Amel+. ¼ l. de Senon+. O. de Gouraincourt+. E. de la forêt de Mangienne. Justice & côte. Le long O. des étangs & ferme de la Folie & de la Huarde. ¼ l. E. de Vaudoncourt+. Pont, moulin & étang de la Huarde. ½ l. O. d'Haudlancourt+. Pont & riv. d'Othain. *Poste* & village de *Spincourt*+... 3 l. Deux lieues de vallée à trav., en passant à Nouillompont+. E. de Denzy, au-delà de l'Othain. A Rouvroy sur Othain. Jonction de la nouvelle route de Verdun à Longwy par Mangienne. ¼ l. O. de la ferme de la Belle-Fontaine. Côte rap. & ferme de Martin-Fontaine. ¾ l. des bois de Sorbet à trav. Vallon & forge sur la riv. de Crune. *A Longuyon* sur Chiers.. 3
Sortant de Longuyon on monte la côte & l'on passe le long du bois & ferme de Moncel. 1 l. de plaine & au chemin de Virton. ½ l. N. de Vivier+. Vallon & vill. de Frénoy-la-Montagne+. ½ l. S. E. de Tellancour. Bois de Cossemont & route de Montmedy. A Villers-la-Chèvre+. ¾ l. N. de la Grandville+. ¼ l. S. de Cosne+. ¼ l. N. de Lexy. ¼ l. S. du chât. de Soxey. ½ l. de Romain. ¼ l. N. du chât. de Pulventeux. *A Longwy*... 4

Route Nouvelle.............. 14

De Verdun & porte Chaussée au faub. du Pavé. A la Galavaude. Belleville+. Traverse du Montgrignon & à ½ l. N. O. de Thierville+. Plaine & ham. de la petite Bras. Fourche de la route de Stenay. Côte rap. & à ¼ l. O. de Douamont+. ¼ l. E. de Louvemont+. Devant la justice d'Ornes, O. des Chambrettes. Entre les bois des Fosses & ceux de Chaumes. ¾ l. O. d'Ornes+. ½ l. E. de Beaumont+, vill. de Lorraine. Le long E. des bois de Caures. Entre la justice & la ferme de Schelandre. Croix & carref. de la route de Montmedy. Vis-à-vis O. du chât. de Mazanne. Côte rap. & à ½ l. O. de Grémilly+. Le long O. du vill. d'*Azenne*+... 4 l. & de la forêt de Mangienne. ½ l. E. de Thil+. Plaine d'Azenne à trav., en passant le long des bois & de la côte de Romagne+, ¼ l. du moulin à v. de ce vill. ½ l. E. de Romagne-sous-les-Côtes. 1 l. de la forêt de Mangienne à trav. Fin de la forêt & maison Mabille. *A Mangienne*... 2 l. Pont & riv. de Loison. ½ l. E. de Villé-les-Mangienne. Côte rap. de Mangienne. A l'E. des bois de Pilon & N. O. de ceux de Warsemont. A Pilon+. Chemin & à ¼ l. S. E. de Châtillon, Abb. Vallon, pont & riv. d'Othain avec le moulin de l'Abb. de Châtillon. Le long de la côte & à ¼ l. de Rouvroy+. A la route de Longwy par Estain, & *à Longuyon*... 4 l. *La suite ci-dessus. Les Gens de pied prennent* de Pilon à Sorbet+. Le long O. des bois de Sorbet, Arrancy, &c. A la ferme de Focheux & *à Longuyon*... 2 l. *Ils abrégent d'une lieue.*

Luxembourg. Grande route... Est......... 25

De Verdun *à Arlon*.......... 18 l. *V. de Verdun à Liége.*
D'Arlon *à Luxembourg*..... 7 l. *V. de Metz à Namur.*

Autre route.............. 21½

De Verdun *à Longwy*.... 14 l. Passage de la rivière de Chiers.

A Longlaville+. Rodange+. N. de la Madelaine. *A Pettingen*+... 2 l. Vis-à-vis de Linger+. Pont & riv. de Chiers. A Nider-Kerschen+. ½ l. S. d'Ober-Kerschen+. A Schouweiller+. Spinkingen+. Entre les bois de Dutschlet. A Findelshoff+. Grevels. Bertrange+ & *à* LUXEMBOURG......... 5½

LYON... S. p. O.		Neuchâteau, & à Lyon...	101
MACON... S. p. O.		Neuchâteau, & à Macon...	85
MALINES.... N.	DE VERDUN, à	Mézières, & à Malines....	67
MANS (*le*)... O.		Paris, & au Mans.....	112
Marsal..... S. E.		Metz; de Metz à Strasbourg.	28
MARSEILLE.. S.		Lyon, & à Marseille.....	188
Marville.. N. p. E.		& de Stenay à Luxembourg.	12
Maubeuge.. N. O.		Mézières, & à Maubeuge..	47
Mayenne.... O.		Paris, & à Mayenne.....	121

METZ. *Grande route*.... E p. S......... 15

Sortant de Verdun par la porte St.-Victor on passe à la fourche de l'ancienne route, ½ l. N. de Belleray+, au-delà de la Meuse. Devant la chap. de St.-Privat. Fourche de la route de St.-Mihiel. ¼ l. N. de Haudainville+. A la réunion de l'ancienne route. Moulin & ruiss. de Belrupt+. Montagne de Claire-Côte: *belle vue*. 2 l. de la forêt du Haut-Bois à traverser par une large tranchée, en passant entre les bois de Claire-Côte & Gevaumont. A la route de Châtillon-sous les-Côtes. Fin de la forêt: *belle découvert sur le Pays-Messin*. Côte rapide & vill. d'Haudiaumont+. Traverse du Pays-Messin, en passant à ¾ l. N. de Mont & de Menil+. S. de Bois-Bas. *A Manheule*+... 4 l. Devant le chât. & à la route de Toul. N. de Bonzée & de la côte des Heures, d'Haumont, des Amaranthes, &c. ½ l. S. de Ville-en-Woevre+. A Auinois+. ½ l. N. de *Fresne*. Vis-à-vis & à ¾ l. S. du chât. d'Haunoncelle. A Pinthéville+. N. de Riaville+. ½ l. de Marcheville+. A Maizery+ & route d'Estain. ½ l. N. de St.-Hilaire+. ½ l. S. de Pareid+. Au pont de Maizery. Nouvelle route de Fresne. *A Harville*+... 2 l. Devant *la Poste* & traverse des prairies, pont & riv. de Longeau. ¼ l. S. de Moulotte+. Vallon & arche entre deux bois. 1 l. N. O. du clocher de Jonville+. A Labeuville+. Prairie & riv. de Signeul à passer sur un pont. Au S. & le long du bois de la Forest. ¼ l. N. de la Tour+. Justice, côte & moulin de Suzemont. Devant la Maison-Neuve, *aub*. Pont & riv. d'Yron. Au S. & près d'Hannonville+, le long des maisons neuves de ce vill. ¼ l. du vill. de la Tour+. Chemin, croix & ormes d'Hannouville. ½ l. N. de Sponville+. Deux vallons profonds à trav. ½ l. S. de Villesur-Yron+. Orme, croix & nouvelle route d'Estain. *A Marsla-Tour*+.... 3 l. Devant la Collégiale, le Lion-d'Or, *aub*., & entre *la Poste* & l'église. ¾ l. N. de Puisieux *ou* Pusieux+. Vallon & au N. du bois de Tronville, ¼ l. de ce village+. A Vionville+. Vallon & ruiss. de la fontaine de Vionville. ½ l. N.

de Tantelainville+. 1 l. S. de St.-Marcel+. ¼ l. N. de Flavigny & plusieurs vallons à trav. A Rezonville+. Chemin & à 1 l. N. de Gorze. S. du bois du Prince, & N. de ceux de St.-Arnoult. Vallon profond qui descend à Gorze. Côte rap. entre les bois de la Jurée & celui des Ognons. *A la Poste* de Gravelotte, *auberge;* le long N. de *Gravelotte*+. . . . 2 l. Croix, auberge & route d'Estain. Côte rap. & vallon profond de Génivaux. Devant des carrières & sur un pont. Vallon profond & pont de Chanteraine. Côte rap. & route de Longwy : *belle vue.* Côte longue & rap. de Roserieulles. Au S. & au-dessus de ce village+. A Longeau, au bas de la montagne, devant la Maison-Neuve, *aub.* Pont & ruiss. de Roserieulles. Au bas N. de Ste.-Rufine+, au moulin & devant la forge A Moulin+. Au bas S. de Chazel+ & St.-Gy+. Vis à-vis N. de la Maison-Rouge, au-delà de la Moselle. Le chât. de Frescaty est plus loin. Le long de la côte de vignes, ½ l. N. de St.-Privat+, au-delà de la Moselle. A Longeville+ : *ce vill. est rempli de belles maisons Bourgeoises de Metz.* Le long de la Moselle & ½ l. N. de Montigny+, S. de l'herm. de St.-Quentin. A Tournebroche, *aub.* N. O. de la Citadelle, au-delà de l'isle & de la riv. Au S. du Ban St.-Martin. Au Cours, belle promenade. Porte de France ; à METZ. . . . 4 l.

Autre route par Estain. 16

De Verdun à *Estain*. . . 4 l. *V. de Verdun à Longwy.* D'Estain on passe au N. & au-dessus de Warcq+. Côte, vallon & au N. E. de St.-Maurice-en-Woevre+. Au bas de la côte & du vill. de Boinville+ avec son chât. Le long de la riv. d'Ornes & à ½ q. l. N. de Gussainville-en-Woevre+. S. de N. D. de Bulle. A Buzy-sur-Ornes+. Entre le moulin, le ham. & chât. d'Herbeumoulin. A St.-Jean+, ¼ l. N. de Parfonrupt+. Entre Olley+ & Champel. A Jeandelize+, ¼ l. N. de Puxe+. Rivière d'Ornes & pont de Bouttemont. Devant le moulin neuf & à ¾ l. S. de Boncour+. *A Conflans-en-Garnizy*+. . . 4½ l. Confluent de l'Ornes & de Longeau. Pont & riv. de Longeau. Côte & à ½ l. S. de la Brie+. Nouvelle route de Mars-la Tour. A Jarny+. Pont, moulin & ruiss. ¾ q. l. N. du chât. de Moncel. Au S. du bois de Jarny & devant un moulin. Côte & à ½ l. N. de Bruville+. Chapelle, vallon & vill. de Doncourt-en-Garnify+. Au N. E. des ham. de Burtricourt & d'Urcourt. Vallon & ham. de Caure, ½ l. N. E. de St.-Marcel+ & de Viller-au-Bois. Entre les bois du Prince & ceux d'Oscuillons. Vallon & ham. de Baigneux. Entre les bois de Jurée & de Malmaison. *A Gravelotte*+. 3½ De Gravelotte à METZ. . . 4 l. *Voyez ci-dessus.*

MÉZIÈRES. *Route de traverse*. . . . Nord. 24

De Verdun à *Stenay*. . . . 11 l. De Stenay à MÉZIÈRES. . . . 13

Autre route par Damvillers. 23½

De Verdun à *Samoigneux*. . . 3 l. *Voy. de Verdun à Stenay.* De Samoigneux on passe dans le vallon & au bas O. d'Haumont. Côte & ferme d'Ormont. ¼ l. des bois d'Ormont à trav. Le long des bois du Roi & à ½ l. E. de Moirey +. Côte rap. & vallon de Damvillers. ½ l. O. de Gibercy +. A Wavrille +. Vis-à-vis de l'isle d'Auvie. *A Damvillers*... 2½ l. Vis-à-vis O. de l'Hermitage. Petit ruiss. & à 1 l. E. de Reville +. Le long de la Tinte, riv. & à l'O. de la forêt de Mangienne. Traverse d'une isle & à ½ q. l. E de Peuvillers +. Pont & riv. de Tinte. Le long de cette riv. & de la forêt d'Agobert. ¼ l. de Witarville-sur-Loison +. Le long du bois & devant Boëmont. Pont & rivière de Loison. Fourche du ch. de Marville. Le long E. de Loison. *A Jametz*. 2½ Côte rap. à traverser. Vallon, moulin & vill. de Remoiville +. Fourche de la route de Stenay & vill. de Loupy-aux-deux-Châteaux +. Vis-à-vis de la Madelaine & d'Hugues. Le long de Loison. Chem. de Marville, de Longuyon & de Longwy. Pont & riv. de Loison. Vill. & Abb. de Juvigny +. Pont & riv. de Loison. Entre la côte & cette rivière. Traverse de la montagne de Han. Pente rap. & ¼ q. l. de bois à passer. Entre la côte & la riv. de Chiers. Le long des bois de Vigneul. A Vigneul +. Pont & riv. de Chiers. Aux Oeuillons. Mont & ville de *Montmedy*. 2½ De Montmedy *à MÉZIÈRES*... 13 l. *V. de Mézières à Luxemb*.

Chemin de traverse............ 23½

Sortant de Verdun par la porte de France on passe à la fourche de la route de Paris, dans le faub. de Jardin-Fontaine & devant le Poligône. Le long O. de Thierville +. Vallée & à l'O. de la riv. de Meuse. Petit ruiss. de Sivry-la-Perche. Ruiss. de Froide-Fontaine, O. & près de Villers. N. de la ferme de Bamont. Fourche de la route de Varenne. Traverse de la côte Grésil. Le long S. de Marre-au-Blosse +. A Châtancourt +. Limite de la Champagne. A Betincourt +. ¼ l. E. de Cuisy +. *A Sept-Sarges*... 5 l. ¼ l. N. E. de *Montfaucon*. A Nantillois. Le long de Cunel. Poirier & côte de Queue. *A Romagne*........ 2 ¼ l. des bois de Romagne & de Banteville à traverser. Devant la ferme de la Dieu. A Bayonville & *à Buzancy*... 4 l. *Ou de Romagne* on passe au bois de Banteville. A Remonville & *à Buzancy*. De Buzancy au moulin & au bas du vill. de Bar +, Haricourt, Puiset-des-Noues, où est la source de la Bar, riv. Au S. & près d'Autruche +. Ruiss. de la Cuvette & vill. d'Authe +. A Brieul-sur-Bar. Moulin, prairie & vallée de la Bar. A Grimausart & aux petites Armoises +. Ruiss. & à ¾ l. de Siy +. Carrefour de la route de Réthel à Stenay. 1 l. E. du Chesne. *A Tannay*... 4 l. De Tannay *à Fresnoy-les-Sedan*... 4 l. *Voyez de Réthel à Sedan*. De Fresnoy *à MÉZIÈRES*... 4½ l. *Voyez de Stenay à Mézières*.

Mirecourt....	S.	DE VERDUN à	Neuchâteau, & à Mirecourt.	34
Montbéliard...	S.		Béfort, & à Montbéliard...	59
Montfaucon...	N.		Mézières par Montfaucon..	5
Montmedy....	N.		Mézières par Damvillers...	10½
MONTPELLIER..	S.O.		Lyon, & à Montpellier...	179

MOULINS . S. O.	De Verdun à Dijon & Moulins .		100
Mouzay . . . . . N.	De Verdun à Stenay par Dun . .		10
Mouzon . . . . N.	De Verdun à Stenay & Sedan . .		15
NAMUR. . . . . N.	De Verdun à Mézières & Namur.		54

NANCY. Route de traverse.... Sud. 22

On sort de Verdun par la porte St.-Victor & l'on passe à la fourchette de la route de Metz. Côte & chap. de St.-Privat. ¼ l. E. de Belleray +, au-delà de la Meuse. Traverse de la vallée, en côtoyant la Meuse & en passant à Haudainville +. ¼ l. E. de la Falouse, chât. au-delà & sur le bord de la Meuse. Entre cette riv. & les bois de Gevaumont. ½ l. E. de Dugny +. ¼ l. de Dieüe + & ½ l. d'Ancemont +. ¾ l. S. O. de Somme-Dieüe. ½ l. E. de Montheron +. A Genicourt +. Pont, ruiss. & à 1 l. S. O. de Rupt-en-Woevre +. ½ l. E. de Villers-sur-Meuse +. Le long E. d'Ambly +. ¾ l. O. de Wascourt & Ranzière +. ¼ l. E. de Tilly +, au-delà de la Meuse. Pont, ruiss. de Rupt & moulin de Troyon. *Poste* & vill. de *Troyon* +... 5 l. A ½ l. E. de Bouquemont +. Ruiss. de Sanglu & à ½ l. de Wimbey +. Pont & ruiss. du moulin. A la Croix-sur-Meuse +. ½ l. E. de Banoncourt +. A Rouvres-sur-Meuse +. ½ l. E. de Domseverin +. Pont, moulin, ruiss. de Creu & à ½ l. O. de Spada +. A l'Hermitage, ¼ l. E. de Meizey +. ½ l. des Paroches +. Vis-à-vis O. de la chap. de Ste.-Marie. Le long E. de la Meuse. *A St.-Mihiel*.... 3 l. Devant les Minimes. Moulin & à ¼ l. S. de la Vierge-des-Grés. 1 l. de la forêt de St.-Mihiel à trav. ½ l. N. de St.-Agnant +. Côte & vill. d'Aspremont +. Moulin de ce vill. & au bas des Récolets. Entre deux ruisseau. ½ l. S. de Warneville +. Plaine de Bouconville à trav., en passant à ½ l. S. de Loupmont +. Entre les bois & les étangs de Bouconville. A Bouconville +. Pont & ru de Mad, ½ l. N. de Broussey +. ¾ l. de Raulcourt +. Route de Commercy à Metz & près du ham. de Ressoncourt. ¼ l. N. des bois de la Reine. Côte rap. & vill. de Rambucourt + : *belle vue*. *Poste* & chât. de *Beaumont*. 5
Fourche de la route de Metz. ½ l. S. de Sècheprez. ¼ l. N. de Mandres-aux-quatre-Tours +. ½ l. d'Hamonville + & d'Ansauville +. Carref. du chem. de Toul à Longwy & au vill. de Bernecourt +. ½ l. N. de Gros-Rouvres. A Novian-aux-Prez +. Au S. des bois de Lironville, de St.-Jean, Novian & Manonville. Vallon, ruiss. & à ½ l. N. de Minorville +. A Manouville +. Croix & le long N. de Domevre +. Le long S. des bois de Rogeville. ¼ l. N. E. de Tremblecourt. Vallon & à ½ l. N. des bois de Côtes. ½ l. S. de Rogeville. S. des bois de Villers. Vallon & à ½ q. l. N. de Rozières. Aux Quatre-Vents, *Poste* & auberge de Rozières-en-Haye, située au carref. de la r. de Toul à Metz. . 4
Vallon & vill. de Saiseray-St.-Amant +. ¼ l. S. de Saiseray-St.-George. Vallon entre les bois de Marbache. A Marbache +. Cabaret, moulin du vill. & route de Nancy à Metz. Vallée de la Moselle, que l'on côtoye en passant à ½ l. O. de Custine +. Le long de la côte de bois de Marbache. ¼ l. E. de Pompey & ½ l.

O. de Clevant. Pont & riv. de la Moselle. Château & à ¼ l. de Frouard. Devant la chap. St.-Jean. ½ l O. du vill. & Abbaye de Bouxières +. A Champigneulles +, O. de Pierrecourt. A Maxeville + & aux Trois-Maisons. *A Nancy*.... 5 l.

     Chemin de traverse............. 21

De Verdun à *Manheule*.... 4 l. *Voyez de Verdun à Metz*. De Manheule à *Fresne*. Marcheville + & route de Metz. Pont, riv. de Longeau & à côté O. de St.-Hilaire +. Borne & limite de la Lorraine. A Doncourt-aux-Templiers +. *A Woël* + sur le ru de Signeul... 3 l. Entre des bois & à Hassavant, O. de l'étang de la Chaussée. ¼ l. de bois d'Hattonville à trav. A St.-Bénoît, prieuré. Ruiss., étang & vieux St.-Bénoît. Etangs entre les bois de Thiaucourt & ceux de Beney. Fourche de la route de Pont-à-Mousson. A Panne & riv. de Madine. *A Essey*..... 4 Traverse des bois de St.-Beauffant +. Vallon & près de Fleurey +. Bois de ce vill. à trav. *A Bernecourt* +... 2 l. De Bernecourt à *Nancy*.... 8 l. *Voyez la route ci-dessus*.

NANTES .... O. | De Verdun à Paris, & à Nantes . 155
NARBONNE . S.O. | De Verdun à Lyon & Narbonne. 202

   NEUCHATEAU. *Route de traverse*.... Sud...... 24

On sort de Verdun par la porte de France, & l'on passe vis-à-vis de Jardin-Fontaine. Au faub. Glorieux +. Route de Verdun à Paris. Le long de la côte de St.-Barthélemy. A Billemont. Traverse de la côte & à Dugny +. Pont, ruiss. & route de Verdun à Bar. Vallée le long de la Meuse, que l'on suit. A Ancemont +. Le petit Monthéron, la Tour & le grand Monthéron +. A Villers-sur-Meuse +. Prairie & vill. de Wimbey +. A Banoncourt-sur-Meuse. Donseverin + & la Gigauderie. Moulin de Chantercine. A côté de l'Abisme, à Refroicourt & aux Paroches +. Carref. du chemin de Bar. Pont & riv. de Meuse. *A St.-Mihiel*.... 4 l. Côte & à ¼ l. E. de Bilée. Traverse de la Meuse sur trois ponts. A Kœur-la-Petite +. Côte rap. à trav. A Sampigny + & près de Ste.-Lucie. A Wadonville + & devant la forge. Lérouville. St.-Jean-de-la-Roche. Pont & ruisseau de l'Aulnoy. Côte & à l'E. des minières de fer & de la forêt de Commercy. A la Folie-sur-Meuse. Au bas de la Cuisine des petits bois. Vis-à-vis de la forge de Commercy. *A Commercy*.... 4 De Commercy à *Neuchateau*.... 12 l. *Voyez de Neuchâteau à St.-Mihiel*.

NISMES .. S. p. O. | Lyon, & à Nismes 166
Orient (*l'*)... O. | Paris, & à l'Orient 186
ORLÉANS... O. | Troyes, & à Orléans 84
PARIS .... O. | Châlons s. Marne, & à Paris. 61
PAU ..... S. O. | Paris, & à Pau....... 268
PERPIGNAN. S. O. | Lyon, & à Perpignan 217

(DE VERDUN à)

Plombières. Route de traverse... Sud. 48
De Verdun à *Neuchât*. . . 24 l. De Neuchât. à *Plombières*. 24
. *Autre route*. 43½

De Verdun à *Beaumont*. . . 13 l. *Voyez de Verdun à Nancy*.
De Beaumont à Bernecourt+. Vallon & côte, vis-à-vis O. de
Gros-Rouvre+. Vallon, ruiss. & à l'E. d'Ansauville+. Côte &
ruiss. de Desse. ½ l. des bois de la Reine à trav. Vallon & ruiss.
de Minorville. Le long E. des bois de la Reine. Croix & vill. de
Royaumaix+. Côte & à ½ l. E. de Sansey. ½ l. O. d'Andilly+.
Ruiss. & vill. de Menil-la-Tour+. O. du bois de Bouvron. Ruiss.
de Lechenaux & à ¼ l. O. de Bouvron+. ½ l. E. de Lagney &
des bois de Lucey. Le long O. des bois de Libdo. Ruiss. de St.-
Lohier & à ½ l. E. de Lucey+. Devant la ferme de Voisel. ½ l.
E. de Brûlé. Pont, ruiss. & à ¼ l. O. de la ferme de Longeau.
¼ l. E. de N. D. de Refuge & de la côte de vigne de St.-Michel
& Pagney. Croix & fourche de la route de Toul à Metz. Devant
O. du chât. de la Vacherie. Côte rap. & Abb. de St.-Mansuy+.
A Toul. . . . 5½ l. Sortant de Toul on passe au carref. des routes
de Paris, Joinville & Langres. Du carref. on passe devant l'Abb.
de St.-Evre. Croix & chap. de St.-Georges. Vallon, ruisseau &
ferme de Valsot *ou* Gare-le-Loup. ½ l. O. de Chaudeney+ au-
delà de la Moselle, riv. Vallon, ruisseau de Gye & de Poisson.
Vallon, pont, riv. de Bouvade & à Biqueley+. ¾ l. O. de Mou-
rot+. ½ l. N. E. du Trou-de-Glannes. ¼ l. des bois d'Ochey à
trav. Plaine entre les bois & à ¼ l. E. d'Ochey+. Vallon & carrefour de la route de Neuchâteau à Metz. ½ q. l. de Thuilley+.
1 l. des bois d'Allain à trav. Vallon & vill. de Crepey+. Le long
de la riv. d'Uury. Entre le moulin Thierry & le mont d'Anon.
A Goviller+, 1 l. N. de Puxe. Justice & au N. de Vitrey+.
Vallon & ruiss. ¼ l. S. d'Hammeville+. Côte & près des trois Fontaines. Vallon, pont & riv. d'Uury. *A Vezelize*... 7 l. Devant
les minières & route de Nancy. Pont & ruiss. de Quevilloncourt.
¼ l. O. de Tantonville+. ½ l. E. de Forcelles-St.-Gorgon. Au
chem. de Darney. Le long des bois & à ¾ l. S. O. d'Affran-
court+ & d'*Haroue*. Vallon & village de Xirocourt+. Pont,
moulin & riv. de Madon. A la ferme de Haut-de-Vaux. Le long
S. des bois de le Beuville. ¾ l. de ce village+. ¼ l. N. de Ger-
monville. ½ l. S. O. de Gripport+. Vallon & au N. des bois de
Lavaux. A Socourt+ & vallée de la Moselle. Au chemin de
Charmes à Savigny+. Entre le chât. de Grignon & la Tuilerie.
A Charmes. . . . 5 l. De Charmes à *Plombières*. 13
Voyez de Nancy à Plombières.

Autre route. 42¾

De Verdun à *Vaucouleurs*. . . 17 l. *V. de Verdun à Neuchât*.
De Vaucouleurs on passe la Meuse sur deux ponts & traverse
d'une isle. A Chalainnes+. Côte & à ½ l. S. de Signy-la-Salle+.
Fourche de la route de Toul & à l'O. de Rigny-St.-Martin+.
Dans le vallon entre les bois de Chalainnes & ceux de Gibomé.
A Gibomé & passage d'un ruisseau sur lequel il y a un moulin.

A Uruffe+ .... 2 l. Entre la riv. & les bois d'Uruffe. Vis-à-vis N. du moulin neuf. A Vannes-le-Châtel +. N. des bois de Sauxure. Le long du parc & devant le chât. de Vannes. Ruiss. & moulin de la grande Saule. Devant la Folie-Drouet. ¼ l. N. de Sauxure-les-Vannes, ¼ l. S. de la chap. de N. D. de la Goutte & montagne de Barizey. ½ l. de Barizey-la-Côte+. ¾ l. N. de Barizey-au-Plain +. Le long S. des bois de Chanois. Carrefour d'une route Romaine. *A Colombey-aux-belles-Femmes*+.... 3 Vill., *Poste* & carref. de la route de Langres à Nancy. ¼ l. de bois de Jury à traverser. Côte de vignes de St.-Lambert. Vallon & vill. de *Crépey*... 1¼ l. De Crépey à PLOMBIÈRES..... 19 *Voyez la route ci-dessus.*

POITIERS....	O.	Orléans, & à Poitiers	143
Pont-à-Mousson	S. p. E	Strasbourg...........	15
Quesnoy (le).	N.p.O	Mézières, & au Quesnoy ..	50
REIMS...	N.O.	Châlons, & à Reims.....	30
RENNES...	O.	Paris, & à Rennes......	147
Réthel....	N.O.	Stenay, & à Réthel.....	29
ROCHELLE(*la*).	O.	Paris, & à la Rochelle....	182
Romagne....	N	Mézières par Romagne....	7
ROUEN.	O. p. N.	Paris, & à Rouen......	91
St.-Diey..	S. p. E.	Nancy, & à St.-Diey	40
St.-Dizier...	S.O.	Bar-le-Duc, & à St.-Dizier.	29
ST.-ETIENNE *en* F.	S. p. O.	Lyon, & à St.-Etienne....	114
ST.-FLOUR..	S. O.	Dijon, & à St.-Flour	145
St.-Hubert....	N.	Longuyon, & à St-Hubert..	27
ST.-MALO...	O.	Paris, & à St.-Malo	149
St.-Mihiel....	S.	Neuchâteau..........	8
ST.-OMER.	N.O.	Reims, & à St.-Omer	87
St.-Quentin.	N.O.	Reims, & à St.-Quentin...	52
Ste.-Menehould..	O.	Châlons sur Marne......	10
SAINTES.....	O.	Paris, & à Saintes......	182
Salins......	S.	Besançon, & à Salins....	72
Sareguemines..	E.	Metz, & à Sarraguemines ..	34
Saarelouis....	E.	Metz, & à Sarrelouis.....	28
SEDAN.....	N.	Stenay, & à Sedan......	19
SENS.....	O.	Troyes, & à Sens.......	55

STENAY. *Route de traverse...* Nord......... 11

On sort de Verdun par la porte de la Chaussée & l'on passe le

long

VERDUN.

long du faub. du Pavé. A la Galavaude & le long de la Meuse. A Belleville+. ¼ l. N. de Thierville+. Côte rap. de Montgrignon à trav. Vallée de Bras. A la petite Bras, ¼ l. de Charny+. Fourche de la route de Longwy & de Montmedy. A la grande Bras+ & vis-à-vis du bac. A l'E. & près de Vacherauville+. Traverse d'une côte rap. ½ l. E. de Neuville+. ¼ l. de Regneville, au-delà de la Meuse. 3 l. de plaine à trav. le long de la Meuse, en passant à *Samogneux*+... 3 l. Fourche de la route de Montmedy. ½ l. E. de Forges+, au-delà de la Meuse. Le long O. du moulin & village de Brabant+ & Consuivoy-sur-Meuse+. Le long O. du bois du Roi. *A Sivry-sur Meuse*+... 2 l. Croix de Mission & traverse de la prairie de Sivry. Côte & à l'E. de Villosne+. Vallon entre les bois de Rouvroy & de Sartelle, ½ l. O. de *Brieulle*. A la cense de Verdun & N. D. de Bon-Secours. A Liny-devant-Dun+. ¼ l. E. du petit Cléry, au-delà de la Meuse. *A Dun-sur-Meuse*... 3 l. Traverse de la ville basse. ¼ l. O. de Milly+. Pont & riv. de Pain-d'Avoine. Plaine de 3 l. à trav. le long de la Meuse, en passant à ¼ l. E. de Sassey+, vill. au-delà de la Meuse & à ¾ l. de Mont. ½ l. O. de Lion-devant-Dun. ¾ l. E. de Montigny+. ¼ l. O. de la forêt de St.-Dagobert. ½ l. E. de Saumory+, au-delà de la riv. de Meuse, & ½ l. de Villefranche+. Pont & ruiss. de Lézon. ½ l. O. du chât. de Charmoy. ¾ l. E. de Wiseppe+. A Mouzay *ou* Mouza+ & à ¼ l. O. de la forêt de Wepre. A la Girouette & le long de la prairie. *A* STENAY.... 3 l.

Autre route. 12

De Verdun à *Remoiville*+... 8½ l. *V. de Verdun à Mézières.* De Remoiville à la fourche de la route de Montmedy à Mézières. A Loupy+ & aux deux Châteaux. Pont & riv. de Loison. Côte rap. de Loupy. Chem. de Jametz à Stenay par la forêt & chap. de St.-Dagobert. Entre les bois de Loupy & la forêt. Le long E. de la forêt de Wepre. ¼ l. O. du vill. & Abb. de Juvigny+. Entre la forêt de Wepre & le bois Robert. Vallon & à ½ l. S. de Quincy+. Entre la forêt & le bois Fays. ¼ l. S. O. du Mont-St.-Martin, hermitage. Fin de la forêt & vis-à-vis de Chaufour. Vallon & vill. de Baalon+. Pont & moulin de ce vill. Fourche de la route de Stenay à Montmedy. ¼ l. S. du chât. de Bronelle. *A* STENAY.... 3½ l.

STRASBOURG. *Grande route.*... E. p. S. 55

De Verdun à *Metz*... 15 l. De Metz à STRASBOURG..... 40

Route de traverse. 52

De Verdun à *Thiaucourt*... 11 l. *V. de Verdun à Nancy par Manheule.* Pont & riv. de Madine, chap. de St.-Jean & fourche du chem. de Metz. Justice entre le bois de Thiaucourt. ½ l. S. O. de Vieville-en-Haye+. A l'O. d'une justice & entre les bois de Requieville. ¼ l. N. de ce village+. A Fays-en-Haye+. Traversé des bois de Puvenelle. Vallon, village de Montoville+ & près du hameau de Misère. Devant les moulins de Montoville &

vis-à-vis de St.-Pierre. Le long N. de Maidière+ & près de la chap. du vieux St.-Laurent. *A Pont-à-Mousson* sur Moselle, riv. Fourche de la route de Metz. Entre la Moselle & les vignes, de la côte & ancien chât. de Mousson ; vallée, tuilerie & vill. d'Atton+. Traverse de la forêt de Pont-à-Mousson. Vallon, étang & ruiss. de la tuilerie. Bois & à ¾ l. S. de Begnicourt. Vallon & ruiss. ½ l. S. de Clémery+. ½ q. l. N. de Manoncourt+. Hermitage de Brion & à la Borde ; chem. & à ½ l. S. de *Nomeny*... 3
Vallon & ruiss. de Jandelincourt+. ¾ l. des bois d'Abancourt à trav. ¼ l. S. de Letricourt+. ½ q. l. N. de Chénicour+. Vallée & riv. de Seille à passer. ½ q. l. S. du chât. d'Aunoy. ½ q. l. N. de Fossieux+ & de Malacourt+. Entre Jallacourt+ & le bois de Communauté. Traverse de celui de Sarimbois. A Fresne-en-Saulnois+ & *à Château-Salins*.... 5 l. De Château-Salins *à STRASBOURG*.... 29 l. *V. de Metz à Strasbourg.*

Suippe ..	O. p. N.	De Reims à Verdun par Suippe ..	18
Thiaucourt. .	S. E.	De Verdun à Strasbourg	11

THIONVILLE. Grande route.... Est....... 22

De Verdun *à Metz*... 15 l.   De Metz *à THIONVILLE*. ... 7

Chemin de traverse............. 14½

De Verdun à Estain. ..4 l. *V. de Verdun à Longwy.* D'Estain à Rouvre+. ¾ l. de bois de Gondrecourt à trav. Côte, vallon, étang & *à Gondrecourt*... 2¼ l. Traverse des bois de Noroy & de Lixières. A Tucquegneux+. Trieux+. Lommerange+. Fontoy+ sur la route de Metz *à Longwy*... 5 l. Traverse du bois & vill. d'Aigrange+. A Wolkrange. Vallon & côte à trav. en passant à Weymerange+. Entre la chapelle de St.-Pierre & Beauregard. *A THIONVILLE*.... 3 l.

TOUL.......	S.		Plombières............	18½
TOULON	S.		Lyon, & à Toulon.....	197
TOULOUSE.	S.O.		Neuchâteau, & à Toulouse.	229
TOURS	O.	*à*	Troyes, Orléans & Tours..	113
TRÈVES	E.	N	Metz, & à Trèves......	40
TROYES	O.	U	Châlons, & à Troyes....	39
VALENCIENNES..		D		
....	N. p.O.	R	Mézières, & à Valenciennes.	60
Varenne...	N. O.	E V	Mézières par Varenne....	6
Vaubecourt..	S. O.	D	Bar-le-Duc...........	11
Vaucouleurs	S.		Neuchâteau.........,	17
Vezelize.... : .	S.		Plombières............	25½
Vendôme....	O.		Orléans, & à Vendôme...	100
Vic.......	S.E.		Metz,& à Strasbourg....	27

VERSAILLES.

VIRTON. Chemin.... N. E. 14

De Verdun à Longuyon.... 10 l. *V. de Verdun à Longwy.* De Longuyon à la côte & près de Mancel. Fourche de la route de Longwy. ¼ l. O. de Fresnoy-la-Montagne+. A Tellancourt+ & chemin de Longwy à Montmedy..... 2 l. Traverse des bois & à ¼ l. de St.-Pancré+. Ch. & à ¼ l. S. de St.-Remy. A Grandcourt & limite de la France. ¾ q. l. E. de Ruette+. Plaine de Virton à trav., en passant au S. de la Tour+. ¼ q. l. de Chenois+. A St.-Marc+. Passage de la Musson, riv. Aux vieux Virton & à *VIRTON*.... 2 l.

Vitry-le-Franç.	O.	De Verdun à Bar-le-Duc & Vitry.	36
Void	S.	De Verdun à Neuchâteau.	14
Vouziers	N. O.	De Verdun à Réthel.	13
Yvetot	O.	De Verdun à Rouen & Yvetot.	100

ROUTES ET CHEMINS DE TRAVERSE
DE VERSAILLES

Distance Versailles.

à

		Voyez.	lieues.
ABBEVILLE	N.	Paris, de Paris à Abbeville	45
Aigle (l')	O.	Dreux, de Dreux à l'Aigle	28
ALENÇON	O.	Dreux, de Dreux à Alençon	41
Alluets-le-Roi (les)	N. O.	Mantes	5½
Amboise	S. O.	Chartres, & à Amboise	51
AMIENS	N.	Paris, & à Amiens	35
Anet	O.	Houdan, & à Anet	15
ANGERS	S. O.	au Mans, & à Angers	69
ARRAS	N. p. E.	Paris, & à Arras	48
AUXERRE	S. p. E.	Fontainebleau, & à Auxerre	45
AVIGNON	S. p. E.	Lyon, de Lyon à Avignon	175
Bailly	N. O.	Mantes.	1½
BEAUVAIS	N.	Pontoise, & à Beauvais	18½
Bièvres	S. E.	Choisy-le-Roi	2
BLOIS	S. O.	Chartres, de Chartres à Blois	41

VERSAILLES.

Bois-d'Arcy . . . O.	Dreux	2
BOURGES . . . S.	Orléans, & à Bourges.	55
BRUXELLES. N.E.	Paris, & à Bruxelles.	74
Bures . . . . . . S	Eftampes.	3½
CAEN . . . . . O.	Evreux, & à Caen.	50
CHALONS f. M. . E.	Paris, & à Châlons	45
CHALON furs. S.p.E	Fontainebleau, & à Chalon . .	86

CHARTRES. Grande route. . . . . S. O. 16

De Verfailles on prend la route de St.-Cyr, en paffant devant la Menagerie. De St.-Cyr on va à la porte Normande & aux étangs d'Arcy & de bois Robert, on paffe entre les deux, laiffant le chemin de la Temblée à l'O. de ces étangs; on paffe à l'angle de celui du Donjon-des-Clefs & l'on fort du grand parc par la porte de Trapes. Le long N. de la chap. de St.-Quentin, ½ l. du vill. de Montigny +. *A Trapes* +. . . . 2 l. Sortant de ce village on rencontre une croix à l'angle du ch. de Montfort. ½ q. l. N. O. du bois de Trapes. ¾ l. S. E. de Flancourt + fur le ch. de Montfort. Traverfe d'un canal & près de la chap. & ham. de la Ville-Dieu. Au N. O. de la juftice & village de la Verrière +. Devant l'avenue qui conduit au chât. Au Gibet, ham. & *à Coignères* +. 2 A ¾ l. O. de Menil-St.-Denis +. O. des Broderies & fourche du chem. du pavillon royal du parc de St.-Hubert. A l'O. de l'Abb. d'Yvette & du vill. des Lays +. Aux Effarts le-Roi + & à Gallot. Carref. de la route & avenue qui conduit au chât. de St.-Hubert. Pont & canal de l'étang, & au Peray +. La Rue-Verte, ham. après lequel on entre dans la forêt de Rambouillet, que l'on traverfe. Sortant de la forêt on paffe au ham. du Grouffay en côtoyant le parc. *A Rambouillet.* . . . 3 l. Sortant de ce bourg, qui n'a qu'une rue, on tourne à droite, le long du parc, & l'on paffe à Gueville. Le hameau de Brez & le moulin de l'étang font dans le fond à gauche. Au Buiffonnet & à Sard-Voifin. O. du vill. & chât. de Gazeran +. Côte & à l'O. du parc, chât. & ham. du Tartre. A l'E. de Gateau, ham. & de la ferme du Puits-Fondu. ¼ l. du Sard. A Filardeaux & au grand Goulet. ½ l. E. de N. D. des Refeux. *A Epernon.* . . 3 l. Paffage de la petite riv. de Poigny & à côté du ham. de Venerville. Entre la Barre-des-Hauches & le village +. Plaine à trav. en paffant entre une croix & une juftice. *A Maintenon.* . . 2 l. Traverfe de la riv. d'Eure & de l'Aqueduc. Plaine en paffant à ½ l. E. du village de Bouglainval + ; ¾ l. O. de Mevoifins + & St.-Piat +. A côté O. de Chartainvilliers +. Après ce vill. il y a un bois ; le ham. de Thieville & le vill. de St.-Pierre-de-Berchère + font derrière à 1 l. de la route. A la Caborne, *cab.* ½ l. O. de Jouy +. Dev. une croix d'où l'on voit le village de Poinvilliers + à ¾ l. O. Celui de St.-Preft + eft à ½ l. à l'E. Graville + & Coftainville + font plus loin. A côté E. du colombier & de la chap. du bois de Leves, de Monceau, ham. A Leves +. A l'O. des châteaux d'Ouarville & de Rijard ; le vill. de Champhol + eft ½ l. plus loin. Devant le Pavillon. A St.-Maurice & *à* CHARTRES. . . . 4 l.

VERSAILLES.

Châteaudun .. S. O.		& de Tours à Chartres 27½
Châteaufort ... S.		Estampes............ 2
Châtenay ... S. E.	DE VERSAIL.a	Choisy-le-Roi......... 3
Chavenay... N.O		Mantes.............. 3¼
Chaville...... E.		Seve; de Paris à Versailles ... 1
Cherbourg.... O.		Caen, & à Cherbourg..... 78
Chevilly ... S. E.		Choisy-le-Roi......... 4½

CHEVREUSE. Chemin de traverse... S. p. O. 4

On sort de Versailles par la rue Sataury & l'on passe entre ce ham. & les Essarts. Au Désert. Entre des petits bois & passage de la riv. de Bièvres. A la Minière & à Guyencourt +. O. du moulin à v. A Voisins-le-Brétoneux +. Sortant de ce village on passe à côté E. d'une justice & l'on traverse un vallon où il y a un ruiss. Entre Buloyer, ham. & l'Abb. de Port-Royal. A Vaumurier. Traverse du bois de Champgarnier & à l'O. de St.-Lambert +. Plaine, en passant à la Brosse. ¼ l. O. de Trotigny & du bois de la Rochefoulaire. A Haute-Beauce. ¼ l. E. de Maincourt +. ¼ l. N. de Dampiere +. A St.-Forget + & *à CHEVREUSE*.

CHOISY-LE-ROI. Grande route.... E. p. S. 5½

Du Château de Versailles on passe au petit Montreuil, laissant à droite le chem. qui conduit à Buc +. Au Pont Colbert. Fourche du chemin de Jouy, qu'on laisse à droit & le ham. de la Bouillie. Traverse d'un petit bois, au milieu duquel on rencontre la route qui va de Jouy à Viroflay +; la ferme de l'Hôtel-Dieu est à l'angle de cette route.... 1 l. Belle route plantée que l'on suit en passant à ½ q. l. S. de Velisy +. A Villacoublay. ½ l. S. de la grange à Dame-Rose, ferme. A l'Etoile & carref. du chemin de Paris par Châtillon +. Chem. & à ½ l. N. E. de l'Abb. au Bois. Le long du bois de Verrières. Au Pavillon du Roi & chem. qui conduit au Plessis-Piquet + & à Sceaux +. Après la Pavillon il y a un petit bois à gauche, percé de deux routes: l'un va au chât. de Sceaux & l'autre au vill. de Châtenay +. Devant une justice. Traverse du chem. de Verrières +. Le château de Migneaux est au-dessus de ce vill. ½ q. l. S. O. de Châtenay +. Le long du mur du parc de Sceaux. ½ q. l. N. E. d'Antony +. A la route de Paris à Orléans... 2½ l. *La Poste* de Berny est à l'angle de cette route. Devant le chât. & le parc de Berny. Pont & riv. de Bièvres. Petite côte à monter & devant l'avenue qui va au vill. de Fresnes & au chât. de Tourvoye. ¼ l. S. de l'Hay + & de Chévilly +. A l'Etoile & carref. de la route de Fontainebleau... 1
A l'étoile de la route de Choisy. ¼ l. S. de Thiais +. ½ q. l. N. de Grignon, ¼ l. d'Orly +. Villeneuve-le-Roi + est plus loin. On descend la côte en traversant la route de Villeneuve & on arrive *à CHOISY*.... 1 l.

Compiegne. Grande route... N. E............ 23½

De Verſailles à *Paris*... 4½ l. De Paris à *Compiegne*... 19

Autre route................ 23

De Verſailles on ſuit la route de Paris juſques vis-à-vis la ferme de *billancourt*.... 2¼ l. *Voyez de Paris à Verſailles par Seve*. De-là on prend la route qui traverſe le bois de Boulogne & qui va à la porte Maillot, en paſſant à l'étoile de la route de Paſſy à Boulogne & St.-Cloud. Sortant du bois on traverſe la nouvelle route de Paris à Neuilly... 2 l. On ſuit la route plantée qui va à St.-Denis en paſſ. à l'O. du chât. des Ternes. ¼ l. E. de Neuilly, Villiers-la-Garenne +. & du chât. de la Planchette. Traverſe du ch. qui va au bac d'Aſnières. Chem. & à ¼ q. l. S. E. de Clichy-le-Garenne +. ½ l. N. de la butte, moulins à v. & vill. de Montmartre +. Clignancourt eſt au bas de la montagne. Chem. & à ¾ q. l. S. E. du chât. & vill. de St.-Ouen +, ils ſont ſur le bord de la Seine. A la grille de *St.-Denis*... 2 l. Avant d'entrer dans St.-Denis on paſſe devant un Calvaire. En entrant dans la ville on paſſe devant le couvent des Carmelites, où Madame Louiſe de France, Tante du Roi, étoit Supérieure : *on vient de leur bâtir une nouvelle Egliſe*. On traverſe cette ville en paſſant au N. de l'Abbaye, Ordre de St.-Benoît, où eſt la Sépulture des Bois & Reines de France. Sortant de St.-Denis on paſſe devant la Cazerne des Suiſſes & l'on traverſe les petites rivières de Crou & de Bouillon, qui font tourner des moulins. On rencontre trois routes : il faut prendre celle qui eſt à droite & qui va à Gonneſſe, en paſſant au S. du chât. & vill. de Stains +. Fourche du chem. & à ¼ l. de Dugny +. Devant N. du chât. & vill. de Garges +. Le long S. du parc, chât. & vill. d'Arnouville +. *A Gonneſſe*. Traverſez ce bourg & allez joindre la route de Paris à Compiegne... 2¼ l. Delà à *Compiegne*... 14½ l. *Voyez de Paris à Compiegne*.

Damville. Route de traverſe... Oueſt....... 21¼

De Verſailles à *Bailly*....... 1½ l. *V. de Verſailles à Mantes.*
De Bailly à *Damville*..... 20 l. *V. de Paris à Damville.*

DEUX-PONTS . E. | De Verſaill. à Paris & Deux-Ponts. 105
Donjon-des-Clefs. S.O | De Verſailles à Chartres...... 1½

Dourdan. Route de traverſe... S. O...... 9

De Verſailles on ſuit la route de Choiſy juſqu'au Pont-Colbert. A la Bouillie & à Jouy +. De Jouy au Val d'Enfer. ¼ l. O. de Vauboyan. Le long O. de Villeras. Traverſe de l'étang du Pavillon du Roi. ¼ l. E. de Villedombe & d'Orſigny. Fourche du chem. d'Orſay +. ¼ l. O. de Saclé + & du moulin à v. A St.-Aubin + & à Gif +. Etant au milieu de ce dernier vill. on tourne à gauche & l'on va *à Bures* +... 3 l. De Bures à Launoy, la Nouvelle-France. Gometz-le-Châtel +. Gometz-la-Ville +. ¼ l. O.

VERSAILLES. 711

de la Talibourderie. Plaine à trav. en passant entre la Bennerie & le ham. de Quincampoix. A Chaumusson & avenue du chât. du Pomeret. ½ q. l. O. du vill. de Limours+ & du couvent des Piquepus. ¼ l. E. de Péqueuse+. A la fourche de la route de St.-Arnould, qu'on laisse à droite. Bois & côte à passer. Pente rap. & ham. de Bajolet. A la Roitterie, ½ l. O. de Marchery & à 1 l. du chât. & village de Vaugrineuse+. A Angervilliers+, devant le chât. & à l'O. du parc. Côte & au S. des bois d'Angervilliers. 1 l. N. O. de Basville & 2 l. du clocher de St.-Yon+. Côte à trav. : *belle vue au S.* Pente rap. à l'E. du parc & chât. de Bandeville. Vallée, pont & riv. de Remarde. Chem. de Rochefort & St.-Arnould. A St.-Cyr+. Chem. d'Arpajon. ½ l. O. de Ste.-Julienne+. Côte & bois à passer. Vallon & hameau de Bistel. Côte & ham. de Liphard. *A DOURDAN*........ 6

DREUX. Grande route... Ouest. 15

De Versailles on suit la route de Chartres jusqu'au vill. de *Trapes*+... 2 l. On prend celle qui est à droite & l'on passe à l'angle du grand parc de Versailles, en traversant les rigolles. A ½ l. N. de Flancourt+. Fourche du ch. de St.-Cyr à Pont-Chartrain. Bois de Ste.-Apolline à trav. A l'O. du ham. de Chenevières & du vill. de Jouarre+. Le long N. du parc & chât. de *Pontchartrain*... 2 l. Au S. des Bordes & des Goutières, hameaux. ¾ l. de Neauphle-le-Château+. Jonction de la r. de Paris à Dreux par St.-Cloud. A St.-Aubin+. ¾ l. S. de Neauphle-le-Viel+ & ¾ l. N. de Mareil+. Plaine à trav. en passant au N. de la Maison-Rouge, ¼ l. de Merey+ & ½ l. de *Monfort-l'Amaulry* & du chât. de Groussay. Vallon & ruisseau à trav. ½ l. S. de Boissy+. ¾ l. N. de Galluys+. Passage du ruiss. qui vient du chât. de la Mormets & de la Couarde. Côte & vill. de *la Queue*+..... 3
Devant le moulin des Landes. S. des vill. de Mimont+ & Garencières+. Au péage des quatre Pilliers. Le Bœuf couronné. Bonnavis. Entre le ham. de Raconis & le vill. de Basinville+. Plaine à trav. A Maulette+ & *à Houdan*.... 3 l. Avant d'entrer dans cette ville, on passe sur le pont sous lequel coule la riv. de Vesgre, où aboutit la route de Mantes. La chap. du St.-Sépulchre est à côté. On traverse la ville de Houdan & l'on sort du côté de l'église de St.-Jean. On monte une côte en laissant le ch. d'Anet à dr. & le vill. de Thionville+ à gauche. A Goussainville+. ¾ l. N. d'Anne-Marie+ & de Champagne+. ½ l. S. d'Havelu+ & son moulin à v. ¾ l. de Marchezais, & 1 l. de Bu. *A Marolles*, ham... 2 l. Le long N. d'un petit bois. Devant l'avenue qui conduit au chât. d'Abondant, en passant à côté du vill. de Serville+. A ½ l. N. du vill. de Broné+, du chât. d'Orvilliers & du vill. de Germainville+. A la Mézangère, ham. & à Chévisy+, en descendant la côte. Pont & riv. d'Eure. ½ l. N. de St.-Symphorien+ & Mézières-en-Drouais+. Le prieuré de Ste.-Geaume n'est qu'à ¾ l. Prairie à traverser. On monte une côte, en passant entre la ferme de Châtelets & le parc & château de Gondeville. Descente de la côte & prairie à trav. Au faub. & devant l'église de St.-Jean+. On laisse la route de Bretagne à gauche. *A DREUX....* 3 l.

Dunkerque . . . N.	De Versailles à Paris & Dunkerque.	73
Dureral . . . S. O.	De Versaill. au Mans & à Duretal.	60
Essonne . . . . S. E.	De Versailles à Fontainebleau . . .	9

ESTAMPES. *Chemin de traverse*... Sud. 13

De Versailles *à Saclé*+... 2 l. *Voy. de Versailles à Dourdan.* Etant à la fourche du chemin vis-à-vis de ce vill. on détourne vers l'E. & l'on passe à côté de la croix de Saclé. Au château de Corbeville, en passant à l'O. de la Martinière. Pente & à l'E. des ham. du Guichet & Vauboyan. O. de Libernon & Macheroult. *A Orsay*+... 1 l. A l'E. du chât. de la Guillonnerie, du grand & petit Menil, sur la riv. d'Yvette. Bois à trav. & route de Paris à Dourdan. Entre Courtaneuf & Mondetours. Au grand Viviers, ferme. Plaine & bois des Carres à trav. Le long O. des étangs de Marcoussy. A Beauvert. Traverse du bois des Charmeaux, au Déluge & à Mariveaux. ½ l. E. de Janvrys+. On traverse une petite plaine & l'on rentre daus le bois. A Quincampo x, ½ q. l. E. de Fontenay+. Sortant de Quincampoix on suit une grande route entre les bois qui va rejoindre la route de Dourdan, que l'on suit en retrogradant & en passant entre le ham. de Bailleau & un petit bois. Fourche de la route de Paris à Orléans.... 5 l. De-là *à ESTAMPES*... 5 l. *Voyez de Paris à Orléans.*

EVREUX . . . N. O.	De Versailles à Mantes & Evreux .	22
Falaise . . . . O.	De Versailles à Dreux & Falaise . .	44
Falaise (la) . N. O.	De Versailles à Mantes	7½
Flèche (la) . . S. O.	De Vers. au Mans & à la Flèche. .	58

FONTAINEBLEAU. *Grande route*... Sud 17

De Versailles *à Choisy* jusqu'à la r. de Paris à Fontainebleau... 4½ De l'étoile de cette route *à FONTAINEBLEAU*... 12½ l. *Voy. de Paris à Fontainebleau.*

Route de traverse. 16

De Versailles *à la ferme du grand Viviers*... 4 l. *Voyez de Versailles à Estampes.* De-là à Frélay. Bellebat. Villiers. ¼ l. S. des chât. de Lunesy & Villarseau. A Mocsouris & Menilforget. ¼ l. S. de Nosay. Côte à descendre & à la Houssay. La Madelaine, ferme ; après laquelle on arrive à la route de Paris à Orléans & on entre dans *Montlhery*... 2 l. De Montlhery au chât. de l'Ormois, en passant au N. de la Tour & du ham. de Guipereux. ½ q. l. S. de l'Abb. de Longpont. Pente rap. Passage de la riv. d'Orge & de l'isle qu'elle forme. Montant la côte on arrive à St.-Michel+. De-là à Rosier. ½ l. E. de St.-Philbert+ & St.-Pierre-de-Brétigny+. O. de Charcoy. Au Plessis-Pâté & à la ferme des Noues. ¼ l. E. du vill. de Val-le-Grand+. Le long d'Echarcon+, en descendant la côte. Prairie & riv. d'Orge à

VERSAILLES.

traverser, en passant à côté du moulin & du grand étang de Villeroy. Montez la côte & passez entre le chât. de Villeroy & le vill. de Menecy+. Entre le vill. de Monceaux+ & Ste.-Radegonde, prieuré. A la ferme de Bouligneau, puis à l'angle du parc de Tilly, où passe la route de Paris à Fontainebleau. ... 4
De-là à FONTAINEBLEAU ... 6 L. *Voyez de Paris à Fontainebleau par Villejuif.*

Forges . . . . . . N.	Gisors, de Gisors à Forges . .	28
Forges . . . . . . S.	& de Paris à Dourdan	5½
FRANCFORT . . E.	Metz, de Metz à Francfort . .	138
GAND . . N. p. E.	Paris, de Paris à Gand	76
GENÈVE . . S. E.	Fontainebleau, & à Genève .	123
Gisors . . . . . N.	Pontoise, de Pontoise à Gisors.	16½
GRENOBLE . S. E.	Lyon, de Lyon à Grenoble .	142
Havre-de-Grace. N.O.	Rouen, de Rouen au Havre .	52
Houdan . . . . . O.	Dreux	10
Lamballe . . O. p. S.	Rennes, de Rennes à Lamballe.	103
LANGRES . . S. E.	Fontainebl., Troyes & Langr.	76
LAON . . . . N. E.	Paris, de Paris à Laon	37
LIÉGE . . . N. E.	Paris, de Paris à Liége	92
LIMOGES . . S. O.	Orléans, & à Limoges	93
Lisieux . . N. O.	Evreux, & à Lisieux	39
LONDRES. N. p. O.	Paris, & à Londres	112
LUXEMBOURG . E.	Paris, & à Luxembourg . . .	86
LYON . . . S. p. E.	Fontainebleau, & à Lyon . .	115
MANS (le) . . S. O.	Dreux, & au Mans	47

MANTES. *Route de traverse* ... N. O. 10

De Versailles on suit la route de Marly jusqu'à *Rocquencourt*+. 1 On prend la route à gauche & l'on traverse ce vill. A Vauluceau. Bailly+ & *Noisy*+ . . . . 1 l. Fourche de la r. de Dreux. A ¾ l. N. E. de Rennemoulin+. Villepreux+ est plus loin. A côté de la tuilerie Bignon, ¾ l. N. de Chapontal. *A St.-Nom*+ . . . 1 l. En entrant dans ce vill. on apperçoit une belle route qui traverse la forêt de Marly & va à Fourqueux+ & St.-Germain. La tuilerie & le chât. de la Bréteche sont du même côté au bord de la forêt. Vallon, ¾ l. N. de Chavenay+. Traverse du ch. de Poissy, qui passe à Feucherolles+ & Lanluet+, Vallon & ruiss. ¾ l. N. de Davron+. Entre la Folie, ferme, & le parc & chât. de Vuideville. Le long S. de Crépières+, en traversant le chem. qui vient de Thiverval+. Vill. à 1 l. au S. & qui va aux Alluets-le-Roi, 1 l. au N. Plaine à trav. en passant à ¾ l. S. du chât. de Boulemont. Entre les Mondioux & la chap.

du St.-Nom de Jésus. A côté E. de Mareil+ & de la rivière de Maudre que l'on suit. ¾ q. l. E. de Valdurant, ham. de l'autre côté de la riv. sur la hauteur. ½ l. S. O. d'Herbeville+ : ce vill. est à côté du bois de 30 arpens. On passe au S. du ham. de Monsel. Riv. de Maudre à passer, *à Maulle*+ ... 3½ l. Fourche de la route de *Meulan.* Au ham. d'Hagnou & à Menuet. Le long O. de la riv. & du vill. d'Aunay+. A la Falaise+, village situé entre Nésée+ & le hameau de Tanqueux. Le long N. E. de la chap. de St.-Thomas & du vill. d'Epone+. *A Mézières*+ 2
On côtoye la riv. gauche de la Seine en remarquant le ham. de Montalet, & le vill. de Porcheville+ de l'autre côté de cette riv. Les ham. de Launay, la Plaigne & le prieuré de St.-Germain-de-Secqueval sont au S. sur la hauteur. Devant une croix, & au N. de Chanterenne & de la riv. de Vaucouleurs : Mantes-la-Ville est au-delà de cette riv. Devant les Cordeliers & *à MANTES* 1½

Marly . . N. p. O.	St.-Germain-en-Laye	2
MARSEILLE. S. p. E.	Lyon, de Lyon à Marseille .	202
Maulle . . . N. O.	Mantes	6½
Mayenne . . O. p. S.	Dreux, de Dreux à Mayenne.	55
MEAUX . . . . E.	Paris, de Paris à Meaux . . .	14½
METZ . . . . . E.	Paris, de Paris à Metz	80
Mézières . . . N. E.	Paris, de Paris à Mézières . .	60
MONTAUBAN. S. p. O	Limoges, & à Montauban . .	168
Mont Lhery . . . S.	Fontainebleau	6
MONTPELLIER. S	Lyon, de Lyon à Montpellier.	193
MOULINS . . . S.	Orléans, d'Orlans à Moulins .	80
NAMUR . . . N. E.	Paris, de Paris à Namur	80
NANCY . . . . E.	Paris, de Paris à Nancy	87
NANTES . . . S. O.	Angers, d'Angers à Nantes . .	90
Nemours . . S. p. E.	Fontainebleau, & à Nemours .	21
NEVERS . . . . S.	Fontainebleau, & à Nevers . .	59
NISMES. . . S. p. E.	Lyon, de Lyon à Nismes . .	180
Nogent-le-Rotrou. S. O	Chartres, de Chartres au Mans.	31
NOYON . . . N. E.	Paris, de Paris à Noyon.	29
ORLÉANS. S. p. O.	Estampes, d'Estampes à Orléans.	28
Orphin . . . . S. O.	Chartres	10
PARIS . . . . E.	de Paris à Versailles	4½
PAU . . . . . S. O.	Tours, Bordeaux & Pau . . .	205
PÉRIGUEUX . S. O.	Limoges, de Lim. à Périgueux.	117
PERPIGNAN . . S.	Toulouse, & à Perpignan . .	223
Peronne . . N. p. E.	Paris, & à Peronne	37

(DE VERSAILLES, à)

VERSAILLES. 715

Plaisir	. . . . . . O.	*de Vers.*	Dreux	4
Plessis-Piquet	. S. E.		Choisy	2½
Plombières	. . S. E.		Langres, & à Plombières	103
Poissy	. . . N. p. O.		Pontoise	4¼
POITIERS	. S. p. O.		Tours, de Tours à Poitiers	82
Pont-Chartrain	. O.		Dreux	4

PONTOISE. Route de traverse... N. 8¼

Sortant de Versailles par la rue de Maurepas on suit la nouvelle avenue qui fait face à cette rue, & qui conduit à Marly. Les personnes à pied peuvent prendre l'ancienne route, en passant devant l'Hermitage & en côtoyant le mur du parc. Devant la Porcherie & au vill. de St.-Antoine +. Suivez la belle avenue de Marly, en passant à l'O. du Chenay + & du château du Bel-Air. A Rocquencourt +. Traverse de la route de Paris à Damville... 3 De ce vill. on va au parc de Marly, en passant à l'O. de l'Aqueduc & de Becheret; le Trou-d'Enfer est à gauche derrière le parc. Le long du parc & à l'O. de Louvecienne + & du Cœur-Volant. Devant la porte du chât., laissant le vill. à gauche... 1 l. Pente rap. & au port de Marly, où l'on trouve la route de Paris à St.-Germain, que l'on suit en côtoyant la riv. de Seine. Fourche du chem. du Pec; détournez à gauche & passez devant le chât. de Filancourt, montez la côte & entrez dans *St.-Germain*. ... 1 Sortant de cette ville on passe devant le chât. & on entre dans la forêt, au milieu de laquelle est la croix de Montchevreuil. Sortant de la forêt on apperçoit le vill. d'Achères + à 1 l. à l'E. La grange St.-Louis & la chap. St.-Jean sont en-deçà. La chap. de St.-Louis est à l'O. & près de la route. Pente douce & à *Poissy*. 1¼ Traversez ce bourg & passez sur le pont en remarquant le port où l'on s'embarque pour *Rouen*. Suivez la route de Meulan environ 300 toises. Quittez cette route & prenez celle à droite, qui va à Chanteloup, en passant à côté de la chap. St.-Blaise. Plaine à trav. & arrivez à *Chanteloup* +.... 1¼ l. Ce vill. est situé à l'extrêmité S. de la côte que l'on nomme *Autis* & qu'on va traverser, d'où l'on découvre une partie de Paris. Quittant Chanteloup, on continue de monter en passant à l'E. de Pise-Fontaine & de la justice de Triel +, ce vill. est au bas de la côte sur le bord de la Seine. Plaine de l'Autis à trav., en passant au pied d'une croix, vis-à-vis de la ferme de Bois-Roger. Fourche du chemin de Boisemont +, où il y a aussi une croix, qu'on laisse à gauche. Descente de la côte, en passant près du ham. d'Ecancourt. Plaine en passant entre la ferme de Siault & le ham. de Jouy-la-Fontaine. ¼ l. O. de Jouy-le-Moutiers +. ¾ l. E. de Boisemont + & ¾ l. de Menucourt +. Croix & fourche du chem. de Vauréal +, vill. & chât. à ¼ l. E. au bas de la côte sur le bord de la riv. d'Oise. A la chap. Ste.-Apoline, située au carref. de la route de Pontoise à Meulan & Mantes. Prenez la route de Pontoise, que vous découvrez à l'E. Laissant au N. un petit bois. Le colombier de Vauréal & le ham. de Gency sont au S. Le vill. de Sergy + est

¼ l. plus loin, au bas de la côte. Plaine à trav. en paſſant au N. de l'Abb. de St.-Martin, ce ſont des Bénédictins. Traverſez le faub. de N. D. & entrez dans *PONTOISE* ... 3 l.

Rambouillet .. S.O.		Chartres	7
REIMS ... N.E.		Paris, de Paris à Reims. ...	42
RENNES . O. p. S.		Dreux, de Dreux à Rennes .	82
Rochefort ... S.O.		la Rochelle, & à Rochefort .	122
ROCHELLE (*la*). S.O		Chartres, Tours & la Rochelle.	115
Rocquencourt .. N.		Pontoiſe	1
Roſny .... N.O.		Mantes, de Mantes à Roſny .	11
ROUEN ... N.O.		Mantes, de Mantes à Rouen .	29
Rungis .... S.E.		Choiſy	4½
Saclé .... S.		Dourdan	2
St.-Aubin .... S.		Dourdan	3
ST.-BRIEUC .. O.		Rennes, de Rennes à Breſt .	108
St.-Cloud ... N.E.		Paris par St.-Cloud	2
St.-Cyr ...... O.		Dreux	1
St.-Denis ... N.E.		Compiegne	6½
St.-Forget . S. p. O.		Chevreuſe	4
St.-Germain .. N.		Pontoiſe	3
St.-Hubert .. N.E.		Paris, de Paris à St.-Hubert. .	76
St.-Hubert, chât. Royal ... S.O.	DE VERSAILLES, à	Rambouillet	5½
St.-Lambert. S. p. O.		Chevreuſe	3
ST.-MALO ... O.		Dreux, de Dreux à St.-Malo .	85
St.-Nom .. N.O.		Mantes	2½
ST.-OMER ... N.		Paris, de Paris à St.-Omer. ..	65
St.-Ouen ... N.E.		Compiegne par St.-Denis ...	6
Sceaux .... S.E.		Choiſy	3
SENLIS ... N.E.		Paris, de Paris à Senlis	15
Senliſſe ..... S.		St.-Forget, & à Senliſſe ...	4½
SENS .... S.E.		Fontainebleau, & à Sens ...	31
SOISSONS .. N.E.		Paris, de Paris à Soiſſons ...	29
STRASBOURG . E.		Paris, de Paris à Strasbourg .	123
TOUL .... E.		Paris, de Paris à Toul	81
TOULON .. S. p. E.		Lyon, de Lyon à Toulon ..	211
TOULOUSE. S. p. O		Orléans, d'Orl. à Toulouſe .	170

VESOUL.   717

		DE VERSAILLES, à		
Tournay	N. E.		Paris, de Paris à Tournay	62
TOURS	S. O.		Chartres, de Chartres à Tours	52
Trapes	S. O.		Rambouillet	2
Trappe (la) Abb.	O.		Dreux, de Dreux à la Trappe	33
Trianon, chât.	N. O.		Trianon	½
Vernon	N. O.		Mantes, de Mantes à Rouen	16
Vichy-les-Bains	S.		Moulins, de Moulins à Vichy	85
Villedavré	E. p. N.		St.-Cloud	1¼
Villeroy, chât.	S.		Fontainebleau par Villeroy	9

ROUTES ET CHEMINS DE TRAVERSE
DE VESOUL

Distance de Vesoul.

à		DE VESOUL, à Voyez	lieues.
ABBEVILLE	N. O.	Langres, de Lang. à Abbeville.	126
AIX	S. p. O.	Besançon, de Besançon à Aix.	140
ALBY	S. O.	Besançon, de Besanç. à Alby.	184
AMIENS	N. O.	Paris, de Paris à Amiens.	116
ANGERS	O. p. N.	Besançon, & à Angers	158
ANGOULÊME	O.	Besançon, & à Angoulême	167
ANTIBES	S.	Aix, d'Aix à Antibes.	181
ARLES	S. p. O.	Besançon, de Besanç. à Arles.	131
ARRAS	N. O.	Langres, de Langres à Arras.	108
AUCH	O. p. S.	Besançon, de Besanç. à Auch.	213
AUTUN	O. p. S.	Besançon, de Bes. à Autun	47
AUXERRE	O.	Langres, de Langr. à Auxerre.	64
Auxonne	S. O.	Besançon, de Bes. à Auxonne.	25
AVIGNON	S. p. O.	Lyon, de Lyon à Avignon	121
AVRANCHES	O.	Paris, de Paris à Avranches	159
Balaruc	S. O.	Montpellier, & à Balaruc.	146
BAR-LE-DUC	N.	Langres, & à Bar-le-Duc.	50
Bar-sur-Aube	N. O.	Langres, & à Troyes	35
Barrèges	O. p. S.	Auch, d'Auch à Barrèges.	246
BASLE	E. p. S.	Béfort, de Béfort à Basle	30

VESOUL.

BAYONNE . . . O. | De Vesoul à Limoges & Bayonne. 248

BÉFORT. *Grande route*. . . . E. p. S. 15½

Sortant de Vesoul, on monte en traversant le faub. des Capucins, & l'on passe à l'E. de la Motte-de-Vesoul. A la fourche de la r. de Langres à Béfort. Devant l'auberge neuve, ¼ l. S. de Coulevon. Pont, riv. de Drujonc & moulin de Pontalchie. Prairie à trav. & route de Plombières. Le long de la côte de rochers de Frostey. A Frostey-les-Vesoul+ & route de Montbéliard. Traverse de la montagne de Frostey. ¼ l. N. de Quincey+ & du Frais-Puits, ½ l. de Colombey+. Entre le bois de Frostey & celui de Camey. Côte rap. & bois à trav. Le long S. de la montagne & ferme de Charmont. ¼ l. N. de la côte & bois de Camey. ¼ l. de Damp-vallez+. Pente rap. & vallon à trav. Au S. des bois de Moncey. Le long de la côte & au N. du moulin Chantereine, & celui du Bois & du Châtelet. *A Calmoutier+*. . . 3 l. Devant le chât., pont, rivière & prairie. Devant la Fleur-de-Lys, *la Poste* & le Lion vert, *aub.* A la fourche de l'ancienne route, 1 l. N. de *Noroy-l'Archevêque*. Côte & rochers à trav. 2 l. N. de Mont-justin, que l'on voit. Petit bois de Faverger à trav. Le long du bois de Chasseigne. ¼ l. S. de Vellemenfroy & Châtenay. A Mai-son-Royale & route de Luxeuil. Entre la prairie & le bois de Chasseigne, ¾ l. N. de Lyevans. 1½ l. S. E. du clocher de Saulx+. Pente rap. ¼ l. S. des bois de Fougères. Le long N. du vill. de Pomoy+. Devant le Cheval blanc & le Cerf, *auberges*. Côte de Montjarrot & bois à trav. A Genevreuil+. Prairie, ruiss., côte & bois à passer. A Amblan+. Devant la maison du coin du bois. Côte & ham. de Vellotte-sous-Amblans. Pont, prairie & ruiss. ¼ l. S. de Bouhans+. A la Brosse, ferme & auberge, *ou* la Maison-Rouge. Au pont de Jean-Joignot. ¾ l. des bois de l'Abb. à trav. A la route de Lure à Luxeuil. Pont, riv. & moul. de N. Dame. Prairie, côte & au N. de l'Abb. de Lure. Chem. de Lure à Colmar par Servance. Faub. & porte Dieu. *A Lure.* 4 On sort de Lure par la porte d'Enbas, on passe le faub. & devant les Trois-Rois, *aub.* Le long S. de Mont-Châtel. Route de Lure à Besançon. Le long de la belle allée de Tilleuls. Route de Bé-fort à Besançon. A 1 l. N. de Vounans, *vignoble*. Pont & riv. d'Oignon, prairie & ancien lit d'Oignon à trav. 1 l. S. du chât. de Sanley. ¼ l. N. du vill. de Roye+. 1 l. de Frostey-les-Lure+. A l'étang Bouras & bois de Roye. Au Creux-d'Enfer. ¼ l. N. du moulin rouge & au moulin de la Béquille, tous deux situés sur le Rahain. A la Côte. Entre les bois & la prairie. Pont & ruiss. de Malbouhans. Le long d'une côte de bois. ¼ l. N. des terres de Montbéliard. Pont de Reigny, sur le petit Rahain. Prairie, pont, chaussée & côte. Aux tuileries & à Récologne. Au bas du tertre & de l'église de N. Dame-du-Haut *ou* Bourg-les-Monts. *A Ronchamps+*. . . 3 l. Devant *la Poste* & l'auberge du chât. Pont, riv. du Rahain & belle prairie à trav. Devant le Bureau des Fermes du Roi. ¼ l. N. du ham. des Boulets. Route de Gi-romagny par Champagney. Entre deux petits bois. 2 l. de la montagne des Cordis à trav., en passant à la maison de Bauban, ¼ l. S. de la forge neuve, & 1 l. du Plainet, haute montagne. Au

VESOUL.

sommet de la montagne des Cordis, ¼ l. S. de Champagney+, des verreries & des houillières. Vallon, côteau Genest à passer entre les précipices. A ¾ l. N. du tertre & chât. d'Estoblon. A la grange du banc & la maison Piquet. 1 l. S. du Plancher-Bas & du mont St.-Jean. Devant la maison du Carabinier. ¾ l. N. de Chérimont au bas d'Estoblon. Entre deux bois & à la Maison neuve. A la Baraque, N. de Chavanne. Fin du bois & descente rap. Vis-à-vis des étangs de Chavanne. Pont & ruiss. des étangs d'Ervette. N. du moulin de Frahier. *A Frahier*+... 3 l. Devant la nouv. église & *la Poste*. Pont, ruiss. & prairie à passer. Côte rap. & le long des bois des Essoyeux. Au S. de quantité d'étangs, du Ballon St.-Antoine & d'Alsace. A la Forêt. Côte à trav.: *belle vue sur le Ballon*. ¾ l. O. de Chalonvillars+. ¾ l. S. du grand Salbert & d'Ervette. Pente longue & rap., S. de la mont. du Salbert. Pont & ruiss. des étangs de Salbert. Entre les bois du Coudray & la prairie. A la borne qui sépare l'Alsace de la Comté. A Essert+. Devant le Bureau du Domaine & la Croix-Blanche, *aub.* Vallon, ch. & à ¾ l. N. O. de Bavilliers+. Côte à trav. en pass. à ¾ l. N. du Creux-de-la-Dame, *gouffre au-dessus de Bavilliers*. ½ q. l. de Bois-le-Mont & du moulin Pelletier. Au N. de la tuilerie & de Damjustin+, S. des Baders. Au faub. de France & à l'angle de la r. de Besançon. Devant le Cheval-Blanc, le Sauvage & la Couronne, *grosses auberges*. Vis-à-vis des Capucins & de la r. de Montbéliard. Carrefour des quatre routes & devant *la Poste*. Pont & riv. de Savoureuse. Porte de France, *à BÉFORT*.... 2½

BESANÇON..	S.	de Besançon à Vesoul....	11
BORDEAUX..	O.	Dijon, de Dijon à Bordeaux.	182
Bourbon-l'Ancy.	O.	Autun, d'Autun à Bourbon.	62
Bourbonne-les-B.	N.	de Besançon à Bourbonne..	14
BOURG en B.	S.p.O.	Besançon, de Besanç. à Bourg.	44
BOURGES...	O.	Dijon, de Dijon à Bourges..	79
BREST.....	O.	Orléans, d'Orléans à Brest..	233
BRUXELLES.	N.	Langres, & à Bruxelles...	116
CAEN.....	O.	Paris, de Paris à Caen....	138
Calais....	N.O.	Paris, de Paris à Calais...	153
CAMBRAY.	N.O.	Reims, de Reims à Cambray.	102
CHALONS sur M.	N.	Langres, & à Châlons....	59
CHALON s. s...	S.O.	Besançon, & à Chalon...	36
CLERMONT.	S.O.	Moulins, & à Clermont...	93

COLMAR. *Grande route*.... Est.........34
De Vesoul à Béfort... 15 l. De Béfort à COLMAR........19

Chemin de traverse par les montagnes.

De Vesoul à Lure. V. de Vesoul à Béfort. De Lure on traverse ¾ l. de forêt & l'on passe à ¾ l. O. du chât. de Saulcy. A

Mont, ½ l. O. de Neuvelle. A St.-Germain +. Devant O. du moul. & ham. de Monteſſaut. Vallée & ham. de Souhier. ¾ l. O. de St.-Barthélemy-les-Mélifey +. Pont, ruiſſ. & ham. de la Rue. Vis-à-vis de St.-Pierre-les-Mélifey +. Colline où coule la riv. d'Oignon, que l'on remonte. A l'O. de Radon & de la colline de Freſſe. A Blonchamps. Ternuay ſur l'Oignon, entre les montagnes. Paſſage de l'Oignon. Entre les champs Frouguenon & la colline de Miellen. Pont & riv. d'Oignon. Au bas O. du mont Cornu. A Rocelaxer. Vis-à-vis de Bourgagotte, à Servance +. Le Them & Grand-Champ. O. de la colline & roche d'Aval, au bas du Haut-du-Fret. A la roche d'Amont. Fonderie & ham. du Haut-du-Them. O. de Bréchot & Maillebourg. Au bas de la grange & mont de Lanxey. E. de la Rochère. ¾ l. O. de Château-Lambert + & de la ſource de l'Oignon. Borne qui limite la Comté & la Lorraine. Au point de partage des eaux qui coulent vers la Mèditerranée & vers l'Océan. Deſcente de la chaîne & à ¾ l. des mines. Pont, moulin & vill. de Moſelle +. A Tillot, où l'on trouve la r. de Béfort à Nancy. A Freſſe +. Au Pont-Jean & paſſage de la Moſelle. A St.-Maurice +. De St.-Maurice au carref. de la r. de Béfort à Colmar. *V. de Baſle à Remiremont.* Du carref. à Colmar. *Voyez de Béfort à Colmar.*

Combeau-Font. N. p. O | De Veſoul à Langres 6
Deux-Ponts. N.E. | De Veſoul à Nancy & Deux-Ponts. 67
DIJON . . . . S. O. | De Dijon à Veſoul 27

. . *Epinal. Route de traverſe.* . . N. E. 19
De Veſoul *à Plombières.* . . 12 l. De Plombières *à* NANCY. . . 7
Autre route. 18

De Veſoul *à Bains.* . . 13 l. *V. de Veſoul à Mirecourt.* Sortant de Bains on traverſe ¾ l. de bois. Fourche de la r. d'Epinal par Voivres. Côte de la grange Boſſey. Etang, ¼ l. N. O. de la forêt. Deux lieux de bruyères à trav. en paſſant à ¼ l. du chât. d'Hardemont. ¼ l. E. des Voivres. Vallon & riv. de Bagnerot. Côte de la Fleichère. Pont & ruiſſ. de Bagnerot. A la Chapelle-au-Bois +. Pont, ét. de la Chapelle. N. de la ferme de Charmoy. Vallon, ruiſſ. de la Queue-de-Renard. *A Xertigny* + ... 2
Pont & ruiſſ. d'Amerey. Au haut & à *la Poſte* de Xertigny. De Xertigny *à* EPINAL. . . 3 l. *Ou de Bains* au bois & r. de Xertigny. Aux Voivres. ¼ l. E. de la forge Quenot. A Grémifontaine. Pont & ruiſſ. de l'Amerey. Au bas de la côte & ham. de Raſey. Pont, forgé & riv. de Cone. Côte, ½ l. O. d'Uzemain +. ¼ l. E. de Melomenil, ½ l. de Thieloufe. O. de Naimont. Gorge, bois & grange du Roulon. Vallon, ét. & ¼ l. de bois à trav. A la belle Etoile, ¼ l. d'Humbert. E. de la ſource d'Avière, riv. ¾ l. de bois à trav. A la grange d'Oyette, & *à* EPINAL ſ. Moſelle.... 3

Falaiſe . . . . . . O. | De Veſoul à Paris, & à Falaiſe. . 133

FAUCOGNEY. *Route de traverſe.* . . . N. E. 11
De Veſoul *à Luxeuil.* . . 7 l. *Voyez de Veſoul à Plombières.*

De Luxeuil

VESOUL.

De Luxeuil on passe devant les Capucins. ¼ l. N. de Froide-Conche. Entre les bois & riv. de Breuchin. Au N. de la grange Boyau & du bois d'Amont. Entre Radon & Breuchotte. ¼ l. N. de la bruyère. *A Amage*. . . 2 l. ¼ l. N. de Proselière. A Ste.-Marie-en-Chanois. N. de l'Angle. ¼ l. des deux Fessey. Au N. de la Voivre *ou* Vaivre. A Breuche. O. de la montagne & vill. de St.-Martin +. Pont, moulin, riv. de Breuchin. Moulin de Molans. *A FAUCOGNEY*. . . . 2 l.

Faverney . . . . N.	Mirecourt	6
Fère (la) . N. p. O.	Langres, de Langres à la Fère.	85
Fontainebleau. N. O.	Langres, & à Fontainebleau .	77
Fontenois . . N. E.	Mirecourt par Fontenois . . .	14
Forges. . . . N. O.	Paris, de Paris à Forges . . .	112
Fougerolles . . . E.	Plombières	9
GENÈVE . . . S.	Besançon, & à Genève . . .	45
Giromagny . . . E.	Mulhausen.	13
Grange-le-Bourg. S.E	Montbéliard	9
Gray . . . . . S. O.	Dijon par Gray . . , ...	16
GRENOBLE . . S.	Lyon, de Lyon à Grenoble.	88
Havre-de-Grace. N.O	Paris, de Paris au Havre . . .	136
Héricourt . . . S. E.	Montbéliard, & à Héricourt.	14
Landau . . . N. E.	Béfort, de Béfort à Landau .	67
Landrecy . N. p. O.	Reims, de Reims à Landrecy.	98
Langogne . . S. O.	Lyon, de Lyon à Mende. .	100
LANGRES . . N. O.	de Langres à Vesoul.	18
LAON . . . . N. O.	Langres, de Langres à Laon.	80
Laval . . . . . . O.	Paris, de Paris à Laval . . .	152
LIÈGE . . . . . N.	Verdun, de Verdun à Liége .	110
LILLE . . N. p. O.	Reims, de Reims à Lille . . .	117
LIMOGES . . O.	Moulins, de Moul. à Limoges.	122
LISIEUX. . . N.O.	Paris, de Paris à Lisieux. . .	127
LONDRES . N. O.	Paris, de Paris à Londres . .	193
Longwy . . . . . N.	Verdun, & à Longwy. . . .	71
Lons-le-Saun. S. o O.	Besançon & Lons-le-Saunier .	31
Luneville . . . N. E.	Plombières, & à Luneville. .	32
Lure . . . . E.	Béfort	7
LUXEMBOURG. N.E	Nancy, & à Luxembourg . .	61
Luxeuil . . . . . E.	Plombières	7
LYON . . S. p. O.	Besançon, & à Lyon	61

Tome II. Yyyy

MACON	S.O.	Besançon, & à Macon	52
MANS (le)	O.	Orléans, d'Orléans au Mans	143
MARSEILLE	S.p.O.	Lyon, de Lyon à Marseille	148
Masvaux	E.	Mulhausen	17
Maubeuge	N.	Reims, de Reims à Maubeuge	102
Mayenne	O.	Paris, de Paris à Mayenne	145
MEAUX	N.O.	Troyes, de Troyes à Meaux	77
METZ	N.E.	Nancy, de Nancy à Metz	46
MÉZIÈRES	N.	Reims, de Reims à Mézières	87

(middle column: DE VESOUL à)

MIRECOURT. *Route de traverse*...N.E........ 25

De Vesoul à Epinal...18 l. D'Epinal à MIRECOURT...... 7
Voyez de Neuchâteau à Epinal.

Autre route............... 22

De Vesoul à Luxeuil....7 l. V. de Vesoul à Plombières. De Luxeuil on passe devant l'étang & les Bains. 1 l. de bois à passer. Pont, ruiss. & ham. de Fontaine. ½ l. E. de Hautevelle+. A la Charme. Pont & riv. de Combault. ¼ l. O. de Corbenay+. Pont & riv. d'Angronne. *A St.-Loup*...3 l. ½ l. O. de Magnoncourt. Vallon & ruiss. de la grange Fosse-Gras. ¼ l. de bois à trav. Vall. & grange de Dame Alix. Entre le grand Lardon & le moulin de St.-Joseph. Vallée, grange & ruiss. des Ecrévisses. Côte & ham. de la Saline. 1 l. de bois & borne de la Comté. A la grange des Teraineurs. Etang, ½ l. E. de Trémonses+. Petit bois, ½ l. E. de la forge du moulin des bois. A Charmois & vis-à-vis de la Manufacture de fer-blanc. Pont, ruiss. de Fegnerot. *A Bains*... 3 ¾ l. de bois à trav. en passant la riv. de Cone. Côte rap., ¼ l. E. de Hautmougey, ¾ l. de Gruey+. ½ l. O. de Harsault+. E. de grand Rupt. Fourche de la r. par Favernay. ½ l. de bois à trav. en passant près la cense de Grandmont. A la Voivrotte. Entre la montagne *ou* tertre de Menamont & la source de la Saone. ¾ q. l. E. de Viomenil+. Au sommet de la chaîne qui sépare le bassin de la Saone de celui de la Moselle. ¼ l. O. de la source du Madon, riv. qui va se joindre à la Moselle. ½ l. de bois à trav. en descendant à la tranchée. *A Escle*+...4 l. Vallon & riv. du Madon à passer. ¼ l. E. de Lerrin+. ½ l. de bois à passer & à Pierrefitte+. Vallon & longue côte à trav. en passant à l'E. du moulin de Ruxel, du ham. de Legeville & de l'Abb. de Bonfay. O. d'Adompt. Vallée, pont & riv. d'Illon. A Bugnecourt. Pont & moulin d'Hucheloup-sur-Madon. A l'E. des bois, ¾ l. de Rancourt+. Au-dessus O. du vill. d'Hagecourt+. Vallon & vill. de Valleroy-aux-Saules+. ¼ l. O. de Maroncourt. Côte rap. à trav. en passant à ¼ l. E. de Bazoilles+. ½ l. O. de Tatignecourt. A Himont+ & passage du ruisseau de Bazoilles. Entre les bois de Tailloter & le Madon. O. du moulin de Sonnanval & à ¾ l. de Vroville+. A Mattincourt+. Fourche de la route de Mirecourt à Dijon. ½ l. E. de Ravenelle+. *A MIRECOURT*......... 5

VESOUL.

Autre route par Faverney............ 22

Sortant de Vesoul on passe entre la riv. de Drujonc & la Motte-de-Vesoul, ½ l. N. de Noydans. Entre les Aberges & la Montoilotte, ferme. 1¼ l. E. de Montigny-les-Dames. Pont, ruiss. & prairie à trav. ½ l. S. des Repes. Côte à passer. A Pusey +. ¾ l. S. de Pusy & côte à trav. A Charmoille +. Entre les bois de ce village. A Bougnon +. ½ l. O. de Gresoux. Ruiss., étang, ¾ l. E. de Villers, ¼ l. de Tranois. A la Poterelle. Aux Cordeliers, ¼ l. O. de Provenchères +. O. des bois, ½ l. du vill. de Fleury +. E. de la Goulotte; ¼ l. O. de Beury +. Pont, riv. de Lanterpe. *A Faverney*...6 l. Chemin & à 1 l. E. de St.-Amance. ½ l. de bois à passer. A Menoux +. ¾ l. O. de Cubry & 2 l. de Conflans +. Côte rap. à trav. en passant au parc & devant le chât. de St.-Remy. A St.-Remy. ½ l. O. de Chazelle. A Anchenoncourt +. Croix, ½ l. O. de Clairefontaine. Côte rap. Fourche de la route de Langres. Justice, ½ l. O. de Mailleroncour +. ¾ l. E. de Montdorez +. *A Vauvillers*...5 l. ¼ l. O. des bois de la Vaivre. Ruiss. & moulin de la Craye. Côte, ¾ l. E. d'Hallaincourt +. ¾ l. de bois à trav. ¾ l. E. de Selles +. Pont & riv. de Coney. A la forge de Pont-du-Bois. Côte rap. ¾ q. l. de Pont-du-Bois +. Etang & route de Fontenois-le-Château. ½ l. O. d'Ambieviller +. ½ l. E. de Pendaquet & de la verrerie. Vallon & étang. 1 l. de bois à trav. en passant à la forge du Bas-du-Mont. Côte rap. Vallon & vill. de Gruey +. Entre les bois & les étangs de ce vill. & du ham. de Grandrupt. Fourche de la route par Luxeuil. A la Voivrotte. Au tertre de Menamont, E. de *Viomenil*+...5. De Viomenil à MIRECOURT....6 l. *Voyez la route ci-dessus*.

Mirepoix...	S. O.	De Vesoul à Montpell. à Mirepoix. 180
MONTAUBAN..	O.	De Vesoul à Lyon & Montauban. 212
Montdidier.	N. O.	De Vesoul à Paris & Montdidier. 109

MONTBÉLIARD. *Grande route*.... E. p. S. 20

De Vesoul à Béfort...15 l. De Béfort à MONTBÉLIARD... 5

Route de traverse............ 13

De Vesoul on passe devant les Capucins. Auberge & fourche de la route de Langres à Béfort. Pont & moulin de Pontalchie sur Drujonc. Prairie & r. de Luxeuil à Plombières. A Frostey +. Fourche de la r. de Béfort. Devant le moulin Bâtard. Pont & riv. de Calmoutier, ¾ l. E. de Quincey +. ¾ l. O. de Colombe. A l'E. des bois & du gouffre du Frais-Puits. A Villers-le-Sec +. Montagnes & vallons à trav. en passant à l'O. de St.-Ignis. E. des baraques neuves. Détroit entre la belle côte & celle de Musian. ¾ l. du tertre & chap. de la Trinité. A Régardor. Côte, ¾ l. N. de Valleroy-les-Bois +. *A Monteperoux*...3 l. Grande côte au S. des bois Borrey. Vallon & grange de la grande Corvée. N. du ham. de Poley & des grands bois. ¾ l. de bois à passer. Vallon & ham. de Marrat. Carref. de la route de Besançon à Lure.

Côte & le long des bois de Brousse. A Moimay +. Pont & riv. de Lauzein. Devant la forge de Villers-sur-Scey, sur l'Oignon, riv. ¼ l. S. O. de St.-Sulpice +. Ponts sur l'Oignon & la Marcour, riv. Devant l'Hôpital. *A Villers-sur-Scey*.... 3 l. Le long du bois de Brûleux. A Villers-la-Ville +. Au N. des bois de Communailles. Vallon & ham. de Vil-Argent. Côte & bois de Giorfans à passer. Pont & ruiss. ¼ l. N. de Giorfans. A St.-Ferjeux +. Route de Rougemont & de Courcelotte. Le long de la prairie & moulin Guenteau. *A Villechevreux* +... 2 l. Le long de la côte de vigne, ¼ l. S de Mignafand. Vallon & hameau de Seffenans. Pont, moulin & prairie, ¼ l. N. des *Granges*. A Crevans +. N. de la Capelle & côte à trav. Vallon & ham. de Courcelles-les-Granges. Côte à trav. en côtoyant des bois. ½ l. S. de Saulnot + & ¼ l. de Villars. A Gonvillard. Gorge entre les bois d'Arcey & du Fay. A Arcey +. Carref. de la route de Besançon à Béfort. A l'E. du bois & de la côte de Dolamont. ¼ l. N. de Montenois +, & ¼ l. S. de Defandans +. Bois & limite des terres de Mont-le-Chaud. A Ste.-Marie +. Gorge entre les bois & côte du Mont & ceux de St.-Julien. A Préfentevillers & à Dun. Pont sur le ruiss. du gr. ét. de St.Julien. Côte & bois à trav. ¼ l. N. de Ste.-Susanne & de Courcelles +. Au moul. d'Enbas sur le Doubs. Devant le Collége & passage du pont sur l'Asel, riv. *A* MONT-BÉLIARD.... 5 l.

MONTPELL. S.⊙. | De Vesoul à Lyon & Montpellier. 139
MOULINS... O. | De Vesoul à Autun & Moulins.. 71

MULHAUSEN. Route de traverse... Est..... 28
De Vesoul à *Béfort*... 15 l. De Béfort à *MULHAUSEN*.... 13

Autre route par Giromagny.......... 24

De Vesoul à Ronchamps... 10 l. V. *de Vesoul à Béfort*. De Ronchamps à la forge neuve. Prairie, pont & riv. de Rahain à passer. A Champagney +. Montesert. Au pied des Houllières & du Plainet, haute montagne. Au N. & près de Magny, sur le Rahain. Côte & à ½ q. l. N. des ruines du chât. de Passavant. Pont & riv. du Rahain. A Linclavau & *Plancher-Bas* +..... 2
Traverse de la montagne d'Auxelle, ½ l. S. des mines & du mont St.-Jean à l'extrémité du Ballon St.-Antoine. A Auxelle +. Côte & bois à trav. & à 2 l. du Ballon. *A Giromagny* sur la Savoureuse, riv... 2 l. Prairie & ruiss. à trav. en passant entre les deux moulins & au S. de Rougegoute +. Côte & étangs. A gros Magny. Au petit Magny & route de communication avec celle de Béfort à Colmar. Entre la côte & les étangs d'Estueffond. Pont & ruiss. de la vallée St.-Nicolas. *A Estueffond* +... 2 l. Entre les étangs & au N. de la montagne & des bois du Châtelet. Tuilerie, pont & ruiss. de Laval de la Madelaine. A Rougemont +. Au S. & extrêmité de Behrenkopff, haute montagne des Voges. ¾ l. de bois à trav. en passant au chem. & à 1 l. S. de *Masvaux*. ¼ l. S. E. de la forge de Masvaux. Pont & riv. de la Dolleren. A Senthenheim +. Gibenheim +. ½ l. de bois à passer. Au pont d'*Aspach*..... 4 l. Passage de la Dolleren & devant *la Poste*.

VESOUL.

A Schweighausen, chât. N. d'Oelenberg, prieuré. A Reiningen+. Loutterbach, Abb. S de Pfaffſtat+. *A MULHAUSEN.* 4

NANCY. Route de traverſe.... N. E. 34
De Veſoul à *Epinal....* 19 l. D'Epinal à *NANCY.* 15
Autre route............... 37
De Veſoul à *Mirecourt...* 22 l. De Mirecourt à *NANCY....* 15

NANTES .... O.	De VESOUL, à	Orléans, & à Nantes	170
NARBONNE . S. O.		Montpellier, & à Narbonne .	162
Noroy .... S. E.		Montbéliard	3
NOYON ... N. O.		Reims, de Reims à Noyon .	92
Orient (l') .. O.		Orléans, & à l'Orient.....	210
ORLÉANS. O. p. N.		Langres, & à Orléans	93

ORNANS. Route de traverſe.... S. p. O. 18
De Veſoul à *Beſançon...* 11 l. De Beſançon à *ORNANS....* 7

PARIS ... N. O.	De Veſoul à Langres & à Paris.. 85
PAU .... O. p. S.	De Veſoul à Beſançon & à Pau . 242
PERPIGNAN. S. O.	De Veſ. à Montpell. & Perpignan. 177
POITIERS ... O.	De Veſoul à Langres & Poitiers . 152

PLOMBIÈRES. Route de traverſe... N. E. 12

Sortant de Veſoul on paſſe devant les Capucins. A l'E. des vignes & de la Motte-de-Veſoul. Devant l'auberge de la route de Langres à Béfort. Pont & moul. de Pontalchie ſur le Drujonc. Traverſe de la prairie & de la route de Béfort. ½ l. O. de Froſtey+. Le long O. de la côte de roche de Froſtey. Le long E. du Drujonc, que l'on remonte. Devant les moulins & ham. de Coulevon. Au ham. & moulin de Comberjon. E. du chât. de la Roche. Le long E. de Colombier. Au pied de la côte & du vieux chât. de Montaigu. A Villerſpot+. Vallon & ruiſſ. à paſſer. Côte rap, & *à Saulx...* 3 l. Vallée & paſſage du Drujonc. ½ l. E. de Servigny-les-Saulx. ½ l. O. de Genevrey. Entre des bois, de Betoncourt & Viſſoncourt. ½ l. O. de Brotte. ½ l. de bois à trav. A Baudoncourt, ſur la Lanterne, riv. ½ l. O. de la Chapelle+. ½ l. E. de Ste.-Marie-en-Chaux+. Le long des bois de Luxeuil. Fourche de la route de Lure. A St. Sauveur+ & devant *la Poſte.* 3 Ponts & riv. de Breuchin à paſſer. Devant les Capucins & route de Faucogney. *A Luxeuil...* 1 l. ½ l. O. de St.-Valbert.. A l'E. & près de la Motte. *A Fougerolles-l'Egliſe...* 2 l. Pont & riv. de Combaule. Côte & ham. du pont. ½ l. O. de Fougerolles-le-Château. ½ l. E. de Chavanne. Entre le clos & la Ramouſe. Côte rap. & ¾ l. de bois à trav. ½ l. E. de Sacrenot. Borne qui limite la Comté. A la Croiſette, O. des baraques & du bois

Chano. Ruiff. du moulin Taqueret. Aux granges de la côte & du Moncel. Entre un bois & la riv. d'Angronne. *A PLOMBIÈRES*. 3

Poligny . . . . S. O. | De Vesoul à Besançon & Poligny . 25

PONTARLIER. *Route de traverse*. . . . Sud. 26

De Vesoul *à Besançon*. . . 11 l. De Besançon à PONTARLIER.. 15

Chemin de traverse. 23

De Vesoul à *Villefaux* + ... 2 l. *V. de Vesoul à Besançon*. De Villefaux on passe à ¼ l. E. d'Echenoz + . Fourche de la route de Besançon à Vesoul. ½ l. O. de la côte & grange des Gambes. Entre la grange de Royaux & le bois du grand Buisson. Vallée & vill. d'Antoison + . Gorge entre le bois Montgloin. A Villers-Pater + . Le long des bois de Langland & passage de la Quenoche, riv. Forge, fourneau & chât. de Loulans-sur-Linotte. ¼ l. N. de Guiseule + . Côte & petit bois à trav. Forge & vill. de Larians + . Pont & riv. d'Oignon. Chât. d'Olans & *à Aviley* + . 5 A Battenans, ½ l. E. de Cendrey + . Côte de Tallant & bois à trav. ¼ l. O. de Montdevaux. A la Brétenière, E. du bois de Montbichoux. Au val de Rolans & bois à trav. ¼ l. S. E. de Viliers-Grélot. E. du Puis, O. de St.-Hilaire + & *à Vennans*. . . . 3 Traverse de la montagne & bois du Mont. Vallée des Roulans & carref. de la route de Béfort. Détroit à trav. en passant au bas du chât. de Roulans. Entre le Doubs, riv. & les rochers. Au bas E. de N. D. d'Aigremont. Au pied des rochers à pic de Laissey, ½ q. l. de ce ham. Bac & passage du Doubs. Traverse des rochers & de la montagne du Laumont, sur lesquels est le chât. de Vaitte. Vallon, ruiss. & ham. de Champlive. Au bas de la montagne & vill. de Dammartin + , commanderie. Le long N. d'un bois. A l'Oratoire. Ruiss. & moulin Guyot. ¼ l. E. de Villiorbe, prieuré. Le long E. de Glamodans. Côte à trav. & à ¼ l. O. de la Côte-Brune, chât. ½ l. E. de la Côte-Enreuillée. ¼ l. O. des bois de la Grace-Dieu. Dev. le chât. de Gonsans, *à Gonsans* + . 3 Traverse de la côte & bois des Essarts. Colline entre les bois de Razeberge. O. du moulin & étang de Leubot. A la verrière de Grosbois. Colline entre le Grosbois & la montagne du petit Mont. ½ q. l. de bois d'Estalans à passer. Carref. de la route de Besançon à Pontarlier. Moulin à v. & ham. de Barinotte. Côte & ham. des Jux. Vallon & vill. *d'Estalans* + ... 2 l. D'Estalans *à* PONTARLIER. . . 8 l. *V. de Besançon à Pontarlier*.

Autre route par Beaume-les-Dames. 27

De Vesoul à Montepenoux. . . . 3 l. *V. de Vesoul à Montbéliard*. De Montepenoux on passe la grande côte & à la Bassière. ½ l. E. de Valleroy-les-Bois + . 1 l. des grands bois à trav. & la côte rap. de St.-Maurice. Forge, pont & riv. d'Oignon. A Bonnal + . Pont, ruiss. & vallon de Cubry à trav. Côte & bois de Rougemont à passer. Vignes & ham. de Rougemontot. ¼ l. E. de St.-Hilaire + . Pont, moulin & ruiss. de Rougemont. *A Rougemont*. . . . 3 l. A Gouhelans, *vignoble*. O. de Romain. A

VESOUL.

Mefandans, ¼ l. E. d'Huanne. A l'E. de Raillans & de Verne+. Bois, côte & village d'Autechaux+. Côte de vignes & route de Béfort. *A Beaume-les-Dames*... 4 l. Le long E. de la ville, aux Tanneries & pont fur le Doubs. Le long du Doubs & vis-à-vis de Cour+. Détroit entre le Laumont, où coule la Cufancin, riv. Forges & ham. du pont des moulins. Côte rap. & bois à trav. ¼ l. O. de St.-Jean-d'Adam. 1 l. de *Paſſavant*, ¼ l. du chât. de Paille. A Aiffey. Route de l'Abb. de la Grace-Dieu, ¾ l. Le long E. du chât. de la Côte-Brune. *A Gonſans*...... 4
Voyez la ſuite ci-deſſus.

Porentruy . E. p. S. | De Vefoul à Béfort & Porentruy. 23

Autre route par Clerval........... 24

De Vefoul à *Avilley*... 7 l. *V. de Vefoul à Pontarlier.* D'Avilley à Tallant. Détroit entre le mont & la côte de Tallant. A Rougnon+, fur le Bief de Montnot. ¼ l. N. de Tournans+. Vis-à-vis de Pueffians N. de Montmartin. A Huanne+ & *à Meſandans*... 2 l. ¼ l. S. de Romain. Côte rap. & bois à traverſer. Pente & à ¼ l. N. de Vergrane. N. des bois de Vergrane. Pont & ruiſſ. du moulin de la Fouarre. Côte & à 1 l. N. de Vaillans+. Vallon, ½ l. S. de Viethory. ¼ l. N. de Planotte-Lambert. Entre les bois & la grange Cartier. Carref. de la route de Beaume à Béfort. N. de l'hôpital St.-Liefroy. A Chevannes. Le moulin Monnot. Faub. de Clerval. Pont & riv. du Doubs, *à Clerval.* 3
De Clerval à *PORENTRUY*... 12 l. *V. de Befanç. à Porentruy.*

Puy en *V. (le).* S.E.	↱	Lyon, & au Puy....... 91
REIMS .. N. p. O.		Langres, & à Reims..... 69
Remiremont ... E.	DE VESOUL, à	Plombières, & à Remiremont. 18
RENNES.... O.		Langres, & à Rennes ... 189
ROCHELLE (la). O.		Moulins, & à la Rochelle.. 178
Rougemont.... S		Pontarlier par Beaume.les-D. 6
ROUEN ... N.O.	↳	Paris, de Paris à Rouen ... 115

ST.-HYPOLITE. Route de traverſe.... S. E...... 20

De Vefoul à *Montbéliard*... 13 l. *Voyez cette route.* De Montbéliard on paſſe la riv. d'Halène & à la petite Hollande. E. de Courcelles & de Ste.-Suſanne+. Entre les bois & la riv. d'Halène, vis-à-vis du ham. de la Barre. A la Chaffrerie. Vis-à-vis du moulin de la Roche, fur Halène. Entre le Doubs & l'Halène. Pont fur le Doubs à paſſer. A Vaujaucour+. Montagne & bois de Vaujaucour à trav. Pente rap. ½ l. O. de Mandeure+. Moulin & vill. de Mathay+ fur le Doubs, O. du chât. ruiné. Colline où coule le Doubs, que l'on remonte, en paſſant près de Bourguignon, ham. fur le bord de cette riv. A l'E. de Mont-Pouront & des grands bois. Devant la forge de Neufchâtel. ¼ l. E. de Vermondans. A Pontderoide+ & carref. de la r. de *Porentruy*.. 4¼

Pont & riv. du Doubs, que l'on passe. Le long N. O. de Châtel. Détroit entre le chât. Julien & le Doubs. Roche-Danne est au-delà de la rivière. A la Derrière, ham. Le long O. des rochers de Montglio. A Noire-Fontaine, vis-à-vis de Villard-sous-Danjoux. E. de Danjoux +. A Poset. Entre le Doubs & le Mont-Pravon. Le long N. de Bief, sur le Doubs. Entre les rochers & cette riv. Pont, moulin & ruiss. de Nadans. le long S. de Loods. Passage du Doubs & *à St.-Hypolite*.... 2½ l.

St.-Malo	O.	Paris, de Paris à St.-Malo	174
St.-Omer	N.O.	Paris, de Paris à St.-Omer	146
Salins	S. p. O.	Besançon, & à Salins	20
Saintes	O.	Limoges, & à Saintes	161
Sedan	N.	Verdun, & à Sedan	76
Sens	N.O.	Langres, & à Sens	63
Strasbourg	E.	Béfort, & à Strasbourg	46
Toul	N.	Mirecourt, & à Toul	36
Toulon	S.	Lyon, & à Toulon	157
Toulouse	S.O.	Montpellier, & à Toulouse	200
Tours	O. p. N.	Orléans, & à Tours	122
Troyes	N.O.	Langres, & à Troyes	47
Valenciennes	N. p. O.	Reims, & à Valenciennes	108

Vauvillers. Route de traverse.... N. p. E..... 11

De Vesoul à Mirecourt par Faverney.

Autre route par Luxeuil........... 12

De Vesoul à St.-Loup... 10 l. *Voy. de Vesoul à Mirecourt.* De St.-Loup à Bouligney +. Cure. S. de Dampralley-St.-Pancras +. ¾ l. S. de Beloncourt-St.-Pancras. Côte rap. & près de Mailleroncour-St.-Pancras. *A Vauvillers*.......... 2

Verdun	N.	De Vesoul à Langres & Verdun	57
Villers-sur-Scey	S.E.	De Vesoul à Montbéliard	6

F I N.

De l'Imprimerie de CAILLEAU, rue Gallande, N°. 64.

www.ingramcontent.com/pod-product-compliance
Lightning Source LLC
Chambersburg PA
CBHW071707300426

44115CB00010B/1335